프랑스 인류학의 아버지,

마르셀 모스
Marcel Mauss

"Marcel Mauss" de Marcel Fournier

World Copyright © LIBRAIRIE ARTHEME FAYARD, 1994

Korean translation copyright © Greenbee Publishing Co., Seoul 2016

All rights reserved.

This Korean edition is published by arrangement with LIBRAIRIE ARTHEME FAYARD through Milkwood Agency, Seoul.

프랑스 인류학의 아버지,

마르셀 모스

초판 1쇄 발행 2016년 10월 10일

지은이 마르셀 푸르니에 ㅣ 옮긴이 변광배

펴낸곳 (주)그린비출판사 ㅣ 펴낸이 이희선 ㅣ 신고번호 제25100-2015-000097호

주소 서울 은평구 증산로1길 6, 2층 ㅣ 전화 02-702-2717 ㅣ 이메일 editor@greenbee.co.kr

ISBN 978-89-7682-434-9 03990

이 도서의 국립중앙도서관 출판시도서목록(CIP)은 서지정보유통지원시스템 홈페이지(http://seoji.nl.go.kr)와 국가자료공동목록시스템(http://www.nl.go.kr/kolisnet)에서 이용하실 수 있습니다.(CIP제어번호: CIP2016021957)

나를 바꾸는 책, 세상을 바꾸는 책 www.greenbee.co.kr

그린비 인물시리즈
he-story 02

프랑스 인류학의 아버지,

마르셀 모스
Marcel Mauss

마르셀 푸르니에 지음
변광배 옮김

그린비

보르도 대학

Y. C. 에게

| **일러두기** |

1 이 책은 Marcel Fournier의 *Marcel Mauss* (La Flèche : Fayard, 1994)를 완역한 것이다.

2 본문의 주석은 모두 후주이며, 각 부의 말미에 장별로 구분하였다. 옮긴이 주는 본문 중에는 ( ) 안에 '– 옮긴이'로, 주석 중에는 [역주]로 표기하였다.

3 이 책에 쓰인 프랑스어 인명과 지명은 2002년 〈국립국어원〉에서 펴낸 '외래어 표기법'을 기준으로 프랑스 현지발음에 가깝게 표기했다.

4 본문에 인용된 문헌의 경우, 이 책의 원작의 번역을 인용했으나, 경우에 따라 원본에서 직접 번역하여 인용한 경우도 있다.

5 단행본, 전집, 정기간행물, 신문 등에는 겹낫표(『 』)를, 단편, 논문, 보고서 등에는 낫표(「 」)를 사용했다.

6 찾아보기에서 인물의 이름은 성 (이름) 순으로 표기했다.

서론

마르셀 모스는 대단한 칭찬을 받는 인물이다. 조르주 콩도미나는 이렇게 목소리를 높이고 있다.[1] 모스는 "프랑스 민족지학의 아버지다." 빅토르 카라디는 이렇게 쓰고 있다.[2] 모스는 "프랑스 민족지학자들의 집단 기억 속에서 항상 그들의 선배가 아니라 스승으로 남게 될 것이다." 클로드 레비스트로스는 이렇게 말하고 있다. 인류학을 전공하는 모든 학생들의 필독 논문인 「증여론」은 "당연히 가장 유명한" 모스의 글이다.[3] 그리고 조르주 귀르비치는 「증여론」을 "진정한 걸작"[4]으로 규정하고 있다.

빅토르 카라디는 다시 한 번 이렇게 설명하고 있다. 다양하고, 여기 저기 흩어져 있고, 종종 어렵기도 한 모스의 저작들은 "아주 복잡한 형태를 띠고 있고, 분명하게 경계선을 긋기 어려운" 저작들의 부류에 속한다고 말이다.[5] 인류학자들을 제외하고 오랜 동안 일반 대중에게 잘 알려지지 않았던 이 위대한 학자가 남긴 지적 유산이 점차 대학가의 사람들에게 그 모습을 드러내게 되었다. 모스가 세상을 떠난 해인 1950년에 그의 여섯 편의 글을 모아 놓은 『사회학과 인류학』이 출간되었다.[6] 이어 1960년대 말에는 '프랑스 대학출판사(PUF)'에서 선집(選集) 『모스』가 출간되었으며,[7] 미뉘(Minuit) 출판사에서는 더 중요한 『작품집』이 세 권으로 출간되었다.[8] 이 두 저서는 모스의 학문적 저서일 뿐이다. 다시 말해 이 두 저서에는 모스의 정치적 글들이 포함되어 있지 않다. 하지만 이 정치적 글들의 분량 역시 상당하며, 여기저기 흩어져 있다. 드니 올리에는 이렇게 말하고 있다. "독자들이 모스의 정치적 글들을 아직도 읽지 못하고 있다는 것은 대단히 유감스러운 일이다. 분명 이 글들은 그의 민족지학적 글들과 하나를 이룬다."[9]

앙리 레비브륄은 그 나름의 방식으로 스승이자 동료였던 모스에 대해 알고 있는 중요한 사실들을 몇 문장으로 요약하고 있다. 가령 "모스는 특히 민족지학자와 종교사학자로 널리 알려져 있다.", "모스는 모든 종류의 독단론을 싫어한다.", "모스는 모든 것을 아는 사람이다.", "모스는 관념들을 파헤친다.", "모스는 통일된 저작을 쓰지 않았다."고 말이다. 또한 레비브륄은 모스의 "개성 있고 매력적이었던 용모"를 다음 몇 줄로 충분히 묘사하고 있다. "모스는 큰 키에 골격이 장대했다. 얼굴에는 밝은 밤색 수염이 더부룩했고, 이목구비는 반듯했고, 눈은 날카롭고 빛났으며, 그의 대화는 아주 멋졌다. 목소리가 약간 굵고 느렸음에도 불구하고 말이다. 모스의 주장에는 종종 모순이 나타나기도 했는데, 그 자신 그러한 모순에 푹 빠져버리기도 했다."[10]

레비브륄은 모스의 삶에 대해 신중한 태도를 보이고 있다. "모스의 삶은 온전히 학자의 삶이었고, 두드러진 특징이 있는 것은 아니었다."[11]

하지만 곧바로 레비브륄은 이렇게 덧붙이고 있다. "모스의 친구들과 친척들이 애통해마지 않는 그 사람에 대해 이 자리에서 뭐라고 말하는 것은 적절하지 않은 것 같다. 그는 성품이 좋은 사람이었고, 민감했으며, 섬세한 사람이었다. [……] 하지만 이와 같은 자질이 그의 학문적 성과를 어느 정도 저해했다는 사실을 이 자리에서 최소한 말할 수 있을 것 같다."[12] 그러면 우리는 모스에 대해 무엇을 알고 있는가? 사실 별로 없다. 몇몇 짧은 전기적 설명이 주어지긴 했지만, 그렇다고 모스가 진정한 의미에서의 지적 전기의 대상이 된 적은 없다.[13] 다음과 같은 사실을 지적할 필요가 있다. 모스가 자신의 스승들, 친구들, 동료들에 대해서는 많은 글을 썼지만, 정작 자기 자신에 대해서는 거의 말을 하지 않았다는 점을 말이다. 물론 1930년 콜레주 드 프랑스의 교수직에 지원하는 기회에 이력과 경력을 작성하면서 몇몇 "중요한 사항들"을 암시하고 있기는 하다. 예컨대 에밀 뒤르켐에 대한 협조, 『사회학 연보』에의 참여, 고등연구실천학교(École pratique des Hautes Etudes)에서의 강의, 4년 반 지속된 전쟁 동안의 개인 연구 중단, 뒤르켐과 위베르의 죽음, 그의 가장 훌륭한 친구들과 제자들의 타계 등이 그것이다.[14]

모스라는 한 명의 학자에 대한 전기를 쓰는 작업은 그의 성격을 파악하는 일—그의 능력, 습관, 기질, 신체적, 정신적 힘 등을 하나로 파악하는 것[15]—임과 동시에 그가 만났던 사람들과 그가 관심을 가졌던 학문(종교사, 민족지학, 사회학)의 역사를 기록하는 일기도 하다. 또한 그의 옛 제자였던 앙드레 조르주 오드리쿠르가 암시하고 있는 바와 같이, 그의 저작들을 집필된 상황에 비추어 검토하는 일이기도 하다.[16] 이와 같은 기획은 험난하다기보다는 오히려 야심에 찬 것이다. 특히 모스 자신이 영국 인류학자 제임스 프레이저에 대한 추도문에서 피력했던 희망에 합당할 정도로 완벽한 전기를 쓰기를 원하는 경우에는 더 더욱 그러하다. "하나의 예술 작품은 암시적일뿐이다. 한 명의 학자가 이룩한 역사, 그것은 진실되어야 한다. 그리고 그는 모든 것을 말해야 한다."[17]

그렇다. 모든 것을 말해야 한다. …… 모스가 영위했던 삶의 관심의 폭은 한 명의 인간에서 '환경', '시대'로 옮겨감에 따라 더 더욱 커진다. 그를 둘러싼 '환경', 그것은 대학에서의 새로운 학문들 ── 민족지학과 사회학 ── 과 뒤르켐 학파라는 하나의 사유 학파와 동의어다. 그리고 '시대'란 1872년부터 1950년에 걸친 긴 시간, 특히 두 차례의 세계 대전에 의해 특징 지워지는 그러한 시대를 가리킨다. 모스는 그의 저작, 강의, 정치적 행동을 통해 ── 그의 표현에 의하면, "요술 냄비" 속에서 ── 프랑스와 유럽의 지적이고 정치적인 삶의 한복판에 서 있었던 것이다.

물론 프랑스 사회학파의 거두인 삼촌 에밀 뒤르켐을 언급하지 않고서는 모스에 대해 제대로 말할 수 없다.[18] 모스 자신이 다음과 같은 사실을 스스로 인정하고 있다. "내가 한 학파의 작업에서 벗어난다는 것은 불가능하다. 개인의 인격이란 것이 있다면, 그것은 의도적 비인격주의 속으로 용해되어 버릴 것이다. 공동 연구, 팀을 이뤄 하는 연구의 의미, 협력은 고립과 개인의 독창성이라고 하는 거드름피우는 연구와 전적으로 대조되는 힘이라는 확신, 어쩌면 이것이 내 자신의 학문 편력의 특징 중 하나일 것이다. [……]"[19]

다른 어떤 것보다도 모스는 연구에 적용되는 이 협동정신을 몸소 구현하고 있다. 『사회학 연보』라는 거대한 공동 모험에 참여한 모든 사람들의 연구에서 볼 수 있는 주요 특징인 바로 그 협동정신을 말이다. 모스의 모든 학문적 삶은 이 학술지를 중심으로 이뤄졌고, 그의 대부분의 학문적 성과는 주석, 논평, 서평 등의 형태를 띠고 있는 수많은 텍스트들로 이뤄져 있다. 물론 뒤르켐을 중심으로 젊은 연구자들이 구성했던 연구팀의 역동적 분위기를 속속들이 알기는 어려운 일이다. 종종 하나의 "파당"으로 소개되기도 하는 그 팀에 대해서 말이다. 하지만 모스 자신의 개인 소장 자료, 그 중에서도 특히 그의 편지는 인문과학 역사 속의 이 건설적인 시기에 대한 새로운 빛을 던져주기도 한다.[20]

모스가 이런저런 사람들과 나누었던 의견, 토론, 대립 등을 관찰해 보면, 뒤르켐 학파가 어떤 것이었는가에 대한 정확한 밑그림을 그릴 수 있을 것이며, 이 학파의 구성원들 각자의 기여도 역시 가늠해볼 수 있을 것이다. 하지만 그들보다 모스는 훨씬 더 종속적인 상황에 있었다. 그래서 조르주 콩도미나는 "뒤르켐의 그늘에서"[21]라는 표현을 사용하고 있는 것이다. 모스의 저작들 —— 특히 그의 젊은 시절의 저작들 —— 은 "사회학파에 의해 이뤄진 집단 저작의 일부"[22]를 형성하고 있는 것처럼 보인다. 정통성이라고 할 수 있을까? 아직까지 출간되지 않은 많은 텍스트들을 포함해 모스의 저작들을 읽어보면, 이와 같은 주장은 힘을 잃는 것처럼 보인다. 뒤르켐의 조카인 모스는 스스로를 항상 뒤르켐주의자라고 했다. 하지만 모스는 그 나름의 방식으로 뒤르켐주의자인 것이다.

체계적 이론을 전개하는 것에 별반 관심을 두지 않았던 모스는, 그 스스로 밝히고 있는 것처럼, "자료체에 대한 직접 연구"를 선호했고, 유효한 몇몇 일반화 작업을 수행했으며, 그리고 "다른 분야로 이동하는 것"[23]을 선호했다. 그렇다. 뒤르켐처럼 모스는 "사실"만을 믿었을 뿐인 실증적 학문의 열렬한 옹호자였다. 그렇다. 모스는 역사가 진보한다는 역사관을 공유했고, 사회적 사실들에 대한 기본적(혹은 원시적) 형태에 대한 연구에 가치를 부여했다. 그렇다. 모스는 여러 제도의 사회적 기능에 대한 분석과 사회적 응집의 메커니즘에 대한 연구에 매달렸다. 그렇다. 모스는 제식(祭式)으로 발현(發顯)되는 종교적 삶에 대한 연구를 통해 성스러움에 대한 이론 정립에 기여했다. 그렇다. 모스는 "사회생활의 내적 토대"와 그 표상체계가 전적으로 같은 것이라는 사실을 인정했다. 그렇다. 모스는 "인간의 심성"을 연구대상으로 삼았던 뒤르켐의 광범위한 연구에 가담했다. 하지만…….

하지만 모스는 하나의 범주에 쉽게 갇히지 않는다. 실제로 모스는 이 학문 분야에서 저 학문 분야로 자주 옮겨 다녔으며, 수많은 문제에 관심을 가졌고, 삼촌 뒤르켐의 그늘에 있으면서도 아주 신중하게 거기에서 벗어나는 데 성공했다. 물론 모스는 사회가 연대성 개념에 의해 이뤄진다는 사실을 인정했다. 하지만 사회란 상호성에 의해 이뤄지기도 하는 것이다. 분명 사회질서의 유지에는 합의가 요구된다. 하지만 이 질서는 사회집단들의 상호적 중첩에 의해 정초되기도 한다.

모스가 뒤르켐의 조카, 제자, 후계자였다는 사실에는 분명한 이점(利點)이 있었다. 대학에 경쟁자들이 없는 것은 아니었지만, 모스는 그들과 경쟁할 필요가 없었다. 이렇게 해서 모스는 어제의 적들과 대화를 재개할 수 있었고, 특히 심리학자들과 타협을 모색하는 것도 가능했다. 모스는 하나의 이론을 옹호하는 것보다는 지식을 심화시키는 일에 더 큰 관심을 가졌으며, 학문에 대한 그의 태도 ── 분명 합리주의적이고 경험주의적이었다. ──[24]는, 이미 법칙화된 지식을 전달하고자 하는 교수의 그것이라기보다는 차라리 자기 능력의 한계를 잘 아는, 따라서 새로운 자료들을 수집하고 현실의 인간들이 갖는 무지를 줄이려고 노력하는 연구자의 그것이었다고 할 수 있다. 모스는 종종 다음과 같이 상기하곤 했다. "미지의 것을 밝혀야 한다." 비록 모스 자신이 현지답사를 하지 않았지만 항상 현실성에 커다란 관심을 가졌으며, 민족학에서 이뤄지는 모든 연구에 정통해 있었다.

모스를 뒤르켐의 상속자 혹은 "뒤르켐이 남긴 유산의 공인된 법적 상속인"[25]으로 규정하는 것은 따라서 그에 대한 시각을 흐리게 할 위험이 없지 않다. 분명 1차 세계대전이 끝난 다음에 모스는 "자기 어깨 위에", 그 자신의 표현을 빌면, "뒤르켐과 그의 협력자들의 수많은 미출간 저작들의 출간이라는 무거운 짐"이 떨어진 것을 목격하게 된다. 하지만 모스는 여러 방향에서 개인 연구를 계속 수행했다. 문명 개념과 인격 개념을 거쳐 증여에서 신체의 기술에 이르기까지 말이다. 『사회학 연보』의 재간이 뒤르켐에 대한 기억으로 인한 의무감에서 이뤄졌다고 해도, 1925년에 창립된 민족학연구소가 순전히 뒤르켐의 노력의 결과였다고는 할 수 없을 것이다.

모스의 저작들에서 하나의 통일적인 원칙을 발견하고자 하는 유혹은 대단히 크다. 빅토르 카라디가 평가하고 있는 것처럼, 모스의 저작들을 끼워 맞추는 것은 "창조적 기획과 그 실천 사이의 변증법보다는 오히려 우연적인 상황"[26]에 속하는 일이다. 이와 같은 판단은 너무 엄격한 기준에 의해 이루어진 것이다. 마치 하나의 창조적 기획의 실천은 상황에 결코 빚을 져서는 안 된다는 듯이 말이다…… 하지만 모스가 종종 아주 힘든 시련을 겪었다는 것은 사실이다. 뒤르켐의 죽음, 앙리 위베르의 죽음, 질환, 등…… 그리고 그가 여러 기획을 완수하지 못한 채로 방치하면서 직업적, 개인적인 수많은 의무에 맞서야 했다는 것 역시 사실이다. 예컨대 "기도(祈禱)"에 대한 논문, "민족"에 대한 대저작, 볼셰비즘에 대한 소책자, 기술에 대한 연구 등이 그것이다.

증여의 정신을 표방했고, 전적으로 학문에 할애된 모스의 삶에서 무엇이 남았는가? 모리스 레엔아르트는 이 물음에 간단하게 이렇게 답하고 있다. "많지 않은 저서들, 도처에 흩어져 있는 논문들, 거대한 학문적 명성"[27]이 남아있다고 말이다. 제자들에게 그렇게 소중했던 스승은 하나의 학파를 이뤘다. 하지만 이 스승은 처음에는 안내자, 동반자, 지적 자극자로서의 역할을 수행했다. 모스는 평생 학생으로 머물렀다. 경력의 마지막 단계에서 모스는 자신의 제자들의 제자가 되려고 했다. 장 카즈뇌브는 이렇게 적고 있다. "모스는 결코 거만한 적이 없었다. 그는 젊은이의 기질, 약간은 보헤미안적인 무엇인가를 가지고 있었다. 그는 스승인 동시에 남몰래 영원한 학생으로 남아 있는 것처럼 보였다."[28]

모스는 무엇보다도 학자 ── 영국에서 말하는 스칼라(scolar) ── 였다. 그렇지만 모스는 자기 주위에서 일어났던 일들에 대해 무관심으로 일관한 학자가 결코 아니었다. 삼촌 뒤르켐과는 대조적으로 모스는 대학시절부터 정치에 적극적으로 가담했다. 집산주의 학생 단체의 구성원, 프랑스 노동당 당원, 사회주의 혁명노동당 당원으로서 모스는, 드레퓌스 사건이 발생하자 에밀 졸라를 지지했으며, 『드브니르 소시알』지와 『무브망 소시알리스트』지에 협조했으며, 『뤼마니테』지의 기자로 활동하기도 했으며, 『르 포퓔레르』와 『라 비 소시알시스트』 등에 글을 발표하기도 했다. 물론 모스의 삶에서 그의 정치 참여, 특히 사회주의와 협동조합운동에의 참여가 어떤 위치를 차지하고 있는가를 정확히 가늠할 수는 없다. 모스는 국회의원 선거에 출마하려고 했을 수도 있다. 그러나 모스는 단순한 투사로 남기를 선호했다. 신념과 그의 친구들에게 충실하고 새로운 현실에 적응하려고 많은 노력을 기울이는 투사로서 말이다.

당연한 일이지만, 모스의 이와 같은 현실 참여는 그대로 그의 저작에 적지 않은 영향을 끼쳤다. 1차 세계대전이 끝나자 모스는 "폭력"에 대한 일련의 글을 썼고, 「볼셰비즘에 대한 사회학적 평가」라는 중요한 글을 출간했으며, "민족"에 대한 저서의 집필에 착수했다. 그리고 그 시기에 『사회학 연보』에 싣기 위해 「증여론」을 썼다. 종교사 분야와 민족학 분야의 전문가로서의 학문적 관심뿐만 아니라 참여 지식인의 정치적 감각을 증언해주는 텍스트인 그 「증여론」을 말이다. 사회학자, 민족학자이자 사회주의에 참여한 유대인 투사였던 모스는 자기의 위치와 상황에서 기인하는 모호함을 체험하게 된다. 전쟁, 러시아 혁명, 국가, 나치즘 등에 대한 그의 성찰은 사회적 대소요 속에서 어쨌든 좌파를 옹호하는 사람으로서의 성찰이었다. 모스의 사유의 힘과 20세기 인류의 대(大)비극에 대한 생생한 정치적, 도덕적 결론을 끌어내는 그의 능력을 보기 위해서는 「볼셰비즘에 대한 사회학적 평가」를 읽어야 할 것이다.

5년 전에 내가 몇몇 동료 교수들에게 모스에 대한 지적 전기를 쓰려는 계획을 털어놓았을 때, 그들의 반응은 일단 긍정적이었다. "흥미만점의 계획이네. 그 누구도 아직까지 하지 못한 작업이야!" 하지만 문제를 더 잘 아는 동료 교수들은 약간 회의적인 태도를 보였다. 주의하라는 뜻으로 "결코 쉽지 않을 걸!"이라고 말하는 것이었다.

그리고 그렇게 말한 그들이 옳았다. 모스에 대한 지적 전기를 쓴다는 기획은 연구와 자료 수집에서 엄청난 작업을 요하는 것이었다. 이 작업은 또한 여러 기관의 협조를 필요로 했다. 연구비 지원,[29] 사회과학고등연구학교의 권유, '인문학의 집'의 권유와 지원, 모스 가족들의 협조와 그를 개인적으로 아는 사람들의 협조, 콜레주 드 프랑스의 교수인 피에르 부르디외와 모리스 아귈롱의 지지 등이 그것이다. 또한 필요조건으로 '위베르-모스 자료함'에의 접근이 그것이다. 위베르와 모스의 가족들이 콜레주 드 프랑스에 기증한 자료들은 프랑스 사회학파의 역사에 흥미를 가지고 있는 모든 사람들에게는 아주 귀중한 정보의 원천이 되었다. 예컨대 뒤르켐과 모스 사이의 편지 교환, 모스가 받은 편지 전체, 원고 상태의 텍스트(그 중 일부는 출간되지 않았다), 모스가 들었던 강의록, 모스가 했던 강의록, 독서 노트, 『사회학 연보』, 프랑스 사회학 연구소, 『사회학 연감』 등에 대한 다양한 자료가 그것이다.

하지만 단지 서신 교환에만 의존해서 이 책을 집필할 수는 없는 일이다. 살로몽 레나크는 이렇게 적고 있다. "[……] 편지들을 가지고 역사를 기술해서는 안 될 것입니다. 적어도 전체 역사를 말입니다. 길 위의 조약돌은 드물게 눈에 띄는 법이며, 울퉁불퉁함은 완전히 없어지지 않을지라도 점차 평평하게 되는 법이죠."[30] 수많은 편지에 의해 수많은 길이 열렸고 항상 조사를 확대할 필요가 생겼다. 다른 자료들에 대한 검토, 조카들과 사촌들과의 이야기, 모스의 옛 제자들과의 대화, 그의 정치 텍스트들에 대한 전체적 목록 조사 —— 그때까지 작성된 목록이 없었다. —— 등이 그것이다. 여러 부류의 사람들이 보내준 지지, 특히 모스의 가족들의 지지와 친절함은 이러한 점들에서 결정적이었다.

이 책을 집필해나가는 과정에서 모스의 위대한 인간으로서의 모습은 점차 퇴색하고 아주 지적으로 풍부하고 복잡한 한 사람의 모습 — 앙리 레비브륄이 말한 것처럼[31] — , 용감함과 사유를 지닌 한 사람의 모습이 나타났다. 이 모습은 아주 매력적이었다. 그도 그럴 것이 레비브륄의 표현에 따르면 이 모습이 일련의 중요한 역사적 사건들을 정면으로 맞이했던 "본거지"이기 때문이고, 또한 이 모습이 지방의 한 유대인 출신인 뒤르켐의 조카를 콜레주 드 프랑스까지 이르게 한 지적이고 개성 있는 사회적 여정을 보여준 사람의 모습이기 때문이기도 하다.

모스의 삶의 중요 단계들을 연대기적 방식으로 추적하고 있는 이 책은 다음과 같은 네 부분을 포함하고 있다. 1. 뒤르켐의 조카, 2. 터부-토템 씨족, 3. 계승자, 4. 인정. 에필로그에서는 전쟁과 전쟁 후의 일들이 기록될 것이며, 모스의 저작이 남긴 것에 대한 후세대의 평가를 기술하게 될 것이다. 누가 햇불을 이어받았는가? 우리는 이 질문을 던질 것이다. 실제로 모스의 영향은 그 자신 직접 길러낸 연구자들 세대 — 드니즈 폴름, 루이 뒤몽, 앙드레 조르주 오드리쿠르, 등 — 는 물론이거니와, 또한 단지 몇 명의 이름만을 거론하자면, 클로드 레비스트로스, 조르주 콩도미나, 피에르 부르디외 등에게도 마찬가지였다.

다른 두 개의 기획(필립 베나르와 크리스틴 들랑글과의 협력 하에 뒤르켐과 모스 사이의 서간문 출간,[32] 모스의 정치적 저작 전체를 모은 『작품집』 제4권의 출간)을 포함하는 기획의 첫 번째 편인 이 저서는, 벌써 이해했겠지만, 모스의 삶에 대한 이야기를 통해 그의 저작 전체에 대한 총체적 전망을 제시하게 될 것이다. 간단하게 말하자면, 인문학 형성의 역사에서 중요했던 그 시기를 얘기하기 위해 우리는 모든 노력을 경주하게 될 것이다.

감사의 말

이 책을 집필하는 과정에서 자료들의 실마리를 잡을 수 있게 도와준 모든 분들께, 그리고 증언이나 설명을 통해 이 책의 집필을 도와주신 모든 분들께 심심한 감사의 말씀을 전해드린다.

모리스 아귈롱, 제프레 알렉상더, 모리스 아이마르, 나디아 방케, 에티엔 블로크, 뤽 볼탕스키, 앙드레아 보르사리, 피에르 부르디외, 클레르 브레송, 콜레트 샹벨랑, 이삭 슈바, 제임스 클리포드, 장 클로드 콩베시, 미셸 도브리, 리카르도 디 도나토, 클로드 뒤메질, 루이 뒤몽, 디디에 에리봉, 조세프 구와, 모리스 고들리에, 안니 골드만, 앙드레 조르주 오드리쿠르, 질 울, 장 자맹, 빅토르 카라디, 로즈 마리 라그라브, 미셸 레리스, 프랑수아즈 레옹 레비브륄, 로베르 르루, 클로드 레비스트로스, 스티븐 륙스, 장 마르고 뒤클로, 리즈 메가레이, 도미니크 메를리에, 세르쥬 모스코비치, 프랑수아즈 파로, 드니즈 폴름, W.S.F. 피커링, 나르시소 피자로, 크리스토프 프로샤숑, 뤽 라신, 알리스 랑젤, 마들렌 르베리우, 마르셀 리우,[1] 미구엘 앙헬 루이스 데 아수아, 모니크 드 생 마르탱, 자크 수스텔,[2] 이반 스트렌스키, 제르멘 틸리옹.

특히 다음 분들께 감사의 말씀을 전해드리고 싶다.

- 욜랑드 코엔에게. 5년 동안의 연구와 집필 과정에서, 그리고 원고에 대한 애정어린 독서와 적절한 지적에 대해 감사드린다.

- 필립 베나르에게. 내게 '위베르-모스 자료함'에 대한 결정적 정보(이 책의 집필의 초기 단계에서)를 제공해주고, 또한 많은 정보와 자료(앙리 위베르와 마르셀 모스 사이의 서신 전사본)를 넘겨준 것에 대해 감사드린다.

- 크리스틴 들랑글에게. 위베르-모스 자료함의 목록 작성과 뒤르켐의 글씨를 해독해 준 것에 대해 감사드린다.

- 돈나 엘베스와 린다 벤드웰에게. 자료 수집과 타자와 같은 뛰어난 기술적 도움에 대해 감사를 드린다.

- 올리비에 베투르네에게. 파야르 출판사에서 열렬히 나를 환영해준, 그리고 이 책의 출판 과정에서 진정한 직업 정신을 발휘해준 데 대해 감사를 드린다.

- 앙리 페브르, 에티엔 알팽, 제라르 위베르에게. 나에게 긴 인터뷰를 허락해주고, 뤼시엥 페브르, 에밀 뒤르켐, 앙리 위베르와 모스의 서간문의 발췌 부분을 이용할 수 있도록 해준 데 대해 감사를 드린다.

- 마리, 피에르, 프랑수아,[3] 로베르[4] 등과 같은 모스의 가족들에게. 나를 기꺼이 맞아주고, 마르셀 모스와 그의 가족사진, 모스가 쓴 마지막 원고 등과 같은 귀중한 정보와 자료를 친절하게 제공해준 데 대해 감사를 드린다. 또한 내가 만날 기회를 갖지는 못한 고인이 된 자클린 레비[5](혼전 성, 모스)에게도 감사를 드린다. 그리고 그녀의 자녀들—클레르, 에티엔, 로랑, 마르셀, 로잔—은 어린 시절에 큰 할아버지의 개인적 자료들을 보관하고 간수하기 위해 그들의 놀이터가 협소해지는 것을 감내한 것으로 알고 있다. 그들에게 역시 감사의 말을 전하면서……

차례

3부 계승자 · 535

4부 인정 · 745

고등연구실천학교

1부

뒤르켐의 조카

대부분의 어린 아이들은
어머니의 형제들을 닮는다.
『탈무드』

에밀 뒤르켐

1장_ 에피날, 보르도, 파리

마르셀 모스의 이름은 일찍부터 에밀 뒤르켐의 이름과 연결되었다. 모스의 동창생들이 놀리듯이 "삼촌"[1]이라고 불렀던 그 에밀 뒤르켐의 이름과 말이다. 친구들과의 서신 교환에서 모스는, 자기 스스로를 "조카"로 소개하고 있으며, 그 자신이 "삼촌", 뒤르켐 혹은 그냥 "D"라고 부르며 뒤르켐을 계속 언급하고 있다 "삼촌이 계속 강의를 하고 있네⋯⋯ 삼촌은 피곤한 일을 하고 또 실제로 피곤한 것 같네.", "삼촌의 상태는 더 나아졌으나 항상 신경이 날카로웠네.", "삼촌은 상태가 안 좋아졌고, 조금만 힘들어지면 완전히 맥이 풀려 지냈네.", "삼촌이 강의를 시작했네. 많은 학생들이 몰렸지. 하지만 질이 떨어지는 청중일세." 식으로 말이다.

　모든 사람들이 보기에 모스는 그 자신 그렇게 즐겨 불렀던 "사람 좋은 삼촌"과 자연스럽게 연결되었다. 레이몽 르누아르는 이렇게 이야기하고 있기도 하다. "에밀 뒤르켐의 조카와 나는 처음 인사를 나눴다."[2] 친척 관계, 지적 유사성, 공동 작업을 바탕으로 맺어지게 된 삼촌과 조카 사이의 관계는 대단히 돈독했다. 뒤르켐은 모스의 스승이자 "훌륭한 교수"였을 뿐만 아니라 모스의 외삼촌 즉, 앙리 레비브륄이 지적하고 있는 것처럼,[3] "자기 어머니의 남동생"이었다.

"보주" 산맥에서

뒤르켐과 마찬가지로 모스 역시 에피날에서 태어났다. 이 두 사람 사이에는 14년의 나이 차이가 있다. 삼촌은 1858년 4월 15일에 태어났고, 조카는 1872년 5월 10일에 태어났다. 바 랭(Bas-Rhin)의 아텡(Hatten)에서 태어난 모스의 아버지 제르송은 뒤르켐의 큰 누이 로진과 결혼해 에피날에 정착했다. 이들 부부는 에피날에서 두 명의 아이를 낳았다. 마르셀 이스라엘과 카미유 앙리(1876년 6월 10일 생)가 그들이다. 모스가 태어났을 때, 비슈빌레(바 랭)에 거주하고 있던 제르송 모스는 37세였고, 그의 부인은 23세였다. 아버지의 이름은 분명 독일계였다. 전해오는 이야기에 의하면, 집안의 성(姓)이 동물의 성인 것을 원치 않았던 —— 독일어로 '마우스(Maus)'는 '생쥐'를 의미한다. —— 마르셀의 조상 가운데 한 명이 시청을 방문해서 철자 's'를 하나 더 첨가했다고 한다[4]……

아마 1940년 11월경 콜레주 드 프랑스에 제출한 서류에 모스가 적어 넣은 "호적사항"은 다음과 같다.[5]

모스 마르셀, 이스라엘	1872년 5월 10일 에피날

1834년 아텡(오-랭)[6]에서 태어난 제르송 모스와 1848년 보주 지방의 에피날에서 태어난 로진 뒤르켐 사이에서 태어났습니다. 이들 부부는 모두 프랑스 국적을 가진 조부모와 부모 사이에서 태어나셨습니다.

로진 모스	제르송 모스
뒤르켐 가에서 1848년에 에피날에서 태어났고 에피날에서 사망한 로진 모스는, 라프당에서 태어나 1819년에 죽은 프랑스 국적의 아버지의 후손인 1805년 아그망에서 태어나 1896년에 에피날에서 죽은 유대교 랍비 모이즈의 딸	1834년 오 랭 아텡에서 태어나고, 1896년에 파리에서 죽은 제르송 모스는, 1805년에 아텡에서 태어난 쥘 모스와 1820년에 에피그에서 태어난 것으로 추정되는 쥘리아 사이에서 태어난 아들

이지도르 멜라니

프랑스 국적을 가진 부모로부터 릭스엥(모젤)에서 태어난 마르크스 이지도르와 보주 지방의 샤름에서 태어난 코랄리 콜리나 사이에서 1820년에 샤름(보주 지방)에서 태어나셨습니다.

조부모님들의 부모들 모두 프랑스 국적의 부모들로부터 태어나셨습니다. 뒤르켐 할아버지의 어머니 쪽 조상은 분명 뮈트지그 지역에서 적어도 15세기까지 거슬러 올라갑니다. 저의 아버지는 7년 동안(휴가기간을 포함) 복무하셨고, 이탈리아 전쟁에도 참가하셨습니다. 이 전투에서 고향 에피그의 한 수녀의 도움을 받아 발진티푸스의 치료를 받으셨습니다.

1872년 프랑스 국적을 선택했고, 프랑스 에피날의 비슈빌레에 정착한 가정입니다.

모스는 자신의 유대인 신분을 완전히 드러내는 한편 —— 랍비 할아버지, 유대인 이름 ——, 자신의 출신과 뿌리가 '프랑스'라는 것을 분명하게 밝히고자 했다. 또한 모스는 다음과 같은 점을 통해 애국적 측면을 보여주고 있다. 즉 아버지의 이탈리아 전쟁 참전과 프랑스를 조국으로 선택한 결정 등이 그것이다. 실제로 1871년 알자스 지방의 병합을 확정한 프랑크푸르트 협약에 따라 이 지역 주민들은 프랑스 국적을 선택할 수 있었다. 하지만 그 경우 알자스 지방을 떠나야만 했다.

모스와 뒤르켐의 가족사는 알자스 로렌 지방의 역사와 밀접하게 연결되어 있다. 에피날은 알자스 지방에서 가까운 보주산맥에 있는 모젤 계곡을 따라 3km 정도 펼쳐져 있는 소도시다. 보주 도의 도청소재지이기도 한 이 도시에는 1870년대 초기에 약 1만 명 정도의 주민이 살고 있었다. 모스의 가족은 이곳 시내에서 모젤 계곡 맞은편에 있는 사디 카르노 가(街) 2번지의 집에 살게 된다.

19세기부터 개발된 광천수와 온천수로 유명한 이 지역의 서쪽은 농사를 짓는 곳인 반면, 동쪽은 산업지역이었다. 가장 중요한 산업은 섬유업이었다. 19세기 초반에 이곳에 들어선 방직, 방적기들의 수는 아주 빠른 속도로 늘어났다. 1871년에는 150기의 방직, 방적기들을 헤아릴 수 있었으며, 50만 개 이상의 방추(紡錘)와 1만 6천 8백 대의 방적기가 가동 중이었다. 제라르드메르에 집중되었던 마직 가공 —— 그 "유명한 보주산맥의 섬유" —— 은 그 당시 80개의 공장에서 이뤄졌으며, 3천 명 이상이 섬유 가공업에 종사했다. 하지만 이 분야의 산업은 다음과 같은 여러 차례의 위기를 맞이하면서 19세기 내내 허약한 상태였다. 면(綿) 거래의 변화, 1860년 자유무역 협정 조인에 이은 영국 산업과의 극심한 경쟁, 미국에서 발생한 남북전쟁에 이은 목화 가격의 하락, 1880년에 발생한 수많은 공장에서의 화재 등이 그것이다.

모스의 가족들은 섬유업에 종사했다. 그의 아내의 표현에 의하면, "프랑스에서 가장 바쁜 사람"[7]이었던 제르송 모스는, 아들 모스의 출생

신고서에서 볼 수 있듯이, "도매상인"이었다. 이불 제작 기업의 교역 대표였던 그는, 미가공 원단과 재단 이불 전문 중소기업 ── "모스와 형제들"이라는 간판을 내걸었다. ── 을 형제들과 함께 세우는데 참여하기도 했다. 그의 부인이었던 로진 뒤르켐은 이 분야에 정통했다. 그도 그럴 것이 로진은 여동생 셀린과 함께 집에서 뜨개질 수공업장을 운영했기 때문이었다. 로진의 어머니 즉, 가축을 거래하는 상인의 딸이었던 멜라니 뒤르켐이 남편의 변변치 못한 수입을 보충하기 위해 이 뜨개질 수공업장을 직접 운영했던 것이다.[8] 결혼 직후 로진 뒤르켐과 제르송 모스는 에피날에 정착했으며, 가족기업의 운영을 맡았다. 이 기업의 명칭은 '모스-뒤르켐 손뜨개질 공장'이었다. 이 공장은 단지 몇 사람만이 일을 하는 소기업이었고, 대부분의 일은 농촌에서 온 여자들에게 맡겨졌으며, 그녀들이 주로 하는 일은 집에서 뜨개질을 하는 것이었다. 이처럼 뒤르켐과 모스의 가족은 보주 지방의 여러 가정과 마찬가지로 뜨개질에 종사했다. 마르셀의 동생이었던 앙리는 가업을 물려받게 되며, 부모님들이 운영하는 기업에 합류하게 된다. 하지만 집안 식구들 가운데 한 명의 표현에 따르자면, 이 기업은 "역사에 의해 이미 그 운명이 정해진" 그런 기업이었다. 모스 부인은 계속해서 "형편없는", "끔찍한 상황에서 이뤄지는", "완벽한 부진 속에서" 이뤄지는 사업이라고 개탄하곤 했다. 언젠가는 "가게를 닫아버리는 것을" 생각할 정도로 말이다.

일감이 턱없이 부족하고, 이 점에 대해 나는 내 자신과 여공들에 대해 안타까움을 금할 길이 없구나. 몇 푼 안 되는 돈을 주면서, 그리고 심지어는 아무런 대가도 지불하지 못하면서, 가난한 여자들과 같이 지내는 것이 끔찍하구나. 게다가 공장 유지비 역시 마찬가지다. 눈앞에서 펼쳐지는 이 모든 비참함에 맞서 훈련을 받는 것 같다. [……] 아주 힘든 일의 연속이고, 이제 이 일에 진절머리가 난다.[9]

하지만 마르셀 모스는 결코 집에서 운영하는 소기업에 관여하지 않았다. 에피날에 머무는 동안 그는 이 소기업의 장래와 이 지역의 경제 상황과 노동자들의 운명에 대해 염려하기는 했다. 가령 그는 뷔상(Bussang) 민중극단의 연극 공연에 가기도 했고,[10] 자기 비용으로 "에피날 동지들"에게 『무브망 소시알리스트』지를 구입해주기도 했다. 또한 보주 지방의 사회주의 및 협동조합 활동을 취재하기도 했고, 뫼르트 계곡의 파업노동자들 시위에 대해 파리에 거주하는 투사들의 관심을 촉구하기도 했다.[11] 게다가 모스는 에피날을 학술조사 현장으로 삼기도 했다. 특히 "고용자 공제조합"이라는 주제에 대해 『뤼마니테』지에 기고된 기사에서 구체적 예를 제시하면서 말이다.[12]

모스는 어린 시절과 청소년 시절을 보내게 될 이 보주 지역을 아주 좋아했다. 될 수 있으면 에피날에 가까이 있으려 했던 뒤르켐과 마찬가지로 말이다. 1884년에 뒤르켐은 생캉탱으로 가기 위해 상스를 떠났고, 1893년에 보르도에서 교수로 재직할 때 낭시에서 교수직을 얻을 수 있기를 바라기도 했다. 뒤르켐이 "로렌 출신이므로 가족들과 가까이 지낼 수 있고, 또 그의 고향 지역에서 지낼 수 있는" 낭시에서 말이다. [……] 그렇게 되었더라면 "뒤르켐이 고향에 있는 것도 가능했을 것이다."[13] 어쨌든 파리에서 자리를 잡게 된 뒤르켐은 축제와 여름방학 때마다 정기적으로 에피날을 찾았다.

자기 가족에 대해 아주 강한 애착을 가졌던 모스 역시 이와 같은 태도를 가지게 된다. 그에게 고향에서의 체류는 기분전환 이상이었다. 그도 그럴 것이 모스 자신이 스포츠를 매우 좋아했기 때문이고, 또한 "신체를 단련시키는 다양한 기술"을 알고 있었기 때문이기도 했다. 가령 수영, 달리기, 권투 등이 그것이다. 그리고 파리에 머물게 되면서 모스는 펜싱을 하기도 했다. 하지만 모스는 이 모든 스포츠 활동보다도 "숲에서 달리는 것"을 더 좋아 했다. 산행과 등산에 일가견이 있는 아마추어 애호가였던 모스는, 영국 친구인 마벨 보드의 표현에 따르자면, 깨끗한 공기를 들이쉬고 휴식을 취하기 위해 "보주 지방"에 가는 것을 좋아 했다. 또한 동료 교수들 중 한 명의 표현에 의하면, 아주 젊은 "이 덩치가 큰 동물"[14]은 보주 산맥의 울창한 숲이라는 광활한 자유 공간을 떠나지 않기 위해 "산지기"가 되는 것을 꿈꾸기도 했다는 것이다. 앙베르 몽테몽에 의해 작곡된 '보주 지방 여인'이라는 노래의 후렴구는, 보주 지방 출신들이 자기 고장에 대해 가질 수 있는 애착이 어떤 것인지를 잘 보여주고 있다.

　　우리의 아름다운 시골을,
　　우리의 계곡을, 우리의 산을,
　　보주 지방 출신은 자부심을 가지고
　　이 자유의 보고를
　　노래한다.

알자스 지방의 평원과 로렌 지방의 고원 지대 사이에 끼여 있는 이 "동떨어진 세상"에서 주민들은, 자유의 가치가 얼마나 소중한 것인가를 잘 알고 있었다. 1870년부터 1차 세계대전까지 이 지역은 실제로 독일과 프랑스의 격전으로부터 직접적인 영향을 받았던 것이다. 1870년 10월에 폰 베르더 장군은 만 5천명으로 구성된 부대의 선두에 서서 에피날에 입성했다. 1871년 5월 10일에 체결된 프랑크푸르트협약으로 전쟁은 끝났다. 하지만 알자스 지역과 많은 보주 지역은 독일에 병합되었다. 비스마르크 재상에 의해 새로운 국경선은 원칙적으로 사용하는 언어를 기준으로 그어졌으나, 경제적, 전략적 이유로 이 기준은 잘 적용되지 않았다. 이 협약은 프랑스의 입장에서는 부끄러운 패배의 상징이었으며, 프랑스 지역으로 남게 된 보주 지역의 입장에서는 인구와 경제라는 면에서 상당한 팽창을 가능케 한 새로운 출발의 계기가 되었다. 낭시는 동부 프랑스의 주요 거점 도시가 되었고, 벨포르 역시 상당한 성장을 이룩했다. 석탄을 이용하는 대규모 건물의 건축과 더불어 탄력을 받은 에피날은 50년 사이에 인구가 세 배로 늘어났으며, "보주 지방의 유일한 중심지"로의 위상을 얻게 되었다. 전쟁 직후 전략 요충지라는 이유로 보주 지역에는 아주 단단한 방어진이 구축되었다. 수많은 진지의 구축, 대규모 주둔부대 배치 등이 그것이다. 수십 킬로에 이르는 협궤철도를 통해 에피날의 군수품 보급소와 이 도시를 둘러싸고 있는 다른 진지가 연결되었다. 빈번하게 눈에 띄는 군대 행렬들과 훈련들로 인해 주민들의 삶 자체가 현저하게 달라졌다. 1914년에 1차 세계대전이 발발했을 때 에피날은 프랑스 동부의 4대 주요 요새 가운데 하나였다. 그리고 제 1군단장이었던 뒤바이 장군은 이 군단의 작전사령부를 에피날의 노트르담 성당에 설치했다.

1870년에 보불전쟁이 발발했을 때 뒤르켐은 열두 살이었다. 뒤르켐은 후일 이렇게 쓰고 있다. "우리는 승리를 확신했다. 그것을 분명하게 기억한다." 하지만 이 전쟁에서의 패배로 인해 뒤르켐과 그의 가족들의 마음속에 강한 애국심이 생겨나게 되었고, 조국의 쇠퇴에 맞서 그는 스스로 프랑스 재건의 역군임을 자임하게 된다. 게다가 전쟁이 "역사적으로 피할 수 없는 사건"이라는 점과 전쟁은 "항상 발생할 수 있다."는 점을 깨달았음에도 불구하고, 뒤르켐은 이 전쟁이 "국민들의 삶 속에서 항상 최소한의 자리"를 차지하기를 희망했다.[15]

하지만 이 점에 대해 뒤르켐은 잘못 생각한 것이다. 그의 삶과 그의 가족의 삶에서 전쟁은 중요한 위치를 점하게 될 것이기 때문이다. 하지만 독일과 프랑스 사이의 전쟁이 끝난 후에 태어난 마르셀 모스는 "보주 지방 출신이었던 그의 조상과 보불전쟁의 생생한 추억으로부터 약간 지나친 애국심과 약간 전투적인 태도를 끌어내게 된다."[16] 모스는 "전투적 기질"을 가지고 있었다. 어쩌면 모스는 군인으로서의 삶을 선택할 수도 있었을 것이다. 비록 유대인 신분으로 그런 직업을 갖는다는 계획을 실천에 옮기는데 많은 어려움이 뒤따랐을 수 있었음에도 불구하고 말이다. 게다가 1차 세계대전이 발발했을 때 그는 여지없이 동원되었다. 실제로 그는 3년 이상 군복을 입게 된다.

유대식 교육

알자스와 로렌 지방은 프랑스 유대교의 요람이었다. 1808년을 기준으로 이 두 지역에는 3만 6천 명의 유대인이 살고 있었다. 이 숫자는 프랑스 전체 유대인의 80%에 해당했다. 프랑스 동부의 이 유대인 공동체는 구성원의 숫자는 물론 그들의 종교적, 공동체적 단결 면에서도 아주 중요한 의미를 가지고 있었다.[17] 하지만 이 지역에 거주하는 유대인들의 비율은 점차 줄어들어, 1841년에는 70%, 1861년에는 56%를 기록했다. 알자스, 로렌 지역에서 떠난 유대인들은 대부분 파리로 이주했다. J. J. 바이스의 소설 『라인강 지역』[18]에서 다음과 같은 구절을 읽을 수 있다. "알자스 지방을 떠날 무렵 그들의 나이는 16세도 안 되었다. [……] 그렇다면, 그 후로는? 젊은 유대인들은 그곳을 떠날 수밖에 없었다. 파리에서 유대인들은 이제 다른 모든 사람들과 동등한 사람이었다."

알자스와 로렌 지방에서 '유대인'이라는 것은 다수의 가톨릭 신자들과 다수의 신교 신자들에 의해 에워싸여 소수로 살아간다는 것을 의미했다. 이 두 지역에서 가톨릭 전통은 확고했다. 에피날에서는 겨울과 궂은 날씨의 종말을 알리는 샹 골로 축제(fête des Champs-Golots)가 계속해서 개최되었다. 이 축제의 기원은 15세기까지 거슬러 올라간다. 성(聖) 목요일 저녁이나 아니면 성 금요일 오전에 모든 젊은이들이 모젤 강가로 몰려들어 손수 제작한 배를 띄우고, 그 중 몇몇은 상을 받기도 했다…….

다양한 종교 집단들 사이의 관계는 그다지 좋은 편은 아니었다. 1789년, 1830-1832년과 마찬가지로 1848년에도 알자스 지방의 유대인들은 탄압과 폭력의 대상이었다. 이와 같은 전통적인 반유대주의는 종종 전설과 노래 속에 표현되었고, 많은 사람들의 상상 속에서 유대인은 도둑과 연결되어 있었다.[19] "유대인들은 알자스 로렌 지역에서 인기가 없었다." 세기 초에 레이벨은 이렇게 말하고 있다. "그들은 특히 시골에서 미움을 받았다. 어떤 이들은 그들의 지나친 상업 행위를 비난했고,

또 다른 이들은 그들에 대한 인종적 증오심과 맹목적이고 더 더욱 강한 종교적 증오심을 드러냈다. 그 결과 시골 사람들의 동정심을 얻을 목적으로 몇몇 정당들이 반유대주의 색깔을 가미하는 것을 볼 수 있었다."[20] 뒤르켐 자신은 보불전쟁 시절을 떠올리면서 이렇게 적고 있다. "내 자신이 유대인이었기 때문에 그 당시 나는 아주 가까이에서 모든 사태를 관찰할 수 있었다. 전쟁 패배의 책임을 유대인들에게 돌리곤 했다." 분석을 계속하면서 뒤르켐은 이렇게 덧붙이고 있다. "한 사회가 고통을 겪게 되면 그 사회는 이 고통을 전가할 수 있는 누군가를 찾아내야 하는 필요성에 직면하게 된다. 이 사회는 그 자에게 모든 책임을 뒤집어 씌어 복수를 하게 된다. 이와 같은 방식으로 유대인들은 자연스럽게 벌써 좋지 않은 평판이 더해진 희생자 역할을 하게끔 되어 있었던 것이다. 결국 이 배척받은 자들이 희생양으로 이용되었던 것이다."[21]

19세기 말에 프랑스의 유대교는 상당한 변화를 겪게 된다. 이 변화는 "흩어진 공동체, 잘 단결하지 못하는 민족의 모습에서 파리로 이주한 후 한 구역에서 단합된 공동체를 형성하는 민족으로"[22]의 변화이다. 유대 공동체는 더 개방된 사회가 되었고, 이 공동체에 속한다는 것은 의지를 바탕으로 이뤄지는 의식적인 선택 행위가 되었다. 뒤르켐의 지적 여정뿐만 아니라 모스의 그것 역시 이와 같은 변화로부터 상당한 영향을 받게 된다. 이들 두 사람이 종교와 일정한 거리를 둔 것은 반드시 유대 공동체와의 단절을 의미하는 것은 아니었다. 이들 두 사람의 유대교에 대한 초기 체험은 폐쇄적이고, 그 내부로 침잠하고, 여러 사건들의 압력하에서 어쩔 수 없이 개방된 태도를 유지하면서 주위의 사회적 가치를 받아들이면서 통합되는 공동체에 대한 체험이었다.

뒤르켐은 전형적인 유대 공동체를 "아주 강한 자의식과 단합정신을 가진 잘 응집되고 단결된 소수집단"으로, "삶의 모든 세세한 부분을 관통하고 자유로운 여지를 거의 주지 않는 그러한 실천 공동체"[23]로 보았다. 자살에 대한 연구에서 뒤르켐은 유대인들의 태도를 "기독교가 오랫동안 유지했고, 그들로 하여금 독특한 힘을 가지게끔 했던 비난"을 통해 설명하고 있다. 그리고 뒤르켐은 이렇게 덧붙이고 있다. "유대인들은 자신들에 대한 보편화된 적개심에 맞서 싸울 필요성과 다른 사람들과의 소통 불가능성으로 인해 서로 더욱 밀접한 관계를 유지하게 되었다. 그 결과 각각의 유대 공동체는 아주 응집력이 강하고, 그 구성원들이 자신들의 공동체에 대해서는 물론이고 그들의 통일된 모습에 대해서도 아주 강한 자의식을 가진 그런 공동체가 되었다. 모든 유대인들이 이와 같은 생각을 했으며, 그들 각자는 자신들이 속한 공동체에 대해 거의 같은 태도를 취하게 되었다. 즉 개인적 차이는 거의 드러나지 않게 된 것이다. 그 이유는 각각의 유대인에게 모든 사람들이 했던 밀착 감시와 삶의 문제 때문이었다."[24]

다른 유대인 집안에서보다 뒤르켐 집안에서의 전통은 더 더욱 종교적이었다. 앙리 뒤르켐은 이렇게 말하고 있다. "우리 집안은 아버지에서 아들로 8대에 걸쳐 랍비였다."[25] 에밀 뒤르켐의 할아버지인 이스라엘 다비드는 알자스에 있는 뮈트지그의 랍비였다. 에밀 뒤르켐의 아버지인 모세(1805-1896)는 에피날의 랍비이자 보주 지방과 오트 마른 지역의 주교 랍비였다. 유대 공동체의 운명을 한 손에 쥐고 있었던 모세 뒤르켐은, 행정 당국에서도 인정하는 권위를 가진 그 지역의 유력인사였다. 에피날 랍비의 저택이 "풍요로움보다는 엄격함이 지배하는 곳, 율법에의 복종이 교훈과 전범이 되는 곳, 그 어떤 것도 의무를 다하는 것을 방해하지 못하는 곳"[26]이었다는 점에 대해 놀랄 필요는 없을 것이다. 뒤르켐이 젊은 시절 받았던 교육 역시 의무와 책임에 역점이 주어졌다. 이와 같은 교육을 통해 그는 노력의 의미를 중요시하는 것, 손쉬운 성공을 경멸하는 것 등을 배웠다. 그의 동료들 가운데 한 명의 증언에 따르면, 뒤르켐은 후회하는 감정 없이 쾌락을 맛보지 못했을 그런 사람이었다.[27] 자기 아버지의 뜻을 따랐다면 에밀 뒤르켐은 집안의 랍비 전통을 이어갔을 운명이었다. 실제로 그는 한 동안 랍비학교에서 교육을 받았으며, 히브리어를 배웠고, 모세 오경과 『탈무드』를 익히기도 했다. 랍비 모세 뒤르켐은 아들의 교육을 감시했다. 에밀 뒤르켐이 고등사범학교에 입학했을 때, 모세 뒤르켐은 이 학교 총장에게 자기 아들의 토요일 수업을 면제해달라고 요청하기도 했다. 이 요청에 대해 총장은 이렇게 답을 했다고 한다. "학교가 기숙학교이기 때문에 모든 학생들이 예외 없이 같은 학칙을 따라야 합니다."[28]

하지만 청년 뒤르켐은 랍비가 되는 교육을 끝까지 받기를 거절했다. 조르주 다비에 의하면, 뒤르켐은 연세가 지긋한 한 가톨릭계 여선생님의 영향으로 "종교적 위기"를 겪었으며, 고등사범학교 입학 첫 해에 유대교와의 관계를 단절하게 된다. 뒤르켐의 유대교에 대한 태도를 규정하기 위해 어떤 사람들은 "불가지론"[29]을 들먹이기도 하고, 또 어떤 사람들은 "기존의 그 어떤 종교에도 직접 관여하지 않았음"[30]을 들먹이기도 했다. 에티엔 알팽은 외할아버지 뒤르켐에 대해 이렇게 말하고 있다. "그는 부정 접두사 'A'가 포함된 단어의 의미에서 비종교적 (Areligieux)이었다. 뒤르켐의 모든 저작에서 유대교의 흔적을 발견하려는 자들은 길을 잘못 든 것이다."[31]

뒤르켐은 개인적으로 아주 어려운 여건과 상황 속에서도 유대교에 대해 일정한 거리를 됐다. 뒤르켐은 이 점에 대해 여전히 회한을 품게 된다. 마치 "처음으로 돼지고기를 먹은 유대인처럼"[32] 말이다. 두 개의 역사와 두 개의 문화 — 한편으로 『성서』와 『탈무드』에서 자양분을 얻은 유대인의 디아스포라, 다른 한편으로 서구의 휴머니즘과 고전 문화 — 사이에 끼어 힘들어했던 뒤르켐은, 가정의 전통을 계승하지 못한 점에 대해 죄책감을 느꼈다. 마치 아들(다윗)이 아버지(모세) 살해를 스스로 인정한 것 같은 꼴이 되어버렸다.[33]

하지만 뒤르켐은 평생 "랍비의 아들"로 남게 된다. 그리고 직업 차원에서도 그는 종교 지도자로 여겨지게 될 것이다. 1899년 고등사범학교를 졸업하면서 그를 만났던 위베르 부르쟁은 "스승"을 이렇게 묘사하고 있다.

그는 꾸밈이라고는 전혀 없고, 예술적 관심마저 생략된 넓고 간소한 연구실에서 사람들을 맞았다. 그의 홀쭉하고 마른 체구는 폭이 넓은 부드러운 플라넬 천으로 된 실내복으로 에워싸여 있었다. 그 안에 약간 근육이 있을 뿐, 뼈가 앙상하고 '사유의 버팀목'인 그의 몸이 감추어져 있었다. 넓은 이마, 짧은 콧수염, 숱이 많은 턱수염, 전형적인 랍비의 코를 가진 창백하고 금욕적인 모습을 한 그가 어둠 속에서 몸을 드러냈다. 하지만 이 단호하면서도 단조로운 얼굴에서도 두 개의 깊은 눈, 부드러우면서도 강한 힘을 발하는 눈이 빛났고, 존경심과 주의, 심지어는 복종을 요구하는 동시에 신뢰감을 보여주기도 했다. 요컨대 이 모든 것들은 그의 강력한 권위를 보여주는 것이었다.

그리고 위베르 부르쟁은 다음과 같이 결론을 맺고 있다.

이와 같은 그의 육체적 모습과 그의 사람됨 전부는 그가 학자보다는 사제라는 점을 뚜렷이 보여준다고 하겠다. 그는 성직자의 모습을 하고 있었으며, 그의 임무는 오히려 종교적이었다.[34]

이와 같은 뒤르켐의 "세속의 사제" 혹은 "뭔가 그 모습을 알 수 없지만 탄생 중에 있는 신흥 종교 선지자"로서의 이미지는 후일 널리 퍼져 하나의 전설이 되기에 이른다. 널리 알려진 농담에 의하면, 이 랍비의 아들은 노트르 담 성당 앞을 지나가면서 미소를 머금은 채 이렇게 말했을 것이라고 한다. "나는 이 성당의 교단 같은 곳에서 설교를 할지도 모른다."[35] "선지자들의 상속자"였던 뒤르켐은 한때 강한 신앙심을 가졌으며, "자기 청중들에게 확신을 심어주고 또 그것을 강화시키고자 했다."[36] 뒤르켐이라는 사람 자체가 인상적이었다. "집중력이 동반된 긴 사색, 천부적인 추론 능력, 부지런함, 부분은 물론이거니와 전체를 포착해내는 집요하면서도 꾸준한 능력, 강한 고집, 임무 수행에서의 영웅적인 태도, 방법적인 면에서의 극단적인 엄격함……."[37] 하지만 뒤르켐의 친구들과 부모는 그의 "어느 정도 거칠고 무뚝뚝한 성격 아래에서" 다음과 같은 것을 발견했다. "그의 뜨거운 영혼, 열정적이면서도 관대함과 동시에 현실적인 영혼"이 그것이다. "그러니까 뒤르켐은 아주 전형적인 유대인이네. 왜냐하면 유감으로 생각하든 아니면 축성으로 생각하든 간에 뒤르켐과 같은 자는 다른 공동체에서는 찾아볼 수가 없기 때문이지."[38] 조르주 다비 역시 뒤르켐에 보통 부여되고 있는 "잘못된 이미지"를 바로잡고 있다. "그의 금욕주의자로서의 모습, 그의 수척한 얼굴, 그의 단호한 태도, 그의 웅변과 시선이 청중들에게 떨어졌다. 이에 매료된 청중들의 열광과 마찬가지로 초조해진 수험생들에게서 볼 수 있는 공포를 그들 청중들에게 야기하면서 말이다. 이 영적 선지자의 내부에 감추어져 있는 부드러운 마음과 안쓰러워하는 영혼을 우리가 어떻게 예측할 수 있겠는가?"[39]

할아버지가 돌아가셨을 때 뒤르켐의 집안을 돌본 사람들은 우선 여자들이었다. 그러니까 할머니, 두 딸 로진 (모스)와 셀린 (카엥)이었다. 모스와 카엥 두 집안은 아주 가까이 지냈다. 이 두 집안은 같은 집에서 살았는데, 한 집안이 1층에서 지냈고, 다른 집안이 2층에서 지냈다. 셀린 이모네 집에서는 정기적으로 축제가 열렸다. 마르셀 모스의 어머니 로진은 "아주 신앙심이 깊었으며, 혼자 유대교 회당에 가기도" 했다.[40] 그녀의 남편인 제르송 모스 역시 신앙심이 깊었다. 그는 아들 마르셀 모스에게 다음과 같은 내용의 편지를 쓰곤 했다. "네가 살고 있는 동네의 교회당에 가는 것을 빼먹지 말아라. 단식 역시 잘 하리라 믿는다. [······] 내가 사업에서 이 정도의 성공을 거둔 것은 전적으로 하나님 덕분이다. [······]"[41]

집에서 운영하는 사업과 공부로 인해 젊은 모스는 아주 빠르게 "외부 세계"와 접하게 되었다. 아들의 교육에 커다란 관심을 가졌던 모스의 어머니는 아들에게 지적 자극을 주기 위해 많은 노력을 경주하게 된다. 가령 새해 선물로 생트 뵈브의 『선집』을 아들에게 주기도 했다(이때 아들의 나이 겨우 열두 살이었다!) 모스는 이 책에서 뷔렝의 아름다운 조각 판화 그림을 발견하게 되고, 이 책을 항상 간직하게 된다. 게다가 모스는 이 책을 "중학교 3학년부터 문학 공부의 토대로 삼게 된다."[42]

자기 세대에 속하는 젊은 유대인들과 마찬가지로 모스는 종교교육을 받았고, 히브리어를 배웠으며, 유대교 성년식을 받기도 했다. 모스는 유대 이름인 '이스라엘'을 받았으나 사용하지는 않았다. 유대 가정에서 이름의 선택은 정해진 규칙을 따르게 되어 있다. 이름은 교대로 부계와 모계의 순으로 취하고, 항상 돌아가신 조상으로부터 물려받게 되어 있다. 유대교 신앙에 의하면 이름은 당연히 그것을 사용하는 사람을 잘 보여줘야 했다. 그러니까 이름을 알게 되면 그 이름을 가진 사람에 대해서도 잘 알 수 있도록 말이다. 모스는 『유대 연구 잡지』에 유일하게 게재한 한 연구에서 자기 이름의 어원에 관심을 보이고 있다.

이스라엘이라는 이름이 부자연스러운 이름이라는 것은 대체로 인정된 사실이다. [······] 나로 말할 것 같으면, 이 이름이 언어학적으로 'Is-Rahel'이라는 어원과 같다는 사실을 별 어려움 없이 인정할 수 있다. 다만 나는 라셸(Rachel)의 아이들이 이스라엘이 아니라 요셉과 벤자민이라는 사실을 인정하는 데 어려움을 겪을 뿐이다. 하지만 씨족에서 부족으로, 부족에서 민족으로, 다시 민족에서 하위 민족으로 전해지면서 발생하는 이와 같은 이름의 변화는 당연한 것이며, 심지어는 종종 역사적 사건들을 가장 잘 보여주는 기호이기도 하다. 이 모든 것들의 뒤에 아주 멀고 아주 혼란스러웠던 과거가 숨겨져 있다는 것은 가능한 일이다.[43]

스티븐 륙스의 지적에 따르면,[44] 마르셀은 꽤 이른 나이, 즉 열여덟 살부터 유대교 의식(儀式)에 참가하지 않았다고 한다. 그렇다고 해서 이와 같은 유대교와의 단절이 "뒤르켐의 영향이 상당히 큰 분위기였던 집에서 단절이나 긴장 없이"[45] 이뤄졌다고 결론내릴 필요가 있을까? 모스는 집안의 종교적 신앙을 존중했다. 하지만 그 자신은 이와 같은 "신앙심을 보여주는 것"을 종종 "옹졸하다고 할 수 있는 태도"와 "지나치다고 할 수 있는 태도"로 거부했다. 어느 날 모스가 유대 교회당에 할머니를 모시고 가지 않은 것을 알고, 이에 대해 뒤르켐이 나무란 적이 있었다. "네가 겉으로만 신앙인인척 하기를 거절할 수는 있어. 하지만 낯선 사람보다는 너의 도움을 받는 것을 더 좋아하실 할머니를 도와드리는 것을 거절하면 안 된다."[46]

뒤르켐과 모스는 유대교 축제에 참가하기 위해 정기적으로 에피날을 찾았다. 물론 아무런 문제가 없었던 것은 아니었다. 로진 모스는 아들에게 이렇게 말하고 있다. "고백컨대 난 이번 유월절을 과거에 했던 대로 기념하고 싶구나. 다만 곤란한 점은 에밀 [뒤르켐]이 왔으면 하고 바라는 마음과 유월절을 맞아 그의 배를 어떻게 채워줄지 모르겠다는 점이다. 만일 뒤르켐이 방이 아닌 다른 장소에서 빵을 먹기를 원한다면, 나는 결코 빵이 놓여 있는 식탁 가까이에 앉아 있을 수는 없을 것 같구나."[47]

마르셀 모스 역시 유대교 축제에 참석했다. 하지만 그 자신이 앙리 위베르에게 털어놓고 있는 것처럼 모스는 종교 행사를 따분하게 여겼다. "오늘 행사가 시작되었네. 적어도 화요일 저녁까지 행사가 계속 되네. 오늘 밤, 내일, 월요일 아침에 공부를 할 수 있다면 기적이겠지. 행사에서 볼 수 있는 많은 사람들이 같이 하는 회식과 그들의 가장된 태도는 이 행사에 전혀 도움이 안 되네. 우리집에서 볼 수 있는 이 모든 과정은 아무 짝에도 쓸모없는 것일세. [……] 뒤르켐도 참석하네. 20시간 여행을 하고, 여기서 40시간을 보내네. 그 중 12시간을 축제를 위한 옷을 입고 보내지."[48] 모스의 태도는 어머니의 신경을 거슬리게 했다. "이곳에서 대축제가 열리는 동안 네가 여기에 있는 것을 원치 않는다는 점을 고백하마. 나 역시 오랜 전통을 따르는데 방해를 받거나 충격 받기를 원치 않는다. [……] 난 이 오랜 전통을 고수하고 싶다. 그 이유는 우선 내가 바뀌기에는 너무 나이가 많고, 그 다음으로 너희들은 이 행사들을 대신할 그 무엇을 아직 가지고 있지 못하기 때문이지."[49] 어머니는 모스에게 그의 종교적 의무가 무엇인지를 상기시켜주기 위해 항상 노력했다. "네가 나에게 기쁨을 주려거든 정성껏 유월절을 지켜라. 내일 저녁부터 시작된다."[50] 그런데 모스가 그 당시에 배웠던 히브리어와 유대교에 대한 지식은 성스러움과 기도에 대한 그의 후일의 연구에 아주 유용하게 소용되게 된다. 네덜란드에서 체류하는 동안 모스는 암스테르담의 랍비회와 접촉을 갖게 된다. 모스는 또한 종종 "과거에 『탈무드』 해석의 권위자 가운 데 한 명이었던 대랍비"의 견해를 묻기 위해 일부러 에피날에 들르기도 했다. 위베르에게 자신의 속내를 털어놓는 기회에 모스는 이렇게 말하고 있다. "그 랍비와 같이 있으면 기분이 좋네. 그 분도 역시 나와 같이 있으면 마음이 편했으면 하네."[51]

보르도대학에서 학생이자 제자로서

수준 높은 연구와 대학 경력, 바로 이것이 젊은 에피날 출신 유대인의 아주 멋진 미래 청사진이었다. 『자살론』에서 다음과 같은 사실을 일반적 법칙으로 인정하고 있는 뒤르켐 역시 이 사실을 의식하고 있었다. "자신들이 대상이 되고 있는 증오와 자신들이 맞서 싸워야 하는 투쟁에서 자신들을 확실하게 지키기 위해 종교적 소수 공동체는, 그들을 에워싸고 있는 사람들과의 관계에서 지식상의 우위를 점해야 한다."는 법칙이 그것이다. 뒤르켐은 이 사실을 보다 자세하게 설명하고 있다.

> 따라서 유대인들은 더 많은 교육을 받고자 한다. 이는 반성적 사고를 통해 그들이 가지고 있는 집단적 편견을 배척하려는 것이 아니라, 단지 투쟁에서 더 잘 무장하려는 것이다. 그들에게 배움은 여론이나 또는 때때로 법적으로 불리한 상황에서 벗어날 수 있는 하나의 수단인 것이다. 그리고 지식 그 자체로는 효력을 발휘하고 있는 전통에 맞서 아무것도 할 수 없기 때문에, 유대인들은 자신들의 관습적인 일상생활에 지적인 삶을 포개 놓았을 뿐, 지식으로 관습을 바꾸려 하지 않는다. 바로 거기로부터 유대인들의 복잡한 성향이 기인된다. 유대인들은 어떤 면에서는 원시적이지만, 또 어떤 면에서는 지적이며 아주 문화적이라 할 수 있다. 그래서 그들은 오래된 소수집단의 특징인 엄격한 규율이라는 장점과 현대 사회가 누리는 문명의 혜택을 결합시켰다. 그들은 현대인들이 느끼는 절망을 갖지 않으면서도 현대인들의 지성을 가지고 있다.[52]

에피날고등학교에서 탁월한 성적을 거둔 후에도 모스는 고등사범학교로 진학하지 않았다. 그 대신 그는 1890년 가을에 보르도에 있는 삼촌에게로 가게 된다. 문화적인 면에서 교차로이자 활기에 찬 항구이며 즉시 고급 포도주를 연상케 하는 상거래 도시, 보르도는 학문과 문화의 중심지이기도 했다. 가령 수많은 중 고등학교, 수많은 전문학교(수리학, 상업, 농업)는 물론이거니와 아주 규모가 크고 유서 깊은 대학이 자리 잡고 있었다. 보르도대학에는 4,000명의 학생들이 있었으며, 몽테뉴가 "무덤 속에서 미소를 지으면서"[53] 이들을 맞이하고 있었다.

모스가 고등사범학교로 진학하지 않은 사실이 놀라운 것일 수도 있다. 하지만 그는 기숙사 생활을 좋아하지 않았다. 게다가 뒤르켐도 고등사범학교에 들어가라고 모스를 부추기지 않았다. 그도 그럴 것이 뒤르켐 자신이 학업 성적에서의 지나친 경쟁이나 실패에 대한 두려움 등으로 인해 심한 고통을 겪었기 때문이기도 하며, 또한 고등사범학교에서 실시되는 교육에 뒤르켐 자신이 실망했기 때문이기도 하다. 가령 지나치게 문학에 치우친 교육, 문학 애호주의, 피상적 교육 등이 그것이다.[54]

1890년 여름에 모스는 테오뒬 리보라는 철학자의 "소소한 책들을" 읽은 후에 대학에서 경력을 쌓기로 결심한다. 게다가 모스는 『현대 영국 심리학』, 『현대 독일 심리학』 등을 완전히 독파했다. 또한 뒤르켐이 1880년 여름 초에 그랬던 것처럼 모스 역시 학문에 완전히 "매료되었다."[55] 이렇게 해서 모스는 사회학, "특히 프랑스에서 유행하지 않았던 학문, 마지막 콩트주의자들의 과도함으로 인해 조소를 받았던 학문, 완벽한 체계를 구성하지 못하고 있었던 학문"[56]에 곧 흥미를 가지기 시작했다. 모스에게는 삼촌의 성공이 모델이 되었고, 그 당시 집안 식구들의 반대를 물리칠 수 있게 해줬다.

1882년 대학교수자격시험에 합격한 다음, 뒤르켐은 고등학교에서 철학을 가르쳤다. 처음에는 퓌, 상스, 생 캉탱에서, 그 다음에는 독일에서 체류하면서 철학의 현상황을 분석하고, 특히 독일대학에서 도덕에 관심을 가진 후에 트루아에서 가르치기도 했다. "진정한 사회도덕철학"을 정립하겠다는 뒤르켐의 기획이 점차 구체화되기 시작했다. 뒤르켐은 이렇게 쓰고 있다. "도덕철학이 발전해서 이론으로 행동의 문제를 해결할 날이 언젠가 올 것이다. 하지만 지금은 그 단계에서 멀리 떨어져 있다. [⋯⋯]"[57] 1887년에 보르도대학에서 강사로 첫 강의를 하게 된 뒤르켐은 알프레드 에스피나의 자리를 이어받게 된다. 얼마 전에 문과대학 학장으로 임명된 에스피나가 뒤르켐의 임명을 주도했던 것으로 보인다. 뒤르켐이 차지하게 된 이 자리 ── 그 이후 1896년에 "사회학" 교수직이 된다 ── 는 특별히 뒤르켐을 위해 고등교육 담당관 루이 리아르의 주도로 마련되었다. 이 담당관은 프랑스 대학 교육의 재편을 위해 계속 힘써왔던 인물이었다. 뒤르켐은 교육학 강의를 담당하게 되었다. 그의 임명 때 강의 제목에 "사회과학"이라는 단어가 붙었다.

보르도에 왔을 때 뒤르켐은 29세였고, 결혼한 지 얼마 되지 않은 상황이었다. 1887년 10월 17일에 뒤르켐은 파리에서 루이즈 드레퓌스와 결혼했다. 신부 루이즈는 알자스 지방의 뷔상부르 출신 파리 기업가의 딸이었다. 이들의 결혼식은 아주 멋졌다. 십만 프랑의 지참금과 전형적인 현모양처, 그 당시 사람들은 뒤르켐의 결혼을 이 두 단어로 요약했다.[58] 이들 부부 사이에는 두 명의 아이가 태어났다. 1888년에 태어난 마리와 1892년에 태어난 앙드레가 그들이다. 마르셀 모스는 외숙모에 대해 항상 존경심을 표현하고 있다. "그녀는 끝까지 남편이 최상의 조건에서 연구를 하게끔 내조했다. 고등교육을 받았던 그녀는 남편의 저작에 도움을 주기도 했다. 여러 해 동안 그녀는 남편의 원고를 필사하기도 했으며, 시험지 채점을 돕기도 했다. 그녀가 없었더라면 『사회학 연보』는 뒤르켐에게 무거운 짐이 되었을 것이다."[59] 『사회학 연보』의 공동편집자 가운데 한 명이었던 조르주 다비는, "즐겁게 자신의 삶을 남편의 학자로서의 고단한 삶에 기꺼이 할애한" 이 여성을 생각하면서 "존경할만한 동반자"[60]라고 덧붙이고 있다.

그 당시 프랑스 대학에 '사회학'을 도입하는 것은 하나의 도전이었다. 1887년 신학기에 뒤르켐은 사회학이 "신생 학문"이라는 점을 인정하고 있다. 뒤르켐은 계속해서 이 학문의 역사를 되짚어보고, 그 대상을 규정하고(사회적 사실), 그 방법(관찰과 실험)을 규정하고, 이 학문이 할 수 있는 이론적, 실천적 "공헌"이 무엇인지 확인할 필요가 있다고 주장했다. 뒤르켐은 다른 사람들을 설득시키려고 했다. 하지만 뒤르켐의 어조는 차분했으며, 결코 과장이나 수사가 없었다.

"자기 강의의 성공에 큰 관심을 가졌던"[61] 뒤르켐은 아침부터 저녁까지 연구에 몰두하면서 강의를 준비했다. 벌써 "대가"로 여겨지기 시작한 이 "대단한 실력을 가진 젊은 학자"는, 대학 총장의 보고에 따르면, "학생들에게 대단한 영향을 미치고 있는 열성적으로 연구하는 교수였다. [……] 그 어떤 교수도 그보다 더 열성적이지 못했다." 뒤르켐의 조카 중 한 명으로 보르도에 있는 뒤르켐의 집에서 함께 살았던 앙리 뒤르켐은 이렇게 말하고 있다. "삼촌은 항상 연구를 했다. 어디서나 연구를 했다. 숙모는 삼촌에게 아주 헌신적이었다. 숙모 자신은 안타까워하면서도 삼촌의 일을 존중했다. 숙모는 삼촌의 혹사를 염려했다. 숙모의 염려에 대한 삼촌의 답은 한결같이 '해야 할 일은 어차피 해야 하오.'였다. 더군다나 숙모가 삼촌의 강의에 직접 참석하기도 했다."[62]

모스의 증언에 의하면, 학문적인 측면에서 뒤르켐이 보르도에서 보낸 15년은 대단한 집중력을 보인 시기였다. "이 글을 읽는 독자들의 눈으로 이 글이 고독 속에서 별다른 도움 없이 보르도의 한 젊은 교수의 대단한 노력의 결과라는 것을 짐작할 수 있을지 잘 모르겠다. 이 모든 것이 1887년에서 1902년까지 15년 동안에, 29세에서 44세까지의 뒤르켐의 삶에서 이뤄졌다. 이와 동시에 그는『사회분업론』,『사회학적 방법의 규칙』,『자살론』등을 출간했으며, 수많은 논문과 우리에게 보여준 집중적인 시간의 투자를 고려하지 않더라도,『사회학 연보』의 첫 4호의 편집에 직접적으로 관여했다."[63]

뒤르켐은 알캉(Alcan) 출판사에서 1893년에 첫 저서를 출간했다. 학위논문이었던『사회분업론: 고등사회 조직 연구』가 그것이다. 이 저서는 10여 년 가까운 연구 끝에 빛을 본 '도덕철학'을 정립한다는 아주 야심에 찬 지적 기획의 결과물이었다. 사회적 연대성이란 무엇인가? 점점 더 자율적이 되어가면서 개인은 어떻게 사회에 의존적이 되는가? 뒤르켐은 이와 같은 문제들을 제기했으며, 법률 규칙에 대한 연구에서 출발해 두 가지 형태의 사회적 연대성을 구분하기에 이르렀다. '기계적 연대성'과 '조직적 연대성'이 그것이다. 이른바 "원시적" 혹은 "열등한" 사회라고 일컬어지는 사회에 고유한 첫 번째 연대성은, 유사성에 기초하며, 개인을 사회에 직접적으로 연결시켜주는 연대성으로 이해된다. 소위 "산업화된" 혹은 "우등한" 사회를 특징짓는 두 번째 연대성은, 사회분업의 오랜 결과로 이해된다. 과거에 "집단의식"을 통해 수행되었던 기능이 현대사회에서는 분업에 의해 이뤄진다. 물론 이 두 번째 연대성에 문제가 전혀 없는 것은 아니다. 왜냐하면 사회 변화가 급격하고 갈등 상태에 있는 이해관계들 사이에 균형이 이뤄질 충분한 시간 여유가 없는 경우, 사회는 이른바 "아노미 상태", 즉 조절 부재의 상태에 빠지게 될 위험이 있기 때문이다.

뒤르켐의 위의 저서에는 분명 정치 차원이 내포되어 있다. 뒤르켐 자신이 이 점을 직접 인정하고 있다. "만약 이 연구가 사변적인 문제만을 거론할 뿐이라면, 이 연구는 일고의 가치도 없을 것이다."[64] 그렇다면 현대사회를 좀먹는 악(惡)인 아노미에 맞서 무엇을 해야 할 것인가? 뒤르켐은 "사회관계 내부에 더 많은 정의를 도입할 수 있기를" 희망했다. 그리고 뒤르켐은 자신이 관찰한 바 있는 이 사회적 관계가 느슨해지는 것을 막기 위해 "규칙이 제정되고 더 강화되길" 바랬다. 뒤르켐은 다음과 같은 결론을 내리고 있다. "요컨대 우리의 첫 번째 의무는 우리 자신에게 도덕적 의무를 부과하는 데 있다."[65] 박사학위 논문 심사 때 뒤르켐은 심사위원들에게 아주 강한 인상을 심어줬다. 뤼시엥 뮐펠트는 이렇게 말했다고 한다." 저 친구 거물이 될 거야."[66] 레옹 브륀슈뷔크와 엘리 알레비 역시 뒤르켐의 논문을 "대단한 논문"이라고 치켜세웠다. 하지만 이들 두 심사위원들은 다음과 같은 말을 덧붙이고 있다. 뒤르켐이 선택한 방식이 "워낙 독창적이고 대담한 것"이어서 벌써 "강한 반대"에 부딪칠 것이 훤히 내다보인다고 말이다. 요컨대 철학자들의 눈에는 도덕 영역에 "사회학적 실증주의"[67]를 도입하는 것은 받아들이기 어려운 것으로 보였던 것이다.

그 다음해에 뒤르켐은 『철학 잡지』에 일련의 논문을 발표하게 되는데, 이 논문들은 1895년에 『사회학적 방법의 규칙』으로 한데 묶여 출간된다. 이 저서의 출간은 실증과학으로서의 사회학의 탄생을 널리 알리게 된다. 뒤르켐은 이렇게 선언하고 있다. "사회적 사실을 사물처럼 다뤄야 한다." 모든 것이 이 선언에 들어 있다. 사회학의 연구 대상(사회적 사실)의 규정, 관찰을 뒷받침할 규칙(과학에서 모든 '과학 이전의 개념'을 배제하기), 그리고 사회적 사실에 대한 설명을 뒷받침 해주는 규칙, 비교적 방법의 소개, 특히 사회학에서 증거의 수단으로 사용되는 동시발생적인 변이체를 밝히는 방법 등이 그것이다. 이 저서에서 볼 수 있는 뒤르켐의 어조는 논쟁적이었다. 하지만 이와 같은 어조로 인해 이 저서는 진정한 의미에서 하나의 '선언'의 모양새를 띤다. 뒤르켐은 다음과 같은 결론을 맺고 있다. "사회학은 철학으로부터 독립해야 한다."

교육철학자이지만 교수자격시험에서의 실패로 인해 게르만 학자가 된 샤를르 앙들레르는 『형이상학과 도덕 잡지』에서 "이른바 사회학이라고 명명된 학문"을 비난하는 자들의 대변인 역할을 맡았다. 실제로 앙들레르는 이 사회학이라는 학문에서 그저 유행의 결과만을 볼 뿐이었다. 앙들레르는 이렇게 이죽거리고 있다. "요즘 같이 '집단정신'이 회자되고, 그로 인해 편집회의에 참가한 자들조차 이렇게 분주히 펜을 놀리는 것을 결코 본 적이 없다."[68]

보르도에서 고군분투하고 있던 뒤르켐은 "자기 임무의 막대함"과 이에 대한 상대적 무능함을 뼈저리게 느끼고 있었다.[69] 뒤르켐은 또한 자기 저작들의 출간에 따르는 비난으로 인해 화를 내기도 했다. 뒤르켐은 이렇게 말하고 있다. 그 자신의 유일한 야심은 "자기 연구들이 무용지물이 되지 않게 되는 것을 보는 것"이라고 말이다. 뒤르켐은 조카 모스에게 이렇게 털어놓고 있다. "나는 내 재능이나 내 스타일에 쏟아지는 칭찬이 아니라 내가 한 노력이 무엇인가에 소용된다는 것을 느끼고 싶을 따름이다.”[70] 첫 저작들의 출간부터 뒤르켐은 강한 반대에 직면했으며, 이와 같은 현상은 평생 계속되었다. 뒤르켐에게 가해진 비난은 그의 방법론적 원칙과 동시에 도덕성, 인식, 종교 등에 대한 그의 분석에 이르기까지 총체적이었다. 뒤르켐의 반대자들(그들 중에는 가브리엘 타르드와 르네 보름스와 같은 경쟁자들도 있었다.)은 그의 사회학을 통한 “제국주의”를 비난했으며, 그들이 “사회적 사실주의”[71]와 같은 것으로 보고 있는 그의 문제틀을 비난하기도 했다. 모스는 이렇게 증언하고 있다. “뒤르켐은 민감한 도덕주의자들, 수많은 전통 경제학자들이나 기독교 계열의 경제학자들이 『사회분업론』에 퍼부은 집산주의라는 비난에 직면했던 것이다. 이와 같은 종류의 소란으로 인해 뒤르켐은 파리 소재 대학의 교수직에서 배제되었다.”[72]

　　모스는 그 자신의 인생에 대해 이렇게 말하고 있다. “내 인생은 비교 불가능한 몇몇 후원자들 덕분으로 풍요롭게 되었다.” 그러면서 모스는 “그 자신의 인생 초반부를 위대한 세 사람 곁에서 보냈고” 또 그 자신 “그들에게 헌신했다.”고 덧붙이고 있다. 그 세 사람이란 뒤르켐, 조레스, 실뱅 레비다.[73] 삼촌이었던 뒤르켐은 강한 지적 힘과 도덕적 이상과 더불어 곧바로 조카에게 스승이자 모델이 되었다. 뒤르켐은 스스로 그 자신의 책임을 인정하고 있기도 하다. “네 어머니가 나에게 너의 교육을 부탁했단다. 나는 너를 내 이상에 맞게 교육시켰지. 그러니 그 결과를 받아드려야 해. 그것을 후회하는 것은 네 어머니의 자유지만, 그렇다고 그녀도 그것을 원망할 수는 없을 게야.”[74] 그 당시에 모스에 대한 뒤르켐의 영향은 결정적이었다. 어느 정도냐 하면 모스가 자신의 연구에서 “자기보다 훨씬 더 유명한 삼촌의 그늘 아래에서 지낸 과거의 삶에 의해 억눌렸다."[75]고 말할 정도였다. 마르셀은 뒤르켐의 학생이자 프랑스 사회학 창건자의 수제자 그리고 가장 가까운 협력자이기도 했다. 뒤르켐 자신도 후일 모스가 "어느 정도는 자신의 '분신'이었다."고 말하고 있다.

보르도에서 지내면서 모스는 약간의 자유를 누릴 수 있었다. 모스는 테스트 가 51번지에 살았으며, 마블리 가 17번지에 있는 부르주아 하숙집에서 1.5프랑 짜리 식사를 했다. 모스의 수입원은 장학금과 집에서 보내주는 용돈으로 충당되었다. 철학사 자격을 따기 위해 문과대학에 등록한 모스는 1년 동안(1891-1892) 법학과 수업을 듣기도 했다. 그 다음 해에 모스는 군복무를 위해 학업을 중단하고 고향인 뇌프샤토로 가서 보조병으로 편입되었다.[76]

모스에 대해 주의를 늦추지 않았던 뒤르켐은 조카의 후견인 역할을 했다. 조카의 학업을 돕고, 그가 체계적인 생활을 할 수 있도록 해줬다. 모스는 당연히 삼촌의 강의를 들었다. "모든 교수들의 강의 중 가장 확신에 차 있었고, 가장 멋진" 강의를 말이다. 강의를 하면서 뒤르켐은 또렷한 언어를 구사했고, 구체적인 자료를 제시했다. 가령 자살에 대한 검증된 자료와 통계를 제시했다. 뒤르켐은 아주 유창한 말솜씨를 가졌지만 단호했으며, 남을 이해시키기보다는 설득시키고자 했다. 뒤르켐은 "감정보다는 이성에"[77] 호소했다. 자신 있는 분야 가운데 하나였던 교육학 강의에서 뒤르켐은 "다른 분야에서와 동일한 정신, 한결같은 독창성, 동일한 개인적 성찰, 이와 동시에 아주 실증적인 정신"[78]을 보여줬다.

강의를 준비하고 교육하려고 뒤르켐이 경주했던 노력에 대해 모스는 이렇게 증언하고 있다.

그의 모든 강의안은 완성된 것이었다. 그것은 강의를 위한 메모가 아니었다. 그의 강의는 완벽하게 완성된 것이었다. 모든 강의는 서로 잘 연결되었으며, 각 부분들은 분명하게 검증된 증명을 통해 서로 잘 어울렸고, 모든 표현 역시 가장 세세한 부분까지 완전히 검토된 것이었다. [……]

보르도 문과대학 철학과의 몇몇 학생들만이 뒤르켐의 강의를 수강하는 유일한 학생들이 아니었다. 그의 강의는 공개로 이뤄졌고, 아주 많은 사람들이 청강했다. 법률학자들, 법대 학생들, 몇몇 동료 교수들도 있었다. 그러니까 한편으로는 다행스럽게 아주 까다로운 청강생들이 있었던 것이다. 그러나 다른 한편으로 교육자들, 다양한 분야의 교육 담당자들, 그리고 마지막으로는 유서 깊고 대규모인 지방대학의 계단식 강의실 의자를 차지하고 있었던 정체불명의 청중들이 있었다. 아주 훌륭한 교수였을 뿐만 아니라 가르치는 것을 좋아했던 뒤르켐은 과학적 진리와 교육적 효율성을 동시에 추구했다(이것은 아주 힘든 일이었다). 이와 같은 총체적 요구를 반드시 충족시켜야 한다는 생각은 당연히 소기의 성과를 거두게 된다.

하지만 이와 같은 무거운 임무가 어떤 종류의 것인지를 한 번 생각해보자. 과거에 그 누구도 그리고 지금까지도 여전히 그와 같은 방식으로 연구하지 못했던 완전히 새로운 주제에 대해, 그를 제외하고는 그 누구도 완전히 새로운 방식으로 접근하지 못했던 문제들에 대해, 그리고 종종 그 자신이 첫 번째 연구자가 되고는 했던 사실들에 대해, 매주 압도적이고 놀라울 정도로 규칙적으로 진리를 위해 가다듬고, 교육을 위해(그것도 광범위한 교육) 완벽하게 소화된 학문적 성과를 학생들에게 제시해야 했던 것이다. 뒤르켐은 약해지지 않았다. 가령 1891-1892학년도에 행해진 '조정 능력'과 '경범죄 법규'에 대한 강의를 위해 그는 얼마나 많은 노력을 경주했던가! 이러한 일과가 토요일까지 계속 되었다. 강의에 대한 걱정이 불확실성에 대한 걱정에 더해지기도 했다.[79]

보르도에 도착하자마자 뒤르켐은 "사회과학과 교육학" 강의를 맡으면서 이 두 분야를 분리시켰다. 뒤르켐은 "사회과학"에 대해서는 공개 강의를 하고, "교육학"에 대해서는 일련의 강연을 했다. 매주 목요일에 개최되었던 교육학 강연은 남녀교사들, 그 다음에 문학사 지망생들과 교수자격시험 준비생들을 대상으로 제한을 두고 행해졌다. 매주 토요일에 있었던 사회과학 강의는 공개로 이뤄졌다. 1888년에서 1895년까지 보르도대학에서 뒤르켐이 했던 강의는 다음과 같다.[80]

사회과학 강의	교육학 강의
1888-1889 가족, 그 기원과 주요 형태 칸트의 도덕과 권리 철학	저자 소개 지성 교육
1889-1890 자살	교육학의 역사 도덕 교육
1890-1891 권리와 사회도덕의 기능, 가족	18, 19세기 프랑스 교육학, 지성교육
1891-1892 가족(가부장제 가족에서 시작해서)	고대의 교육과 교육학 실천 교육학
1892-1893 범죄사회학	19세기 교육학 교육응용심리학

1893-1894	
범죄사회학(속강)	교육응용심리학 강의
형벌과 책임 및 과정	
1894-1895	
종교	심리학 강연

위에서 볼 수 있는 강의 목록에 1893-1894학년도부터는 철학 교수자격 시험 준비생들을 위한 실전 연습이 더해졌다.

모스는 뒤르켐의 강의를 크게 세 범주로 구분하고 있다. "과학적 방법론 강의" 혹은 "순수사회학 및 도덕론 강의", "교육학 강의", "이론사에 대한 강의"가 그것이다. "과학적 방법론 강의", 특히 종교와 자살에 할애된 강의는 후일 저서로 출간된다. 모스는 이 강의가 "가장 중요한 강의"였다고 단언한다. 모스 자신이 이 강의의 일부를, 예컨대 가족에 대한 강의의 "결론" 부분을 『철학 잡지』(1921)에, 그리고 "시민도덕과 직업도덕"에 대한 세 번의 강의를 『형이상학과 도덕 잡지』(1937)에 싣기도 했다.

모스가 지적하고 있는 것처럼 이 모든 강의는 삼촌에게는 엄청난 "짐"이었다. "자신의 여러 활동 가운데 뒤르켐은 강의를 자신이 맡아서 이행해야 할 의무의 하나로 여겼음을 알 수 있다. 이 의무를 위해 뒤르켐은 평생 자기가 수행해야 했던 연구와 단절해야 했다. 물론 뒤르켐은 그 자신이 기꺼이 하고자 했던 연구에 대해 혼자 책임을 느끼고 다른 누구보다 앞서 있다고 자부하기도 했다. 하지만 뒤르켐은 덜 시급하고 덜 중요한 교육을 위해 이 연구를 종종 중단해야 했던 것이다. 이처럼 뒤르켐은 일 년에 걸친 과정에서 일부 시간을 하나의 학문, 사회학보다 더

실천적이고, 덜 중요한 학문, 곧 교육학을 위해 할애했던 것이다. 물론 이 학문이 청중들의 제일 큰 관심사였던 것은 사실이다."[81] 뒤르켐 자신도 여기에 대해 불만을 털어 놓고 있다. "헛되이 보내는 시간을 줄일 수 있도록 조그마한 자리를 파리에서 얻을 수 있다면 얼마나 좋을까! 내게 필요한 것이 바로 이것이야. 교육의 짐은 무겁지만, 그로부터 대단한 것을 끌어내지 못하는 시간이 다가올 게다. [……] 평화롭게 참다운 연구에 몰두할 수 있기 위해 파리에서 자리를 잡았으면 하고 진심으로 바라고 있다. 내가 아직 알지 못하는 것을 깨우치기 위해서 말이야. 그러면 더 바랄 나위가 없을 텐데. 하지만 그런 자리를 찾는 것이 정말로 어려운 일이구나."[82]

　　모스가 보르도에서 들었던 뒤르켐의 첫 강의는 "권리와 도덕철학의 유형"이었다. 뒤르켐은 이 강의를 통해 "씨족, 대가족 등과 같은 고대 사회의 집단들의 정치적, 가정적 본성과 역할의 사라짐 그리고 가족집단이 아닌 새로운 하위집단 조직의 필요성"[83] ——이것은 뒤르켐 자신의 가장 심오한 사유의 일부이다. ——을 제시했다. 요컨대 뒤르켐은 도덕론 및 사법적 사실들에 대한 사회학의 정립을 시도했던 것이다. 하지만 이것이 뒤르켐의 유일한 목표는 아니었다. 뒤르켐은 "일반적이고 이론적인 문제의 해결책들을 바탕으로 실천 문제에 대한 해결책들을 찾고"[84] 싶어 했으며, 새로운 형태의 행동과 조직 형태를 제시하려 했다. 모스는 매료되었다. 보다 구체적으로 모스는 "삼촌의 데카르트주의, 사실들에 대한 항상 실제적이고 합리적인 연구, 이 사실들에 대한 인식 능력과 이해"에 강한 인상을 받았다. 모스는 이렇게 시인하고 있다. "내가 의도적으로, 그리고 의식적으로 발전시키고자 했던 것이 바로 이 같은 자질들이었다. [……]"[85]

또 다른 영향

보르도대학에서 모스는 철학 교육을 받았다. 하지만 이와 같은 교육은 어느 정도 심리학과 사회학에 대해 개방적이었다. 우리는 이 사실을 모스가 여러 교수들 앞에서 했던 발표와 그가 작성했던 리포트들을 통해 확인할 수 있다. 모스가 답을 해야 했던 질문들은 다음과 같은 것들이었다. "단 한 번의 경험이 하나의 법칙이 될 수 있다는 것은 사실인가?" (1893년 1월 23일) "의식은 부대현상인가?"(1893년 3월 10일) "실체의 개념은 어떻게 법칙의 개념으로 대치될 수 있는가?"(1893년 4월 19일) "표상과 종교적 삶과의 관계는?"(1893년 5월), 등이다. 그리고 1893년 5월과 6월에 모스는 뒤르켐, 아믈랭, 카셍 앞에서 "인식 불가능한 것", "진보와 탈이해 관계", "세계평화주의", "이른바 무의식이라고 얘기되는 심리현상" 등과 같은 복잡한 질문들에 대답을 해야 했다.

모스라는 젊은 대학생이 깊은 영향을 받았던 교수는 뒤르켐 외에 알프레드 에스피나와 옥타브 아믈랭이었다.[86] 고등사범학교 졸업생이고(1864년 졸업), 교수자격시험 합격자이자(1871년), 문학박사(1877년) 였던 알프레드 에스피나(1844-1922)는, 1878년부터 보르도대학 문과대학에서 가르쳤다. 위베르 부르쟁은 이 교수에 대해 다음과 같은 초상화를 그리고 있다. "키가 크고, 뚱뚱하고, 어깨가 넓었고, 힘이 세고, 다혈질이고, 빛나는 눈을 가졌고, 토론 때 얼굴색이 달라지고 달아올랐고, 착하고 장난기가 많았고, 정확하고도 감칠맛 나는 표현을 찾고자 했으며, 또 그러한 표현을 찾아내면서도 아주 쉬운 표현을 즐겨 사용했던 분이었다." 분명 에스피나는 "무뚝뚝했지만", 그래도 아주 "극히 겸손하게 고립" 속에 빠져 있던 "아주 독립적인 정신의 소유자"였다.[87]

알프레드 에스피나는 스펜서의 훌륭한 제자로서 사회학을 생물학에 종속시키고 있다. 하지만 에스피나는 사회학의 선구자로 여겨질 수도 있다. 에스피나는 "사회학의 실증성과 이 학문의 근본적 정신"[88]을 규정했던 것이다. 에스피나의 가장 중요한 저서는 『동물들의 사회』(1877)로, 이는 그의 학위논문을 수정, 보완한 것이다. 에스피나는 이 저서에서 동물 세계에서 볼 수 있는 여러 형태의 연합 —— 기생적 형태에서 협조 형태에 이르기까지 —— 을 분석하고 있다. 신념에 찬 라마르크주의자로 소문난 에스피나는 사회학에 "집단의식"을 도입했다고도 할 수 있다.[89] 사회를 하나의 살아 있는 유기체와 같은 것으로 보면서 말이다. 하지만 에스피나는 이러한 방향으로 연구를 계속해서 밀고나가지 않았다. 에스피나는 색에 대한 감각, 공간에 대한 감각 혹은 히스테리 환자에게 졸음의 문제 등과 같은 정확히 심리학에 속한 문제들로 방향을 바꾸면서 관념사와 이론사에 점차 관심을 가지기 시작했고, "유럽 역사의 현 주소"를 알기 위해 많은 노력을 기울였다. 그 결과 1880년에는 『이탈리아 실험철학』을, 1891년에는 『경제이론사』를 출간했으며, 1887년에는 테오뒬 리보와 더불어 스펜서의 저서인 『심리학 원리』를 번역하기도 했다.

에스피나는 보불전쟁이 끝날 즈음 학문에 기초한 정치를 주장하며 "조국의 갱신"을 목표로 내세웠던 사상가들의 부류에 속했다. 1901년에 집필된 「죽느냐 사느냐, 사회학의 가정」이라는 제목의 논문에서 에스피나는 가장 실증적인 학문을 안내하기 위해 모든 초월성을 배제했다. "한 사회에서 미래에 일어나는 변화를 예측할 수 있으려면 이 사회는 법칙에 따르는 다른 모든 대상들과 마찬가지로 자연의 대상이 되어야 한다. 다시 말해 과학적으로 인식할 수 있는 하나의 대상 말이다."[90] 에스피나에게 정치라고 하는 것은, 정치가 도덕적 감정이나 정념 등에 의해 결정되는 것을 피하고자 한다면, 정확하게 계측될 수 있는 사실들에 대한 토대를 발견해야 하는 것이다. "힘든 연구를 할 수 있는 계몽된 정신을 가진 모든 사람들이 자신들의 이론을 정당화하기 위해 정확한 자료를 이용하는 그런 순간이 다가오고 있다. 선의를 가진 사람들에게 그런 자료들은 아무런 부족함이 없을 것이다."[91]

모스는 에스피나 교수를 회상하면서 이렇게 말하고 있다. "[리보] 교수와 마찬가지로 스펜서주의자이자 사실을 중시했던 에스피나 교수는, 1891년 보르도에서 벌써 감동에 대한 주변적 이론에 할애된 오래된 강의를 반복해 가르치고 있었다. 그리고 [……] 사회학자였던 에스피나 교수는 실험심리학의 발달 과정에서 사회학의 발전 조건을 보았던 것이다."[92] 에스피나는 자기 강의 중 하나에서 기술(技術)과 기술학에 대한 문제를 다뤘는데, 이는 후일 『기술학 역사』(1897)라는 제목으로 출간되는 저서의 주제가 된다.[93]

그 당시 에스피나는 동료 교수였던 뒤르켐의 영향을 받았다. 에스피나는 "완고한 사회학자처럼" 보였으나, 실제로는 "조심스럽게 여러 학파와 거리를 유지하고"[94] 있었다. 몇몇 학자들은 공공연하게 에스피나가 "뒤르켐과 그의 추종자들을 불신하고" 있다고 말하기도 했다. 또한 그들은 에스피나가 비꼬는 듯한 눈으로 뒤르켐과 그의 추종자들을 "대학에서 자리를 차지하기 위해 훈련된 소부대로, 정치이론이나 정치의 바탕이 되는 이론의 선전을 위해 조직된 비밀부대로, 또한 자신들의 야심, 정책, 인간관계, 참여, 참여자들의 목록 등을 감추기 위해 많은 비밀을 유지하고 있는 [……] 비밀조직으로 보고 있다."[95]고 말하기도 했다. 에스피나와 뒤르켐의 관계는 1894년에 에스피나가 파리에 있는 한 대학의 문과대학에서 사회경제사 강의를 맡게 된 때부터 점차 악화되기 시작했다. 뒤르켐 역시 그 자리에 지원하고픈 생각이 있었던 것이다. 뒤르켐은 모스에게 에스피나와의 관계에서 일정 거리를 유지하는 것이 좋을 것이라는 충고를 해주고 있다.

> [……] 에스피나가 벌써 너의 마음을 은근 슬쩍 떠봤을 수도 있을 것이다. 하지만 그와 함께 있을 때 주의를 하고, 항상 조심하길 바란다. 다음과 같은 두 가지 이유 때문이다. 첫 번째 이유는, 보통 그에게 무리한 부탁을 안 하는 것이 좋은 것 같기 때문이다. 그도 그럴 것이 그는 뒷끝이 있는 사람이기 때문이다. 그는 지나치게 자신의 도움을 과장한다. 두 번째 이유는, 나 역시 그를 공개적으로 비난할 수 있는 권리를 가지고 있지는 않다만, 파리의 한 대학으로 옮겨가는 일에서 그 자신 완벽한 공정함을 유지하지 못했다는 점을 알고 있을 것이기 때문이다. [……] 그러니 그와 잘 지내도록 노력하기는 하되, "시간을 허비하지 않도록" 주의하길 바란다.[96]

모스는 에스피나에 대해 커다란 존경심을 가지고 있다. 모스는 에스피나에게 항상 자기 저서를 보냈고, 자신의 관심사를 알렸으며, 심지어는 그의 충고를 부탁하기까지 했다. 특히 모스 스스로 중등학교에서 교편을 잡을 생각을 했을 때 그러했다. 에스피나는 모스에게 곧장 답을 하곤 했다. "내 생각에 지금 상황에서는 여기[파리]에 머물면서 더 나은 상황을 기다리는 것이 자네에게 더 좋을 것 같네." 하지만 에스피나는 결코 자기 의견을 강요하지 않았다. "그것은 자네 개인의 문제이고, 나는 그 문제에 대해 확고한 의견을 가질 순 없네."[97] "일이 많았던 나이 먹은 스승"은 제자 모스에 대해 커다란 애정을 보여주었으며, 그에게 영향력을 행사하려고 하지 않으면서도 그를 정열적으로 맞이했다. 가령 모스가 행한 '희생'에 대한 연구에 대해 에스피나는 솔직하면서도 애정 어린 격려를 보내주고 있다.

> 친구에게. 자네 연구는 내 기대를 훨씬 뛰어넘는 것이네. 아주 독창적이고도 확고하네. 자네 연구는 직업에 관계된 여러 일로 인해 내 연구생활이 끝나지 않았다면 나도 한번쯤 해보고 싶었던 그런 연구일세. 하지만 이렇게 '내 대신' 자네가 이러한 연구를 수행한 것을 보니 아주 만족스럽네. 그리고 이러한 연구를 맛보게끔 해준 자네에게 고마운 마음을 전하네. [……] 자네 손을 따뜻하게 잡아주고 싶네. A. E.[98]

모스가 또 다른 철학교수였던 옥타브 아믈랭(1856-1907)과 가졌던 관계는 더 더욱 밀접한 것이었다. 그도 그럴 것이 아믈랭은 모스의 삼촌 뒤르켐과 "둘도 없는 친구 사이"였기 때문이었다. 뒤르켐은 그 자신이 "순수한 합리주의자, 올바른 이성을 엄격하게 사용하는 자, 모든 문학애호주의자에 반대하는 자"로 여겼던 아믈랭에 대해 커다란 존경심을 가지고 있었다. 아믈랭에게서 "사유한다는 것은 그의 생애에서 가장 진지한 일이었다." 아믈랭은 "위대한 지성의 소유자"였지만, "대중에게는 그다지 널리 알려지지 않은" 사람이었다. 실제로 아믈랭은 "완전히 학생들을 위해 헌신했던 사람이었다. 그는 바로 그들에게 비교 불가능한 모든 학문의 보물을 전해주었던 것이다."[99] 1911년에 알캉 출판사에서 유고집으로 출간된 아믈랭의 『데카르트의 체계』라는 저서의 서문에서 뒤르켐은 다음과 같은 자질들을 "경건하게 추억하면서" 그에 대한 변함없는 존경심을 표현했다. 성격과 지성 면에서의 위대함, 이성의 고귀한 사용, 의지의 단호함, 여성적인 감수성과 부드러움에 대해서 말이다.[100]

철학적인 면에서 아믈랭은 샤를르 르누비에를 추종하는 것처럼 보였다. 『도덕과학』(1869)의 저자인 르누비에는 19세기 말 프랑스 공화국 지식인들에게 커다란 영향력을 행사하고 있었다. 그리고 후일 뒤르켐에게서 볼 수 있는 바와 마찬가지로 르누비에 역시 단호한 합리주의의 보급을 장려했고, 도덕을 과학적으로 설명하려고 하는 자들을 격려했으며, 사회적 정의감을 가진 자들, 공화 교육을 옹호하는 자들, 공립학교를 옹호한 자들, 개인과 사회의 연대성을 화해하려고 시도하는 자들을 격려했다.[101]

아믈랭이 소속된 학회는 『철학 연보』를 간행하는 학회였다. 이 단체는 에두아르 피용의 지휘 아래 신칸트학파 혹은 "신비판주의" 이론을 발전시키고자 했다. 이 단체를 이끌었던 학자들은 인식된 대상을 직접 파악하려고 하는 대신에 다음과 같은 문제를 먼저 제기했다. 즉 우리가 '인식할 수' 있는 것을 실제로 '어떻게 인식하는가?'의 문제가 그것이다. 아믈랭의 가장 중요한 철학적 기여는 인식론에 대한 것이었다. 모든 종류의 직관이나 모든 초월적 이성을 거부하면서 "명확하고 정확하며, 분명하게 정의된 개념들" 위에서만 정립될 수 있을 뿐인 그런 인식론 말이다. 모든 표상은 ── 세계 자체가 표상이다. ── 결국 '관계'라는 핵심 사유에서 출발해서 아믈랭은 여러 범주들에 대한 체계를 세우고자 하는 목표를 내세웠다.[102] 아믈랭은 이렇게 주장한다. "정반합. 사물들의 가장 간단한 법칙의 세 단계가 바로 이것이다. 우리는 이것을 단 하나의 용어로 지칭하고자 한다. '관계'라는 용어가 그것이다." 아믈랭의 표현에 따르면, "30년 동안의 사색과 연구의 결실"인 『표상의 기본 요소』라는 저서에서 볼 수 있는 것처럼, "상관관계는 인식의 첫 번째 토대, 혹은 그것은 존재의 최고 법칙이다. 상관관계는 직접적인 특징을 보여준다. 세계는 관계들의 위계질서다. 모든 개념은 그것 전체로 이미 반대 개념을 부르고 있고 또 그것에 의해 정의된다. 존재는 비(非)존재와의 대립 속에서만 생각될 수 있을 뿐이다. 그리고 정확히 그렇기 때문에 관계는 존재 그 자체보다 더 근본적이고 더 일차적인 것처럼 보인다."[103] 결국 철학자의 임무는 사물들을 그 관계 속에서 구성하는 일이라는 것이다.

아믈랭이 전개하고 있는 사유 방법은 우선 반대 개념들을 종합하고, 그 다음으로 다른 개념들, 가령 시간, 수, 공간, 인과성, 목적성 등을 정립하는 식으로 이뤄져 있다. 완벽하게 관념주의적인 아믈랭의 철학은 '선험적' 범주를 구성한다. 그리고 이와 같은 철학이 경험의 도움을 받는다 해도, 아믈랭은 그의 철학이 모든 경험주의 위로, 모든 실증적 과학 위로 비상한다고 주장한다.[104] 이것이 바로 파로디가 강조하고 있는 것이다. 아믈랭은 이렇게 쓰고 있다. "인식론은 심리학과는 완전히 다르다." 아믈랭과 모스 사이에 모종의 영향관계를 정립하는 것은 가능한 일이다. '관계'와 '전체'라는 개념을 중심으로 말이다. 그러나 제자 모스가 택한 사유 과정은 단호히 사회학적이다. 하지만 모스는 스승이었던 아믈랭과 오랜 동안 우정을 유지했고, 그가 파리에 오게 되면 자기 집에서 머물 수 있도록 주선하기도 했으며, 아믈랭을 옹호하기조차 했다. 10여년 후에 아믈랭의 사고 소식을 접하자 ── 뒤르켐의 표현에 의하면 아믈랭은 "지나친 헌신의 희생자"였는데, 왜냐하면 랑드 해수욕장에서 바다에 빠진 두 사람을 구하려다 자신도 파도에 휩쓸려 익사하고 말았기 때문이다. ── 모스는 친구 위베르에게 슬픔과 동시에 분노를 토하게 된다. "그 불쌍한 아믈랭 선생의 사망 소식 들었겠지. 그 용감한 선생의 길이 남을 죽음과 물에서 꺼낸 몇 분 후에 심지어 인공호흡조차 시도하지 않은 사람들의 우둔함에 대한 소식을 말일세. 프랑스는 아주 고귀한 사람을 한 명 잃었네. 나는 불공평할 정도로 헌신적인 친구 한 명을 잃었어!"[105]

첫 번째 정치 참여

19세기에서 20세기로 접어들면서 사회당 세력은 꽤 큰 성공을 거뒀다. 신문 『라 프티트 레퓌블리크』의 창간, 최소한의 정당 강령 구상, 1893년 1월에 있었던 장 조레스의 하원 의장 당선, 같은 해 6월 50여 명의 사회당 소속 국회의원의 당선 등이 그것이다. 정치 세력의 판도에 많은 변화가 일어났다. 쥘 게드의 선거운동은 주로 프랑스 북부 산업지역에서 잘 먹혀들어 갔다. 그리고 게드가 주도하는 '프랑스노동당(POF)'은 아주 빠르게 세력을 확장해 나갔다. 당원 수가 1890년과 1893년 사이에 2천 명에서 만 명으로 늘어났다.[106] 같은 시기에 노동조합운동 역시 영향력을 확대해 나갔으며, 총파업 원칙의 채택과 더불어 점점 더 과격해져 갔다. 노동조합 사무소가 계속 늘어났으며, 1895년에는 페르낭 펠루티에의 지도하에 '노동총연맹(CGT)'이 조직되었다. 그 어느 때보다 "사회 문제"가 정치 토론의 핵심 주제가 되었다.

이와 같은 생각들과 그것들을 지지하는 자들 모두를 뒤르켐은 잘 알고 있었다. 고등사범학교에서 동문수학한 이래로 조레스의 친구였던 뒤르켐은, 미래의 사회당 지도자 조레스를 "형식주의와 급진주의의 빈틈이 많은 철학"[107]에서 어느 정도 떼어놓았다. 뒤르켐이 사회주의 사상에 대해 가지고 있는 관점은 분명하게 드러났다. 뒤르켐은 아주 일찍부터 이 사상의 "원천 자체"(생시몽과 마르크스)에 통달했고, 1892년에는 『철학 잡지』에 「사회주의의 정의에 대한 견해」라는 논문을 실었으며, 1895-1896학년도 보르도대학의 사회학 강의를 사회주의 역사에 할애했으며, 1897년에는 가스통 리샤르의 『사회주의와 사회과학』과 안토니오 라브리올라의 『사적유물론 개념에 대한 시론』이라는 저서에 대해 비판적 평가를 하기도 했다. 뒤르켐이 「사회주의의 정의에 대한 견해」에서 "사회주의"에 대해 내리고 있는 정의로 인해 그와 같은 입장을 견지하고 있다고 말하곤 했던 게드와 조레스가 충격을 받았다. 뒤르켐은 이렇게 쓰고 있다. "사회주의는 경제적 기능을 이 기능이 행해지고 있는 산만한 상태에서 조직된 상태로 갑작스럽게 혹은 점진적으로 이행시키는 세력이다. 그것은 또한 이렇게 말할 수도 있다. 사회주의는 생산력이 어느 정도 완비된 사회화에 대한 동경이라고 말이다."[108]

역사의 발전이 점차 더 규모가 큰 사회화의 방향으로 나아간다는 점을 확신하고 있었음에도 불구하고 뒤르켐 자신은 그 당시의 사회주의에 동참하는 것을 꺼렸다. 뒤르켐은 그를 설득하려는 모스에게 이렇게 답을 하고 있다. "내 의견을 말하자면, 너는 문이 열려 있는데 부수고 있는 거다. 내게 설교해 봤자 아무 소용없다. 사회주의의 형태가 바뀌게 되면, 다시 말해 노동자 계급의 배타적 정당과 동일시되지 않게 되면 나는 거기에 동참할 준비가 되어 있다. [……] 이러한 상황이 되면 많은 사람들이 사회주의에 동참하고자 할 거다."[109] 모스는 삼촌의 망설임을 잘 알고 있었고, 또 그가 "노동자들로 구성된" "약간 격렬한 계급"을 위한 "정치적이고 정치꾼" 같은 모든 활동에 대해 원칙적으로 반대하고 있음을 잘 알고 있었다.

> 뒤르켐은 모든 종류의 계급투쟁과 국가 간의 전쟁에 완전히 반대하는 입장에 있었다. 그는 한 사회 전체의 이익을 위한 변화만을 원했으며, 한 사회의 일부 계층의 이익을 위한 변화는 결코 원하지 않았다. 비록 이 일부 계층이 다수이고 또 힘을 가지고 있다고 해도 말이다. 뒤르켐은 정치혁명과 의회를 통한 변화를 피상적이고 비싼 대가를 치르는 것으로 봤고, 그것을 진지한 변화라기보다는 가식적인 변화에 불과하다고 봤다. 요컨대 그는 규율이 잘 잡힌 하나의 정당, 특히 국제조직을 가진 정당의 명령에 따른다는 생각에 반대했다. 그 자신 깊이 관여했던 드레퓌스 사건이라는 사회적, 도덕적 위기 상황에도 불구하고 뒤르켐은 이와 같은 자신의 견해를 바꾸지 않았다. [……] 오늘날 많은 사람들이 지적하는 것처럼, 뒤르켐은 사회주의자들, 조레스, 사회주의와 '공감하면서' 중용의 자리를 지켰다. 요컨대 그는 사회주의에 전념하지는 않았다.[110]

그럼에도 불구하고 사회주의자들은 뒤르켐의 연구에 관심을 가졌다.[111] 물론 그들 가운데 몇몇, 즉 좀 더 적극적으로 혁명을 지지하는 자들은 뒤르켐을 사회주의 운동의 제1의 적으로 여기기도 했다. "경계선을 넘기는"커녕 뒤르켐은 1896년에 사회주의 역사에 대한 강의를 미완으로 둔 채 『사회학 연보』를 창간하는 기회에 다시 "순수학문"으로 되돌아 왔다. 공화주의적 신념에 충실하고 사회문제와 직업 단체들의 역할에 커다란 관심을 가졌던 뒤르켐은 기본적으로 "학자"라는 사회적 표상에 자신을 동일시했다. 어떤 문제가 분명하지 않은 경우 자신의 판단을 유보하는 학문적 방법의 실천에 익숙해 있던 뒤르켐은 "대중의 지도"와 "위엄 있는 권위"[112]에 양보하기를 거부했다. 그의 관점에서 보면 사회학자는 "이른바 정치 경력"을 쌓으려는 야심을 품어서는 안 되고 ─ 게다가 그 자신 "국록을 먹는 아주 불완전한 공무원"이었다. ─ , 이와는 반대로 겸손하게 그저 "충고자, 교육자"가 되어야 했다. "결국 학자는 저서를 통해, 강의를 통해, 대중교육을 위한 저서의 출간을 통해 모든 사람들의 실천을 도와야 한다. [……] 학자는 자기 동시대인들을 지도하고 통치한다기보다는 오히려 그들을 그들의 감정에서, 그들의 사유에서 서로 만나게끔 유도하는 의무를 지고 있다."[113] 뒤르켐은 자신의 정당 활동에 대한 거부를 조카가 다양한 방식으로 현실 정치에 참여하면서 "한 눈을 팔 때"마다 재천명했다.

사회문제에 대한 토론에 직접 참여하기를 거절했던 삼촌과는 반대로[114] 마르셀 모스는 투사가 되었고, "충성스러운 당원"이 되었다. 보르도대학에서 아주 우수한 몇몇 학생들이 포함된 일군의 학생들은 사회주의, 특히 마르크스주의자나 게드주의자로 개종했다. 그러면서 이들은 사회주의 연구 모임에서 마르크스의 『자본론』을 읽었다. '프랑스노동당'과 협력하던 이 모임에 참가했던 학생들은 1933년 조레스를 초청해 강연을 듣기도 했다. 이 기회에 조레스는 "뒤르켐의 저작을 대단히 높게 평가하기도 했다."[115]

대학생활을 영위하면서 모스는 마르셀 카솅(1869-1959)을 알게 되었다. 팽폴 출신이었던 카솅은 1890년 철학사를 준비하기 위해 보르도 대학에 입학했다. 카솅을 가르친 교수들 역시 에스피나, 아믈랭, 뒤르켐이었다. 대학에 등록하기는 했지만 이 젊은 브르통 출신인 카솅은 일찌감치 사회주의 학생 그룹에 속하게 되었고, 그들의 활동 —— 공개 모임, 시위, 소책자 발행, 등 —— 에 참가했으며, 1892년 3월에는 '프랑스노동당'에 가입하게 된다.[116] 카솅으로 인해 놀랐던 옥타브 아믈랭에게 그 스스로 말했던 바로는, 철저한 게드주의자인 카솅은 "눈가리개"를 했으나, 그것은 "똑바로 걷기"[117] 위한 것이었다. 철학사 학위를 받자 카솅은 일종의 "영원한 지원자"가 되었고, 모든 시간을 투쟁 활동에 할애하게 된다.[118] 그의 수입은 주로 대규모 무역을 하던 힘 있는 가문인 로통 가문을 위시해 보르도의 대부르주아 집안의 아이들에게 했던 과외수업에서 충당되었다. 정치 활동을 이유로 카솅은 1895년에 장학금을 받지 못했으며, 교수자격시험을 준비할 수도 없었다.『지롱드 지방의 사회주의』라는 신문의 편집자 일원으로서 카솅은 지방에서 터를 일구고 곳곳에 '프랑스 노동당' 지부를 창설하면서 사회주의 선전 운동에 몰두했다. 이렇게 해서 1900년에 그는 보르도 시장의 보좌관이 되어 위생, 청소, 운송업 분야에서 활동하게 된다.

보르도에서 모스는 사회주의 학생들의 모임에 자주 모습을 나타냈으며, 그 역시 '프랑스노동당'에 가담했다. 그와 같은 과 친구들은 그의 의견을 경청했고, 소책자를 작성하면서 그의 도움을 청하기도 했다. 그들 가운데 한 명은 모스에게 이렇게 쓰고 있다. "나는 단지 몇몇 사실들, 몇몇 통계들에 대해 더 알고 싶네. 내가 쓴 글을 읽는 독자들의 마음속에서 인간적인 존엄성을 일게 하는 그런 사실들, 그런 통계들에 대해 말일세. 하지만 내가 바라는 것은 그 일에 대해 자네가 조언해주기를 바란다는 걸 자네가 이해해줬으면 하네 [……]"[119]

교수자격시험

문학사를 획득한 후에 모스는 파리로 가서 철학교수자격시험을 준비하게 된다. 모스 자신 "문명화된 자들의 세계로의 또 다른 입문"[120]이라고 표현한 그 시험을 말이다. 그 당시 모스는 의과대학에 다녔던 사촌 알베르 카엥과 함께 살았다. 1893-1894년에 모스는 "교수자격시험"[121] 장학금을 받았다. 하지만 용돈을 충당하기 위해 부모에게서 경제적 도움을 계속 받아야만 했다. 삼촌 뒤르켐은 모스에게 다음과 같은 점을 잊지 않고 상기시켜 줬다. "이제 너도 가족 공동체에 대한 비난을 그만 둬야 할 거다. 어쨌든 너 역시 이 제도로부터 이득을 보고 있단다. 그도 그럴 것이 너도 이 제도 덕택으로 아무런 물질적 걱정 없이 공부에 전념할 수 있으니깐 말이다."[122] 그 다음해에 모스는 보르도로 다시 돌아왔다. 그곳에서 그는 삼촌과 다른 철학과 교수들의 유익한 충고를 들을 수 있었다. 1895년 교수자격시험 프로그램에는 특히 다음과 같은 철학자들과 그들의 저작들이 포함되어 있었다. 아리스토텔레스의 『자연학』 제7권, 디오게네스 라에르티오스의 『공화국』 제10권, 키케로의 『신의 본성에 대하여』, 홉스의 『시민론』, 데카르트의 『성찰과 네 번째 반박과 대답』,

보쉬에의 『자유심판론』, 버클리의 『힐라스와 필로누스의 세 대화』, 텐느의 『지성론』 제 1, 2, 3권 등이다.[123]

모스에게 철학교수자격시험을 치른다는 것은 "곧장 개별적인 연구로 직행할 목적으로 그 이전에 잘 치루고 벗어던져야만 하는 일종의 강제 통과 의례"[124]라는 의미만을 가졌을 뿐일까? 교수자격시험은 아주 어려운 시험이며, 고등학교나 대학교에서 교육자로서의 경력을 쌓기 위해서는 반드시 통과해야 하는 과정이었다. 그리고 이 시험을 가장 잘 준비하는 방법은 고등사범학교에 입학하는 것이었다. 비록 이 학교 출신이 아닌 학생들에게도 학사 과정 이수 장학금(1877년)과 교수자격시험 준비 장학금(1880년)이 주어지긴 했지만, 그래도 윌름 가(街)에 자리 잡은 이 학교는 여전히 그 위력을 발휘하고 있었다. 교수자격시험에 합격하는 학생들의 비율 면에서도 그랬고, 또한 이 시험 합격자들의 상위 5명에 드는 학생들의 비율 면에서도 이 학교는 월등했다.[125]

지방에 거주하는 비고등사범학교 학생이었던 모스는 이중으로 불리한 상황에 처해 있었다. 하지만 그는 교수자격시험을 철저하게 준비했다. 그는 보르도대학 교수들, 특히 아믈랭과 뒤르켐의 도움을 받았다. 철학 교수자격시험에 합격했고, 1881년부터 이 시험의 심사위원을 역임하고 있던 뒤르켐은 이 시험 제도를 잘 알고 있었으며, 그 자신 이 제도의 결점을 비판하기도 했다. 1895년에 쓴 「철학교육과 철학교수자격시험」이라는 제목의 한 논문에서 뒤르켐은, 이 시험이 "형식적인 중요성"과 "독창성과 변별력"을 추구하므로 해서 지원자들을 "긍정적이고 정리가 잘 된 모든 지식"에서 멀어지게 한다고 개탄했다. 게다가 뒤르켐은 그 자신이 손수 채점을 했던 답안지에서 "언어 면에서의 불명확성"

과 "사고 면에서의 불확실성"이 발견된다는 점을 주장하기도 했다. 요컨대 그는 철학이 "상징주의와 인상주의의 형식"을 취하는 것을 우려했던 것이다. 게다가 이 같은 우려는 지원자들에게서 일종의 신비주의, 즉 "모든 문이 열려 있다."라는 생각이 발견된다는 사실에 의해 정당화되기도 했다.[126]

요컨대 뒤르켐은 "뛰어난" 지원자들보다는 "탄탄한 지식을 가진" 지원자들을 더 선호했던 것이다. 그의 목표는 "젊은이들에게 모든 지식을 주어 무장케 함으로써 언젠가 그들 자신이 뛰어난 지성으로 이 지식들을 검토할 수 있고 또 그들 스스로 확고한 견해를 갖도록 하는데 있었다."[127] 뒤르켐이 취했던 이와 같은 입장에 대해 많은 철학자들은 즉각적인 반응을 보였다. 그들은 뒤르켐의 입장을 비난했다. 철학을 사회학의 논리로 환원시킬 위험이 있다고, 또한 그렇게 하므로 해서 고등학교에서의 철학교육을 "완전히 사회학적이고 실천적인 교육"으로 생각하는 것이라고 말이다. 철학자들이 가졌던 분노는 뒤르켐이 거론한 학생들의 "신중하지 못한 논술에 대한 비판이 궁극적으로는 그 스승들의 무능력을 가리키는 것"이었기 때문에 더 더욱 큰 것이었다. 철학의 무덤을 파는 자로 여겨졌던 뒤르켐은 그 당시에 시대에 뒤떨어진 실증주의자, 환원주의적 독단론자의 범주에 속하는 자로 분류되기도 했다. 몇몇 철학자들은 이렇게 단언하고 있기도 하다. "뒤르켐 그 작자와 한 패가 되는 것은 위험한 일이야."[128]

자기 제자들이 철학교수자격시험을 준비하는 동안 뒤르켐은 아주 열성적인 태도를 보여줬다. 모스의 회상에 따르면 "뒤르켐은 이른바 '중요한 철학자들'에 대한 준비를 결코 빼놓은 적이 없었다. 그는 학생들로 하여금 반드시 그리스 철학자, 영국 철학자, 프랑스 혹은 로마 철학자들의 저작들을 읽도록 시켰다. 그리고 그는 이들 철학자들의 도덕이나 정치적 사유와 관련된 교육과정을 반드시 포함시켰다."[129] 1894년 한 해 동안 모스는 여러 편의 논술을 작성하게 되는데, 그 가운데 다음과 같은 주제가 포함되어 있었다. "외부에 대한 지각에서 상상력의 역할"(1894년 1월), "이미지의 본성과 역할"(1894년 1월 18일에 첫 논술이 작성되었고, 두 번째 논술은 1894년 2월 1일에 이뤄졌다), "도덕성은 어느 정도 선까지 내적 요소인가?"(1894년 12월 28일) 등이 그것이다. 모스의 교수들은 그에게 아낌없이 충고를 해줬고, 그의 독서를 지도해줬으며, 그가 작성한 논술을 읽고 첨삭지도를 해줬다. 「분류의 학문적 가치」[날짜 없음]라는 주제에 할애된 모스의 논술에 대해 뒤르켐은 다음과 같은 평가를 해주고 있다. "이 논술이 이뤄진 상황을 고려할 때 아주 훌륭함. 교수자격시험에서라면 8점 정도를 받았을 것임. [……] 상당이 깊게 사색했고, 근거도 명확함. 다뤄야 할 주제를 정확하게 이해하려고 노력했고, 애매모호함을 피하려고 노력한 점은 칭찬받을 만함. 논리 전개도 아주 훌륭함."

"정기적으로" 이뤄졌으면 하고 바랐던 서신 교환을 통해 뒤르켐은 조카의 공부를 돌봐주고자 했다. 그렇게 하면서 뒤르켐은 "모스가 뚜렷한 목적을 가지고 공부하도록" 유도했다. 뒤르켐은 이렇게 덧붙이고 있다. "항상 달성하고자 하는 목표를 가질 필요가 있단다. 네 편지를 통해서 보면 네가 공부에 완전히 집중하고 있다는 것을 느낄 수가 없구나."[130] 뒤르켐의 충고는 정곡을 찌르는 것이었다.

네가 심리학에 대해 좀 더 공부를 하는 것을 보고 싶다. "사유들의 연합", 아마 "의지"에 대한 무언가 [판독 불가]를 말이다. 그 다음에는 도덕, 방법론 혹은 철학 일반에 관련된 문제들에 대해 공부를 해야 할 거다. 방학이나 내년에 가능하겠지. 그러면서도 다방면으로 연결되는 중요한 문제들, 가령 인과적 관계, 실험, 장르, 연역이나 귀납 등에 대해서도 좀 더 깊이 생각할 수 있을 거다. 두고 두고 되새김질해야 하는 문제들이다. 몇 달 만에 벼락치기로 익힐 수 있는 문제들이 아니다.

그러니 칸트에 대해서도 공부를 하길 바란다. 그러는 한편 고대 철학도 훑어보길 바란다. 역사는 이 정도면 좋다. 여하튼 사유들의 연합과 의지 문제에 대해서는 한, 두 편의 논술을 적성해보길 바란다. 당장 해줄 수 있는 충고는 이것이다.

차분하게 규칙적으로 공부하되 무리하지 말아라. 매사에 좀 더 정확을 기하고 싶다면 계획을 세우도록 해라. 항상 그렇듯 과유불급이다.[131]

모스는 칭찬을 받을 만했다. "훌륭한 논술임." "아주 잘 된 논술임." "많은 발전이 있음." 등등. 하지만 모스는 또한 비난을 견뎌내야만 했다. "형식면에서 나쁜 버릇에 빠져 있음." "내용면에서 여전히 지나치게 사고를 포장하고 있음.", "종종 약간의 혼란이 있음", 등등. 그리고 조카를 칸트에 대한 공부로 즉각 유도하면서 뒤르켐은 다음과 같은 충고도 하고 있다. "전체적인 면뿐만 아니라 [……] 세부적인 면까지 너의 생각들을 지배하려고 노력해라. 그리고 그렇게 하면서 직관적이고 산만한 방식으로 너의 사유 전체를 종합하는 것으로 만족하지 말고, 그것을 좀 더 뚜렷하고 분명한 요소들로 구분하도록 노력하는 것이 필요하단다."[132]

뒤르켐이 모스의 논술에 대해 항상 만족한 것은 아니었다. "네가 어떤 면에서 발전을 하고 있는지 모르겠다. 특히 네 얘기에 따르면 너는 칸트에 대한 공부를 제외하고는 새로이 공부한 것이 없기 때문이다. 게다가 [……] 스피노자에 대한 공부와 논술은 지난 해 것과 대동소이하구나. 게다가 지금 네가 접하고 있는 새로운 환경을 통해 더 많은 사유와 형식면에서 그 외연을 넓히고 있는 것이 사실이라면, 시간 낭비를 하는 것은 아닌 듯하다. 그리고 어떤 면에서 보면 그렇게 하는 것이 네가 최선의 것을 얻을 수 있는 방법이기도 하지."[133]

이 "새로운 환경", 그것은 소르본대학, 그리고 모스가 거기에서 들었던 강의와 강연 등을 가리키는 것이다. 또한 그 환경에는 "시험"을 준비하면서 알게 된 새로운 친구들도 포함된다. 모스는 에드가르 미요, 아벨 레이, 폴 포코네 등을 사귀게 된다. 포코네를 1893년에 모스에게 소개한 사람은 미요였다. 이들 네 명은 "노동자들의 좋은 언어로" 자칭 "죽음 외에 어떤 것도 해칠 수 없는 노동조합"이라는 모임을 만들었다.[134] 포코네는 침착함과 자기 통제에서 타의 추종을 불허했으며, 모범생으로 보였다.[135] 이들 모두의 스승은 에밀 부트루, 가브리엘 세아이유, 빅토르 브로샤르 등이었는데, 모두 소르본대학 철학과 교수였다. 철학 교수자격시험 합격자, 문학박사이자 1888년부터 이 대학 철학사 교수로 재직했던 에밀 부트루(1845-1921)는 『과학에서의 자연법사상과 현대철학』(1895)이라는 제목의 저서를 막 완성했던 참이었다. 부트루보다 세 살 적은 빅토르 브로샤르(1848-1907) 역시 부트루와 같은 이력의 소유자였다. 철학 교수자격시험에 합격했고, 박사학위 논문을 썼고 강사였다가 1894년부터 고대철학사 담당 교수가 되었다. "실수"와 "그리스 회의주의자들"(1887)에 관련된 저서를 제외하고도 데카르트르의 『방법 서설』과 『철학의 원리』의 편찬 책임을 맡고 있었으며, 『철학 잡지』의 편집자이기도 했다. 세 명 가운데 가장 나이가 적었던 가브리엘 세아이유(1852-1922) 역시 철학 교수자격시험 합격자이자 문학박사였다. 1886년부터 철학과 조교수였던 그는 1893년에 문과대 강의 부장으로 임명되었다. 자유로운 사상가, 종교와 분리된 학교의 지지자였던 세아이유는 인권옹호 리그의 창설에 참여했다. 또한 폴 자네와 함께 『철학사』(1887) 집필에 참여하여, 1895년 에른스트 르낭에 할애된 「심리학적 전기에 대한 시론」을 집필했다.

뒤르켐의 증언에 의하면 그 당시 모스는 "지나치게 흥분을 잘 했고, 이미 자기 노선을 정한 자"였다. 뒤르켐은 이렇게 덧붙이고 있기도 하다. 모스는 "크게 노력하지 않고서도" 만족했다고 말이다. 모스는 예컨대 프랑스에서 심리학 선구자들 가운데 한 명인 테오뒬 리보에게 열광했다. 리보에게서 "완벽한 절충주의자"의 전형적인 모습을 봤던 것이다. 에드가르 미요, 폴 포코네, 알프레드 보네와 더불어 모스는 콜레주 드 프랑스에서 『철학 잡지』를 창간했던 리보의 강의를 들었다. 많은 사람들의 눈에 리보는 "분명함, 정확함, 정의의 화신"[136]으로 보였다. 리보의 강의를 들었던 사람들 가운데 조르주 소렐도 있었다. "나이 먹은 동지이자 자기 자신을 제외하고 모든 것을 비난했던 그 소렐" 말이다.

모스의 어머니는 아들의 교수자격시험 "준비"를 걱정스러운 마음으로 뒷바라지 했다. "네 시험 준비에 대해선 난 아무 말도 하지 않으마. 마치 복수인 것처럼 항상 생각하되, 대신 그것에 대해선 말하지 말아라."[137] 그녀는 계속 이렇게 충고하고 있다. "과도하지 말고 규칙적으로 생활해라." "저녁 10시에 자고 아침 7시에 일어나서 하루 일과를 시작해라." "지금은 시험 준비에 열중하고, 친구들과의 관계는 뒤로 미뤄라." 그녀는 또한 격려하는 것도 잊지 않았다. "[……] 신의 가호로 네가 합격하면 내 생애에 가장 기쁜 날이 될 게다. 합격하지 못한다고 해도 아무것도 잃는 것은 없을 게다. 네가 실패를 잊도록 옆에서 최선을 다해 도우련다. 결과가 어떻든 너는 불행하지 않을 게다. 하니 침착함과 자유로운 정신을 끝까지 유지하도록 해라."[138]

1895년 5월에 교수자격시험에 응시하면서 모스는 만반의 준비를 끝마쳤다. "첫 번째 시험" 후에 그는 용기백배한 것 같다. "비관적인 생각에서 벗어나 낙관적인 생각을 할 수 있었다." 뒤르켐은 그에게 "아직도 넘어야 할 어려운 장애물이 있다."는 점을 상기시켜야 했다. 그리고 모스가 "피해야 할 작은 실수들"을 짚어주기도 했다.

[……] 네가 말하고 싶은 모든 내용을 말해라. 하지만 충분한 시간을 가져라. 그리고 예절을 지키도록 해라. 공격적인 태도를 보이지 말아라. 그 누구의 기분도 상하게 하지 않고도 말하고자 하는 바를 다 말할 수 있다. [……]

형식 면에서는 부드러울 필요가 있다. 그렇다고 내용 면에서조차 양보를 할 필요는 없다. 하지만 동시에 심사위원들의 동태를 살필 필요는 있다. 또한 우리들이 익숙해 있는 보통의 사유 방식과 말하는 태도로 그들에게 말을 해서는 안 된다. [……] 마지막으로 문제의 정곡을 찌르도록 해라. 설명을 연장시키는 중언부언은 안 하는 게 좋을 게다.

주어진 주제에 대해 모든 것을 말할 필요는 없다. 한 가지 점을 집중적으로 부각시키도록 해라. 거기에 필요한 모든 것을 동원해서 말이다. 원칙적으로 주어진 시간을 넘어서는 안 된다. 그렇지만 최소한 네설명이 50분 동안 이어질 수 있도록 해야 한다. 최대 60분을 넘겨서는안 된다.

[……] 그리고 매 시험 중간에 잘 쉬도록 해라. 소르본대학이라고하는 이름에 너무 신경을 쓰지 않도록 해라. 건투를 빈다![139]

철학사 분야에서 주어진 문제는 "데카르트의 이론에서 의지에 대한 문제"였다. 모스는 데카르트를 잘 알고 있었다. 이 철학자를 다뤘던 아믈랭의 강의를 들은 적이 있었기 때문이다. 철학 일반에 관련된 문제가 오히려 까다로웠다. "개연성에 대해. 개연성 이론은 회의주의와 혼동될 수있는가?" 모스는 자연과학적 방법에 대해(통계의 사용에 대해) 많은 것을알고 있었다. 뒤르켐이 『사회학적 방법의 규칙』을 집필했고, 그것을 읽었기 때문이다. 이 문제에 대해 답을 하면서(지금까지 보관되어 있는 그의답안지를 읽어보면) 모스는, 철학과 수학, 과학과 상식 사이의 관계에 대해문제를 제기했던 것으로 보인다. 모스는 믿음의 힘을 증명하기 위해 어느 정도 실증주의적 인식론과는 거리를 두고 있다. 모스는 이렇게 쓰고있다. "사물의 개연성은, 그것에 대한 믿음에 비례하고, 또한 이 사물에대한 우리 인간의 행동에 비례한다. [……] 그 결과 가장 허황되고, 가장비이성적으로 추론된 생각은 믿음의 대상들이고, 또한 이런 생각을 위해 행동하는 자들을 위해 존재하는 사물들이 가장 허황되고 가장 비이성적인 것이다." 그리고 모스는 더 이상 아리스토텔레스, 플라톤, 흄, 스튜어트 밀을 인용하면서 논지를 전개하지 않고 오스트레일리아의 "원주민"의 믿음을 예로 들고 있다. 그는 이렇게 설명하고 있다. "한 마리의 뱀이 사람 한 명을 죽인다면, 비난 받는 것은 뱀이 아니라 인간일 것이다. 문제의 부족에서는 그 인간을 불순한 인간으로 여긴다." 이처럼 철학교수자격시험을 치루면서 모스는 스스로 "상대론자"[140]라고 밝히고 있으며, 벌써 언어학과 민족지학적 문제에 대한 관심을 보여주고 있다.

모스는 철학 교수자격시험에 3등으로 합격했다. 마르셀 드루앵(수석), 에드가르 미요(차석) 다음의 성적이었으며, 폴 포코네(4등)보다는 앞선 성적이었다. 드루앵은 고등사범학교 출신이고, 미요와 포코네는 소르본대학 출신이었다. 다른 합격자들의 면면은 블랭(5등), 스테르그(6등), 배송(7등), 스공(8등) 등이다. 모스에 대한 심사위원들의 평가는 다음과 같았다. "아주 탁월함. 아주 기대가 큼. 한 가지 우려되는 점은 너무 공부를 많이 했고, 그 결과 평균을 훨씬 상회하는 높은 점수를 얻었다는 것뿐임."[141] 조금 시간을 두고 그의 철학교수였던 옥타브 아믈랭은 모스에게 이런 내용의 편지를 쓰고 있다.

자네 합격을 조금 더 빨리 축하해줬어야 했는데…… 내가 게으른 걸 자넨 잘 알지 않는가. 하지만 내가 얼마나 좋아했는지도 자넨 잘 알 걸세. 하니 날 원망하지 말게나. 특히 자네가 무사히 시험을 치룰 수 있어서 기뻤네. 게다가 자네가 이젠 자네만의 연구 수행에 방해가 될 여러 걱정거리에서 완전히 벗어날 수 있다는 것 역시 내 기쁨을 더 크게 해주네. 자네 성적은 다른 문제일세. 예상과 일치하네. 하지만 성적을 매기는 여러 다른 방법이 있다는 것을 증명해주는 것 이외의 다른 의미는 없네. 그렇기 때문에 자네의 두 경쟁자는 행복할 수 있었겠지. 물론 그들이 훌륭한 인물들임에 틀림없지만 말일세.

시험 준비를 하는 와중에서도 나를 잊지 않고 생각해주었다니 그저 고마울 따름이네. 이런 저런 점에 대해 내가 해줬던 충고를 군말 없이 잘 받아준데 대해서도 고맙게 생각하네. 하지만 자네와 더불어 교수법에서 실험을 하고자 했을 때, 난 속으론 저항했지. 시험이 결정적인 것이 아닐 수도 있다, 평균적인 학생에게만 그럴 뿐이다고 말일세. 덧붙이건데, 심사위원들은 자기들 눈을 기준으로 평가를 계속하게 될 것이고, 나는 나대로 가장 훌륭하다고 여겨지는 방식으로 교수자격시험을 준비시킬 생각이네. [……]

항상 필요한 이상의 힘과 용기를 얻기를 바라네. 자넨 충분히 휴가를 즐길 권리가 있네. 마음껏 즐기길 바라네. 우정을 보내네.[142]

세상에서 "가장 게으른 사내"임을 사과하면서 모스는 5개월 후에 아믈랭에게 답신을 보냈다. 그리고 "자신의 합격을 축하해 주신 것에 대해" 감사의 인사를 전하고 있다.

제가 받기에 지나친 과찬의 말씀을 해주셨습니다. 존경하는 선생님. 선생님께서 제자의 재능을 과대평가한 것은 아닌지 우려됩니다. 제가 조금이라도 철학적 재능을 가지고 있다면, 그것은 전적으로 선생님께서 베풀어주신 가르침 그리고 선생님과 삼촌께서 해주신 교육 덕분입니다. 제자가 약간의 지식을 갖추고 있다면, 그것 역시 그 원천이 어디인지를 선생님께서는 누구보다도 잘 아실 겁니다. 원치 않으실지 모르지만, 저는 지금 선생님께서 해주신 모든 수업, 모든 충고, 모든 교육, 그리고 항상 감동을 받으면서 마쳤던 선생님과의 면담을 생각하고 있습니다.[143]

다른 한편, 심사위원들은 학생 모스가 자신을 가르쳐준 스승들에 대한 "충성심"을 보여주고 있다는 사실을 알아차릴 수 있었다. 그들은 모스에게서 그가 아블랭과 뒤르켐의 제자라는 점을 보게 되었다고 밝혔던 것이다. 모스는 이렇게 말하고 있다. "확신컨대 심사위원들이 진실을 말해줬다고 생각합니다. 시험을 치루는 동안 줄곧 저는 선생님과 삼촌 두 분 만이 저의 심사위원인 것처럼 처신했습니다." 모스는 자신의 석차를 이미 예견했으며, 그 석차에 대해 만족함을 표시했다. 특히 드루앵과 미요 두 친구와 자신을 비교하면서 만족감을 드러냈다.

분명 저는 제가 두루앵과 미요 두 친구보다 더 많은 것을 알고 있으며, 또 뛰어나다고 확신합니다. 하지만 다른 사람들이 저에 대해 지적해준 것처럼, 저는 철학교수자격시험 합격자로서의 완벽한 모습을 갖추지는 못했던 것 같습니다.(물론 저는 그런 저를 좋아합니다만.) 그리고 미요와 드루앵은 아주 섬세하고 정확한 정신의 소유자들입니다. 최소한 아주 힘에 넘치고 아주 강한 정신력의 소유자들입니다. 그들은 교수법 시험에서 10점을 얻은 반면 저는 8점에 그쳤습니다. 선생님, 교수자격 시험이란 것이 그런 것이기 때문에 그들은 당연히 저를 앞지를 수 있었던 겁니다.[144]

모스는 시험에 합격하기는 했지만 "시험을 자칫 그르칠 수도 있었을 몇 몇 실수"를 저지르기도 했다. 하지만 무슨 대수랴! 심사위원들은 모스에 대해 그가 "우수한 학생들"의 일원인 것처럼 대했고, 그의 장학금 신청에 "진지하게" 찬성의 의견을 줬고, 이 장학금은 모스가 뒤르켐과 마찬가지로 박사학위 논문을 쓰는데 아주 유용하게 사용된다. "교수자격시험 전부터 나는 [구술 제식과 종교적 관념화] 연구를 준비했다. 역사적이고 문헌학적 연구를 통해, 그리고 철학 교수자격시험준비를 통해, 내 학위논문 주제는 이미 그때 정해졌다. 1893년에 내가 레온 레브뢰와 스피노자 사이에 밀접한 관계가 있다는 사실을 발견했던 그 당시에 말이다. [……]"[145]

게다가 모스는 진지하게 중등교육 경력을 쌓고 싶어 했다. 또한 알제 대학에서 자리를 잡을 수 있는 가능성에 대해 생각하기도 했다. 그의 어머니는 그에게 이렇게 쓰고 있다. "네가 새끼 새가 되어 5년 동안 가지에만 앉아 있을 수만은 없는 노릇이다." 해서 그녀는 "기회를 놓치지 말고 잡을 것"을 권고하고, 알제리로 가는 것이 가능하다면 가라고 권고하기도 했다. 그녀는 이렇게 덧붙이고 있다. "알제리와 같은 나라에서 시작하는 것도 너처럼 젊은 사람이나 연구자에겐 굉장한 기회일 수도 있을 게다."[146]

혁명을 추구하는 학생

모스가 철학교수자격시험을 준비하고 또 이 시험에 합격한 때는 참여와 꿈의 시절이기도 했다. 에드가르 미요는 후일 이렇게 회상하고 있다. "우리들은 많은 꿈을 가지고 있었네. 하지만 그 가운데 아주 극소수의 꿈만이 실현되었을 뿐이네."[147]

교수자격시험을 준비하기 위해 파리에 도착했을 때 모스는 무정부주의자들이 주동이 되어 저지른 테러로 인해 어수선한 도시를 발견하게 된다. 1893년 12월의 국회 폭탄 투척 사건, 탄압적인 정치 노선의 채택 ——"반동법"[148]의 제정——, 수많은 체포, 1894년의 공화국 대통령 사디 카르노의 피살, 같은 해 8월에 있었던 30인 재판사건[149] 등이 있었다. 아주 활발했던 무정부주의 운동은 새로운 세대에 속하는 지식인들과 예술가들 사이에서 유행했다. 바레스의 『뿌리 뽑힌 자』에서 볼 수 있는 것처럼, 그 세대는 '사회적 지위 실추'에 의해 예민하게 "부르주아 사회"[150]를 비판했던 일종의 "지식인 프롤레타리아"를 구성하고 있었다. 조국에 대한 사랑을 "자기 숭배"로 대치해야 한다는 말이 유행하기도 했다. 요컨대 반항이 그들의 구호였던 것이다. 문학의 아방가르드가 정치의 아방가르드와 합세한 것이다. 『르뷔 블랑슈』, 『앙트르티엥 리테레르』, 『아르 소시알』 등과 같은 새로운 잡지들이 정치, 이데올로기 문제에 많은 지면을 할애하고 있었다.[151] 개인인가 아니면 공동체인가? 자발성인가 아니면 강제(그리고 공모)인가? 과거에 대한 향수인가 아니면 가까운 장래에 도래할 르네상스에 대한 희망인가? 예술을 위한 예술인가 아니면 참여인가? "지식인"이라는 신조어가 점차 널리 퍼져나갔으며, 이 "지식인"을 형상화하는 작업이 그 뒤를 이었다. 베르나르 라자르가 1894년 3월에 『반항』에서 선언하고 있는 것처럼, 지식인들의 새로운 기능은 "행동"하는 것이었다. 물론 총, 단도, 다이나마이트를 들고 "행동"하는 것이 아니라, "펜"을 들고 "지적 행위"를 하는 "행동"이 중요했다.

파리의 라틴구에서는 소요가 빈번하게 발생했다. 고등교육 개혁으로 한 동안 평화를 되찾았던 학생들이 정치 문제에 다시 관심을 갖게 된 것이다. 그 당시 수많은 단체들이 처음으로 결성되었다. '국제 사회주의 혁명 학생 단체'가 그 좋은 예다. 이 단체들은 "공부, 선전, 사회주의 행동"이라는 목표를 내세웠다. 이들의 영향력은 처음에는 미미했으나, 사소한 사건이 도화선이 된 "라틴구 소요" 이후 점점 커지게 되었다. 예술 (Beaux-Arts)학교 소속의 한 학생의 풍기문란에 대한 단속 사건이 발생했던 것이다. 1893년 7월에 있었던 학생들의 시위에 경찰이 개입하게 되었고, 서로 대치하는 상황으로 치달았다. 정부가 주도한 단속으로 인해 충돌이 발생했고 그 결과 학생들이 노동자들을 중심으로 결성된 정치조직으로 몰려 들어갔다. 물론 노동자들이 중심이 된 정치조직은 단독으로 정부와 맞서 싸울 수 있는 힘을 가지고 있었다.[152] 1893년 7월 이후 사태는 더욱 급박해졌다. 파리에서와 마찬가지로 지방에서도 사회주의에 동조하는 학생들이 중심이 되어 수많은 모임이 이뤄졌고, 강연회가 자주 개최되었으며, 소책자와 잡지들도 활발하게 간행되었다. 『에르 누벨』이라는 잡지가 그 좋은 예다. 또한 조레스는 "역사 개념에서 관념론과 유물론"이라는 제목으로 '학술 협회' 회의장에서 열린 집산주의 학생들의 모임에서 공개 연설을 하기도 했으며, 그 기회에 1,500-2,000명의 학생들이 회의장에 모여들었다. 심지어 고등사범학교에까지 그 영향이 미쳤다. 그 결과 1894년 동기생, 즉 페귀, 망투, 샬라이에, 마티에즈 등이 사회주의와 인연을 맺게 되었다.

새로 구성된 집산주의 학생그룹은 사회주의 정당 내부에서 학생들의 위치를 결정하는 것은 물론이거니와 사회주의가 어떤 형식을 취해야 하는가의 문제 역시 결정하고자 했다. 게드주의자와 무정부주의자를 동시에 반대하는 이 세력은, 여전히 불분명한 방식으로 "사회주의를 향한 제3의 노선, 인간주의적이자 과학적인 제3의 노선"을 추구했다. 페귀는 그때 당시를 떠올리면서 사회주의가 가졌던 유혹이 어느 정도였는지를 즐거운 마음으로 회상하고 있다. "젊은 사회주의, 새로운 사회주의, 장중한 사회주의, 그러면서도 또한 조금은 어린 사회주의. 젊기 위해서는 이와 같은 요소들이 필요하다. 젊은 청년으로서의 사회주의가 갓 태어났던 것이다."[153]

파리에서 "가능하면 많은 관계를 맺고자 했던" 모스는 정치적으로 사회주의를 지지하는 학생들과 두터운 관계를 맺게 된다. 유복하고 교양 있는 파리 유대인 집안 출신이었던 에드가르 미요(1872-1964)와 그의 동생 알베르는 1893년에 창설된 '학교민주연합'의 주요 구성원들이었다. 이들 형제는 이 연합에서 "프랑스 공화국의 발전과 방어"를 위해 싸우고 있었다. 자신의 새로운 만남과 "발견"을 알려주곤 했던 조카에게 뒤르켐은 신중하게 행동할 것을 권고하고 있다. "학교민주연합에 가담하기 전에 그 단체가 어떤 것인지를 가서 보도록 해라. 내 생각에 별 다른 단체는 아닌 것 같다. 다른 한편, 계속해서 모임을 갖는 사회주의 학생단체들에서 무슨 일이 벌어지고 있는지는 알고 있느냐? 그리고 다른 사회주의 성향을 가진 학생들의 동태는? 이 모든 것에 대해 기회가 닿는 대로 내게 알려다오."[154]

미요 형제와 더불어 모스는 1895년에 '학교민주엽합'을 더욱 활성화시키게 된다. 프랑클랭 부이용이 이 연합의 총무직을 맡았다. 또한 모스는 '집산주의 학생그룹'에서도 투쟁했다. 다른 학생들과 마찬가지로 '프랑스 노동당'을 떠나 '사회주의 혁명 노동당(POSR)'에 가입했던 학생인 모스의 이 같은 참여는 당연한 것으로 여겨졌다. 파리에서 국회의원으로 당선된 시골 출신 식자공이었던 장 알레만이 중심이 된 이 당은 "무신론, 공화정, 공산주의, 국제주의"를 표방했다. 이 당은 계급투쟁을 당론으로 삼았고, 총파업을 요구했으며, 의회활동을 불신했다.[155] 말하자면 이 당은 사회주의 운동에서 일종의 노동자들이 중심이 된 비밀조직과도 같았으며, 수공업자가 아닌 경우 당원으로 받아들이면서도 경계와 불신의 끈을 놓지 않았다.

집산주의 학생그룹을 대표해 몇몇 사회주의 및 협동조합 운동 총회에 파견되었던 모스는, "지적 노동자들과 수공업자들 사이의 동맹을 구현"[156]하고자 했다. 모스는 "부르주아 지식인 독재에 결정타"를 먹이기를 바라는 학생 투사들 가운데 한 명이었다. 이들은 잡지 『라 죄뇌스 소시알』 창간호(1895년 1월)에 실린 위베르 라가르델의 구호에 따라 "학생들과 교육자들에게 사회주의 의식을 고취시키려 했던 자들"이었다. 모스가 후일 고등연구실천학교에 입학하면서 자주 사용하게 되는 행동수단은 경제, 역사, 철학 분야를 주로 다뤘던 국제 잡지인 『르 드브니르 소시알』에의 참여였다. 이 잡지는 1895년 알프레드 보네에 의해 창간되었으며, 파리에서 이 잡지로 툴루즈에서 시작된 『라 죄뇌스 소시알리스트』를 대치하고자 했다. 파리 스풀로 가(街) 16번지에 위치한 한 건물에 본부를 둔 이 새로운 잡지는 엥겔스의 저작 —— 초기 기독교 역사에 대한 글 —— 은 물론이거니와 카우츠키, 플레카노프, 반델벨트, 라브리올라, 라파르그 등의 글들을 주로 출간하기도 했다. 한편, "완전히 독립된 학문"인 사회학이 『르 드브니르 소시알』 잡지의 주요 지면을 차지하게 되었다. 뒤르켐, 르 봉, 타르드, 가스통 리샤르 등의 저작들이 논의의 중심이 되었다. 앙리 위베르와 폴 포코네 역시 이 잡지에 협력했으며, 잡지에는 과학과 정치가 한데 얽혀 있어 위베르 부르쟁이 그 잡지에 대해 "사회주의적-사회학"이라는 표현을 사용할 정도였다.

　이 잡지의 창간호와 그 다음 호(1895년 4월, 5월)에서 조르주 소렐은 장문의 글을 "뒤르켐 씨의 이론"에 할애했다. 모스가 보기에 그 당시에 소렐은 "날카로운 지성은 아니라고 해도, 적어도 박식하고 정확한 지성"[157]을 가진 자였다. 그리고 소렐은 "사회 문제에 대해 헛소리를 하고 말만 앞세우는 작자들"의 면전에서, 자신이 지적하고 있듯이 "(너무나도) 과학적인" 입장을 견지하고자 했다. 소렐의 글은 찬탄 받을 만했다. 다만 『사회학적 방법의 규칙』과 『사회분업론』의 저자인 뒤르켐이 가진 정치적 사유에 대한 평가를 제외하고는 말이다.

> 저자는 사회주의에 반대되는 발언을 힘줘 하고 있다. 그는 지금까지 가치에 대해 행해진 연구들이 진정으로 과학적 성격을 가지지 못하고 있다고 주장하고 있다. [……]
>
> 　사회주의 앞에 일급의 적수가 자리 잡고 있다는 사실을 숨겨서는 안 될 것이다. [……] 보수적 민주주의에 대한 새로운 생각들은 —— 경쟁관계에서 보다 나은 정의를 보장해주고, 인민의 지적, 도덕적 발전을 조장하며, 더 과학적인 길로 산업을 밀어 넣는 생각들 —— 마침내 한 명의 출중한 이론가를 찾아내기에 이르렀다. 그런데 이 이론가는 아주 드물게 섬세함을 갖춘 메타형이상학자임과 동시에 투쟁을 하기 위해 완벽하게 무장을 하고 있는 학자이기도 하다.

하지만 이 같은 비판에도 불구하고 소렐은 뒤르켐을 추켜세우기도 했다.

> 저자는 사회주의에 가담하지 않았지만 그래도 가능한 한 끝까지 신중한 연구를 수행했다. [……] 아마 우리와 그를 가르고 있는 경계선을 넘는 것도 가능할 수 있을 것이다. 만약 그렇다면 그것은 이 사회철학자에게는 퍽 다행한 일이 될 것이고, 그렇게 된다면 나는 그를 스승으로 모시고자 할 첫 번째 사람이 될 것이다. 프랑스 고등교육에 칼 마르크스의 이론을 수용하는 면에서 이 저자만큼 잘 준비되어 있는 자도 없다고 할 수 있다. 역사의 변화 속에서 과학적 법칙과 미래에 대한 물질적 조건을 포착할 수 있을 만큼 비판적 의식과 충분한 철학적 준비를 끝낸 유일한 프랑스 학자가 바로 그이기 때문이다.[158]

마르셀 모스는 『르 드브니르 소시알』이라는 잡지에 두 편의 긴 서평을 싣게 된다.[159] 첫 번째 서평은 1896년 4월에 쓴 것으로, 고대 페루, 고대 멕시코, 고대 이집트 세 사회를 대상으로 한 『신앙과 정치이론의 발전』이라는 제목을 가진 G. 드 그리프의 저서에 대한 서평이었다. 모스는 "이 책에서 접할 수 있는 주장에 대한 역사적 측면에서의 성과"를 인정하면서도 "방법적인 면에서의 몇몇 결함"을 지적하고 있다. 그것도 주로 출처와 관련된 결점(인용에서의 실수, 완전하지 못한 참고문헌)을 말이다. 그리고 제임스 프레이저(1890년에 출간된 『황금가지』)에 의지해 모스는 드그리프에게 있는 하나의 "중대한 결함"을 비난하고 있는데, 그것은 "분명한 사회적 사실을 경시한" 결함이다. 즉 "원시사회에서는 모든 정치적 신념이 종교적 형식을 지니고, 여러 사회의 정치에서 이 같은 형식이 실제로 상당히 강하게 지속되고 있다."[160]는 점을 경시했다는 것이다. "심리학적 요소에 너무 집착하는" 대신에, "그리고 그로 인해 사태를 너무 복잡하게 만드는" 대신에, 드 그리프는 오히려 "여러 제도에 대한 역사적, 사회적 연구"를 수행했어야 옳았다는 것이다. 물론 그렇다고 해서 드 그리프가 쓴 저서의 가치가 떨어진다는 것은 아니었다. 왜냐하면 드 그리프는 실제로 "사회적 사실들, 실증적이고 합리적인 사회학을 향한 칭찬받을 만한 노력"을 하면서 "훌륭한 길로 제대로" 들어섰기 때문이다. " 이와 같은 학문이 직면하는 어려움은 끝이 없다."는 사실을 잘 알고 있는 모스는 "다른 어떤 학문보다 사회학은 전문적이고도 실증적인 연구를 필요로 한다."[161]는 결론을 맺고 있다.

두 번째 서평은 1897년 4월 호에 실렸는데, 셀레스탱 부글레의 『독일의 사회과학』이라는 저작에 관련된 것이었다. 모스보다 두 살 연상인 셀레스탱 부글레는 『사회학 연보』의 초창기 협력자 가운데 한 명이 되는데, 그 이후 뒤르켐 사단의 가장 영향력 있고 가장 주목받는 인물 가운데 한 명이 된다.[162] 전도가 양양한 이 청년 철학 교수자격시험 합격자(1893년도 시험의 수석 합격자)는 독일에서 일 년 동안 연수를 하고 돌아와 그 당시 생 브리외 고등학교에 재직하고 있었다. 자신의 첫 저서에서 그는 "독일의 사회과학 동향", 즉 그의 네 명의 스승(라자루스, 짐멜, 바그너, 예링)을 소개하고 있다. 하지만 부글레는 거기에 그치지 않고 자신의 저서에 뒤르켐의 연구에 대한 네 가지 비판을 담았다. "[부글레]는 사회과학과 자연과학의 방법론상의 통일 개념을 거부했다. 그러니까 사회적 사실을 단지 외부에서 고찰하는 것으로써만 이뤄지는 연구의 가능성을 부정한 것이다. 그는 내적 성찰과 심리학을 사회과학을 위한 근본 요소들로 보고 있다. 아울러 그는 사회과학이 인간들에 의해 추구되어야 할 목적의 결정에 직접적으로 유용하지 않다는 사실을 주장하고 있다."[163]

모스에 따르면 부글레의 저서는 다음과 같은 부정할 수 없는 장점을 가지고 있다. 아주 멋지게 이뤄진 전개, "짜임새와 분명함", "가장 명료한 의식을 가지고 이뤄진 정보 수집과 분류", "우아하고 멋진 작업" 등이 그 것이다. 모스가 지적하고 있는 주요 쟁점은 독일 사회철학의 선택과 관련된 것이다. 즉 왜 분트가 아니고 짐멜을 선택했는가? 짐멜은 "이제 막 소개되고 있는" 정도라면, 분트는 사회학 전반에 걸쳐 커다란 영향력을 행사하고 있는데 말이다. 게다가 모스는 부글레에게 심리학적 관점을 채택했다는 점, 그리고 내적 성찰을 사회적 사실을 연구하는 하나의 방법으로 채택한 점을 비판했다. 어쨌든 모스는 부글레와 뒤르켐의 대립을 자초하는 "논쟁에 지나치게 깊게 개입하는" 것을 원치 않았다.

오히려 부글레 씨와 뒤르켐 씨 사이의 논쟁을 좀 더 유연하게 만들어보자. 뒤르켐 씨가 사회학적 사실들의 객관성과 특수성에 대해 지적할 때, 그는 이 사실들이 의식 밖에 있다는 점은 물론이거니와, 이 사실들 전체가 의식에 속하는 사실들 ——이 같은 자격으로 심리학 연구라고 하는 재현의 일반 법칙에 속하는—— 이라는 점도 주장하지 않는다. 그의 주장에 따르면, 이 사실들은 특별한 부류에 속하는 심리적 현상들이다. 또한 그는 개인적 의식에 속하는 사실들에서 사회법칙으로의 이동은 없다, 그 어떤 사회적 운동으로서의 이동도 없다고 주장한다. 거기에는 오직 사회학을 통해서만 연구되고 설명될 수 있는 뭔가 아주 특수한 것이 항상 개입한다는 것이다. 심리학은 사회학보다 더 광범위하며, 유(類)는 종적(種的) 차이를 설명해주지 못한다. 결국 프랑스에서 모든 사람은 사회학을 생물학적이고 존재론적 은유로부터 배제해야 한다고 생각한다.[164]

뒤르켐은 부글레와 자기 사이에 놓여 있는 거리 혹은 그렇게 보이는 거리를 좁힐 수 있기를 희망했다.[165] 하지만 자기 조카의 서평을 읽었을 때 뒤르켐은 약간 의외라는 반응을 보였다.

오늘 『라브니르』[원문 그대로][166]에 실린 부글레에 대한 네 글을 읽었다. 아주 멋진 글이었다. 부글레가 나로 하여금 네게 고마움을 전해달라는 말을 했다. 다만 한 가지, 네가 그 글을 썼다는 점은 유감이다. 대체 어떻게 그러한 글을 쓸 수 있었지?[167]

자신의 정치적 신념에 충실했던 모스는 사회주의 성향의 단체들과 계속 관계를 유지하고 있었으며, "사회주의 정당에 지원금을 내기도"[168]했다. 하지만 그는 "공적으로 하는 행동"보다는 "학문을 통한 간접적인 활동, 사회주의자로서의 은근한 활동"을 더 선호했다. 모스가 내리고 있는 "사회주의자로서 의무"에 대한 정의는 다음과 같다.

제 자신 사회주의자로서의 의무를 쉽게 이행해야 한다고 오랜 동안 생각을 했습니다. 저는 오랜 동안 잘 수행한 단순한 직업적 의무, 자유롭고 꾸준한 과학적 사고, 사회현상[특히, 종교]에 대한 [순수] 연구에의 미미한 기여만으로도 부분적으로나마 사회의 지적 자본의 증가에 충분하다고 생각해 왔습니다. 실제로 우리 같은 지식인들은 한 사회의 지적 자본의 증가에 당연히 기여해야 할 의무가 있기도 합니다. 다시 말해 인간의 합리성을 증가시키는 것이 충분한 행동이라고 생각하는 것입니다. 그리고 이것이 당장 제가 사용할 수 있는 수단으로 다른 사람들을 위해 이해하고, 그렇게 함으로써 위험한 잔재의 해체를 가속화시키고, 우리들 각자의 저 깊은 곳에 남아 있는 여러 가지 것들을 인식하고, 우리들 각자의 행동의 법칙을 안다는 것과 동의어라는 차원에서 말입니다. 그리고 다른 한편, 저의 의견에 대한 개인적 확신, 모든 사람들과 맞서서 그런 확신을 지지하는 것, 개인적인 토론과 대화, 갈등이 고조되었을 때 어느 편에 설 것인가에 대한 결정을 내리는 것 등, 이 모든 것이 제게는 [판독 불가]로 보였습니다.[169]

모스는 학업을 계속하는 동안, 특히 외국에서 체류하던 동안 자신을 "사회주의 운동에서 어느 정도 거리를 둔 사람들과 동일시했다." 그 까닭은 그런 사람들은 연구로 인해 직접 행동을 하는 것이 용이치 않았기 때문이거나 혹은 어느 정도 부르주아적 신경을 가진 자들은 혼란을 참을 수 없어 했기 때문이다. 학자의 행동과 투사의 행동은 드레퓌스 사건이 발생했을 때야 다시금 겹치게 된다. 다시 말해 "당장의 필요와 사회주의 운동의 요구"에 부응하기 위해서 말이다.

2장_ 고등연구실천학교 학생

마르셀 모스는 중등교육에 당장 몸을 담기보다는 오히려 경력을 더 쌓기로 마음먹었다. 1895년 가을, 장학생이었던 그는 고등연구실천학교에 입학하게 된다. 이 학교에서 그는 역사학과 문헌학(제4분과), 종교학(제5분과)에 등록하게 된다. 모스는 전문 지식 교육으로 유명한 이 학교를 선택함으로써 문헌학적 연구를 계속하는 한편, 아직까지 미개척 분야로 남아 있던 영역, 즉 "구술 제식과 종교적 관념화"의 영역을 연구하게 된다.

이 학교에 입학하기 몇 년 전부터 모스는 이미 종교 연구에 흥미를 가지고 있던 터였다. "학창 시절에 나는 이른바 지금의 계량적 연구(뒤르켐과의 협조 하에), 가령 자살, 도시 역사, 유적지 [……] 등에 대한 연구와 법학 연구(3학년 때), 그리고 종교사회학 사이에서 망설인 바 있다. 실제로 내가 뒤르켐의 지도하에 종교적 사실들을 연구했고, 또 이 분야에 완전히 몰두했던 것은 철학적 기호(嗜好)와 의식적인 선택에 의한 것이었다. 뒤르켐은 자신을 위해, 그리고 나를 위해 보르도대학에서 종교의 기원에 관련된 강의를 했다(1894-1895년). 그 당시 우리는 함께 갓 태동하고 있는 학문을 돕고, 심각한 결점을 메우기 위해 모든 노력을 경주했다."[1]

1886년부터 뒤르켐은 종교를 법과 도덕과 더불어 "한 사회에서 가장 중요한 조정적 기능 가운데 하나"라고 생각하게 되었고, "종교를 하나의 사회 현상으로 연구"하기를 바라고 있었다.[2] 그 다음 해에 귀요 씨의 저서 『미래의 비종교』에 할애된 한 비판적 해설에서 뒤르켐은 다음과 같은 사실을 재차 주장하고 있다. "종교는 전체적으로든 부분적으로든 하나의 사회 현상이다. 따라서 종교를 우선 사회적 관점에서부터 연구할 필요가 있다."는 것이 그것이다.[3] 하지만 뒤르켐 자신의 견해에 따르면, "1895년에서야 비로소 [그 자신] 사회생활에서 종교가 맡은 역할의 중요성을 알아차렸다."고 한다. 그리고 이렇게 덧붙이고 있다. "바로 그해에 저는 처음으로 종교에 대해 사회학적으로 연구를 수행할 수 있는 방법을 발견했습니다. 제게 그것은 하나의 계시였습니다. 1895년은 제 사유의 전개 과정에서 하나의 분기점이 되었습니다."[4]

『사회학 연보』역시 "종교 현상들"의 연구에 많은 지면을 할애하게 된다. 창간호가 출간되었을 때 뒤르켐은 다음과 같은 사실을 인정하고 있다. "종교사에 대한 모든 연구는 이 잡지에서 중요한 자리를 차지하게 될 것입니다."[5] 그리고 조카에게 이렇게 속마음을 털어놓고 있다. "자료적 관심을 차치하고도 『사회학 연보』는 방향성을 가져야 할 필요가 있다. 결국 종교 현상이 갖는 이와 같은 사회학적 중요성은 내가 수행한 작업의 종착역이라고 할 수 있지. 그리고 이것은 이 잡지의 향방을 구체적으로 요약해주는 장점을 갖게 돼. 그것도 지금까지 내가 사용해 왔던 것보다 훨씬 더 구체적인 방식으로 말이다."[6]

종교 문제

19세기 후반 이래로 종교사는 많은 사람들의 관심을 끄는 학문 분야가 되었다. 수많은 연구자들이 동양 종교 경전의 출간과 분석에 매달렸다. 이러한 시각에서 볼 때 브라만교 경전의 출간, 특히 막스 밀러의 감수 하에 이뤄졌던 『베다』의 번역은 가장 의미심장한 작업이었다. 고고학적 탐사 역시 소아시아와 시리아는 물론 바빌론-아시리아와 이집트에서 수많은 텍스트의 발굴을 가능케 해줬다. 이러한 발견을 통해 대부분의 유대 전통이 바빌론에서 유래했다는 사실이 암시되었고, 그 결과 『구약』의 이해에 대변화가 일어나게 되었다. 몇몇 학자들에 의해 주창된 범(汎)바빌론주의의 위세는 더 더욱 강화되었다. 전 세계적 차원에서 볼 때 모든 신화는 단 하나의 기원을 가질 수도 있다는 생각이 팽배했던 것이다.

다른 한편, 식민지 건설의 강화와 복음화를 위한 수많은 시도들은 이른바 "원시"민족들과 그들의 종교에 대한 상세한 연구를 필요로 했다. 이 민족들이 서구 문명과의 접촉으로 인해 "사라지기" 전에 연구를 할 필요가 있다는 생각을 가진 서구 전문가들은, 이 민족들의 생활과 사유방식에 대한 모든 정보를 철저하게 수집하려고 노력했다. 인류학의 발전과 더불어 신화적, 사회적 그리고 역사적 연구의 범위는 인도-유럽 어족의 전통에만 국한되지 않았다. 이와 달리 종교 발전에 관련된 모든 사유는 이제 민족지학적 자료들에 의존할 수 있게 되었다.[7]

그 당시까지만 하더라도 몇몇 전문가들과 학자들의 관심사에 불과했던 종교가 세기 전환기에 정치적 논쟁의 주된 대상이 되어버렸다. 장 레알은 이렇게 적고 있다. "종교 문제로 인해 그 어느 때보다 오늘날 우리 시대 사람들의 정신이 분열되고 있다."[8] 정치적 자유주의를 표방한 프랑스 제3공화국은 "정신을 해방시키고자 했으며", 이를 위해 다음과 같은 중요한 조치들을 취했다. 1881년에 이뤄진 출판과 모임의 자유 보장, 1882-1886년에 이뤄진 공립학교의 종교적 중립의 보장, 1882-1886년에 이뤄진 교구(敎區)의 자유 보장, 1884년에 이뤄진 노동조합 설립의 자유 보장, 1901년에 이뤄진 결사의 자유 보장, 1905년에 이뤄진 정교분리에 의해 이뤄진 새로이 보장된 종교의 자유 등이 그것이다. 가톨릭 단체 내부에서는 불안과 우려가 커져갔으며, 주교단이 빈번하게 개입했다. 1893년에 있었던 신의 섭리성(攝理性)에 대한 교황의 회칙, 1899년에 있었던 프랑스 성직자들에게 회람된 교황의 회칙 등이 그 좋은 예다. 가톨릭계에서는 분명 학교 교실에서 교사들에게 부과된 중립적 태도로 인해 "신"에 대한 언급이 완전히 사라지는 것은 아닌가, 또한 대학 교육과정에서 신학 교육이 없어지는 것은 아닌가 하는 우려를 표명했다. 그리고 1880년에 콜레주 드 프랑스의 종교사를 위한 새로운 교수직이 자유주의 성향의 옛 성직자이자 기독교 기원 문제 전문가인 알베르 레빌에게 돌아갔을 때, 프랑스 교회는 한 목소리로 이와 같은 조치가 "신앙에 대한 새로운 도전"이라고 외쳐대기도 했다. 말하자면 이와 같은 처사가 위험하고도 적절하지 못하다는 것이었다.[9]

유럽의 다른 나라들에서와 마찬가지로 ─ 예컨대 네 개의 신교 신학대학이 일반 신학대학으로 대치되는 움직임이 시작된 네덜란드가 좋은 예다. ─ 프랑스에서도 종교를 학문적 대상으로 삼는다는 발상이 서서이 자리를 잡게 되었다. 옛 신학생에서 문헌학자이자 셈어 전문가가 된 에른스트 르낭(1823-1892)은 종교, 특히 기독교에 대한 신앙에 입각한 연구가 아니라 과학적 연구라는 생각을 널리 퍼뜨렸다. 그가 쓴 『예수의 생애』는 커다란 성공을 거뒀다. 하지만 몇몇 기독교 학자들은 "한 명의 가능한 예수, [……] 하나의 가능한 기독교를 재구성했다."는 사실에 대해 칭찬을 하기보다는 오히려 "그에게 돌을 던지기"[10]를 선택했다.

무오류성이란 없다, 정통성이란 망상에 불과하다, 라고 가르치는 종교사라고 하는 이 새로운 학문에 맞서 가톨릭 교회는 상당히 날카로운 반응을 보였다. 성직자들은 복지부동하기는커녕 논쟁에서 주도권을 잡기 위해 많은 시도를 하게 된다. 예컨대 1884년에 브로글리 사제의 제안으로 이뤄진 종교사 과목이 가톨릭연구소에 도입되고, 1889년에 푸아송 사제에 의해 『종교 잡지』가 창간되며, 가톨릭 성직자들 모임에 의해 『종교사와 종교 문학 잡지』가 창간된다. 장 레빌이 잘 지적하고 있는 것처럼, "그들은 종교에서 과학을 축출하기는커녕 비겁한 자들이 공격을 두려워하는 자들이고, 과학의 가치를 앞장서서 인정하는 자들이며, 또한 종교 연구 전체에서 자신들의 몫을 요구하는 자들이기도 하다." 하지만 1900년에 만국박람회 차원에서 이뤄진 종교사 국제회의 때 많은 사람들이 강조하고 있는 것처럼, 이 종교사 분야의 연구는 —— 비록 종교사 "영역"을 확보하는 성과를 거두기는 했지만 —— , "아직은 공교육에서 합법적이고 필요한 만큼의 자리를 완전하게 확보하지 못한 상태였다."[11]

종교 연구에 대해 신교 신학대학들은 가톨릭대학들보다 좀 더 적극적인 입장이었다. 신교 신학대학들은 "『성서』에 대해 그들만의 유일하면서도 완벽한 지식을 가지고 있다고 확신했기 때문이었다."[12] 1879년부터 유대교와 친(親) 셈어 전문가였던 모리스 베른은『과학 잡지』에서 종교사 교육의 가능성과 필요성을 강조하고 있다. 그 다음해에 그는『종교사 잡지』를 창간하게 된다. 실제로 이 잡지를 창간하면서 그는 아주 부유한 리옹 출신 사업가이자 한 해 전에 극동 지역을 중심으로 한 박물관을 세웠던 아시아 예술 애호가였던 에밀 귀메(1836-1918)의 도움을 받았다. 종교사 연구에 대한 첫 번째 정기간행물인 이 새로운 잡지는[13] 순수하게 학문적 입장을 표명하기를 바랐으며, 따라서 그 어떤 종교적 입장을 표방하는 것도 거절했다. 베른(1845-1923)은 "가장 권위 있는 몇몇 학자들" 가운데 한 명이었으며, 19세기 말에 "종교사를 위한 활동"[14]에 활발하게 가담했던 자들 가운데 한 명이었다. 옛 스트라스부르대학 학생이었던 그는 1877년에 파리 신교 신학대학에서 이 학교가 창립될 때 교수직을 맡은 바 있으며, 또한 후일 고등연구실천학교 제5분과의 첫 번째 교수진에 합류하게 된다(이 분과에서 그는 "셈족들의 종교"에 대한 강의를 담당했다). 그 당시 이 학교에는 프레데릭 리히텐베르제, 오귀스트 사바티에, 알베르 마테르, 사뮈엘 그리고 필립 베르제, 오귀스트 쿤트, 으쥔느 에르아르트 등이 있었다

　종교사 논쟁이 한창일 때 그 누구도 가만히 있으려고 하지 않았다. 유대인들 역시 "과학적이고 지적인 운동"에 참가했다. 1879년에 "인문과학이라는 협주에서 자기 자리를 고수하고자" 했던 제임스 드 로트차일드 남작은 유대연구회 모임을 창설하기 위한 주도권을 장악했다. 이 새로운 모임에서 표방된 바는 "유대교에 관련된 연구의 발전을 도모하는 것이었다. 결국 이 모임의 활동은 전적으로 과학 영역에만 국한될 뿐

이었다."[15] 이 모임에서 1880년부터 간행된 『유대연구 잡지』는 이와 같은 "진리에 대한 관심"과 무관하지 않았다. 이 잡지에서 내건 목표는 다음과 같은 것이었다. "우리는 종교적 포교를 위한 일을 원치 않으며, 교화를 목표로 내걸지도 않을 것이다."

자신들을 이스라엘인들과 동일시하는 사람들에게 "유대 문제"는 이중으로 복잡한 문제였다. 왜냐하면 이 문제는 종교적 용어 뿐만 아니라 민족적 혹은 인종적 용어로도 제기되었기 때문이다. 유대민족주의(시오니즘)가 프랑스에서 뿌리 내리기 어렵기는 했지만, 그리고 이 유대민족주의가 유럽으로부터 온 새로운 이민자들의 전유물이기는 했지만,[16] 유대 국가를 세운다는 기획은 프랑스 유대인 공동체의 통합 의지에 의문을 던지는 것이었다. 결국 이렇게 해서 유대교에 대한 두 개의 전망이 대립되기에 이른다. 어떤 자들에게 유대교는 하나의 종교였다. 하지만 또 다른 일군의 사람들에게 유대인들은 하나의 민족 혹은 하나의 인종을 형성하는 자들이었다. 종교사 전문가들은 이와 같은 논쟁을 무시할 수는 없었다. 종교인가 아니면 인종인가? 에른스트 르낭은 이렇게 묻고 있다. 콜레주 드 프랑스에서 히브리어를 담당하는 교수가 된 이 옛 신학생에게 유대교는 하나의 종교였지 결코 하나의 민족지학적 사실이 아니었다. 고등연구실천학교의 산스크리트어와 인도 종교 담당 교수이자 콜레주 드 프랑스의 교수이기도 했던 실뱅 레비는 르낭의 저서를 읽었고, 다른 유대 지식인들과 마찬가지로 이 저서에서 유대교에 대한 그 자신의 생각을 길어내게 된다. 세기말에 자신의 친구였던 대랍비 자도크 칸의 제안에 따라 세계이스라엘연맹 중앙위원회에 가담하게 되고, 또한 1차 세계대전이 발발했을 때 유대민족주의에 대한 프랑스 유대교의 공식 대변인 역할을 맡게 되는 레비에게 유대 공동체를 가로지르는 논쟁은 다음과 같이 제기되는 것이었다. "수많은 위기를 겪을 때마다 유대교는 항상 다음과 같은 두 가지 경향 사이에서 주저해 왔다. 하나는 모세에게서 영감을 받은 것으로, 선택받은 유대 민족을 인종적으로 고립시키고, 또한 그렇게 함으로써 이 민족을 타민족과 가르는 장벽을 높이려는 성향이다. 다른 하나는 선지자들부터 내려오는 것으로, 승리를 거두는 정의를 향해 나아가면서 전 인류를 향해 우정의 손을 내밀고자 하는 경향이다.[17] 요컨대 레비는 1789년 대혁명을 일으킨 프랑스, 곧 인권의 나라 프랑스에 충실하고자 했던 것이다. 또한 그는 드레퓌스 사건에서 떠오른 영웅들의 나라 프랑스, 특히 졸라의 조국 프랑스에 충실하고자 했다. 드레퓌스사건은 물론이거니와 이 사건에 동반된 반유대주의의 대두는 유대 정체성이라는 이미 심하게 분란을 일으켰고 정치화된 문제에 비극적인 차원을 덧씌우게 되었던 것이다.

종교학 분과

샤를 페귀는 고등연구실천학교와 이 학교에 개설된 종교학 분과에 대해 빈정거리는 것은 아니지만 다음과 같이 말하고 있다. "고등연구(실천 (?)(!))학교. 제4분과 혹은 제 5분과. 종교학 분과. 그것도 소르본대학 2층에 있는 자연과학동 계단 번호 1!"[18] 고등연구실천학교는 콜레주 드 프랑스와 더불어 "새로운 종교학"에 첫 번째로 문호를 개방한 교육기관들 중 하나였다.

1868년에 교육부장관이었던 빅토르 뒤뤼에에 의해 설립된 고등연구실천학교는 최초에 다음과 같은 네 개의 분과로 이뤄졌다. 수학, 물리학과 화학, 자연사와 생리학, 역사학과 문헌학 분과가 그것이다. 이 학교는 처음에 하나의 교육기관, 그것도 프랑스 고등교육 체계에서 어느 정도 외진 위치를 차지하던 학교였다. 그러니까 이 학교는 "이론 교육을 강화할 수 있고 더 넓힐 수 있는 실습 교육을 이론 교육과 동반시키는 것"을 주된 임무로 하고 있던 그런 교육기관에 불과했던 것이다. 물론 교육은 연구에 중점을 두고 이뤄졌다. 각 분과의 책임자들은 두 가지 임무를 띠고 있었다. 피학습자들이 획득하게 되는 지식에 대한 전체적인 윤곽을 파악하는 것 그리고 특히 이 지식들이 어떤 과정을 통해 획득되고 또 어떻게 진보하고 있는지에 대해 파악하는 것이다. 결국 이 책임자들은 교육과 연구를 밀접하게 연결시키는 의무를 지고 있었던 것이다. 이 학교에서는 피학습자들에게 시험을 부과하지도 않았을 뿐만 아니라 입학 때 학위도 요구하지 않았다. "이 학교의 교육은 기술적이고 특히 분석적이었다. 젊은이들로 하여금 훌륭한 연구 방법을 숙지하게끔 했으며, 그 결과 극소수의 사람들에게만 그 문호가 개방되었을 뿐이다."[19] 교수들에게는 박한 월급이 지급되었고, 피학습자들에게는 그저 명예로운 이수증만이 발부되었다. 이 이수증은 직업을 얻는데 크게 유리하지도 않았다. 하지만 이 학교와 모든 구성원들 사이의 관계는 소명과 탈이해관계 위에서 정립될 수 있는 모든 요건이 충족되어 있었다.

제5분과, 즉 이른바 "종교학" 분과는 1886년에 창설되었다. 프랑스 고등교육 담당관으로 새로 부임한 루이 리아르가 이 분과의 창설에 적극적으로 개입했다.[20] 이 새로운 분과의 창설은 아주 논쟁적 분위기에서 이뤄졌다. 그도 그럴 것이 이 분과의 창설로 인해 소르본의 가톨릭신학 단과대학이 폐지되었기 때문이었다. 모리스 베른의 표현에 따르자면, 이때부터 성스러운 종교의 역사가 세속화되었다. 우선 11명의 교수 임명이 있었고, 그들 수만큼의 강좌에 대해 문호가 개방되었다. 11명의 교수진 가운데 5명은 기독교에 대한 강좌에, 나머지 6명은 고대세계(그리스, 로마), 셈족의 종교(두 자리), 이집트, 인도, 극동지방에 대한 강좌에 각각 할애되었다. "모든 것이 균형의 문제였다. 한편에는 기독교가 있었고, 나머지 다른 종교와 기독교 사이에 균형을 맞추었다."[21] 요컨대 기독교가 "유일" 종교로 여겨지는 대신 여러 종교들 가운데 "하나"의 종교로 여겨졌던 것이다. 그것도 대학자들이 역사, 고고학, 특히 문헌학의 도움을 받아 철저한 방법을 도입해 분석하고 해석해내는 여러 종교들 가운데 "하나"의 종교로 말이다.

창설 때부터 제5분과는 과학 분과 옆에 자리 잡게 되었다. 고등연구실천학교 연구지도 교수이자 1908년 이래 『종교사 잡지』의 공동 편집자였던 폴 알팡데리(1875-1932)의 장례식 때, 그 당시 제5분과 학장이었던 실뱅 레비는 초창기 종교학 분과의 분위기에 대해 다음과 같은 말로 회상하고 있다.

오늘날 우리들 각자는 당시 원한, 증오, 분노 등의 감정 폭발이 어땠는지 상상해볼 수 없습니다. [……] 그 당시 소르본 가톨릭 신학대학이 [……] 막 폐지되었습니다. 이런 사태를 예견한 자들은 물론이거니와 그것을 전혀 몰랐던 자들도 이 새로운 분과의 창립에서 악마적 모습, 즉 신앙을 비방하고, 뭔지 모를 무신론을 공식적으로 퍼뜨리는 것을 사명으로 하고 있는 그런 모습을 볼 수도 있었을 겁니다. 이 분과의 교수 자리를 하나 맡아달라는 요청을 받은 한 명의 학자의 입장에서 저는 이 요청을 당연히 거절했어야 한다고 생각했습니다. 다른 사람들도 상당히 힘든 마음의 갈등을 겪은 후에야 비로소 같은 제안을 받아들였을 뿐이었을 겁니다.[22]

제5분과는 완전히 탈종교적이었다. 물론 그렇다고 해서 이 분과가 비종교적이거나 반종교적 성향을 가진 것은 아니었다. 이 분과에 속해 있는 모든 교수들은 다음과 같은 필요성을 확신하고 있었다. 즉 "완벽한 영적 자유, 너그러운 마음, 진리에 대한 중립적 열정, 과학 정신에 대한 충실성 등을 유지한다."[23]는 필요성이 그것이다. 제5분과에서 초창기에 이뤄졌던 교육 경험은 "종교사 같은 주제를 아무런 분란을 일으키지 않은 채 다루는 것이 불가능하다고 판단하고 있는 겁쟁이들"의 우려에 대한 "가장 완벽한 반박"을 보여주는 것이었다. 그 까닭은, 장 레빌이 지적하고 있는 것처럼, "교수들이 엄격하게 과학적 관점을 견지하고 있었기"[24] 때문이었다.

　　제5분과에 새로이 부임한 전문가들은 종교사를 신학이나 호교론과 완전히 분리시키기 위해 모든 노력을 경주했다. 네덜란드 출신 사학자 샹트피 드 라 소세가 1897년에 스톡홀름의 종교학 국제총회에서 발표했던 바와 같이, 과학의 영역 안에 고대 호교론을 위한 연구 방법의 자리는 이제 더 이상 없었다. 그러니까 이 방법을 "진리를 겨냥하는 자유롭고 공평 타당한 연구"[25]로 대치시킬 필요가 있었던 것이다. 샹트피 드 라 소세가 쓴 『종교사 개론』 번역본의 서문에서 앙리 위베르는 자신의 입장을 다음과 같이 또렷하게 밝히고 있다. 종교학과 신학 사이에 이제 더 이상 가능한 동반관계는 없다고 말이다. 그러니까 이 두 학문 분야

사이의 갈등이 가시화된 것이다. 1900년에 고등연구실천학교의 자유 강좌 책임자 자리에 루아지 사제가 임명된 것의 의미가 어떤 것인지는 잘 알려져 있다. 이 가톨릭 사제에게 부과된 힘든 상황에 민감한 반응을 보였던 제5분과는 "완전히 자유로운 분위기에서 연구를 계속할 수 있도록 이 사제에게 피난처를 제공해주는 것"[26]을 받아들이게 된다.

종교사 분야 전문가들은 전투적 자세로 활발하게 움직였다. 1900년 파리에서 개최된 만국박람회 차원에서 열렸던 종교사 국제 학술총회 기간 중에 확인되었던 것처럼 말이다. 고등연구실천학교 종교학 분과에 속한 교수들의 주도하에 개최된[27] 이 학술총회 —— 오로지 역사적 성격을 띤 대회 —— 는 "분명하고도 엄격하게 과학적 특징"을 강조했다. 사학자, 신학자, 문헌학자, 사회학자, 민족지학자, 민속학자 등이 이 총회에서 발표를 했다. 장 레빌은 이렇게 설명하고 있다. 이들은 모두 "종교사 대표자들의 자격으로 참가했던 것이지, 결코 가톨릭학, 신교학, 불교학 혹은 반종교학의 대표자들의 자격으로 참가한 것이 아니었다."[28] 또한 "그 어떤 공격적인 정신도 가지지 않은 채 종교사를 세속화시킬 수 있는 가능성을 보여주려는" 의지가 이 학술대회를 통해 분명하게 천명되었다. 이 대회는 "이 젊은 과학"[29]의 입장에서 보면 "대중에게 이 학문이 추구하고자 하는 바와 우려하는 바를 솔직하게 소개하는"[30] 좋은 기회였던 셈이다.

마르셀 모스가 고등연구실천학교에 입학했을 당시 제5분과에서 주로 활동했던 자들은 대부분 신교에 속해 있었다. 알베르와 장 레빌, 모리스 베른, 오귀스트 사바티에 등이 그들이다. 모스가 지적하고 있듯이, 레빌 부자(父子)는 이 과의 분과장과 총무직을 맡고 있었다. 아버지와 할아버지가 모두 목사였던 알베르 레빌(1826-1906)은 네덜란드에서 목회 활동을 하다가 1873년에 프랑스로 되돌아와 종교와 정치에서 자유로운 사유를 옹호하고 있었다. 1880년 이래 콜레주 드 프랑스 교수였던 이 종교교리사 전문가는 자유로운 신교주의를 표방하는 가장 세련되고 가장 영향력이 있는 인물들 가운데 한 명이었다.『종교교육 개론』(1863), 인기가 있었던『예수 그리스도의 신성 이론의 역사』(1869)의 저자였던 알베르 레빌은『종교사』출간을 기획했다. 이 책의 첫 두 권은 "비문명화된 민족들의 종교"에 할애되었다(1883).[31] 또한 그의『나자렛 예수』(1897)라는 저서는 "수많은 판타지와 수많은 극적 반전으로 가득한 분야에서 오늘날까지 이뤄진 여러 객관적 연구 가운데서도 가장 객관적인 결과"[32]라는 칭찬을 받았다. 많은 사람들은 이구동성으로 이 저서를 통해 이른바 예수 그리스도에 대한 "역사적 애호주의"가 종말을 고했다고 말하곤 했다.

성서 주해학자, 종교사학자이자 종교철학자이기도 했던 알베르 레빌은 아들 장 레빌(1854-1908)을 종교 연구 영역으로 끌어들였다. 신학 박사 학위를 받기 전에 그리고 대학에서 경력을 쌓기 전에 장 레빌은 아버지와 마찬가지로 목사직을 수행하기도 했다. 장 레빌은 1880년에『종교사 잡지』의 편집을 맡았으며, 고등연구실천학교에 종교학 분과가 생기면서 교회사와 기독교 문학 전임강사로 임명되었다.

제5분과의 교육 방향은 라이덴 대학의 교수진, 특히 C. P. 티엘레와 P. D. 샹트피 드 라 소세에 의해 대표되는 네덜란드의 젊은 "종교학" 담당자들에 의해 많은 영향을 받았다. 이 교수진의 교육을 받은 알베르와 장 레빌 부자는 자유주의적 성향의 신학자임과 동시에 대학 연구자이기를 원했다. 이들의 판단에 의하면 연구자들의 임무는 "자연종교의 존재", 즉 종교를 위한 생득적 필요성의 존재를 입증하는 것이었다. 이들의 철학은 예정조화 이론과는 반대되는 것이었고, 개인의 자율권과 존엄성에 커다란 가치를 부여하고 있었다.[33] 이와 같은 개인주의적 사유는 프랑스의 제3공화국 정치 분위기와도 잘 어울리는 것이었다.

제5분과에서 다양한 종교 사이의 균형은 불안정했다. 이 분과가 창립될 무렵 가톨릭파는 어느 정도 거리를 유지하고 있었다. 하지만 마지막 순간에 이 종파의 "대표자"인 아드에마르 에스멩이 가세했다. 그는 법과대학 교수이자 교회법사 교육 책임자이기도 했다. 이 분과에서는 첫해부터 두 명의 유대인 교수를 임명하면서 교수진의 종파적 범위를 확장시키고자 했다. 그렇게 해서 1883년에 인도 종교 담당으로 실뱅 레비가, 1896년에 탈무드와 랍비 유대교 담당으로 이스라엘 레비가 임명되었다.[34] 다른 여러 종파들과 관련된 강좌 개설 역시 임명 과정에서 중요한 관건이었다. 하지만 실뱅 레비의 지적에 따르면 고등연구실천학교에서는 종파 간의 긴장으로 인한 공개적 대립 양상은 결코 생기지 않았다.

우리의 평화로운 연구를 방해할만한 종파 간의 말썽은 한 번도 없었습니다. 가장 의심스러운 적대자도 결코 강의실에서 이뤄진 강의 내용으로 인해 기분을 상한 적이 없었습니다. 신부들, 목사들, 랍비들이 세속의 학자들 어쩌면 회의론자들이나 무신론자들 옆에서 강의를 했습니다. 게다가 우리 모두는 교육자 각자의 내적 신앙이 어떤 것인지를 정확히 알 필요가 없었습니다. 신앙과 신앙을 지키는 것이 소중히 여겨지는 영역 밖에서 우리들 각자는 종교에 대한 연구, 종교적 사실과 종교 이론에 대한 연구가 역사, 고고학, 사회학 —— 여러 연구에 잘 적용되는 —— 등과 같은 분야에서 자유와 독립 정신을 바탕으로 이뤄질 수 있고 또 그래야만 한다는 점을 잘 이해하고 있었고 또 그것을 인정하고 있었습니다.[35]

"두 번째 삼촌": 실뱅 레비

모스가 고등연구실천학교를 선택한 것은 교양을 넓히기 위해서라기보다는 차라리 "자료를 수집하기" 위해서였다고 할 수 있다. "젊은이의 치기와 나름대로의 철학을 가지고" 이 젊은 교수자격시험 합격자는 "2년 동안에 과거와 현재 세계에서 기도(祈禱)와 관련된 것을 충분히 알기를 원했으며, 또한 이 주제에 대해 1년 동안 박사 학위 논문을 쓸 수 있기를 희망했다."[36] 이런 희망을 가지고 그는 곧 실뱅 레비(1863-1935)를 만날 결심을 굳혔다. 알프레드 푸셰의 표현에 의하면, 프랑스에서 동양학 연구의 최고 권위자였던 이 젊은 알자스 유대인 혈통의 학자인 실뱅 레비는 혜성처럼 등장해 아주 멋진 대학 경력을 시작했다. 실뱅 레비는 23세에 고등연구실천학교 교수가 되었고, 문학박사 학위를 받았으며, 31세에 콜레주 드 프랑스 교수가 되었다.[37] 1895년도 학기 시작 바로 전에 있었던 모스와 실뱅 레비 사이의 첫 번째 만남은 딱딱했다고 할 수 있다. 그도 그럴 것이 레비 교수가 방문자인 모스를 아주 진지하게 대하지 않았기 때문이었다. "산스크리트어를 배우는 데만 족히 3년이 걸릴 것이네. 베다 산스크리트어는 적어도 1년은 잡아먹을 것이고. 그리고 자네가 생각하고 있는 주제는 여유 있게 공부를 해서는 안 될 것 같고. 막스 뮐러를 위시해 부차적인 연구자들은 물론이거니와 비교민속지학에 관계된 모든 지식에로 달려들어야 할 것 같은데." 나이는 30세, 아벨 베르데뉴의 애제자였던 실뱅 레비는 "고대 종교 전문가이자 아주 박식한 학자"였다. 그 당시 실뱅 레비는 『브라만족에서의 희생 이론』(1898)이라는 저서의 출간을 준비 중에 있었다. 이 저서는 분석의 엄격함이나 번역의 뛰어남이라는 면에서 아주 훌륭한 저서였다.[38] 하지만 실뱅 레비는 방문자를 낙담시키기는커녕 그에게 도전장을 내밀었다. "한 번 테스트를 해보지. 베르데뉴가 쓴 『베다 종교』라는 책이 여기 있네. 이것을 읽고 자네 생각을 얘기할 수 있는 기회를 주지." 모스는 3일 동안 이 책을 읽고[39] 미래의 스승이 되는 실뱅 레비 앞에서 자기가 생각한 바를 얘기하기 위해 그를 다시 찾았다. "베르데뉴가 옳다면, 그것은 다른 모든 사람들이 틀리기 때문입니다. 그걸 확인해보기로 마음을 먹었습니다."[40] 이러한 반응에 대만족한 레비는 모스를 "격려해줬으며", 자기 강의를 들어도 좋다고 허락했다.

이렇게 해서 모스는 극소수의 학생들과 더불어 "수많은 홈이 패인 의자 위에서", "수많은 고서(古書)들 가운데서", "유서 깊은 소르본 대학의 유서 깊은 도서관의 유서 깊은 열람실에" 모습을 나타내게 되었다.[41] 그의 관심사는 두 가지였다. 하나는 언어 연구였다(앙투안 메이예와 함께 하는 인도유럽 비교언어학, 루이 피노와 함께 하는 산스크리트어, 이스라엘 레비와 함께 하는 히브리어). 다른 하나는 종교 연구였다(실뱅 레비와 그의 가까운 조력자인 알프레드 푸셰와 함께 하는 인도 고대 종교 연구, 레옹 마릴리에와 함께 하는 원시종교 연구). 1895년부터 1902년 사이에 모스가 들었던 강의는 다음과 같다.

제4분과(사학 및 문헌학)	제5분과(종교학)
1895-1896: 실뱅 레비, 루이 피노	레옹 마릴리에, 알프레드 푸셰
1896-1897: 실뱅 레비, 루이 피노	레옹 마릴리에, 이스라엘 레비, 알프레드 푸셰
1897-1898: 루이 피노 (주당 3회 세미나)	레옹 마릴리에, 이스라엘 레비, 알프레드 푸셰
1900-1901: 실뱅 레비, 앙투안 메이예	
1898-1899: 네덜란드와 영국에서 연수를 위한 체류	
1899-1990: 실뱅 레비, 카리에르, 앙투안 메이예	이스라엘 레비, 알프레드 푸셰, 이지도르 레비
1900-1901: 실뱅 레비, 앙투안 메이예	
1901-1902: 실뱅 레비, 앙투안 메이예	

모스가 지적하고 있는 것처럼 단지 "한 줌밖에 안 되는 젊은이들"이 아주 적극적이고 열성적으로 고등연구실천학교에서 실뱅 레비의 강의를 들었다. 그들은 라코트, 레데러르, A. 드 퐁피강, 조 스티크니, 모스 등이 었고, 1896-1897학년도부터는 마벨 보드가 가세했다. 모스는 또한 다음과 같은 자들의 이름을 기억하고 있다. 플리오, 쥘 블로크, 방드리예스, "일군의 헝가리 국적을 가진 젊은이들", 그 가운데서도 특히 훗사르와 "울사르"라는 별명으로 불렸던 "천재적인" 우헬만 등이 그들이다. 그 당시 약 15여 명 정도의 수강생들이 등록을 했다. 그리고 후일 모스

의 동료, 협력자, 친구들이 되는(혹은 이미 그런 사람들인) 다른 젊은이들도 고등연구실천학교에 적을 두고 있었다. 앙리 위베르, 앙리 뵈샤, 아놀드 반 젠네프, 폴 포코네, 다니엘 알레비, 이지도르 레비 등이 그들이다.

    고등연구실천학교에서 모스는 영어를 사용하는 두 명의 학생인 조 스티크니 그리고 마벨 보드와 돈독한 우정을 맺었다. 외국인이었던 스티크니는 그 당시 많은 사람들의 찬탄의 대상이었다. 모스가 보기에 스티크니는 "고대 및 현대 영국이 베풀 수 있는 모든 것을 지니고 태어난 자였다. 아주 잘 생겼고, 품위 있었으며, 매력이 넘치는 인물이었다. 그리고 이러한 매력에다 섬세함과 강한 에너지가 숨겨져 있었다."[42] 『그리스 격언시 연구. 인도 격언시와의 비교 연구』라는 제목의 박사학위 논문 —— 모스의 표현에 따르면 "비교문학 분야에서 배출된 걸작"이었다. —— 을 제출한 후에 스티크니는 하버드대학에서 경력을 쌓기 시작했다. 마벨 보드에 대해서 말하자면, 그녀는 1871년에 이브리에서 태어난 영국 여성이었다. 그녀는 철학 박사학위 소지자였다. 벌써 비르마니아어와 팔리어[43]를 익혔던 그녀는, 지도 교수의 충고를 받아들여 '망슈(도버 해협)'를 건너 고등연구실천학교 제4분과에서 역사학 강의("13, 14세기 프랑스사", "중세 수도원제도의 원칙", 등)를 듣기 위해 프랑스로 왔으며, 실뱅 레비에게 산스크리트어를 배웠다. 그녀의 석사학위 논문은 한 미얀마 수도승을 통해 본 불교의 역사에 관련된 것이었다. "섬세하고, 마음씨 좋고, 가냘픈", 하지만 "공부벌레였던" 이 영국 여성은 스승에 대해 커다란 존경심을 품게 되었다. 모스의 표현을 빌자면, 이와 같은 그녀의 감정은 스승에 대한 전적인 "사랑"으로까지 느껴졌다. 그녀는 스승의 가르침과 전통을 런던대학에 그대로 이식하는 영광을 누리게 되었고,

그 학교에서 팔리어를 가르치게 되었다.[44] 그녀는 1896년 여름부터 모스와 규칙적으로 서신 왕래를 했다. 그리고 그들은 종종 파리에서 만났다. 그리고 모스가 영국을 방문할 때마다 그의 "오랜 친구"—그녀가 이 표현을 즐겨 사용했다.—와 함께 "식사를 같이 하는 의식(the rite of lunching)"을 빠뜨리지 않고 거행하곤 했다.[45]

마르셀 모스는 고등연구실천학교에서 "안내자들"을 발견하게 된다. 그들 가운데 몇 명은 그의 동료이자 친구가 되었다. 우선 이 학교에서 그를 가르쳐준 스승들 가운데는 레옹 마릴리에, 앙투안 메이예, 이스라엘 레비, 실뱅 레비 등이 있었다. 1866년에 물랭(알리에)에서 샤토메이양(셰르) 지역에 정착한 공증인의 아들로 태어난 앙투안 메이예(1866-1937)는 모스보다 겨우 여섯 살 많을 뿐이었다. 교수자격시험에 합격한 후에 메이예는 페르디낭 드 소쉬르와 더불어 고등연구실천학교에서 연구했으며, 제5분과에서 소쉬르를 대신해 강의를 하다가 마침내 그의 자리를 이어받게 된다. 겸손하고 항상 놀란 듯한 표정을 짓고 있었던 이 문헌학자-언어학자-사학자는 "부드러운 카리스마"를 가지고 있는 인물이었다. 그는 "천재 학자"였으며, 특히 학생들에게는 "일종의 마법의 주인공"[46] 같은 인물로 여겨졌다. 그는 또한 걷기와 음악(모차르트와 바그너, 그리고 드뷔시와 라벨, 등)을 즐기는 인물이었으며, 연구에 할애하지 않은 대부분의 시간을 우정에 쏟아 붓는 "모든 방면에 개방된 정신"을 가진 인물이었다.

"한 순간도, 그리고 1895년부터 전쟁 때조차 적어도 머리 속에서는 한 순간도 떨어져 있지 않았던" 메이예를 떠올리면서 모스는 감동어린 어조로 "종종 고등연구실천학교에서 혼자 그의 수업을 들었던" 때를 회상하고 있다. 그러면서 모스는 "혼자 들었을 때도 다른 학생들이 같이 수업을 들었을 때와 마찬가지로 그는 강의에 정성을 다했다."고 술회하고 있다. 또한 모스는 이렇게 덧붙이고 있기도 하다. "[메이예는] 몇 해에 걸쳐 지금 내가 젠드어[47]와 아베스타[48]에 대해 알고 있는 것을 가르쳐준 장본인이었다."[49] 모스의 스승이었던 메이예 역시 제자에 대해 칭찬을 아끼지 않고 있다. 모스는 "문헌학적 방법과 지식 덕택으로" "새로운 언어"였던 젠드어 연구 분야에서 아주 "빠른" 발전을 할 수 있었다.[50]

메이예와 더불어 모스는 연구를 계속했으며, 특히 비교적 방법에 입문할 수 있었다. 스승과 제자 사이에 주고 받은 편지에서 볼 수 있는 것처럼, 이들 두 사람은 "폭넓은 신뢰"와 "아주 솔직한 태도"에 바탕을 둔 돈독한 우정 관계를 발전시켜 나갔다. 이들 두 사람의 관계는 더 더욱 공고해졌는데, 그도 그럴 것이 메이예 자신이 곧 사회학자가 되었고, 그렇게 함으로써 에밀 뒤르켐을 도와 『사회학 연보』에 협조를 할 수 있게 되었기 때문이었다. 모스는 심지어 제5분과 교수로 임용되었을 때조차도 제4분과에서 메이예 교수의 세미나에 계속 참가했다. 예컨대 1901-1902학년도 고등연구실천학교의 연례 보고서에 따르면, 모스는 세미나에서 몇몇 텍스트를 메이예와는 다른 관점에서 읽고 설명하게 되고, 이 세미나를 주재했던 스승과 "흥미로운 견해"를 주고받기도 한 것으로 나타나 있다.[51]

레옹 마릴리에(1863-1901)는 1888년 이래로 종교학 분과에서 교수 직을 맡고 있었다. 그는 『종교사 잡지』의 공동편집장이기도 했다. 철학 교수자격시험 합격자이기도 했던 그는 생물학과 심리학에 관심을 가졌으며, 의과대학 실험실과 정신병동에서 연수를 하기도 했다. 그의 강의는 종교심리학에 연결되어 있었으며, 1890년부터는 "비문명권 민족들의 종교"에 집중되었다. 장 레빌은 이렇게 적고 있다. "부인할 수 없는 사실은 프랑스에서 처음으로 마릴리에가 광범위한 역사적 조사에 바탕을 둔 강의를 정기적으로 하므로 해서 인류에 대한 우리의 지식의 토대가 되는 자료들에 대한 시각을 일신하는데 많은 기여를 했으며, 또한 그가 그 과정에서 그 누구도 넘볼 수 없는 권위와 대가의 솜씨를 보여줬다는 점이다."[52] 대학가에서 레옹 마릴리에는 그의 학문적 충실성과 무사무욕으로 높이 평가되기도 했다. 그는 또한 자기 부인과 더불어 다양한 사회 활동을 펴기도 했다. 가령 국제평화 유지, 피억압민족 옹호, 사회정의 구현, 알코올 중독에 대한 전쟁 등이 그것이다. 그가 사망했을 때 그의 친구들은 어려운 환경에 있는 문과대 학생들과 고등연구실천학교(종교학 분과) 학생들을 도울 목적으로 '레옹-잔-마리-마릴리에' 재단 설립을 위해 노력하기도 했다.

1900년에 종교사 국제 학술총회가 개최되었을 때 레옹 마릴리에는 "사회 발전의 초기 단계에 관련된 연구의 관심"을 고취시키기 위해 민족지학자들과 민속학자들의 대변인 역할을 직접 맡기도 했다. 많은 참석자들의 눈에 비문명권 민족들의 종교 연구는 다음과 같은 커다란 위험을 내포하고 있는 것이었다." 즉, "역사적으로 보아 대(大)종교들의 기원과 이 종교들이 각각 그 창시자들의 위대함에 빚지고 있다는 점을 제대로 평가하지 못할 수도 있다는 위험"이 그것이다. 따라서 신학자들, 동양학자들, 고고학자들, 신화학자들이 민족지학자들이나 사회학자들의 영토 확장 시도에 맞서 "아주 강력한 저항"을 하는 것은 놀랄만한 일이 못되었던 것이다. 프레이저, 랭, 로버트슨 스미스, 테일러 등에 대해 칭찬을 하면서 레옹 마릴리에는 "끝없는 논쟁에 말려들지 말라고" 동료 학자들을 독려했다. 그 대신 그는 실제로 "더 풍부한 결실을 맺을 수 있는 일을 도모하는 것이 필요하다."는 주장을 폈다. "사실들을 수집하고, 그것들의 진정성 여부를 가리고, 그것들을 내적 유사성, 심리학적이고 사회적인 다른 현상들과의 관계에 따라 모으고, 그 의미를 결정하려고 노력하고, 역사적 종교들과 모종의 평행관계가 있는지를 발견하려는 필요성이 바로 그것이다." 요컨대 그의 주장의 핵심은 "사실만이 확신에 이른다."는 것이었다.[53]

　　스타인메츠의 저서에 대한 긴 서평을 쓰면서 모스는 마릴리에 교수에게 진 빚을 인정하고 있다. 마릴리에는 "[모스에게] 자기 참고자료는 물론이거니와 터부, 장례식, 망자 숭배, 결혼에 대한 여러 권의 강의 노트를 기꺼이 전해줬다." 마릴리에를 심리학자이자 인간학 전문가로 여겼던 모스는 그의 "학문적 인격"으로부터 다음과 같은 이른바 비판적 방법을 배웠다. "[마릴리에는] 여러 다양한 사실들과 사유들을 가장 촘촘한 체로 거르는 방법을 알고 있었다. [……] 마릴리에는 우리에게 무엇보다도 사실들에 대한 비판을 가르쳐 줬다. 여행자들이나 민족지학자들의 모든 텍스트는 아주 정밀하게 논의되었다. [……] 마릴리에가 우리에게 가장 깊게 영향을 줄 수 있었던 것은, 모두 그의 비판적 재능, 민족지학적 비판에 대한 그의 강의 덕분이었다." 주로 『종교사 잡지』에 발표된 마릴리에의 이 "엄청난 교정(校正)의 결과"는 모스에게 하나의 전범이 되었다. "[마릴리에는] 이와 같은 방식, 즉 보통 독일어로 '비판'이라고 지칭되는 영역에서 영향을 줬으며, 중요한 저서에 대해 자신의 생각과 의심을 그러한 방식으로 즐겨 표현했다."[54]

모스 자신은『사회학 연보』에 레옹 마릴리에의 두 논문, 「종교 발전에서의 토테미즘의 자리」와 「신들의 기원」에 대한 논평을 싣기도 했다. 모스에 따르면 이 논문들은 "위대한 연구"의 훌륭한 사례였다. 토테미즘에 대한 기존 이론에 대해 스승이 행한 비판적 연구를 통해 깊은 인상을 받은 제자 모스는, 원시인의 심리 상태에 대한 자기 스승의 기술(記述)을 "아주 훌륭한" 것으로 판단하고 있다. 그리고 모스는 이렇게 덧붙이고 있다. "종교의 원시 형태들이 단 하나의 요소로 환원되지 않는다는 사실과 이 여러 형태의 복잡성을 느끼게끔 해줄 필요성이 있다."[55] 하지만 모스는 마릴리에가『대백과사전』에 종교에 대한 "유작의 글"을 실을 때, 그에 대해 사뭇 비판적인 태도를 보이고 있다. 이 글에서 "모종의 신학적 찌꺼기"를 발견한 모스는 실망을 감추지 않고 있으며, "종교적 감정"의 이름 아래 일종의 "마음속의 신"을 숨기고 있는 마릴리에의 주장에 대해 "단호히" "판단 유보"를 표명하고 있다. 또한 종교를 본질적으로 사회적이 아닌 하나의 현상으로 여기고 있는 마릴리에의 주장에 대해서도 모스는 같은 태도를 취하고 있다.[56]

모스가 이스라엘 레비, 실뱅 레비와 특권적인 관계를 맺게 된 것은 전혀 놀라운 일이 못된다. 지적 친화성에다 같은 유대 공동체에 속한다는 감정 및 같은 유대 문화에 속해 있다는 감정이 더해졌기 때문이다. 모스는 "본능적으로" 이스라엘 레비(1856-1939)에게로 향했다. 모스는 그에게서 "타고난 완벽한 스승" —— "엄격한 방법, 광범위한 지식, 정확함, 노력, 행복에 대한 비전" ——의 모습, 하지만 "겸손함과 존엄성"을 겸비한 스승의 모습을 봤던 것이다. 이스라엘 레비가 비교적 방법에 호소하는 경우는 거의 없었다. 또한 그는 사회학을 통해 종교사에 제공되는 지식을 결코 동원하지도 않았다. 그의 동료 교수들 가운데 한 명은 이스라엘 레비가 텍스트를 중요하게 생각했으며, 신중한 태도로 그것을 파고 들었다고 말하고 있다. 또한 그의 저서는 "지적 정직성의 기념비"[57]와 같았다. 마르셀 모스, 앙리 위베르, 이지도르 레비는 "그와 함께 연구하도록, 그가 예수아 벤 시라의 『지혜서』에 대한 해석을 집필하는 것을 보도록, 그리고 그와 더불어 그리스어나 히브리어로 종교나 철학에 대해 토의하도록 허락받은 기쁨"을 만끽했다. 그리고 모스가 보기에 "차분하고, 중용적이며 단호한 태도로" 학생들을 돕는 이 "순수한 사학자"는 "유대 기도의 형성 원리, 즉 18개의 축성과 망자를 위한 기도" 등에 대한 연구를 수행하기도 했다.[58]

제4분과 산스크리트어 담당 교수이자 제5분과 인도 종교 담당 교수였던 실뱅 레비는 강의를 하면서 옛 제자 두 명의 도움을 받고 있었다. 루이 피노와 알프레드 푸셰가 그들이다. 마르셀 모스와 그보다 "나이가 많은 친구들이자 연구 동료들"이었던 두 사람은 아주 혹독한 훈련을 거쳐야 했다.

[피노는] 우리의 기억을 돕기 위해, 우리를 가르치기 위해 『바가바드 기타』를 주해했다. 하지만 그는 특히 실뱅의 명령에 따라 우리에게 산스크리트어 문법에 대한 기본적인, 하지만 아주 혹독했던 강의를 했다. 이 강의에 이어 운율학 강의가 있었다. [……] 피노는 또한 연습문제 풀이, 시작(詩作), 작문을 지도하기도 했다!!! 그렇다, 산스크리트어 작문 말이다. 이렇게 해서 나는 그리스어보다 산스크리트어에 더 정통하게 되었다. 하지만 실뱅 역시 같은 교과목을 가르쳤다. 그는 우리를 뵈트

링크[59]의 난해한 고전 문집과 베르데뉴가 쓴 문법에 입문시켰다. 이 힘든 강의를 어느 정도 보상하기 위해 실뱅은 『인도어』, 『날라』[60]와 다마양티[61]에 대한 아주 뛰어난 해설을 해주기도 했다. 그 다음해에 실뱅은 피노와 함께 나를 팔리어와 불교 경전 번역에, 그리고 혼자서 『마누』법전과 힌두 연구의 세계로 안내했다. 그들은 우리 한 명 한 명을 위해 강의를 하고 연구를 했던 것이다.[62]

마르셀 모스는 고등연구실천학교 1학년 때부터 교수들로부터 아주 좋은 평가를 받았다. 루이 피노는 그에게 "인도와 관련된 민족지학 연구 현황에 대한 흥미로운 발표"를 맡겼고, "산스크리트어의 모든 어려움을 극복한 것"과 개인 연구를 할 수 있게 된 것을 축하해주기도 했다. 모스는 실뱅 레비의 수업에서도 또 다른 학생인 레데레르와 함께 "특별 학점"을 받기도 했다.

> 학문적 발전이 너무 빠르고 너무 두드러져 1월부터 이들 두 사람은 2학년, 3학년 학생들이 듣는 목요일 저녁 강의에 참석할 수 있었다. 『벤단타사라』[63]와 『베다』철학을 주로 다뤘던 두 번째 강의는 모스의 발표에 의존한 바가 상당히 컸다.[64]

모스는 또한 콜레주 드 프랑스에서 행해진 실뱅 레비의 강의에도 참석했다. 예컨대 『베다』와 브라만에 대한 강의가 그것이다. 실뱅 레비의 강의를 들으러 왔던 몇 안 되는 학생들은 인도어로 레비를 "구루(gourou)"[65]라고 부르기도 했다. 비록 그 자신 "강의를 하는 게 서투르다."고 말하고는 있지만, 실뱅 레비는 그 당시 "분명하면서도 뛰어난 사유들로 가득 찬 가장 풍부하면서도 가장 자극적인 강의"를 했다. 그리고 그는 "이미 알려진 사실들을 보여주는 데" 그치지 않고 "어떤 방식으로 진리가 추구되고 밝혀지는가"를 보여주려고 애썼다. 그의 시선은 강렬했고, 청중들의 증언에 의하면 그의 목소리는 계속해서 떨렸다고 한다. 고등연구실천학교에서 그의 자리를 계승하게 되는 폴 마송 우르셀의 표현에 따르면, 이 인본주의의 후계자는 "동양의 현자들에 대한 행동하는 성스러움, 참다운 무사무욕"의 소유자였다. 요컨대 그는 다른 사람들에게서 이른바 "소명을 불러일으키는"[66] 자들 가운데 한 명이었다.

실뱅은 그를 아는 모든 사람들에게 위대한 학자, 호인, 고귀한 성품을 지닌 자, 활동적인 사람, 요컨대 한 명의 뛰어난 천재였다. 그의 학생들의 입장에서 보면 실뱅은 "영혼을 매혹시키는 자, 영감과 삶의 원천"[67]이었다. 모스 자신도 이 스승에 대해 아낌없이 찬사를 보내고 있다. "그의 뛰어난 기억력, 너그러움, 모든 일에서의 민첩함, 학문, 완벽한 정확성, 사유의 각 단계에 대한 완벽한 장악, 흔들리지 않는 통찰력 [……], 감각, 완벽한 추론, 섬세하면서도 정확한 표현, 끝없이 타오르는 학문을 향한 정열. 이 모든 특징들, 이 모든 징후들, 이 모든 '락샤나'[68], 그는 이 모든 것을 가지고 있었다."[69] "인도"[70]전문가였던 실뱅 레비는 그만의 심오한 지적, 도덕적 결합을 통해 대부분의 동료 교수들과 차별화되기도 했다. 그가 세운 원칙은 다음과 같은 것이었다. "독창적이 아닌 것은 그 어떤 것도 출간하지 말 것, 출간될 만한 가치가 없는 것은 그 어떤 것도 가르치지 말 것, 완결된 연구는 곧바로 출간할 것, 학생들에게 직접적으로 유용한 것과 학생들의 눈높이에 맞춰 가르칠 것"[71] 등이 그것이다.

모스의 표현에 의하면, 실뱅은 "아주 보기 드문 사람"이었다. 이런 실뱅이 "곧바로 [모스의] 두 번째 삼촌"이 되었다. 그것도 "개인이 부분적으로만 그렇게 되었으면 하고 꿈꿀 수 있는 것, 즉 위대한 사람, 현자, 호인, 강한 체력의 소유자, 강한 지적 능력의 소유자, 성인"의 요소를 다가지고 있는 그런 "삼촌"이 되었던 것이다.[72] 모스에게 실뱅은 하나의 모델일 뿐만 아니라 또한 "모든 사람들 가운데 가장 다정한 사람, 가장가까운 친구"이기도 했다. 실뱅은 "마치 아버지가 아들 곁을 가까이에서 따라가는 것"처럼 제자들 한 명 한 명을 챙겼다. 실뱅 레비와 마르셀모스 사이에는 즉각 스승과 제자, 삼촌과 조카라는 질긴 관계가 생겼으며, 몇 년 후에 이들의 관계는 아주 돈독한 우정의 관계로 변하게 된다. "절친한 친구"이자 "제자"에게 실뱅 교수는 충고와 격려를 아끼지 않고 있다.

> 아내와 나는 자네 편지를 받고 무척 고무되었네. 별로 잘 해주지도 못했는데 이처럼 자네의 사랑을 받다니 조금은 어리둥절하기도 하네. 나역시 반복되는 이야기로 자네를 피곤하게 만들고 싶지는 않네. 하지만사태를 바로 잡기 위해 다시 한 번 얘길 해야겠네. 자네의 솔직함, 호기심, 친절함, 소박한 성격, 가족을 중요시하는 정신, 따뜻한 우정, 단호한성격 등, 이 모든 것이 자네가 우리 집에 처음 들렸을 때부터 우리 내외의 마음에 들었던 점들이라는 사실을 말일세. 자네에게 이 사실에 대해 주의를 환기시키는 것은 이 모든 장점에 상당한 정도의 이기주의가있기 때문일세. 이제 그 이유를 자네에게 말해야겠네. 지혜를 설파할

수 있게 된 자네에게 말일세. [……] 나는 금년에 자네가 연구에 몰두하는 모습을 가까이에서 지켜봤네. 그리고 새로운 연구에서 자네가 이룬 아주 빠른 성장도 말일세. 하지만 자네 뇌가 조금 쉬는 시간을 갖도록 하게나. 가령 나를 만나러 올 수 있다면 그것이 뇌를 쉬게 하는 한 가지 좋은 방법이 될 걸세. 내가 지금 온통 책에 빠져 있으리라고 생각하겠지. 하지만 아닐세. 나는 지금 길을 걷고, 언덕과 [판독 불가]을 오르내리며, 눈 위에서 구르기도 하네. [……] 피노가 방금 도착했네. [……] 자네 선배들의 예를 본받게나. 이곳에 온다면 자네 건강은 물론이거니와 자네가 수행하는 연구 역시 더 좋은 결과를 얻을 수 있을 걸세. [……] 우정을 보내네.[73]

실뱅 레비는 마르셀 모스를 커다란 애정과 존중으로 감싸 줬다. "2년 동안 계속된 관계를 통해 나는 자네의 기질을 발견할 수 있었고, 또한 자네의 용기가 어떤 것인지를 가늠해볼 수도 있었네. 자네를 내 제자로 받아들인 것을 자연스럽게 생각하고 있으며, 또한 자네가 내 친구들 중의 한 명이 되었다는 사실 역시 뿌듯하게 생각하네."[74] 모스가 지적하고 있는 레비의 커다란 장점 가운데 하나는 다음과 같은 것이다. 레비가 "물질적으로, 아버지처럼, 형제처럼" 제자들 한 명 한 명을 챙겼다는 것이 그것이다.[75] 1898년 초에 네팔을 여행하는 중에 실뱅은 모스에게 다음과 같은 내용의 편지를 쓰고 있다.

아내와 나는 집에서 자네를, 이렇게 말할 수 있다면, '조카'처럼 바라보는 흐뭇한 습관을 가지게 되었네. 이를테면 우리 사이의 우정에 자네에 대한 더 가깝고 더 본능적인 뭔가가 더해지게 된 것이지. 인적 공동체이자 학문 공동체라고나 할까. 물론 자네의 한결같음, 솔직함, 자네의 학문에 대한 열정으로 인해 나타난 자네에 대한 지극히 당연한 애정과 존경심에 다음과 같은 생각에서 우러난 자부심이 더해진 것이지. 즉, 자네가 내 제자라는 생각과 자네라면 결코 자네 스승인 나를 부끄럽게 여기지 않을 것이라는 생각이 그것이네. [……] 과거에도 자네에게 이 말을 한 적이 있지. 그리고 앞으로도 기회가 주어지면 또 하겠네. 그러니까 자네의 연구, 연구 방법, 설명 방식, 글의 스타일 등에 대한 비판을 말일세. 이를테면 지금 현재로서 자네에게서 충분히 엿볼 수 있는 지배적 성향은 다음과 같은 것이네. 자네가 철학 지식을 바탕으로 거기에 문헌학적 소양을 결합시키는 한편, 이를 바탕으로 자네 개인적 연구에 이를 적용해보려는 야망을 가지고 있다는 것이 그것이네. [……] 우정을 보내네.[76]

실뱅 레비에게 모스는 "귀중한 보물 중의 하나"였다. 모스는 그의 전 경력을 통해 실뱅 레비 교수의 충고와 지지를 받게 된다. 모스에게 1897-1898년 사이에 네덜란드와 영국에서 연수를 하라고 권유했던 사람도 바로 실뱅 레비였다. 이 기회를 통해 모스는 '희생'에 대한 연구를 수행할 영감을 받게 된다. 이들 두 사람은 그 이후로도 계속해서 각자의 연구 결과, 연구 전략, 다양한 주제(종교, 정세 분석 등)를 토의하기 위해 정기적으로 만나게 된다. 그런 기회를 통해 이들은 자신들을 갈라놓는 "상당한 차이점"을 분석하게 된다. "신비주의적이고, 신비주의의 대부"였던 레비에 맞서 모스는 이성과 과학을 옹호하는 입장을 취하게 된다. 그럼에도 모스는 "아주 훌륭한 작업에 대한 공감으로 [……] 특히 실뱅을 돕기 위해" 1931년에 세계 이스라엘연맹 중앙위원회에서 일하게 된다. "[자신의] 선입견으로 인해 전혀 생각해 본 적이 없던" 그 기구로 말이다.[77]

실뱅 레비는 모스보다 훨씬 더 자기 "종족"에 애착을 가지고 있었으며, 따라서 자기와 관련된 오랜 전통과 환경에서 완전히 해방되는 것을 원치 않았다. 실뱅은 연구를 하는 학자만큼이나 행동하는 인간이기도 했다. "유대교에 도움이 되고, 그것을 영광스럽게 하는 것처럼 보이는 모든 시도"에 대해 깊은 공감을 가졌던 실뱅은 세계 이스라엘연맹, 『유대연구 잡지』, 자도크-칸 협회,[78] 외국학생들을 위한 재단 등을 위해 헌신적으로 활동하게 된다.[79] 30년 동안 실뱅 레비는 프랑스 유대 공동체를 두 개의 진영으로 가르게 되는 토론에 참가하기도 했다. 그의 입장은 유대 국가의 창립에 그다지 호의적이지 않은 것이었다. 그는 1919년에 이렇게 말하고 있다. "프랑스는 새로운 국가가 건립되도록 그대로 둘 필요가 없다. 그 원칙에서 종교와 인종이라는 애매모호한 면 때문에 좀먹고, 따라서 국제정치 질서에 커다란 영향을 미칠 수 있는 그런 국가의 건립을 말이다."[80]

앙리 위베르, 쌍둥이

마르셀 모스는 1896년에 앙리 위베르를 만나게 된다. 이들은 고등연구실천학교에서 같은 강의를 들었다. 모스 자신이 즐겨 회상하는 것처럼 이들은 "연구 부분의 쌍둥이", "샴 쌍둥이"였지만, 그렇다고 그들이 자라온 사회적, 교육적 환경이 같은 것은 아니었다. 위베르는 1872년 6월

23일에 비교적 여유 있는 파리의 가정에서 태어났다. 모자 도매상인이었던 그의 아버지는 일찍 사업에서 은퇴했으며, 여가를 "지적 여흥"을 즐기면서(소르본대학 수업 청강이나 박물관 방문 등) 보내고 있었다. 학생 시절 위베르는 루이 르 그랑고등학교에서 지냈으며, 이 학교 재학 시절 전국고등학교 작문 대회에서 일등상을 수상하기도 했다. 위베르는 "모든 분야에서 결점이 없는 우수한 학생이었다." 커다란 지적 호기심을 가졌던 그는 "모든 것에 관심을 가졌고, 모든 것을 읽고, 모든 것을 알고 있었다."[81] 교수자격시험으로 가는 지름길에 신경 쓰지 않고 먼저 소르본에 입학해 학사 학위를 받았으며, 그 후 1892년에 고등사범학교에 입학했다. 위베르는 이곳에서 "좀 더 자유롭게 공부를 하기 위해" 도서관 조교 자리를 얻었다. 아주 빠른 속도로 깨알 같은 글씨로 작성한 수많은 독서 카드와 수많은 책들 사이에 끼어 베네딕트 수도사처럼 "항상 뭔가를 하고 있는 박식하면서도 부지런한 사람"[82]이었던 위베르는, 1895년 역사, 지리 철학 교수자격시험을 준비해서 15명 가운데 3등으로 합격했다.

앙리 위베르는 그 당시의 관심사에 대해 이렇게 말을 하고 있다. "나는 예술에 끌렸다." 학창 시절 그는 교수들의 캐리커처를 즐겨 그렸고, 친구들이 탐내는 크로키를 수없이 그렸으며, 고등사범학교 창립 100주년 앨범에 삽화를 그리기도 했다. 성년이 된 위베르는 "예술적 취향"[83]으로 친구들 사이에서 돋보였다. 그는 여가 시간을 주로 데생이나 수채화로 풍경을 그리면서 보냈고, 예술품(주로 극동지역의 예술품)을 수집하면서 보냈다. 모스는 후일 그에게 이렇게 말하고 있다. "나는 예술미에 대해 자네와 같은 섬세한 감각과 즐거움을 전혀 가지고 있지 못하네."[84]

자기 세대에 속하는 다른 학생들과 마찬가지로 앙리 위베르 역시 고등사범학교 사서였던 뤼시엥 에르를 알게 되었다. "아주 높은 곳, 즉 넓고, 길고, 조금 높은 곳에 있는 육중하고 거대한 사무실의 안쪽 아주 높은 곳에 앉아 수많은 책들과 도서관 이용자들 위에서 군림하는 듯" 했으며, "날카로운 눈매"를 가진 일종의 "거인"[85]이었던 에르는 사회주의자였다. '사회주의 노동자연맹'과 '사회주의 혁명노동당'의 일원이었던 에르는 '프랑스 사회당' 창당 당시 당에 합류했다. 1899년 뤼시엥 에르는 '새로운 출판사(SNLE)'의 행정과 활동을 책임지는 몇몇 인물들 가운데 한 명이 되었다. 후일 이 협회에 협력한 자들은 대거 『사회학 연보』 주위를 맴돌게 된다. 위베르와 에르는 사회주의 이념을 공유하게 된다. 하지만 위베르는 투쟁주의를 배척하는 입장에 있었다. 위베르 부르쟁의 설명에 따르면, 앙리 위베르는 자기 자신 "진지하고 신중하게" 선택한 대의명분에 봉사하기 위해 "자기 직업 이외의 다른 수단을 사용하는"[86] 것에 찬동하지 않았다. 앙리 위베르의 이와 같은 태도는 『비판적 주해』, 『사회과학』 등과 같은 잡지에의 참여를 통해 잘 드러나고 있는 것으로 보인다. 실제로 그는 이 잡지들에 1901-1903년 사이에 20여 편의 서평을 쓰기도 했다. 물론 그렇다고 해서 그가 드레퓌스 사건 발생 당시 프랑스의 반유대주의에 의해 조장된 위험에 민감하게 반응하지 않은 것은 아니었다. 그는 "전쟁위원회의 참담한 재판"[87]과 "에밀 졸라에 대한 의도적 재판"[88]을 비판하면서 "대체 이게 어느 나라인가!"라고 외치기도 했다.

모스와 마찬가지로 위베르 역시 교수자격시험에 합격하고 나서 곧바로 교육에 종사하는 길을 선택하지 않았다. 경제적 어려움을 겪지 않았던 위베르는 다음과 같은 생각을 가지고서 셈어와 비잔틴주의에 대한 연구에 몰두하고자 했다. 즉, "이 두 분야를 연결시키는 연구를 통해 기독교 시대가 시작되기 이전 세기들에서 아시리아와 소아시아 지역의 종교들에 대해 연구를 수행한다."[89]는 생각이 그것이다. 고등사범학교 시절부터 위베르는 종교에 대한 관심을 계속해서 표명해 왔다. "나는 기독교사 연구에 전념할 것이다. 루이 르 그랑 고등학교의 신부님이자 나의 옛 스승이었으며, 후일 고등연구실천학교에서 아시리아어를 가르쳐 줬던 켕탱 사제는 나를 아시리아어 연구로 유도했다."[90]

1895년 신학기에 등록을 한 앙리 위베르는 고등연구실천학교 제5분과에서 신학박사이자 아시리아-바빌론 전공자였던 켕탱 사제의 강의를 듣게 된다. 그 다음 해에 위베르의 수강 과목은 더 많아진다. 그는 제5분과에서 켕탱과 이스라엘 레비의 수업을, 제4분과에서는 V. 베라르(비교문법), R. P. 셰이유(아시리아 문헌학), 카리에르(히브리어), J. 알레비(아비시니아)의 강의를 들었다. 정확히 이 시기에 위베르는 모스를 알게 된다. 모스 역시 『탈무드』와 랍비 유대교를 새로이 담당한 이스라엘 레비의 강의에 등록했다.[91] 모스와 위베르의 진정한 만남의 장소는 다름 아닌 두 분의 레비 교수, 즉 이스라엘과 실뱅의 강의가 있는 제5분과에서였다. 30년 후에 실뱅 레비는 자기가 그토록 좋아했고 그토록 높이 평가했던 위베르에 대해 감동어린 어조로 이렇게 회고하고 있다.

내가 살아 있는 한 난 [위베르를] 볼 것이네. 우리 분과에서, 우리 모임이 있을 때 책상에 앉아 있는 위베르, 그 창백한 얼굴의 위베르를 말일세. 멀리에서도 나에게 그처럼 멋진 미소를 보내주던 그, 우수와 더불어 부드러운 확신으로 가득 차 있는 그, 그 자신 어느 정도까지 우리들과 연결되어 있는지에 대해 성실함과 심오함을 감추는 듯하면서도 강조하고 있는 그를 말일세. 그를 처음 봤던 게 언제였던가? 나는 그를 계속해서 알았던 것 같은 생각이 드네. 자네를 통해서, 스티크니를 통해서, 아니면 자네 두 사람 모두를 통해서였던가? 첫 날부터 그는 우리 편이었고, 가장 가까이 지내는 자들의 편이었지. 왜 그랬을까? 모르겠네. 이 섬세하고, 자신만만하고, 멋진 태도와 세련된 언어에 빠졌던, 호화롭고 우아한 건물에 쉽게 빠졌던 이 부르주아는, 자네에게서 또 우리들에게서 어쩌면 다음과 같은 것을 찾았고 또 맛보고자 했던 것일지도 모르네. 즉, 교육과 환경으로 인해 그가 자신의 삶에서 겪지 못했던 것, 가령 어느 정도는 거친 소박함, 순수한 자연, 균형 잡힌 지혜를 통해 다다르고자 했던 빨갛게 달구어진 그 이상의 불꽃을 말일세.[92]

앙리 위베르는 개인적으로 "장세니즘의 흔적"을 가지고 있었다. 하지만 고등연구실천학교 동료이자 친구였던 마르셀 드루앵의 지적에 의하면, "위베르는 엄숙함은 없었고, 자신의 모든 의무를 잘 이행하기 위해 모든 재원을 동원할 준비가 된 건전한 부르주아지의 전통만을 활용하려 했다."[93] 위베르가 평소에 보여주는 태도는 "겸손함과 조심성"이었다. 생제르맹 박물관에서 그의 상관으로 일한 바 있는 살로몽은 이렇게 말하고 있다. "그는 종종 얼굴이 빨개졌다. 그는 고등사범학교에서도 군대에서도 거칠게 말하는 법을 배우지 못했다. 그가 저속한 말을 하는 것을 한 번도 들어 본 적이 없다."[94] 지적 차원에서 위베르가 가진 "근면하고 부드러운" 성품은 공감과 확신을 불러일으키기에 충분했다. "큰 머리, 높게 솟은 이마, 항상 미소를 머금고 있었던 두툼한 입술, 창백한 얼굴,

밝은 눈, 맑고 갈라지지 않는 목소리, 절도 있는 태도"를 가졌던 위베르
는 "자기 직업에 대한 소명"[95]을 받고 태어난 인물이었다. 요컨대 위베
르는 아마추어 학문 애호가와는 완전히 반대되는 모습이었다. 이와 같
은 이유로 위베르는 다른 사람들에게 엄격했으며, 그 이상으로 자기 자
신에게도 엄격하기도 했다.

고등연구실천학교 교실에서 처음 만났던 위베르와 모스는 서로에
게서 커다란 지적 친근성을 느끼고 곧바로 예외적인 우정을 쌓아나가
기 시작했다. 그로부터 얼마 되지 않아 모스는 네덜란드에 머물면서 앙
리 위베르에게 다음과 같은 내용의 편지를 쓰고 있다.

> 친애하는 위베르, [……] 전적으로 우선 난 자네와 내가 맺게 된 돈독한
> 우정에 대해 몇 마디 하고 싶네(멀리 떨어져 있으니까 더 말이 잘 나오는
> 데). 그도 그럴 것이 우리 사이에는 단지 지적 관계만이 있는 것은 아니
> 기 때문이네. 어쨌든 자네가 가진 그 극단적인 섬세함은 내가 실제로
> 자네에게서 가장 높이 평가하는 부분일세. 또한 이 부분이 자네 성격
> 의 가장 확실한 부분에 해당한다는 사실(난 이 사실을 즐겨 말하곤 하지
> 만)이 그걸세. 단지 한 가지 유감스럽게 생각하는 것은, 내가 자네를 좀
> 더 일찍 만나지 못했다는 점일세. 하지만 곧장 그 세월을 따라잡을 수
> 있겠지. 시간은 충분하니까.[96]

위베르 역시 "뒤지고 싶지 않은" 마음에 곧장 모스에게 답을 하고 있다.
그 역시 모스를 "[자기의] 가장 친한 친구들 가운데 한 명"으로 여기고
있다고 말이다. 그리고 위베르는 다음과 같이 덧붙이고 있다. "드루앙,

스티크니, 레비, 그리고 자네 이외의 다른 친구는 없네. 물론 또 다른 차원에서 에르가 있기는 하네. 하지만 나보다 너무 연상인 에르에 대해서와는 다른 커다란 우정을 자네들에게서 느끼고 있네." 그리고 위베르는 모스에게 말을 편하게 놓자는 제안을 하고 있다. "왜냐하면 말을 높여서 하는 것은 너무 길기 때문일세."[97] 모스는 이 제안을 받아들였다. 비록 모스 자신이 말을 놓은 것이 "이 새로운 친구의 섬세한 영혼의 구석구석을 파고들지 못하게 할 위험이 있다는 것을 우려했음에도" 그렇게 했다. 그리고 자기 자신을 "다른 사람을 따분하게 하는 사람"이라고 소개하면서 모스는, 위베르에게 "그 자신 위베르와 같은 사람을 친구로 둔 것이 얼마나 기쁜지 모른다."[98]는 사실을 거듭 강조하고 있다.

모스와 위베르 사이에서 이와 같은 만남은 이들의 오랜 협력의 시작 단계에 불과했다. 모스는 이렇게 말하고 있다. "나는 위베르가 했던 모든 일에 참가했다. 그다지 비판적이거나 고고학적이 아닌 일에도 말이다. 그는 항상 내가 썼던 것을 검토해줬다."[99] 또한 모스는 감동어린 어조로 위베르와의 초기 우정을 회상하고 있다. "H. H.와 나는 만나자마자 서로에게서 일종의 열광을 확인했던 그런 시대를 살았다. 우리들은 함께 세계, 선사시대, 원시시대의 사람들, 열대지역의 사람들, 셈족의 세계, 인도인들의 세계를 발견했다. 게다가 고대 세계와 우리가 익숙한 기독교 세계를 같이 발견하기도 했다. [……] 결국 그와 함께 했던 시간은 새로운 것을 발견하는 계속되는 즐거움의 연속이었다."[100]

마르셀 모스는 위베르를 "사회학자들의 진영"으로 유도하면서 에밀 뒤르켐을 그에게 소개했다. 그 이후 뒤르켐에게 위베르는 그가 관계를 맺었던 "가장 중요한 사람들 중 한 명"이 되었고, 또한 그의 "가장 열

정적이고 동시에 독립적인 위치를 고수했던 제자들 가운데 한 명"[101]이
되었다. 뒤르켐 자신도 "모스만큼이나 위베르와 쉽게 호응하는 것" 같
다고 생각하기도 했다. 또한 뒤르켐은 "자신의 모든 협력자들 가운데 위
베르가 가장 완벽하게 소통할 수 있는 사람들 가운데 한 명"[102]이라는
인상을 받기도 했다. 곧바로 위베르는 이른바 "가족의 한 명"으로 여겨
지게 되었다. 위베르는 보르도와 에피날에서도 환대를 받았고, 뒤르켐-
모스의 가족 축제에 참석하기도 했다.

『사회학 연보』의 출간 초기부터 관여한 앙리 위베르는 이 잡지에서
중요한 역할을 담당하게 되었고, 또한 장차 이 잡지의 출간에서 마르셀
모스와의 협력이 어떤 중요성을 가지고 있는지를 재빨리 알아차렸다.

> 우리 두 사람이 하나의 행동을 하기 위해 태어났다는 사실 —— 적어도
> 나는 그러길 바라네. ——, 함께 여러 중요한 작업을 수행해야만 한다
> 는 사실, 우리 각자의 연구와 저서의 완벽함보다도 우리가 공동 사유,
> 공동 작업을 해야 한다는 필요성, 또한 그런 욕망과 성스러운 불꽃에
> 의해 행동해야 한다는 사실을 잊어서는 안 될 것이네. 친애하는 친구,
> 펄펄 끓어야 하지 않겠나. 일을 기다리는 동안 부드럽게, 즐겁게 살려
> 고 노력하세.[103]

뒤르켐의 지도하에 모스와 위베르가 처음으로 함께 수행했던 연구는
『사회학 연보』를 위한 것이었다. 「희생의 본질과 사회적 기능에 대한 시
론」이 그것이었다. 이 논문의 공동 집필은 모스가 네덜란드와 영국에서
체류하면서 연수를 하고 있는 동안에 시작되었다.

1896년: 힘들었던 한 해

모스와 삼촌 뒤르켐 사이의 밀접한 관계는 1896년을 거치면서 함께 겪었던 여러 차례의 시련을 통해 더욱 굳어지게 된다. 실제로 이 해에 뒤르켐의 아버지(91세)가 에피날에서 사망했고, 모스의 아버지(62세) 역시 심장병 치료를 위해 전문의의 진찰을 받으러 파리로 갔다가 사망했다. 이 두 번에 걸친 장례로 인해 —— 실뱅 레비의 표현에 따르면 "두 번의 충격"으로 인해 —— 커다란 충격을 받은 모스는 생각 이상으로 흔들렸다. 실뱅은 이렇게 말하고 있다. "자네 몹시 피곤해 보이는군. 휴식이 필요하네. 그것도 꽤 긴 휴식이."[104]

심한 충격을 받은 뒤르켐 역시 지적으로 그리고 정신적으로 공황 상태에 빠지게 된다. 그때 그는 『자살론』의 집필을 시작했던 참이었다. 그리고 뒤르켐은 이미 두 명의 조카 —— 그 중 한 명은 앙리 뒤르켐인데, 뒤르켐은 앙리의 아버지 펠릭스가 1889년에 사망했을 때 이후로 보르도에 있는 자기 집에 데리고 있었다. —— 의 교육을 떠맡고 있었다. 요컨대 뒤르켐은 실질적인 가장이 되었다. 그의 누님이었던 로진은 그와 더불어 아들 모스의 문제를 논의하곤 했다. 로진은 에피날에 거주하고 있었기 때문에 실질적인 가족의 중심이었다. 주위 사람들에 따르면 모스 부인은 사업을 정력적으로 운영하고, 아들의 사회적, 직업적 경력을 주의 깊게 관찰하기도 했던 "강한 여자"였다. 어머니와의 관계는 비교적 좋은 편이었지만 —— 어머니는 아들에게 거의 매주 편지를 썼다. —— 모스는 삼촌에게 충고를 구하고 있었다. 물론 정치 참여의 문제에 대해서는 예외로 했지만 말이다. 또한 힘든 순간이 있게 되면 모스는 삼촌에게 어머니와 자기 사이에 중개 역할을 부탁하기도 했다.

외할아버지와 아버지가 거의 동시에 사망했을 때 마르셀 모스는 24세였다. 호주머니에 교수자격시험 합격증을 가지고 있기는 했지만, 그는 경제적으로 여유가 없었다. 물론 그는 바로 한 해 전인 1895-1896년에 박사 학위논문 장학금의 혜택을 받긴 했다. 하지만 살아가기 위해서는 집에, 즉 여전히 가내 자수업을 경영하고 있던 어머니에게 손을 내밀어야만 했다. 그로 인해 모스가 몹시 불편해 한 것은 사실이었다. 모스는 한때 어머니를 파리로 모실 생각을 하기도 했다. "그렇게 되면 어머니의 희생에 보답할 수 있을 것이네. 덜 외로우실 거고, 또한 나 역시 마음이 놓일 걸세."[105] 지출을 줄이기 위해 모스는 여러 해 동안 사촌들과 함께 아파트에서 살았으며, 그럭저럭 불편을 참아냈다. 세 사촌과 함께 살게 된 생 자크 가(街) 31번지에 있었던 "형편없었던" 자기 아파트에 대해 모스는 이렇게 말하고 있다. "편안하긴 하지만, 공간이 부족하네."[106] 또한 이렇게도 묘사하고 있다. "그 아파트에서 생활하는 것이 점점 더 불만족스럽네. 내 방 옆에 있는 사촌 폴 [카엥]의 방은 그야말로 소음 공장이야."[107]

실뱅 레비의 표현에 의하면, 모스에게 그 당시 몇 해는 "희생의 해"였다. "유대인들을 비난하고 욕보이는 자들은 그들을 잘 모른다고 생각할 수밖에! 자넨 상중(喪中)에 있는 어머니 곁을 떠나왔고, 사회 진출을 뒤로 미뤘고, 벌써 선생이 되었어야 하는데도 용기를 내어 학생이 되었네. 나로 말할 것 같으면, 자네도 알겠지만, 나 역시 내 스스로 고통스러운 삶을 살아가는 것을 받아들였네. 하지만 우리 두 사람 모두 무슨 대단한 보상을 받으려고 하겠는가? 그저 국가에 봉사하고, 그리고 우리들이 할 수 있는 범위 내에서 학문에 봉사하는 것을 제외하면 말일세!"[108]

모스의 학생으로서의 파리 생활은 그다지 나쁜 것은 아니었다. 하지만 그 당시 파리는 아주 혼란스러웠다. 1893년 무정부주의자들의 테러, 학생들의 시위, 그리고 드레퓌스 사건이 그 주된 요인이었다. 이 같은 "역사적 위기"의 시기에 "겉으로 보기에는 가벼운 듯 보이는" 이 도시는 "곧바로 빨갛게 달궈진 화로처럼 강한 불길과 펄펄 끓는 심장을 보여줬다. [……] 난폭함 없이, 피 한 방울 흘리지 않은 채 진행되긴 했지만, 또한 사람들이 지쳐서, 슬픔으로, 고통과 분노로 죽어나갈 정도로 아주 강한 지적 정열 속에서 진행된 이 놀랄만한 내전을 모르는 자, 이 도시를 횡단해보지 않은 자, 이 도시에서 투쟁해보지 않은 자, 이 자는 파리 사람이라고 해도 자기가 살고 있는 파리라는 도시를 전혀 알지 못하는 것이다. 이 도시 안에는 그런 자에게 드러내 보이지 않는 비밀이 있는 것이다."[109]

하지만 지방 출신이었던 모스는 파리 사람들보다 더 파리를 잘 알았다. 앙리 위베르는 그의 "불미슈[110]를 휩쓸고 다니는 우정"을 비난한 적이 있지 않은가! 더군다나 모스는 외국에 나가 있는 동안 지루해 했다. 네덜란드와 프랑스를 비교하면서 모스는 이렇게 외치고 있다. "사유가 들끓는 파리에서 내가 얼마나 멀리 떨어져 있는가를 만약 자네가 안다면!"[111] "친구들과 휩쓸려 다니는 걸 그다지 좋아하지 않았지만", 그럼에도 불구하고 "종종 외로움 때문에 힘들어했던" 친구 위베르에게 모스는 다음과 같은 충고를 해주고 있기도 하다. "외출을 하게나. 그러면 모든 사색보다 삶에 대해 더 많은 것을 배울 수 있을 걸세. 자네가 즐기지 못하고 그냥 보내는 청춘은 한 번 가면 다시 돌아오질 않네."[112] 두 사람의 친구였던 폴 포코네가 지적하고 있듯이 모스와 위베르의 살아가는 방식은 사뭇 달랐다. "뒤르켐과 위베르가 자네 연구 방법에 대해 가했던 비판을 자네가 과장해서 생각할까봐 우려되네. 위베르는 삶을 지나치게 지적인 형태로만 생각하는 경향이 있네. 하지만 내 판단으론 자넨 결코 거기에 적응하지 못할 걸세."[113] 모스는 자기 자신을 "감각적"으로 규정하기도 했다. "사람들 사이의 관계에 감정적인 장식을 하고, 또 이 관계를 정신과 기억 속에서 연장시키기 위해선 장시간의 대화, 멋진 산책, 장엄한 석양 보다 더 좋은 건 없어 보이네."[114] 그리고 브뤼셀에서 4일 동안 체류 중에 있었던 "귀여운 파리 출신 여인"과의 연애담을 얘기하면서 모스는 위베르에게 이렇게 비밀을 털어놓고 있다. "아무에게도 말하지 말게. 내 얼굴이 붉어지는 약점이니까. 친애하는 친구, 내 생각으론 상냥하고, 커다란 장점은 없지만 그래도 빈정거리지 않는 애인은 [……] 우리 나이 또래의 사람들의 행복을 결정하는 중요한 요소 가운데 하나이네. [……] 이 모든 것은 훈계라기보다는 고백에 해당하네!"[115]

모스의 연구는 더디게 진행되었다. 뒤르켐에 비하면 "조카는 무기력하고, 그다지 뛰어난 지성의 소유자는 아니라고" 모스 자신은 말한다. 또한 모스는 "열성적으로 연구하지 않았고, 심지어는 질질 끌기도 했다."[116] 모스는 옥스퍼드에서 체류하는 동안 위베르에게 이렇게 털어놓고 있다. "[……] 나는 지금 연구열과 슬픔에 잠겨 있네. 산란을 위한 신경과민이라고나 할까. 왜냐하면 지금 연구를 진행하고 있는데, 더디다는 느낌, 시간이 너무 빨리 흘러간다는 느낌, 시간이 많이 남아 있지 않다는 느낌 등이 늘 드네. 이곳을 떠나기 전에 목표를 이뤄야 한다는 필요성을 절감하네. 해서 마음이 조급하네."[117]

"모스의 의지에 대해 강한 확신을 가지지 못하면서 그의 '지연'을 노심초사하던 뒤르켐과 그의 친구들은 이와 같은 사실로 인해 안타까움에 사로잡히기도" 했다. 모스의 숙모 루이즈 역시 그에게 "다른 사람들의 걱정을 일으키지 않도록 [그의] 편지에서 사용하는 [그의] 표현에 주의해라."라는 충고를 하고 있기도 하다. 이 충고는 뒤르켐이 조카에게 쓴 긴 편지의 말미에 붙어있다. 실제로 뒤르켐은 「희생론」의 집필 과정에서 나타나는 장애물을 잘 극복하라고 모스를 격려하기 위해 이 편지를 썼던 것이다.

사랑하는 마르셀에게,

[……] 네가 나를 기쁘게 해주고자 하는 마음을 의심해본 적이 없다. 네가 이미 수행한 일에 대해 아주 고맙게 생각하고 있다. 벌써 네게 뭔가 빚을 진 느낌이다. [……]

너는 다시 한 번 네 연구가 늦어지는데 대해 유감이라고 전해왔다. 걱정하는 가운데서도 서둘러줬으면 한다. 너의 우려가 우리의 우려가 되지 않기를 바란다.

걱정에 대한 고귀한 취향을 가지지 못한 자는 남자라고 할 수 없겠지. 만약 내가 너의 단점, 모든 걱정과 예견에 관계된 공포에 대해 생각하지 않는다면, 그것은 내가 너에게 애정을 덜 가져서일 게야. 하지만 난 달리 어떻게 하지 못하겠다. [……]

물론 이 모든 것이 지금 네가 연구를 하는 것보다 더 많은 연구를 해야 한다는 것을 의미하는 건 아니다. 내가 염두에 두고 있는 것이 이게 아니라는 것을 넌 잘 알고 있을 것이다. 다만 [네가 향해 가고 있는] 목표가 뭔지에 대해 좀 더 알고 생각을 할 필요가 있다는 말이다. 네가 쓸데없는 일에 호기심을 자주 보이는 것이 좀 우려된다. 나처럼만 일을 빨리 해다오. 나에게는 설명 가능한 길이 네게는 설명이 불가능하니 답답하구나. 하지만 그것이 빈둥거려야 할 이유가 되지는 않겠지.

인사를 보낸다.

에밀 뒤르켐[118]

"순진함과 용감함"에 의해 후일 자신의 학위논문의 주제가 될 연구 대상('기도'가 그것이다.)[119]에 몰두해 있던 모스는, 1895년과 1900년 사이에 연구와 학교에서의 생활을 더욱 열심히 하게 된다. 종교사 분야에서 연구를 계속하고, 첫 번째 서평을 쓰기도 하면서 모스는 뒤르켐 삼촌에게 진정한 조교이자 소중한 협력자가 되었다. 그 당시 뒤르켐은 학자로서의 연구와 직업 차원에서 전환점에 서 있었다. 그는 1896년에, 즉 보르도대학에 도착한 지 9년이 지난 후에 "사회과학" 담당 정교수로 임명되었고, 『자살론』(1897년에 출간된다)의 집필을 마쳤을 때 『사회학 연보』를 창간하기도 했다. 뒤르켐의 연구와 관련해 모스는 이렇게 말하고 있다. "나는 그의 모든 연구에 협조했다. 그가 나와 협력했던 것처럼 말이다. 심지어 그는 내 연구 전체를 다시 쓰기도 했다."[120]

모스의 협력은 "뒤르켐의 대부분의 연구 시간"에 걸쳐 이뤄졌고, 그런 만큼 그의 협력은 그에게 필수불가결한 것이었다. 단지 『자살론』에 포함될 표를 작성하는 일을 하기 위해서도 모스는 1889-1891년 사이에 프랑스에서 기록된 자살에 대한 수많은 자료를 검토했다. 모스 자신은 뒤르켐의 작업을 이렇게 평가하고 있다. "양적인 면에서 연구방법은 독서 카드에 따로 정리된 26,000건의 자살 분류표, 그리고 이것을 75

개의 칸에배치했다[121](이 자료들은 그 당시 사법 통계 업무의 수장이었던 가브리엘 타르드를 통해 뒤르켐에게 전달되었다)." 이것은 『자살론』 연구의 중요성을 그대로 보여주는 것이었다. "특히 자료 검토를 위해 사용된 변수의 숫자를 고려하면 더욱 그랬다. 나이, 성, 결혼 여부, 세느 강 유역-지방, 자녀의 유무 등의 기준이 그것이었다."[122]

뒤르켐은 조카에게 독일 군대, 영국, 스페인 등에서 발생한 자살에 할애된 연구 결과를 읽어줄 것을 부탁했다. "물론 통계 자료만을 참고하고, 그것도 네가 보기에 흥미가 있어 보이는 것만 참고하도록 해라. [……] 그리고 특히 네 시간을 많이 뺏기지 않도록 해라. 해볼 만한 가치가 있는 것만 해야겠지. 여하튼 되는 대로 작업을 했으면 한다."[123] 모스는 또한 몇몇 자료상의 연구를 수행하기도 했다. 예컨대 힌두인들에게서의 자살 문제가 그것이다. 그는 실뱅 레비에게 자료를 부탁했다. 실뱅은 "다음 강의 주제로 이 주제를 선택하면" 좋겠다고 말하면서 모스에게 함께 토의할 수 있는 텍스트를 가져다주기도 하고, 또 그에게 유용한 정보를 빠르게 전달해주기도 했다.[124]

『자살론』을 집필하던 중에 뒤르켐은 다시 한 번 조카에게 원고를 읽어 주고, 필요한 참고문헌을 작성해 주고, 최종 통계표를 작성해 줄 것을 부탁하기도 했다. 그러면서도 한편으론 신경질적인 반응을 보이기도 하고 있다. "이틀 전부터 너는 '12쪽'에 해당하는 주를 달았다. 그런데 100쪽이 남았다. 계산을 한 번 해보기 바란다. 게다가 너는 주에다 쓸데없는 장식을 덧붙였구나. '필수불가결한 몇몇 단순한' 참고사항에 [……] 그치지 않는 것을 즐기고 있는 것 같구나. [……] 네가 이 연구를 어느 정도로 엉망진창으로 만들어버렸는지 아느냐!"[125]

『자살론』은 이중으로 전략적인 저서였다. 뒤르켐은 이 저서에서 경험적 연구의 차원에서 『사회학적 방법의 규칙』에서 정립한 원칙들을 적용시켰을 뿐만 아니라 또한 사회학적 시각에서 가장 개인적이고 가장 사적인 행동인 '자살'을 연구했던 것이다. 이 저서에서 볼 수 있는 뛰어난 논증 과정은 여러 다른 비판적 연구 방법(정신병리학, 심리학, 생물학 등)에 의존했고, 상세한 통계 자료에도 의지하고 있다. 예컨대 종교적 성격에 따른 자살율, 나이, 성, 결혼 유무 등에 의한 분류가 그것이다.

뒤르켐은 항상 "사회의 붕괴" 문제에 관심을 가지고 있었다. 그의 분석 모델을 위한 두 개의 큰 축은 1) 통합의 축, 2) 조정의 축이었다. 한 명의 개인에게 "적합한 상황"이란, 그가 지나치지 않게 충분히 통합할 수 있는 상황, 그리고 여러 규칙들에 의해 충분히 구속을 받는 상황을 지칭하는 것이었다. 이와 같은 "적합한 상황"이 존재하지 않기 때문에 현대 사회에서는 다음과 같은 두 유형의 자살을 볼 수 있다. "이기주의적 자살"과 "아노미적 자살"이 그것이다. 이기주의적 자살은 지나치게 이뤄진 개인화에서 기인한다. 아노미적 자살은 급격한 변화를 겪는 시기(위기의 시기와 지나친 경제 번영의 시기)[126]에 볼 수 있는 것처럼 규칙이나 규범의 부재에 의해 설명될 수 있다.[127] 이기주의적 자살이든지 아노미적 자살이든지 간에 개인들은 같은 종류의 고통을 겪게 되는데, 이것이 바로 "무한으로 인해 겪는 고통"이다. 이것은 다른 형태로도 나타날 수 있는데, 어떤 사람들은 "꿈의 무한" 속에서, 또 다른 사람들은 "욕망의 무한" 속에서 길을 잃게 된다.[128]

자살율의 변화를 결정하는 요인들이 일단 알려지고, 또한 현대 유럽인들의 자살율이 병리학적 상태를 보여주는 지표라는 사실이 일단 증명되자, 뒤르켐은 이를 치유하기 위해 무엇을 해야 하는가를 자문하고 있다. 모스가 지적하고 있는 것처럼 "뒤르켐의 깊은 관심은 [결국] 사회 문제에 있었던 것이다." 정확히 이런 이유로 『자살론』은 『사회분업론』과 마찬가지로 도덕적이고 정치적인 관심사로 귀착되고 있다. 왜냐하면 강제 입법도 교육도 가능하거나 효율적인 대안이 되지 못하는 만큼, 뒤르켐의 판단으로는 개인들에게 적합한 사회적 환경과 동시에 규율을 제공해줄 수 있다면, 직업 단체들을 중심으로 한 경제적 삶을 영위할 수 있도록 조직할 필요가 있는 것이다.

철학자 귀스타브 블로는 『자살론』에 대해 "아주 훌륭한 저서"[129]라고 목소리를 높이고 있다. 뒤르켐의 협력자들 가운데 한 명인 폴 포코네가 강조하고 있는 것처럼, 이 저서의 독창성은 "그것이 과학적임과 동시에 사회적이라는데 있다. [……] 자살을 주제로 한 이 전문서적은 정확한 문제제기를 하고, 또 알려진 모든 사실들에 대한 관찰을 바탕으로 한 사회학적 해결책을 제공해주기 위한 노력의 결과이다." 그리고 포코네는 이렇게 덧붙이고 있다. "『자살론』은 뒤르켐 자신이 선호하는 『사회학적 방법의 규칙』의 새로운 증명과 새로운 예시로 여겨져야 할 것이다." 포코네는 계속해서 자살 문제에 적용된 방법은 "훌륭한 결과를 낳았으며", "귀납적 사회학이 가능하다."[130]는 점을 증명해보였다고 말하고 있다. 물론 포코네는 이 저서에 대해 강한 반론이 제기될 것이라는 점, 그리고 이 저서의 저자 뒤르켐은 독단론에 빠질 위험도 없지 않다는 비판을 받을 수도 있다는 점을 확신하고 있다. 하지만 포코네는 반박자들에게 이렇게 경고하고 있다. "몇몇 변증법적 논의로는 충분하지 않을 것이다. 그의 주장을 반박하기 위해서는 새로운 방식으로 통계 자료를 해석하거나 새로운 사실들을 제시해야 할 것이다."[131]

　『사회학 연보』의 협력자들 가운데 한 명인 모리스 알브바크스가 했던 것과는 달리 마르셀 모스는 뒤르켐의 뒤를 이어 자살에 대한 연구를 이어가지 않았다. 하지만 그 자신 하나의 사회 현상의 특수한 성격을 규정지을 때 "뒤르켐에 의해 표명된 사유로부터 직접적인 영감을 받으면서 이를 연구에 직접 적용하게 된다." "자살률이 획일적으로 가톨릭 사회보다 신교 사회에서, 농촌 사회보다 상업 사회에서 더 높은지는 알 수 없다. 만일 자살에 대한 집단적 경향이 신교사회와 상업 사회에서도 이 사회들의 조직을 근거로 해서 나타나고 있다는 사실을 인정하지 않는다면 말이다."[132] 이와 같은 경험적 연구는 모스로 하여금 또한 "공식적인 자료들을" "자세하게 검토 조사"해야 하는 필요성(사법 통계, 경제 통계, 인구 통계 등)을 깨닫게 해줬다. 모스는 이렇게 적고 있다. "모든 과학적 관찰과 마찬가지로 통계적 관찰 역시 가능한 한 세세하게 이뤄져야 한다." 그리고 이렇게 덧붙이고 있다. "사소한 부주의로 인해 잘못된 자료를 검토할 우려도 없지 않다."[133]

3장_ 제도권 진입 관례: 첫 번째 출간과 해외 연수

고등연구실천학교에서의 수업을 다 마치기 전에 마르셀 모스는 그의
첫 번째 글을 출간하게 된다. 1896년에 『종교사 잡지』에 기고한 서평들
이 그것이었다. 종교사에 할애되었고, 민족지학에 개방되었던 이 저명
한 잡지는 제5분과와 밀접하게 관련되어 있었다. 이 잡지의 창간자인
베른, 두 명의 공동편집자였던 장 레벨과 레옹 마릴리에, 또한 주요 협
력자들 역시 고등연구실천학교 교수들이었다. 이 잡지에 처음으로 실
렸던 모스의 서평은 종종 지적되는 것과는 달리 S. R. 스타인메츠의 저
서에 대한 서평이 아니었다.[1] 그것은 아돌프 바스티안의 저서 『기초 사
회주의적 사상에 비교해 본 기니 흑인의 신화학과 심리학』[2]에 대한 네
쪽짜리 평론이었다.

바스티안의 저서는 종교사보다는 민족학에 속했다. 독일 국적의 의
사였던 그는 자국의 민족지학 연구 분야에서 선구자적인 위치에 있었
다. 그의 주요 활동은 인도차이나와 브라마 푸트르 계곡의 인구에 대한
대규모 조사의 실시, 역사 속의 인간에 대한 개론서 출간, 민족지학 박

물관 설립, 독일 민족지학회 가운데 가장 중요한 학회인 베를린 학회의 활성화 등이었다. 그는 "많은 사람들의 리더"이자 "이미 상당한 수확을 일궈 흡족한 상태에 있는 개간자 중 한 명이었다."[3] 모스가 이 의사의 연구에 관심을 갖게 된 것은 아마도 테오뒬 리보의 강의나 저작을 통해서였을 것으로 짐작된다.[4]

바스티안의 저서에 대한 모스의 서평은 아주 신랄했다. "아무런 짜임새도, 아무런 중심 사상도 찾아볼 수 없다. [……] 계속 이어지는 문단들은 잘 어울리지 않는다. 그리고 쓸모없는 색인. [……] 어쩌면 이 저서에 제목을 붙이는 것조차 불가능했을지도 모를 일이다. [……] 이 저서의 그 어떤 곳에서도 기니 흑인들의 신화와 심리학이 논의되고 있지 않다, 등등." 모스는 "늘어가는 사실들"에만 관심을 표명하기 위해 수많은 "사변"은 젖혀둬 버린다. "상당히 많은 사실들이 연구되었다. [……] 바스티안 씨는 그 나라를 잘 알고 있다." 하지만 연구, 검토된 대상의 차원에서도 이 저서는 실망스럽다는 것이 모스의 견해였다. 왜냐하면 저자는 "아주 한정된 새로운 지식만"을 덧붙이고 있고, 또 오류도 많이 있기 때문이라는 것이었다. 모스는 "바스티안 씨가 알고 있는 것을 모르고 있는 사람에게는 전혀 독해 불가능하다."는 사실을 보여주기 위해 긴 문장을 하나 인용하면서 자신의 서평을 마치고 있다.[5]

같은 해에 모스는 『종교사 잡지』에 독일어로 씌어진 또 다른 저서에 대해 두 부분으로 구성된 50여 쪽의 긴 서평을 쓰고 있다. S. R. 스타인메츠의 "종교와 사법권의 기원"에 관련된 연구가 그 대상이었다. 이 연구는 197개 민족(북아메리카, 중앙아메리카, 남아메리카, 오스트레일리아, 멜라네시아, 폴리네시아 등)에 대한 관찰을 바탕으로 이뤄진 연구였다. 모스가 쓴 이 서평의 자료 준비는 아주 훌륭했다. 거의 200여 개에 달하는 각주, 불어, 영어(코드링턴, 프레이저, 하트랜드, 랭, R. 스미스, 트림벌, 타일러), 독어(바스티안, 불루멘트리트, 바이츠, 빌켄, 분트), 미국 학자(파워스) 등의 연구 인용, 「창세기」와 「신명기」에 대한 참조를 통해 이뤄진 히브리어로 된 법제화에 대한 분석 등이 동원되었다. 스타인메츠의 연구에 대해 모스가 하고 있는 독서는 아주 깊이 있는 독서였다. "같은 자료들을" 분석하면서 모스는 다른 새로운 연구를 할 수 있을 정도였고, 또한 원시적인 형태의 형벌에 대한 사회학적 설명을 할 수도 있을 정도였다. 모스의 판단으로는 서평이란 무릇 "단정적이어야 하며", "새로운 사실들에 대한 연구"를 촉발하거나 "잘못 분류된 사실들"을 재분류화 할 수 있고, 또한 "잘못 기술한 사실들"에 대한 새로운 분석을 추동하는 것이어야 했다.[6]

이 시기부터 모스는 종교학 그리고 "사회학적 민족학" 또는 "사회적 민족학"에 대한 자신의 흥미에 확신을 가지기 시작했다. "원시민족들의 사회 현상에 대한 연구"로서의 민족학은 일반사회학에 비해 "더 단순한 현상들", "좀 더 기원에 가까운 현상들", 그리고 "서로 더 밀접한 관련이 있는 현상들"[7]을 연구한다는 장점을 가지고 있었다. 철학적 일반화에 지쳐 있었던 모스는 새로운 연구 방법을 발견하게 되었다. 이 연구 방법의 가장 큰 장점은 "수집된 사실들에 대해 정확한 형태"를 부여할 수 있고, 또한 좀 더 신중하게 접근해야 되겠지만, "반대되는 사실들에 대한 연구"도 가능하다는 데 있었다. 영국 인류학자 타일러가 지적하고 있는 것처럼 "전형적인 현상과의 일치보다 일탈을 더 고려해야 할" 필요도 있었던 것이다. 스타인메츠의 저서에 할애된 서평에서 모스는 형벌은 물론이거니와 개별적 복수에 대해 종교적 기원을 부여하기에 이르렀고, 또 그렇게 함으로써 사회학적 차원을 부여하게 되었던 것이다. 모스의 이와 같은 분석은 뒤르켐의『사회노동의 분업』에서 이뤄졌던 연구를 좀 더 연장시키는 의미가 있었다. 뒤르켐은 이 저서에서 사회적 연대성의 여러 다른 "종류"를 결정하기 위해 다양한 "종류"의 사법적 처벌과 규칙에 대한 연구에 핵심적인 자리를 마련했던 적이 있다. 실제로 뒤르켐은 이렇게 결론을 내리고 있다. "복수가 형벌의 원시적 형태였던 어떤 사회를 예로 든다는 것은 불가능하다. 이와는 반대로 형벌은 애초에 본질적으로 종교적이었다는 것이 확실하다."[8]

모스는 그 자신 아직 학생 신분이라는 것을 잊지 않았다. 따라서 그는 각주에서 두 명의 교수, 즉 레옹 마릴리에와 에밀 뒤르켐에게 감사한다는 말을 잊지 않고 있다. 모스는 이 두 사람으로부터 보르도대학에서 형벌, 종교와 가족에 관련된 강의를 들었던 적이 있었다. 또한 모스는 뒤르켐의 여러 저서들을 참조하고 있다. 모스는 삼촌이 쓴『사회학적 방법의 규칙』에 의지하면서 스타인메츠가 연구 대상을 규정하지 않고, 연구 대상이 되는 민족 개념을 제대로 밝히지 않고 있고("대체 원시민족이란 무엇인가"), 상식적인 개념에 따라 민족들을 분류하고 있으며, 마지막으로는 "권위가 없다고 알려진 원주민들이나 민족지학자들의 해석을 지나칠 정도로 과신하고 있다는 점" 등을 비판할 수 있었다.

더군다나 후일 자신의 연구 주제가 되는 여러 문제 —— 희생, 마법의 힘, 혹은 마나[9] 그리고 좀 더 일반적으로는 성스러움 —— 를 확인하면서 모스는 자신의 연구를 이끌게 될 중요한 문제들을 포착하기에 이른다. 그것은 "하나의 사회적 사실을 어떻게 총체적으로 설명할 수 있는가?", 사회학과 심리학의 관계는 어떤 것들인가? 기술적 분석이 어떻게 발전론적 시각과 화해 가능한가? 등이 그것이다.

모스는 자기가 쓴 서평을 사법부의 통계 담당 책임자인 가브리엘 타르드에게 보내기도 했다. 타르드는 이 서평이 "아주 흥미롭다"는 의견을 표명했다. 그의 평가에 따르면 이 서평은 "정확하고 폭넓은 지식이 동원된 통찰력 있는 비판"[10]을 보여줬다는 것이었다. 한편, 모스의 서평에 대해 이 서평의 대상이 된 저서의 저자는 다음과 같은 답을 보내왔다. 즉, 자신의 의도는 "민족지학적 자료들에 대한 기초 연구를 수행하는 것이었고, 형벌에 대한 완벽한 역사"를 쓰고자 한 것은 아니었다고 말이다. 또한 이 저자는 자기 자신이 민족지학자들의 해석을 순진하게 받아들였을 것이라는 견해에 대해서는 "항의"의 내용을 보내왔다. 이 저자는 모스의 비판을 전적으로 옳게 생각한다, 곧 개최될 파리 학회에서 만나보길 희망한다, 그리고 서평에 대해 감사한다는 내용 역시 전해왔다. "친애하는 서평자님, 제 책에 대한 당신의 비판에 대해 진심으로 감사드립니다. 당신의 비판은 정당합니다. 저 역시 그러한 비판을 기대하고 있었습니다."[11] 그 이후 모스는 스타인메츠와의 관계를 계속해서 유지하게 되며, 1900년에 『사회학 연보』 제3호에 실릴 "사회 유형의 분류와 민족들의 색인 작성"에 관계된 글을 청탁하기도 했다.

뒤르켐은 모스의 서평을 흡족하게 생각했다. "[……] 네 학문에 상당한 진전이 있는 것 같구나. 이제 어느 정도 자리가 잡힌 것 같아 보인다. 형식을 포함해 모든 부분에서 성숙미가 느껴지기 시작한다. [……] 네 글을 읽고, 너와 얘기를 나누면서 난 내가 품고 있던 생각에 완벽을 기하게 되었다. 네가 내게 가장 큰 도움을 줬단다."[12] 뒤르켐은 스타인메츠의 저서에 "커다란 존경심"을 가지고 있었던 참이었다. "[……] 독자들은 [그의] 책을 읽으면서 내가 너의 두 편의 글을 통해 분석한 대로 읽게 될 게야. 내 판단으론 그는 모든 인류학자들 가운데 우리와 가장 잘 소통할 수 있는 학자다."[13] 모스의 생각은 뒤르켐의 시각에서 볼 때 아주 중요한 의미를 갖는 것 같았다. 2년 후에 간행된 『사회학 연보』에서 뒤르켐 자신이 "자료 정리가 잘 된" 모스의 서평을 요약하는 글을 직접 쓸 정도로 말이다.

> 저자[모스]는 [스타인메츠의 연구]를 형벌과 종교에 대한 우리의 이론에 의해 영감을 받아 이뤄진 것으로 이해하고자 했다. 실제로 그 이론은 우리가 형벌에 대한 종교적 기원에 대해 다른 곳에서 했던 주장을 확인해 주고 있다. 하지만 이 연구의 독창성은 거기에서 그치지 않는다. 우리는 일반적으로 원시적 형벌이 갖는 종교적 특성을 지적할 수는 있었지만, 거기에서 멈췄다. 하지만 모스는 자신의 서평에서 터부와 종교적 제도를 분리시켰는데, 실제로 이 제도로부터 형벌이 갖는 종교성 자체가 도출되는 것이다. 우리는 이와 같은 생각이 아주 풍부한 결과를 낳을 것으로 생각한다.[14]

바로 여기에 뒤르켐이 조카 모스를 칭찬하는 방식이 들어 있다. 그러니까 자기가 받은 교육으로부터 솜씨 좋게 유익한 결론을 끌어내는 작업을 높이 평가하는 방식이 그것이다.

네덜란드와 영국

연구와 교육 분야에서 경력을 쌓고자 하는 젊은 교수자격시험 합격자들에게 외국 연수는 일종의 강제적 "통과의례" 혹은 "제도권으로 진입하기 위한 관례"였다. 1885-1886년에 뒤르켐도 독일에서 연수를 했으며, 이 기간에 그는 교육부의 초청으로 철학교육과 사회과학의 현 상태를 살펴볼 수 있는 기회를 가졌다. 19세기 말에 독일은 교육과 연구 제도의 우월성(혹은 그렇다고 생각했다)으로 인해 많은 사람들이 주로 찾는 아주 특권적인 연수 국가였다. 가령, 모스의 동료이자 친구였던 에드가르 미요는 1895년에 철학교수자격 시험에 합격한 후 라이프치히에서 1896-1897년을 보내기 위해 장학금을 받게 되었다. 그는 그 이후 프랑스로 돌아와 벨포르고등학교에서 철학 수업을 담당하게 되었다.

모스는 외국 연수보다는 한때 '티에르(Thiers) 연구소'로 가기 위해 신청을 할 생각을 품기도 했다. 1893년에 사학자이자 국가 지도자였던 아돌프 티에르의 부인에 의해 창설된 이 연구소는 우수한 학생들에게 박사학위 논문의 준비를 돕기 위해 주거와 경제적 도움을 제공하고 있었다. 매년 다섯 명의 신청자(대부분 고등사범학교 출신들이었다)가 최대 3년 동안 장학금 혜택을 받기 위해 선발되었다. 모스 부인은 아들의 이와 같은 생각을 잘 이해하지 못했다. "그 사립 연구소에서 행한 연구가 후일 네게 어떤 득이 될지 모르겠구나."[15] 뒤르켐 역시 모스의 생각으로 인해 당황했던 것으로 보인다. "가난한 노동자 출신 학생을 희생시키면서 자선 재단에 자리를 요구하는 좀 더 여유가 있는 젊은 한 남자의 상황이 얼마나 기이한 것인지를 네가 한 번이라도 생각해봤는지 모르겠다."[16] 실제로 뒤르켐은 "지금까지 그처럼 피하려고 했던 기숙사 생활을 하면서 조카가 자신의 학창 시절을 마무리하고자 하는 것"에 놀랄 수밖에 없었다. "티에르 연구소에 가는 것은 오직 이 연구소에 적합하고, 거기에 들어가는 것 이외에는 달리 파리에서 몇 년 동안 머물 수 있는 경제적 수단이 없는 경우에 해당될 뿐이다. 너 같은 상황에 있는 경우 다들 그 연구소에 안 간다."

학창 시절을 너무 연장하고자 하는 것이 아닐까, 라고 네가 걱정한다면, 나는 그것이 옳다고 본다. 너는 규칙이나 정해진 의무들을 지켜야 할 필요가 있단다. 적어도 네가 이런저런 이유로 1년 동안 자유롭게 보내고자 한다면, 정확한 목표를 정하고 영국이나 네덜란드로 가는 것이 어떻겠니?

해외 연수를 해야 할 필요가 있어. 반드시 말이다. 필요하다면 네 비용을 들여서라도 그래야 할 거야. 이 여행은 후일 반드시 도움이 될 거다.[17]

자신의 "학문적 임무"를 위해 네덜란드와 영국에 가기로 결정했을 때 모스는 "종교학 연구의 현주소"에 대한 전체적인 검토를 하는 일을 시도하게 되었다. 이것은 그 당시 외무부(1897년 11월 20일자 영사 및 교역부서)의 추천 편지에서 볼 수 있다. 모스는 외국 체류 기간 동안을 이용해 많은 연구자들과 교수들을 만나볼 수 있기를 희망했다. 케른, 티엘레, 오오토(레이드에서), 브레다에서는 칼란트, 옥스퍼드에서는 타일러와 윈터니츠 등과 말이다. 결국 "이와 같은 학자들과 직접 접촉하는 것"이 모스의 주요 관심사였고, 또한 영국 인류학자들(프레이저, 랭, 하트랜드, 등)에 의해 이뤄지고 있는 [연구의] 동향을 프랑스에 알리는 것"[18] 역시 그의 관심사였다. 게다가 모스는 영국 인류학파에 대한 저서를 한 권 쓸 생각을 하기도 했다.

종교에 대한 연구를 하고자 하는 사람에게 네덜란드와 영국을 선택하는 것은 쉽게 설명된다. 모스는 벌써 기도의 기원에 관계된 문제에 대해 박사학위 논문을 쓸 생각을 굳히고 있는 상태였다. 하지만 그는 그전에 고등연구실천학교에서 받았던 두 가지 방향의 교육 내용을 심화시키고자 했다. 산스크리트어를 포함한 고대 언어에 대한 지식과 이른바 원시 민족들에 대한 연구의 심화가 그것이다. 모스는 친구 한 명에게 이렇게 털어놓고 있다. "훌륭한 사회학자가 되려면 훌륭한 문헌학자가 되어야 해."[19] 언어가 각 민족의 고유한 특징을 알기 위한 가장 훌륭한 수단으로 여겨지는 만큼 고대 언어를 익히는 것은 아주 중요한 일이었다. 또한 모리스 올렝데르의 표현을 빌자면, "낙원의 언어들"을 연구하는 자들에게 유행은 인문과학에서는 단연 산스크리트어였다. 산스크리트어는 과거에 히브리어가 가졌던 특권을 흔들어 놓았다. 프랑스, 영국, 독일의 살롱과 아카데미에서는 베다어에 대한 의견 교환이 인도유럽어의 친족관계라는 가설을 정당화시키는 비교언어학의 등장에 일정 부분 기여하기도 했다.[20] 산스크리트어와 유럽의 주요 민족들의 언어를 연결시켜주는 이와 같은 밀접한 친족 관계의 발견은 "세계의 여러 원주민들의 언어를 연구하는 방식에 엄청난 변화"[21]를 가져오기에 이르렀다. 그 자신 비교신화학파의 여러 개념들에 대해 신랄한 비판을 가하고 있음에도 불구하고,[22] 마르셀 모스는 셈족과 아리아족에 대한 상상적 모습 하에 "신의 섭리로 이뤄진 짝"을 발명했던 비교문헌학 연구의 흐름에 동참했던 것이다.

모스는 1897년 가을 초에 출발해야 했다. 하지만 악성 종기로 인해 같은 해 12월로 출발을 연기해야 했다. 모스는 네덜란드에서 그다지 오래 체류하지 않았다. 12월부터 그 다음해 4월까지 그곳에 머물렀을 뿐이다. 모스의 어머니는 다음과 같은 희망을 피력했다. "모스 네가 모든 면에서 네 여행을 잘 이용했으면 좋겠구나. [……] 네가 말한 것처럼 고국에 돌아오면서 하나님이 도우셔서 더 건강하고 더 똑똑해질 수 있다면 필요한 경비는 얼마든지 지불하련다. 하지만 네가 익힌 모든 학문이 네가 좋은 자리를 잡는데 소용되었으면 한다. 그도 그럴 것이 내가 장기간 여행을 떠나기 전에 네가 자리를 잡는 것을 너무나 보고 싶기 때문이다."[23]

레이드에서 모스는 케른 신부와 티엘레를 만나게 된다. 이들은 "모스에게 아주 친절했지만", 모스는 빌렘 칼란트와 주로 연구를 했다. 모스는 그의 연구를 잘 알고 있었으며, 그의 능력을 대단히 높이 평가하고 있었다.[24] 모스는 어머니에게 보낸 편지에서 이렇게 말하고 있다. "그는 아주 친절하고, 아주 영리하고, 특히 존경할만 합니다."[25] 모스는 위베르에게 이렇게 털어놓고 있다. "그는 여기서 내가 만나는 여러 사람들 중 최고네. 아주 착하고, 굉장한 실력파야. 게다가 아주 열린 정신의 소유자이기도 하네."[26] 실제로 고대 인도의 망자 숭배에 대한 칼란트의 연구는 파리에서 대단한 평판을 얻고 있었다. "W. 칼란트는 아주 광범위한 인도학 분야에서 아주 제한된 분야를 선택했다. 그는 지칠 줄 모르는 열성으로 이 분야의 진정한 대가가 되었다. [……] 그는 자기 임무를 완벽하고 결정적인 중요성을 가진 것으로 만들기 위해 연구 분야를 제한할 수 있었던 것이다."[27] 시간 부족과 겸손함을 구실로 칼란트는 젊은 프랑스 연구자를 맞아들이기를 주저했다. "내 자신이 만족할 수 있는 방법으로 당신을 지도하기에는 [산스크리트] 경전에 대해 아는 바가 별로 없습니다. 혹시라도 당신이 극복할 수 없는 문제가 있거든 기꺼이 도와드리겠습니다."[28]

하지만 모스가 네덜란드에서 보냈던 생활은 오히려 "무기력"했고, "맥 빠지는 나날의 연속"이었다. 네덜란드라는 나라는 그를 지겹게 했던 것으로 보인다. 그가 앙리 위베르에게 보낸 편지에서 이런 내용을 볼 수 있다.

이 나라는 아무런 가치가 없는 나라일세. [……] 평범하고, 색 바래고, 치열한 사유도 없고, 날카로운 면도 없고, 생활다운 생활도 없는 그런 나라일세. 물은 죽은 듯이 고요하고, 바람조차 맥이 빠지네. 대기 속의 습도에 비해 비도 적게 내리네. 사물들에도 명암이 뚜렷하지 않네. 이것들이 이곳 사람들과 잘 어울리기는 하네. 이곳 생활 자체는 우리나라의 교통수단을 대치하는 느리게 오가는 배들의 움직임에 따라 조절되네. 네덜란드인들은 힘들게 잠자리에 드는 것과 같이 아침에 일어나는 것도 힘이 드는 것 같네. 이곳 사람들의 연구는 실질적이기는 하지만 그다지 가치 있는 것은 아닌 듯하네. 하지만 정직하게 연구가 행해지고 있고, 또 흥미로운 것도 없지 않네. 어쨌든 네덜란드는 경제 영역에서와 마찬가지로 지적인 영역에서도 그 나름대로의 자리를 차지하고 있기는 하네.[29]

또한 모스의 눈에 비친 네덜란드의 지적 생활은 실망스러웠던 것 같다.

[네덜란드에서] 사람들은 생각하지 않고, 새로운 것을 고안해내지 않네.

철학적 흥분은 거의 없다시피 하네. 이곳 연구자들은 독일어로 훌륭한 내용의 논문을 아주 정갈한 스타일로 [작성하네]. 이들은 영국의 실용주의와 유럽의 진보주의에 느리게 적응하고 있네. 파리에서 볼 수 있는 사유의 대소용돌이와 얼마나 멀리 떨어져 있는지를 자네가 알았으면 하네. 대다수의 사람들은 '날카롭고', 섬세하고, 분명하고, 완벽해지려고 신경을 쓰네. 하지만 그 뿐이네. 사유에 대한 새롭고 독창적인 관심은 없다고 할 수 있지. 지적인 면에서 보면 이곳으로 올 필요는 없어보이네. [……] 예술적인 면과 경제적인 면에서도 이곳 여행은 2주로 충분하네. 고독을 즐기는 사람에게는 이곳 여행이 잘 어울릴 것 같기는 하네. 하지만 재기발랄함, 사람에 대한 비전, 사물들에 대한 특별한 감정은 없네. 이곳에서 내가 보내는 시간은 내가 참고 지낼 수 있는 최대치일세.[30]

하지만 모스가 이와 같은 첫 인상을 바꾸는 데는 몇 주 만으로 충분했다. 모스는 이렇게 쓰고 있다. "이제 난 네덜란드의 우유빛 하늘과 창백한 여자들을 좋아하게 되었네."[31] 그곳 동료들 가운데 한 명의 표현에 따르자면, 주로 연구에 많은 시간을 할애하는 힘든 생활을 하고 있는 모스는 "프랑스 학자"로 변하게 되었다. 모스는 『사회학 연보』에 실릴 서평을 쓰는 일(1898년에 간행된 창간호에 실린 것을 포함해 20여 편 이상의 서평과 200여 편 이상의 단평을 썼다.)을 포함해 산스크리트 경전을 번역하는 "기계적인 일"에 완전히 몰두하고 있었다. "나는 지금 산스크리트 경전과 싸우고 있네. 일이 조금 줄어들었다고 해도 여전히 끔찍하네. [……] 후일 내가 연구하게 될 이 경전 번역을 끝마칠 수 있을지 모르겠네." 네덜란드에서의 체류가 끝날 무렵에 "지나친 연구열과 고독"에 빠져 있던 모스는 "빨리 흘러가는 시간"과 "끝을 봐야 한다는 절박감" 앞에서 스스로를 "고문하고" 있다는 느낌을 받았다. "여가를 즐기기 위해 아무것도 없는 것"은 아니었지만, 그는 여전히 "스피노자의 저서를 읽고 연구하는 것"과 동시에 "빌켄에 대한 연구를 끝내고" "산스크리트 경전 변역도 놓치지 않으려고" 애를 썼다.[32]

한동안 모스는 위베르와 함께 연구를 하기 위해 독일로 갈 생각을 잠시 하기도 했다. 하지만 애초의 계획대로 모스는 1898년 6월에 영국으로 가게 된다. 이와 같은 "우회"는 희생에 대한 연구를 위해 "원시사회의 핵심"에 이르고자 하는 연구자에게는 필수적인 것이었다. 영국은 에드워드 타일러, 그러니까 『원시문화』(1871)의 저자이자 중요한 탐사 안내서인 『인류학에 대한 주석과 조사』(초판은 1874년)의 편집 책임자인 타일러의 나라였다. 또한 영국은 옥스퍼드대학에서 가르치고 있는 독일 학자 막스 뮐러가 있는 나라이기도 했다. 마지막으로 영국은 벌써 유명한 저서인 『황금가지』(1890)의 신판을 준비하는 일에 몰두해 있던 제임스 프레이저의 나라이기도 했다.[33]

이 학자들 중 그 누구도 원시사회를 직접 다루지는 않았다. 하지만 이들의 저작에는 세계 모든 지역에 대한 수많은 정보가 들어 있었고, "종교의 기원"이라는 논란이 되는 문제를 다루고 있었다. 모스 자신이 지적하고 있는 것처럼 이 학자들이 종교인류학 분야에서의 "영국학파"를 이루고 있다고 할 수 있을 것이다. "인류학의 안내자 역할을 하고 있는 타일러 다음으로, 맥레넌과 A. 랭 다음으로, R. 스미스에 입문하고, 프레이저에 입문한 후에 곧바로 한 학파의 연구 결과와 하나의 방법론의 적용 결과를 담고 있는 결정적인 저서들이 계속 이어지고 있다."[34] 이와 같은 "결정적인 연구들"에는 다음과 같은 것들이 포함되어 있다. 1898년-1899년 사이에 누벨 기니의 토레스 해협에 대한 두 번째 대규모 탐사를 행한 알프레드 C. 해든의 연구, 신부 로리어 피슨과 호빗의 연구(『카미달로이와 쿠르나이』), 그리고 J. F. J. 길렌과 함께 중앙오스트레일리아 지역을 여러 차례 탐사한 오스트레일리아 인류학자 볼드윈 스펜서의 연구(『중앙오스트렐리아 원주민들』) 등이 그것이다.

E. 시드니 하트랜드가 지적하고 있는 것처럼 이 모든 연구들은 "야생의 사고에 대한 새로운 세계"를 보여주는 것이었다. 그리고 그는 이렇게 덧붙이고 있다. "코르테스[35]와 피사로[36]의 아직까지 성공하지 못한, 그러나 대담한 용기와 더불어 이뤄진 인간의 제도와 신념의 역사에 대한 연구를 수행하는 자들은 이렇게 이뤄진 발견을 화려하게 이용할 수 있었다."[37] 이제 인류학 분야에서 도서관에 있는 책들을 읽는 것, 그리고 이론적인 가설을 세우는 것만으로는 충분하지 않게 되었다. 현장에서 새로운 자료들을 수집하는 과정이 필수적이 되었다. 민족지학에 대한 이와 같은 현저한 변화는 아주 뜨겁게 진행되는 수많은 학문적 논쟁에서 아주 자연스런 일이 되어버렸다. "전투를 해보지 않고 똑똑하기만 한 학생은 전쟁터를 직접 보고 놀랄 것이다. 전시에 떨어지는 포탄 속에서 몸을 숨길 수 있는 방공호가 어디에 있는지를 쉽게 알 수 없을 것이다."[38]

위스키, 마말레이드,[39] 레이더와 마찬가지로 스코틀랜드인들의 발명품인 '토테미즘'은 그 당시 인류학의 핵심 과제였다.[40] 이 주제에 대한 이론이 맥레넌, 프레이저, 그리고 로버트 스미스와 제본스의 연구에 의해 잘 정립된 것처럼 보였다. 하지만 하트랜드의 표현에 의하면 "굉장한 위력을 가진 두 방의 펀치"가 날아 왔다. 하나는 캐나다 북서쪽의 여러 부족들에서 이뤄진 일련의 대규모 조사를 수행했던 보아스에 의해서였다. 또 다른 하나는 중앙오스트레일리아의 아란다족에 대한 상세한 기술을 하고 있는 스펜서와 길렌에 의해서였다. 이와 같은 인류학 연구의 전망은 대단히 밝았다. "다가오는 세기는 지식의 축적이라는 면에서 우리와 우리의 후손을 위해 의심할 나위 없이 커다란 놀라움의 세기가 될 것이다. 하지만 인류학을 전공하는 학생은 다음과 같은 경우에도 놀라지 않을 것이다. 만약 이 학문 분야에서 이뤄진 진보를 통해 [……] 우리가 가까운 장래에 인류의 역사를 과거 세대의 학자들이 결코 꿈꾸지 못했을 정도로까지 재구성할 수 있는 경우가 그것이다."[41]

영국에 도착하면서 모스는 뚜렷한 계획을 가지고 있지는 않았다. 그는 이렇게 자문했다. "어디로 가야 하지? 프레이저한테 조금 흥미가 있기는 해. 하지만 그의 강의는 지겹고, 뮐러는 호감이 안 가는데 말이야."[42] 모스의 첫 번째 생각은 케임브리지대학으로 가는 것이었다. "거기에 모여든 인류학자들과 프레이저의 노력으로 설립된 도서관 때문이었다." 하지만 산스크리트 경전에 대한 연구 때문에 모스는 옥스퍼드대학으로 향했다. "윈터니츠가 자기를 도와줄 수 있고 또 지도해 줄 수 있는"[43] 그곳으로 말이다. 이것은 고등연구실천학교 교수 한 명이 동의해 준 결정이기도 했다. 이 교수는 옛 제자에게 영국에서 지내는 법에 대한 약간의 정보와 더불어 모스로 하여금 "개인 연구"에 전념할 것을 촉구했다. "여기에서와 마찬가지로 외국에서도 개인 연구와 매일 매일의 대화를 통해서만 조그마한 학문의 성과라도 얻을 수 있을 뿐이네. 강의란 맨 나중에 고려해야 하는 걸세. 강의도 처음에는 꽤 중요한 의미가 있기는 하지. 하지만 그 중요성은 상당히 줄어들기 마련일세."[44] 모스에게 프레이저의 강의를 듣는 대신 산스크리트어나 탈무드 히브리어를 연구할 것을 충고했던 위베르 역시 같은 의견이었다.

네덜란드에서와 마찬가지로 모스는 영국에서 "지나치게 규칙적이고, 지나치게 기계적이고, 너무 단순하고, 너무 간소한 생활"을 했다. 그는 기이하게도 "늙었고 슬프다."라는 느낌을 받을 정도로 "향수병"에 걸리기도 했다. 위베르는 모스를 "착한 늙은이"라고 부르기도 했다. 모스의 가족은 그의 이와 같은 심리상태에 대해 걱정하기도 했다. "심신 양면에서 조금 쫓기고 있는 느낌을 받았다. [……] 연구를 잠시 중단하고 밖에서 운동을 많이 하면서 시간을 보내라."[45] 뒤르켐 역시 조카에게 다음과 같은 충고를 해주기도 했다.

[……] 올해 너는 처음으로 조금 힘들어하는 것 같구나. 난 그런 경험에서 네가 많은 걸 얻으리라 기대한다. 처음으로 너는 정해진 기한에 일을 마치겠다고 했다. 네 약속을 잘 지켰으면 한다. 그런 훈련은 힘들겠지만, 결국 네게 아주 유용할 거다. 실족하지 말고, 조금은 고통을 좋아하는 법을 배우길 바란다. 난 외국에서 공부한다는 것이 뭔지 잘 안다. 늘 힘들겠지. 하지만 그곳 체류는 후일 네게 유용할 것이다. 그러니 용기를 내도록 해라. 돌아올 날이 머지않아 올 게다.[46]

모스 자신은 여행에 대한 자신의 적응 능력의 부족을 개탄하곤 했다. 그는 좋아하는 사람들과 쉽게 이별할 수 없었고, 또 새로운 사람들을 쉽게 사귀지 못했다.[47] 모스 자신이 인정하고 있는 것처럼, 이와 같은 적응 능

력의 부족으로 인해 그는 긴 여행을 떠나기 위해 15,000프랑의 장학금
을 신청하려고 결심하는 데 어려움을 겪기도 했다.

> 내가 평생 입에 올리게 될 여러 가지 것들을 보게 될 아주 훌륭한 기회
> 일 것이네. 상당히 오래 전부터 메소포타미아, 인도, 티벳, 멜라네시아
> 등을 꿈꿨지. 그렇다고 내 꿈이 뭔지를 정확하게 생각해본 것은 아니
> 네. [……] 물론 심각하게 생각할 수도 없네. 우선 여행을 떠나면서 당
> 장 해야 할 작업들을 상당한 기간 동안 뒤로 미루게 될 걸세. 『사회학
> 연보』도 포기하게 될 거고, 여기저기 돌아다니는 생활은 내겐 잘 안 맞
> 는 것 같네.[48]

영국에 도착한 후에 첫 몇 주 동안 모스는 "국제주의적 성향"에도 불구
하고 어쩔 수 없는 "프랑스인"으로 느꼈고, "호기심 부족과 시간 부족"
으로 영어를 거의 사용하지 않았다. 그에 의하면 "하루에 채 열 마디도
말하지 않았다." 하지만 결국 "약간 적응"했고, 점차 영어를 정복해 나
갔으며, 다시 활발하게 생활하게 되었다. 연구를 통해 모스는 주로 모리
스 윈터니츠와 관계를 맺게 되었다. 윈터니츠는 "실제로 산스크리트 경
전 분야에서 가장 유능한 학자 가운데 한 명"이었다. 하지만 윈터니츠
는 "반유대주의에 의해 어느 정도 외톨이가 된 가련한 입장에 있었다.
[……] 그를 흑인처럼 이용해 먹고 차버린 독일인 막스 뮐러에 의해 배
척당한 자였다."[49] 모스는 또한 에드워드 테일러와 제임스 프레이저를
만나게 되었다. 이들은 모스를 식사에 초대했으며, 모스는 그들에게 『사
회학 연보』 창간호와 자기가 쓴 「종교와 형법」에 대한 논문을 전달하기

도 했다.

꽉 찬 일정으로 아주 바쁘게 지내면서도 "개인 시간을 확보하기 위해"[50] 노력했던 『황금가지』의 저자인 제임스 프레이저는 젊은 프랑스인 방문객 모스를 따뜻하게 맞아줬다. 모스 자신이 지적하고 있는 것처럼 케임브리지의 '대학자'는 "수많은 관계"를 통해 프랑스의 여러 사회학자들과 인류학자들과 긴밀한 관계를 맺고 있었다. 1886년부터 뒤르켐은 뤼시엥 에르의 주선으로[51] "토테미즘"에 대한 프레이저의 "뛰어난 논문"을 읽은 적이 있었다. 모스는 개인적으로 『황금가지』의 초판에 대해 "황홀했던 추억"을 간직하고 있었다. 모스는 이렇게 회상하고 있다. 이 책은 "문학에서도 걸작이었고, 또한 그 당시 신화적 사유와 종교적 사유에 대해서도 많은 공감을 자아낸 걸작이었다." 『황금가지』의 2판이 출간되었을 때 모스는 이 "매력적인 책"의 "문학적 형식"과 "학문적 가치"를 다음과 같이 칭찬하고 있다.

> 프레이저 씨에 의해 참다운 학문의 길로 유도된 '오솔길'의 숫자는 많다. 그는 다시 한 번 대단한 학식을 바탕으로 아주 흥미롭고 새로운 사회학적 현상들을 밝혀낸 것이다. 그는 또한 아주 멋있는 스타일을 도입함으로써 이와 같은 현상들에 잘 들어맞는 가치를 부여하는 재능을 가졌다.[52]

실제로 제임스 프레이저는 한 명의 학자인 동시에 미(美)에 대한 자신만의 취향, 인간에 대한 동정심, 진리와 선에 대한 갈증을 채우고자 했던 한 명의 휴머니스트이기도 했다. 또한 그는 매력적이 되길 바랐던 또 그렇게 만들고자 했던 학문에 자기의 모든 것을 다 받쳤다. 모스는 '제임스 경'이라고 불리는 이 사람에게서 볼 수 있는 "전적으로 게일인[53]다운 신선함, 혹은 이렇게 말할 수 있다면, 영국인다운 신선함"을 아주 좋아했다. 또한 모스의 말을 빌리자면 그 자신은 프레이저의 "사유 및 사람됨"과 "긴밀한 관계"를 결코 끊은 적이 없었다.[54] 우선 직업적이었던 모스와 프레이저의 관계는 실제로 아주 빠르게 우정 관계로 바뀌었다. 프레이저의 부인 —— 말리노프스키의 표현에 의하면 프레이저의 "무서운 동반자" —— 은 프랑스 출신으로, 아델스도르페르에서 태어났으며, 아마 알자스 지역의 유대 집안 출신이었다.[55] 프랑스로 돌아오자마자 모스는 릴리 프레이저에게 "에피날 민중 판화들"을 보냈으며, 남편 프레이저와 함께 그녀를 프랑스로 초청하기도 했다.[56] 하지만 프레이저와의 우정이 두텁다고 해서 모스가 그의 연구에 대해 비판을 가하지 않은 것은 아니었다. 예컨대 모스는 희생의 기원에 대한 대단히 논쟁적인 주제에 대해 그에게 신랄한 비판을 가했다.

새로운 잡지: 『사회학 연보』

네덜란드에서건 영국에서건 장학금을 받는 학생이었던 모스는 정신적 휴식과 기분전환을 추구하려는 자의 모습과는 거리가 멀었다. 모스는 연구자로서의 생활을 영위했던 것이다. 모스는 협력자이자 친구였던 위베르에게 이렇게 탄식을 하고 있다.

> 희생에 대한 연구로 금년을 다 보낼 것 같네. [······] 산스크리트어로 꾸는 꿈속에서 거의 유령 같은 생활을 하고 있네. 너무 어려운 텍스트에

매달리고, 결코 끝내지 못할 것이라는 악몽을 꾸면서, 매일 매일 야망이 작아지는 것을 보면서, 다시 실패할 수도 있다는 끔찍한 생각으로 계속 늘어나는 무지와 함께 말일세. 삼촌은 내가 이렇게 힘든 생활을 하는 것을 다행으로 생각하고 있네. 나는 그로 인해 완전히 불행한 생활을 하고 있음에도 말일세. 올해는 조금 더 여유 있게 보내고, 사람들을 관찰하고, 자유롭고 즐거운 여행도 하고, 예술적이라고 할 수 있는 주제에 대해 사색도 할 수 있는 한 해가 되길 원했네. 하지만 결과는 무미건조하고, 추상적이고, 고독하고, 역겨운 한 해가 되어버렸네. 난 아무 것도 보지 못하고 지낸 셈이네. [……] 어쨌든 언젠가는 산스크리트 경전을 술술 읽을 수 있는 날이 오겠지.[57]

모스의 일정은 꽉 차 있었다. 산스크리트 경전 외에도 많은 책을 읽어야 했다. 주로 『사회학 연보』에 실릴 서평이나 시론 등을 쓰기 위한 것이었다.(칼란트, 크룩크, 가드너, 힐브란트, 제본스, 킹슬리, 뮐러, 스타인메츠, 유스너 등의 저서.)

『사회학 연보』의 창간을 위한 새로운 기획에서 모스가 맡은 역할은 상당히 컸다는 것은 결코 과장이 아니었다. "삼촌의 독려와 예를 따라 모스는 아주 열심히 일하는 연구자가 되었고, 이 잡지의 창간을 위한 학자들 그룹에서 가장 중요한 위치를 차지하게 되었다."[58] 뒤르켐 자신도 "[자기 조카가] 『사회학 연보』의 창간이라는 모험 속에서 보여줬던 자발성"에 대해 칭찬을 아끼지 않고 있다.[59] 그리고 모스 자신은 그 당시 상황에 대해 이렇게 말하고 있다.

이런 종류의 일에는 대단한 자기 헌신이 필요하다. 하나의 실험실에 한 명의 리더가 있고, 또 이 리더가 용감한 사람들, 즉 나이를 불문하고 물불 안 가리는 여러 친구들에 의해 에워 쌓였다면 그것보다 더 좋은 일은 없을 것이다. 게다가 이 친구들이 비슷한 작업가설을 가졌고, 다양한 아이디어를 가졌고, 폭넓은 지식을 가졌고, 특히 서로 공동 작업을 하고, 선배들의 연구에 참여하고, 또한 새로운 연구자들의 연구에 참여할 준비가 되어 있다면 더욱 그럴 것이다. 그렇게 되면 이 잡지는 살아남게 되고 또 번창하게 될 것이다. 뒤르켐도 나도 더 고생했다는 티를 안 냈고 또 우리들의 생각에만 집착하지 않았다. 만약 우리 모두가 희생하는 자세로 헌신하지 않았다면, 그리고 나도 더 헌신하지 않았더라면, 뒤르켐의 구상은 실현 불가능했을 것이다.[60]

『사회학 연보』의 창간은 야심에 찬 기획이었다. 비네의 주관 하에 1895년 알캉 출판사에서 처음으로 간행된 바 있는 『심리학 연보』를 모델 삼아 뒤르켐은 다음과 같은 두 가지를 겨냥했다. 협력자들의 연구 결과("독자적인 논문")를 발간하는 것, 그리고 사회학 분야에서 한 해에 국제적 차원에서 행해진 연구를 체계적으로 조사하는 것이 그것이었다. 이 잡지의 제목은 1893년에 창간된 『형이상학과 도덕 잡지』에 일 년에 한 번 실리는 한 항목에서 가져온 것이다. 실제로 이 잡지는 자비에 레옹 ―― 셀레스탱 부글레의 표현에 따르면,[61] 그는 "아주 뛰어나고 사교성 있는 철학자"였다. ―― 에 의해 창간되었다. 장차 뒤르켐의 협력자가 될 학자들이 이 잡지에서 활발하게 활동하고 있었다. 1894년에 짐멜과 워너에 대한 논문을 발표했던 부글레, 또한 폴 라피, 프랑수아 시미앙 등이 그 예다. 뒤르켐과 모스는 계속해서 자비에 레옹과 밀접한 관계를 유지하게 된다. 레옹은 후일 뒤르켐의 몇몇 유고를 발간하는 일을 맡게 된다.

뒤르켐이 알캉 출판사와 첫 협상을 시도한 것은 1896년 봄이었다. 뒤르켐은 셀레스탱 부글레에게 다음과 같은 내용의 편지를 쓰고 있다. "곧 알캉 출판사 사람들을 만나볼 작정이네. 해결책이 보이게 되면 곧바로 알리겠네."[62] 그 당시에는 모든 희망을 품을 수 있었다. 뒤르켐은 이렇게 말했다. "[……] 『사회학 연보』의 간행은 하나의 사건이 될 것이네. 그도 그럴 것이 일군의 사회학자들이 처음으로 같은 일에 관여함과 동시에 한데 힘을 모아 작업을 하기 때문이네."[63] 하지만 하나의 그룹을 조직하기 위해서는 많은 사람들을 설득해야 했다. 뒤르켐은 수많은 서적들을 얻기 위해 프랑스와 외국 출판사들과 협상을 계속하는 한편, 후일 협력자가 될 학자들과 정기적으로 편지를 교환했다. 그들 가운데는 뒤르켐의 고등사범학교 동문들(1893년)인 세 명의 교수자격시험 합격자들이 있었다. 셀레스탱 부글레, 폴 라피, 도미니크 파로디가 그들이었다. 부글레는 뒤르켐의 저서인 『사회학적 방법의 규칙』에 대해 유보적 태도를 숨기지 않았다. 하지만 부글레는 뒤르켐의 잡지 창간 기획에 가장 먼저 관심을 표명한 사람들 중 한 명이었다. 부글레는 이 잡지 창간을 위한 팀의 구성에서 중요한 역할을 했다.[64] 라피와 파로디는 부글레의 친구였다. 또 다른 협력자인 문법 교수자격시험 합격자(1890년) 앙리 뮈팡은 생 브리외 고등학교에서 근무하고 있던 동료 교수였다.

마르셀 모스는 그 나름대로 "일의 무게"에 짓눌린 뒤르켐을 돕는데 주저하지 않았다. 모스는 이렇게 말하고 있다. "나는 1895년에서 1902년까지 파리에서 뒤르켐을 도와 사람들을 모으는 역할을 했다. 이렇게 해서 우리는 능력 있는 전문가들로 이뤄진 그룹을 꾸리게 되었고, 서로 신뢰하는 분위기에서 우리가 추구하는 학문(사회학)의 초기 어려움을 극복했던 것이다."[65] 『사회학 연보』의 초기 협력자들 중에는 모스의 가장 친한 친구 세 명이 포함되어 있었다. 폴 포코네, 앙리 위베르, 알베르 미요가 그들이었다.[66] 폴 포코네는 철학 교수자격시험 합격자였으며, 나머지 두 명은 역사 교수자격시험 합격자들이었다. 1895년 10월에 모스는 포코네를 뒤르켐에게 소개했다. 군에서 제대한 다음해부터 이 젊은 교수자격시험 합격자는 『사회학 연보』 팀에 합류하게 되었으며, 이 잡지에서 뒤르켐, 엠마뉘엘 레비와 더불어 "도덕적 사실들"이라는 난을 맡게 되었다. 콜레주 드 프랑스에서 배우던 폴 포코네는 "역사에 대한 열정"을 가지고 있었지만, 정치에 대한 관심으로 인해 사회학 쪽으로 방향을 틀게 되었다. 에밀 뒤르켐은 포코네에 대해 이렇게 말한다. "그는 사회학자가 되고 싶어 했다. 하지만 하나의 학문, 즉 사회를 연구하는 학문을 통해 그 자신의 정치적 신념을 행동에 반영하고 싶어 했다."[67] 포코네는 뒤르켐의 동의를 얻어 "책임"이라는 주제로 학위 논문을 쓰기로 결정했다. 또한 그는 『철학 잡지』에 뒤르켐의 『자살론』에 대한 긴 서평을 쓰는 어려운 일을 맡기도 했다. 포코네는 이 서평에서 다음과 같은 결론을 맺고 있다. "사회학이 있는 것이 아니라, 경제, 사법, 종교, 인구 통계학 현상을 연구하기 위한 사회학적 방법이 있는 것이다. 이 방법의 특징 중의 하나는 비교적 방법을 적용하는 것이다. 이 방법은 고유한 현실을 가지고 있는 사회적 사실들에만 적용될 수 있을 뿐이다."[68]

포코네와 마찬가지로 프랑수아 시미앙은 『형이상학과 도덕 잡지』에 『자살론』에 대한 중요한 서평을 실었다. 이 서평에서 시미앙은 이 저서에서 사용된 통계 자료의 가치를 문제시 삼는데 주저하지 않았고, 그러면서 그 자신 "사회학의 형이상학", "사회학적 사실주의"라고 불렀던 것을 배척하기도 했다.[69] 1873년 지에르(이제르 지방)에서 태어난 이 젊고 뛰어난 고등사범학교 졸업생 — 모스에 의하면 "우리들 중에 가장 뛰어난 학자" — 은 호기심, 박식함, 대담한 분석과 종합으로 다른 사람들과 차별화되었다. 1896년에 철학 교수자격시험에 수석으로 합격한 그는 『사회학 연보』 팀에 합류하게 되었다. 하지만 모스의 표현을 빌자면, 그는 완전히 "독립된 상태"를 유지했다. 이 잡지의 초기 협력자들은 시미앙과 마찬가지로 대부분 교수자격시험 합격자들이었다.[70]

『사회학 연보』의 초창기에 뒤르켐, 모스와 함께 이 잡지에 협력했던 사람들은 셀레스탱 부글레, 폴 포코네, 앙리 위베르, 프랑수아 시미앙 등이었다.[71] 이 집단의 기획의 실천에서 위베르의 역할은 곧 아주 막중한 것이 되었다. 위베르는 "핵심 인물"이었다.[72] 뒤르켐도 이 점을 인정하고 있다. "자네가 없다면 『사회학 연보』는 불가능할 것이네." 위베르는 이 잡지에 헌신했으며, 그것도 그 자신의 표현을 빌자면 참다운 의미에서의 "헌신"이었다. 모스 자신은 이와 같은 헌신을 두려워했다. "『사회학 연보』는 [······] 독감보다 더 지독한 독(毒)이네."[73] 그리고 1차 세계대전이 진행되는 동안 전선에 있으면서 모스는 이렇게 쓰고 있다. "[······] 내게는 『사회학 연보』보다 전쟁이 오히려 더 수월해."[74]

뒤르켐 자신은 알고 있었지만, 『사회학 연보』와 같은 잡지를 창간한다는 것은 "아주 힘든 일"이었다. 또한 이 일은 훨씬 더 만족감을 줄 수 있는 다른 지적 활동을 희생하면서까지 "별 다른 결과가 나오지 않는 일"을 마지못해 해야 하는 것이기도 했다. 뒤르켐은 조카에게 다음과 같은 내용의 편지를 쓰고 있다. "[……] 너희들이 이와 같은 서지 작업에 매달려야 한다고 생각하느냐? '너희들'이란 칭호로 난 너와 같은 모든 젊은 연구자들을 일컫는다. 내 생각으론 뭔가 생산적인 일을 해야 하고, 우리 모두가 생산적인 작업을 하는 쪽, 우리는 그 방향으로 나아가야 할 필요가 있어."[75] 위베르는 "학문적으로 말해"『사회학 연보』가 별무소득이라고 불평하기도 했다. 모스 역시 같은 의견을 표명하기도 했다. "난 실제로『사회학 연보』에서 펴낸 것들에 우리들의 이론을 보태야 할 날이 올 거라고 믿네. [……] 지금까지 우리는 그다지 비중 있는 연구를 수행하지 못했네. 빠른 시일 내에 그 대열에 합류하고 또한 그 과정에서 빈둥거리지 않는 것이 중요하네."[76]

1898년에 발간된 창간호의 서문을 통해 보면『사회학 연보』의 창간 의도는 다음과 같이 요약될 수 있다. "정기적으로 사회학자들에게 법의 역사, 관습, 종교, 도덕, 경제학 등과 같은 여러 학문 분야에서 행해지는 연구들을 알려주는 것이다. 사회학이 정립되어야 하는 것은 바로 이와 같은 분야에서 제공되는 일차적 자료들이 있는 곳에서다."[77] 뒤르켐은 "사회학 전공자들이 아닌 일반 독자들의 관심을 끌 수 있기"를 희망하고, 그들에게 "사회학이란 이래야 한다는 윤곽, 그리고 그들이 사회학자들에게 요구해야 하는 것이 무엇인지에 대한 윤곽을 그려볼 수 있게끔"[78] 하는 것을 바라기도 했다. 뒤르켐은 또한 "매일 이론화 작업을 하고 있는" 프랑스는 물론 외국의 수많은 사회학자들에 의해 집필되는 저서 목록을 작성함으로써 유용한 일을 하고자 했다. "적어도 그것에서 사회학이 어떤 학술적 이익을 도출해내는 것이 가능한지를 간단하게나마 보여주면서 말이다." 요컨대 "가장 중요하고 새로운 학문들 중 하나에 대한 일목요연한 참고자료", 하지만 "의미 있는 자료"를 제공하는 것이 관건이었던 것이다. 왜냐하면 "뒤르켐의 지도 하에, 그리고 [……] 어느 정도는 모스의 추진 하에" 이 잡지는 "사유 뿐만 아니라 특히 사실을 정리"하고자 했기 때문이다. 뒤르켐은 모스에게 서평을 작성하는 방식에 대해 다음과 같은 충고를 하고 있다.

> 서평을 쓰기 위해서는 각 권의 저서를 개별적으로 분석하는 것 뿐만 아니라 전체적인 계획을 세우는 것이 중요하다. 중언부언을 피하고, 여러 정보를 가장 흥미로운 방식으로 소개하는 것이 필요하다. 사실이든 사유든 간에 유용한 것과 찌꺼기를 가려내는 것이 중요하다. 이를 위해 중요한 저작들에 집중할 필요가 있다. 특히 독자들은 대부분의 경우 문제가 되는 저작들에 대해 아무런 지식도 가지고 있지 않다는 점을 잊지 말도록 해야 할 것이다. 그리고 쓸데없이 분량을 많이 늘리지 말고 간단명료하게 쓰도록 해라. 네게 이 모든 것은 아주 좋은 훈련이 될 게다.[79]

두 번째 호부터 『사회학 연보』는 "일종의 잘 정리된 여러 사회학 분야의 저작 집합소"[80]가 되었다. 이 잡지가 겨냥한 독서는 실증적이고 생산적인 것이었다. "이 잡지의 역할은 우리가 읽은 저작들에서 그 내용을 객관적으로 걸러내는 것이다. 즉 암시적인 사실들이나 풍부한 견해 등과 같은 세밀한 부분을 말이다." 뒤르켐은 이렇게 말하기를 좋아했다. "한 권의 저서에서 아주 사소한 것이 남는다고 해도, 그것은 학문을 위해서는 이미 대단한 성과이다."

하지만 뒤르켐 자신이 지치고 낙담할 때에는 『사회학 연보』의 앞날에 대해 우려를 드러내기도 했다. 가령 이 잡지가 간행되기 얼마 전에 그는 모스에게 다음과 같이 자신의 흔들리는 마음을 털어놓고 있기도 하다.

이처럼 힘든 일을 다시 시작하는 것이 가능할까 하고 자문하고 있다. 그런 만큼 지금 시작하는 일을 더 잘해야 할 필요가 있다고 생각한다. 난 지금 깊은 절망감을 느끼고 있다. 이런 마음을 절대적으로 너만 알고 있거라. 난 『자살론』에서는 애매모호한 부분들을 불식시키는데 성공했고, 또 여러 가지 의미들을 결정지었다고 판단하고 있다. 하지만 이 잡지의 경우에는 사태가 그렇지 않을 것 같다. 내가 받은 많은 편지에서 난 많은 사람들이 망설이고 있다는 것을 감지한다. 가장 확실하게 보이는 것도 어떤 경우에는 그렇게 보이지 않는다. 어떤 자는 이의 제기를 하고, 또 어떤 자는 부정을 하기도 한다. 또한 여러 사람이 내보이는 지배적인 의견에 대해선 난 아무것도 할 수 없다. 이러한 상황에서 『사회학 연보』를 창간하는 것이 무슨 소용이 있을까? 벌써 이 잡지 문제로 뜬 눈으로 밤을 새운 적이 한두 번이 아니다. 하지만 어떤 결과를 위해서일까?

[……] 이런 상황에서 지금까지 얻은 결과로 미뤄보면 내겐 『사회학 연보』의 창간에 필요한 막대한 활동에 요구되는 자극제가 턱없이 부족하다. 교육에 헌신하는 것 이외에 다른 아무것도 남지 않을지도 모를 일이다. 그러니만큼 이 잡지와 혼연일체가 될 필요가 더 큰 것이다.

당연히 '우리 협력자들 가운데 그 누구도 이런 내 속마음을 알아서는 안 된다.' 창간호의 출간이 이미 예고되어 있고, 따라서 무슨 일이 있더라도 이 잡지는 출간되어야 한다. 일단 출간되면 난 이 잡지의 운영을 다른 사람에게 넘길 작정이다. 난 이제 더 이상 아무것도 할 수 없다.[81]

하지만 뒤르켐은 『사회학 연보』를 다른 사람에게 넘기지 않게 된다. 그는 "이 잡지가 살아남기 위해 [자신이] 할 수 있는 모든 일을 할 준비가 되어 있다."고 선언하게 된다. 뒤르켐은 "모든 일을 감독하고, 각 부분, 각 항목에 이르는 세세한 부분을 모두 검토하고 살피는 위치에 남게 된다." 요컨대 뒤르켐은 "[협력자들의] 불신을 받지 않는 모든 작업"의 책임자였던 것이다.[82] 뒤르켐의 주요 관심사 가운데 하나는 정확히 이 잡지가 "순전히 참고서지를 정리하는 일"에 그치지 않는 것이었다.

> 난 올해에 수행한 연구만으로도 [……] 아주 피곤하고 신경이 날카로워져 있다. [……] 게다가 『사회학 연보』로 인한 걱정 때문에 더 더욱 그러하다. 거기에 육체적 노동까지 더해야 할 거다. 대략 5월 20일 이후로 난 130여 통의 편지를 썼다.
> [……] 이점에 대해선 난 과거에도 걱정했지만, 지금도 마찬가지이다. 다른 사람들의 감정과 그들로부터 받은 생각들을 이리저리 굴려 보면서만 행동을 할 수 있을 뿐이다. [……] 하지만 이 많은 노력이 어디에 소용될까? [……] 어쩌면 시기가 충분히 무르익지 않은 것은 아닐까?
> 하지만 그 이후에 난 마음을 다시 잡았다. 그렇게 빨리 포기하지 않기로 말이다. 다시 한번 경험해 보기로 결정했다. 시작이 나쁘지 않은 『사회학 연보』는 아주 훌륭한, 아주 유용한 뭔가가 될 수 있을 것이

다! 이제 이 잡지와는 떨어져 지낼 수 없을 것 같다.[83]

『사회학 연보』 창간호의 서평에서 모스는 이 잡지의 목표를 다시 한 번 상기시키고 있다. 한편으로 "아주 많은, 아주 널리 퍼진, 아주 중요한 사회학에 관심을 가진 대중에게 수많은 민족지학, 사학, 사법 등의 법 분야에 대한 정보를 제공하는 것", 다른 한편으로는 "민족지학자들, 민족학자들, 종교사학자들에게 사회학자들의 욕구 대상이 무엇인가를 보여주는 것"이 그것이다. 그리고 민족지학 저서들과 이 분야의 주요 문제가 차지하는 "커다란 자리"를 정당화하기 위해 모스는 이렇게 덧붙이고 있다.

사회학자들이 이른바 문명화되지 못한 사회의 기본 구조에 대한 연구에 가장 커다란 중요성을 부여해야 하는 것은 다음과 같은 이유에서다. 즉 일반민족학이 사회학의 첫 번째 연구 분야로 보이기 때문이고, 또한 민족학자들의 여러 다른 연구가 점점 더 사회학자들의 연구의 서장(序章)이고 또 서장이 될 것이기 때문이다. 그 어떤 사회적 사실도 그것의 가장 단순한 양상에 대한 연구로부터 시작되어야 한다. [……] 『사회학 연보』의 편집자들에게는 또 하나의 연구 분야가 있다. 민족지학이 그것이다. 사회학은 비교적일 수밖에 없을 것이다. 그리고 그 비교의 바탕에는 민족지학자들에게와 마찬가지로 필연적으로 민족지학적 사실들이 놓여 있다. 아무리 사소한 것이라고 해도, 그것이 사회적 사실이기만 하면, 그 어떤 사실도(그것이 집단의 산물이든, 예술에 속하든, 종교에 속하든, 도덕에 속하든 간에) 사회학자의 관심의 대상이 안 되는 것이 없다.[84]

『사회학 연보』창간호의 문제점(오타, 자의적 선택, 몇 권의 저서에 대한 지나치게 상세한 연구 등)을 알고 난 뒤에 모스는 "목표 달성이 어렵다."는 점을 인정하고 있다. "완벽하다고 할 수는 없네. 몇 년 동안 여전히 이런저런 탐색이 있을 걸세. 하지만 올해부터 우리는 객관적이고 사심 없는 일을 하기 위해 노력했지. 또한 알맞은 형태로 수많은 연구 결과를 소개하기 위해서도 그랬네." 위베르는 더 엄격한 태도를 보였다. "『사회학 연보』의 제일 큰 문제는 너무 훌륭한 작업을 엉망으로 조합했다는 걸세. 난 이것이 슬프네."[85]

『사회학 연보』는 새로운 형태의 지적 작업이었다. "다양한 능력을 가진 자들을 한데 끌어 모아 구성된 한 팀에서 이뤄진 일의 분담, 주요 연구 분야에서의 협동, 학술 잡지의 출간에 의해 정해진 기한에 반드시 학문적 결과를 내놓아야 하는 리듬의 부과, 각각의 협력자가 정확히 해당 분야를 담당해야 하는 의무, 또는 대표적 학자의 이론의 범위 내에서 이뤄지는 여러 동료학자들의 호응", 이와 같은 모든 면에서 볼 때 『사회학 연보』는 "혁명적인 기획"[86]으로 보였다. 이 잡지의 기능으로 인해 하나의 연구 센터가 설립된 것 같았다.[87] 뒤르켐은 다음과 같은 생각을 가지고 있었다. "학문이란 객관적이기 때문에, 근본적으로 비인격적 집단의 연구를 통해서만 발전할 수 있을 뿐이다."[88] 모스도 이와 같은 견해를 보이고 있다. "모든 학문은 공동 연구의 결과다."[89]

외부에서 보면 『사회학 연보』는 쉽게 하나의 파당 혹은 하나의 사집단으로 여겨지기 쉬웠다. 모스 자신도 폴 포코네에게 대해 이렇게 말하고 있다. "그는 팀에 곧장 편입되었다. [……] 그는 도덕적 사실들에 대한 연구에 헌신했다."[90] 모스를 위시해 모든 협력자들은 뒤르켐을 참다운 의미에서 리더로 인정했다. "우리가 그의 주의에 모여들게 된 것은, 그가 학자였고, 그의 연구 방법이 확실했으며, 그의 지식이 광범위했으며 세세하게 검증되었기 때문이었다."[91] 뒤르켐의 "야심"은 이랬다. 능력 있는 젊은이들이 "자기에게 굴종적으로 봉사하는 것이 아니라 자기의 연구 결과를 유용하게 이용하는 것을 보는 것"[92]이었다. 뒤르켐은 젊은 학자들에 의해 수행된 연구 결과를 보고 만족해했다. 특히 『사회학 연보』의 창간호에 실릴 원고들을 인쇄소에 넘기면서 모스에게 했던 말에서 사실을 엿볼 수 있다. "젊은 협력자들과의 관계는 아주 흡족했고, 그들 모두에게서 난 공동 작업에 적합한 아주 감동적인 헌신을 볼 수 있었다. [에드가르] 미요만이 유일하게 약간 어려운 구석이 있었을 뿐이다."[93]

뒤르켐은 여러 권의 저서에 대한 독서의 방향을 암시해줬고, 논문들을 수정했으며, 잡지의 전체적인 방향을 제시했다. 뒤르켐은 모든 일에 관심을 가졌다. 조르주 다비는 이렇게 지적하고 있다. "편집부의 편지나 학문적 충고에까지 뒤르켐의 애정이 묻어나는 것 같았다." 하지만 그렇다고 해서 『사회학 연보』가 하나의 철학적 파당의 산물로 환원될 수는 없었다. 더군다나 모스의 말에 따르면 이 잡지의 협력자들은 서로 "동의해서 모인"[94] 것이었다. 그들 사이에 협동정신이 아주 컸다고 해서 그들이 단결하기가 쉬웠던 것은 아니었다. "전체 모임도 없었고, 소모임도 없었으며, 명령도 없었다."[95] 그도 그럴 것이 이 팀 자체가 분산되어 있었기 때문이었다. 뒤르켐은 초창기 몇 해 동안에는 보르도에 있었고, 부글레는 몽펠리에에 살다가 나중에는 툴루즈(1907년까지)에서 살았으며, 포코네가 1907년에서 1920년까지 부글레를 대신했다. 게다가 『사회학 연보』의 팀 내에서 친분관계를 통해 조직된 하부조직망을 파악할 수 있다. 예컨대 부글레-라피-파로디로 이어지는 하위 그룹과 위베르-모스의 하위 그룹, 그리고 그들의 학생들(비앙코니, 뵈샤, 드 펠리스, 레이니에 등)이 있었다. 그렇다고 해서 이것이 "패거리"[96]였던 것은 아니다. 모스는 빈번히 『사회학 연보』의 초기 협력자들을 만나는 편이었고, 그들과 정기적으로 편지를 주고받았다. 포코네와 위베르는 물론이거니와 부글레, 라피, 레비, 시미앙 등과도 그랬다. 모스의 말에 따르면 "우리들은 숲 속에서 서로의 이름을 부르면서 사회적 사실에 대한 탐사를 계속할 수 있었던 방랑자들이었다."[97]

『사회학 연보』가 다루는 범위는 대단히 넓었다. 일반사회학, 도덕과 사법사회학, 범죄사회학, 경제사회학, 형태사회학 등이 해당되는 분야였다. 이 잡지의 일은 종종 지겹기도 했다. 그 당시 진행되고 있던 모든 사회학 관련 저서들에 대한 지식뿐만 아니라 영어를 위시해 독어와 이탈리아어 등에 대한 언어적 지식 역시 요구되었다. 그리고 꽤 많은 수의 출판사들과 계속 관계를 유지해야 했다. 뒤르켐은 이 잡지의 편집장일에 "완전히 파묻혔다."[98] 80권에서 100권에 이르는 저서들을 받기 위해서만 "2개월 반 동안에 150여 통의 편지"를 써야 했다.[99] 뒤르켐은 또한 이렇게 해서 받은 저서들을 협력자들에게 분배하기 위해서, 서평을 수정하기 위해서 혹은 그들을 격려하기 위해서도 비슷한 양의 편지를 써야 했다.

『사회학 연보』의 출간은 고무적이었다. 이 잡지가 아주 유용한 것으로 보였기 때문이었다. 귀스타브 블로는 『철학 잡지』에서 이렇게 쓰고 있다. "이 잡지의 창간은 광범위함과 동시에 다양한 양상으로 전개되며, 또한 긴밀하게 연결된 요소들을 대상으로 하는 학문에서 아주 중요한 일로 보인다. 그도 그럴 것이 이 모든 것에 대해 종합적인 지식을 갖는다는 것은 불가능하기 때문이다. [……]"[100] 뒤르켐에 대해서는 보통 다음과 같은 걱정거리가 따라다녔다. 즉 "철저한 학문적 체계와 절대적 확신에 대한 기질"을 가진 것으로 보이는 뒤르켐이 "『사회학 연보』를 자신의 이론 정립을 위한 하나의 장(場)으로 만들고, 또 그렇게 함으로써 이 잡지를 하나의 학파의 표시로 변형시키고자" 하지 않을까 하는 우려가 그것이었다. 물론 뒤르켐은 다행히 이와 같은 행동을 하지는 않았다. 블로는 계속해서 이렇게 말을 잇고 있다. "정확하게 말해서, 뒤르켐의 목표는 우선 사회학자들에게 '독단에 빠지지' 않게끔 하기 위해 현재 이용 가능하거나 아니면 앞으로 수집될 풍부한 자료들에 대한 총체적 정보를 제공해주는 것이었다."[101]

1898년에서 1913년까지 출간된 총 12권의 『사회학 연보』 첫 시리즈에는 18편의 독자적인 논문이 실려 있고, 최소한 4,800편에 달하는 저서들과 논문들에 대한 분석이 실려 있으며, 4,200편의 저서나 논문에 대한 [논평 없이] 정보가 실려 있다. 특히 저서나 논문에 대한 분석은 단순한 서평이나 요약이 아니었다. 총 4,800편의 분석 가운데 1,767편은 한 쪽 이상이었고, 어떤 것은 10쪽에서 20여 쪽에 이르는 것도 있다.[102] 모스는 후일 이렇게 말하고 있다. "내가 쓴 대부분의 서평과 몇몇 책에 대한 논평은 종종 이론적으로 보이기도 했다."[103] 뒤르켐은 모스의 『사회학 연보』에의 참여가 "버거운 일"이라는 사실을 잘 알고 있었다. 실제로 "신참자로서 모스는 서평을 쓰면서 많은 시간을 투자해야 했기 때문이었다."[104] 모스 자신은 이 잡지 참여에 대해 이렇게 평가하고 있다. "일의 양적인 면에서 보면 내가, 우리가 한 일의 상당 부분은 『사회학 연보』

의 편성, 편집, 원고 집필, 출간에 관련된 것이었다. 나는 이미 간행된, 그리고 현재 출간 중에 있는 14권의 『사회학 연보』 10,000-11,000쪽 분량 중 약 2,500쪽을 담당했다."[105] 이와 같은 협력의 규모를 강조하기 위해 알리 레비브륄은 이렇게 쓰고 있다. "[모스는] 『사회학 연보』에서 직접 쓴 서평이나 여러 논평에다 자기 자신의 학문과 사상을 뿌려놓은 것 같다. 그는 그 자신의 서평들이 다른 분석이나 비판적 연구와는 다른 종류의 것으로 여기고 있었으며, 또한 그것들이 후일 건설적이고 창조적인 연구에 소용될 기본 요소들이 될 수 있을 것으로 생각하고 있었다. 요컨대 그는 『사회학 연보』에다 모든 것을 쏟아 부었던 것이다."[106]

『사회학 연보』에 실린 6쪽 이상 되는 2,800여 편의 서평[107]을 분석해보면 적어도 주요 협력자들의 면모를 확인할 수 있다. 서평의 편수를 기준으로 보면, 에밀 뒤르켐(498편), 마르셀 모스(464편), 앙리 위베르(396편), 프랑수아 시미앙(254편) 등의 순이다. 하지만 서평 편수뿐만 아니라 조사되고 분석된 저서와 논문들의 양을 고려하게 되면, 모스가 『사회학 연보』에 기여한 몫은 뒤르켐의 그것을 상회한다는 것을 알 수 있다.

뒤르켐, 모스, 위베르가 『사회학 연보』에서 차지하고 있는 핵심적인 위치는 "사회 이론의 맨 꼭대기 층"으로서의 종교사회학에 할당된 중요성과 일치했다. 첫 세 권의 『사회학 연보』에서 "종교사회학"에 가장 많은 분량이 할애되고 있다. 서평만 보더라도 종교사회학 항목이 전체의 약 1/4에 해당되었다.[108] 『사회학 연보』 제2호에서 뒤르켐 자신이 종교 영역에 할당된 우선권에 대해 설명을 하고 있다. "종교는 처음부터, 그리고 혼란 상태에서도 집단생활의 다양한 형태의 출현을 가능케 한 수많은 요소들 —— 헤아릴 수 없는 다양한 방식으로 서로 분리되고,

연결되고, 상호 결정되는 요소들 ── 을 그 자체 안에 포함하고 있다!"[109]

　　모스는 종교사회학 분야의 책임자였다. 하지만 그는 처음부터 책임을 하위 분야인 "신화"를 담당한 앙리 위베르와 나눠 가졌다. 1900년에 나온 제3호부터 위베르는 이 분야의 공동책임자가 되었다. 이 분야가 이 잡지에서 차지하는 비중은 대단히 컸다고 할 수 있다. 창간호의 경우 560쪽 중에서 100여 쪽이 이 분야에 할애되었다. 거기에는 20여개의 긴 서평과 200편 이상의 단평이 포함되어 있었다. 이 분야에 해당하는 글들의 제목만으로도 상당한 폭의 프로그램을 확인할 수 있으며, 모스가 관여하는 일의 범위를 알 수 있다.

I. 개론, 철학, 방법

II. 원시종교 전체

　부족들에 대한 논문

　　　A. 말레시아, B. 인도와 인도차이나 비문명화된 부족들,

　　　C. 아프리카, D. 오세아니아, E. 북아시아

　고대인도유럽어족

　문명화된 자들에게 살아남아 있는 고대종교

III. 숭배문화

IV. 망자 숭배와 그 실천

　　　A. 역사 이전, B. 비문명화된 민족들, C. 종교적 식인 풍습,

　　　D. 고대 그리스, E. 중국

V. 민간 종교, 특히 토지 숭배

VI. 제식(祭式)

A. 기도와 제식, B. 마법

VII. 신화

A. 비교신화학, B. 미개 민족, C. 신화의 잔존, D. 고유한 의미의
신화학,

E. 민간 전설, F. 기독교 신화

VIII. 신앙의 구성, 수도원 제도

A. 유대 교리의 구성과 발전. 시나고그의 형성,

B. 기독교 교리의 형성,

C. 교회의 형성과 고정화,

D. 기독교의 탄생과 확장, 세례,

E. 불교, F. 이슬람교

어쨌든 "계속 간행되었던" 『사회학 연보』에서 마르셀 모스의 참여는
"필수적"이었던 것이다.

뒤르켐은 모스에게 다음과 같이 편지를 쓰고 있다.

[……] 너는 이 조직의 주요 인물이자 핵심 인물 중 한 명이다. 네가 파
리에서 거주하고 있기 때문이기도 하고, 또한 내가 다음과 같은 사실
을 예상하고 또 바라고 있기 때문이기도 하다. 즉 객관적인 성향에도
불구하고 아주 거칠고도 소박하기 짝이 없는 사적유물론과 정반대적
입장에서 경제가 아니라 종교를 사회적 사실들의 원형으로 삼고자 하
는 이론을 『사회학 연보』에서 끌어내고자 하는 것이 그것이다. 따라서
종교 연구에 전념할 자의 역할 —— 종교가 이 세계 모든 곳에서 자리를

잡든 그렇지 않든 간에, 아니 오히려 그렇게 되어야 하기 때문에 —— 은 막중하다 할 것이다.[110]

하지만 뒤르켐에게 "이와 같은 협찬은 정신적 고통을 받는 기회가 되었다. 도저히 있을 법하지 않은 불규칙한 행동들로 인해 모스에게서 필수적인 협력을 안정적으로 얻을 수 없기"[111] 때문이다. 뒤르켐이 모스에게 일을 제대로 처리해야 한다는 사실을 환기시킨 것이 한 두 번이 아니었다.

첫 해부터 너의 지연의 횟수는 계속 늘어나기만 했다. 1897년에 너는 12월 25일에 원고를 마감했다. 1898년에 서평은 1월 4일인가 5일인가에 끝났다. 1899년에는 1월 말이었다. 지난해에는 작년보다 조금 앞섰다. [⋯⋯] 앞으로 어떤 상황이 생길지 모르겠구나. 네게 묻고 싶다. 공동으로 하는 일에서 네 몫을 잘 할 수 있을지에 대해서 말이다. 네가 일을 계속하고 싶다면 내 충고를 조금이라도 고려해주길 바란다. 그리고 공동의 이익에 좀 더 신경을 써주길 바란다.[112]

실제로 모스는 일을 하면서 날짜를 정확히 지키는 편이 아니었다. 그리고 그의 이와 같은 지연과 더딤으로 인해 뒤르켐의 불만이 생긴 것이었다. 뒤르켐은 위베르에게 이렇게 전하고 있다. "조카의 지연 습관이 지나쳐서 겁이 나네."[113] 신경질적이었고 항상 걱정을 안고 살았던 뒤르켐은 과장이 잦았다. 어느 날은 정해진 기일 내에 기다리던 편지가 도착하지 않은 것을 우려해 뒤르켐은 큰소리를 쳤다. 그는 조카에게 "너는 야만인이다."라고 말하고 있기도 하다. 뒤르켐은 종종 슬퍼하기도 했다. "네가 내 마음을 찢어놓는구나.", "네가 우리를 괴롭히고 있어.", 등등. 그리고 모스에 대해 그의 어머니에게까지 불평을 하기도 했다. "로즈에게. 저에 대한 마르셀의 태도를 그냥 침묵만 지키면서 받아들일 수는 없네요. 지금 제가 알캉 출판사와 곤란한 입장에 있다는 걸 마르셀도 잘 알고 있을 거예요. [……] 7주, 아니 8주 동안 마르셀은 이렇다할 연구 성과를 못 냈어요. 40주를 줘도 마찬가지일 겁니다."[114]

대부분의 경우 뒤르켐이 모스에게 전하는 소식은 주로 충고나 일을 제대로 처리하라고 주의를 주기 위해서였다. 하지만 종종 칭찬을 하는 경우도 없지 않았다.

> 네가 쓴 모든 서평은 아주 흥미롭구나. 작년 것보다 훨씬 더 흥미로워. 금년 것이 더 잘 된 것 같고, 대체로 손을 보지 않아도 될 것 같구나. 너도 점차 경험을 쌓으면서 더 쉽게 일을 할 수 있다는 것을 알게 되었을 게다. [……][115]

뒤르켐은 모든 수단을 동원해 모스의 "무관심과 자족감에 쉬이 빠지고 무사태평을 일삼는 행동"[116]을 막기 위해 노력했다. 특별한 분석을 요하지 않는 텍스트를 작성하는데 모스가 애를 먹고 있다는 사실을 뒤르켐은 잘 납득하지 못했다. "이와 같은 무기력 때문에 나는 당황스럽네."[117] 그리고 이와 같은 모스의 "주요 단점의 원인"을 찾으면서 뒤르켐은 그에게 다음과 같은 조언을 해주기도 했다. "한편으로 잘해야 한다는 이상주의적 요구가 있다. 하지만 다른 한편으로 조금 부드럽게 행동할 필요성,

너무 지나치지 않으면서 자기 자신이나 타인을 괴롭히지 않으면서 부드럽게 행동해야 할 필요성도 있지."[118] "[자신의] 소중한 평안이 우선이라는 기막힌 이론"을 옹호하면서 "아무것도 하지 않으려 드는" 조카 모스와 상대하여 삼촌은 가끔 의욕을 잃기도 했다.[119] 그래서 뒤르켐은 앙리위베르에게 "이 구제 작업에서 그를 도와 달라고" 부탁하기도 했다.

하지만 뒤르켐의 이와 같은 노력은 크게 성공하지 못했던 것으로 보인다. 왜냐하면 2년 후에 뒤르켐은 이렇게 받아들이고 있기 때문이다. "그 병에는 약이 없네. 치료 불가능한 환자를 만난 것이지. 이 병의 상태를 완화시키기 위해서는 내가 지금 사용하고 있는 처방전 이외의 다른 방법이 없다네. 즉 계속해서 모스의 의무를 상기시키는 것, 모스가 해야할 일의 일부를 계속해서 말해주는 것 이외에는 말이야."[120] 사실 모스는 촉각이 곤두설 때만, 즉 발등에 불이 떨어진 순간에만 "일에 매달렸을 뿐이다." 몇몇 사람들은 "글을 안 쓰고 서성대는지 들으려고 삼촌이 자기 연구실 윗방에 모스를 가둬 놓았다."[121]고 증언한다.

모스는 우정에 큰 가치를 부여하면서도 사회성에서 삶의 기쁨 또한 찾아내기도 했다. 격렬하다기보다는 오히려 충동적이었던 모스는 사소한 일에도 쉽게 흥분하고, 항상 행동에 뛰어들 준비가 되어 있었다. 자기 나름의 생각이 있는 젊은이로 하여금 대학 교육 쪽으로 방향을 정하게 할만한 요소는 아무것도 없었다. 모스는 어머니에게 이렇게 속내를 드러내고 있다. "저는 지적인 생활을 하기에는 별로 준비한 것이 없어요."[122]

희생

『사회학 연보』제2호에서 모스는 앙리 위베르와 협력하여 그 자신의 첫 번째 의미 있는 연구인 「희생의 본질과 기능에 대한 시론」을 싣게 되었다. 이 연구는 모스 자신의 학위 논문 계획을 뒤로 미룰 정도로 중요한 연구였다. 뒤르켐은 이렇게 쓰고 있다. "희생에 대한 연구는 아주 중요하고, 거기에 모든 것을 바칠 필요가 있다고 생각한다. 네 학위 논문과 그 나머지 일은 적당한 때가[123] 올 거다. 하지만 너무 서둘지 말자. 소르본에 어느 정도의 권위를 가지고 입성하는 것도 그다지 나쁜 생각은 아니다."[124]

모스가 희생에 대해 연구를 수행하고자 하는 생각은 고등연구실천학교 교수였던 실뱅 레비에게서 나온 것이었다. 실뱅은 1891년에 『브라만족에서의 희생 이론』이라는 제목의 저서를 출간한 바 있다. 모스 자신 걸작으로 여기고 있는 이 저서에 대해 이렇게 말하고 있다. "[이 저서는] 나를 위해 집필된 것이다. 첫 단어부터 그는 나에게 결정적인 발견을 했다는 기쁨을 주고 있다. '신들의 세계로의 진입'은 그 당시에 위베르와 내가 얼마 전에 발견했던 희생에 대한 연구의 단초를 마련해줬다. 그것을 증명하는 일만 남았다."[125] 『사회학 연보』에서 모스는 직접 스승의 저서를 아주 긍정적으로 평가하고 있다. "이 저서는 사회학자에게 아주 커다란 흥미를 주고 있다. 게다가 이 잡지에 실린 우리의 연구는 이 저서에서 많은 것을 길어냈다."[126]

모스와 위베르는 희생이라는 주제를 다루면서 인류학자들, 종교사학자들, 그리고 분명 최후의 만찬 이론이 흔들릴까봐 걱정하는 기독교 신학자들의 지대한 관심의 대상이 되는 문제를 다뤘던 것이다. 희생은 핵심적인 자리를 차지하고 있는 것은 아니라고 해도 어쨌든 거의 모든 종교에서 나타난다. 희생은 "본질적으로 종교적인 행위"라고 마리 죠

제프 라그랑주는 적고 있다.[127] 르낭과 같은 몇몇 연구자들에게 희생은 "인류가 초창기부터 겪어 온 광기의 상태에 의해 전해져 온 실수 가운데 가장 오래되고, 가장 심각하고, 또 가장 뿌리 뽑기 어려운 실수"였다. 르낭은 또한 이렇게 생각하고 있다. 희생은 원시인에게 "그를 둘러싸고 있는 낯선 힘을 진정시키는" 한 수단, 그리고 "무엇인가를 주어 사람을 자기편으로 만들듯이 무엇인가를 주어 그 힘을 얻는" 한 수단이었다고 말이다.[128]

위베르는 연구의 초기 단계에서부터 이 연구가 가져오게 될 충격을 어느 정도 예견하고 있었다.

> [……] 친애하는 친구. 우리는 이제 어쩔 수 없이 종교적 논란에 휩싸일 수밖에 없는 처지일세. 마음은 착하지만 잘못 교육받은 자들에게 아픔을 줄 수 있는 기회를 놓쳐서는 안 되겠지. 우리의 작업 방향을 강조하세. 결론을 잘 다듬어 보세. 면도날처럼 예리하고 날카롭게 말일세. 그리고 많은 사람들의 마음과 어긋나는 결론을 말일세. 자, 나는 싸움을 좋아 하네. 꽤 흥분되는군……[129]

「희생의 본질과 기능에 대한 시론」은 작심을 하고 논쟁을 촉발하려는 글이었다. 위베르와 모스는 이 글에서 여러 학자들을 비판했고, 위베르 자신이 다른 곳에서 지적하고 있는 것처럼 다음과 같은 과감한 주장을 하기도 했다. 과학은 "자기 영역에서 알 수 없는 것을 일소해야 하며, 또한 신학을 축출해야 한다."[130] 그들이 연구한 희생 제식과 기독교 희생 제식을 서로 가깝게 위치시키면서 비교하고 있는 것만으로도 이미 풍파를 일으키는 일이었다. 실제로 다음과 같은 문장을 읽으면서 그 어떤 기독교인이 충격을 받지 않겠는가! "기독교적 상상력은 고대인들의 생각 위에 세워진 것이다." "이 세계를 위해 자기 자신을 희생한다는 신이라는 관념은 [......] 가장 문명화된 민족들에게도 전적인 자기 헌신의 가장 고상한 표현이자 그것의 이상적 한계 같은 것이 되었다."[131]

하지만 위베르와 모스만이 논쟁에 뛰어든 것이 아니었다. 위의 논문이 실렸던 『사회학 연보』에서 뒤르켐은 편집자의 말을 통해 이 잡지가 종교사회학에 "우선권"을 주려고 한다는 사실을 인정했다. 그리고 이 잡지의 입장과 위베르와 모스의 연구에서 채택된 관점을 옹호하는 입장에서 뒤르켐은 이렇게 쓰고 있다. "내일의 사회가 어떻게 될지 또 어떻게 되어야 하는지에 대해 조금 성취도 있는 의견을 제시하려면 가장 먼 과거의 사회 형태를 연구해야 한다. 현재를 이해하기 위해서는 현재로부터 벗어날 필요가 있다."[132]

위의 글이 실린 같은 호 『사회학 연보』에서 뒤르켐은 종교 실천과 믿음의 의무적 성격(따라서 사회적 성격)을 강조하면서 「종교 현상의 정의」라는 제목의 글을 직접 쓰기도 했다. 뒤르켐이 이 글에서 내린 결론은 위베르와 모스 두 명의 협력자가 내린 결론과 합치하는 것이었다. "성스러움이라는 개념은 사회적 기원을 가진 개념이고, 따라서 사회학적으로만 설명될 수 있을 뿐이다."[133] 이 두 논문이 같은 호의 『사회학 연보』에 실린 것은 우연의 소산이 아니었다. 뒤르켐은 "서평들을 읽으면서 [모스가] 말하고 있는 사회적 사실들과 사회적 질서 사이의 관계가 항상 분명하게 드러나지 않는 경향이 있다."는 점을 염려했던 것이다. 이 점에 대해 뒤르켐은 모스에게 이렇게 설명하고 있다. "심사숙고한 끝에 내 논문과 너희 두 사람의 논문이 함께 실리는 것이 바람직하다고 판단했다. 그렇게 하는 것이 어떻게 해서 종교가 하나의 사회적 사실인가를 폭넓게 보여줄 수 있는 유일한 방법이기 때문이다. [……] 요컨대 종교사회학이라는 분야가 존재한다는 것을 폭넓게 보여주는 것도 그리 나쁜 생각은 아닐 것이다."[134]

「희생의 본질과 기능에 대한 시론」은 아주 야심에 찬 기획이었다. 마르셀 모스에게 보낸 한 통의 편지에서 E. B. 타일러가 강조하고 있는 것처럼, "그 주제는 아주 어려운" 주제였다. 다윈의『진화론』과 같은 해(1871)에 출간된『원시문화』라는 저서에서 타일러는 종교에 대한 한 이론 —— 애니미즘 이론이다. —— 을 정립했고, 또한 지구상에 나타난 초창기 사람들조차도 몇몇 형태의 믿음을 공유하고 있었다는 사실을 확신했으며, 그 정밀화의 정도에 따라 여러 종교의 발전 양상을 기술하기도 했다. 가령 그 과정에서 타일러는 원래의 흔적(살아남은 것)을 간직하고 있는 원시 종교 체계의 가장 최근 형태를 기술하기도 했다. 이 저서에서는 또한 희생에 대한 하나의 해석도 볼 수 있다. 타일러에 의하면 희생이란 신의 호의를 얻거나 아니면 신의 분노를 다른 곳으로 돌릴 목적으로 신에게 행해지는 일종의 증여라는 것이다. 타일러의 이와 같은 주장은 곧장 커다란 반향을 일으켰다. 그 이후 타일러는 영국 왕립협회 회원이 되었고, 옥스퍼드 대학 교수로 임명되었다. 많은 사람들의 판단으로는 그 당시 인류학은 곧 "타일러의 학문"이었던 것으로 보인다.

모스는 타일러의 연구에 지대한 관심을 가졌다. 하지만 그렇다고 해서 모스가 제임스 프레이저는 물론이고, 1894년에 세상을 떠난 신학자 W. 로버트슨 스미스 등과 같은 영국 인류학자들의 연구를 모르지 않았다. 변호사 존 퍼거슨 맥레난의 친구이자 『브리타니카 백과서전』의 공동편집자이며 1883년부터 케임브리지 대학에서 교수를 재직했던 로버트슨 스미스는 토테미즘 이론을 『성서』에 적용시키고자 했다. 그의 마지막 저서인 『셈족의 종교에 대한 강의』(1889)에서 로버트슨 스미스는 토템에서 볼 수 있는 희생을 종교 발전의 첫 단계로 생각했다. 일반적으로 토템으로 여겨지는 동물은 이 동물을 섬기는 한 씨족의 구성원들에게는 터부시되었다. 하지만 어떤 경우에는 그들은 이 동물을 나눠먹기도 했다. 이 동물을 나눠 먹는 의식 절차를 끝으로 토템과 이 씨족의 통일을 기원함과 동시에 이들의 안녕을 보장해주는 식사가 끝났다. 로버트슨 스미스는 동물의 희생이 인간들의 이해관계가 얽혀 있는 증여 행위가 아니라는 결론을 내리고 있다. 스미스의 생각에 증여 이론은 다음과 같은 두 가지 이유로 충분하지 못하다. 하나는 그 이론에 의하면 신은 신하들로부터 충성과 존경만을 기대하는 왕이나 영주처럼 여겨질 것이기 때문이다. 다른 하나는 그 이론에서는 대학살, 특히 인간을 제물로 삼는 행위에 대해서는 설명할 수 없기 때문이다. 로버트슨 스미스에 따르면 희생에 대한 이와 같은 해석은 "부조리하고도 종교에 거스른다."[135] 그의 관점에서 보면 희생은 본질적으로 하나의 합일(合一)이고, 이 합일의 특징은 가장 발전된 희생의 형태 속에서도 그 모습을 볼 수 있다.

위베르와 모스는 로버트슨 스미스에게 진 빚을 인정하고 있다. "우리는 우리의 이론이 어떤 방식으로 로버트슨 스미스의 이론과 연결되어 있는가를 지적했다. 성스러움, 터부, 순수함과 불순함에 대해 그가 지적하고 있는 모든 것을 우리는 유용하게 참조했다." 물론 그렇다고 해서 그에 대한 비판이 전혀 없는 것은 아니었다. 위베르와 모스는 이렇게 덧붙이고 있다. "우리는 희생에 대한 로버트슨 스미스의 계보학적 설명을 배척했다. 주지의 사실이지만, 그는 모든 희생을 토템적 합일에서 파생되는 것으로 보고 있다."[136] 이와 같은 비판은 또한 프레이저에게도 그대로 해당되었다. 하지만 프레이저에게 가해진 비판은 잘못된 것이었다. 그도 그럴 것이 프레이저는 그 당시에 동료이자 친구였던 로버트슨 스미스와 어느 정도 거리를 두고 있었기 때문이었다. 「희생의 본질과 기능에 대한 시론」이 출간되었을 때 프레이저는 모스의 연구에서 다음과 같은 오류를 지적하고 있다. 즉 모스가 "로버트슨 스미스와 자기가 의견 일치를 봤다고 생각했다."는 오류가 그것이다. 하지만 이것은 사실과는 거리가 먼 것이었다. 프레이저는 이렇게 말하고 있다. "나는 토테미즘에서 일반적 희생을 도출해내는 로버트슨 스미스의 이론을 결코 받아들인 적이 없다. 이와 같은 이론은 나에게는 지나치게 인위적이며, 충분한 근거가 결여되어 있는 것으로 보였다. [……] 심지어 그와 나는 아주 다른 관점, 심지어는 서로 반대되는 관점에서 종교에 접근했다." 프레이저와 로버트슨 스미스의 이론이 그처럼 다르게 보이지 않았던 것은, "서로에 대한 우정"[137]으로 인해 그들이 "일치되는 점에 대해서 지나치게 강조를 하고, 차이점에 대해서는 침묵했기" 때문이다. 프레이저는 모스에게 자기와 로버트슨 스미스를 "많은 공통점을 가졌고, 차이점도 가졌지만, 그것도 큰 차이점을 가졌지만, 그것을 숨기고 있는"[138] 두 명의 저자들로 여겨주기를 부탁하고 있다. 1900년에 출간된 『황금가지』의 제2판 서문에서 프레이저는 로버트슨 스미스의 주장을 분명하게 반박하고 있다. "나는 결코 내 친구의 이론에 동의한 적이 없다. 내가 기억하는 한,

그 역시 내 이론에 동의한다는 암시를 한 적이 없다."[139]

위베르와 모스에게 중요한 점은, 그 당시에 그들이 이용할 수 있는 "가능한 한 많은 사실들을 혼합하고, 비교하고, 차별화시키는 것"이었다. 이들 두 사람은 서로 다른 시각에서 출발했지만, 그들의 관심사는 일치했다. 모스 자신이 직접 이 점을 인정하고 있다. "위베르는 신의 희생을 설명하려고 했다. 그의 목표는 기독교 신화에 대한 셈족의 기원에 대한 연구였다. 나는 희생 의식 형태가 이 의식이 파생된 희생과 정말로 밀접한 관계를 맺고 있는지를 살펴보고자 했다."[140] 결국 위베르를 희생에 대한 연구로 이끈 것은 "신의 희생, 그 제식과 신화가 상당 부분을 차지하고 있는 시리아 여신 숭배에 대한 연구"[141]였던 것이다.

하지만 희생에 대한 연구에 따르는 어려움이 너무 많아 모스는 종종 낙담하기도 했다. "연구는 아주 느리게 진행되었다. 나는 기계가 삐걱거리는 것을 느낄 수 있었다."[142] "그들의 연구 혹은 조카의 연구에 대해" 딱하게 생각하고 있던 뒤르켐은 "이 연구를 포기해야 하지 않을까" 하고 자문하기도 했다. "나는 위베르에게 편지를 썼다. [······] 나는 그에게 이 일을 아주 진지하게 함께 검토해보자고 제안했다. 너희들은 이 연구를 끝낼 자신이 있니? [······] 최종적으로 이 연구가 실패로 끝날 것 같으면, 이 힘든 상황과 계속되는 논의를 더 길게 끌지 않는 것이 최선일 것 같다."[143]

희생에 대한 시론은 보르도에서 이 연구의 진척을 "머리 속으로" 추적하고 있는 ── 조카의 표현을 빌자면 ── "걱정꾼"[144]이자 "초조해 죽으려고 하는 사람" 뒤르켐의 엄격한 감시 하에 진행되었다. 뒤르켐은 수많은 충고와 격려를 해댔다. "첫 번째 원고는 아주 정성들여 쓸 필요가 없어." "내게 논문 계획을 알리기 위해 긴 편지를 쓰느라 시간 낭비하지 말아라. 그 계획을 실천에 옮기도록 해라. 그게 더 급하다." "너희 두 사람은 대단한 연구를 해낼 것이고, 커다란 영광을 얻게 될 것이라는 점을 난 확신한다." "약간의 [······] 중언부언이 있는 것 같아 우려된다." 뒤르켐은 모스에게 적극적으로 협력했다.

> 일단 연구가 일단락되면 빨리 정리해서 내게 보내라. [······] 짧은 시간 내에 필요하다고 생각되는 수정과 지적, 그리고 모든 종류의 문제점 등을 내가 손보마. 나는 고치고 수선하는 직업에 나름대로 적성이 있다. 결국 이것이 내가 오래 지속해온 교직이라는 직업에 속하는 일이 아니냐.[145]

하지만 뒤르켐은 "겉으로나마 섭정자의 태도나 통제하는 태도"를 취하는 것을 우려한 나머지 훨씬 더 신중하게 행동했다. "내가 뭔가를 할 일이 있다고 판단되면 나를 적극적으로 이용해라. 너희들 연구에 협력한다는 것은 내게는 커다란 보람이다."[146] 위베르는 뒤르켐이 파리에 올 때는 그와 장시간 얘기를 나누기도 했다. "뒤르켐과의 대화는 아주 유용했네. 하지만 곧바로 서로의 입장을 이해했던 건 아니네. 출발점이 서로 달랐거든. 그는 형벌이라는 개념에서 출발했고 [······], 난 그렇지 않았어. 그래서 난 처음에는 그가 말하는 철학 속에서 조금 헤맸지. 하지만 점차 서로를 이해하게 되었네."[147]

모든 일은 편지로 진행되었다. 위베르와 모스는 계획을 세우고 또 세웠고, 연구 메모를 서로 교환했고, 이런저런 문제에 대해 오랜 동안 편지로 토의했고, 유용한 정보를 추가했으며, 초고를 수정했다. 함께 연구하는 방법을 배워야 했고, 각자의 능력을 고려해 일을 나눠 하는 방법도 배워야 했다. 모스는 이렇게 말하고 있다. "우리는 아주 진지하게 작업을 했다." 문제의 논문의 최종 원고 작성에 이르는 과정에서 "애초의 계획"은 다음과 같았다. "7월은 파리에서. 그리고 나머지 시간의 반은 스위스, 반은 에피날에서 보낼 것임. 9월에 원고 작성을 마칠 것임." 혹시 있을지도 모를 보르도에서의 그의 삼촌과 합류하기 위한 짧은 일정의 체류에 대해서는 이렇게 적고 있다. "그렇게 하면 2주 동안 아주 돈독한 분위기에서 일할 수 있을 거고, 스위스의 호텔에서보다는 더 안정된 분위기에서 더 많은 작업을 할 수 있을 걸세."[148] 하지만 원고 마감 날짜에 쫓긴 모스는 혼자서 1898년 여름에 에피날로 가서 원고에 마지막 손질을 했다. "모든 것이 좋네(All right)! 내가 영어로 말한 것은 자네를 한 번 더 골탕 먹이기 위해서네. 이제 원고는 지금 상태로 송고될 걸세. 자네에게 나머지 부분을 보낼 시간적 여유가 없네. 자네 생각이 왜곡되었다고 판단되는 부분만 자네에게 보낼 걸세."[149]

비교적 방법을 적용함으로써 종종 여러 지역과 여러 시대에 걸쳐 선택된(하지만 그렇다고 특수성이 배제되는 것은 아니다.) 아주 다양한 사실들을 접근시켜야 했다. 모스는 "가능한 한 덜 피상적인 연구"를 수행하고자 했다. 모스는 "너무 서둘러 원고를 써서" "아주 심각한 오류"를 범할 수 있는 연구를 우려했다.[150] 시간과 공간의 부족으로 인해 "중요한 여러 종교에서 나타나는 모든 종류의 희생에 대한 연구를 수행하는 것이 불가능하다는 것"을 잘 알고 있는 위베르는, 모스로 하여금 "[자신들이] 잘 알고 있는 사실을 다루고, 그것에 대한 비판을 하고, 또 그것에 대한 분석을 심화시키고자" 했다. 여러 차례에 걸쳐 위베르는 "자신들에게 시간이 충분하지 않다."는 점, 따라서 "완벽하기 보다는 분명하고, 재미있고, 논리적인 논문을 쓰는 것이 더 중요하다."는 점[151]을 친구에게 상기시키곤 했다. 게다가 뒤르켐에게 쓴 편지에서 위베르는 자신들의 연구의 한계가 어디에 있는지를 분명하게 지적하고 있다.

> 저희가 완벽한 과학적 연구를 할 의향이 있는 건 아닙니다. 몇몇 사실들을 바탕으로 이뤄진 가설을 제시하고자 하는 겁니다. 150쪽의 논문을 쓰는 것으로 그리고 일 년 정도의 연구로 완벽한 연구를 한다는 건 불가능에 가깝습니다. 제 생각으론 학문적 연구 차원에서 그저 다루고 있는 주제에 대해 저희가 전혀 모르고 있지 않다는 걸 보여주고자 합니다. 『사회학 연보』의 독자들에게 지나치게 문헌학적 연구 읽기를 강요할 순 없습니다. 저희는 또한 원한다면 이 연구를 멈출 수도 있을 겁니다. 반대로 마지막 순간까지 보완할 수도 있을 겁니다. 이 연구에 대한 열기와 그로 인한 염려 때문에 마음이 편하지 않습니다. 저는 마르셀 [모스]에게 몇 차례에 걸쳐 저희가 할 수 있는 일의 한계가 어떤 것인지를 상기시켜 준 바 있습니다.[152]

희생의 역사와 그 발생을 기술한다는 것 역시 관심 밖의 일이었다. 모스가 이 논문의 '서문'을 쓰고 있을 때 위베르는 그에게 이렇게 설명하고 있다. "몇몇 비판을 미연에 차단하려면 순수하게 역사적 차원의 연구는 이 연구에서 아무런 쓸모가 없다는 사실을 밝혀야 하네. 이 논문에서 다뤄진 모든 사실들이 상대적으로 최근에 수집된 것들이고, 또한 복잡한 사실들이라는 점(심지어는 원시인들에게조차도), 그리고 논리적 분석을 통해서만 결론에 도달할 수 있을 뿐이라는 점 등을 강조해야 하네. [……] 무엇보다도 주제를 줄이고 한정시킬 필요가 있네. 우리가 시도하는 것은 희생에 대한 정의를 내리는 정도야. 서론 말미에서 우리가 적용한 방법론을 분명하게 제시해야 할 걸세. 희생이라는 주제에 관계된 주체와 대상 사이의 관계의 본질에 대한 연구라고 말일세.[153]

모스는 "[자신들의] 연구를 하나의 일시적 가설을 제시하는 것"으로 받아들였으나, 다만 "과거의 가설들보다는 더 많은 사실들을 수집한다."는 조건 하에서 그랬다. 이 두 명의 친구에게 이와 같은 연구를 공동으로 수행한다는 것은 하나의 도전이자 시험이었다고 할 수 있다. 처음에는 자신들의 연구에 "실질적인 통일"된 모습을 주는 것이었고 또한 가능한 한 서로가 서로의 면전에서 연구를 수행하는 것이었다.[154]

모스와 그의 친구였던 위베르 사이의 관계는 비대칭적이었다고 할 수 있다. 모스가 경전들을 더 잘 알고 있었고, 특히 빌렘 칼란트, 모리스 윈터니츠, 실뱅 레비와 같은 스승들의 도움을 얻어 분석했던 산스크리트어 경전에 더 정통했기 때문이었다. 반면 위베르는 "그의 몫"을 찾아야 했다. 그는 이렇게 강조했다. "두 명 중에 한 명만 너무 열심히 하면 모든 게 공평하지 못한 공동 작업이 될 걸세."[155] 하지만 위베르의 협조는 곧 필수불가결하게 되었다. 그도 그럴 것이 위베르 자신이 "신의 희생"에 할애된 부분의 책임을 지게 되었기 때문이었다. 모스가 연구 계획을 보여줬을 때 실뱅 레비는 모스의 "추상적 취미"를 나무랐다. 하지만 레비는 "위베르와 협력 하에 연구를 수행한다는 것이 다행스럽게도 [……] 연구가 잘 진행되는 것을 보증해줄 것 같다."고 말하면서 안심하기도 했다.

그리고 레비는 이렇게 덧붙이고 있다. "자네들이 그 분야의 선구자가 될 걸세."[156] 사학자 위베르가 철학 교수자격시험 합격자인 모스의 단점을 바로 잡아주기 위해 한 자리를 차지하게 된 것이다. 위베르는 모스에게 다음과 같은 내용의 편지를 쓰고 있다. "난 추상적 표현과 개념들을 경계하네. 자네 원고는 이런 것들로 가득 차 있네. 난 그것들을 가차 없이 쳐낼 걸세. 철학 언어만큼 공허하고 의미 없는 것을 본 적이 없네."[157]

위베르와 모스는 자신들의 "뛰어나고 암시적인 분석"[158]을 힌두교와 유대교라는 서로 다른 두 종교에 집중시켰다. 이 두 종교를 비교하면서 "충분히 보편적인 결론"에 도달하리라는 희망에서였다. 루아지가 강조하고 있는 것처럼,[159] 그들은 "아주 상세하고, 아주 정성스럽게" 참고문헌을 정리했다. 500개 이상의 각주와 수많은 저자들의 저작을 참고하고 있는 그들의 연구는, 베다 의식을 위한 『베다』 경전, 브라만족의 경전, 산스크리트어 경전, 히브리 의식을 위한 모세 오경 등을 비롯한 글로 된 텍스트들, 노래, 신학적이고 비교적인 방법론, 의식 절차에 대한 설명 등에 의존하고 있다. 2차 문헌으로 산스크리트어와 히브리어로 된 텍스트 말고도 기독교가 퍼졌던 고대와 그 이전의 시대에 대한 연구 자료들도 참고했다. 민족지학 자료들을 참고하는 것은 문제 밖의 일이었다. 두 사람은 "보통의 경우 성급한 관찰로 인해 누락되는 민족지학자들에 의해 수집된 사실들을 더 정확하고 더 완벽한 자료들과 비교할 경우에만 그것들의 참다운 가치를 알 수 있을 뿐이다."[160]라고 쓰고 있다. 모스도 그 자신의 지식의 한계를 잘 알고 있었다. "[……] 민족지학적 자료들은 극히 제한적이다. 금년에 이 분야에 대한 나의 지식은 결코 늘지 않았을 뿐만 아니라, 그런 논의는 완벽해야지만(거의 그런 수준에 이르러야지만) 시도될 수 있을 뿐이다."[161]

뒤르켐의 방침에 충실했던 위베르와 모스는 '희생'이라는 단어로 지칭되는 사실들에 대한 정의가 일단 주어지고 난 다음에야 비로소 다음 단계로 넘어갈 수 있을 것이라고 판단했다. 게다가 뒤르켐은 다음과 같은 정의를 제안했다. "종교적 의식 체계에 속하고, 하나 또는 여러 개의 살아 있거나 죽은 대상을 파괴하거나(먹기, 형벌을 주기, 불을 통한 희생 등) 공동 이용이 불가능한 상태(봉헌)를 낳는 하나의 행위 또는 이 행위의 전체 과정"[162]이라는 정의가 그것이다. 위베르와 모스는 '봉헌'에 역점을 두고 있다. "희생은 희생물의 봉헌을 통해 봉헌자의 정신적 상태 혹은 그와 이해관계가 있는 대상들의 상태에 변화를 가져오는 하나의 종교적 행위이다."[163]

위베르와 모스의 주요 연구 목표는 다양한 형태의 희생에서 하나의 동일한 '핵심 요소'를 발견하기 위해 "같은 메커니즘의 외관을 기술하고 분석하는 것"이었다. 모스가 바라고 있는 것처럼 "서로 어느 정도 떨어져 있는 희생의 형태를 넘어서서 일반적인 이 행위에 담겨진 심오한 본성을 찾아 밝히는 것"[164]이 주요 관건이었던 것이다. 위베르와 모스는 "희생제식이란 무엇인가?"라는 질문에 대해, 이것은 "하나의 희생물을 매개로, 다시 말해 제식이 진행되는 동안 파괴되는 사물을 매개로 성스러움과 소통하려는 속세적 수단"[165]이라고 답하고 있다.

아주 상세하고 엄격하게 이뤄진 이들 두 사람의 연구를 통해 희생의 전체 도식 —— 에반스 프리처드는 '문법'이라는 용어를 사용하고 있다. —— 이 드러나게 되었다. 후일 모스가 다시 한 번 주장하고 있는 것처럼, 희생은 "도입부, 입장 - 비극, 희생물 파괴 - 결부, 퇴장"[166]의 과정을 포함하고 있다. 또한 희생을 구성하고 있는 다양한 구성 요소들도 상세하게 밝혀졌다. 희생자, 제물을 바치는 사제, 장소, 도구, 세부 과정 등이 그것이다. 위베르와 모스는 여러 예를 통해 이와 같은 구조가 희생의 의도에 따라 어떻게 변형되는지도 설명하고 있다. '신의 희생'은 "희생 체계의 역사적 발전 가운데 가장 완성된 형태 가운데 하나"인데, 이 희생에 할애된 부분에는 제식과 신화 사이의 관계에 관한 심도 있는 연구가 포함되어 있다.

위베르와 모스의 과감성은, 그들 자신이 결론 부분에서 분명하게 밝히고 있는 것처럼, 바로 종교에 사회적 차원과 기능을 부여했다는 것이다. "종교적 개념들은 믿음의 대상이 되었기 때문에 존재했다. 하지만 이 개념들은 객관적으로 보아 사회적 사실들로서 존재했던 것이다. 희생에 관계된 성스러운 사물들은 사회적 사물들이다."[167] 위베르와 모스가 자신들의 첫 연구에 대해 재평가할 기회를 가졌을 때 그들은 다음과 같이 말하면서 더 멀리 나아가고 있다. "우리들의 견해로는 집단이건 그 구성원들이건 간에 사회를 규정하는 모든 것은 성스러운 것으로 여겨질 수 있다. 신들이 하나하나 적당한 시기에 신전으로부터 걸어 나왔다면, 또 그렇게 함으로써 세속적인 존재가 되었던 반면, 우리 인간들의 개인적인 것들과 사회적인 것들(조국, 소유권, 노동, 개인 등과 같은 것들)은 차례로 신전으로 들어가게 되었다."[168] 위베르와 모스는 "공동으로 이뤄진 자신들의 연구의 최종 목표는 성스러움에 대한 연구일 것이다", 그리고 바로 이와 같은 사실이 "자신들에게는 희생에 대한 [자신들의] 연구에서 얻은 가장 확실한 수확이었다."[169]라고 인정하고 있다. 요컨대 그들의 자부심은 "성스러움이라는 생각, 즉 여러 종교 현상 가운데 가장 핵심적 현상인 이 중심 개념이 기능하는 명백한 한 사례를 밝혀냈다는 것"[170]이었다.

「희생의 본질과 기능에 대한 시론」을 집필하면서 모스는 다음과 같은 생각을 가졌다. 즉 "종교적 행위는 개인을 집단의 중심에 위치시키려는 목적이 있다."는 점을 강조하면서 모스 자신이 사회적이고 종교적인 삶의 본질적 요소들 가운데 하나를 발견했다는 생각이 그것이다. 뒤르켐에게 쓴 긴 편지에서 모스는 이와 같은 사실을 설명하고 있다.

> 사회학적이고 도덕적인 결론. 희생에서의 개인과 사회의 관계, 성스러운 것들에 의한 사회의식의 창조, 개인과 사회가 위급한 상황에서(개인, 사회, 자연의 입장에서 볼 때) 서로 가까워져야 하는 필요성, 즉 개인의 내적 삶의 핵심적 체계와 사회를 연결시켜야 하는 필요성. 희생과 기도와의 관계. 이 연구가 어떻게 우리를 사회적이고 종교적인 삶의 본질적 요소들을 발견하도록 하는가. 개인을 집단의 중심에 위치시키려는 목표를 가진 종교적 행위 혹은 이 개인이 배제된 경우라면 다시 사회에 가까워지려는 목적을 가진 종교적 행위. 이와 같은 필요성이 어떻게 모든 사회적, 개인적 삶에서 근본적인가. [판독 불가], 불교, 철학자들, 조국 등에 의해 [……] 고안된 희생에 대하여. 조국을 위한 희생.
>
> 하지만 균형 유지가 절대적으로 필요하므로, 희생은 단지 순간적이어야만 한다. 시작이 있으면 끝이 있어야 한다. 이러한 일이 없다면, 개인이나 사회는 어두운 신비 속으로 빠지고 말 것이다. 희생은 일시적, 순간적이어야 하고, 개인의 사회적 삶의 연결고리 가운데 하나여야 한다.[171]

뒤르켐은 조카에게 "자주 보이는"[172] "변증법적 미묘함"을 경계했다. 하지만 아주 겸손하게 쓴 결론에서 위베르와 모스는 이른바 "사회학적 형이상학"[173]이라 불리는 것에 속하는 여러 요소를 함께 제공하고 있다. 개인들에 의한 "사회 전체의 힘"의 획득, 흔들린 균형의 회복, 사회 규범의 유지 등이 그것이다.

모스는 같은 호 『사회학 연보』에서 종교사회학과 관련이 있는 20여 편의 서평과 80여 개에 달하는 짧은 논평을 쓰게 된다. P. 티엘레 『종교학 요소』라는 저서에 대한 단평에서 모스는 "종교학"이 어떤 것일 수 있는지에 대한 참신한 생각을 제시하고 있기도 하다. 즉 종교철학과는 분명히 구분되는 이 과학은 "확정된 방법론의 도움을 받아 확정된 사실들의 질서"를 연구하는 분야고, 이 분야에 적용되는 방법론은 사회학적 방법론이라고 말이다. "이 방법론 덕택에 종교에 속하는 사실들은 객관적이고 자연적인 사실들처럼 나타나게 된다. 이와 같은 사실들은 실제로 개인이 이것들을 생각하고, 또 이것들에 영향을 미치는 그런 짧은 순간 밖에서 존재한다. 이 사실들은 현실의 부분이고, 사회학 덕택에 우리는 이 사실들을 가능한 한 멀리 밀고 나가면서 비교적으로 연구할 수 있고 또 그렇게 함으로써 도움이 되는 분석을 할 수 있는 것이다." 모스는 이렇게 덧붙이고 있기도 하다. "이 과학의 미래는 비교적 심화된 전문서적의 저술에 달려 있다."[174]

실상 여기에는 진정한 하나의 연구 계획이 관련되어 있다. 위베르와 모스가 신앙과 종교적이지 않은 사회적 실천 전체를 사회학적 분석에 제공했다는 점에서 그렇다. 예컨대 「희생의 본질과 기능에 대한 시론」에서 계약, 속죄, 형벌, 증여, 헌신, 영혼과 불멸에 관계된 사유들이 계속적으로 문제되고 있었다. 다시 말해 "희생 개념이 사회학에서 어느 정도까지 중요성을 갖는가"[175]를 보여주고 있는 것이다. 철학자 귀스타브 블로는 그들의 연구에 대해 이 얼마나 "진기하고 영향력이 강한 연구인가"[176]하고 감탄하고 있다.

「희생의 본질과 기능에 대한 시론」이 『사회학 연보』에 실렸을 때 알프레드 에스피나는 옛 제자였던 모스를 축하해줬다. "자네와 자네 협력자의 지식을 바탕으로 객관성이 확보된 대단한 연구가 이뤄졌네." 에스피나는 "미사 시간에" 가져갔을 정도로 이 연구를 높이 샀다. "모든 것이 옳고 [……] 이론도 아주 정확하네." 하지만 에스피나는 옛 제자에게 "종교적 사실들에 대한 훌륭하고, 과감하고, 충실한 분석을 했음에도 불구하고 형이상학의 변증법적 세련미와 경쟁하길"[177] 원했다는 비판을 하기도 했다. "구체적 개념에 이르게 되는 역사와 관념의 내밀한 결합"을 높이 샀던 옥타브 아믈랭은 이 연구의 내용에 대해 다소 의외라는 느낌을 표시했다. 하지만 아믈랭은 즉시 자기 입장을 바꾸고, 자신의 느낌이 "완전히 잘못된 것"이라는 점을 밝힌다. 왜냐하면 이 연구 덕택으로 그 자신 "처음으로 희생의 실재에 대한 이론을 잘 이해할 수 있게 되었고", 또한 "희생의 마지막 변화 단계를 봤기"[178] 때문이었다고 한다.

도버 해협 건너편인 영국에서도 뒤르켐 협력자들의 연구를 아주 주의 깊게 바라보고 있었다. 『폴크-로어(Folk-Lore)』 잡지는 『사회학 연보』의 창간호에 대해 커다란 관심을 보였다. "우리는 새롭게 시작된 모험이 잘 이뤄지길 바란다. 원시인들의 관습 연구에서 비판적이고 건설적인 한 프랑스 학파의 출현을 진심으로 반기는 바다."[179] E. 시드니 하트랜드는 『사회학 연보』 1-2호에 대한 서평에서 "수준 높은 진정한 과학적 정신", "서평의 세세함, 정확함과 확실한 판단" 등을 높이 평가하면서 다음과 같은 결론을 내리고 있다. "앞으로 아주 견실한 결과들을 기대할 수 있을 것이다."[180] 「희생의 본질과 기능에 대한 시론」이 갖는 중요성은 모든 종교사회학 전문가들과 마찬가지로 영국 민속협회 회장의 주의 깊은 시선에도 포착되었다. "희생의 메커니즘에 대한 철저한 분석 없이 문제를 해결할 수 없다는 것은 분명하다. 하지만 위베르와 모스는 이 문제를 정확히 파악하고 있을 뿐만 아니라 해결책을 제시하고 있기도 하다. 이들이 적용한 방법을 다른 종교들과 다른 민족들에게 적용한다면 이 분야의 연구에서 역시 커다란 발전을 이룰 수 있을 것이다."[181] 이렇게 해서 프랑스 사회학 학파라고 불릴 수 있는 하나의 그룹이 형성되었던 것이다.

멀리서 바라본 드레퓌스 사건

1898년 1월에 에밀 졸라가 『여명』지에 "자신의 영혼의 외침" ——"나는 단 하나의 열정을 가지고 있을 뿐이다. 아주 많은 고통을 겪었고, 따라서 행복할 권리를 가지고 있는 인류의 이름으로 이뤄질 계몽에 대한 열정이 그것이다." ——을 내질렀을 때, 프랑스의 여론이 동요했다. 잠시 절망에 빠졌던 드레퓌스주의자들이 힘과 신념을 되찾게 되었다. 「나는 고발한다」가 출간된 다음날 드레퓌스 대위의 "재심"을 요구하는 첫 번째 청원서가 나돌기 시작했다. 수백 명에 이르는 이른바 "지식인들"이라고 불리는 자들이 이 청원서에 서명을 했다. 대학관계자들, 작가들, 학자들, 예술가들, 시인들 등이 그들이다. "1894년 소송의 사법적 절차 위반과 에스테라지 사건[182]을 둘러싼 부당함"에 맞서 항의를 했던 자들 가운데서 대학에서 근무하는 꽤 많은 수의 교수자격시험 합격자들의 면면을 볼 수 있었다. 뤼시엥 에르, 샤를르 앙들레르, 셀레스탱 부글레, 프랑수아 페랭, 엘리 알레비, 프랑수아 시미앙 등이 그들이다.

드레퓌스 사건은 반유대주의가 확산될 기회였다. 보르도를 포함한 여러 도시에서 수천 명의 사람들이 "유대인을 죽여라! 졸라를 처벌하라! 드레퓌스를 처형하라!" 등의 구호를 외치면서 시위를 했다. 로렌 전 지역이 시위에 휩싸였다. 에피날에서, 낭시에서, 바르 르 뒤크에서 연이어 시위가 벌어졌고, 유리창이 깨졌으며, 졸라와 유대인들이 공격과 야유의 주된 대상이 되었다. 반유대주의적 성향의 글이 증가 일로에 있었다. "유대성"이 문제가 되었고, 또한 로트차일드로 상징되는 "증권가의 유대인들"이 공격당했다. 분명 이와 같은 일련의 사태로 인해 유대 공동체는 몹시 놀랐지만, 반응은 극히 드물었고 또 소극적이었다. 레옹 블럼은 이렇게 쓰고 있다. "프랑스 유대인들은 이 문제를 기피했다. 그들은 자기들끼리도 이 문제를 더 이상 입에 담지 않는다. 이스라엘에 커다란 불행이 닥친 것이다. 시간과 침묵에 의해 이 불행의 결과가 지워지길 기다리면서 프랑스 유대인들은 말없이 이 불행을 겪고 있는 것이다."[183] 실제로 프랑스 혁명의 이상주의자들이 내세운 기치 아래 자리하는 성향이었던 프랑스 유대인들은 반유대주의 투쟁에서 프랑스인들보다 더 프랑스적이 된 것처럼 보이기도 했다. 유대인들이 유대 문제를 둘러싼 토론에 관여했다면, 그것은 그들 사이의 연대성에 충실해서 그랬다기보다는 오히려 정의와 휴머니즘에 대한 의무나 정열 때문이었다고 할 수 있다.

모스의 어머니 로진 모스는 이와 같은 "무서운 사태"로 인해 절망했다. "[……] 밤에는 유대인 가게의 문에 붙은 문구나 현수막 때문에 밖에 나가는 것이 겁난다. [……] 유대인 물러가라!라는 문구가 없는 의자에 앉기가 불가능할 정도지. 사흘 저녁 내내 아이들은 길에서 같은 표어를 들고 같은 소리를 외쳐대고 있다. [……]"[184] 신문을 읽으면서도 로진 모스는 "이 슬픈 사태 이외의 다른 것을 말할 수 없는 상태"[185]에 빠지곤 했다. 또한 그녀는 드레퓌스주의자들과 함께 행동하는 것으로 장남 마르셀 모스의 "경력에 해가 될까봐" 전전긍긍하기도 했고, 또 그런 만큼 "걱정되기도 했다." 그녀는 "평화를 되찾기 위해 알자스 지방으로 살러 가기를" 바라기도 했고, 또한 자식들이 "외국에서 이 상황을 맞이했으면"[186] 하고 바라기도 했다.

뒤르켐 역시 반유대주의의 비등으로 인해 많은 걱정을 했다.[187] 하지만 그는 반유대주의를 프랑스인들의 인종차별주의와 같은 것으로 여기지는 않았다. 뒤르켐은 그 당시의 현상을 "사회적 불안의 표피적 발현 그리고 그 결과"[188] 정도라고 생각했다. 뒤르켐은 모스에게 보낸 편지에서 자신의 관점을 이렇게 설명하고 있다.

필시 너도 걱정하고 있을 프랑스 사태에 대해 먼저 말해보자. 실제로 상황은 심각하다. 하지만 내가 보기엔 반유대주의는 하나의 표피적 발현에 불과해. 심각한 것은 우선 아주 사소한 한 사건 —— 왜냐하면 그 사건은 그 자체로는 그다지 중요한 사건이 아니기 때문이다. —— 이 그처럼 커다란 혼란을 야기할 수 있다는 거란다. 그다지 중요하지 않은 한 사건으로 인해 그와 같은 규모의 혼란이 야기되기 위해서는 이 모든 것 아래에 아주 심각한 도덕적 해이가 있어야 할 게다.

또한 우려되는 것은, 우리가 이미 획득했다고 생각하는 모든 종류의 원칙에 대한 반동의 기운이 감지된다는 것이다. 그러니까 말로 다 표현할 수 없는 혼란 속에서 진행되고 있는 반동의 기운이 말이다. 왜냐하면 보수적 경향의 이와 같은 반동은 가장 불순한 혁명적 요소들의 도움을 받아 이뤄지고 있기 때문이다. 프랑스에 지금처럼 도덕적 무질서가 자리잡은 적은 결코 없었다. 여기에 이 모든 것이 증명하는 군대 조직과 관련된 우려들을 덧붙이련다.

내가 낙관주의자가 아니라는 사실을 넌 알아차릴 수 있을 게다. 하지만 이것이 현재 진행되고 있는 투쟁에서 너를 실망시킬 이유는 못된다. 이와는 반대로 오래 전부터 잠자고 있던 투쟁적 본능을 일깨워 놓은 것은, 이번 상황이 빚어낸 훌륭한 면 가운데 하나일 것이다. 뭔가 할 일이 있을 게다. 왜냐하면 새롭게 싸워야 할 그 무엇인가가 있기 때문이다. 그리고 원한다면 우리는 승리를 거둘 수 있을 게다. 중요한 것은, 여러 요소가 하나로 통합되어야 한다는 것, 그리고 도망쳐서는 안 된다는 점일 게다. 나는 위베르를 통해 합법성을 지키기 위한 항구적인 리그를 하나 창설해야겠다는 생각을 갖게 되었다. 위베르는 이 문제에 대해 [뒤클로에게] 이야기를 하라고 에르를 종용했단다. 앞으로 어떻게 될 건지는 두고 보면 알겠지[189]

뒤르켐은 모스에게 다시 이 리그 창설 계획에 대해 다음과 같이 전하고 있다.

현재 프랑스에서 진행되고 있는 사태에 대해 너에게 알릴 새로운 사실은 거의 없다. 지금 당장 우리는 뒤클로의 지도하에 시민의 권리 옹호를 위한 하나의 리그 창립을 위해 노력하고 있다. 나는 지금까지 다섯 명의 동의를 얻었다. 하지만 설득할 수 없는 비겁자들이 있다는 것을 보면 씁쓸하다. 비참한 것이 바로 이거야.

　　우리가 할 수 있는 일을 하도록 하자. 그리고 그 나머지는 체념하도록 하자. 나는 이곳에서 유배당한 자 같은 느낌이 든다. 그 결과 난 대학에서 거의 완전히 은퇴한 것 같은 기분이다. 이와 같은 광경을 대학에서 본다는 것은 정말 고통스러운 일이다.[190]

시민의 권리 옹호를 위한 리그는 1898년 2월 20일에 상원의원 뤼도빅 트라리외의 주도하에 창설된다. "아직 설익은 리그의 회원"[191]이었던 뒤르켐은 동료들의 "소인배 의식과 비겁함"에 주저하지 않고 맞섰고, 이 새로운 조직을 위해 많은 사람들을 섭외했으며, 이 조직의 보르도 지부 사무장 역을 맡기도 했다. 지적으로, 도덕적으로 권태로워진 뒤르켐은 셀레스탱 부글레에게 "가장 슬픈 겨울을 보냈다."고 고백하고 있다.

　　[……] 이 모든 개탄스러운 사건들, 이 사건들로 인해 우리가 우리의 도덕적 고립 상태에 대해 느끼는 기분, 그처럼 많은 사람들이 보여주는 비겁함에 대한 구역질나는 광경 등, 이 모든 것이 내가 용감하게 행동하는 것에 정당한 이유를 제공해주고 있고, 적어도 내 행동에 긴장감을 주고 있네. 보르도의 상황은, 물론 대학의 상황을 말하는 거네만, 이와 같은 결과에 상당 부분 기여하고 있네. 나는 단지 동료 교수인 아믈랭과 총장하고만 사태의 추이에 대해 의논하면서 힘을 얻고 있을 뿐이네. 몇몇 다른 회원들을 섭외하긴 했네만, 그들과는 결국 부분적으로만

의견이 일치할 뿐이네. 이와 같은 상황에서는 결국 자기 내부에 칩거하게 되고, 또 그렇게 하면서 자신 있게 행동을 하지 못하게 되네.

하지만 나는 그래도 낙관하네. 오직 다시 털고 일어서야 한다고만 생각하네. 더 이상 고독이라는 이 견딜 수 없는 감정을 가지지 않게 되는 순간부터 비로소 문제의 글을 쓰기 위한 힘을 회복할 수 있을 걸세. 요약하자면 결국 내가 다루고자 하는 주제는 '지식인들의 개인주의'네. 바로 거기에 모든 문제가 있는 것으로 보이네. 무엇을 하든지 간에 개인주의는 우리의 유일한 집단적 목표라는 사실을 밝혀야 할 걸세. 개인주의는 인간들을 해산시키기는커녕 오히려 그들을 한데 모을 수 있는 유일한 중심이라는 사실을 말이네. [……][192]

결국 뒤르켐은 이렇게 해서 정치적 요구가 아니라 도덕적 요구의 명목으로, 또한 유대인으로서가 아니라 모든 사람을 위한 투쟁의 전선에 들어서게 된 것이다.[193] 그 자신이 적고 있는 것처럼 뒤르켐의 주된 관심사는 "우리가 물려받은 도덕적 유산을 구하는 것"[194]이었다.

사회주의자들은 드레퓌스 사건에 드러내놓고 관여하는 것을 망설였다. 한번은 조레스에 의해 소집되었던 자들 가운데 몇몇은, 예컨대 가브리엘 드빌 같은 자는 『르 드브니르 소시알』지에서 다음과 같은 질문을 던지고 있다. "정치 정당으로서 사회당은 드레퓌스의 무고함에 대해 발언을 해야 하는가, 그리고 그를 위해 캠페인을 해야 하는가? 나로 말할 것 같으면, 나는 과거에도 그랬고, 지금도 여전히 '아니다'라고 생각한다. 그렇게 해야만 했고, 또 그렇게 하는 것이 드레퓌스의 무고함에 대해 개인적으로 확신을 가진 당원들의 견해다."[195] "조국을 배반했다는 이유로 형을 받은 한 명의 부유한 대위가 관련된 사건과 부당하게 비참함에 처해진 프롤레타리아 사이에 대체 어떤 이해관계가 있는가를 이해하지 못한" 샤를로 라포르트는 드레퓌스와 졸라를 위한 청원서에 서명하는 것을 거절하기도 했다.[196]

마르셀 모스는 레이드와 옥스퍼드로부터 "격렬한 싸움 없이 피도 흘리지 않으면서 진행되고 있는 이 놀라운 내전(內戰), 하지만 아주 뜨거운 정열 속에서 진행되어 사람들을 지치게 하고, 슬픔과 고통과 분노 때문에 힘들어하게 하는"[197] 이 사건을 주의 깊게 관찰하고 있었다. 모스는 드레퓌스 사건으로 인해 몹시 서글펐다. 모스는 위베르에게 이렇게 쓰고 있다. "조국을 생각한다는 것은 결코 위안이 되는 일이 아니네. [……] 프랑스를 뒤덮고 있는 도덕적 안개는 조국의 아름다움을 잊게 하네."[198] 모스는 또한 다음과 같이 분개하기도 했다. "프랑스에 관련되는 일에 대해서는 역겨움 대신 반감이 앞서네."[199] 모스의 친구, 삼촌, 어머니 등이 이 사건의 진행을 그에게 알려줬다.

「희생의 본질과 기능에 대한 시론」의 집필이 한창 진행되는 과정에서 모스는 이 글의 결론에서 '조국을 위한 희생'이라는 문제를 다루고 싶다고 주장하기도 했다. 가령 군복무를 통해 제도화된 것과 같은 희생을 말이다. 자신들의 연구에 정치적 차원을 부여하는 것을 분명하게 거절하긴 했지만, 그럼에도 위베르와 모스는 어쨌든 개인주의와 이타주의 사이의 중간 영역을 지지하는 입장을 견지했다. 그들은 그 어떤 경우에도 개인은 조국을 위해 완전히 자기 자신을 희생하면서 자기 자신을 지울 수는 없다는 사실을 고려하고 있다. 달리 말하자면 세속적이고 공화적인 새로운 도덕에 대한 옹호가 반드시 자기희생, '시민적 헌신'으로 이어질 필요는 없다는 사실 말이다. 이제 위베르와 모스가 자발적으로 국가의 존재 이유라는 제단 위에서 ── 비록 공화적인 존재 이유라 하더라도 ── 자기 자신의 완전한 희생에 반대한 한 무고한 자의 입장을 지지했다는 것은 그리 놀라운 일이 못된다.

몇 년 뒤에 모스는 이 모든 "소요와 격분" 속에 "정복적이고, 투쟁적이며, 민족주의적인 광기"의 징후가 있음을 봤다. 이와 같은 징후는 그 당시에 수많은 유럽의 민주주의 정체 속에서 나타나고 있었다.

프랑스에서 사태가 발생한 2년 후에 영국이 바로 그와 같은 민족주의적 광기에 휩싸였다. 하지만 프랑스에서는 이 민족주의가 반유대주의와 맞물리면서 복잡해졌고, 또한 독일에서와 마찬가지로 프티부르주아 계급과 반동주의적 특권 계급의 사상을 발전시키는 결과를 가져왔다. 이와는 달리 영국에서는 민족주의가 정치적이고 투사적인 귀족계급, 국민들을 약탈하는 돈 많은 자들의 작품이었다. 이와 같은 점을 제외한다면 민족주의는 어디에서든지 부르주아의 본질에 해당하는 것 같다.[200]

그리고 모스는 다음과 같은 결론을 내리고 있다.

우리는 지금 이 순간 사회혁명에 의해 파괴되고야 말 사회 형태의 최종 단계에 와 있다.[201]

1부 주석

서문

1. Georges Condominas, "Marcel Mauss, père de l'ethonographie française", 1. "À l'ombre de Durkheim", *Critique*, t. XXVIII, n° 297, février 1972, p. 118-119; 2. "Naissance de l'ethnologie religieuse", *Critique*, t. XXVIII, n° 301, juin 1972, p. 487-504.

2. Victor Karady, "Naissance de l'ethnologie universitaire", *L'Arc*, n° 48(*Marcel Mauss*), 1972, p. 40.

3. Claude Lévi-Strauss, "Introduction à l'œuvre de Marcel Mauss"(1950), *in* Marcel Mauss, *Sociologie et anthropologie*, Paris, PUF, 2ᵉ édition, 1966, p. XXIV.

4. Georges Gurvitch, "Avertissement"(1950), *in* Marcel Mauss, *Sociologie et anthrpoplogie*, 앞의 책, p. VIII. 귀르비치는 이렇게 적고 있다. "명백히 모스의 전집 간행은 절대적으로 필요한 일이다."(Georges Gurvitch, "Nécrologie. Marcel Mauss", *Revue de métaphysique et de morale*, 55ᵉ année, t. 2, avril-juin 1950, p. 2.)

5. Victor Karady, "Présentation de l'édition", *in* Marcel Mauss, *Œuvres*, t. 1, Paris, Éditions de Minuit, 1968, p. VII.

6. 클로드 레비스트로스의 "Introduction à l'œuvre de Marcel Mauss"와 조르주 귀르비치의 "Avertissement"에 이어 『사회학과 인류학』에는 다음과 같은 글들이 포함되어 있다. "Esquisse d'une théorie générale de la magie"(1903), "Essai sur le don"(1925), "Rapports réels et pratiques de la psychologie et de la sociologie"(1924), "Effet physique chez l'individu de l'idée de mort suggérée par la collectivité"(1926), "La notion de personne"(1938), "Les techniques du corps"(1934), "Essai sur les variations des sociétés Eskimos"(1905).

7. Jean Cazeneuve, *Mauss*, Paris, PUF, 1968. "Étude de la vie et de l'œuvre de Mauss"라는 글에 이어 모스의 여러 발췌문들이 실려 있다. 또한 장 카즈뇌브는 같은 해(Paris, PUF, 1968)에 출간된 『마르셀 모스의 사회학』의 저자이기도 하다.

8. Paris, Éditions de Minuit, t. 1, 1968, t. 2 & 3, 1969. 1971년에는 이 세 권에 실린 글들의 선집이 『사회학 개론』이라는 제목 하에 포켓판으로 출판되었다.(Paris, Éditions de Seuil, collection, Points, 1971.)

우리가 이 책의 집필을 위해 행한 조사를 통해 빅토르 카라디의 아주 주의 깊은 눈에 띄지 않은 모스의 몇몇 글들을 찾아낼 수 있었다. 가령 1896년에 모스가 『종교사 잡지』에 실렸던 첫 번째 서평, 한 독일 잡지에 실렸던 『사회학 연보』 제1호에 대한 서평, 『사회과학 백과사전 Encyclopedia of Social Sciences』에 실렸던 앙리 위베르를 기리는 추도문, 『르 포퓔레르』 지에 실렸던 프랑수아 시미앙을 기리는 추도문 등이 그것이다. 부록에 있는 마르셀 모스의 저작에 대한 참고서지를 볼 것.

9. Denis Hollier, "Ethnologie et sociologie. Sociologie et socialisme", *L'Arc*, 앞의 책, p. 1.

10. Henri Lévy-Bruhl, "Nécrologie. Marcel Mauss", *Journal de psychologie normale et pathologique*, 43, 1950, p. 318.

11. Henri Lévy-Bruhl, "In Memoriam. Marcel Mauss", *L'Année sociologique*, 3e série(1948-1949), Paris, PUF, 1951, p. 1. 이 추도문은 선 채로 손에 든 책을 읽고 있는 모스의 모습을 찍은 사진과 같이 실려 있다.

12. 위의 책, p. 2.

13. 스티븐 룩스가 『사회과학 국제백과사전 International Encyclopedia of Social Sciences』(Macmillan Co & The Free Press, 1968, vol. 10, p. 78-82)에 마르셀 모스에 대한 짧은 전기를 실었다. 빅토르 카라디의 훌륭한 「판본 소개」라는 글에 상당히 많은 전기적 정보가 포함되어 있다.(In Marcel Mauss, *Œuvres*, t. 1, 앞의 책, p. I-LIII.)

14. Marcel Mauss, "L'œuvre de Mauss par lui-même"(1930), *Revue française de sociologie*, vol. XX, n° 1, janvier-mars 1979, p. 209-220.

15. 1938년 코펜하겐에서 개최된 인류학과 민족지학 국제학술대회에서 모스는 「사회적 사실과 성격 형성」이라는 제목의 발표에서 다음과 같이 지적하고 있다. "[……] 각각의 개체-인간의 경우에는 어떤 경우에도, 그리고 분명 고등동물의 경우에는 최소한으로-는 고유한 행동을 가지고 있습니다. 능력, 습관, 기질, 신체적이고 정신적인 힘의 총체가 그것입니다. 이 총체가 특별한 것은, 단지 인간이 직립 자세에서만 다른 동물과 구분되기 때문만이 아니라, 또한 그 자신이 중심이 되는 일련의 행동이 시간과 공간 속에서의 전체이기 때문이기도 합니다. 저는 하나의 전체, 그것도 유기적인 전체를 말했지, 단순한 총합을 말한 것이 아닙니다. 그 까닭은 이렇습니다. 비록 마르셀 모스라는 사람이 단지 이런저런 시간에 발생하고 또 발생하게 될 심리적, 생리적 사건들의 통합, 전체일 뿐이라고 하더라도, 이와 같은 통합은 결국 대수학적 사건들의 총합 이상의 다른 것, 혹은 사건들의 진행 과정의 한계이기 때문입니다. [판독 불가] 생체학을 통해 한 명의 개인을 확인할 수 있는 것과 마찬가지로, 사람들은 모스라는 사람의 성격, 즉 여러분들 앞에서 현재의 제가 되고자 노력하는 이 사람의 성격 형성에 일조할 수 있을 것입니다. 바로 이것을 일군의 소설가들은 잘 알고 있습니다. 특히 프루스트와 같은 분석 소설가들이 말입니다."(Marcel Mauss, "Fait social et formation du caractère", 인류학과 민족지학 세계대회 발표문, 코펜하겐, 1938, p. 3, 원고지, 위베르-모스 자료함, 콜레주 드 프랑스 기록보관실.)

16. "내 생각에 모스는 자신의 글들을 집필했던 시대와 상황을 고려하지 않은 채 연구하는데 동의하지 않을 것 같다. 이런 의미에서 모스는 구조주의자라고 할 수 있다. 훌륭한 문헌학자로서 [……] 모스는 단어 하나하나를 그 문맥에서 연구하고 있다."(André-Georges Haudricourt, "Souvenirs personnels", *L'Arc*, 앞의 책, p. 89.)

17. Marcel Mauss, "L'œuvre sociologique et anthropologique de Frazer", in *Europe*, 17, 1928(Marcel Mauss, *Œuvres*, t. 3, Paris, Éditions de Minuit, 1969, p. 532.)

18. 마르크 블로크의 『기적을 행하는 왕들 *Les Rois thaumaturges*』(1983)의 재판 서문을 쓴 자크 르 고프와 『사회주의에서 증여로』(*L'Arc*, 앞의 책, p. 41)라는 짧은 글을 쓴 피에르 비르봄 등과 같은 자들은 모스를 뒤르켐의 "제자이자 사위로" 간주하는 실수를 저지르고 있다. 이와 같은 실수는 아마도 많은 프랑스 지식인들의 가정에서 후계자가 주로 사위였던 사실에 의해 설명된다. 가령 『사회학 연보』의 협력자들 중 한 명이었던 조르주 다비는 뒤르켐의 딸과 결혼하려고 바라지 않았던가?

19. Marcel Mauss, "L'œuvre de Mauss par lui-même", 앞의 책, p. 209.

20. 콜레주 드 프랑스 기록보관실에 기증된 모스의 개인 자료들에는 아주 많은 양의 편지 – 그 가운데 500여 통 이상은 뒤르켐이 조카에게 쓴 것이다– 가 포함되어 있다.

21. Georges Condominas, "Marcel Mauss, père de l'ethnographie française", 앞의 책.

22. Victor Karady, "Présentation de l'édition", 앞의 책, p. V.

23. "Marcel Mauss Transcript"(Entretien de Marcel Mauss avec Earle Edward Eubank) (1934), *in* Dirk Käsler, *Sociological Adventures, Earle Edward Eubank's Visits with European Sociologists*, New Brunswick, Transaction Publishers, 1991, p. 145.

24. Maurice Halbwachs, "La méthodologie de François Simiand. Un empiriste rationaliste", *Revue philosophique*, 1936, p. 281-369를 볼 것.

25. Victor Karady, "Présentation de l'édition", 앞의 책, p. XXXVII.

26. 위의 책, p. XVI.

27. Maurice Leenhardt, "Marcel Mauss(1872-1950)", in *Annulaire de l'École pratique des hautes études*, section des sciences religieuses, Melun, 1950, p. 23. "이론가, 한 학파의 지도자로서 모스가 실패"했다고 말하는 사람은 없다.(Victor Karady, "Naissance de l'ethnologie universitaire", *L'Arc*, 앞의 책, p. 40.) 또는 그 누구도 모스가 "사회적 사실에 대한 이론을 정립했다기보다는 직관"을 가졌다는 사실을 유감스럽게 생각하지 않았다.(Maurice Merleau-Ponty, "De Mauss à Claude Lévi-Strauss", in *Signes*, Paris, Gallimard, 1960, p. 145.)

28. Jean Cazeneuve, *Mauss*, Paris, PUF, 1968, p. II.

29. 우리는 캐나다 사회과학 연구위원회에서 지원금을 받았다.

30. 이와 같은 지적을 했던 레나크는 자기 여자 친구였던 리안 드 푸기에게 다음과 같은 내용의 편지를 쓰고 있다. "언젠가 당신이 S. R.[살로몽 레나크]에게 보낸 편지들을 읽게 되는 자들은 그 어조가 아니라 길이가 변했다는 사실을 단언하게 될 겁니다. 당신은 최

소한 손에 펜을 쥔 경우 당신 자신을 너무도 완벽하게 통제해서, 그 결과 당신의 그 어쩔 수 없는 불안함이 날짜가 적힌 이 종이 위에 뚜렷한 흔적을 남기지 않고 있습니다. 어쩌면 바로 이것이 편지들을 가지고 역사를 기술해서는 안 된다는 증거일 겁니다. 적어도 전체 역사를 말입니다. 길 위의 조약돌은 드물게 눈에 띄는 법이며, 울퉁불퉁함은 완전히 없어지지 않을지라도 점차 평평하게 되는 법입니다."(Lettre de Salomon Reinach à Liane de Pougy, Noël 1921, *in* Max Jacob & Salomon Reinach, *Lettres à Liane de Pougy*, Paris, Plon, 1980, p. 174-175.)

31.   Henri Lévy-Bruhl, "Marcel Mauss", 앞의 책, p. 320.
32.   프랑스 대학출판사에서 출간될 예정이다.

감사의 말

1.   사망.
2.   사망.
3.   사망.
4.   사망.
5.   사망

1부 뒤르켐의 조카

1장 에피날, 보르도, 파리

1.   Marcel Mauss, "Sylvain Lévi"(1935), *in* Marcel Mauss, *Œuvres*, Paris, Éditions de Minuit, t. 3, p. 537.

2.   Raymond Lenoir, "Marcel Mauss, son cours, son œuvre", *Revue de synthèse*, 1950, p. 103.

3.   Henri Lévi-Bruhl, "In Memoriam. M. Mauss", *L'Année sociologique*, 3e série 1951, p. 1.

4.   모스라는 성(姓)의 기원에 대해서는 또 다른 두 가지 가설이 있다. 첫 번째 가설에 의하면, 모스라는 성이 모쉬(Mosche)(프랑스어로 모세(Moïse)에서 유래했다는 것이다. 모쉬(Mosche)가 모세(Moushe)가 되었고, 마지막으로 모스(Maus)가 되었다는 것이다. 두 번째 가설은 프랑스 국립연구센터(CNRS) 소속 알렉상드르 데르츠장스키가 사실인 듯하다고 여기는 가설이다. 이 두 번째 가설에 의하면, 모스(Maus)는 모케르(Maukher: 판매인)라는 단어의 첫 세 글자와 스포림(Sforim: 책)이라는 단어의 첫 번째 글자로 구성된 합성어라는 것이다. 그래서 모스(Maus)라는 단어는 책판매인, 서점 등의 의미를

가진다는 것이다. 모스(Mauss)에서 두 번째 's'의 첨가는 시청 서기의 무지거나, 아니면 짓궂은 생각의 결과로 설명될 수 있을 것이다. 여기에 적힌 이야기가 사실이 아니라면…….

5. 콜레주 드 프랑스 기록보관실, C-XV Marcel Mauss, 27A.

6. [역주] 아텡(Hatten)은 바 랭(Bas-Rhin) 도(道)에 속해있다. 그런데 원서에는 오랭(Haut-Rhin) 도(道)로 되어 있다. 원저자도 따로 주를 달지 않아 단순한 인쇄 오류로 보이지만, 그대로 옮긴다.

7. 로진 모스가 마르셀 모스에게 보낸 편지, 1894년 12월 4일.

8. Steven Lukes, *Emile Durkheim, His Life and Work*, New York, Harper and Row, 1972, p. 39.

9. 로진 모스가 마르셀 모스에게 보낸 편지, 에피날, 1897년 11월 10일.

10. 1895년 9월 1일 창단된 뷔상(보주 지방)의 민중극단은 "프랑스에서 그 명칭으로 창단된 첫 번째 극단"으로 소개되었다. 또한 이 극단은 "민중극단의 재건을 가져온 이와 유사한 시도들의 모델"로 소용되기도 했다. 1899년 여름에 배포된 한 선전 책자에서 다음과 같은 내용을 읽을 수 있다. "민중 전체에 헌정된 이 극단은 모든 시민들을 계급과 재산의 차별 없이 연극 축제에 초대한다. 이 극단에서 상연되는 모든 작품은 가장 비천한 사람들은 물론이고 교양 있는 사람들에게도 개방된다. 이 극단은 이 모든 사람들에게 즐거움과 교훈을 주게 될 것이다." "모든 사회 계층을 망라한 민중 배우들"의 손에 의해 1895년과 1899년 사이에 이 뷔상의 민중극단에 의해 공연되었던 작품들의 저자는 모리스 포테쉐르였다. 그 주요 작품들의 제목은 다음과 같다. 『악덕 술장수 *Le Diable marchand de goutte*』(민중극), 『모르트빌 *Morteville*』(같은 작가의 작품), 『크리스마스 저녁 *La Soirée du Noël*』(리샤르 오브레와 같이 쓴 농촌풍의 소극), 『자유 *Liberté*』(비극), 『성림 강림축일의 월요일 *Le Lundi de la Pentecôte*』(희극), 『각자가 자기 보물을 찾는다 *Chacun cherche son trésor*』(마법사의 이야기) 등이 그것이다.

11. "친애하는 시민 조레스"에게라는 제목의 편지에서 모스는 이렇게 쓰고 있다. "파업 중에 있는 동지들(약 4,000명)은 신문에서 자신들에 대한 기사를 보게 되면 아주 흐뭇해 할 것입니다. 곧 파리로 돌아가게 될 저는, 비록 감기에 걸리고 지쳐 있기는 하지만, 최선을 다하고 또 그들을 보러 가기러 결심했습니다. 적어도 그렇게 하는 것이 유용하다면 말입니다."(마르셀 모스가 장 조레스에게 보낸 편지, 1906년 10월 16일.)

12. Marcel Mauss, "La mutualité patronale", *L'Humanité*, 1905년 5월 16일, p. 1.

13. 에밀 뒤르켐이 루이 리아르에게 보낸 편지, 보르도, 1893년 12월 5일, in *Revue française de sociologie*, vol. XX, n° 1, 1979년 1-3월, p. 114.

14. "모스는 「신체의 기술」에 대한 자신의 논문에서 다음과 같이 말하면서, 그에게 영향을 줬던 고등학교 1학년 때 선생님의 말씀을 참고하고 있다. "이런 동물 같으니. 너는 항상 네 큰 손을 벌리고 있구나."(Marcel Mauss, "Les techniques du corps" [1936], in Marcel Mauss, *Sociologie et anthropologie*, Paris, PUF, 1966, p. 368.)

15. Émile Durkheim, "Contribution à l'enquête sur la guerre et le militarisme"(1899), *in* Émile Durkheim, *Textes*, t. 2, Paris, Éditions de Minuit, 1975, p. 160-161.

16. Henri Lévi-Brhul, "In Memoriam. M. Mauss", 앞의 책, p. 1.

17. Michael Graetz, *Les Juifs en France au XIXᵉ siècle*, Paris, Éditions du Seuil, 1898, p. 64.

18. Paris, Charpentier, 1886.

19. Freddy Raphaël, Robert Weyl, *Juifs en Alsace*, Toulouse, Privat, p. 408-409.

20. Reybell, "Le socialisme et la question de l'Alsace-Lorraine", *La Revue socialiste*, n° 229, janvier 1904, p. 88.

21. Émile Durkheim, "Contribution à H. Dogan. *Enquêtes sur l'antisémitisme*"(1899), in Émile Durkheim, *Textes*, t. 2, 앞의 책, p. 252-253.

22. Michael Graetz, *Les Juifs en France au XIXᵉ siècle*, 앞의 책, p. 432.

23. Émile Durkheim, *Le Suicide, étude de sociologie*(1897), Paris, PUF, 1975, p. 159-160.

24. 위의 책, p. 159.

25. Jean-Claude Filloux, *Durkheim et le socialisme*, Genève, Droz, 1977, p. 8.

26. Georges Davy, "Durkheim, voie nouvelle ouverte à la science de l'homme"(1960), *in* G. Davy, *L'Homme, le Fait social et le Fait politique*, Paris, Mouton, 1973, p. 또한 Georges Davy, "Émile Durkheim", in *Annuaire de l'Association amicale des anciens élèves de l'École normale supérieure*, 1919, p. 65를 볼 것.

27. Célestin Bouglé, "É. Durkheim", *Encyclopedia of Social Sciences*, vol. 5, 1930, p. 28.

28. Étienne Halphen, "Préface", in *Durkheim, cent ans de sociologie à Bordeaux*, Bordeaux, 1987, p. 7.

29. Jean-Claude Filloux, *Durkheim et le socialisme*, 앞의 책, p. 8.

30. Dominick La Capra, *É. Durkheim, Sociologist and Philosopher*, Ithaca, Cornell University Press, 1972, p. 28.

31. Étienne Halphen, "Préface", 앞의 책, p. 6.

32. Émile Durkheim, Note critique de M. Guyau, *L'Irréligion de l'avenir*(1887), *in* Émile Durkheim, *Textes*, t. 2, 앞의 책, p. 160.

33. Bernard Lacroix, *Durkheim et le politique*, Paris, Presses de la Fondation des sciences politiques, 1981.

34. Hubert Bourgin, *De Jaurès à Léon Blum, l'École normale et la politique*, Paris, Librairie Athème Fayard, 1938, p. 217.

35. Célestin Bouglé, "Émile Durkheim", 앞의 책, p. 291.

36. Xavier Léon, "Durkheim", *Revue de métaphysique et de morale*, XXVI, n° 6, 1917, 앞의 책, p. 749.

37. Hubert Bourgin, *De Jaurès à Léon Blum*, p. 217.

38. 실뱅 레비가 마르셀 모스에게 보낸 편지, 1917년 2월 17일.

39. Georges Davy, "Durkheim, voie nouvelle à la science de l'homme", 앞의 책, p. 17.

40. 마리 모스와의 대담, 파리, 1989년 3월 1일.

41. 제르송 모스가 마르셀 모스에게 보낸 편지, 에피날, 1894년 11월 8일.

42. 마르셀 모스가 막심 르루아에게 보낸 편지, 1941년 3월 4일.

43. Marcel Mauss, "Critique interne de la légende d'Abraham"(1926), in Marcel Mauss, *Œuvres*, t. 2, Paris, Éditions de Minuit, 1969, p. 532, note 13.

44. Steven Lukes, "Marcel Mauss", *International Encyclopedia of Social Sciences*, New York, MacMillan & Free Press, vol. 10, 1968, p. 78-82.

45. Victor Karady, "Présentation de l'édition", in Marcel Mauss, *Œuvres*, t. 1, Paris, Éditions de Minuit, 1968, p. XIX.

46. 에밀 뒤르켐이 마르셀 모스에게 보낸 편지, 날짜 없음 [1899년].

47. "로진 모스가 마르셀 모스에게 보낸 편지, 1904년 3월 2일. [역주] 유대인이 유월절에 지켜야 하는 엄격한 식사 예법 때문이다.

48. 마르셀 모스가 앙리 위베르에게 보낸 편지, 날짜 없음.

49. 로진 모스가 마르셀 모스에게 보낸 편지, 에피날, 1899년 3월 3일.

50. 로진 모스가 마르셀 모스에게 보낸 편지, 에피날, 1898년 4월 6일.

51. 마르셀 모스가 앙리 위베르에게 보낸 편지, 날짜 없음 [1902년].

52. Émile Durkheim, *Le Suicide* (1897), 앞의 책, p. 169-170.

53. Marcelle Hertzog-Cachin, *Regards sur la vie de Marcel Cachin*, Paris, Éditions sociales, 1980, p. 26.

54. Steven Lukes, *Durkheim, His Life and Work*, chap. 2, 앞의 책, p. 44-45.

55. Marcel Mauss, "Théodule Ribot et les sociologues"(1939), *in* Marcel Mauss, *Œuvres*, t. 3, Éditions de Minuit, 1969, p. 566.

56. Marcel Mauss, "Introduction", in Émile Durkheim, *Le Socialisme*(1928), *in* Marcel Mauss, *Œuvres*, t. 3, 앞의 책, p. 506.

57. Émile Durkheim, "La science positive de la morale en Allemagne"(1887), *in* Émile Durkheim, *Textes*, t. 1, Paris, Éditions de Minuit, 1975, p. 342-343.

58. Christophe Charle, "Le beau mariage d'Émile Durkheim", *Actes de la recherche en sciences sociales*, n° 55, 1974, p. 44-49.

59. Marcel Mauss, "Notices nécrologiques"(1927), *in* Marcel Mauss, *Œuvres*, t. 3, 앞의 책, p. 523-524.

60. Georges Davy, "Émile Durkheim", 앞의 책, p. 65.

61. Marcel Mauss, "L'œuvre inédite de Durkheim et de ses collaborateurs"(1925), *in* Marcel Mauss, *Œuvres*, t. 3, 앞의 책, p. 473-499.

62. Jean-Claude Filloux, *Durkheim et le socialisme*, 앞의 책, p. 34.

63. Marcel Mauss, "L'œuvre inédite de Durkheim et de ses collaborateurs"(1925), 앞의 책, p. 483-484.

64. Émile Durkheim, "Préface à la première édition", *De la division du travail social*(1893), Paris, PUF, 1960, p. XXXIV.

65. Émile Durkheim, *De la division du travail social*, p. 406. 제2판(1902) 서문에서 뒤르켐은 직업 집단에 의지하는 경제생활의 개혁을 옹호하는 입장을 취하고 있다.

66. 『철학 잡지 *Revue philosophique*』(1893)에 실린 뤼시엥 뮐펠트의 논평은 필립 베나르, 마시노 보를랑디, 폴 보그트(편찬자)에 의해 집필된 『노동분업과 사회유대』(Paris, PUF, 1993, p. 2)의 서문에 인용되고 있다.

67. Léon Brunschvicg & Élie Halévy, "L'année philosophique 1893", *Revue de métaphysique et de morale*, 1896, p. 565-566.

68. Charles Andler, "Sociologie et philosophie", *Revue de métaphysique et de morale*, 1896, p. 245. 사회학에 대한 앙들레르의 비판에 대한 응수는 셀레스탱 부글레가 하게 된다. 이를 위해 부글레는 사회적 사실들의 성격 문제에 대한 뒤르켐의 논지의 상당 부분을 이용하고 있다.(Céléstin Bouglé, "Sociologie, psychologie et histoire", *Revue de métaphysique et de morale*, 1896, p. 362.)

69. Marcel Mauss, "L'œuvre de Mauss par lui-même"(1930), *Revue française de sociologie*, XX, 1, janvier-mars 1979, p. 210.

70. 에밀 뒤르켐이 마르셀 모스에게 보낸 편지, 보르도, 날짜 없음 [1897년].

71. 뒤르켐과 그의 비판에 대해서는 Steven Lukes, *Durkheim, His Life and Work*, 앞의 책, p. 497 이하를 볼 것.

72. Marcel Mauss, "Introduction", *in* Émile Durkheim, *Le Socialisme*(1928), 앞의 책, p. 28-29.

73. Marcel Mauss, "Sylvain Lévi"(1935), *in* Marcel Mauss, *Œuvres*, t. 3, 1969, 앞의 책, p. 344.

74. 에밀 뒤르켐이 마르셀 모스에게 보낸 편지, 날짜 없음 [1899년].

75. Dominick La Capra, *É. Durkheim. Sociologist and Philosopher*, 앞의 책, p. 1. 게다가 이것은 모스의 저서를 분석한 모든 사람들이 폭넓게 공유했던 관점이기도 하다. "프랑스 민족지학의 아버지"인 모스에게 할애된 긴 연구에 「뒤르켐의 그늘에서」라는 부제를 붙이면서 조르주 콩도니마는 이렇게 쓰고 있다. "14세 연상이었던 뒤르켐이 모스에게 커다란 영향을 미치게 되고 그의 소명과 지적 여정을 결정하게 된다."(Georges Condominas, "Marcel Mauss, père de l'ethnographie française", *Critique*, no 297, février 1972, p. 121.)

76. "Constatation de services", Ministère de la Guerre, 12 octobre 1931.(Services historique de l'armée de terre, 141443/N num. 15/26.) 모스는 1892년 모집병(n° 864)에 속했다.

77. G. Delprat, "L'enseignement sociologique à l'université de Bordeaux", *Revue philomatique de Bordeaux et du Sud-Est*, août 1900, p. 357.

78. Marcel Mauss, "In Memoriam. L'œuvre inédite de Durkheim et de ses collaborateurs"

(1925), 앞의 책, p. 486.

79. Marcel Mauss, "In Memoriam. L'œuvre inédite de Durkheim et de ses collaborateurs" (1925), 앞의 책, p. 484~485.

80. Steven Lukes, *Durkheim, His Life and Work*, 앞의 책, p. 617~618.

81. Marcel Mauss, "In Memoriam. L'œuvre inédite de Durkheim et de ses collaborateurs" (1925), 앞의 책, p. 486.

82. 에밀 뒤르켐이 마르셀 모스에게 보낸 편지, 날짜 없음 [1898년].

83. Marcel Mauss, "Introduction"(1935), *in* Émile Durkheim, "Morale civique et professionnelle"(1937), *in* Marcel Mauss, *Œuvres*, t. 3, 앞의 책, p. 502.

84. 위의 책, p. 503.

85. Marcel Mauss, "L'Œuvre de Mauss par lui-même", 앞의 책, p. 210.

86. 모스는 이 시기부터 몇몇 독서 메모("스토아주의자들의 논리", "말브랑슈 혹은 영국 철학의 역사")와 강의록을 작성하고 간직했다. 특히 모스가 작성한 강의록에는 "라이프니츠와 인식론"(1892년 1월~5월), "방법론"(1894년 2월), "데카르트"(날짜 없음)에 대한 아믈랭의 강의, "물질과 실재"에 대한 카셍의 강의, "감정의 진화"(1893년 1월~1894년 5월, 100쪽 이상)에 대한 에스피나의 강의, "철학사"(날짜 없음, 200쪽 이상)에 대한 미야르의 강의, 뒤프라의 강연, "도덕"과 "애국주의" 등에 대한 뒤르켐의 강의에 대한 요약과 정리가 들어 있다.

87. Hubert Bourgin, *De Jaurès à Léon Blum*, 앞의 책, p. 90.

88. Georges Davy, "L'Œuvre d'Espinas", *Revue philosophique*, t. 96, 1923, p. 264.

89. Daniel Essetier, *Philosophes et savants français au XXᵉ siècle*, t. 5, *La Sociologie*, Paris, Librairie Félix Alcan, 1930, p. 4.

90. Alfred Espinas, "Être ou ne pas être ou du postulat de la sociologie", *Revue philosophique*, II, 1901, p. 449.

91. Alfred Espinas, "Les études sociologiques en France", *Revue philosophique*, XIV, 1882, p. 366.

92. Marcel Mauss, "Théodule Ribot et les sociologues"(1939), *in* Marcel Mauss, *Œuvres*, t. 3, 1969, 앞의 책, p. 566.

93. 모스는 이 저서에 대해 "이 저서가 여전히 가치를 가지고 있다."고 말하고 있다. 하지만 모스는 에스피나에게 그의 사유를 충분히 전개시키지도 못했고, 또 그의 연구를 충분히 심화시키지도 못했다고 비판하고 있다. 하지만 모스는 "옛 스승이 연구 방향을 제대로 잡았다."고 덧붙이고 있다.(Marcel Mauss, "Les techniques et la technologie", 1941, 앞의 책, *in* Marcel Mauss, *Œuvres*, t. 3, 1969, p. 252.)

94. Georges Davy, "L'Œuvre d'Espinas", 앞의 책, p. 265.

95. Hubert Bourgin, *De Jaurès à Léon Blum*, 앞의 책, p. 91.

96. 에밀 뒤르켐이 마르셀 모스에게 보낸 편지, 보르도, 날짜 없음.

97. 알프레드 에스피나가 마르셀 모스에게 보낸 편지, 날짜 없음 [1898년].

98. 알프레드 에스피나가 마르셀 모스에게 보낸 편지, 1898년 6월 6일.

99. Émile Durkheim, "Nécrologie d'Octave Hamelin", *Le Temps*, 18 septembre 1907, *in* Émile Durkheim, *Textes*, t. 1, 앞의 책, p. 428.

100. Émile Durkheim, "Préface", in Octave Hamelin, *Le Système de Descartes* (1911), *in* Émile Durkheim, *Textes*, t. 1, 앞의 책, p. 433.

101. Steven Lukes, *Émile Durkheim, His Life and Work*, 앞의 책, p. 55.

102. Dominique Parodi, "La philosophie d'Octave Hamelin", *Revue de métaphysique et de morale*, t. 29, n° 2, p. 178. 또한 Dominique Parodi, *La Philosophie contemporaine en France, Essai de classification des doctrines*, Paris, Alcan, 1917을 볼 것.

103. 위의 책, p. 182.

104. Dominique Parodi, "La philosophie d'Octave Hamelin", 앞의 책, p. 187.

105. 마르셀 모스가 앙리 위베르에게 보낸 편지, 날짜 없음 [1907년 9월].

106. Jean-Marie Mayeur, *Les Débuts de la IIIe République, 1871−1898*, Paris, Éditions de Seuil, 1973을 볼 것.

107. Marcel Mauss, "Introduction", in Émile Durkheim, *Le Socialisme* (1928), Paris, PUF, 1976, p. 29.

108. Émile Durkheim, "Notes sur la définition du socialisme", *Revue philosophique*, août 1893, *in* Émile Durkheim, *La Science sociale et l'action*, Paris, PUF, 1970, p. 233.

109. 에밀 뒤르켐이 마르셀 모스에게 보낸 편지, 날짜 없음 [1903년].

110. Marcel Mauss, "Introduction", *in* Émile Durkheim, *Le Socialisme* (1928), 앞의 책, p. 507-508.

111. 『라 르뷔 소시알리스트』지는 초기 『사회학 연보』에 실렸던 모든 글에 대한 논평을 실었다. 『사회학 연보』 제3호를 소개했던 샤를르 라포르는 그렇게 논평을 싣는 작업이 "사회과학에 진정한 도움"을 주는 것으로 봤다. "사유하고 행동하는 모든 사람에게 점점 더 필수불가결하게 된" 사회과학에 대해 말이다. 라포르는 "단어의 고유한 의미에서 더 개인적인 분석"과 "모든 진지한 작업에 불가피한 세부사항에 대한 오류뿐만 아니라, 특히 이 작업을 활성화시키는 일반 정신, 그리고 이 작업을 지도하는 주요 사유에 관계된" 비평으로부터 더 많은 것을 기대했다. 하지만 라포르는 『사회학 연보』에 대해 "그 독창적인 분석과 논문들을 통해" 사회학의 "적극적인 발전을 위한 주역"이 되기를 바라고 있다.(Charles Rappoport, 『사회학 연보』, 제3호에 대한 서평, in *La Revue socialiste*, n° 188, août 1900, p. 254.) 귀스타브 루아네에게 "이 논문집은 하나의 제목 이상의 의미를 가지고 있었다. 즉 이 논문집은 사회학에 관련된 새로운 사유와 저서들을 통해 일목요연하게 정리되는 모든 종류의 지식에 아주 소중한 것이었다. 이 논문집은 일종의 연간 색인이었다. 방법론과 역사철학에서의 새로운 이론들, 발견들, 진보들, 사회 형성, 체계, 종교 등에 대한 연간 색인 말이다. 책 출간 전 12개월 동안 사회과학에

대한 아주 다양한 여러 저서들에 대해 사유되고 집필된 모든 것을 알고자 하는 사람에게는 필수불가결한 그런 색인 말이다."(Gustave Rouanet, 『사회학 연보』, 제4호에 대한 서평, in *La Revue socialiste*, n° 198, juin 1901, p. 756.)

112. Émile Durkheim, "L'individualisme et les intellectuels", in *Revue bleue*, 1898, in Émile Durkheim, *La Science sociale et l'action*, p. 270.

113. Émile Durkheim, "L'élite intellectuelle et la démocratie", in *Revue bleue*, 1904, *in* Émile Durkheim, *Textes*, t. 1, 앞의 책, p. 289.

114. Pierre Birnbaum, "Préface", in Émile Durkheim, *Le Socialisme*, 앞의 책, p. 17을 볼 것.

115. Marcel Mauss, "Introduction", in Émile Durkheim, *Le Socialisme*, 앞의 책, p. 29.

116. Marcelle Hertzog-Cachin, *Regards sur la vie de Marcel Cachin*, 앞의 책, p. 38.

117. Marcel Mauss, "Lettre de province. Impression sur l'enquête en Russie", *La Vie socialiste*, 23 septembre 1920, p. 1.

118. G. Bourgeois & Jean Maitron, "Marcel Cachin", *in* Jean Maitron(sous la direction de), *Dictionnaire biographique du mouvement ouvier français*, Paris, Éditions ouvrières, 1984, p. 21.

119. F. 드 [몽시]가 마르셀 모스에게 보낸 편지, 1893년 10월 19일.

120. Marcel Mauss, "Conceptions qui ont précédé la notion de matière"(1939), *in* Marcel Mauss, *Œuvres*, t. 3, 앞의 책, p. 164.

121. 모스가 후일 콜레주 드 프랑스에 제출한 "마르셀 모스 – 시민으로서의 의무"에 이렇게 적혀 있다. "39년 동안의 의무, 아니 옛날 방식으로 장학금을 받은 해를 고려해서 헤아리면 42년의 의무"라고 말이다. 여기에서 모스는 대학교 3학년 과정(1891-1892), 교수자격시험 준비 과정(1893-1894)에 받은 장학금을 암시하고 있다.(Archives du Collège de France, C-XII, Marcel Mauss, 27D.) 여기에 박사과정(1895-1896)에서 받은 장학금을 더해야 할 것이다.

122. 에밀 뒤르켐이 마르셀 모스에게 보낸 편지. 날짜 없음.

123. *Bulletin administratif de l'instruction publique*, n° 1627, 15 septembre 1894.

124. Victor Karady, "Présentation de l'édition", 앞의 책, p. XX.

125. Jean-François Sirinelli, *Génération intellectuelle, Kâgneux et Normaliens dans l'entre-deux-guerres*, Paris, Fayard, 1988, p. 141-142. 1890년과 1902년 사이에 철학 교수자격시험 합격자들 가운데 고등사범학교 출신들의 비율은 약 45%에 해당했다. 마르셀 모스가 교수자격시험에 응시했던 1895년에 이 비율은 25% 정도로 비교적 낮았다.

126. Émile Durkheim, "L'enseignement de la philosophie et l'agrégation de philosophie"(1895), *in* Émile Durkheim, *Textes*, t. 3, 앞의 책, p. 416.

127. 위의 책, p. 421.

128. "Enseignement"(NDLD라고 서명됨), *Revue de métaphysique et de morale*, 1895, p. 232.

이 분쟁에 대해서는 Jean-Louis Fabiani, "Métaphysique, morale, sociologie. Durkheim et le retour à la philosophie", *Revue de métaphysique et de morale*, 98e année, n° 1-2, janvier-juin 1993, p. 175-193을 볼 것.

129. Marcel Mauss, "In Memoriam. L'œuvre inédite de Durkheim et ses collaborateurs"(1925), 앞의 책, p. 482.

130. 에밀 뒤르켐이 마르셀 모스에게 보낸 편지, 보르도, 1894년 6월 18일.

131. 에밀 뒤르켐이 마르셀 모스에게 보낸 편지, 날짜 없음 [1894년].

132. 에밀 뒤르켐이 마르셀 모스에게 보낸 편지, 보르도, 날짜 없음 [1894년].

133. 에밀 뒤르켐이 마르셀 모스에게 보낸 편지, 보르도, 1894년 6월 18일.

134. Marcel Mauss, "Paul Fauconnet" [추도문], 날짜 없음, p. 3. 위베르-모스 자료함, 콜레주 드 프랑스 기록보관실.

135. 에드가르 미요는 이렇게 적고 있다. "포코네는 항상 내용이 어떤 것이든지 간에 매일 책을 읽었다. [……] 또한 그는 매일 연극을 봤다. [……] 세상에서 벌어지고 있는 그 어떤 것도 그에게는 낯설게 보이지 않았다. [……] 그러면서도 그는 역사, 문학, 철학 분야는 물론이거니와 다른 분야의 상을 휩쓸었다. 그리고 2년 동안 학사에서 철학 교수자격시험에 이르기까지 대학과정을 이수했다. [……] 그는 분명 특별한 능력을 타고 태어나 단기간에 어마어마한 분량의 일을 해치웠다. 그는 한 번 보면 그 어떤 것도 놓치지 않는 대단한 기억력을 가졌음에 틀림없다. 그는 완전한 언어 감각을 가지고 태어났으며, 그 누구도 따를 수 없는 연설가의 말솜씨를 가지고 있었다. [……]" 그리고 미요는 다음과 같이 결론을 내리고 있다. "그는 모든 것에 중요성을 부여했다. 우리가 보기에 그는 이성의 화신이었다. [……] 모든 사람들이 약관 20세의 이 젊은이가 가진 사유와 그가 구사하는 말의 권위에 충격을 받았다. 그는 인간이 할 수 있는 모든 경험을 한 것처럼 보였다. 또한 그가 보여주는 임기응변은 그의 지적 능력은 물론이거니와 정확하면서도 완벽한 지식을 보여주는 것이었다."(Marcel Mauss, "Paul Fauconnet", p. 2-3에서 재인용.)

136. 에드가르 미요가 마르셀 모스에게 보낸 편지, 제네바, 1932년 6월 24일.

137. 로진 모스가 마르셀 모스에게 보낸 편지, 에피날, 날짜 없음 [1895년 5월].

138. 로진 모스가 마르셀 모스에게 보낸 편지, 날짜 없음 [1895년 5월].

139. 에밀 뒤르켐이 마르셀 모스에게 보낸 편지, 날짜 없음 [1895년 5월].

140. 모스는 이렇게 결론을 맺고 있다. "우리는 개연론자입니다. 혹은 현대식으로 말하자면, 우리는 [판독 불가] 상대론자입니다. [……] 그렇다고 해서 우리가 회의론자라고 주장하는 것은 아닙니다."(위베르-모스 자료함, 콜레주 드 프랑스 기록보관실.)

141. 마르셀 모스에 대한 교수자격시험 개별 통지, Ministère de l'Instruction, Archives nationales, F^{17} 7662.

142. 옥타브 아믈랭이 마르셀 모스에게 보낸 편지, 1895년 8월 26일.

143. 마르셀 모스가 옥타브 아믈랭에게 보낸 편지, 1896년 1월 6일.(빅토르 쿠쟁 도서관.)

144. 위의 편지.

145. Marcel Mauss, "L'œuvre de Mauss par lui-même"(1930), 앞의 책, p. 214.

146. 로진 모스가 마르셀 모스에게 보낸 편지, 에피날, 1896년 1월 23일.

147. 에드가르 미요가 마르셀 모스에게 보낸 편지, 제네바, 1932년 6월 24일.

148. [역주] 프랑스 제 3공화국에서 무정부주의자들의 운동을 탄압하기 위해 제정된 법을 일컫는다.

149. [역주] 1894년 8월에 프랑스 파리 지방법원에서 있었던 무정부주의자들에 대한 재판으로, 무정부주의 이론가들은 물론이거니와 단순 가담자 등 총 30명에 대한 재판을 일컫는다.

150. Richard D. Sonn, *Anarchism and Cultural Politics in Fin de Siècle France*, Lincoln and London, University of Nebraska Press, 1989.

151. Christophe Charle, *Naissance des 'intellectuels', 1880-1900*, Paris, Éditions de Minuit, 1990, p. 105-106.

152. Yolande Cohen, "Avoir vingt ans en 1900 : à la recherche d'un mouvement socialiste", Le *Mouvement social*, n° 120, juillet-septembre 1982, p. 11-31; Georges Weisz, "Associations et manifestations : les étudiants français à la Belle Époque", Le *Mouvement social*, n° 120, juillet-septembre 1982, p. 31-45를 볼 것.

153. Géraldi Leroy, *Péguy. Entre l'ordre et la révolution*, Paris, Presses de la Fondation nationale des sciences politiques, 1981, p. 54.

154. 에밀 뒤르켐이 마르셀 모스에게 보낸 편지, 보르도, 1894년 2월 19일.

155. Paul Louis, *Le Parti socialiste en France*, Paris, Aristide Quillet, 1912, p. 38.

156. A. S.가 마르셀 모스에게 보낸 편지, 날짜 없음 [1900년].

157. Marcel Mauss, "Introduction", *in* Émile Durkheim, *Le Socialisme* (1928), 앞의 책, p. 506.

158. Georges Sorel, "Les théories de M. Durkheim", *Le Devenir social*, n° 2, mai 1895, p. 179-180.

159. 이 서평들에 루아젤(Roisel)이라는 가명으로 출간된 『유심론적 사유』(Paris, Alcan, 1896)라는 제목이 붙은 한 저서에 대한 짧은 논평을 덧붙여야 할 것이다.(Marcel Mauss, in *Le Devenir social*, 3ᵉ année, nᵒ 4, 1897, p. 382-383.)

160. Marcel Mauss, G. de Greef의 *L'Évolution des croyances et des doctrines politiques*에 대한 서평, in *Le Devenir social*, 2ᵉ année, n° 4, avril 1896, p. 371.

161. 위의 책, p. 373.

162. W. Paul Vogt, "Un durkheimien ambivalent : Célestin Bouglé, 1870-1940", *Revue française de sociologie*, vol. XX, n° 1, janvier-mars 1979, p. 123.

163. 위의 책, p. 127.

164. Marcel Mauss, Célestin Bouglé의 *Les Sciences sociales en Allemagne*에 대한 서평, in *Le Devenir social*, 3ᵉ année, n° 4, avril 1897, p. 373.

165. 에밀 뒤르켐이 셀레스탱 부글레에게 쓴 편지, 보르도, 1895년 12월 14일, in *Revue française de sociologie*, avril-juin 1976, vol. XVII, n° 2, p. 166.

166. [역주] 『르 드브니르 소시알』지를 뒤르켐이 『라브니르』지라고 썼다는 원저자의 지적 이다.

167. 에밀 뒤르켐이 마르셀 모스에게 보낸 편지, 날짜 없음 [1897년].

168. 마르셀 모스가 앙리 위베르에게 보낸 편지, 날짜 없음 [1898년].

169. Marcel Mauss, "L'Action socialiste", conférence du vendredi 15 mars 1899, Cercle des étudiants collectivistes, p. 2.(위베르-모스 자료함, 콜레주 드 프랑스 기록보관실.)

2장 고등연구실천학교 학생

1 Marcel Mauss, "L'œuvre de Mauss par lui-même" (1930), *Revue française de sociologie*, janvier-mars 1979, vol. XX, n° 1, p. 214.

2. Émile Durkheim, "Les études de sciences sociales" (1886), in *La Science sociale et l'action*, Paris, PUF, 1970, p. 184-214.

3. Émile Durkheim, M. Guyau, *L'Irréligion de l'avenir* (1887)에 대한 서평, in *Textes*, t. 2, 앞의 책, p. 160.

4. Émile Durkheim, "Lettre au directeur" (1907), in *Textes*, t. 1, 앞의 책, p. 404.

5. 에밀 뒤르켐이 H. 위제너에게 보낸 편지, 1898년 5월 6일.

6. 에밀 뒤르켐이 마르셀 모스에게 보낸 편지, 날짜 없음 [1898년].

7. Jan De Vries, *Perspectives in the History of Religions*, Berkeley, University of California Press, 1977, p. 79.

8. Jean Réal, *La Science des religions et le problème religieux au XXe siècle*, Paris, Librairie Eischbacher, 1909, p. 10.

9. Alfred Loisy, *Mémoires pour servir l'histoire religieuse de notre temps*, t. 2, Paris, Émile Noury, 1932, p. 96. 알프레드 피르맹 루아지는 "공인 교회"(가톨릭이나 로마) 와 "학문적 연구의 자유" 사이에서 급속히 퍼진 대립을 이해하기 위해 그 누구보다도 더 좋은 위치에 있었다. 1857년에 태어났고, 1879년에 신부가 된 농부의 자식이었던 그 는, 그 자신의 저서들(『이스라엘의 종교』와 『복음과 교회』)을 통해 진정한 "『성서』 논 쟁"을 촉발시켰다. 그는 이 논쟁을 『우리 시대의 종교사에 도움이 되기 위한 기억들』에 서 잘 기술하고 있다. 파리 가톨릭연구소에서 강의 포기를 강요받았고, 『『성서』 교육』 지와 『종교사와 종교 문학 잡지』 에서 차례로 책임자로 일했던 이 "근대주의자"는, 그 의 저서들이 "심각한 오류"(복음에 관계된 사실들과 교육의 진정성, 그리스도의 신성 성과 그에 대한 학문, 부활, 신성한 제도로서의 교회, 성사(盛事) 등에 관련된 것이다)로 인해 금서목록에 오르는 것을 봐야만 했다. 그리고 루아지는 교황 비오 10세에 의해 파

문되었다. 루아지는 "그 자신 불가능한 것을 원했다. 즉 가톨릭을 가톨릭 안에서 검토하는 학문적 자유 말이다."라고 고백하게 된다. 여하튼 파면 당하고 경제 수입도 없이 지내던 그는 우선 고등연구실천학교에서 피난처를 발견하게 된다. 그는 이 학교에서 1900년 "바빌로니아 신화와 「창세기」의 첫 장"이라는 제목으로 자유 강의를 하게 된다. 그리고 1909년에는 콜레주 드 프랑스에서 강의를 하게 된다.

10. Maurice Vernes, "Ernest Renan", *Revue internationale de l'enseignement*, 24, 1892, p. 379-430.

11. Jean Réville, "La situation de l'enseignement de l'histoire des religions"(1886), *Revue de l'histoire des relgions*, t. 43, 1901, p. 63.

12. Alfred Loisy, *Mémoires pour servir à l'histoire religieuse de notre temps*, t. 2, 앞의 책, p. 7.

13. Jean Réville, "La situation de l'enseignement de l'histoire des religions", 앞의 책, p. 62.

14. 위의 책, 같은 곳.

15. 1년이 채 안 되어 유대연구협회에 450명 이상의 회원이 등록했다.

16. Michel Abitbol, *Les Deux Terres promises. Les Juifs en France et le sionisme, 1897-1945*, Paris, Olivier Orban, 1989, p. 19.

17. Sylvain Lévi, "Une renaissance juive en Judée", *Le Temps*, 30 juillet 1918. Michel Abitbol, *Les Deux Terres promises*, 앞의 책, p. 255, 주(註) 4에서 재인용.

18. Charles Péguy, in *Les Cahiers de la quinzaine*, 17 juillet 1910(그리고 *Notre jeunesse*, Paris, Gallimard, 1933, p. 76.)

19. Jean Réville, "La situation de l'enseignement de l'histoire des religions", 앞의 책, p. 63.

20. 1884년에 고등교육 담당관으로 임명된 루이 리아르(1846-1917)는 고등교육 체제에 중요한 개혁을 가하게 된다. 고등사범학교 학생이었고, 교수자격시험 합격자였던 리아르는 보르도대학에서 철학 교수를 역임했다. 리아르는 또한 『19세기 프랑스의 교육사 *Histoire de l'éducation en France au XIXe siècle*』의 저자이기도 하다. 뒤르켐이 1887년에 보르도대학에서 강의를 담당했을 때, 리아르가 모종의 역할을 했다는 소문이 돌기도 했다. 루이 리아르에 대해서는, Ernest Lavisse, "Louis Liard", *Revue internationale de l'enseignement*, 72, 1918, p. 81-89를 참고할 것.

21. Jean-Pierre Vernant, "Les sciences religieuses entre la sociologie, le comparatisme et l'anthropologie", in *Cent Ans de sciences religieuses en France*, Paris, Éditions du Cerf, 1987, p. 80.

22. Sylvain Lévi, "Discours prononcé aux obsèques de Paul Alphandéry", *Revue de l'histoire des religions*, t. 105, 1932, p. 143.

23. Jean Réville, "La leçon d'ouverture du cours d'histoire des religions au Collège de France", *Revue de l'histoire des relgions*, t. 55, 1907, p. 190.

24. Jean Réville, "La situation de l'enseignement de l'histoire des religions", 앞의 책, p. 63.

25. Anathon Hall, "Le Congrès des sciences religieuses de Stockholm", *Revue de l'histoire*

des religions, t. 36, 1897, p. 265.

26. 고등연구실천학교 종교학 분과위원회 회의록, Cahier 1, 1900년 12월 2일 회의. "아주 미묘한 제안을 받아들이는 것을 망설이면서 종교학 분과위원회는 루아지 신부에게 '교육부장관에게 강의 허락 요청을 할 것'을 제안했다. 장관은 그의 요청을 허락했다. 하지만 종교학 분과위원회에 의해 이 원칙이 이미 수락된 것으로 믿고 그의 강의 요청을 허락했던 것이다……"

27. 위원회 의장은 알베르 레빌, 총무는 장 레빌과 레옹 마릴리에였는데, 모두 고등연구실천학교 교수였다. 에밀 뒤르켐도 이 위원회에 포함되어 있었다. 종교학 학술 총회 부문 가운데 하나는 "비문명화된 자들의 종교(토테미즘, 희생의 기능, 사후 영혼의 상태 등)"라는 주제를 내걸고 있었다."

28. Jean Réville, "Chronique", *Revue de l'histoire des religions*, t. 44, 1901, p. 407.

29. [역주] 종교사를 가리킨다.

30. Paul Alphandéry, in *Revue de l'histoire des religions*, t. 43, 1901, p. 208.

31. Paul Alphandéry, "Albert Réville", *Revue de l'histoire des religions*, t. 54, p. 403.

32. Auguste Sabatier, "Albert Réville" *Jésus de Nazareth*에 대한 서평, in *Revue de l'histoire des religions*, t. 36, 1897, p. 162.

33. Ivan Strenski, "L'apport des élèves de Durkheim", *Les Cahiers de recherche en sciences de la religion*, vol. 10, 1991, p. 117-120.

34. 1887-1888학년도에 학교 당국은『유대 연구 잡지』의 책임자 중 한 명인 이지도르 로에브에게도 자유 강의를 위촉했다.

35. Sylvain Lévi, "Discours prononcé aux obsèques de Paul Alphandéry", *Revue de l'histoire des religions*, t. 105, 1932, p. 143.

36. Marcel Mauss, "Sylvain Lévi"(1935), *in Marcel Mauss, Œuvres*, t. 3, 앞의 책, p. 535.

37. Alfred Foucher, "Sylvain Lévi", *Annuaire de l'École pratique des hautes études*(section des sciences religieuses), 1936, p. 17-23.

38. Paul Masson-Oursel, "Nécrologie de Sylvain Lévi", *Revue de l'histoire des religions*, t. 112, 1935, p. 111.

39. 모스가 읽은 저서는 아마도 베르데뉴의 박사학위 논문인『지고의 신들과 베다 종교』(1877)가 아니라, 모스가 그의『희생의 본질과 기능에 대한 시론』에서 인용하고 있는 『리그 베다의 노래에 따른 베다 종교』(1877-1883)일 것이다. 1838년에 태어났고, 1888년에 산에서 사고로 사망한 언어학자 베르데뉴는 고등연구실천학교에서 산스크리트어 복습교수(1868-1869)를 역임했으며, 파리 문과대학에서 산스크리트어문학 조교수(1877), 교수(1885)를 역임했다.

40. Marcel Mauss, "Sylvain Lévi"(1935), 앞의 책, p. 537.

41. 위의 책, p. 535.

42. 위의 책, p. 536.

43. [역주] 인도 범어의 속어.

44. 위의 책, 같은 곳.

45. 마벨 보드가 마르셀 모스에게 보낸 편지, 런던, 1912년 7월 22일.

46. "L'homme au foulard blanc", *Le Temps*, dimanche 27 septembre 1936, p. 1.

47. [역주] 고대 페르시아어.

48. [역주] 조로아스터교 경전.

49. Marcel Mauss, "In Memoriam Antoine Meillet(1866-1936)"(1936), *in* Marcel Mauss, *Œuvres*, t. 3, 앞의 책, p. 548.

50. *Annuaire de l'École pratique des hautes études*, section des sciences historiques et philologiques, 1902, 앞의 책, p. 85.

51. *Annuaire de l'École pratique des hautes études*, section des sciences historiques et philologiques, 1903, p. 81.

52. Jean Réville, "Léon Marillier, 1863-1901", *Revue de l'histoire des religions*, t. 44, 1901, p. 170.

53. Léon Marillier, "Le *Folk-Lore* et la science des religions", *Revue de l'histoire des religions*, t. 41, 1901, p. 181.

54. Marcel Mauss, "L'enseignement de l'histoire des religions des peuples non civilisés à l'École des hautes études", *Revue de l'histoire des religions*, t. 45, 1902, in Marcel Mauss, *Œuvres*, t. 3, 앞의 책, p. 462-464.

55. Marcel Mauss, Léon Marillier의 "La place du totémisme dans l'évolution religieuse"에 대한 논평, *Revue de l'histoire des religions*, 1897, in Marcel Mauss, *Œuvres*, t. 1, 앞의 책, p. 175.

56. Marcel Mauss, Léon Marillier의 "Religion"에 대한 논평, *L'Année sociologique*, vol. 5, 1902, in Marcel Mauss, *Œuvres*, t. 1, 앞의 책, p. 128.

57. Maurice Liber, "Israël Lévi", *Annuaire de l'École pratique des hautes études*, section des sciences relgieuses, Melun, 1939, p. 43.

58. Marcel Mauss, "Israël Lévi. Quelques souvenirs personnels", *Annuaire de l'École pratique des hautes études*, section des sciences relgieuses, Melun, 1939, p. 44.

59. [역주] Otto von Böthlingk(1815-1904): 독일 출신의 인도학자 및 산스크리트어 전문가.

60. [역주] Nāla: 힌두 신화에 등장하는 인물로, 니샤드하(Nishadha) 왕국의 왕이다.

61. [역주] Dāmayant: 힌두 신화에 등장하는 인물로, 비다르브하(Vidarbha) 왕국의 공주로, 날라의 부인.

62. Marcel Mauss, "Sylvain Lévi"(1935), 앞의 책, p. 538.

63. [역주] Vendântasâra: 인도 철학의 6개 파 가운데 하나에 속하는 종파의 산스크리트어로 된 텍스트.

64. *Annuaire de l'École pratique des hautes études*, section des sciences historiques et philologiques, Melun, 1897, p. 78.

65. [역주] 브라만교에서 '스승'이나 '지도자'를 가리키는 단어.

66. Paul Masson-Oursel, "Nécrologie de Sylvain Lévi", 앞의 책, p. 112.

67. Alfred Foucher, "Sylvain Lévi", 앞의 책, p. 543.

68. [역주] laksana: 산스크리트어로 "여러 다른 자질과 특징"이라는 의미를 가지고 있음.

69. Marcel Mauss, "Sylvain Lévi", 앞의 책, p. 23.

70. [역주] 원문에는 "pays du Milieu"로 되어 있는데, 이는 원래 "중국"을 가리키는 표현이다. 하지만 실뱅 레비는 인도 종교 전문가이기 때문에 여기서는 "인도"로 옮겼다.

71. 위의 책, p. 538.

72. 위의 책, p. 545.

73. 실뱅 레비가 마르셀 모스에게 보낸 편지, 1896년 7월 26일. 이 편지의 말미에서 루이 피노는 모스에게 보내는 짧은 인사말을 덧붙이고 있다. "친애하는 친구, 자네를 생각하면 기분이 좋아져서 고맙네. 에피날을 다시 들르게 되어 자네에게 내 우정을 보여줄 수 있다면 아주 좋을 텐데 말이야 [……]"

74. 실뱅 레비가 마르셀 모스에게 보낸 편지, 1897년 10월 2일.

75. Marcel Mauss, "Sylvain Lévi", 앞의 책, p. 539.

76. 실뱅 레비가 마르셀 모스에게 보낸 편지, 카트만두, 1898년 2월 19일.

77. Marcel Mauss, "Sylvain Lévi", 앞의 책, p. 542.

78. [역주] Zadoc Kahn((1839-1905): 프랑스 알자스 출신의 대랍비. 프랑스 유대 공동체의 지도자로서 특히 드레퓌스 사건 때 유대 공동체 대표로 활동했으며, 『유대연구 잡지』 등의 창간에 많은 공헌을 했다. 그의 이름을 딴 이 협회는 유대인들을 도울 목적으로 1906년에 창설되었다.

79. Isidore Lévy, "Sylvain Lévi(1863-1935)", *Revue d'études juives*, t. 6, p. 2.

80. Michel Abitbol, *Les Deux terres promises*, 앞의 책, p. 77.

81. Marcel Drouin, "Henri Hubert", *Annuaire. Association de secours des anciens élèves de l'École normale supérieure*, 1929, p. 46.

82. 위의 책, 같은 곳.

83. Raymond Lantier, "Hommage à Henri Hubert", *Revue archéologique*, t. XXVIII, novembre-décembre 1928.

84. 마르셀 모스가 앙리 위베르에게 보낸 편지, 날짜 없음 [1898년].

85. Hubert Bourgin, *De Jaurès à Léon Blum. L'École normale et la politique*, Paris, Librairie Arthème Fayard, 1938, p. 107.

86. 위의 책, p. 381.

87. Ivan Strenski, "Henri Hubert, Racial Science and Political Myth", *Journal of the History of Behavioral Sciences*, vol. 21, n° 2-3, 1987, p. 354.

88. 앙리 위베르가 마르셀 모스에게 보낸 편지, 날짜 없음 [1897년].

89. Raymond Lantier, "Hommage à Henri Hubert", 앞의 책, p. 289.

90. Henri Hubert, "Texte autobiographique"(1915), *Revue française de sociologie*, janvier-mars, 1979, XXVI, p. 205.

91. François A. Isambert, "Henri Hubert et la sociologie du temps", *Revue française de sociologie*, vol. XX, n° 1, janvier-mars 1979, p. 184.

92. 실뱅 레비가 마르셀 모스에게 보낸 편지, 도쿄, 1927년 6월 25일.

93. Marcel Drouin, "Henri Hubert, 앞의 책, p. 48.

94. Salomon Reinach, "Henri Hubert", *Revue archéologique*, t. XXVI. juillet-septembre, 1927, p. 178.

95. Hubert Bourgin, *De Jaurès à Léon Blum*, 앞의 책, p. 381.

96. 마르셀 모스가 앙리 위베르에게 보낸 편지, 레이드, 날짜 없음 [1897년].

97. 앙리 위베르가 마르셀 모스에게 보낸 편지, 날짜 없음 [1897년].

98. 마르셀 모스가 앙리 위베르에게 보낸 편지, 레이드, 날짜 없음 [1897년].

99. Marcel Mauss, "L'œuvre de Mauss par lui-même"(1930), *Revue française de sociologie*, janvier-mars, 1979, vol. XX, n° 1, p. 216.

100. 위의 책, p. 215.

101. Marcel Mauss, "Henri Hubert", 날짜 없음 [1927년].

102. 에밀 뒤르켐이 마르셀 모스에게 보낸 편지, 날짜 없음 [1898년].

103. 앙리 위베르가 마르셀 모스에게 보낸 편지, 날짜 없음 [1897년].

104. 실뱅 레비가 마르셀 모스에게 보낸 편지, 1896년 7월 26일.

105. 마르셀 모스가 앙리 위베르에게 보낸 편지, 날짜 없음 [1898년].

106. 마르셀 모스가 앙리 위베르에게 보낸 편지, 날짜 없음 [1902년].

107. 마르셀 모스가 앙리 위베르에게 보낸 편지, 1902년 12월 19일.

108. 실뱅 레비가 마르셀 모스에게 보낸 편지, 1898년 2월 19일.

109. Daniel Halévy, *Pays parisiens*, Paris, Grasset, 1932, p. 170.

110. [역주] Boul'Mich : 소르본대학 앞을 지나는 대로(大路) 'Boulevard St. Michel'의 약칭.

111. 마르셀 모스가 앙리 위베르에게 보낸 편지, 레이드, 날짜 없음 [1897년].

112. 위의 편지.

113. 폴 포코네가 마르셀 모스에게 보낸 편지, 1898년 1월 13일.

114. 마르셀 모스가 앙리 위베르에게 보낸 편지, 옥스퍼드, 날짜 없음 [1898년].

115. 마르셀 모스가 앙리 위베르에게 보낸 편지, 날짜 없음 [1897년].

116. 마르셀 모수가 앙리 위베르에게 보낸 편지, 날짜 없음.

117. 마르셀 모스가 앙리 위베르에게 보낸 편지, 옥스퍼드, 날짜 없음 [1897년].

118. 에밀 뒤르켐이 마르셀 모스에게 보낸 편지, 날짜 없음 [1898년].

119. Marcel Mauss, "L'œuvre de Mauss par lui-même"(1930), *Revue française de sociologie*,

vol. XX, n° 1, janvier-mars, 1979, p. 214.

120. 위의 책, p. 211.

121. 위의 책, p. 210. 모스는 1895년에 보르도에서 개최된 국제전시회를 위해 프랑스에서 발생한 자살 분류표의 작성에 기여했었을 수도 있다.(R. Lacroze, "Émile Durkheim à Bordeaux", *Actes de l'Académie nationale des sciences, belles-lettres et arts à Bordeeaux*, 1960. 앞의 책, Steven Lukes, *Émile Durkheim, His Life and Work*, p. 190에서 재인용.

122. Philippe Besnard, *L'Anomie, ses usages et ses fonctions dans les disciplines sociologiques depuis Durkheim*, Paris, PUF, 1987, p. 77.

123. 에밀 뒤르켐이 마르셀 모스에게 보낸 편지, 날짜 없음 [1896년]. 뒤르켐이 모스의 주의를 촉구한 사실들은 다음과 같다. 1) 군대에서 계급과 복무연한에 따른 자살, 2) 영국에서 각 민족에 따른 남자들의 자살과 직업에서의 자살, 3) 스페인에서는 남자들과 비교해본 여자들의 자살.

124. "급하다고 해도 나는 자네에게 개략적인 정보만 줄 수 있을 뿐이네. 우선 '재거노트(Jaggernaut)'(자간-나타(Jagan-naâtha)로 발음되든가 아니면 영어로 그렇게 표기되는)에 대해서 말하자면, 이것은 전적으로 선교사들의 고안물일세. 그것도 완전히 사실에 반하는 [……] 브라만교에서는 자살을 배척하네. [……] 불교에서도 마찬가지이네. 다만 자이나교에서는 자살이 장려되지. 하지만 금욕적인 상태에서만 가능하네. [……] 다음과 같은 사실을 덧붙이고자 하네. 브라만 전통과 역사에 불에 의한 몇몇 자살에 대한 기억이 간직되고 있다는 걸 말일세. [……]"(실뱅 레비가 마르셀 모스에게 보낸 편지, 1896년 7월 21일.)

125. 에밀 뒤르켐이 마르셀 모스에게 보낸 편지, 날짜 없음 [1897년].

126. '결혼생활 아노미' 역시 희생자를 낳는다. 뒤르켐의 관찰에 따르면, 전 유럽에서 자살율은 이혼율과 비례해서 높아지는 것으로 나타났다.

127. 두 개의 축(軸)을 중심으로 이뤄진 이와 같은 분석 모델을 통해 뒤르켐은 두 유형이 아니라 네 유형의 자살 형태를 끌어내고 있다. 지나친 통합의 결과로 나타나는 '이타적 자살'과 "지나친" 규율화의 결과로 나타나는 '숙명적 자살'이 그것이다. 이 두 유형의 자살은 현대 사회에서는 그다지 빈번하게 발생하지 않고 있다. 뒤르켐의 분석 모델에 대한 소개에 대해서는 앞의 책 Philippe Besnard, *L'Anomie*를 볼 것.

128. Émile Durkheim, *Le Suicide. Étude de sociologie*(1897), Paris, PUF, 1973, p. 324.

129. Gustave Belot, *L'Année sociologique*, 1에 대한 서평, in *Revue philosophique*, t. XLV, juin 1898, p. 653.

130. Paul Fauconnet, Émile Durkheim의 *Le Suicide*에 대한 서평, in *Revue philosophique*, t. XLV, avril, 1898, p. 428.

131. 위의 책, p. 429.

132. Paul Fauconnet & Marcel Mauss, "La sociologie"(1901), *in* Marcel Mauss, *Œuvres*, t. 3,

앞의 책, p. 168.

133. 위의 책 p. 168. 약 40여 년 뒤에 모스는 다시 한 번 "그를 괴롭혔던" 그 문제를 상기하게 된다. "자살하는 자들이 가장 빈번하게 찾는 곳이 퐁텐블로와 이브토입니다. 퐁텐블로에는 주로 파리의 자살자들이 갑니다. 이브토에는 주로 노르망디 지역의 알콜중독자들이 갑니다. 이 모든 현상은 사회적, 개인적임과 동시에 생물학적 특징을 가지고 있습니다. 하지만 이 모든 현상적 사실에 대한 관찰은 사회학에 속하는 일입니다. 그렇습니다."(마르셀 모스가 바를루 씨에게 보낸 편지, 1938년 12월 28일.)

3장 제도권 진입 관례: 첫 번째 출간과 해외 연수

1. Victor Karady, "Présentation de l'édition", 앞의 책, p. XVIII.

2. Berlin, Dietrich, 1894.

3. Marcel Mauss, "L'ethnographie en France et à l'étranger"(1913), *in* Marcel Mauss, *Œuvres*, t. 3, 1969, 앞의 책, p. 402-403.

4. Marcel Mauss, "Th. Ribot et les sociologues"(1939), *in* Marcel Mauss, *Œuvres*, t. 3, 1969, p. 566. Émile Durkheim, L. Gumplowicz의 저서(1885)에 대한 서평, *in* Émile Durkheim, *Textes*, t. 1, Paris, Éditions de Minuit, 1972, 앞의 책, p. 446-453를 볼 것.

5. Marcel Mauss, A. Bastian의 *Mythologie und Psychologie der Nigritter in Guinea mit Bezugnahme auf socialistische Elementargedanken*에 대한 서평, in *Revue de l'histoire des religions*, 17ᵉ année, t. 33, 1896, p. 209-212.

6. Marcel Mauss, "L'œuvre de Mausse par lui-même"(1930), *Revue française de sociologie*, vol. XX, n° 1, janvier-mars 1979, p. 214.

7. Marcel Mauss, "La religion et les origines du droit pénal d'après un livre récent"(1896), *in* Marcel Mauss, *Œuvres*, t. 2, 앞의 책, p. 652.

8. Émile Durkheim, *De la division du travail social*(1893), 앞의 책, p. 59.

9. [역주] 물건이나 사람에 내재한다는 초능력을 의미한다.

10. 가브리엘 타르드가 마르셀 모스에게 보낸 명함, 날짜 없음.

11. R. 스타인메츠가 마르셀 모스에게 보낸 편지, 덴 하그, 1897년 4월 9일.

12. 에밀 뒤르켐이 마르셀 모스에게 보낸 편지, 보르도, 날짜 없음 [1897년].

13. 에밀 뒤르켐이 마르셀 모스에게 보낸 편지, 보르도, 1897년 12월 22일.

14. Émile Durkheim, Marcel Mauss의 "La religion et les origines du droit pénal"(1898)에 대한 논평, in Émile Durkheim, *Journal sociologique*, Paris, PUF, 1969, p. 129.

15. 로진 모스가 마르셀 모스에게 보낸 편지, 에피날, 1897년 3월 21일.

16. 에밀 뒤르켐이 마르셀 모스에게 보낸 편지, 날짜 없음 [1897년].

17. 에밀 뒤르켐이 마르셀 모스에게 보낸 편지, 보르도, 날짜 없음 [1897년].

18. 이 표현은 편지로 된 계획서[날짜 없음]에서 에밀 뒤르켐이 직접 쓴 것으로, 그는 조카 모스에게 장학금을 요청하면서 담당자에게 이 말을 직접 하라고 부탁하고 있다.

19. 마르셀 모스가 폴 라피에게 보낸 편지, 1898년 3월.

20. Maurice Olender, *Les Langues du paradis*, Paris, Gallimard/Éditions de Seuil, 1989, p. 20.

21. Max Müller, *Nouvelles leçons sur la science du langage*, Paris, A. Durand et Pedore Lauriel, 1868.

22. Marcel Mauss, Max Müller의 *Nouvelles Études de mythologie*(1899)에 대한 서평, in Marcel Mauss, *Œuvres*, t. 2, 앞의 책, p. 273-276.

23. 로진 모스가 마르셀 모스에게 보낸 편지, 에피날, 1897년 12월 23일.

24. Marcel Mauss, Willem Caland의 *Die altindischen Toten-und Bestattungsgebraüche*(1898)에 대한 서평, in Marcel Mauss, *Œuvres*, t. 1, 1968, 앞의 책, p. 325-329.

25. 마르셀 모스가 로진 모스에게 보낸 편지, 날짜 없음 [1897년].

26. 마르셀 모스가 앙리 위베르에게 보낸 편지, 레이드, 날짜 없음 [1898년].

27. Louis Finot, Willem Caland의 *Die altindischen Toten-und Bestattungsgebraüche*(1898)에 대한 서평, in *Revue de l'histoire des relgions*, t. 35, 1897, p. 216.

28. 빌렘 칼란트가 마르셀 모스에게 보낸 편지, 브레다, 1898년 1월 12일.

29. 마르셀 모스가 앙리 위베르에게 보낸 편지, 레이드, 날짜 없음 [1897년].

30. 마르셀 모스가 앙리 위베르에게 보낸 편지, 레이드, 날짜 없음 [1897년].

31. 마르셀 모스가 앙리 위베르에게 보낸 편지, 레이드, 날짜 없음 [1898년].

32. 마르셀 모스가 앙리 위베르에게 보낸 편지, 레이드, 날짜 없음 [1898년].

33. 제임스 프레이저가 마르셀 모스에게 보낸 편지, 1899년 7월 14일.

34. Marcel Mauss, "L'enseignement de l'histoire des religions des peuples non civilisés"(1902), 앞의 책, p. 460.

35. [역주] Hernando Cortes(1845-1547): 스페인 탐험가로 멕시코의 정복자.

36. [역주] Francisco Pizarro(1476-1541): 스페인 군인으로 잉카제국을 정복했다.

37. E. Sidney Hartland, "Presidential Adress", *Folk-Lore*, vol. XI, n° 1, march 1900, p. 57.

38. 위의 책, p. 58.

39. [역주] 설탕에 절인 과일.

40. R. A. Downie, *Frazer and the Golden Bough*, London, Gollancz, 1970.

41. E. Sidney Hartland, "Presidential Adress", 앞의 책, p. 80.

42. 마르셀 모스가 앙리 위베르에게 보낸 편지, 레이드, 날짜 없음 [1898년].

43. 마르셀 모스가 앙리 위베르에게 보낸 편지, 레이드, 날짜 없음 [1898년].

44. 루이 피노가 마르셀 모스에게 보낸 편지, 1897년 3월 24일.

45. 로진 모스가 마르셀 모스에게 보낸 편지, 에피날, 1898년 5월 1일.

46. 에밀 뒤르켐이 마르셀 모스에게 보낸 편지, 보르도, 1898년 5월 3일.

47. 마르셀 모스가 앙리 위베르에게 보낸 편지, 옥스퍼드, 날짜 없음 [1898년].

48. 마르셀 모스가 앙리 위베르에게 보낸 편지, 옥스퍼드, 날짜 없음 [1898년].

49. 마르셀 모스가 앙리 위베르에게 보낸 편지, 옥스퍼드, 날짜 없음 1898년].

50. 마르셀 모스가 에밀 뒤르켐에게 보낸 편지, 날짜 없음.

51. Marcel Mauss, "Notices biographiques"(1927), *in* Marcel Mauss, *Œuvres*, t. 3, 앞의 책, p. 524.

52. Marcel Mauss, J. G. Frazer의 *The Golden Bough*에 대한 서평, in *Notes critiques*, 21 juillet 1901, p. 228.

53. [역주] 스코틀랜드의 고지 사람을 일컬음.

54. Marcel Mauss, "L'œuvre sociologique et anthropologique de Frazer"(1928), *in* Marcel Mauss, *Œuvres*, t. 3, 앞의 책, p. 525.

55. Robert Ackerman, *Frazer, His Life and Work*, Cambridge, Cambridge University Press, 1987, p. 124.

56. 제임스 프레이저가 마르셀 모스에게 보낸 편지, 1899년 7월 14일.

57. 마르셀 모스가 앙리 위베르에게 보낸 편지, 옥스퍼드, 날짜 없음 [1898년 5월].

58. Victor Karady, "Présentation de l'édition", 앞의 책, p. XXVI.

59. 에밀 뒤르켐이 마르셀 모스에게 보낸 편지, 날짜 없음 [1898년 1월].

60. Marcel Mauss, "L'œuvre de Mauss par lui-même", 앞의 책, p. 210.

61. Célestin Bouglé, "Métaphysique et morale en France. L'œuvre de Xavier Léon", *Revue de Paris*, 1er mai 1936, p. 203. 자비에 레옹과 뒤르켐주의자들 사이의 관계에 대해서는 Dominique Merllié, "Les Rapports entre la *Revue de métaphysique* et la *Revue philosophique*", in *Revue de métaphysique et de morale*, n° 1-2, janvier-juin 1993, p. 59-109를 볼 것.

62. 에밀 뒤르켐이 셀레스탱 부글레에게 보낸 편지, 보르도, 1896년 5월 16일, in Émile Durkheim, *Textes*, t. 2, 앞의 책, p. 392.

63. 에밀 뒤르켐이 셀레스탱 부글레에게 보낸 편지, 보르도, [1896 12월], in Émile Durkheim, *Textes*, t. 2, 앞의 책, p. 393.

64. Philippe Besnard, "The *Année sociologique* team", in Philippe Besnard(éd.), *The Sociological Domain. The Durkheimians and the Founding of French Sociology*, Cambridge, Cambridge University, Press, 1993, p. 11-40.

65. Marcel Mauss, "L'Œuvre de Mauss par lui-même", 앞의 책, p. 210.

66. 알베르 미요의 『사회학 연보』에 대한 협력은 창간호에 그쳤다. 창간호를 준비할 때부터 뒤르켐은 그에 대해 우려를 표명한 바 있다. 뒤르켐은 모스에게 다음과 같은 내용의 편지를 쓰고 있다. "그의 침묵에도 불구하고, 내 짐작으로 그는 우리를 잊지 않고 있으며, 계속 관심을 갖고 있을 것 같다."(에밀 뒤르켐이 마르셀 모스에게 보낸 편지, 보르도, 날짜 없음 [1897년 6월].)

67. 위의 책, p. 4.

68. Paul Fauconnet, Émile Durkheim의 *Le Suicide*에 대한 서평, in *Revue philosophique*, t. XLV, avril 1898, p. 430-431.

69. François Simiand, "*L'Année sociologique* française 1897", *Revue de métaphysique et de morale*, vol. 6, 1898, p. 608-653.

70. 『사회학 연보』에 협력한 12명 중 엠마뉘엘 레비(법학박사)만이 유일하게 교수자격시험 합격자가 아니었다. 그 중 8명이 철학 교수자격시험 합격자이고, 2명이 역사 교수자격 시험 합격자, 그리고 1명이 문법 교수자격시험 합격자였다. 1898년에 이 잡지의 창간호 가 발행되던 시기에 이들 협력자들의 평균 나이는 29.3세였다. 가장 나이가 많은 사람 이 에밀 뒤르켐(40세)이었고, 가장 젊은 사람이 폴 포코네(24세)였다.

71. 『사회학 연보』의 창간팀에 가스통 리샤르와 엠마뉘엘 레비가 합세하게 된다. 뒤르켐보 다 조금 젊은 리샤르(1860년에 출생)는 뒤르켐의 고등사범학교 동기생이었다. 철학 교 수자격시험에 합격한(1885) 그는 문학 박사학위(1892)를 취득했음에도 여전히 고등학 교에서 가르치고 있었다. 법학 박사학위(1896)를 취득했던 엠마뉘엘 레비(1871년 출 생)는 리옹 법과대학에서 강의를 하고 있었다. 레비는 "시간을 충분히 낼 수" 있었지만, 뒤르켐이 강조하고 있는 것처럼, 종종 "간단한 분석"에 만족하면서 "혼신의 힘을 다 할 수"는 없었다.(에밀 뒤르켐이 마르셀 모스에게 보낸 편지[1900년].)

72. Phlippe Besnard, "Présentaion des lettres d'Émile Durkheim à Henri Hubert", *Revue française de sociologie*, vol. XXVIII, n° 1, 1987, p. 485.

73. 마르셀 모스가 앙리 위베르에게 보낸 편지, 1912년 12월 15일.

74. 마르셀 모스가 앙리 위베르에게 보낸 편지, 1916년 12월 8일.

75. 에밀 뒤르켐이 마르셀 모스에게 보낸 편지, 1899년.

76. 마르셀 모스가 앙리 위베르에게 보낸 편지, 날짜 없음. 이 편지에서 "학술적인 출판"이 라는 표현이 종종 사용되고 있다. 이 표현은 이론적 야망에 관련된 연구를 지칭한다.

77. Émile Durkheim, "Préface", *L'Année sociologique*(1898), in Émile Durkheim, *Journal sociologique*, Paris, PUF, 1968, p. 30.

78. 에밀 뒤르켐이 마르셀 모스에게 보낸 편지, 날짜 없음 [1897년].

79. 에밀 뒤르켐이 마르셀 모스에게 보낸 편지, 보르도, 1897년 7월 3일.

80. Marcel Mauss, "L'œuvre de Mauss par lui-même", 앞의 책, p. 213.

81. 에밀 뒤르켐이 마르셀 모스에게 보낸 편지, 날짜 없음 [1897년 7월].

82. 에밀 뒤르켐이 마르셀 모스에게 보낸 편지, 금요일, 날짜 없음.

83. 에밀 뒤르켐이 마르셀 모스에게 보낸 편지, 1897년 7월 15일.

84. Marcel Mauss, "*L'Année sociologique*", *Internationales Archiv für Ethnographie*, XI, 1898, p. 232.

85. 앙리 위베르가 마르셀 모스에게 보낸 편지, 날짜 없음.

86. Victor Karady, "Présentation de l'édition", 앞의 책, p. XXV.

87. Terry N. Clark, "The Structure and Functions of a Research Institute : The *Année sociologique*", *Archives européennes de sociologie*, 9, 1, 1968.

88. Émile Durkheim, "Préface", *L'Année sociologique*(1898), *in* Émile Durkheim, *Journal sociologique*, 앞의 책, p. 36.

89. Marcel Mauss, "L'œuvre de Mauss par lui-même"(1930), 앞의 책, p. 210.

90. Marcel Mauss, "Paul Fauconnet"(Notice biographique), 날짜 없음, p. 4, 위베르-모스 자료함, 콜레주 드 프랑스 기록보관실.

91. Marcel Mauss, "L'œuvre de Mauss par lui-même"(1930), 앞의 책, p. 210.

92. 에밀 뒤르켐이 마르셀 모스에게 보낸 편지, 날짜 없음 [1897년 7월].

93. 에밀 뒤르켐이 마르셀 모스에게 보낸 편지, 보르도, 1897년 10월 22일.

94. Marcel Mauss, "L'œuvre de Mauss par lui-même"(1930), 앞의 책, p. 210.

95. Georges Davy, "Émile Durkheim", in *Annuaire de l'Association amicale des anciens élèves de l'École normale supérieure*, 1919, p. 65.

96. 필립 베나르는 "사회측정법 파당"에 대해 말하고 있다. 그러면서 그는 이것을 『사회학 연보』 첫 시리즈의 협력자들을 아우르는 관계망으로 규정하고 있다.(앞의 책, Philippe Besnard, "The *Année sociologique* Team", p. 26-28.) 하지만 이와 같은 규정은 불완 전한 것으로, 초창기부터 발생한 변화를 망라하지 못하고 있다.

97. Marcel Mauss, "L'œuvre de Mauss par lui-même"(1930), 앞의 책, p. 260.

98. 에밀 뒤르켐이 자비에 레옹에게 보낸 편지, 1897년 8월 19일, *in* Émile Durkheim, *Textes*, t. 2, 앞의 책, p. 463.

99. 에밀 뒤르켐이 셀레스탱 부글레에게 보낸 편지, 1897년 7월 6일, *in* Émile Durkheim, *Textes*, t. 2, 앞의 책, p. 400.

100. Gustave Belot, *L'Année sociologique*, 1에 대한 서평, in *Revue philosophique*, t. XLV, juin 1898, p. 650.

101. 위의 책, 같은 곳.

102. Philippe Besnard, "The *Année sociologique* Team", 앞의 책, p. 33.

103. Marcel Mauss, "L'œuvre de Mauss par lui-même"(1930), 앞의 책, p. 213.

104.. 에밀 뒤르켐이 셀레스탱 부글레에게 보낸 편지, 보르도, [1897년] 5월 25일.

105. Marcel Mauss, "L'œuvre de Mauss par lui-même"(1930), 앞의 책, p. 212.

106. Henri Lévy-Bruhl, "In memoriam. Marcel Mauss", *L'Année sociologique*, 3e série(1948-1949), Paris, PUF, 1951, p. 9.

107. Philippe Besnard, "The *Année sociologique* Team", 앞의 책, p. 32-33. U. Nandam, The *Durkheimian School. A Systematic and Comprehensive Bibliography*, Wesport, Conn., Greenwood Press, 1977도 볼 것.

108. Victor Karady, "Stratégies de réussite et modes de faire-valoir de la sociologie chez les durkeimiens", *Revue française de sociologie*, vol. XX, n° 1, janvier-mars, 1979, p. 75.

109. Émile Durkheim, "Préface", *L'Année sociologique*(1897~1898), *in* Émile Durkheim, *Journal sociologique*, 앞의 책, p. 136.

110. 에밀 뒤르켐이 마르셀 모스에게 보낸 편지, 날짜 없음 [1898년 6월].

111. 에밀 뒤르켐이 앙리 위베르에게 보낸 편지, 날짜 없음 [1901년], in *Revue française de sociologie*, vol. XXVIII, n° 1, 1987, p. 531.

112. 에밀 뒤르켐이 마르셀 모스에게 보낸 편지, 날짜 없음 [1901년].

113. 에밀 뒤르켐이 앙리 위베르에게 보낸 편지, 보르도, 1897년 12월 10일, in *Revue française de sociologie*, vol. XXVIII, n° 1, janvier-mars, 1987, p. 486.

114. 에밀 뒤르켐이 로진 모스에게 보낸 편지, 1907년 10월 18일.

115. 에밀 뒤르켐이 마르셀 모스에게 보낸 편지, 보르도, 1898년 11월 28일.

116. 에밀 뒤르켐이 마르셀 모스에게 보낸 편지, 날짜 없음 [1898년].

117. 에밀 뒤르켐이 앙리 위베르에게 보낸 편지, 날짜 없음 [1898년], in *Revue française de sociologie*, vol. XXVIII, n° 1, 1987, p. 498.

118. 에밀 뒤르켐이 앙리 위베르에게 보낸 편지, 날짜 없음 [1898년], in *Revue française de sociologie*, vol. XXVIII, n° 1, 1987, p. 499.

119. 에밀 뒤르켐이 마르셀 모스에게 보낸 편지, 날짜 없음 [1898년].

120. 에밀 뒤르켐이 앙리 위베르에게 보낸 편지, 날짜 없음 [1901년], in *Revue française de sociologie*, vol. XXVIII, n° 1, 1987, p. 520.

121. Georges Renard, "Carnets de guerre", 20 novembre 1917, B.H.V.P., Archives Renard.

122. 마르셀 모스가 로진 모스에게 보낸 편지, 날짜 없음 [1914년].

123. 복수형(leurs)을 단수형(son)으로 쓴 문법적 오류에 대한 원저자의 지적.

124. 에밀 뒤르켐이 마르셀 모스에게 보낸 편지, 날짜 없음 [1898년 1월].

125. Marcel Mauss, "Sylvain Lévi" (1935), 앞의 책, p. 538.

126. Marcel Mauss, Sylvain Lévi의 *La Doctrine du sacrifice dans les Brāhmanas*에 대한 서평, in *L'Année sociologique*, 1900, *in* Marcel Mauss, *Œuvres*, t. 1, 앞의 책, p. 352.

127. Père Marie-Joseph Lagrange, *Études des religions sémiques*, Paris, Librairie Victor Lecoffre, 1905, p. 274.

128. Ernest Renan, *Histoire du peuple d'Israël*, vol. 1, Paris, 1887, p. 52.(In Ernest Renan, *Œuvres complètes*, t. 6, Paris, Calmann-Lévy, 1953, p. 61.)

129. 앙리 위베르가 마르셀 모스에게 보낸 편지, 날짜 없음 [1898년].

130. Henri Hubert, "Introduction", *in* P. D. Chantepie de La Saussaye, *Manuel d'histoire des religions*, Paris, Alcan, 1904, p. XVIII.

131. Henri Hubert, Marcel Mauss, "Essai sur la nature et la fonction du sacrifice", in *L'Année sociologique*, 2, 1899, in Marcel Mauss, *Œuvres*, t. 1, 앞의 책, p. 305.

132. Émile Durkheim, "Préface", *L'Année sociologique*, 2, 1899, *in* Émile Durkheim, *Journal sociologique*, 앞의 책, p. 139. 뒤르켐은 이렇게 덧붙이고 있다. "물론 [그들이]

[종교]사회학에 부여하고 있는 중요성에 종교가 현재 사회에서 과거와 같은 역할을 수행해야 한다는 사실이 결코 포함되어 있는 것은 아니다. 이런 의미에서 반대되는 결론이 더 근거가 확실한 것일 수도 있다."

133. Émile Durkheim, "De la définition des phénomènes religieux", *L'Année sociologique*, 2, 1899, *in* Émile Durkheim, *Journal sociologique*, 앞의 책, p. 165.

134. 에밀 뒤르켐이 마르셀 모스에게 보낸 편지, 일요일, 날짜 없음 [1898년].

135. W. Robertson Smith, *Lectures on the Religion of the Semites*(1989), London, Adam and Charles Black, 1914, p. 392. 또한 같은 저자의 "Sacrifice", *The Encyclopedia Britannica*, Ninth Edition, vol. XXI, Edimbourg, MDCCLXXXVI, p. 132-138을 볼 것.

136. Henri Hubert, Marcel Mauss, "Introduction à l'analyse de quelques phénomènes religieux", *Revue de l'histoire des religions*, *in* Marcel Mauss, *Œuvres*, t. 1, 앞의 책, p. 5.

137. 제임스 프레이저가 마르셀 모스에게 보낸 편지, 케임브리지, 1899년 7월 14일.

138. 위의 편지.

139. James Frazer, *The Golden Bough, A Study in Comparative Religion*, Londres, McMillan, 2ᵉ édition, 1900, p. 3.

140. Marcel Mauss, "L'œuvre de Mauss par lui-même"(1930), 앞의 책, p. 217.

141. Henri Hubert, "Texte autobiographique d'Henri Hubert"(1915), *Revue française de sociologie*, vol. XX, n° 1, janvier-mard 1979, p. 206.

142. 마르셀 모스가 앙리 위베르에게 보낸 편지, 옥스퍼드, 날짜 없음 [1898년].

143. 에밀 뒤르켐이 마르셀 모스에게 보낸 편지, 날짜 없음 [1898년].

144. 마르셀 모스가 앙리 위베르에게 보낸 편지, 옥스퍼드(?), 1898년 5월.

145. 에밀 뒤르켐이 마르셀 모스에게 보낸 편지, 날짜 없음 [1898년].

146. 에밀 뒤르켐이 마르셀 모스에게 보낸 편지, 날짜 없음 [1898년 1월].

147. 앙리 위베르가 마르셀 모스에게 보낸 편지, 날짜 없음 [1898년].

148. 마르셀 모스가 앙리 위베르에게 보낸 편지, 옥스퍼드, 날짜 없음 [1898년].

149. 마르셀 모스가 앙리 위베르에게 보낸 편지, 에피날, 날짜 없음 [1898년].

150. 마르셀 모스가 앙리 위베르에게 보낸 편지, 날짜 없음 [1898년 6월].

151. 앙리 위베르가 마르셀 모스에게 보낸 편지, 날짜 없음 [1898년].

152. 앙리 위베르가 에밀 뒤르켐에게 보낸 편지, 날짜 없음 [1898년].

153. 앙리 위베르가 마르셀 모스에게 보낸 편지, 날짜 없음 [1898년].

154. 마르셀 모스가 앙리 위베르에게 보낸 편지, 옥스퍼드, 날짜 없음 [1898년].

155. 앙리 위베르가 마르셀 모스에게 보낸 편지, 날짜 없음 1898년].

156. 실뱅 레비가 마르셀 모스에게 보낸 편지, 카트만두, 1898년 2월 19일.

157. 앙리 위베르가 마르셀 모스에게 보낸 편지, 날짜 없음 [1898년].

158. E. Sidney Hartland, *L'Année sociologique*, 2ᵉ année, 1899에 대한 서평, in *Folk-Lore*, vol. XII, no 1, 1900, p. 95. 또한 E. E. Evans-Pritchard, *Theories of Primitive Religions*,

Oxford University Press, 1965, p. 85를 볼 것. 「희생」이라는 글의 영어 번역본의 서문
에서 에반스 프리처드는 위베르와 모스의 연구를 "굉장한" 연구로 평가하고 있다.(E. E.
Evans-Pritchard, "Foreword", *in* Henri Hubert & Marcel Mauss, *Sacrifice*, Chicago,
University of Chicago Press, 1964, p. VIII.)

159. Alfred Loisy, Henri Hubert와 Marcel Mauss의 *Mélanges d'histoire des religions*에 대한
     서평, in *Revue critique d'histoire et de littérature*, mai 1909, p. 403.

160. Henri Hubert, Marcel Mauss, "Essai sur la nature et la fonction du sacrifice", in *L'Année
     sociologique*, 2, 1899, in Marcel Mauss, *Œuvres*, t. 1, 앞의 책, p. 199.

161. 마르셀 모스가 앙리 위베르에게 보낸 편지, 옥스퍼드, 날짜 없음 [1898년].

162. 에밀 뒤르켐이 마르셀 모스에게 보낸 편지, 보르도, 1898년 6월 15일.

163. Henri Hubert, Marcel Mauss, "Essai sur la nature et la fonction du sacrifice", 앞의 책, p.
     205.

164. 마르셀 모스가 에밀 뒤르켐에게 보낸 편지, 옥스퍼드, 날짜 없음 [1898년].

165. Henri Hubert, Marcel Mauss, "Essai sur la nature et la fonction du sacrifice", 앞의 책, p.
     302.

166. Marcel Mauss, Arnold Van Gennep의 *Les Rites de passage*에 대한 서평, in *L'Année
     sociologique*, 1910, in Marcel Mauss, *Œuvres*, t. 1, 앞의 책, p. 554.

167. Henri Hubert, Marcel Mauss, "Essai sur la nature et la fonction du sacrifice", 앞의 책, p.
     306-307.

168. Henri Hubert, Marcel Mauss, "Introduction à l'analyse de quelques phénomènes
     religieux"(1906), 앞의 책, p. 16-17.

169. 위의 책, p. 17.

170. 앞의 책, Marcel Mauss, "L'œuvre de Mauss par lui-même"(1930), p. 218.

171. 마르셀 모스가 에밀 뒤르켐에게 보낸 편지, 날짜 없음 [1898년]. 이 긴 편지에서 모스는
     위베르와 함께 시작한 연구 계획을 밝히고 있다. "1) 문제에 대한 역사와 비평. 희생에
     대한 정의. 2) 희생의 순간(입장/퇴장). 3) 종교 공동체에 대한 희생의 효과(희생자의
     관점에서), 신과 자연에 대한 희생의 효과. 4) 희생의 심리적, 사회적 조건(표상 이론에
     대한 심리적 분석, 이동 이론). 5) 희생의 필요성, 희생의 기능. 그리고 6) 사회적, 정신적
     결론(희생 속에서 개인과 사회의 관계)." 모스는 또한 "위베르가 특히 [신의 살해] 문제
     를 다룰 것"이라는 점을 지적하고 있다.

172. 에밀 뒤르켐이 마르셀 모스에게 보낸 편지, 보르도, 1898년 6월 15일.

173. E. E. Evans-Pritchard, *Theories of Primitive Religions*, 앞의 책, p. 85.

174. Marcel Mauss, P. Tiele의 *Elements of the Science of Religion*에 대한 서평, in *L'Année
     sociologique*, 2, 1899, *in* Marcel Mauss, *Œuvres*, t. 1, 앞의 책, p. 544-545.

175. Henri Hubert, Marcel Mauss, "Essai sur la nature et la fonction du sacrifice", 앞의 책, p.
     307.

176. Gustave Belot, *L'Année sociologique*, 1904에 대한 서평, in *Revue philosophique*, t. LIV, avril 1905, p. 423. 위베르와 모스의 연구에 대한 반응은 몇 년 후에 『종교사 논문집』(1909)이 출간되었을 때 더 늘어났고 또 더 격렬했다. 어떤 자들은 기독교를 피상적으로 이해했다고 그들을 비난했다. 더 세심했던 다른 자들은 그들 연구의 이런저런 면, 특히 역사적 차원의 소홀을 비판했다. 알프레드 루아지는 이렇게 쓰고 있다. "그들의 연구를 읽어보면 희생은 영원한 것이라고, 즉 그들의 추상적 용어로 정의된 바가 세계 모든 곳에서 항상 실천되고 있다고 생각할 우려가 있다."(앞의 책, Alfred Loisy, Henri Hubert, Marcel Mauss, *Mélanges d'histoire des religions*에 대한 서평, p. 403.)

177. 알프레드 에스피나가 마르셀 모스에게 보낸 편지, 1898년 12월 24일.

178. 옥타브 아믈랭이 마르셀 모스에게 보낸 편지, 보르도, 1900년 1월 5일.

179. *Folk-Lore*, 1898, p. 254.

180. E. Sidney Hartland, *L'Année sociologique*, 2에 대한 서평, in *Folk-Lore*, vol. XV, n° 1, 1899, p. 96.

181. 위의 책, 같은 곳.

182. [역주] 독일을 위해 군사기밀을 빼돌렸다는 혐의로 1894년에 드레퓌스 대위가 체포된 사건이다. 페르디낭 에스테라지 소령이 진범이라는 것이 확인되었지만, 프랑스군은 드레퓌스 대위를 진범으로 지목한 종전의 판결을 뒤집지 않았다. 이로 인해 야기된 일련의 사태가 곧 '에스테라지 사건'이다.

183. Léon Blum, *Souvenirs sur l'Affaire*(1935), Paris, Gallimard, 1982, p. 42.

184. 로진 모스가 마르셀 모스에게 보낸 편지, 에피날, 1898년 1월 30일.

185. 로진 모스가 마르셀 모스에게 보낸 편지, 에피날, 1898년 2월 20일.

186. 로진 모스가 마르셀 모스에게 보낸 편지, 에피날, 1898년 1월 23일.

187. 보르도에서 드레퓌스에 대한 공격은 상당수에 달했다. 뒤르켐 개인에 대한 공격에 대해서는 R. Lacroze, "Émile Durkheim à Bordeaux", in *Annales de l'université de Paris*, janvier-mars 1960, p. 29와 Pierre Birnbaum, "Préface", *in* Émile Durkheim, *Le Socialisme*(1928), Paris, PUF, 1971, p. 2를 볼 것.

188. Émile Durkheim, "Contribution à H. Dogan. Enquête sur l'antisémitisme"(1899), 앞의 책, p. 60.

189. 에밀 뒤르켐이 마르셀 모스에게 보낸 편지, 일요일, 날짜 없음 [1898년 1월-2월].

190. 에밀 뒤르켐이 마르셀 모스에게 보낸 편지, 날짜 없음 [1898년 2월].

191. 에밀 뒤르켐이 셀레스탱 부글레에게 보낸 편지, 보르도, 1898년 3월 18일, *in* Émile Durkheim, *Textes*, t. 2, 앞의 책, p. 417.

192. 에밀 뒤르켐이 셀레스탱 부글레에게 보낸 편지, 보르도, 1898년 3월 22일, in Émile Durkheim, *Textes*, t. 2, p. 423.

193. Jean-Claude Filloux, "Introduction", 앞의 책, p. 257.

194. Émile Durkheim, "L'individualisme et les intellectuels"(1898), *in* Émile Durkheim, *La*

Science sociale et l'action, 앞의 책, p. 278.

195. Gabrielle Deville, "L'affaire Dreyfus et le socialisme", *Le Devenir social*, 4e année, novembre 1989, p. 803.

196. Charles Rappoport, *Une vie révolutionnaire, 1883-1940*, Paris, Éditions de la Maison des sciences de l'homme, 1991, p. 166.

197. Daniel Halévy, *Pays parisiens*, Paris, Gallimard, 1932, p. 170.

198. 마르셀 모스가 앙리 위베르에게 보낸 편지, 날짜 없음 [1898년].

199. 마르셀 모스가 앙리 위베르에게 보낸 편지, 날짜 없음 [1898년].

200. Marcel Mauss, "La guerre du Transvaal", *Le Mouvement socialiste* 1er juin 1900, p. 644-645.

201. 위의 책, p. 645.

2부

터부-토템 씨족

실뱅 레비

제2부 서문

외국에서의 체류 마지막 시기에 마르셀 모스는 다음과 같은 문제에 봉착했다. 장차 어떤 직업을 선택할 것인가의 문제가 그것이다. 사회과학분야에서 고용시장의 폭은 비좁았다. "종종 희생을 바탕으로 경력을 쌓아갔던" 폴 포코네를 생각하면서 모스는 이렇게 말하고 있다. "오늘날 젊은이들은 전쟁 전의 삶은 어려움 없는 삶, 규칙적인 승진, 별 다른 시련 없이 노동을 보상해주는 충분한 월급 등으로 특징 지워지는 삶의 연속이라고 생각한다! 하지만 이 얼마나 심각한 오류인가! 그 과거 속에서 오랜 동안 아주 힘들었고 희생적인 시간을 보내지 않은 학자들을 나는 거의 알지 못한다."[1]

모스에게는 두 가지 가능성이 열려 있었다. 하나는 보르도에서 경력을 쌓는 것이다. 뒤르켐이 모스를 데려오고자 했던 것이다. 다른 하나는 중등교육계다. 실제로 뒤르켐은 보르도대학에 종교학 강의를 개설할 용의를 가지고 있었다. 하지만 모스가 반대했다. "다른 유력자들과 다른 부당한 자들의 적"이 되어 "외관적으로나마 임용에 파당 정신이 개입했다."[2]는 소리를 듣고 싶지 않았기 때문이다. 결국 뒤르켐도 같은 이유로 자기 생각을 포기하게 된다.

> [……] [이 계획을] 실천에 옮기려면 대학 관계자들의 말을 들을 필요가 있을 것이다. 또한 동료교수들이 적대적 감정을 품고 내가 족벌주의에 빠져 있다는 생각을 하지 않아야 할 것이다. 그렇다. 최근의 상황을 보면 나를 따르던 몇몇 친구들도 나를 저버리는 상황이라는 것이 확실하다.[3]

위에서 "최근의 상황"은 분명 드레퓌스 사건을 가리킨다. 이 상황으로 인해 뒤르켐은 신중하게 행동해야 했다. 게다가 동양학에 관계된 새로운 강의 문제로 이지도르 레비를 지지하는 문제가 제기되었을 때, 뒤르켐은 "구두로 자신의 투표 불참을 설명하며 기권하겠다."고 통보하기도 했다. 뒤르켐은 "유대주의"를 구실로 동료교수들 가운데 한 명(푸카르)의 "족벌주의에 대응하려는 인상"[4]을 주지 않으려 했던 것이다. 역사 교수자격시험 합격자(1894년)인 레비는 고등연구실천학교에서 공부했고, 그러면서 모스를 알게 되었던 인물이다. 카이로 소재 동양고고학 프랑스연구소에서 2년(1897-1899) 동안 머물렀던 레비는, 고등연구실천학교 제5분과에서 북부 셈족들에 대한 자유 강의를 하고 있었으며, 『사회학연보』제2호에서부터 협력하기도 했다.

모스는 중등교육에의 헌신에 대해 진지하게 생각했다. 모스의 어머니는 "자신의 기쁨 혹은, 이렇게 말하자면, 자신의 행복"이 결국 아들 모스가 "좋은 직장을 잡고 행복한 결혼 생활을 영위하는 것"을 보는 것이라는 사실을 전혀 감추지 않았다. 그리고 가능하면 아들 모스가 고향에서 교수가 되었으면 하는 바램을 마음속에 간직하기도 했다. 하지만 "유대인의 경우 프랑스에서 그 어떤 장래도 보장받을 수 없었기 때문에"[5] 모스의 어머니는 곧 뒤르켐의 관점에 동의하고 만다.

> [……] 이제 목적을 갖고 네가 요구하는 것이 무엇인지를 아는 것은 전적으로 네 몫이다. 대학에서 자리를 잡고자 한다면, 한창 연구하는 기간을 이용해 가능한 한 빨리 학위논문을 마치도록 전력을 다해야 할 거다. 고등학교에서 가르치고자 한다면, 벨포르로 와서 행복하게 지내도록 해라. 이 모든 계획에서 나에 대해서는 신경쓰지 말도록 해라. 나는 만사에서 열외다. [……] 반복컨대 내 편안함은 부차적인 일로 여기도록 해라. 그리고 2년 동안의 학비도 그렇게 생각하도록 해라. 2년 후에 네가 학위를 마치고 빠른 시일 내에 대학에 자리를 잡을 수 있다면, 그것이 훨씬 더 잘 된 일일 게다. 물론 네 삼촌이 내게 이런 조언을 해줬다. [……][6]

그러니까 모스의 어머니는 아들이 학위논문을 해치우고 가능하면 빨리 대학에서 자리를 잡기 위해 "금전적인 희생"을 2년 더 하는 것에 동의했던 것이다. 그녀는 동생 뒤르켐이 논문을 쓰면서 "많은 시간을 투자했던"[7] 것을 잘 알고 있었다. 뒤르켐과 친구들의 압력 하에 모스는 1898년 여름에 "자기 경력과 행복에 필요"하므로 "적어도 2년을 더 자유롭게 공부하기로" 결정하게 된다. 2년 동안의 계획은 다음과 같았다.

결국 내가 마음을 굳힌 것은, 내 생각으로 내년에 대부분을 에피날에서 어머니와 함께 보낼 수 있을 거라는 생각 때문이네. 적어도 12월까지 말일세. 그 다음에는 파리로 갈 것이고, 그 이후 런던으로 되돌아가도와 줄 비서가 있다면 3개월 안에 민족지학에 대한 연구를 마칠 수 있을 거라 확신하네. 그곳에서 새로이 멜라네시아 언어를 배우고 싶다는 것을 고려하지 않는다는 가정 하에서 말일세. 물론 나는 그렇게 될 것이라고 생각하고, 또 그것을 우려하고 있기는 하네.

그 다음해에 나는 파리에서, 그리고 어머니 곁에서 논문을 쓰면서 보낼 참이네. 그렇게 하면 어머니의 희생에 보답할 수 있을 것이고, 어머니의 외로움을 어느 정도는 달래 드릴 수 있을 것이며, 나 역시 편안하게 지낼 수 있을 걸세.[8]

한편, 모스의 친구인 앙리 위베르는 1898년 이래로 생 제르맹 국립 고대 박물관에서 "자유보좌관" 신분으로 일하고 있었다. "[자기에게] 새로운 것을 배울 것을 요구하고, 또 일반적인 다른 능력을 요구하는" 자리에서 그 자신 "의심의 병"이라고 불렀던 증상을 악화시켰던 일을 수행하면서 위베르는 모스에게 이렇게 속내를 털어놓고 있다. "나는 내 자신에 대해 질문을 던지고, 내 자신에게 말하면서 많은 시간을 허비하고 있네. 나는 누구지? 내가 무슨 가치가 있지? 내가 뭘 알지? 내가 뭘 했지? 내가 잘 모른다는 것을 알게 되면 완전히 걱정에 잠기게 되네."[9] 생 제르맹 박물관에서 일하게 된 위베르의 상관은 그에게 "커다란 호감"을 가졌다. 레나크 가의 세 형제 중 한 명이었던 살로몽이 그 장본인이었다.

사회적으로 성공을 한 레나크 가의 세 형제는 젊은 유대인들의 모델이 되었다. 강베타 장군 곁에서 뛰어난 재능을 과시했던 장남 조제프는 변호사와 국회의원을 지냈다. 둘째 테오도르는 법학과 문학 박사학위를 취득한 후에 그리스 고고학과 화폐학 전문가가 되었다. 테오도르는 그 이후 이중의 경력, 즉 정치 경력(1906년-1914년까지 국회의원)과 대학 경력(1924년 콜레주 드 프랑스 교수)을 쌓게 된다. 일에 대한 대단한 추진력과 만족을 모르는 호기심을 가졌던 막내 살로몽은 지중해 고고학에 전념했고, 종교사, 철학, 그리고 다른 영역에 커다란 관심을 갖게 된다. 이와 같은 이유로 앙리 위베르는 살로몽을 "새로운 피코 델라 미란돌라혹은 마지막 백과전서파"[10]라고 지칭하고 있다. 위베르가 보기에 살로몽은 "아주 용감한 사람", "아주 뛰어난 지도력을 가진 사람"이었으며, 따라서 위베르는 "그가 자신들의 사상을 공유하고" 또 "자신들의 계획에 함께 기여할 수 있기를" 바라기도 했다.[11] 모스의 친구 위베르의 작업조건은 만족스러운 것 같았다. 개인 사무실이 없는 것을 제외하곤 말이다. 그래도 위베르는 "특별하고, 충분하고, 어떤 관점에서 보면 유일하다고 할 수 있는" 도서관에 마음대로 드나들 수 있었다. 위베르의 의도는 "일하고, 이 박물관에서 최대한의 이익을 얻는 것"이었다. "이 박물관의 고대 유물들을 살피면서 동양학자로 남기 위해선 내 자신 고대 유물에 대해 완전한 지식을 가져야 할 필요가 있네."[12] 위베르는 모스에게 이렇게 쓰고 있다.

위베르와 모스는 자신들의 시간과 에너지의 많은 부분을 연구와 독서에 할애했다. 「희생의 본질과 기능에 대한 시론」 말고도 이들 두 사람은 『사회학 연보』에 대부분 종교사회학에 속하는 많은 저작들에 대한 서평을 썼다. 그들은 또한 토테미즘 문제에 특히 관심을 가졌으며, 오스트레일리아에서 행해진 민족학 연구에도 관심을 표명했다. 모스는 이미 개인적으로 많은 학자들을 알고 있었다. 칼란트, 프레이저, 레비, 마릴리에, 티엘레, 타일러, 윈터니츠 등이 그들이다.

이 학자들의 저작과 연구의 동정을 살피는 것은 대단한 분량의 작업이었다. 모스 스스로 "『사회학 연보』에 이처럼 광범위한 이론들에 대한 서평이나 논평을 쓸 시간적 여유가 있는지"를 자문하곤 했다. 모스는 친구 위베르에게 이렇게 호소하고 있기도 하다. "팀을 이루세. 그게 바람직하네. 힘을 분산시키지 말고, 한꺼번에 공격하세."[13] 위베르는 전적으로 모스에게 동의를 했다. "[……] 전체적으로 각자의 개인적 연구를 서로 교대로 검토할 수 있었으면 좋겠다는 생각일세. [……] 우리의 연구가 어느 정도 균질했으면 한다는 점을 강조하는 바네."[14]

각각 '사학자-고고학자', '철학자-민족학자'인 위베르와 모스는 공통된 관심사를 가지고 있었다. 이들 두 사람은 학문 연구와 정치 참여라는 두 가지 과제를 안고 20세기 초를 살았던 것이다. 특히 모스는 여러 정치 모임에 참가했고, 협동조합운동에 협조했으며, 참여 성향의 글들을 발표하기도 했다.정치 모임에 참가했고, 협동조합운동에 협조했으며, 참여 성향의 글들을 발표하기도 했다.

4장_ 학술 동인 모임에서

1900년 초에 마르셀 모스는 뒤르켐에게 배달된 한 통의 전보를 통해 교육부 장관으로부터 "1년간 고등학교 철학 교육을 위한 파견 근무" 초청을 받았다. 뒤르켐은 모스에게 "라슐리에 씨를 보러가서 받아줄 수 있는지"의 여부를 알아보라고 했다. 하지만 뒤르켐은 모스에게 거절하라는 충고를 했다. "네가 논문 생각을 해야 한다는 점을 새삼 강조할 필요는 없겠지."[1] 모스의 대답은 똑 부러지는 것이었다.

제 논문이 그렇게 절망적이지 않다는 사실을 말씀드렸죠. 이것 말고도 여러 가지 일을 많이 전해드렸죠. 15일에 보르도에 갈 작정이에요. 거기에서 서론, 개념 정의, 플랜 등을 구상해볼 셈이에요. 막 논문을 쓰기 시작하려는 순간에 멈춰서는 안 되겠죠. 라슐리에 씨를 만나 봤는데, 제안이 썩 내키지 않고, [……] 제가 거절하는 경우에도 라슐리에 씨는 별 다른 감정을 품을 것 같지는 않아 보였어요.[2]

시간이 많았던 모스는, 실뱅 레비의 표현에 따르면, "옛 스승들을 도와줄 수 있는" 입장에 있었다. 모스는 영국에서 돌아온 뒤로 여러 강의를 청강하고 있던 고등연구실천학교에서 그해 말에 수업을 하나 맡아달라는 제안을 받아들였다. 루이 피노의 강의를 대신하고 있던 알프레드 푸셰가 일 년 동안 다시 그를 대신하기 위해 사이공에 있는 극동학교의 책임자로 떠나겠다고 선언했다. 이때 종교학 분과의 교수로 있던 실뱅 레비가 마르셀 모스에게 일시적으로 인도 종교 강의를 맡아줄 것을 부탁했던 것이다. 이 강의는 종교학 분과에서 1900-1901학년도에 개설되었던 12개 강의 중 하나였다.[3]

　　인도 종교 강의를 대신할 지원자인 모스에 대해 이런저런 얘기가 돌았다. 모스는 옛날 이 학교의 학생이었다, "그는 벌써 H. 위베르와 공저한 희생에 대한 논문으로 명성을 얻었다", 『종교사 잡지』에 여러 편의 서평을 싣기도 했다고 말이다. "지금으로서는 대리 강의는 한 학기에만 국한되어야 할 것이다."[4]라는 희망을 피력한 뒤렘부르 교수의 약간 유보적인 태도를 제외한다면 모스에 대한 반대는 없었다. 모스의 산스크리트어 교수였던 빌렘 칼란트가 강조했던 것처럼, 모스는 "푸셰 씨를 대신하는 영광"을 누렸던 것이다.[5]

　　뒤르켐은 모스의 결정에 전적으로 수긍하지는 않았지만 반대하기도 어려운 입장이었다.

　　네가 박사가 되었다고 해도 내가 너에게 그런 자리를 찾아줄 수 있을지 아무런 확신이 없다. 너에게 이번 일로 신경써줬던 많은 사람들이 의욕을 잃도록 그 제안을 거절하라고 강한 충고를 할 수 있을 만큼의 확신 말이다. 네가 담당하게 될 과목 —— 아직 나에게 알려주지 않았다.(내 판단으로는 철학일 것 같은데) —— 으로 미뤄보면 그다지 걱정거리는 없을 것 같긴 하다. 하지만 너에게와 마찬가지로 나에게도 다른 걱정거리가 있다. 아니 걱정을 해야만 한다. 왜냐하면 네가 강의를 하면서 논문을 쓰는 일을 마칠 수 있기 위해서는 논문 쓰는 기간이 더 연장될 수도 있기 때문이다. 또한 네가 이런 가능성을 인정하지 않을 가능성도 없지 않고 말이다.

따라서 네가 가능한 한 좋은 강의를 하기 위해서는 지금 당장으로서는 더 공부를 하는 수밖에 없다는 생각이다. 물론 논문을 쓰기 위해 촌음을 아껴 써야 되겠지. 올해에도 네 논문에 진전이 있길 바란다. [……][6]

1900-1901학년도에 모스가 했던 첫 번째 강의는 "인도 종교 약사(略史)"(불교 이전의 브라만교, 불교, 지이나교, 고대 불교의 다양한 근대적 운동 등), "힌두교 철학의 다양한 체계 설명과 베단타 텍스트 해제"에 관한 것이었다." 이 강의에는 24명의 학생이 등록했는데, 그 가운데 2명이 정규 학생(카엔 씨와 그라트롤 몽토뷔크 씨)이었다. 그리고 몇몇 정기적으로 참가하는 청강생들(폰 게르스도르프 씨, 르사주 씨, A. 레비 씨, 뒤 파스키에 씨, 파르트리 드주 양, 통멘 씨)이 있었다. 학생들에게 약간 실망한 모스는 그 학년도가 끝나자 위베르에게 이렇게 털어놓고 있다. "내 강의에는 황당한 사람들뿐이야."[7] 그 다음해에도 모스는 같은 강의를 맡았다. 세 명의 학생(펠로비치 씨, 미셸 씨, 파르트리 드주 양)이 들었던 모스의 강의는 "요가 철학 텍스트의 역사와 해제"였다.[8]

실뱅 레비의 보호를 받았던 모스는 이른바 "자기 편 사람들" 속에 끼여 지내고 있었다. 그때 이런 분위기는 고등연구실천학교 두 명의 교수가 갑작스럽게 별세를 하면서 일순간 급박하게 돌아가기 시작했다. 우선 1901년 4월에 기독교 문학 강의를 맡고 있었던 오귀스트 사바티에 교수가 세상을 떠났다. 파리 신교신학교 총장이자 고등연구실천학교 부총장 직을 맡고 있었던 사바티에는 프랑스 신학자들 가운데 가장 유명한 인물이었다. 예수의 생애, 사도 바울, 묵시록 등에 대한 여러 권의 저서를 남긴 사바티에는 "그의 박학다식과 확고한 지식, 비평에서의 엄격한 성실성, 자기만의 철학적 사유를 정립하는 뛰어난 능력"[9] 등으로 높이 평가받고 있었다.『사회학 연보』창간호에서 모스 자신은 사바티에의 마지막 저서인『심리학과 역사학에 입각한 종교철학 소묘』에 대해 비교적 긍정적인 평가를 한 바 있다. 모스는 이렇게 적고 있다. 분명 이 책은 철학 저서지 과학 저서가 아니다, 하지만 이 책의 저자는 역사적임과 동시에 비교적인 방법을 잘 적용하고 있다, 그리고 사바티에는 "종교에서 사회학적 요소"를 찾아내고 있다, 아울러 사바티에는 "종교학에서 기도(祈禱) 이론이 차지하고 있는 중요성을 충분히 파악하고 있다."고 말이다.[10]

모스는 사바티에 교수의 사망으로 인해 발생한 자리에 서류를 제출할 가능성을 고려해봤다. 하지만 강의 분야가 바뀐다는 전제하에서였다. 앙리 위베르도 모스와 같은 입장이었다. 이들 두 친구는 함께 상황을 분석하고, 전략을 논의하며 각자의 가능성을 따져 봤다. 위베르의 첫 번째 반응은 다음과 같았다.

[이지도르] 레비가 방금 불쑥 우리 집에 왔네. 고등연구실천학교에 새

로운 일이 생겼다고 해. 레빌이 교수 월급 1,000프랑을 레이노에게 주려고 하네. 레비는 나보고 지원을 해보라고 하네. 그의 말로는 내가 고등연구실천학교에 임용되는 것이 나의 장래를 위해 최선이라는 거야. 하지만 난 지금으로서는 거기에 입성할 생각이 별로 없네. [……] 자네들보다 먼저 입성한다는 것은 부끄러운 일일세. 자네가 레이노에게서 이 기회를 빼앗을 수 있는 최소한의 가능성이라도 있으면, 친구, 지원은 자네가 해야 할 걸세. 내일 일요일 아침에 난 실뱅 레비에게 가서 그의 의견을 구하고자 하네. 이지도르는 [생각이] 이렇네. 사람들이 다시 새로운 유대인을 교수로 임용하는 것을 두려워하고 있고, 내가 레빌 부자로부터 신교도들을 떼어놓을 수 있는 유일한 인물이라고 말일세. 두고 볼 일이지. 그러니 내일 점심시간이나 1시 경에 오게.[11]

모스는 상황을 위베르와 다르게 보고 있었다.

우리는 실뱅 레비와 함께 사바티에 문제를 논의했네. 신교도들이 사바티에의 후임으로 지원할 것은 불을 보듯 뻔하네. 벌써 오래 전부터 준비를 해온 것 같기도 하고, 사바티에가 죽기 전에 이미 승계자가 정해진 것 같기도 하네. [……]

이와 같은 승계에 문제를 제기하고, 강좌를 바꾸는 것을 요구하는 것이 가능할 수도 있을 걸세. 그러기 위해서는 너무 많은 기독교 강좌가 개설되어 있다는 점이 부각되어야 하고, 그래야 강좌 변경이 제안될 수 있을 걸세. [……]

원칙이 정해져야 자네나 나 둘 중에 누가 그 자리에 지원할 수 있을지를 결정할 수 있을 걸세. 레비는 나를 위해 뭔가를 할 수 있을 거라고 생각하고 있네. 하지만 난 자네를 위해 할 수 있는 것이 있을 거라는 생각일세. 나로 말할 것 같으면 푸셰가 귀국하게 되면 결정적인 순간에 지금의 대리 강의를 밀어붙이는 것이 더 나을 것 같네. 자네가 지원을 하는 것이 강좌 변경의 필요성을 더 제대로 정당화할 수 있을 것 같네.[12]

모스의 주장에 일리가 있다고 판단한 실뱅 레비는 "위베르를 위해 뭔가 할 일이 있다."고 생각하게 되었다. 하지만 먼저 고등교육 담당관인 루이 리아르를 설득해야만 했다. 왜냐하면 "학교의 거의 모든 사람들이 그에게서 뭔가를 기대하고 있고, 리아르는 이 학교에 대해 막강한 힘을 가지고 있었기" 때문이었다. 실뱅 레비에 의하면 리아르만이 "학교에 압력을 가할 수 있고, R. P. 레빌에게 직접 [강좌] 변경을 원한다는 사실을 알릴 수도" 있었다. "투표를 예상한" 모스는 친구 위베르에게 "가능한 한 필요한 모든 것"을 준비하도록 했다.[13] 위베르는 라비스와 뒤르켐에게 추천서를 부탁하기도 했다. 뒤르켐은 주저 없이 위베르를 지지했다.

제가 그[위베르]를 얼마나 높이 평가하는지를 담당관님에게 말하는 것이 제 의무인 듯 합니다. 그는 정확함과 세세함이라는 면에서 사소한 것도 놓치지 않으면서 편협한 역사적 관점을 넘어설 수 있고, 또 그렇게 함으로써 새로운 길을 개척할 필요성을 느끼고 있는 아주 드문 사학자 중 한 명입니다. 그가 그 학교에 들어가게 되면 학교를, 어쨌든 학문을 빛낼 것은 의심의 여지가 없습니다.[14]

하지만 앙리 위베르의 승리를 장담할 수 없는 상황이었다. 사바티에의 자리에 네 명의 지원자가 있었다. 기독교 문학 강좌가 계속 개설된다면 루아지와 몽소였고, 강좌가 바뀐다면 포세(아시리아-바빌론 종교)와 위베르(유럽 원시 종교)였다. 첫 번째 회의에서부터 격론이 일었다. 많은 교수들이 기독교 문학 강좌의 존속을 옹호했다. 모리스 베른과 이 분과의 총무였던 장 레빌을 포함해 몇몇은 루아지를 지지했다. 아직은 사제였던 알프레드 피르맹 루아지는 그 당시 그의 저서로 인해 미묘한 상황에 처해 있었다. 그러니까 『성서』의 오류를 찾고자 했던 이 "근대주의자"는 실제로 그 당시 파리 주교였던 리샤르 추기경에 의해 파리 가톨릭연구소에서의 강의를 포기하도록 강요받고 있었다. 많은 교수들이 루아지에 대해 "유보 이상의 태도"를 보이고 있었다. 실제로 그들은 루아지가 "『성서』비평의 문제를 자유롭게 다루지 못할 것"을 우려했고, 또한 그가 "비평을 교리에 복종시키고 말 것"이라는 점을 염려했던 것이다. 그 자신 "고등연구실천학교에 아직도 충분히 섞여들지 못했다."는 것을 의식하고 있던 루아지는 자기가 임용될 가능성이 희박하다는 사실을 알고 있었다. 루아지는 후일 이렇게 말하고 있다. "그 당시 내가 교회를 떠났더라면 나를 임용했을 것이다."[15]

실뱅 레비는 오귀스트 사바티에가 담당했던 강좌의 중요성을 인정했고, "다른 지원자를 압도할 수 있는 지원자가 없다는 사실"에 유감을 표명했다. 같은 의견을 가졌던 레옹 마릴리에는 입장을 분명하게 표명하면서 한 발 더 나아갔다. 그는 이렇게 주장했다. "현재까지 강의에 반영되지 않았던 우리 연구 분야의 중요한 한 부분에 관계된 강의가 개설되기 위해 이번 기회를 잘 이용해야 할 필요가 있습니다. 아시리아-

바빌론 종교에 대한 강의가 그것입니다." 분과장이었던 알베르 레빌도 "현재 부족한 과목의 보충"에 우호적이라고 선언했다.[16] 하지만 레빌은 어떤 과목을 더 선호하는지는 밝히지 않았다. "개방"이라는 의제 쪽으로 길이 열리긴 했지만, 그렇다고 위베르가 임용될 가능성이 높은 것은 아니었다. 교회법사 담당 교수였던 아드에마르 에스멩은 이 분과의 교육 방향을 재천명하기 위해 발언을 했다. "우리는 무엇보다도 종교학 분야에 몸담고 있습니다. 원시종교에 대한 연구는 종교학보다는 사회학에 더 유용합니다. 우리에게 이런 연구가 흥미롭긴 합니다만 본질적이진 않습니다."[17]

그 다음에 열린 임용위원회에서 지원자들의 서류를 검토할 임무를 맡은 소위원회(이 분과의 총무, 분과장과 3명의 위원(뒤렘부르, 마릴리에, 피카베))는 3대 2로 "아시리아-바빌론 종교" 강의를 개설할 것과 이 강의를 포세 씨에게 일임할 것을 제안하기에 이르렀다. 이 위원회의 구성원이었던 레옹 마릴리에와 알베르 레빌은 아시리아-바빌론 종교 강의 개설의 "위급성"을 강조했다. 샤를르 포세는 아주 막강한 지원자였다. 1869년에 태어났고, 1890년에 문학 교수자격시험에 합격한 포세는 벌써 안티레바논 산맥,[18] 시리아 그리고 이라크에서 세 번에 걸쳐 고고학 탐사를 수행한 적이 있는 인물이었다. 하지만 많은 교수들이 이 제안에 반대하기 위해 개입했다. 이스라엘 레비, 실뱅 레비, 뒤렘부르, 에스멩, 미예 등이 그들이었다. 실뱅 레비의 입장에서는 "위베르의 자리는 이미 이 분과에 마련되어 있었다." "실뱅은 오래 전부터 위베르의 연구, 지식, 방법 등을 높이 평가하고 있었을 뿐만 아니라 그의 모든 스승들(페로, 뒤르켐, 뒤렘부르, 카리에르, S. 레나크, 베라르)이 고등연구실천학교에서 가르칠 수 있는 뛰어난 실력을 갖추었다는 사실을 이구동성으로 인정했다."[19] 투표는 백중했고, 위베르는 세 번째 투표에서 2표 차이로 승리할 수 있었다.[20] 간발의 차이로 패배한 포세는 이 분과에서 자유 강의를 하게 되고, 1907년에서야 비로소 정식 강의를 맡게 된다. 하지만 그는 또한 그 사이 1906년에 콜레주 드 프랑스의 아시리아 문헌학 및 고고학 담당교수로 임명되게 된다. 뒤르켐이 강조하고 있듯이 위베르의 승리는 곧 사회학의 승리를 의미하는 것이기도 했다. "전체적인 관점에서 사회학이 고등연구실천학교에 파고든 것은 그리 나쁜 일이 아닐세. 그런데 이번에도 사회학은 정식 과목이 되지는 못했지. 그래도 사람에 따라 선택을 할 수 있다는 것만으로도 축하할 일이네."[21]

위베르의 임용이 있고난 뒤 몇 달 후인 1901년 10월에 레옹 마릴리에 교수의 별세는 그의 식구들과 종교학 분과의 구성원들에게는 경악할 사건이었다. 우선 사건 자체가 비극적이었다. 같은 해 8월에 포르 베니[22]에서 "조난"을 당해 마릴리에의 부인과 그녀의 여동생이 오랜 병원 생활 끝에 세상을 떠난 것이다. 마릴리에는 기적적으로 구조되었다. 하지만 여러 주 동안 "꺼져버린 행복을 추억하면서 정의와 선의에 모든 것을 받치고자 슬픔에서 벗어나고자 했지만", 결국 마릴리에는 "세상을 떠나고 말았다".[23] 채 40세도 안된 나이에 말이다.

마릴리에의 죽음으로 모스는 고등연구실천학교에 임용되게 된다. 『사회학 연보』 창간호가 나왔을 때 마릴리에는 이 분과의 옛 학생이었던 모스에 대해 칭찬을 했던 적이 있었다. "정확성과 세심함에서 종교 연구에 관계된 분석은 그 대부분을 맡아 처리했던 협력자 가운데 한 명인 모스 씨의 공적으로 돌아가야 할 것이다."[24] 게다가 종교사와 동시에 비문명화된 민족들의 종교에 관심을 가졌던 모스는 마릴리에의 후계자처럼 보였다. 모스는 마릴리에의 교육과 연구 내용을 잘 알고 있었다. 또한 모스는 1901년에 협력했던 『종교사 잡지』의 협력자가 되었고 세 편의 서평을 싣기도 했다. 이처럼 마르셀 모스의 이름은 비문명화된 민족들의 종교 강의의 책임자였던 마릴리에의 뒤를 잇기 위한 과정에서 상당한 무게가 있었다. 마릴리에에 대한 비극적 사건 소식을 접한 후에 C. P. 티엘레는 모스에게 다음과 같은 내용의 편지를 쓰고 있다. "학교, 잡지, 종교사학 분야에서 중대한 손실일세. 공석이 된 그 자리에 자네가 지원할 만하다고 생각하네. 성공하길 바라네."[25]

모스는 즉각 지원서를 준비했고, 종교학 분과 학장 알베르 레빌과의 면담을 요청했다. 이 "방문"을 위해 뒤르켐은 조카에게 많은 충고를 해주고 있다.

> 조심하도록 해라. 그 노인 앞에서 자극적인 말, 놀래키는 말은 한 마디도 입에 담지마라. 그 사람이 대화를 이끌어 가도록 내버려둬야 해. 네가 그 사람에게 설교하기 위해 가는 것이 아니라, 너를 알게끔 하기 위해 간다는 걸 명심해라. 네가 한 연구에 대해 쓸데없이 그를 이해시키지 말도록 해라. 묻거든 간단하고 가능한 똑 부러지게 답해라.[26]

알베르 레빌은 모스에게 호감을 감추지 않았다.[27] 하지만 모스 혼자만 지원을 한 것은 아니었다. "바빌로니아 신화와 「창세기」 첫 장"에 대한 자유 강의를 하고 있던 루아지 신부 역시 다시 한 번 지원할 생각을 하기도 했다. "또 한 번의 실패를 맛볼 것"[28]을 확신한 루아지는 결국 포기하고 만다. 다른 두 명의 지원자가 더 있었다. 에른스트 베르트랑과 루이 뒤보였다. 이들 두 사람은 여러 경로를 통해 강좌의 변경을 요청했던 것 같다. 베르트랑은 신교 교리 역사로, 뒤보는 게르만과 스칸디나비아 종교로의 변경이 그것이다. 하지만 곧바로 "이중 고용"[29]의 문제가 불거졌다.

이 분과의 총무였던 장 레빌이 지적하고 있는 것처럼, 게르만족과 스칸디나비아족의 종교에 대한 강의를 개설한다는 것은 "매혹적"인 계획으로 보였다. 하지만 장 레빌은 이렇게 설명하고 있다. "비문명화된 민족들의 종교와 직접적으로 관련된 강의 개설 계획을 취소한다는 것은 불가능하다." 왜냐하면 앙리 위베르의 강의로도 이 강의를 대신할 수는 없다고 판단되었기 때문에 더 더욱 그렇다는 것이다. 이처럼 위베르와 긴밀한 협조를 했던 사이였기 때문에 사람들이 우려했던 것과는 달리, 위베르의 존재는 모스의 지원에 방해 요소가 되기는커녕 오히려 도움이 되었던 것이다. "위베르의 강의가 게르만족과 스칸디나비아족의 종교에 대한 강의와 겹치는 부분이 많았기 때문이었다."[30]

뒤르켐은 개인적으로 고등교육 책임자였던 루이 리아르를 만나기도 했다. "문제의 강의를 없애는 것은 비교종교학에 관계된 고등연구실 천학교에서 상당히 많은 연구를 없애는 것과 같다."는 것을 알리기 위함이었다. "민속학과 더불어 종교적 민족지학은 이 연구의 출발점이라는 이유에서였다."[31] 뒤르켐은 관례를 모른다고 하면서 모스를 루이 리아르에게 소개하지는 않았다. 하지만 뒤르켐은 모스의 행동 하나하나를 지시하게 된다. "만일 네가 리아르를 만날 기회를 갖게 되면 [……] 신중해야 한다. 그에게서 언질을 받으려고 한다는 태도를 보이지 말아라. 그 사람에게 네가 어떤 정신으로 교육에 임하는가를 보여주도록 해라.

네 연구의 진정한 본질이 뭔지를 느끼게 해주면서 말이다. 이리저리 소란 피우지 않도록 주의하도록 해라. 흰소리 하지 말고, 특히 허풍을 떨지 말도록 해라."[32]

　　종교학 분과 위원회에서 8대 4로 비문명화된 민족들의 종교에 대한 강의의 존속이 결정되었다. 따라서 모스는 탄탄대로를 갈 수 있게 되었다. 물론 몇몇 교수들이 다음과 같은 우려를 표명하기도 했다. 모스가 "일반적인 문제들만을 다뤘다.", 그가 "방법론에 대해서만" 관심을 가진다는 등의 우려가 그것이었다. 공격적인 태도를 보였던 쥘 투탱 교수는 희생에 대한 위베르와 모스의 공동 논문의 한 대목을 인용하기도 했다. 모스가 "적절하지 못하게 방법론을 전개했다."는 점을 증명하기 위해서였다. 그리고 "비문명화된 민족들의 종교사 강의를 담당할 사람에게 필요한 자질을 충분히 갖춘 지원자가 없다."는 사실을 확신한 투탱은 아시리아-갈데아 종교에 관련된 강의 개설을 제안하기도 했다. 다행이 실뱅레비, 이스라엘 레비가 모스를 옹호하고 나섰고, 프레이저와 티엘레의 아주 우호적인 평가를 인용하기도 했다. 실뱅 레비는 다음과 같이 자세하게 설명했다. "모스 씨는 오래 전부터 민족지학을 지향했습니다. 그가 산스크리트어와 셈어를 공부했던 것은 종교적 민족지학에서 아주 중요한 가치를 가진 것으로 여겨졌던 자료들을 직접 분석하고 연구하기 위함이었습니다. 모스 씨는 스승을 돕는 일을 흔쾌히 받아들여 푸셰 씨를 대신해 강의를 하기도 했습니다. 이것은 모스 씨가 민족지학 연구를 포기하지 않았다는 것을 여실히 보여주는 것입니다."

　　모스는 반대 없이 임용되었다. 10명이 찬성했고 2명이 기권을 했다. 또한 모스에게 "푸셰 씨가 귀국할 때까지 인도 종교사에 대한 강의를 계속 해줄 것"을 요청하기도 했다.

이렇게 해서 그 자신 과거에 공부를 했던 학교에서 모스는 협력자들, "쌍둥이 형제"라고 할 수 있는 앙리 위베르, 스승이자 "두 번째 삼촌"이었던 실뱅 레비를 포함한 이른바 '식구'들 틈에서 다시 자리를 잡게 되었다. 실뱅 레비는 기쁜 나머지 뒤르켐에게 이런 내용의 편지를 쓰고 있다. "마르셀을 정식으로 임용할 수 있게 되어서, 그리고 그를 위해 마련되었던 자리에 그를 앉힐 수 있어서 다행입니다." 그리고 이렇게 덧붙이고 있다. "저는 모스의 천재성을 의심하지 않고 있습니다. 제가 우려하는 건 오히려 그가 너무 꾸준하게 연구를 한다는 점입니다."[33] 옛 스승이었던 알프레드 에스피나가 지적하고 있는 것처럼, 모스는 "이제 그의 자리에서 아주 어려운 문제, 아주 복잡한 문제를 다뤄야 하고, 또한 이 어려운 문제를 다루기 위해 학생들을 끌어들여야 하는 문제를 안게 되었다."[34]

새로이 교수로 임용된 모스는 "종교적 사실의 참다운 성질을 발견해야 하는 문제로 인해 여러 난점이 제기된다"는 사실을 숨기지 않았다. 후일 『종교사학 잡지』에 실렸던 취임 강의에서 모스는 전임(前任) 교수였던 레옹 마릴리에에 대한 찬사를 잊지 않았다. 하지만 자신과 그와의 다른 점을 밝혔는데, 모스에 따르면 레옹 마릴리에는 "종교 연구를 철학의 영역에서" 수행했다. 모스는 그러면서 자기 강의의 주된 방향을 소개하고자 했다. 강의 제목은 "비문명화된 민족들의 종교"였다. 하지만 모스는 이 제목 때문에 약간 불편함을 느꼈던 것으로 보인다. 모스에 따르면 이 제목은 교양 있는 사람들까지를 포함해 일반적으로 많은 사람들 사이에서 널리 알려져 있는 편견을 보여준다. 원시민족들을 빈번하게 "기이한 행동" —— 가령 살육, 몸의 훼손, 문신, 토테미즘, 마법 등 —— 과 독특한 신앙에 의해 구별되는 이른바 "미개인들" 혹은 "덩치 큰 아이들"로 여기고,[35] 그들을 순진무구하고 이해력이 떨어지는 사람들이라고 말한다는 것이다. 이 문제에 대한 모스의 입장은 아주 단호했다.

> '비문명화된 민족들은 존재하지 않습니다.' 차이가 나는 문명을 가진 민족들만이 존재할 뿐입니다. '자연인'이라는 가설은 완전히 폐기되었습니다. [……] 여러분, 낙원에 사는 인간이나 원인(猿人)과 같은 개념에 대해 이제 쓸데없는 추론을 그만 합시다. '비문명화된 민족들'이라는 표현으로 이제 단순히 우리가 알고 있는 사회의 여러 단계에서 아주 낮은 자리를 차지하고 있는 민족들을 지칭하도록 합시다. 즉 그다지 밀집되어 있지 않고, 유목민이라 해도 거주지가 제한적이고, 언어와 기술이 덜 발달되어 있고, 아주 일천한 사법, 가족, 종교, 경제 체계를 갖춘 소규모 사회 공동체들입니다.[36]

이어 모스는 바로 거기에 "그 자신이 약간은 편애하는 연구 영역인 인도네시아와 해양 민족들을" 포함해 "연구해야 할 엄청난 분량의 사실들"이 있다고 강조하고 있다. 또한 모스는 『사회학 연보』에 기고하면서 그 자신 충분히 검토할 기회를 가졌기에 민족지학적 문학에 이미 익숙해 있었다. 이와 같은 입장에 있던 모스는 "정확성, 풍부함, 확고함, 확실성"을 강조하면서 "민족지학자들의 최근 연구 결과"에 대한 평가를 하기도 했다. 모스가 작성하고 있는 훌륭한 민족지학자들의 명단은 상당히 길다. 파웰, 월터, 퓨크스, 버크, 럼홀즈, 해든, 레이, 바스티앙, 폰

덴 스타인, 코드링턴, 엘리스, 자고텟, 리델, 캘러웨이 등이 그들이다. 그리고 모스는 「희생의 본질과 기능에 대한 시론」에서 했던 주장에 약간의 뉘앙스를 가하고 있기도 하다.[37] 물론 모스는 희생제식에 대한 몇몇 증인들에 대해 여전히 비판적이었고 종종 화를 내는 경우도 없지 않았다.(잘못된 관찰이나 별 다른 확신이 없는 관찰, 관찰자의 편견이나 모호한 정보들에 대해서 그랬다.) "그러니까 관찰자들은 그들의 관찰을 바탕으로 쓴 문학 작품을 통해 대체 언제 우리에게 도움을 줄 것인가? 더욱 좋은 일은 자신이 직접 본 것만을 쓰거나, 아니면 카드나 여정이나 여행기 등만을 출판하는 데 그쳐주는 것이 아닐까?"[38] 하지만 모스의 전체적인 평가는 긍정적이었다. 모스는 이렇게 선언하고 있다. "확실한 자료는 많고, 성실한 증인도 많다. 가치 있는 사실도 넘친다. 학문을 위한 자료들이 부족한 것이 아니라, 이 자료들을 분석하고 관찰할 연구자들이 부족한 것이다."[39] 따라서 그 일에 착수해야만 한다.

모스는 강의 차원에서 학생들에게 "가능한 한 철저한, 그리고 가능한 한 유익한 참고문헌에 바탕을 둔 연구를 할 것"을 제안했다. 멜라네시아인들의 마법에 관련된 민족지학 연구로부터 시작하면서 말이다. 그 다음으로 모스는 오스트레일리아와 멜라네시아에서 "기도의 원초적인 형태들"을 분석하면서 "사실들의 연관 관계, 종합"을 위한 작업에 집중해주길 바랐다. 정확한 동시에 야심 찬 모스의 강의 계획은 그 자신 "방법론적 신중함"이라고 부른 것에 의해 특징지워졌다. 일반론을 믿지 못하는 태도를 가졌던 모스는 철저하게 "종교적, 사회적 사실들의 영역에 머물고자" 했다. 그리고 모스는 작업을 "종교적 행위에 대해 영감을 줄 수 있는 일반적인 동기"를 찾기보다 "다른 종교적 사실이나 사회적

사실을 통해 하나의 종교적 사실을 설명하는 데" 한정했다.[40]

교육

모스에게 취임 강의는 앞으로 행할 교육의 정신과 계획을 알리는 기회이기도 했다. 조르주 콩도미나가 시사하고 있는 것처럼, 교육은 모스에게 "사상의 전환점"이 되었을까?[41] 영원한 학생이었던 모스가 뒤르켐의 그늘에서 벗어나 교수, 연구자로서의 새로운 경력을 쌓아나가기 시작했고, 후일 일부는 그의 협력자가 될 학생들과 만나기 시작했다는 것은 사실이다. 그런데 취임 강의에서 모스는 "유럽 선사 시대 이후 살아남을 수 있었고 또 포착 가능했던 종교적 사실"에 대한 "친구 위베르"의 연구에 대해서는 직접 언급을 했지만, 뒤르켐에 대해서는 일언반구 언급하지 않았다. 거리두기였을까? 아니면 단순한 전략적인 신중함이었을까? 어쨌든 1904-1905학년도, 1905-1906학년도에 했던 "북아메리카에서의 가정과 종교의 관계"에 대한 모스의 강의는 뒤르켐의 최신 연구에서 영감을 받고 있다.

새로 임용된 교수에 대한 보고서에서 장 레빌이 지적하고 있는 것처럼, 모스는 특히 4년 전부터 보르도대학 사회학 교수 뒤르켐에 의해 알캉 출판사에서 간행되고 있는 『사회학 연보』에 대한 적극적인 협조로 학계에 이름을 알렸다. 레빌에 의하면 이와 같은 협조는 "19세기의 마지막 몇 해 동안에 종교사와 종교심리학 연구 분야에서 행해진 엄청난 발전을 보여주는 가장 훌륭한 예 가운데 하나였던 것"[42]이다. 모스는 여전히 뒤르켐의 가장 가까운 협력자들 가운데 한 명이었다. 하지만 고등연구실천학교에서 모스는 뒤르켐을 선전하지 않으려고 무척 신경을 썼다. 모스 자신의 설명에 따르면 그 이유는 "지금 있는 곳을 [......] 지배하는 편견을 불식시키기 위해서였다." "비문명화된 민족들의 종교사 강의에서 나는 이 기이한 제목의 강의와 고등연구실천학교 정신에 충실했다. 내가 연구하는 사실들이 단지 비교적 관점에서만 흥미가 있었을 뿐인 경우에도 나는 비교적 관점이 아니라 엄격하게 역사적, 비평적 관점에서 가르쳤다. 나는 그곳에서 결코 투쟁적인 사회학을 가르치지 않았다."[43]

생 자크 가를 향해 놓여 있는 타원형 강의실, 비잔틴 시대의 모자이크와 부식요판 몇 점이 걸려 있는 강의실에서 모스는 일주일에 두 번 칙칙한 색의 커다란 나무 탁자에서 학생들과 마주앉게 되었다.[44] 젊은 교수는 학생들에게 아주 강한 인상을 줬고 또 그들의 마음에 들었다. 모스는 "키가 컸고, 골격이 장대했다. 얼굴에는 밝은 밤색 수염이 더부룩했고, 이목구비는 반듯했으며, 눈은 날카롭고 빛났으며, 그의 대화는 아주 멋졌다. 목소리가 약간 굵고 느렸음에도 불구하고 말이다. 모스의 주장에는 종종 모순이 나타나기도 했는데, 그 자신 그러한 모순에 푹 빠져버리기도 했다."[45] 학생들은 모스와의 첫 번째 만남에 대해 감동적인 추억을 간직하고 있다. "모스 교수는 개인적으로 아주 매력적이었습니다. 학생들을 제자들이라기보다는 동료들로 대했습니다. 예술가에 가까운 아주 소박한 차림으로 학생들의 방을 방문할 땐 우리들보다 나이가 많고 유명한 형처럼 보였습니다. 그럴 때의 그 분 모습을 보셨어야 합니다. 그 분과의 대화는 굉장했습니다. 그 분이 떠나게 되면 우리는 남아서 그 분과 함께 마셨던 찻잔을 씻으면서 아쉬워하곤 했습니다."[46] 또한 모스에게는 전혀 꾸밈이 없었다. 하지만 모스가 "풍부하고 박식한 교양을 가지고 있지 않았다면 그의 타고난 순발력과 즉흥적인 태도는 위험했을 수도 있었을 것이다."

모스의 첫 해 강의에는 15명의 학생이 등록했다. 모스는 앙리 위베르에게 이렇게 쓰고 있다. "대성공일세! 내 강의에 15명이 들어왔네!"[47] 지나치게 형식에 묶인 강의를 싫어했던 모스는 혼자 일방적으로 하는 강의 대신 세미나 형식의 강의를 선호했다. 모스가 강의안을 완벽하게 작성하는 경우는 드물었다. 그 대신 독서 카드에 메모를 해서 사용하는 것을 선호했고, 교탁에 여러 권의 책을 놓고 토의하는 강의를 선호했다. 모스의 강의법은 전임자였던 레옹 마릴리에가 적용했던 전통적인 방식에서 영감을 받은 것이었다. 즉 자료들에 대해 공동으로 비평적 연구를 하는 방법이었다.[48] 모스의 민족지학적 자료 조사는 엄청났다. 학생들이 즐겨 말하는 것처럼 모스는 "모든 것을 훤히 꿰뚫고 있었다." "그는 읽고 기억하는 데 남다른 재능을 타고 났다. 또한 여러 방면의 문제에 관심을 가지고 있었다. [……] 고대 시대의 역사는 물론 정치경제, 법, 심리학 등에 대해서도 박식한 지식을 가지고 있었다."[49] 모스의 강의에서는 모든 것이 다뤄졌다. 인도의 경전들, 게르만족과 켈트족의 법전들, 골족의 관습, 스칸디나비아 신화, 등등…… 학생들이 기억해야 할 학자들의 이름도 많았다. 프레이저, 엘리옷 스미스, 리버, 셀릭맨, 말리노프스키, 암스트롱, 프뢰스, 선발트 등등…… 게다가 모스는 『사회학 연보』에 실린 동료 교수들의 연구까지 서슴없이 인용하고는 했다.

모스의 관심사 중 하나는 학생들을 민족지학적 '사실' 앞에 세우는 것이었다. 모스 자신이 "사실만을 신뢰하고, (복잡한 현상의 경우) 이론적 학문보다 기술적 학문의 우월성을 인정하기까지 하는 실증주의자"였다.[50] 첫 해부터 이와 같은 성향은 어김없이 드러났다. "오스트레일리아인들의 구술제식(口述祭式)에 대한 알려진 모든 사실들에 대한 목록 작성"(1901-1902학년도), "보고된 사실들이 어느 정도 정확한가를 결정하기"(1903-1904학년도), "[……] 사실들의 분석과 사회학적 분석에 학생들이 직접 참가하기"(1906-1907학년도) 등이 그 좋은 예이다. 모스의 교육 방식의 경험적 차원은 자료 수집의 요구에 답하기 위해 그 도구들을 구상한다는 그의 의지에 의해 더 강조되고 있다. 우선 1903-1904학년도에 "대한제국[51]에서 이뤄질 조사를 위해 민속학에 관계된 질문서와 순수하게 기술적 질문서"를 작성했고, 그로부터 몇 년 뒤 1906-1907학년도에는 "북서부 아프리카와 콩고에서 공화국에 편입된 사람들을 직접적으로 관찰하기 위한 민족지학적 조사용" 안내서를 직접 만들기도 했다. 프랑스 아프리카위원회의 요청에 따라 작성된 이 안내서에는 "일반 정보, 수집 대상에 대한 지침, 사회 현상들의 기초 분류에 대한 특별한 정보" 등이 포함되어 있어야 했다.[52]

모스의 개인 연구와 교육 사이의 관계는 아주 직접적이지는 않았다고 할 수 있다. 모스가 직접 이렇게 말하고 있기도 하다. "내가 했던 강의는 결코 내 개인 연구와 완전히 겹치지는 않는다." 또한 모스는 이렇게 덧붙이고 있다. "기도에 대해 준비 중인 책의 앞부분 내용들을 여러 번 강의하기도 했다."[53] 모스가 처음에 했던 두 개의 강의는 각각 "기도의 원시적 형태"와 "멜라네시아인들의 마법"에 관련된 자료들에 대해서였다. 이것이 그 당시 연구자 모스의 주요 관심사이기도 했던 것이다.

하지만 모스는 1903-1904학년도부터 기도를 더 이상 자신의 월요일 강의 주제로 삼지 않았다. 그렇다고 해서 모스가 학위논문을 옆으로 제쳐놓았다고 결론져야 할까? 모스의 어머니는 걱정이 태산이었다. "올

해가 1903년이구나. 한데도 네 논문에 대해선 일언반구 들을 수가 없다니! 네가 논문을 쓰기 시작한 지 벌써 8년째다. 내가 네 논문이 끝나는 것을 볼 수 있을지 자문해본다."[54] 모스는 그로부터 몇 년 후에 기도라는 주제로 다시 돌아오게 된다. 그리고 "오스트레일리아의 형식적 제식의 기원"(1908-1909), "종교 언어의 초기 형태"(1912-1913)를 분석하게 된다. 모스의 월요일 강의는 3년 동안 "북아메리카에서의 가족과 종교의 관계에 대한 민족지학적 자료에 대한 분석적 연구와 비평"에 할애된다. 가족과 결혼에 대한 뒤르켐의 연구에서 영감을 받은 이 강의에서 모스는 주로 토테미즘을 문제 삼고 있다. 그리고 1905-1906학년도에는 '포틀래치'[55] 제도와 더 일반적으로는 "집단계약의 원시 형태, 그룹들 사이의 사법적, 종교적 급부와 교환"을 깊이 있게 다루게 된다. 모스는 1904-1905학년도에는 앙리 뵈샤와 함께 "에스키모인들의 사회적, 계절적 사회 형태와 그들의 종교, 사법적 현상 사이의 관계"에 대한 중요한 연구 결과를 발표하게 된다.

모스의 고등연구실천학교 강의 목록(1900-1914)

인도 종교
1900-1901
인도 종교 역사. 다양한 철학 체계 분석과 베단타 텍스트 설명
1901-1902
철학 텍스트의 역사와 설명, 요가, 비문명화된 민족들의 종교
1901-1902

기도의 기초 형태 연구, 멜라네시아인들의 마법 자료 비평적 연구

1902-1903

기도의 기초 형태론(오스트레일리아, 멜라네시아), 멜라네시아 마법에 대한 민족지학적 텍스트 분석적, 비평적 설명

1903-1904

북아메리카에서의 가족과 종교의 관계에 대한 민족지학적 자료의 분석적 비평적 연구, 마법에 대한 일반 이론과 종교와의 관계

1904-1905

북아메리카에서의 가족과 종교의 관계에 대한 민족지학적 자료의 분석적 비평적 연구. 마법의 기본 개념 분석

1905-1906

북서부 아메리카인들의 사회에서 종교와 가족의 관계에 대한 민족지학적 자료의 분석적 비평적 설명, 북아메리카 비밀사회

1906-1907

(1학기) 폴리네시아에서의 제식적 금지에 대한 민족지학적 텍스트 연구

(2학기) 북서부 아프리카와 콩고에서 공화국에 편입된 사람들의 관찰을 위한 민족지학적 지침 작성. 아프리카 종교 체계 연구

1907-1908

(1학기) 기술(記述) 사회학 지침(속강)

(2학기) 아프리카 종교 시스템에 대한 민족지학적 자료 설명, 푸에블로 인디언들의 종교와 씨족의 관계

1908-1909

(1학기) 아프리카 종교 관련 자료의 분석적 비평적 연구, (R. 헤르츠 교수

의 1학기 화요일 대리 강의)

(2학기) 형식적 제식의 기원: 오스트레일리아

1909-1910

형식적 제식의 기원 이론, 뉴질랜드의 제식적 금지에 대한 자료의 분석적 비평적 연구

1910-1911

형식적 제식의 기원 이론, 북서부 아메리카 인디언 부족들 내 씨족들 사이의 종교적, 사법적, 경제적 급부 자료 설명

1911-1912

종교 언어와 세속 언어, 북서부 아메리카 인디언 포족[56]들과 씨족들 사이의 종교적, 사법적, 경제적 급부 관련 민족지학 자료 분석

1912-1913

종교 언어의 원시 형태, 누벨 기니에서의 집단계약과 교환의 원시 형태

1913-1914

형식에 따른 신앙의 기원에 대한 이론, 사법 조직과 종교 조직 사이의 관계에 대한 자료의 비평적 조직화

고등연구실천학교에서의 재직 초기에 모스는 마법에 대한 연구에 관심을 가지기도 했다. 마법은 화요일 강의의 주제였다. "마법의 일반 이론과 종교와의 관계", "마법의 기본 개념 분석" 등이 그것이었다. 모스는 이 주제에 대해 두 편의 중요한 글을 발표하게 된다. 『고등연구실천학교 논문집』(종교학 분과)을 위한 「오스트레일리아 사회에서의 마법적 힘의 기원」과 『사회학 연보』를 위한 「마법의 일반 이론 소묘」가 그것이다. 또

한 모스는 관심의 범위를 넓혀 때로는 "북서부아메리카의 비밀 사회" (1905-1906), 때로는 "푸에블로 인디언들의 종교와 씨족의 관계"(1907-1908), "뉴질랜드의 제식적 금지"(1909-1910) 등을 다루기 했다. 그리고 뒤르켐과 공저로 『사회학 연보』(1903)에 「분류의 몇몇 원시적 형식」을 집필하면서 모스는 특히 종교적 표상들의 분석에 관심을 보이기도 했다.

모스에게 행정적인 일은 그다지 버거운 편은 아니었다. 다른 교수들과 마찬가지로 모스도 종교학 분과의 회의에 정기적으로 참석했다. 모스는 또한 여러 위원회와 특별위원회에도 참석하기도 했다. 가령 이 분과 교수들의 "불충분한 처우" 문제에 대해 발언을 했던 모스는 처우 개선과 문제 해결을 위한 위원회에 위원으로 선출되기도 했다.[57] 그 후에도 계속해서 모스는 여러 다른 모임에도 참석하게 된다. 장학금위원회, 교회법 역사 강의 담당 지원자 자격 심사위원회, 학교 규율 상태 점검을 위한 공동위원회(제4분과와 함께) 등이 그것이다.

5장_ 시민 모스

1898년 7월에 파리로 돌아온 모스는 한창 소용돌이치는 정치 상황을 접하게 된다. 조레스는 『소공화국』이라는 잡지에 「증거들」이라는 제목이 붙은 일련의 글을 신고 있었다. 여러 사건들이 숨 가쁘게 이어지고 있었다. 나중에 자살로 생을 마감하는 앙리 중위의 체포, 에스테라지의 도주 등등…….

뤼시엥 에르 그리고 샤를르 앙들레르와 함께

"지식인들"의 말을 경청하는 자들의 수는 그다지 많지 않았다. 하지만 지식인들은 자신들의 영향력을 발휘할 수 있는 든든한 보루를 가지고 있었다. 구성원 대부분이 드레퓌스주의자들이었던 파리 고등사범학교와 1898년 샤를르 페귀가 부인의 지참금으로 사들였던 벨래 서점이 그것이다. "키가 적고, 다혈질적이고, 아주 생기가 넘치고, 머리를 짧게 깎고, 뺨과 턱에 밤색의 구레나룻을 길렀고, 밝은 갈색의 날카로우며 심술궂은 듯한 눈매를 가지고, 오똑한 코에 입술은 가늘고, 약간 작지만 그럼에도 매력적인 목소리"를 가졌던 이 22세의 젊은이 페귀는, 위베르 부르쟁의 표현에 따르면, "가장 분명하고 가장 단호한 사회주의자들 가운데 한 명이었다."[1] 페귀는 소르본대학의 드레퓌스주의자들을 보호하기 위해 젊은 고등사범학교 졸업생들과 사회주의 성향의 학생들을 모집했다. 예컨대 페르디낭 뷔송, 알퐁스 올라르, 샤를르 세뇨브 등이 그들이다. 이들은 반유대주의자들 무리들의 위협을 받고 있었다. "정의와 진리를 수호하는 이 소규모 부대"의 "장군"은 "전투를 해야 하는 날"에는 페귀, "전투가 없는 날"에는 뤼시엥 에르였다."[2] 이들은 민족주의자들과 반유대주의자들로 구성된 법대생들 무리들과 정면으로 부딪치기도 했다.[3] 퀴자스 가와 빅토르 쿠쟁 가 사이의 모퉁이에 위치해 있고, 잡지 『르뷔 블랑슈』의 편집실에서 그다지 멀리 떨어지지 않았던 벨래 서점은 라틴구의 드레퓌스주의자들의 참모부가 되었다.

외국에서의 체류를 마치고 돌아온 모스는 페귀 소유의 서점 단골손님 가운데 한 명이었다. 모스는 이곳에서 그보다 더 혁명적이고 더 적극적으로 활동하면서 젊은이들을 규합하려고 했던 뤼시엥 에르를 만나게 된다. 고등사범학교 도서관 사서였던 에르는 모든 사람들에게 자기가 가진 힘, 신중함, 무사무욕의 태도를 보여주므로 해서 신뢰감을 얻을 수 있었다. 위베르 부르쟁의 지적에 따르면, 학생들은 물론이고 그와 가까이 지냈던 모든 사람들에게 에르는 "지적 분위기 조성에 많은 영감과 많은 도움을 주는 인물"이었다. 하지만 이 "엄격하고 강인한 문지기"는 "정열적인 달변"의 정치 투사이기도 했다. 에르는 "'좌파' 깃발을 내걸거나 아니면 음지에서라도 '좌파'를 지지하는 모든 의견, 모든 학파, 모든 제도, 모든 정당을 도와줬으며, 자기의 권위나 협조, 혹은 이름만이라도 빌려주고 있었다."[4] 실제로 에르는 폴 부르스가 주창했던 가능주의[5]에서 1890년에 알레만주의[6]로 입장을 바꾼 상태였다. 또한 에르는 '사회주의 혁명 노동자당'이 창당되었을 때 사회주의 운동의 다양한 당파들 사이에 이뤄졌던 격렬한 토론에 참가하기도 했다.

모스는 "항상 같고, 남의 말을 잘 들어주는 충고자" 에르를 만날 만반의 준비가 되어 있었다고 할 수 있다. 모스 자신이 강조하고 있는 것처럼 그는 "옛날부터" 에르를 알고 있었다.

나는 뒤르켐을 통해 에르의 이름을 들었다. [……] 15세 때부터 그의 이름은 내게 익숙해졌다. [……] D. [뒤르켐]가 고등사범학교를 졸업하면서 에르를 알았던 것이다.

1885, 1886년에 뒤르켐은 세뇨보의 집과 도서관에서 에르를 정기적으로 만났다. 그 당시에 뒤르켐이 하고 있던 연구를 알게 된 에르는 그를 낙담시켰던 다른 사람들과는 달리 그를 격려해주기도 했다. [……] 독창적인 연구를 수행하는 자들을 관심을 가지고 도왔던 에르는 D. [뒤르켐]에게 참고문헌에 대해 많은 도움을 주기도 했다. 『브리티시 백과사전』에 실렸던 로버트 스미스, 프레이저 등의 글을 D. [뒤르켐]에게 소개시켜 준 장본인이 에르였던 것이다. 에르는 또한 특히 1887-1895년 사이에 뒤르켐의 모든 강의 준비를 도와주기도 했다. [……] 『사회학적 방법의 규칙』의 출간 이후 두 사람 사이의 관계는 약간 소원했던 것으로 보인다. 앙들레르보다는 덜 했지만 에르는 [판독 불가]로 생각했고, [판독 불가] 논리가 있는 것을 우려하기도 했고, 또한 뒤르켐이 생각했던 '사회' 개념에 일종의 실체주의가 있다는 것을 우려하기

도 했다. 하지만 『자살론』의 출간 이후 이들 두 사람은 어쨌든 화해를
한 것으로 보인다. 한편으로 형이상학에 다른 한편으로 역사와 정치에
열중하고 있던 에르는 엄격히 사회학자에 속하지 않았다. 그럼에도 에
르는 뒤르켐과 그의 제자들에 의해 이뤄진 사회학적 연구를 그 누구보
다도 잘 알고, 높이 평가하고, 인정하고 또 장려했던 사람들 가운데 한
명이었다.[7]

파리에 도착하자마자 모스는 에르를 만났다. 첫 번째 만남은 세뇨보의
집에서 이뤄졌다. 친구였던 에드가르와 알베르 미요가 모스를 거기로
데려갔던 것이다. 그 당시에 교수자격시험을 준비하고 있던 젊은 투사
모스는 자기보다 손위였던 에르에게서 구현되고 있는 것처럼 보였던
"일종의 이상적인 힘, 지식, 상식"에 매료되었다. 모스는 또한 에르와 같
은 정치적 신념을 공유하게 되었다. 모스는 이렇게 말하고 있다. "사회
주의로 인해 우리 두 사람은 가깝게 되었다. 에르는 그 당시에 내 친구
들과 마찬가지로 '사회주의 혁명 노동자당'에 속해 있었다. […] 그리
고 알레만은 종종 존경과 애정을 담아 에르에 대해 말하곤 했다." 에르
는 모스에게 관심을 갖게 되었고, 자기의 연구와 "모험"에 대해 아주 직
접적인 방식으로 말했다. 그들은 이내 친구가 되어 같은 길을 가게 되었
다. 비록 모스가 에르에게 "계속 '씨'라는 존칭을 사용"했고, 끝까지 "편
하게 그의 이름을 부르지"는 못했다고 해도 말이다.[8] 남편의 장례식 때
쟌 L. 에르는 모스에게 이렇게 말하고 있다. "남편이 당신을 아주 좋아
했고, 당신의 마음씀씀이가 그 사람에게 아주 소중했습니다."[9]

 모스가 인정하고 있는 것처럼, 에르의 권위, 열광, 격려를 통해 "우

리들 가운데 많은 사람들의 정치적 소명"이 결정되었다.[10] "앙리 위베르의 정치적 태도가 사회주의로 경사된 것", 그리고 "벨래 서점의 가장 열렬하고 가장 확실한 운영자들 가운데 한 사람이 된 것"은 "상당 부분" 에르에 대한 그의 "호감" 때문이었다. 위베르는 1893-1894년 사이에 에르의 보조사서로 일한 적이 있는데, 이때 위베르는 그를 "진심으로 숭배"했다. 에르를 "자기와 다른 사람들을 위한 도덕적, 학문적 요구의 모델로" 여기면서 말이다.[11] 서로 이웃이었던 그들은 위베르가 결혼할 때까지 정기적으로 만나는 관계를 유지했다.

에르는 행동에서나 우정에서 아낌없는 열정을 쏟았다. 모스에 따르면 이로 인해 에르는 종종 맹목적인 상태에 빠지는 경우가 있었다. 그의 실수 가운데 하나는 페귀를 전적으로 신뢰했다는 것이다. 에르는 페귀의 "솔직한 태도, 활발함, 우아함, 열렬한 사랑"을 칭찬했으며, 또한 그를 "현대의 루소"로 소개하기도 했다. 하지만 모스는 첫 만남부터 페귀에 대해 "냉냉했고", 그의 작품 『잔 다르크』를 별로 좋아 하지 않았다. 모스에 따르면 이 작품은 "잘 쓰어진 작품이었으나 생각 자체가 잘못되었고, 리듬이나 이미지 면에서도 겨우 적절함을 유지하는 정도"의 작품에 불과했다. 모스가 "페귀를 따르고", "페귀가 통솔하는 일군의 그룹에 속하게" 된 것은—1899년에 있었던 펠릭스 포르의 장례식이 그 좋은 예다.—, 절대적으로 에르의 영향이었다.[12] 페귀가 사회학에 관심을 가진 것은 사실이었다. 실제로 페귀는 『사회주의 잡지』에 뒤르켐의 『자살론』에 대한 서평을 실었으며, 『마르셀』이라는 제목을 붙였던 『조화로운 사회에 대한 첫 번째 대화』에서 페귀는, "시민들과 이들이 알고 있는 도시에 대한 연구에 최선을 다하는 [……]" 사회학자들을 묘사하기도 했다.[13]

모스는 곧 페귀라는 젊은 작가의 지나친 야심과 부주의, 비이성을 몹시 싫어하게 되었으며,[14] 점점 더 이 시인의 "일방적이고 투박한 사상"[15]에 적응할 수 없게 되었다. 모스는 페귀가 "늘 어리석은 짓을 반복한다."고 비판했으며, "시미앙, 레이 등이 없는 자리에서 그들을 헐뜯는다."고 비판하기도 했다. 모스가 위베르에게 쓴 편지에 따르면, 페귀는 "위험한 미치광이"[16]였다.

다니엘 알레비가 적절히 지적하고 있는 것처럼 페귀의 성격에는 불같은 뭔가가 있었다. "페귀의 주위에서는 모든 것이 불타버린다. 친구들은 그의 불같은 성격에 사로잡히게 되고, 적들은 그 불에 다 타버린다. 하지만 너무 자주 슬프게도 우정 역시 종종 씁쓸한 폭력에 의해 무너지고 사라지는 경우도 종종 있었다."[17] 페귀의 경험 부족과 이상주의로 인해 — 예컨대 조레스의 논문을 한데 모아 출간한 『사회주의 행동』을 10,000부나 찍기도 했다. — 벨래 서점은 재정난을 겪게 되었고, 파산을 면하기 위해 뤼시엥 에르의 경제적 도움을 받아야 했고, 나아가서는 '새로운 출판사(SNLE)'를 창설해야만 했다. 모스는 이렇게 이야기하고 있다. "에르가 페귀를 파산에서 구했다고 해도 지나친 말은 아닐 것이다. [……] 페귀는 민법 감각이 전혀 없었으며, 파산과 사기에 의한 파산을 혼동할 정도였다. 그리고 페귀는 항상 나의 솔직함을 원망했다."[18]

샤를르 페귀는 1900년 1월부터 『카이에 드 캥젠』을 간행했다. 이 잡지는 『무브망 소시알리스트』와 『라 르뷔 소시알리스트』를 보완하는 정보, 교육 잡지였다.[19] 이 잡지는 "지적 연구와 민중 교육에 봉사하고자 하는 사람들"을 원한다는 사실, 그리고 "정의와 진리에 관심을 가졌고, 또 사리사욕 없이 협동 작업에 관심 있는 모든 사람들을 환영한다."는 사실을 널리 알리고자 했다. 그 결과 "학술적이고, 상업적으로 건전하고, 분명한 성향을 지향하면서도 지적이고 성실하며, 정직하게 벌지만 수익성이 있는 출판사를 만들고" 싶던 지식인들, 고등사범학교 출신들, 교수들이 몰려들었다. 출판사의 운영위원회에는 뤼시엥 에르의 주위에 레옹 블럼, 위베르 부르쟁, 프랑수아 시미앙, 마리로 로크 등이 모여들었다. "빈정거리는 대답을 하고, 난데없이 불쑥 계획을 제시하고, 모순에 사로잡혔으며, 지나치게 단호한 표현을 사용하곤 했던" 페귀에 맞서 새로운 운영위원들은 에르의 권위와 그가 부여하는 규율에 의해서만 단합을 할 뿐이었다.[20]

새로운 출판사의 운영위원들과 "출판사 대표"라는 직위를 부여받은 페귀 사이에는 늘 오해가 많이 발생했다. 결국 앙토냉 라베르뉴의 『장 코스트』라는 작품의 출간 거절 이후에는 맞고소를 하는 사태로까지 발전했으며, "예상하지 못했던 만큼이나 불쾌한" 단절에 이르게 되었다. 모스의 지적에 따르면 이와 같은 관계의 단절은 단호한 것이었다. "분명 페귀는 적정선을 넘은 것 같았다. 나는 그에게 이 사실을 주저하지 않고 말했다. […] 페귀에게는 [판독 불가], 돈은 아니라고 해도 적어도 자기에 대해 마음을 비운 태도와 마찬가지로 부르주아적 정직함이 부족했다. […] 나는 그 당시 페귀와 관계를 완전히 정리했으며, 그에게 인사는커녕 말 한 마디도 건네지 않았다."[21] 시인 페귀는 후일 모스에게 다음과 같은 어조로 복수를 하게 된다.

고등사범학교, [소르본], 여러 교수들과의 접촉으로 인해 나는 오랜 동안 희망을 품었다. 그러니까 나 역시 대학 분위기가 물씬 풍기는 우아함, 유일하면서도 진정한 우아함을 얻게 될 것이라는 희망이 자라나게 내버려뒀다. [……] 그렇다. 나 역시 어느 날 (마르셀) 모스(포도주 상인이 아니다) 같은 자의 고도의 도도함, 섬세함, 고도의 우아함, 말하는 법, 그러니까 엄격하고, 완벽하고, 흠잡을 데 없는 말하는 법, "독서 카드함"의 섬세함을 가지고자 했다. [……] 하지만 항복해야만 했다. 40년이 지났다. 이제 나는 포기한다. 항복하고 만다. 모스 같은 우아함을 포기해야 하는 것이다. 여러분들에게 아무것도 숨길 수 없다. 불면의 저녁에 꾸는 꿈, 열병을 앓는 저녁의 이미지를 말이다. 모스가 가진 그 우아함, 이제 그것을 생각하지 말아야 한다. 모스가 가진 그 우아함, 이제 그것을 포기해야 한다. 끝없는 섬세함, 섬세한 옆모습, 고귀하고 안정되고 불순하지 않은 시선, 화려한 언변, 상냥한 입술, 민주적이지만 섬세하고, 민주적이지만 소박하고, 민주적이지만 단순한 옷차림, 강렬하고, 갈색이고, 황금빛으로 빛나고, 형광처럼 빛나는 붉은 색이고, 뺨에서 사각형 모양으로 흘러내리고 있고, 흘러내리면서 숱이 줄어들고, 비밀스럽게 빛나는 구레나룻, 잘 다듬어지지 않고, 저속하지도 않고, 그렇다고 촌스럽지도 않은 턱수염, 이와는 달리 거의 왕과 같이 숱이 많고 또 구레나룻과 거의 같은 색깔을 한 턱수염, 길고 공화국 풍의 품이 넉넉한 사회학자 풍의 긴 바지, 아래로 내리 뻗은 아주 정확하고 가지런한 주름이 잡힌 긴 바지, 아주 규칙적으로 나오는 월급, 고급 독어, 그가 가진 백합과 장미의 색조, 나는 이 모든 것을 포기해야만 한다.[22]

어쨌든 '새로운 출판사'는 계속 활동을 하게 되었으며, 그 일환으로 우선 수준이 높은 몇 권의 저서를 출간했다. 조르주 브리에르, 위베르 부르쟁, 폴 카롱, 필립 사냑 등이 주관했던『프랑스 근현대사 잡지』,『사회과학 참고문헌 카탈로그』가 그것이다. 또한 이 출판사에서 "사회주의 도서관" 총서가 간행되기도 했다. 이 총서에서 모리스 로젤의『사회주의 협력 교재』, 벨기에 사회주의자 에밀 반데르벨데의『집산주의와 산업 발전』등이 출간되기도 했다. 1900년과 1906년 사이에 35권의 저서가 출간되었다. 그 가운데는 알렉상드르 밀레랑, 아나톨 프랑스, 레옹 블럼 등의 저서가 포함되었으며, 샤를르 앙들레르의 서론과 설명이 포함된 마르크스의『공산주의 선언』의 프랑스어 번역본이 출간되기도 했다. 1866년에 스트라스부르에서 태어나 독일어 교수자격시험에 합격했던(1889) 앙들레르는 1893년 이래로 고등사범학교에서 독일어를 가르치고 있었다. 기능주의 사회주의자였던 앙들레르는『독일 국가사회주의의 기원』(1897)이라는 제목으로 박사논문을 쓰기도 했다.

아울러 '새로운 출판사'는 "사회주의에 대해 잘 알지 못하거나 무관심한 학생들을 교육시킬" 목적으로 '사회주의 학교'를 운영하기도 했다. 모스는 후일 이렇게 회상하고 있다. "꽤 먼 과거 얘기지만(1898-1910), 그때 [……] 보미와 그의 친구인 펠루티에 등의 지휘 하에 우리[시미앙과 모스]는 노동조합사무소에 조합, 노동, 사회운동에 관계된 강의를 시작했다. 이 강의를 통해 우리는 그뤼피엘과 다른 학생들을 만나게 되었다."[23] 이 학교는 파리 제5구의 시민대학인 무프타르 연합 내에 둥지를 틀게 되었다. 이 학교의 교육 프로그램에는 다음과 같은 네 분야의 강의가 포함되었다. 1) 사회주의의 역사, 2) 사회당의 조직, 3) 경제조직(협동조합, 노동조합, 농촌 사회주의), 4) 사회주의 법제정 등이 그것이다. 게다가 강연자들 각자의 관심사에 따라 강의가 개설되기도 했다. "사회주의 학교에 대해서 말하자면 각자 자기가 선택한 주제를 다룰 수 있게 되었네. 강의의 통일성이 문제지. 강의 전체에 대해 체계를 줄 수 있는 방법을 강구하겠네."[24] 포코네, 모스, 시미앙 등과 함께 "사회학에서조차도 사회주의의 토대"[25]를 찾고자 했던 자들에게 이 사회주의 학교의 목표는 "우선 정보를 제공하고, 그 다음에 행동을 준비하는 것"이었다. "유명 인사들의 강연에" 참석하는 것이 중요한 것이 아니었다. 이와는 달리 중요한 것은 "가능하다면 간단한 토론이 따르는 한담이나 강의"[26]를 이어가는 것이었다. 모스가 선택한 "한담"의 주제는 주로 협동조합에 대한 것이었다.[27]

사회주의 학교에 참여했던 대부분의 사람들은 고등사범학교에서 가르치는 자들이었고, 그 핵심은 잡지 『무브망 소시알리스트』였다.[28] 이 잡지는 "사회주의 청년"이라는 단체의 창립자인 위베르 라가르델(1875-1958)의 주도 하에 창간되었고, 총무이자 운영자였던 장 롱게(1876-1938)는 칼 마르크스의 손자이자 폴 라파르그의 조카였다. '프랑스 노동당' 당원이었던 라가르델은 이 잡지와 멀어졌다. 게드주의자들이 드레퓌스주의를 완전히 지지하는 것을 거절했었던 때에 말이다. 반면 라가르델은 그때 조레스와 가까워졌고, 쟈피 회의[29]에서 그의 주장을 지지했으며, 『무브망 소시알리스트』의 창간호에는 "사회주의자들의 단결"에 대한 조레스의 글이 실렸다. 이 잡지의 목표는 다음과 같았다.

[……] 사회주의 운동에 대한 정확한 표상을 총체적으로 제공하는 것. 이론적인 관점에서 이 잡지는 사회주의 사상 —— 물론 이 사상은 '사실들'의 변화에 따라 부과되는 방법을 계속해서 수정해 나가게 된다.——

에 의해 계속 이뤄지는 비평 작업을 따르게 될 것이다. 그리고 실천적인 관점에서 이 잡지는 프롤레타리아에 의해 주도되는 활동 속에 실현되거나 또는 실현되도록 시도되는 일상의 투쟁이 요구하는 (정치, 경제, 통계, 조합, 협동 시민에 관계된) 정보를 제공하게 될 것이다.[30]

"교조적 단순주의"와 "경험적 개선주의"에 등을 돌리면서 『무브망 소시알리스트』지는 배타주의와는 거리를 두고 원칙에 충실하고자 했다. 그리고 토론에 많은 부분을 할애하고자 했다. 그도 그럴 것이 "사회주의 사상의 본질은 자유로운 검토와 자유로운 비판"이기 때문이었다. 라가르델 주위에 집산주의 학생 그룹의 주요 구성원들이자 그의 친구들인 필립 랑드리외, 조르주 포케, 루이 레블랑 등이 모여들었다. 처음에는 아나톨 드 몽지, 라울 브리케, 폴 드라마, 에두아르 베르트 등이 구성했던 이 편집진은 드레퓌스 사건 때 앙드레 모리제, 쥘 위브리, 마르셀 모스, 폴 포코네 등의 참가와 더불어 확대되었다. 또한 레옹 블럼, 마리오 로크, 프랑수아 시미앙, 알베르 토마 등과 같은 다른 고등사범학교 학생들과 졸업생들과도 가까워지게 되었다. 라파르그의 표현에 의하면 이들은 "반드시 필요한 지식인들"이었다. '새로운 출판사'는 잡지 『무브망 소시알리스트』를 인수했다. 폴 드라마, 필립 랑드리외, 마르셀 모스, 리브랭, 그리고 다른 몇 명이 위베르 라가르델과 장 롱게의 무기력에서 구했던 그 잡지를 말이다.

"사회주의를 퍼뜨리기 위한 연설자, 강연자, 작가들을 갖추기 위해 사회주의 성향의 학생들 그룹 내에서 강의를 하는 것"의 중요성을 잘 알고 있었던 모스는, '신사회주의 청년혁명협회'에서 적극적으로 활동하기도 했다. 1899년 초에 장 롱게에 의해 학생 운동의 내부에서 나타난 분열의 흐름 속에서 형성된 이 협회는 그 당시에 주도권을 잡고 있던 게 드주의의 영향에서 벗어나고자 했다. 교수로서의 본분을 버리지 않았던, 모스는 사회주의 학교의 강의에서도 "사실에 대한 연구의 필요성"을 강조했다. 모스는 각자에게 자기가 다뤄야 할 사회 연구 주제를 정해 줬고, "정해진 날에 그 주제를 다루면서 수정해줬다."[31]

1899년 3월에 집산주의 학생들 그룹 앞에서 했던 강연에서 모스는 『소공화국』에 실린 조레스의 글에 따라 "사회주의자로서의 행동"에 대한 정의를 내리고자 했다. 모스는 이 행동을 "순수한 수동성과 맹목적 반항과 구별하고자 했을 뿐만 아니라 사회주의 학교에서의 실없는 토론과 부정과도 구별하고자 했다." 모스는 이렇게 말하고 있다. 이 행동이 "합리적"이고, "관찰이라는 과학적 방법에 따라 설명된 현재의 사실들에서 영감을 받는다는 것"은 누구나 알고 있지만, "이 행동이 그 자체로 무엇을 말하는지" 아는 사람은 없다고 말이다. 모스에게 "사회주의적 행동"은 우선 "정신적"이다. 왜냐하면 사회주의 그 자체는 "의식 현상"이기 때문이다. 투사 모스는 이 사실을 증명하기 위해 뒤르켐의 사회학에 의지하고 있다.

소유권, 권리, 노동조직은 사회적 사실들, 실제적인 사실들이다. 그러니까 사회의 실제 구조에 상응하는 사실들인 것이다. 하지만 이것들은 물질적인 사실들이 아니다. 이것들은 한 사회에 모여든 사람들의 생각 속에서만 존재할 뿐이다. 이것들은 정신적 사실들이다. 경제적 사실들 그 자체는 사회적 사실들(화폐, 가치, 등)이다. 따라서 정신적 사실들이다. 이 사실들과 인접한 사실들, 이 사실에 의해 조건 지워지는 다른 사실들, 이 사실들을 조건지우는 다른 사실들과 마찬가지로 말이다. 예컨 대 소유권이 그렇다.[32]

이와 같은 이유로 모든 노력은 모든 개인들의 정신과 모든 사회 그룹에 서 "관찰하는 태도, 새로이 생각하는 태도, 새로이 행동하는 태도를 새 로이 태어나게 하는" 경향을 가져야 한다는 것이다. 그렇다면 이 "새로 운 태도"는 무엇인가? 모스는 "사실들을 마주하여 행동하는 새로운 방 식", "새로운 권리", "새로운 사회 위계질서", "새로운 가치 체계", "형벌 과 보상의 새로운 도덕 체계" 등에 대해 말하고 있다. 바로 거기에 "지금 부터 모두가 협동해서 만들어가야 하는 미래 사회의 획기적이고 단단 한 골격"이 있다는 것이다. 그리고 모스는 "집산주의 사회"를 건설하길 원하는 자는 오늘날 "사회주의 정신"을 고양시켜야 된다고 말한다.

사회주의 정신이란 무엇인가? [······] 사회주의 정신이란 다음과 같은 점에서 아주 특이하다. 즉 이 정신은 하나의 이상형, 하나의 사회주의 적 목표, 혹은 이렇게 말한다면, 집산주의적 목표가 합리적으로 형성되 는 과정에서 형성된다는 점이다. [······] '사회주의적'이라고 하는 것은 현재 사회의 사법적 형태를 훨씬 더 광범위한 방향으로 변화시키려는 것, 생산과 마찬가지로 소유권을 집단화시키려고 하는 것, 그리고 이렇 게 해서 개인에게 더 확고하고, 더 크고, 더 아름다운 사회생활(미적, 지 적, 정신적, 물질적 측면에서)의 몫을 마련해주는 것을 의미한다. 요컨대 사회 발전을 가속화시키는 것이다. 사회주의 행동은 본질적으로 집단

이익의 차원에서 행해지는 의식적인 행동인 것이다.[33]

뚜렷한 의지주의자였던 모스는 모든 것을 경제적 요인으로 설명하려는 경제주의와 거리를 두게 된다. 모스에 따르면, 사회주의 행동이 "사회 변화를 위한 행동, 그러니까 하나의 '사회적 행동'"이라면, 이 행동은 하나의 사회 그룹(예컨대, 정당)의 중개를 통해 "사회 전체"에 영향을 미쳐야 하는 것이다.

> [……] 사회주의는 역사상 유일한 새로운 사회적 사실이다. [……] 사회주의는 하나의 사회적이고, 순수하고, 아주 일반적인 기능과 행동을 가지고 있다. 바로 거기에 우리가 놓쳐서는 안 될 것이 자리한다. 바로 거기에 사회주의 행동의 특이성, 아름다움, 위대함, 심오함이 있다. 사회주의는 단지 이런저런 이익을 대변하지 않으며, 사회의 모든 당파의 진정한 이익의 담당자로 자처한다. 실제로 사회 문제는 경제 문제만이 아니다. 오늘날 노동 문제, 산업 문제는 '본질적'인 문제다. 하지만 사회주의가 관심을 갖는 다른 문제가 있다는 것을 지적해야 할 것이다. 지금처럼 사회 문제가 복잡했던 적은 없다. [사회주의는] 이 명칭이 지칭하는 것처럼 사회 전체(이 안에서 움직이는 여러 요소들에 의해 제한되고, 노동자들의 무리에 의해 제한되는)의 모든 이익을 대변하고 관리하고자 한다. 이 사회주의는 과거에 그랬던 것처럼 전체적인 관점에서 사회 문제를 해결하고자 한다. 지금부터 그리고 언제나 사회주의는 사회 현상 전체에 영향을 주고자 한다. 사회주의는 이렇게 행동하고 움직이는 유일한 흐름이다. 사회주의 행동은 매순간 무한히 퍼져나가며 또

무한히 풍부해지고 있다. 사회주의는 오늘날에도 미래 사회의 주요 요인이다. 사회주의는 현재 사회를 해체하고자 한다. 하지만 사회주의는 필요한 사회를 건설하고자 하고 또 건설할 수 있다.[34]

모스의 설명에 의하면, 행동에 대한 이와 같은 생각과 이론은 마르크스에게서는 아주 "분명하게" 드러난다. 물론 마르크스의 이론, 즉 "자본에 대한 사변적 연구, 자본의 본성과 기능에 대한 비판"과 "그로부터 도출되는 실천적 결론"을 혼동해서는 안 될 것이다. 모스는 재차 이렇게 자문하고 있다. "우리는 왜 『성서』[35]에 스스로를 가두는가? 어떤 권리로 우리의 비판자들은 우리를 왜곡되고, 자의적으로 왜소화시킨 마르크스에 국한시키는가?"[36] 모스는 계속해서 이렇게 말하고 있다. "행동은 항상 이론에 선행한다", "의식화된 프롤레타리아"는 "순수하게 노동자 문제라는 편협한 문제의 영역"에 머물지 않는다, 그리고 사회주의자들의 모임과 협동주의 노동자들의 모임에서는 늘 "더 광범위한 문제들이" 제기된다고 말이다.

모스는 "자본주의 사회에서 프롤레타리아의 완전한 해방"을 시작할 수 있는 두 영역을 부각시키고 있다. 노동조합과 사회주의 협동조합이 그것이다. 이 두 영역은 "순수하게 경제적인 특징"을 가지고 있는 것으로 보이기는 한다. 하지만 "미래 사회의 토대"인 이 두 영역은 "사회 의식의 새로운 형태", "새로운 법적 조직, 새로운 행동 원칙, 새로운 희생과 단결의 동기 부여, 새로운 승리와 성장의 수단"을 갖춘 새로운 형태의 표현이다. 노동조합의 "주요 역할"은 "개인의 운명을 개선시키는데"만 있는 것이 아니라, 또한(그리고 특히) "각 개인에게 복종과 희생을 요구하고, 또 그에게 협동심을 느끼게끔 하는 데" 있는 것이다. "현재의 사회주의 노동연합 운동에 참여하고 있는 가장 훌륭한 학자들과 관찰자들을 따라"──이들 가운데 뒤르켐이 제일 앞자리를 차지하고 있다고 모스는 말한다.──, 모스는 노동조합에서 "새로운 형태의 행동과 사유", "우리가 전력을 다해 추구하고 있는 새로운 삶의 형태"를 보고 있다.[37] 사회주의적 협동조합에 대해 말하자면, 이 협동조합은 "강하고 규모가 큰 여러 이익의 연합 이상(以上)임"과 동시에 거대한 "경제적 활력", "이상(理想), 정의, 무사무욕, 지적이고 도덕적인 에너지의 비교할 수 없는 힘"을 보여주는 "아주 풍부하고 아주 비옥한 무엇인가"다.

모스는 노동조합주의와 협동작업을 "사회주의적 삶을 영위할 수 있게 해주는 직접적인 수단", 다시 말해 "자본주의 체제 내에서, 가능한 한 프롤레타리아로 하여금 지금 당장 미래의 삶을 살게 하고, 가장 완벽한 공동체, 가장 합리적인 단결, 가장 자율적인 활동을 보장해주는 수단"으로 소개한다. 모스는 또한 그렇게 하면서 정치 행위를 "두 번째 자리, 그러니까 적법하고 적합한 자리"에 위치시킨다. 게다가 모스는 사회주의에 '휴머니즘적이고 혁명적인' 훨씬 더 광범위한 목표를 부여하고 있다.

사회주의 행동은 '휴머니즘적'이어야 한다. 왜냐하면 사회주의는 정의, 권리, 자유로 이뤄지기 때문이다. 사회주의는 늘 인류 전체의 이익을 담당하는 진정한 주인공임을 자처했다. 지금까지 사회주의에서 이처럼 중요한 문제가 제기된 적이 없었다. 지금부터 프롤레타리아는 모든 사람에게 정의를 돌려줘야 한다. 이것이 사회주의가 수행해야 할 미래의 기능이다. 18세기에 발생했던 것과 같은 운동이 모든 인류에게 발생해야 한다. 1789년에 쾨니스베르크에서 우체부에게 소식을 전해 듣기 위해 나갔던 칸트와는 달리, 이 세계에서 사회 혁명의 소식을 듣지 않으려는 철학자는 없어야 한다.

마지막으로 사회주의 행동은 당연히 '혁명적'이다. 물론 이 단어의 편협하고 무정부주의적 의미에서가 아니다. 사회주의자들은 위협과 광적인 행동에서 혁명을 보지 않는다. 사회 혁명은 사회적임과 동시에 정신적인 사실이다. 이 혁명은 우리들 각자 안에서 이미 행해졌다. 왜냐하면 우리 모두는 부르주아 사회의 쇠퇴를 피부로 느끼고 있고, 또한 집산주의 사회 건립의 필요성을 느끼고 있기 때문이다. 그리고 우리는 우리 각자의 정신 속에서는 물론이고 사회적 사실에서도 두 형태 사회 사이에 느리고 단순한 양적 변화와 전이가 아니라 갑작스럽고 조직적인 변화와 전이가 일어나고 있다는 것을 피부로 느끼고 있다. 바로 이것이 우리가 '혁명'이라고 부르는 그것이다.[38]

"사회주의 행동"이라는 주제에 대한 모스의 강연 내용은 『무브망 소시알리스트』에 실렸다. 이 잡지는 다른 잡지나 학문적인 성격의 출간물과 마찬가지로 참여적이고 새로운 사상들에 열려 있는 파당성을 벗어던진 프랑스 사회주의의 독창성을 잘 보여주고 있다. 이 잡지를 주동하던 자들이 모두 게드주의를 거쳤다는 사실을 지적해야 할 것 같다……

그 당시에 사회주의 운동은 아주 활발하게 전개되고 있었다. 지식인들의 행동, 특히 과학적 사회주의에 대한 학생들의 각성으로 인해 이론적 토론이 집중적으로 이뤄졌다. 샤를르 앙들레르가 지적하고 있는 것처럼, 모스는 일상적인 관심사에서 멀리 떨어져 있긴 했지만 많은 젊은이들과 더불어 게드주의자들의 지나친 단호함에 맞서는 통일된 사회주의의 출현에 기여하고 참가했다. 게다가 조레스가 이와 같은 사회주의 경향의 상징적 인물이었다.

쟈피 회의[39]

1899년 12월에 개최되었던 쟈피 회의 전야에 뤼시엥 에르, 샤를르 앙들레르와 벨래서점 협력자들은 '새로운 출판사'에서 투쟁하며 사회주의 단결 그룹을 창립했다. 앙들레르는 이렇게 지적하고 있다. "책을 통한 행동에 말을 통한 행동을 더하게 되었다. 단결이 이뤄지고 있는 판도에 해를 끼치고 싶은 사람이 있을 까닭이 없었다. 현재 이뤄지고 있는 단결에 강력한 희망을 실었다. [……] 우리 그룹은 일요일 아침마다 벨래 서점에서 모였다."[40]

쟈피 회의에는 게드주의자들, 블랑키스트들, 알레만주의자들, 독립주의자들을 대표하는 700여 명에 달하는 대표가 모였다. 이들 가운데는 샤를르 페귀(오를레앙 고등학교 졸업생들의 사회주의 연구 그룹), 레옹 블룸(사회주의 단결 그룹), 마르셀 모스(몽펠리에 집산주의 학생 그룹) 등도 포함되어 있었다. 『무브망 소시알리스트』의 이름으로 자기 주장을 펴면서 모스는 "대단히 행복해 했다." "어떤 결과가 도출되든 간에 이런 모임 자체가 좋았다. 그 누구도 이 모임에서 어떤 결과가 도출될 것인가를 알지 못한다. 하지만 이 모임이 하나의 사건이라는 것은 모두가 다 알고 있는 사실이다."[41]

『무브망 소시알리스트』는 사회주의자들의 단결에 호의적이었다. 1899년 6월에 밀레랑이 발데크 루소가 수반이 되어 조직된 '공화 연합'

정부 내각에 참여하자, 이 문제로 인해 사회주의에 위기가 초래되었다. 하지만 이 문제는 사회주의 지지자들에게는 "전략의 문제", 곧 부차적인 문제로 여겨졌다. 모스의 설명처럼 그 당시에 우선적인 문제는 당을 조직하는 문제였다고 할 수 있다.

> 그 문제에 다르게 접근하는 것은 주요 문제를 다루기도 전에 부차적인 문제로 인해 가장 심각한 분열 위험에 노출되는 것이다.
>
> 중요한 것은 당을 조직하는 것이다. 이것은 절대적으로 필요하다. 왜냐하면 우리가 이 나라에서 무거운 책임을 지고 있는 이 시기에 사회주의가 내부적으로 분열된 상태로 있는 것은 상상할 수 없기 때문이다. 당을 조직하는 것은 절대적으로 필요한 일이다. 왜냐하면 국제사회주의가 이를 요구하기 때문인데, 1900년 파리 총회는 우리가 당을 조직하는데 성공하지 못한다면 개최되지 못할 것이다.
>
> [……] 따라서 오늘부터 통일, 아니 단결이 가능하다. 우리의 단결은 이뤄질 것이다. 이를 믿어야 한다.[42]

하지만 혼란 속에서 이뤄진 단결은 허약했다. 타협안이 채택되어 밀레랑이 장관직을 수락한 것은 비난의 대상이 되었다. 그것이 예외적인 상황이었다고 인정하면서도 말이다. 열광과 환호 속에서 채택된 해결책에는 쟈피 회의를 대표하는 5개의 조직을 묶는 전체상임위원회의 창설과 언론에 대한 일관성 있는 정보 제공 등이 포함되었다. 하지만 환영받지 못하고 "도둑! 거짓말쟁이! 믿을 수 없는 자! 살인자!" 등으로 취급당했던 샤를르 페귀는 쟈피 회의에 실망하고 곧 떠나버렸다. 페귀의 눈에는 조레스가 게드와의 싸움을 포기한 것으로 보였다. 시인 페귀에게 이 회의는 공식적인 사회주의와의 단절을 위한 호기였다. 뤼시엥 에르는 페귀에게 그가 회의를 떠난다는 것은 그들의 정치적, 개인적 관계의 종말을 의미한다는 사실을 알렸다. "당신은 무정부주의자요. 우리는 있는 힘껏 당신과는 반대되는 길을 갈 것이오."[43]

하나의 '당'을 조직하고자 하는 자들의 상태는 아직까지는 다양한 사유의 흐름을 대표하는 여러 조직의 모임에 불과했다. 분열이 예견되고 있었다. 하지만 어쨌든 쟈피 회의 다음날까지도 모스는 낙관적이었다.

> [……] 프랑스 사회당은 평화 속에서 단결하기 시작했다. [……] 아주 흥미로운 사실을 하나 지적하도록 하자. 모든 프랑스 정당의 삶이 느려진 것처럼 보였다는 사실이 그것이다. 과거에 비해 관직 사냥도 줄어들었다. 이와는 반대로 사회주의는 그 어느 때보다 다 활발하게 활동하고 있다. 쟈피 회의 이후 우리의 모든 조직 활동은 거의 흥분 상태에 있었다. 부르주아 정당들은 서로의 대립에서 지쳐가고 있고 또한 정치 방향을 상실하고 있는 반면, 노동계급의 정당, 개혁과 사회혁명정당은 매일 새로운 투사들을 끌어 모으고 있고, 또 매일 더 확고한 발걸음으로 정치적, 경제적 목표를 향해 전진하고 있다.[44]

모스는 계속해서 이렇게 설명하고 있다. "공화국, 휴머니티, 정의를 위한 대단치 못한 싸움에 [……] 힘을 소진한 후에", 요컨대 드레퓌스자들이었던 사회주의자들은 "자신들의 고유한 임무"에 관심을 가져야 하고, 또한 "사회주의의 선전에 정력적으로 임해야 한다."고 말이다. 상황은 사회주의에 "대단히 유리해 보였다." 프랑스는 평화를 되찾았고, 반동적이었던 정당들이 항복했기 때문이다. 하지만 "프티부르주아지의 경제, 정치 이론"이 되어버린 반유대주의에 대해서는 말하지 않더라도 "반동"은 완전히 사라지지 않았다. 모스에 의하면 결국 사회당은 "월계수 위에서 편히 자고 있을 수는 없는 노릇이었다."

> 분명 우리의 선전은 무엇보다도 경제적, 사회적, 혁명적이었다. 분명 계급투쟁은 여지없이 자본주의 —— 부르주아지의 이런저런 파당이 아니라 ——, 모든 부르주아지(프티부르주아지까지 포함해서, 시민 여러분 이를 잘 이해하길 바란다.)에 맞서 이뤄져야 한다. 하지만 또한 사회주의 조직에 간단하지만 절대적으로 선결되어야 할 조건이 있다. 즉 다음과 같은 사실을 생각해야 할 것이다. 성직주의, 군사주의, 민족주의를 떨쳐버리지 못한다면 진지한 사회주의를 위한 슬로건을 내걸 수 있는 자리가 없다는 사실이 그것이다.[45]

분열은 그 다음 전국 회의, 즉 1900년 12월에 노동자당 대표가 바그람 회의장(Salle Wagram)을 떠난 것을 계기로 일어났다. 두 개의 거대한 사회주의의 뿌리에 해당하는 조직을 대립으로 몰고 간 것은 여전히 "장관직 수락의 문제"였다. 조레스가 대표로 있던 조직은 정부를 지지했다. 이와는 달리 게드와 바이앙에 의해 대표되는 다른 조직은 모든 형태의 협력을 거부했다. 모스는 모든 친구들과 함께 "조레스와 게드, 바이앙 사이의 분열을 개탄했다." 보르도에서 이와 같은 정치적 흐름을 관찰하던 뒤르켐은 모스의 고민을 잘못 이해하고 있다.

게드와 어중이 떠중이들이 내세우는 사회주의가 가장 나쁜 것이지. 이들은 기회주의자들처럼 불쌍한 정치인들이야. 아니 그보다 더해. 따라서 분열이 이뤄지는 것이 바람직하다고 할 수 있단다. 사회 문제를 노동자 문제로 환원시키는 계급사회주의는 무지하고 가증스러운 처사야. 우리는 이와 같은 사회주의를 이해하고 또 적절한 범위에서 도울 수도 있을 거다. 하지만 그들이 내세우는 원칙은 받아들일 수 없는 노릇이야. 정확히 최근의 사태는 그들의 원칙에 비속한 측면이 있다는 것을 보여주고 있어. 노동자들은 다른 사유에 가까이 갈 수도 있지만, 이와 같은 정치가들에 의해 앞이 가로막혀 있는 거다.

[……] 해야 할 일은 많고, 또 좋은 일도 많다. 조레스와 그의 친구들이 점차 자신들의 중요성을 각성하도록 도와야 해. 부르주아적 전통주의의 유지에 이용될 애매함과는 끝장을 내야 지. 정확히 이와 같은 방향에서 나는 내가 할 수 있는 모든 것을 할 준비가 되어 있단다.[46]

모스는 뒤르켐의 허락을 필요로 하지 않았다. 모스는 문자 그대로 완전히 사회주의 운동에 휩쓸렸다. 모임, 강연, 『무브망 소시알리스트』에의 기고, 사회주의 및 협력 운동에의 참여…… 조레스는 모스에게 『라 프티트 레퓌블릭』지 본부로 자기를 보러 오라고 간청했다. 장 롱게는 모스에게 『르뷔 블랑슈』에 실린 페귀의 글을 문제 삼는 "한 모임에 가능하면, 아니 불가능하더라도 와달라고 압력을 가하고" 있다.[47] 위베르 라가르델은 칼 카우츠키와 함께 저녁 식사를 하자고 모스를 자기 집에 초대하기도 했다.[48] 또한 "센느 강 좌안(左岸)에서 열리는 '민중의 집'이라는 사회주의 기획"[49]이 있었다. 모스의 설명에 따르면, 이 기획은 벨기에에서와 마찬가지로 "형제애와 공동의 권리를 바탕으로 한 학교, 집단 소유권, 노동자와 인민의 단결 등에서 비롯된 결과물의 훌륭한 모델이었다."[50]

하지만 모스는 빈번히 드나들던 정치계에서 항상 마음이 편안했던 것만은 아니었다. 리옹 회의(1901년 7월)를 생각하면서 모스는 "엉망일 거야."라고 예측하고 있다. "용감한 자들은 드물고, 바보 같은 자들이 대다수다."[51] 또한 여러 사람들과의 단절도 있었다. 예컨대 라가르델과의 분열이 그것이다. 밀레랑의 행동에 실망한 라가르델은 조레스와 '새로운 출판사'에서 더 멀어지게 되었다.

[……] 모든 오해는 서로가 무지와 소홀함에서 기인하는 사소한 불화나 주저함을 불식시킬 수 있는 충분한 시간을 갖지 못한데서 오는 것입니다. 당신이 사람들과의 직접적 관계를 유지해 가려면 이와 같은 오해를 불식시킬 필요가 있습니다.

[……] 그리고 생각을 해보면 해볼수록, 실제로 나는 『무브망 소시알리스트』지가 서점과 결별한 사실을 더 더욱 유감스럽게 생각합니다. 그것도 이 잡지가 벨래 서점에 그다지 부담이 되지 않게 된 시기, 거의 독립적으로 운영이 되는 시기에 말입니다.

하지만 나는 나 자신을 위해 우리 모두가 너무 시간을 많이 빼앗기게 될 이 사태를 더 이상 연장시키지 말 것을 당신에게 분명하게 요청하고자 합니다. 진짜 중요한 일은 행해지지 않은 상태에서 개개인이 퍼붓고 있는 끊임없는 비난을 나는 참을 수가 없습니다. 내 주위에서 모든 노력이 분산되고 흩어지고 있습니다. 유감스러운 일입니다만, 무정부주의 상태가 줄어든다면 나는 무엇이든지 할 용의가 있습니다.[52]

분열과 분리에도 불구하고 모스는 리옹 회의에서 이뤄졌던 모든 노력을 잊지 않았으며, "그가 알고 있는 유일한 사회주의 잡지"인 『무브망 소시알리스트』에 매달려 있었다. 분명 모스는 "논쟁을 못마땅해 했고", 이 잡지에서 읽을 수 있는 "베르트의 변증법을 우둔한 것"으로 판단하기도 했다. 하지만 모스는 자기 돈을 들여 "에피날의 동지들"에게 이 잡지를 구독해주기도 했다. 1902년에 모스는 사람들이 더 이상 다른 관심을 표명하지 않고 있던 보어 전쟁[53]에 대한 글을 이 잡지에 싣기도 했다. "진정한 휴머니즘적 의식, 즉 같은 나라의 시민들이 오늘날 그런 것처럼 언젠가 인류가 단결해야 한다는 의식"을 가지지 못하고 있다는 사실을 탄식하면서, 모스는 프랑스에서 "여론을 환기시키기 위한 진지한 노력"을 하지 않는 점을 유감스럽게 생각했다.

> 어떤 이들은 조직하고, 다른 이들은 개혁을 원하고, 또 다른 이들은 혁명을 원한다. 하지만 그 누구도 교육시키지 않는다. 나는 내 주위에서 나이든 사람들과 성인들을 휴머니티의 원칙으로 개종(改宗)시키기 위한 아무런 노력도 행하지 않는 것을 목격하고 있다. 그뿐만 아니라 심지어 나는 젊은이들이 자연스럽게 — 왜냐하면 그들의 세대는 이전 세대의 편견에서 해방된 채 태어났기 때문에 — 받아들일 신념을 훌륭한 증거들을 통해 키우고, 퍼뜨리려고 하는 노력도 전혀 행해지지 않고 있음을 목격하고 있다. 국제사회주의에 대한 감정이 오직 언어적 형태만으로 나타나고 있을 뿐이다. 이데올로기에 대한 우려, 물질적 이해관계에 대한 우려, 현재의 정치에 대한 우려로 인해 우리는 이론주의의 함정에 빠지고, 이데올로기에 감금되고 있다. 사회주의의 입장에

서 보면 휴머니즘적 단결은 일종의 애매한 구호이고, 다시 한 번 강조하지만, 보편적 프롤레타리아의 전통적이고 행동하는 구호가 되지 못하고 있다.[54]

1904년을 기점으로 공공연하게 라가르델이 『무브망 소시알리스트』를 다른 방향으로, 즉 혁명적 노동조합 운동의 발달과 결부된 마르크스주의의 새로운 흐름을 표방하는 잡지로 만들려고 했을 때, 모스는 결연히 그로부터 멀어진다. "무미건조한 횡설수설"에 할애되고, "중상모략과 자료가 뒤섞여 있는" 50여 쪽 이상의 글이 실린 『무브망 소시알리스트』지 제15호가 간행되자 모스는 화가 났다. 모스는 이렇게 쓰고 있다. 조르주 소렐은 "그 글에서 자기의 가장 친한 친구들, 자기가 가장 존경하는 친구들에게 화를 퍼붓는다."[55]

프랑수아 시미앙과 그의 『비평적 주해』

1900년에 '새로운 출판사'가 참고문헌 회보(『비평적 주해. 사회과학』)를 발간하기로 결정했을 때, 이 잡지의 편집부 총무이던 프랑수아 시미앙은 곧장 모스에게 조언을 청했다. "포코네와 위베르가 당신에게 곧 창간될 사회과학 비평 회보에 대해 귀띔했을 겁니다. 도움을 기대합니다. [……] 아마 알고 있겠지만 뒤르켐의 지지를 받고 있습니다."[56]

시미앙은 뤼시엥 에르와 "정신적, 지적으로 아주 가까운 사이"를 유지하며 지내던 고등사범학교 출신의 젊은이다. 시미앙은 또한 드레퓌스 사건 때 에르 곁에서 군대, 교회, 반동, 규율, 전통에 대해 혁명적인 공격을 가했던 인물이기도 했다. 드레퓌스 사건으로 인한 투쟁 이후 ──위베르 부르쟁의 표현에 따르자면, 시미앙은 그때 "지적이고, 생각이 깊고, 이론적이고, 논쟁으로 무장하고, 방법에서 확고하고, 지식에 대해 자신 있고, 미래에 대한 예측에서도 자신이 있는 젊은 참모였다." ──교육자의 아들이었던 시미앙은 사회주의 투쟁에 뛰어들었다. 시미앙에 대해 위베르 부르쟁은 또한 이렇게 말한다. "사회학자이자 사회주의자인 그에게서 학문과 학문의 보급이 하나를 이룬다. 그것이 [내게는] 필수불가결하고 자연스러워 보인다."[57] 막스 라자르가 회상하고 있는 것처럼, 조레스 찬미자이던 시미앙은 열렬한 사회주의자였다. 왜냐하면 그가 보기에 "사회주의 질서"만이 사회 발전을 보장해줄 수 있는 것으로 보였기 때문이다. 젊은 학자 시미앙은 사회 문제에 대한 실천적 해결책에 관심을 가졌으며, 또한 행정에 대해서도 관심을 가졌다. 시미앙은 주저하지 않고 "고집스럽게 추구했던 학문적 노력"에 곁들여 실천적 임무도 떠맡곤 했다. 예컨대 사회주의 선전 작품 총서 기획과 출간, 협동조합 직원 양성을 위한 전문기술학교 등이 그것이다.[58] 모스는 시미앙에 대해 다음과 같은 초상화를 그리고 있다.

에르 및 다른 사람들과 함께, 조레스 그리고 사회주의 노동자 운동에 일조하려고 고등사범학교에서 온 자들 가운데 F. 시미앙보다 더 활발하고, 더 영향력 있고, 더 알려진 자는 거의 없었다 [……]

우리의 대의명분을 위해 그가 기여한 것들은 엄청나다. 시미앙의 경력과 모든 행동의 기저에 놓여 있는 정신은, 사회에 대한 연구, 그것도 프롤레타리아와 임금 노동자들에 대한 연구에 모든 것을 바친 그런 사회주의자의 정신 바로 그것이었다. 시미앙은 자기 사유의 발전을 노동자 대중의 것이 되게끔 하고자 했으며, 자신의 활동이 매 순간 이들 대중에 도움이 되었으면 했다.

[……] 무역부, 노동부 소속 도서관의 사서였던 시미앙은 이 도서 관을 단지 잡동사니 같은 책들의 보관소가 아니라 사회주의를 위한 아주 중요한 연구실로 만들었다. 시미앙은 노동 운동에 대한 수많은 조사 활동의 주석자, 비판자, 주도자였다. 레제르 거리에 있었던 벨래 서점에서 시미앙은 오늘날에도 가치 있는 "사회주의 도서관" 총서의 기획자이자 편집자이기도 했다. 모든 출판을 지휘한 것도 시미앙이요 ―― 얼마나 커다란 희생정신을 가지고서였던가! ――, 로크, 블럼, 다른 사람들과 함께 에르의 행동을 보좌했던 것도 시미앙이었다. 페귀, 라가르델, 소렐의 방해에도 불구하고 말이다.

그 다음으로 '사회주의 학교' 창설이 이어진다. 거의 10여 년 동안 시미앙은 ―― 얼마나 강력한 권위를 가지고서였던가! ―― 노동자들의 삶과 노동조합 운동의 상황에 대한 연구의 대표자였다. 파리 지역에서 활동했던 가장 훌륭한 투사들은 예외 없이 시미앙의 제자들이었다 [……] 가야 할 곳, 희생이 필요한 곳, 있어야 할 곳에는 반드시 시미앙이 있었다.

[……] 사회주의자들은 다음과 같은 사실을 알아야 한다. 시미앙은 자신의 사상을 사회주의 및 노동자 계급의 활동의 진보에 받쳤다는 사실, 그것도 모든 유토피아 밖에서 즉 전적으로 사실들의 영역에서 말이다.[59]

시미앙은 뒤르켐 주위에 모여든 사회학자들 그룹에 협력했다. 모스는 이 협력을 "30여 년 동안의 비평과 협조"라고 규정하고 있다. 『사회학 연보』와 『비평적 주해』 사이의 관계는 아주 밀접했다. 거의 모든 『사회학 연보』의 협력자들(뒤르켐을 포함해서)이 『비평적 주해』에서 여러 저작들을 분석했다.[60] 이 두 잡지 사이의 상호침투는 계속 이어지게 된다. 필립 베나르의 설명에 의하면 그 이유는 다음과 같다.[61] 즉 "몇몇은 『비평적 주해』에 이름을 올리고 난 다음에 『사회학 연보』에 스카우트되기도 했으며(메트르, 바쉐르, 젤리, 제르네), 다른 이들의 경우에는 협력이 거의 같은 시기에 이뤄졌기 때문이다(위베르 부르쟁, 샤일리에, 알브바크스, 뵈샤, 레이니에, 스티크니)." 이 새로운 참가자들 가운데 많은 이들이 고등연구실천학교에서 가르치고 있는 위베르와 모스의 제자들이었다. "원고 편성과 편집" 일로 바쁘게 움직였던 뒤르켐은 이 두 잡지의 통합을 진지하게 고려하기도 했다.

[……] 11월 이후 이 일로 인해 내 시간의 상당 부분을 들였다. 내가 파리에 있고, 편지가 아니라 너희들의 직접적인 도움이 있었더라면 이 모든 일을 훨씬 더 용이하게 끝낼 수 있었을 거라 생각한다.

그런데 오는 11월에 나는 강의를 하지 못하거나 『사회학 연보』를 출간하지 못하는 상황이 오는 것을 원하지도 않고 또 그렇게 되어서도 안 돼. 그렇게 되면 휴가를 내야 할 거야. 이게 유일한 해결책이니까.

마지막으로, 너 역시 일년에 5-6개월을 이 일에 매달리는 걸 난 용인할 수 없다. 8월 이후로 너 역시 이 일을 제외하고는 진지한 연구를 제대로 한 것이 없는 걸로 알고 있다. 포코네도 역시 이 일에 약 4개월을 투자했지.

내가 생각하고 있는 이 문제에 대한 유일한 해결책은『비평적 주해』주위에 우리가 모이는 것이다. 이 잡지를『사회학 연보』에 합치는 방식으로 바꿀 수도 있을 게다. 나는 거기에 반대할 사람이 아니란다. 이런 방향에서 난 가능한 모든 일을 할 용의가 있지. 난『사회학 연보』에 했던 기여만큼『비평적 주해』에도 기여를 할 준비가 되어 있단다.[62]

『사회학 연보』와『비평적 주해』두 잡지의 통합은 결국 이뤄지지 않게 된다. 왜냐하면, 포코네가『무브망 소시알리스트』에서 회고하고 있듯이,『사회학 연보』는 그 나름대로의 존재이유를 가지고 있었기 때문이었다.

[『사회학 연보』의] 편집자들은 사회적 사실의 연구에 귀납적 법칙을 일반적으로 적용하는 데 서로 동감한다. 그들은 동일하지 않은 가치와 여러 다양한 학문적 영감을 바탕으로 이뤄진 이 잡지에서 객관적 사회학의 요소들 —— 사실들과 사상들 —— 을 수집하려고 애써왔다. 사회학의 현 연구 상황에서 보면 이 잡지에서 합리적으로 문제를 제기하고 분류하는데서 오는 이 모든 이익을 무시할 수는 없는 노릇이다.

물론『사회학 연보』는 이론적인 연구만을 대상으로 하고 있다. 이 잡지는 일반적으로 실전 응용과 관련이 있는 모든 것을 옆으로 제쳐 놓고 있다. 그러니까 직접적으로 정치에 관계된 것들 말이다. 이 잡지에서 사회주의자가 썼거나 사회주의를 주제로 한 모든 저서들에 대한 분석을 찾지 말기를 바란다. 사회주의 이론이나 운동은 오직 설명해야 할 사회적 사실로서 고려될 뿐이다. 사회주의자들이 사회학자로서 연구를 수행한 결과로 나온 저서들, 가령 카우츠키의 『토지 문제』 등과 같은 저서의 경우에만 확장된 의미에서 이 잡지의 분석 대상이 될 뿐이다.[63]

모스는 1901-1904년 사이에 대부분의 경우 종교사와 민족지학에 속하는 저서들에 대한 15편 정도의 서평을 『비평적 주해』에 실었다. 그는 또한 『사회학 연보』에서도 종종 같은 저서들을 분석하고 있기도 하다.[64] 모스의 비평은 종종 아주 엄격하기도 했다. 방법의 부재와 인용에서의 실수 등에 대해 날카롭게 지적하고 있기도 하다. 가령 A. 르페브르가 쓴 『게르만족과 슬라브족』에 대해 모스는 이렇게 쓰고 있다. "우리는 점점 더 프랑스 독자들의 비판의 부재에 놀라곤 한다. 우리가 보기에 독자들은 낡은 부류, 존재하지도 않는 학문, 진부한 학식을 보이는 저서들을 놀래지도 않고 받아들여준다. 대중화한 작업들이 많지 않은 주제들을 탐구한다는 것 이외에는 다른 좋은 점이 없는 저서들 말이다."[65]

『비평적 주해』에서 모스가 유일하게 칭찬하고 있는 정치적 성향의 저서는 영어로 씌어진 "감탄스러운 연감"인 『도매협동조합연감』이었다. "사회주의 이론과 협동조합에 관심을 갖는 그 누구라도" 많은 사진과 판화, 다량의 통계 도표, 그래프와 수치를 포함하고 있는 이 저서에 대해 흥미를 가질 수밖에 없다는 것이 모스의 의견이었다. 영국에서 행해지고 있는 연구에 대해 여전히 관심을 갖고 있던 모스는 이 저서에서 "영국의 협동조합 연맹"의 "대단한 성공"[66]의 한 증거를 보고 있다.

협동조합주의자

모스에게 협동조합주의는 "자본주의 사회에 영향을 미치는 수단 가운데 하나다."[67] 1896-1897학년도부터 모스는 '플레장스[68]의 미래' 협회, 즉 의대생이었던 조르주 포케를 만나게 되었던 소규모 소비협동조합에 가입하게 되었다.[69]

협동조합은 1890년대 말에 괄목할만한 진보를 이뤘다.[70] 그 당시에 수많은 소비협동조합이 설립되었는데, 그 가운데 벨빌루아즈가 가장 좋은 예였다. 7,000여 명의 회원과 수많은 서비스업체(제빵업, 육가공업, 정육점, 석탄업, 신발업, 봉제업, 잡화상, 포도주 등)와 더불어 프랑스에서 가장 규모가 큰 조합이었다. 1896년에 알비에서 창립된 '노동자 유리 공장'은, 조레스의 표현에 따르면, "패배한 고용주 측에 맞선, 노동조합적, 정치적 자유의 진정한 요새"가 되고자 했다.

브누아 말롱을 내세우던 사회주의 지류는 "협동조합에 우호적이었으며", 파업에 이어 퓌토 시(市)에 "라 르방디카시옹"[71]이라는 협동조합을 설립했다. 하지만 1890년대 말까지 사회주의 운동은 협동조합 방식에 적대적이었다. 협동조합으로 인해, 노동자 계급이 생산수단의 소유 문제를 적합하지 않은 방식으로 제기하므로 해서 진정한 혁명적 투쟁에 등을 돌릴 것이라는 것은 게드주의자들만의 생각이 아니었다. 이와 같은 비판적 입장은 정당화되는 것처럼 보였다. 그도 그럴 것이 협동조합 운동 내부에서 기독교 사회적 영감을 받은 흐름이 나타나고 있었기 때문이었다. 예컨대 님므 학파가 그 가운데 하나였다. 그런데 이 같은 흐름에서 보면 협동조합은 전혀 사회 해방을 위한 수단이 아니었다. 님므 학파의 주요 이론가 가운데 한 명인 경제학자 샤를르 지드에게 협동조합주의는 자본주의와 집산주의의 중간노선인 '제3의 노선'인 것처럼 보였으며, 그 최종 목표도 "협동조합주의 공화국"[72]의 건설에 있는 것처럼 보였다. 조레스는 그 자신 친분이 있고 또 그 자신 "자유주의 정신"의 소유자로 여기고 있던 샤를르 지드에 대해 "반집산주의적 편견"을 가지고 있다고 유감을 표명했다. 하지만 조레스는 "이와 같은 혐오감이나 허점에도 불구하고 샤를르 지드는 자기도 모르는 사이에 집산주의자가 된 사람"[73]이라고 말하고 있기도 하다.

어쨌든 협동조합 문제에 대해 사회주의자들 사이에서는 해석이 분분했다. 예컨대 노동당이 뿌리를 잘 내리고 있는 북부 프랑스 같은 곳에서는 투사들이 협동조합을 자신들의 사상의 전파와 사회 변화의 수단으로 이용하기도 했다. 하지만 협동조합식 경제와 사회주의 정책의 조우는 단지 1895년에 '사회주의 협동조합 상품거래소(BCS)'의 설립과 더불어서 이뤄졌을 뿐이다. 모스의 견해에 의하면, 이 거래소의 발전은 "대단한" 것이었다. 약 60 여개의 "힘 있는 노동자 세력"이 "규칙적으로 개최되고 파급 효과와 그 내용이라는 면에서 찬사를 받을 만한 토론"[74]에 참가하기도 했다.

하지만 의견의 차이는 컸다. 위베르 라가르델은 직접 나서 소비협동조합에 대해 "자본주의 메커니즘에 대한 무지에서 태어난 술수"라고 말하기도 했다. 그리고 협동조합이 "협동 기구"가 될 수 있는지를 자문하면서 그는 이렇게 대답하고 있기도 하다. "결함투성이인 협동조합이라는 연대 의식 학교는 한심한 결집 수단이다." 협동조합과 혁명적 행동을 가르고 있는 거리는 "계급 본능과 계급의식을 가르는"[75] 거리와 같은 것으로 여겨졌다. 모든 혁명 투사에게 협동조합은 "아주 강력한 노동조합적, 정치적 운동이 이미 자리 잡고 있는 경우에만 프롤레타리아에게 유용하게 보일 뿐이었다."

모스는 『무브망 소시알리스트』를 위해 협동조합 조직에서의 활동을 계속 주시했다. 모스는 제1회 사회주의 협동조합 국제총회 — '사회주의 협동조합 상품거래소'에 의해 개최되고, 만국박람회가 열렸던 해이기도 한 1900년 7월7일에서 10일까지 열린 — 에 대한 보고서를 작성기도 했다. 아주 많은 "조직된, 참다운 의미에서 조직된 세력들"이 '노동조합, 협동조합 회의장('노동관')'에서 모임을 가졌다. 약 45,000여 명을 대표하는 파리 지역의 30여 개 이상의 협동조합 기구와 벨기에, 스페인, 헝가리, 이탈리아 등에서 온 대표들이 모여들었다.

모스에 의하면 이 회의 결과는 대단히 긍정적인 것으로 판명되었다. 새로운 조직의 창설, 원칙의 명료화, 다수의 협동조합 조직의 "순수 사회주의적 노선"으로의 진입 등의 결과가 그것이다. 요컨대 "훌륭하고 진지한 작업"이 이뤄졌던 것이다. 다양한 토론에 대해 요약하면서 모스는 상호협조(생산과 소비를 위한 사회주의 조직들 사이의 관계)와 협동조합 보험에 대한 여러 견해를 소개하기도 했다. 모스의 관심은 특히 "토론의 핵심 과제", 즉 사회주의 협동조합에 대한 정의와 하나의 협동조합이 사회주의적으로 여겨질 수 있기 위해 필요한 조건에 대한 정의에 맞추어졌다.

[……] 협동조합주의자들이 사회당 전체의 운동에 참여하고, 또한 정치 문제들을 정면으로 다루는 것이 이롭다는 사실이 증명되었다. 총회는 선거 활동에 대한 의견을 확정하지는 않았다. 하지만 협동조합주의자들의 선전에 참여하고 또한 노동조합주의자들과 다른 그룹들과의

합의 하에 사회주의 투쟁을 펼쳐나가야 한다는 사실에 대해 한 순간이라도 의심해 본 적이 없다. 그리고 투사 한 명 한 명, 노동자 한 명 한 명에게 하나의 협동조합의 일원이 되는 것은 반드시 수행해야 할 하나의 의무라는 사실, 그렇지만 또한 협동조합주의자들에게도 정치적으로 프롤레타리아의 전면적 해방을 돕기 위해 자신들의 배타적인 이익추구의 포기 역시 반드시 수행해야 할 하나의 의무라는 사실이 표결을 통해 확정되었다. 이 점에서 총회는 사회주의 협동조합이 무엇인가하는 점에 대한 명료한 개념에 도달하게 되었다. 사회주의 협동조합은 그 구성원들이 자신들의 복지를 개선한다는 정당한 욕망은 물론이거니와 정치적이고 경제적이며, 합법적이고 혁명적인 모든 수단과 노선을 동원해 임노동제를 폐지시키기를 원하는 생각을 품고 활동하는 하나의 단체인 것이다. 그 결과 협동조합주의자들이 정치 정당에 가입하는 것, 그리고 이들이 국제총회에서 정해진 기본 원칙들을 받아들이는 것이 필요한 것이다.[76]

조레스는 총회에서 적극적으로 토론에 임했고 여러 차례 박수를 받기도 했다. 조레스는 이렇게 선언하고 있다. "협동조합이 사회주의적이 되는 것만으로 충분치 않습니다. 사회주의가 협동조합주의적이 되어야 한다. [……] 협동조합주의자들에게 '사회주의에 가담하라!'라고 말하는 것과 똑같이 노동자들에게도 '협동조합에 가입하라!'라고 말해야 합니다."[77] 이 사회주의 리더 조레스는 모스에 의해 협동조합주의자로 입장을 바꿨던 것이다. 모스의 관점에서 보면 정치적, 노동조합적, 협동조합적이라는 삼중의 행위가 필요하다. 물론 각 유형의 행동의 독립성을 존중하면서, "협동조합주의와 사회주의의 조화를 실현하기 위해 노력해야 할 필요가 있다." 해도 말이다.

사회주의 협동조합을 대표했던 모스는 여러 차례에 걸쳐, 때로는 절차상의 문제에, 또 때로는 내용의 문제에 개입했다. 회의 벽두부터 모스는 이 총회에서 연구된 것들이 '새로운 출판사'를 통해 출간되기를 요청했다. 게다가 모스는 다른 방식의 투표 방식이 채택되어야 한다고 요구하기도 했다(대표에 의한 투표가 아니라 그룹에 의한 투표가 그것이다). 마지막으로 모스는 소비협동조합 —— 그 자체로 생산을 위해 연대한 —— 에 의해 운영될 '사회주의 협동조합 상품거래소'의 설립에 우호적인 입장을 표명하기도 했다. 모스는 이렇게 선언하고 있다. "산업 생산에 대한 내 입장은 분명하다. 소비협동조합주의자들에게 필요한 것은 작업장, 즉 거대한 규모의 공장이다."[78]

회의 세 번째 날, 모스는 국제관계에 대한 보고서를 준비하고 제출해야 했다.

시민들이여, 우리가 세계의 노동자 조직을 발전시키길 원한다면, 연합 노선을 채택할 때이다. 배타주의 정신, 분열의 정신, 슬프다! 너무 자주 볼 수 있는 상호적 질투 정신으로 인해 프랑스 전국에서 상당한 정도의 비용 절감을 가져오면서도 행동을 배가시키는 조화로운 단체의 조직이 방해를 받고 있는 실정이다. 이런 이유로 우리는 우선 노동자 협동조합주의자들을 대규모의 소비자 그룹으로 조직해야 할 필요가 있다. 우리가 수많은 협동조합적 공장 —— 집산주의적 생산의 모델 —— 을 세우게 될 때, 우리가 모든 곳에서 생산의 여러 단계를 주도하게 될 때, [……] 우리 모두가 협력제도의 망을 통해 모든 노동자 협동조합 구성원들 사이의 밀접하고도 가까운 단결을 이룩해낼 때, 우리가 다양한 조직과 관계를 정립하게 될 때, [……] 그때 우리는 완벽한 방식으로 국제적 차원에서 이뤄지는 조직을 생각해볼 수 있을 것이다. 가령 구매를 위해 연대하고, 생산을 위해 연대하고, 파업을 위해 연대하고, 세계 프롤레타리아에게 귀속된 재산을 공동으로 관리하기 위해 연대하는 것을 말이다. 하지만 무엇보다도 영국 협동조합주의자들이 했던 것처럼 프랑스의 모든 협동조합주의자들이 행동해야 한다. 우선 그들이 대규모의 연맹을 이루고, 그들이 '국가 속의 국가'를 이루길 바란다. 그러면 그들은 세계적인 자본주의 앞에 우뚝 선 세계적 조직인 국제 노동자 조직이 될 것이다.[79]

"아주 바람직함에도 불구하고" "여러 상황"이 "즉각적으로 실천 불가능함"을 잘 알고 있던 모스는 어쨌든 "그가 지지하는 노선을 준비하는 것"은 가능하다고 판단하고 있었다. 몇몇 사람들에 의해 "학자적"이라는 평을 받은[80] 모스의 보고서에는 사회주의 소비자 조직들 사이의 관계를 진전시킬 목표를 내세우고 있는 모든 종류의 주장이 담겨져 있었다. 예컨대 여러 연맹에서 주관하는 다양한 총회에의 상호 참가, 출판물의 교환, "노동자 협동조합주의자들을 위한 국제 잡지" 창간, "국제 사회주의 협동조합주의자들을 위한 상설 사무국" 설치, 정신적이고 상업적인 측면에서의 국제 공조, "공동 구매(포도주 등)"를 위한 국제 협상 등이 그것이다. 모스는 또한 두 개의 야심 찬 계획 ── "이 두 계획의 실현은 결코 실현 불가능하지 않으면서도 바람직한 것이다." ── 을 상기시키기도 했다. 노동자 협동조합주의자들을 위한 국제은행 설립, 협동조합들과 협동조합원들 사이의 보험업(화재, 사고, 생명 및 질병)의 국제 조직화 계획이 그것이다. 모스가 인정하고 있듯이, 이 모든 것을 실천하는 데는 오랜 시간이 걸릴 것이고, 각자 그리고 모두에게서 아주 강한 투쟁 정신과 행동이 요구되는 것이었다.

> 시민들이여, 단도직입적으로 이 노선을 채택하길 제안하면서 우리는 어떤 이유에서도 우리 자신의 사회주의적이고 혁명적인 역할을 한시라도 잊는다는 것은 도저히 불가능하다. [……] 동지들이여, 우리는 노동자로 하여금 앞날을 내다보는 선견지명을 갖게끔 격려하면서, 그가 살고 있는 불편한 이 사회에서 그에게 조금의 안정을 마련해주고자 노력하면서, 우리는 투사, 조직자로서의 임무를 수행해나갈 수 있다고 믿는다. 물론 아직은 우리가 노동자를 만족시키지 못하고 있는 것은 사실이다. 미래 사회가 노동자에게 제공해줄 수 있는 모든 이점을 맛보게 하면서, 노동자의 혁명적 임무 수행을 위해 우리는 그를 교육시키고 있다. 우리는 노동자의 처지를 개선하고, 그와 비슷한 자들의 사회적 위상을 개선해주면서 그에게 투쟁의 무기를 제공해주고 있다.
>
> 우리의 노력 결과에 의해 나타나게 될 이익을 통해 우리가 선전과 노동자 세계의 계급조직에 강한 힘을 불어넣어 줄 수 있다는 사실을 고려하지 않더라도, 우리는 자본의 지배 한복판에서 사회주의 자본의 진정한 병기고를 세울 수 있게 될 것이다.[81]

이와 같은 임무와 관련된 문제들이 너무 많았고, 또한 이 문제들을 정면으로 깊이 다루기에는 아직 시기상조였다. 그렇기 때문에 모스에 의해 작성된 보고서는 상설위원회에 상정되었고, 그에 대한 논의가 다음 총회의 일정에 포함되게 되었다. 토론은 아주 짧게 이뤄졌다. "시민" 뒬뤼크는 부르주아 국가에서 노동자 은행의 창설에 반대한다는 의견을 개진했다. 그 까닭은 "돈이 사람을 타락시키게 된다."는 것이었다. 이에 대해 모스는 간단하게 응수했다.

> 덴마크와 영국의 협동조합들은 철학적 몽상이 아니다. 그것들은 엄연히 현실에 속해 있다. 영국 협동조합들이 사회주의자들의 것이 아니라고 해도, 그들은 늘 실천을 지향한다. 그리고 여러분은 그렇지 않은 적당한 예를 다른 곳에서 찾아야 할 것이다. 왜냐하면 여러분이 조직의 일원이 된다면, 여러분 스스로의 이론을 실천에 옮겨야 할 것이기 때문이다.[82]

모스는 사회주의 협동조합주의자들이 더 늦지 않고 "국제 단결의 노선"에 합류할 수 있기를 기대하고 있었다. "즉각적 실천 가능성"에 대한 모스의 걱정 어린 태도는 "부르주아적"으로 비칠 수도 있었다. 모스는 이렇게 자기 방어를 했다고 한다.

> 시민 모스는 자신에게 부르주아 협동조합주의자라는 지칭을 적용하는 것을 받아들이지 않았다. 그는 결코 협동조합 안에서 자신이 해야 할 노고와 의무를 제외하고는 그 어떤 것도 추구하지 않았다. 그의 부르주아적 정신에 대해서 묻자, 모스는 1890년 이래로 그 자신이 사회주의적,

혁명적 그룹 이외에 그 어떤 그룹에도 속한 적이 없다는 사실을 공식적으로 확인해줄 것을 요구했다. 그는 진정한 부르주아란 정치적으로 의심스러운 자가 아닌지, 밀레랑의 앞잡이 혹은 아주 비밀스러운 부르주아 사회, 예컨대 프리메이슨단 단원들이 아니냐고 묻기도 했다.[83]

보고서를 제출하고 난 며칠 후에 모스는 조레스와 다른 사회주의자 대표들과 함께 '협동조합 중앙위원회' 공식 회의에 참석했다. 이 회의 목적은 수많은 사회주의적 제안(노동자 조직만이 협동조합주의자 연맹에 의해 세워진 공장의 유일한 소유자여야 한다. 정상적으로 유급 1일 8시간 노동을 기준으로 한다.)들에 대한 표결과 "지역 연맹의 문제에 대해 형성되었던 민족적이고 분권적 성격을 띤 일단의 흐름에 맞서 투쟁하기 위한 것"[84]이었다. '협동조합 중앙위원회'의 "아주 정직하고, 자유주의 성향이었지만 그다지 적극적이지 않았던 위원들"에 대해 사회주의자들은 전혀 걱정할 것이 없었다. 사회주의자들은 "적극적으로" 나설 수가 있었다. 왜냐하면 "그들은 자신들의 행동, 힘, 권리, 자신들을 위한 논리도 [……] 가지고 있고, 자신들의 방앗간, 자신들의 땅을 소유할 것이기 때문이다. 부르주아 성향의 협동조합들이 서로 합의에 이르기 전에 말이다."[85]

물론 모스가 주장한 협동조합주의에 대한 비전은 유토피아적이었다. 왜냐하면 협동조합 내에는 지성과 에너지와 따뜻한 가슴을 가진 자들이 그다지 많지 않았기 때문이다. 즉 "실천적 사회주의자들"이 드물었다.[86] 게다가 모스는 "당의 언론이 협동조합들을 계속해서 도와주지 않는 것을" 유감스럽게 여기기도 했다. 그는 또한 몇몇 사회주의자들에게는 규율 부족과 "심각한 전략적 실수"에 대해 비판을 가하기도 했다.

하지만 가장 나빴던 것은 사회주의자들의 "회피"였다. 그들은 "아주 좁고도 추상적이며 순전히 정치적인 영역에 자리 잡고 있었던 것"이다. 그리고 그들은 협동조합 운동에서 "멀찌감치 떨어져" 있었다.

따라서 전체적인 상황은 그다지 녹록하지 않았다. 한편으로 충분한 숫자를 확보하지 못한 사회주의 협동조합주의자들은 "자신들의 허약한 힘에 스스로를 내맡기고 있었고", 다른 한편으로는 협동조합 자체가 "방치된 채" 있기도 했다. 그 결과 사회주의 정신이 그들 사이에 빠르게 파고들지 못하는 것과 그들이 "제자리에서 발만 동동 구르고 있는 것"을 보는 것은 그다지 놀라운 일이 못되었다. 그럼에도 불구하고 모스는 낙관적이었다. 특히 구매위원회(건과는 물론이고 곧바로 비누와 커피)와 더불어 '사회주의 협동조합 상품거래소'가 거둔 "다행스러운 성공" 이후에는 더욱 그러했다.

특히 연맹 운동의 새벽이 밝아오는 것을 목격하고 있다 [……] 소비 영역에서의 기념비적인 사업의 시작, 프롤레타리아와 계급의 집중이 시작되었다. 파리 지역에 10만 명의 협동조합주의자들이 있다는 것을 생각하길 바란다. 이곳에서 소비율은 거의 모든 외국의 협동조합주의자들의 그것보다 높다(매일 적어도 가입자 당 1프랑 이상이다). 이곳에서는 아주 많은 조직이 있고 또 막강한 세력들이 집결되어 있다. 우리는 협동조합 연맹을 통해 자본주의의 감시로부터 이 조직들과 세력을 해방시킬 수 있는 것이다. 짧은 기간 내에 연맹의 작업장은 중앙판매소로 승격될 것이다. 이곳에는 노동력이 필요할 것이고, 사람들에게 지혜를 발휘해줄 것에 대한 요구가 있게 될 것이고, 지금부터 그런 호소와 요구에 대비할 수 있도록 준비를 해야 할 것이다.

요컨대 작업이 서서히 진행되었지만, 충돌이 있었지만, 협동조합
은 정상적인 발전을 이룩하고 있다. 협동조합을 밀어붙여 가속화시키
는 것은 전적으로 사회주의자들에게 달려 있다. 세계의 모든 프롤레타
리아의 절대적 해방이라는 최종 목표를 향해서 말이다.[87]

'라 불랑즈리'[88]

모스는 개인적으로 협동조합에 참가했다. 1900년 3월에 모스는 필립 랑
드리외와 함께 브뤼셀의 '민중의 집'과 겐트의 '부루이트(Vooruit)'에서
영감을 받은 소규모 협동조합 회사를 창립했다. 1873년 르 아브르에서
태어난 랑드리외는 신교 및 공화정 성향의 사업가 집안 출신이었다. 랑
드리외는 농업과 의학을 공부했으며, 나중에는 물리와 화학에 매진하
게 된다. 그의 정치 경력은 모스의 그것과 아주 유사했다. 1894년부터
집산주의 학생 운동에 관여했던 랑드리외는 사회주의 혁명노동자당에
가입했고, 『무브망 소시알리스트』지에 참여했으며, 조레스와 협력 관계
를 유지하기도 했다. 모스와 마찬가지로 이 과학자 —— 콜레주 드 프랑
스의 실험조교 자리를 차지하고 베르틀로, 무로, 랑즈뱅 등과 함께 일을
하게 된다. —— 역시 협동조합에서 새로운 사회를 준비하는 수단을 봤
던 것이다. 랑드리외는 그 자신 전혀 관심이 없었던 토론과 논쟁에서 벗
어나 협동조합 안에서 투쟁을 하고 있었다. 실제로 랑드리외가 이런 투
쟁을 할 무렵에는 사회주의 운동의 여러 파당이 갈려 서로 대립하고 있
었다. 구체적인 실현에 대한 취향과 조직에 대한 감각 덕택에 이 협동주
의 투사는 아주 유능한 행정가로 변신하게 되었다.

파리의 제 13구에 있는 바로 가(街)에 위치해 있고, 단순히 '라 불랑즈리'라고 불렸던 새로운 사회주의 협동조합은 38명의 발기자를 모았으며, 처음에 1,900프랑의 자본금을 확보하게 되었다. 제1회 사회주의 협동조합 국내외회의가 개최되었을 때, 이 조합을 대표한 인물이 장 조레스와 마르셀 모스였다. 그 다음 회의(1901년에는 릴에서, 1902년에 아미앵에서 개최되었다) 때는 필립 랑드리외가 바통을 받아 참가하게 된다. 사회주의 협동조합은 "제빵업, 제과업, 비스킷과 소형 과자업" 등의 영역을 모두 망라하고자 했다. 모스는 이 조합에 참가한 것을 만족해했다. "나로 말할 것 같으면, 나는 완전히 노동자계급에 몰두하고 있네. 이 계급이 가장 살갑게 느껴지지. 물고기마다 노니는 물이 다른 법이잖나 [……] 잘 지내며, 많은 글을 쓰고 있네. 아주 분명한 태도로 행동하고 있고 말이야. 협동조합은 노동자 학교와 마찬가지로 잘 운영되고 있네."[89] 물론 모스 역시 싫증을 느끼는 때도 없지 않았다. "서점은 모든 사업처럼…… 라 불랑즈리처럼…… 당처럼…… 우리가 탄 공화국 자코뱅 배처럼…… 그럭저럭 운영되고 있네. 자네에게는 이 모든 것이 보잘 것 없고 또 아주 한정적인 것처럼 보일 수도 있을 걸세."[90]

　　첫해부터 150여 명 이상의 구성원을 확보했던 '라 불랑즈리'는 곧 취약함을 드러내게 된다. 멀리 떨어진 협동조합 회사에 빵을 배달하는 문제로 인해 해결 불가능한 문제가 제기되기도 했다. 모스는 걱정 ─ "모든 것이 그럭저럭 진행되고 있네. '라 불랑즈리' 사업은 아직까지는 본 궤도에 오르지 못했네."[91] ─과 이유 있는 낙관주의 ─ "경제 사정을 제외하고는 '라 불랑즈리'의 상황은 괜찮네. 사업은 본 궤도에 오른 것 같네."[92] ─사이에서 왔다 갔다 했다. 반면 필립 랑드리외는 "드러나지 않은 일과 조사"에 열중해야 했고, 또한 사회주의 '라 불랑즈리' 회사에서 제기되는 모든 문제에 대한 해결책을 찾아야만 했다.

1901년에 실제로 사태가 "아주 안 좋아졌으며", 같은 해 6월에는 40,000프랑을 빌려야 했다. '그랑 물랭 드 코르베이(GMC)'의 A. 레네와 맺은 계약 조건에 따르면, V. 카지미르 박사와 마르셀 모스는 "그들끼리 연대해서 20,000프랑을 한도로 사회주의 협동조합에 보증한다."고 선언했다. 하지만 이와 같은 구원책만으로는 불충분했다. 같은 해 가을에 랑드리외는 모스에게 경종을 울리고 있다. "오래 전부터 선생님으로부터 아무런 소식도 듣지 못하고 있습니다. 최근 위베르를 봤는데, 선생님이 편찮으시다고 말하더군요 [……] 우리에게는 선생님이 필요합니다. 라 불랑즈리의 재정 상태는 아주 심각합니다. 당연히 생각해야 했듯이, 대출도 아무 소용이 없었습니다."[93] 그로부터 몇 개월 후에 카시미르 박사와 모스는 자신들이 약속했던 액수인 20,000프랑을 불입해야 했다.[94]

사회주의 협동조합의 월말 재정 사정은 아주 어려웠다. 하지만 카시미르와 모스에 의해 충당된 자금이 "달을 넘길 수 있도록"[95] 해줬다. 모스는 연 4%의 이자율이 배당되는 25프랑 짜리 어음 400장을 손에 쥐었을 뿐이다. 모스의 문제는 가족에게 "회계 상태"를 보고하는 것이었다. 모스의 "힘든 사정"을 제일 먼저 알게 된 사람은 다름 아닌 뒤르켐이었다.

[……] 한 달 전, 그러니까 '라 불랑즈리'와 GMC 사이에 계약이 체결될 무렵 저는 삼촌과 어머니의 의견을 구하지 않았습니다. 그때 저는 GMC 채권에 대해 10,000프랑을 보증했습니다 [……] 그 까닭은 이렇습니다. 제가 속내를 잘 알고 있는 일을 삼촌에게 묻게 되면, 제가 '행

동하기로 결정했던 대로' 하면 안 된다고 충고할 것을 알았기 때문입니다. 그렇다고 제가 경솔하게 행동했다고 생각하지는 않았으면 합니다. 그 누구보다도 제가 얼마나 위험한 상황에서 그 많은 돈을 굴리고 있는가, 그리고 어떻게 제가 이 일에 관여하게 되었는가를 너무 잘 알고 있습니다. 장담하건대, 이 일을 하면서 제 정신은 온전했습니다 [……] 그리고 지금도 저 스스로 창립에 직접 기여했고, 파산할 경우 뭔가 소중한 것을 잃게 되는 그런 집단적인 일을 도가 지나치지 않는 범위에서 지지하고 있다고 느끼고 있습니다 [……] 저는 개인적인 책임 이상으로 그 일에 관여하고 있다고 느낍니다. 그리고 이런 이유로 지금 저는 이 희생을 기꺼이 받아들이고 있습니다. [……]

하지만 현실 상황이 눈앞에 있습니다. 제가 이 모든 수단을 강구하지 못했다면, 사업은 망했을 것이고, 저는 땡전 한 푼도 돌려받을 수 없게 되었을 것입니다. 현재 상태로는 지금의 희생이 언제가 투자가 될 수 있겠지 하는 약간의 희망이 아주 없진 않습니다. 하지만 저는 아무런 환상도 품고 있지 않습니다 [……]

모든 일이 빠른 시일 내에 이뤄져야 합니다. 제가 삼촌에게 이 편지를 쓰는 것은 제 행동의 자초지종을 삼촌에게 알리는 것이고, 또한 어머니에게 가능한 한 최소한의 고통을 주기 위해 제가 강구할 수 있는 수단에 대해 충고를 받기 위해서입니다. [……][96]

뒤르켐은 조카 모스의 행동을 불만족스럽게 생각했다. "이 일이 네게 좋은 교훈이 되었으면 한다. 즉 네가 기업 경영을 좀 더 신중하게 하는 것을 배우고, 또 어떤 행동을 하기 전에 네 능력이 어떤 것인지를 미리 가늠해야 할 필요성이 있다는 것을 배우는 기회가 되었으면 한다. 너는 너무 큰 일, 지나치게 많은 일을 하려 한다." 뒤르켐은 모스가 그의 어머니에게 "진실을 다 털어놓기"[97]를 제의하면서도 자금을 빌려 주겠다는 제안을 한다. "[……] 난 네가 이번 일을 결코 잊지 않길 바란다. 하지만 다른 한편으로 넌 공부를 계속해야 할 게다. 따라서 지금 당장으로서는 이 모든 것을 네 머릿속에서 지워버려야 할 거다. [……]"[98]

모스는 삼촌 뒤르켐의 제안을 받아들지 않고, 어머니에게 직접 호소하는 쪽을 선택했다. "제가 제 행동의 모든 결과를 짊어지는 것이 더 자연스럽습니다. 어머니가 정해주는 방법으로 빚을 갚겠다는 의무를 체결하는 식으로 말입니다. 가령 제가 제 지출을 줄이는 방식이죠."[99] "상당한 액수의 돈을 불안정한 사업과 부모님이 인정하지 않았을 목표를 가진 일에" 투자하면서 부모의 "의도를 저버렸다는 점 때문에 죄책감을 느끼면서" 모스는 어머니에게 [자기의 것이 아닌] 작은 재산을 그처럼 큰 위험을 무릅쓰고 투자하도록 하는 데 대해" 용서를 해달라고 말하고 있다.

어쨌든 모스의 희생 덕분에 필립 랑드리외는 사회주의 협동조합의 미래에 대해 조금 안심할 수 있게 되었다. 비록 "재정 사정이 여전히 좋지 않았음에도 말이다." 물론 1903년에도 이 사회주의 협동조합에는 100여 명의 구성원들이 소속되어 있었으며, 흡족한 운영을 하고 있는 제과 공장, 제빵 공장, 화주(火酒) 공장 등이 소속되어 있었다. 하지만 그로부터 2년 후에 상황이 좋지 않다는 것이 명백해졌다. "상황이 좋지 않습니다. 모든 것이 아주 조금 밖에 판매되지 않았죠. 경상비용은 [……] 많이 올랐고요. 이와 같은 상황이 계속 되게 방치할 수는 없습니다."[100]

많은 협동조합원들은 "즉각 갚아야 하는 부채 때문에 사업을 다시 재개해봤자 실익이 없다."고 판단했다. 그들 가운데 한 명은 이렇게 외치기도 했다. "샤를르 지드의 하나님이 우릴 구원하러 오기를!" "조용히" 진행된 총회에서 이들은 협동조합을 구하는 "조치에 반대를 하지 않을 것"을 결의했으며, "연맹이 '라 불랑즈리'를 차지하는 것"을 방해하지 않기로 합의한다.[101] 모스의 입장에서는 이와 같은 결정은 "[자신이] 이 협동조합에 직접 투자했던 자본과 [자신이] 직접 서명했던 어음을 포기한다."[102]는 것을 의미하는 것이다. 이렇게 해서 모스의 사회주의 협동조합은, 1905년에 창설되었고 벌써 파리 지역에 많은 창고를 가지고 있었으며 또한 파 드 칼레에 신발 공장을 가지고 있는 '프랑스 협동조합 도매점'에 흡수되었다.

이와 같은 실패로 인해 시민 모스의 사기가 꺾인 것은 결코 아니었다. 모스는 여전히 협동조합에 대해 큰 관심을 가지고 있었다. 일간지 『뤼마니테』의 창간 때 모스는 필립 랑드리외와 함께 협동조합들의 생활에 할애된 칼럼의 집필 책임자가 되기도 했다.

6장_ 생 자크 가(街)

모스가 고등연구실천학교 교수로 임용되자 뒤르켐이 제일 먼저 기뻐했다. "축하한다. 네 상황이 어느 정도 정상화되어 기쁘구나. 추측건대 네 강의가 아주 성공적이었던 것 같구나."[1] 다만 뒤르켐은 다음과 같은 걱정을 했다. "삼위일체 축일[2] 전에 출간하려던 계획을 포기하지 않는다면, [조카가] 고등연구실천학교에서의 근무로 인해 『사회학 연보』 제5호의 간행에 아무런 도움을 못주지 않을까"[3] 하는 것이 그것이었다.

뒤르켐은 꽤 오래 전부터 파리에서 자리를 잡고자 했다. "직책상의 성공"을 위해서라기보다는 "보르도에서 얻지 못하는 수단과 재정"을 확보하기 위해서 그리고 "지적 활동"[4]을 하기 위해서였다. 뒤르켐은 모스에게 다음과 같이 속내를 털어놓고 있다.

늘 생각하고 있었던 [가족을 주제로 한] 저서를 내가 언제 쓸 수 있게 될까? 헛되이 보내는 시간을 줄일 수 있게 해 줄 조그마한 자리를 파리에서 얻으면 얼마나 좋을까! 내게 필요한 것이 바로 이것이야. 교육의 짐은 무겁지만, 그로부터 대단한 것을 끌어내지 못하는 시간이 다가올 게다. [……] 평화롭게 참다운 연구에 몰두할 수 있기 위해 파리에서 자리를 잡았으면 하고 진심으로 바라고 있다. 내가 아직 알지 못하는 것을 깨우치기 위해서 말이야. 그러면 더 바랄 나위가 없을 텐데. 하지만 그러한 자리를 찾는 것이 정말로 어려운 일이구나.[5]

『사회학 연보』의 협력자들 역시 다음과 같은 감정을 공유하고 있었다. "뒤르켐이 파리에서 교수로 있다면 얼마나 좋을까!"[6]

보르도를 떠나 파리에 자리를 잡고자 하는 시도에서 뒤르켐은 세 번의 실패를 맛봤다. 1894년에 첫 번째 시도가 실패로 끝났다. 뒤르켐은 소르본에서 동료 교수이자 총장이었던 알프레드 에스피나에게 철학 강좌를 "뺏겼다." 사회학을 가르치기 위해 자신의 강의를 이용했던 에스피나에게 말이다. 뒤르켐은 이렇게 말하고 있다. "이 일에서 에스피나가 나에게 한 행동은 호탕하지도 정당하지도 못했다. 그는 기이했고 회피적이었으며 끝내는 인색하기까지 했다. 그는 순수 사회학에 관계된 강좌에 대해선 날 저버리고 결코 지원을 하지 않겠다고 신 앞에 맹세했다. 그 반면에 나는 그가 지원할 생각을 가지고 있었다는 것을 알았다. 그리고 그는 처음부터 자신의 강의가 [판독 불가] 사회학 강의를 포함한다는 생각을 하고 있었다."[7]

1897년에 교육부장관이 얼마 전 『근대도시』라는 제목의 저서를 출간한 장 이줄레를 콜레주 드 프랑스의 사회철학 담당자로 임명했다. 뒤르켐 자신의 표현에 따르면, 이 일은 "아주 비참한 이줄레 사건"이었다. 뒤르켐은 자신의 임명 가능성에 대해 환상을 품지 않았다. 하지만 그는 이줄레의 임명을 자신의 "실총(失寵)"처럼 받아들였다. 그도 그럴 것이 이 임명을 통해 "지금까지 [뒤르켐이] 혼자 떠맡았던 작업(프랑스에서 사회학 분야를 개척해 온 일을 말한다. - 옮긴이)을 계속하는 것이 [뒤르켐에게] 적당하지 않은 것으로 판단된 것으로 여겨졌기"[8] 때문이었다. 사회학자들은 콜레주 드 프랑스에서 "사회학은 이제 끝났다."라는 반응을 보였다. 그러니까 "사회학은 장터에 늘어놓은 물건들 속에서 조롱받으며 쇠퇴할 것이다."[9]라는 것이 그들의 생각이었다.

세 번째로는 1899년에 가브리엘 타르드가 콜레주 드 프랑스에 철학 교수로 들어갔을 때 겪었던 실패였다. 타르드 역시 철학자였다. 몇 년 전부터 사회학에 대해 학식 있는 교수와 재치 있는 반대자 사이에 뜨거운 논쟁이 있어 왔다. 한 사람은 집단과 사회적 구속("사회적 리얼리즘")을 강조했고, 다른 사람은 개인과 상호작용을 강조했다. 한 사람은 사실에 대한 철저한 방법론적 고찰을 강조했고, 다른 사람은 사색과 상상을 강조했다. 『모방의 법칙』이라는 제목 하에 출간된 책을 쓴 저자인 타르드에 맞섰던 뒤르켐은 과학을 신봉하는 것처럼 보였다. 고등연구실천학교에서 개최된 "사회학과 사회과학"에 대한 토론에서 이들 두 사람은 각자 자신의 주장을 개진할 수 있게 된다.[10] 가브리엘 타르드의 콜레주 드 프랑스 입성으로 인해 뒤르켐은 철학과 사회학 사이의 혼란이 가속화될 것을 우려했다. 하지만 뒤르켐은 이와 같은 "결말"을 "정상적인 것"으로 여겼다. 왜냐하면 뒤르켐 자신의 말에 따르면, "[타르드]가 자리를 잡아야만 사람들이 자기를 보르도에서 끌어낼 생각을 할 것이기 때문이었다."[11]

사회학의 옹호

사회학에 대한 반대는 거셌다. 그리고 뒤르켐은 자신의 연구에 대한 "끈덕진 저항"은 아니라 해도 그것에 대한 인정에서 늘 "같은 망설임"을 사람들에게서 느끼곤 했다. 『자살론』의 출간으로도 이와 같은 애매함은 완전히 불식되지 않았다. 뒤르켐은 이렇게 생각했다. "칼로 물 베기다. 내가 조금 밀쳐냈다고 믿었던 똑같은 이론상의 저항이 새로이 나타나는 것을 느꼈다."[12] 뒤르켐의 사후에 출간된 「사회학」이라는 제목의 짧은 글에서 뒤르켐은 이 학문의 발전을 위한 두 가지 조건을 밝히고 있다. "우선 전통주의가 무너져야 한다 [……] 아울러 가장 복잡하고 가장 불안정한 현실들을 개념화시키고, 또 그렇게 하기 위해 이성의 힘에 대해 진정한 믿음을 가져야 한다." 뒤르켐은 이렇게 결론짓고 있다. "프랑스는 이 이중의 조건을 충족시키고 있다."[13] 더 혼란스러움을 느낀 모스는 계속해서 다음과 같은 확인을 하게 된다. "과거에 경쟁하던 세력이 무기를 버리지 않았다. 반대는 계속 강해지고 또 더 늘어났다. 특히 프랑스에서 철학자들은 아주 강력하게 자신들의 비판적 역할을 수행했다."[14]

고등연구실천학교 교수로 임용된 첫 해에 모스는 처음으로 뒤르켐의 사상을 소개하는 일을 맡았다. 모스는 폴 포코네와 함께 『대백과사전』의 '사회학' 항목을 집필하게 되었던 것이다. 물론 모스는 이 항목을 집필하면서 "뒤르켐의 도움을 받아서"라는 사실을 기입하게 된다. "이 항목을 집필하는 것이 [자기 협력자들에게] 그다지 큰 유용성이 없을 것"이라고 판단한 뒤르켐은 "그들 모두가 [자신들의] 주요 연구 목표에서 일탈할까봐" 우려했다. 뒤르켐은 "그들 각자가 최소한의 시간을 허비하기를" 바라기도 했다. 하지만 뒤르켐은 직접 이 항목의 집필을 위한 계획을 짰다.[15] 그리고 "익명"의 약술 작성자가 되길 바라면서 뒤르켐은 특히 사회학의 역사(그 최초 기원들, 18세기, 생시몽, 콩트, 스펜서 등)에 관계된 부분에 협력했다.[16] 모스는 이 텍스트의 집필에 대해 이렇게 말하고 있다.

> 사실 [『대백과사전』에] 실렸던 글은 우리가 쓴 분량의 1/3에 해당하는 것이었다. 두 번째 부분은 『철학 잡지』(1910)에 「사회학과 사회과학」이라는 제목으로 [포코네와] 뒤르켐의 이름으로 실렸다. 세 번째 부분은 내가 봤던 바로는 조금 경솔하게 준비되었는데, 이 부분은 우리 세 사람의 이름으로 「사회학의 구분」이라는 제목으로 따로 실릴 예정이었다. 만약 이 세 부분 전체가 『라 그랑드 앙시클로페디』에 실리지 않을 경우 우리 세 사람 이름으로 그리고 「사회학 입문」이라는 제목으로 출간됐어야 했다. 아마 나는 그렇게 되도록 일조할 것이다.[17]

모스와 포코네는 서로 잘 아는 사이였다. 모스가 파리에서 보냈던 첫 해에 그들은 서로 만났고, 함께 철학 교수자격시험을 준비했다. 「사회학」원고를 함께 집필하는 상황에서 그들은 더 분명한 어조, 덜 "교조적"인 언어로 뒤르켐의 『사회학적 방법의 규칙』이라는 저서를 소개하려고 했다. 그들은 "사회학의 대상과 사회학이 이용하는 방법론을 차례로 규정하려고 노력하면서" 이 학문의 역사 부분은 약간 소홀히 다뤘다(하지만 참고문헌에서 에스피나, 레비브륄, 푸이예, 부글레, 그라팔리 등의 저서를 소개하고 있다.)[18] 모스와 포코네는 많은 사회적 사실들을 예로 들고 있다. 가령 근대 사회의 경제 상황(산업 생산, 노동 분할, 신용제도, 교환), 언어의 습득, 부부관계와 가족관계, 종교, 결혼 통계, 자살 및 범죄 통계 등이 그것이다.

이들 두 저자는 다음과 같이 설명하고 있다. 쉽게 확인 가능하고, 또한 예를 들어 심리학처럼 인간을 다루는 다른 과학들이 연구하는 것들과 구별되는 순수한 사회적 현상들이 존재하며, 그것이 바로 '제도'라는 것이다. 즉 "개인들이 쉽게 발견할 수 있고, 또한 어느 정도 그들에게 부과되는 완전히 굳어진 행동이나 관념 전체"[19]가 '제도'라는 것이다. 요컨대 "제도"라는 말은 습관, 유행, 편견, 미신과 마찬가지로 정치제도 또는 법제도에도 관련되며, 결국 사회학의 고유한 연구대상은 결국 "제도"라는 것이다.

일단 사회학의 대상이 규정되자 포코네와 모스는 사회적 사실에 대한 설명을 위해 뒤르켐의 주장을 받아들였다. "사회학적 설명은 하나의 사회 현상에서 다른 사회 현상으로 넘어가면서 이뤄진다. 결국 사회학적 설명은 사회적 현상들 간의 관계만을 정립시킬 뿐이다."[20] 사회학과 이웃 학문들 간의 경계선도 명확하게 그어졌다. 사회학은 "인류가 어떤 목적을 향해 나아가는가를 집중적으로 다루는" 역사철학(콩도르세, 콩트 등의 작업)과 구분된다. 사회학은 인간의 본성에서 사회 현상의 결정적 원인을 찾으려고 하는 이론과 대립된다. 이와 같은 이유로 포코네와 모스는 스펜서, 타르드, 고전 경제학자들, 자연법 이론가들을 비판하고 있다. 인간의 본성에 관계된 일반 이론은 "왜, 이런 종류의 사회들에서, 이 사회들의 그 발전 단계에서 이러저러한 제도가 정립되는가를 설명하려고 하는"[21] 자에게는 충분하지 못할 수 있는 것이다. 여러 차례에 걸쳐 모스는 철학 —— "엄격하게 스콜라적인" 칸트의 철학을 포함해서 —— 과의 대립, 특히 "종교에 대한 철학적 개념"에 대해 직접 거론했다. 사회학의 관점에서 보면 "종교라고 불리는 하나의 사태, 하나의 본질은 없다.

종교적 현상, '종교'라고 불리는 체계 안에 어느 정도 받아들여진 종교적 현상, 그리고 인간들로 이뤄진 그룹이나 일정한 시기에 정해진 역사적 실체를 가지고 있는 종교적 현상만이 있을 뿐이다."[22]

하지만 포코네와 모스는 경제 질서나 형태 질서에 속하는 현상에 우선권을 부여하지 않았다. 그들이 특권적으로 채택했던 설명 방법은 "원을 빙빙 도는 것"처럼 보였다. "왜냐하면 집단의 형태들이 때로는 집단적 표상의 결과로 또 때로는 집단적 표상의 원인으로 소개되고 있기 때문이다." 그들은 단번에 다음과 같은 사실을 인정했다.

이와 같은 실제적인 원칙에는 논점 선취의 허위성이 포함되어 있지 않다. 이 원칙은 사태들 자체의 원칙이다. 사회를 야기한 것이 관념인지, 아니면 일단 형성된 사회가 집단적 관념을 낳은 것인지를 묻는 것처럼 헛된 일은 아무 것도 없다.[23]

이처럼 확장된 사회학은 사회생활의 정신적 요소인 신앙이라든가 집단적 감정에 중요한 역할을 부여한다. 포코네와 모스는 이렇게 선언하고 있다. "사회생활의 내밀한 내용은 그 사회 전체 표상이다." 그리고 즉각적으로 이렇게 지적하고 있다. "따라서 이런 의미에서 사회학은 심리학이라고 말할 수 있다. 우리는 이 표현을 받아들인다. 하지만 단호히 이와 같은 심리학이 개인심리학과 뚜렷이 구별된다는 조건 하에서 그렇다."[24]

포코네와 모스가 작성한 이 텍스트에서 뒤르켐의 독단성을 부드럽게 하려는 의도를 읽을 수 있다. 포코네와 모스는 방법론의 문제를 다루면서 실제로 "사회학적 방법의 규칙을 완벽하게 그리고 최종적으로 소개하는 것"을 포기하고 있다. 기껏해야 그들은 이미 관습에 의해 평가된 학문적 절차의 일부만을 소개하고 있을 뿐이다. 가령 '사실에 대한 정의', '사실에 대한 관찰', '사실의 체계화', '가정의 검토' 등이 그것이다. 포코네와 모스는 "변증법적 논의" 뿐만 아니라 "백과사전적 박식함"도 조롱거리로 만들어버렸다. 그들은 "경험주의의 포기"에 대해서 뿐만 아니라 "성급한 일반화"에 대해서도 경계를 했다. 객관성, 다시 말해 연구자의 개인적 감정 및 의견과 거리를 두는 것, 원자료에 대한 엄격한 비판(통계 자료나 민족지학 자료), 엄격한 비교 절차, 절대적 진리의 거부, 이 모든 것이 바로 사회과학 분야의 연구자가 가져야 할 새로운 '정신(ethos)'의 특징들이다. 학문에서 이와 같은 것이 "가능한 진보"의 조건인 것이다.

"성급하게 사회학이 부상"하고 있던 프랑스에서 이와 같은 '사회학'에 대한 정리 작업은 시의 적절한 것이었다. 그도 그럴 것이 앙리 위베르의 지적과 같이 "사회학"이라는 단어가 "지나치게 많은 마법사들이 득실거리는" "마법의 단어"가 되어가고 있었기 때문이었다. 위베르는 "벌써 불편을 호소하는 목소리가 너무 커서" 즉각적인 반응을 해야 할 필요가 있다고 말하고 있다. "사회학적 분석은 느리고 힘이 드는 작업이다. 이 분석은 세세하고 정확한 조사를 요구한다. 이 분석은 잘 알려진 사실들에 대한 분석을 통해서만 결과를 얻을 수 있을 뿐이다. 물론 이 사실들은 아주 드물다. 그러니만큼 사회학적 분석은 기원을 탐색하는 역사적 연구, 이러한 사회적 사실들에 대한 조그마한 단서라도 제공해주기 위해 이뤄지는 독창적인 역사적 연구에서만 득을 얻을 뿐이다. 그런데 이 사회 사실들은 관찰하기가 대단히 어렵다. 왜냐하면 이것들은 상당 부분 무의식 속에서 이뤄지고 있기 때문이거나, 이 사실들이 의식 차원에서 왜곡된 개념(이 사실들을 개인적 이성에 인지 가능한 것으로 만들기 위한)으로 해석될 우려가 있기 때문이다."[25]

이 모든 문제에 대해 항상 주의를 하고 있던 모스는 여러 편의 서평을 통해 주저하지 않고 사회학적 방법론에 적용되는 여러 규칙을 환기시켰고, 또 종교사의 가장 유명한 전문가들에게 그것들을 자세히 설명하고자 했다. 모스는 역사적이고 문헌학적 요구와 마찬가지로 과학적 설명의 필요성을 충족시키려고 하는 자들은 사회학적 방법론에 호소할 수밖에 없을 것이라는 사실을 한 순간도 의심해본 적이 없었다. "이 방법론 덕택에 종교 질서에 속하는 사실들이 객관적이고 자연스럽게 보이는 것이다. 실제로 이 종교적 사실들은 개인들의 작용과 사유 밖에서 존재한다. 이 사실들은 실제적인 '전체'의 일부이고, 이 '전체'가 곧 사회적 사실들을 이루는 것이다. 그리고 종교적 사실들은 이 '전체'에서 수행해야 할 유용한 기능을 갖는 것이다."[26] 모스는 "비교적 방법을 적용한 전공 심화 논문" 등을 옹호할 때마다 과학의 편에 섰다. 하지만 이때 과학은 폐쇄적인 것이 아니라 "무한정 개방될 수 있는 체계"를 의미하는 것이었다. 단순한 역사와 철학 사이에서 "아주 엄격하게 귀납적인 학문 분야"가 있었으면 하는 것이 모스의 바람이었다.

오성의 범주

뒤르켐과 그의 협력자들에게 집단적 표상의 문제는 아주 중요한 문제였다. 1898년에 뒤르켐 자신도 『형이상학과 도덕 잡지』에 「개인적 표상과 집단적 표상」을 발표했다. 그리고 1903년에는 조카 모스와 공동으

로 그 유명한 논문 「분류의 몇몇 원시적 형식」을 『사회학 연보』에 발표
했다. 두 사람 모두 이 주제에 대해 오랜 동안 생각을 해왔다.[27] 이 작업
은 뒤르켐이 1902년에 파리 문과대학에서 강의를 할 수 있게 되었기 때
문에 더 용이해지기도 했다. 무슨 대가를 치루든 "파리에 비집고 들어오
려"[28] 애쓴다는 인상을 주는 것을 우려했던 삼촌 뒤르켐은 페르디낭 뷔
송(1841-1932)을 대신하기 위해 소르본에 지원하는 것을 한 동안 망설이
기도 했다. 초등교육 담당관(1879-1896)이자 1896년 이래로 교육학 교
수였던 뷔송이 얼마 전에 있었던 국회의원(급진사회주의당)으로 당선되
었던 것이다. 소르본 단과대학 위원회는 결국 과반수를 훨씬 넘는 지지
로 뒤르켐을 뽑았다. 이 소식에 뒤르켐의 누나인 로진의 기쁨은 남달랐
다. "모든 사람들과 같이 기쁨을 느끼기는 했지만 [그녀는] 과도한 연구
로 뒤르켐이 건강을 해치지 않을까 우려하기도 했다." 그녀는 모스에게
이렇게 말하고 있다. "제자들이 어려운 일을 도와주고, 그렇게 해서 모
든 일이 잘 진행되도록 빌자꾸나."[29]

　"이제 보르도 사람이 다 된 것"처럼 여기고 있었던 뒤르켐은 파리
생활에 적응하는 데 약간 어려움을 느꼈다. 뒤르켐은 친구이자 옛 동료
였던 옥타브 아믈랭에게 "변화가 힘들다."고 털어놓고 있다. 하지만 뒤
르켐은 "약간의 의기소침 상태" 이후 "삶의 계획을 다시 세우고" 또 "균
형을 되찾아야"[30] 했다. 뒤르켐은 이렇게 설명하고 있다. "난 의기소침
한 시간을 보내면서 [……] 한 동안 썩 컨디션이 좋지 못했네. 원인은 육
체적임과 동시에 정신적인 것이었네."[31] 후일 쓴 편지에서 지적하고 있
듯이 문제는 뒤르켐의 신경쇠약증이었다. "지금 컨디션은 아주 좋네.
[……] 덜 불안하고 덜 예민하네. [……] 하지만 지난 겨울은 어찌나 끔찍

했는지 몰라. 가장 안 좋은 것은 내 신경쇠약 증세가 이런 형태로 변형되어 나타났던 적이 없다는 거야. 나는 막상 치료하기는 어려운 정신적인 이유가 전부라고 생각했었지."[32]

1902년에 『사회분업론』이 「직업적 재편성에 대한 몇몇 고찰」이라는 제목의 서문이 더해져 재간되었다. 또한 뒤르켐은 여전히 『사회학 연보』 간행 일로 몹시 바빴다. 뒤르켐은 이 잡지의 형식을 바꿨으면 하는 생각을 가지고 있었다. 참고문헌을 정리하는 힘든 일을 줄이고, 그 대신 독창적인 글의 비중을 늘려가는 생각이 그것이었다. "앞으로 5년 동안 이 어마어마한 참고문헌 정리 작업을 맡을 것"이라는 생각에 겁을 먹은 뒤르켐은 앙리 위베르에게 다음과 같은 내용의 편지를 쓰고 있다. "우리의 가치가 지금보다 더 발휘될 수 있다고 생각되네. 지금 생산해야만 하고, 또 그럴 수 있다는 걸세. 이를 위해 지금까지 해왔던 참고문헌 정리에서 벗어나야 할 것 같다는 생각이 드네."[33] 뒤르켐은 이틀 후에 다시 이렇게 쓰고 있다. "사회학에 관련된 자료를 계속 수집하는 대신 사회학을 해야 하네. 그런데 벌써 여러 해가 지났네. 우린 참고문헌 정리에 익숙해졌고, 생산적인 연구 습관을 잃고 있네."[34]

이런 사정이었기 때문에 몇 편의 논문으로 인해 문제가 야기된다고 해도 『사회학 연보』에 그런 종류의 논문을 계속 싣는 것을 포기한다는 것은 있을 수 없는 일이었다. "매년 강한 의지를 가지고 글을 구해야 할" 필요가 있었던 것이다. 종종 "마지막에 가서야 준비되는 경우"[35]도 없지 않았다. 해서 뒤르켐은 장기에 걸친 계획을 세우고자 했다. 예컨대 제7호에는 위베르와 모스의 마법에 대한 글을 미리 생각해 두었다. 제6호의 경우에는 "할 일이 아직 많다." 그래서 뒤르켐은 모스에게 다음과 같은 연구에 대한 의향을 묻고 있다. "다음 두 문제에 대해 즉답하거나, 최대한 빨리 답해주기 바란다. 1) 나와 함께 지금부터 8월 정도까지 "사물들의 원시적 분류"(이 제목은 개략적이고 임시적이다)에 대한 연구를 수행할 수 있겠지? 2) 이 연구가 『사회학 연보』에 실릴 경우 차지할 지면의 양이 어느 정도라고 예측하느냐?" 이 편지의 말미에 뒤르켐 삼촌은 재차 다음과 같은 사항을 덧붙여 위의 문제를 좀 더 구체화하고 있다. "이 연구의 첫 부분은 분류의 문제로 시작될 거야. 즉 문제의식이 뭐라는 것을 보여주는 거지. [……] 그리고 몇몇 분명한 예를 제시하게 될 거야. [……] 내 생각으로는 괜찮을 것 같다. 오는 6-7월에 나와 같이 이 연구를 수행하기 위해 이곳으로 올 수 있어야 해."[36]

물론 이 작업이 뒤르켐과 모스가 공동으로 수행했던 첫 번째 작업은 아니었다. 『사회학 연보』에서 이들 두 사람은 이미 볼드윈 스펜서와 F. J. 길렌의 『중앙오스트레일리아 원주민들』(1899)이라는 제목의 저서에 대해 따로 서평을 쓴 적이 있었다. 이 저서는 "우리가 아는 한도 내에서 민족지학과 기술사회학 관련 저서 가운데 가장 중요한 저서"였다. 이 저서의 내용은 중앙오스트렐리아의 여러 부족에 대해 "무한한 의미가 있는 [……] 중요한 사실들"이었다.[37] 모스는 이 저서에서 종교적 사실을 다루고 있는 부분, 특히 토테미즘과 입문 의식이 다뤄지고 있는 부분을 맡았고, 뒤르켐은 사회 및 가족 구성(각각의 영토를 기준으로, 모계 혈연을 기준으로, 토템을 기준으로 형성되는 집단)에 할애된 부분을 맡았다. 또한 삼촌 뒤르켐은 「토테미즘에 대하여」라는 글에서 스펜서와 길렌의 "발견"에 대해 계속 논의했다. 뒤르켐의 주장에 따르면 이들 두 사람은 "종합과 통일 속에서 직접 토템 체계", 아란다족의 토템 체계를 "관찰했던 것이다."[38]

뒤르켐이 분류에 대한 논문을 쓰기 위해서는 모스의 협력이 절대적으로 필요했다. 모스 자신은 이렇게 말하고 있다. "내가 모든 사실을 제공했다."[39] 200여 개 이상의 각주를 포함하고 있는 그 논문에는 오스트레일리아와 아메리카의 모든 부족에 대한 민족지학적 정보가 수집되어 있었다. 가령 타타디스족, 벨린저 강 및 메케이 항구의 부족들, 북중앙 퀸스랜드의 웨이켈부라족, 몽강비에족, 남(南) 누벨갈의 보토발뤼크족, 토레스 해협 여러 섬의 종족들, 그리고 아란다족, 쿨고아 강의 무라와리아족, 그리고 주니스족, 오마하의 시우족, 오세이지족, 칸사족, 퐁카족, 위네바고족 등등. 논문의 마지막 부분에서 중국인들의 예언 체계(천문학, 점성술)를 다루기 위해 분류 체계에 대한 분석이 확장되기도 했다. 그리스와 브라만 신화학들에 대해서도 역시 언급되었다. 모스는 이와 같은 정보를 잘 알고 있었다. 모스는 다음과 같은 학자들의 저서를 읽고 또 읽었으며, 대부분의 경우 비판적으로 읽었다. 바스티앙, 바르트, 칼란트, 카메론, 커, 커싱, 드 그루, 도르시, 피젼, 프레이저, 길렌, 해든, 호위트, 랭, 팔머, 파월, 스펜서, 유스너 등이 그들이다.

뒤르켐과 모스가 「분류의 몇몇 원시적 형식」에서 분석했던 자료는, 옥타브 아믈랭의 표현에 따르면, "구체적"이었다. 하지만 그들이 부딪친 문제는("오래된 문제"인데) 철학적 성격을 띤 문제였다. 즉 오성의 범주에 관계된 문제였던 것이다. 게다가 이 문제는 그 시대에 심적 활동의 복잡함을 밝혀내고 있던 심리학의 주요 과제이기도 했다. 분류의 문제에 대해 ──"존재들, 사건들, 세계에서 발생하는 여러 사실들을 장르와 종별로 분석하고, 이들을 서로서로 포섭하고, 내포와 배제의 관계를 결정하는 절차"[40]──뒤르켐과 모스는 논리학자들과 심리학자들을 다음과 같은 점을 증명하기 위해 양쪽 다 거부했다. 즉 자연과 우주에 속하는 사물들을 분류하는 방식은 인간이 선천적으로 타고난 것도 아니고, 또 개인의 정신 활동의 산물도 아니라는 점이 그것이다. 뒤르켐과 모스의 주장에 의하면 이 방식에서 문제가 되는 것은 "전적으로 사회적 제도"라는 것이다.

우선 "인간이 행한 가장 초보적" 분류, 즉 "우리가 알고 있는 가장 조악한" 분류, 그러니까 오스트레일리아 부족들의 분류를 분석하면서 뒤르켐과 모스는 이 분류와 이 부족들의 사회조직(포족, 모계집단, 씨족) 사이에 상관관계가 있다는 것을 주장했다. "사물들의 분류는 인간들의 분류를 다시 표현한다." 뒤르켐과 모스는 이와 같은 과감한 주장을 했던 것이다. 이 주장을 기점으로 인류학과 사회학에 광범위한 지식의 영역이 열리게 되었다. "사회적 사실주의"라는 비난에 신경쓰지 않고 뒤르켐과 모스는 분명하게 "사회중심주의"를 천명한 것이다.

사회란 단순히 거기에 맞춰 분류가 이뤄지는 하나의 모델이 아니었다. 분류 체계의 범주들로 사용되는 것은 바로 이 사회에 고유한 범주들이었다. 최초의 논리적 범주는 사회적 범주였다. 사물들에 대한 최초의 분류는 이 사물들을 종합하면서 이뤄진 인간들의 분류였다. 인간이 다른 존재들을 이상적으로 그룹화시켰던 것은 인간이 모델에 따라 그룹화되고 또 이 모델 하에서 사유했기 때문이다. 이 두 유형의 그룹은 구별이 안 될 정도로 혼재되기 시작했다.[41]

뒤르켐과 모스가 채택한 관점은 철저하게 진화론적이었다. 이 관점을 통해 1910년에 출간된 뤼시엥 레비브륄의 『열등사회에서의 정신적 기능』과 더불어 활발한 논의의 대상이 된 "원시적 정신상태"라는 문제가 제기되었다. 뒤르켐과 모스는 다음과 같은 점을 인정하고 있다. "원시적 분류는 문명화된 민족들에서 이용되고 있는 분류와 유사성이 없는 예외적 특성으로 볼 수 없다. 이와는 반대로 원시적 분류는 계속성 문제를 도외시 하더라도 최초의 과학적 분류와 [……] 연결되어 있는 듯하다. 이처럼 원시적 분류는 과학의 산물이고, 첫 번째 자연철학을 구성하고 있다고 분명하게 지적할 수 있다."[42] 하지만 원시적 분류와 발전된 분류 사이의 차이를 부정할 수는 없다. 그도 그럴 것이 그 사이에는 진화가 있었기 때문이다. "여기에서 이용하고 있는 분류 개념은 역사를 가지고 있을 뿐만 아니라 이 역사는 그 자체로 상당히 긴 전사(前史)를 가정하고 있다. 실제로 인간의 정신작용이 시작되었던 미분류의 상태를 지나치게 과장할 수는 없는 노릇이다."[43] 결국 여기에서는 사회적 감동 또는 감정의 문제가 그들 "개개인의 성찰적 사유"에 대립된다.

뒤르켐에게 그 자신의 토테미즘에 대한 성찰의 종착역이었던 이 「분류의 몇몇 원시적 형식」은, 살로몽 레나크가 인정하는 것처럼 "훌륭한 논문"이었다. 생 제르맹 데 프레에 있는 박물관 관장직을 맡고 있던 레나크는 이 논문의 저자들에 대한 칭찬을 아끼지 않았다. "근원적인 것들을 가지고 작업하는 학자들과 사상가들은 강도 높은 성찰을 하고, 어둠을 헤치기 위해 그 속으로 뛰어든다."는 것이다. 레나크는 "핵심적인 중요도를 가진" 문제를 선명하게 제시했다고 두 저자에게 고마움을 표한다. 그리고 그는 이렇게 덧붙이고 있다. "그들이 이 문제에 대해 제시한 해결책에 대해서는 의견이 갈릴 수밖에 없을 것이다. 하지만 그들이 제기한 문제만큼은 주목받는 문제가 될 것이다."[44] 『사회학 연보』에 실린 「분류의 몇몇 원시적 형식」을 흥미롭게 읽은 E. 시드니 하틀랜드는, 이 논문이 실려 있는 『사회학 연보』에 대해 그저 "훌륭함"이라는 말밖에 할 수가 없었다. 뒤르켐과 모스의 "날카롭고 박식한 논문"에 대해 쓴 『폴크-로어』지의 서평에서 그는 다음과 같은 한 가지 점에 대해서만 동의를 유보하고 있다. "토테미즘이 보편적이라는 사실을 증명해 줄"[45]수 있는 모든 자료를 수집할 수 없는 한 모든 것을 일반화하는 것은 불가능하다는 점이 그것이다.

뒤르켐과 모스는 이렇게 해서 인식사회학의 새로운 문을 열게 된다. 실제로 이들 두 사람이 바랐던 것처럼, "인간의 오성의 다른 근본적 기능이나 개념"(공간, 시간, 이유, 실재의 개념들, 다른 형태의 추론들 등)을 분석하는 것이 가능했다. 모스 자신이 강조하고 있듯이, 바로 이것이 『사회학 연보』의 프로그램이었다.

뒤르켐의 의견에 동의하기에, 우리는 곧장 이성의 문제를 제쳐놓았다.
우리는 이 문제를 여러 측면에서 검토하려고 시도했다. 『사회학 연보』의 2[호] 이후부터 매호마다 일반적 부류에 속하는 종교적 표상과 자연 질서에 속하는 사물들의 표상 문제를 연구했다. 수(數)와 이유(마법의 힘의 기원에 대한 논문), 공간과 시간(시간 개념의 기원에 대한 논문), 영혼(단지 애니미즘 개념만을 다룬 것은 아니다.), 세계(방위의 개념) 등이 그것이다. 나는 뒤르켐과 공동으로 집필했던 「분류의 몇몇 원시적 형식」이라는 제목의 논문에서도 이와 같은 문제를 그 자체로 다뤘다. 이 논문에서 공간의 문제는 '참여'와 '대조'라는 주제로 꽤 많이 기술되고 있다.

이어서 모스는 다음과 같이 결론을 맺는다.

> 이와 같은 노력은 한 학파에 의해 시도된 가장 철학적인 연구 가운데 하나였다. 뒤르켐은 독단적 관점에서 그의 『종교적 삶의 기초 형태』에서 그것을 끝까지 밀어붙였다.[46]

요컨대 뒤르켐과 모스의 전체적인 의도는 완전히 다른 사회적 사실 부류들 사이의 상호종속과 상호침투의 관계를 밝히는 것이었다. 가령 사회조직과 집단적 표상 사이의 관계를 말이다. 모스는 그의 「계절적 변화에 대한 시론」이라는 글에서 같은 방향으로 연구를 계속 수행하게 된다.

소르본에서의 뒤르켐

소르본에서 뒤르켐은 그의 지적 열정, 뛰어난 웅변, 대화술로 학생들을 사로잡았다. 위베르 부르쟁은 이렇게 증언하고 있다. "그의 근엄한 태도는 조금도 누그러지지 않았다. 하지만 가장 강조해야 할 부분에서 약간 흐릿해지던 그의 어조에 매력이 없었던 것은 아니다. 학생들은 그가 읊조리는 일종의 주문에 무너지는 것 같았다."[47] 소르본의 새로운 분위기에서 두각을 나타낸 뒤르켐은 많은 찬사를 받았을 뿐만 아니라 많은 공격을 받기도 했다. 가장 격렬한 공격의 주인공은 다름 아닌 샤를르 페귀였다. 벨래 서점에서 『사회학 연보』 협력자들과 한때 가깝게 지내기도 했던 페귀는 신이 없는 세계에서는 "퇴화"만이 있지 않을까 우려했다. 그러니까 경찰의 협조를 받아 헌병에 의해 교육되는 정부 차원의 교리문답이[48] 학생들에게 강요되는 것을 우려했던 것이다.[49] 페귀의 눈에는 뒤르켐이 이 새로운 교회의 우두머리로 보였다. 더 정확히 말하자면 한 파당의 우두머리 말이다. 삼촌 뒤르켐과 조카 모스의 밀접한 관계를 고려하면서 셀레스탱 부글레는 "터부-토템 씨족"이라는 표현을 사용했다.[50]

모스는 뒤르켐의 "선풍적인 성공"을 걱정했다. "삼촌이 강의를 시작했네. 많은 학생들이 몰렸지. 하지만 질이 떨어지는 청중일세 [……] 삼촌은 그럴 필요가 없는 일에 지나치게 애쓰고 있네. 어쨌든 삼촌을 『사회학 연보』에 힘을 다해서 묶어둬야 할 걸세."[51] 그리고 "삼촌은 계속 강의를 하고 있네. 대형 강의실이 꽉 차고 있네. 하지만 대부분 질이 떨어지는 청중들일세. 어쩌면 삼촌은 지금까지 보지 못한 대단한 바람을 일으키고 있네. 삼촌은 피곤한 일을 하고 또 실제로 피곤한 것 같네. 해서 걱정이 되네. 『사회학 연보』도 걱정되고. 삼촌은 방학을 제외하곤 자기의 모든 시간을 받치는 방식으로 시작하네."[52] 마지막으로 "수치로 보면 D. [뒤르켐]는 대단한 성공을 거두고 있네. 하지만 그 자신, 우리, 그리고 모든 사람을 위해 전적으로 사회학만을 하는 것이 옳아 보이는데 말이야. 피곤한 것을 제외한다면 지금 삼촌은 아주 행복해 하고 있네."[53]

조카 모스의 삼촌에 대한 생각은 이렇지만, 뒤르켐은 파리에서 모스를 혼낼만한 또 하나의 이유를 더 갖게 된다. 이들 두 사람은 이제 아주 가까운 곳에서 살게 되었다. 파리에 오게 된 뒤르켐은 생 자크 가 250번지에 정착했다. 모스는 1903년에 고블랭 가 21번지를 떠나 생 자크 가 31번지에 위치한 "보잘 것 없는 현대식 아파트" 7층으로 이사를 했다. 이 아파트에서는 "다 좋았지만 공간이 비좁았다." 어쨌든 모스는 이 아파트에 연구실을 마련하고(1,000프랑을 들여) 떡갈나무로 된 큰 책상, 높이를 조정할 수 있는 받침대가 있는 가구, 고정된 책꽂이 세 개 등을 들였다. 모스는 위베르와 같이 지내는 것을 더 선호할 수도 있었다. 왜냐하면 그들 "두 사람이라면 아마도 잘 정리하고"[54] 살았을 수도 있었을 것이기 때문이다. 그런데 모스는 자기 사촌들과 같이 지내게 되었고, 그가 살고 있는 아파트에서 "생활하는 것이 점점 더 불만족스러웠다." 모스는 이렇게 쓰고 있다. "내 방 옆에 있는 조카 폴 [카엥]의 방은 그야말로 소음 공장이야."[55]

"자기를 강제로 이끄는 것을 원치 않는" 모스와 뒤르켐 사이의 관계가 긴장되었다. "바보 같은 짓"과 오랜 동안의 침묵으로 인해 모스의 행동은 여러 가지로 뒤르켐을 짜증나게 했다. 우선 모스는 30세임에도 불구하고 여전히 독신이었다. 그리고 모스는 조금은 아이러니한 태도로 친구들의 "가정생활"을 관찰하기도 했다. 가령 "별 다른 문제없이 행복하게 사는 것으로 보이는 포코네의 가정"[56]을 말이다. 모스에게도 여자가 있었다. 모스는 위베르에게 이렇게 속마음을 털어놓는다. "내가 좋아하는 이 가련한 여인인 마르게리트가 나에게 험하게 굴게 놔두고 있네. 종합컨대 난 상당히 활기에 찬 삶을 살아가고 있긴 하네."[57]

반면 위베르는 인생의 위기를 넘기고 있었다. 위베르는 스티크니의 누이와 약혼할 결심을 굳혔다. 그녀가 미국으로 돌아가기 전에 말이다. 그녀와 "지난 일요일 이래로 난 반쯤은 결혼을 할 것이라는 확신을 가지고 있네. 그 이상은 아닐세. 하지만 그래도 그 정도면 대단한 확률이지. 나는 그녀를 희생시키고 싶지는 않네."[58] 모스는 약혼자 위베르에게 축하 인사를 보냈다. "별로 좋지 않았던 몇 년이 지난 후에 자네가 이렇게 행복한 걸 보니 내 마음도 흡족하네."[59]

　모스의 어머니는 아들 모스에게 단 한 가지만을 바라고 있었다. 훌륭한 결혼이 그것이었다. 그녀는 아들에게 이렇게 편지를 쓰고 있다. "진지하게 얘기해보자. 난 네가 결혼하는 것을 보고 싶다. 네가 좋은 상황에서 결혼을 할 나이가 되었기 때문이다. 더 지체한다면 너는 잘못된 결혼을 하게 되거나 총각 아니 노총각 신세를 면치 못할 게다."[60] 로진 부인의 걱정은 모스의 나이가 30세를 넘어 감에 따라 더 커져갔다. 그리고 "모스의 마음에 들고, 또 그가 바라는 성정을 갖춘 처녀"를 찾아주려는 그녀의 노력은 쓸모없어 보였다. "어디서도 청혼이 들어오지 않는구나 […] 이제 더는 못 견디겠다. 대체 네가 결혼을 못할 상태에 이른 게냐?"[61]

　로진 부인이 몇 년 전부터 아들과 "함께 지내는 여자"가 있다는 사실을 알았을 때, 그녀는 분노도 슬픔도 감출 수가 없었다. 로진 부인은 "자신을 불행하게 만드는 당사자", "자신의 삶을 망가뜨리는" 아들 모스 앞에서 "무력감"을 느꼈고, 계속해서 "울었고 또 화가 났다."[62] 자기 조카가 "정신 나간 사람처럼" 행동하는 것을 막는데 누나가 나서는 것보다 더 나은 방책이 없었던 뒤르켐 또한 상당한 충격을 받았다. "네가 어떻게 너를 좋아 하는 사람들이 너의 존엄성, 너의 미래, 너의 행복이 걸린 문제라고 보는 것을 '너 자신만의 문제일 뿐인 성생활의 문제'라고 할 수 있느냐? 너에 대한 그들의 존경심과 애정이 달려 있는[원문 그대로] 문제에 관심을 갖는 것을 어떻게 거절할 수 있느냐?"[63] 실제로 뒤르켐은 "가정의 아노미" 현상을 그 무엇보다도 우려했다……. 『자살론』에서 뒤르켐은 독신이 처해 있는 상황에 대해 다음과 같이 개탄하지 않았던가?

[미혼자는] 자신의 취향에 따라 합법적으로 대상을 구할 수 있기 때문에, 무엇이든 열망할 수 있다. 하지만 그 어떤 것도 그를 만족시키지 못한다. 이와 같이 무한을 향한 병적 욕망은 항상 아노미를 일으키며, 다른 모든 것과 마찬가지로 우리 의식의 한 부분을 바로 공격한다. 이러한 욕망은 뮈세가 묘사했던 성적 형태를 종종 취하게 된다. 인간은 규제되지 않으면 스스로를 규제할 수 없다. 지금까지 경험한 쾌락을 넘어 다른 쾌락을 상상하게 된다. 가능한 모든 쾌락을 경험하고 나면 불가능한 것을 꿈꾸게 된다. 즉 존재하지 않는 것을 갈망하게 되는 것이다. 대체 어떻게 이런 정서가 그런 끝없는 추구에서 절망하지 않을 수 있단 말인가? 그런 상태에 이르기 위해서 반드시 애정행각을 계속하고 돈 후안과 같이 살아야 하는 것은 아니다. 이를 위해서는 평범한 독신자의 생활로도 충분하다. 새로운 희망은 끊임없이 일어나지만 실망하고 말며, 결국 뒤에 피곤함과 환멸만을 남기게 된다.[64]

뒤르켐은 모스에게 "도덕적 무의식"을 비난하고 있는 것이다. 뒤르켐은 조카에게 이렇게 묻고 있다. "대체 너는 어디에 있고, 어디로 가는 거냐? 그래서 너는 적당히 보상받으면 너를 떠날 준비가 되어 있는 그런 사람과 계속해서 같이 살 수 있다는 거냐? [……] 그리고 네 행복의 이름(!!)으로 네가 지금 어디에 이르렀는지 봐라. 너는 지금 가짜 가정을 꾸리고 살아가고 있고, 도덕적 이혼 상태에서 살고 있다.(서로 용서할 수 없는 무엇인가가 있다면 그것은 이미 도덕적으로 이혼한 것이나 진배없다.) 또한 네가 흔들어 놓고 너로부터 냉기가 발산되는 그런 가정을 꾸리고 있는 것과 같다. 그리고 지금 너는 아무런 행동도 할 수 없는 그런 지경에 있다. 너 자신의 정신적 비참함을 덮으려는 유아론을 지어내는 것을 제외하고는 말이다."[65]

뒤르켐의 주위 사람들의 시선으로 보면 조카 모스는 가정을 꾸리는 것을 포기한 것 같았다. 뒤르켐은 이렇게 자문하고 있다. 대체 이것 말고 모스가 삶에 그 어떤 목적을 부여할 수 있는 것일까? 물론 정치가 있기는 하다. 모스는 그 어느 때보다도 더 다양한 정치활동에 참여하고 있었다. '라 불랑즈리'의 운영, 신문 『뤼마니테』의 창간, 러시아 여행 등이 그것이다. 스스로 "정치에 신물이 난다."고 말을 하긴 했지만 모스는 그 자신을 "모든 종류의 시도로 이끄는" "터무니없을 정도의 야망"을 가지고 있었다. 뒤르켐에게 커다란 실망을 안기면서 말이다.

> 너도 지금 위기 상황에 있다. 네가 가진 정당한 학문적 야망들을 ─ 매년 연기하면서 ─ 포기할 것인지의 여부를 아는 것이 중요한 문제야. '자질'도 필요하고 너에게 없는 '단점'도 필요한 일에서 계속 방향을 잃는다면 말이다. 학문적 야망들이라는 말로 난 네게 충분한 물질적 환경을 만들어낼 수 있는 수단을 준비하는 것뿐만 아니라 네가 현재 맡고 있는 교육과 제자들을 양성하는 일에 더 유리한 직책을 갖는 것을 의미한다. 적절하게 조절할 수 있는 삶이 아직 남아있단다. 네가 그러기를 원하고 있는지의 여부 ─ 그것을 원한다고 말하려무나. ─ 뿐만 아니라 무엇을 하고자 하는지 아는 것이 중요하다. 네 의지가 계획이 아니라 다른 무엇인가가 되게끔 하기 위해서 말이다.[66]

실제로 그 당시에 모스가 연구 면에서 약간의 어려움을 겪고 있었던 것은 사실이었다. 모스는 위베르에게 이렇게 설명하고 있다. "도대체 머리가 돌아가지 않아." 모스는 무기력한 생활을 하고 있었다. "조카는 아무런 흥미도 없이 연구하고 심지어는 질질 끌고 있네."라고 모스는 3인칭으로 자신에 대해 말한다. "물론 그는 아주 천천히 마법에 [……] 대한 연구를 [……] 하고 있네. 하지만 이것도 상대적 관심뿐이야." "모든 것이 쇠퇴하고, 모든 것이 낡아버렸다."는 인상을 갖고 있는 사람에게는 "우리 모두에게서 기대할 만한 대단한 것이 없는 것처럼" 보이는 듯하다. "[……] 교육공로훈장이나 십자가훈장이 아니라면 말이네."[67]라고 모스는 정정한다. 하지만 그의 어머니를 필두로 그의 주위의 모든 사람이 모스가 "자기 삶과 연구와 재정 부분을 정리할"[68] 수 있기를 바라고 있었다.

7장_『뤼마니테』지의 기자

『뤼마니테』지 창간호는 1904년 4월 18일에 발간되었다. 이 신문의 "멋진 이름, 프랑스 공산주의자들이 채택한 대체할 수 없는 이름"[1]을 찾아낸 것은 뤼시엥 에르인 것으로 보인다. 위대한 의회 지도자 조레스가 이 새로운 신문의 대표였다. 이 신문의 기조와 운영을 담당하고 있는 사람이 바로 조레스였다. 드레퓌스를 옹호했던 참여적 태도 덕택으로 조레스는 많은 지식인들과 우정을 맺을 수 있었고, 또한 유대인들의 호감을 얻을 수 있었다.[2] 뤼시엥 레비브륄, 레옹 블룸, 뤼시엥 에르가 필요한 자금을 모으기 위해 노력했다. 몇 달 만에 800,000프랑이 모집되었다. 특히 레비브륄의 투자는 막대했다. 1,000주의 주식(100,000프랑에 해당된다)을 구입했던 것이다.

메츠의 한 평범한 유대인 가정에서 태어났고, 고등사범학교를 졸업하고, 철학 교수자격시험에 합격한(1879) 레비브륄(1857-1939)은 자신의 지적 능력과 자기 집보다 경제적으로 훨씬 더 부유한 가정을 엮는 "훌륭한 결혼"을 했다. 『뤼마니테』[3]지의 창간에 이처럼 많은 자본을 선뜻 투자할 수 있었던 것도 부인의 지참금 덕분이었다. 레비브륄은 대학가와 지식인들 사이에서 "거의 기적적인 면책특권"을 누리고 있었다. 그에 대해서는 "실력이 대단한 교수", "좋은 환경에서 성장하고, 예의 바르고, 그러면서도 사람들과는 거리를 유지하는" 인물, 또한 "프롤레타리아나 민중의 일에"[4] 협력하는 인물이라는 평가가 이뤄지고 있었다.

레비브륄은 조레스와 편지를 주고받고 또 그의 속내 얘기를 들을 수 있는 아주 드문 인물 가운데 한 명이었다. 실제로 레비브륄은 고등사범학교 동문인 조레스에 대해 커다란 존경심을 가지고 있었다. 조레스는 "매일 매일 행동하는 취향"을 가졌을 뿐만 아니라 또한 "위에서 보고, 사건들에 휩싸이는 대신에 통제하기 위해 그것들을 예감하려는"[5] 정치인이기도 했다. 모스는 이렇게 말하고 있다. 레비브륄은 "후일 친구인 조레스가 표명하는 대의명분, 그가 조직한 당과 프롤레타리아에 대한 헌신과 희생정신에 이르게 되는 변함없는 믿음을 항상"[6] 보여줬다고 말이다. 뼈 속까지 공화주의자였던 조레스와 레비브륄은 "정의에 대한" 같은 열정과 "인류 전체를 엘리트로 만든다."는 같은 이상을 공유하고 있었다. 하지만 레비브륄이 "[사회]당에 대한 지지를 좀 더 적극적으로 보여주지 않았다면", 모스에 의하면 그 까닭은 레비브륄 스스로 "시간 낭비와 약간은 우리들 사회주의자들에게만 국한된 편협한 삶"[7]을 우려했기 때문이었다. 그리고 레비브륄은 사회당 못지않게 "모든 종류의 활동", 가령 협동조합 세력, 잡지, 사회주의 학교 등도 지지했다. 『뤼마니테』지에서 레비브륄은 레옹 블럼과 함께 회계 감사역을 맡고 있었다.

「우리의 목표」라는 제목의 첫 번째 기사에서 조레스는 사회주의와 인류(휴머니티; 위마니테)의 개화를 동일시하면서 『뤼마니테』지의 제목을 정당화하려고 노력했다.[8] 조레스는 이렇게 지적하고 있다. "모든 사회는 휴머니티의 실현을 위해 노력한다." 이 신문의 표어는 정확성, 진리, 충실성, 자유였다. 140,000부가 발행된 창간호는 대성공이었다. 사상과 정보를 동시에 제공하는 신문을 표방했던 『뤼마니테』지는, 샤를르 앙들레르[9]의 표현에 의하면, 큰 첫 발, 그것도 "너무나 큰 첫 발"을 내딛었던 것이다. 7명의 고등사범학교 출신과 8명의 교수자격시험 합격자로 구성된 편집팀은 아리스티드 브리앙의 다음과 같은 빈정거림을 받기도 했다. "이 신문은 '인류(l'humanité)'를 위한 신문이 아니다. 그보다는 오히려 '고전인문학(les humanités)'을 위한 신문이다." 신문 편집은 정치적 균형을 조심스럽게 유지했다. 이것은 조레스가 바라던 바였다. (브리앙, 푸르니에르, 비비아니로 대표되는) "우파"와 기자 프랑시스 드 프레상세, 전직(前職) 교수 르블랭, 그리고 장 알레만으로 대표되는 "좌파"가 공존했던 것이다. 70세였고, 과거에 누벨 칼레도니아에서 복역했던 경험을 가지고 있는 장 알레만은, 노동자 및 개혁주의자의 오랜 전통, 뤼시엥 에르, 샤를르 앙들레르, 마르셀 모스가 각각 젊은 시절에 매료된 바 있는 그런 전통을 대표하고 있었다.

사회주의 통합 그룹의 투사들이 대거 『뤼마니테』지의 주요 자리를 차지했다. 뤼시엥 에르, 샤를르 앙들레르는 대외 정치 분야를, 알베르 토마는 노동조합 분야를, 에드가르 미요는 경제 분야를 맡게 되었다. 레옹 블럼은 문학란을 맡았다. 이 신문의 창립 과정에서 재정적으로 협력했던(20주의 주식을 구입했다) 모스는 필립 랑드리외와 함께 "협동조합"란을 책임지게 되었다.[10] 모스는 무조건적으로 조레스를 좋아 했고 또 그의 정치노선에 충실했다. 조레스에 대한 모스의 다음과 같은 경의를 통해 이와 같은 사실이 잘 드러나고 있다.

장 조레스의 친구들과 찬양자들 가운데 극소수만이 이 전무후무한 인물의 두 가지 주요 특징을 간파할 수 있었을 뿐이다. 우선 그는 프랑스에서 보통 얘기되는 '지휘' 능력, 그 자신의 모델로 삼았던 로마인들이 얘기했던 '통치' 능력을 지녔다. 그는 명령을 내릴 줄 알았고, 다른 사람들을 그에게 복종하게 하는 방법을 알고 있었다. 또한 그는 자기 자신에게 부과하는 희생을 다른 사람들에게도 부과하는 방법 역시 알고 있었다. 그는 힘, 개성, 현실적인 의지를 가지고 있었다. 그 다음으로 그는 신중했고 지혜로웠다. 그는 적들에 의해 이상주의자, 맹목주의자로 취급되었던 자들을 껴안았다. 그는 그들의 삶에 이상과 현실적인 이해관계, 고귀하면서도 비열한 정열이 혼재되어 있다는 사실을 꿰뚫고 있었으며, 따라서 그들에게 실망할 정도로 많은 것을 요구하지 않았다. [……]

요컨대 조레스는 영웅이자 강한 사람이자 현명한 사람이었다.[11]

뒤르켐은 이 사회주의 옹호자 조레스에 대해 조카 모스처럼 존경심을 가졌다. 1차 세계대전이 한창일 때 모스가 편지에서 그렸던 조레스의 초상화를 참고하면서 뒤르켐은 몇몇 뉘앙스 있는 표현을 사용하면서도 그를 이렇게 칭찬하고 있다.

내 생각으론 중요한 것은 거기에 있는 것 같다. 아니, 조레스는 사상가는 아니다. 네가 말한 것처럼 그는 자기에 대해 전혀 의식하지 못하고 있어. 하지만 타고난 능력이 있지. 과거에 L. B. [레비브륄]에게 말한 적이 있어. 자기 능력을 의식하지 못하는 것, 이것이 조레스의 특징 가운데 하나라고 말이다. 그리고 그 증거도 덧붙였지. 1886년 어느 날 조레스는 내게 자기는 절대로 정치 분야에서는 활동하지 않을 거라고 말한바 있다. 그는 그 자신의 연설가로서의 자질을 알아차리지 못했어. 그러니까 그의 천성이 그를 어디로 이끌지 알지 못했던 거야. 또한 그 천성을 잘 이용하지도 못했고. 그가 하나의 이론을 가진 사상가가 되었을 때 그의 천성에서 가장 독창적인 부분이 사라져 버린 거지.

하지만 신기한 것은 그와 더불어 이론, 사상에 대해 토론을 하게되면 그가 항상 옳고 아주 그럴듯한 견해를 제시한다는 거야. 이게 그와 대화하면서 느끼는 매력이야. 우린 이 매력에 대해 얘기하곤 하지.[12]

"협동조합" 란

모스는 『뤼마니테』지의 총회에 참석하기도 했고, 또한 정기적으로 편집부를 방문하기도 했다. 편집부에서 모스는 조레스를 만나기도 했다. "소음, 오고가는 사람들, 다양한 목소리에도 불구하고 여전히 일에 집중하면서"[13] 자기 기사에 마지막 손질을 하고 있던 조레스를 말이다. 『뤼마니테』지가 "국제 사회주의 차원의 협력자들에게까지 할애되는 하나의 란(欄)을 가지고 있는 유일한 신문"이라는 사실에 대해 자부심을 가지고 있었던 모스는, 첫 기사에서 파업 중인 노동자들에게 협력했던 프랑스 북부 지방의 협동조합에 대해 찬사를 보냈다. "노동자 계급의 경제투쟁에서 협동조합이 유익한 저항 수단이 되기 위해서는 어용조합이되어서는 안 될 것이다."[14]

모스의 기사는 그 자신 안타깝게 생각하는 다음과 같은 사람들을 겨냥했다. 즉 "협동조합에서 소비자와 투사로서의 역할을 제대로 하지 못했던 사회주의자들과 노동조합원들"이 그들이다. 모스가 실천하고 있던 신문을 통한 저널리즘은 일종의 정보 제공이자 교육이었다. 신문 제1면에 두 칸에 걸쳐 실렸던 그의 첫 기사 가운데 하나에서 읽을 수 있는 것처럼, 모스의 목표 중 하나는 "무엇보다도 왜 사회주의 협동조합 운동을 주장해야 하고, 또 그 의미가 무엇인지를 밝혀야 하는 것"이었다. 모스의 분석은 소비협동조합의 정치적 역할에 대해『무브망 소시알리스트』에서 이미 이뤄졌던 성찰의 기본 원칙들을 심화시키고, 또 거기에 약간의 뉘앙스를 덧붙이면서 다시 검토하는 것이었다.

오해와 애매한 점들을 불식시키기 위해 모스는 "어용협동조합"과 "급진적 협동조합"을 한꺼번에 공격했다. 우선 "어용조합"을 공격했다. 왜냐하면 "옛 마부, 옛 문지기 혹은 공장의 하수인 등 사용자의 사주를 받는 자들"에 의해 운영되었던 "어용조합"은 "부르주아적 합법성"에 우호적이었고, 또 "사용자 측과의 투쟁이 아니라 협상"을 원했기 때문이었다. 모스는 또한 "급진적 협동조합"도 공격했다. 왜냐하면 사람들이 이 협동조합에서 "정치에 유용한 수단, 여론에 이용되는 무기"만을 주목했기 때문이었다. 모스는 이 두 경우에서 개인들이 "사회의 여러 성향을 이용하고, 또 자신들의 개인적 이익을 위해 이런 성향을 이용하는 데 급급하다."는 사실을 개탄해마지 않았다. 모스는 사회당의 단결에도 불구하고 협동조합이 사회당에 완전히 흡수되는 것을 지지할 수가 없었다. "선거정치의 문제, 세력 간의 알력, 의견 충돌, 개인들 사이의 갈등이 있는 만큼, 이 모든 것을 [협동조합에서] 배척해야 할 충분한 이유가 있다."[15]는 것이었다.

하지만 사회주의 운동이라는 면에서 보면 협동조합은 당의 개입보다는 오히려 당으로부터의 무시로 인해 더 힘든 상황에 있다는 것이 모스의 판단이었다. 농촌에서의 협동조합에서 목격할 수 있는 것처럼, 위험은 "부르주아, 보수적 세력"에서 기인했다. "농본주의자들, 반동주의자들, 사제들은 [……] 협동조합을 통해 농촌 조직을 장악하고, 거기에 열렬히 협조하며, 이 해방 수단을 후견 수단으로 본다."[16] 그래서 농촌에 "해로운 영향을 끼칠 뿐이다."라는 것이었다.

주의하길 바란다. 농촌 협동조합은 일급의 정치 무기다. 자칫 이 조합은 자본주의적 소유권 체제를 옹호할 수 있다. 소규모 조합원들의 아주 다급한 요구를 만족시켜줌으로써 그들이 저항하는 것을 막는다는 말이다. 이 조합을 통해 농민들은 자연스럽게 보수주의적 본능을 강화시킬 수도 있다. 이 조합은 알자스 로렌 지방에서는 게르만화에 이용되고 있으며, 독일, 오스트리아, 프랑스의 다른 몇몇 지방에서는 성직자주의에 이용되고 있는 실정이다.[17]

『뤼마니테』지의 시사평론자 모스에 의하면, 소비협동조합주의자들은 "그들의 사회주의를 실천해야 하고", "실천적 사회주의를 실현해야 하고", '지금, 여기에서' 새로운 사회주의를 실현해야 했다. 따라서 이 협동조합들이 "투사들, 조합주의자들, 정치 단체들을 위한 피난처"가 되는 것만으로는 충분치 못했다. 이 협동조합들은 또한 "사회주의가 설파하는 것을 실험적으로 증명해야" 했다. 모스는 또한 이렇게 쓰고 있다.

영국과 독일에서 볼 수 있는 것처럼, 이 협동조합들은 "미래의 권리가 실현될 수 있는 참다운 조직"이 될 수 있다고 말이다. 예컨대 노동조합과의 노동 집단계약을 위한 협상, 동등 노동에 대한 동등 임금 원칙 등과 같은 권리가 그것이다. 게다가 다양한 용역(퇴임 기금, 등)을 제공하는 역할을 소비협동조합이 맡는다면 거기에는 교육 기능도 포함되어야 한다는 것이었다. 협동조합은 "순수하게 프롤레타리아의 교육 선전을 위한 선망의 피난처"라는 것이다. 또한 모스는 '라 메나제르'와 '라 벨빌루아즈' 두 조합이 운영하고 있던 '민중대학'의 예를 들고 있다. 그리고 가장 중요한 것은 협동조합들이 "경제 세력"이라는 점과 "변화의 강력한 주체"가 될 수 있다는 점이었다.

> [협동조합은] 더 많은 자본을 사회화했다. 그리고 그 구성원들의 저축자본과 부동산은 주주(株主)들의 권리의 행사권 밖에 있는 아주 중요한 소유물이었다. 협동조합은 그 자체의 연맹을 통해 생산하고, 그렇게 함으로써 매일 매일 조금씩 자본주의를 무너뜨리고 있다. [……]
>
> 하지만 협동조합 전체가 이와 같은 힘, 이와 같은 권력을 의식해야 할 것이다. 또한 이 협동조합이 그 자체뿐만 아니라 인류 전체를 위해 이와 같은 힘과 권력을 이용해야 할 것이다. 여러 수단 가운데 협동을 통해 계속적으로 임노동제를 철폐한다는 목표, 프롤레타리아의 해방을 위한 노력, 정확히 이 모든 것이 협동조합이 사회주의적 성격을 가졌다는 의미인 것이다.[18]

정치운동과는 독립적으로 협동조합은 또한 "계급 폐지와 임금제 폐지를 향한 현대 사회의 동향"[19]과 밀접하게 연결되어 있다. 모스는 이와 같은 정치 목표에 다음과 같은 도덕적 의무를 더하고 있다. "노동자 도덕화의 주체"인 소비협동조합은 "사회적 비참함과 고립에 의해 발생한 악(惡)으로부터 노동자가 벗어날 수 있는 유일한 수단"이라는 것이다. 드레드 시의 통계가 이 사실을 증명해주고 있다. "노동자들이 사는 방이 깨끗하고, 집이 쾌적하고, 그들이 빚 없이 약간의 재산을 가지고서 자신들의 해방을 생각할 수 있다면, 이는 전적으로 협동조합의 덕이다." 그리고 모스는 열광적으로 이렇게 결론을 맺고 있다. "협동조합은 노동자 계급의 찬장, 지하창고, 곳간이다."[20]

하지만 모스는 미래에 대해 낙관적인 믿음을 가지면서도 "사태를 너무 성급하게 판단하지 않도록" 주의했다. 모스는 이렇게 반복해서 말하고 있다. "신중하게 계속해서 행동하자." 물론 이렇게 말한다고 해서 모스가 선전을 그만 하자고 하는 것은 아니었다. 이와는 반대로 선전은 "항상 더 필요했다."[21] 게다가 모스는 프랑스에서 협동조합을 위한 선전은 "비참한" 수준에 있다는 사실, 그리고 이런 노력이 "거의 전무한" 상태에 있다는 사실을 유감스럽게 생각했다. "프랑스에는 기껏해야 1,900개의 협동조합이 있을 뿐이다. [……] 조합원들의 숫자는 400,000명 정도다. [……] 현재는 그렇지 못하지만 잠재적인 조합원들의 숫자는 많다. 다른 사람들과 함께 이들이 모두 정식 협동조합원이 되어야 한다. 이를 위해서는 활동, 곧 선전이 필요하다."[22]

가령 모스의 글은 "사용자 공제조합"에 대한 논전(論戰)과 이론적 논의에 전부 할애되었다. 그러나 그의 글은 또한 다음과 같은 정보 제공의 역할도 했다. 출간된 전문서적, 협동조합 식당의 개점, 외국에서의 회의 개최 등에 대한 정보가 그것이다.

　모스는 어쩔 수 없이 해야 하는 여행 때문에 골치가 아팠다. "부다페스트 여행에 대해 아무것도 결정 안 했네. 기자로 거기에 갈 마음은 전혀 없네, 정말 없네."[23] 모스는 자신의 저널리즘 활동을 지적 연구와 연결시킬 수 있을 때만 그 활동에 관심을 가졌을 뿐이다. 가령 1905년 여름에 영국에서 체류하는 동안 모스는 뵈샤가 파리에서 구할 수 없었던 에스키모인들에 대한 책을 연구하기도 했다. 그리고 모스는 "영국에서 아침 10시부터 저녁 7시까지 노새같이 집중하면서 연구했다."[24] 하지만 모스는 페즐리에서 개최되었던 영국협동조합 연합총회에 엘리에스와 함께 '사회주의 프랑스 협동조합 판매소'를 대표해 참가했다. 하지만 이 경험이 모스에게 완전히 무용한 것만은 아니었다. "15여 명의 [각국 대표가] 연구 목적으로 참가했다. 우리는 아주 열심히 연구에 임했다."[25] 모스는 앙리 위베르 — 모스는 그에게 『뤼마니테』지에 실린 자기의 글을 읽어보았냐고 묻고 있다. — 에게 다음과 같이 속마음을 털어놓고 있다. "난 10년 동안의 연구보다 일주일 동안 계속된 총회와 '협동조합 도매점(Wholesales)'에 대한 연구를 통해 여러 문제들과 사람에 대한 통제, 영국, 스코틀랜드 사람들에 대해 더 많이 배웠네. 지금으로서는 이 모든 것이 내게 어떤 의미를 가지고 있는지를 생각하고 있네."[26]

　수많은 외국 대표들, 영국 "사회의 모든 주요 세력"을 대표하는 1,700여 명이 참가한 영국 협동조합회의는 『뤼마니테』지의 특파원으로 참가한 모스에게 강한 인상을 줬다. 이 회의는 "바로 그 현장에 힘이 있다는 인상, 혹은 웨브 여사의 표현에 따르면, '국가 안의 국가'가 있다는 인상을 주는 듬직하고 평화스러우며, 강하고 조용한 단체"[27]가 있다는 것을 보여줬다. 모스는 특히 참가자들의 "온통 노동자적인" 모습과 "귀족을 상징하는 모자를 쓰지 않은 시민들"의 모습에 놀랐다. 하지만 모스는 이 회의의 "지나치게 영국적인" 특징, 지나치게 실용적인 면에 치우친 토론을 유감스럽게 생각했다. 가령 프랑스에서였다면 협동조합 은행의 창립과 같은 문제는 "대단한 폭풍"을 몰고 올 수 있는 그런 주제였다. 그런데 "여기에서는 추상적인 그 어떤 것도 사람들의 관심을 끌지 못한다." 모스 자신은 "많은 동료들"에게 질문을 던졌다. 그러나 그가 그들에게 "원칙"[28]을 말하면 그들 모두는 "은행"이라고 대답하는데 그쳤다.

반면 영국에서 개최되었던 협동조합 총회의 화제는 바로 정치 문제였다. 즉 협동조합을 창당 중에 있는 노동당에 편입시켜야 하는가? 모스는 노동당의 훌륭하지 못한 조직 때문에 이 문제에 대한 대답이 부정적일 것이라고 내다봤다. 그럼에도 모스는 다음과 같은 상상을 하고 있다. "만약 영국 협동조합 자체가 직접 그 이름난 중립성을 포기한다면, 이는 중립적 협동조합에 대해서 얼마나 충격적인 패배가 될 것인가! 이와 같은 충격적인 일이 노동자들의 세계, 이 정도의 힘을 가지고 있고, 이 정도의 능력을 가진 노동자들의 세계에서 이와 같은 결정적인 일이 일어난다면, 이는 국제 자본주의에 얼마나 강한 충격이 되겠는가."[29]

급변한 상황

모스가 영국 협동조합 회의에 할애해서 작성했던 두 편의 글은 1905년에 『뤼마니테』지에 실렸던 그의 마지막 기사가 되었다. 그 당시 이 신문은 판매 부수의 저하로 심각한 위기 상황에 처해 있었다. 편집부와 운영을 담당하고 있는 부서에서도 "8월 1일부터 신문 발행을 중단하는 것이 현명하다."[30]는 판단을 하고 있을 정도였다. 필립 랑드리외는 "우여곡절"을 알려주고 있다.

현재 신문을 위해 자금을 구하고 있는 중입니다. 조건이 없는 자금을 더 이상 구할 수 없습니다. [……] 『뤼마니테』지의 사무국 모든 곳에서 책동이 느껴지고 있습니다. 여러 세력이 조직되고 있는 중입니다. 한편에는 블럼과 지식인들을 포함한 사회주의자들이 있고, 다른 한편에는 급진적인 기회주의자들, 부정 이득을 취하려고 하는 자들이 [……] 있습니다. 조레스는 당황스러워 합니다.[31]

조레스의 친구들의 입장에서 보면 실제로 그때가 아주 힘든 시기였다. 이 편지를 쓴 며칠 후에 랑드리외는 좀 더 위험이 심각해졌다고 전하고 있다. "『뤼마니테』지는 빈사상태입니다. 월말까지 지탱하지 못할 것 같아요. 조레스는 전혀 대책을 세우지 못하고 있을 뿐만 아니라 신념을 잃었고 또한 지쳐 있기까지 합니다."[32] 그러나 그 다음날 새로운 자금 지원 ── 랑드리외에 의하면 150,000프랑 ── 과 편집부 인원의 감축으로 사태가 일순 변해 신문은 일단 위기를 넘겼고, 최소한 일년 더 운영될 수 있게 되었다. 이 새로운 자금은 노동자들의 조직, 노동조합, 협동조합에서 지원된 것이었다. 또한 너그러운 한 시민이 조레스에게 긴급한 상황에 사용하라며 50,000프랑을 지원했던 것이다. 하지만 필립 랑드리외는 이와 같은 해결책에 대해 오히려 불만을 터뜨리고 있다.

지난번에 『뤼마니테』지가 당에게 요청한 자금 지원에 대해 말한 바 있었습니다. 제 생각으로는 그 당시 상황에서는 그것이 가장 나은 해결책이었습니다. 적어도 이 신문에서 사회주의 경향을 가진 자들의 승리에 해당하는 것일테니까요. 그런데 이 해결책은 하루 동안만 유효했을 뿐입니다. [……] 브리앙과 비비아니가 견제하고 있었습니다. 그들은 두 시간 동안 조레스의 마음을 바꿔놓았죠. [……] 저는 지금 이 신문을 위한 최상의 미래가 증발되어버렸다고 생각하고 있습니다. [……] 사회적 정보가 빠진 신문은 특히 정치 신문은 의회에서의 논쟁만을 다루는 그런 신문이 되기 십상이니까요.[33]

『뤼마니테』지에는 이제 브리앙, 루아네, 조레스, 비비아니 등을 포함해 다섯 명의 편집위원만이 근무하게 되었다. 랑드리외와 마찬가지로 모스는 편집부에 있을 수 없게 되었다. 랑드리외와 모스는 신문사에서 "마치 그들에게 아무런 신세를 지지 않은 단물 빠진 배와 같은"[34] 존재로 여겨졌다. 하지만 그들이 무보수로 신문 편집에 계속 협조를 하는 것은 허락되었다. 뤼시엥 에르, 레옹 블룸과 다른 친구들은 점차 협력을 하지 않으므로 해서 신문에서 멀어지게 되었다. 사회주의자로 남아 있기는 했지만 상당수의 지식인들 역시 이 신문과 일정한 거리를 유지했고, 지루한 부서 모임에 참석하기보다는 점차 연구나 문학 창작과 같은 자신들의 개인 활동에 전념하게 되었다. 물론 그렇다고 해서 그들 사이의 우정에 금이 가지는 않았고, 또한 정치적 일관성 역시 이전과 같은 상태였다.[35]

　모스가 『뤼마니테』지를 떠나기로 마음을 굳혔을 때 뤼시엥 에르는 친구의 결정을 "전폭 지지했다."

자네가 알고 있는 바와 같이 난 그 신문에서 자네가 맡았던 역할과 임무를 계속하게끔 하는데 전혀 관련이 없었네. 그리고 이 점에 대해 자네는 이제 뒤르켐이 내게 했던 비난에 대한 응수로 그에게 다음과 같이 말할 수 있을 걸세. 즉 내가 그 비판을 받을만한 이유가 없다고 말일세. 하지만 자네가 그 신문에 이미 협력한 이상, 난 자네에게 다른 방향으로 행동하라고 권고할 수 있는 권리가 없었네. 심지어는 중요한 집단적 이익이라는 명목으로라도 자네가 매일 힘들게 신문과 조레스에게 바쳤던 아주 소중한 봉사를 이제 더 이상 하지 말라고 권고할 권리도 없었네. 이 모든 것은 철저하게 자네의 양심의 문제였다고 생각하네. 이 점에 대해 자네는 이제 뒤르켐에게 이렇게 말할 수 있을 걸세. 그가 나에게 기대했던 대로 내가 만약 자네에게 그런 방향으로 영향을 행사하고, 또 그런 방향으로 개입했더라면, 내가 커다란 잘못을 저질렀을 거라고 말일세. 자네가 모든 것에서 자유로워진 지금, 자네에게 이전과 같은 확신을 가지고 자네의 행동이 옳았다는 것을 장담할 수 있네. 또한 지금 자네가 신문을 위해 할 수도 있을 기여를 할 필요가 없다는 것, 그리고 그런 기여로 인해 자네가 치를 수 있는 손해를 볼 필요가 없다는 점을 말해두고 싶네. 지금 당장 자네에게 필요한 것은 연구를 재개하는 것이고, 특히 자네 학위논문을 끝마치는 것이네. 또한 많은 독자들(『사회학 연보』를 읽지 않는 많은 사람들)에게 자네가 가진 학문적 가치와 자네가 하고 있는 학문의 가치에 대한 정확한 정보를 주는 것이 중요하네. 장차 있게 될 모든 가능성에 대해 준비를 해둘 필요도 있네. 후일 자네가 콜레주 드 프랑스에서 가르치게 된다면, 자네의 학자로서의 시간을 희생하지 않고서도 활동할 수 있을 걸세. 자네는 내가 이것저것에 대해 무슨 생각을 하고 있는지를 잘 알고 있을 걸세. 자네는 또한 현재 우리 사회에서 교수 자격과 빛나는 학문적 업적이 실제로 대단한 권위와 가치 —— 그런 자격과 업적이 없다면 결코 갖지 못할 —— 를 가져다준다는 것 역시 잘 알고 있을 걸세. 그럼 이만 줄이네. 위베르에게 안부를 전해주기 바라네. 우정을 보내네.[36]

에르만이 모스의 결정을 축하해준 것은 아니었다. 폴 포코네 역시 모스에게 다음과 같은 내용의 편지를 쓰고 있다. "『뤼마니테』에서 나왔다며? 아주 기쁜 소식이야. 자네의 자리는 거기가 아니라고 생각하네. 자넨 우리 세대가 했던 방황을(아니 우리들 몇몇이 했던 방황을) 계속했다고 생각하네. 벨래 서점, '불랑즈리' 등…… 민족지학자이면서 동시에 기자일 수는 없네. 자네의 진정한 학문적 [결실]이 학문 밖으로 내쳐지기에는 자네는 너무 뛰어난 자질을 가지고 있네. 연구에만 집중할 수 있고 또좋은 성과 있기를 바라네."[37]

그 동안 한 가지 변화가 있었다. 1905년 파리 스트라스부르 대로에 위치한 '글로브(Globe)'에서 개최되었던 회의 이후 사회당은 다시 단결했고 '국제노동자 프랑스지부(SFIO)'라는 이름으로 개칭했다. 그렇다고 해서 "프랑스가 점차 사회주의로 나아가고 있다."고 믿어도 되었을까? 또한 "명목상으로는 30년 동안 계속 유지해온 공화정 이후 참다운 의미에서 공화정, 즉 대중의 만족 속에서 공화정이 이뤄졌다."[38] 믿어도 되었을까?

"에너지만 허비했다."는 점을 후회하면서 필립 랑드리외는 "자기 자신을 위한 연구를 해야 겠다."[39]는 욕망을 감추지 않았다. 하지만 그는 조레스 곁에 머물고자 했다. 랑드리외는 오전에 콜레주 드 프랑스의 실험실에 있었고, 오후에는 종종 저녁 늦게까지 『뤼마니테』지의 행정 부서에서 일하기도 했다. 모스 역시 조레스에게 "공손하면서도 존경을 표하는 자세로" 헌신했으며, '국제노동자 프랑스지부'에 가담하기도 했다. 모스는 또한 새로이 『뤼마니테』지의 운영을 맡은 회사의 자문위원 10명 중 한 명의 자격으로 일하는 것을 받아들였다.

모스가 다시 신문사에서 일을 하게 되었다는 사실을 알게 된 뒤르켐은 괴로워했다. 특히 자기의 의견을 전혀 묻지 않은 것에 대해 화를 내기까지 했다. "여러 징조, 그것도 가벼운 징조, 게다가 내가 더 알고자 하지도 않는 그런 징조로 미뤄 보아 난 다시 한 번 네가 비밀스레 계약을 맺지 않았나 걱정했다. 모두가 다 알고 있지만, 나만 모르는 그 계약을 말이다. [……] 네가 쉬지 않고 계속 해온 그 일로 인해 내가 어떤 상황에 처해 있는지를 잘 알 거다. 난 네가 한 마디 의논도 하지 않는 버림받은 삼촌이 된 느낌이다."[40] 실제로 뒤르켐은 모스에게 "일부러" "그에게 맞지 않는 역할"을 수락했다고 비난하기도 했다.

네 편지를 받았다. 혼란과 모순투성이 그 자체구나. 이 편지를 읽는 상식적인 사람 모두가 곧장 이 편지를 쓴 자가 그 다음에는 어떻게 행동할지를 짐작하기 어려울 게다. 한편으로 너는 내게 이제 정치가 혐오스럽고 사람을 피곤하게 만든다고 했다. 또 정치에서 손을 떼려고 한다고도 말이다. 그런데 다른 한편으로는 앞으로 실천해야 할 36개의 계획을 나열하고 있다. 앞의 내용을 단박에 부정하는 듯한 내용을 말이다.

10년 전에 리아르가 내게 이런 충고를 했던 적이 있다. 모스, 너에게 겸손함을 가르쳐라, 네 야망을 줄이는 걸 가르치라고 말이다. 그 뒤로도 다른 많은 사람들이 같은 내용을 반복했지. 하지만 난 너를 설득하는데 실패했다. 네가 우리에게 한 많은 바람직하지 못한 행동들, 네가 나에게 안겨준 고통은 모두 겸손함이 부족하기 때문이었다. 너는 어떤 임무 앞에서도 물러서질 않는구나. 모든 일에 대해, 심지어는 잘 어울리지도 않는 일에 대해서도 네 스스로 잘 어울린다고 생각하고 말이다. 또한 동시에 다른 사람들이 하는 일에 대해서는 멸시하는 태도로 말하지. 네가 능력을 깨달았다면 많은 발전을 이뤘을 거다! [······][41]

하지만 모스는 지나친 환상을 품지는 않았다. 그는 "신문이 하다못해 사라지더라도 사람들은 관심 갖지 않을 것"이라고 생각했다. 투쟁적인 시각에서 보면 아주 힘든 한 해였다. '라 불랑즈리' 폐쇄, 『뤼마니테』지의 재정비 등이 그것이다. 그러나 이와 같은 어려움들에 더해 또 하나의 실망이 모스에게 더해졌다. "러시아에서의 임무"가 그것이었다.

러시아에서의 임무

1906년 7월에 모스는 공공교육부에서 "러시아 특히 [······] 생트페테르스부르그와 모스크바를 방문해 민족지학 연구를 무상으로 수행하라는 임무"를 부여받았다. 모스는 그 기회에 핀란드까지 방문할 생각이었다. 모든 일이 급히 진행되었다. 장관과의 면담, 출발에 임박해서 취득한 외교 여권의 취득 등이 그것이다. 모스가 러시아어를 구사하지 못하고 또 생트페테르스부르그도 러시아도 잘 몰랐기 때문에 사람들과의 접촉이용이해야 했다. 친구들과 동료 교수들은 모스에게 추천서를 써주기도 했다. 실뱅 레비는 모힐란스키 여사에게 이렇게 쓰고 있다. "이 사람은 인류학자, 민족지학자, 동양학자, 박식하고 특히 용감한 사람입니다. 당신에게 제가 소중히 아끼는 보물 가운데 하나를 추천하는 바입니다."[42]

뤼시엥 에르가 또 다른 추천서에서 지적하고 있는 것처럼 모스의 이번 여행은 정치적 성격도 없지 않았다. "[모스는]『뤼마니테』지를 위해 러시아를 여행하게 됩니다. [……] 당신이 할 수 있는 것 그리고 어려운 일이라도 해주시리라 생각합니다."[43] 게다가 모스는 "조레스의 협력자"로 소개되기도 했다. 그러니까 모스에게 "흉금을 터놓고 말을"[44] 할 수 있다는 것이었다. 모스 자신도 이 사실을 인정했다. "별로 내키지 않았음에도 어느 정도까지는 조레스가 나를 러시아로 보냈다. 왜냐하면 조레스는 자기 친구들에게서 그들이 원하지 않는 것도 요구할 줄 알았기 때문이다."[45] "붉은 일요일"(1905년 1월 22일) 이후 조레스는『뤼마니테』지 내에서(그리고 일련의 모임을 통해서) 러시아 혁명을 지지한다는 선전을 주도했다. 모스는 출발하기 전에 파리에 있는 러시아인들로 구성된 단체에 속하는 다수의 혁명지지자, 자유주의자, 사회주의 혁명지지자 등과 함께 사회주의 지도자 조레스와 면담을 가졌다. 그 당시 많은 사람들은 러시아에서 민주주의가 성공을 거둘 것이라고 생각하는 한편, 황제가 쿠데타를 준비하지 않을까 우려하기도 했다. 조레스가 했던 충고, 그리고 모스가 전달해야 할 충고는 "역량을 키우라는 충고와 신중하라는 내용의 충고"였다. "역량을 키우라는 충고"의 내용은 다음과 같다.

[조레스는] 모스에게 전달사항을 반복해서 말했다. '동지들, 겁내지 마

십시오, 강해지십시오. 혁명의 역군이 되었으니 혁명을 하는 것을 두려워 마십시오. 자유주의자들은 여전히 황제가 자유주의에 기적을 일으키기를 희망하고 있습니다.' 조레스는 『입헌의회사』를 썼고, '프랑스 대혁명의 경제사' 집필을 위한 첫 번째 회의를 주재했다. 조레스의 생각은 이 계획으로 가득 했다. 그는 이렇게 강조했다. '적의 힘과 성실성을 믿지 마십시오. 미라보와 지롱드 당원들의 실수를 반복하지 마십시오. 협정을 맺지 말고 힘으로 밀어붙이십시오. 그리고 그 뒤로 사태를 판단하길 바랍니다.'

이 충고가 제대로 먹혔더라면! [……] 누가 역량을 키우라는 이와 같은 충고를 찬양하지 않았겠는가? 유감스럽게도 레닌만이 그렇게 했다. 조레스에 의하면 후일 레닌은 러시아 혁명을 위해 그 자신이 필요한 힘을 가지게 된다. 1906년과 1917년 두 차례에 걸쳐 자유주의 성향의 러시아인들은 혁명에 대해 겁을 먹게 되었다.[46]

"조레스와 같은 역사학자이자 정치인인 사회주의자가 해줄 수 있는" 두 번째 충고는 "농민들의 토지"에 관계된 것이었다. 이 충고는 "신중함과 이해관계에 대한 충고임과 동시에 역량을 키워야 한다는 충고이기도 했다."

[조레스는] 모스에게 전달사항을 이렇게 말했다. '무엇보다도 어떻게 하든 곧장 토지개혁을 하십시오. 한 번에 모든 것을 하려 하지 말고 무엇인가를 실천하는 것이 필요합니다. 소련의 농민들은 1789년 프랑스의 농민들과 비슷합니다. 그들은 정치적 혁명이 토지혁명인 한에서만

그 혁명의 의미를 이해하게 될 뿐입니다. 그들은 러시아 헌법이 토지에 관계된 것으로 생각할 때만 그 헌법을 지지하게 될 것입니다.'

　[……] 조레스는 또한 이렇게 강조 했다. '소련 동지들에게 이렇게 상기시켜주시오. 프랑스 혁명 때 입헌의회이건 입법의회이건 국민의회이건 간에 매번 토지 징발을 요구한 경우, 또한 이와 같은 의회들이 매번 혁명에 열광적이고 애국적인 국민에게 희생을 요구한 경우, 이 의회들은 예외 없이 농민들에게 토지를 새로이 부여하고 또 새로이 재산을 분배해 줬습니다. 국민은 이상을 위해서만 싸울 수는 없습니다. 사람들을 그들의 이해관계에 연결할 필요가 있는 것입니다.'[47]

모스의 임무는 미묘했다. 프랑스로부터의 차용에 의해 지지되었던 황제는 러시아 국회에 맞서 투쟁을 시작했다. 조레스는 그 나름대로 "러시아 혁명과 프랑스 사회주의의 이해관계가 연결되어 있다."는 사실을 의식하고 있었다. 『뤼마니테』지는 1906년 7월에 러시아 혁명에 대한 일련의 기사를 실었다. 이 신문은 그 당시 "프랑스의 부르주아와 러시아 황제주의에 반대한"[48] 몇 안 되는 신문 가운데 하나였다. 모스가 생트페테스부르크에 도착했을 때 황제는 국회 해산 조치를 취했다. 앙리 위베르는 모스에게 즉각 "돌아오라."는 전보를 보냈다. 뤼시엥 에르가 지적하고 있는 것처럼 모스의 여행은 아무 소용없는 일이 되어버렸던 것이다.

　러시아 국회 해산 소식이 전해지자 자네의 여행이 아무 소용없다는 것을 확신했네. 자네의 이번 고생과, 지난 여러 노력에 더해진 이번의 노력에 대해 씁쓸한 마음을 지울 수 없네. 해서 난 위베르가 전한 좋지 않은 소식에 놀라지도 실망하지도 않았네. 조레스가 콩트렉세빌로 떠나기 전에 난 그에게 이제 최소한의 희망도 가지고 있지 않다는 것을 숨기지 않았네. 스트뤼브처럼 가볍게 행동하고 행진했던 자들에 대해 너무 가혹하게 대하지 말게나. 러시아 아닌 다른 곳에서도 일관성 없고, 변덕스럽고, 가벼운 자들은 많네. 그렇기 때문에 러시아 사태의 추후 과정에 대한 그 어떤 추측도 불가능하네. 한 줌의 사람들만이 적극적으로 활동하는 반면 어린아이들이나 미친 사람들처럼 행동하는 사람들이 많은 그런 나라에서 말이네.[49]

러시아 임무에서 실망한 모스는 프랑스로 돌아오자마자 『라 르뷔 드 파리』지에 러시아 사태에 대해 글을 쓰려는 생각을 가졌다. 하지만 뒤르켐이 적극적으로 말렸다.

너는 언어도 구사하지 못하는 나라에서 2주를 보내고 왔다. 그런데도 러시아에 대해 글을 쓰겠다니! 네가 추구하는 학문적 방법이 네 내부에서 이런 계획이 진지하지 못하다고 외치는 소리를 듣지 못하니? 침묵이 훨씬 더 현명한 처사라는 것을 이해한다면 얼마나 네게 득이 될지 모르겠구나. 우리는 우리나라에서 벌어지고 있는 일도 잘 모른다. 하물며 전혀 분명하지 않은 상태에서 뭔가를 이해했다고 믿다니! 아주 급한 일도 쌓였는데 말이다. 다른 사람이 그렇게 한다면 넌 거기에 대해 뭐라고 할까? 다른 사람의 시선으로 너 자신을 판단하도록 해라.[50]

문제의 글은 출간되지 않았다. 하지만 모스는 "그다지 많은 비용을 들이지 않고 했던" 여행에서 러시아 민족지학 박물관에 대해 아주 훌륭한 지식을 갖게 되었다. 방학 중에 모스는 실제로 이주일 동안 "계속 연구"를 할 수 있었다. 러시아 민족지학 박물관과 러시아 제국 박물관의 한 학예사와의 만남, 러시아 과학원 민족지학 박물관 방문 등을 하면서 말이다. 특히 모스는 과학원 민족지학 박물관에 커다란 관심을 가졌다. 그도 그럴 것이 모스는 이 박물관에서 "북서 아메리카 지역의 부족들이 옛날에 러시아인들임"[51]을 보여주는 비교할 수 없는 가치를 가진 에스키모인들의 수집품을 발견할 수 있었기 때문이었다. 모스는 프랑스로 되돌아오는 길에 바르샤바에 있는 폴란드 민족지학 박물관과 베를린에 있는 민족지학 박물관을 방문했다. 이와 같은 방문을 마치고 모스는 교육부장관에게 보내는 한 서한에서 다음과 같은 결론을 내리고 있다.

> 장관님 [······] 충분한 재정 지원을 받지 못하고 또한 외국의 경우와 비교해서 충분한 위상을 부여받지 못하고 있는 트로카데로 민족지학 박물관의 현 상태로 인해 프랑스 학문의 체면이 구겨질 위험이 크다는 사실을 감히 전합니다.[52]

동반자

모스는 고등연구실천학교에서의 강의와 『사회학 연보』의 출간에 할애된 시간을 제외한 나머지 모든 시간을 기도를 주제로 한 학위논문에 투자했다. 그렇다고 해서 모스가 정치 활동에 완전히 등을 돌린 것은 아니었다. 모스는 집산주의 성향의 학생들로 구성된 단체에서 그리고 민중대학에서 협동조합을 주제로 강연을 하기로 했다. 소(Sceaux)에 위치한 민중대학에서 했던 강연 가운데 하나의 제목은 "종교라는 관념"이었다. 모스를 초청한 사람은 그의 오랜 친구였던 샤를르 앙들레르였다. 앙들레르는 일요일 오후마다 그곳에서 개최되었던 살롱에 참가하고 있었다. 소 시(市)의 앵베르제르 가(街) 17번지가 바로 "새로운 정신의 바람이 부는 곳", 사회주의자들과 문인들이 모여든 일종의 "들판에 선 소르본"이었다. 그들 가운데는 뤼시엥 에르, 귀스타브 랑송, 폴 데자르댕, 사학자 G. 굴로츠와 샤를르 세뇨보, 철학자 앙들레 랄랑드, 알베르 토마, 의사이자 예술비평가 엘리 포르 등이 있었다.[53]

분명 '성스러운 기도'라는 학위논문 주제에 집중하면서 침착해진 모스는 친구와 동료들과 관련된 정치 활동에 지나치게 연루되는 것을 피했다. 예컨대 모스는 『라 르뷔 생디칼리스트』에 관여하지 않았다. 이 잡지는 1905년 5월에 뤼시엥 에르, 뤼시엥 레비브륄, 레옹 블럼 등의 재정 지원을 받아 알베르 토마에 의해 창간되었다. 이 잡지에는 사회학자 로베르 에르츠, 프랑수아 시미앙, 모리스 알브바크스 등이 참여하고 있었다. 그리고 이 잡지가 1910년 1월에, 외젠느 푸르니에가 편집을 맡고 있었고 노동조합적이고 협동조합적 성향을 보이던 『라 르뷔 소시알리스트』지에 통합되기 위해 정간되었을 때, 모스는 친구이자 이 잡지에 글을 싣곤 했던 에르츠와 알브바크스와 함께 참여하지 않았다. 하지만 이 잡지의 성향은 모스가 협조했던 이전 잡지와 큰 차이가 없었다. 실제로 통합된 잡지의 목표는 "사회주의의 모든 전통적 개념을 갱신하고 수정하는 것"이었다. "노동조합주의와 협동주의와 결별하게 되면" 사회주의는 "텅 빈 교조주의"에 불과하기 때문이었다. 이것이 적어도 편집자의 의견이었다.

하지만 모스는 1908년에 "실천과 실현"에 대한 취향을 바탕으로 로베르 에르츠에 의해 조직되었던 사회주의 연구 그룹에 대해서는 무관심하지 않았다.

시미앙이 자네에게 새로운 시도에 대해 말하지 않았나? 지난번에 벨래 서점을 운영했던 옛 그룹과 마찬가지로 약간의 개혁을 하는 것이 목적이네. 페이비언 소사이어티[54]를 모델로 우리들끼리 하는 개혁일세. 물론 조용히 말일세. 간단한 소개를 하기 위한 예비 모임이 다음주 금요일 5시에 시미앙의 집에서 있을 예정이네.

말할 필요도 없이 자네를 볼 수 있고 또 자네의 오랜 경험과 타고난 지혜를 빌릴 수 있다면 좋겠네. [……][55]

로베르 에르츠의 지휘 하에 사회주의 연구 그룹은 정기적으로 모임을 갖게 되었으며, 여러 사회주의 주장들에 대해 비판적 검토를 하면서 이 주장들을 현실에 적용할 수 있는 길을 찾으려고 노력했다. 이와 같은 노력은 시작 단계에서 장 조레스의 지지를 받았다. 이 그룹에 들어가기 위해서는 사회주의자여야 했고, 사회당의 지역 활동과 의회 활동에서의 통일된 강령을 받아들여야 했으며, 프랑스에서 사회당을 사회주의의 유일한 대변 기관으로 여겨야 했다.[56] "미래에 대한 전망과 정신 공동체"를 유지하기 위해 이 그룹 참여는 제한되었으며(1910년에 40여 명의 회원이 있었다), 회원수 역시 제한되었다. 『사회학 연보』 협력자들(마르셀 그라네, 모리스 알브바크스, 앙리 레비브륄, 프랑수아 시미앙) 외에도 에드가르 미요, 에르네스 푸아송, 알프레드 보네, 자크 페르디낭드레퓌스, 알베르 토마 등이 참가했다. 1914년 7월에 있었던 국회의원 선거에서 사회당이 선전한 후 이 그룹에서 두 명이 의회에 "진출"하게 되었다. 앙드레 르베와 알베르 토마가 그들이었다.

사회주의 연구 그룹은 한 달에 한 번씩 정기적으로 협동조합 식당에서 저녁 식사 모임을 가졌고, 여기에 더해 여러 차례의 토론을 개최했다. 물론 모든 회원들이 참가하는 것이 원칙이었다. 토론은 주로 사회주의에 관계된 주제를 중심으로 이뤄졌으며, 그 외에도 협동조합, 상호공제, 파업, 알콜 중독, 기업 위생, 노동자 주거 문제, 가내 수공업 등이었다. 이 모임에서 이뤄진 검토는 "개혁 정책에 도움"[57]을 준다고 판단되는 경우, 그 내용이 『레 카이에 뒤 소시알리스트』라는 제목으로 출간되는 일련의 소책자에 실렸다. 물론 이 소책자의 배포는 제한적이었다.[58] "상대적으로 이론적이고 그다지 시사적이지 못했던 성격"에도 불구하고 1,000-5,000부 정도 인쇄되었던 이 소책자의 배포는 만족스러운 편이었다.

결국 사회주의 연구 그룹에 참여하는 일군의 지식인들의 입장에서 보면 중요한 것은 "새로운 의무"를 다하는 것, 수많은 사회주의 투사들이 느끼고 있는 "정확한 지식과 분명한 개념의 제공" 필요성에 대응하는 것이었다. 그러니까 이 그룹의 목표는 항상 더 정확한 자료를 준비하는 것, 다급한 문제에 실천적이고 구체적인 해결책을 마련하고, 아울러 현실에 사회주의 이론을 더 잘 적응시키는 것이었다. 달리 말하자면 로베르 에르츠에게 이 모든 것은 사회학, 그것도 뒤르켐의 사회학을 사회주의를 위해 이용하는 방식이었던 것이다. "우리의 적들이 우리 사회당을 생산적이지 못한 교조주의와 새로운 것을 창조해내지 못하는 무능력을 비난하면서 조소를 보내는 때, 우리는 그 어느 때보다도 우리의 이론과 사회과학의 현재 상태와 조화를 이루고, 따라서 사회주의가 가진 현실주의적이고 조직적인 특징을 보여주는데 관심을 가져야 할 것이다."[59]

모스는 그 나름대로 친구들과 동료들의 행동을 따르고 격려하는데 만족했다. 그의 참여에 한계가 있었던 것이다. 모스는 몇몇 모임에 참가하기는 했다. 예컨대 소자본가들이라는 "유해한" 집단의 "어두운" 모습을 묘사했던 브뤼케르의 "사회 위험과 국가 위험으로서의 소규모 소유권" 문제에 대한 발표에 참가하기도 했다. 모스는 이와 같은 비판이 "대부분의 경우 확실한 근거를 가지고 있다."는 사실을 인정하고 있다. 하지만 모스는 이와 같은 비판이 "하나의 경제 계급의 특징보다는 오히려 우리들의 국민적 기질을 보여준다."고 지적했다. 모스는 또한 여기에 이렇게 덧붙이고 있다. "프랑스 농민의 악습에 대해서는 말하지 말자. 프랑스 농민은 아주 거친 생산자이기도 하고 또한 훌륭한 상인이기도 하다."[60]

『뤼마니테』지 운영위원회의 일원이었던 모스는 편집자와 여전히 밀접한 관계를 유지하고 있었다. 1910년, "어용"조합 책임자를 살해하려 했다는 이유로 사형선고를 받은 르 아브르 항구의 항만노동자 파업 위원회 비서 쥘 뒤랑 사건 즉 "제2의 드레퓌스 사건"이 발발했을 때, 모스는 이 신문에서 조레스가 했던 호소를 받아들이고 있으며, 대통령에게 사면과 사건의 재검토를 요구하기 위해 다른 지식인들(샤를르 앙들레르, 뤼시엥 에르, 아나톨 프랑스 등)과 같은 입장을 보이기도 했다. 하지만 신문 편집에 대한 모스의 협력은 점점 더 줄어들었다. 1907년에 ˙˙민중의 집"[61]이라는 제목의 단편기사, 그리고 1911년에 "우지다 사건"에 대해 M.으로 서명한 두 개의 짧은 기사가 전부였다. 여러 친구들이 모스의 뒤를 이어 『뤼마니테』지에 협력하게 되었다. 그 가운데 한 명이 바로 모리스 알브바크스다. 알브바크스는 1908년에 벌써 집세에 대한 일련의 기사를 작성하기도 했다. 알브바크스는 알베르 토마에게 이렇게 쓰고 있다. "이 일이 지금 내가 수행하고 있는 연구와 완전히 동떨어진 것은 아니네. 사회당에 유용한 일을 한다는 것에 나는 아주 만족하네."[62]

8장_ 집단적 비이성

프랑스에서 1905년에 정교분리가 이뤄져 참다운 의미에서 공화정이 실현되었을 때, 기독교는 지금까지 누려왔던 특권적 지위를 잃게 되었다. 1906년에 있었던 신교 신학대학의 폐지와 더불어 프랑스에서 종교학의 교육조차도 그 위상이 흔들렸다. 이런 상황에서 종교 교육과 종교 연구 분야의 주요 쟁점은 어떻게 해서든 교육 분야에서 살아남는 것이었다. 어떻게 하면 교리적 성격을 떨쳐 버리면서 공공 교육에서 종교에 대한 연구를 수행할 수 있는 자리를 보존할 것인가가 당면 과제였다. 당장 눈에 띄는 허점을 보강하기 위해 교육부가 문과대학에서 폐지된 종교 교육을 대치할 수 있는 강좌를 개설하고 또한 그렇게 함으로써 종교학 분야를 유지하고 강화시키는 것이 필수적이었다. 고등연구실천학교의 종교학 분과 책임자들은 신학대학의 종교학 교육 예산의 일부가 고등연구실천학교에 할애되기를 희망했고, 또한 그 어느 때보다 자신들의 존재가 유용하다고 느끼면서 최근 개설 20주년을 맞이한 소규모의 학과가 하나의 진정한 단과대학이 될 날이 오기를 바라기도 했다.

프랑스의 모든 곳에서 종교가 문제였다. 잡지, 일간지, 살롱 등에서 종교의 장래와 "종교의 전반적 위기"는 물론이거니와 오스트레일리아 원주민들의 토테미즘, 제식, 관습 등이 논의되었다. 이른바 "원시" 민족에 대한 연구의 증가와 더불어 종교의 기원에 대한 문제가 몇 십 년 전에 다윈에 의해 주장되었던 종의 기원의 발견에 대한 논의와 같은 열기 속에서 이뤄지기도 했다. 영국의 인류학파를 참조하면서 앙리 위베르는 다음과 같은 사실을 지적하고 있다. "종교에 대한 중요한 생각들이 순환되고 있으며, 그 결과 많은 대중들의 주요 관심사가 되고 있다."[1] 요컨대 종교와 관련된 생각들이 여러 사람들의 입에 오르내렸다는 것이다.

소르본에서 뒤르켐은 그의 주요 적들에 의해 일종의 유해한 "거물"로 여겨졌다. 특히 1902년, 『사회학 연보』에 「토테미즘에 대하여」라는 중요한 논문이 실린 후에는 토템이라는 주제를 대학 내로 가지고 온 그런 거물로 말이다. 뒤르켐에게 가해진 비난은 주로 그가 종교적 믿음을 전혀 존중하지 않는다는 것이었다. 1906-1907학년도에 뒤르켐의 강의에는 '종교, 그 기원'이라는 제목이 붙었다. 벌써 "원시로의 회귀"라는 흐름에 합세했던 『사회학 연보』 팀은 늘 종교사회학에 대해 커다란 관심을 표명하고 있었다. 위베르와 모스는 1904년에 『사회학 연보』에 「마법의 일반 이론 소묘」를, 1908년에는 『종교사 잡지』에 「몇몇 종교 문제 연구에 대한 서론」이라는 글을 발표했다. 1904년에 모스는 러시아 고등사회과학대학에서 "마법과 종교와의 관계"라는 제목으로 일련의 강연을 한 적이 있으며, 『종교사 잡지』에 "오스트레일리아 사회에서 마법의 힘의 기원"에 대한 연구 결과를 실었고, 『사회학 연보』에 「토테미즘에 대한 주석」이라는 짧은 글을 싣기도 했다. 폴 포코네는 1904년 봄에 파리 인류학 학교에서 "종교 기원에 대한 현대 이론"이라는 제목으로 일련의 강연을 했다. 같은 해에 앙리 위베르는 이지도르 레비와 함께 샹트피 드 라 소세 박사의 『종교사 개론』을 네덜란드어에서 프랑스어로 번역하는 작업을 주도했고, 이 책의 프랑스어 번역본의 서문을 쓰기도 했다.

이 개론서를 번역하는 것은 진정으로 학자들의 진영에 발을 담그는 것이었다. 종교사 분야에서 네덜란드의 저명한 전문가인 샹트피 드 라 소세는 그 누구보다도 "과학적 확증과 신앙이라는 옛 개념 사이의 뿌리 깊은 갈등"을 잘 인식하고 있었다. 1897년 9월에 스톡홀름에서 개최되었던 종교학 국제총회에서 그는 이 학문 분야에서 옛 호교론의 방식을 배척했으며, "진리에 대한 공정하고 자유로운 연구로 이 호교론 방식을 대치할 필요성"을 역설하기도 했다.

모스의 입장에서 보면 친구 위베르의 번역 작업은 의심의 여지없이 반드시 필요한 작업이었다. 하지만 번역은 힘이 드는 작업이었다. 게다가 위베르는 스스로 자격이 없다고 느끼고 있었다. 그는 친구 모스에게 이렇게 속내를 털어놓고 있다. "정말 양심에 꺼리네."[2] 그럼에도 불구하고 위베르는 1903년에 아시아 지역(하노이, 광둥, 마카오, 통킹만, 등)에서 했던 긴 여행 동안 불어판을 위한 서문 작성을 마쳤다. 자기를 미국에까지 가게 한 이 아시아 여행의 의미에 대해 자문하면서 위베르는 이렇게 결론을 맺고 있다. "인간으로서는 승리했네. 하지만 '학자'로서는 패했네. 이게 괜찮은 일일까? 난 일본어, 영어, 독어를 배웠네."[3]

모스의 표현에 따르면, 약 40여 쪽에 달하는 "독창성과 재치가 가득한" 위베르의 서문은 종교사회학의 관점에서 보면 진정한 의미를 가진 하나의 "선언"이었다.[4]

학생들을 위해 역사학의 존재 권리 옆에 종교학의 존재 권리를 유지시킬 필요가 있다. 사실들을 연대기적으로 그리고 지리적으로만 분류한다는 것은 가능한 것도 아니고, 진리도 아니며 또 교육적이지도 않다는 사실을 보여줘야 할 필요가 있다. 종교 현상들의 논리적 질서를 찾아내는 작업이 아주 중요한 문제라는 사실과 어떻게 그것을 찾는지, 어떤 비교 방법을 통해 그것을 찾아왔는지를 증명해보여야 할 필요가 있다. 선구자들, 특히 영국의 인류학 학파에 마땅한 경의를 표한 후에 위베르는 간결하면서도 설득력 있는 태도로 종교 생활의 모든 현상에 대한 연구를 포함하게 될 사회학의 존재 권리를 지지하고 있다.[5]

위베르의 "세밀한, 지나치게 세밀한 추론"을 못마땅하게 생각하긴 했지만, 모스는 이지도로 레비와 함께 "깨끗하고 선한 역사"를 배우고자 하는 학생이 구할 수 있는 가장 훌륭한 개론서 한 권의 번역을 주도한 자기 친구의 "노력"에 찬사를 보내고 있다. 위베르에 의해 소개된 종교사는 이제 더 이상 "신학의 겸손한 봉사자"가 아니라 이제 그 자체로 하나의 온전한 학문이 되었다고 할 수 있다. 또한 그러한 자격으로 이 학문은 "자기 영역에서 미지의 것을 일소해야 할" 임무를 띠고 있는 것이다. "인간의 꿈과 행동과 마찬가지로 가능한 종교적 실천과 물음을 설명하기 위해서" 말이다. 종교사학의 목표는 종교적 사실에 대한 연구에 있다. 즉 구체적인 행동(신비한 효과를 내는 손이나 말로 하는 제식)과 동시에 종교적 표상(신, 악마의 개념, 순수와 비순수, 신화, 교리)을 연구하는 것이다. 종교적 믿음을 관통하는 것은 그 무엇보다도 신성함의 개념이다. 그것이 바로 종교의 모태적 사상이다. 종교란 어떤 의미에서는 이 "성스러움의 경영"[6]이라고도 할 수 있을 정도라고 위베르는 설명한다.

여기에 드러나 있는 관점은 분명 뒤르켐적이라고 할 수 있다. 그러니까 사회학적 관점인 것이다. 모든 개인주의적 이론에 맞서 위베르는 종교적 사실을 사회적 사실로 여기고 있다. 우선 개인들이 소속되어 있는 사회 관계망의 문제가 어떤 것인가를 환기하면서 말이다. "우선적으로 사유하도록 주어졌던 것은 개별적 인간이라는 개념이 아니라 오히려 그가 한 집단의 일부라는 감정이다. 개인은 그의 동류들과의 관계 속에서만 자기에 대한 의식을 가질 수 있을 뿐이다. 그가 사회에 자기 영혼을 투사하는 것이 아니다. 오히려 그는 자기 영혼을 사회로부터 받는다고 해야 할 것이다."[7] 종교 현상의 집단적 특성은 분명하다. 가령 법칙과 신앙이 가진 구속력 있는 권위, 대중의 독특한 상태, 종교 집단의 사회적 위계질서 등에서 그것을 볼 수 있다. 그리고 사회학파들이 종교에 대해 이처럼 커다란 중요성을 부여하는 것은, 바로 종교 현상들이 "아주 훌륭한 사회적 현상들"이고, 또한 이 현상들이 "필연적으로 사회적 관계들"[8]을 포함하고 있기 때문이었다.

고등연구실천학교 동료였던 폴 알팡데리가 지적하고 있는 것처럼, 이와 같은 중요성을 가진 텍스트를 쓰려면 "철학적 분류를 실천에 옮기는 사학자", "논리적 정신의 소유자이자 아주 분명한 개념을 만들어낼 수 있는 능력"을 갖춘 저자가 필요했다. 위베르는 이 모든 자질을 한데 모아 그의 서문을 "균형 잡힌 과학, 건설적인 비평"[9]의 한 모델로 삼았던 것이다. 기독교 문학 연구와 기독교 교회사 분야의 연구 지도교수였던 장 레빌은 "동료이자 학자"인 위베르에 대해 엄격한 태도를 견지했다. 레빌은 이렇게 말하고 있다.[10] "많은 생각과 관찰이 느껴지는 이 서문에서는 해결된 문제보다 해결되지 않고 제기된 문제가 더 많다." "종교적 사실은 사회적 사실이라는 점"을 주장하는 "새로운 사회학파"의 주장에 동의한다고 하면서도, 레빌은 위베르에게 그 사실들 하나하나의 "개별성"을 고려하지 않았다고 비판하고 있다. 또한 레빌은 『종교사 잡지』의 구독자들로 하여금 "지나치게 숲을 보려고 한 나머지 나무들을 보지 못하는 비전을 제시하고 있는 사회학자들의 과장된 주장"에 대해 경계를 촉구하고 있다. 요컨대 위베르와 레빌은 각자 자기 위치에 머물고 있었던 것이다. 레빌은 이렇게 결론을 맺고 있다. "이 젊은 사회학파에 의해 주창된 방법에서 나는 새로운 원칙을 하나도 찾아볼 수 없었다."[11]

반면 모스는 친구인 위베르의 관점에 전적으로 동의했다. 다만 모스 역시 종교에 할애된 연구들의 "신학적인, 게다가 호교론적인" 특징에 대해서는 비판적 태도를 취하고 있다. "실제로 종교라고 불리는 하나의 사태, 하나의 본질은 없다. 종교적 현상들만이 있을 뿐이다. 종교라 불리고 인간 집단 내에 그리고 한정된 시대 내에 역사적으로 규정된 실존을 지닌 체계로 집성된 현상들 말이다."[12] 모스는 철학과 역사 사이에 "엄격하게 귀납적인 학문"을 위한 자리가 있다면 좋겠다는 희망을 피력하고 있다. 모스는 이제부터는 "점점 더 기본적인 종교적 현상들에 대한 연구를 수행하는 것"이 가능하다고 생각하고 있다. 결국 사회학은 역사와 민족지학을 필요로 한다는 것이다. 즉 과거에 대한 지식은 "인류가 미래에 대한 의식을 갖기 위해 현재를 더 잘 이해하는 데"[13] 사용될 수 있을 것이다.

마나

하지만 "종교적 현상의 질서가 무엇으로 구성되었는가"에 대해 말하는 것은 결코 쉬운 일이 아니다. 왜냐하면 "이 질서의 한계가 분명하지 않고, 시간과 사회에 따라 변화하기 때문이다."라고 모스는 설명한다. 이 점에서 '마법'은 여러 종교 현상 가운데 "독특한", "확실하지 않은" 위치를 차지하고 있다.[14] 그도 그럴 것이 마법은 "그 행동 양식과 개념이라는 면에서 종교와 유사한 점을 가지고 있기 때문이다." 복잡한 세계인 마법은 중세의 연금술 혹은 현대 사회 속에서 여전히 활발한 미신 행위만큼이나 원시사회의 마법 제식을 아우른다. 모스가 지적하고 있듯이, 모든 시대에 "팔레스타인과 마찬가지로 분산된 유대교에서도 여전히 사람들은 마법의 효율성을 믿었다."[15] 더군다나 "『성서』에서 볼 수 있는 종교적 마법"에 대해서도 같은 지적을 할 수 있다. 모스는 이렇게 자문하고 있다. "무슨 권리로 「호세아서」의 치유, 모세의 지팡이, 물의 축제 등이 저주와 마찬가지로 마법에 속하지 않는다고 말할 수 있는가?"[16] 모스 자신이 경험했던 유대교도 옛날에 미신적인 신앙과 대중적인 마법의 일부를 포함하고 있었다. 사람들은 액운을 경계했고, 액땜을 위해 굿을 하기도 했던 것이다.

위베르와 모스는 마법에 대한 연구로 방향을 잡으면서 "상대적으로 독립된 부분을 남겨두면서도 마법을 종교에 연결시키는 친족성"[17]을 보여주고자 했다. 이들 두 사람에게 이것은 사회학의 영역을 개인적이고 명백히 비합리적인 현상에 대한 연구로까지 확장시키는 방식이었다. "사회학은 모든 것을 포함하므로 마법 역시 거기에 포함되어야 한다고 주장할 것이다."[18] 위베르와 모스에게 마법, 그것도 비공개적으로 행해지는 마법은 "[그들의] 사회학적 분석을 더 멀리 밀고 나갈 수 있는 기회를 제공해주는 것이었다." 그들은 이렇게 묻고 있다. "이와 같은 사실들은 어떻게, 또 어느 정도로 사회적 특징을 가지게 되었는가?"[19]

1904년에 모스는 『고등연구실천학교 연력』에 「오스트레일리아 사회에서의 마법의 기원」이라는 긴 글을 실은 바 있다. 이 학교의 한 동료 교수가 지적하고 있는 것처럼, 이 글은 분명 "공동 연구의 결과"[20]였다. 게다가 위베르도 모스도 자신들의 "지적 우정"[21]을 숨기려 하지 않았다.

훨씬 더 좁은 범위에서 이뤄진 모스의 마법에 대한 첫 번째 글은 「마법의 일반 이론 소묘」의 "토대가 되는 자료들"을 그대로 보여주고 있다. 그러니까 근대 민족지학을 통해 수집된 오스트레일리아의 여러 고대 사회에 관련된 모든 사실들과 연구들을 말이다. 장 레빌의 설명대로[22] 이 글은 "비문명화된 종교들에 할애된 강의에서 오스트레일리아 원주민들과 관계된 증언들에 대한 비판을 어떤 식으로 상세하게 하고 있는가를 보여주는" 글이다. 앙리 베르는 이렇게 덧붙이고 있다.[23] 이러한 연구방법은 "참을성과 과학적 엄격함"을 요구했고, "아주 엄격한 귀납적 학문 분과"에 어울리는 것이라는 점을 증명해준다고 말이다. 철학 교육을 받은 모스가 의식 있고 확실한 민족지학적 탐구의 한 모델인 엄격하게 역사적인 성격을 지닌 논문을 썼던 것이다. 로베르 에르츠는 "민족지학과 비교적 방법에 대해 아직 비꼬는 듯한 회의주의적 태도를 드러내는 엄격한 정신의 소유자들에게"[24] 이 논문을 한 번 읽어볼 것을 권하고 있다.

"두드러질 정도로 뒤진" 오스트레일리아의 여러 사회에서 마법사가 가진 특별한 힘의 확장을 연구한 후에 모스는 마법사가 되는 여러 길을 차례대로 보여주고자 한다. 마법의 힘이 아버지에서 자식에게로 전승되는 경우는 아주 드물다. 마법의 힘은 꿈을 꾸는 도중이나 환각 상태에서 계시를 통해, 그리고 마법에의 입문을 통해 획득된다. 마법 직책을 수행할 수 있게끔 해주는 이 두 가지 방식은 서로 밀접하게 연결되어 있다. 그도 그럴 것이 새로운 마법사는 항상 구술의 전승을 통해 필요한 몇몇 주문과 의식을 배워야 하고, 그 다음으로는 그에게 "전적으로 새롭고, 전적으로 신비로운 자질, 즉 특별한 힘의 소유"[25]를 가져다주는 시험을 통과해야 하기 때문이다. 따라서 진정한 마법 동업체로의 통합이 있게 된다. 그 힘이 마법사와 그 추종자들에게서 "집단 신앙 상태"를 창출해 내는 마법 공동체로 말이다. 마법사는 "자기 자신을 믿었던 자, 자기 스스로 비할 바 없는 존재로 여겼던 자임과 동시에 다른 사람들이 믿었던 자, 또 그들이 비할 바 없는 자로 여겼던 자"인 것이다. 마법사의 권력, 그의 "신비로운 권능", 즉 그의 마나는 (모스가 멜라네시아의 한 단어를 빌어 명확히 하듯이) "사회적 함의(含意), 즉 여론을 통해서만 존재할 뿐이다."[26]

수많은 민족지학 자료들에 대한 이와 같은 비판적 연구의 배경에는 J. G. 프레이저의 주장에 대한 문제제기가 있었다. 프레이저는 마법을 "법의 거의 기술적이고 단순한 적용, 공감의 거의 과학적인 응용"[27]으로 여기고 있었기 때문이다. 모스는 벌써 프레이저가 그 "위대한"『황금가지』에서 "종교 현상에 대해 충실하지 못한 정의"[28]를 제공하고 있다고 비판을 한 바 있다. 모스에 의하면 프레이저의 실수는 마법과 종교를 극단적으로 대립시킨 것이며, 마법을 종교보다 더 오래된 현상으로 여겼다는 것이다. 프레이저에 의하면 마법은 "인간 사유의 초기 형태"일 수 있고, "인간 정신의 진화의 첫 단계"일 수 있으며, 그 다음에 이어지는 두 단계가 바로 종교와 과학이라는 것이다. 이와 같은 논쟁은 의미심장하다. 그도 그럴 것이 이 논쟁으로 인해 그로부터 몇 년 후에 선행성 논란이 일기 때문이다. 즉 프레이저 그리고 위베르와 모스 가운데 누가 먼저 "부정적 마법"으로서 '터부'에 대해 연구를 했는가의 문제가 그것이다.[29]

「마법의 일반 이론 소묘」에서 위베르와 모스는 영국 인류학 학파의 연구 전체에 대한 상세한 분석을 시도한다. 프레이저는 그들로부터 다시 한 번 공격을 받게 된다.『황금가지』제2판에서 프레이저는 마법의 실천을 인간 정신의 자연적 궤변의 표현으로 축소하고 있다. 관념들의 연합, 유비론적 추론, 인과관계 원칙의 잘못된 적용 등이 그것이다.「마법의 일반 이론 소묘」의 한 부분이 프레이저가 원했던 것보다 "훨씬 더 주지주의적"인 그의 이론에 대한 논의에 할애되었다. 실제로 이 이론은 공감의 원칙, 유사성의 원칙과 인접성의 원칙 위에 정립되었다. 유사성의 원칙에 의하면 "유사한 것은 유사한 것을 만들어내고", 인접성에 의하면, "접촉하는 사태들은 통합되거나 통합된 상태로 있게 된다."는 것이다. 위베르와 모스는 다음과 같이 생각했다. 악마나 악령의 개념과 마찬가지로 이 모든 "공감적인 형태들"만으로는 "마법사에게 자기의 특별한 힘에 대한 믿음을 충분하게 정당화시켜줄 수 없다."고 말이다.

위베르와 모스는 「희생의 본질과 기능에 대한 시론」에서 사용했던 길을 다시 가게 되었다. 즉 "아주 확실한 자료"의 비판적 이용, 한정된 수의 사회 속에서의 마법(몇몇 오스트레일리아 부족들, 멜라네시아 사회, 아메리카 대륙의 인디언 국가들), 원시사회와 분화된 사회의 마법의 비교 연구 등이 그것이다.

「마법의 일반 이론 소묘」는 마법에 대한 정의, 마법의 구성 요소, 마법의 분석과 설명, 이렇게 세 부분으로 구성되어 있다. 이 글의 첫 번째 목표는 여러 가지 차원에서 서로 닮은 두 개의 의식(儀式)을 구분하는 것이었다. 마법 의식과 종교 의식이 그것이다. 위베르와 모스는 그 구별의 기준으로 의식이 이뤄지고 있는 사회 환경을 들고 있다. 즉 의식의 주인공, 장소, 조직적 숭배의 정도, 공개적이라는 특징 등이 그것이다. 하지만 종교에서와 마찬가지로 마법에서도 "개인들로 이뤄진 그룹의 필요라는 억압"이 있다. 개인의 상태가 "항상 사회 상태에 의해 조건 지워지기 때문이다." "바위를 더듬는 모세 뒤에는 이스라엘 전체가 있다. 모세가 의심을 한다고 해도 이스라엘은 의심하지 않는다. 모세의 지팡이를 따르는 마을의 지하수 탐색가들 뒤에는 지하수를 찾는 마을의 걱정이 도사리고 있다."[30]

따라서 마법의 의식과 표상에는 종교와 같은 집단적 특성이 포함되어 있다. 위베르와 모스는 이것이 "신앙의 대상"이라고 규정짓고 있다. 그들은 주저하지 않고 "대중적 맹신에 대해 말하면서, 보편적 동의를 통해 새로운 현실이 창조될 수 있다."[31]는 점을 확인하고 있다. 집단 심리의 법칙은 여기에서 개인 심리의 법칙을 위반하게 된다. 참다운 직업으로서의 마법은 사회적 규정의 문제 —— 마법사가 처해 있는 탁월하게 구별되고, 게다가 비정상적인 조건 ——, 그리고 특히 여론의 문제가 된다. 위베르와 모스는 이렇게 말하고 있다. "마법사를 탄생시키는 것은 여론이다. 그리고 이 마법사가 행사하는 영향력을 만들어내는 것 역시 여론이다."[32] 마법사는 오직 다른 사람들에 의해 능력 있는 자로 여겨지기 때문에만 그런 자일뿐이다. 그리고 그가 그런 자로 여겨졌다면, 그것은 사람들이 그를 필요로 하기 때문이다.[33] 결국 "사회에 속하는 한 명의 기능인, 종종 사회 그 자체에 의해 만들어지지만, 결코 자기 안에 특별한 능력을 가지고 있지 않은 한 명의 기능인"[34]의 존재가 문제가 되는 것이다.

그렇다면 마법에 대한 믿음의 본성은 무엇인가? 마법을 하나의 과학이나 원시적 과학으로 여기는 데까지 나아가지 않은 채, 위베르와 모스는 한편으로는 마법과 과학, 다른 한편으로는 마법과 기술 사이에 "참다운 의미에서의 친족성"이 있다는 것을 받아들이고 있다. 즉 "아는 것이 힘이다."라는 의미에서 그렇다. 또한 이것들 사이의 상호의존성 역시 받아들인다. "마법은 과학에 자양분을 줬고, 또한 마법사들 가운데서 과학자들이 나오기도 했다."[35] 하지만 마법이라고 하는 이 "사유의 보물"은 하나의 "행동의 기술", 하나의 "실천 기술"이다. 나아가서 마법의 의식과 표상은 불가분의 관계에 있기 때문에, 마법은 하나의 "실천적 사유"이기도 하다. "실증적"이고, "실험적"인, 그리고 일정 부분에서는 "자유로운" 과학과는 반대로 마법은 우선 믿음 위에서 행해진다. 마법은 항상 "선험적으로 귀납 체계"이고, "개인의 창조적이거나 비판적인 행위에 거의 여지를 주지 않거나 약간의 여지만을 줄 뿐이다." 마법에 의해 특징 지워지는 정신작용들에 대해서 말하자면, 이것들은 명료한 추론과 진지한 판단을 포함하고 있다고 할 수 있다. 하지만 개인의 정신작용이 되기는커녕, 이와 같은 추론과 판단은 "사회적 감정의 표현"이다. 다시 말해 이것들은 "가치판단"인 것이다.

이처럼 "이성의 문제를" 다루기 위해 자신들의 연구 영역을 옮겨가면서 위베르와 모스는 단지 종교사회학의 한 장(章)을 집필하는데 그친 것이 아니었다. 그들은 또한 집단적 표상에 대한 연구에도 일정 부분 기여를 한 것이다. 그들은 "마법의 기원에서 후일 개인적 오성의 근거가 되는 집단적 표상의 첫 번째 형태를 발견하고자"[36] 했던 것이다. 그러니까 몇몇 사회의 내부에는 하나의 중심 개념, "유럽 성인들의 오성으로 보면 아주 낯설고 아주 혼란스러운 하나의 표상"[37]이라는 핵심 개념이 있는 것이다.

이와 같은 개념을 지칭하기 위해 위베르와 모스는 다시 한 번 '마나'[38]라는 단어를 사용했다. 모스는 이 단어를 다음과 같이 설명하고 있다. "절대적으로 필요한 경우가 아니라면 원시인들이라는 어휘들 그리고 토템이나 터부와 같은 어휘들을 다시는 사용하지 않는 것이 중요하다. 잘못 사용된 이 개념들은 지금까지 학문에 충분히 폐해를 끼쳤다. 달리 어쩔 도리가 없었다. 그도 그럴 것이 적당한 단어를 찾아야 하는 고대 언어의 어휘가 부족했기 때문이었다."[39] 다시 말해 '마나'라는 단어는 그리스어와 라틴어에 그에 해당하는 단어가 없었기 때문에 차용된 것이다. 이 개념은 북아메리카에서도 찾아볼 수 있다. 가령 이로쿼이어 인디언족은 '오렌다'라는 단어를 사용하고 있다. 또한 알콘킨 인디언족은 '마니투'라는 단어를 사용하고 있기도 하다. 마법의 모태 사상인 '마나'는 "성스러움의 개념과 같은 범주"이다. 이것은 "우월한 힘, 사물들의 진정한 효율성"의 의미이다. 단지 "하나의 힘, 하나의 존재"가 문제가 아니라, "하나의 행위, 하나의 자질, 하나의 상태"이기도 하다. 달리 말하자면 이 단어는 "명사이자, 형용사이자, 동사이기도 하다."[40] 요컨대 클로드 레비스트로스는 반은 진지하게, 반은 아이러니컬한 말투로 '마나'에 대해 힘이나 권력 등과 같은 "그 무엇 혹은 거시기"라고 말하게 된다. 즉 신비스러운 힘, 비밀스러운 권력이라는 것이다. 비록 「마법의 일반 이론 소묘」가 "마법에서 '오렌다', 혹은 '마나'의 역할에 대한 명쾌한 설명"이었다고 하더라도, 또한 이 「마법의 일반 이론소묘」가 "지금까지 행해진 마법에 대한 분석 중 가장 뛰어난 것"[41]이라고 해도, '마나'라는 개념의 사용은 오랜 동안 초미의 관심사가 되게 된다. 레비스트로스는 후일 이렇게 말하고 있다. "이 '마나'라는 단어에 대해 수많은 얘기들을 해 왔다."[42] 『사회학 연보』의 여러 면에 걸쳐 폴 위블렝은 그 자신 직접 종교와 마법 사이의 관계에 대한 토의를 제안하고 있다. 『사회학 연보』의 협력자들은 이와 같은 종류의 제안을 종종 받곤 했다. 실제로 이와 같은 제안은 환영받았을 뿐만 아니라 토론을 이끌고자 하는 연구자들의 의지를 보여주는 것이기도 했다.

'마나' 개념의 존재를 문제 삼는 자는 없었다. 다만 사람들이 위베르와 모스에게 비난했던 것은, 그들이 이 개념에 보편적 차원을 부여했기 때문이었다.[43] 『역사 종합 잡지』에 기고했던 앙리 베르와 같은 몇몇 학자들은 위베르와 모스에 대해 상당히 엄격한 태도를 보여줬다. 그들이 "권리를 넘어섰고", "부당하게 사회학을 변증법의 한계까지 확장시키면서 사회학이라는 명칭에 누를 끼쳤다."[44]고 비난하기도 했다. 하지만 또 다른 학자들은 위베르와 모스의 연구를 이렇게 평가하기도 했다. "학문과 사유를 중요시한다면 누구든지 간에 그들을 존경해야 한다. 그들은 고집스럽게 연구를 수행했고, 또 자신들의 주장을 신중하게 펼쳤다."[45]

위베르와 모스가 수행한 연구는 분명 종교사 분야를 넘어서는 것이었다. 그들은 정신의 과학이라 불리는 영역에 값진 도움을 준 것이다. 로베르 에르츠는 위베르와 모스의 연구가 "진정한 의미에서 실증적이고 실험적인 새로운 인식 이론"[46]의 정립에 커다란 기여를 했다고 말하고 있다. 뒤르켐과 그의 협력자들은 위베르와 모스에 의해 사용된 개념들이 "집단적 표상"이라고 주장하기도 했다. 게다가 1909년에 뒤르켐은 『형이상학과 도덕 잡지』에 「종교사회학과 인식 이론」이라는 제목의 중요한 글을 발표하기도 했다. 이 글은 몇 년 후에 뒤르켐 자신의 『종교적 삶의 기초 형태』(1912)의 서론으로 사용되었다.

1909년에 위베르와 모스가 알캉 출판사에서 출간한 『종교사 논문집』은 그들의 교수인 소르본의 철학 교수 테오뒬 리보에게 헌정되었다는 사실을 잊지 말자. 위베르와 모스는 실제로 리보의 여러 저서(『감정의 심리학』, 『정념론』)를 능숙하게 인용하면서 자신들의 다음과 같은 생각을 방어하고 있다. 즉 "종교적 감정이란 없다. 그 대신 일반적 감정만이 있을 뿐이다. 종교는 일반적 감정 [……] 의 산물이자 대상이다."[47] 한편, 귀스타브 블로와 같은 합리주의 철학자들이 「마법의 일반 이론 소묘」에 잘 대응하지 못했다는 점, 그리고 위베르와 모스의 연구에서 "칸트의 추론과 반대되는 면과 대칭적인 면"을 봤다는 점은 그다지 놀랄만한 일이 못된다.

칸트는 여러 범주들에 대해, 이 범주들 사이를 갈라놓음과 동시에 그것들을 경험이나 개별성과 상호의존적으로 만드는 고유한 실체를 부여하려고 노력하는 경향이 있다. 이와 마찬가지로 이 저자들 역시 마법을 개인적 의식들을 지배하고 있는 집단적 사유의 자율 기능으로 삼으려고 노력하는 경향, 그리고 결국 "마법은 사회적 현상이다."라는 주장을 강하고 배타적으로 정립하려고 노력하는 경향이 있다. 이와 같은 이론에서는 타인이 비인칭적 이성에 부여한 역할을 집단적 '비이성'이 개인적 경험에 대해 수행한다고 말해도 과장이 아니다. 이와 같은 집단적 비이성은 개인적 경험보다 선행하고, 개인적 경험에 그 자체만의 고유한 형식을 부과하며, 나아가서는 그 자체만의 판단을 명령하기도 한다. 요컨대 사회적 구속이 초월적 필요성을 대신하는 것이다.[48]

뒤르켐과 그의 협력자들의 연구에 익숙해 있던 귀스타브 블로는 여기에서 그에게 "상당히 혼란스러운 인상"을 자아낸 한 연구에 대해 유보적인 태도를 강하게 내보이고 있는 것이다. 더군다나 블로는 공동 연구를 수행하면서 "각자가 개인적으로 했던 것보다 더 우수하지 못한 추론을 한" 공동 저자들의 "집단 지성"에 야유를 보내고 있기도 하다.

　'마나'라는 단어를 못마땅하게 생각하는 자들에게 어떤 식으로든 응수를 해야만 하는 입장에 있었던 위베르와 모스는, 철학의 영역에 머물면서 자신들의 관점을 정확하게 설명하고자 한다. 그들은 이 '마나'가 하나의 '범주'라는 사실을 상기시킨다. 다시 말해 마나가 "계속해서 언어 속에 등장하며, 무엇보다 의식(儀式)의 주된 관습 —— 그 자체로 무의식적인 —— 의 형태로 존재한다."[49]는 것이다. 분명히 여기에서는 "원시적 사유에 고유한" 하나의 범주가 관계된다는 것이다. "원초적 흔적"을 남긴 범주 말이다. 그것은 "항상 인간의 정신 속에서 작동하고 있는 다른 범주들, 가령 실체와 원인의 범주들이 띠었던 첫 번째 형식이다."[50]인간의 정신은 "마법이 태어난 오랜 정신적 관습"[51]에서 벗어나는데 얼마나 "더딘" 행보를 보여주고 있는가!

　합리주의 철학자들과 맞서 마법이나 종교와 같은 정신활동을 연구하면서 사회학자가 과연 "집단적 비이성"을 거론할 수 있을까? 감정의 논리는 이성의 논리와 첨예하게 대립되는가? 위베르와 모스에게서 마법적이고 종교적인 추론 그리고 판단이 합리적 특징을 가지고 있다는 것은 의심의 여지가 없다. 그들은 이렇게 말하고 있다. "그 추론이나 판단의 부조리한 측면에는 한계가 있다. [……] 집단적 사고를 지배하는 논리는 고립된 인간의 사고를 지배하는 논리보다 훨씬 더 많은 것을 요구한다. 사람은 다른 사람에게 거짓말을 하는 것보다 자기 자신에게 거짓말을 하기가 더 쉽다."[52]

위베르와 모스는 인식의 사회적 토대를 재확인하기 위해 기꺼이 여러 철학 학파들(경험론, 유명론, 합리론)을 거부하고 있다. 성스러움, 영혼, 시간 등 그 어떤 것이 문제가 되든지 간에, '범주'는 인간들에 의해 "공동으로 사용되는 사고방식"이며, 그것도 "전통이나 언어와 같은 사회적 힘"에 의해 개인들에게 부과되는 사유방식인 것이다. 요컨대 '범주'는 "사유의 공공 규칙"이며, "제도"인 것이다. 위베르와 모스는 자신들의 연구에 적합한 마법적 핵심 개념의 "사례다운 사례"가 아주 드물었던 만큼 자신들의 논증이 빈약하다는 사실을 잘 알고 있었다. 그래도 그들은 자신들의 주장을 끝까지 고수하고 있다. 즉 그들이 알고 있는 몇 안 되는 사실들을 통해서도 "[자신들의] 결론의 일반성이 정당화될 수 있는 것으로 보인다"는 입장이 그것이다.

「마법의 일반 이론 소묘」는 위베르와 모스의 전체 연구의 작은 한 부분에 불과했다.[53] 그들은 "개별적인 마법을 바탕으로 상세하게 이뤄진 연구를 통해 [「소묘」의 주장이] 언젠가는 정당화되는 것"[54]을 희망했다. 게다가 「마법의 일반 이론 소묘」의 부록에서 위베르와 모스가 공동으로 수행한 연구의 한계와 야심이 잘 드러나 있다. "우리는 마법의 역사를 기술하기 전에 마법 자체를 이해하고자 한다. 다만 우리들은 종교사회학에 새로운 사실들을 제공해줘야 할 연구를 일시적으로 옆으로 제쳐 놓았다. 이 연구는 이 잡지의 다음 호에 실리게 된다. 하지만 우리들은 사회학의 일반 연구에 기여하기 위해 우리가 통상적으로 해 오던 작업에서 벗어나고 싶었다. 마법에서 어떻게 고립된 개인이 사회 현상에 대해 영향을 미칠 수 있는가를 보여주므로 해서 말이다."[55]

"소중한 스승"

아카통(앙리 마시스와 알프레드 드 타르드의 가명)[56]에 의하면, 뒤르켐이 소르본에서 장차 젊은 교육자들이 될 학생들 앞에서 "지적 전제주의"를 행사하고 있는 동안, 모스는 고등연구실천학교에서 몇 안 되는 학생들 그룹과 함께 진지하게 연구를 수행하고 있었다.

　모스에게 강의실은 일종의 실험실이었다. 모스는 강의를 하면서 "개념들을 걸러냈고", 학생들로 하여금 "직접적이고 가장 완벽한 사실들과 접촉하게"[57] 함으로써 그들을 교육시켰다. 모스는 종종 학생들에게 발표를 종용했다. 앙리 뵈샤는 에스키모인들에 대해, 스테판 크자르노프스키는 나센의 저서인 『에스키모인들의 삶』에 대해, 막심 다비드는 성(性)적 '코뮤니즘'에 대해, 로베르 에르츠는 원죄에 대해, 르네 모니에는 종교 현상과 경제 현상 사이의 관계에 대해, 장 마르크스는 영혼의 개념에 대해 각각 발표를 했다. 그리고 모스를 위해 실뱅 레비가 했던 것처럼, 모스 역시 그의 학생이었던 로베르 에르츠를 초청해서 1908-1909학년도에 반 학기 동안 모스 자신을 돕도록 했고, 또 "원죄의 씻김 의식"에 대해 발표를 부탁하기도 했다. 모스가 원했던 교육은 단지 이론적인 것에 그치는 것이 아니었다. 모스는 기술적인 교육을 원했으며, 가령 메모 노트의 이용과 같은 학문 연구 방법의 정확한 숙지를 겨냥하기도 했다. 로베르 에르츠는 다음과 같은 내용의 편지를 모스에게 쓰고 있다. "선생님이 독서 카드함 ('보르조' 문구점 제품)을 선택할 때 저를 도와주겠다고 하셨기에, 사양하지 않고 선생님의 경험을 얻고자 합니다."[58]

모스가 교수로서 15명에서 30여 명 정도 되는 학생들과 맺은 관계는 긴밀하면서도 돈독했다. 해를 거듭할수록 같은 학생들이나 같은 청강생들이 그의 강의를 들었으며, 그들 중 몇몇은 이미 고정 수강생이 되어 있었다. 이렇게 해서 1902년에서 1914년까지 르네 샤일리에는 모스의 거의 모든 강의를 수강했다. 모스는 이렇게 말하고 있다. "그는 우리들의 가장 오래 된, 가장 충실한 협력자들 중 한 명이었다. 공부를 계속하기로 힘들게 마음먹은 아마추어의 모습을 하고서 우리들의 학문에 실질적인 도움을 줬다. 또한 그는 아주 효율적으로 다양한 층위의 사람들에게 우리의 학문을 보급하기도 했다."[59] 모스는 종종 수년 동안 학생들의 공부를 도와줬고, 그들과 규칙적으로 편지 왕래를 했다. 예컨대 캐나다인 마리우스 바르보, 폴란드인 스테판 크자르노프스키, 쥘 블로크, 레이몽 르누아르, 르네 모니에, 장 프르질뤼스키, 앙리 레비브륄 등이 그들이다.[60] 그리고 모스의 학생들 가운데 몇 명은 우선은 시험 채점 요원으로, 그 다음으로는 『사회학 연보』에 서평을 쓰는 인력으로 흡수되기도 했다. 이 잡지의 8, 9, 10호에 참여한 자들을 그 정도에 따라 나열하면, 로베르 에르츠, 앙투안 비앙코니, 필립 드 펠리스, 장 레이니에, 앙리 뵈샤, 조르주 젤리, 르네 샤일리에 등이다. 이 새로운 협력자들 가운데 많은 사람들이 고등사범학교에서 공부를 했으며, 이 학교에서 1904년부터 프랑스 중등교육의 역사에 대한 뒤르켐의 강의를 듣기도 했다. 이들 대부분은 철학 교수자격시험 합격자들이기도 했다.

첫 상견례에서 "스승" 모스에 대한 학생들의 태도는 어느 정도 거리가 있었고, 존경과 순종에 가까운 것이었다. 필립 드 펠리스는 이렇게 쓰고 있다. "선생님께서 저를 아주 주의 깊은 태도의 수강생은 아니지만 그래도 강의를 따라갈 수 있고 또 이해할 수 있는 학생으로 봐주셨으면 합니다."[61] 하지만 곧 어조가 바뀌어 우정어린 어조가 되고, 심지어는 애정 어린 어조가 되기도 했다. 모스는 그 나름의 방식으로 충고, 추천서, 심지어는 재정 지원 등을 통해 학생들을 적극적으로 돕기도 했다.

독신생활을 하고 있던 모스였기 때문에 학생들과 더 잘 어울릴 수 있었다. 모스 주위에 형성되었던 인간관계는 정치적 관계망으로 얽혀 있어 더 더욱 공고했다. 로베르 에르츠가 그 좋은 예다. 그들 모두는 "서로 서로를 아주 신뢰하는 관계, 하지만 아주 비판적이고, 응당히 서로에게 아주 많은 것을 요구하는 그런 관계를 맺었다."[62]

앙리 뵈샤(1878-1914)는 모스의 가장 오랜 제자이자 협력자들 가운데 한 명이었다. 1902-1903학년도부터 뵈샤는 "기도의 기본 형태"에 대한 모스의 강의를 들었다. 또한 뵈샤는 샤일리에, 드 펠리스, 라이와 함께 멜라네시아에 대한 민족지학 텍스트들의 해석과 분석에 적극적으로 참여했다. 뵈샤는 또한 고등연구실천학교의 또 다른 교수이자 극동지방과 아메리카 인디언 종교 전문가였던 레옹 드 로니의 강의도 들었는데, 후일 그의 피후견인이 되었다. 뵈샤는 미국 대륙, 특히 뉴멕시코와 소노라 지역의 민족들에 대해 특별한 관심을 가지고 있었으며, 이들 민족의 신화를 연구했다.

뵈샤는 대학 졸업장이 없던 독학자였다. "아주 겸손하고, 아주 뛰어난 독학자, 각오와 재주 덕택에 많은 주제에 대해 비판적인 지식을 갖게 된 독학자였다."[63] 13세 때 학교를 그만 둔 이후 뵈샤는 여러 직업을 전전했다. 인쇄소에서 식자공도 했고, 제약회사의 회계 업무를 보기도 했다. 그러면서 뵈샤는 인쇄와 글자의 역사에 관심을 가졌으며, 그 외에도 천문학, 화학, 살아 있는 여러 언어, 중앙아메리카와 남아메리카의 여러 부족들에 대한 연구에도 관심을 가지고 있었다.

1903년에 모스와 공동연구를 시작할 무렵 뵈샤는 『미국학 잡지』의 비서이자 재정담당이었으며, 르 수에프와 함께 멕시코 미술에 대한 책을 준비하고 있었다. 모스는 그 당시 제자였던 뵈샤의 노련한 기술을 눈여겨봤고, 그에게 『사회학 연보』의 목차와 색인을 작성하는 임무를 맡겼다.[64] 모스는 또한 뵈샤로 하여금 고등연구실천학교 강의에 적극적으로 참석하도록 종용했다. 그 당시 모스는 고등연구실천학교에서 주로 북아메리카 지역의 가족과 종교 사이의 관계에 대해 강의하고 있었다. 월요일에 있었던 강의에서 앙리 뵈샤는 에스키모인들, 그들의 이주, 그들의 사회 형태, 그들의 기술(技術)에 관계된 주제에 대해 네 차례의 "아주 훌륭한" 발표를 했다.[65] 1904-1905학년도 모스의 강의는 여전히 에스키모인들에게 할애되었다. 특히 최근에 간행된 자료들에 대한 비판적 검토와 토테미즘에 대한 분석 등이 그것이다. 뵈샤는 덴마크어로 된 텍스트를 설명했으며, 모스와 공동으로 "에스키모인들의 계절적, 사회적 형태와 그들의 종교적, 사법적 현상 사이의 관계"[66]에 대한 논문을 준비하기도 했다.

이 논문은 1906년에 『사회학 연보』에 「에스키모인 사회의 계절적 변이에 대한 연구. 사회 형태에 대한 연구」라는 제목으로 실렸다. 처음 계획에 따르면 교수인 모스의 참여는 부차적이었다. 모스는 이렇게 쓰고 있다. "나는 단지 뵈샤를 보조해줄 생각이었다." 하지만 곧 그들의 관계가 전도되고, 교수인 모스가 "연구 전체를 다시 떠맡게 된"[67] 반면, 뵈샤의 협력은 "부분적인데" 그쳤고, 뵈샤는 이 논문 일부의 준비에만[68] 제한적으로 참여하게 된다. 특히 도안 작성자의 자질 덕택에 뵈샤는 집과 지도의 작성에 주로 관여하게 되었다.

모스의 이 연구는 뒤르켐과 함께 "분류"에 대해 수행했던 연구를 또 다른 분야와 또 다른 차원에서 계속하는 것과 마찬가지였다. 실제로 모스는 "분류"에 대한 연구에서 "열등한 부족들의 정신세계는 그들의 해부학적 구조를 직접적으로 반영하고 있다."는 것을 증명했었다. 방법론상의 측면에서 보면, 뵈샤와 함께 수행했던 공동 연구의 쟁점은 다음과 같은 것이었다. 즉 "사회생활, 즉 도덕적, 종교적, 사법적 형태 등과 같은 모든 형태 하에서 이뤄지는 사회생활"과 이 사회의 물질적 토대, 즉 "인적 모임의 규모, 밀집도, 형태, 구성"[69] 사이의 상응관계를 정립하는 것이 그것이다. 모스는 여기에서 뒤르켐 자신이 처음에는 『사회 분업론』에서, 그 다음에는 『자살론』에서 확인하고자 했던 하나의 가정을 다시 취하고 있다. 전자의 경우 사법권과 시민권의 진화는 사회의 형태론적 유형과 관계가 있다는 것이고, 후자의 경우 개인들의 신앙은 사회적 모임으로의 통합 정도에 따라 강해지기도 하고 또 약해지기도 한다는 가정이 그것이다.

평소와는 달리 모스는 하나의 경우에만 집중하기 위해 비교적 방법을 적용하지 않고 있다. 에스키모 사회에 대한 연구가 하나의 "아주 중요한 경험"으로 소개되었다. 모스는 이렇게 말하고 있다. "과학적 제안이 가질 수 있는 신뢰도가 그 제안을 확인할 수 있다고 생각하는 경우의 수에 전적으로 달렸다고 생각하는 것은 잘못된 것이다. [……] 스튜어트 밀에 따르면, 잘 이뤄진 실험의 일부만으로도 하나의 법칙을 증명하는데 충분할 수 있다. 이와 같은 부분적인 실험은 잘못된 많은 실험보다 훨씬 더 많은 것을 보여준다."[70]

모스와 뵈샤의 의도는 다양한 특징을 한 편의 전문적인 논문에 모두 기술하는 것이 아니라 "그로부터 통일성을 도출해내는 것"이었다. 부족의 조직도 영토의 제한도 알지 못했던 이 수렵 민족들에게 이와 같은 통일은 일군의 가족의 공동 거주지인 이른바 "취락(settlement)"에서 볼 수 있었다. 이와 같은 관계 속에서 에스키모인들의 삶은 독보적인 연구 영역이었다. 그도 그럴 것이 그들의 사회 형태는 일 년의 여러 시기에 따라 동일하지 않았기 때문이었다. 가령 여름에는 거주지의 분산과 텐트 아래 기거하는 가족들의 분산이 이뤄졌다. 겨울에는 여러 가족이 거주하는 장방형 모양의 집 주위에 "모임"이 이뤄졌다. 먼 곳으로의 여행 및 이주 후에 겨울의 상대적 부동기(不動期)가 오는 것이다.

이와 같은 계절적 변화는 분명하게 환경적 구속에 대한 적응을 보여주는 것이었다. 여름에는 순록이나 살찐 야생소를 사냥하기 위해 어쩔 수 없이 분산되어야 했다. 또한 겨울에는 바다코끼리를 잡을 수 있는 지점으로 힘을 모아야 하는 필요성이 있었다. 하지만 이와 같은 환경상의 결정론만 가지고는 충분한 설명이 되지 못했다. 왜냐하면 겨울 여러 달 동안 이뤄지는 에스키모인들이 영위하는 집단생활의 강화를 설명하는데 한계가 있었기 때문이었다. 여름과 겨울 두 계절은 종교와 가족의 차원에서와 마찬가지로 재산과 정치 조직의 차원에서도 완전히 대립되었다. 여름은 "순록의 가죽"으로 상징되는 반면, 겨울은 "바다코끼리의 가죽"으로 상징되었다. 여름은 최소한의 가족 내의 숭배, 핵가족, 재산의 가족적 또는 개인적 소유 등과 같은 특징을 가지고 있다. 반면 겨울은 집중적인 종교 활동, 수많은 축제, 집단적 친족의 구성, 음식과 재산의 공동 분배 등과 같은 특징을 가지고 있었다. 한편에는 개인주의(그리고 이기주의)가, 다른 한편에는 집단주의가 있었다. "여름의 분산 속에서 이뤄지는 도덕적, 종교적 단결 상태의 극도의 약화, 고립, 사회적 궁핍함에 겨울의 아주 탄탄한 도덕적, 종교적 단결, 밀집도가 높은 집단에서의 여러 복잡한 일들과 이해관계들을 포함하고 있는 실제 공동체가 대립된다."[71] 여자들의 교환과 더불어 경제적인 동시에 성(性)적인 "코뮤니즘"이 더 큰 의미를 갖게 되었다. 그도 그럴 것이 "이 코뮤니즘이 [겨울에] 에스키모인들의 공동체가 어느 정도 정신적 통일을 이룰 수 있는가를 보여주기" 때문이었다. 이것이 바로 에스키모인 사회생활의 "최정점" 순간에 해당된다.[72]

모스에 의해 관찰된 이와 같은 "신기한 교대"는 에스키모인들에게만 고유한 것은 아니었다. 이것은 태평양 연안의 인디언족들, 가령 프란츠 보아스가 연구했던 콰키우틀족에서도 발견되었다. 또한 유럽 산악지대의 유목민들에게서도 발견되었다. 모스는 자신의 비교적 분석을 "서구 사회"로까지 밀고나가 "같은 유형의 교대"를 관찰하고 있다.

약 7월부터 시작된 여름의 분산에 이어 도시 생활은 계속되는 휴가의 휴지기로 접어들며 가을이 끝날 무렵에 대단원의 막을 내리게 된다.

이 시기 이전의 도시 생활은 활기를 찾는 성향이 있고, 계속해서 더 활기를 띠다가 6월말 정도에 다시 활기가 떨어지는 성향을 보인다. 반면 농촌 생활은 이와는 반대되는 성향을 보인다. 겨울에 시골은 일종의 마비상태에 빠지게 된다. [……] 분산의 시기다. 반대로 여름에는 모든 것이 활기를 찾는다. 사람들은 논밭에서 일을 하게 되고, 바깥에서 주로 활동하게 되며, 빈번한 만남을 갖게 된다. 축제의 시간이고, 많은 일과 건초 작업이 이뤄지는 시기이기도 하다. 통계 수치로 보면 이와 같은 계절적 변이를 자세하게 확인할 수 있다. 도시에서 주로 일어나는 자살은 가을 말에서 그 다음해 6월까지 증가 추세를 보인다. 반면 시골에서 주로 발생하는 살인은 여름 말까지 증가하다가 그 이후로는 감소 추세를 보이는 경향이 있다.[73]

결국 일반법칙이 문제가 되었다. 즉 사회생활은 "휴식과 활동, 소비와 충전의 강도 증감이 번갈아 이뤄지는 규칙적인 단계들을 통과한다."는 법칙이 그것이다. 이것은 어쩔 수 없다. 그도 그럴 것이 이 법칙을 통해 구성원들 각자의 의식에 "폭력"이 가해지기 때문에, 결국 공동생활이란 그들이 "부분적으로나마 이 폭력에서 벗어날"[74] 수 있을 때만 가능하기 때문이라는 것이다.

계절에 따른 이와 같은 큰 리듬 말고도 매 계절마다, 매 달마다, 매 주마다, 매일 발생하는 교대도 있었다. 집단생활에서 이와 같은 리듬의 문제는 『자살론』에서 뒤르켐 역시 관심을 가졌던 문제였다. 앙리 위베르 역시 종교와 마법에서 시간 개념에 대해 연구를 하면서 이 문제에 관심을 가졌다. 위베르는 특히 달력 작성에 대해 설명하려고 노력했다. 위베르와 모스는 공동으로 집필한 한 서평에서 삶의 주기적 정지(예컨대 유대 안식일)가 갖는 사회적 의미에 대해 질문을 던지고 있다. "성스러운 것들이 있는 곳에서는 시간적 활동은 멈추지 않는다. 한정된 시기 내내 금지를 부과한다면, 그것은 단번에 이 금지를 다 써버리기 위해서다. 이렇게 해서 법률을 충족시키는 것이었다. 그런 다음에야 자유로워지는 것이다. 삶의 주기적 정지(안식일, 안식년)는 이와 같은 자유에 대해 지불해야 할 대가다."[75]

널리 퍼져 있는 민족들의 관습을 종합적인 방식으로 소개하는 어려움을 아는 사람에게 「계절적 변이에 대한 시론」은 지나치게 도식적으로 보일 수도 있었다. 모스와 뵈샤의 "공들인" 연구에 커다란 인상을 받았음에도 불구하고 E. 시드니 하틀랜드는 집단생활이 새들의 삶처럼 그렇게 간단하지 않다는 사실을 강조했다. 그는 모스와 뵈샤에게 "여름과 겨울 사이에 여러 사실에서 관찰되는 것보다 더 큰 사회조직 상의 차이"[76]를 강조했다고 비난했다. 『사회학 연보』에 대해 우호적인 입장이었던 이 영국 인류학자에게 "분산과 집중, 개인의 삶과 집단의 삶의 리듬이 일반적 법칙을 갖는다."는 것은 가능한 일이었다. 결국 문제는 "이와 같은 교대 전체가 사회 형태의 변화에 의해 촉발되는가"의 여부를 알아보는 데 있었던 것이다.

『사회학 연보』의 훌륭한 협력자들에 대해, 특히 모스에 대해 "가장 능력 있고, 가장 통찰력 있는 인류학 연구자"라는 찬사를 보낸 후에, 사회심리학의 열렬한 옹호자인 영국 인류학자 R. R. 머렛은 모스와 뵈샤가 "형태론적 변이에 대한 지나치게 일반적인 설명"[77]으로 너무 멀리 나아갔다고 비판했다. 이에 대해 모스는 자신의 관점을 방어하고자 했다.

친애하는 R. R. 머렛 씨, 저는 이 기회를 이용해 『사회학 리뷰』지에서 선생께서 저에게 할애한 우정어린 글에 대해 먼저 감사를 드리고자 합니다. 저는 단지 다음과 같은 사실에 대해서만 유감을 표하고자 합니다. 에스키모인들에 대한 저의 연구에서 지나치게 짧게 요약된 부분으로 인해 다른 연구자들과 마찬가지로 선생의 생각에도 분명치 않은 부분을 각인시켰다는 점이 그것입니다. 저는 결코 사회형태적 요인에 커다란 중요성을 부여하지 않았습니다. 하지만 저는 저의 과거 연구에서 생리학적 관점을 충분히 전개시켰다고 생각합니다. [판독 불가] 따라서 그 점에 대해서 더 이상 저에게 실망할 필요는 없다고 생각합니다. 게다가 선생께 다음의 사실을 설명해야 할 필요가 있다고 생각하지 않았습니다. 즉 사회 속에서 제가 신뢰하는 것은 오직 한편으로는 시공간 속에 물리적으로 위치되어 있고 영향을 받는 사람들의 존재, 다른 한편으로는 공통되고 사회적인 의식 현상들의 존재라는 사실 말입니다. 그러한 점에 대해서, "사회학"(『대백과사전』)이라는 제목이 붙은 이미 오래 된 항목을 작성한 이후 제가 결코 변하지 않았다는 것은 분명합니다. 선생과 마찬가지로 저는 의식과 관련해서는 형태학 혹은 형태학에 대한 심리학의 반응들에 관련되지 않는 모든 현상을 심리학적이라고 정의하고 있습니다.

그러니까 제가 심리학적 언어를 사용하지 않는 이유는 우연의 소산입니다. 12년 전부터 우리는 프랑스에서 집단심리학을 제거해야만 했습니다. 한편으로는 아주 신비스럽고, 또 한편으로는 아주 혼란스러운 집단심리학을 말입니다. 사회현상이 특수한 점들을 갖고 있다는 것을 설명하기 위해 그리고 그것들을 물질적 토대 — 하나의 토지에 얽혀 모여 있는 사람들 —— 에 연결하기 위해 우리가 경주한 노력은 아마 조금은 지나친 면이 있을 겁니다. 연구 영역이 정리된 지금 우리는 연구 영역을 조금 더 제한하기 위해 노력할 것입니다.[78]

그 당시에 모스는 『철학 잡지』에 「분트 씨에 의한 예술과 신화」라는 주제로 장문의 글을 실었다. 독일 백과사전파의 마지막 주자 가운데 한 명이었던 분트 교수가 쓴 『민속적 심리학』에 대해 모스는 분명히 반대 입장을 표명했다. 모스가 집단심리학에 대해 비난했던 것은, 연구의 대상이 되는 사실들(언어, 신화, 예술, 도덕 등)을 "자연스러운 분위기", 즉 사회적 맥락에서 분리시킨다는 것이었다. 모스는 이렇게 결론을 맺고 있다.

> [……] 실제로 사람들은 규정되고 조직된 그룹들의 내부에서만 서로 관계를 맺을 뿐이다. 그리고 그 결과 모든 조직과 독립된 정신적 삶을 상상하는 것은 완전히 독단적이다. 사람들에 의해 형성되는 모든 그룹은 최소한 그 자체를, 그 단일성을 항상 감각하고 있다. 그리고 그룹의 본성, 형태, 구성에 따라 달라지는 이 감각은 필연적으로 그룹에서 태어나는 모든 표상에 영향을 미치게 된다.[79]

「계절적 변이에 대한 시론」이라는 글을 집필할 무렵에 모스는 그의 강의에서 아메리카에 대한 관심 영역을 확장시켰고, 북서부 아메리카 사회(콰키우틀족, 벨라쿨라족, 등)에 관계된 민족지학적 텍스트들을 분석했으며, 특히 프란츠 보아스의 해석을 분석하고 비판했다. 1905-1906학년도에 모스는 "이 부족들의 모든 사회현상에 커다란 영향을 주고 있는" '포틀래치'에 대한 비교분석에 임했다. 모스의 청강생들 중 한 명이자 캐나다 장학생으로 법을 전공했던 젊은 학자 마리우스 바르보는 옥스퍼드에서 R. R. 머렛 교수의 지도하에 『북서부 아메리카 인디어족들의 토템 체계』(1910)라는 제목의 학위논문을 준비하게 되었다. 바르보는 에드워드 사피어가 지휘했던 민족학 팀의 첫 번째 구성원들 중 한 명이 되었다. 사피어는 1913-1914년에 북극에 캐나다 과학연구팀을 처음으로 파견한 장본인이었다. N. U. 스티븐슨의 지휘 하에 활동했던 이 연구팀에 두 명의 인류학자가 포함되었다. 다이아몬드 젠네스(뉴질랜드 출신)와 앙리 뵈샤가 그들이다. 뵈샤는 북극에 거주하는 여러 부족들의 언어, 생활방식, 습관, 종교적 신앙 등에 대한 연구의 임무를 맡았다.[80] 이것은 "그의 삶에서 굉장한 기쁨"이었다. 뵈샤에게 직업적 인류학자가 되는 기회, 4년 동안 에스키모인들을 직접 관찰하고, "오랫동안 상상 속에서만 같이 살았던 민족들을 알 수 있는 기회"[81]가 생겼던 것이다. 모스에게 보낸 장문의 편지에서 뵈샤는 준비 상황을 알리면서 이렇게 맺고 있다. "모든 것이 이번 탐사의 성공을 예견하고 있습니다."[82] 하지만 1914년 1월 탐사 초기에 발생한 트롤선 '카르클루크' 호의 난파로 인해 뵈샤는 랭겔 섬에서 기아와 추위로 죽게 된다.[83] 외아들을 잃은 어머니의 고통은 이루 말할 수 없이 컸다. 그도 그럴 것이 뵈샤의 희생은 엄격한 의미에서 "과학을 위한 고귀한 희생"이 아니었다는 생각 때문이었다.

종교 현상과 도덕 현상에 대한 연구를 위해 로베르 에르츠가 고등연구실천학교에 등록을 했을 때, 그는 벌써 모스와 안면이 있는 사이였다. 실제로 1902년에 모스가 '라 프롤레타리엔느' 협동조합의 후원 하에 "협동조합적 행동"이라는 제목의 강연을 위해 민중대학에 에르츠를 초청한 적이 있었기 때문이다.[84] 1881년에 태어났고, 아주 어린 나이에 고등사범학교를 졸업하고 교수자격시험(1904년에 철학 분야)에서 우수한 성적으로 합격한 에르츠는 여유로움과 비판적 능력으로 자기 자신에게 끊임없는 연구 과제를 부여했다.[85] 고등연구실천학교에서 에르츠와 알고 지냈던 폴 알팡데리는 그를 "아주 세심하게 균형을 맞춘 연구 결과를 전혀 서두르지 않고 대중에게 밝히는" 지식인, 고등사범학교 시절 이래로 "가장 성숙한 사회적 미덕에 따라 움직이는" 한 명의 사회주의자로 소개하고 있다. 에르츠는 단지 "독서와 글로 된 자료들의 연구에만 몰두한 것"이 아니라 "삶에 대해서도 적극적인 관심"을 표명했다. 그는 또한 그 자신 하나의 연구 방법임과 동시에 사회 문제들에 대한 실증과학에 바탕을 둔 해결책으로 간주되었던 사회주의를 세우려고 했다. 뒤르켐은 이 젊은 고등사범학교 졸업생에 대해 "뜨거움 가슴"과 "정의에 대한 갈망"[86]을 말하고 있다. 에르츠의 모든 것(얼굴, 정신, 태도)이 위베르 부르쟁에 의해 "새로운 사유, 새로운 신앙"이라고 불렸던 것과 일치했다. "큰 키, 큰 골격, 수염 없는 얼굴, 훤칠한 이마, 금발의 머리카락, 밝고, 부드럽고, 주의 깊고, 통찰력 있는 눈을 가진 그는 영국이나 미국의 '학자'다운 면모를 가졌다. 그는 연구, 교육, 스포츠, 사회 조사 등에 앞장섰던 젊은 대학 연구자들 가운데 한 명이었다."[87]

　　모스와 에르츠 사이에는 10여 년 정도의 나이 차이가 있었다. 에르츠의 초기 학문의 경향을 잘 알고 있었던 모스는 그의 제자의 망설임을 잘 이해했다. 수년 동안 고등사범학교에서 지내면서 한편으로는 순수 사회학, 다른 한편으로는 도덕과 정치학 사이에서 선택을 하지 못했던 그의 제자를 말이다. 일단 교수자격시험에 합격하자 에르츠는 "도덕과 종교가 결합된 문제"를 선택하기로 했다. 장학금 수혜를 받아 그는 1905년과 1906년에 영국에 체류했다. 이 기간 동안 그는 매일 "경험을 통해 가장 훌륭하고, 가장 전형적인 사실들을 발견할 수 있는 사회가 어떤 사회인지를 결정하기 위해 모든 책들과 모든 문명에 빠져들었다."[88]

1905년에 모스는 에스키모인에 대한 자료를 찾기 위해 대영박물관을 방문하게 된다. 모스는 이렇게 말하고 있다. "영국에서 아침 10시부터 저녁 7시까지 노새같이 집중하면서 연구를 수행했다" 모스의 옆에는 "용감하고 뛰어난" 에르츠가 있었다. 에르츠는 빠른 속도로 수많은 책들을 읽으면서 "미치광이"처럼 연구에 몰두했다.[89] 에르츠의 영국 체류는 즐거운 나날의 연속이었다. 새로운 생각, 새로운 사실, 새로운 방법, 새로운 연결고리 등을 찾아냈던 것이다.[90] 모스는 자기 제자와 그의 "소박하고 예쁜 아내"에 대해 아주 호의적이었다. "그들 부부는 어린애 같은 짓을 하면서도 아주 매력적이었다. 조금 지나치게 신중하긴 했으나 아주 친절했다."[91] 뒤르켐의 표현에 의하면 에르츠의 "사랑받는 아내"의 이름은 알리스 사라 보에르였다. 그녀는 에르츠 보다 네 살 위였다. 런던 체류 동안 알리스는 교육 문제에 커다란 관심을 가졌고, 교육학을 공부하면서 학교에서 가르치기도 했다. 또한 그녀는 프뢰벨 소사이어티에 관여하기도 했다. 이 단체의 목표는 어린아이들을 보호하는 탁아소와 그들을 위한 정원이라는 생각을 장려하는 것이었다. 이와 같은 생각에 대한 그녀의 열정이 아주 컸던 만큼 그녀는 파리로 돌아와 프랑스 학교에 이 새로운 교육 방법을 도입하려고 했다. 실제로 그녀는 1909년에 파리에서 첫 번째 탁아소를 열기도 했다.

로베르 에르츠는 1905년에 발간될 『사회학 연보』 제8호(1903-1904)

의 준비가 한창일 때 이 잡지에 합류했다. 뒤르켐은 그에게 종교사회학의 일부를 맡겼다. 모스의 제자이자 협력자였던 에르츠는 곧 그의 친구가 되었다. 뒤르켐은 이렇게 단언하고 있다. "엄격하고 통찰력 있는 정신의 소유자"인 에르츠는 "아주 드물게 보는 고귀한 성격"[92]의 소유자다.

종교사회학 분야에서 에르츠는 확신을 가지고 자기 통제를 잘하면서 앞으로 나아갔다. 천재성, 강인한 정신, 박식함, 아주 폭넓고 섬세한 지성을 통해 자기 분야에서 두각을 나타내면서 말이다.[93] 모스의 지적에 따르면, 에르츠는 벌써 대가들 중의 대가였으며, 그의 잠재력은 그의 업적을 능가할 정도로 컸다.[94] 그는 인간 정신의 어둡고 끔찍한 측면에 대한 연구에 몰두했다. 에르츠의 관심을 끈 것은 "용서"라는 행동이 가지고 있는 신비였다. 사회는 어떻게, 그리고 왜 원죄와 죄를 지워 가는가? 사회는 또한 원죄와 죄를 왜 그리고 어떻게 잊는가? 런던에서 에르츠는 모스와 함께 장기간 장례의식에 대해 의견을 나누었다. 그리고 후일의 연구에서 사용될 수많은 자료들과 사실들을 수집했다. 뒤르켐의 영향 하에서, 그리고 "가정, 정확한 추론과 논리, 사유"[95]를 통해 에르츠는 죽음에 대한 집단적 표상, 종교적 극성(極性)에 대한 연구뿐만 아니라 원시사회에서의 원죄와 속죄에 대한 학위논문(미완성으로 남아 있다)을 포함하는 연구 계획을 상세하게 마련하고 있었다.

뒤르켐에 따르면[96], 영국에서 돌아오자마자 에르츠는 도덕적인 이유로 두에고등학교에서 선생이 되기로 결심했다. 에르츠에게 이 시기는 "행복하고 결실이 풍부한" 시기였다. 그도 그럴 것이 "가르친다는 직업이 [……] 개인 연구에 큰 도움을 주지 못했음에도" 에르츠 자신이 가르치는 것을 좋아했기 때문이었다. 에르츠는 모스에게 이렇게 불평을 털어

놓고 있기도 하다. "지금까지는 강의 준비와 과제 검토 후에 남은 그다지 많지 않았던 여가가 집을 꾸미느라 날아가고 말았습니다."[97]

1906-1907학년도 2학기에 에르츠는 청강생의 자격으로 모스의 강의를 수강하게 된다. 모스의 강의는 주로 아프리카, 특히 "공화국에 예속된 서아프리카와 콩고의 여러 민족들에 대한 관찰을 위한 민족지학적 지침들"을 정리하는 것과 아프리카 종교 체계에 대한 연구에 할애되었다. 같은 해에 에르츠는 『사회학 연보』에 「죽음의 개념에 대하여」라는 아주 훌륭한 논문을 실었다. 그로부터 2년 후에 연구지도 부교수에 임명된 모스는 에르츠를 화요일 강의의 보충을 위해 초청했다. 에르츠는 이 강의에서 "원죄 씻김 의식"에 대해 강의를 했다. 2년 연속 에르츠는 모스의 화요일 강의에 참석할 수 있었다. 1909-1910학년도에 에르츠는 '터부(taboo)'의 위반에 부여된 종교적 의미를 규정하기 위해 마오리족이 사용하는 단어 'tapu(터부)', 'noa(자유)', 'tamaoatia(더럽혀짐)'의 의미를 검토했다. 그리고 1909-1910학년도에는 폴리네시아인들, 특히 뉴질랜드의 마오리족에게서 「형법의 종교적 요소」를 연구하기도 했다. 그 당시 정규 학생들과 청강생들 중에는 앙리 뵈샤, 마리우스 바르보, 스테판 크자르노프스키, 르네 샤일리에, 조르주 다비, 장 마르크스, 르네 모니에 그리고 다른 몇 명의 학생들이 있었다.

에르츠와 모스의 관계는 아주 돈독했다. 고등연구실천학교에서의 교육, 『사회학 연보』에서의 협력, 정치 참여 등이 그것이다. 그들의 학문적 관심사는 비슷했다. "제 생각으로 선생님은 에피날에서 기도(祈禱) 문제에 대해 끝장을 보시고 계신 것 같은데요. 저 역시 끝까지 최선을 다하고 있고, 결과도 그다지 나쁘진 않습니다."[98] 교수이자 친구였던 모스에 대한 에르츠의 존경심은 대단했다. 에르츠에 따르면 위베르와 모스의 공동연구의 결과인 「희생의 본질과 기능에 대한 시론」은 아주 모범적인 연구였다. 에르츠는 이렇게 말하고 있다. "종교제도가 처음으로 전체적으로 검토되었고, 그것도 그 유형을 도출하고, 그 메커니즘과 기능을 찾아내려는 의도를 가지고 검토되었다."[99]

『종교사 논문집』

「희생의 본질과 기능에 대한 시론」의 집필 이후 앙리 위베르는 『종교사 논문집』을 펴내는 계획을 세우고 있었다.[100] 이 『종교사 논문집』은 1909년에 알캉 출판사("현대철학 도서관" 총서)에서 에밀 뒤르켐의 편찬으로 출간된다. 이 저서는 셀레스탱 부글레의 『카스트 제도론』에 이어 이 총서의 두 번째 저서에 해당한다. 조카 모스의 게으름을 항상 걱정했던 뒤르켐은 조금은 신경질적으로 이 『종교사 논문집』의 준비 과정을 지켜봤다. 뒤르켐은 누님 로진에게 이렇게 쓰고 있다.

저에 대한 마르셀의 태도를 그냥 침묵만 지키면서 받아들일 수는 없네요. 지금 제가 알캉 출판사와 곤란한 입장에 있다는 걸 마르셀도 잘 알고 있을 거예요. [……] 7주, 아니 8주 동안 마르셀은 이렇다할 연구 성과를 못 냈어요. 40주를 줘도 마찬가지일 겁니다. 5에다 0을 곱하면 답은 항상 0이에요. 아무 것도 도착하지 않았고, 그 동안 부글레의 책을 준비하고 있습니다. 아직 마르셀의 이름이 그 '도서관' 총서에 들어가게 될지 아닐지, 그 총서의 존재 여부도 모르겠습니다![101]

『종교사 논문집』의 출간 과정에서 위베르는 "아주 완강하게" "「희생론」이 제일 먼저" 실려야 한다고 주장했다.

> 몇 편의 논문이 더 있다면 그것들을 『사회학 연보』에 실린 순서대로 정리할 수도 있을 걸세. 하지만 이렇게 적은 편수의 논문들을 출간한다면, 그것들을 당연히 연대기적으로, 우리 연구의 발전 순서대로 정리해야 할 걸세. 뒤르켐이 나와 다른 생각을 가지고 있다면, 그가 잘못 생각하고 있다는 것이 내 판단일세.
>
> 자네의 [콜레주 드 프랑스] 임용이라는 면에서 보면, [마법에 대한] 논문이 제일 먼저 실리지 않는 것이 바람직할 거라는 생각을 덧붙이네. 그 글은 너무 [판독 불가] 한 방식으로 쓰인 것 말고도 그 글에서 자네가 뭘 말하고자 하는지가 분명치 않네. 그리고 자네가 어디로 나아가고 있는지도 모르겠고 말이야. 그 글로 인해 자네의 개인 연구와 우리들의 연구 전체에 대해 부정확한 인식을 심어줄 수도 있을 것이네. 그 글이 합당한 자리에 있다면 저절로 많은 것이 해결될 걸세. 실제로 이 글 혼자 떨어져 있으면 많은 설명이 필요하네. 종교사회학 연구로서 뿐만이 아니라 비판 작업으로서도 그러하네.
>
> 자네가 선택했던 순서는 내기 보기에 너무 어이가 없는 것이어서 그걸 논의한다는 것 자체가 무의미하다는 생각일세. [······][102]

위베르의 "오랜 친구"였던 모스는 결국 친구의 의견에 따르게 된다. 『종교사 논문집』에는 다음과 같은 글들이 다음과 같은 순서로 실리게 되었다. 「종교 사회학의 몇몇 성과」, 「희생의 본질과 기능에 대한 시론」, 「마법의 힘의 기원」,「시간의 표상」[103]이 그것이다.

『종교사 논문집』의 출간을 통해 위베르와 모스는 자신들의 연구에 대한 전체적인 조감도를 더 명확하게 그릴 수 있게 되었다. 물론 그들의 연구 결과는 이미 여러 유명 학술지에 실린 바 있다. 바로 그 점에서 시드니 하틀랜드는 이 『종교사 논문집』이 "좋은 시도"임을 지적하고 있다. 왜냐하면 이와 같은 시도를 통해 "위베르와 모스의 연구가 좀 더 넓게 알려지게 되고, 다른 사람들의 연구를 촉발할 수 있을 것"[104]이기 때문이었다.

『종교사 잡지』에 먼저 실렸던 『종교사 논문집』의 첫 번째 글은 참다운 의미에서 「종교 현상 분석 입문」에 해당하는 것이었다. 위베르와 모스는 그 기회를 이용해 자신들의 과거 연구의 일부를 수정하고 ── 알프레드 루아지에 따르면, 진정한 의미에서 개정하고 ──, 비판받았던 부분에 대한 응수를 하기도 했다. 예컨대 희생, 마법, 이성의 문제 등이 하나씩 검토되었다. 이 글에서 위베르와 모스가 취한 태도는 분명 방어적이었다. 하지만 그들은 자신들이 거둔 학문적 승리에 대해 만족감을 숨기지 않았다. 예컨대 종교 현상의 핵심으로서의 "성스러움"이라는 개념의 확인, 긍정적 제식과 부정적 제식의 구별, 오성의 기원 연구가 그것이다.

「희생의 본질과 기능에 대한 시론」 이후로 위베르와 모스의 목표는 다양한 제도들, 즉 행동과 사고의 공개적 규칙들을 이해하는 것, 희생과 마법이 사회 현상이라는 사실을 증명하는 것이었다. 실제로 그들을 사로잡고 있었던 문제는 '개인-사회'의 관계 문제였다. 그들은 이렇게 자문하고 있다. "사회 현상에서 개인의 태도는 어떤 것인가?, 개인의 의식에서 사회의 몫은 어느 정도인가?" 마법이든, 희생이든, 기도이든, 신화이든 간에 이 질문들에 대한 답은 같았다. "[……] 개인은 전통에 의해서만 생각하고 행동할 뿐이다. 혹은 개인은 집단적 암시에 의해서만 혹은 적어도 집단의 압력 하에서 그 자신에게 스스로 부과하고 있는 암시에 의해서만 앞으로 나아갈 뿐이다."[105]

위베르와 모스는 자신들에게 붙여진 명칭에 별다른 의미를 부여하지 않았다. 하지만 그들은 스스로 사회학자이고 또 사회학자로 남는다고 단언하고 있다. E. 시드니 하틀랜드가 지적하고 있는 것처럼, 그들의 입장은 아주 분명했다. "프랑스 저자들인 위베르와 모스에게 사회의 영향은 총체적이다. 그들에 의하면 판단은 개인의 이성의 결과가 아니다. 그것은 사회적 힘의 산물이다. 우리는 뒤르켐과 그의 제자들에게 많은 것을 빚지고 있다. 특히 종교가 갖는 사회적 측면에 대한 주의를 환기시킨 점에서 그러하다."[106] 방법론적 측면에서 보면 이와 같은 입장은 다음과 같은 사실을 내포하고 있다. 즉 (영국의) 인류학자들과 (독일의) 심리학자들과는 달리 ── 이들은 모두 "직접적으로 유사성으로 향하고" 또 "모든 곳에서 인간적인 것, 공동의 것, 한 마디로 평범한 것을 찾는다."── 위베르와 모스는 "특수한 환경이 갖는 차별화된 특징"에 주목한다는 사실이 그것이다. 그도 그럴 것이 바로 이와 같은 차별화된 특징을 통해 그들만의 "법칙을 발견할 수 있기를"[107] 바랐기 때문이다. 위베르와 모스에 의해 옹호된 비교적 방법은 다음과 같은 두 단계로 구성되어 있다. 하나는 "여러 사회에 따라 같은 종류의 개념이나 제도가 보여주는 변이체들을 연구하는 것"이다. 다른 하나는 "이와 같은 변이체가 보여주는 변함없는 잔재 혹은 서로 서로 대치되면서 동일한 효과를 내는 기능들"[108]을 확인하는 것이다. 이와 같은 방법을 적용해 얻고자 하는 궁극적 목표는 사회생활의 일반적 요소들을 발견하는 것이다. 그러나 탄탄한 토대 위에서, 그리고 개별적 제도들에 대한 연구에서 출발해서 말이다. 가령 희생, 마법, 다양한 분류 형식 등이 그것이다. 여러 종교현상에 대한 자신들의 연구를 신학에 젖어 있는 성찰과 대조시키면서 위베르와 모스는 단호하게 신앙이 아니라 '사실'의 편에 서고 있다. 그들의 제자이자 친구이기도 했던 로베르 에르츠가 지적하고 있는 것처럼, 그들 두 사람은 "한정된 특수한 사실에 대해 동일한 정도의 관심을 보여주고"[109] 있다.

『종교사 논문집』은 "종교학에서 신기원"을 이룬 저서다. 에르츠는 이렇게 적고 있다. 바로 그 책이 "공허한 박식(博識)과 사변적 공론에서 벗어나" "거의 결정적 결론"에 이르는 건전한 귀납적 방법의 전형이라고 말이다. 이『종교사 논문집』은 형식적 면을 포함해 모든 각도에서 철저하게 검토되었다. 위베르와 모스가 의지했던 수많은 신조어들(가령, 종교나 마법에서의 영웅화, 신성화, 탈신성화, 등)은 일군의 비평가들로부터 "진짜 야만인들의 언어로부터 잘못 들여온 외국어"[110]라는 비난을 받기도 했다. 또 다른 일군의 비평가들은 당연히 뒤르켐과의 연합 관계가 실수라고 비난했다. "불행하게도 이 저서 전체가 유물론적 정신으로부터 영감을 받고 있다. 저자들이 보호하고 있는 뒤르켐의 이름만으로도 이미 이 저서가 실수라는 것을 보여주고 있다."[111] 또한 충분히 예상되었던 바지만, 슈미트 신부의 위베르와 모스에 대한 비판은 아주 신랄했다. 『앙트로포』라는 잡지의 책임자였던 슈미트 신부는 두 공저자의 "풍자적인 아이러니"를 잘 참지 못했으며, 그들의 "지나치게 사회학적"인 이론에 반대하면서 "그들은 사람의 인격이 갖는 일차적인 긍정적 본성을 포착하는 데 성공하지 못했다."고 비난하고 있다. 게다가 그는 그들이 주장한 "마법 이론"의 우선권을 부정했다. 그에 따르면 마법 이론은 그들이 이론화시키기 전에 "거의 발전이 다 된 상태에서, 그리고 가끔은 우월한 방식으로"[112] 이미 정립되어 있었다는 것이다.

『종교사 논문집』에 대한 즉각적인 반응은 단지 사회학자들,[113] 인류학자들, 종교사학자들(특히 '서문'에서 겨냥된 살로몽 레나크[114]와 가까운 자들)에게서 온 것만은 아니었다. 또한 위베르와 모스가 종종 취하고 있는 "정복자와 같은 태도"로 인해 "자신들에게 익숙한 안일한 주장"이 흔들린 신학자들과 철학자들 역시 즉각적으로 반응을 보였다. 종교 현상이 갖는 사회적 측면에 대한 관심의 촉구에 대해 저자들에게 감사를 표하면서도 알프레드 루아지는 두 공저자를 비판했다. 즉 "역사를 좌지우지 한다고 주장한 후에 철학 영역에 발을 딛고 있는 방식이 '지나치게 야심적'이다."라고 말이다. 루아지에 의하면, 철학이 제기하는 "인식의 가치와 그 인식 대상의 현실에 관계된"[115] 문제에 답을 하기 위해 사유의 범주가 사회적이라는 것을 보여주는 것만으로는 충분하지 못하다는 것이다.

9장_ 콜레주 드 프랑스에 입성하기 위한 "열띤 경쟁": 루아지 사건

모스가 『종교사 논문집』을 출간하려고 한 것은 "좋은" 생각이었다. 그도 그럴 것이 이 저서의 출간을 통해 과거의 연구들이 ── 그러지 않았다면 그 연구들은 "무미건조" 했을지도 모른다. ── 그의 경력에서 중요한 순간에 전략적으로 이용될 수 있었기 때문이다. 모스가 그의 어머니 말대로 "궁지(窮地: 여기서 '궁지'는 고등연구실천학교를 말한다. - 옮긴이)"에서 벗어나려고 콜레주 드 프랑스 교수직 후보로 나설 때 말이다.

1530년에 프랑수아 1세에 의해 파리대학의 지식 독점을 막기 위해 세워진 유서 깊은 이 교육기관은 다른 기관에는 들어갈 자리가 없던 학과나 강좌에는 일종의 도피처이기도 했다. 하지만 또한 독창적인 연구 결과를 내놓은 학자들에게는 그들의 업적에 대한 인정이기도 했다.[1] 이 기관은 교육부 직속 기관이라는 특징 외에도 다음과 같은 특징을 가지고 있었다. 대학 학력 조건 없는 선발(교수 임용), 시험 없는 공개 강의, 교수들의 자유로운 강의 주제 선정, 항구적 강좌의 부재 등이 그것이다. 어떤 곳도 콜레주처럼 독립성을 향유하지 못했다. 이와 같은 자유가 곧

이 기관의 존재이유였고, 또 이 기관을 지탱해주는 규범이었다.

『사회학 연보』도 그 기관에 나름대로의 인맥을 형성하고 있지만(가령 실뱅 레비와 뒤르켐의 고등사범학교 동기동창이었던 심리학자 피에르 자네), 콜레주 드 프랑스는 여전히 이 학술지의 창간자 뒤르켐에게도 접근 불가능한 상태에 있었다. 1904년 사회철학을 담당했던 타르드가 세상을 떠나면서 앙리 베르그송이 사회철학을 담당하게 되었을 때, 뒤르켐은 베르그송이 담당하던 그리스, 로마 철학 교수직이 사회학 교수직으로 바뀌기를 바랐다. 하지만 사학자들과 문학전공자들이 최종적으로 역사와 고대 국가 교수직의 창설에 대해 허가를 얻어내게 되었으며(찬성 19표 대 반대 11표), 이 자리는 카미유 쥘리앙에게 돌아갔다.[2] 이처럼 뒤르켐도 교수 임용에서 배제되었는데, 과연 그의 협력자들이 기회를 잡을 수 있을까? 모스는 콜레주 드 프랑스의 교수 자리를 바랄 수 있을까? 뤼시엥 에르와 같은 몇몇은 그렇다고 생각했다.

1907년 초에 알베르 레빌의 사망과 더불어 그 당시 35세였던 모스에게 첫 번째 기회가 주어졌다. 모스는 그의 스승이었던 실뱅 레비의 지지와 『사회학 연보』의 두 명의 협력자인 앙투안 메이예와 1년 전에 콜레주 드 프랑스에 임용된 샤를르 포세의 지지를 기대할 수 있었다. 사람들은 모스에게 지원을 하라고 압력을 가했다. 실뱅 레비의 지적처럼, 모스의 여러 직책을 보면 "당연히 첫 번째 자리를 노려볼 만하다."는 것이었다. 모스는 "아마추어와 한가한 자들을 제외한 가장 부지런하고 가장 우수한 학생들 가운데서 선발된 학파의 인정받는 수장이 아니었던가?"[3] 하지만 모스는 제2선 후보[4]에 집중하고자 했고, 종교사 자리를 사회학 자리로 바꾸고자 하지도 않았으며, 선발되려고 노력하지도 않았다. 모스는 "선배들에 대한 존경심 때문에" 그들 뒤에 머물러 있기를 선택했다. 어쨌든 몇몇 사람들이 "어리석은 중상모략"을 했지만, 모스 "자신은 장 레빌 대신 선발되기 위해 교육부와의 개인적인 인맥을 이용하거나 매체의 영향력을 이용할"[5] 생각이 없었던 것이다. 요컨대 모스는 제2선 후보로 지원하고자 했다.

고등연구실천학교 종교학 분과 학장이었고 콜레주 드 프랑스의 교수였던 알베르 레빌의 자리를 잇는 강력한 후보는 그의 아들인 장 레빌 (1854-1908)이었다. 장 레빌은 교육자로서 "넓은 관용, 진리에 대한 무사무욕의 열정, 과학 정신에 대한 세심한 충실성"[6]을 유지하면서 아버지의 연구를 계속 이어가고자 했다. 목사이자 『세베루스[7] 시대의 로마 종교』라는 제목의 학위논문으로 신학박사를 획득했던 장 레빌은 교육자이자 가장 활발하게 활동하는 대학 행정가이기도 했다. 그는 파리 신교 신학대학 교수, 고등연구실천학교 종교학 분과 총무 겸 교수, 『종교사 잡지』의 편집장이자 학술 총회의 조직자였다. 자기 아버지처럼 장 레빌 역시 논쟁을 거부하면서 "현재 정립 중에 있는 학문과 그 당시 널리 퍼져나갔던 학문의 세속화의 중간 지점에서" 가르쳤던 "열성 자유주의자"이자 "자유로운 신앙인"이기도 했다. "먼저 교육, 그 다음으로 교회사라고 하는 광범위한 역사를 기술하는 것"이 주요 관심사였던 이 교육자는 콜레주 드 프랑스의 '권위 있는 단상에' 자기의 강연이 잘 들어맞는다고 봤다. 왜냐하면 그는 "종교 교리를 세운다기 보다는 오히려 모든 분야에서 균형 있고 정리된 멋진 교육을 펼칠 수 있고, 약간 천천히 조용하게, 그리고 '요란하지 않고', 뚜렷이 선하고 진실되다고 판단되는 것을 전달하는 것을 좋아했기 때문이었다."[8]

장 레빌의 경쟁자는 조르주 푸카르였다. 문학박사이자 이집트학 학자, 고고학 및 종교사 분야의 전문학술지에 많은 글을 발표한 바 있는 푸카르는 엑스-마르세이유에서 고대 동양 종교와 역사를 가르치고 있었다. 그의 아버지이자 그 자신 콜레주 드 프랑스의 교수였던 폴 푸카르가 직접 아들의 지원 서류를 제출했다. "모든 종교적 이해관계에서 벗어난" "순수하게 학문적인 특징"을 강조하면서 아들의 서류를 등록했던 것이다.[9] 폴 푸카르는 또한 이렇게 덧붙이고 있다. "미개한 신앙에 관계된 자료를 여러 곳에서 긁어모아 인류의 원시종교를 재구성하려는" 노력을 통해 "가치가 의심스러운 결과에" 이르고만 다른 학자들이 사용하는 방법보다는 자기 아들의 방법론이 "훨씬 더 합리적인 방법"이라고 말이다.

1907년 2월 17일 회의에서 장 레빌이 2차 투표에서 임용되었다. 두 명 모두 고등연구실천학교 교수였던 마르셀 모스와 모리스 베른이 1차 투표에서 얻었던 표의 이동 덕택으로 그렇게 되었던 것이다.[10] 피에르 자네, 카미유 쥘리앙, 앙투안 메이예, 그리고 당연히 실뱅 레비의 지지를 받은 모스는 조르주 푸카르, 아놀드 반 젠네프, 모리스 베른과 함께 제2선후보의 선거에 출마했다. 모스는 어려움 없이 36명 출석 교수들의 과반수 지지를 얻었다. 1차 투표에서는 15표를, 2차 투표에서는 21표를 얻었다.[11] 모스의 어머니는 아들에게 다음과 같은 내용의 편지를 쓰고 있다. "난 이렇게 생각하고 있단다. 제2선 후보 선발에서 네가 추구했던 바를 가슴에 제대로 잘 새기고 있는지를 말이다. 이 모든 일이 그저 [……] 장차 네가 더 나은 위치에 서기 위해 책을 써야겠다는 결심으로 이어졌으면 싶다."[12] 로진 여사는 아들 모스가 "개인적으로 평가 받을 수 있는 저서를 가지고 '가능한 한 빨리' 다시 지원하길 바라고 있다." 그녀는 이렇게 덧붙이고 있다. "시간을 허비하지 않았으면 한다."[13]

이 첫 번째 선거전에서 모스의 야심과 특히 "궁지"가 되어버린 고등연구실천학교에서 나오고자 하는 그의 의지를 볼 수 있다. 그럼에도 그는 이 학교에서 부학과장의 직위를 맡게 되었다.(월급은 2,000프랑에서 3,000프랑으로 인상되었다.)

1907년은 프랑스의 사회학 발전에서 전환점이 되는 해였다. 『사회학 연보』 협력자들의 대학 내에서의 위치가 공고해졌기 때문이다. 그 당시 프랑스에서 사회과학은 대유행이었다. "이 학문은 세속적 모임, 모든 강연, 모든 신문의 단골 메뉴였다. 사회학자가 아니라면 생각 있는 사람 축에도 끼지 못했다."[14] 일 년 전부터 소르본의 정교수로 임명된 뒤르켐은 커다란 영향력을 행사하고 있었으며, 특히 소르본에서 그랬다. 가령 그의 협력자들 중 한 명인 셀레스탱 부글레가 알프레드 에스피나의 뒤를 이어 소르본에서 사회경제학 교수 자리에 임명되었다. 같은 해에 뒤르켐의 사회학과 가까운 거리에 있던 뤼시엥 레비브륄이 소르본의 근대철학 교수 자리에 임명되기도 했다. 또한 이 세 명은 부글레가 소르본으로 옮겨 가면서 공석이 된 툴루즈 대학의 사회철학 교수 자리에 지원한 폴 포코네를 지지하기 위해 힘을 합칠 수 있었다. 포코네를 지지하는 편지에서 뒤르켐은 두 부류의 철학자들을 구분했다. "사회적 사실을 직관을 통해 연구하는" 철학자들과 "필수불가결한 역사적, 통계적 지식을 추구하고" 또 "한 마디로 문화 전반을 익힌"[15] 철학자들의 두 부류가 그것이다. "10년 동안의 독특한 연구 덕택으로" 포코네는 박사 학위가 없었지만 교수에 임용되었다.

『사회학 연보』 팀의 임무는 아주 커졌다. 이제 이 학술지의 협력자들에게 많은 곳으로부터 요청이 쇄도했고, 그들은 모두 "시간을 많이 잡아먹는"[16] 이 학술지의 일을 수행하는 데 애를 먹었다. "완숙기"에 접어들었음을 알고 있고 또 "무엇인가 특별한 것을 할 수 있는" 능력을 가지고 있던 뒤르켐 자신도 일 년에 사 개월 이상을 "참고문헌을 작성하고, 서평을 쓰는 일 등"에 투자하는 것에 대해 불평을 늘어놓았다. 48세가 된 그는 "앞으로 10년 안에 이뤄지지 않을 연구는 결코 이뤄지지 않을 것"이라는 점을 자각하게 되었고, "따라서 상황을 냉정하게 바라보면서 결단을 내려야 할 필요가 있다."[17]고 생각했다.

『사회학 연보』의 형태를 바꾸는 문제가 곧바로 제기되었다. 뒤르켐은 이렇게 판단했다. "이 팀이 계속 유지되려면 다른 형태가 필요하다." 그 해결책으로 "발표된 연구 말고도 '분석이 없는' 참고문헌"을 포함하는 사회학 연감의 출간이 고려되었다. 모스의 "협력"이 문제였다. 그의 참여는 "필수적"이었다. 하지만 그의 "도저히 있을 법하지 않은 불규칙성" 때문에 삼촌인 뒤르켐은 마음고생을 많이 했다. 또한 그는 모스에게서 "안정적으로 필수적인 협력을 얻을 수"[18] 있으리라 보증할 수가 없었다. 1907년에 이 학술지는 상당한 위기를 겪게 되는데, 그도 그럴 것이 뒤르켐과 모스 사이의 관계가 악화되었기 때문이었다. 심지어 모스는 『사회학 연보』에 "협력하는 것을 거절"할까도 생각했었다. 그의 어머니는 모스에게 냉정하게 이렇게 말하고 있다. "약속을 지키지 못하면서 참여하는 것보다 차라리 참여를 하지 않는 것"[19]이 미래를 위해 오히려 더 나을 수도 있다. 솔직함의 결여, 일관성의 결여 등과 같은 조카의 "난데없는 행동" 앞에서 뒤르켐은 화를 내고 침묵으로 일관하게 된다.

『사회학 연보』는 그 방향을 다시 정하면서 위기에서 빠져나올 수 있었다. 이 학술지는 3년에 한 권 비율로 출간되게 되었고(1910년과 1913년), 논문들을 분리해서 "별도의 저작물 재료"로 활용하였다. 즉 알캉 출판사에서 "『사회학 연보』 연구집" 총서로 출간하였던 것이다.[20] 이 총서의 첫 두 권이 바로 셀레스탱 부글레의 『카스트제도론』과 위베르와 모스의 『종교사 논문집』이었다. 『사회학 연보』에 대한 모스의 협력은 여전히 중요했다. 그는 첫 번째 시리즈의 마지막 두 호에 각각 40여 편의 길고 짧은 서평을 썼다. 게다가 젊은 연구자들 가운데 유능한 자들을 선발하는 역할을 맡기도 했다. 그 가운데는 당연히 그의 제자들도 있었다 (장 폴 라피트, 앙리 장메르, 조르주 다비, 장 마르크스, 막심 다비드 등).

1909년에 장 레빌이 "계속되는 노력으로 생긴 육체적 과로로 인해 건강을 잃고"[21] 세상을 떠났을 때, 모스에게 콜레주 드 프랑스에 들어갈 수 있는 좀 더 가망성 있는 두 번째 기회가 주어졌다. 폴 포코네는 모스에게 이렇게 말하고 있다. "장 레빌의 공석을 기화로 자네가 더 분발하길 바라네. 자네 인생에, 자네 연구에, 자네 교육에 가장 완벽한 틀을 줄 천재일우의 기회가 주어진 걸세. 정말이네. 난 자네가 확신을 가지고 이 기회를 낚아챌 야심을 갖길 바라네."[22]

지원서를 작성하면서 모스는 자기의 주요 경력과 연구목록 외에도 연구와 교육 프로그램을 제출했다.

[……] 콜레주 드 프랑스에 임용될 경우 [……] 저는 고등연구실천학교에서 했던 강의보다 좀 더 폭넓은 강의를 하고자 합니다. 그리고 제가 하게 될 강의, 좀 더 정확하게 말하자면 현재 제가 못하고 있는 강의와

현재 출판하려고 준비 중인 저의 연구를 그대로 부합시키겠습니다.

예를 들면 다음과 같은 주제를 다루고자 합니다. 기도(祈禱)의 변화 과정, 마법과 종교의 관계, 성스러움의 개념, 제식적 금지, 토테미즘의 해체, 실체 개념의 종교적 형태, 가치 개념의 종교적 형태, 신화 일반 이론 등 입니다. 감히 말씀드리자면, 이 주제들은 앞으로의 계획이 아니라 현재 연구가 진행 중인 상태입니다. 이와 같은 일반 연구 외에, 저는 고등연구실천학교에서 잘 알려진 일부 종교에 대해 그렇게 해왔듯이 학생들을 기술적 연구의 길로 이끌기 위한 특별강의에서 다음과 같은 연구를 하고자 합니다. 즉 현존하는 종교들의 현존하는 현상들, 전체 종교의 체계에 대한 강의가 그것입니다. 가령 『성서』와 『탈무드』에서의 소망 제식, 브라만교의 제식에 관련된 [자타카의][23] 구절들, 『베다』와 『브라마나 제의서』의 음식, 불, [소리] 등의 개념들, 오리게네스[24]의 『기도론』이 그것입니다.

저는 또한 『탈무드』에서, 고전문학에서, 인도의 서사문학과 법률 문서에서, 뉴질랜드에서, 마다가스카르에서, 에스키모인들에게서, 중앙아메리카의 여러 종교에서, 프랑스와 독일의 민요 등에서 나타난 제식적 금지 사항들의 목록을 작성하려고 합니다.[25]

1909년 6월에 시작된 교수 임용 선거전의 초기에는 "모스 진영이 강했고, 그의 임용은 가시권에 있는 듯했다."[26] 하지만 곧이어 지원자들의 수가 늘어나자 경쟁이 치열해졌다. 별 다른 희망이 없는 세 명의 지원자(아멜리노, 모레, 레비우)를 제외하고도, 『종교사에서의 비교방법』(피카르 출판사, 1909)이라는 저서를 출간한 조르주 푸카르(폴 푸카르의 아들)가 있었고,

둘 다 고등연구실천학교 교수인 모리스 베른과 쥘 투탱이 있었다. 콜레주 드 프랑스에 입성하고자 하는 베른의 야망은 유명했다. 그는 1893년에 히브리 언어와 문학 담당 교수직으로 제2선 후보로 지원했고, 1904년과 1905년에 콜레주에서 히브리 언어와 문학, 칼데아 및 시리아 언어와 문학 강의를 대행했다. 베른의 출마와 더불어, 신교도들은 창설 때부터 손에 넣고 있던 교수직을 잘 통제하고자 했다. 즉 베른이 바라듯이 종교사학자 한 명을 임용하는 것이 그들에게는 바람직해 보였다. "원시민족과 비문명화된 민족들에게서 사용되고 있는 의식(儀式)들을 밝히는 것을 거절하지 않으면서", "특히 무엇보다도 글로 된 자료들의 검토를 대규모 종교 단체를 이해하기 위해 필요한 것으로 여길 수 있는" 그런 종교사학자를 말이다. 그러니까 논쟁적이고 호교론적 시각이 아니라 역사적이고 비판적인 시각을 가진 학자가 필요하다는 것이었다.[27]

더군다나 가을에 알프레드 루아지가 경쟁에 뛰어들자 상황이 더 복잡해졌다. 루아지가 자신의 지원에 정치, 종교적 의미를 부여하자 전통적인 구도 자체가 흐려져 버렸다. 기독교사의 "근대주의"의 흐름과 동일시된 목사이자 옛 드레퓌스주의자였던 루아지는 1908년 3월에 로마 교황청의 종교재판소 칙령에 의해 파문을 당했다. 루아지 자신도 인정하는 바이지만, 만일 그가 콜레주 드 프랑스에 임용된다면, 그것은 "프랑스와 이 나라의 가톨릭 신자들에 대한 공격[28]으로 그리고 '파센디' 회칙[29]에 대한 대항"으로 여겨질 우려가 있어 보였다. 어쨌든 한 번 더 루아지가 모스와 정면으로 대결하게 되었다. 한편에는 신학자-사학자가 포진하고 있었고, 다른 한편에는 사회학자-철학자가 포진하고 있었던 것이다. 하지만 루아지는 "사회학적 방법을 종교사에 적용하는 것을 무조건 비난하는 자들, 그리고 종교사가 이 방법과 아무런 관련이 없다고 생각하는 자들"의 부류에는 속하지 않았다.

관례에 따라 지원자들은 각자 콜레주 드 프랑스 교수들을 찾아가 자신들의 경력과 연구 결과를 제출해야 했다. 관계들이 복잡했다. 그도 그럴 것이 지원자들이 만나야 할 사람들 중에는 콜레주 드 프랑스 외부에 있는 사람들도 포함되어 있었기 때문이다. 예컨대 루아지의 경우에는 후작 부인 아르코나티 비스콘티[30]가 있었고, 모스의 경우에는 살로몽 레나크가 있었다. 루아지의 임용을 우려했던 푸카르 부자는 도덕과 정신과학 아카데미와 가톨릭교도들의 표를 동원하기 위해 상당한 노력을 했다.

모스는 동료 교수들과 친구들의 지지를 확신했다. 가령 실뱅 레비, 포세, 메이예 등이 그들이다. 모스는 또한 에피날 출신인 생물학자 에밀 글레의 지지, 『라 르뷔 소시알리스트』의 옛 편집장이자 노동사학자 조르주 르나르의 지지, 러시아 출신이자 드레퓌스주의자였고 과학 일반사 교수였던 그레구아르 뷔르보프의 지지를 기대할 수 있었다. 또한 뒤르켐이 생각했던 것처럼, 『사회학 연보』의 독자였던 모리스 크루아제가 기꺼이 모스의 최근 저서에 대해 좋은 평가를 해줄 것을 기대할 수 있었다.[31] 하지만 이것으로 불충분했다. 사회학, 특히 뒤르켐의 사회학은 장 이줄레의 강한 반대의 대상이 되고 있었다. 이줄레는 프랑스 전국의 200개에 달하는 초등교사를 양성하는 사범학교에서 뒤르켐의 사회학을 가르쳐야 한다는 의무 —— "전국적 위험" —— 에 대해 격렬하게 반대하는 입장을 표명하고 있었다. 이와 같은 상황에서 모스를 위한 지지 기반을 넓히는 작업은 쉽지 않았다. 또한 살로몽 레나크가 기대한 것처럼, "파문된 자와 맞선 교회를 대표하는 지원자"라는 이미지를 모스가 구축하는 것도 쉽지 않았다. 지원자인 모스 자신도 그것을 잘 알고 있었다.

> 일단 교수들 방문을 거의 마쳤습니다. 총 11표는 확실합니다. [……] 최
> 소한이 그 정도입니다. 최대로 가능한 표는 15표로 생각됩니다. 부동표
> 를 확보할 수 있다면 성공을 거둘 수 있을 겁니다.
>
> 루아지는 확정적으로 10표를 확보하고 있고, 더 이상의 표를 확보
> 하는 것은 불가능하다고 생각됩니다. [……] 투탱과 푸카르는 총 9표를
> 확실히 확보하고 있습니다. 저에게는 불리한 지원자들입니다. 다행히
> 두 사람입니다. 그렇지 않고 투탱 혼자였다면, 그가 바보이긴 하지만,
> 임용될 가능성이 높았을 겁니다.
>
> 하지만 지금부터 1월까지 많은 일들이 일어날 겁니다. [……] 결국
> 임용은 여섯 장의 중립표에 의해 결정될 겁니다. 게다가 그 6명은 약은
> 사람들입니다.
>
> 제가 임용된다면, 당연히 운이 좋아서 그렇게 되는 거지, 제 자신
> 이 가진 개인적 능력으로 그렇게 되는 것이라고 생각하지 않습니다.[32]

지원자들(8명)의 수가 많았기 때문에 1월 31일 오후에 있었던 자격 심
사는 길고도 활발하게 이뤄졌다. 36명의 교수가 참가했다. 세 명의 거물
급 지원자였던 이집트학 학자 조르주 푸카르, 자기 의견과는 달리 기독
교 기원의 역사로 전공이 정해진 알프레드 루아지, "원시종교" 전문가
인 마르셀 모스를 쉬케, 바블롱, 레비 교수가 차례로 소개했다. 후보 소
개에서 모스의 "대부"였던 레비는 "기도에 대한 모스의 주목할 만한 연
구"를 소개했다. 앙투안 메이예 역시 모스가 종교사의 전반적인 교육에

적합한 지원자라는 것을 지적하기 위해 발언권을 얻기도 했다. 회의가 진행되는 동안 모리스 크루아제가 발언권을 요구했지만, 그것은 쥘 투탱에 대해 몇 마디 하기 위해서였다.[33] 1차 투표는 접전이었다. 제1후보를 결정하기 위해 4차례의 투표가 더 필요했다. 알프레드 루아지가 5차 투표에서 가까스로 과반수를 넘어 임용되었다.[34] 그의 승리는 우선 그가 얻은 지지자들의 비중에 의해 설명될 수 있다. 그들 중에는 특히 앙리 베르그송의 지지가 있었다. 지원자 자신이 후일 인정하고 있듯이, "베르그송 씨의 투표는" 그의 "임용에 아주 중요한 역할을 했다."[35] 게다가 3차 투표에서부터 조르주 푸카르의 임용을 막고자 했던 모스 지지자들의 전략으로 알프레드 루아지가 덕을 보게 되었다. 모스의 지지자들은 모두 루아지에게 표를 몰아줬다. 5차 투표에서 '마지막에 가서야' "입장을 바꾸는 것"을 받아들였을 뿐인 한 사람을 제외하고 말이다. 여전히 신부라고 불리던 자, 즉 루아지의 "신학"에 계속해서 반대 입장을 표명했던 뷔루보프는 4차 투표에서 무효표를 던졌던 것 같고, 5차 투표에서는 기권했다.[36]

제2선 후보 선발에서도 접전이 벌어졌다. 모든 예상을 깨고 모스가 동료 교수 쥘 투탱에게 패배했다. 투탱은 3차 투표에서 과반수보다 한 표를 더 얻었다.[37]

저녁에 많은 사람들이 실뱅 레비의 집에 모여 투표 결과를 분석했다. 이 결과는 당황스러운 것이었다. 모스의 패배로 거기 모인 사람들의 실망은 아주 컸다. 그도 그럴 것이 모스의 지지자들과 루아지의 지지자들 사이에 있었던 사전 합의가 지켜지지 않았기 때문이다. H. 들라크루와는 이렇게 쓰고 있다. "자네의 실패에 유감을 표하네. 접전이었지. 투탱이 제2선 후보 선발에서 거둔 성공을 결코 이해할 수 없네."[38]

루아지의 임용에 대한 반응은 뜨거웠다. 특히 가톨릭 우파 진영에서의 반응이 뜨거웠다. "평범한" 저작을 썼고, "가증스러운" 인격을 가지고 있으며, "살로몽 레나크의 보호를 받고 있는 [……] 근대주의의 기수"인 루아지에게 돌아간 영광에 대해 레옹 도데는, "권력을 장악하고 있는 반교권주의에 대한 아첨"[39]으로 여겼다. 이 사건으로 인해 다음과 같이 이중으로 충격을 받은 샤를르 모라스 역시 같은 반응을 보였다. 우선 정치적 차원에서 콜레주 드 프랑스가 공화국 정부의 "반가톨릭적이고 비열한 흐름"에 합류한 것에 대한 충격이 그것이었다. 그 다음으로 종교적 차원에서 "기독교의 정신적 기원을 공격해서 파문당한 전직 신부, 이교도"[40]의 임용 그 자체가 충격이었다. 파리의 주교는 신자들에게 이 신앙심 없는 루아지와 소통하는 것을 완전히 금지했고, 따라서 그의 강의에 참석하지 말도록 주문했다. 왕당파들과 '악시옹 프랑세즈'와 같은 극우파 단체들이 루아지의 강의를 방해할 것이라는 소문이 돌기도 했다. 루아지의 첫 강의에 많은 사람들이 왔다. 경찰도 있었다. 하지만 "반루아지주의자들"이 없었기 때문에 강의는 조용히 진행되었다. 연미복을 입고, 슬픈 얼굴에, 신교 목사 같은 분위기로 새로 임용된 교수는 차분하게 강의를 진행해 나갔으며, 알베르와 장 레빌, 에른스트 르낭 등의 이름을 거론하며 자신의 방법을 소개했다. 비판적이고, 과학적이며 역사적인 방법을 말이다.

폴 포코네가 보기에 루아지의 임용은 "실수"였다.

자네가, 자네만이 그 자리에 유일하게 적합한 인물이네. 학문적으로 말해 루아지의 임명은 실수네. 콜레주 드 프랑스는 종교사가 뭔지 이해하지 못할 걸세. [……] 투탱에게 돌아간 승리 역시 자네에게는 부당하네. 그리고 푸카르가 받은 대접 역시 추하고 진짜 부끄러운 일이네. 그와 같은 [판독 불가] 일이 콜레주 드 프랑스를 욕보이는 걸세.[41]

모스의 모든 친구들과 마찬가지로 포코네도 "몹시 슬펐다." 보르도의 옛 스승이었던 알프레드 에스피나의 표현에 의하면, 모스는 종교사 분야에서는 "가장 알맞은 사람"이었다는 점을 포코네는 확신하고 있었다.[42] "미래는 자네 편일세. 복수를 해야겠지?"[43] 이렇게 말하는 것 말고 어떻게 달리 모스를 위안할 수 있었겠는가?

미완의 기도(祈禱)

"아주 고통스러운"[44] 아픔을 맛본 후에 이를 참아내야 한다는 것을 잘 알고 있는 모스는 박사논문에 마지막 손질을 가하기 시작했다. 그의 제자였고 하노이 극동 프랑스학교에 자리를 잡은 클로드 메트르의 표현에 의하면 1년 전부터 기도에 대한 모스의 논문은 "이미 끝나가고 있었다."[45]

실제로 모스에게 기도에 대한 논문은 커다란 과제였다. 이 "가련한 논문" 작성을 끝내려고 할 무렵에 모스는 참고자료, 주석, 독서카드 등을 쌓아가면서 이 "광범위한 주제"에 대한 연구를 벌써 10년 가까이 끌고 있었다. 모스는 『사회학 연보』의 창간호에 오귀스트 사바티에의 『심리학과 역사학에 입각한 종교철학 개론』에 대한 서평을 실었다. 그것을 통해 모스는 종교학에서 기도가 갖는 중요성을 깨달을 수 있었다. 하지만 모스는 곧바로 이렇게 덧붙이고 있다. "기도가 종교의 모든 것이라고 생각하는 것은 근본적으로 잘못이다. 기도는 그러한 중요성을 획득했다. 하지만 그것을 지녔던 것은 아니다. 나는 어떤 단계에서도 기도 행위가 없는 종교들(오스트레일리아)이 있다는 점을 단언할 수 있다. 기도가 영혼의 개인적 분출이라고 주장하는 것 역시 사실 잘못이다. 개인적 기도가 목자(牧者)가 아닌 자들에게는 금지된 종교들도 있고(브라만교), 또 다른 종교들에서는 기도가 단지 공동으로 암송하는 형태를 취하는 경우가 있다."[46]

처음 계획으로는 모스의 박사논문은 최소한 다음과 같은 세 부분으로 구성될 예정이었다. 첫 번째 부분은 원시종교(오스트레일리아)에서의 기도의 형성에 대한 연구에 할애될 예정이었다. 두 번째 부분은 기도의 정신적 차원의 전개에 할애될 예정이었다(고대 인도교, 베다교, 브라만교, 불교). 마지막 부분은 "기도를 점차 개인적 의식으로 만들어나가는 변화 과정"에 할애될 예정이었다. 이와 같은 개인적 의식으로서의 기도의 전형적 예는 셈족의 종교들(시리아, 팔레스타인)과 초기 기독교를 통해 연구될 예정이었다. 이 세 부분에 의식(儀式)주의와 물신숭배로 이어지는 기도의 "쇠퇴"를 다루는 한 부분이 덧붙여질 수도 있었을 것이다. 이와 같은 계획을 통해 모스는 그의 연구의 "텃밭"을 완전하게 한 바퀴 둘러볼 예정이었다. 특히 그가 연구 초기에 읽었던 저자들(특히 바르데슈, 실뱅 레비)의 저작에서 출발해서 말이다. 그리고 종교와 기도의 변화 과정을 전체적으로 분석할 계획이었다. 모스가 취하고자 했던 관점은 종합적으로 보아 진화론자의 그것이었다. 기도의 "진보"가 대규모의 영성화와 대규모의 개인화를 통해 이뤄졌기 때문에 이와 같은 관점은 아주 유용했다.(게다가 이 두 운동은 서로 아주 밀접하게 연결되어 있어서 "가장 발달한 종교

'내부의 신'은 오히려 개인들이 가진 신이라고 할 수 있을 정도였다.")[47]

하지만 모스는 곧바로 야심을 줄여 "구술(口述)로 이뤄지는 기도 제식의 기본 형태"에 연구를 국한시켰다. 모스는 그 이유를 이렇게 설명하고 있다. "기도의 모든 변화를 이해하기 위해서는 우선 그 기본 형태를 알아야 하기 때문이다."[48] 게다가 1901-1902학년도 그의 첫 강의에서는, 비록 강의의 목표가 "일반종교의 의식, 특히 기도에 대한 정의를 탐구하는 [것]"이었음에도 불구하고, 주로 "오스트레일리아인들의 구술 의식에 대해 알려진 모든 사실들에 대한 정성어린 목록 작성"이 다뤄졌다. 이렇게 해서 오스트레일리아 부족들의 모든 종교에서 기도에 대한 특징이 일단 밝혀지자 모스는 그 다음 강의에서는 그 분석으로 넘어갔다. 일반적으로 구술로 이뤄지는 제의 전체와 마찬가지로 기도의 기본 형태에 대한 설명의 기본 원칙은 다음과 같은 것이었다. "개인들로 이뤄진 그룹 전체에서 일종의 최면적 신앙이 일반화되는 집단적 흥분상태나 황홀상태"가 그것이다.

일상적으로 논문들 출간과 『사회학 연보』에 실릴 다수의 서평을 쓰는 일로(1905년에 33편, 1906년에 30편, 1907년에 40편) 시간을 많이 뺏기던 모스는 1908년과 1909년에 약간의 여유를 가질 수 있었다. 왜냐하면 『사회학 연보』가 제10호부터 3년마다 한 번씩 간행되었기 때문이다. 이와 같은 여유를 이용해 모스는 1908년에 「분트 씨에 의한 예술과 신화」[49]라는 긴 비평문을 쓸 수 있었으며, 앙리 위베르와 함께 「종교 현상 분석 입문」과 『종교사 논문집』을 출간할 수 있었다.

기도에 대한 독서량을 늘리고, 독서 노트를 쌓아나갔지만, 모스는 1907년과 1908년에만 학위논문 집필에 몰두할 수 있었을 뿐이었다. 주

에피날, 사디 카르노 가(街) 2번지 소재 마르셀 모스 가족의 집

에피날 모습 (1915년)

조카 마르셀 모스가 삼촌 에밀 뒤르켐에게 보낸 편지와 삼촌이 조카에게 보낸 답장 (1907년)

마르셀 모스의 『뤼마니테』지 기자증 (1905년)

앙리 위베르 (1910년 경)

생 발레리 앙 코 해변가에서
손자 클로드 알펜을 안고 있는
에밀 뒤르켐(1858-1917)
(1915년 8월)

부인 루이즈 드레퓌스(오른쪽), 조카 가스통 라파엘과 그의 두 딸과 함께 있는 에밀 뒤르켐

에밀 뒤르켐의 아들 앙드레 뒤르켐 (1915년)

마르셀 모스 (1915년 경)

마르셀 모스 (1930년 경)

아들 앙리(서 있음), 그의 부인과 그들의 세 아이(프랑수아, 피에르, 마리)와 함께 있는
모스의 어머니 로진 모스(오른쪽에서 2번째) (1916년 7월)

빌레르 해변가에서 조카들과 함께 (1919년). 마르셀 모스, 그의 조카 쥘리에트 카엥과
가스통 라파엘(그녀의 남편), 사촌 앙리 뒤르켐(무릎 꿇고 있음)과 마리 알팽(그의 부인),
그의 사촌 마리 뒤르켐(왼쪽에서 오른쪽으로)

코펜하겐 여행 때의 마르셀 모스 (1938년)

동생 앙리와 함께 있는 마르셀 모스(오른쪽) (1947년 경)

로 여름 방학을 이용해서 그리고 우선 "숲에서 돌아다니던 날들 외에는 조용히 연구에 몰두하기 위해" 에피날에 머물 때, 그리고 비로플레에서였다. 이곳에서 모스는 쥘리앵 세르탱 가(街)에 있는 "정원, 작은 숲, 닭장"[50]이 있는 시골의 작은 집을 빌렸다. 선선하고 아주 좋았던 날씨 덕에 그는 머리를 식힐 수 있었다. 친구들과 동료들은 모스가 "기도에 대해 정말로 끝장을 보기를"[51] 바랐다. 그리고 그가 "기도에 열중하는 것을 알고서" "그를 [그의] 성스러운 기도로부터 빼낼까 봐"[52] 주저했다. 뤼시엥 에르와 마찬가지로 그들은 모스를 열심히 격려했다.[53] 모스는 자신의 약속들을 지키는 것이 도덕적, 직업적 의무라고 생각했지만, 그 당시에는 어떤 것들은 취소하고 집회 참여를 포기하기까지 했다. 예컨대 1908년 옥스퍼드에서 개최 예정으로 있는 국제 종교학회에서의 발표를 포기하기도 했다. "[……] 제 연구가 끝나지 않으면 저는 이곳에 머물러 있어야 할 겁니다."[54]

그 누구보다도 아들의 연구에 "진전"이 있는 것을 반긴 사람은 모스의 어머니였다. 그녀는 아들에게 이렇게 편지를 쓰고 있다. "[……] 신의 가호가 있어 네가 정말로 열심히 연구를 계속해서 드디어 진정한 성공을 거두고 고등연구(비실용적)학교에서 빠져나오기를 학수고대한다."[55] 걱정이 되기는 하지만 "그의 책을 끝내도록"[56] 어떻게 아들을 도와줘야 할지를 몰랐던 그녀는 계속해서 비슷한 충고를 되풀이하고 있다. "하루하루를 대충대충 보내지 마라." "일찍 잠자리에 들어라, 10시에 일어나 식사하고 시간을 보내고, 신문을 읽으면 오전 일을 거의 하지 못하게 될 거다."[57]

모스가 "기도" 문제에 매여 있는 동안 뒤르켐도 『종교적 삶의 기초 형태』라는 저서의 집필에 몰두하고 있었다. 그는 자비에 레옹에게 이런 내용의 편지를 쓰고 있다. "1908년 7월에 내가 종교의 자유와 실천의 기본 형태에 대한 책을 쓰기 시작했다는 것을 아마 자네도 알고 있을 걸세."[58] 모리스 레엔아르트에 의하면, 실제로 모스와 뒤르켐 가운데 누가 먼저 "종교의 기초 형태"[59]의 문제를 생각했는지는 알려져 있지 않다. "가족과 종교와의 관계라는 상당히 어려운 문제"를 뒤르켐이 다루고 있을 때, "모스는 삼촌을 위해 정육면체를 만들어, 각 면에다 모계권에 따라 친인척의 위치를 마련하고 있었으며, 그렇게 하면서 집단들 사이에 일어나는 교환과 호혜조약의 양상을 정리하고 있었다."[60]

뒤르켐과 모스 두 사람 모두 같은 자료, 특히 볼드윈 스펜서와 F.-J. 길렌의 "발견"에 대해 연구를 했다.(『중앙 오스트레일리아 원주민들』, 1899, 『중앙 오스트레일리아 북부 부족들』, 1904.) 칼 스트렐로(『중앙 오스트레일리아의 아란다족과 로리차족』)에 대해서도 마찬가지였다. 뒤르켐(1902년)과 모스(1905년)는 각각 『사회학 연보』에 토테미즘에 대한 짧은 글을 발표하기도 했다. 이들 두 사람은 토테미즘을 "사회 조직의 바탕을 족외혼에 두고 있는 사회조직에서 가장 빈번히 나타나는 종교 체계"라고 생각했다. "우리들"이라는 인칭대명사를 사용하면서 모스는 "아직까지 제대로 조절이 잘 안 된 [자신들의] 견해에 약간의 모호한 점"이 있다는 것을 인정하고 있었으며, "자신들이 가지고 있지 못한 이론을 감히 정립하고자 하지 않았다."[61] 이들 두 사람은 또한 오스트레일리아의 가장 잘 알려진 부족인 아란다족에 매료되었다. 이 부족은 "정보와 암시 등이 대단히 풍부한 예외적으로 아주 드문 경우"이자 "학문적으로 대단히 중요한 경우"에 해당되었다. 뒤르켐은 이렇게 쓰고 있다. "아란다족에서 우리는 계속 전해지고 있는 가장 먼 과거와 준비되고 있는 미래를 동시에 발견한다. 이 부족에게서 초기 인류의 열등한 대표자들을 보는 것은 잘못이다. 또한 이 부족에서 우리가 알고 있는 가장 원시적인 사회 형태에 해당하는 모든 것을 알아내지 못한다면 그것 역시 잘못이다."[62] 모스는 다음과 같은 이유로 오스트레일리아 부족들에 대한 "탐구 영역"을 선택했다. 즉 이 부족들이 "원시성의 여러 징후들을 가지고 있기" 때문이었다. 하지만 모스는 "일종의 인류학적 명정(酩酊)" 상태에서 많은 연구자들이 했던 것처럼, 이 부족들이 원시부족들이라고 주장하기를 거절했다. 요컨대 모스는 그 자신이 직접 연구하지 못한 사실들을 "일시적으로만 원시적"으로 여긴다고 생각했던 것이다.[63]

모스는 논문의 마지막 단계에서 분명 어려움을 겪었던 것으로 보인다. "난 아주 천천히 전진하고 있네. 끝을 향해서일세. 약간의 활력은 있으나, 내부에서 뭔가가 으스러지는 걸 느끼네."[64] 모스는 몇몇 지지자들(그 중에는 뒤르켐도 들어 있다)에게 그의 "중요한 글"을 회람시켰다. 뒤르켐은 이 글 서문의 첫 번째 원고를 읽고 적잖이 실망했다. "서문을 읽고 서글픈 생각이 든다. 특히 도입부 부분이 엉터리로 마무리된 것 같다. [……] 실뱅 레비에게 긴히 도움을 청하는 것이 현명할 듯하다."[65] 뒤르켐보다 훨씬 덜 엄격한 태도를 보인 알프레드 에스피나는 몇 페이지를 읽은 후에 모스에게 긍정적인 짧은 지적을 해줬다. "제시된 방법론은 훌륭하네. 이 방법론의 장점을 인정해주는 자들의 수가 자꾸 줄고 있네. 보름스와 타르드는 사회학을 제대로 이해하지 못하고 있네."[66]

총 분량의 1/4에 해당되는 두 권의 분책(分冊)은 "은밀하게 그리고 임시로" 1909년 펠릭스 알캉 출판사에서 제작되었다. 하지만 실뱅 레비의 충고에 따라("실뱅이 그렇게 결정했다.")[67] 모스는 이 두 권을 취소했다. 왜냐하면 그 동안에 칼 스트렐로의 새로운 자료(『중앙 오스트레일리아의 아란다족과 로리차족』)를 접하게 되었기 때문이다. 모스는 다음과 같은 말로 그 당시 일화를 얘기하고 있다. "[그 자료가] 내게 전해졌다. 그것을 옮겨 적었다. 저자와 서신 교환을 했다. 나는 그 자료의 출간에도 관여하게 되었다."[68]

이 새로운 자료들의 가치는 대단히 컸다. 그도 그럴 것이 모스는 그것들을 통해 자기 연구를 "갱신하고 또 심화시킬 수" 있었기 때문이었다. 모스는 1892년 이래로 오스트레일리아에서 거주하고 있는 이 독일 선교사의 업적에 대해 잘 알고 있었다. 이 선교사는 총 7권의 시리즈로 된 『중앙 오스트레일리아의 아란다족과 로리차족』의 첫 분책들을 출간하려 하고 있었다. 『기도』에 대한 원고에서 모스는 1907년과 1908년에 간행된 분책 첫 두 권을 아주 많이 인용했다. 그리고 모스는 뒤르켐과 함께 『사회학 연보』에 이 두 권에 대한 서평을 쓰기도 했다. 물론 이 연구에 "그들이 놀랄만한 혁명적인 내용"이 들어 있는 것은 아니었다. 하지만 그들은 "이 연구를 통해 대단히 많은 것을 배울 수 있었다."[69] 뒤르켐의 설명에 따르면, 스트렐로의 위대한 힘은 선배 연구자들이었던 스펜서와 길렌도 같은 수준으로 가지지 못했던 아란다 언어에 대한 실질적인 지식에 있었다. 스트렐로의 "가장 새롭고, 가장 중요한 기여"는 그가 신화학에 대해 가하고 있는 설명이었다. "[……] 우리들은 그 자료에서 아주 많은 토템 의식의 표현들을 발견할 수 있었다. 이렇게 해서 우리들은 토템의 표상, 구술 의식, 신화 사이 관계에 대해 과거보다 더 잘 알 수 있게 되었다.(토템의 형식은 이 신화에 대해 일종의 요약으로 사용되기도 했다.) 마지막으로 우리들은 이 연구를 통해 이 형식들의 구조, 그 의미, 그것들의 운율 등을 알게 되었다."[70] 뒤르켐은 『종교적 삶의 기초 형태』가 출간되었을 때, 스트렐로의 다른 분책들을 참고하지 못한 것을 애석하게 생각했다. 뒤르켐의 저서가 완성됐을 때 그 책들이 출간되어서였다. 하지만 뒤르켐은 그의 첫 두 권의 분책은 참고할 수 있었다. 스트렐로의 분책의 출간 책임을 맡았던 레온 아르(1911년)와 하겐(1919년)의 죽음과 전쟁으로 인해 다른 분책의 출간이 늦어졌다. 7권은 1920년에 가서야 출간된다.

모스에게 "의식(儀式)과 신앙 쌍방의 본질에 공히 관련되는" 기도는 "구심점", "상당히 많은 종교 현상의 핵심 현상"이었다. 물론 기도에서 문제가 되는 것은 "말"이었다. 하지만 이 말은 행동과 사유의 내적 결합을 요구하는 독특한 효율성을 가지는 말이었다. 왜냐하면 "말을 하는 것은 행동함과 동시에 생각하는 것"이기 때문이었다. 이와 같은 행동에 대한 연구는 신화학과 의식학(儀式學) 둘 다 지지하지 않게끔 했다. "모든 의식은 필연적으로 다소간 모호한 개념이고, 모든 신앙은 아무리 약하다고 해도 움직이게 한다."[71]

모스가 기도에 대해 내리고 있는 일시적 정의는 다음과 같았다. "기도는 성스러운 것에 직접 관계되는 구두로 이뤄지는 종교적 의식이다."[72] '성(聖)'과 '속(俗)'의 구별을 강조하고 있는 이 정의는 "신학의 흔적이 있는 전문용어"의 함정에 빠지는 것을 막아주고 있다. 이 정의는 또한 "모든 사태를 기독교적 사상을 통해 바라보지 않을 것"을 요청하고 있으며, 그 시작으로서 기도를 "신자와 그가 믿는 신 사이의 영적 교류"로 여기는 근대적 개념을 멀리할 것을 요청하고 있다.

더군다나 방법론상의 관점에서 보면 기도는 선택의 "영역"을 제공해준다. 모스는 "방법론상의 문제를 계속해서 토론할 필요는 없다."고 생각하고 있었다. 하지만 그는 이 과학적 과정의 주요 단계들을 요약했다. 그가 「사회학」(1901)이라는 제목의 논문에서 그것들을 제시했던 그대로 말이다. 정의(그리고 선(先)개념의 거부), 관찰(그리고 역사적이고 민족지학적 자료들에 대한 비판), 그리고 마지막의 설명 단계가 그것이다. 이 마지막 설명 단계에 대해서 모스는 "똑같이 적법한" 두 개의 과정(하위 과정)을 구분하고 있다. 도식적 설명과 발생론적 설명이 그것이다. 「희생의 본질과 기능에 대한 시론」에서 이용된 첫 번째 유형의 설명은 다소 많은 현상들, 그러나 충분히 골라낸 현상들에 대한 분석에 집중되었다. 반면 두 번째 유형의 설명은 하나의 사실의 가장 기본적인 형태에서 출발해서 "점차 더 발전된 형태로 옮겨갔다." 『기도론』에서 모스는 발생론적 방법을 더 살리고 있다. 여기에서 형태들의 역사적 계승이 "설명의 중요한 요소"가 되고 있다.

　　모스는 자신의 생각을 더 멀리 밀고 나가면서 발생론적 설명의 첫 계기와 도구를 확인했다. 첫 번째 계기는 바로 기도의 여러 형태들에 대한 계보학적 분류, 즉 그것들의 발전 순서에 따른 형태들의 구성이었다. 물론 이 방법은 기도의 여러 다른 체계의 비교이기도 했다. 모스는 일치보다도 오히려 차이들에 더 관심을 가졌다. 이 차이들은 고유한 사회 환경에 연유하는 것이었다. "주어진 하나의 기도, 주어진 하나의 사회와 하나의 종교 사이에는 필연적인 관계가 존재한다."[73]

　　성스러움에 대한 연구에서와 마찬가지로 모스는 그 자신이 잘 알고 있는 고대의 다양한 문헌들에서 많은 것을 가져왔다. 더군다나 그 도입부에는 『베다』, 『성서』의 「아가서」, 유대 기도 등이 포함되었다. 그러나 모스는 『기도론』을 위해 "구술로 된 기초적 제의(祭儀)"에 주의를 집중시켰고, 또한 『종교적 삶의 기초 형태』에서 뒤르켐이 한 것처럼 자신의 연구 범위를 오스트레일리아 사회들에 국한시키고자 했다. 그 이유는 이 사회들이 "원시적이라 불리는 사회들 가운데 가장 널리 알려져 있기" 때문이었고, 또한 이 사회들의 "수가 충분히 많은 동시에 상당히 규칙적이고, 제식과 그 변형 형태를 연구하는데 대단히 유리한 하나의 그룹을 형성할 정도로 충분히 이질적이었기" 때문이었다. 요컨대 이 사회들은 "일종의 전체", 즉 그 자체로 "하나의 문명"[74]을 형성하고 있었던 것이다.

게다가 이와 같은 선택은 모스 자신이 제기한 다음과 같은 문제들과 밀접하게 연결되어 있었다. 뮐러, 머렛, 리버 등이 생각한 것처럼 기도는 과연 마법적 주문(呪文)에서 파생되었을까? 지금까지 우리에게 알려진 가장 "열등한" 사회의 구술 의식에서도 이른바 기도가 존재할까? 모스는 수집된 자료들을 통해 심지어 오스트레일리아에서조차 "상당히 진화된 형태의 기도와 그 기초적 요소들"이 있다는 결론을 내리고 있다. 토테미즘 숭배와 입문 숭배의 표현이 그것이다. 이와 같은 증명은 "토템의 물건이나 동물의 종(種)에 영향을 주고자 하는"——아란다족의 '인티치우마(intichiouma)' 축제[75]를 생각하자! ——목적으로 축제 기간 동안에 사용되는 표현들에 대한 연구를 통해 이뤄졌다. 이 표현들은 멜로디와 리듬이 섞인 것들이며, 종종 단조로운 외침이나 무한정 반복되는 외침으로 축소되는 것들도 없지 않았다. 보통의 경우 부족 전체가 집단적으로 춤을 추며 이 표현들을 읊조리기도 한다. 모스의 글은 이 인티

치우마 축제에 대한 상세한 묘사로 끝나고 있다. 특히 셰닐족에서 알리스 스프링에 이르는 축제를 말이다. 게다가 이들의 축제에서는 기도의 표현들이 "특히 간청(懇請)어법적 특징"을 가지고 있으며, 이는 신성한 동물, 즉 '토템'에 대한 호소로 이뤄지고 있다. "에로틱한 노래가 인간의 욕망을 자극하는 것과 마찬가지로, 기도의 여러 표현들은 의식, 목소리 등을 통해 소생하는 동물, 인간, 신 등 모든 존재들의 번영에 대한 갈망을 겨냥하고 있다."[76]

뒤르켐의 『종교적 삶의 기초 형태』(제3부, 즉 긍정적 숭배에 할애된 부분인 "중요한 제식적 태도들")에서 아란다족에서 벌어지는 이와 같은 인티치우마 축제의 모든 과정을 상세하게 볼 수 있다. 또한 모스가 분석하고 있는 것처럼 와라랑 가족에서도 마찬가지이다. 그러니까 뒤르켐은 모스와 같은 민족지학적 자료들을 이용한 것이다. 하지만 약간은 다른 방식으로였다. 뒤르켐은 "아주 다양한 행동을 통해 원시인들의 숭배에서 관찰되는 가장 특징적인 태도를 포착하고, 이들 의식의 가장 일반적인 형태들을 분류하고, 이렇게 해서 그 기원과 의미를 결정하고자" 했던 것이다. 뒤르켐은 논문의 한 주(註)에서 기도 의식의 어떤 측면들은 보류했다고 지적하고 있기도 하다. "『사회학 연보』의 특별호를 통해 기도의 구술 제식이 완벽하게 고찰될 것이다."[77]

『종교적 삶의 기초 형태』를 집필하면서 뒤르켐은 미완의 상태로 있던 조카 모스의 『기도론』을 참조했다. 반대 주장에 대한 비판, 모든 자료에 대한 세심한 검토, 반대되는 사실들에 대한 연구, 수많은 의례(儀禮)들에 대한 상세한 설명, 이 모든 것이 모스가 적용한 방법의 특징이었다. 따라서 모스의 연구 과정은 길고도 지루할 수밖에 없었다. 모리스 레엔아르트는 이렇게 지적하고 있다. "현학적인 것은 아무것도 없다. 반면, 이 저서가 가질 수 있는 힘을 예견해주는 생생한 변증법이 있다."[78] 뒤르켐의 조카는 자기 계획을 포기하지 않았다. 그러나 완수해야 할 여러 가지 의무로 인해 연구가 늦어졌으며, 건강 문제가 겹치기도 했다. 위베르는 "가엾은 오랜 친구"에게 서두르지 말 것과 다시 정상 컨디션을 되찾을 것을 권하기도 했다. "[……] 당분간 강의를 쉬게. 쉬면서 짬짬이 일하고 묵상을 하도록 하게. 그리고 자네가 가족들을 만족시켜 줄 그 논문을 완성해서 어서 빨리 자유롭게 활동할 수 있게 되기를 바라네."[79]

1912년에 프랑크푸르트로 여행을 떠나면서 모스는 "스트렐로라는 사람보다는 그의 자료들에 대해 더 관심을 가졌다."[80] 그 이후 『사회학 연보』의 첫 번째 시리즈 마지막 권에서 모스는 아란다족과 로리차족의 토템 숭배에 할애된 스트렐로의 새로운 두 권의 분책에 할애된 서평을 쓰기도 했다. "이 두 권의 분책의 가장 중요한 공헌은 노래로 되어 있는 기도 표현들의 텍스트 그 자체의 출간이라는 점이다. 특히 다음과 같은 이중의 번역을 동반하고 있는 텍스트가 그것이다. 하나는 원문과 번역문을 한 줄씩 번갈아 놓은 대역(對譯)이고, 다른 하나는 자세한 설명이 따르는 번역이 그것이다. 이렇게 해서 우리는 일종의 오스트레일리아의 『리그 베다』에 해당하는 아란다어로 된 1,500개의 귀중한 시구를 소유하게 되었다."[81] 결국 기도의 의식에 대한 연구를 위해 모스는 "아주 든든한 문헌학적 토대에 의지할" 수 있게 된 것이다. 하지만 불행하게도 모스가 연구에 전념하려는 시기에 전쟁이 발발했으며, 이로 인해 그는 중도에서 연구를 멈출 수밖에 없었다.[82]

한 시대의 종말

종교사에 대한 연구는 20세기 첫 10년 동안 그 정점에 달했다. 활발한 토의가 이뤄졌고, 출판물의 수도 많아졌다. 제임스 프레이저는 『황금가지』의 더 두툼해진 3판을 준비 중이었다. 살로몽 레나크는 종교 일반사 저서인 『오르페우스』(피카르 출판사, 1909년)의 12판을 출간했다. 종교사에 대한 토의는 주로 다음과 같은 몇 가지 문제를 중심으로 전개되었다. 종교가 없는 민족도 있는가? 종교와 마법 사이에는 어떤 관계가 있는가? 원시적 일신교의 존재를 말할 수 있는가? 비문명화된 종교에 대한 연구는 대학에서 훨씬 더 큰 정당성을 획득하고 있었다. 그것을 제3차 종교사 국제학술총회에서 확인할 수 있다. 1908년에 옥스퍼드에서 "비중 있고 존경받는" 에드워드 버넷 타일러를 기념하기 위해 개최된 이 종교사 국제학술총회는 "인류학 탄생의 반세기 역사를 기념하는 것이었다…… .

　프랑스 사회학자, 특히 뒤르켐에게 1910년대는 그 자신 훨씬 더 많은 인정을 받는 시절이었다. 『사회학 연보』 10주년 행사가 "초청받은 교수, 박사를 포함한 모든 학자들, 모든 지식인들, 고등사범학교 졸업생들을 압도한"[83] 장 조레스가 참석한 가운데 개최되었다. 『사회학 연보』의 친구들이 1913년에 55세 된 뒤르켐에게 생일 축하연을 베풀어 줬고, 조각가 랑도브스키의 작품인 "아주 멋진 흉상"[84]을 선물했다. 그리고 새로운 협력자들이 그의 저작에 논문과 책을 헌정하기도 했다. 『철학잡지』(1911)에 「뒤르켐의 사회학」이라는 제목의 긴 글과 1912년에 미쇼 출판사에서 출간된 『에밀 뒤르켐』을 쓴 조르주 다비가 그 경우였다. 또한 모리스 알브바크스도 『철학잡지』(1916)에 「뒤르켐의 이론」이라는 제목의 글을 싣기도 했다. 뒤르켐은 이 모든 것에 대해 흡족해 했다. 뒤르켐은 조르주 다비에게 다음과 같은 내용의 편지를 보내고 있다. "자네의 저작에서 느낄 수 있는 공감 덕분에 우쭐길 좋아하는 자들의 공격을 무덤덤하게 참아낼 수 있었네."[85] 여하튼 뒤르켐의 이름 석자는 '사회학'이라고 하는 "새로운 학문"과 분리해서 생각할 수 없었으며, 실제로 뒤르켐 자신에 의해 이 분야의 대상과 방법이 얼마 전에 엄격하게 규정되고 있었다.

1912년에 『오스트레일리아에서의 토테미즘. 종교적 삶의 기초 형태』라는 제목으로 간행된 저서는 뒤르켐의 모든 저서들 가운데 가장 중요한 저서이자 동시에 가장 논란의 대상이 된 저서이기도 하다. 수년 전부터 뒤르켐 자신과 그의 협력자들이 수행해 온 연구의 참다운 의미에서의 결정체라고 할 수 있는 이 저서는, 그 자신이 지적하는 것처럼, 복잡하고 "공동 작업에 의해 서서히 진행될 수밖에 없는"[86] 새로운 학문에 대한 "단편적인 기여"라고 할 수 있다. 위베르, 에르츠, 메이예, 모스 등의 연구에 대한 참조가 아주 많았다. 예컨대 「분류의 몇몇 원시적 형식」, 「희생의 본질과 기능에 대한 시론」, 「마법의 일반 이론 소묘」, 「계절적 변화에 대한 시론」 등이 그것이다. 뒤르켐은 또한 위베르와 모스가 함께 수행한 연구의 핵심 개념인 '마나' 개념을 그대로 사용했다. "[원칙적으로 토템에 속하는] 이 개념은 종교에 관계된 사유의 발전에서의 역할 때문에 일차적인 중요성을 가지고 있다. 그 뿐만 아니라 이 개념은 또한 과학적 사유의 역사와 관련되는 세속적 측면을 가지고 있기도 하다. 이 개념은 '힘'이라는 개념의 최초 표현인 것이다."[87]

뒤르켐과 모스가 지적하고 있는 것처럼, 『종교적 삶의 기초 형태』

의 특징은 그 방법론에 있다. 첫째, 이 연구는 토테미즘이 어느 정도 발전된 모든 민족들을 포괄하지 않고 있다. 그러기는커녕 오스트레일리아의 몇몇 사회 집단들에 국한되어 있다. 둘째, 뒤르켐은 종교에 대한 정확하고도 뚜렷한 정의를 내리고 있다. 즉 "종교의 특징은 성스러움과 세속의 구분이다."라고 정의한다. 토테미즘의 분석이 갖는 장점은 어떤 종교의 기초적 구성 요소들이라도 거기서 발견할 수 있다는 것이지, 프레이저가 생각하는 것처럼 미신적 요소들의 비조직적 덩어리가 아니라는 것이다. 토테미즘은 "이른바 하나의 종교다." 마지막으로 그리고 이것이 사회학적 방법의 고유한 결과인데, 고유한 의미에서 종교 체계로서의 토테미즘은 특히 탁월한 '사회적' 특징을 지닌다는 것을 보여준다. "성스러운 것을 마음대로 만들어내고, 따라서 그것들에 종교적 특성을 줄 수 있는 것"은 다름 아닌 사회인 것이다.

믿음(영혼 개념, 인격 개념, 신의 개념)과 숭배(예컨대 희생)에 대한 연구가 도달했던 주요 결론은 뒤르켐과 모스에 따르면 다음과 같다.

결론적으로 이와 같이 이해된 종교는 무엇보다도 집단과 개인들의 영혼을 계속해서 고양시키고 새로이 고양시키는 것을 목적으로 삼는 행동 체계에서 드러나고 있다. 종교가 사변적 역할을 가지고 있기는 하지만, 그 주된 기능은 사람들에게 활력을 불어넣어 주는 것이다. 종교는 개인에게 자기 자신의 한계를 넘을 수 있는 힘을 주고, 자신의 본성을 넘어서고 또 그것을 통제할 수 있는 힘을 준다. 그런데 개인이 이용하는 힘보다 우월한 유일한 도덕적 힘은 하나로 뭉친 개인들이 끌어내는 힘이다. 종교의 힘은 집단의 힘이고, 또 그런 힘일 수밖에 없을

것이다.[88]

뒤르켐의 마지막 저서는 다음과 같은 목표를 가진 아주 광범위한 프로그램의 일부였다. 즉 인식론에 가닿기 위해 종교사회학의 한계를 뛰어넘는 이른바 "인간의 정신"에 대한 탐구라는 목표가 그것이다. 뒤르켐은 조르주 다비에게 이렇게 쓰고 있다. "나는 철학에서 출발해서 인식이론으로 되돌아오는 경향이 있네. 또는 중간에서 부딪치게 된 문제들의 성격 때문에 난 자연스럽게 거기에 이르게 되었네."[89] 아리스토텔레스 이래로 수많은 철학자들에 의해 제기된 이 문제들은 인간의 오성의 범주와 관계된다. 즉 "우리 인간의 정신 활동을 지배하는 중요한 개념들, [······] 가령 시간, 공간, 유(類), 수(數), 원인, 물질, 인격, 등과 같은 개념들"[90]에 관계된다. 뒤르켐은 원시종교의 신앙을 연구하는 과정에서 "이 범주들 가운데 핵심이 되는 개념들", 모두 "종교적 사유의 산물인" 개념들을 발견하게 된 것이다.

『종교적 삶의 기초 형태』는 전체적으로 호평을 받았다.[91] 하트랜드는 영국 학술지 『맨』(1913)에서 이 저서를 "종교의 기원에 대한 논의에서 새로운 장을 연 [······] 뛰어난 저서"로 여긴다고 말하고 있다. 말리노프스키는 학술지 『폴크-로어』(1913)에서 이 저서를 "종교 연구에서 가장 중요한 공헌 가운데 하나"라고 선언하고 있다. 미국에서 『미국 사회학 저널』은 이 저서에 대한 두 편의 서평을 싣고 있다. 하나는 휴턴 웹스터의 것으로 1913년의 것이고, 다른 하나는 U. G. 웨덜리의 것으로 그로부터 몇 년 후의 것이다. 하지만 이 저서에 대한 비판 역시 혹독했다. 철학자들은 "사회 속에서 개인의 독립"을 재천명하고, 인류학 전문가들은 뒤르켐의 민족지학적 자료들의 이용과 그의 토테미즘에 대한 해석을 문제 삼았다. 『미국 인류학 잡지』(1915)에서 알렉산더 골덴바이저는 뒤르켐의 논증이 그다지 설득력이 없다고 주장하고 있다. 즉 뒤르켐이 원시 인간의 정신 상태에 대해 정확하지 못한 이해를 하고 있다, 오스트레일리아라는 독단적 선택을 하고 있다는 등의 비판이 그것이다. 영국 인류학자들 중 뒤르켐에 가장 가까운 학자라고 할 수 있는 알프레드 래드클리프 브라운도 민족지학의 차원에서 『종교적 삶의 기초 형태』의 "약점"을 거론하고 있다.[92] 프랑스에서는 『마다가스카르에서의 터부와 토테미즘』(1903)이라는 제목의 학위논문의 저자이자 『민족지학, 사회학 연구 잡지』(1907)의 창간자이기도 한 아놀드 반 젠네프가 뒤르켐의 저서에 대한 논의를 주도했다. 우선 『르 메르퀴르 드 프랑스』(1912) 지에서 이 저서에 대한 서평을 통해서였고, 그 다음으로는 『종교사 잡지』에서 토테미즘에 대한 일련의 글을 통해서였다. 이 글들은 후일 『토테미즘 문제의 현황』[93]이라는 제목 하에 한데 모아 출간된다. 뒤르켐은 "자신의 연구의 철학적 함의를 옹호하기 위해" 1913년에 "종교 문제와 인간 본성의 이원성"이라는 주제로 열린 철학학회의 토론에 참가하기도 했다.

모스는 뒤르켐과 공동으로 서평을 쓰는 형식을 빌어 『종교적 삶의 기초 형태』에 대한 논의에 관여할 뿐이었다. 이 서평에서 모스는 이 저서와 프레이저의 최근 저서인 『토테미즘과 족외혼』(1911)을 비교하고 있다. 후일 고백하고 있듯이, 모스는 삼촌과 완전히 같은 견해를 가지고 있지 않았다. 그렇지만 뒤르켐에 대한 논평을 하지는 않았다. 모스는 래드클리프 브라운에게 보낸 편지에서 어쨌든 자기 자신의 관점을 알리려 한다.

토테미즘에 대한 당신의 견해에 대해 감사를 드립니다. 저에게는 아주 다행스러운 토론입니다. 그리고 저는 당신이 몇 가지 점에서 뒤르켐에 비해 옳다고 생각합니다. 뒤르켐이 알고 있듯이, 이 점에 대해 저는 그와 의견을 달리하고 있습니다. 씨족의 종교에서 출발한 부족 종교에 대한 그의 추론은 지나치게 엄격하다고 생각합니다. 다른 한편, 종교의 사회학적 특징은 부족이나 개별 가족에 대한 씨족의 우월성이라는 이론과 별개의 것이라는 사실을 주장하는 당신이 옳다고 생각합니다. 실상 사회적 성격과 종교가 연루하는 사회적 사실들의 차원이 넓은 척도에서 뒤르켐 방식으로 규정된다면 그의 예시(例示)는 사실로 남게 될 테니까요.[94]

영국에서 1914-1918년 1차 세계대전 중에 출간된 스탠리 아더 쿡의 『종교 연구』라는 저서와 마찬가지로 『종교적 삶의 기초 형태』도 한 시대의 종지부를 찍고 있다. 과학과 종교의 대립도 이제 시들해졌다. 게다가 이 저서가 출간되었을 때 토테미즘은 이제 더 이상 인류학의 핵심적 관심사가 아니었다. 종교사에서 이 문제에 대한 논의는 이미 활력을 잃었고, 어조도 상당히 달라졌다. 1912년 레이드에서 개최된 제4회 종교사 국제학술총회에서 폴 알팡데리가 지적하고 있는 것처럼, "선언문들의 시대는 지나간 것처럼 보인다. 종교학을 비난하는 자도 옹호하는 자도 없다."[95] 인류학자들은 철학적 사변을 멀리 했고, 모든 문학적 주장을 포기했으며, 이제 단호하게 현장답사 쪽으로 방향을 돌렸다. 그들은 종교의 기원보다는 사회 조직에 대한 분석과 소위 원시사회의 문화 연구를 더 선호하게 되었다. 1913년에 말리노프스키는 『오스트레일리아 원

주민들 사이의 가족』을 출간했고, 그 다음해에 W. H. R. 리버는 『혈족과
사회조직』을 출간했다. 달리 말하자면 종교사 문제에 대한 관심은 적어
진 반면 민족지학 문제에 대한 관심은 커진 것이다.

프랑스의 대학에서 뒤르켐의 위치는 더 강화되었다. 그는 소르본,
고등사범학교, 고등연구실천학교에서 가르쳤고, 대학평의회에 소속되
어 있었으며, 여러 대학 및 정부 자문회에 소속되어 있기도 했다. 하지만
이른바 "소르본의 섭정"이라 불렸던 그는 새로운 소르본의 정신을 탓하
는 자들의 공격 목표가 되기도 했다. 1910년에 『로피니옹』지에 실린 글
의 모음집을 아가통이라는 가명 하에 발표한 앙리 마시스와 알프레드
타르드 등이 그들이었다. 이들의 비판은 그 스타일 면에서 페귀의 그것
과 비슷했다. 그들은 첫 번째로 사회학을 겨냥했으며, 한 세대의 교수들
을 "보잘 것 없는 공무원의 역할로 축소"시키면서 "지적 전제주의"를
구축한 사회학을 대표하는 "이 강력한 우두머리"인 뒤르켐을 겨냥했다.

이들의 글의 어조에 분노한 마르셀 모스는 즉각 응수했다. 그 역시
크리통이라는 가명을 쓰며 "새로운 아가통들"을 비난했다.

[이 젊은 부르주아들에게는] 진실을 숨기는 뻔뻔스러움도 재주도 부족하
지 않다.

『로피니옹』지에 실렸고, 다시 [『레 죈느 장 도주르디』]지에 실렸으
며, 『르 마탱』지에도 거칠게 예고된 그들의 조사 내용은 완전히 편파적
이고, 허울 좋으며, 게다가 거짓투성이기도 하다. [……]

[……] 동지들이여! 이 책을 읽어 보라. 그러면 오늘날 젊은 부르주
아들의 영혼의 상태에 대해 알게 될 것이다. 잔인하고, 자의적이고, 이

익과 쾌락에 몰두하고, 사사로운 철학에 탐닉하고, 견유적이고, 행동
지향적이고(이것을 지금은 실용주의라고 한다), 종교를 믿는 것이 아니라
종교를 습득한다(그렇지만 신앙에서는 그다지 철저하지 못하다). 이 책을
읽어라! 하지만 사지는 말라! 아가통들의 배를 채워주는 것은 쓸데없
는 일이다. 그들이 좋아하는 그리스 선조들처럼 그들 역시 같은 말로
를 겪을 것이다. 그들은 마케도니아의 한 왕의 궁정에서 생활하는 궁
정인들로 죽어갈 것이다. 왜냐하면 우리가 공화국을 수호하고, 프랑스
에서 사회주의를 실행하기 위해 여기에 있기 때문이다.[96]

콜레주 드 프랑스의 입성 실패 때부터 1차 세계대전 전까지 기도에 대한
연구에 몰두했던 모스는 의미 있는 새로운 연구에 착수하지 못하고 있었
다. 『사회학 연보』의 출간은 여전히 그를 짓눌렀다. "난 거의 일년 내내
『사회학 연보』에 매달려 있네. 독감보다 더 지독한 독(毒)이네."[97] 모스의
고향인 에피날에서도 『사회학 연보』의 출간을 "독감"으로, "사회학적
병"으로 규정하고 있었다. 이 학술지의 출간이 아들에게 "과잉의 격무"
라는 사실을 잘 알고 있던 모스의 어머니는 "그의 책이 끝나는 것을 보
지 못해 절망에 빠졌다."[98] 그녀는 이런 내용의 편지를 쓰고 있다. "벌써
15년 이상 나는 화가 나고 괴롭구나. […] 초조함, 슬픔, 걱정뿐이다."[99]
그녀의 걱정거리 가운데 하나는 아들의 책이 "다른 사람들의 것보다 너
무 늦게"[100] 출간되는 것이었다.

　모스의 어머니의 눈에 아들은 항상 "비참한 상황"에 빠져 있는 것
처럼 보였다. 모스는 생활 습관을 전혀 바꾸지 못하고 있었다. 불규칙
한 연구, "생활비"의 균형을 맞추는 어려움, "자신의 능력으로 살아가는

데"[101] 연유하는 여러 어려움 등이 그것이었다. 그의 어머니의 "가장 간절한 두 가지 소원" 가운데 하나는, 아들인 모스가 "그저 조금 안락하고, 쾌적하고, 수수한 삶을 사는 것"[102]이었다. 다른 하나는 모스가 "가정을 꾸미고 안정된 삶을 영위하는 것"[103]이었다.

물론 모스의 생활은, 그 자신이 직접 친구인 앙리 위베르에게 말하고 있는 것처럼, 과거보다는 훨씬 더 짜임새가 있었다. "난 오전에 규칙적으로 연구를 하고, 오후에는 여러 잡동사니 일을 처리하고 있네."[104] 하지만 "오랜" 독신생활은 잘 정리가 안 되었다. 우선 주거지를 바꾸는 일이 잦았다. 1906년에는 클뤼니 가 3번지, 1911년에는 말브랑슈 가 17번지, 1912년에는 삭스 가 39번지, 1914년 7월에는 브뤼러 가 2 번지 등으로 계속 거처를 옮겼다. 그 다음으로 주위 사람들이 그렇게 바라던 여자 친구와의 관계의 단절 문제가 있었다. 헤어졌다는 얘기가 여러 번 있었지만 부분적일 뿐이었다. "마르게리트와 떨어져 지낸 지 열흘 되었네. [……] 하지만 안정이 안 되었네. 바보처럼 한 달 전보다 더 그녀를 생각하고 있지. 그럼에도 그녀가 괴로워 할까봐 연락을 할 수가 없네."[105] 심지어 모스가 "자신의 생활에서의 변화"를 알리더라도 그의 어머니는 그것을 반겨야 할지 어쩔지를 모르는 채 "매우 걱정"[106]만 했다.

모스는 그의 가장 친한 친구이자 협력자인 앙리 위베르와 돈독한 관계를 유지했다. 하지만 그들의 공통의 관심사는 위베르가 고등연구실천학교와 생 제르맹 박물관에서 일을 하기 시작한 이후 조금씩 줄어들었다. 위베르는 1910년에 박물관의 부관장으로 임명되었고, 고고학자와 박물관 학자로서의 임무를 수행하고 있었다. 게다가 같은 해에 8월에 위베르는 알마쉬렌베르크 지방의 비이스바덴 출신으로 "아주 명랑하고 교양 있는" 여성과 결혼을 했다. 위베르는 그녀를 루체른 근처에서 치료를 받는 중에 만났다. 위베르는 모스에게 늦게 결혼 소식을 알리고 있다.

> [……] 난 항상 결혼하기를 원했네. [……] 자네에게 이렇게 늦게 알리는 나 자신을 탓하고 있네. 『사회학 연보』 때문이네. [……] 난 에르에게 먼저 귀띔을 해줬네. 그는 당연히 축하한다고 했지. 식구들에게도 전했네. 이 친구야, 축하해 주게나. 난 자네와 함께 보냈던 힘겨웠고 좋았던 시절, 아주 풍부한 결과를 낳았던 시절을 생각한다네. 내 인생에서 시작되고 있는 변화와 더불어서 말이야.[107]

모든 사람들은 이 "사람 좋은" 위베르가 "멋진 결혼을 하기를 바랐고, 또 그가 잘 살기를"[108] 바랐다. 1913년에 첫 아들이 태어났을 때 위베르는 그에게 '마르셀'[109]이라는 이름을 지어 줬고, 센느 강이 내려다보이는 집이 있는 샤투에 정착했다.

모스와 위베르가 서로 약간 소원한 관계를 유지했다고 해도 이 두 사람은 고등연구실천학교에서 여전히 한 팀을 이루고 있었다. 그곳에서 그들은 젊은 연구자들과 함께 새로운 연구 세대를 양성하게 되었다. 크자르노프스키, 다비, 장메르, 르투아르, 모니에, 마르크스, 프르질뤼스키 등과 함께였다. 모스는 학생들에게 여전히 대단한 지적 감동을 줬다. 이에 대해 레이몽 르누아르는 다음과 같은 증언을 해주고 있다.

> 이 사회학자는 아무런 어려움 없이 서로 멀리 떨어져 있는 오스트레일

리아 포족들과 미국의 여러 집단들 사이를 마음대로 돌아다녔다. 하지만 그의 사유 —— 곧장 설명해야 하는 —— 가 하나의 판단으로 표현되기까지는 약간의 주저함이 있었고, 지체가 있었고, 종종 대화 중에 사라져버리는 것처럼 보이기도 했다. 갑작스럽게 모순 되는 주장도 있었고, 단호하고도 엄격한 문장이 만들어지기도 했다. 사회적 사실이 거기에 있었다. 그리고 이 사실과 더불어, 이것 내부에서 인간의 모든 행동 양식이 설명되었다. 이 사회적 사실은 대체 어디에서 왔는가? 또 그것은 어디를 향해 가는가? 게다가 이 사회적 사실 하나만으로는 충분하지 않았다. 상호 행동의 유희를 통해 이것이 하나의 사회생활에 구현되어야 했다. 원시 민족의 언어들이 난무했다. 이 단어들은 여러 방언들, 헬레니즘의 여러 개념들, 서구 문명의 여러 개념들과 이리저리 뒤섞였다. 그러는 중에 고유한 차이를 가지고 있는 철학 체계로 인해 사회적 사실들의 의미가 바뀌기도 했다.[110]

학문적 차원에서 모스는 자기 연구를 높이 평가해주고 있는 영국 인류학자들과의 관계를 더 돈독히 했다. 타일러가 퇴임하는 시기에 R. R. 머렛은 프랑스 동료인 모스의 지지를 얻으려고 노력하기도 했다.[111] 프레이저 내외는 파리에서 모스를 반갑게 만났고, 모스가 영국에 체류할 때 그를 집으로 초대하기도 했다. 모스는 1905년에 자비로 런던을 방문했고, 또한 1912년에는 중요한 임무를 띠고 영국과 벨기에, 독일에서 체류할 기회를 갖기도 했다. 그 당시 모스의 임무는 두 가지였다. 오스트레일리아 부족들에 대한 자료를 참고하는 것과 "세 나라에서 만개하고 있는"[112] 민족지학 관련 제도들을 조사하는 것이었다. 그 당시에 모스는

"민족지학 분야에서 활동하는 이 나라들의 여러 학자들과 돈독한 관계를 맺고자 했다." 그리고 그는 이렇게 기대하고 있다. "만일 프랑스에서도 이와 같은 연구에 합당한 자리를 주고자 한다면, 이런 관계가 민족지학 연구의 발전에 긍정적으로 소용될 것이다."[113]

　2개월 이상 런던에 머물면서 모스는 거기에서 옛 동료들이자 친구인 마벨 보드와 그의 제자였던 장 마르크스를 만났다. 모스는 매일 대영박물관에서 연구했고, 알프레드 래드클리프 브라운의 "오스트레일리아 연구"를 접할 수가 있었으며, 그와 편지를 주고받기 시작했다. 또한 모스는 케임브리지에서 리버를 만나기도 했다. 모스에 의하면 리버는 "완벽한 인류학자"이자 "도덕적으로 훌륭한 학자의 전형"이었다. 모스는 케임브리지에서 해든을 만났으며, 머렛을 옥스퍼드에서, 그리고 런던에서는 셀릭맨을 만나기도 했다. 해든, 리버스, 셀릭맨은 모두 그 유명한 '케임브리지 토레스 해협 조사단'에 참가했다. 모스가 정확히 지적하고 있듯이, 이 탐사단에 선발된 사람들의 자질과 거기에서 이용된 방법은 "학문적 공동체의 생활에서 아주 드물게 경험하는 행복한 만남이 이뤄지는 기회 가운데"[114] 하나였다.

　모스에게 케임브리지대학 조사단의 "젊은 인재" 중 한 명이었던 찰스 G. 셀릭맨과의 만남은 길고도 돈독한 우정의 시작의 첫 단계였다. 1914년까지 자신의 이름을 셀리그만(Seligmann)으로 표기를 했던 셀릭맨(Seligman, 1873-1940)은 인류학을 위해 병리학을 포기한 전력을 가지고 있었다. 1898년에 셀릭맨은 마지막 순간에 토레스 해협으로 떠나는 해든과 같이 배에 올랐다. 셀릭맨의 삶은 이 탐사로 인해 완전히 바뀌게 된다. 그때부터 그는 인류학에 매진하게 되었으며, 부인 브렌다와 함께 뉴기니아, 수단, 실론 섬 등에서 탐사를 펼치게 된다. 셀릭맨은 프레이저를 존경했으며, 그와 함께 자신의 탐사 결과를 토의하기도 했다.

모스는 셀릭맨과 그의 아내 브렌다에 대해 커다란 존경심을 가지고 있었으며, 이들 부부를 "유능하고 잘 훈련된 학자들"로 여기고 있었다. 모스는 1911년에 출간된 그들의 저서인 『베다』를 『사회학 연보』를 위해 검토한 바 있다. 이때 모스는 인도의 고대 사회에 대해 정확한 설명을 해주고 있고, 또한 샤머니즘과 종교의 관계에 대해 흥미로운 분석을 제안하고 있는 이 저서에 대해 이중의 중요성을 입증했다. 모스는 이렇게 쓰고 있다. "분명 종교가 해체됨에 따라 개인숭배와 마찬가지로 집단숭배를 포함한 모든 숭배를 샤먼이 독점하게 되었다. [……] 거대한 신의 모습은 사회생활의 결속도가 충분한 정도로 유지되는 경우에만 이뤄지고 유지될 뿐이었다. 사회관계가 느슨해지고, 또 사회가 작은 집단들로 분산되게 되면, 신들은 공적 삶의 차원에서 논의되게 된다."[115]

앙리 레비브륄이 생각한 것처럼, 모스가 『기도론』을 완성하지 못한 것은 아마 그가 "과감한 정신으로 인해 '이론'의 정립을 꺼렸기 때문일 수도 있다. [……] 그는 기발하고, 심오하고, 독창적인 새로운 생각들을 가지고 있었다. 그는 강의, 강연, 편지, 대화 속에서 이와 같은 새로운 생각들을 뿌리듯이 남겼다."[116] 레비브륄은 또한 이렇게 말하고 있기도 하다. 모스는 "교과서 저자와는 완전히 다른 모습을 가진 인물"이다. 실제로 모스는 가정을 세우고, 분석을 해나가면서 "새롭고도 풍부한 노선"을 개척하는 것을 더 선호했다. 뇌샤텔에서 개최된 제1회 민족학 및 민족지학 국제학술대회에서 발표했던 「계모의 터부」(1914)라는 발표문 외에도 모스는 1910년대 초반에 두 개의 짧은 글을 발표했다. 그 중 하나는 고대 『베다』 문학에 나오는 음식에 할애된 것이었고, 다른 하나는 "화폐 개념의 기원"에 할애된 것이었다. 이 글들을 통해서 모스의 관심사가 다양하다는 것을 알 수 있다. 특히 그것이 인식 이론에 관계된 경우에 그러했다.

첫 번째 텍스트인 「안나 비라지Anna-Virāj[117]」는 그 분량, 불가피한 지연과 인쇄상의 어려움으로 인해 『실뱅 레비에게 헌정된 인도학 논문집』에 전문이 실리지 못한 아주 중요한 연구의 결과물이다. "젊은 시절에 많은 연구를 했던" 브라만으로 되돌아온 모스는 『베다』의 시구 형식에 대한 분석을 수행하고, '비라지(virāj)'[118]의 상징적 가치를 보여주고 있다. 모스에 의하면, 각각 10개의 음절로 이뤄진 세 개의 각운(脚韻)으로 된 하나의 시구인 비라지의 상징적 가치가 10이라는 숫자의 성스러움이라는 특징에 바탕을 두고 있다는 사실이 그것이다. 또한 모스는 '비라지', 숫자 10, 음식 사이에 동일 관계를 정립할 수 있다는 것도 역시 보여줬다. 이와 같은 설명에서 맛볼 수 있는 지적 쾌락에 대해 눈을 감아버리는 유럽인들에게는 부조리하게 보일 수도 있을 모스의 증명 과정은, "여러 어휘에서 몇 개의 단어만"을 빌려오는 "현대철학"에서도 어느 정도 발견된다는 것이 그의 생각이었다. "예컨대 "가치"에 대한 오늘날의 풍부한 여러 이론들 중 증권거래소에서 가져온 개념들이 아무런 역할을 담당하지 않는다고 누가 감히 대답할 수 있겠는가?"[119]

모스는 '프랑스 인류학연구소(IFA)'에서[120] "화폐 개념의 기원"에 대한 "가정, 정보, 임시 자료" 등을 소개하면서 가치 개념을 다시 다루게 된다. 모스의 설명에 따르면, 화폐가 가진 종교적 특징과 마법적 특징은 매우 두드러지고 또한 여러 사회에서 관찰할 수 있는 것처럼 화폐 개념은 마법적 힘의 개념과도 밀접하게 연결되어 있다. 모스의 계속되는 설명에 의하면, 화폐란 "가치를 평가하는 기준이고, 또 대체 불가능하고, 항구적이며 전승 가능한 사용가치다. 이와 동시에 그것은 훼손되지 않는 교환과 거래의 대상이 될 수도 있다. 게다가 화폐는 다른 가변적이고, 일시적인 가치들을 구입할 수 있고, 향유와 급부의 수단이 될 수도 있다."[121] 모스는 구체적인 예로 '부적'을 들고 있다. 모든 사람들이 탐내고, 그 소유자에게 다른 사람들에 대한 위엄과 권위를 가져다주는 대상으로서의 부적을 말이다. 오늘날에도 여전히 금의 가치에 대한 믿음은 이와 같은 추론과 크게 다르지 않다. 모스에 의하면 이와 같은 믿음은 "금의 권력에 대한 우리의 신뢰에 있다." 더 정확히, "금 덕택에 시장 거래에서 우리가 요구할 수 있는 급부(현물이든 서비스든 간에)를 동시대인들에게서 얻을 수 있다는 믿음"[122] 속에 그 믿음이 근거한다는 것이다.

종교사 분야를 완전히 포기하지 않으면서 모스는 점차 민족지학에 매달렸다. "이른바 원시민족들에 대한 기술(記述)", 즉 "지난 세기의 대탐사" 이후 프랑스에서 "완전히 썰물" 상태에 있던 이 기술(記述)사회학 분야는 영어권의 여러 나라들보다 훨씬 더디게 발전되기도 했다. 모스의 제자 가운데 몇몇은 현지 답사를 하기도 했다. 마리우스 바르보는 캐나다에서, 클로드 메트르는 인도네시아에서, 르네 모니에는 이집트에서 답사를 수행했다.

모스 자신은 답사를 거의 하지 않았다. 설령 다른 사람들이 그를 초대한 경우에도 거의 응하지 않았다. 알래스카에서 답사 초기에 앙리 뵈샤는 스승인 모스에게 "참여"를 권유하고 있다. "오타와에서 저는 [마리우스] 바르보를 만났습니다. 아주 멋졌습니다. 하지만 [판독 불가]에 대해서는 선생님을 위해 아무것도 할 수가 없습니다. 왜냐하면 바르보가 그 것을 자신의 몫으로 할당해 놓았기 때문입니다. 선생님께서 퀘벡 지역 의 몽타네족(알골킹족)을 연구하시고자 한다면, 인류학 분과에 참여하 시는 것은 언제든지 가능할 것 같습니다. 선생님께서 원하시는 일이 계 시면 바르보에게 연락을 주시기 바랍니다."[123] 하지만 모스가 정작 민 족지학에 대해 본격적으로 관심을 갖게 된 것은 그 자신 민족지학 박물 관학[124]에 관심을 가졌을 때, 혹은 그 자신 민족지학에 대한 답사 설문을 직접 작성하면서부터였다. 특히 답사 설문 작성은 하노이 소재 극동 프 랑스학교의 교사였던 클로드 E. 메트르의 요구에 따른 것이었다.

모스는 옛 제자를 위해, 본격적인 차원에서 답사 설문을 작성했다 기보다는 "사실들의 관찰을 위한 일종의 망"을 준비했다. 모스 자신의 말대로 "인종에 관계된 그 어떤 질문도 포함되지 않은 질문"이 그것이 다. 왜냐하면 인종에 관계되는 것은 "고유한 의미에서 민족지학적이 아 니라 인류학적이거나, 더 정확히 말하자면 신체에 관계된 것이기 때문 이었다." 소개의 글에서 모스는 모든 성실하고 진지한 관찰자가 따라야 할 "상당수의 적용하기 어렵고 미묘한 규칙들"을 세웠다. 예컨대 "정확 할 것", "다루는 사실들을 항상 정확히 위치지울 것"(장소, 시간, 조건) 등 이 그것이다. 또한 "가능한 한 모든 주장을 증명할 것", "첫 번째로 이용 가능한 모든 물증을 이용할 것"(사진, 녹음기 등), "원주민의 언어를 배울 것" 등이다.

모스는 또한 "기술(記述)사회학의 유용성"에 대해 대화상대자들을 설득시키려고 했다.

순수하게 식민주의적 관점에서 잘 알려진 공리가 하나 있다. 즉 잘 아는 민족만을 다스릴 수 있다는 사실이다. 인도에서 영국인들이, 인도네시아에서 네덜란드인들이 그들이 소유한 각 민족의 역사와 민족지학을 알기 위해 행한 희생을 상기시키는 것은 다행히도 필요치 않다. [……] 충분히 심화된 기술(記述)사회학 연구는 새로운 사회를 만들어가는 장본인들, 즉 식민지 지배와 식민지 행정가들의 유일한 최상의 안내자다. '아는 것이 힘이다'라는 구호가 가장 잘 확인되는 분야가 바로 식민지 정책 분야다. 신념과 습관을 존중하고, 이용하면서, 신중하게 경제적, 기술적(技術的) 체제를 변화시키면서, 정면으로 부딪치지 않고 모든 것을 이용하면서, 인간적이고 생산적인 식민지적 실천에 용이하게 이를 수 있다. 이런 실천 밖에서 정책은 순수한 경험주의가 되어버리고, 또 매 순간 우연한 것이 되어버린다. 이런 정책은 시간과 금전이라는 면에서 대단히 비싸게 먹히지만, 종종 아주 끔찍한 결과에 이르고 만다.

[……] 이른바 원시부족에서 연구자들은 경제적, 종교적, 사법적 제도 면에서 굉장히 강한 저항 체계에 부딪치게 된다. 우리의 문명보다 더 오래 된 문명을 가졌고, 관습과 예술이 더 우월하고 존경할 만한 그런 사회 조직들 ──덩치가 더 큰── 에 대해서는 더 말할 나위가 없다. 이 조직들에 대해서는 내부로부터만 영향을 미칠 수 있을 뿐이다. 모든 사회는 주어진, 종종 폐쇄된 조직이다. 위험 없이 마음대로 변형시키거나 부딪칠 수 없는 그런 조직이다. 이런 조직의 내부에서, 몇몇 계층에서, 혹은 몇몇 측면에서 점차적인 변화를 일으키므로 해서만 영향을 끼칠 수 있을 뿐이다. 스피노자에 따르면, 하나의 정념만이 다른

정념에 영향을 줄 수 있다, 이와 마찬가지로 신념, 습관, 관습을 통해서만 한 사회에 영향을 끼칠 수 있을 뿐이다. 외관적으로 간접적인 행동이 효과를 발휘하는 유일한 직접적인 행동인 것이다.

이론적 관점에서 보면, 인류 전체의 역사적 면에서 인도차이나에 대한 민족지학이 갖는 의미는 새삼 들먹일 이유가 없다. 하지만 우리에게 필요한 것은, 이 연구가 가진 엄청난 사회학적 의미이다. 프랑스에서 태어났고, 여전히 프랑스에서 성공을 거두고 있는 학문인 사회학이 사회와 사회형성에 대한 실증적, 과학적 이론을 지향한다는 것은 잘 알려져 있다. 또한 경제, 사법, 사회 철학을 모든 가능한 사회에서 확인된 사실들로부터 추론된 연구로 대치하고자 한다는 것도 잘 알려져 있다. 이런 관점에서 인도차이나 사회의 기술(記述)과 역사는 사회학에 필수불가결한 요소라는 것은 확실하다. 더군다나 이 연구가 가능한 한 빨리 이뤄져야 한다. 상당수의 사실들이 사라지고 있으며, 몇 년 후에는 기억만이 남을지도 모를 일이다. 벌써 몇몇 사실들은 현저하게 약화되고 있다. [……] 충분히 완벽하고, 충분히 빠른 연구 —— 그 결과는 공개될 것이고, 박물관에 보존될 것인데 —— 는 프랑스령 인도차이나에 대한 진정한 학문적 영광의 자격을 얻게 될 것 것이다. [……][125]

모스는 이런 다급한 마음을 1913년에 『르뷔 드 파리』지에 실린 한 논문에서 드러내고 있다. 약간은 통속적 성격을 가진 이 논문의 목표는 —— 이 논문에서 모스는 영국, 미국, 독일, 네덜란드, 프랑스에서의 인류학의 역사를 기술하고 있다. —— 분명 정치적이다. 그러니까 "교육도, 훌륭한 박물관도, 변변한 민족지학 연구를 위한 사무실도 갖추지 못한" 프랑스에서의 민족지학이 "정체(停滯)"하고 있음을 입증하려 했던 것이다. 그런데 동물학, 식물학, 지질학 등과 같은 "한창 유행하는 다른 학문들"과 마찬가지로 "관찰 과학"으로서의 민족지학 역시 세 개의 연구 영역과 거기에 따르는 세 개의 기관을 필요로 했다. 민족지학은 "우선 현지 탐사를, 그 다음으로는 박물관을, 마지막으로는 교육을"[126] 필요로 했던 것이다. 그런데도 프랑스는 바로 이러한 연구 서비스 차원에서 "보잘 것 없고, 빈약한 모습"을 하고 있었다. 민족지학에 관련된 참고문헌 목록에서 프랑스에서 행해진 연구는 아주 한정적이었다. S. R. 스타인메츠가 그의 『1911년까지의 민족지학에 대한 체계적 참고문헌 시론』에서 잘 보여주고 있는 것과 같이, 단지 전체 제목의 14%만이 프랑스인들에 의해 이뤄졌을 뿐이다. 독일인들은 35%를, 그리고 영국인들은 31%를 차지하고 있다.[127]

모스가 조국 프랑스에 요구한 "희생"은 "그다지 큰" 것이 아니었다. "우리는 민족지학 박물관을 위해 뭔가, 민족지학 연구소를 위해 뭔가, 식민지 밖에서의 연구를 위해 뭔가가 이뤄지기를 요청하는 바다." 모스는 또한 이렇게 덧붙이고 있다. 결국 "지체 없이" 완수되어야 하는 "의무"가 문제의 핵심이라고 말이다. 그도 그럴 것이 "관찰의 대상이 되는 사실들 자체가 매일 사라져가고 있기" 때문이고, "진정한" "수집의 대상이 되는 훌륭한 예들"을 찾는 것이 점차 어려워지기 때문이라는 것이다. 결국 지금 아니면 때를 놓치고 말 것이라는 것이다. "인류 흔적의 단편들을 수집하지 못한 채 흘려보내는 매일 매일은, 사회과학, 인간의 역사, 인류 전체가 갖게 될 철학과 지식에 장차 어느 정도까지 유익할지 지금으로서는 말할 수 없는 그런 사실들에 대한 연구 작업을 하지 못하고 상실해버린 하루에 해당한다." 프랑스가 "영혼에 대한 짐"을 지고 있고, 또한 "알지도 못한 채 통치하고자 하는 사람들의 조직 앞에서 책임을 지고 있는" 만큼 이와 같은 임무는 더 더욱 "위급하다."[128]는 것이다.

10장_ 고통스러운 전쟁

평화를 "유일한 목표"로 삼지는 않았지만, 모스는 그래도 평화주의자, 국제주의자였다. 모스는 전쟁 발발 몇 년 전에 이렇게 선언하고 있다. "저에게 평화는 점점 더 광대해져 가는 인터내셔널의 구성 효과일 수밖에 없습니다."[1] 모스의 관점에서 보면, 평화주의란 다음과 같은 두 경우 이외에는 그저 "플라토닉한 항의"의 표현일 뿐이었다. 우선 평화주의가 "대중의 단호한 의지의 표현"인 경우다. 그 다음 보어 전쟁 때 모스 자신이 강조하듯이, 평화주의가 "자본주의적 인터내셔널과 퇴폐적 민족주의에 맞서 다른 민족들과의 유대 속에서 일하는 민족의 노동조합적, 협동조합적, 상호보조적 그리고 정치적 교육과 조직"[2]의 오랜 활동 결과인 경우다.

다행스럽게 모스는 인터내셔널이 조직되고 있다고 생각하고 있었다. 그것도 "노동자들을 해방시키고, 여러 민족들을 해방시키고, 또 인류의 동포애를 실현시키게 될 그런 인터내셔널"[3]이 말이다. 사람들이 희망할 수 있는 것은 언젠가는 "진정한 휴머니즘적 의식"이 존재하리라는 것, 그리고 오늘날 한 국가의 국민들이 보여주고 있듯이 세계 시민으로서의 인간들이 서로 연대성을 가질 수 있으리라고 모스는 믿고 있었다.[4] 하지만 그런 날은 아직 요원했다. 모스는 환상을 품지 않았다. "사회주의적 입장에서 보면 인간들 사이의 연대성은 일종의 모호한 표현이다. 그것은 아직 보편적 프롤레타리아의 전통적이고 행동하는 하나의 신념이 되지 못하고 있다."[5]

프랑스가 모로코에서 침략 전쟁을 계속 수행했을 때, 그리고 프랑스 군대가 1907년에 우즈다를 점령했을 때, 조레스를 필두로 몇몇 사람들은 다음과 같은 사실을 우려했다. 만일 분쟁이 계속되면, "여러 국민들이 태풍 속의 함대처럼 위태로워질 것"이라는 사실이다. 조레스는 이렇게 쓴다. "자본주의의 본질, 그것은 전쟁을 만드는 것이다." 프랑스 사회주의 지도자 조레스는 "전쟁의 냉혹한 법"이 인터내셔널의 지지 덕택으로 실패로 끝나길 바랐다. 1907년에 개최된 슈트트가르트 회의에서 조레스는 게드, 바이앙, 에르베와 함께 프랑스 대표단을 이끌었다. 이 회의에 반데르벨데, 카우츠키, 베벨, 베른슈타인, 로자 룩셈부르크, 레닌 등도 역시 참가했다. 이 회의에서 논의된 주제들 가운데는 전쟁과 이 전쟁을 막기 위해 사회주의자들이 할 수 있는 역할이 무엇인가라는 주제도 있다. 그때 사회주의 인터내셔널은 "전쟁에 대한 전쟁"이라는 반군사주의적 슬로건을 채택했다. 장 조레스의 평화를 위한 입장은 분명했다. 하지만 그는 에두아르 바이앙처럼 전쟁 동원이 이뤄질 경우 총파업을 호소하는데 까지는 나아가지 않았다. 1911년에 이탈리아와 터키 사이에 분쟁이 발생했을 때, 유럽 사회주의 지도자들은 시위를 조직했고, 그 시위는 평화를 바라는 마음을 더 더욱 강화시켰다.

모로코에서 위기는 계속되었다. 1912년 4월에 있었던 페스에서의 봉기 이후, 사회주의자들은 주저 없이 "무역외교"[6]에 의해 모로코에서 시도되었던 "약탈과 투기성 정책"을 비난했다. 한편으로는 군대가 사람들과 재산들에 대한 터무니없는 약탈을 감행했고, 다른 한편으로는 대기업들의 공모를 통해 발생한 대규모의 끔찍한 투기 바람으로 인해 나라 전체가 경매에 붙여진 것 같았다. 어떤 이들은 '모로코 척식 회사(Compagnie générale du Maroc)'에 의해 우즈다의 아말라[7]에서 행해진 작전을 "강탈 작전"으로 규정하기도 했다.

모로코는 "화약고"가 되어버렸다. 조레스는 유럽에서 분쟁이 발생할 위험에 대해 강조했다. 1907년 이래로 『뤼마니테』지에 기사를 싣지 않았던 모스는 기자로서 다시 펜을 쥐게 되었고, "우즈다 사태"에 두 편의 짧은 글을 할애했다. 모스가 북아프리카 여러 나라들에 대해 가지고 있던 지식은 두테가 수집했던 정보에서 온 것이었다. 두테는 『사회학 연보』의 초기 협력자들 가운데 한 명으로, "세계에서 가장 뛰어난 아랍연구가 중 한 명"[8]이었다.

에드몽 두테는 자기보다 몇 살 아래인 모스에게 자기 연구에 대해 의견을 구하곤 했다. 그는 모스에게 정기적으로 편지를 썼고, 그 기회에 아프리카의 상황 변화에 대한 여러 정보를 그에게 줄 수 있었다. 또한 그는 모스에게 다양한 자료들을 보내기도 했다. 예컨대 "모로코 보호령 실현. 모로코에서의 미래 정치조직에 대한 설명"[9]에 대한 16쪽 짜리의 긴 설명이 그 좋은 예다. 두테 자신은 프랑스의 정책으로 인해 파생할 결과에 대해 우려를 감추지 않았다. 특히 군대를 페스에 파견하는 것에 대해 그랬다.[10] 두테는 또한 국제노동자 프랑스지부의 정책에도 동의하지 않았다. "모로코에 대한 다음번 토의에서 샤우이아로부터의 무조건적 철수를 요청하실 건가요? 이러한 결정에 대해 당신이 어느 쪽을 지지하든지 간에, 이 철수가 당신이 속해 있는 당에 유리하리라고 확신하지 않습니다. 우리가 모로코를 포기한다고 해도, 이 나라가 독립의 길로 가리라는 희망은 없습니다. 이 나라는 분명 '제3의 당국(tertius augens)'에 의해 수용될 것입니다. 이 당국이 우리보다 더 유연한 보호자일 수 있을지 의문입니다."[11]

"약탈과 투기"라는 부제목이 붙은 짧은 글에서 우즈다 사태를 상기시키면서 모스는, "모든 부르주아 매체의 갑작스러운 침묵"에 대해 분개하고, 이 사태에 대한 "논의가 공개적"일 것을 요구하고 있다. "비공개여서는 안 된다. [……] 사람들이 알아야 한다. 나라 전체가 알아야 한다. 프랑스의 민주주의가 알아야 한다."[12] 조사에 따르면 "아주 극심한 부정부패, 횡령, 강탈, 독단, 강요" 등이 자행되었다는 것이 증명되었다." 모스는 이렇게 말하고 있다. 모로코에서 최근에 "작은 사건"이 일어났는데, 그것은 공동의 적에 맞서 방어를 책임지고 있지만, "굶주린 늑대들"처럼 서로 찢겨져 있는 프랑스 군대와 외교관들 사이의 "죽음을 건 투쟁"이라는 것이다. "교훈이라면, 모로코에는 프랑스 본국의 군대와 외교사절도 없어야 한다는 것이다. 왜냐하면 이제 모로코가 있기 때문이다."[13] 그리고 모스는 북아프리카 담당 장관직의 신설 계획에 반대한다는 추신을 기사에 덧붙였다.

사실 사회주의자들의 입장은 애매했다. '국제노동자 프랑스지부'는 모로코를 보호령으로 삼는 것을 승인하지 않았다. 하지만 그렇다고 해서 '국제노동자 프랑스지부'가 군대 철수의 원칙을 채택한 것도 아니었다. '국제노동자 프랑스지부' 내 투사들에게는 반군사주의가 반식민주의보다 더 우세했다. 프랑스의 모로코 정책에 대한 비난은 결국 평화주의의 이름으로였다. 이런 이유로 모로코 위기의 종말과 함께 모로코에서 프랑스의 제국주의에 대한 사회주의자들의 비판은 그 횟수와 그 강도 면에서 현저하게 약화되기에 이른다.

프랑스에서 1차 세계대전 직전의 시기는 반군사주의의 상승에 의해 특징 지워진다. 1912년 3월에 있었던 군복무의 3년 연장을 알리는 캠페인에 맞서 사회주의자들은 반전(反戰) 운동에 참가하게 되었고, 여러 차례의 시위와 회합을 가졌다. 젊은 학생들과 노동조합원들이 특히 활발하게 움직였다. 그들은 "3년 복무에 대한 반대" 투쟁을 총동원에 대한 반대 투쟁으로 바꾸고자 했다.[14] 지식인들 —— 드레퓌스 사건에 관여했던 —— 은 아나톨 프랑스와 세뇨보 뒤를 따라 다시 한 번 동원되었다.

모스 역시 이와 같은 논의에 참여하게 되고, 1913년에는 『뤼마니테』지에 예비군 동원에 대한 보주 지방의회의 결의문을 요약해서 실었다. 6월에는 장 텍시에르의 초청으로 '마네주 드 팡테옹'에서 개최되었던 회합을 주재하기도 했다. 이 회합에서 다뤄진 주제는 "민족주의적 반동과 3년 법에 반대하는 모든 좌파"였다. 이 미팅은 '프랑스 공화주의자 학생 연맹', '사회주의 학생 단체'와 '공화주의 복구단'에 의해 주최되었다. 또한 모스는 "국가의 존엄을 위하여. 군사적 광기에 반대함"이라는 청원서의 작성에도 관여했다. 청원서의 서명자들은 "선의를 가진 모든 사람들에게" 다음과 같은 사항을 요청하고 있다.

우리나라로 하여금 맹목적으로 화풀이성 행동과 생각 없는 응수를 하도록 만드는 조작에 맞서 분연히 일어서야 할 것이다. 서명자들은 또한 진정한 모든 애국 시민들에게 프랑스가 긴급 시에 지킬 사람도 없는 그런 나라, 궁지에 빠진 그런 나라로 표현되는 상황을 용납하지 말 것을 요청한다.[15] 우리 서명자들은 또한 성실한 공화주의자들에게 중상모략에도 불구하고 점점 더 민주적이 되어가는 군대의 군사적 가치에 대한 자신들의 신념을 지켜줄 것을 요청한다.

하지만 이 청원서에 "서명한 젊은이들"은 "현실적인 필요성이 상세하고도 성실하게 증명되는 경우, 3년 복무에 대해 완전히 반대하는 것"은 아니었다. 그들은 3년 복무로 인해 초래될 위험이 있는 "물질적, 지적, 정신적 혼란의 실질적인 확대" 가능성을 분명히 하고자 했다. 3년 복무로 인해 발생할 수도 있을 이와 같은 "끔찍한 반향"은 다음과 같았다. 국민총생산의 현저한 감소, 다양한 직업의 교육, 선발, 실습에서의 혼란, 가정의 빈곤화로 인한 인구의 감소, 젊은이들의 교육에서의 퇴보, 병영 생활의 연장으로 인한 공공 정신 수준의 하락, 프랑스의 문화, 국민의 학문, 예술, 기술 활동에 가해질 끔찍한 타격 등이 그것이다. 이 모든 이유와 "엄격하게 군사적인" 또 다른 이유들을 고려해서 "3년 복무 법 개정 작업은 서두르지 않고, 침착함 속에서" 이뤄져야 한다는 것이었다. 이것은 "프랑스의 물질적, 정신적 힘에서는 물론이거니와 프랑스의 구원과 세계의 미래를 위해서도" 역시 마찬가지였다.

모스 역시 1913년 3월 13일자 『뤼마니테』지에 실린 청원서에 서명했다. 이 신문에는 같은 내용의 청원서 요약본이 실렸다. 다른 서명자들 가운데는 샤를르 앙들레르와 뤼시엥 에르 외에도 사회주의자들의 그룹에 속한 몇몇 구성원들의 이름도 있었다. 셀레스탱 부글레, 에밀 뒤르 켐, 뤼시엥 레비브륄, 프랑수아 시미앙 등이 그들이었다. 페귀의 논쟁적 표현에 의하면 일군의 "귀하신 교수님들"은, 자신들을 "프랑스 사상의 옹호자이고 지적 이해관계의 지킴이들"이 되고자 했다.

하지만 불안은 커져갔다. 조레스가 지적했던 것처럼, 평화 아니면 전쟁, 반동이 아니면 민주주의였다. 이들 두 요소들은 서로 밀접하게 연결되어 분리 불가능했다. 모스는 『뤼마니테』지에서 다시 시평을 쓰기 시작했다.[16] 1913년 9월말과 10월 초에 모스는 에피날과 낭시에서 "3년 복무 부대와 병영에 있는 군대의 상황"을 관찰했는데, 그곳은 "무질서의 극치"를 보여줬고, "완벽하게 엉망이었다." "한 순간도 허비할 시간"이 없었다. 모스는 우국충정으로 공화주의자들의 애국심을 발휘하여 "이 무능한 국방부와 그 장관, 이 적합하지 못한 사무소들, 오래되고, 바보 같고, 정신 못 차린 참모부를 내던져버릴 것"을 요구했다.[17]

1913년 6월에 모스는 『초등교육과 고급초등교육 잡지』에 프랑스와 독일 사이의 분쟁에 대해 한 편의 글을 발표했다.[18] 이것은 "국외 상황"에 할애된 일련의 글 가운데 첫 번째 글이었다. 모스가 보기에 전쟁이 일어날 위험은 멀어진 것이 아니었다. "유럽은 늘 군사적 위기 상태에 있었다. 유럽은 아직도 뜨거운 전쟁의 열기를 다 배출하지 못한 것 같다."[19] 그리고 나서 모스는 다음과 같은 내용을 덧붙이고 있다.

우리는 지금 위험한 게임에 몸을 맡기고 있다. 이 게임은 매체의 도발과 외교적, 군사적 선언의 전쟁이다. 오스트리아, 러시아, 독일의 국경선에서 진군의 북이 울렸는가? 병영화한 유럽에서 대체 무엇을 할 수 있는가? 전쟁의 위험, 침략의 위협, 분쟁의 위험을 입에 올리지 않는다면, 대체 무엇을 할 수 있는가? 국민들을 광기의 상태에 빠뜨린 채 있어야 한다. 물론 이런 상태로 인해 득을 보는 것은 군수 산업들, 풀리토프 가(家), 비커스 가, 암스트롱 가, 크럽 가, 슈나이더 가 등일 것이다. 외교관들, 장교들, 재정가들, 귀족들, 황제들에게 시민들을 복종시키기 위해 외교의 꼭두각시들을 춤추게 하는 것이다. 또한 모두가 무기를 가지고 있기 때문에, 그것을 사용해야만 한다. 또한 모두가 힘을 가지고 있기 때문에, 그것을 떠벌려야만 한다. 몇몇 원시부족들에서 씨족들은 끝없는 도전을 감행하고, 서로에게 심한 욕을 해댄다. 에스키모인들에게는 심지어 '북춤'이라는 기이한 행사까지 있다. 이 행사의 패자는 다른 편이 북을 치면서 너무 많은 욕을 하도록 내버려둔 자이다. 우리가 이와 같은 야만적 행위의 구렁텅이에 빠져들지 않았다면 좋았을 텐데![20]

프랑스와 독일의 관계는 분명 단순하지 않다는 것을 모스도 인정하고 있었다. 하지만 이 두 나라 사이에 갈등다운 갈등은 여태껏 없었다는 것이 모스의 생각이었다. "인종의 갈등"은 "역사철학에서 말하는 오랜 객설"에 불과했다. "문명의 갈등"은 "정치에 관심 있는 교수들과 그림 그리기보다 더 쉽게 기지 발휘를 일삼는 희화주의자들의 고안물"이었다. 이와는 반대로 독일과 프랑스는 "같은 부류에 속하는 두 문화, 천년 이상 서로 보완 역할을 해온 그런 문명을 가진 국가들이었다. 우선 가톨릭 전통 속에서, 그 다음으로는 서구 자본주의 전통 속에서 말이다."[21] 따라서 독일인들과 프랑스인들이 "영원히 충돌을 하게끔 되어 있다."고 생각하는 것은 터무니없는 것이었다. 모든 것은 "고통스럽고 심각한 오해"로 요약된다. "알자스-로렌 지역 사람들의 권리에 반해 자행된 비스마르크의 죄는, 모든 면에서 통합이 되어야 할 이 두 국가를 가르는 '전적으로 정신적인' 죄일 뿐이다."[22]

모스는 이렇게 자문하고 있다. "무엇을 기대할 것인가? 무엇을 할 것인가?" 그리고 그는 다음과 같이 대답하고 있다. "독일에서는 민주주의를 기대하고, 프랑스에서는 수구반동의 패배를 기대하자." 모스의 관점에서 보면, 평화와 민주주의는 밀접하게 연결되어 있다. "평화는 민주주의의 발전으로부터만 올 수 있을 뿐이다. 하지만 민주주의는 평화 속에서만 진전될 뿐이다." 그렇다면 이것은 악순환인가? 그렇지 않다. 왜냐하면 "악순환은 논리상으로만 가능한 것이기 때문이다. 실제로 우리는 두 가지를 모두 이룰 수 있다. 평화와 민주주의를 동시에 구하기 위해서는 불가능한 것을 실현할 필요가 있는 것이다." 모스는 낙관적 입장을 취하고 있다. "신중하게 인내하면서 행동한다면, 평화는 생각보다 더 가까워질 수 있고, 민주주의와 노동자계급의 승리 역시 목전에 있게 될 것이다."[23]

따라서 민주주의자들, 특히 독일의 민주주의자들은 "그들의 의무를 충실히 이행하는 것" 이외의 다른 방법이 없었다. 모스는 독일의 사회민주주의에 대해 엄격한 판단을 하고 있다. 그는 독일 사회민주주의가 "좀 더 공화주의적이고, 좀 더 반군사주의적이고, 좀 더 반민족주의적이" 되기를 원했다. "프랑스의 반군사주의적 문화에 대해 아주 흔한 연설"을 했을 뿐인데도, 그 연설로 인해 일년 동안 감옥에 갇히게 된 로자 룩셈부르크만이 유일하게 모스의 마음에 들었다. "효모는 계속 자랄 것이다. 하지만 효모는 이제 갓 작용을 시작했을 뿐이다. 그녀는 폴란드 출신 유대인이자 여자다. 효모를 퍼뜨리기 시작한 첫 번째 장본인이 바로 이 여성이다."[24]

모스는 독일의 사회민주주의가 노동자 계급을 단결케 하는데 성공했고 또한 "정치적, 조합주의적, 협동조합주의적 계급투쟁을 위해" 이 계급을 교육시켰다는 점에 대해서는 아무런 이의를 제기하지 않았다. 하지만 독일 사회민주주의가 이 계급에게 "정치적, 일반적, 휴머니즘적 교육"을 시킨 것은 아니었다. 그러니까 독일 사회주의에는 강한 "공화주의적이거나 이상주의적 전통"이 결여되어 있었던 것이다. 하지만 거기에는 "생생한 힘"이 있었다. "독일에서 민주주의가 승리하려면, 이상주의나 약간의 호의적인 외부 바람만"으로도 충분했을 것이다. 모스는 신념에 차 있었다. 그도 그럴 것이 비엔나에서 개최된 인터내셔널 총회의 "휴머니티라는 대규모의 바람으로 아마 독일 사회민주주의와 인터내셔널의 정치가 모두 세차게 흔들릴 것"[25]이었기 때문이었다. 8월 초로 예정되었고, 파리로 자리를 옮겨 개최된 이 총회에 앞서 평화를 위한 대규모 시위가 있을 예정이었다.

모스에게는 전쟁을 "예견코자 하지 않은" 여러 가지 이유가 있었다. "우리는 아마 불안하게 봄과 겨울이 서로 싸우고 있는 불확실한 시기에 있다. 사회 운동은 항상 충돌과 충격의 연속이었다." 하지만 그렇다고 해서 불확실성이 절망을 야기해서는 안 되었다. 분명 한편에는 오스트리아, 독일, 러시아, 프랑스의 군사주의자들이 있고, 이들은 "도전"을 일삼고 있으며, "공포"를 조장하고 있다. 그러나 한 마디로 그것들은 "발전이 더딘 미개인들의 헛된 외침"이다. "질 나쁜 목동들"의 손에 있는 "양떼들" —— 크로아티아, 체코, 헝가리, 오스트리아 —— 앞에 프랑스, 영국, 독일 민족이 있다. "멋있고 웅장한 문화"를 대변하는 민족들은 군사주의자들과 군대에 대해 곧바로 경계를 하고 반응을 보여야 할 것이다. 간단히 말해 그들은 "자신들의 길을 곧장 걸어가야" 하는 것이다. 모스는 이렇게 생각하고 있다. "그것이 민족들의 평화이고 위대함이다."[26]

　　하지만 상황은 폭발 직전이었다. 누구의 잘못인가? 모스는 프랑스의 부르주아지에 대해 아주 준엄한 태도를 보이고 있다. 특히 영국의 부르주아지와 비교하면서 그랬다. "프랑스의 과격한 부르주아지는 프랑스 국민을 위해 국내외 관점에서 볼 때 유익한 일은 거의 아무것도 하지 않았다."[27] 비난의 종류는 많았다. 세속적 학교는 "합당한 지원을 받지 못했고, 힘차게 옹호되지도 못했다." 국가의 공공사업도 "내팽개쳐졌고", 국가의 생산 분야는 겨우 유지되었을 뿐이었다. 농업에 대한 장려는 너무 빈약했다. 사법은 개혁의 손길을 기다리고 있었고, "풍속의 변화"를 따라잡지 못했다. 위생과 노동자들의 은퇴에 관련된 법은 적용되지 않은 상태로 있었다. 반면 영국에서는 부르주아지가 비교적 더 진보된 입장을 취하고 있었고, "민주주의적 압력에, 국민들의 요청에 굴복하고 따를 줄" 알았다. 노인 수당, 상해보험, 질병보험, 재택 근무에 대한 최저 임금제, 부채 상환, 사회활동 예산 지급 프로그램 등이 준비되었다. 바로 거기에 "국가지도자들, 도량이 넓은 자들, 종종 관대함을 보여주는 자들"에 의해 정립된 "위대한 정책"이 등장하게 된다. 이 국가지도자들의 "선견지명"에 대한 가장 좋은 예는 "영국이 아일랜드에 대한 세기 전부터 자행한 불의"에 저항하려는 "불굴의 의지"였다. 모스의 판단에 의하면, "영국은 몇 년 후에 연방국가가 될 가능성도 없지 않은 것"[28]으로 보였다.

외교적 차원에서도 사정은 마찬가지였다. 대외정책과 식민 분야에서도 프랑스의 과격한 부르주아지는 임무를 제대로 수행할 수 있는 입장에 있지 못했다. "게으르고, 무지하고, 편견으로 가득 찬 외교관들"과 "그들의 꼭두각시들인 명 짧은 장관들"의 작품인 프랑스 부르주아지의 외교정책은, "희박해지고, 피폐해지고, 닳고, 에너지도 고갈되고, 심지어는 자본주의적 과감성도 없고, 미래도 없는 이 부르주아계급에게는 너무 버겁고, 너무 광범위하고, 너무 고차원적"[29] 과제였던 것이다. 프랑스의 모로코에 대한 "음험한 정복"은 결국 실패였다. 왜냐하면 이 정복으로 인해 모로코는 영국과 스페인에게 "저당물로 잡힌" 나라가 되어버렸으며, 전 유럽이 가한 "종속의 부담"을 떠안게 되어버렸기 때문이었다. 이와 같이 프랑스의 외교는 "계획도 없이, 성실함도 없이, 위대함도 없이 단순히 외교라는 직업에 종사하는 무지몽매한 부르주아와 귀족들에게 일임되었던 것이다." 이에 비해 영국의 대외정책의 결과는 훨씬 더 긍정적이었다. 이집트의 완전 정복, 남아프리카공화국에서의 "상처 회복", 자치령(캐나다, 오스트레일리아, 뉴질랜드, 인도)의 번영, 중국에서의 입지 강화, 남아메리카에서의 입지 강화 등이 그것이다. 그리고 이 모든 것이 "전쟁의 위협 없이, 과대선전 없이, 또한 이렇게 말할 수 있다면, 우호적 이해 아래 외관적으로 적대감을 없애면서"[30] 이뤄졌던 것이다.

"좁고 험한 길을 통해 보다 높은 차원에 이를 수 있다."는 신념을 가졌던 모스는, 급진주의자든 사회주의자든 간에, 모든 프랑스의 평화주의자들에게 다양한 형태의 행동을 하자고 호소하게 된다. "유럽의 여러 국가들 사이에서 '존경과 존중이라는 현명한 정책을 펴는 것", "국경과 각국의 외교국을 초월해 대중적이고 평화주의적 외교를 하는 것", "모든 곳에서 민주 세력과 평화 세력을 운집하도록 하는 것" 등이 그것이었다. 결국 유럽에서 평화를 유지하는 가장 좋은 방법은 "음모와 요행"의 외교에 종지부를 찍는 것이었다. 가령 이탈리아에서 "극단적인 협잡을 주도하는 협잡군들"[31]에 의해 이뤄지는 외교에 말이다. 또한 사회주의 성향의 조직들 사이에서 피상적이지 않은 국제주의를 전개하는 것역시 훌륭한 방법의 하나였다. 모스는 1911년 슈트트가르트에서 개최된 제2차 인터내셔널 총회에서 "전쟁에 반대하는 총파업과 모든 혁명적 수단의 사용이 거부된 것"에 적잖이 실망했다. 모스는 또한 1914년 브뤼셀에서 개최된 인터내셔널 사무국 모임이 "무기력을 실토하고" 토의를 끝내자 역시 실망했다. 모스는 이렇게 쓰고 있다. "독일인들과 오스트리아인들의 태도는 [……] 조레스의 커다란 결정적 고통이자 환멸이었다. 나에 대해 말하자면, 나는 평생 분노하며, 1914년 4월 1일자 『아르바이터 자이퉁』지를 기억할 것이다. 내가 마지막으로 읽었던 이 신문을 말이다. 이 신문에서 오스트리아 사회당은 '오스트리아라는 이상'을 옹호하기 위해 자국민에게 호소를 하고 있다. 제국주의자들, 예수회들, 민족주의자들을 가리지 않고서 말이다. [……]"[32]

1914년 6월 28일, 사라예보에서 테러가 발생했다. 오스트리아-헝가리 황권의 계승자인 프랑수아 페르디낭 대공(大公)과 그의 부인이 세르비아 테러주의자들의 공격으로 살해되었다. 그 다음날 『뤼마니테』지를 통해 격한 반응을 보인 조레스에게 이 이중의 살해는 "발칸반도에서 쓸데없이 흘린 피의 강에 더해진 책략"이었다. 유럽의 우려는 늙은 황제인 프랑수아 조제프가 보여준 분명한 절제에 의해 진정되었다. 이 황제는 자기의 후계자가 가졌던 자유주의적 사유를 경계하고 있었던 참이었고, 군대에 의해서도 혹독한 비난을 받고 있었던 터였다.

다른 사회주의자들과 마찬가지로 모스도 전쟁이 발생하리라고 생각하지 않았다. 이 "운명의 종"에 할애된 한 편의 기사에서 모스가 "사망한 계승자"에 대해 그린 초상화는 그다지 멋있는 것은 아니었다. "말썽꾼", "야욕이 있는 사람", "모험주의자", "영광과 힘을 꿈꾸는 자들 가운데 한 명", "정열적이고 약간 거친 사람" 등과 같은 표현이 그것이다. 프랑수아 페르디낭은 "욕심 많은 계승자"였다. 게다가 그는 자기 자식들을 권좌에 올리려는 야심에 더해 "힘, 제국주의, 세력에 대한 탐욕을 보여주곤" 했던 "평화에 위협이 되는 인물"이었다. 그리고 그는 "오스트리아 황가(皇家)를 위한 투쟁에서 가톨릭주의, 성직주의, 예수회 등과 같은 보수 세력"에 의지하고 있기도 했다. 요컨대 그의 죽음은 오스트리아 왕가의 눈으로 보자면 그다지 커다란 손실은 아니었던 것이다. "그의 죽음으로 인해 억압받는 국가들의 위험한 적, 자유로운 소국가들의 적, 평화와 자유주의적 진보의 적이 사라지게 되었다."[33]

일단 "평화에 대한 위험"이 제거되자, 모스는 오히려 낙관적 태도를 보였다. 모스는 젊은 샤를르 프랑수아 조제프가 "대귀족들, 주교들, 예수회 수도사들의 포로"가 되지 않기를 바랐다. 또한 모스는 오스트리아, 헝가리, 보헤미아, 폴란드 국민들이 "상황을 파악하고, 진정하고, 연합하고, 자신들의 운명의 주인이 되는 시간을 가질 것"을 바라기도 했다. 하지만 모스 자신이 지적한 것처럼, "정치, 특히 외교에서 앞을 예측함과 동시에 모든 것에 대한 예단을 경계해야 했다."[34]

이와 같은 내용을 포함하고 있는 기사는 7월 12일자 신문에 실렸다.

2주 후에 오스트리아는 세르비아에 대해 최후통첩을 했고, 이어서 선전 포고를 하게 된다. 이제 단 하나의 희망만이 남아 있었다. 전쟁이 국지전으로 그치는 것이 그것이었다. 영국은 영국, 이탈리아, 프랑스, 독일 4개국 사이의 중재를 제안했다. 하지만 오스트리아를 지지하기로 했던 독일이 이 제안을 거절하게 된다. 벌써 군사적 메커니즘이 작동하고 있었다. 생 페테스부르크에서는 부분 동원령이, 오스트리아 – 헝가리에서는 총동원령이 내려졌고, 프랑스에서도 다른 종류의 군사 조치가 취해졌다. 모스는 "지금 벌어지고 있는 사태"에 대해 아주 "유감스럽게" 생각했다. "인류는 더러운 종족이다. 하지만 그것이 우리의 종족이다."[35]

프랑스 사회주의자들은 정부에 압력을 가해 러시아와 오스트리아를 진정시켜야 한다는 필요성을 역설했다. 조레스는 평화를 구하기 위한 행동에 가열차게 참여했다. 기사 작성, 만남, 회합, 브뤼셀에서 개최된 인터내셔널 사회주의 사무국에서의 모임 등이 그것이었다. 7월 31일 저녁에 『뤼마니테』지의 협력자들인 피에르 르노델과 필립 랑드리외와 함께 저녁 식사를 하던 조레스는 머리에 총을 맞고 살해되었다. 그때 샤모니에서 휴가를 보내고 있던 모스는 다음과 같은 어조로 이 사건을 상기하고 있다.

조레스가 줄곧 위협을 받고 있다는 사실을 정부는 알고 있었습니다. 아벨페리는 하원에서 금요일마다 세 시에 복도에 있는 의자에 주저앉아 조레스에게 최대한 조심해서 외출할 것을 요구했습니다. 언젠가 길모퉁이에서 그가 살해당할 수도 있음을 주지시켰던 것이죠.

불행하게도 그날 랑드리외와 르노델이 조레스에게 약간의 신선한 공기를 맞보게끔 하기 위해 '크루와상' 식당의 창가에 등을 돌리고 앉도록 했던 겁니다. 한 순간 실수를 저지르지 않는 파수병이 어디 있겠습니까. 그때 저는 샤모니에 있었습니다. 내가 좀 더 신중했었을 터이고, 그를 더 잘 보호할 수 있었을지도 모르죠.[36]

감정이 북받쳤다. 나지막이 한 구절만이 반복되어 입에서 입으로 전해졌다. "조레스가 죽었다…… 조레스가 죽었다……" 랑드리외와 르노델은 모스에게 보낸 전보에서 간단히 이렇게 적고 있다. "조레스 살해됨. 비탄." 로제 마르탱 뒤 가르의 『티보가의 사람들』의 주인공 자크처럼, 모두가 이렇게 반복하고 있다. "조레스가 죽다니…… 믿을 수 없는 사실이다…… 특히 이 사건의 결과를 가늠할 수도, 상상할 수도 없다." 모스에게 이 사건은 한 명의 친구의 상실이자 한 명의 영웅의 죽음이기도 했다.

가장 흉악한 음모자들에 의해 무장된 한 명의 하찮은 인간은 우리에게서 조레스의 힘을 뺏어가지는 못했다. 이 전쟁은 특히 전쟁 발발 이후 국사(國事)를 맡은 한 사람의 천재성을 보여줬다. 감히 말하건대, 사람들은 조레스를 힘과 신중함이라는 면에서 카이사르와 비교했다. 이와 동시에 조레스의 선함은 널리 퍼졌다. 사람들은 조레스가 플루타르크의 영웅전에 나오는 가장 위대한 주인공들과 맞먹는다고 했다. 또한 『사회주의 역사』의 서문에서 그가 직접 기술하고 있는 사람들을 그가 사랑하는 것처럼 사랑하는 법을 가르쳐줬던 영웅들과 조레스가 어깨를 겨룬다고들 했다. 슬프도다! 우리는 그런 그를 오랫동안 간직하지 못하게 됐다. 우리는 조국과 동시에 우리의 이상을 구해줬던 그를 더 이상 곁에 둘 수 없었다. 그의 죽음은 고대의 반(半)신의 죽음이었다. 그의 죽음은 벌써 많은 이들의 기억 속에서 성화되고 있다. 하지만 그의 죽음으로 인해 그는 자기 내부에 있던 거대한 인간적 힘을 다 발휘하지 못했다.

[……] 조레스, 그는 한 명의 영웅이었을 뿐만 아니라 한 명의 현자이기도 했다. 우리들 모두, 모든 사람들, 그의 친구들인 우리들은 잃어버린 것이 무엇인지를 결코 알지 못할 것이다.[37]

조레스에 대해 말하면서 뤼시엥 레비브륄은 이렇게 쓰고 있다. "프랑스와 인류에게 그처럼 필요했던 사람, 자연이 그처럼 시샘했고, 경쟁자가 없던 정신의 소유자들 가운데 한 사람이여! 그렇게 강했고, 그렇게 온유했던 사람! 그렇게 창의적이고, 그렇게 신중했던 사람! 자기 생각을 그렇게 잘 통제했고, 사실들을 그렇게 존중했던 사람!" 그리고 레비브륄은 이렇게 덧붙이고 있다. "우리는 조레스를 얼마나 그리워하고 있는가!"[38]

통역병

8월 1일, "돌이킬 수 없는 사건"이 발생했다. 독일과 프랑스에서 총동원령이 내려진 것이다. 독일은 러시아에 선전포고를 했고, 그 다음날인 8월 2일에는 프랑스에 선전포고를 했다. 첫 번째 포격 소리가 울려 퍼지자 사회주의자들은 평화적 태도를 포기하게 된다. 그들은 참전 호소에 응하기 위해 전선으로 떠났다. 몇 시간 만에 사회주의 인터내셔널은 붕괴되었다. 환상에서 깨어난 몇몇 투사들은 분개했다. 로제 마르탱 뒤 가르는 자신의 소설 주인공의 입을 통해 이렇게 말하고 있다. "끝장이다. 더 이상 사회주의자들은 없다. 사회주의-애국주의자들만 있을 뿐이다. [……] 그들은 모두 동료들이 전쟁을 하기 위해 떠나는 것을 보고 있다. 그들은 자신들의 혁명적 이상을, 위협받고 있는 조국을 구한다는 새로운 신화에 희생시키면서 양심에 따라 행동한다고 믿고 있는 것이다. 가장 열정적으로 전쟁에 반대하는 자들이 전쟁을 가장 열렬히 수행하는 자들이 되고 있다."[39] 8월 27일, 두 명의 사회주의자인 마르셀 상바와 쥘 게드가 비비아니에 의해 주재되는 정부에 입각하게 된다.

고등연구실천학교 연구지도 부교수로 임명된 모스는 "전선으로 가고자 하는" 자들 가운데 한 명이었다. 게다가 그는 전쟁 초기에 독일이 사용한 "테러와 야만적 행위"를 서슴지 않고 비난했고, 또한 "독일군이 저지르는 만행"을 폭로하기도 했다. 모스는 이렇게 주장했다. 그와 같은 참혹함의 책임은 독일 국민에게 있는 것이 아니라, "독일군 장교들, 하사관들, 참모들, 황제, 왕, 왕자들"에게 있다고 말이다. 제국 참모진의 의도는 "프랑스와 벨기에 시민들에게", 그들이 "황제의 군대에 배반되는 전쟁을 했을 수도 있다는" 구실로, "테러 체제"를 유지하려는 것이었다. 모스는 이와 같은 "말살전"[40]을 피할 수 있기를 희망했다.

독일군은 벨기에 서부 지역으로 진격했고, 8월 20일에는 루뱅을, 22일에는 브뤼셀을 점령했다. 역습 가능성으로 인해 프랑스군은 움츠리는 작전을 폈다. 적이 파리에 접근했다. 8월 말에는 세 차례에 걸쳐 독일군 비행기들이 파리를 공습했다. 군대의 요청에 따라 프랑스 정부는 보르도로 이동했다.

1914년 8월 17일에 센느강 제3개혁위원회 무장 병력에 소속되어 있던 모스는 9월 3일에 전쟁 기간 한도의 자원병 신분으로 참전하게 된다. 모스는 국방장관에게 이러한 내용의 편지를 썼다. "저는 훌륭한 병사가 될 힘을 가지고 있습니다."[41] 모스의 참전 결정은 주위 사람들을 놀라게 했으며, 특히 그의 어머니에게는 놀라운 소식이었다. 모스의 어머니는 자식에 대해 우려를 표명하고 있다. "[……] 나는 이렇게 자문해본다. 네가 왜 예비군으로 있지 않고 군대로 자리를 옮기려고 마음을 바꿨는지를 말이다. 총도 한 번 만져보지 못한 네가, 그것도 43세에 말이다. 신의 가호로 모든 일이 잘 끝나길 빈다. 하지만 마음에 걸리는 일이 하나 더 느는구나. 그것도 사소한 것이 아닌 걱정거리가 말이다!"[42]

신참병 모스는 제144 보병부대에 소속되었다. 하지만 이로 인해 그는 조금 화가 났다. 그도 그럴 것이 그는 "무기도 쥐지 못한 우스꽝스러운 군인이 되는 상황"에 처해 있게 되었기 때문이다. 자신의 신분이 무엇이 될지도 모르는 상황이었다. "[……] 군인? 하사관? 장교? 기병? 보병? 수송? 참모부?"[43] 모스의 걱정거리 가운데 하나는 "그로 하여금 마음대로 움직이지 못하게 하는 것"과 "영국인들이 없게 될 그곳에 여전히 있어야"[44] 하는 것이었다.

거의 한 달 이상 동안 오를레앙에 머물고 있었던 모스는 친구 앙리 위베르에게 다음과 같은 내용의 편지를 쓰고 있다. "사람들이 나를 어떻게 할지 아직 모르고 있네. 하지만 고백하건데, 어찌 되어도 난 상관없네. 난 모험을 예상하고 있네만, 그것이 어떤 것인지에 대해서는 판단 내리지 않고 있네. [……]"[45] 모스는 환상을 품고 있지 않았다. "다들 전쟁이 빨리 끝날 거로 예상하고 있네. 하지만 난 전쟁이 길어질 것 같다는 생각을 하고 있네. 독일은 생각보다 결심이 굳은 것 같고, 독일 역시 프랑스와 마찬가지로 하나로 단결되어 있을까 봐 걱정이네. [……] 결국 수백만 명의 사람들이 다치게 될 것이고 다쳐야 할 걸세. 끔찍하고 아무런 소용도 없는 일을 위해서 말일세. 친구, 우리는 모두 불구덩이로 떨어질 걸세!"[46]

그로부터 며칠 후인 12월 15일에 모스는 영국 제27연대에 소속된 전투부대에서 통역병으로 근무하게 되었고, 곧 르 아브르로 떠나야 했다. "마침내 나는 통역이 필요한 곳에 있다는 느낌이네." 상황은 아주 나쁜 편은 아니었다. "해서 나는 아주 좋네. 물론 내가 지적인 생활을 하기 위해 별로 한 것은 없네. 하지만 전쟁으로 인한 이 생활에는 적응하고 있네."[47] "전 승마도 하고, 군인 역할도 합니다. 귀족 같은 생활이네요. 아주 잘 지내고 있어요. 전 사회학이 아니라 이런 일을 하도록 태어난 것 같습니다."[48] 군인이라는 직업은 "뭘 해야 할지를 찾는다든가 그러한 생각을 하는 것도 막는다는 면에서"[49] 장점이 있는 것처럼 보일 때도 있다고 모스는 쓰고 있다. 또한 군인이라는 직업이 "동료들과 나란히 있다는 느낌"을 주고, "정신을 육체에 주입시키는 것"[50] 같다고도 쓰고 있다. 아주 잘 지내고 있다고 느끼면서 모스는 다음과 같은 결론을 끌어내고 있다. "사기(士氣)라는 면에서 전쟁이 『사회학 연보』보다 더 낫습니다."[51]

하지만 전쟁은 전쟁이었다. 모스가 얘기하고 있는 것처럼[52], 그가 소속된 부대는 곧 전선으로 이동해야 했다. 그는 "보르쉐페, 레닝헬스, 디스케부흐, 이프르의 사령부, 이프르, 아르망티에르" 등으로 이동했다. 10월과 11월에 플랑드르 지방에서 대규모의 전투가 있었다. 그리고 10월 말 경에는 전선이 이프르, 아르망티에르까지 확대되었다. 이프르 전투는 "끈질겼다." 3주 동안 독일군의 "반복되고, 과격하고, 광적인 공격"

이 모두 격퇴되었다. 모스는 "일대일로 육박전을 할 기회를 갖지 못했다."(그는 이것을 후회했다.) "나는 이 전쟁과 이 전쟁을 하는 방식을 증오했네. 내가 보슈[53]를 물리치는데 [판독 불가]……를 돕는 것을 제외하고 내 자신을 그 만큼 희생하지 못했기 때문에 더 그랬네."[54]

모스는 어머니와 삼촌을 위시한 가족들, 친구들, 동료교수들과 소식을 주고받았다. 그의 동료교수들 가운데 앙투안 메이예는 정기적으로, 아주 자세하게 모스에게 "사태의 진행 상황"을 알려줬다. 가족들은 모스에게 등기 우편물, 돈, 소포(음식, 옷, 소책자, 신문 등)를 보내줬다. 모스가 요구했던 브라우닝 35구경 자동권총용 탄창도 보내줬다. 모스에게 보낸 수많은 편지에서 친구들과 가족들은 새로운 소식을 전해줬다. 그들은 또한 군사적, 정치적 상황도 전해줬으며, 모스의 관심을 끌었던 몇몇 문제, 가령 『뤼마니테』지의 재정 상황과 고등연구실천학교의 활동에 대해서 논의를 하기도 했다.[55] 모스는 그 나름대로 가까운 사람들을 안심시키려 했다. "저는 건강합니다.", "저는 아무런 위험도 겪고 있지 않습니다.", "우리는 전선에서 꽤 멀리 떨어져 있습니다.", "사기는 늘 높습니다.", 등. 모스는 또한 "실질적인 도움"을 받기도 했다. 예컨대 그의 아파트의 보수, 유지라든가, 친구를 돕는 일 등이 그것이었다. 옛 여자 친구였던 마르게리트가 처한 "완전히 궁핍"한 생활에 민감했던 모스는, 앙리 위베르를 통해 얼마 되지 않는 돈을 전달하기도 했다. "내가 그녀에게 아무런 빚을 지지 않았지만, 그녀가 오히려 내게 빚진 것이 많지만 —— 물질적으로 말일세. ——, 이와 같은 전쟁의 [판독 불가] 상황에서 그녀를 빵도 먹을 수 없는 상황에 내버려두고 싶지는 않네."[56]

1915년 3월에 분대장으로 임명된 모스는 같은 해 8월에 영국 제27

연대 제 112 보병부대에 파견되었다. 그로 인해 모스는 그의 옛 스승인 실뱅 레비로부터 다음과 같이 놀림을 당하기도 했다. "그러니까 자네가 분대장이 되었군 그래. 서서히 장교의 길을 가고 있고, 퇴역한 통역병에다 심지어는 퇴역한 기병[57]이라! 자네가 탄 말은 자네 관심사에서 중요한 위치를 차지하겠군."[58] 전쟁의 종말에 대해 모스는 어느 정도 자신을 가지고 있는 편이었다. "희망을 갖도록 하세. 승리가 프랑스의 것이 될 거라는 희망을 말일세!"[59] 하지만 모스는 "다가오는 몇 개월이 아주 힘들 것이라는 사실"[60]을 예견하고 있었다. 그러면서도 여전히 위베르에게 반복해서 이렇게 말하고 있다. "결국 전쟁의 종말을 고하는 몇 개월이 될 걸세. 내가 그걸 알지. 보슈들에게 성공은 [판독 불가] 절망적이고, 아주 위험하고, 전광석화와 같네. 보슈들은 점점 더 거칠고, 광적이 되어 가는 것으로 보이네. 그들은 러시아군을 물리치고, 세계 전체를 도발할 것이라는 생각이 드네. 사투리로 말하면 그들은 '위험한 노름'을 하고 있네."[61] "기대를 하세, 기대를. 나는 최종 승리를 확신하네. 그것도 가까운 장래에 말일세. [……]"[62]

중요한 것은 승리, 그것도 완벽한 승리를 거두는 것이었다. "또 한 번 훌륭한 한 해입니다. 보슈들은 패배할 것입니다. 그들을 물리치지 않고 평화를 유지할 수 있다면, 그게 더 나을 것입니다. 하지만 우리가 선택할 수 없는 것을 용감하게 감행해야 합니다."[63] 모스는 연합국들에 의해 "보슈들"이 "박살날 것"이라고 생각하고 있었다. 하지만 모스는 독일 출신 부인을 둔 친구 위베르를 안심시키고자 했다.

알마에게 이렇게 전해 주게. 나는 그녀도, 내 식구들도, 내 독일 친구들도, 독일인들도 모두 사랑한다고 말일세. 결국 우리가 [판독 불가] ……
된다면, 우리 정부, 우리 당, 우리 조직들은 계속 불가능하다고 여겨지
는 일들을 함으로써, 전후에 독일과 화해를 하게 될 걸세. 그렇게 함으
로써 우리들의 우정은 과거보다 더 돈독하게 될 걸세.

　　내게 이와 같은 의미에서의 투쟁은 아주 준엄한 것이었네. 조레스
가 원했던 것처럼, 우리도 인간들이 서로 사랑하길 바라네. 난 자네에
게 단언하네. 황제에게 빚을 갚고 나면, 수많은 위대한 영웅들과 가장
완벽한 영웅들을 살해한 이 증오와 거짓을 일삼은 강대국들에 대한 빚
을 갚을 것이라고 말이네. 내게는 바로 이것이 승리나 참다운 의미에
서의 전쟁의 종결로 보이네.[64]

1915년 3월 초에 앙리 위베르 역시 보병 중사로 동원되었다. 이로 인해
그의 친구인 모스는 걱정이 생겼다. "전쟁이 자네한테도 걱정을 끼치
는군. 자네에게도 정신적 부담을 주게 되었다고 말해야겠지. 결국 자네
도 자네 의무를 하는 셈일세. 난 전쟁이 빨리 종결되어, 벌써 상당히 고
통을 받았을 자네가 전선에서 떠나길, 이 비극에서 벗어나길 바랄 뿐이
네."[65] 모스의 소원은 실현되었다. 파리의 인명 구조대 코르디에 대장이
위베르를 호출했던 것이다. 위베르가 전선에서 근무하기엔 너무 약하
다고 판단해서 포병대 소속 제2비서실로 부른 것이다. 이 비서실은 얼
마 후에 병참부(兵站府)가 된다. 위베르는 이곳에서 친구였던 프랑수아
시미앙, 마리오 로크 등을 만나게 되었다. 그들 역시 병참부의 차관이었
던 알베르 토마의 측근들이었다. 전쟁 초기에 이른바 "토마 네트워크"
라고 불렸던 이들 조직은 상당히 활발하게 움직이고 있었다. 이 조직은

아주 열렬하게 조국 프랑스를 방어할 준비가 되어 있었고, 또 이 병참부의 활동을 촉진시킬 준비가 되어 있었던 여러 명의 고등사범학교 출신 사회주의자들로 구성되어 있었다. 에드가르 미요는 『뤼마니테』지에서 프랑스 자본의 해외 유출을 비난했고, "공공의 주도권"을 강조했다. 위베르 부르쟁은 그의 연대기에서 어떻게 전쟁이 사회를 지배하는 법들의 연구를 위한 미증유의 적용 영역이 될 수 있는가를 보여줬다. 엠마뉘엘 레비는 법률학자로서 집세의 문제를 직접 다루기도 했다.[66] 이렇게 옛 사회주의 연구 단체가 활동을 재개했던 것이다.

자동차 운송 서비스에 관련된 일을 맡게 된 위베르는 부지런히 일했고, 관리자로서의 자질을 유감없이 보여주기도 했다. 우선 자동차 제작의 속도를 높였고, 그 다음으로는 탱크의 비밀 생산을 완벽하게 조정했다. "아주 용기 있는 인물"[67]인 알베르 토마가 영국을 방문하고, 이어서 1917년 4월-6월에 소련을 방문하는 기회에, 위베르는 담당 비서이자 자료 담당관 자격으로 그와 동행하게 된다.

전쟁에서 곧 프랑스가 승리할 것이라는 환상이 깨졌다. "전쟁의 종식에 대해 말하자면, 제게는 아직 안보입니다."[68] 하지만 모스에게서 중요한 것은, 그 자신 "완벽한 건강"을 유지하고, "모든 것이 힘들지 않게 [지나가는 것]"이었다. 여하튼 모스는 모든 사람들과 "잘 지냈고", 또 참모부(친구들은 없었지만)와도 좋은 관계를 유지했다. 모스는 그리스어와 불어 번역본으로 호머의 작품을 읽기도 했다.[69] 그리고 "가장 끔찍한 순간" 후에 그 자신이 향유하게 된 "정신적으로 고독한 시간과 긴 여가 시간"을 이용해 '사회학자-군인' 모스는 『정치론』이라는 제목이 붙은 저서의 집필에 착수했다. 모스는 서론 부분에서 이렇게 쓰고 있다. "이 책은 시대의 산물이다. 이 책 속에는 시대의 표식과 오류가 들어 있다. 이 책은 전선에서 집필된 것이다. [……] 따라서 이 책에는 필요한 지식과 고전적 절차가 누락되어 있다."[70] 모스에 의해 작성된 집필 계획에 따르면, 그가 다루고자 했던 주제는 다음과 같다. 1) 문명(무역, 기술, 종교, 언어 등의 확장), 2) 형태적 현상(이주, 식민지, 의사소통 통로 등), 3) 사회현상(전쟁, 식민지화 등). 이 저작은 미완성으로 남게 된다.

전쟁은 계속되었다. 모스가 소속되어 있던 영국 부대의 주둔지는 1915-1916년에 다음과 같았다. 아르망티에르, 사이이 쉬르 리스, 크루와 뒤 바크, 솜, 콜랭캉, 사이이 오 부아, 아라스의 서부와 남서부, 비엥베이예 오 부아 등이 그것이다. 1916년 6월에 모스는 오스트레일리아 제 5부대로 전출되었다. 모스는 항상 "희망과 좋은 기분"을 간직하고 있었으나, 시간이 지루하고 길다고 느꼈다.[71] 모스에게 "친구다운 친구도 없이 영국인들하고만 시간을 보내며 지낸다는 것"이 "아주 지루한 일"[72]이었다. 가을과 4개월 동안의 겨울은 특히 힘들었다. 병에 걸리기도 했다. 1915년 10월과 11월에는 "이른바 참호 황달"로 인해 아미엥에 있는 병원에 입원하기도 했다. 또한 겨울 동안 모스는 베르나페이 숲에서의 힘든 작업 끝에 심한 패혈증으로 고통을 받았고, 에일리로 후송되어야 했다. 그 다음해 2월과 3월에는 병의 재발로 인해 폭탄이 투하되는 가운데 알베르에서 치료를 받아야 했다.

큰 불행

1916년 2월에 있었던 베르덩 전투까지 연합군 측의 공격은 대규모의 손실에도 불구하고 실패를 거듭했다. 독일군의 반격 역시 성공을 거두지 못했다. 하지만 전사자들의 수는 수십만 명을 헤아렸다. 모스와 가까웠던 협력자들과 친구들 역시 전사했다. 뤼시엥 에르는 이렇게 편지를 쓰고 있다. "우리는 잘 지내네. 하지만 피곤하네. 너무 불안하고, 불행한 소식이 너무 많네. 너무 많은 사람들이 죽었네. 우리 친구들 가운데서도 가장 훌륭한 자들이 죽었어. 우리를 대신할 세대 중에서도 그렇네. 너무 슬프네. 우리는 늙어가고 있고."[73]

"나쁜 소식"이 너무 많았다. 막심 다비드는 보병부대 선두에 섰다가 1914년에 전사했다. 앙투안 비앙코니 역시 1915년에 같은 운명을 맞이했다. 같은 해에 장 레이니에 역시 참호에서 기계 사고로 희생되었다. 비앙코니와 레이니에는 둘 다 32세였다. 그 뒤로 로베르 에르츠가 전사했다. 심하지 않은 부상을 당했던 그는 "33세의 나이로, 참호 밖에서 자기 부대의 선두를 지키다가 마르셰빌의 무용한 공격 도중 1915년 4월 13일에"[74] 사망했다. 모스와 뒤르켐은 그의 죽음으로 마음에 커다란 상처를 입었다. 뒤르켐은 이렇게 쓰고 있다. "난 신경이 몹시 날카로워져 있다. 이유를 잘 모르겠지만, 그의 부음을 듣자 난 너와 앙드레가 과거보다 더 위험에 노출되어 있다는 생각이 들었다. 지금까지는 그래도 조금은 거리가 있는 자들의 죽음이었다. 막심과 비앙코니처럼 말이다. 하지만 이번에는 가슴이 찢어지는 부음이다. 그래서 다른 사람들 생각이 더 난다."[75]

12월 8일에 앙드레 뒤르켐이 부상에 이어 불가리아에 있는 한 병원에서 사망하게 된다. 그는 세르비아가 후퇴할 때 최후방 부대를 지휘했었다. 그는 과거에 이미 한 차례 부상을 입은 바 있었고, 두 차례에 걸쳐 프랑스로 후송된 바 있었다.[76] 그의 가족은 그의 죽음의 정황을 정확히 알기 위해 몇 개월을 기다려야 했다. 앙드레가 포로가 되었기를 희망하거나 또는 "좋은 침대에서" 치료받고 있기를 희망하면서 모스는 "막연히" 앙드레에게 다음과 같은 내용의 편지를 쓰고 있다. "이 불쌍한 녀석아. 내가 널 친형제처럼 좋아한다는 사실을 넌 알거다. 그리고 벌써 한 명의 친구처럼, 아니 아들처럼 말이다. 네가 우리 곁에 있기만 한다면 [……]"[77] 자신이 통과하고 있는 불안한 시기로 인해 "신경이 몹시 약한 상태"에 있던 뒤르켐은 모스에게 이런 내용의 편지를 쓰고 있다.

> 네게 커다란 고통을 전한다. 그렇게 하지 않을 수가 없다. 더 이상 환상을 가지고 있지 못하겠구나. 부상 중이었던 앙드레가 죽었다. 그를 다 비도보에 있는 작은 마을에 안치했다.
>
> 이 글을 쓰기가 몹시 힘들구나. 너도 이 글을 읽기가 힘들 거다. [판독 불가]…… 하도록 하자. 답장에 돌이킬 수 없는 일에 대해서는 가능한 한 얘기하지 말아다오. 수많은 이미지가 나를 괴롭힐 게다. 그 이미지들을 깨우는 모든 것이 나로 하여금 과거를 돌아보게 할 게다. [……][78]

모스는 이 사태를 예상하긴 했으나, "대단한 충격이었다."[79] 그는 친구 위베르에게 아픔을 감추지 않았다.

> 뒤르켐 삼촌이 믿을만한 소식통을 통해 앙드레가 불가리아 전선에서 사망했다는 사실과 이름을 읽기가 힘든 조그마한 마을에 안치되었다는 사실을 알려 왔네.

어떤 슬픔일지를 자네에게 말할 필요는 없을 것 같네. 앙드레는 가장 매력 있는 남자들 가운데 한 명이었고, 부드러움과 열정 그 자체였네, 내겐 아들이자, 형제이자, 친구였네. 나는 그의 아버지였네! [……] 다른 사람들 앞에선 눈물을 감추네. 하지만 혼자 있을 때는 가슴이 너무 아프네.[80]

모스는 친척들에게 "힘을 내라"고 권고하고 있다.

[……] 어머니가 겪을 슬픔, 삼촌 집에서 겪을 슬픔에도 불구하고 가능한 한 더 건강하고, 굳건하고, 믿음을 가지고 지낼 것을 부탁드립니다.

슬픔에서 깨어난 자들, 그것을 피한 자들도 가능하면 자신들의 삶, 젊고 늙은 자들의 삶을 다시 추스려야 할 것입니다.

그리고 심지어는 우리 모두를 쓸데없이 너무 슬프게 하거나, 혹은 우리 모두를 비인간적으로 만드는 그 불행에 대해 너무 많은 말을 해서는 안 됩니다.

전쟁이 끝나면 제가 앙드레를 얼마나 좋아했는가를 말씀드리겠습니다. 하지만 지금은 그때가 아닙니다.[81]

모스는 평소의 상태를 유지하려고 노력했고, 스스로 "철학"을 하려고 노력했다. 그는 어머니에게 이렇게 쓰고 있다. "우리 집에 전해진 부음이나 다른 사람들의 부음에 대해 불필요할 정도로 슬퍼하지 마시기를 바랍니다. 모든 이론과 모든 종교가 다 의미를 잃게 되는 그런 정신적 참상에서, 물질적 재앙에서 기지 있게 벗어난 자들은 다시 행복을 되찾게 될 것이고, 삶을 구하게 될 것입니다. 죄를 지은 자들은 응분의 벌을 받을 겁니다. 그것을 섭리라고 하든지 벌이라고 하든지 우연이라고 하든지, 별로 중요하지 않습니다. 남아 있는 자들은 살아야 하고, 다시 사람들이 모여드는 세계, 도덕적이고 풍요로운 세상을 만들어야 할 겁니다. 예전과 같은 세상을 다시 만드는데도 오랜 시간이 걸릴 겁니다. 하지만 앞으로 나아가야 합니다. 이것이 전부입니다."[82]

뒤르켐과 모스의 집안에서 앙드레에게 닥친 불행은 아주 큰 것이었다. 뒤르켐이 아들의 죽음으로 인해 얼마나 큰 충격을 받았는지를 알고 있었기 때문에 더욱 그랬다. 위베르는 이렇게 탄식했다. "불쌍하네, 그분이 너무 불쌍해. [……] 얼마나 슬픔이 클까!"[83] 자기 자신의 가장 훌륭한 제자 중 한 명이었고, "가장 고귀하고, 가장 큰 희망"[84]이었던 아들의 죽음에 아버지 뒤르켐은 눈물을 멈추지 않았다. 뒤르켐은 앙드레를 집과 학교에서 키웠고, 따라서 "두 번에 걸쳐 자기 아들"[85]로 만들었던 것이다. 뒤르켐은 "다른 사람들이 이 돌이킬 수 없는 사건을 자기에게 더 이상 얘기하지 말 것"을 바랐고, 심지어는 친구들에게 자기를 보러오지 말도록 간청하기도 했다. 모스는 삼촌에게 보내는 편지에서 이 불행한 사건을 언급하는 것을 가급적 피했고, 위베르에게 "조문을 하지 말도록" 권고하기도 했다. 뒤르켐의 주위 사람들은 그가 정신적으로 약해졌다는 것을 느꼈다. "뒤르켐은 슬픔으로 자기가 괴롭힘 당하는 것을 방치하는 사람일세. 그것도 보이지 않게 말일세."[86] 그렇다고 해서 뒤르켐이 아버지로서 "자기 아들의 짧았던 생과 [그의] 생전의 모습을 떠올리는 잔인한 일을 하지 않는 것"은 아니었다. 뒤르켐은 이렇게 말하고 있다. "그것이 나로 하여금 앙드레에게 나의 마지막 의무를 다 할 그 상황에서 남아있던 유일한 방식이었다."[87]

　조카 모스가 바라는 것은, 삼촌 뒤르켐이 "신경 쇠약으로 인해 모든 것을 포기하지 않는 것"[88]이었다. 모스는 어머니에게 이렇게 쓰고 있다. "삼촌이 이겨내기를 바래야죠. 저는 삼촌이 강해졌으면 합니다. 삼촌이 모든 것을 포기할까봐 겁납니다. 삼촌은 격렬한 정념을 가지고 있는 분이에요. 될 대로 되라는 식으로 곧장 모든 힘을 소진할 수도 있어요."[89] 모스의 어머니는 그 나름대로 동생의 용기를 찬양했다. 하지만 그녀는 "오히려 체념하는 것이 가장 훌륭한 해결책이 아닌지"[90]를 자문하기도 했다. 실뱅 레비는 안심하는 편이었다. "개인적인 고통을 넘어 의무를 이행하고 필요한 사항을 행하기 위해 일종의 긴장된 힘으로 뒤르켐이 다시 완강하게 버티는 것을 보고 난 놀랐네. 이와 같은 완강한 태도는 존경과 찬탄의 대상이 되네. 하지만 그것은 다른 사람의 입을 막아버리는 것이기도 하지."[91] 실뱅 레비는 한 달 뒤에 다시 이렇게 쓰고 있다. "뒤르켐과 저녁 식사를 했네. [……] 그는 본받을 만한 스토아주의자일세. 아들의 사망이 그의 내부에 국가와 공공의 이익을 위해 자기 자신이 더 유용하게 되어야겠다는 의지를 키워주고 있을 뿐이네."[92]

　여전히 많은 사망자를 내면서 전쟁은 계속 되었다. 오스트레일리아 제5부대(오스트레일리아 황실부대)——2월 말에 서부 전선으로 이동하라는 명령을 받은 이 오스트레일리아 보병부대 중 가장 최근에 조직된 부대 중 하나——에서 전출되어 3급 통역병으로 다시 임명된 오스트레일리아 "원시"사회 전문가이기도 한 모스는, 자부심을 가지고 자신들을 "땅굴을 파는 자들(Les Diggers)"이라고 지칭하는 자들과 같이 지내게 되었다. 하지만 자기 앞에 중요한 연구 대상인 "진짜 자료들"[93]이 있었지만, 모스는 "오스트레일리아인들에 대한 사회학적 분석"을 할 수는 없었다.

전선에 도착하자마자 오스트레일리아 제5보병부대는 전투를 감행해야 했다. 6월 말과 7월 초에 솜에서 대규모의 전투가 시작되었던 것이다. 몇 주에 걸친 독일군의 집중 폭격으로 인해 오스트레일리아부대가 입은 피해는 상당히 컸다. 단 하루만의 전투에서 제5부대는 5,530명(17,800명 중)을 잃었고, 400명이 포로가 되었다. 가을에는 비로 인해 전쟁터가 "광활한 진흙 구덩이(vast slough of mud)"로 변하기도 했다. 그리고 겨울에는 도로를 수선해야 하는 임무를 맡은 군인들은 "비, 진흙, 추위"와 싸워야 했다. 생활 여건은 "끔찍했다."[94] 오스트레일리아 군인들은 프랑스 군인들에 비해 상당히 우월했다. 모스는 이렇게 이야기하고 있다. "우리가 진흙이나 물속에서 멈춰서는 경우, 오스트레일리아 군인들은 발뒤꿈치를 들고 쭈그리고 앉아 쉬고 있었다. 그들의 발뒤꿈치 저 아래 '물'이 찰랑거렸다. 나는 물속에 발을 담근 채 군화 속에서 서 있어야 했다."[95]

하지만 모스는 "희망도 사기도"[96] 잃지 않았다. "고독과 불편함과 추위"에 맞서 그는 "힘, 이성, 에너지와 막연한 희망"으로 버텼다. "하지만 전쟁 초기의 열광은 더 이상 없었다." 심지어 "가장 강인했던 자들"도 이제 지친 기색이 역력했다. 휴가 기회가 있게 되면 모스는 솔직히 기뻤다. "마침내 내 집에서, 전기를 쓰고, 매일 따뜻한 물로 목욕을 할 수 있게 되네."[97]

모스는 멀리서 "프랑스의 내정", 특히 그가 속한 정당의 정치를 격정스러운 눈으로 지켜봤다. "한쪽에서는 비겁한 행동을 하고, 다른 한

쪽에서는 거짓말을 하고 있네."[98]『뤼마니테』지는 모스를 "역겹게 했고", 한 번은 정말로 사회주의자들의 행동 ── "혼란 속에서 헛손질을 하고 있는 듯한" ── 으로 인해 그는 화를 내기도 했다. "많은 사람들이 서툴고, 보잘것없네."[99] 모스의 정치인들에 대한 평가는 신랄했다. 특히 카이요에 대해서 그랬다. 모스의 눈에는 사회당 내에서는 오직 토마와 르노델이 괜찮아 보였다. "분명 사회주의자들은 원대한 뜻을 가지고 있지 못하고, 두 개의 장관직이 그들이 수행할 수 있는 최대치일 걸세. 르노델과 토마, 그 두 사람 정도만이 그래도 배포를 가진 사람들이네."[100] 모스는 종종 사태를 "이해하려고 하지 않았다." "왜냐하면 멀리서 보면 더 나쁜 효과가 발생하기 때문이었다." 더군다나 뒤르켐은 모스에게 "사태들에 대해 이론화하지 말 것 그리고 가능하면 조용히 지낼 것"[101]을 권고하기도 했다.

전쟁 초기 몇 해 동안 뒤르켐은 "모든 나라의 프롤레타리아들이여, 단결하라!"[102]라는 구호를 비판했고, 공개적으로 애국주의를 표명했다. 예컨대 실뱅 레비와 함께 선전 사무소(러시아 유대인 문제에 대한)에 편성된 한 유대위원회에의 참가, 1915년에 있었던 전쟁에 대한 연구 및 자료 배포와 팜플릿 작성을 위한 조직("누가 전쟁을 원했는가? 모든 것을 차치하고 독일이"라는 제목이다), 다른 대학교수들 ── 에르네스 라비스, 샤를르 앙들레르, 에밀 부트루, 앙리 베르그송, 귀스타브 랑송, 앙투안 메이예, 샤를르 세뇨보 등 ── 과 함께 「모든 프랑스인들에게 드리는 편지」의 작성에 협력하기도 했다. 이 편지는 하나씩 따로 분리되어 출판되었고, 3백만 부가 배포되었다. 이는 "여론에 공고한 토대"를 제공하고, 국민들로 하여금 "인내, 노력, 믿음"을 갖게끔 장려하기 위한 것이었다. 뒤르켐은 이렇게 쓰고 있다. "우리들 모두는 전쟁에 적극적으로 참여했습니다. 각자 나름대로의 방식으로, 능력에 따라서 말입니다. 그리고 이와 같은 적극적 참여는 그 자체로 유용할 뿐만 아니라 우리가 지켜야 할 결심을 더 강화시켜주는 데 큰 기여를 하게 될 것입니다. 그도 그럴 것이 신념은 행동함으로써만 유지되기 때문입니다."[103]

고댕 드 빌렌 씨가 상원에서의 연설을 통해 뒤르켐을 "독일의 전쟁부(戰爭府; Kriegsministerium)를 대표하는 외국 혈통"[104]과 연결시켰던 만큼 그가 마음의 상처를 더 크게 받았을 수도 있다는 사실은 쉽게 이해된다. 실제로 교육부 장관이 1916년 3월 30일에 "프랑스 사회학파"를 대표하는 뒤르켐을 옹호하기 위해 상원에서 연설을 했다. 그는 "뒤르켐의 우국적 선전에 대한 지칠 줄 모르는 열정"을 강조했고, "뒤르켐의 유일한 아들이자, 고등사범학교에서 가장 뛰어난 학생들 중 한 명이 위협받는 조국을 위해 고귀한 피를 흘린 사실"을 상기시켰다. "성스러운 통일의 시기에 참석도 하지 않은 자리에서" 자기 삼촌이 "비열하게 욕을 먹었다."는 "신문들의 평"을 읽게 된 모스는 분노를 참을 수가 없었다. 모스는 가족의 이름으로 즉각 아주 격렬한 태도로 응수하게 된다.

[……] 당신이 무슨 짓을 하고 무슨 행동을 하든, 나는 당신에게 아무런 중요성도 부여하지 않을 정도로 당신을 잘 알고 있습니다.

하지만 모든 비도덕적 행동은 대가를 치러야 합니다.

세르비아에서 다른 사람들의 목숨을 구하면서 살해된 내 사촌 앙드레 뒤르켐은 더 이상 이 세상에 있지 않아 당신을 처벌할 수 없습니다.

그래서 전쟁이 끝나고 나면 당신에게 매질을 가할 자는 바로 나입

니다. 응당 그래야겠죠.[105]

모스는 무엇보다도 뒤르켐의 "건강과 기력"을 걱정했다. "삼촌은 내게 편지도 못 쓰고, 다른 사람들도 만나지 않고, 그리고 내가 알기로는 이제 아무것도 못하고 있네. 삼촌의 건강이 몹시 걱정되네. 그리고 삼촌은 사건이 이상하게 돌아가서 지루해하네."[106] 한 달 후에 휴가를 마치고 돌아간 모스는 다른 친구들에게 소식을 전하고 있다. "삼촌 때문에 몹시 걱정되네. 내 휴가는 유용했고, 아주 좋았네만, 슬프기도 했네. 내가 받은 인상은 그다지 좋지 못하네."[107] 뒤르켐은 모스에게 자신의 건강 상태에 대해 귀뜸해줬다. 그리고 펜을 들 수 없게 되자 부인에게 편지를 받아쓰게 했다. "[뒤프레 박사가] 휴식을 더 연장할 것을 내게 권고했다. 또한 나보고 시골에서 요양을 하라고 하기도 했다. [……] 어쨌든 11월까지는 완전한 휴가다. 그 다음에 박사는 내게 은퇴와 적당량의 작업을 권고했단다."[108] 단지 "개인적인 일"에 국한되고, "가능한 한 자율신경의 지배를 받는 삶"을 영위하면서도, 뒤르켐은 몇몇 지적 계획을 가지고 있었다. 뒤르켐은 모스에게 이렇게 쓰고 있다. "넌 나에게 이렇게 말하곤 했지. 전쟁이 내가 구상중인 책에 새로운 사실들이나 새로운 관점들을 제공할 수 있을 거라고 말이다. 이 점에 대해 네 생각을 좀 더 구체적으로 전해주도록 해라. 그렇게 되면 우리가 주고받는 편지 내용이 풍부해질 게다. 오는 11월까지 내가 아무것도 쓰지 않을 계획으로 있어서가 아니다. 나에게 완전히 휴식을 취하라고 했기 때문이다. 하지만 난 여러 주제에 대해 생각하고 꿈꾸는 것까지 금지 당하지는 않았지. 해서 너와 얘기를 주고받을 순 있다."[109] 15일 화요일 저녁의 편지와 마찬가지로

이 편지 역시 뒤르켐이 부인 루이즈 뒤르켐에게 받아 적도록 한 것이었다. 서명은 뒤르켐이 했다.[110]

뒤르켐은 여름 몇 주 동안을 퐁텐블로에서 보냈다. 7월 초에 뒤르켐을 방문했을 때 모스는 "그가 호전되었다."는 인상을 받았다. 어쨌든 삼촌이 "쉽게 피곤해진다."는 생각을 했지만 말이다. 모스는 이렇게 덧붙이고 있다. "어쨌든 삼촌은 아프다기보다는 겁을 더 먹고 있어요. 하지만 겁먹은 것도 삼촌에겐 아픔을 주기도 해요."[111] 뒤르켐의 사기는 낮았다. "[……] 글을 쓰는 것이 완전히 불가능한 건 아니란다. 하지만 그러지 않는 것이 더 낫겠지. 쉬이 피곤해지고, 해서 그걸 피하는 것이 현명할 듯 해."[112] 조르주 다비와의 대화 도중에 뒤르켐은 이렇게 말하고 있기까지 하다. "이미 저세상 사람 같이 초연하게 사람들과 사태에 대해 자네에게 얘기하고 있다는 인상이네."[113] 가을에도 뒤르켐이 고통을 받던 "장애"는 "완전히 사라지지" 않았다. 그의 고통은 "신경 계통에 원인"이 있는 것 같았다. 하지만 "이러한 장애가 어디에서 오고 또 왜 그런지"[114]에 대해서는 알지 못했다. 뒤르켐의 두 누이 로진과 셀린은 몹시 걱정했다.[115] 뒤르켐은 바르비종 근처에서 4개월이나 5개월 정도 요양을 할 예정이었다. 그는 조카에게 이렇게 쓰고 있다.

이 편지 말고도 네 통의 편지를 보냈다. 무슨 이유로 편지들이 들어가지 않았는지를 모르겠구나. 내 상태가 어떤지를 설명했지. 악화되지는 않았다. 불면증과 신경 경련이 사라지기도 했어. 사기 면에서 그다지 좋지 않다. 네가 여기에 있을 때도 그랬다만, 기력이 너무 떨어져 있어. 그리고 계속 심해지고 있다.

여행 계획은 [판독 불가] 늘 계획으로 남아 있다. 그 전에 뭔가를 준비해야겠지. 다시 옷가방을 챙겨야 한단다.[116]

이 편지가 모스에게 보낸 뒤르켐의 마지막 편지였다. 그로부터 5일 후에 뒤르켐은 59세의 나이로 세상을 떠나게 된다. 모스는 뒤르켐의 딸인 사촌 마리에게서 전보를 받았다. "오늘 아침 아빠가 고통 없이 돌아가셨음." 그리고 친구인 위베르에게서도 같은 내용의 전보가 도달했다. "12시 경 뒤르켐이 갑자기 사망했네." 이 소식은 모스에게는 "커다란 불행"이었다. "내 생각에서 뒤르켐의 편지가 빠졌다는 생각으로 인해 발생한 빈 자리를 느끼고 있을 뿐만 아니라, 내가 편지를 쓰면서 감정을 ── 신중하게 ── 표출하는 순간에도 빈 자리를 느끼고 있네. [……]"[117] 친구들과 측근들은 아버지와 아들의 죽음이 연결되어 있다고 생각했다. "가련한 아버지가 슬픔을 이겨낼 수 없었던 걸세."[118] 『라 데페슈 드 툴루즈』지에는 다음과 같은 기사가 실렸다. "에밀 뒤르켐[원문 그대로][119] 씨가 세상을 떠났다. 그는 살로니크 전투에서 희생당한 아들로 인한 슬픔을 극복할 수 없었다."[120] 모스도 이 사실을 인정하고 있다. "[앙드레의] 죽음으로 받은 이중의 충격, 즉 아버지로서 그리고 지적으로 받은 충격이 뒤르켐의 사망 원인이었다."[121]

이처럼 커다란 충격을 받았지만, 그렇다고 해서 모스가 "이 커다란 불행", "심신의 쇠약", "러시아의 궤멸과 이 나라의 실수로 인한 슬픔" 등으로 인해 "무너질" 사람은 아니었다. "아주 힘들었던" 1917년 한 해를 보내면서 모스는 이렇게 쓰고 있다. "내겐 건강, 희망, 그리고 무슨 일이 닥치든 이런 변함이 없다는 느낌이 남아 있네. [……] 국가에 대한 이와 같은 공모가 조금은 우스꽝스럽다는 생각이 드네. 하지만 별 수 있나. 양쪽에서 보면 모두 바보 같고 사악하네. 독재자 카이요 대(對) 독재자 클레망소네."[122]

"참으로 긴 전쟁이었다!"

1916년 겨울에 벌어졌던 여러 차례의 전투(콩블 숲, 모르발, 바르나페이, 등) 이후, 1917년 봄에도 전투가 계속되었다. "바폼므로 향해 진군. [모스는] 그곳으로 들어간 첫 번째 군인들 중 한 명이었다. 게다가 그 너머로 정찰을 하기도 했다. 마르시, 아브랭쿠르, 힌덴부르 전선 등을 말이다. 1917년 10월에 이프르로 귀환(이프르에서 세 번째 전투. 주둔지는 릴의 관문임)."[123] 이프르에서의 세 번째 전투 ── 오스트레일리아인들은 그들이 패한 지역의 이름을 따서 파셴다엘레 전투를 이렇게 불렀다. ──는 "1917년의 최대 전투"였다. 11회에 걸친 연합국의 공격으로 독일군의 세력이 많이 약화되었다. 그 가운데 5회의 전투에서 선두에 섰던 오스트레일리아 부대가 다시 한 번 많은 손실을 입었다."[124] "영어와 독어의 말하기와 쓰기에 능통하고", "산을 잘 탔던" 모스는, 그 당시 "정확하고 현명하게"[125] 자기 직책을 잘 수행하고 있었다. 모스가 보여준 용기는 상관들의 칭찬의 대상이 되었다. "1917년 3월 17일에 [통역장교 모스는] 선두부대와 함께 바폼므로 진격했다. 심한 폭격에도 불구하고 모스는 정찰 임무를 잘 수행했다. 그는 또한 나이에도 불구하고 항상 선두에 섰다. 소리 없는 강한 용기와 의무 정신으로 그는 그 자신이 배속된 영국 부대 주위에서 아주 예외적인 상황을 만들어냈다."[126]

부모와 친구들이 걱정할 때조차도 모스는 오히려 그들을 안심시키고자 했다. "걱정 말게. 내가 있는 곳은 폭격 당하지 않았네. [……]"[127] "내가 어디에 있는지를 누구에게도 [원문 그대로] 말할 필요는 없네. 내가 후방으로 갈 수 있도록 허가를 받을 가능성이 거의 없네. 그러니 내가 이 사실을 알리게 되면 다른 사람들에게 쓸데없이 미리 알려 걱정시키는 일이 될 걸세. 난 분명 후방에 배속될 걸세. 쓸데없는 행동을 할 필요는 없네."[128] 하지만 모스에게는 그때가 아주 힘든 몇 개월이었다. "독일 비행기가 위력을 보이고 있네. 아미엥에서는 진짜 폭격을 당했네. 그것도 연이어서 말일세."[129] "안심하게. 보슈의 폭격에서 벗어났네."[130] "처음으로 난 궂은 시절을 맛봤네."[131] 모스는 희망의 이유를 찾아내기도 했다. "모든 것이 가능하네. 버텨야겠지. 이번 겨울을 나는 것이 아주 힘들 것 같아 걱정되네. 하지만 버텨낼 거라 확신하네." "천천히 진군하고 있네." "사태가 변해감을 느끼면서, 보슈가 후퇴함을 느끼면서 흥이 나네. [……]" "상황이 좋네. 보슈가 물러가고 있어." 1918년에 "나이 먹은 층의 동원해제" 소문을 들었을 때, 모스는 "자기도 동원해제 되는가"를 자문하고 있지만, 곧 이 생각을 버린다. "전 받아들이지 않을 겁니다. 불행한 일이지만, 저는 아내도 아이들도 없습니다."[132] 게다가 그의 친구들이 겪고 있는 듯한 성가신 사회 분위기도 그에게는 그다지 좋아 보이지 않았다.[133] 모스의 현재의 삶은 그에게 "다른 방식으로 건전하고 유용하게" 보였으며, 파리에 있다고 해서 그 자신 "진지하게 연구에 몰두할"[134] 수 있으리라는 확신이 들지 않았다.

1918년 3월-4월에 독일군의 대공세가 이어졌다. 마지막 공세였다. 오스트레일리아 부대의 입장에서는 아주 힘든 공격이었다. 1918년 4월에 있었던 빌리에 브르토뇌에 주둔하고 있던 오스트레일리아 부대에 대한 독일군의 공격은 "1차 세계대전 중 오스트레일리아 부대에게 감행된 가장 강력한 공격"[135]이었다. 독일군은 누아이옹, 캉티니, 앙가르앙 상테르, 빌레르 브르토뇌, 알베르, 퓌지외 등을 연결하는 고립된 진지를 듬성듬성 팠다. 하지만 이런 진지들로는 프랑스-영국 연합 전선을 깨지도 못했고, 파리로 가는 길을 열지도 못했다. 루덴도르프의 표현에 의하면, 이 시기는 독일의 입장에서는 "암울한 시기"였다.

이 몇 개월 동안 모스는 고통을 숨기지 않았다. "작전지역의 계속되는 변화, N[북쪽]에서 S[남쪽]로의 대행군 당시의 추위, 피곤함, 특히 공포, 내 자신이 아니라 내 부대와 내 조국에 대한 공포"[136] 등등. 하지만 모스는 "전선에 있고, 전쟁을 하고 있다는 사실, 혹은 전선에 가까이 있다는 사실, [자기] 의무를 다 하고 있다는 사실, 뭔가 좋은 일을 하고 있다는 사실에 흡족해 했다." "노파 한 명, 한 가정, 재산을 구했네. 이것이 그 무엇인가이네. 부대를 유지하기 위한 노력, 민간인을 '지키기' 위한 또 다른 노력, 이 모든 것이 유용하네. 그리고 이것은 명예로운 일이네."[137] 또한 "난 부대원들과 함께 있다는 것, 그들을 방치하지 않았다는 것, 그 누구도 속이지 않았다는 것, 그들 사이에서 장교이자 프랑스인이라는 사실이 난 만족스럽네."[138] "공격을 견디는" 유일한 방법은 "생각을 거의 하지 않는 것"이었다. 모스는 이렇게 덧붙이고 있다. "생각을 하게 되면, 내가 생각하는 것을 잘 알지도 못하면서, 잘못 생각하게 되네."[139] 하지만 모스는 다른 한편으로 믿음을 잃지 않았다. "시간이 어떤 방향으로 사태를 몰고 갈지 모르네. 상황으로 미뤄보아, 우리 쪽이 아닌가 하네. 희망을 가지세. 믿음을 가지세. 독일군의 힘이 무서운 것이 아니네. [……]"[140]

다행스럽게도 아미엥이 무너지지 않았다. 빌레르 부르토뇌, 오비니, 코르비에서 퇴각이 이뤄지고 있는 동안, 모스는 특히 두드러져 보였다. "격렬한 포격이 있는 작전지역에서, 종종 아주 위험한 상황에서, 민간인들과 국가 방위에서 아주 중요한 재산을 지켜낼 막중한 임무를 띠고 있던 모스는, 정력적으로 자신의 임무를 수행했고, 위험을 개의치 않고 용감한 행동을 보여줬다."[141]

모스는 1918년 1월과 11월 사이에 있었던 모든 이동에 대해 다음과 같이 자세하게 직접 기록하고 있다.

> 베스투트르, 바이엘, 켐.
> 피카르디 전투—콜랭캉 정찰—주둔. 알베르 앞에 있는 아쉐에서(아미엥에서 페론으로 가는 길의 북쪽, 서쪽에 있는 여러 캠프)—비뉴크루에서 휴식. 2주 동안 단 세 번—쿠아지—빌레르 부르토뇌 전투—본대 합류—아미엥에서의 철수, 지역에서의 철수—8월 8일 승리—페론으로 진격—페론에 제일 먼저 입성, 페론 너머로 진군.
> 휴식, 그리고 나서 보엥의 전진 기지, 카틀레, 르 카코, 랑드리시, 벨기에 국경으로 되돌아옴.[142]

전쟁의 마지막 몇 개월 동안, 연합국은 파상 공세를 펼쳤다. 명령은 "공격, 공격, 또 공격"이었다. 공군이 활동에 나서고 폭격을 배가했다. 10월에는 독일군의 후퇴가 서부 전선 전체로 확산되었다. "정말로 사태가 호전되었습니다. 독일군이 빠르게 후퇴하고 있습니다."[143] 모스는 그의 당의 태도와 『뤼마니테』지의 태도에 분노하고 있었다. 그는 "바보 같은 짓

거리와 비겁함 뿐일세!"[144]라고 외쳐댔다. 그의 "지도자들에 대한 반감"은 아주 격화되었다.[145]

신체적으로 정신적으로 좋은 컨디션을 유지하고 있던[146] 모스는 전쟁의 마지막 몇 달을 "잘 보냈다." 처음으로 그가 "향수병"을 앓았음에도 불구하고 말이다. 전쟁이 끝나는 종이 울렸을 때, 모스는 약간 "화가 났다." 왜냐하면 "너무 많은 [자기 편] 사람들의 죽음"이 떠올랐기 때문이었다. 에피날에서도 전쟁의 종말은 "열광적인 즐거움이자, 모든 사람에게 축제"였다. 하지만 모스의 어머니가 강조하고 있는 것처럼, "소중했던 희생자들을 생각하면서 슬픔의 눈물이 섞인 그런 축제"[147]였다. 고등연구실천학교 제4분과 학장은 1918년 11월 17일 모임에서 환희에 들떠 다음과 같은 선언을 하고 있다.

오늘 전쟁에서의 승리가 가져다준 기쁨과 프랑스가 얻은 이 비교할 수 없는 영광에 우리 몸을 맡깁시다. [……] 프랑스는 여러 국가들 가운데 첫 번째 자리를 차지하게 되었습니다. 현대 국민들의 역사에서 새로운 시대가 열린 것입니다.[148]

1918년 12월 1일, 모스는 라인 강 항해위원회로 전출되었다. 아직 "열에 들뜨고, 너무 흥분했던" 그는, "만일 평화의 조건이 빌헬름 2세의 처벌을 내다보지 못하고, 볼셰비키적 무질서가 프랑스에까지 덮친다면" 전쟁은 진 것이나 다름없다고 우려하면서, 전출 명령을 수행할 준비를 하고 있었다.[149] 일 년 후에 모스는 여전히 쾰른에 묶여 있어야 하는 상황에 대해 불평하기도 했다. 그의 가장 중요한 계획 가운데 하나는 "가정을 꾸미는 일"이었다. 하지만 "모든 것이 허공을 맴도는 것처럼 보였다." 그의 어머니는 이렇게 말한다. "내가 아는 사람 중에 모스에게 권하고 싶은 여자는 없구나."[150]

"우리가 그처럼 사랑하는 군인, 우리가 많은 것을 빚지고 있는 군인"이었던 모스에게 다니엘 레비는 전쟁 초기부터 "우선 승리를, 그 다음으로는 무사히 돌아오는 행복을"[151] 기원했다. 4년 후에 "이 용감하고 사랑스러운 사내"는 집으로 무사히 돌아왔다. 다소 피곤했지만, 승리의 영광과 많은 훈장을 달고서 말이다. 예컨대 전쟁십자훈장(동으로 된 두 개의 별이 달린 훈장), 두 개의 표창장(여단 표창장), 승리십자훈장, 연합국 메달(전쟁의 초기 6개월을 기념), 전투십자훈장, 자원입대훈장, 승리의 메달, 전쟁에서의 우수 행동 메달 등이 그것이다.

전쟁 후를 내다봐야 했다. 하지만 그것은 쉬운 일이 아니었다. 모스는 친구인 위베르에게 이렇게 쓰고 있다. "D. [뒤르켐] 부자(父子)가 세상을 떴네. 이제는 자네밖에 없네."[152] 다행스럽게도 그들에게는 공동의 작업에 대한 비전이 있었다. 그들은 각자 전쟁 중에 이 공동의 작업을 생각했었다. 모스는 어느 날 이런 내용의 편지를 쓰고 있다. "만일 전쟁에서 살아 돌아오면, 작업을 위해 정리를 해야 할 필요가 있을 것이네. 소련이 방해하지 않는다면 말일세."[153] 위베르 역시 다음과 같이 쓰고 있다. "당연히 전쟁 후에 연구를 계속해야 할 것이네. 사회학의 시대는 아직 지나가지 않았네."[154] 모스는 스펜서의 최근 저서를 끼고 산책을 하곤 했다. 하지만 이 저서를 아직 읽지 못했다. 1918년 가을에 그 문제가 더욱 진지하게 제기되었다. 모스는 이렇게 쓰고 있다. "연구에 대해 생각을 해야 할 필요가 있네. [……] 재정적으로, 정신적으로, 내가 연구하기 위해 자네와 함께 연구를 지속하기 위해 주위를 정비해야 할 필요가 있을 걸세. 이 모든 것은 어려운 일일 걸세. 하지만 난 성실하게 해 보려고 하네."[155] 그 누구보다도 위베르는 그의 "벗"의 귀가와 그와 함께 "공동 작업에 새로이 매달릴 것"[156]을 초조하게 기다렸다. 마침내 1919년 1월에 동원 해제되었다는 것을 알게 되자 모스는 친구에게 그의 계획을 알리기 위해 편지를 쓴다.

[……] 1월 12일, 쾰른 출발. 1월 15일에 낭시의 동원해제 사무소에 있게 될 것임. 15-20시 경에 파리로 귀경할 것임.

정말로.

영원히.

우리는 많은 대화를 나눌 것임. [……]

난 유럽의 장래가 아주 취약하고 암울할 것이라 내다보고 있네.

마침내 우리는 함께 연구를 하게 될 걸세.[157]

2부 터부-토템 씨족

2부 서문

1. Marcel Mauss, '"Paul Fauconnet", 날짜 없음 [1938년], 위베르-모스 자료함, 콜레주 드 프랑스 기록보관실.
2. 마르셀 모스가 앙리 위베르에게 보낸 편지, 레이드, 날짜 없음 [1898년].
3. 에밀 뒤르켐이 마르셀 모스에게 보낸 편지, 보르도, [1898년] 3월 19일.
4. 에밀 뒤르켐이 마르셀 모스에게 보낸 편지, [1898년] 3월 19일.
5. 로진 모스가 마르셀 모스에게 보낸 편지, 에피날, 1897년 2월 1일.
6. 로진 모스가 마르셀 모스에게 보낸 편지, 에피날, 1898년 5월 24일.
7. 로진 모스가 마르셀 모스에게 보낸 편지, 에피날, 1898년 6월 20일.
8. 마르셀 모스가 앙리 위베르에게 보낸 편지, 옥스퍼드, 날짜 없음 [1898년].
9. 마르셀 모스가 앙리 위베르에게 보낸 편지, 옥스퍼드, 날짜 없음 [1898년].
10. Paul Bernard, "Introduction" à Max Jacob et Salomon Reinach, *Lettres à Liane de Pougy*, Paris, Plon, 1980, p. 60.
11. 앙리 위베르가 마르셀 모스에게 보낸 편지, 날짜 없음 [1898년].
12. 앙리 위베르가 마르셀 모스에게 보낸 편지, 날짜 없음 [1898년].
13. 마르셀 모스가 앙리 위베르에게 보낸 편지, 날짜 없음 [1898년]. 모스는 『사회학 연보』 말고도 다른 많은 잡지들(『인류학』, 『종교사 잡지』, 『철학 잡지』, 『비평적 주해』 등)을 이용할 수 있다는 것을 알고 있었다. 그래서 "이미 형성되었고, 벌써 영향력을 행사하고 있지만, 항상 어려운 상황에 있는, 그리고 자신들의 주장을 경청해줄 수 있는 조직들로 파고들어가는 것"을 전략으로 삼았다.
14. 앙리 위베르가 마르셀 모스에게 보낸 편지, 날짜 없음 [1898년].

4장 학술 동인 모임에서

1. 에밀 뒤르켐이 마르셀 모스에게 보낸 편지, 1900년 1월 24일.
2. 마르셀 모스가 에밀 뒤르켐에게 보낸 편지, 날짜 없음 [1900년].
3. 다른 강의들은 다음과 같다. 비문명화된 민족들의 종교(L. 마릴리에), 극동 지방의 종교 (L. 드 루아지), 고대 멕시코의 종교(G. 르노), 이집트의 종교(M. 아멜리노), 이스라엘과 동양 셈족들의 종교(M. 베른), 탈무드와 랍비의 유대교(이스라엘 레비), 이슬람교와 아 랍의 종교(H. 뒤렘부르), 그리스와 로마의 종교(J. 투탱), 교리사(A. 레빌과 F. 피카베), 기독교 문학(A. 사바티에, E. 드 파예), 기독교사(J. 레빌), 비잔틴의 기독교(G. 미예), 교 회법사(M. 에스마인) 등이다.
4. 종교학 분과위원회 회의록, 고등연구실천학교, 1900, p. 247.
5. 빌렘 칼란트가 마르셀 모스에게 보낸 편지, 1901년 6월 17일.
6. 에밀 뒤르켐이 마르셀 모스에게 보낸 편지, 날짜 없음 [1901년].
7. 마르셀 모스가 앙리 위베르에게 보낸 편지, 날짜 없음 [1901년].
8. 마르셀 모스는 『대백과사전』에서 '요가' 항목에 대한 짧은 설명을 하고 있다.(Marcel Mauss, "Yoga", *La Grande Encyclopédie*, t. 3, Paris, Société anonyme de la Grande Encyclopédie, 1901, p. 1276.)
9. Léon Marillier, "Nécrologie A. Sabatier", *Revue de l'histoire des religions*, t. 41, 1901, p. 245.
10. Marcel Mauss, Auguste Sabatier의 *Esquisse d'une philosophie de la religion d'après la psychologie et l'histoire*에 대한 서평, in *L'Année sociologique*, 1, 1898, *in* Marcel Mauss, *Œuvres*, t. 1, 앞의 책, p. 536.
11. 앙리 위베르가 마르셀 모스에게 보낸 편지, 토요일 저녁 [1901년].
12. 마르셀 모스가 앙리 위베르에게 보낸 편지, 날짜 없음 [1901년].
13. 마르셀 모스가 앙리 위베르에게 보낸 편지, 날짜 없음 [1901년], .
14. 에밀 뒤르켐이 "친애하는 친구에게"라는 제목으로 보낸 편지의 사본, 날짜 없음 [1901 년].
15. Alfred Loisy, *Mémoires pour servir à l'histoire religieuse de notre temps*, t. 2, Émile Noury, 1932, p. 29-30.
16. 앙리 위베르는 임용된 후에 알베르 레빌로부터 다음과 같은 내용의 편지를 받았다. "[……] 게다가 나는 당신의 연구 영역의 이점이나 중요성을 말하기에는 너무 동떨어 져 있습니다. 어쨌든 나의 '이론적 관점'이 약간 다르다고 하더라도, 당신이 우리들의 동료가 된 것을 진심으로 축하드립니다."(알베르 레빌이 앙리 위베르에게 보낸 편지, 1901년 6월 19일, 위베르-모스 자료함, 콜레주 드 프랑스 기록보관실.) 몇 주 후에는 장 레빌이 "개인적인 이유에서가 아니라 학교 전체에 관련된 이유로" 위베르의 임용을 반 대했다는 점을 설명하는 편지를 쓰게 된다.(장 레빌이 앙리 위베르에게 보낸 편지, 1901

년 7월 12일.)

17. 1901년 6월 9일의 종교학 분과위원회 회의록, 고등연구실천학교, p. 259.

18. [역주] l'Anti-Liban: 아라비아반도 북서부 시리아와 레바논 국경에 있는 산맥

19. 1901년 6월 18일의 종교학 분과위원회 회의록, 고등연구실천학교, p. 264.

20. 세 차례의 투표 결과 1차 투표에서는 14명의 투표권자 중 위베르(7표), 포세(5표), 몽소 (2표)의 순이었고, 2차 투표에서는 13명의 투표권자 중 위베르(7표), 포세(5표), 몽소(1 표)의 순이었고, 3차 투표에서는 위베르(7표), 포세(5표), 무효(2표)의 순이었다.

	1차 투표	2차 투표	3차 투표
Hubert	7	7	5
Fossey	5	5	5
Monceau	2	1	
무효			2

21. 에밀 뒤르켐이 앙리 위베르에게 보낸 편지, 1901년 6월, in *Revue française de sociologie*, vol. XXVIII, n° 1, 1987, p. 519.

22. Port-Béni: 프랑스 브르타뉴 지방에 위치한 항구도시.

23. Jean Réville, "Léon Marillier, 1863-1901", *Revue de l'histoire des religions*, t. 44, 1901, p. 131.

24. Léon Marillier, "Chronique"(*L'Année sociologique*, 1, 1898에 대한 서평), *Revue de l'histoire des religions*, t. 27, 1898, p. 287.

25. C. P. 티엘이 마르셀 모스에게 보낸 편지, 레이드, 1901년 11월 8일.

26. 에밀 뒤르켐이 마르셀 모스에게 보낸 편지, 날짜 없음 [1901년].

27. "당신은 학문과 인간적인 면에서 종교사 지원자들 가운데 우수한 성적으로 일등을 차 지했습니다. 특히 당신이 인간적인 면에서 호감을 준 것은 저에게는 연구 성적과 마찬 가지로 중요한 것입니다. 당신의 동료인 실뱅 레비 씨의 도움이 없었다면 나는 당신의 그런 면에 대해서 몰랐을 수도 있습니다." 하지만 이처럼 호감을 드러내면서도 레빌은 아주 신중한 태도를 견지하고 있다. "어쨌든 [비문명화된 종교에 대한] 강의가 유지되 는 쪽으로 기울어지고 있긴 합니다. 그러나 나는 미리 결과를 장담할 수는 없습니다. 그 강의가 유지된다면, 당신은 분명 그 강의를 맡을 가장 유력한 후보입니다. 하지만 여기 서 나는 다시 한 번 그저 개인적 의견을 전할 뿐입니다. 내 입장에서는 최종 결과를 단 언하지 못한다는 것을 이해해주기 바랍니다."(알베르 레빌이 마르셀 모스에게 보낸 편 지, 1901년 11월4일.)

28. Alfred Loisy, *Mémoires pour servir à l'histoire religieuse de notre temps*, t. 2, 앞의 책, p. 32.

29. "임용 후보자들의 심사를 맡은 위원회 소속 세 명의 심사위원들(에스맹, 실뱅 레비, 베 른)은 우선 다음과 같이 생각했다. 즉 "위베르가 유럽 원시종교사에 대한 새로운 강의 에서 다룰 주제의 성격이 정해지지 않은 한", 자신들이 "문제가 되는 분야의 지식"에 대 해 왈가왈부할 수는 없다고 말이다. 따라서 앙리 위베르는 1901년 12월 1일에 개최된

종교학 분과위원회 회의에서 서둘러 자신의 임용 때 제출했던 임용 지원서의 내용을 상기시키는 한편, "자신의 연구의 일관성"을 주장했다. 위베르는 또한 다음과 같이 선언하기도 했다. 비록 "켈트족과 게르만족의 자료를 연구하는 것이 필수불가결하게" 보이기는 하지만, 그 자신은 "무조건적으로 민속 연구"를 할 의도가 없다고 말이다.

30. Jean Réville, "Chronique", *Revue de l'histoire des religions*, t. 44, 1901, p. 173.

31. 에밀 뒤르켐이 마르셀 모스에게 보낸 편지, 날짜 없음 [1901년].

32. 에밀 뒤르켐이 마르셀 모스에게 보낸 편지, 금요일 [1901년].

33. Marcel Mauss, "Sylvain Lévi" (1935), 앞의 책, p. 539.

34. 알프레드 에스피나가 마르셀 모스에게 보낸 편지, 1901년 12월 2일.

35. Henri Coupin, *Les Bizarreries des races humaines*, Paris, Hubert et Noury Éditeurs, 1905.

36. Marcel Mauss, "L'enseignement de l'histoire des religions des peuples non civilisés à l'École des hautes études", *Revue de l'histoire des religions*, 1902, *in* Marcel Mauss, *Œuvres*, t. 2, 앞의 책, p. 229-230.

37. "조르주 콩도미나가 지적하고 있는 것처럼("Marcel Mauss, père de l'ethnographie française", *Critique*, n° 297, février 1972, p. 131), 모스는 여기에서 J. W. 퓨크스의 연구(「투사얀족 뱀 의식」)에 대한 논평에서 했던 다음과 같은 지적을 반복하고 있다. "이 연구는 그 정신과 정확성, 확실성 면에서 아주 훌륭하다. 이 연구는 몇몇 민족지학적 자료들의 우월성을 믿기를 거절하는 자가 읽어야 할 것이다. [……] 이와 같은 정보들은 그리스 지역에서 볼 수 있는 몇몇 제식들에 대해 우리가 가지고 있는 보잘 것 없는 지식들을 훨씬 뛰어넘는 것이 아닌가?"(Marcel Mauss, J. W. Fewkes의 "Tusayan Sanke Ceremonies"에 대한 논평, in *L'Année sociologique*, 2, 1989, *in* Marcel Mauss, *Œuvres*, t. 2, p. 549.) 『사회학 연보』의 창간호에서부터 종교사회학 항목에는 "여러 부족들에 대한 전공논문들"이 포함되어 있다. 게다가 1898년부터 모스와 그의 동료들이 민족지학에 대해 급격한 태도 변화를 보였다는 점이 지적되기도 했다.(Claude Lévi-Strauss, "Ce que l'ethnologie doit à Durkheim", *in* "Centenaire de la naissance d'Émile Durkheim", *Annales de l'université de Paris*, n° 1, 1960, p. 45-50.)

38. Marcel Mauss, Henri Mager의 *Le Monde polynésien*에 대한 서평, in *Notes critiques*, n° 3, novembre, 1902, p. 259.

39. Marcel Mauss, "L'enseignement de l'histoire des religions des peuples non civilisés à l'École des hautes études", 앞의 책, p. 367.

40. 위의 책, p. 370-371.

41. Georges Condominas, "Marcel Mauss, père de l'ethnologie française", 앞의 책, p. 494.

42. Jean Réville, "Chronique", *Revue de l'histoire des religions*, t. 44, 1901, p. 473.

43. Marcel Mauss, "L'œuvre de Mauss par lui-même", 앞의 책, p. 211.

44. Raymond Lenoir, "Marcel Mauss, son cours, son œuvre", *Revue de synthèse*, 1950, p. 103.

45. Henri Lévy-Bruhl, "Marcel Mauss", *Journal de psychologie normale et pathologique*, 43, 1950, p. 318.

46. "Marcel Mauss(1872-1950)", Assemblée des professeurs, Collège de France, 1950, p. 2.

47. 마르셀 모스가 앙리 위베르에게 보낸 편지, 1902년 12월 3일.

48. *Annuaire de l'École pratique des hautes études*, 종교학 분과, 1902, p. 29.

49. Henri Lévy-Bruhl, "Marcel Mauss", 앞의 책, p. 368.

50. Marcel Mauss, "L'œuvre de Mauss par lui-même"(1930), 앞의 책, p. 209.

51. [역주] 원저에는 'Corée'라고 표기되어 있다. 시대에 맞춰 이렇게 옮긴다.

52. *Annuaire de l'École pratique des hautes études*, 1907, p. 36. 모스에게 다음과 같은 입장은 불변이었다. "민족들, 그들의 언어, 종교, 풍속, 경제적, 기술적 원천에 대한 지식은 그들의 주거지역에 대한 지리적 지식과 더불어 그들에 대한 훌륭한 관리에 필수적인 요소였습니다."(마르셀 모스가 장관에게 보낸 편지, 날짜 없음 [1907년].) 이러한 차원에서 프랑스는 다른 나라들, 특히 "미국 민족지학국(局)"을 설치한 미국의 예를 따라야 한다는 것이다. 후일 모스는 극동프랑스학교를 위해 하나의 문건을 작성하게 된다. 그의 제자 중 한 명이었던 클로드 E. 메트르가 이 학교의 교장으로 임명되기도 한다. "그 질문서는 이론적 목표와 더불어 실천적 목표를 가지고 있다. 프랑스령 인도차이나에서의 기술사회학 연구의 유용성이 그것이다."(위베르-모스 자료함, 콜레주 드 프랑스 기록보관실, 필사본 원고, 12p.)

53. Marcel Mauss, "L'œuvre de Mauss par lui-même"(1930), 앞의 책, p. 211-217.

54. 로진 모스가 마르셀 모스에게 보내는 편지, 에피날, 1903년 1월 29일

55. [역주] 치누크족 언어로서 뜻은 '준다'다. 이 책에서 종종 다른 설명을 볼 수 있다.

56. [역주] 공통의 목적을 위해 통합된 둘 이상의 씨족으로 구성된 집단.

57. 종교학 분과위원회 회의록, cahier 1, 1908년 3월 8일 회의, 408쪽. 다음과 같은 제안들이 만장일치로 채택되었다. 자유급여 체제의 유지(고정급여 체제보다 더 선호됨), 4분과에 비해 평균 500프랑 이하의 급여를 받는다는 사실에 대한 증명에 따라 5분과의 예산 증액 요청 등이 그것들이다.

5장 시민 모스

1. Hubert Bourgin, *De Jaurès à Léon Blum*, 앞의 책, p. 255-257.

2. Jean-Denis Bredin, *L'Affaire*, Paris, Julliard, 1983, p. 263.

3. Daniel Lindenberg & Pierre-André Meyer, *Lucien Herr, le socialisme et le destin*, Paris, Calmann-Lévy, 1977, p. 160.

4. Hubert Bourgin, 앞의 책, p. 131.

5. [역주] 일부 사회주의자들이 주장했던 개혁은 가능한 것부터 시작해야 한다는 입장.

6. [역주] Allemane에 의해 주창되었던 입장.

7. Marcel Mauss, "Herr et D.[urkheim]", 날짜 없음, p. 1-2. 용의주도했던 에르는 뒤르켐을 -1896년에는 이줄레에 맞서, 그리고 1901년에는 콜레주 드 프랑스에서 타르드에 맞서- 그의 전체 지적 여정 내내 지지했고, 또 파리에서 그를 도왔던 자들 중 한 명이었다. 모스에 따르면, 1902년부터 "뒤르켐을 가장 우수한 고등사범학교 학생들에게 추천했던 자"도 역시 에르였다. 예컨대 에르츠, 비앙코니, 막심 다비드, 레니에, 젤리 등이 그들이다. 3쪽으로 된 이 글은 모스의 가족이 내게 건네준 7편의 짧은 글에 포함되어 있다. 다른 글들의 제목은 다음과 같다. "Lucien Herr"(2쪽.), "Herr et l'affaire Millerand"(4쪽.), "Herr et Péguy"(5쪽.), "Herr et l'Affaire"(2쪽.), "Herr. Hegel"(4쪽.), "Herr et H. H. [Hubert]". 아마 모스는 1928년에 이 글들을 작성했던 것으로 보인다. 그 당시에 뤼시엥 에르의 전기를 쓰고 있던 샤를르 앙들레르를 위해서 말이다.

8. Marcel Mauss, "Lucien Herr", 날짜 없음, p. 1-2.

9. 잔 에르가 마르셀 모스에게 보낸 편지, 1926년 2월 8일.

10. Marcel Mauss, "Notices biographiques"(1927), in Marcel Mauss, Œuvres, t. 3, 앞의 책, p. 524.

11. Marcel Mauss, "Herr et H. H. (Hubert)", 앞의 책, p. 1.

12. Marcel Mauss, "Herr et L'Affaire", 앞의 책, p. 2.

13. Charles Péguy, Marcel, premier dialogue de la société harmonieuse, Paris, Libraire G. Bellais, 1898.

14. Marcel Mauss, "Herr et Péguy", 앞의 책, p. 1.

15. 마르셀 모스가 앙리 위베르에게 보낸 편지, 날짜 없음.

16. 마르셀 모스가 앙리 위베르에게 보낸 편지, 날짜 없음.

17. Daniel Halévy, Pays parisiens, 앞의 책, p. 208.

18. Marcel Mauss, "Herr et Péguy", 앞의 책, p. 3.

19. Géraldi Leroy, Péguy. Entre l'ordre et la révolution, Paris, Presses de la Fondation nationale des sciences politiques, 1981, p. 114.

20. Hubert Bourgin, De Jaurès à Léon Blum, 앞의 책, p. 261-262.

21. 위의 책, p. 3.

22. Charles Péguy, "Marie Victor, comte Hugo", Cahiers de la quinzaine, XII, I, 23 octobre 1910, in Charles Péguy, Œuvres en prose, 1909-1914, Paris, Gallimard, Bibliothèque de la Pléiade, 1961, p. 669.

23. Marcel Mauss, "François Simiand", Le Populaire, 18 avril 1935, p. 2. 노동조합주의자이자 무정부주의자였던 페르낭 펠루티에(1867-1901)는 '프랑스 노동당'에 가입했고, 전체 파업 원칙의 옹호자를 자처했다. 그는 1897년에 노동거래연맹의 총무가 되고, 그로부터 2년 후에 사회경제 잡지인 『두 세계의 노동자』지를 창간하게 된다. 빅토르 그리퓌엘(1874-1922)은 1899년에 쟈피 회의에 참가했다. 노동조합 투사였던 그는 전국

가죽과 피혁연맹의 총무가 되며, 그 다음에는 '노동총연맹'의 사무총장을 지내게 된다 (1901-1909).

24. 레옹 블럼이 마르셀 모스에게 보낸 편지, 날짜 없음 [1900년].

25. Charles Andler, *Vie de Lucien Herr*, 앞의 책, p. 163.

26. 프랑수아 시미앙이 조르주 르나르에게 보낸 편지, 날짜 없음, *in* Christophe Prochasson, *Les Intellectuels, le socialisme et la guerre*, 앞의 책, p. 125.

27. 위베르 라가르델은 모스에게 편지를 써서 "협동조합주의자들에 대한 강의에서 그가 이용한" 참고문헌을 부탁했다.(위베르 라가르델이 마르셀 모스에게 보낸 편지, 1902년 8월 2일.) 날짜 미상의 한 자료에 의하면(1904년 경), 모스의 강연 제목은 "협동조합주의. 연맹 운동"이었다. 다른 강연자들도 협동조합주의를 다뤘다. 로쉬, 엘리에스, 랑드리외, 상바 등이 그들이다. 뒤르켐은 "사회학과 사회주의"에 대한 강연을 하게 된다. 『사회학 연보』의 다른 협력자들 역시 이 학교에서 적극적으로 활동했는데, 로베르 에르츠(생 시몽, 파비앵주의자들), 엠마뉘엘 레비("현재의 권리 및 미래의 권리에로의 이행"), 프랑수아 시미앙("생산양식과 거래 형태") 등이 그들이다.

28. 마르셀 모스와 프랑수아 미시앙을 제외하고도 거기에서 다음과 같은 사람들을 볼 수 있었다. 레옹 블럼, 위베르 부르쟁, 폴 포코네, 위베르 라가르델, 필립 랑드리외, 장 롱게, 에드가르 미요, 외젠느 푸티, 아벨 레이와 그의 두 형, 샤를르 앙들레르, 뤼시엥 에르 등이 그들이다. 이들 13명 가운데 8명이 교수자격시험 합격자였다.

29. [역주] 1899년 12월에 파리에서 열린 사회주의자들의 연합대회로 다양한 사회주의 운동의 대표들이 참가했다. 본 장(章)의 2절을 볼 것.

30. La Rédaction, "Déclaration", *Le Mouvement socialiste*, 1er année, t. 1, janvier-juillet 1899, p. 1.

31. 1899년 5월 30일의 규정 보고서, *in* Christophe Prochasson, *Les Intellectuels, le socialisme et la guerre*, 앞의 책, p. 167.

32. Marcel Mauss, "L'action socialiste", *Le Mouvement socialiste*, 15 octobre 1899, p. 455.

33. 위의 책, p. 459-460.

34. 위의 책, p. 451-452.

35. [역주] 마르크스의 『자본론』을 가리킨다.

36. 위의 책, p. 453.

37. 위의 책, p. 458.

38. 위의 책, p. 461-462.

39. [역주] 1899년 12월에 파리에서 열린 사회주의자들의 연합대회로 다양한 사회주의 운동의 대표들이 참가했다. 이 회의는 장관 임명을 받아들이냐의 여부로 갈라지게 된다.

40. Charles Andler, *Vie de Lucien Herr, 1864-1926*, Paris, 1932, p. 162.

41. Marcel Mauss, "Le congrès. Ses travaux : l'union et la question ministérielle", *Le Mouvement socialiste*, 1er décembre 1899, p. 641.

42. 위의 책, p. 642-643.

43. Géraldi Leroy, *Péguy. Entre l'ordre et la révolution*, 앞의 책, p. 113.

44. Marcel Mauss, "Le jugement de la Haute Cour et la propagande socialiste", *Le Mouvement socialiste*, Ier février 1900, p. 130.

45. 위의 책, p. 130-131.

46. 에밀 뒤르켐이 마르셀 모스에게 보낸 편지, 날짜 없음 [1899년].

47. 장 롱게가 마르셀 모스에게 보낸 편지, 1899년 7월 15일.

48. 위베르 라가르델이 마르셀 모스에게 보낸 편지, 1900년 5월 13일.

49. 쉬잔 카뤼에트가 마르셀 모스에게 보낸 편지, 1899년 7월 13일.

50. Marcel Mauss, "L'Action socialiste", 앞의 책, p. 458.

51. 마르셀 모스가 앙리 위베르에게 보낸 편지, 날짜 없음 [1901년].

52. 마르셀 모스가 위베르 라가르델에게 보낸 편지의 초고, 1901년 12월 10일.

53. [역주] 1899년-1902년 남아프리카에서 토착민들이 영국군과 스페인 군에 대항한 전쟁.

54. Marcel Mauss, "A propos de la guerre du Transvaal", in *Le Mouvement socialiste*, 1902년 2월 15일, p. 293. 모스가 보어 전쟁에 할애한 두 번째 글이다. 전쟁은 "멀리서 벌어지고 있었고", 그 기원은 "자본주의적"이었다. 특히 첫 번째 글에서 모스는 이렇게 쓰고 있다. "그 전쟁에서 사회주의가 맞서 싸우고 있는 세 가지, 즉 자본주의, 군국주의, 민족주의를 결합하는 긴밀한 유관성이 있음을 알 수 있다."(Marcel Mauss, "La guerre du Transvaal", *Le Mouvement socialiste*, Ier juin 1900, p. 640.)

55. 마르셀 모스가 위베르 라가르델에게 보낸 편지의 파지, 날짜 없음 [1904년].

56. 프랑수아 시미앙이 마르셀 모스에게 보낸 편지, 1899년 1월 2일.

57. Hubert Bourgin, *De Jaurès à Léon Blum*, 앞의 책, p. 350.

58. Max Lazard, "François Simiand, 1873-1935", extrait des "Documents de travail", in *Bulletin de l'Association française pour le progrès social*, n° 218-219, 1939, p. 4-8.

59. Marcel Mauss, "François Simiand", *Le Populaire*, 18 avril 1935, p. 2.

60. 폴 라피가 셀레스탱 부글레에게 보낸 편지, 1900년 2월 18일, in *Revue française de sociologie*, vol. XX, n° 1, janvier-mars 1979, p. 41.

61. Philippe Besnard, "La formation de l'équipe de *L'Année sociologique*", 앞의 책, p. 19.

62. 에밀 뒤르켐이 마르셀 모스에게 보낸 편지, 날짜 없음 [1900년]. 폴 라피는 셀레스탱 부글레에게 보낸 편지에서 『사회학 연보』가 그때 겪었던 "위기"에 대해 지적하고 있다. "분명히 [잡지가] 뒤르켐의 생각을 사로잡고 있네. 그러나 벨래 서점의 『비평적 주해』가 『사회학 연보』를 보충하게 되지 않을까? 파로디를 빼면, 자네와 나처럼 그들은 같은 협력자들이네. 에르와 앙들레르 같은 더 엄격한 조정자들을 보태서 말일세. 『비평적 주해』는 학술적으로나 정치적으로 부적절하지만, 『사회학 연보』보다는 더 짧고 더 자주 출간된다는 장점이 있네. 『사회학 연보』가 너에게 과할 과중한 작업들로 인해 자네가 많이 걱정되네 [……] 내가 보기에 선호할만한 해결책은 벨래 서점과의 통합일

것 같네."(폴 라피가 셀레스탱 부글레에게 보낸 편지, 렌느, 1900년 2월 18일, in *Revue française de sociologie*, vol. XX, n˚ 1, janvier-mars 1979년, p. 41.)

63. Paul Fauconnet, *L'Année sociologique* 1898-1899에 대한 서평, in *Le Mouvement socialiste*, n° 39, Ier août 1900, p. 189-190.

64. Mary H. Kingsley (*West African Studies*), J. Frazer (*The Golden Bough*), C. Haddon (*Head Hunters*), E. Murisier (*Les Maladies du sentiment religieux*), Ch. Létourneau (*La Psychologie ethnique*), D. Chantepie de la Saussaye (*Manuel de l'histoire des religions*) 등이다. 한편 모스가 『비평적 주해』에 서평을 게재한 작품들은 다음과 같다. E. Crawley (*The Mystic Rose*), N. W. de Visser (*De Graecorum diis non referentibus speciem humanam*), K. J. de Jong (*De Apaleio Isiacorum mysteriorum teste*), H. Schurtz (*Altersklassen und Männerbunde*), H. Mager (*Le Monde polynésien*), E. von der Glotz (*Das Gebet in der altesten Christenheit*), S. R. Steinmetz (*Rechtsverhältnisse von eingeborenen Völkern in Africa und Ozeanien*), E. Reclus (*Les Primitifs*), M. Martin (*Basutoland*), A. Lefèvre (*Germains et Slaves*).

65. Marcel Mauss, A. Lefèvre의 *Germains et Slaves*에 대한 서평, in *Notes Critiques*, n° 3, juillet 1903, p. 196.

66. Marcel Mauss, *The Cooperative Wholesales Societies Limited Annual*에 대한 서평, in *Notes Critiques*, n° 2, 25 mars 1901, p. 83.

67. 마르셀 모스가 "귀하" [서명 없음-]에게 보낸 편지, 파리, 1904년 10월 20일.

68. [역주] 이 협회가 위치한 니엡스 가(街) 13번지가 속한 파리 14구의 지역명이다. 이 협회는 사회주의 협동조합의 선구자다.

69. Jean Gaumont-Jean Gans, "Marcel Mauss", Jean Maitron (dir.), *Dictionnaire biographique du mouvement ouvrier français*, Paris, Éditions ouvrières, 1973년을 볼 것.

70. Pierre Brizon & Ernest Poisson, "La coopération", *L'Encyclopédie socialiste*, t. 8, Paris, 1913, p. 152.

71. Henri Desroche, "Marcel Mauss, citoyen et camarade", *Revue française de sociologie*, vol. XX, n° 1, janvier-mars 1979년, p. 223.

72. Claude Marenco, "Naissance, évolution et déclin des coopératives de consommation en France et au Québec", *Coopératives et développement*, vol. 22, n° 1, 1990, p. 33-59를 볼 것.

73. Jean Jaurès, "Économie sociale", *La Petite République socialiste*, 24 février 1903.

74. Marcel Mauss, "Les coopératives et les socialistes", *Le Mouvement socialiste*, 1er février 1901, p. 138.

75. Hubert Lagardelle, D. D. Bancel의 *La Coopération devant les écoles sociales*에 대한 서평, in *Le Devenir Social*, 3e année, n° 8-9, août-septembre 1897, p. 755-758.

76. Marcel Mauss, "Le Congrès international des coopératives socialistes", *Le Mouvement*

socialiste, 15 cotobre 1900, p. 499-501.

77. 1900년 7월 7-10일 파리에서 개최된 *Premier Congrès national et international de la coopération socialiste*, Paris, Société nouvelle de librairie et d'édition, 1900, p. 121.

78. 위의 책, p. 49.

79. 위의 책, p. 163-164. [역주] 상기 단락은 총회 보고서의 p. 163-164가 아니라 p. 152-153에 수록되어 있다. 원저자의 착오로 보인다.

80. 자비에 귀유맹이 마르셀 모스에게 보낸 편지, 1900년 7월 12일.

81. 위의 책 p. 153. [역주] 상기 단락은 총회 보고서의 p. 153이 아니라 p. 163-164에 수록되어 있다. 원저자의 착오로 보인다.

82. 위의 책, 같은 곳. [역주] 상기 단락은 총회 보고서의 p. 153이 아니라 p. 164-165에 수록되어 있다. 원저자의 착오로 보인다.

83. 날짜 표기가 없는 모스의 발언 요약본이다. 파리 지역 협동조합연맹의 가격표 뒷면에 작성되어 있다. 이 연맹 사무실은 당시에는 바로 가(街) 84번지에 있었다.(위베르-모스 자료집, 콜레주 드 프랑스 기록보관실.)

84. Marcel Mauss, "Le Congrès international des coopératives socialistes", 앞의 책, p. 502.

85. 위의 책, 같은 곳.

86. Marcel Mauss, "La coopératives et les socialistes", 앞의 책, p. 137.

87. 위의 책, p. 138

88. [역주] '빵집'이라는 의미이나, 여기에서는 모스가 가담해서 활동한 하나의 협동조합 이름이다

89. 마르셀 모스가 앙리 위베르에게 보낸 편지, 날짜 없음 [1900년].

90. 마르셀 모스가 앙리 위베르에게 보낸 편지, 날짜 없음.

91. 마르셀 모스가 앙리 위베르에게 보낸 편지, 날짜 없음 [1901년].

92. 마르셀 모스가 앙리 위베르에게 보낸 편지, 날짜 없음 [1901년].

93. 필립 랑드리외가 마르셀 모스에게 보낸 편지, 1901년 10월 18일.

94. "1901년 6월 11일 날짜의 별도로 서명된 증서에 따르면, 카지미르 씨 그리고 모스 씨는 '소시에테 데 그랑 물랭'으로부터 [……] 70,000프랑의 대출을 위해 그들끼리 연대해서 20,000프랑 한도로 사회주의 협동조합에 보증했다. 오늘, 카지미르 씨와 모스 씨는 보증 해제를 원하고 [……] 그럴 목적으로 20,000프랑을 [……] 입금했다. 명시된 계약으로부터, 카지미르 씨와 모스 씨는 상기한 사회주의 협동조합의 액면어음 이외에는 다른 방법으로 20,000프랑의 환불을 상기한 협동조합에 요구하지 않을 것임을 약속한다." ('그랑 물랭 드 코르베이'의 책임자 아르튀르 래네와 V. 카지미르 박사 그리고 M. 모스 사이에 맺은 계약서, 1902년 6월 10일.)

95. J. 도디에가 마르셀 모스에게 보낸 편지, 1902년 7월 26일.

96. 마르셀 모스가 에밀 뒤르켐에게 쓴 편지의 초고, 날짜 없음 [1902년].

97. 에밀 뒤르켐이 마르셀 모스에게 쓴 편지, 날짜 없음 [1902년].

98. 에밀 뒤르켐이 마르셀 모스에게 쓴 편지, 날짜 없음 [1902년].

99. 마르셀 모스가 로진 모스에게 쓴 편지의 초고, 날짜 없음 [1902년].

100. 필립 랑드리외가 마르셀 모스에게 보낸 편지, 1905년 7월 2일.

101. 필립 랑드리외가 마르셀 모스에게 보낸 편지, 1905년 7월 25일.

102. 협동조합 위탁 책임자가 마르셀 모스에게 보낸 편지, 1906년 2월 22일.

6장 생 자크 가(街)

1. 에밀 뒤르켐이 마르셀 모스에게 쓴 편지, 날짜 없음 [1901년].

2. [역주] 부활절 다음 8주째 일요일의 기독교 축제일.

3. 에밀 뒤르켐이 앙리 위베르에게 쓴 편지, 1901년 1월 9일, in *Revue française de sociologie*, vol. XXVIII, n° 1, 1987, p. 512.

4. 에밀 뒤르켐이 자비에 레옹에게 쓴 편지, 1897년 8월 19일, *in* Steven Lukes, *Emile Durkheim, His Life and Work*, 앞의 책, p. 301.

5. 에밀 뒤르켐이 마르셀 모스에게 쓴 편지, 날짜 없음 [1898년].

6. 앙리 위베르가 마르셀 모스에게 쓴 편지, 날짜 없음 [1898년].

7. 에밀 뒤르켐이 마르셀 모스에게 쓴 편지, 보르도, 1894년 5월 15일.

8. 에밀 뒤르켐이 마르셀 모스에게 쓴 편지, 보르도, [1897년], 날짜 없음.

9. 앙리 미셸이 셀레스탱 부글레에게 쓴 편지, 1897년 7월, in *Revue française de sociologie*, vol. XX, n° 1, janvier-mars 1979년, p. 103.

10. Émile Durkheim, "La sociologie et les sciences sociales", in *Revue internationale de sociologie*, XII, 1904, p. 83~84(같은 책의 p. 86~87에서 토론이 이어짐.)

11. 에밀 뒤르켐이 마르셀 모스에게 쓴 편지, 1899년 11월 7일.

12. 에밀 뒤르켐이 마르셀 모스에게 쓴 편지, 날짜 없음 [1897년].

13. Émile Durkheim, "La sociologie", *La Science française*, 1933, p. 34.

14. Marcel Mauss, "La Sociologie en France depuis 1914" (1933), *La Science française*, in Marcel Mauss, *Œuvres*, 앞의 책, p. 436. 모스는 두 개의 예를 들었다. 『의식의 문제』의 저자 브륀슈비크와 『종교와 도덕의 두 원천』의 저자 베르그송이 그것이다.

15. 이 계획은 다음과 같다.
    "1) 사회학의 내력. 이 부분에 대해 그리고 무엇보다도 기원들, 최초 기원들에 대해서는 [······], 너희들이 원하는 대로 하마. 간결하게 지적된 프랑스, 독일, 이탈리아, 아메리카 [······]에서 사회학의 현재 상태.
    2) 자체에 두 개의 분할을 포함할 이론적 부분.
    a) 사회학의 영역 - 포코네에게 남겨두려고 생각한다.
    b) 내가 너에게 남겨 두려는 사회학적 방법.

그 영역은 다음과 같은 문제들을 포함할 것이다.

　　i) 사회학의 대상 – 사회적 사실들 – 모든 사회적 사실들 – 이 사실들의 성격규정.

　　ii) 이 사실들의 중요 범주들과 상관관계에 있는 사회과학들 – 이 사실들의 관계들 그
　　　리고 상관관계에 있는 사회 과학들 – 사회학의 지류들과 현존하는 기술들(권리, 종
　　　교, 정치경제 등인데, 사회학은 그것들을 변형하면서 흡수하도록 되어 있으므로 그
　　　렇다.)의 관계들.

　　iii) 단지 사회과학들만이 있는가? 일반사회학의 가능성, 이 이름 하에 존재하는 사변
　　　들 이외에."(에밀 뒤르켐이 마르셀 모스에게 보내는 편지, 날짜 없음 [1901년].)

다른 편지에서 뒤르켐은 첫 번째 부분에 대한 몇 가지 세밀한 내용을 첨가한다.

"무엇보다 중요한 것은,

– 형태학과 사회생리학을 구분하기,

– 형태론적 범주의 사회적 사실이 존재한다는 느낌을 주기,

　– 이러한 종류의 사실들의 중요 범주들 그리고 그것에 이어서 상관관계가 있는 사회학
　의 지류들을 지적하기. 어떤 경우에도 체계적 분류를 시도하지 말아야 한다." (에밀
　뒤르켐이 마르셀 모스에게 보낸 편지, 금요일, 날짜 없음 [1901년].)

16. 에밀 뒤르켐이 마르셀 모스에게 쓴 편지, 화요일, 날짜 없음 [1901년].

17. Marcel Mauss, "Paul Fauconnet", 날짜 없음 [1938년], p. 8. (위베르-모스 자료함, 콜
　　레주 드 프랑스 기록보관소.)

18. 일반적으로 언급된 사회학 참고문헌은 콩트, 스펜서, 샤플, 드 그리프, 굼플로비츠, 타
　　르드, 레스트 워드, 스몰 그리고 기딩스 등의 저작들이었다. 여기에 더해 사회유기체파
　　의 저작들도 인용되었다. 노비코, 웜스, 마사르와 반데르벨데 등의 저작들이 그것이다.
　　방법에 대해서는 콩트, 스튜어트 밀, 뒤르켐, 보스코, 랑글루아와 세뇨보, 타일러 그리
　　고 스타인메츠 등의 것이 원용되었다. 또한 포코네와 모스는 사회학에 할애된 중요 잡
　　지들을 구분해놓고 있다. *La Revue internationale de sociologie, Annales de l'Institut*
　　internationale de sociologie, L'Année sociologique, Zeitschrift für Sozialwissenschaft,
　　Rivista italiana di Sociologia, American Journal of Sociology 등이 그것이다.

19. Paul Fauconnet & Marcel Mauss, "Sociologie", in *La Grande encyclopédie*, 1901, *in*
　　Marcel Mauss, *Œuvres*, t. 3, 앞의 책, p. 150.

20. 위의 책, p. 159.

21. 위의 책, p. 152.

22. Marcel Mauss, "Philosophie religieuse, conceptions générales", in *L'Année sociologique*, 7,
　　1904, *in* Marcel Mauss, *Œuvres*, t. 1, 앞의 책, p. 93.

23. Paul Fauconnet & Marcel Mauss, "Sociologie", 앞의 책, p. 163.

24. 위의 책, p. 160.

25. Henri Hubert, "Introduction", *in* P.-D. Chantepie de La Saussaye, *Manuel d'histoire des*
　　religions, Paris, Librairie Alcan, 1904, p. XIII.

26. Marcel Mauss, P. Tiele의 *Elements of the Science of Religion*에 대한 서평, in *L'Année sociologique*, 2, 1899, in Marcel Mauss, *Œuvres*, t. 1, 앞의 책, p. 544~545.

27. 에밀 뒤르켐이 앙리 위베르에게 쓴 편지, 날짜 없음 [1902년].

28. Steven Lukes, *Emile Durkheim, His Life and Work*, 앞의 책, p. 365.

29. 로진 모스가 마르셀 모스에게 쓴 편지, 에피날, 1902년 6월 29일.

30. 에밀 뒤르켐이 옥타브 아믈랭에게 쓴 편지, 1902년 10월 21일, in Steven Lukes, *Emile Durkheim, His Life and Work*, 앞의 책, p. 366.

31. 위의 책, 같은 곳.

32. 에밀 뒤르켐이 옥타브 아믈랭에게 쓴 편지, 1903년 5월 13일, in Bernard Lacroix, *Emile Durkheim et le politique*, 앞의 책, p. 38.

33. 에밀 뒤르켐이 앙리 위베르에게 쓴 편지, 1902년 3월 8일, in *Revue française de sociologie*, vol. XXVIII, n° 1, 1987, p. 524.

34. 에밀 뒤르켐이 앙리 위베르에게 쓴 편지, 1902년 3월 14일, in *Revue française de sociologie*, vol. XXVIII, n° 1, 1987, p. 525.

35. 에밀 뒤르켐이 마르셀 모스에게 쓴 편지, 날짜 없음 [1902년].

36. 에밀 뒤르켐이 마르셀 모스에게 쓴 편지, 날짜 없음 [1902년].

37. 뒤르켐은 모스에게 이렇게 편지를 쓰고 있다. "아마도 스펜서와 길렌의 저작들을 우리 잡지의 항목들에서 구분해야 할 거다. 첫 번째 부분 전체는 사회적 조직에 관련되고, 가장 분량이 많은 두 번째 부분 전체는 종교와 관련되기 때문이다. [……] 또한 아주 중요한 사실들이 있다. 토템과 사물들(토템의 종류와는 다른) 사이의 관계는 명백하다. 통용되는 물신숭배도 있고, 그 기원과 토템의 성격은 부정할 여지가 없다. [……] 토템적 희생들에 대한 흥미로운 사실들도 있다. 특수한 환경에서 이것들의 존재와 일반성은 의심의 여지가 없다.([원문대로](복수형(douteux)을 단수형(douteuse)으로 쓴 문법적 오류에 대한 원저자의 지적. ─옮긴이) 토테미즘에 대해서라면, 타일러와 저작으로 멋진 한 장(章)을 채울 수 있을 게다."(에밀 뒤르켐이 마르셀 모스에게 보낸 편지, 보르도, 1899년 7월 10일.)

38. Émile Durkheim, "Sur le totémisme", *L'Année sociologique*, 1902, in Émile Durkheim, *Journal sociologique*, 앞의 책, p. 315.

39. Marcel Mauss, "L'œuvre de Mauss par lui-même" (1930), 앞의 책, p. 210.

40. Émile Durkheim & Marcel Mauss, "De quelques formes primitives de classification, contribution à l'étude des représentations collectives", *L'Année sociologique*, 6, 1903, in Marcel Mauss, *Œuvres*, t. 2, 앞의 책, p. 14.

41. 위의 책, p. 83.

42. 위의 책, p. 82.

43. 위의 책, p. 15.

44. Salomon Reinach, Émile Durkheim & Marcel Mauss "De quelques formes

primitives de classification"에 대한 논평, in *L'Anthropologie*, t. XIV, 1903, p. 601. 앙리 베르가 두 개의 이의를 제의했다. 먼저 "토테미즘을 남용해 이 현상이 세계적이라고 해서는 안 된다."는 것이었고, 그 다음으로는 "분류의 형식과 분류하는 능력 사이의 구분"을 해야 한다는 것이었다.(Henri Berr, "Le progrès de la sociologie religieuse", *Revue de synthèse historique*, t. XII, n° 34, 1906, p. VII-XLVIII.)

이 연구에 대한 가혹한 비평들이 있기도 했다. 균일하지 않은 재원들을 바탕으로 한 과도한 체계화, 동일한 사회 조직 내에 있는 모든 사회들이 동일한 분류화를 갖게 된다고 암시하고 있는 논리적 오류, 분류의 형식이 시대적으로 연속된다는 증거의 부재, 집단적 표상과 인식론적 작업 사이의 혼동 등이 그것이다.(Rodeney Needham, "Introduction", *in* Émile Durkheim et Marcel Mauss, *Primitive Classifications*, University of Chicago Press, 1967, p. VII-XLVIII.)

45. E. Sidney Hartland, *L'Année sociologique*에 대한 서평, 1903, in *Folk-Lore*, vol. XXVII, n° IV, décembre 1903, p. 434.

46. Marcel Mauss, "L'œuvre de Mauss par lui-même" (1930), 앞의 책, p. 218.

47. Hubert Bourgin, *De Jaurès à Léon Blum*, 앞의 책, p. 222.

48. Charles Péguy, "De la situation faite à l'histoire et à la sociologie dans les temps modernes", *Cahiers de la quinzaine*, 1906, in Charles Péguy, *Œuvres en prose*, Paris Gallimard, 1959년.

49. [역주] 신의 존재에 대한 부정, 혹은 유대교 신자들(뒤르켐과 모스가 모두 유대인이라는 사실을 기억하자)에 의한 일방적인 교육을 비난한 것이다.

50. 셀레스탱 부글레가 다니엘 알레비에게 보낸 편지, 날짜 없음, *in* Philippe Besnard, "La formation de l'équipe de *L'Année sociologique*", 앞의 책,p. 24.

51. 마르셀 모스가 앙리 위베르에게 보낸 편지, 날짜 없음 [1903년].

52. 마르셀 모스가 앙리 위베르에게 보낸 편지, 파리, 1904년 12월 19일.

53. 마르셀 모스가 앙리 위베르에게 보낸 편지, 날짜 없음 [1904년].

54. 마르셀 모스가 앙리 위베르에게 보낸 편지, 날짜 없음 [1903년].

55. 마르셀 모스가 앙리 위베르에게 보낸 편지, 파리, 1904년 12월 19일.

56. 마르셀 모스가 앙리 위베르에게 보낸 편지, 파리, 1904년 12월 19일.

57. 마르셀 모스가 앙리 위베르에게 보낸 편지, 날짜 없음. 모스의 동생 앙리는 모스에게 마르게리트와 헤어질 것을 제안하며 거침없이 이렇게 묻고 있다. "형은 규칙적으로 형 집에서 자는 거야, 아니면 그 여자 집에서 자는 거야?"(앙리 모스가 마르셀 모스에게 보내는 편지, 1903년 4월 23일.)

58. 앙리 위베르가 마르셀 모스에게 보낸 편지, 날짜 없음 [1903년].

59. 마르셀 모스가 앙리 위베르에게 보낸 편지, 날짜 없음 [1903년].

60. 로진 모스가 마르셀 모스에게 보낸 편지, 에피날, 1903년 5월 19일.

61. 로진 모스가 마르셀 모스에게 보낸 편지, 1904년 6월 21일.

62. 로진 모스가 마르셀 모스에게 보낸 편지, 에피날, 1905년 3월 8일.
63. 에밀 뒤르켐이 마르셀 모스에게 보낸 편지, 날짜 없음 [1905년].
64. Émile Durkheim, *Le Suicide* (1897), 앞의 책, p. 304-305.
65. 에밀 뒤르켐이 마르셀 모스에게 보낸 편지, 날짜 없음[1905년].
66. 에밀 뒤르켐이 마르셀 모스에게 보낸 편지, 날짜 없음 [1904년].
67. 마르셀 모스가 앙리 위베르에게 보낸 편지, 날짜 없음[1904년].
68. 로진 모스의 편지, 에피날, 1907년 1월 22일.

7장 『뤼마니테』지의 기자

1. Charles Andler, *Vie de Lucien Herr*, 1864-1926, 앞의 책, p. 170.
2. Alexandre Zévarès, *Jean Jaurès*, Paris, Éditions de la Clé d'or, 1951, p. 178.
3. Dominique Merllé, "Présentation. Le cas Lévy-Bruhl", *Revue philosophique*, n° 4, octobre-décembre 1989, p. 495.
4. Hubert Bourgin, *De Jaurès à Léon Blum*, 앞의 책, p. 228.
5. Lucien Lévy-Bruhl, *Quelques pages sur Jean Jaurès*, Paris, Éditions de *l'Humanité*, 1916, p. 67.
6. Marcel Mauss, "Lucien Lévy-Bruhl", *Le Populaire*, 16 mars 1939, p. 4.
7. 위의 신문, 같은 곳.
8. [역주] 『뤼마니테』지의 제목은 원래 프랑스어의 여성 정관사 'la'와 '인류' 또는 '인간성', '인간미' 등을 뜻하는 'humanité'가 합해진 것이다. 프랑스어 '위마니테'는 영어의 '휴머니티'라는 단어에 해당하기 때문에 여기서는 이 단어를 종종 '휴머니티'로 번역했다.
9. Charles Andler, *Vie de Lucien Herr*, 1864-1926, 앞의 책, p. 170.
10. Alexandre Zévarès, *Jean Jaurès*, 1951, 앞의 책, p. 178.
11. Marcel Mauss, "Souvenirs. Conseils de Jean Jaurès pour une Révolution russe", *La Vie socialiste*, 30 juillet 1921, p. 2.
12. 에밀 뒤르켐이 마르셀 모스에게 보낸 편지, 파리, 1916년 5월 20일.
13. Lucien Lévy-Bruhl, *Quelques pages sur Jean Jaurès*, 앞의 책, p. 36.
14. Marcel Mauss, "Les coopératives rouges", *L'Humanité*, 16 juin 1904, p. 4.
16. Marcel Mauss, "La coopération socialiste", *L'Humanité*, 3 août 190, p. 1.
16. Marcel Mauss, "Mouvement coopératif", *L'Humanité*, 4 octobre 1904, p. 3.
17. 위의 신문, 같은 곳.
18. Marcel Mauss, "La coopération socialiste", *L'Humanité*, 3 août 1904, p. 1.
19. Marcel Mauss, "Mouvement coopératif", *L'Humanité*, 11 juillet 1904, p. 4.

20.	Marcel Mauss, "Mouvement coopératif", *L'Humanité*, 8 mai 1905, p. 4.

21.	Marcel Mauss, "Une exposition", *L'Humanité*, 23 décembre 1904, p. 1.

22.	Marcel Mauss, "Mouvement coopératif. Propagande coopérative", *L'Humanité*, 3 janvier 1905, p. 4.

23.	마르셀 모스가 앙리 위베르에게 보낸 편지, 에피날, 날짜 없음 [1904년].

24.	마르셀 모스가 앙리 위베르에게 보낸 편지, 날짜 없음 [1905년].

25.	Marcel Mauss, "Le Congrès des coopératives anglaises", *L'Humanité*, 16 juin 1905, p. 3.

26.	마르셀 모스가 앙리 위베르에게 보낸 편지, 날짜 없음 [1905년].

27.	Marcel Mauss, "Le Congrès des coopératives anglaises", *L'Humanité*, 15 juin 1905, p. 1.

28.	Marcel Mauss, "Le Congrès des coopératives anglaises", *L'Humanité*, 16 juin 1905, p. 3.

29.	Marcel Mauss, "Le Congrès des coopératives anglaises", *L'Humanité*, 25 juin 1905, p. 1.

30.	『뤼마니테』지의 위탁경영자가 마르셀 모스에게 보낸 편지, 1905년 7월 7일.

31.	필립 랑드리외가 마르셀 모스에게 보낸 편지, 1905년 7월 25일.

32.	필립 랑드리외가 마르셀 모스에게 보낸 편지, 1905년 7월 28일.

33.	필립 랑드리외가 마르셀 모스에게 보낸 편지, 1905년 7월 29일.

34.	위의 편지.

35.	Max Gallo, *Le Grand Jaurès*, Paris, Robert Laffont, 1984, p. 398을 볼 것.

36.	뤼시엥 에르가 마르셀 모스에게 보낸 편지, 1906년 9월 8일.

37.	폴 포코네가 마르셀 모스에게 보낸 편지, [1906년] 9월 15일.

38.	파리 사회과학 자유 콜레주와 브뤼셀 신대학의 교수였던 아몽 형제(A. & D Hamon)가 그렇게 생각하듯이 말이다. "The Political Situation in France", in *The American Journal of Sociology*, vol. XI, n° 1, July 1905, p. 128.

39.	필립 랑드리외가 마르셀 모스에게 보낸 편지, 1905년 10월 14일.

40.	에밀 뒤르켐이 마르셀 모스에게 보낸 편지, 날짜 없음 [1906년].

41.	위의 편지.

42.	실뱅 레비가 모힐란스키 여사에게 보낸 편지, 1906년 7월 21일.

43.	뤼시엥 에르가 장 푸아로[핀랜드]에게 보낸 편지, 1906년 7월 20일.

44.	폴 부아이에가 이냐토프 박사와 G. 베실로프스키에게 보낸 편지, 1906년 7월 20일.

45.	Marcel Mauss, "Souvenirs. Conseils de Jean Jaurès pour une Révolution russe", *La Vie socialiste*, 1921년 7월 30일, p. 2.

46.	위의 책, 같은 곳.

47.	위의 책, 같은 곳.

48.	위의 책, 같은 곳.

49.	뤼시엥 에르가 마르셀 모스에게 보낸 편지, 1906년 9월 8일.

50.	에밀 뒤르켐이 마르셀 모스에게 보낸 편지, 날짜 없음 [1906년].

51.	마르셀 모스가 "[교육부] 장관님"에게 보낸 편지, 날짜 없음[1906년].

52. 마르셀 모스가 "[교육부] 장관님"에게 보낸 편지, 날짜 없음[1906년].

53. Jean Raymond, "Charles Andler", Jean Maitron (dir.), *Dictionnaire biographique du mouvement ouvrier français*, 앞의 책, p. 142.

54. [역주] 영국의 사회주의자들을 가리킨다. 페이비언이라는 이름은 로마의 정치가이자 장군인 퀸투스 파비우스 막시무스에서 유래했다.

55. 로베르 에르츠가 마르셀 모스에게 보낸 편지, 1908년 2월 11일.

56. Christophe Prochasson, *Place et rôle des intellectuels dans les mouvements socialistes français, 1900-1920*, Université de Paris-I, Panthéon-Sorbonne, 1989, p. 153, 박사 학위논문.

57. Hubert Bourgin, *De Jaurès à Léon Blum*, 앞의 책, p. 482.

58. 이에 대하여 로베르 에르츠는 모스에게 "필립 랑드리외에게 『뤼마니테』지에 소책자와 관련된 촌평을 올리게 하기 위해 영향력을 발휘해보라고" 요청한다. 그는 이렇게 덧붙인다. "우리는 광고를 하지 않기 때문에, 만일 『뤼마니테』지를 통해 우리 소책자를 알리지 않으면 곰팡이 쓴 종이와 돈 낭비가 될 겁니다."(로베르 에르츠가 마르셀 모스에게 보낸 편지, 1908년 6월 13일.)

59. Groupe d'études socialistes, *Rapport sur l'année 1910*, 1911, p. 1.(위베르-모스 자료함, 콜레주 드 프랑스 기록보관실.)

60. Marcel Mauss, Bruckère, "La petite propriété, danger social et danger national"의 발표에 이어진 발언, in Procès-verbal de la réunion du 8 avril 1913 du Groupe d'études socialistes.(위베르-모스 자료함, 콜레주 드 프랑스 기록보관실.)

61. 이 짧은 기사는 벨빌루아즈 협동조합이 조직한 건축 경연대회 결과를 알려주고 있다. 모스는 이렇게 예견했다. "우리는 이미 예술가들과 호기심 있는 사람들이 노동자의 산을 향해 순례길에 오른 것을 본다. 그곳에서 민중을 위해 민중에 의해 창조된 예술적이고 실용적인 걸작품을 감상하기 위해서 말이다. 그리고 민중의 힘과 그들이 느끼는 기쁨의 휴식처와 과학과 아름다움의 전당으로 사용될 걸작품을 발견하기 위해서 말이다.(Marcel Mauss, "La Maison du peuple", *L'Humanité*, 8 mai 1907, p. 3.)

62. 모리스 알브바크스가 알베르 토마에게 보낸 편지, 1908년 3월 30일.

8장 집단적 비이성

1. Henri Hubert, "Introduction"(1904), 앞의 책, p. 8.

2. 앙리 위베르가 마르셀 모스에게 보낸 편지, 날짜 없음 [1903년].

3. 앙리 위베르가 마르셀 모스에게 보낸 편지, 날짜 없음 [1903년].

4. Marcel Mauss, M. Chantepie de La Saussaye의 *Manuel d'histoire des religions* 불어판에 대한 서평, in *L'Année sociologique*, 8, 1905, in Marcel Mauss, *Œuvres*, Paris, t. 1,

앞의 책, p. 46. 앙리 위베르와 이지도르 레비가 번역한 이 책에 대한 서평에서 장 레빌 또한 이 '선언'에 대해 이렇게 말하고 있다. "사실 이 서론은 위베르 씨가 소속되어 있는 새로운 학파, 그리고 프랑스에서 그 주창자가 뒤르켐 씨인 학파에 의해 아주 신중하게 선택된 어휘들로 된 하나의 선언이다."(Jean Réville, M. Chantepie de La Saussaye의 *Manuel d'histoire des religions* 불어판에 대한 서평, in *Revue de l'histoire des religions*, 26ᵉ année, t. 51, 1905, p. 75.)

5. Marcel Mauss, M. Chantepie de La Saussaye, *Manuel d'histoire des religions* 불어판에 대한 서평, in *Notes critiques*, 5 juin 1904, p. 177.

6. Henri Hubert, "Introduction"(1904), 앞의 책, p. XLVII.

7. 위의 책, p. XXXV.

8. 위베르는 다음과 같은 점에 대해 확고부동한 입장이었다. 즉 사회학은 "시대와 문명을 고려하지 않은 채 인류 전체에 유럽 성인(成人)들의 사고와 상상력을 갖다 붙이기를" 거절해야 한다는 것이 그것이다. 그는 이렇게 지적하고 있다. "더군다나 우리는 여전히 인류를 사유와 추론에 연결시키고 있다. 분석을 해보면, 종교에서는 결국 모든 것이 사유와 추론으로 환원된다는 것이 우리의 신념이다. 하지만 종교에 대한 논리적 추론은 우리의 이해에서 벗어나 있다."(위의 책, p. XXXVIII.) 위베르는 계속 이렇게 말하고 있다. 종교적 사실들에 대한 설명은 그 기능과 기원 차원에서 행해져야 한다고 말이다. 그러니까 진화론적 차원이 중요하다는 것이다. "그것은[종교는] 그 기원에서 모든 사회적 삶을 포괄한다. 이것은 오늘날에도 여전히 사실이다. 하지만 초창기 때와는 다른 방식으로이다. 종교는 정확히 사회적 삶 속에서 성장했다. 종교는 기도, 희생, 신화학 그리고 형이상학을 통해 꽃을 피웠다. 물론 마법의 광적인 성장도 잊어서는 안 될 것이다. 나무는 하나의 뿌리에서 솟아나지만, 그 굵은 가지들은 강력하다. 용수(榕樹)나무의 가지들처럼 휘어서 땅에 닿은 가장 무거운 줄기들이 뿌리를 내리고, 그 잔가지들이 밑동을 가리고 있다. 이 나무의 형상은 계절과 시점에 따라 아주 변화가 심해 종종 그것을 알아보기가 힘들기까지 하다. 철학자들과 역사가들은 그것에 대해 혼동을 했고, 그것을 다양한 본질들의 숲으로 여겼다. 그들의 오류는 존재들을 외부적 특징들에 따라 규정했던 자연주의자의 그것과 같다. 이제 그루터기를 보기 위해 줄기들을 헤치고 답답한 그림자 속으로 들어가야만 한다."(위의 책, p. XLVIII.)

9. Paul Alphandéry, "Nécrologie. Henri Hubert", *Revue de l'histoire des religions*, t. 96, 1927, p. 119.

10. Jean Réville, M. Chantepie de La Saussaye의 *Manuel d'histoire des religions*의 번역본에 대한 서평, 앞의 책, p. 76.

11. 위의 책, p. 82.

12. Marcel Mauss, "Philosophie religieuse, conceptions générales", *L'Année sociologique*, 7, 1904, *in* Marcel Mauss, *Œuvres*, Paris, t. 1, 앞의 책, p. 94.

13. 위의 책, 같은 곳.

14. 위의 책, Marcel Mauss, "L'œuvre de Mauss par lui-même"(1930), p. 90. 모스는 1902년에 이렇게 쓰고 있다. "종교적 사실들에 대한 사회학적 연구에서 '마법'을 어느 위치에 두어야 하느냐에 대해, 우리는 아직 확신을 가지고 있지 못하다. [……] 지금으로서는 무엇보다도 먼저 상대적으로 독립된 부분을 남겨두면서도 마법을 종교에 연결시키는 친족성을 증명하는 일이 급선무이다." (Marcel Mauss, "Introduction à la sociologie religieuse", *L'Année sociologique*, 5, 1902, *in* Marcel Mauss, *Œuvres*, Paris, t. 1, p. 90.) 모스가 『사회학 연보』의 "종교사회학"란을 제안했을 때, 새로운 연구 분야들 중 그때 '종교적 삶의 기초 형태' 분야가 등장했다. 이 분야에서는 "토테미즘, 제식들, 신앙들과 야만인이라 불리는 민족들의 종교 조직, 그리고 소위 문명화된 민족들의 '민족적 지혜'를 구성하는 분산되고 와해된 사실들이 연구될 것이다."

15. Marcel Mauss, Ludwig Blau의 *Das altjüdische Zauberwesen*에 대한 서평, *in L'Année sociologique*, 3, 1900, *in* Marcel Mauss, *Œuvres*, Paris, t. 2, p. 381. 모스는 같은 호 『사회학 연보』에 T. Witton Davies의 *Magic Divination and Demonology, among the Hebrews and their Neighbours*(*in* Marcel Mauss, *Œuvres*, Paris, t. 2, p. 377-380)에 대한 서평 역시 실었다. 모스와 위베르는 그들의 「마법의 일반 이론 소묘」에서 이 저서들을 인용한 바 있다. 하지만 그들은 "유대인 마법에 대해서는 단편적인 자료들만을 가졌을 뿐"이라는 것을 분명히 밝히고 있다.(Henri Hubert & Marcel Mauss, "Esquisse d'une théorie générale de la magie", *L'Année sociologique*, 7, 1904, *in* Marcel Mauss, *Anthropologie et sociologie*, Paris, PUF, 1966, p. 8.)

16. Marcel Mauss, T. Witton Davies의 *Magic Divination and Demonology, among the Hebrews and their Neighbours*에 대한 서평, 앞의 책, p. 380

17. Marcel Mauss, "Introduction à la sociologie religieuse", *L'Année sociologique*, 5, 1902, *in* Marcel Mauss, *Œuvres*, Paris, t. 1, 앞의 책, p. 90.

18. D. J., Henri Hubert & Marcel Mauss의 *Mélanges d'histoire des religions*에 대한 서평, *in Revue historique du droit français*, 1909, p. 585-586.

19. Henri Hubert & Marcel Mauss, "Introduction à l'analyse de quelques phénomènes religieux"(1908), *in* Marcel Mauss, *Œuvres*, Paris, t. 1, 앞의 책, p. 25.

20. 이 연구에는 마르셀 모스의 단독 서명이 되어있다. 하지만 저자의 이름이 계속 복수로 거론되고 있어, 이 연구가 공동작업의 결과로 왜곡되고 있다. 물론 이 연구는 모스의 또 다른 연구인 「마법의 일반 이론 소묘」와 긴밀하게 연결되어 있다.다.(Jean Réville, "Chronique", *Revue de l'histoire des religions*, t. 51, 1905, p. 325.)

21. 앙리 위베르가 마르셀 모스에게 보낸 편지, 1904년 8월 15일. 모스가 "멀지 않아 결혼할 것"라고 예상한 위베르는 그 당시 연구를 위해 보주 지방에서 체류할 계획을 세웠다. "[……] 우리들이 더 이상 이렇게 가깝게 지낼 수 없을 걸세. 이번이 마지막 기회든 아니면 두 번째 마지막 기회이든 간에 잘 활용해 보세."

22. Jean Réville, "Chronique", 앞의 책, p. 326.

23. Henri Berr, "Les progrès de la sociologie religieuse", 앞의 책, p. 24.

24. Robert Hertz, Henri Hubert & Marcel Mauss의 *Mélanges d'histoire des religions*에 대한 서평, in *Revue de l'histoire des religions*, t. 60, 1909, p. 219.

25. Marcel Mauss, "L'origine des pouvoirs magiques dans les sociétés australiennes", *Annuaire de l'École pratique des hautes études*(1904), in Marcel Mauss, *Œuvres*, Paris, t. 2, 앞의 책, p. 364.

26. 위의 책, p. 368.

27. 위의 책, p. 320.

28. Marcel Mauss, J. G. Frazer의 『황금가지』에 대한 서평, *L'Année sociologique*, 5, 1902, in Marcel Mauss, *Œuvres*, Paris, t. 1, 앞의 책, p. 137.

29. 위베르와 모스는 「마법의 일반 이론 소묘」에서 부정적 제식과 긍정적 제식을 구별했다. 부정적 제식은 "어떤 마법적 효과를 피하기 위해 어떤 것들을 하지 않는 데" 있다. 하지만 그들은 이 "공감적 터부, 부정적 마법이라는 중요한 문제"에 대하여 "아는 바가 적다."고 말했으며, 이것을 앞으로 수행할 "연구 주제"로 제안했다.(Henri Hubert & Marcel Mauss, "Esquisse d'une théorie générale de la magie", *L'Année sociologique*, 7, 1904, *in* Marcel Mauss, *Anthropologie et sociologie*, Paris, PUF, 1966, p. 52.)
  J. G. 프레이저는 그의 영국인 동료 R. R. 머렛(『맨』, 1906년 6월)으로부터 다음과 같은 이유로 비판을 받았다. 즉 J. G. 프레이저가 그의 저서 『친족 관계의 초기 역사에 대한 강의*Lectures on the Early History of Kinship*』에서 실제로는 모스와 그의 친구 위베르가 먼저 사용했던 개념에 대한 우선권을 주장했다는 것이다. 이때 프레이저는 당황함을 감추지 못하고 있다. "터부를 부정적 마법으로 다루면서 나는 새로운 이론을 만들었다고 생각했습니다. 하지만 머렛 씨가 지적하고 있듯이, 이 이론은 분명 공동으로 수행된 연구에서 위베르 씨와 당신에 의해 정립된 것이었습니다. [……] 내가 이와 같은 지적 태만에 대해 유일하게 사과할 수 있는 것은, 내가 아쉽게도 아직 당신들의 연구를 읽지 못했다는 점입니다. 실제로 나는 산더미 같은 인류학 문헌을 모두 읽는 것이 점점 더 어렵다고 봅니다. 그리고 점점 더 늘어나는 이 책더미 속에서 읽어야 할 필요가 있는 것을 선택할 때, 나는 원시적 삶의 관찰자들에 의해 수집된 사실들을 더 선호합니다. 여러 관찰자들에 의해 전달된 사실들을 비교하고 설명하는 비교인류학자들, 즉 내 동료들의 작업들보다는 말입니다. 그렇기 때문에 이번 경우에 그러한 일이 발생했듯이, 다른 연구자들이 어떤 결과에 도달했다는 사실을 전혀 알지 못한 채 따로 같은 결론에 도달하는 일이 가능합니다. 나는 위베르와 당신이 이 문제에 대해 가졌던 관점을 알지 못했던 점에 대해 마음이 아주 아팠습니다. 나를 용서해 주기를 바랍니다. 나는 『맨』지에 내가 저지른 지적 태만에 대해 사과하기 위해 편지를 쓰려고 합니다. 터부를 부정적 마법으로 처음 설명했던 명성이 전적으로 위베르와 당신에게 돌아가도록 하기 위해서입니다. [……]"(J. G. 프레이저가 마르셀 모스에게 보낸 편지, 케임브리지, 1906년 3월 15일.)
  몇 년 후 위베르와 모스는 이 논쟁에 대해 이렇게 말하고 있다. "우리들은 뒤르켐에게서 빌려왔던 긍정적, 부정적 제식들을 이 논문에서 처음으로 구별했다. 우리들의 연구가 출간된 2년 후에 프레이저 씨가 그 나름대로 같은 결론에 도달했다. 그러나 그는 모든 터부를 그 자신 공감적 마법이라 명명한 부정적 제식들로 고려하면서였다." 하지만 위베르와 모스는 N. W. 토머스와 R. R. 머렛이 그들에게 돌려주었던 터부를 "일반화시킨" 영광을 받아들이려 하지 않았다. 왜냐하면 그들의 판단으로 일반화는 분명 "잘못된" 것이기 때문이었다. "우리는 모든 터부가 부정적 마법이었을 것이라고 생각하지 않았다. 우리는 분명히 마법의 금지에 대해 강조했다. 왜냐하면 금기라는 사실 자체에 의해 금지들은 긍정적 규칙들보다 더 제대로 사회적 개입의 표징을 지니기 때문이다. 우리는 종교적 터부가 있었으리라는 것, 그리고 그것들은 다른 부류의 것들이었으리라는 것을 결코 부정하지 않았다."(Henri Hubert & Marcel Mauss, "Introduction à l'analyse de quelques phénomènes religieux"(1908), 앞의 책, p. 22.)

30. Henri Hubert & Marcel Mauss, "Esquisse d'une théorie générale de la magie"(1904), 앞의 책, p. 124.

31. 위의 책, p. 126.

32. 위의 책, p. 32.

33. 위의 책, p. 89.

34. Henri Hubert & Marcel Mauss, "Introduction à l'analyse de quelques phénomènes religieux"(1908), 앞의 책, p. 19.

35. Henri Hubert & Marcel Mauss, "Esquisse d'une théorie générale de la magie"(1904), 앞의 책, p. 136.

36. 위의 책, p. 137.

37. 위의 책, p. 100.

38. 샹트피 드 라 소세의 교재 불어번역본 "서론"에서 위베르는 '마나'의 개념을 언급하고 있다. "히브리어 '고데쉬(godesch)', 오세아니아어 '터부'와 '마나'는 정확히 로만어 '성스러움'의 비대칭적 동의어이다. 그러나 성스러움 개념은 보편적이다.' '마나' 개념은 맨 처음 코드링턴 박사의 『멜라네시아인들, 그들의 인류학과 민속The Melanesians, their Anthropology and Folklore』(1890)이라는 저서를 통해 연구자들의 주목을 받았다. 민속학협회의 회원들 앞에서 1899년 11월에 소개된 「애니미즘 종교(Pre-Animistic Religion)」라는 제목의 발표에서 R. R. 머렛은, 멜라네시아인들의 '마나' 개념을 안드리아마니타의 마나, 북아메리카 인디언의 '엔가이', 피지족의 '칼루'와 비교했다. 위베르와 모스는 이 연구들을 정확히 알고 있었다. (Henri Hubert, "Introduction", 앞의 책, p. XLV.)

39. Marcel Mauss, "Notes sur la nomenclature des phénomènes religieux", L'Année sociologique, 9, 1906, in Marcel Mauss, Œuvres, Paris, t. 1, 앞의 책, p. 41.

40. Henri Hubert & Marcel Mauss, "Esquisse d'une théorie générale de la magie"(1904), 앞의 책, p. 101.

41. J. Th. Shotwell, "The Role of Magic", *American Journal of Sociology*, vol. XV, n° 6, May 1910, p. 790.

42. Claude Lévi-Strauss, "Introduction à l'œuvre de Marcel Mauss", 앞의 책, p. XLI.

43. J. B. Jevons, "The Definition of Magic", *Sociological Review*, n° 2, avril 1908, p. 105-107.

44. Henri Berr, "Les progrès de la sociologie religieuse", 앞의 책.

45. L. P., Henri Hubet & Marcel Mauss의 *Mélanges d'histoire des religions*에 대한 서평, in *Revue philosophique*, 1909.

46. Robert Hertz, Henri Hubet & Marcel Mauss의 *Mélanges d'histoire des religions*에 대한 서평, 앞의 책, p. 219.

47. Henri Hubert & Marcel Mauss, "Introduction à l'analyse de quelques phénomènes religieux"(1908), 앞의 책, p. 39.

48. Gustave Belot, *L'Année sociologique*에 대한 서평, in *Revue philosophique*, t. LIX, avril 1905, p. 424.

49. Henri Hubert & Marcel Mauss, "Introduction à l'analyse de quelques phénomènes religieux"(1908), 앞의 책, p. 28.

50. 위의 책, p. 29.

51. Henri Hubert & Marcel Mauss, "Esquisse d'une théorie générale de la magie"(1904), 앞의 책, p. 137.

52. Henri Hubert & Marcel Mauss, "Introduction à l'analyse de quelques phénomènes religieux"(1908), 앞의 책, p. 27.

53. 위베르가 1927년에 죽은 후에 그의 미발간 원고들의 목록 작성을 맡았던 모스는 「마법의 일반 이론 소묘」의 두 번째 부분을 다시 찾으려 했지만 소용이 없었다.

54. Henri Hubert & Marcel Mauss, "Esquisse d'une théorie générale de la magie" (1904), 앞의 책, p. 130.

55. 위의 책, p. 140.

56. 1910년에 『로피니옹』지에 게재한 소르본을 공격한 일련의 평론들을 『뢰 쥔느 장 도주르디』라는 제목 하에 모았을 때, 앙리 마시스와 알프레드 드 타르드는 이 가명을 사용했다.(이 책의 2부 6장 2절을 볼 것.)

57. Marcel Mauss, "L'œuvre de Mauss par lui-même"(1930), 앞의 책, p. 220.

58. 로베르 에르츠가 마르셀 모스에게 보낸 편지, 1905년 11월 29일.

59. Marcel Mauss, "In Memoriam. L'œuvre inédite de Durkheim et de ses collaborateurs", *L'Année sociologique*, nouvelle série, 1925, *in* Marcel Mauss, *Œuvres*, Paris, t. 3, 앞의 책, p. 497.

60. 1901년-1914년 사이 마르셀 모스의 수업에 등록한 학생들과 청강생들의 목록은 다음과 같다. 1901-1902(16명 등록) : Chaillié, du Bos, Faitlovitch, Lahy, Taboulot, Thubert, Partrige 양. 1902-1903(18명 등록) : Beuchat, Chaillié, de Felice, Godard, Lahy,

Marin, Michelet, Tabolout, Hamilton 부인. 1903-1904(30명 등록) : Beuchat, J. Bloch, Chaillié, Combe, Cotty, Czarnowski, de Felice, de Jonge, Dubois, Dubuisson, Lahy, Marin, Tabolout, Thubert, Van Gennep, Weise 부인. 1904-1905(38명 등록) : Beuchat, Bianconi, J. Bloch, Chaillié, Combe, Erzinkiantz, Gelly, Lahy, Pret, Przyluski, Revnier, Tchernowski, Schmieder 양. 1905-1906(21명 등록) Beuchat, Chaillié, Czarnowski, David, Lahy. 1906-1907(21명 등록) : Beuchat, Bianconi, Chaillié, Czarnowski, Fillieul, Hamet, Hertz, Jeanmaire, Lafitte, Lahy, Lévy-Bruhl, Marx, Przyluski, Reynier. 1907-1908(25명 등록) : Bianconi, Chaillié, Czarnowski, David, Fenet, Hertz, Lafitte, Lahy, Mamourwski 박사, Marx, Maunier, Melonie, Cavel 양. 1908-1908(24명 등록) : Aubouin, Barbeau, Beuchat, Bonnet, Cerf, Chaillié, Cohen, Czarnowski, David, Euckell, Fenet, Karmin, Lafitte, Martin, Marx, Maunier, Pop. 1909-1901(16명 등록) : Aubouin, Barbeau, Bonnet, Cerf, Chaillié, Davy, Evans, Guilmin, Kurnatowski, Marx, Maunier. 1910-1911(13명 등록) : Chaillié, Czarnowski, Davy, Fear, Lenoir, Maunier, Przyluski, Tucker 양. 1911-1912(29명 등록) : Bader, de Bragança Cunha, Davy, Deroyan, Dubuisson, Hogart, Laskine, Lenoir, Levin, Loskot, Müntefer, Petalas, Rosenfeld, Roustain, Uhler 박사, Wlasimirbzoff, Wieser 남작, Zuber, Klavé 양, Moukhine 부인, Spengler 양. 1912-1913(27명 등록) : Bystrom, Chaillié, Davy, Fenet, Gelly, Jeanmaire, Lenoir, Martinez Torner, Mittet, Némiroff, Rosenfeld, Roustain, Szmigielski, Vladimirotsov, Wachtmeister, Albertini 부인, Gorastchenko 부인, des Portes 양, Manoukhine 양. 1913-1914(22명 등록) : Chaillié, Clerc, Davy, Lenoir, Michalcescu, Mirakian, Przyluski, Roustain, Swaim, Szmigielski, Thivet, Turpin de Morel, Brizard 양, Sourine 양.(고등연구실천학교 연력, 종교학 분과, 1902년부터 1914년까지.)

모스의 강의에서 볼 수 있듯이, 종교학 분과에는 다양한 국적의 학생들이 있었다. 예컨대 1904-1905학년도에 등록한 593명의 학생들과 청강생들 중 20개 국적의 학생들이 있었다. 프랑스 447명, 러시아 42명, 독일 18명, 스위스 13명, 미국 12명, 루마니아 10명, 영국 9명, 오스트리아 8명, 그리스 8명, 벨기에 8명, 아르메니아 3명, 페르시아 2명, 네덜란드 2명, 노르웨이 2명, 세르비 2명, 브라질 1명, 이탈리아 1명, 덴마크 1명, 스웨덴 1명, 불가리아 1명, 룩셈부르크 1명, 터키 1명 등이다.

61. 필립 드 펠리스가 마르셀 모스에게 보낸 편지, 1903년 8월 24일. 마리우스 바르보는 "선생님의 미천한 제자인 저"라고 쓴다.(마리우스 바르보가 마르셀 모스에게 보낸 편지, 1911년 1월 17일.)

62. Marcel Mauss, "In Memoriam. L'œuvre inédite de Durkheim et de ses collaborateurs" (1925), 앞의 책, p. 495.

63. Marius, Barbeau, "Henri Beuchat", *American Anthropologist*, vol. 18, 1916, p. 105.

64. Marcel Mauss, "In Memoriam. L'œuvre inédite de Durkheim et de ses collaborateurs" (1925), 앞의 책, p. 497.

65. *Annuaire de l'École pratique des hautes études*, section des sciences religieuses, 1905, p. 59.

66. *Annuaire de l'École pratique des hautes études*, section des sciences religieuses, 1904, p. 43.

67. Marcel Mauss, "L'œuvre de Mauss par lui-même" (1930), 앞의 책, p. 211.

68. Marcel Mauss, "In Memoriam. L'œuvre inédite de Durkheim et de ses collaborateurs" (1925), 앞의 책, p. 489.

69. Marcel Mauss, (en collaboration avec Henri Beuchat), "Essai sur les variations saisonnières des sociétés Eskimos", *L'Année sociologique*, 9, 1906, in Marcel Mauss, *Sociologie et anthropologie*, Paris, PUF, 1966, p. 475.

70. Marcel Mauss, (en collaboration avec Henri Beuchat), "Essai sur les variations saisonnières des sociétés Eskimos" (1906), 앞의 책, p. 391.

71. 위의 책, p. 470.

72. 위의 책, p. 400.

73. Marcel Mauss, (en collaboration avec Henri Beuchat), "Essai sur les variations saisonnières des sociétés Eskimos" (1906), 앞의 책, p. 473.

74. 그의 옛 스승이던 알프레드 에스피나는 "굉장한 관심"을 가졌던 저서를 보내준 것에 대해 모스에게 고마움을 표했다. 그리고 에스피나는 "사회에 대한 실증과학의 정립에 큰 기여"를 한 것과 극히 일반화된 법칙을 성공적으로 끌어낸 것에 대해서도 모스를 칭찬했다. 하지만 에스피나는 그의 옛 제자와 "단 한 가지 점"에서 다르다는 점을 인정했다. "만일 자네가 형태론적 관점을 생물학에서 빌려올 수 있다고 믿는다면, 생리학적 관점도 그럴 수 있다는 것을 받아들여야 할 걸세. 심리학과 사회학에는 다음과 같은 세 가지 고려해야 할 관점이 있다는 것이 내 생각이네.

　1° 형태론적 관점. 상태와 넓은 의미에서 정적 형태를 연구하는 관점 혹은 존재들의 분류를 가능케 해주는 기관들의 형상 또는 규정.

　2° 생리학적 관점. 기관들이 구조의 변질 없이 기능할 때, 이 기관들의 변화의 리듬을 연구하는 관점. 예컨대 심장의 운동, 번식, 수유, 등.

　3° 전성(轉成), 종(種)에서 B라는 개별적 종의 A종으로의 전성 곡선.(실제로 한 종은 개인처럼 탄생, 절정기, 소멸기를 가지고 있다.) 우리는 여기에서 기관들과 전체 형태들이 탄생하고, 형성되고, 파괴되는 것을 보게 되네. 원한다면, 이것을 개체발생론이라 부르세. 그리고 [판독 불가].

　두 번째와 세 번째 관점은 첫 번째 관점을 조건으로 삼네. 자네는 형태론적 탐구를 바탕으로 해서 연구를 잘 수행했네. 하지만 리듬을 고려한 부분에서 자네가 형태론에서 생리학으로 이행을 받아들였어야 하지 않았느냐는 것이 내 판단이네. [……]"(알프레드 에스피나가 마르셀 모스에게 보낸 편지, 날짜 없음 [1906].)

75. Henri Hubert & Marcel Mauss, "The Original Character of the Hebrew Sabbat", *L'Année*

sociologique, 2, 1899, *in* Marcel Mauss, *Œuvres*, Paris, t. 1, 앞의 책, p. 308.

76. E. Sidney Hartland, *L'Année sociologique*, 9, 1906에 대한 서평, in *Folk-Lore*, vol. XXVII, March 1907, p. 100.

77. R. R. Marett, "A Sociological View of Comparative Religion", *The sociological Review*, vol. 1, 1908, p. 52

78. 마르셀 모스가 "소중한 분"[R. R. 머렛]에게 보낸 편지, 파리, 1908년 2월 18일.

79. Marcel Mauss, "L'Art et le mythe d'après Wundt", *Revue philosophique*, LXVI, juillet-décembre 1908, *in* Marcel Mauss, *Œuvres*, Paris, t. 2, 앞의 책, p. 225. 이 글의 앞부분은 분트 씨가 제시한 예술의 형태 이론에 대한 비판에 할애되었다. 모스는 예술을 그것이 탄생한 사회 조건과 연결시키기 위해서는 순수한 심리학이 필요하다고 지적하고 있다. "예술은 사회적 본성뿐만 아니라 사회적 결과도 가지고 있다. 예술은 집단적 상상력의 산물이다. 예술은 또한 사람들의 의견이 일치되는 장소이기도 하다. 그리고 예술의 감성적 효과들은 주어진 한 순간에 모두에게 상대적으로 동일하기도 하다. 바로 이와 같은 본성과 기능에 의해 미적 감정의 지속성과 변화, 보편성과 불안정성이 설명된다."(위의 책, p. 205-206.)

80. Diamond Jenness, *The Life of the Cooper Eskimos, A Report of the Canadian Arctic Expedition*, 1913-1918, Otawa, 1922, p. 9.

81. Marius, Barbeau, "Henri Beuchat", 앞의 책, p. 109.

82. 앙리 뵈샤가 마르셀 모스에게 보낸 편지, 빅토리아, 1913년 6월 16일.

83. Marcel Mauss, "In Memoriam. L'œuvre inédite de Durkheim et de ses collaborateurs" (1925), *in* Marcel Mauss, *Œuvres*, Paris, t. 3, 앞의 책, p. 489.

84. 로베르 에르츠가 마르셀 모스에게 보낸 편지, 1902년 5월 31일.

85. Paul Alphandéry, "In memoriam, 1914-1918", *Revue de l'histoire des religions*, t. 79, 1919, p. 336.

86. 에밀 뒤르켐, "에르츠 (로베르), 1881년 6월 22일 생 클루 출생, 1915년 4월 13일 마르쉐빌(뫼즈)의 영광스러운 전장에서 죽다."(1916), Émile Durkheim, *Textes*, t. 1, 앞의 책, p. 439.

87. Hubert Bourgin, *De Jaurès à Léon Blum*, 앞의 책, p. 481.

88. Marcel Mauss, "Introduction et conclusion à Robert Hertz", *Revue de l'histoire des religions*, 1922, *in* Marcel Mauss, *Œuvres*, Paris, t. 3, 앞의 책, p. 511.

89. 마르셀 모스가 앙리 위베르에게 보낸 편지, 날짜 없음 [1905년].

90. Marcel Mauss, "Introduction et conclusion à Robert Hertz"(1922), 앞의 책, p. 511.

91. 마르셀 모스가 앙리 위베르에게 보낸 편지, 날짜 없음 [1905년].

92. Émile Durkheim, "Hertz", 앞의 책, p. 439.

93. Hubert Bourgin, *De Jaurès à Léon Blum*, 앞의 책, p. 482-483.

94. Marcel Mauss, "Introduction et conclusion à Robert Hertz"(1922), 앞의 책, p. 511.

95. Marcel Mauss, "In Memoriam. L'œuvre inédite de Durkheim et de ses collaborateurs" (1925), 앞의 책, p. 493.

96. "에르츠는 모든 시민은 결정된 하나의 직능을 사회 속에서 완수하고 하나의 특별한 임무를 가질 의무가 있다고 평가했다."(앞의책 Émile Durkheim, "Hertz", p. 440~441.)

97. 로베르 에르츠가 마르셀 모스에게 보낸 편지, 두에, 1905년 11월 10일.

98. 로베르 에르츠가 마르셀 모스에게 보낸 편지, 1907년 9월 29일.

99. Robert Hertz, Henri Hubert & Marcel Mauss의 *Mélanges d'histoire des religions*에 대한 서평, in *Revue de l'histoire des religions*, t. 60, 1909, p. 219.

100. "우리가 첫 번째 연구를 시작했을 때, 하나의 핵심기관을 갖는 문제에 대해 생각을 했어야 하네. 나는 우리의 작은 연구들을 일종의 종교사 '논문집' 형태로 모아야 할 필요성을 진지하게 생각하기 시작했네. [……] 내 쪽에서 보면 벌써 많은 것들이 이 논문집에 포함될 수 있을 것 같네. 레비가 이번 여름에 내게 그것에 이야기했네. 이것에 대해 심사숙고해야 할 필요가 있네. 상당한 근접성이 있는 우리들의 연구결과들이 이 잡지 저 잡지에 분산되는 것을 목격하는 것은 애처로운 일일 걸세." (앙리 위베르가 마르셀 모스에게 보낸 편지, 날짜 없음 [1898년].)

101. 에밀 뒤르켐이 로진 모스 여사에게 보낸 편지, 1907년 10월 18일.

102. 앙리 위베르가 마르셀 모스에게 보낸 편지, 날짜 없음 [1908년].

103. 이 마지막 논문은 위베르의 것이고, 1905년에 『고등연구실천학교 연력』에 실렸다. 『사회학 연보』에 실린 이 논문에 대한 비판적 논평에서 모스는 위베르의 독창성을 인정하고 있다. 하지만 그는 다음과 같은 점에 대해 위베르를 주저없이 비판하고 있다. 영원 개념과 시간 개념 사이의 관계 문제를 해결하지 못했다는 점, 풍부한 생각이기는 하지만 시간 개념의 원인들에 대해 충분히 발전시키지 못했다는 점 등이 그것이다.(Marcel Mauss, Henri Hubert의 "Étude sommaire de la représentation du temps dans la religion et dans la magie"에 대한 논평, *L'Année sociologique*, 1907, *in* Marcel Mauss, *Œuvres*, Paris, t. 1, 앞의 책, p. 50~52.

104. E. Sidney Hartland, Henri Hubert & Marcel Mauss의 *Mélanges d'histoire des religions*(1910)에 대한 서평, 앞의 책, p. 524.

105. Henri Hubert & Marcel Mauss, "Introduction à l'analyse de quelques phénomènes religieux"(1908), 앞의 책, p. 25.

106. E. Sidney Hartland, Henri Hubert & Marcel Mauss의 *Mélanges d'histoire des religions*(1910)에 대한 서평, in *Folk-Lore*, vol. XXI, n° IV, 4 décembre 1910, p. 525.

107. Henri Hubert & Marcel Mauss, "Introduction à l'analyse de quelques phénomènes religieux"(1908), 앞의 책, p. 38.

108. 위의 책, 같은 곳.

109. Robert Hertz, Henri Hubert & Marcel Mauss의 *Mélanges d'histoire des religions*에 대한 서평, 앞의 책, p. 219. 에르츠는 독자들에게 "자신을 두 저자와 엮어 주는 지적 공

동체, 애정과 인정의 유대관계 때문에 그들의 저서에 대해 생각하는 좋은 점에 대해 자유롭게 말하지 못한다고 지적하고 있다.(위의 책, p. 218.)

110. Salomon Reinach, Henri Hubert & Marcel Mauss, *Mélanges d'histoire des religions*에 대한 서평, in *Revue archéologique*, 1909, p. 191-192.

111. O. Relle, Henri Hubert & Marcel Mauss의 *Mélanges d'histoire des religions*에 대한 서평, in *Le Mois littéraire et pittoresque*, juin 1910.

112. P. G. Révérend Père Schmidt, Henri Hubert & Marcel Mauss, *Mélanges d'histoire des religions*에 대한 서평, *Anthropos*, t. 3, mars-juin, p. 578.

113. 프랑스 사회학파의 연구에 주목하고 있었던 『미국 사회학 잡지』는 『종교사 논문집』에 대한 짧은 서평을 실었다. "위베르와 모스는 사회학에서 희생 개념이 갖는 중요성을 입증하고 있다. 그러나 우리가 눈앞에 두고 있는 이 저서에서 그들은 이 개념의 모든 발전 양상을 추적하려는 의도도, 그 모든 지맥을 훑어보려는 의도도 보여주지 못했다." (A. Loos, *American Journal of Sociology*, vol. 17, juillet-mai 1911, p. 406.)

114. Salomon Reinach, Henri Hubert & Marcel Mauss의 *Mélanges d'histoire des religions*에 대한 서평, 앞의 책, p. 191-192.

115. Alfred Loisy, Henri Hubert & Marcel Mauss의 *Mélanges d'histoire des religions*에 대한 서평, in *Revue critique d'histoire et de littérature* religieuse, mai 1909, p. 406.

9장 콜레주 드 프랑스에 입성하기 위한 "열띤 경쟁": 루아지 사건

1. 초창기에 단지 다섯 개의 왕실 강좌—그리스어 두 강좌, 히브리어 두 강좌 그리고 하나의 수학 강좌—만을 개설했던 콜레주는 그 이후 엄청나게 성장했다. 특히 19세기에 새로운 분야들에 문호를 개방하면서 말이다. 동양학(산스크리트어, 이집트어학, 아시리아 고고학, 비교 문법 등), 고전적 고대문명(라틴 문헌학), 프랑스와 외국(슬라브, 켈트, 게르만 기원)의 언어와 문학, 역사(예술, 종교, 과학), 지리학, 철학, 경제학과 정치학, 화학과 자연사, 물리학, 의학 등이 그것이다. 이 교육 기관의 역사에 위대한 이름들이 새겨진다. 과학 분야에서는 퀴비에, 쿠젱, 베르틀로, 라엔넥 또는 클로드 베르나르, 인문과학 분야에서는 미슐레, 르낭, 리보, 타르드 또는 베르그송 등이 그들이다. 하지만 콜레주의 목표는 전혀 바뀌지 않았다. 르낭의 표현에 따르면, 콜레주 목표는 "형성 중에 있는 학문의 길"을 장려함으로써 학문의 진보에 기여하는 데 있다.

2. Georges Weisz, "L'idéologie républicaine et les sciences sociales. Les durkheimiens et la chaire d'histoire d'économie sociale à la Sorbonne", *Revue française de sociologie*, vol. XX, n° 1, 1979년 1월-3월, p. 83-113. "Durkheim, les durkheimiens et le Collège de France", *Études durkheimiennes*, n° 3, avril 1979, p. 4-8.

3. Sylvain Lévi, "Présentation des titres de Marcel Mauss", 콜레주 드 프랑스 교수 회합, 17

décembre 1907.(콜레주 드 프랑스 기록보관실, C-XII, Mauss-2.)

4. [역주] 제2선 후보도 투표를 통해 순위를 가린다. 그러나 콜레주에서 강의를 맡는 것이 아니다. 다만 제2선 후보 선발은 자신의 연구가 지닌 중요도를 인정받음과 동시에 인지도를 높이는 기회라고 보면 된다.

5. 마르셀 모스가 "의장님"에게 보낸 편지, 날짜 없음 [1907년].

6. Jean Réville, "Leçon d'ouverture du cours d'histoire des religions au Collège de France", *Revue de l'histoire des religions*, t. 55, 1907, p. 189-207.

7. [역주] 세베루스 황조는 세베루스 1세가 로마 제국 황제가 되면서 성립되어, 235년에 세베루스 2세가 살해당하면서 소멸한 로마 제국의 황조이다.

8. Paul Alphandéry, "Jean Réville", *Revue de l'histoire des religions*, t. 57, 1908, p. 273.

9. Paul Foucart, "Présentation des titres et travaux de Georges Foucart", 콜레주 드 프랑스 교수 회합, 1907년 2월 17일.(콜레주 드 프랑스 기록보관실, G-IV-g, 32 L.)

10. 사람들은 제1선 후보 선거에서 모스가 여러 표를 얻었다는 사실을 가볍게 넘어가지 않았다. 특히 이 사실에 대해 콜레주의 라틴문헌학 교수였던 루이 아베가 분개했다. "공정한 투표에서라면 제2선 후보에 출마하리라 간주되는 후보들은 제1선에서 7표를 얻을 수는 없는 법입니다. 저는 메이예에게 그가 나약하게도 관여했던 책동에 대해 불쾌감을 감출 수 없습니다. 그리고 나는 모스 당신을 그 책동의 수장으로 [……] 여겼던 것에 대해 사과드립니다."(루이 아베가 마르셀 모스에게 보낸 편지, 1907년 2월 17일.)

11. 제1선 후보 선거에서 투표 결과는 다음과 같다.

	1차 투표	2차 투표(36명 투표, 과반수 19표)
G. Foucart	10	8
M. Réville (Jean)	14	24
M. Vernes	5	2
M. Mauss	7	2

제2선 후보 선거에서 결과는 다음과 같다.

	1차 투표	2차 투표(35명 투표, 과반수 19표)
M. Vernes	9	13
G. Foucart	11	10
M. Mauss	15	21
무효표	1	1

반 젠네프는 어떤 지지도 얻지 못했고, 앙투안 메이예가 미적지근하게 그를 후보로 소개했다. "그는 종교사 교육을 위한 준비를 잘 갖추고 있고, 이 주제에 대해 가치 있는 개인적 연구를 하고 있습니다."

12. 로진 모스가 마르셀 모스에게 보낸 편지, 금요일 [1907년 2월].

13. 로진 모스가 마르셀 모스에게 보낸 편지, 일요일 [1907년 3월].

14. Henri Hauser, *L'Enseignement des sciences sociales. État actuel de cet enseignement dans les divers pays du monde*, Paris, A. Chevalier-Maresq, 1903.

15. 에밀 뒤르켐이 학장님(샤를르 바이예)에게 보낸 편지, 1907년 12월 4일, in *Revue française de sociologie*, vol. XX, n° 1, janvier-mars 1979, p. 116.

16. 폴 포코네가 셀레스탱 부글레게 보낸 편지, 셰르부르그, 1907년 2월 26일, in *Revue française de sociologie*, vol. XX, n° 1, janvier-mars 1907, p. 44.

17. 에밀 뒤르켐이 앙리 위베르에게 보낸 편지, 날짜 없음 [1906년 5월-6월], *in* Philippe Besnard, "Lettre d'Émile Durkheim à Henri Hubert", *Revue française de sociologie*, vol. XXVIII, n° 1, 1987년, p. 530.

18. 에밀 뒤르켐이 앙리 위베르에게 보낸 편지, 날짜 없음 [1906년 5월-6월], *in* Philippe Besnard, "Lettre d'Émile Durkheim à Henri Hubert", *Revue française de sociologie*, 앞의 책, p. 531.

19. 로진 모스가 마르셀 모스에게 보낸 편지, 에피날, 1907년 3월 6일.

20. Émile Durkheim, "Préface", *L'Année sociologique*, 11, 1910, in Émile Durkheim, *Journal sociologique*, 앞의 책, p. 626.

21. Paul Alphandéry, "Jean Réville", 앞의 책, p. 269.

22. 폴 포코네가 마르셀 모스에게 보낸 편지, 날짜 없음 [1908년].

23. [역주] 자타카(Jataka; Jadaka)는 팔리어로 집필된 고대 인도의 불교 설화집이다. 불타의 전생(前生) 이야기, 즉 불타가 태자로 태어나기 이전의 이야기를 모아놓은 것이다.

24. [역주] 오리게네스(Origène: 185년-254년 경): 알렉산드리아파를 대표하는 기독교의 교부다. 독창적인 신학 체계를 세운 것으로 알려져 있으며, 그로 인해 이단과의 논쟁뿐만 아니라 교회와 적지 않은 마찰을 일으킨 것으로 기록되고 있다. 특히 금욕주의에 따라 스스로 고환을 자른 것으로 유명하다.

25. 마르셀 모스가 "행정 책임자님"[르바쇠님, 콜레주 드 프랑스]에게 보낸 편지 초안, 날짜 없음 [1909년].

26. M. 우텡이 알프레드 루아지에게 보낸 편지, 1909년 6월 17일, *in* Alfred Loisy, *Mémoires pour servir l'histoire religieuse de notre temps*, Paris, Émile Nourry, t. 2, 1931, p. 39.

27. 모리스 베른의 원고로, 거기에는 그의 경력과 연구에 대한 소개가 포함되어 있고, 2쪽으로 되어 있다.(콜레주 드 프랑스 기록보관실, G-IV-g; 5D.) 『종교사 잡지』의 창간자이자 책임자였던 베른은 1886년부터 고등연구실천학교의 종교학 분과 연구지도교수로 재직했다.

28. Alfred Loisy, *Mémoires pour servir l'histoire religieuse de notre temps*, t. 2, 앞의 책, p. 83.

29. [역주] 근대주의, 즉 "신덕의 근간을 훼손시키고 기독교 문명을 절멸시키는 모든 이단의 가설 및 독극물"이라고 하는 끔찍한 오류의 위험성에 맞서 교황 비오 10세가 1907년에 작성한 회칙으로 "파센디 도미니키 그레지스(Pascendi Dominici Gregis)"라고도 한다.

30. 페라에서 태어난 후작 부인 아르코나티 비스콘티의 재정적 기여 덕택에 콜레주 드 프랑스는 1906년 일반사와 역사적 방법 보충 강의를 개설할 수 있었다. 이 강의는 1911년까지 계속된다.

31. 에밀 뒤르켐이 마르셀 모스에게 보낸 편지, 1909년 1월 22일.

32. 마르셀 모스가 로진 모스와 앙리 모스에게 보낸 편지, 날짜 없음 [1908년].

33. 이러한 행동은 놀라운 일이었다. 그도 그럴 것이 크루아제 씨는 모스를 지지했어야만 했기 때문이다. 그를 알고 지냈던 뒤르켐에 따르면, 크루아제는 『『사회학 연보』의 독자이고" 모스의 "저서에 대해 좋은 평가를 내리게 될 것이다."라고 기대되었기 때문이다. (에밀 뒤르켐이 마르셀 모스에게 보낸 편지, 1909년 1월 22일.)

34. 종교사 강좌를 위한 콜레주 드 프랑스 교수 투표. 1909년 1월 31일 회합.(투표자수 36명, 과반수 19명).

	1차투표 (36표)	2차투표 (36표)	3차투표 (36표)	4차투표 (36표)	5차투표 (35표)
Foucart	12표	13표	15표	16표	16표
Loisy	9표	11표	17표	17표	19표
Mauss	7표	8표	4표	2표	—
Toutain	5표	4표	—	—	—
Vernes	2표	—	—	—	—
Amélineau	1표	—	—	—	—
무효표	—	—	—	1표	—

35. Alfred Loisy, *Mémoires pour servir l'histoire religieuse de notre temps*, t. 2, 앞의 책, p. 69.

36. 위의 책, p. 80.

37. 제2선 후보 선거의 투표 결과는 다음과 같다.

	Mauss	Toutain	Foucart	Dufourcq	Vernes
1차 투표 (34표)	14표	10표	2표	5표	3표
2차 투표 (35표)	17표	17표	1표	—	—
3차 투표 (33표)	16표	17표	—	—	—

(출처: 교수 회합 회의록, 1909년 2월 31일, 콜레주 드 프랑스 기록보관실, G-IV-g. 45.)

38. H. 들라크루와가 마르셀 모스에게 보낸 편지, 1909년 2월 2일.

39. Léon Daudet, "Les maîtres d'erreurs", *Le Courrier de l'Aude*, 8 février 1909.

40. Charles Maurras, "Chez Loisy", 서명 없음, 1909.(콜레주 드 프랑스 기록보관실, C-XII, Loisy, 11B).

41. 폴 포코네가 마르셀 모스에게 보낸 편지, 날짜 없음 [1909년].

42. 알프레드 에스피나가 마르셀 모스에게 보낸 편지, 1909년 2월 27일.

43. 아벨 레이가 마르셀 모스에게 보낸 편지, 1909년 2월 3일.

44. 로베르 에르츠가 마르셀 모스에게 보낸 편지, 1909년 1월 16일.

45. 클로드 메트르가 마르셀 모스에게 보낸 편지, 1908년 2월 12일.

46. Marcel Mauss, A. Sabatier의 *Esquisse d'une philosophie de la religion d'après la psychologie et l'histoire*에 대한 서평, in Marcel Mauss, *L'Année sociologique*, 1, 1898, in Marcel Mauss, *Œuvres*, Paris, t. 1, 앞의 책, p. 536.

47. Marcel Mauss, *La Prière, 1, Les Origines*, 1909, *in* Marcel Mauss, *Œuvres*, Paris, t. 1, 앞의 책, p. 362.

48. 위의 책, p. 366.

49. Marcel Mauss, "L'Art et le mythe d'après Wundt", *Revue philosophique*, 661, 1908, *in* Marcel Mauss, *Œuvres*, Paris, t. 1, 앞의 책, p. 3-39.

50. 필립 랑드리외가 마르셀 모스에게 보낸 편지, 1907년 9월 27일.

51. 로베르 에르츠가 마르셀 모스에게 보낸 편지, 1907년 9월 29일.

52. 로베르 에르츠가 마르셀 모스에게 보낸 편지, 1908년 2월 11일.

53. 뤼시엥 에르가 마르셀 모스에게 보낸 편지, 날짜 없음 [1908년].

54. 마르셀 모스가 "친애하는 분" [R. R. 머렛]께 보낸 편지, 1908년 2월 18일.

55. 로진 모스가 마르셀 모스에게 보낸 편지, 1908년 2월 3일.

56. 로진 모스가 마르셀 모스에게 보낸 편지, 1908년 5월 6일.

57. 로진 모스가 마르셀 모스에게 보낸 편지, 1908년 3월 29일.

58. 에밀 뒤르켐이 자비에 레옹에게 보낸 편지, 1908년 7월 24일, *in* Émile Durkheim, *Textes*, t. 2, 앞의 책, p. 167.

59. Maurice Leenhardt, "Marcel Mauss", 앞의 책, p. 20

60. 위의 책, 같은 곳.

61. Marcel Mauss, "Note sur le totémisme", *L'Année sociologique*, 8, 1905, in Marcel Mauss, *Œuvres*, t. 1, 앞의 책, p. 162-163.

62. Émile Durkheim, "Sur le totémisme", *L'Année sociologique*, 5, 1902, *in* Émile Durkheim, *Journal sociologique*, 앞의 책, p. 351-352.

63. Marcel Mauss, *La Prière*(1909), 앞의 책, p. 427.

64. 마르셀 모스가 앙리 위베르에게 보낸 편지, 1908년 8월 16일.

65. 에밀 뒤르켐이 마르셀 모스에게 보낸 편지, 1908년 11월 10일.

66. 알프레드 에스피나가 마르셀 모스에게 보낸 편지, 1909년 2월 27일.

67. Marcel Mauss, "Sylvain Lévi"(1935), 앞의 책, p. 537.

68. Marcel Mauss, "L'œuvre de Mauss par lui-même"(1930), 앞의 책, p. 217.

69. *L'Année sociologique*, 11, 1910, *in* Marcel Mauss, *Œuvres*, t. 2, 앞의 책, p. 434.

70. 위의 책, p. 438.

71. Marcel Mauss, *La Prière*(1909), 앞의 책, p. 358-360.

72. 위의 책, p. 414.

73. 위의 책, p. 397.

74. 위의 책, p. 421.

75. [역주] 오스트레일리아 중부의 아란다족 축제 행사의 하나로, 주로 토템으로 전승된 동물이나 식물 등을 통해 종족 전체의 번영을 기원했다.

76. 위의 책, p. 477.

77. Émile Durkheim, *Les Formes élémentaires de la vie religieuse* (1912), 앞의 책, p. 427.

78. Maurice Leenhardt, "Marcel Mauss", 앞의 책, p. 20.

79. 앙리 위베르가 마르셀 모스에게 보낸 편지, 1912년 4월 14일.

80. 마르셀 모스가 앙리 위베르에게 보낸 편지, 1912년 9월 9일.

81. Marcel Mauss, Carl Strehlow의 *Die Aranda-und Loritja-Stämme in Zentral-Australia*에 대한 서평, *L'Année sociologique*, 12, 1913, *in* Marcel Mauss, *Œuvres*, t. 2, 앞의 책, p. 447-448. 『아란다족』이라는 연구서(London, MacMillan and Co., 1927)에서 볼드윈 스펜서와 F. J. 길렌은 비평과 함께(부록 C) 스트렐로가 슈렝가에 대해 수집된 자료들을 소개하게 된다.

82. 장 카즈뇌브가 열람한(1968) 『기도론』의 인쇄본은 176쪽으로 되어 있다. 콜레주 드 프랑스 교수였던 루이 아베의 소장이었던 이 저서 한 권이 로스앤젤레스대학(UCLA)의 도서관에 소장되어 있다. 빅토르 카라디는 모스의 『작품집』(1권, 앞에서 인용한 자료)에 미완성인 모스의 논문 1부를 실었다. 이 1부는 2장으로 되어 있다. 1장은 서론으로, "완전히 완성된 원고"인 것으로 보인다. 2장의 제목은 "기초적 구술 의식의 본성"이고, "나중에 더 발전시켜야 할 일련의 관찰들"을 모아놓은 것이다. 편집자가 지적하고 있듯이, "그 원고의 뒷부분은 알려져 있지 않다. 그것이 작성되었는지 안 되었는지도 모른다." 콜레주 드 프랑스 기록보관실의 위베르-모스 자료함을 모두 검토해도 이 수수께끼는 풀리지 않았다. 원고 전체의 필사본도, 스트렐로와의 서신 왕래의 흔적도 없었다.

83. Hubert Bourgin, *De Jaurès à Léon Blum*, 앞의 책, p. 192.

84. 에밀 뒤르켐이 조르주 다비에게 보낸 편지, 1913년 4월 27일, *in* Georges Davy, *L'Homme, le fait social et le fait politique*, Paris, Mouton, 1973, p. 303.

85. 에밀 뒤르켐이 조르주 다비에게 보낸 편지, 1911년 7월 14일, *in* Georges Davy, *L'Homme, le fait social et le fait politique*, 앞의 책, p. 300.

86. Émile Durkheim, *Les Formes élémentaire de la vie religieuse*, 앞의 책, p. 28.

87. 위의 책, p. 290.

88. Émile Durkheim & Marcel Mauss, J. G. Frazer의 *Totemism and Exogamy* & Émile Durkheim의 *Les Formes élémentaire de la vie religieuse*에 대한 서평, *L'Année sociologique*, 12, 1913, *in* Marcel Mauss, *Œuvres*, t. 1, 앞의 책, p. 189.

89. 에밀 뒤르켐이 조르주 다비에게 보낸 편지, 1911년 9월 13일, *in* Georges Davy, *L'Homme, le fait social et le fait politique*, 앞의 책, p. 301.

90. Émile Durkheim, *Les Formes élémentaire de la vie religieuse*, 앞의 책, p. 12-23.

91. 1912년 여름에 『종교적 삶의 기초 형태』가 출간되었을 때, 뒤르켐은 모스에게 이렇게

편지를 쓰고 있다. "지금까지는 내 책에 대해서 모든 것이 순조롭다. 사람들이 그것에 대해 내게 이야기하지 않으니까 말이다. 내가 보낸 책을 받은 사람들은 모두 나에게 같은 답신을 하는구나. 그들 모두 휴가 때 내 책을 가지고 간다. 그렇다면 정말 좋은 일이겠지. 하지만 내가 원하는 것은 나를 조용히 놔뒀으면 하는 거란다. [……]"(에밀 뒤르켐이 마르셀 모스에게 보낸 편지, 날짜 없음 [1912년 7월].) 이 편지는 가족 서신들 중에서 발견되었다.

92. Adam Kuper, *The Invention of Primitive Society. Transformations of an Illusion*, London, Routledge, 1988, p. 177을 볼 것.

93. Paris, Leroux, 1920. 반 젠네프가 뒤르켐과 『사회학 연보』의 공저자들과 갖는 관계는 복잡했다. 그도 그럴 것이 그들 모두 입장이 아주 비슷했기 때문이다. 비슷한 지적 관심, 프레이저와 영국 인류학자들과의 관계 등이 그렇다. 모스와 나이가 같은 반 젠네프는 고등연구실천학교의 학위를 받은 졸업생이었다. 이 학교에서 그는 1897-1898학년도부터 레옹 마릴리에의 수업을 들었다. 그러나 젠네프는 1903년에야 겨우 논문을 제출할 수 있었고, 이 논문은 그 다음해에 르루 출판사의 '학교 도서관' 총서에서 출간되었다. 1909년 모스가 콜레주 드 프랑스에 지원을 했을 때, 반 젠네프도 역시 후보로 지원했다. 그러나 그는 일찌감치 밀려났다. 일자리가 없었고, 『민족지학, 사회학 연구 잡지』의 편집자였던 젠네프는 자신의 실망감을 모스에게 편지로 이렇게 쓰고 있다. "많은 사람들이 좋지 않은 의향을 대놓고 드러내기 때문에 파리에는 제가 제 분야에서 차지할 자리가 없습니다. [……] 저는 2년이나 3년간 플로렌스에서 지내고자 합니다. 그러기 위해 제 서재의 일부를 팔아야 될 것 같습니다."(아놀드 반 젠네프가 마르셀 모스에게 보내는 편지, 1909년 2월 14일.) 모스는 반 젠네프의 연구에 대해 잘 알고 있었다. 모스는 『사회학 연보』에 『오스트레일리아의 신화와 전설』과 『임시 제식』에 대한 서평을 쓰기도 했다. 모스는 첫 번째 저서에 대한 서평에서 반 젠네프가 "충분히 심사숙고하지 않았다."고 비판했고, 아란다족의 재현신 개념에 대한 반 젠네프와 뒤르켐의 "불일치"를 입증했다. 반 젠네프는 오스트레일리아에서 이 개념이 가지고 있는 극도의 확장성과 원시성을 단언했다. 이에 반해 뒤르켐은 이 개념이 "오랜 동안 분할된 어휘, 즉 상속된 토템, 지역적 계파, 모계적 계급 체제에 관련된 개념들이 충돌한 결실"이라고 간주했다.(Marcel Mauss, Arnold Van Gennep의 *Mythes et légendes d'Australie*에 대한 서평, *L'Année sociologique*, 10, 1907, in Marcel Mauss, *Œuvres*, t. 1, *op. cit.*, p. 72.) 1909년에 출간된 두 번째 저서에 대한 서평은 훨씬 더 엄격했다. 모스는 반 젠네프에 의해 제안된 통과제의―이별, 소외, 입회―에 고유한 과정이 "많은 경우에 정확하지 않다."고 생각했다. 예컨대 모스가 직접 분석했던 희생의 경우에서처럼 말이다. 또한 반 젠네프가 사용한 방법에 대해 말하자면, 그것은 인류학파에서 사용되는 방법으로, "이 복잡한 연구에는 부적절하다."는 것이 모스의 견해였다. "정확하게 연구할 수 있는 몇 가지 전형적인 사실들에 대한 분석에 맞추기는 커녕, 저자는 역사와 모든 민족지학을 관통하면서 일종의 산보를 하고 있다."(Marcel Mauss, Arnold Van Gennep의 *Les Rites de passage*에

대한 서평, *L'Année sociologique*, 11, 1910, *in* Marcel Mauss, *Œuvres*, t. 2, 앞의 책, p. 555.)

94. 마르셀 모스가 알프레드 래드클리프 브라운에게 보낸 편지, 1930년 2월 14일, in *Études durkheimiennes*, n° 10, 1984년 10월, p. 9.

95. Paul Alphandéry, *Revue de l'histoire des religions*, 1912, p. 230.

96. Marcel Mauss, "Les Jeunes Gens d'aujourd'hui et Agathon", 크리통이라는 이름으로 서명된 필사본 원고, 날짜 없음 [1910], p. 6. 우리는 콜레주 드 프랑스 기록보관실의 위베르-모스 자료함에 원문이 보관되어 있는 이 논평이 실제로 잡지에 실렸는지의 여부를 확인할 수 없었다.

97. 마르셀 모스가 앙리 위베르에게 보낸 편지, 1912년 10월 15일.

98. 로진 모스가 마르셀 모스에게 보낸 편지, 에피날, 1913년 1월 12일. 1년 후 똑같은 불평이 나온다. "네 이름만으로 된 책이 인쇄되는 것을 본다면 좋겠구나. 그러나 언제나 보게 될지. 그게 나를 절망스럽게 한단다." (로진 모스가 마르셀 모스에게 보낸 편지, 에피날, 1914년 5월 5일.)

99. 로진 모스가 마르셀 모스에게 보낸 편지, 에피날, 1910년 5월 24일.

100. 로진 모스가 마르셀 모스에게 보낸 편지, 에피날, 1912년 9월 15일.

101. 이 화제는 로진 모스와 그녀의 아들과의 편지에서 자주 등장했다. 모스 여사는 종종 아들이 빚을 갚거나 생각지도 못한 경비 지출을 할 수 있도록 돈을 대어주었다. "어딘가 구멍이 났어."라고 그녀는 토를 달고 있다. 아들의 월간 지출을 계산해서 —월세 190프랑, 가정부 90프랑, 기타 경비와 식비 190프랑— 모스 여사는 다음과 같은 결론을 내렸다. "너무 과하게 쓴다!" 하지만 그녀가 아들을 돕지 않을 수는 없다. "[……] 너나 나나 우리는 여유가 많지 않단다. [……] 나는 매년 조금씩 자산을 깎아먹고 싶지 않고, 또 그러지도 않으련다."(로진 모스가 마르셀 모스에게 보낸 편지, [1914년 6월].)모스가 받았던 돈은 부분적으로 아버지가 남겼던 유산에서 온 것이었다. 그리고 모스는 그 재산에 대해 "자유롭게 쓸" 수 있다고 믿었다. 그의 어머니도 그것을 부정하지는 않았다. 하지만 그녀는 자신이 정한 기준들을 지키려 했다. "너의 의지에 저항하면서 너를 지키려고 하는 것이 옳은 처사였다. 만일 그러지 않았다면 너에게 한 푼도 남아있지 않았을 것이기 때문이다. 그래도 네가 검소하게 살아갈 무엇인가는 필요할 게다." (로진 모스가 마르셀 모스에게 보낸 편지, 에피날, 1915년 8월 15일.)

102. 로진 모스가 마르셀 모스에게 보낸 편지, 에피날, 1913년 12월 15일.

103. 로진 모스가 마르셀 모스에게 보낸 편지, 에피날, [1912년 12월], 일요일.4

104. 마르셀 모스가 앙리 위베르에게 보낸 편지, 날짜 없음 [1912년]. 그날 밤, 모스는 "우연히 찾아간 동네" 식당에서 친구들과 간소한 식사를 했다고 모스는 밝히고 있다.

105. 마르셀 모스가 앙리 위베르에게 보낸 편지, 에피날, 1912년 7월 23일.

106. 로진 모스가 마르셀 모스에게 보낸 편지, 에피날, 1915년 10월 15일.

107. 앙리 위베르가 마르셀 모스에게 보낸 편지, 날짜 없음 [1910년 5월].

108. 로진 모스가 마르셀 모스에게 보낸 편지, 에피날, 1910년 5월 27일.

109. "네 조카를 마르셀, 프랑수아, 샤를르, 필립 [······]이라고 부를걸세." (앙리 위베르가 마르셀 모스에게 보낸 편지, 날짜 없음 [1913년].

110. Raymond Lenoir, "Marcel Mauss", 앞의 책, p. 103.

111. R. R. 머렛이 마르셀 모스에게 보낸 편지, 옥스퍼드, 1910년 1월 17일.

112. 마르셀 모스가 장관에게 보낸 편지, 날짜 없음 [1912년].

113. Marcel Mauss, *Rapport de mission au ministre*, 날짜 없음 [1913년].(위베르-모스 자료함, 콜레주 드 프랑스 기록보관실.)

114. Marcel Mauss, "W. H. R. Rivers", *Grande Encyclopédie*, 1923, *in* Marcel Mauss, *Œuvres*, t. 3, 앞의 책, p. 466.

115. Marcel Mauss, Charles G. Seligman & Brenda Seligman의 *The Veddas*에 대한 서평, *L'Année sociologique*, 12, 1913, *in* Marcel Mauss, *Œuvres*, t. 1, 앞의 책, p. 520.

116. Henri Lévi-Bruhl, "Marcel Mauss", 앞의 책, p. 319.

117. [역주] 비라지는 사바스와티 신과 동일시되며, 푸루샤 신의 여성 형태다. 그 몸이 스스로 갈라져 신과 악마 그리고 모든 생명체가 생겨났다고 한다. 안나 비라지는 '신들을 살찌우는 것' 즉 '신들의 양식'이라는 뜻이다.

118. [역주] 산스크리트어로 "우주의 존재 전체"를 가리킨다.

119. Marcel Mauss, "Anna-Virāj", in *Mélange d'indianisme offerts par ses élèves à M. Sylvain Lévi*, 1911, *in* Marcel Mauss, *Œuvres*, t. 2, 앞의 책, p. 600.

120. 새로운 학자들의 모임이었던 프랑스 인류학연구소는 1911년에 설립되었다. 그 목표는 "'인간'에 관계된 '모든' 분야 전문가들을 모아 서로의 생각을 교환하고, 상호 계몽하며, 획득한 결과들을 종합할 수 있도록" 하는 데 있었다.(Ren Verneau, "L'Institut français d'anthropologie", *L'Anthropologie*, t. 22, 1911, p. 110). 연구소 사무국은 소장 살로몽 레나크, 부소장 마르슬렝 불, 사무장 루이 라피크, 재무 담당 앙리 위베르, 기록-사서 폴 리베로 구성되었다. 운영위원회 회원들 중에는 에밀 뒤르켐, 앙투안 메이예 그리고 르네 베르노 등도 있었다. .

121. Marcel Mauss, "Les origines de la notion de monnaie"(1914), *in* Marcel Mauss, *Œuvres*, t. 2, 앞의 책, p. 110-112.

122. 위의 책, p. 112.

123. 앙리 뵈샤가 마르셀 모스에게 보낸 편지, 빅토리아, 1913년 6월 16일.

124. 마르셀 모스는 1907년부터 트로카데로 박물관의 관장직에 대한 관심을 표명했던 듯하다. 반 젠네프가 그에게 이렇게 쓰고 있다. "트로카데로를 향한 행보에 대해 알고 있습니다. [······] 교수님, 베르노, 셰르뱅, 드니케가 관장직을 차지하려 합니다. 우리의 첫 만남 때부터 저는 트로카데로에 관심이 없다고 말씀드렸습니다. 교수님이 원한다면 어쩔 수 없습니다. [······] 드니케가 아주 주목받는 사람이라는 점을 말씀드린 바 있습니다."(아놀드 반 젠네프가 마르셀 모스에게 보낸 편지, 1907년 3월 3일.)몇 년 후에 모스

는 고등교육 담당관인 바이예 씨에게 "민족지학과 인류학의 이해관계"에 대해 말하기 위해 직접 서신을 보냈다. 모스는 공석인 트로카데로의 관장직에 대해 "장관님께서 얼마 전에 [그 자리를] 이미 위임했다."는 답신을 받았다. (바이예 씨가 마르셀 모스에게 보낸 편지, 1910년 10월 17일.) 운좋게도 관장직은 르네 베르노에게 돌아갔는데, 그는 '종교사 박물관'의 인류학 교수였고, 잡지 『인류학』의 편집장이었다. 모스는 그를 이렇게 묘사하고 있다. "능력 있는 학자이지만 다른 의무들로 인해 바쁜 사람이었다. 그는 과학적 원조를 받을 수 없어 전반적 사무를 거의 이끌어가지 못했다."(Marcel Mauss, "L'ethnographie en France et à l'étranger", *Revue de Paris*, 1913, in Marcel Mauss, *Œuvres*, t. 3, 앞의 책, p. 426.) 나중에 잡지 『맨』(vol. 39, n° 7-9, janvier 1939, p. 12-13)에 모스는 르네 베르노를 위해 짧은 추도문을 게재하게 된다. 모스는 베르노의 "명철하고 유용성 있는 연구"에 찬사를 보냈지만, 그가 모든 시간을 거기에 할애하지 못했던 점에 대해서는 아쉬워 했다. "[베르노]는 초반기에 어려웠다. 박물관에서 직책을 얻을 때까지 어떤 직위도 진료의사로서 그의 생활을 영위할만한 소득을 주지 못했기 때문이었다. 서민들의 지역에서 그는 가난한 사람들에게 선행을 베풀었다."

125. Marcel Mauss, "Le questionnaire a à la fois un but théorique et un but pratique. De l'utilité des recherches de sociologie descriptive dans l'Indochine française", 날짜 없음.(위베르-모스 자료함, 콜레주 드 프랑스 기록보관실.)

126. Marcel Mauss, "L'ethnographie en France et à l'étranger"(1913), 앞의 책, p. 420.

127. Victor Karady, "Les phénomènes de la légitimité dans l'organisation historique de l'ethnographie française", *Revue française de sociologie*, vol. XXII, n° 1, 1982, p. 30. 스타인메츠의 참고문헌에서 가장 많이 인용된 저자들은 다음과 같은 순서다. 르투르노(36회), 반 젠네프(13회), 모스(9회), 레뇨(8회), 마릴리에(7회), 살로몽 레나크(7회), 뒤르켐(6회).

128. Marcel Mauss, "L'ethnographie en France et à l'étranger"(1913), 앞의 책, p. 432.

10장 고통스러운 전쟁

1. 마르셀 모스가 "귀하"에게 보낸 편지, [서명 없음], 파리, 1904년 10월 20일.

2. Marcel Mauss, "A propos de la guerre du Transvaal", *Le Mouvement socialiste*, 15 février 1902, p. 293.

3. Marcel Mauss, "La guerre du Transvaal", *Le Mouvement socialiste*, 1er juin 1900, p. 645. 이 글에서 모스는 보어인과 영국인이 대적하게 된 "부르주아 조직의 자연적 산물"로 보이는 이 전쟁에 대해 자문하고 있다. 그는 다음과 같은 사실을 확인했다. "그 전쟁을 통해 사회주의가 맞서 싸우고 있는 세 가지, 즉 자본주의, 군국주의, 민족주의를 결합해주는 긴밀한 유관성이 있음을 알 수 있다."(위의 책, p. 640.)

4. Marcel Mauss, "A propos de la guerre du Transvaal", 앞의 책, p. 293.

5. 위의 책, p. 293.

6. Daniel Rivet, *Lyautey et l'institution du protectorat français au Maroc*, 1912-1925, t. 1, Paris, L'Harmattan, 1988, p. 114.

7. [역주] 토착민들은 아랍인 지방관(qa'id)이 관리하던 지역 또는 재무상의 행정구역을 이렇게 불렀다.

8. 에드몽 두테는 처음에 "그 당시로는 모험성이 강했던" 알제리 행정가로의 경력을 선택했다. 이어 그는 알제리대학의 "훌륭한 교수"가 되었다. 모스에 따르면 그는 "모로코의 가장 위대한 탐험가들 중의 한 명"이었고, "완벽한 탐험가"로서 베르베르어와 아랍어를 구사할 줄 알았다. 또한 모스는 이렇게 이야기하고 있다. 그는 "정보원", "정치인"이 될 소질과 특징을 많이 가진 사람이었으며, 프랑스 정부는 그에게 1894년과 1901년까지 모로코에서의 행정 임무를 맡겼다고 말이다.(Marcel Mauss, "Notices biographiques", 1927, *Œuvres*, t. 3, 앞의 책, p. 520-521.)『사회학 연보』의 또 다른 협력자인 폴 라피 역시 마그레브와 관계가 깊었다. 하지만 그의 북아프리카와 식민지 세계에 대한 연구는 1896년과 1898년 에 이루어진 두 편에 그치고 만다.

9. 날짜 없음, 16장, 위베르-모스 자료함, 콜레주 드 프랑스 기록보관실.

10. 에드몽 두테가 마르셀 모스에게 보낸 편지, 날짜 없음 [1911년].

11. 에드몽 두테가 마르셀 모스에게 보낸 편지, 1911년 3월 17일.

12. M. [Marcel Mauss], "L'affaire d'Oudjda. Pillages et spéculations", *L'Humanité*, 28 octobre 1911, p. 1. M.이라 서명된 원고 중 필사본은 있지만 전문은 없다(6장).(위베르-모스 자료집, 콜레주 드 프랑스 기록보관실.) '우자(Oudja)'또는 '우즈다(Oudjda)'는 알제리 국경 근처에 위치한, '이슬리(Isly)' 위쪽의 모로코의 도시이다.

13. 위의 신문, 같은 곳.

14. Yolande Cohen, *Les Jeunes, le socialisme et la guerre*, Paris, L'Harmattan, 1989, p. 220.

15. [역주] 3년 복무법을 반대한다는 의미다.

16. Marcel Mauss, "Un coup dirigé contre les coopératives", *L'Humanité*, 8 mars 1913, p. 6, 그리고 Marcel Mauss, "Les commerçants prétendent interdire aux fonctionnaires d'entrer dans les coopératives", *L'Humanité*, 1er avril 1914, p. 6.이 두 기사의 출간에 이어 모스는 같은 신문에서 에른스트 푸아송이 말했던 협동조직을 차치하고, 몇몇 활동 분야들, 특히 재택근무의 근로 조건들에 관심을 가졌다. 모스는 이 문제에 대해서 잘 알고 있었으며, 또한 다음과 같이 주장하면서 분개하던 문제이기도 했다. 바로 이것이 진정한 임금노동자에 대한 착취이고, "노동자 계급의 피나는 상처"라고 말이다.(Marcel Mauss, "Le travail à domicile est réglementé par la législation anglaise", *L'Humanité*, 22 septembre 1913, p. 6.) Marcel Mauss, "La semaine américaine", *L'Humanité*, 24 juin 1914, p. 6, 그리고 Marcel Mauss, "La loi sur le travail à domicile est chaque jour mieux appliquée en Angleterre", *L'Humanité*, 1er juillet 1914, p. 6을 볼 것.

17. M. [Marcel Mauss], "Gâchis militaire. Notre armée de l'Est est dans le désordre le plus

complet", *L'Humanité*, 4 octobre 1913, p. 2. 이 원고에는 M.이라고 서명이 되어 있다. 4장으로 된 타자본 원고는 위베르-모스 자료함, 콜레주 드 프랑스 기록보관실에 있고, 제목은 "군사적 낭비(Gâchis militaire)"이다.

18 Marcel Mauss, "Le conflit franco-allemand", *La Revue de l'enseignement primaire et primaire supérieur*, n° 25, juin 1913, p. 215.

19. Marcel Mauss, "La situation extérieure. Roulements de tambours", *La Revue de l'enseignement primaire et primaire supérieur*, n° 25, 29 mars 1914, p. 215.

20. 위의 책, p. 216.

21.   Marcel Mauss, "Le conflit franco-allemand", 앞의 책, p. 283.

22. 위의 책, 같은 곳. 모스는 이 기사의 필사본 원고에서 독일이 프랑스를 탐냈을 "경제적 이유" 또한 분석하고 있다. 모두들 독일이 철광석, "더 비옥하고 인구 밀도가 낮은 땅", "우리의 식민지들"이 필요했다고 지적했다. 하지만 모스는 모든 "이유"를 부정했다. 그도 그럴 것이 독일이 전쟁을 수행하는 과정에서 발견한 것은 프랑스가 아니라 러시아였기 때문이라는 것이다. 따라서 "전쟁의 위험들은 알자스-로렌 문제에서가 아니라 러시아 연맹에서 유래한다. 평화는 현재의 동맹 체계에서 보장될 수 있을 것이다. 프랑스가 모스크바의 정복자의 충복이 되기를 멈춘다는 조건에서 말이다."(Marcel Mauss, "Le conflit franco-allemand", 필사본 원고, 1913년, p. 5, 위베르-모스 자료함, 콜레주 드 프랑스 기록보관실.)

23. Marcel Mauss, "Le conflit franco-allemand", 필사본 원고, p. 8.

24. Marcel Mauss, "La situation extérieure. Échec momentané", *La Revue de l'enseignement primaire et primaire supérieur*, n° 24, 8 mars 1914, p. 192.

25. 위의 책, 같은 곳.

26. Marcel Mauss, "La situation extérieure. Roulements de tambours", 앞의 책, p. 216.

27. Marcel Mauss, "La situation extérieure. Une grande politique", *La Revue de l'enseignement primaire et primaire supérieur*, n° 36, 31 mai 1914, p. 288.

28. 위의 책, 289.

29. Marcel Mauss, "La situation extérieure. La diplomatie des radicaux anglais", *La Revue de l'enseignement primaire et primaire supérieur*, n° 37, 7 juin 1914, p. 297.

30. 위의 책, 같은 곳..

31. Marcel Mauss, "La situation extérieure. Choses d'Italie", *La Revue de l'enseignement primaire et primaire supérieur*, n° 17, 18 janvier 1914, p. 136.

32. Marcel Mauss, "Souvenirs. Conseils de Jean Jaurès pour une Révolution russe", *La Vie socialiste*, 30 juillet 1921, p. 2.

33. Marcel Mauss, "La situation extérieure. La Maison d'Autriche", *La Revue de l'enseignement primaire et primaire supérieur*, n° 42, 12 juillet 1914, p. 337.

34. 위의 책, 같은 곳.

35. 마르셀 모스가 앙리 위베르에게 보낸 편지, 날짜 없음 [1913년].

36. 마르셀 모스가 리스토웰 경에게 보낸 편지, 1935년 6월 17일. 조레스의 죽음에 대한 정보들을 부탁했던 리스토웰 경에게 답신으로 보낸 편지다.

37. Marcel Mauss, "Souvenirs. Conseils de Jean Jaurès pour une Révolution russe", *La Vie socialiste*, 30 juillet 1921, p. 2.

38. Lucien Lévy-Bruhl, *Quelques pages sur Jean Jaurès*, Paris, Les Éditions de *L'Humanité*, 1916, p. 84.

39. Roger Martin du Gard, *Les Thibault, IV, L'Été 1914* (1936), Paris, Gallimard, 1964, p. 302.

40. Marcel Mauss, "Les astrocités allemandes", 날짜 없음 [1914년], p 3-4. 5장으로 된 짧은 필사본 원고다. (위베르-모스 자료함, 콜레주 드 프랑스 기록보관실.)

41. "장관님"께 보낸 편지의 사본, 날짜 없음 [1914년 8월]. 이 편지에서 모스는 통역병이 되겠다는 요청을 하고 있다. "저는 독일어와 영어를 구사할 줄 압니다. 저는 독일과 영국을 잘 알고 있으며, 이 두 나라 제법 넓은 인맥을 가지고 있습니다."

42. 로진 모스가 마르셀 모스에게 보낸 편지, 에피날, 1914년 8월 19일.

43. 마르셀 모스가 로진 모스에게 보낸 편지, 날짜 없음 [1914년].

44. 마르셀 모스가 앙리 위베르에게 보낸 편지, 1914년 11월 16일.

45. 마르셀 모스가 앙리 위베르에게 보낸 편지, 1914년 12월 1일.

46. 마르셀 모스가 앙리 위베르에게 보낸 편지, 날짜 없음 [1914년].

47. 마르셀 모스가 로진 모스에게 보낸 편지, 날짜 없음 [1914년]

48. 마르셀 모스가 로진 모스에게 보낸 편지, 1915년 1월 1일.

49. 마르셀 모스가 로진 모스에게 보낸 편지, [1914년], 날짜 없음.

50. 자신의 개인적 경험에 대해 말하면서 모스는 후일 군대에서 여러 가지 "공동 행위의 이점들"을 배웠다고 설명하고 있다. 모스는 이것이 전쟁 이후의 노동조합 실제 조합원의 급격한 상승을 부분적으로 설명해준다고 말하고 있다. 즉 시민생활로 돌아간 노동자들이 삶의 터전을 다시 마련하는 방식이 군대식이라는 것이다.(Marcel Mauss, "Les faits", 타자본 원고, 날짜 없음 [1920년], p. 80, 위베르-모스 자료함, 콜레주 드 프랑스 기록보관실.)

51. 마르셀 모스가 로진 모스에게 보낸 편지, 1916년 12월 9일.

52. Marcel Mauss, "Services militaires", 날짜 없음.(위베르-모스 자료함, 콜레주 드 프랑스 기록보관실.) 이 노트는 아마 1930년 모스가 참전병 증명을 받기 위해 서류를 신청하던 때 작성된 듯하다.(마르셀 모스가 "행정 및 직원 관리 사무소장님"에게 보낸 편지, 1930년 3월 29일, SHAT, 141437/N, num. 15/26.)

53. [역주] 모스 자신이 독일인을 비하하는 표현인 보슈(boche)를 사용하고 있다.

54. 마르셀 모스가 앙리 위베르에게 보낸 편지, 1914년 12월 29일.

55. 1916년 1월에 휴가를 얻어 파리에 들린 모스는 제4분과의 위원회 회의에 참석했다. 그

가 신경 쓰던 문제 중의 하나는 연구 지도교수의 변경과 관련된 서신에 의한 선거 문제였다. 학장이 동료교수들에게 1917년 12월 9일 회합 때 읽어 준 편지에서 볼 수 있듯이, 모스는 모든 선거가 전쟁 끝까지 미뤄지는 것을 더 선호했다. 학장의 답신은 곧 도착했다. "예외적인 상황입니다. 예외적 조치들을 감수해야만 합니다."(고등연구실천학교 종교학 분과 회의록, 1917년 12월 9일 회합, 2권, p. 392.)

56. 마르셀 모스가 앙리 위베르에게 보낸 편지, 1915년 3월 25일.

57. [역주] 물론 모스는 기병이 아니었다. 실뱅 레비가 이런 표현을 쓴 것은 프랑스 옛날 군대에서 분대장(caporal)부터 말을 탔기 때문이다. 'caporal'을 하사라고 부를 수도 있지만, 프랑스 현재 군 제도에서 하사관은 'sergent'부터 시작된다.

58. 실뱅 레비가 마르셀 모스에게 보낸 편지, 1915년 3월 25일.

59. 마르셀 모스가 앙리 위베르에게 보낸 편지, 파 드 칼레, 1915년 5월 18일.

60. 마르셀 모스가 로진 모스에게 보낸 편지, 1915년 5월 6일.

61. 마르셀 모스가 앙리 위베르에게 보낸 편지, 1915년 6월 12일.

62. 마르셀 모스가 앙리 위베르에게 보낸 편지, 1915년 9월 3일.

63. 마르셀 모스가 로진 모스에게 보낸 편지, 1915년 8월 8일. 모스는 또한 어머니에게 인내심을 가지시라고 요청한다. "전투가 길다고 걱정하지 마세요. 저는 짧고 너무 유혈적인 것보다 길고 희생이 적은 것이 훨씬 더 좋아요. 잘 참아내야 해요.(마르셀 모스가 로진 모스에게 보낸 편지, 1915년 6월 8일.)

64. 마르셀 모스가 앙리 위베르에게 보낸 편지, 날짜 없음 [1915년].

65. 마르셀 모스가 앙리 위베르에게 보낸 편지, 1915년 9월 3일.

66. Christophe Prochasson, *Les Intellectuels, le socialisme et la guerre, 1900-1938*, Paris, Éditions du Seuil, 1993, p. 128.

67. 앙리 위베르가 마르셀 모스에게 보낸 편지, [1915년] 12월 6일.

68. 마르셀 모스가 로진 모스에게 보낸 편지, 1915년 11월 23일.

69. 마르셀 모스가 로진 모스에게 보낸 편지, 1915년 10월 4일. 또한 모스는 그의 친구들과 협력자들의 몇몇 연구결과를 읽게 된다. 예컨대 포코네와 에르츠의 연구가 그것이다. 그러나 이 모두가 "급하지 않습니다."고 그는 말하고 있다. "기다릴 수 있고, 또 그래야 할 겁니다."(마르셀 모스가 로진 모스에게 보낸 편지, 1917년 11월 28일.) 그러나 모스는 포코네에게 그의 학위논문에서 "두 부분은 많이 바꾸고, 한 부분은 추가하고, 끝으로 두 장을 거의 지워버리고 또 많은 부분을 삭제"할 것을 제안했다. 모스는 위베르에게 이렇게 털어놓는다. "그렇게 해야 포코네의 저서가 레비브륄의 것보다 더 잘 구성될 걸세. 하지만 그래도 뒤르켐의 저서나 시미앙의 것, 또는 H[위베르]와 M[모스]의 것 만한 가치는 없을 걸세."(마르셀 모스가 앙리 위베르에게 보낸 편지, 1917년 12월 11일.)

70. Marcel Mauss, "De la politique", 날짜 없음, p. 1.(위베르-모스 자료함, 콜레주 드 프랑스 기록보관실.) 날짜 없는 이 필사본은 26장으로 되어 있다. 그 중 대다수가 저자의 필체와 좋지 못한 필사본 보존 상태로 인해 판독이 불가능하다.

71. 마르셀 모스가 앙리 위베르에게 보낸 편지, 1916년 11월 2일.

72. 마르셀 모스가 로진 모스에게 보낸 편지, 1915년 9월 15일.

73. 뤼시엥 에르가 마르셀 모스에게 보낸 편지, 1915년 7월 15일.

74. Marcel Mauss, "In Memoriam. L'œuvre inédite de Durkheim et de ses collaborateurs" (1925), 앞의 책, p. 493.

75. 에밀 뒤르켐이 마르셀 모스에게 보낸 편지, 1915년 4월 23일. 뒤르켐은 "커다란 정신적 가치가 파괴되었다."고 썼다.(Émile Durkheim, "Hertz (Robert)", 앞의 책, p. 445.)

76. 1915년 3월 앙드레 뒤르켐은 그의 사촌이자 친구를 안심시키려고 했다. "아닙니다, 마르셀 형. 제가 적어도 공식적으로는 장티푸스를 앓았지만 걱정하지 않아도 됩니다. 열이 있던 것은 겨우 며칠 안 돼요."(앙드레 뒤르켐이 마르셀 모스에게 보낸 편지, 1915년 3월 9일.)

77. 마르셀 모스가 앙드레 뒤르켐에게 보낸 편지, 날짜 없음 [1916년].

78. 에밀 뒤르켐이 마르셀 모스에게 보낸 편지, 1916년 2월 29일.

79. 마르셀 모스가 로진 모스에게 보낸 편지, 1916년 2월 29일.

80. 마르셀 모스가 앙리 위베르에게 보낸 편지, 1916년 2월.

81. 마르셀 모스가 로진 모스에게 보낸 편지, 1916년 2월 29일.

82. 마르셀 모스가 로진 모스에게 보낸 편지, 1916년 3월 21일. 몇 주 후에 모스는 이렇게 쓰고 있다. "[……] 어머니, 전쟁이 공포를 줄 수 있다는 것은 저도 잘 이해해요. 그러나 제가 받아들일 수 없는 것은, 전쟁이 울보를 만든다는 거예요. 벌어지는 일들을 그대로 받아들여야 해요. 어머니의 종교가 어머니에게 전혀 도움이 되지 않을 것이라고 생각하지 않아요. 그도 그럴 것이 만일 좋은 신이 있다면, 그는 전쟁을 원했을 것이고, 또 그럴 말한 이유가 있겠죠. 그리고 만일 좋은 신이 없다면, 정말 그렇다면! 자연의 이치들 앞에서 [들고 일어서봐야] 다 소용없는 일이에요. 전쟁 후를 예견하는 것도 또한 무용한 거예요. 그것이 생존자들의 커다란 축제가 될 것이라는 것을 그 어떤 것도 어머니에게 확신시켜드리지 못할 거예요. 또한 그것은 얼마든지 적색공포 또는 백색공포일 수 있어요."(마르셀 모스가 로진 모스에게 보낸 편지, 1916년 4월 4일.)

83. 앙리 위베르가 마르셀 모스에게 보낸 편지, [1916] 2월 28일.

84. Marcel Mauss, "In Memoriam. L'œuvre inédite de Durkheim et de ses collaborateurs" (1925), 앞의 책, p. 498.

85. René Maunier, L'Année Sociologique에 대한 서평, in Revue philosophique, IV, 9-10, juillet-décembre 1927, p. 306.

86. 폴 포코네가 마르셀 모스에게 보낸 편지, 1916년 2월 29일.

87. Émile Durkheim, "Durkheim (André)" 1917, Émile Durkheim, Textes, t. 1, 앞의 책, p. 446. 그가 수집했던 정보들을 가지고 뒤르켐은 "실제적으로" 일어났던 일을 다시 추적하려는 시도를 했다.

88. 마르셀 모스가 앙리 위베르에게 보낸 편지, 1916년 2월.

89. 마르셀 모스가 로진 모스에게 보낸 편지, 1916년 3월 7일.

90. 로진 모스가 마르셀 모스에게 보낸 편지, 에피날, 1916년 2월 29일.

91. 실뱅 레비가 마르셀 모스에게 보낸 편지, 1916년 3월 8일.

92. 실뱅 레비가 마르셀 모스에게 보낸 편지, 1916년 4월 4일.

93. 마르셀 모스가 로진 모스에게 보낸 편지, 1916년 9월 6일.

94. C. E. W. Bean, *Anzac to Amiens. A Shorter History of the Australian Fighting Services in the First World War*, Canberra, Australian war Memoriam, 1946, p. 266. C. E. W. Bean, *The Australian Imperial Forces in France*, vol. 3 & 4, Sidney, Angus and Robertson, 1979도 볼 것.

95. Marcel Mauss, "Les techniques du corps",*Journal de psychologie*, 1934, *in* Marcel Mauss, *Sociologie et anthropologie*, Paris, PUF, 1966, p. 374.

96. 마르셀 모스가 앙리 위베르에게 보낸 편지, 1916년 11월 2일.

97. 마르셀 모스가 앙리 위베르에게 보낸 편지, 1916년 12월 8일.

98. 마르셀 모스가 앙리 위베르에게 보낸 편지, 1916년 12월 27일.

99. 마르셀 모스가 앙리 위베르에게 보낸 편지, 1917년 10월 1일.

100. 마르셀 모스가 앙리 위베르에게 보낸 편지, 1917년 10월 16일.

101. 루이즈 뒤르켐이 마르셀 모스에게 보낸 편지, 1916년 11월 26일.

102. 1915년 4월 뒤르켐은 모스에게 이렇게 쓰고 있다. "네게 말했던 사회주의라는 주제에 대해 말하자면, 민족주의적 사회주의의 정립이 문제의 쟁점이 아니다. 문제는 오히려 마르크스주의에서 유래한 혼동에서 벗어나는 것이다. 이 혼동은 많은 해를 끼쳤고, 또 미래의 사회주의를 더 해롭게 할 거다. [……] '모든 나라의 노동자들이여……'라는 슬로건은 한 시대를 풍미했지. 또한 이 슬로건은 독일인들을 제외하고 많은 사람들을 아프게 했던 전쟁의 슬로건이기도 하지. 독일인들은 항상 그것을 그들 나름대로 해석했지. 사회주의 대신에 국제주의를 제시한다는 것은 사회주의를 부정하는 것이 아니다. [……] 눈에 확 드러나는 사실들에 저항해서 할 수 있는 것은 없다. 나라들의 수만큼이나 많은 사회주의들이 있다."(에밀 뒤르켐이 마르셀 모스에게 보낸 편지, 1915년 4월 5일.)

103. Émile Durkheim & Ernest Lavisse, *Lettres à tous les Français*(1916), Paris, Armand Colin, 1992. p. 27.

104. 실뱅 레비가 마르셀 모스에게 보낸 편지, 1916년 12월 24-25일.

105. 마르셀 모스가 "귀하" [고댕 드 빌렌]에게 보낸 편지, 1916년 4월 1일.

106. 마르셀 모스가 앙리 위베르에게 보낸 편지, 1916년 12월 8일.

107. 실뱅 레비가 콩스탕탱에게 보낸 편지, 1917년 1월 12일.

108. 에밀 뒤르켐이 마르셀 모스에게 보낸 편지, [1917년 5월] 15일 화요일.

109. 에밀 뒤르켐이 마르셀 모스에게 보낸 편지, 1917년 5월 17일.

110. 1916년 11월에 모스에게 보낸 편지에서 루이즈 뒤르켐은 이렇게 상황 설명을 하고 있

다. "[……] 너의 삼촌은 한 주 내내 바빴고, 그 이후로 아주 지쳤단다. 당분간 삼촌은 쓰
거나 읽는 일을 조금 하는 것이 좋을 거다. 그래서 내가 책을 읽어주고 있고, 그가 써야
할 일이 있으면 내가 펜을 든단다."(루이즈 뒤르켐이 마르셀 모스에게 보낸 편지, 1916
년 11월 28일.)

111. 마르셀 모스가 로진 모스에게 보낸 편지, 1917년 7월 17일.

112. 에밀 뒤르켐이 마르셀·모스에게 보낸 편지, 1917년 [8월 25일].

113. Georges Davy, *L'Homme, le fait social et le fait politique*, 앞의 책, p. 23.

114. 에밀 뒤르켐이 마르셀 모스에게 보낸 편지, 파리, 1917년 11월 4일.

115. "에밀은 더 이상 집중을 할 수 없어서 힘들어 하고, 게다가 목소리도 힘이 없구나.
[……] 셀린은 신경 쇠약 때문이라고 생각하는데, 아마 그럴 가능성이 높겠지. 내가 그
에 대해 얼마나 걱정하는지 너는 생각할 수 있을 게다."(로진 모스가 마르셀 모스에게
보낸 편지, 1916년 11월 4일.)

116. 에밀 뒤르켐이 마르셀 모스에게 보낸 편지, 1917년 11월 10일.

117. 라울 블로크가 마르셀 모스에게 보낸 편지, 1917년 11월 19일.

118. 마르셀 모스가 앙리 위베르에게 보낸 편지, 1917년 12월 11일.

119. [역주] 원저자가 뒤르켐의 이름을 'M. Émile Durckheim'으로 잘못 표기했다고 지적하
고 있다.

120. 가브리엘 세아이유는 뒤르켐의 모습을 이렇게 묘사하고 있다. "그는 자기 자신과 다른
사람들에게 엄했다. 그러나 이 엄격함은 그로 하여금 듣기 좋은 거짓말을 허용하지 않
게 했던 명석한 의식에 대한 요구였다. 사람들은 그에게 존경심을 가지고 말을 걸었
다. 그를 더 잘 알면 알수록 더 그를 사랑했다. 왜냐하면 평소의 그의 모습이 아니었던
모습, 가령 솔직함, 용기, 관대함 등을 그에게서 발견했기 때문이다. 그는 다른 사람들로
하여금 사명감을 갖게끔 하는 데에 뛰어났다. 그는 뛰어난 정신의 소유자들에게 진정한
매력을 발휘했다."(Gabriel Séailles, "Émile Durkheim", *La Dépêche de Toulouse*, 월
요일, 15 novembre 1917.) 세아이유는 뒤르켐의 소르본대학 동료 교수였다.

121. Marcel Mauss, "In Memoriam. L'œuvre inédite de Durkheim et de ses collaborateurs"
(1925), 앞의 책, p. 498.

122. 마르셀 모스가 앙리 위베르에게 보낸 편지, 1917년 12월 30일.

123. Marcel Mauss, "Services militaires", 앞의 책, p. 1.

124. C. E. W. Bean, *Anzac to Amiens*, 앞의 책, p. 376.

125. 군용지에 기록된 노트로서 쿠르셀의 참모장이 1917년 1월 15일에 서명했다.(SHAT
141437/N, num. 15/26).

126. 벨래귀 드 뷔샤의 연대장, 영국군 부속 군사 작전장이 1917년 7월 28일 서명한 일반 표
창 n° 210의 발췌.(SHAT 141437/N, num. 15/26).

127. 마르셀 모스가 앙리 위베르에게 보낸 편지, 1917년 1월 31일.

128. 마르셀 모스가 앙리 위베르에게 보낸 편지, 1917년 10월 22일.

129. 마르셀 모스가 앙리 위베르에게 보낸 편지, 1917년 2월 19일.

130. 마르셀 모스가 앙리 위베르에게 보낸 편지, 1917년 3월 2일.

131. 마르셀 모스가 앙리 위베르에게 보낸 편지, 1917년 3월 26일.

132. 마르셀 모스가 로진 모스에게 보낸 편지, 1917년 10월 11일.

133. 마르셀 모스가 앙리 위베르에게 보낸 편지, 1917년 9월 1일.

134. 마르셀 모스가 로진 모스에게 보낸 편지, 1917년 9월 6일.

135. C. E. W. Bean, *Anzac to Amiens*. 앞의 책, p. 426.

136. 마르셀 모스가 앙리 위베르에게 보낸 편지, 1918년 5월 27일.

137. 마르셀 모스가 앙리 위베르에게 보낸 편지, 1918년 4월 9일.

138. 마르셀 모스가 앙리 위베르에게 보낸 편지, 날짜 없음 [1918년].

139. 마르셀 모스가 앙리 위베르에게 보낸 편지, 1918년 4월 13일.

140. 마르셀 모스가 앙리 위베르에게 보낸 편지, 1918년 5월 10일.

141. 라귀슈 장군이 1918년 11월 26일 서명한 일반 표창 n°423에서 발췌.(SHAT 141437/N, num. 15/26.)

142. Marcel Mauss, "Services militaires", 앞의 책, p. 1-2.

143. 마르셀 모스가 로진 모스에게 보낸 편지, 1918년 8월 5일.

144. 마르셀 모스가 앙리 위베르에게 보낸 편지, 1918년 11월 11일.

145. 마르셀 모스가 앙리 위베르에게 보낸 편지, 날짜 없음 [1918년 11월].

146. 마르셀 모스가 로진 모스에게 보낸 편지, 1918년 9월 2일.

147. 로진 모스가 마르셀 모스에게 보낸 편지, 에피날, 1918년 11월 17일.

148. 고등연구실천학교 종교학 분과 위원회 회의록, 1918년 11월 17일 회합, cahier 2, p. 623.

149. 마르셀 모스가 앙드레 바라낙에게 보낸 편지, 1924년 3월 9일. 모스는 1924년 3월 9일 자 『르 쿠오티디엥』지에 마르셀 상바의 유작의 일부가 게재된 데 이어 그의 학생이자 친구에게 이 편지를 쓰게 된다. 이 유작에서 상바는 휴전 후 몇 주 지나서 그의 친구 모 스와 가졌던 대화에 대해 언급하고 있다. 그는 모스가 이렇게 외쳤다고 쓰고 있다. "여 기 권총이 있네. 거기에는 두 발의 총알이 들어있고, 총을 맞을 사람이 누군지 정해 져 있지. 하나는 빌헬름 2세고, 다른 하나는 롱게네!"(Marcel Sembat, "La Victoire en déroute", *Le Quotidien*, 9 mars 1924. p. 2.) 모스는 분명 전쟁 동안 롱게의 행동에 대 해 분개했다. 하지만 그를 빌헬름 2세와 비교할 정도이거나, "죽이고 싶은 생각을 가질" 정도이거나, "막말" 할 정도는 결코 아니었다. 모스는 이렇게 쓰고 있다. "나는 그 정도 로 어리석지는 않습니다."(마르셀 모스가 장 롱게에게 보낸 편지, 1924년 3월 9일.) 자 신의 "소중한 롱게", 즉 다시 자신의 "당(黨) 동지"가 된 그에게 모스는 이렇게 쓰고 있 다. "『르 쿠오티디엥』지에서 기가 막힌 오류를 범했다고 봅니다. 우리 불쌍한 상바의 경 솔함과 부정확함이 더해져 있더군요." 그리고 모스는 다음과 같이 서명을 했다. "당신 의 충실한 동지로부터."

150. 로진 모스가 앙리 위베르에게 보낸 편지, 1919년 1월 12일.

151. 실뱅과 다니엘 레비의 편지, 1914년 12월 31일.
152. 마르셀 모스가 앙리 위베르에게 보낸 편지, 1918년 4월 20일.
153. 마르셀 모스가 앙리 위베르에게 보낸 편지, 1917년 12월 11일.
154. 앙리 위베르가 마르셀 모스에게 보낸 편지, [1917년] 12월 21일.
155. 마르셀 모스가 앙리 위베르에게 보낸 편지, 1918년 10월 12일.
156. 앙리 위베르가 마르셀 모스에게 보낸 편지, 1919년 1월 1일.
157. 마르셀 모스가 앙리 위베르에게 보낸 편지, 1919년 12월 5일.

콜레주 드 프랑스

3부

계승자

장 조레스

3부 서문

전쟁은 혹독한 시련이었다. 약 8백만 명이 동원되었다. 헤아릴 수 없이 많은 손실이 있었다. 약 3백만 명의 부상자가 발생했고, 그 가운데 4분 1이 불구자가 되었다. 사람들은 "이제 다시는 결코"를 외쳤다.[1] 모스는 깃발 아래에서 보낸 몇 년 동안의 긴 시간을 잊을 수 없었다. 그는 그 자신의 내부에 육체적으로, 정신적으로 겪은 격렬했던 경험을 안고 가게 된다. 죽음에 대한 공포, 기다림에 의해 발생하는 불안감 등이 그것이다.[2] 전쟁 전부터 벌써 "늙었다"는 느낌을 가졌던 모스는 이제 46세가 되었다. 그의 또 다른 "삼촌"인 실뱅 레비는 점잖게 그를 놀렸다. "자네 나이를 말하지 말게나. 그러면 자꾸 내 나이가 생각나니까."[3]

전쟁을 겪으면서 에밀 뒤르켐의 조카는 한층 성숙해졌다. 위베르 부르쟁은 이렇게 쓰고 있다. "심장이 더 많이, 더 강하게 뛰는 것을 느끼네. 하지만 지혜는 벌써 조용히 몇 개의 문을 닫은 것 같네."[4] 앙리 위베르 역시 자기 친구가 "전쟁에서 많은 것을 배웠다."는 느낌을 가졌다. 그리고 그것을 모스가 "당과 국가를 위해 잘 이용해주길"[5] 바랬다. 모리스 레엔아르트는 이렇게 말하고 있다. "모스와 같은 가치 있는 사람이 자기가 본 것에서 많은 것을 얻지 못하고 4년이라는 긴 시간을 보냈을 리가 없다."[6]

전쟁이 끝나고 난 뒤 파리로 다시 왔을 때, 모스는 브뢸레 가 2번지에 있는 아파트로 들어갔다. 그리고 1918년 11월 22일자 법에 맞추어 그는 고등연구실천학교 종교학 분과의 자리를 되찾게 된다. 하지만 "국기" 아래에서 참전한 이유로 그의 강의는 1919-1920학년도로 넘어가게 된다. 그의 삶을 다시 정비하기 위한 시간을 주기 위함이었다. 폴 포코네는 벌써 모스를 위한 "프로그램"을 준비해놓고 있었다. "며칠 후에 군표를 카키색 [판독 불가]……에 줄 것. 마음껏 승리를 즐길 것. 편안하게 쉴 것. 그리고 나서 고등연구실천학교가 자네를 부르도록 해서 자유시간을 단축시킬 것. 결혼을 할 것. 연구를 시작할 것."[7]

무질서와 혼란이 나라를 지배했다. 사람들은 독일에 대해 잘 몰랐다. 폴 포코네는 이렇게 쓰고 있다. "우리가 가졌던 독일에 대한 무지는 굉장한 것이었네. 나는 그와 같은 몽매한 정책의 도구가 되고 싶지 않네."[8] 장 조레스의 부재는 더욱 크게 느껴졌다. 폴 리베는 이렇게 쓰고 있다. "불쌍하고 위대한 조레스! 사람들이 그로 하여금 얼마나 많은 일을 하지 못하게 했는가!"[9]

1919년 3월에 모스는 조레스 암살사건의 주범으로 피소된 라울 빌랭에 대한 심의에서 파리 지방 법원에 증인 출두 요청을 받았다.[10] 3월 29일에 배심원은 11대 1로 라울 빌렝을 석방했다. 분노가 전국으로 퍼져나갔다. 4월 첫 번째 일요일에 15만 명 이상의 사람들이 빅토르 위고 광장에서 조레스의 흉상이 있는 라마르틴 광장까지 행진했다. 제1차 세계대전 이후 있었던 이 첫 번째 시위는 참다운 의미에서 조레스의 장례식이었다.

정치의 지형도가 바뀌었다. 1919년에 급진파가 가세했던 '국민연합(Bloc national)'이 선거에서 다음과 같은 슬로건을 내걸고 승리를 거뒀다. "전선에서처럼 단결하자!" 사회당은 103명에서 68명으로 대폭 줄어든 국회의원을 배출하는 데 그쳤다. 롱게와 르노델은 낙선했고, 레옹 블럼은 당선되었다. 알렉상드르 밀레랑, 아리스티드 브리앙과 같은 옛 사회주의자들이 정부에 들어갔다. 다른 사람들은 정치 무대를 떠났다.

옛 병참부 장관이었던 알베르 토마는 전쟁 직전에 사회당의 희망으로 부상했다. 그는 전쟁과 더불어 국가 지도자의 재목으로 떠올랐고, 고등사범학교 출신 사회주의자들과 사회주의를 지지하는 지식인들의 대표적 인사가 되었다.[11] 하지만 이념적 토의보다는 구체적인 경제 문제와 실천의 문제에 더 큰 관심을 가지고 있던 토마는 제네바에서 '국제연맹' 차원의 '국제노동사무소(BIT)'를 지휘하게 되었고, "은퇴한 기술관료"들의 중심에 서게 되었다. '국제노동사무소'의 파리 책임자는 마리오 로크였다. 이 새로운 국제기구에 참여한 주요 인물로는 G. 포케 박사(협력), 에드가르 미요(생산) 등이 있었다. 그들은 모스와도 안면이 있는 "퇴역한 전문가들"이었고, 기회가 닿는 대로 모스에게도 도움을 요청하게 된다.[12]

알베르 토마를 움직이게 한 것은, 그 자신이 지적하고 있는 것처럼, 단순한 "믿음의 소산"이었다. 그는 다음과 같은 믿음을 가지고 있었다. "과학과 기술의 확고하고 빠른 발달이 현재 인간의 이성으로 해결되지 않고 있는 문제의 해결에 도움을 줄 수 있다."[13]는 믿음이 그것이다. 어떤 순간에는 그 자신 인류에 대해 절망하고, 또 "문명 이후 인류가 재차 일종의 중세로 간다."고 생각을 하면서도, 모스는 자신의 친구 토마의 이러한 희망을 공유하기도 했다. 물론 모스는 "절대적 진보"라는 생각을 받아들이지는 않았다. 왜냐하면 각각의 진보는 주어진 사회와의 관계 속에서만 평가될 수 있을 뿐이기 때문이었다. 하지만 모스의 판단으로는 인류의 "전체적 진보"에 대해 말하는 것은 가능한 것으로 보였다. "옛날 사람들의 의식에서보다 더 많은 상식, 명료함, 도덕성, 지식, 감정 등이 있습니다. 더 완벽한 존재, 뭔가 더 강하고, 뭔가 더 섬세한 것을 향해 전체적으로 나아가고 있습니다. 물론 저는 가장 좋은 것을 향해서 라고는 말하지 않겠습니다."[14]

"털복숭이" 모스는 사회당의 친구들과 접촉을 재개했고, 특히 피에르 르노델과는 자주 만나게 되었다. 모스는 또한 "새로운 얼굴들", "늦게 가입한 자들"과 자주 만나게 된다. 물론 그들의 현실 인식은 대단치 않았고, 그들의 충성도는 "젖비린내 나는"[15] 것이었다. 모스는 전쟁의 종식과 더불어 이뤄진 동지들의 여러 기획에는 참여하지 않았다. 예컨대 1918년 여름에 『라 프랑스 리브르』지의 출간 계획, 1919년 가을에 새로운 사회주의 서클 조직, 1920년 3월에 개최된 프랑스 사회당 창건 등이다.[16] 약간 어리둥절했던 모스는 처음에는 좌파를 분리시킬 우려가 있는 토론에 직접 관여하지 않으려고 했다. 폴 포코네는 친구의 이런 "지혜"를 높이 평가했다.

[……] 자네가 정치 문제에 어느 정도 거리를 두는 것은 지금으로서는 아주 현명한 행동인 듯하네. 코뮌 동안에 생 세바스티엥으로 간 강베

타[17]를 모델로 삼을만한 때가 있는 법이네. 난 자네가 "나이 먹은 현자"의 삶을 영위하고, 그리스 의사들의 저서를 읽는 것을 흐뭇한 마음으로 보고 있네.

이와는 반대로 자네의 "노총각" 생활에는 반대네. 일시적인 결혼이라도 독신 생활보다는 낫네.[18]

모스의 정치적 부재는 잠깐 동안이었을 뿐이다. 곧 정치는 그의 주요 관심사가 되었다. "관록 있는 투사"인 모스는 "사회 활동, 정치 활동", 평화, 볼셰비즘, 협동조합, 경제 위기 등의 문제에 무관할 수는 없는 노릇이었다.

11장_ (사회주의자로서의) 삶이 계속되다

전쟁이 끝난 뒤 몇 년 동안은 아주 풍부했다. 아이디어, 새로운 연구와 정확한 관찰은 물론이거니와 "제안, 전략, 현대적 조직" 등에서 그랬다. 모스는 이렇게 생각하고 있었다. "자기가 살던 시기가 후손들에 의해 사회학과 정치학 분야에서 가장 위대한 시기 중 하나로 여겨지게 될 것이다."[1] 라고 말이다.

뒤르켐이 죽자 모스는 자연스럽게 그의 사유와 방법의 수탁인이 되었다. 하지만 모스 자신은 삼촌이 그를 그렇게 만들었던 것 같은 "순수 학문"을 하는 자로 분리되고자 하지는 않았다. 『사회학 연보』를 창간하면서 뒤르켐은 『사회주의 역사』를 미완으로 방치하게 된다. 모스의 지적에 의하면 뒤르켐은 이것을 "계속 후회하게" 된다. 하지만 사회 문제는 여전히 "그의 주요 관심사"[2]로 남아 있었다. 조카 모스는 이 사실을 늘 상기시키려고 했고, 삼촌이 1895년 11월부터 1896년 5월까지 보르도에서 했던 강의를 출간하게 된다. 이 강의의 주요 부분은 "첫 번째 사회주의 사도"인 생시몽에게 할애되었다. 생시몽은 전쟁 후에 프랑스에서 대단히 유행했던 인물이었다. 모스는 이 강의록의 서문에서 이렇게 쓰고 있다. "사회주의는 바로 거기에서 노동자의 힘, 정치적 힘으로 자리 잡았다."[3]

사회학과 사회주의를 화해시키는 것은 가능한가? "사회주의의 토대"에 대한 학술대회에서 프랑스철학협회 회원들 앞에서 발표를 하게 된 모스는, 주저하지 않고 한 영역에서 다른 영역으로 넘어가고 있다. "저는 한편으로는 사회학자로서, 다른 한편으로는 사회주의자로서, 여러분에게 답하도록 하겠습니다."[4] 약간은 자기 친구 프랑수아 시미앙의 방식을 따라 모스가 그 자신의 경력에 부여하고자 했던 정신은, "사회에 대한 연구에 모든 것을 바친 한 명의 사회주의자",[5] 바로 그것이었다.

1920년대 초 이래로 모스가 구상하고 있던 계획은 서로 분리될 수 없는 것으로 지적인 동시에 정치적인 것이었다. 우선 그는 '민족'에 대한 방대한 연구에 착수하려고 했다. 그 일부가 1920년에 옥스퍼드에서 했던 "민족성 문제"에 대한 발표였다. 또한 모스는 「폭력에 대한 성찰」을 출간한 후에 볼셰비즘에 대한 저서를 집필하려고 했으며, 그 작업 계획을 세웠다. 그러니까 한편으로는 민족주의가, 다른 한편으로는 사회주의가 연구 대상이었던 것이다. 요컨대 그 혼란스러웠던 시기에 모스의 가장 큰 관심을 끌었던 문제는 정치 문제였다. 친구 포코네는 모스에게 이렇게 충고하고 있다. "편지들을 쓰기보다는 자네의 '정치학'을 쓰는 것이 더 낫겠지. […] 훌륭하게 천착해주길 기대하네!"[6] 사실 모스에게 이와 같은 도전은 대단한 것이었다. 그도 그럴 것이 모스의 전공 분야는 이른바 원시민족의 종교사였지, 시사 문제가 아니었기 때문이었다……

민족들 사이의 전쟁과 평화

프랑스와 독일 사이의 관계 문제는 프랑스 정부의 초미의 관심사였다. 여론은 비등했고, 모든 정당들이 이 문제의 해결을 위해 동원되었다. 모든 사람들이 평화를 원했지만, 평화를 지키는 방법에 대해서는 의견을 달리했다. 어떤 이들에게는 국방력 강화와 국제 공조가 평화를 지키는 방법이었다. 또 어떤 이들에게는 두 나라의 관계를 더욱 돈독하게 하고, '국제연맹'과 같은 중재기관을 마련하는 것이 그 방법이었다. 한편에는 푸앙카레에게서 자신들의 입장을 발견하는 애국주의자들이 있었다. 다른 한편에는 브리앙을 사도로 하는 평화주의자들과 국제주의자들이 있었다. 여론은 이편과 저편 사이를 오가고 있었다. 두 나라 관계의 개선과 화해와 동시에 국제 공조 및 국제조직의 강화를 원하면서 말이다. 1919년 7월 28일에 조인된 베르사유 조약을 통해 이 양측의 요구에 응하는 "평화의 조정"에 이르는 난점이 드러났다. 프랑스에서는 "상처 입은 승리"라는 감정이 팽배했고, 독일의 복수 정신을 불러일으킬까봐 두려워하기도 했다.

모스는 "참전병"의 자격으로 평화 문제에 접근했다. 그는 수개월, 수년 동안 가장 끔찍한 전쟁의 잔혹함을 체험했던 자들과 함께 "결코 다시는 그런 일이 없어야 한다."고 외쳤다. 모스에게는 단 하나의 사실이 중요했다. 국민들이 더 이상 "전쟁을 하는 것"을 원치 않는다는 것, 그들은 "평화를 갖기를" 요구한다는 것, 그리고 그들은 "무장 평화"보다는 비무장을 더 선호한다는 것이 그것이었다. 모스는 이렇게 덧붙이고 있다. "그것이 옳고 그르건 간에."

하지만 회의주의는 다음과 같은 사실을 잊게 할 수는 없었다. 즉

"평화를 위한 가장 두드러진 도덕적, 종교적 요소는, 그것이 아무리 불완전 하다고 해도, '국제연맹' 헌장에 규정된 분쟁 조정 원칙에 대한 인정이라는 사실"[7]이 그것이다. 모스는 사회주의 운동에서 제네바 국제기구에 공감을 하는 자들과 이 기구의 장래에 대해 낙관적 입장을 보여주는 자들의 편에 속해 있었다. 앙투안 프로스트의 표현에 의하면, "평화적 애국주의"가 진정한 국제주의와 맞물리는 것이었다, 즉 안정과 비무장은 물론이거니와 특히 조정의 문제가 해결되는 것이었다.

민족자결의 원칙이 승리를 거둔 순간[8], 모든 것은 "민족의 삶"을 성찰의 대상으로 삼는데 일조하게 된다. 이것은 민족을 위한 투사들뿐만 아니라 인문과학의 전문가들에게도 마찬가지였다. 그들 모두는 민족들 간의 평화, 국제 연대가 가능한가를 물었다. 모스의 오랜 친구인 앙투안 메이예는 1918년에 『새로운 유럽 언어들』이라는 책을 출간했다. 그는 이 책에서 이렇게 단언하고 있다. "세계는 진정한 국제적 단합을 이룰 만큼 아직 성숙하지 못했다. 문명화된 유럽의 공통 요소들에 기반을 두고, 전 세계의 실천적 관계에 소용될 수 있는 진정한 국제적 단합을 위해서 말이다."[9] 아놀드 반 젠네프는 방대한 『민족 비교론』의 개정판을 출간했다. 이 책은 1922년에 첫 권이 간행되었고(결국 한 권만 간행되었다), 그 당시에는 『민족주의적 요소들』[10]이라는 제목이 붙었었다.

1919년 말이나 1920년 초에[11] 이뤄진 평화조약 서명 이후 얼마 지나지 않아 모스는 민족에 대한 방대한 연구의 첫 장의 집필에 착수하게 된다. 그 중 일부에 「사회주의와 민족주의화」라는 제목이 붙어 있다. 1920년 여름 동안 에피날에 머물면서[12] 모스는 규칙적으로 집필 작업을 했다. 그는 "매일 오전에" 집필 작업을 했다고 말하고 있다. 그리고 그는 위베르에게 그 결과를 보여주면서 자부심을 느끼고 있다.

> 사회주의에 대한 제 4부가 완성되었네. 제1장. 사회주의의 정의. 역사.
> 민족성의 정의(집필됨). 제2장. 사회주의의 형태. 유토피아적 사회주의, 팜플렛 사회주의, 국가 사회주의, 노동자 사회주의, 혁명 사회주의의 역사와 그 비판(집필됨). 제3장. 사회에 대한 행위의 어려움(집필되었으나, 너무 장황함. 140쪽. L. B. [레비브륄]에게 보냈음). 제4장. 민족주의 이론(부분적으로 집필되었으나, 웨브의 책을 기다리는 동안 중단되었음.) 제5장. 제도들의 사회주의(부분적으로 집필됨). 제6장. 미래의 사회 변화에 대한 구상(집필 예정).[13]

한편으로는 민족성 문제에 대한 연구가, 다른 한편으로는 사회주의에 대한 성찰이 있는 것을 알 수 있다. 바로 이것이 모스가 수차례에 걸쳐 중단되고 다시 시작하는 것을 반복한 것, 즉 그 자신 "현대 정치의 요소"[14]라고 지칭하고 있는 것을 규정하기 위한 "규범적 영역에서 이뤄진 외도(外道)"[15]를 구성하는 주요 두 측면이었다.[16] 모스는 이 두 측면을 연결시키려는 과정이 이론적이었으면 했고 ── 그 자신은 "이론서"라고 불렀다. ──, 현대 사회를 가로지르는 민족주의와 사회주의라는 두 개의 거대한 흐름을 동시에 다루고자 했다.[17] 그는 이렇게 덧붙이고 있다. "이 책은 무엇보다도 정치 분야에 속하며, 여러 민족들의 현재 상황을 기술하고, 그로부터 아주 드문 실천적 교훈을 끌어내는 데 그 목적이 있다." 이 작업은 "최근의 일련의 사태에 대한 거리가 충분히 멀지 못한 만큼" 더 더욱 어려운 것이었다.

정보가 많이 부족했지만, 그래도 모스는 "짧은 시간 안에 그의 주장이 확인되거나 부인되거나" 하는 것을 기대하면서 책을 집필하는 모험을 감행했다. 그의 목표는 원대했다. 현재 남아 있는 단편들(총 수 백 쪽에 달한다)로 미뤄보면, 그 책은 "기념비적"[18]인 책이 될 수도 있었을 것이다. 이것이 앙리 레비브륄의 생각이었다.

1920년 가을, 모스는 "민족성의 문제"라는 주제로 옥스퍼드에서 개최된 철학학회에 발표문을 제출한다. 이 대학에서 친구들과 동료교수들 —— 마벨 보드, 프레이저 부부 —— 을 만날 기회를 갖고, 또 대영박물관에서 연구를 할 기회를 가지면서, 모스는 엘리 알레비의 초청에 따라 민족에 대한 "프랑스의 사유, '뒤르켐'의 전통과 그 자신의 고유한 생각"을 방어할 기회를 갖게 된다.[19]

첫 번째로 이뤄진 민족성 문제[20]에 대한 모스의 발표에는 그 자신이 추종하고자 했던 방법이 어떤 것이었는지가 잘 나타나 있다. 철학자들로 구성된 청중 앞에서 모스는 추상적 방식으로 문제에 접근하고자 하지 않았다. 사회학자로서 모스의 흥미를 끌었던 것은 "현실"이었다. 좀 더 정확하게 말하자면, "민족들에 대한 구체적인 문제, 인류 역사에서의 그들의 위치, 그들의 현재의 정신적 역할, 그들 사이의 관계"[21]가 그것이었다. 비교적 짧았던 그의 발표는 두 부분으로 구성되었다. 민족에 대한 정의와 국제주의(모스가 사해동포주의와 구별하고 있는)에 대한 분석이 그것이다. 후일 앙리 레비브륄에 의해 출간되는 '민족'에 대한 모스의 글 역시 이 발표문과 동일한 구조로 되어 있고, 아울러 그 글에는 '민족'과 '민족성' 개념에 대한 토의도 포함되어 있다.

모스가 보기에는, "일정한 영토에서 함께 살고 있고, 독립되어 있으며, 일정한 헌법을 준수하고 있는 인간들의 집단"에 의해 하나의 '사회'가 형성된다. 물론 이 사회가 반드시 하나의 민족인 것은 아니다. 그렇다면 '민족'이란 무엇인가? 이 용어 자체가 최근에 들어와서야 비로소 사용되기 시작했으며, 대부분의 경우 이 용어는 '국가'라는 용어와 혼동되어 사용되고 있다고 모스는 설명하고 있다. 이 문제를 분명히 하기 위해 모스는 사상사와 비교문헌학의 역사를 짧게 돌아보고 있다. 그리고 나서 여러 사회의 정치 조직 일반 역사를 소묘하고 있다. 이를 위해 모스는 뒤르켐의 강의에서 '가족' 문제 해결을 위해 도입된 하나의 구별을 아주 소중하게 이용하고 있다. 한편으로는 씨족에 기초를 둔 "다분절 사회", 부족사회가 있고, 다른 한편에는 "비분절 사회" 혹은 통합사회가 있다. 이와 같은 분류를 다시 취하면서 모스는 "비분절 사회"에 대해 또 다른 하나의 구별을 도입하고 있다. 이 구별은 중앙 권력 형태를 고려하고 또한 '국가'(또는 제국)와 '민족'의 혼동을 피하기 위함이었다. 여기에서 조카는 삼촌의 주장에 약간의 변화를 가하게 된다. 모스에 따르면, 하나의 '민족'이 있기 위한 기준은 다음과 같은 것들이었다. 안정된 중앙 권력, 입법과 행정 체계, 시민의 권리와 의무의 법제화, 조국의 권리와 의무의 법제화 등이 그것이다.[22]

　　민족에 대한 저서의 집필 계획에서 모스는 이와 같은 구분을 적용시켰다. 또한 두 가지 형태의 비분절 사회를 구별하기 위해 그는 아리스토텔레스에 의해 정립된 '야만인들(ethné)'과 '도시인들(poleis)'의 대립을 도입했다. 이와 같은 사회의 분류는 분명 진화론적 시각에 포함되는 것이고, 동물학자들이 이용하는 시각에 속하는 것이었다. 즉 열등한 종(種)에서 우등한 종으로의 이행이 그것이다. 하지만 모스는 이와 같이 주장하는데 주저했다. 왜냐하면 그는 생물학적 비교에는 유비론적 추론이 포함되어 있고, 따라서 이와 같은 비교가 "위험하다"는 것을 알고 있었기 때문이다. 또한 모스는 그의 옛 스승이었던 알프레드 에스피나 ── 에스피나는 '민족'을 실제 사회의 가장 완벽한 조직으로 여겼다. ── 와는 달리, 이 '민족' 개념에 더 뿌리 깊은 생물학적 의미를 부여하려 하지 않았다.

따라서 모스에 따르면, '민족'이라는 개념은 "역사적으로 알려진 한 줌의 사회들에만 적용될 뿐이고, 또한 그것들 중에서도 최근의 것들에만 적용될 뿐이었다." 모스는 또한 이렇게 덧붙이고 있다. "현재 살아 있는 인간들의 사회는 그 진화에서 보면 동일한 성격을 가지고 있지 않으며, 또한 동일한 상태에 있지도 않다. 그것들을 동일한 것으로 여기는 것은, 문명과 권리 면에서 월등하게 발전한 사회들의 입장에서 보면 부당한 것이다."[23] 민족들, 특히 대민족들은 "문명과 진보의 아름다운 꽃들, 여전히 드물고 허약한 그런 꽃으로"[24] 보인다. 모스는 현대의 여러 사회들 사이에 위계질서를 도입하고 있다. 그는 영국, 프랑스, 독일을 "가장 발전한" 나라들로, 스위스, 노르웨이 등을 가장 작은 나라들의 모델로 여기고 있다. 하지만 이 나라들 가운데 그 어느 나라도 아직은 "모든 면에서 완벽한 것"은 아니다.

민족에 대해 내리고 있는 가장 정치한 정의에서, 모스는 위와 동일한 기준을 항상 적용하는 한편, 르낭과 마찬가지로, 정신적, 문화적 차원에 커다란 중요성을 부여하고 있다. "민족이란 개념을 우리는 물질적으로, 정신적으로 중앙 권력에 통합된, 안정되고, 항구적이고, 확정된 국경에 통합된, 의식적으로 국가와 이 국가의 법에 따르는 사람들의 도덕적, 심적, 문화적인 단합에 통합된 하나의 사회로 이해하고자 한다."[25]
따라서 이 개념이 성립하기 위해서는 정치적, 사법적, 경제적 통일을 넘
어서서 "전체적이고, 의식적이고, 지속적인 의지가 있어야 한다." "용어
에 합당한 '민족'은 미학적, 도덕적, 물질적 문명을 가지고 있고, 항상 그
고유한 언어를 가지고 있다. 민족은 또한 자신의 고유한 심성, 도덕성,
감수성, 의지, 진보의 형태, 그리고 이 민족을 구성하는 모든 사람들을
대표할 수 있는 하나의 '이념'을 가지고 있어야 한다."[26]

　　사회주의 투사인 모스는 민족주의를 경계했다. 그가 보기에 민족주
의는 종종 "민족의식이라는 병의 원인"이었다. 하지만 다음과 같은 하
나의 사실이 문제가 된다. 현대의 수많은 '개별 민족들' ── 자신들의 인
종, 자신들의 언어, 자신들의 문명을 믿고, 또 "집단적 정신"이나 혹은
이른바 "집단적 특징"을 스스로에게 부과하는 ── 이 구성되고 있다는
사실이 그것이다. 이 모든 것은 과거에도 종종 "여러 세대와 여러 상황
의 무의식적 행동의 결과"이기도 했다. 하지만 오늘날에도 이것은 여전
히 "민족적 특징에 대한 의식적 교육"의 결과이기도 했다.

이상향: 국제주의

어떤 면에서 보면 개인에 해당되는 것은 국민에게도 그대로 해당된다.
"민족의 형성에서 개인화"는 수많은 교환과 더 발전된 분업에 입각해
이뤄진 새로운 연대성의 조건이자 그 표현이기도 하다. 그러니까 그것
은 진보인 것이다. 또한 민족주의적 개인성의 발전과 국제주의를 대립
시키는 대신, 모스는 이 두 흐름이 서로 밀접하게 연결되어 있음을 보여
주고 있다.

민족들 간의 유기적, 의식적인 연대성, 그들 사이의 노동 분업 ─토양, 기후, 인구에 따라 이뤄진─을 통해, 평화의 분위기가 조성될 수 있을 것이다. 물론 이런 분위기에서 이 민족들은 충만한 삶을 누리게 된다. 이렇게 해서 이 민족들은 그 내부에서 개인들에 대해 갖던 효과를 집단적 개인들에 대해 그대로 갖게 될 것이다. 그러니까 이 민족들은 그들의 자유, 존엄성, 개성, 위대함 등을 만들어 가게 될 것이다.[27]

이와 같은 주장에서 우리는 분명 뒤르켐적 사유를 볼 수 있다. 『사회분업론』의 결론이 사회들 사이의 관계에 그대로 적용되고 있는 것이다. 고립된 개인이 존재하지 않는 것과 마찬가지로, "폐쇄되고, 그 자체로 충족되는 사회"는 존재하지 않는다. "한 사회의 구성원들 각자에게 이 사회는 벌써 하나의 환경이다. 또한 이 사회는 그 자체로 이미 환경들이 되어버린 여러 사회들 사이에서 존재한다. 따라서 만약 국제관계의 상황 전체, 혹은 더 정확히 말해서 사회들 사이의 상황 전체, 여러 사회들 사이의 관계를 말한다면, 그때는 모든 것을 정확하게 포착하게 될 것이다."[28]

어제와 마찬가지로 오늘날에도 여러 사회들 사이의 접촉은 빈번하다. 그리고 다른 사회를 한 사회가 모방하는 ─그것이 경제적이든, 기술적이든, 예술적이든, 종교적이든, 언어적이든, 사법적이든 간에─ 일은 빈번하게 이뤄지고 있다.[29] 이것은 분명 소통이다. 하지만 이것은 상호의존이기도 하다. "민족성의 문제"에서 모스는 간략하게 현대 사회들 사이의 주요 상호의존적 사실들을 기술하고 있다. 1) 경제 분야에서의 절대적 상호의존(세계시장, 1차 재료를 가지고 있는 사회와 제조 사회들과의 노동 분업). 2) 증가한 정신적 분야에서의 상호의존. 3) 전쟁을 더 이상 하지 않겠다는 민족들의 의지. 4) 주권의 제한 등이 그것이다.

이와 같은 상호의존은 국제주의의 새로운 이상향을 향하고 있다. 모스는 평화협정 체결 이후 낙관적인 입장을 취했고, 국제관계의 점진적인 조화를 신뢰하는 자들 중 한 사람이었다. 모스는 또한 '국제연맹'의 창설, '국제노동사무소' 개설, '상설 국제재판소'의 개설 등에 큰 희망을 걸고 있었다.[30] 모스가 이와 같은 국제기구에 대해 가지고 있는 관심은, 그의 친구인 미요[31]와 토마가 제네바에 있는 '국제노동사무소'에서 일을 하고 있기 때문에, 그만큼 더 큰 것이었다. 모스는 이렇게 자신의 희망을 표명하고 있다. "여러 사회들의 관계를 실천적이고 정신적으로 조절할 수 있는 사회적 세력들의 거대한 움직임이 일어나고 있다." 실제로 이 기구들을 통해서 국제 평화가 보장되지 말라는 법도 없지 않은가?

이처럼 참전병 모스는 "평화에 대한 찬가와 전쟁에 반대하는 주문"에 무감각하지 않았다. 더군다나 모스는 "아주 유용한 긴장감"을 만들어주는 "선의의" 다양한 평화 운동에 대해 경의를 표하기도 했다. 하지만 모스는 이렇게 생각하고 있었다. "보편적 동지애에 대한 설교"와 마찬가지로 이와 같은 평화를 위한 선전이 "현실과 전혀 상응하지 못하고, 여러 사회들의 관계에 대한 현재 상태에 전혀 상응하지 못한다면", 그 때는 이 선전이 쓸모없게 될 것이라고 말이다. 따라서 이 선전은 "현재의 여러 주요 순간들, 여러 시위들을 통해서 행해져야 한다."[32]는 것이 그것이다.

마음속으로 국제주의자였던 모스는 "모든 나라들의 프롤레타리아들이여, 단결하라!"[33]는 구호를 자기 것으로 삼았다. 하지만 그 자신 '세계의-인간-시민'의 정치를 옹호하지 않은 것과 마찬가지로, 실생활을 넘어서는 도덕을 꿈꾸지 않았다. 그렇게 하는 것은 순진한 세계평화주의, 유토피아에 속하는 것이었다. 모스는 이렇게 생각하고 있었다. 모든 휴머니즘 정신은 민족의 현실 그리고 민족들 사이의 현실에 의지해야만 한다고 말이다.[34]

러시아 혁명이 발발했을 때, 공산주의자가 되지 않은 채 국제주의자가 되는 것은 그리 쉬운 일이 아니었다. 모스는 국제노동자 운동을 믿고자 했다. 그것이 노동자 인터내셔널이건, 인터내셔널 조합주의이건, 인터내셔널 협동주의이건 간에 말이다. 하지만 2차 인터내셔널로 인해 모스는 실망했다. 2차 국제주의는 지나치게 피상적이었던 것이다. 다른 국제단체들에 대해 말하자면, 비록 탄탄하게 조직되었다고 해도, 그 영향력은 약한 편이었다. 모스는 다음과 같은 결론을 내리고 있다. "그 단체들이 평화와 권리를 지배할 정도라고 자부할 수는 없었다."

분명 제1차 세계대전으로 인해 "3세기 동안의 작품"이 파괴되었을 수도 있다. 하지만 모스는 이렇게 말하고 있다. 이와 같은 "악(惡)"에서 몇몇 "성과들"이 유래했다고 말이다. 국제법이 존재할 뿐만 아니라 저항하고 지속되고 있고, 또한 그것이 발전하고 있다는 것이 그 좋은 증거라 할 수 있다. 모스는 이렇게 생각하고 있다. "세계에서 진보를 이루고자 한다면, 정치가 정확히 이와 같은 노선으로 접어들어야 한다."[35] "마지막으로 평화와 전쟁의 종식은 무엇에 달려 있는가?"라는 질문에, 모스는 이렇게 답하고 있다. "민족들의 발전, 그들의 명철한 의식, 그들의 지혜의 증가, 사악한 의도를 가진 자신들의 지도자들에 대한 통제에 달려 있다."[36] 물론 이와 같은 입장은 크고 작은 민족들이 "자신들의 운명의 주인"이 됨으로써 그리고 평화의 정책을 펼치고자 하는 의지에 의해서만 그 가치를 가지게 될 뿐이다.

그렇다면 민족들은 절망해야만 하는가? 이 문제를 두고 고민하던 모스는 세계 평화의 즉각적 실현을 믿는 것은 아니었다. "하나의 보편적 사회가 존재하기 전에 하나의 보편적 언어를 만들고 채택하는 것이 불가능한 것과 마찬가지로, 하나의 보편적 사회가 존재하기 전에 세계 평화를 실현하는 것은 불가능하다." "점점 더 규모가 큰 사회를 조금씩 실현해 나가면서, 혹은 현재의 상황은 크고 작은 민족들이 혼합되어 있기 때문에, 점점 더 규모가 큰 연맹이나 연방제도[37]를 실현해 나가야 할 필요가 있다. 왜냐하면 모두가 다음과 같은 상황에 직면해 있기 때문이었다.

평화의 정신은 무엇보다도 연맹의 정신이다. 그 정신은 연맹에 의해서만 가능할 뿐이다. 평화를 위해 이 연맹을 창설해야 하는 것이다. 그 반대가 아니다. 즉 평화를 찾고 그 다음에 유럽연맹이나 세계연맹을 갖기 위함이 아니다. 결국 유럽연합이 있게 되면, 유럽에 평화가 정착될 것이고, 세계연맹이 있게 되면, 세계의 평화가 정착될 것이다. 그 이전은 아니다. 이와 같은 예측에 대해 과감성, 위험성, 우습게 보이는 모든 것을 짊어지도록 하자.[38]

이와 같은 관점에서 "인류의 문명"을 생각하는 것 —— 몇몇 작가들이 그런 것처럼 —— 은 이상이나 꿈에 속하는 것이다. 모스에 의하면, 우리들의 삶에서 새로운 것이 있다면, 그것은 "국제적 차원의 현실과 이상을 조화시키는 자본"의 형성이다. 그로부터 지식인들의 책임이 기인하고, 특히 철학자들의 책임이 유래한다. "이와 같은 행진에서 선두에 서야 하는 자들"의 책임, 그리고 "지혜롭고 필수적인 공식"[39]를 찾아내야 하는 자들의 책임이 말이다.

　미래는 불행을 담지하고 있을 수도 있다는 사실을 숨겨서는 안 될 것이다. 여전히 "민족적 폭력", "민족적 자존심"이 있을 수 있다. 하지만 모스에게 한 가지 사실은 확실하다. "공동의 자산"만이 그 무게와 질적인 면에서 늘어나고 있고, 또 "인류의 자본"이 증가하고 있다는 사실이 그것이다. 게다가 그의 낙관주의적 태도는 "바로 그것이 문명이다",[40] 그리고 전체적 차원에서의 진보가 있다고 단언하게끔 한다.[41] 하지만 그렇다고 해서 이와 같은 진보가 최선의 상황을 창출하는 것은 아니며, 이렇게 이해된 문명이 반드시 행복을 가져다주는 것도 아니다.

폭력에 대한 성찰

모스의 '민족'에 대한 저서는 계획 상태로 남아 있다. 그 누구도 전쟁을 잊지 않았다. 하지만 사람들은 종종 다른 불안스러운 여러 주제에 대해 관심을 갖게 되었다. 삶의 조건은 어려운 상태로 남아 있었다. 실업율도 높았고, 1920년도에 있었던 철도 파업은 커다란 사회적 위기를 초래했다. 게다가 제3인터내셔널에의 가입 여부가 사회주의 투사들과 노동조합 투사들의 관심을 끌었다. 쥘 로맹의 표현에 의하면, "동쪽에서 거대한 빛"이 일어난 이후로 사회주의 투사들은 새로운 소련 체재를 공감의 눈길로 바라봤고, 연합국의 군사 개입을 용인할 수 없는 것으로 판단했다. 하지만 이들은 다음과 같은 문제에 대해 편이 나뉘어져 있었다. 혁명의 (세계적) 전략으로서의 볼셰비즘은 과연 프랑스에 적합한가?

　"조레스의 주장"의 영향을 강하게 받고 있던 프랑스 사회주의는 민주적, 의회적, 반자본주의적이 되고자 했다. 1920년 2월에 스트라스부르 총회에서 '국제노동자 프랑스지부'는 공산주의가 지배하는 인터내셔널에의 무조건적 가입은 거절했다. 하지만 "사회주의 세계적 통일의 재건을 위해 노력한다는 의지"를 천명하면서 발의서가 채택되었다. 이와 같은 임무를 띠고 '국제노동자 프랑스지부'의 프로사르와 『뤼마니테』지의 사장이었던 카솅이 같은 해 6월에 모스크바를 방문하게 된다. 돌아오는 길에 두 사회주의 대표자들은 인터내셔널의 "재건"이 공산주의 운동의 범주 내에서 이뤄질 수 있을 것으로 내다봤다. 사회당의 기관지 내에서도 열띤 토론이 이뤄졌다. 레옹 블럼은 인터내셔널 가입에 반대하는 '사회주의 저항위원회'를 설립했다. 뚜렷이 구별되는 두 단체 —— 파리 제14구 지역총무인 파올리, 그리고 블럼과 브라케가 소속된 단체와 새로운 주간 정보지 『라 비 소시알리스트』의 편집자 피에르 르노델의 단체 —— 로 구성된 이 위원회는 이른바 '국제노동자 프랑스지부'의 "우파"를 형성했다.

1920년 여름에 모스가 기자로서의 활동을 재개했을 때, 그는 정기적으로 『라 비 소시알리스트』지에 협동조합, 과거의 추억, "사회주의의 새로운 형태" 등에 대한 글을 발표했다. 또한 그는 그 당시의 국제정치 정세에 대한(폴란드, 영국, 이탈리아 등) 짧은 분석들도 실었다. 물론 그 당시 초미의 관심사였던 제3인터내셔널에 대한 가입 문제도 잊지 않았다. 짐작할 수 있는 것이었지만, 카솅-프로사르의 발의서는 일부 사회주의자들에게 "어느 정도의 감동"을 일으켰다. 『라 비 소시알리스트』지는 이에 즉각적으로 응수했다. "항의-서한"의 작성과 지지자들을 모으는 것 등과 같은 방법을 동원하면서 말이다.[42]

『라 비 소시알리스트』지에는 조레스에 대한 추억이 곳곳에 널리 퍼져 있었다. 그의 저작과 강연의 발췌록, 제사(題辭)로서의 인용("유럽의 비무장을 준비하는 것, 그것은 프롤레타리아에게 주어진 가장 고귀하고도 막중한 임무이다!") 등으로 말이다. 이 잡지의 편집장이었던 르노델은 조레스의 무조건적 추종자였다. 모든 사람이 그를 친절하게 "르 그로"[43]라고 불렀다. 그의 경험, 친절함, 불굴의 정직함, 솔직함, 정치적 용기를 지칭하기 위해서였다.[44] 편집위원회에서 "신예들" —— 마르셀 데아, 귀스타브 루아네, 장 텍시에 —— 에 의해 둘러싸인 르노델은, 이 주간지를 "조레스의 사유에 충실하고, 전쟁 때의 대다수의 정신을 계승하고, 열렬히 반볼셰비즘적이고, 용기 있는 [……] 개혁주의 성향의 그룹"[45]으로 만들고자 했다. 르노델은 이렇게 설명했다. "『라 비 소시알리스트』지는 볼셰비즘적이 아니다. 왜냐하면 이 잡지는 사회주의적이기 때문이다." 새로운 주류 신문인 『뤼마니테』지와의 대립은 불을 보는 듯했다. 마르셀 데아는 이렇게 주장하고 있다. "『뤼마니테』지에서 싣지 못하는 것을 『라 비 소시알리스트』에서 읽을 수 있다."

모스는 이와 같은 입장을 공유했다. "[자신의] 당과 프랑스에서의 사회주의의 장래가 걸려있다는 것"을 의식하고 있던 모스는, 1920년 여름에 에피날에 머물면서 바캉스를 보내면서부터 토론에 아주 일찍 뛰어들었다. 모스는 피통 의원과 함께 보주 지역의 사회주의 연맹 회원들로 하여금 모스크바에 대한 지지에 반대하는 투표 캠페인을 벌이기도 했다. 카솅과 프로사르가 소련에서 했던 탐문 조사에 대해 모스는 아주 엄격한 입장을 취하고 있었다. "약간은 마구잡이로 수집한" 정보, "공식 자료들과 연설들"에 대한 비판의 부재, "역사의 의미와 회의주의에 대한 의미"의 완전한 부재, 볼셰비즘에 반대하는 사람들이나 "유력한 반대 인사들"과의 인터뷰의 부재 등이 그 주된 이유였다. 카셍과 프로사르의 보고에서는 모든 것이 진지하지 못했고, 모든 것은 그냥 "카셍이 내뱉은 말"이었다는 것이다. 모스는 이렇게 비꼬고 있다. 카셍은 더 잘 보기 위해 자기의 눈을 가렸다고 말이다. 요컨대 "카셍은 진리와 의무를 혼동했다."[46]

25년 전부터 카셍을 알고 지냈던 모스는 스스로 "배신자, 정신 나간 사람, 반혁명주의자"로 취급되고, 욕먹을 각오를 하고 있었다. 모스는 이렇게 응수하고 있다. "그렇게 하라고 내버려두자. 욕설에 맞서 진리를 알고 말해야 할 것이다. 왜냐하면 옛 연설자들처럼 우리는 다음과 같이 소리 지르는 자들에게 말해야 할 것이기 때문이다. 큰 말을 타는 것은 절름발이기 때문이다."[47]

르노델을 위시해 『라 비 소시알리스트』지는 인터내셔널 가입에 반대하는 '사회주의 저항위원회'에 참여했고, "국제 단합"을 위한 블룸-파올리 발의서를 지지했다. 12월에 있었던 투르 총회에서 '국제노동자 프랑스지부'의 분열은 피할 수 없는 일이었다. 그 결과 이 총회 다음날 '국제노동자 프랑스지부'보다 두 배나 많은 사람들이 참여하여 '프랑스 공산당'의 창당이 이뤄졌다. 1921년에는 '국제노동자 프랑스지부'는 50,000명을 헤아린데 비해, '프랑스 공산당'은 120,000명을 헤아리게 되었다. 그렇다면 제1세대 프랑스 공산주의자들의 주요 동기는 무엇이었는가? 무엇이 그들로 하여금 제3인터내셔널에 의해 확정된 21개의 조건을 받아들이도록 했는가? 분명 전쟁에 대한 고발과 게드나 상바[48]와 같은 사회주의자들의 "배신"에 대한 저항이 거기에 해당할 것이다. 하지만 특히 소련에서 발생했던 혁명에 대한 믿음과 모종의 혁명적 낭만주의를 더해야 할 것이다. 모스가 보주 지역 사람들의 연맹에서 관찰했던 것처럼 말이다.

> 모스크바와 관계를 유지하고자 했던 동지들은 그곳에 순례자처럼 가곤 했다. 그들은 신앙에서 우러나오는 행동에 감동하곤 했다. 그것은 그들에게 목동들의 별이 뜨는 것과 같았다. 그들은 그 별에 의해 안내를 받았던 것이다. 그리스도가 태어난 것이다. 러시아에서 사회주의가 실현되었던 것이다. 베들레헴이 바로 모스크바였다.
>
> 　[……] 그들은 러시아에서 실현된 사회주의를 믿었고 또 상상했다. 그들에게 러시아의 예는 모든 나라에서도 항상 유효했다. 그것은 더 이상 책에만 있는 텔레마르쿠스의 '살렌토'[49]가 아니었다. 노동자가 자본주의의 구속에서 해방된 곳이 바로 사회주의적인 러시아, 승리한 소비에트들의 러시아였던 것이다. 요컨대 러시아가 모델이었다.[50]

자기 동지들의 광적인 열광을 공유하지는 않았지만, 모스는 그래도 러시아 혁명을 "대단히 중요한 사건"으로 여길 수 있다는 것을 인정했다. 아마 이 모든 것이 어느 날 "통합적 사회주의"에 이르지 못할 수도 있을 것이다. 하지만 적어도 "사회주의에 대한 실천적 시도"[51]를 할 수는 있을 것이다. 따라서 "모스크바 급진론자들의 그러한 노력을 따르는 것"——하지만 그들의 명령에 복종하지는 않는다는 조건 하에서—— 은 아주 터무니없는 일은 아니었다. 새로운 "모스크바의 교황들"을 향하는 자들에게 모스는 "신(神)도 주인(主人)도"[52] 가져서는 안 된다는 사실을 상기시키고 있다. 모스의 진영은 소수파들, 즉 "사회주의와 민주주의"를 신봉하는 블럼의 진영이었다. 게다가 모스는 1920년 12월에 "무덤덤하게" 다음과 같은 "소식"을 알리고 있다.

> [……] 새해 선물로 나는 아주 냉정하게 내 자신 공산주의자가 아니라는 사실을 알린다. 그리고 내가 더 이상 『뤼마니테』지의 행정위원회에 속하지 않는다는 사실도 말이다. 내가 직접 만들고 건립하는데 일정 부분 기여했던 집을 아무런 감정 없이 떠난다. 해적선에 꽂혀 있는 빼앗긴 깃발처럼 살해당한 우리의 위대했던 조레스의 이름이 아직도 걸려 있는 그 집을 말이다. 아무런 감정 없이 오랜 동지였던 카셍과 이별한다. 그리고 특히 '뒤늦게 가입한 자들'과도 말이다. 전쟁에서 되돌아왔을 때, 새로운 얼굴을 보여줬고, 빈약하기 짝이 없는 지식을 가진 자들, 그리고 젖비린내 나는 충성심을 보여주던 그렇게도 낯설게 보였던 그 자들과도 말이다. 심지어 나는 안도의 숨을 내쉬면서 라포포르와 폴 루이를 떠난다.
>
> 우리가 그들을 이제 더 이상 문에 붙들 필요가 없어진 지금, 아무런 정념 없이 더 쉽게 그들에 맞설 수 있게 되었다. 그들은 공산주의자들이 되어 버렸다. 우리는 용감하고 영광스러운 프랑스 사회주의 전당에 우리끼리만 남게 될 것이다. 생시몽, 프루동, 블랑키, 게드, 바이앙, 조레스, 프레상세의 전당에 말이다.[53]

이와 같은 분열로 인해 모스는 공산주의자들에 가세한 몇몇 친구들, 가령 필립 랑드리외와 멀어지게 된다. 하지만 "『무브망 소시알리스트』의 오랜 옛 동지들"은 옛집^{54}을 포기하는 것을 거부하게 된다.

투르 총회가 끝난 다음날, '국제노동자 프랑스지부'는 완전히 붕괴되는 것처럼 보였다. '국제노동자 프랑스지부'에 속했던 12명의 국회의원 ─ 1919년에 당선된 68명 중에서 ─ 들이 '프랑스 공산당'에 합류했다. 『뤼마니테』지에 대한 주도권 상실, 1921년-1922년에 있었던 노동조합의 분열, 수많은 내적 분열 등이 그 징후였다. 블럼은 "모험을 하기"보다는 차라리 "사회주의의 생명줄을 유지하기 위해 '국제노동자 프랑스지부'에 남기로 했다. 그는 폴 포르가 사무총장 직을 맡은 당의 당수직에 다시 올랐다. 그리고 '국제노동자 프랑스지부'의 새로운 지도 기구인 『르 포퓔레르』의 경영을 맡게 된다. 이 당의 내부에서 블럼의 지적, 정신적 권위는 확고했다. 질베르 지뷔라에 의해 "세기의 섬세한 미학자"로 규정되었던 부르주아 출신의 지식인 블럼에게, 사회주의는 "하나의 도덕, 하나의 종교, 그리고 하나의 이론이었다." 블럼 자신이 『사회주의자가 되기 위해』(1919년에 '국제노동자 프랑스지부'에 의해 간행되었다)라는 소책자에서 설명하고 있는 것과 같이, 그의 "사회 혁명"에 대한 구상은, 그를 사적 유물론의 주창자들과 대립시키고 있으며, 또한 프롤레타리아 독재에 대한 레닌의 생각과도 대립시키고 있다. 그의 공산주의 계열의 적들은 그가 전쟁 동안에 '성스러운 통합'을 내세운 정부의 사회주의 계열의 장관이었던 마르셀 상바의 비서였다는 사실을 들어 비난하고 있으며, 또 그가 "사회주의를 표방한 국수주의자"였다고 비난하고 있다.

지방에서, 더 정확히 말하자면 에피날에서 모스는 자기 당이었던 국제노동자 프랑스지부의 붕괴를 지켜봤다. "질서도 없이, 분열되고, 당파벌로 찢긴" 그런 세력이었다. 당이 "저항하고 진보하기 위해" 필요한 것을 하지 못하는 상황에 있고, 또한 당의 "지적 권위가 떨어지고" 있었던 만큼, 당은 위기 상황에 있었다. 조레스의 옛 측근이자 지금은 르노델과 블럼의 측근이 된 뤼시엥 레비브륄 역시 당에 대해 걱정이 태산이었다. "대다수의 극단주의자들을 흡수하기 위해서는 시간이 필요할 것"이고, 또한 "그렇게 되더라도 어쩔 수 없는 자들이 꽤 많이 남아 있을 것"[55]이라는 것이 레비브륄의 생각이었다.

모스는 낙관적인 입장을 견지했다. 노동자와 농민의 단합이 이뤄질 것이고, 그렇게 되면 분열된 당원들에게도 통합 요소로 작용하게 될 것이라고 모스는 생각하고 있었다.[56] 모든 것이 시간, 교육, 지적 행동의 문제였다. 『무브망 소시알리스트』의 모험, 『뤼마니테』지의 창간, 『카이에 뒤 소시알리스트』의 창간 등을 몸소 경험했던 모스에게 "옛 이론과 옛 전략을 새롭고도 현실에 맞는 형태로 갱신하고, 조정하고, 또 최소한 그것을 선전해나가는 것"이 불가피해 보였다. 모스의 생각에 의하면, 거기에 이르는 가장 훌륭한 방법은, "당과 당에 호감을 가진 자들을 중심으로 여러 개의 지식 센터를 재구축하는 것"이었다. 왜 과거와 같은 '사회주의 학교'가 안 되겠는가? 모스는 다음과 같은 결론을 맺고 있다. "그것은 우리들의 이념을 위해 반드시 필요한 것이다. 왜냐하면 교리와 마찬가지로 이론은 노화를 견디지 못하기 때문이다. 이론을 시대에 맞게 유지하는 것이 바로 조레스, 바이앙, 상바의 삶과 예에 충실하게 남는 것이다."[57]

모스에게 충실함은 아주 중요한 가치였다. "지금은 사라지고 없는 사람들, 그리고 우리가 그들의 친구였다는 행복을 누리고 있는 사람들이 가지고 있던 그런 지혜, 탁월함, 에너지 등과 같은 거대한 유산을 전승하도록 노력해야 할[58] 필요가 있다. 그 자신 "한동안 지나치게 과거 속에서 살고자 했고, 지나치게 회상하고, 지나치게 죽은 자들과 더불어 이야기를 나누는 것을 조심하려 했지만", 모스는 기꺼이 그 자신의 추억을 얘기하곤 했다. 러시아 여행을 하기 전인 1906년에 조레스에게서 받았던 충고[59], 조레스와 1914년에 가졌던 "마지막 인터뷰"[60], 1922년 7월에 있었던 친구 마르셀 상바와의 마지막 대담[61] 등이 그것이다. 상바의 죽음은 모스에게 커다란 충격을 줬다. "[……] 그의 죽음은 우리의 과학, 우리의 조국, 우리의 당에 커다란 손실이었습니다."[62]

이와 같은 모스의 행동은 분명 충실함에 해당되기도 했지만, 또한 그것은 사회주의의 갱신을 보고자 하는 바람이기도 했다. 카솅과 프로사르와는 반대로, 모스는 "빛"이 "북쪽"에서 온다고 생각하지 않았다. 이 옛 혁명적 학생은 "공산주의 선언과 프루동에게서 유래한 낡은 문구들", "대규모 협주라는 낡은 혁명이론, 계급투쟁과 더불어 계급의 철폐 등과 같은 낡은 혁명이론" 등, 이 모든 것들에 대해 진력이 나있었다. 그리고 모스의 레닌과 트로츠키에 대한 존경심 역시 상대적이었다.

고백컨대, 나는 레닌의 저작들의 이론적 가치로 인해 그다지 큰 충격을 받지 않는다. 트로츠키의 저작들에 의해서도 마찬가지이다. 나는 그 저작들을 명석한 정신으로 읽었다. 이들의 과거 저작들과 마찬가지로 단순해 보였다. 그들은 모두 순수한 혁명주의자들과 무정부주의자들에게 공통되는 폭력, 국가…… 등에 대한 수많은 주장에서 그다지 멀리 있지 않았다. 결국 부르주아 국가를 타도하는 것만으로도 인민들의 행복에 충분할 것이라는 주장을 서슴지 않고 있는 부정적인 자들, 허무주의자들인 것이다. 그들에게서 찬탄할만한 한 가지는, 이 이론들 자체가 아니라, 이 이론들을 현실에 적용시키려는 그들의 에너지이다. 특히 그들 각자의 정치적 수완 말이다.[63]

모스는 영국을 좋아하는 아주 드문 프랑스 사회주의자들 중 한 명이었다. 모스는 레닌의 "창조적 천재성"보다 "영국의 강도 높은 사유 운동"을 더 선호했다. 모스는 이렇게 쓰고 있다. "영국인들은 현재 그들의 이념, 원칙, 주장의 보따리를 바꾸고 있는 중이다. 그들은 이른바 과학적 사회주의라는 건전한 전통 속에 자리 잡고 있다. 그 예측과 처방을 오로지 현재에 대한 날카로운 관찰에서만 찾고 있는 사회주의가 그것이다."[64] 1920년 가을에 영국을 여행하면서 모스는 협동조합과 노동조합 운동의 "영국 고유의" 조직을 보고 다음과 같이 놀라고 있다. "이것은 행동의 필요성과 사실에 대한 관심에 의해 영감을 부여받은 신중하고도 활기찬 운동이다."

　　모스가 보기에 프랑스에도 잘 알려진 두 명의 영국 이론가인 웨브씨 부부는 분명 이와 같은 새로운 영국식 개혁 사상의 모범적인 예에 해당되었다. 그들의 프로그램에는 두 종류의 국회(정치적, 경제적 국회)의 창설, 지방분권화, 도시화, 다민주화, "소비자 공화국"의 건립, 소유권의 조직, 도덕 교육 등이 포함되어 있었다. 모스는 이것이 하나의 프로그램 이상의 그 무엇이라고 생각한다. "이것은 우리가 기획하고 있는 새로운 사회다." 그리고 이렇게 덧붙이고 있다. "폭력에 의존하지 않고, 혼란을 조장하지 않고서도"[65] 이런 사회를 건설하는 것이 가능하다. 탈이해 관계,

"현명하고, 즉각적인 행동"의 필요성, 사실에 대한 배려, 이것이 결국 모스가 영국의 사유 운동에서 끌어내고 있는 교훈에 해당된다.

프랑스 동지들의 우울한 마음, 조바심 나는 정신, 한탄이 그 무엇보다도 모스를 안타깝게 했다.[66] 옛 당에 충성하면서 "공산주의자들과 함께 자립과 통일이라는 생각"[67] 주위에서 야단법석을 떨고 있는 투사들의 행동에 대해 뭐라고 말하겠는가! 모스의 판단으로는, "단합된 옛 당"의 내부에서 규율이 엄격하게 지켜지도록 했어야 했다. 그렇지 못했다면, "그 내부에서 분열을 겪은 집은 당연히 허물어지게 될 것이었다." '프랑스 공산당'이 "의례적인 성스러운 모임" —— '인터내셔널' —— 의 명령 앞에서 머리를 조아리고 "프롤레타리아 통일 전선"의 전략을 채택했을 때, 모스는 거기에 대해 활발하게 대응했다. "단일 전선에는 반대, 통일에는 찬성이다." 모스의 입장은 분명했다. "가련한 분리파들", 즉 "모스크바의 감시 하에 카솅이 지도하는 대규모 대중과 함께 단일 전선을 형성"[68]할 수는 없는 노릇이었던 것이다.

4년 전에 장 롱게에 의해 창간된 『르 포퓔레르』지는 사회주의자들의 중앙 기구 중 하나로 자리 잡았다. "조건부 가입을" 제안했던 장본인인 롱게는, 사회당에서는 칭송받는 인물이었지만, 우파 매체에서는 "1/4 보슈"로 취급되고 있었다. 롱게는 투르 총회에서 블럼 편에 섰다. 이 두 사람이 운명을 맡게 된 이 신문의 판매 부수는 대단한 것이 못 되었다. 1922년 말에는 22,000명의 독자 그리고 7,000명의 정기 구독자를 헤아릴 정도에 불과했다. 재정 적자는 한 달 기준으로 20,000프랑 정도였다.[69] 1930년에 이 신문은 40,000명의 정기구독자를 포함해 63,000부를 간행하게 된다. 이 수치는 그 당시 150,000부를 간행했던 『뤼마니테』

지의 수치와 비교가 안 되는 것이었다.

『르 포퓔레르』가 조간지(朝刊紙)로 바뀐 후 모스는 이 신문의 운영위원회와 편집위원회에 참여하는 것을 받아들이게 된다. 이 신문은 "규모 상 보잘 것 없는 신문"이었지만, 모스는 자부심을 가지고 있었다.

> 우리의 『르 포퓔레르』지는 아주 소규모의 용감한 일간지에 불과할 뿐이다. 하지만 그 지혜로움, 정직성, 독립성, 올곧음—그 영향력보다는—으로 이 신문을 지지하는 당과 인터내셔널에 그 영광을 돌리고 있다. 불행하게도 당장 필요한 백만 프랑의 돈이 부족해 보급에 필요한 적당한 형태도, 좋은 효과를 낼 수 있는 생각들을 지지할 수 있는 판매 부수도 아직 찍어내지 못하고 있다. 오리올과 블럼을 위시해 다른 많은 사람들을 포함하고 있는 우리가 천 번을 생각해봐도 아무런 소용이 없을 것이다. 극소수의 시민들, 심지어는 우리 당이 보여준 이념을 알고 있는 극소수의 투사들만이 ─역사가 그것을 보여줄 것인데─ 자신들의 생각을 개진하고, 아마도 적용하는 영광을 누리게 될 것이다. 하지만 그 숫자가 적은 것은 그다지 중요하지 않다.[70]

1921년과 1925년 사이에 모스는 『르 포퓔레르』지에 많은 글을 발표했다. 첫 번째 글은 정치적이라기보다는 문화적 성격의 글로, 자연사 박물관의 고생물학 교수였던 M. 불의 『화석인』에 관련된 것이었다. 모스에게 중요한 것은, 사회주의가 "그 어떤 사상의 운동이거나 그 어떤 발견에도 낯설지 않은 것"이었다. 모스가 유감스럽게 생각하는 것은 다음과 같은 것이었다. "어떤 자들의 독재와 또 다른 자들의 비판"이 그 자신의

"학문과 정치를 통합하고자 하는 의도"보다 더 강했다는 것이 그것이다. "인간의 원시적 형태들", 특히 이른바 "네안데르탈인"의 "원시적 형태들"에 대해 기술하고 있는 이 저서에 대해 모스는 사태들의 "상대성"에 대한 정치적 결론을 끌어내고 있다.

> 유사한 여건들 앞에서 이 모든 것은 이 얼마나 상대적이 되는가!
> 현대인과 현대사회가 진화의 완벽한 끝이라고 생각하는 자들에게 이 얼마나 큰 가르침인가!
> 또한 너무 성급해서 자신들의 폭력이 완벽한 사회, 더 이상 진보하지 않을 종족을 낳게 될 것이라고 생각하는 자들에게 이 얼마나 멋진 교훈인가![71]

분명 이와 같은 주장은 공산주의자들을 향한 것이었다. 하지만 모스는 1919년부터 소련에 대한 봉쇄에 맞서 항의했던 자들의 편에 속해 있었다.[72] 그는 이렇게 외치고 있다. "평화를 실천하기를! 봉쇄를 철폐하기를! [……] 볼셰비키들에 의해 일그러지기는 했지만, 그래도 소비에트 공화국을 인정해야만 한다. 러시아를 구해야만 한다. [……] 공산주의자들의 오만과 부르주아의 바보짓으로 인해 죽음을 선고 받은 인류를 구해야만 한다."[73] 블럼과 "사회주의의 이상향"을 공유하고 있던 모스는 볼셰비즘으로 인해 불안해졌다. "그 어떤 당보다 사회주의는 폭력과 피를 끔찍하게 여긴다."

『라 비 소시알리스트』지에서 모스는 1923년에 「폭력에 관한 성찰」이라는 제목이 붙은 5편으로 이뤄진 일련의 글을 신고 있다. 이 "성찰"

의 결론은 애매 피통 의원에 의해 편찬되었던 『레 보주 소시알리스트』에 다시 포함되게 된다.[74]

　러시아에 대해 얘기하는 것은 결코 쉬운 일이 아니었다. 1920년에 『라 르뷔 드 파리』에 러시아 협동조합들에 대해 찬사일색의 글을 발표했을 때, 모스는 종종 접근이 어려운 자료들을 수집하느라 진을 뺀 적이 있었다. 그 결과 모스는 "거대하고 불행한 러시아 제국"에 대한 모든 연구가 안고 있는 어려움을 잘 알고 있었다.

　　러시아에 관련된 것들에 대한 역사를 집필하는 경우, 종종 자료들과 증언들에 대해 항상 엄격한 비판의 잣대를 대야 할 필요가 있다. 러시아 정부들은 많은 기록을 남기고, 인쇄하고, 발표한다. 이 정부들이 단순히 복종했던 경우는 드물다. 러시아 시민들과 조직들은 의견을 발표하고, 쓰고, 종종 과장하기도 한다. 한 정부에 대해 들어맞는 것이 다른 정부에 대해서는 그렇지 않은 경우도 있다. 정부마다 의견을 바꾸곤 한다 [……] 러시아적 무정부주의의 힘은 공포정치와 여러 형태의 공포정치의 힘보다 더 세다.[75]

그렇다면 러시아는 왜 "일종의 피포위(被包圍) 광기"에 휩쓸렸을까? 모스는 "거의 전 세계에 의해 강하게 보이코트 당했던" 이 민족, 지금은 "자신들이 가진 가장 훌륭한 요소들의 대부분에 의해 고립되고, 굶주리고, 폐허가 되고, 버림을 받은"[76] 이 나라를 이해하고자 했다. 이 나라가 그렇게 된 (정치적, 사회적) 이유는 간단했다. 게다가 이탈리아처럼 "뒤떨어지고, 가난하고, 불행한" 한 나라가 바로 러시아였다. 모스에 의하면,

이 나라에서 행해진 "전제정치"는 "이 나라 국민들의 정치적 무능력"의 증거였다. 볼셰비즘과 파시즘은 현대 사회의 "쇠퇴"를 증명해 주었다.[77] 이 두 이즘(-isme)은 "정치적으로 교육받지 못한 민족들의 삶의 정치적 일화들"인 셈이었다. 왜냐하면 이 두 이즘이 행해진 나라들에서는 여론이 없고, 시민교육이 없으며, 한 마디로 "시민들이" 존재하지 않기 때문이었다.[78] 정치 공간은 "행동하는 소수파"에 일임되어 있다. 따라서 "크렘린의 야만인들"이 그들의 "모험 실천가들"과 더불어 러시아를 장악한 것에 하등 놀랄 필요가 없는 것이다.

"파시즘과 볼셰비즘"이라는 부제가 붙은 이 일련의 모스의 글은 1908년 조르주 소렐의 『폭력에 대한 성찰』에 대한 응답으로 제시된 것이었다. 모스는 분명 1895년에 알게 되었던 옛 동지와의 이와 같은 토론을 불쾌하게 생각하지 않았다.

> 조르주 소렐은 세상을 떠났고, 신에게 그의 심술 사나운 영혼을 돌려 줬다. 분명 그 자신 경배할 자유를 가지고 있었지만, 은밀하게라도 섬기지 못했던 바로 그 신에게 말이다.
>
> 소렐에게서 하나의 이론 이상인 하나의 행동이 여전히 남아 있다. 이 행동은, 그 자신이 지적하고 있는 것처럼, 하나의 표현, 하나의 '신화'로 환원된다. 그의 폭력 호교론—신랄한 노인의 작품, 자신의 행동의 결과를 염두에 두지 않았던 노인, 위임장이 없는, 학문적 조심성이 없었던 노인의 작품—은 상당히 큰 반향을 일으켰다.[79]

폭력의 사도, "직접 행동"의 사도가 된 소렐은 "다수파에 대한 소수파의 승리"를 선언했다. 모스가 보기에 이와 같은 "이른바 현실주의적 이념"
을 비판하는 것이 아주 중요했다. 그도 그럴 것이 모스 자신 소렐을 레
닌이나 무솔리니의 "대부(代父)"로, 혹은 더 정확히 말하자면, "한때 기
자들이었던 이들 각자가 자신들의 행동을 […] 정당화하기 위해 이용
하거나 이용했던 몇몇 문구들의 대부"[80]로 여기고 있었기 때문이다. 하
지만 이와 같은 논쟁을 넘어서 모스의 흥미를 끄는 것은, 볼셰비키 혁명
자체를 더 잘 이해하는 것이었다. 모스는 『르 포퓔레르』지에서 이 혁명
의 "몇몇 측면"에 대해 벌써 날카로운 비판을 한 바 있었다. 그의 진단은
인정사정이 없었다. 분명 볼셰비즘 혁명에 대해 "몇몇 영광스러운 타이
틀"과 "몇몇 좋은 면"을 인정하기는 했다. 가령, 관료정치 혁파, 러시아
귀족계급 타파, 연방주의의 실현, "전제정치의 희생물이 된 몇몇 인민
들"의 해방, "몇 년의 방황 끝에" 이뤄진 농민들에게의 토지 상환 등이
그것들이었다. 하지만 전체적으로 보아 부정적인 면이 "더 강했다."

   모스에게 볼셰비즘은 "그 이념의 빈곤함, 그 합법적이고 행정적인
실천의 빈곤함"[81]으로 역사에 기록될 것이다. 그렇다면 모스는 러시아
공산주의자들에게 무엇을 비난하고 있는가? 우선 그들이 "포고령과 폭
력으로 법과 권리를 세울 수 있다.", "이해당사자들의 동의와 믿음 없이
그들의 이익을 관리할 수 있다."[82]고 믿었다는 것이다. 그 다음으로 경제
부분에서 "모든 것을 파괴한 것"이다.(모든 사적 거래의 폐지, 모든 시장의 철
폐, 모든 증권거래의 철폐, 모든 투기의 철폐, 등.) 그리고 더 나쁜 것은 "모든 사
회생활의 원천, 믿음, 신용 등을 완전히 고갈시켜버린 것"[83]이다. 마지
막으로 "이 나라의 가장 활발한 계급에 맞서, 가장 소중한 국가 기구들
에 맞서, 성공에 가장 중요한 국가 기구들에 맞서"[84] 사회혁명을 수행했

다는 것이다. 이처럼 볼셰비키들은 자신들을 "법의 테두리 밖에, 그뿐만 아니라 정치적 지혜에서도 가장 기본적인 규칙 밖에 놓았다."[85]는 것이다. 아마 최소의 정치적 지혜는 "농부로 하여금 다른 사람을 위해 노동하도록 강요하지 않는", 또한 "노동자 경영"을 보장해주는 데 "필요한 기술과 직접적인 요소들"을 보존하는 것이었을 것이다. 모스가 보기에 정확히 그 점이 역사적 모순이었다. "모스크바에서 프롤레타리아의 독재가 프롤레타리아에 대한 공산당의 독재가 되어 버렸다."[86]

　"활동적 다수"라는 주장을 옹호했던 모스는 폭력을 규탄했다. 폭력은 러시아에서나 이탈리아에서나 "무용하고 어리석은" 것이었다. 그는 이렇게 쓰고 있다. "폭력은 우리 현대 사회에서는 황폐한 행태이다. 그것은 대가가 크고 폐기된 정치 행동 수단이다."[87] 그의 관점에서 보면 최상의 통치는 가장 느껴지지 않게 행해지는 통치다. 모스는 이렇게 덧붙인다. "국가들의 체제가 강하면 강할수록 힘이 점점 덜 필요하다."[88]

　모스는 다음과 같은 희망을 간직하고 있었다. "최근 두 차례에 걸쳐 행동한 소수파들"로부터 프롤레타리아가 교훈을 끌어낼 수도 있다는 희망과 프롤레타리아가 "폭력의 신화, 사회적 기적에 대한 신앙"에서 벗어날 수 있다는 희망이 그것이었다. 물론 그렇다고 해서 모스가 "끝도 없는 법률존중주의" 쪽으로 경사된 것은 아니었다. "법제화 찬양자"도, "계속 주동만 하는 혁명가"도 아니길 바랐던 모스는, 한편으로 "법률존중주의와 법률에 대한 맹목적 숭배, 부르주아 법제성"을, 다른 한편으로 "혁명주의와 공산주의"를 둘 다 배척했다.

　이와 같은 입장은 미묘한 것이었다. 실제로 『협동조합 연구 잡지』에서 베르나르 라베르뉴는 모스를 경계하고 있다. "당신 스스로 사회주의 학자들의 호통을 자초하고 있고, 또 언젠가는 다른 학자들에 의해 잘못 취급될 수도 있을 것입니다." 그리고 그는 이렇게 덧붙이고 있다. "당신은 스스로 개인주의 학파의 이론에 너무 가까이 갔다고 생각하지 않습니까?"[89] 모스는 사회학으로부터 다음과 같은 것을 배웠다. "규율, 구속, 제재 없인 사회가 존재하지 못한다."는 것과 "심지어는 다수파에 의해 제정된 법도 어느 정도는 전제적일 수 있다."는 것이 그것이다. 그리고 모스는 그 자신의 정치 경험을 통해 순진함을 버리게 되었다. 사회주의는 "풀을 뜯으며 한가롭게 울고 있는 염소들의 이론"이 아니고, "진보적인, 심지어는 부분적인 사회주의 정립"은 "충돌 없이, 이익에 대한 상처 없이"[90] 이뤄지지 않는다는 것을 모스는 배웠다.

　　모스 자신이 한 명의 민주주의 투사이자 한 명의 혁명가라고 소개했던 위대한 장 조레스 역시 계속해서 "대중이 힘을 발휘하기를 독촉하지" 않았던가? 배척해야 할 것은, "법에 반해, 혹은 법 없이 부과되는 힘"이었던 것이다. 모스는 어떤 이들의 힘의 사용 방식을 단죄했다. 하지만 그는 이 힘의 사용이 필요불가결하다는 점 역시 단언했다. 결국 그는 "독재"라는 단어에 대해 "절대적인 반감"을 드러내지 않는다. 다만 다음과 같은 조건에서다. 이 독재라는 용어로 "다수의 독재"를 의미하고, "일시적인" 이와 같은 통치 방식이 "법에 의해 예정된 형태 속에서 이뤄져야 한다."는 조건이 그것이다. 왜냐하면 "국가, 국가 경제는 시민들의 선한 의지에 의해서만 기능할 수 있을 뿐이기 때문이다." 따라서 소수파의 직접 행동이라는 신화와 결별해야 하고, 또 "행동하는 다수파의 이론"을 따라야 할 필요가 있는 것이다. 모스가 도출하고 있는 결론은 "민주주의, 그리고 신중함과 힘에 대한 유용한 교훈"인 것이다.

다수파가 그들의 권리와 힘을 의식해야 할 시간이다. 또한 그들이 그 것을 이용해야 하는 시간이기도 하다. 결국 사회주의는 이와 같은 의식의 각성, 그들의 이익과 권리, 힘에 대한 각성과 같은 것이다. 우리나라 국민들의 대다수를 구성하고 있는 노동자 대중 속에서 이뤄지는 각성 말이다. [……] 우리 자신이 되자. 강하고 신중해지자. 우리가 다수가 된 경우에는 현명해지고 주의 깊어지자. 항상 모든 선동과 모든 반동에 맞서 깨어 있는 상태에서 말이다.[91]

이 일련의 글에 이어 모스는 "상당히 민중적인 형태"의 저서 한 권을 집필하려는 계획을 생각하게 된다. 그 제목은 『볼셰비즘에 대한 사회학적 평가』가 될 예정이었다. 러시아어에 대한 지식이 충분하지 못했기 때문에 이 책이 아주 독창적이고 내용이 아주 풍부한 책이 되기는 어려웠을 것이다. 모스의 의도는 겸손하게 "가능하면 간단하고 정확하게 [……] 볼셰비즘을 다루고", 일반 정치이론에서 제기되는 다음과 같은 중요한 하나의 문제에 대해 차분하고 객관적인 방식으로 답을 하는 것이었다. "볼셰비즘에 대한 경험은 어느 정도까지 사회주의를 지지하고 부인하는가?"[92]

결국 문제는 볼셰비즘의 경험을 판단해보는 것, 혹은 러시아의 역사와 현대사의 현 단계를, 옛날식 표현을 사용하자면, "평가"해보는 것이다. 역사에 대한 콩트의 개념들(다시 말해 "낭만적이고 소설적인")과 "추락과 정신적 재건" 등과 같은 개념들을 거부하면서, 모스는 "역사 전체 속에서 역사의 한 순간에 자리매김을 하고자 했다. 다시 말해 그 준(準)필연성 속에다 자리매김을 하고자"[93] 했다. 어느 정도는 프랑스의 계급

투쟁과 파리 코뮌에 대해 마르크스가 그 "유명한 팜플렛"에서 했던 방식으로 말이다.

> 아직도 걸음마 단계에 있는 사회학으로 하여금 모든 사회의 위기를 추적할 수 있게끔 해주는—그렇지 않다면 예견하고 관리하는 것을 가능케 해주는—관찰과 교육의 통계적, 수학적, 역사적, 지리적 수단들을 고안해내지 못하는 한, [……] 변증법이라는 통상의 방식을 적용할 여지가 있을 것이다. 가능한 한 가장 잘 간추려진 주제들에 대해 가장 훌륭한 방법을 가지고 연구해야만 한다. 도덕과 정치는 더 이상 머뭇거릴 시간의 여유가 없다. 따라서 그 주제들을 전적으로 합리적 절차를 통해 처리하는 것으로 충분하다. 그것도 사실만을 고려하면서 말이다.[94]

그 자신 소비에트라는 새로운 조직 형태에 의해 "매혹되었고, 열광했던"——모스에 의하면 러시아는 "국가와 소유권의 국가적인 동시에 직업적인 조직을 위한 첫 번째 시도"[95]다.——, 뒤르켐의 승계자 모스는 볼셰비즘에 대한 저서의 집필을 위한 강한 동기를 부여받았다. 그도 그럴 것이 모스 자신이 뒤르켐의 이론과 소비에트의 실천 사이에 일종의 유사성, 게다가 친족성이 있다고 믿고 있었기 때문이다. "소비에트의 이념과 실현은——혼동되리만큼——, 뒤르켐 자신이 항상 강조했던 두 개의 도덕적, 정치적 그리고 경제적 결론, 또한 죽음으로 인해 사실들에서 구체화시키지 못했던 결론에 일치한다." 뒤르켐은 실제로 다음과 같은 결론에 도달했다. 즉 단지 직업적 집단만이 "개인들을 훈련시킬 정도로" 충분히 강한 "힘과 통제"의 기구라는 것과, 오직 중간 수준의 이와 같은 조직 형태만이 —— 모스가 잘 요약하고 있는 것처럼 —— "개인의 조정자이자 또한 국가의 조정자"[96]일 수 있다는 것이다. 그러한 결론들이 모스에게 "강한 불안함"을 야기하지 않은 것은 아니었다. "우리의 가장 중요한 개념들, 가장 뒤늦게 얻게 된 개념들, 가장 늦게 얻어진 생각들, 가장 열렬히 강조된 개념들이 확인될 것인가 아니면 부인될 것인가?"[97]

모스에게 이와 같은 강한 개인적이고 지적인 우려에 정치적인 "공감어린 근심"이 더해지고 있다 "우리가 가진 생각들의 운명 자체가 만들어지고 있는" 모스크바라는 이 "일종의 성소(聖所)"에 대해 무엇을 할 것인가? 모스의 동기는 다음과 같이 이중적이었다.

이처럼 우리 내부에서 학자의 뜨거움과 정치인의 뜨거움이 섞여 있고 또 이글거리고 있다. 그도 그럴 것이 그곳에서 원용하고 있는 것이 바로 사회주의였기 때문만은 아니다. 그것은 또한 이 사회주의가 여러 해결책 가운데 우리의 조직, 우리의 직업적 조직만을 선택했기 때문이기도 하다. 실험은 감동적인 것이었다. 여전히 진행 중에 있는 사태들을 통해 우리가 이 실험을 어느 정도의 관심을 가지고 지켜봤는가를 이해하게 될 것이다.[98]

협동조합 형태로 새로이 설립되고(1921년) 조직된 프랑스 대학출판사(PUF)는 모스의 저서 출간을 어려움 없이 받아들였다.[99] 모스 자신이 이 출판사의 창립자 중 한 명이었다. 서론과 결론 부분을 제외하고 그 저서는 5개의 장을 포함하고 있었다. I. 볼셰비즘은 어느 정도까지 실험이었는가? 볼셰비즘은 어떻게 러시아 혁명을 장악하게 되었는가? II. 볼셰비즘은 어느 정도까지 사회주의에 속하는가? 볼셰비즘과 공산주의. III. 경제적, 정신적 실패. IV. 정치적 성공. V. 새로운 경제, 정치[100] 등이 그 것이다.

미완성으로 남게 되는 이 저서에서 모스는 부분만을 출간했을 따름 이다. 1924년에 「볼셰비즘에 대한 사회학적 평가」, 그 이듬해에 「사회주 의와 볼셰비즘」이 그것이다. 볼셰비즘에 대한 비판은 새로운 것이 아니 었다. 개혁주의를 맹렬하게 옹호했던 알베르 토마는 1919년에 이미 『볼 셰비즘이냐 사회주의냐』라는 소책자를 발간한 바 있다. 이 소책자에서 토마는 볼셰비즘에 대해 혁명적, 사회주의적 특징을 인정하기를 거부 하고 있다. 제네바 소재 '국제노동사무소'의 소장 역을 맡은 토마는 회 의적이었다. "대중에게 믿기지 않을 정도의 매혹을 행사하고 있는 볼셰 비즘은, 과연 이 주의 안에서 자코뱅적 독재로 경사되던가 아니면 다른 자들에게 불만과 비참함을 야기하는 것 이외의 다른 것을 할 수 있는 능 력을 보여줬는가? 과연 이 볼셰비즘은 건설적인 결과를 낳았는가?"[101] 공산주의에 대해 일정한 거리를 두고 있다는 사실을 보여주고자 레옹 블럼 역시 볼셰비즘을 분석했다. 1922년 4월에 간행된 한 기사 —— "로 자 룩셈부르크"라는 제목의 기사 —— 에서 블럼은 마르크스주의적 관점 에서 "볼셰비즘의 유토피아적 성격"을 비난하고 있다. 몇 년 후에 사회 주의자들의 지도자가 된 블럼은 『볼셰비즘과 사회주의』(1929)라는 제목 의 소책자에 자신의 여러 편의 글을 한데 모으게 된다. 1920년에 옹호한 자신의 주장에 충실한 블럼은 볼셰비즘과 사회주의를 구별하고자 했 다. 그의 관점에서 보면 러시아에서는 혁명이 이뤄지지 않았다. 블럼은 1930년대 초에 투르에서 이렇게 선언하게 된다. "볼셰비키 공산주의는 진정한 사회주의가 아니라, 그 왜곡이자 패러디다."

　모스는 이 두 주의의 차이에 대해 좀 더 많은 뉘앙스를 부여하고 있다. 모스는 "러시아 혁명을 모델로 제시하는 것도, 또 그것을 참새를 쫓는 허수아비처럼 제시하는 것도"[102] 원하지 않았다. 『슬라브 잡지』가 보여주고 있는 것처럼, 모스의 연구는 "강렬하게, 명석한 의식으로, 엄격한 방법으로, 공평성을 위한 강한 의지"로 위의 사실을 증명해주고 있다. 폴 위블렝은 다음과 같이 강조하고 있다. "우리가 너무 자주 정념을 통해서만 바라보는 현상에 대해 진실로 객관적 연구"[103]를 수행한다는 것은 결코 쉬운 일이 아니다.

　러시아를 뒤흔들었던 거대한 사회 운동에 대해 모스는 별다른 어려움 없이 하나의 혁명 안에 두 개의 특징이 포함되어 있다는 사실을 인정하고 있다. "기득권에 대한 무시 그리고 다른 형태의 삶을 위한 정치적임과 동시에 사회적인 체제의 채택"이라는 특징이 그것이다. 하지만 모스에 의하면 영국, 미국, 프랑스에서 발생했던 혁명들과는 달리, 러시아 혁명은 자율적 현상도 "무르익고, 자발적으로 행동에 나선" 민족의 작품도 아니었다. 기껏해야 러시아 혁명에서는 "차르 체제의 몰락을 보여주는 하나의 상징, 하나의 징후, 그 효과만"[104]이 중요했던 것이다. 러시아에 부족했던 것, 그것은 의지였다. 모스는 반복해서 이렇게 지적하고 있다. 볼셰비즘은 "사회주의를 위한 강하고 무르익은 한 민족의 행동, 뚜렷한 의지의 산물"[105]이 아니었다고 말이다. 그리고 "볼셰비즘은 어떤 척도에서 합리적으로 선택되고, 체계적으로 이뤄진 행동인가?"라는 물음에 대해 사회학자 모스는 다음과 같은 답을 하고 있다.

아니다. 이것은 체계적으로 이뤄진 사회학적 '실험'이 아니다. 그것은 단지 하나의 거대한 모험일 뿐이다 [……] 이 모험이 최소한 의도적으로 선택되었다는 장점을 가졌더라면, 이 모험이 정치적 실험의 제3의 특징을 가졌더라면, 그리고 이 모험이 의지적이었더라면! 아니다. 결코 그렇지 않다. 이 모험은 전적으로 상황의 산물이고, 의지력보다는 효과다. 이 모험은 그저 하나의 우연에 불과하고, 인민의 삶에 덧붙여지고 달라붙은 것에 불과하다. 이 모험은 인민의 의지의 산물이 아니다. 이 모험은 인민의 선택의 표현도 아니다. 이 모험은 인민의 영혼과 일치하지 않으며, 러시아 인민의 심성의 움직임에도 들어맞지 않는다. 게다가 이 모험은 러시아 인민의 지도자들이 가지고 있었던 이념의 가장 순수한 실현도 아니다.[106]

이처럼 모스는 러시아 혁명을 일종의 "자연적 숙명"의 결과로 보고 있다. 이 혁명은 "전쟁, 비참함, 한 체제의 몰락"에서 태어난 것이다. 따라서 사회적 혁명으로서의 이 혁명은 가장 안 좋은 상황에서 나타난 것이다. "이 혁명은 무너진 하나의 사회에 대한 계승이었다."[107]

사회학의 관점에서 보면 다음과 같은 점은 분명하다. 그 어떤 사회 운동도 "전적으로 그 주동자들이라 자칭하는 자들의 작품"이 아니라는 점, 그리고 "사회에 대한 결정론이 인간에 대한 그것보다 더 진실되다."[108]는 점이 그것이다. 모스가 규정하고 있는 것과 같은 분석자의 임무는, "이러저러한 운동이 어느 정도로 자율적이고, 어느 정도로 그 자체의 운명을 만들어 가고, 이 운동을 넘어서는 사건들의 효과를 만들어 내는지를 탐구하는 것"이다. 또한 분석자의 임무는 "평가"를 하는 것이기도 하다. 다시 말해 "의학에서처럼 이 사건이 훌륭한지 그렇지 않은지를 선언하는 것"이다.

『형이상학과 도덕 잡지』에 발표했던 「볼셰비즘에 대한 사회학적 평가」라는 글에서 모스는, 일련의 "실천적 결론들"을 끌어내고 있으며, "전체적으로 보아 이론적 관찰들과 맞물린 많은 유익한 점들을" 찾아내고 있다. 모스가 시도한 "기술적 사회학과 실증적 정치학의 결과들"은 볼셰비키 혁명이라는 그 "거대한 사회적 경련"이 진행되는 동안 저질러졌던 수많은 실수들이 어떤 것이었는지를 잘 보여준다. 예컨대 새로운 체제가 시민들의 "일반의지"의 작품이기는커녕 소수파에 의해 일방적으로 부과되었다는 점, 대외 채무 이행을 중지시켜버렸을 때, 그리고 외국의 소유권이 변제되지 않고 몰수되었을 때, "암묵적인 국제 계약들"이 이행되지 않았다는 점, 그 자체로 부조리한 것이지만 "소비 공산주의"가 "경제 즉 시장 구성 요소들의 파괴"로 이어졌다는 점, 인간의 교환 본능과는 달리 "군사 경제"의 실시로 인해 모든 현대 경제에 필수불가결한 산업, 상업적 자유가 사라졌다는 점, 직업집단, 협동조합 등과 같은 "중간집단들"의 약화로 인해 "사회주의 체제를 향한 이전 단계의 필수적인 요소들"이 파괴되었다는 점 등이 그것이다.

"과학적"임과 동시에 "실천적"이었던 모스의 결론은 분명했다. "개혁"을 원하는 모든 국가는 시장과 화폐를 보전해야 한다, 또 모든 국가는 "모든 가능한 집단적 기구들을 발전시켜야" 하며, "자유연합과 집단주의, 혹은 과반수 결정권을 포함해 연합의 권리와 개인주의 사이의 양립불가능성을 세우는 것"을 피해야 한다는 것 등이 그것이다.

모스에게 "자유"와 "집단 통제" 개념은 서로 모순되는 것이 아니었다. 또한 사회주의는 "하나의 소유 형태로 대치시키기 위해 모든 소유의 형태를 폐지하는 것"을 내세우지 않았다. 환상을 꿈꿔서는 안 되었던 것이다. "[……] 완전히 자본주의적인 사회는 존재하지 않는다. 이와 마찬가지로 순수하게 사회주의적인 사회 역시 없을 것이다."[109] 달리 말하자면 "가능한 것"이라는 개념은 복합경제, 즉 "자본주의, 국가주의, 행정적 사회주의, 자유집단주의, 개인주의" 등이 섞인 복합경제로 요약된다.

요컨대 "러시아 사태"로 인해 모스의 사회주의에 대한 신념이 심하게 흔들린 것은 아니었다. 왜냐하면 이 사태를 통해 "그의 신념이 [……] 확인된 것도 부인된 것도 아니었기" 때문이었다. 모스는 이것이 "정치적 논리"에 입각한 결론이라고 말하고 있다. 유사한 두 개의 사회가 존재하지 않기 때문에, 두 사회의 상황이 항상 다르기 때문에, "가능한 것"과 "불가능한 것"은 한 사회에서 다른 사회로, 한 상황에서 다른 상황으로 넘어갈 때마다 다르다. 이렇게 되면 유추(類推)에 의한 모든 추론은 작동하지 않게 된다. "한 집단적 개체가 이렇기 때문에 다른 집단적 개체도 이렇다, 러시아에서 이렇기 때문에 프랑스에서도 이렇다, 또는 그 역의 결론"을 내릴 수 없는 것이다. 또한 "과거의 교훈에서 출발해서 전체에 적용되는 교훈, 다른 사회의 구성원들에게 유익한 교훈을 끌어내는 것"[110] 역시 불가능하다.

게다가 모스는 사회주의에 대해 절망할 이유가 없었다. 그도 그럴 것이 그의 관점에서 보면 러시아 혁명의 실패는 한 민중의 정치적 무능함을 증명해줄 뿐이기 때문이었다. 유럽과 아메리카 대륙에 있는 그 어떤 국가들도 새로운 사회를 재건하기 위해 현재 사회를 폐허로 만드는 "모험"에 뛰어들지 않을 것이다. 만일 사회주의가 언젠가 그 사회들 중

한 두 사회에 뿌리를 내린다면, 그것은 "폭력에 의해서도 아니고, 재난이 진행되는 동안에도 아닐 것"이라는 것이 모스의 생각이었다. "사회주의가 수립할 무엇인가는 시민들의 분명하고도 의식적인 행동을 통해서 구축될 것이다." 따라서 사회주의의 성공 기회는 이 주의를 "국부(國富)를 보존하는 주의, 보존해야 할 재산에 대한 훌륭한 조정자 —— 이카리아 섬의 건축가[111]로서가 아니라 —— 로서의 주의"[112]로 여기는 낡은 산업화된 국가들에서 더 클 것이다.

위의 문장을 쓰면서 모스는 그 자신이 잘 알고 있는 영국을 염두에 두고 있었다. 이 나라에서 노동당 —— "합법적인 정당이자, 조직되고, 교육을 잘 받은 다수에 의해 이뤄진 민주주의의 성과인 정당" —— 은 "여러 사실들에 자기 당의 강령을 반영할" 수 있는 상황에 있었다. 모스의 정치사상을 가장 잘 보여주는 문장은, 라살로부터 영감을 받아 모스의 친구인 엠마뉘엘 레비가 제안하고 있는 다음과 같은 문장이다. "사회주의는 기득권 없는 자본주의다."[113] 법률학자이자 리옹 시장의 보조관이었던 레비는 집단의 권리 인정 위에 정립된 "사법적 사회주의"의 이론가이기도 했다. 레비는 유토피아와 폭력을 다 배척했다. 그렇다고 해서 그가 힘에의 호소를 완전히 부인한 것도 아니었다.[114] 모스에 의하면 바로 거기에 모범이 되는 지적 운동이 자리 잡고 있는 것이다. "여기에서는 학문이 실천을 지도한다. 학문이 사회주의 자체를 밝혀준다. 즉 사회주의가 학문을 통해 이해하고, 관찰하고, 예견한다. […]"[115]

"혁명의 꿈에 의해 최면에 걸려 모든 인간 사회를 개혁할 수 있다."고 믿는 "미래의 사회주의의 주역들"에게 모스는 다음과 같은 사실을 상기시키고 있다. "법은 창조하지 않고 처벌한다." 또한 "[…] 법은 풍습에 앞서는 것이 아니라 그것을 뒤따른다, 경제와 기술에 대해서는 훨씬 더 그렇다.""순진한 사회학자"로서의 공산주의자들은 "질서와 열광 속에서만 새로운 차원을 가진 사회의 건립이 가능할 뿐이라는 사실"을 잊고 있다. 그들은 또한 "신의 말씀처럼 무로부터(ex nihilo) 법을 창출해 낼 수도 있는 최고권"[116]을 믿는 실수를 범하고 있다. 이것이 바로 모스가 "정치적 물신숭배"라고 부르는 것이다. 모스는 이것을 또한 "볼셰비키들의 패배"를 가져다 준 주요 요인 중 하나로 여기고 있다. 또 다른 요인은 폭력이다. 「폭력에 대한 성찰」의 저자인 모스는 "정치 일반"의 결론을 다시 취하고 있다. 그는 "오랜 쟁점이자 케케묵은 쟁점을 들먹이는 자로 여겨질" 위험을 감수하면서 "그리스와 로마로부터 내려오는 오랜 개념들, 가령 자비, 우정, 공동체"——그 자신이 "사회의 섬세한 본질"[117]로 여기고 있는 것들——로 되돌아가고 있다. 모스의 도덕은 "유연함과 합법주의"로 이뤄진 것이다. 모스는 이렇게 설명하고 있다. "그러므로 '진정한 러시아적 르네상스'는 평화, 질서, 믿음이 지배하는 경우에만 가능할 뿐이다."[118]

모스는 "그 자신이 너무 일반적으로, 너무 느슨하게 유연함, 평화, 예지능력을 설파했다."는 사실을 잘 의식하고 있었다. 그의 행동 모델은 소크라테스가 아니었던가? "현명하고, 검약하고, 덕성이 높으며, 법의 존중자였고, 특히 신중하고 지혜로웠던" 그 소크라테스 말이다. 하지만 신중함이 종종 "시간을 벌고, 기다리라."고 충고를 하긴 하지만, 또 어떤 경우에는 "빨리 가고, 장애물을 극복하고, 저항을 부수라."[119]고 충고하는 경우도 있다. 중요한 것은 현실주의자가 되는 것이고, "사실들에 대한 정확한 의식"을 갖는 것이다. "이론 없는 사회주의"의 옹호자였던 모스는 다음과 같은 사실을 소망했다. 정치가 형이상학에서 분리되는 것, 그리고 가능한 범위에서 정치가 "주의(-isme)"라는 꼬리표를 포기하는 것——"자본주의, 자유주의, 그리고 모든 궤변 중심의 실체주의"——, 또한 정치가 "합리적 기술(技術)"[120]이 되는 것을 말이다.

몇 년 후에 「사회학의 분할과 그 비율」이라는 제목이 붙은 또 한 편의 글에서 모스는, 사회학자들에게 그들의 의무를 상기시키고 있다. 여론을 지도하도록 게다가 정부를 지도하도록 돕고 "현재 사태"에 대해 "계속되는 평가"를 내리는 것 등이 그것이다.

> 실증적 정치의 첫 번째 단계는 다음과 같은 것이 중요하다. 사회 전체와 개인에게 그들이 무엇을 원하는지, 그들이 어디로 가는지를 알려주고 말해주는 것이 그것이다. 그리고 도덕과 정치의 두 번째 단계는 솔직하게 그들 자신이 잘 하고 있는지—이념적으로, 실천적으로—, 이러저러한 방향으로 계속 가야 하는지를 말해주고 가르쳐주는 것이다. 사회학자들 곁에서 미래에 열중해 있는 몇몇 정치이론가들이나 사회학자들 자신들이 치료, 예비 치료, 특히 교육에서 이와 같은 단호함과 확실함에 도달하는 날이 온다면, 바로 그날 사회학의 대의명분이 승리하게 될 것이다. 바로 그날 사회학은 도덕적 정신과 정치적 교육에 실험적 토대를 제공하게 될 것이다. 바로 그날 사회학은 그 권리 면에서와 마찬가지로 사실 면에서도 정당화될 것이다.[121]

물론 모스는 "사회학적 통치의 꿈"[122]에 휩쓸렸다는 비판을 받기는 했다. 하지만 그의 관점에서 보면, 지식인의 역할은 통치하는 것이 아니라, "다른 사람들로 하여금 겸손하게, 실천적으로, 체계 없이, 편견 없이, 사사로운 감정 없이 사유하는데 익숙하게 해주는 것"이었다. 그리고 그 것은 "시민들로 하여금 그들의 소박한 상식——정치에서 이것은 그대로 사회적인 것에 대한 감각, 즉 정의로운 것에 대한 감각과 같은 것이다. —— 을 교육시키는 것"[123]이기도 했다. 사회학이 만병통치약이 아닌 것과 마찬가지로, 이것만이 사람들을 행복하게 해주는 수단도 아니다. 기껏해야 그것은 사회를 교육시키는 하나의 훌륭한 수단일 뿐이다. 모스는 이렇게 결론을 내리고 있다. "학문과 기술은 인간을 더 강하게 하고, 그 자신의 주인이 되도록 하는 것을 목적으로 삼는다."[124] 볼셰비즘 앞에서, 그리고 더 광범위하게는 정치 앞에서 이와 같은 입장을 채택함으로써, 모스는 조레스의 정치 개념에 충실함과 동시에 뒤르켐에 의해 정립된 학문 방법에 충실하게 남아 있고자 했다. 이와 같은 정치적이고 지적인 이중의 충실성 덕택으로 모스는 공산주의 동지들을 따라가고자 하는 유혹과 그들과 함께 "역사의 방향"……속에서 나아가고자 하는 유혹을 뿌리칠 수 있었던 것이다.

그 어느 때보다도 더 협동주의를

투사인 모스에게 정치적 이념들은 "실현된 이념들", "대중의 이념들"인 경우에만 가치를 가질 뿐이었다. 그리고 그를 놀라게 한 것은 행동이었다. 종종 "더듬거리면서, 맹목적으로, 경험적으로" 이뤄진 행동, 개인들로 구성된 집단들과 소연합들이 주축이 되는 행동 말이다. 집단적 노력에 내포되어 있는 것 역시 "헌신이라는 보물"이었다. 모스는 소리 높여 이렇게 말하고 있다.

어떤 것도 집단적 노력과 이 노력에 자유를 남겨 두려는 노력이 결합되는 것 보다 더 무한한 가능성을 느끼게 할 수 없다. 그도 그럴 것이 이러한 솔선수범들이 일으킨 것은 바로 셈할 수 없는 창의력과 행동들이기 때문이다. 이것들은 기도되었고 시도되었던 셀 수 없이 많은 행동 형태들이다. 그리고 이러한 기도와 시도는 몇 가지 행복한 만남들, 실현성 있는 법적이고 경제적 형식들이 점점 더 많은 개인들 및 점점 더 큰 이익들의 강력한 조직들로 모이게 될 때까지 계속되었다. 몇몇 작은 집단들 내에서 묻힌 채 실현되던 들뜬 낙원이 이번에는 국가적 이익 그리고 공권력에 부과될 정도의 힘으로 어떤 중요한 운동에 이르게 될 때까지 말이다.[125]

지방 출신의 사회학자였던 모스는 서민들과 함께 있는 것을 좋아 했다. 교육자-투사였던 모스는 직접 가르치고 있는 대중에 대해 호감을 가지고 있었다. 민족에 대한 연구에서 모스는 긴 한 장(章)을 그 자신 "아래로부터의 경제운동"이라고 불렀던 개념에 할애하고 있다. 모스는 이와 같은 경제운동에서 세 가지 형태를 규별하고 있다. 노동조합주의, 협동조합주의, 상호공제보험이 그것이다. 이처럼 모스는 민주주의가 정치 영역에만 국한되어서는 안 된다고 말한다. "노동자 민주주의",[126] "소비자들의 민주주의", "상호공제적 민주주의", ("만인에 의한 만인의 보험, 만인에 의한 각자의 보험")을 정립해야 한다는 것이다.

　　종교사 전공자였던 모스는 이와 같은 심도 있는 민주주의 운동을 위대한 종교들의 겸손하고 위대했던 초기 시절 그리고 희생정신, 이념과 공리들, 맹렬한 열정 등에 의해 특징 지워지는 종교들 내부에서의 종파운동에 비교하고 있다. 차이라면 더 이상 신적 권능에 희생하는 것이 아니라 타인의 이익에 희생한다는 것이다. 따라서 이것은 생시몽, 콩트 그리고 B. P. 앙팡텡이 꿈꿨던 것처럼 일종의 "인간의 인간에 대한 종교"와 관계된다.[127]

전쟁이 끝난 다음, 모스는 그의 장기가 잘 발휘될 수 있는 특권적인 영역을 되찾았다. 바로 협동조합 분야가 그것이다. 모스는 다음과 같은 점을 항상 믿고 있었다. 소비를 위한 협동조합이 소비, 생산, 소유권 체제의 개선을 위한 수단이 될 수 있다는 점이 그것이다.[128] 모스는 그 증거로 로치데일 개척자조합[129]의 성공을 들고 있다. 이 조합의 원칙은 ── 진정한 "협동주의 율법"이다. ── 혁명적이었다. 민주적 관리(위원회 구성원들의 민주적 선거, 그들 사이의 동등한 권리), 이윤의 추구가 아니라 가장 저렴한 원가의 추구 등이 그것이었다. 모스는 협동주의의 힘이 거래의 정상적 조건들을 충족시키면서 "정직성과 도덕성의 영역"에 이 협동주의가 자리를 잡는다는 사실에 근거한다고 말한다.

전쟁이 끝난 다음, 모스가 집필했던 첫 번째 글들 중 한 편은 러시아 협동조합주의에 관련된 것이었다.[130] 불완전하기는 했지만, 그가 수집한 자료들을 토대로 "전 세계 경제사에서 러시아 협동주의가 보여준 굉장하고, 유일한 발전"에 대한 양상을 파악할 수 있었다. 러시아에서 볼 수 있었던 경제생활의 우월한 형태의 거대한 붕괴 속에서도 유일한 "협동조합이라는 배만이 가라앉지 않았던 것이다."[131] 러시아에서는 협동조합이 "유일한 삶의 기관, 교환기관, 신용기관, 사업기관이었다. 결코 강한 적이 없었고, 잘 뿌리내리지 못했던 자본주의 유산을 계승하기 위해 알맞은 때에 이 협동조합이 있었던 것이다."[132]

따라서 러시아에서 협동조합 운동은 "험한 파도"를 이겨냈던 것이다. 이 운동은 "강하고, 독립적이고, 넓게 퍼져있었고, 집중적이라기보다는 분산적이었고, 유기적이라기보다는 중앙집권적이었고, 실천적이라기보다는 이론적인" 그런 운동이었다. "이 운동의 성장은 눈이 녹을 때 러시아 남쪽 초원지대에서 갑작스럽게 자라나는 잡풀을 연상시키는 것이었다."[133] 프랑스를 위해 교훈을 얻고자 했던 모스에게 이와 같은 기적은, 정부와 여론에 대해 러시아 협동조합주의자들이 항상 보여줬던 "독립에 대한 뜨거운 관심"에 의해 설명될 수 있었다. "협동조합의 정책은 정치에서 분리된 것이었다. 그리고 그것이 그들의 삶의 조건이었다."[134] 모스는 이와 같은 경고를 프랑스 공산주의자들 그리고 "우리의 사회주의 운동을 우리의 것과 다른 목적에 이용하고자"[135] 하는 모든 이들에게도 역시 했던 것이다. 모스는 협동조합주의 운동의 힘, 권위, 순수성을 보호하고자 한다면, 협동주의자들이 공산주의자들을 배격해야 할 필요가 있다고 제안한다.

프랑스에서 협동조합은 전쟁 이후 급속한 발전을 이루게 된다. 1914년과 1921년 사이에 소비협동조합의 수는 3,261개에서 4,790개로 늘어났고, 조합원 수도 864,922명에서 2백 오십만 명으로 증가했다. 소비협동조합운동은 정당에 대한 자율권과 독립이라는 바탕 위에서 그 통일성을 실현했고, 대규모의 경제 단체들을 갖게 되었다. 우선 '프랑스 협동조합도매점(MDG)', 1922년 마르세이유 회의에서 이뤄진 '프랑스 협동조합은행(BCF)' 등이 그것들이다. 협동조합의 명망은 1920년에 크게 올라간다. 그도 그럴 것이 콜레주 드 프랑스는 그 해에 '소비협동조합연맹(FNCC)'의 요구에 응해 10년 동안 협동조합 교육에 관련된 강의를 개설하기로 결정을 내린다. 첫 번째 강의는 샤를르 지드가 맡았다. 모스는 이 사실에 다음과 같이 기뻐하고 있다.

> [……] 이 사실이 갖는 중요성을 아무리 강조해도 지나치지 않을 것이다. 우선 협동조합이 학문의 전당으로, 그것도 고등교육의 전당으로 입성한 것이다. 당당히 학문의 대상, 교육의 대상으로 말이다. 시의적절한 일이 아닐 수 없다. 지금까지 협동조합의 실체는 그 내부에서조차 충분히 알려지지 못했다. 또한 학자들은 물론이거니와 일반 대중에게도 그랬다. [……] 지드 씨의 권위와 그가 협동조합에 대한 강의를 하게 될 교육기관의 권위를 통해 프랑스에서 우리 협동조합운동의 위엄이 만천하에 드러나게 될 것이다. 또한 그 위엄은 콜레주 드 프랑스의 존재가 널리 알려진 전 세계로 전달될 것이다.[136]

하지만 프랑스의 협동조합 운동은 아직은 미약했다. 협동조합원 "교육의 미비", 일반 대중을 위한 정보 부족 등이 그 원인이었다. 모스는 1920년 1월부터 『협동조합 활동』지에 정기적으로 글을 쓰기로 한다. 교육이 모스의 주된 관심사 중의 하나였던 것이다. 모스는 이렇게 강조하고 있다. "문제는 간부들은 물론이거니와 대중을 교육시키는 것이다."[137] 경제 운동이자 정신 운동이었던 이 협동조합 운동은, 대다수의 시민들과 그 이념을 공유하는 경우에만 그 이상(理想) ── "경쟁 체제를 협동조합 체제로 대치하는 것" ──을 실현할 수 있을 뿐이어서 그렇다.[138] 따라서 영국, 독일, 벨기에서 볼 수 있는 것처럼, 필요한 자금을 선전에 할애하고, 그에 필요한 수단을 확보할 필요가 있다는 것이다. 가령 광고, 출판,

강연, 강의 등을 말이다.

　모스는 외국, 특히 영국에서 일어나고 있는 모든 일을 알고자 했으며, 협동조합 운동에 관련된 모든 글을 주의 깊게 읽었다. 그 가운데서도 특히 베아트리스와 시드니 웨브의 연구에 주목했다. 모스는 이들의 연구를 기꺼이 참고했다. 소비자 민주주의 이론가였던 이들 두 사람이 1921년 5월 파리에 왔을 때, 모스는 『르 포퓔레르』지에 그들에 대한 한 편의 글을 기고하기도 했다.[139]

　판록 있는 협동조합주의자였던 모스는 적극적인 선전가이기도 했다. 바캉스를 보내곤 했던 고향 에피날에서는 물론이거니와 파리에서도 모스는 협동조합 조직과 조합원들의 교육에 망설임 없이 관여했다. 1920년 1월과 1921년 8월 사이에 모스는 『협동조합 활동』지에 20여 편 이상의 글을 실었다. 모스의 협동조합 운동에의 참여는 제1차 세계대전과 더불어 끝나지 않았다.[140] 모스의 협동조합에 대한 관심은 그의 이론적 입장과 불가분의 관계에 있었다. 사회관계에 대한 순수경제학적 해석에 대한 반대 입장으로 인해 모스는, "개인과 가족 사이의 관계와 마찬가지로 세대 사이 및 대중 사이의 관계에 대한 통합 학문"[141]이라고 명명될 수 있는 학문을 정립하고자 하는 소망으로 경사되었다.

　자신의 "오랜 경험"과 "협동조합 운동의 필요성과 그 가능성에 대한 충분한 지식"[142]에 자부심을 가지고 있던 모스는, 스스로를 "프랑스 협동조합 운동의 리더 중 한 명"으로 여기기도 했다. 1925년까지 모스는 전국 '소비협동조합연맹(FNCC)'의 기술사무소의 회원이었고, 1922년에는 이 연맹의 발의로 세워진 새로운 교육위원회에도 참여하는 것을 받아들였다. 이 위원회가 내세운 목적은 "교육용 출판, 정기 교육과

정 후의 교육, 직업에 관련된 강의, 교육협동조합적 활동에 유용한 모든 소통 채널을 보급하고, 또 협동조합에 대해 가르치고 공공 교육 속으로 파고들기 위한 가장 훌륭한 방법에 대한 유익한 자료를 수집하는 것이었다."[143]

협동조합 투사들과 전문가들이 "전적으로 사회적 사실들을 깊게 다루는 대규모 잡지"를 발간하고, 또 "협동조합 문제의 연구에만 할애될" 학문 기구인 『협동조합 연구 잡지』를 창간할 계획을 착수했을 때, 모스는 이 잡지의 편집위원회에 참여하는 것을 수락했고, 다른 모든 창간 멤버들과 마찬가지로 500프랑을 출자하기도 했다. 낭시대학 법학과 교수였던 베르나르 라베르뉴가 이 편집위원회의 총무를 맡았다. 라베르뉴는 샤를르 지드, 에른스트 푸아송, 폴 라마디에 등과 같은 대학 관계자들과 운동가들을 모았다.

"협동조합주의 이념"에 확신을 갖고, "소비" 요소의 중요성을 잘 알고 있었던 이 잡지의 편집위원들은, "직접적이거나 아니면 장기간에 걸쳐 어떤 개혁이 가능할 것인지를 학술적이고 객관적인 관점에서 검토하고 제안하고자" 했다. 이들 지식인들에게 중요한 것은 다음과 같은 것이었다. 즉 동시대의 많은 사람들이 가지고 있는 "선험적 이상주의와 치기(稚氣) 어린 이상주의"를 "사실들에 대한 매일 매일의 관찰과 난제들에 대한 객관적 연구를 통해 수정되고 성숙해질 이상주의"로 대치하는 것이 그것이었다. 달리 말하자면 협동조합 "내부의 활력"에 "과학적 분석과 실험적 방법에 의해 더욱 확실해진 의미"[144]를 연계하자는 것이었다.

이 잡지의 창간호에 「협동조합주의 선언문」이 실리게 된다. 서명자들 중에는 모스의 여러 친구들과 뒤르켐의 협력자들이 있었다. 샤를 르 앙들레르, 모리스 알브바크스, 뤼시엥 에르, 실뱅 레비, 뤼시엥 레비 브뤼, 앙투안 메이예, 도미니크 파로디, 아벨 레이, 가스통 리샤르, 프랑수아 시미앙, 자비에 레옹 등이 그들이다.[145] 전쟁 전부터 같은 민주주의적 성향과 공통된 학문 성향을 지니고 있었던 이들 서명자들로 이뤄진 소그룹의 희망과 바람은 분명했다. 그들은 이렇게 생각했다. 정치경제에 의해 필요불가결한 것으로 부과되는 상황 밖에서도 —— 다시 말해 이윤이라는 미끼도, 경쟁의 압력도 없는 상황에서 ——, 협동체는 살아남을 수도 있고 번영할 수도 있다고 말이다. 그들이 내세운 목표는 "엄격한 틀에서의 프로그램"을 작성하기보다는, 협동조합 운동의 역사에서 진정한 "사회 실험"을 가능케 하는 "지침들"을 도출해내고, 또 조레스의 표현에 의하면, "사회 재구성"[146]의 기획에 기여할 수 있는 "지침들"을 도출해내는 것이었다.

『협동조합 연구 잡지』에 실린 모스의 단 한 편의 글은 「전국 소비협동조합연맹 통계부의 필요성」[147]이었다. 이 글의 논지는 단순했다. 프랑스 협동조합 통계 업무의 단점, 부족함 점을 메우고, 또한 전형적인 프랑스 식 나쁜 버릇을 바로 잡아야 한다는 것이었다. 즉 "모든 기록에 대한 경멸과 숫자화된 것에 대한 회의주의"가 그것이었다.

> 협동조합의 통계를 작성하자. 기록을 더 하는 것과 조금 더 많은 '행정적 절차'를 두려워하지 말자.
> 학문, 기록, 능력에 반대하는 모든 미신은 다른 세대의 것이다. 이 미신들을 추방하도록 하자.[148]

그리고 모스는 이렇게 덧붙였을 가능성도 있다. 영국, 독일, 스위스 등과 같은 다른 나라들을 본받자고 말이다.[149] 그도 그럴 것이 협동조합 운동은 그 자체 내에서 어디로 향해 나아가고 있는지를 알아야 하고, 또 이를 위해서는 학문을 이용할 줄 알아야 하기 때문이다. 모스는 이렇게 쓰고 있다. "학문을 버리는 것, 그것은 무지와 무기력에 지는 것이다."[150] 협동조합 운동의 운영자들과 이론가들을 포함해 모든 사람들이 이와 같은 시도에서 "이익"을 보게 될 것이다. 운영자들에게는 통계를 통해 훌륭한 지표, 일종의 바로미터가 제공될 것이고, 이론가들에게는 그들의 연구를 위한 확실한 자료가 제공될 것이다.

오래 전부터 다음과 같은 하나의 중요한 문제를 둘러싸고 협동조합 운동 가담자들이 둘로 나뉘었다. 과연 협동조합을 정치에 복속시켜야 하는가의 문제가 그것이었다. 신중했던 프랑스 협동조합 운동은 정치 투쟁에, 특히 선거전에 뛰어들지 않을 것을 고려해왔다. 하지만 소비자들의 요구를 반영시키기 위해서는 모든 정당, 모든 후보자들에게 영향력을 행사해야 할 필요도 있었다. "이와 같은 의견은 사태가 진행되면서 더 강화될 뿐"이라는 점을 확신하고 있던 모스는, 『협동조합 활동』지에 "영국 협동조합과 협동조합 정당"에 대한 짧은 보고서를 작성하고 있다.

영국의 협동조합 운동은 모범적인 길을 제시하고 있었다. 정치 가입과 탈정치 사이에서 영국 협동조합 지지자들은 "중간 형태"를 채택했다. 그들만의 정당, 즉 "로치데일 조합의 강령이 아닌 다른 강령"을 채택하지 않고, "조합 가입 회사들의 선거 조직과는 다른 조직"을 이용하지 않는 협동조합당을 구성하기로 결정했던 것이다. 1922년 11월 선거에서 새로운 당의 득표 결과가 예상을 뛰어넘었지만, 모스는 "정치와 협동조합 사이의 관계"라는 미묘한 문제에 대해 확답을 하지 못하고 있었다. 모스는 자신의 임무대로 우선 기자로서의 관점에 머물렀다. 즉 협동조합 지지자들에게 외국에서 일어나는 현상을 그대로 보고하는 데 머물렀던 것이다.[151]

다만 정당의 "실현 가능성"이 모스의 주의를 끌었다. 노동의 독재에 의해 "자본의 독재"를 대치시키기를 원하는 자들에 대해 경계심을 품고 있던 모스는, 동지들에게 영국의 예를 제시한다. "정당과 애정 행각을 할 때가 아니다. 절약, 희생, 훌륭한 조직, 엄격한 행동을 해야 할 때다."

"프롤레타리아적" 시각이 무르익음에 따라, '소비협동조합연맹'은 점점 더 많은 공격의 목표가 되어 갔다. 사람들은 이 단체의 "계급적 협동정신"을 비난했고, 1922년 마르세이유에서 개최된 연맹 총회에서는 특히 "행동을 노동자계급의 투쟁 조직과 조절하지 않았다."고 비난하기도 했다. 그리고 그 다음해인 1923년 보르도에서 개최된 총회에서는 "망측한 소수파의 소요"로 인해 회의 분위기가 "엉망이 되기도" 했다. 이 소수파들은 "관용 정신에 물들어 있던 다수파"에게 그들의 "혁명적, 계급적 투쟁 슬로건"을 강요하고자 했던 것이다. 이 총회에 참석했던 대다수의 대표자들은 협동조합 운동의 자율권을 재천명했다. 이 운동이 "노동자 세력의 해방과 경제, 사회적 정의 사회의 구축을 위한 효율적 도구"가 될 수 있다는 사실을 확신하고 있었던 그들은, 정당에 대해 다음과 같은 점을 요구했다. "자본주의적 이윤 제도의 폐지에 기초한 하나의 사회 건설을 위한 노력에서 자신들에게 모든 독립권을 일임해달라는 점"[152]이 그것이다.

　모스는 제빵업 협동조합에 할애된 학술대회의 보고책임자로 조르 주 부르쟁과 함께 보르도 총회에 참석해서 토론을 계속 지켜봤다. 모스 의 관점은 잘 알려져 있었다. 프랑스 협동조합 운동은 엄격하게 중립을 지킬 수 없기 때문에, '소비협동조합연맹'은 다른 조직들과 관계를 맺어 야 한다는 것이 그의 입장이었다. 다만 "이 단체와 같은 목적을 추구하 는 세력과 더불어서 '전체적으로 아니면 부분적으로' 그래야 한다. 우선 이와 같은 목적 추구가 계속되는 경우에는 '전체적으로' 맺어야 한다. 예컨대 노동조합주의자들, 상호공제보험주의자들, 노동자 당원들이 그 들이다. 그 다음으로 기타 비협동조합 조직과는 '부분적으로', 한시적으 로 관계를 맺어야 한다. 가령 '교육 연맹', '인권 연맹', 반알콜주의 운동 등이 그것이다."[153]

　대다수의 협동조합주의자들은 '협동조합 공화국'을 꿈꿨다. 이것 은 1920년대 초에 간행된 에르네스 푸아송의 저서 제목에서 따온 것이 다. 그들은 개인주의와 국가사회주의 혹은 혁명사회주의 사이에서 제3 의 노선을 찾고자 했다. 그들은 이렇게 생각했다. 혁명이라는 위험하고 도 파괴적인 수단에 호소하지 않고서도 사회 문제를 해결할 수 있는 체 제가 그것이라고 말이다.[154] 협동조합주의자들은 사회를 오직 생산자들 의 관점에서만 바라보고자 하는 사회주의 이론가들에게, 생산 그 자체 만이 목적이 아니며 사회는 우선 소비자들의 이익에 따라 재조직되어 야 한다는 사실을 상기시켰다. 나라마다 고유한 소비 협동조합이라는 생각에 반대하지 않던 모스는 "소비자들의 민주주의"라는 이상을 공유 했다. 하지만 현실적 이유와 정신과 제도의 미성숙으로 인해, 모스는 대규모 소비 협동조합들의 팽창에 반대하는 입장이었다(아직 그 시기가 무르익지 않았다고 판단하고 있었다). 신중함이 엄격함으로 이어진 것이다.

협동조합 운동에서 "완벽한 경제 체제"[155]를 발견하는 것을 거부하면서 모스는 협동조합 공화국이라는 이념을 포기했지만, 소비협동조합을 단지 기술적 차원에만 국한시킨 것은 아니었다. 이와는 달리 모스는 다음과 같은 점을 염두에 두고 있었다. 즉 협동조합주의자들이 "사회 시설의 확충과 삶의 터전의 확대"와 더불어 "다양한 사회적 목표"를 자신들에게 부과해야 한다고 말이다. 바로 그렇게 하는 것이 "협동조합주의자들의 이익은 물론이거니와 그들의 집단정신을 공고히 하는 유일한 방식"이라고 말이다. 모든 것이 거래이거나 사업인 것은 아니다. 거기에는 또한 "정신적 세계"가 있는 것이다. 따라서 모스가 생각하고 있는 당장의 지침은 다음과 같은 것이었다. "더 많은 내적 노력, 더 많은 정신적 노력, 더 많은 생산적 노력 [……] 이러한 기치 하에서라면 협동조합은 승리를 거두게 될 것이다." "불굴의 그리고 아마 착각 속에서", 자신은 항상 "사회주의적 그리고 노동주의적 협동조합주의자"임을 내세우던 모스는 그렇게 말한다.

외환 위기

1922년 12월, 브뤼셀에서 대규모 학술 대회가 열리던 시기에, 모스는 "외환 위기"에 대한 7편으로 된 첫 번째 연작물의 출판을 시도하게 된다. 전적으로 경제 영역에 속하는 문제에 대한 모스의 이와 같은 관심은 다른 사람들을 놀라게 했다. 모스가 증권거래소에서 약간의 주식을 거래했고, 여러 기관에서의 경영 경험 ──『뤼마니테』지, 『르 포퓔레르』

지, 제빵업 협동조합 —— 이 있으며, 또 그의 친구 프랑수아 시미앙과 더불어 이런 종류의 문제를 정기적으로 논의한 적이 있지만 말이다.

'국립공예학교'에서 사회 경제 강의를 맡고 있던 시미앙은 『정치경제 잡지』에 협력했고, 『프랑스의 석탄 가격의 형성과 동향(1887-1912)』[156]이라는 저서의 출간을 준비하고 있었다. 시미앙은 모스에게 "미리 내려진 결론 없이, 그냥 정보 차원의 관심과 의도에서 개방적이고 폭넓은 사고와 토론"[157]을 조건으로 함께 작업을 하자고 권했다.

그 당시 프랑스의 경제 사정은 아주 심각했다. 프랑스에서 정권을 장악한 여러 정부들은 재정 균형을 맞추지 못하고 있었으며, 프랑화의 안정도 보장하지 못하고 있었다. 통화 위기가 있었던 것이다. 마르셀 데 아가 상기하고 있듯이, 경제 상황이 정치 상황보다 더 급했다. 사람들은 매일 걱정스러운 눈으로 환율의 흐름에 주목했다.[158] 프랑화의 안정은 프랑스의 위대함의 징표이자 담보로 여겨졌고, 프랑화 평가절하는 전 국민적 재앙으로 해석되었다. 프랑화의 가치가 떨어질 때마다 정치권은 공황에 사로잡히곤 했다. 이런 이유로 환율전쟁에서의 승리에 군사전에서의 승리와 거의 같은 중요성이 부여되었다. 정치인들의 입과 신문 기자들의 펜 아래에서[159] 지난 전쟁의 여러 전투와 화폐 거래를 위한 작전들이 자연스럽게 비교되었다. 좌파 진영은 "환율 장벽"에 대한 음모가 있다고 생각했고, 자금줄을 틀어쥐고 있는 "200 가문"[160]을 비난했다.

모스의 초기 글들의 어조는 경종을 울리는 것이었다. "페스트가 퍼지고 있다. 아마 운명이 돌이킬 수 없을 정도로 정해진 것 같다." 유럽의 파멸이 가까워진 것이다. 그리고 봉급생활자들, 공무원들을 위시해 고정 수입자들, 연금생활자들, 은퇴한 자들의 상황에 대해서는 말할 나위가 없다. 모스의 예견에 따르면, 프랑화의 가치가 다시 하락한다면, 그로 인해 다시 가격에 변동이 생긴다면, 그때는 비참과 불행이 도래하게 될 것이라고 모스는 예견한다.[161] 해결책은 하나였다. 국제 차관의 도움을 받아 외환 상황을 안정시키는 것이었다.

> 우리는 지금 프랑화의 가치를 불행히도 올릴 수도 떨어뜨려서도 안 되고, 그러기를 바랄 수도 없는 상황에 있다. 프랑화의 가치를 올릴 경우 시장이 붕괴될 것이고, 그 가치를 떨어뜨릴 경우에도 결과는 마찬가지일 것이다. 상품 소지자들이 제일 먼저 손해를 볼 것이고, 그 다음으로 프랑화 소지자들이 손해를 입게 될 것이다. 그리고 프랑화의 가치가 절상되든 절하되든 간에, 투기꾼들만 이익을 챙길 것이다. 일반 서민들이 자신들이 가진 몇 장의 패를 가지고 아니 전부를 가지고서라도, 어떤 판이 벌어지는지 모르면서 투기꾼들의 뒤에서 게임을 하는 한에서는 그렇게 될 수밖에 없다.
> 이상적인 것은 환율을 안정시키는 것이다.[162]

'노동조합 인터내셔널'은 환율의 안정을 지지했으나, 그 누구도 이 제안을 경청하지 않았다. 모스는 "베르사유 조약을 체결한 바보 멍청이들"에 대해 화를 냈다. 모스는 우선 클레망소를 저주했다. "그 늙고, 경솔하고, 옹졸하고, 옹고집인 노인"을 말이다. 모스는 또한 푸앙카레의 행정부를 비난했다. 그로 인해 프랑스는 "상식과 선의에 가장 강하게 저항하는 나라"가 되어버렸고, 프랑스의 무기력은 이 나라와 유럽을 "폐허[163]"로 몰아갈 위험에 처해 있다고 말이다.

모스의 의도는 "아마 가차 없는 운명을 몰아내고자 하는 데" 있지 않고, 위기를 이해하고 그것에 대한 정보를 제공하는 것이었다. 그것도 훌륭한 사회주의 전통의 범위 내에서 말이다.

> 마르크스주의에 대한 기초적 지식을 갖추지 못했거나, 또 엥겔스에 의해 편집되었고 레미와 브라크에 의해 번역된 『자본론』 제3권에 개진된 화폐이론을 알지 못했던 사람은 진지한 동지가 아니었던 시절은 어디로 가 버렸는가? 전통으로 되돌아가야 한다. 사회주의자는 정치경제학 혹은 오늘날 경제사회학이라 불리는 학문의 개념들을 갖춰야 한다.[164]

하지만 문제는 복잡했다. 그도 그럴 것이 "적절한 통화 정책을 펴는 것보다 더 어려운 일이 없었기" 때문이었다. 다른 나라들, 가령 19세기의 영국과 오늘날의 라틴아메리카 국가들의 예에 근거하여, 모스는 즉각적인 조치들을 제안했다. 프랑화를 평가절하하고, 다른 유럽 국가들의 화폐 평가절하를 유도해야 한다는 것이었다.[165] 유산과 잉여가치에 대한 세금의 부과, 모든 종류의 차용을 포기할 것, "새로운 희생"(새로운 세금, 공공 부분에서 재정의 균형을 맞추거나 흑자의 기록, 특히 소비의 축소)을 부과하면서 예산 균형을 맞출 것 등이 거기에 포함되었다.[166] 요컨대 "합리적인 시간 간격 안에 모든 조치를 하나도 빠뜨리지 않고 한꺼번에 취해야 한다."[167]는 것이다.

국가의 이익이 우선이었다. 사회주의자였지만, 모스는 "국가 자본의 보존"을 서슴지 않고 제안했다. 우선 "약간의 희생을 치르고서라도 부르주아적 프랑스가 보존되어야 했다." 모스는 이렇게 반복해서 말하고 있다. 중요한 것은 "모든 사람이 알고 있고, 또 러시아가 파산한 바로 그 위험 상태에서 프랑스를 구하는 것"[168]이었다.

1923년 12월 말, 모스는 시평을 중단했다. 일 년 후에 그가 다시 펜을 들었을 때, 그는 그의 초기 글들의 "분량이 조금 많았고 길었다."는 사실을 인정한다. 하지만 그 자신은 일 년의 시차를 두고 그 글들이 내용 면에서 "아주 정확하고, 확실한 것"이어서 "아무것도 덜어낼 것"이 없을 정도라고 만족감을 표시하고 있다. 특히 모스는 그 자신의 예측이 사실로 확인되었다고 말하고 있다.[169] 하지만 친구 앙리 위베르는 더 신중한 태도를 보이고 있다. "아주 정확하네. […] 자네의 초기 [글들]의 어조가 아주 마음에 들지는 않네. 하지만 적절한 내용이었네."[170]

환율 위기는 여전히 사회당의 관심거리 중 하나였다. 사회당은 당의 선전 책자를 통해 '국민연합'의 정책 결과를 비난했다. 재정 파탄을 가져오는 차용, 소시민을 괴롭히는 세금, 연금의 감소, 프랑화의 하락 등이 그 주된 내용이었다. 사회당에 따르면, 이와 같은 정책의 실패로 인해 다시 파탄과 전쟁으로 빠질 수 있는 위험이 도사리고 있다는 것이었다. '국제노동자 프랑스지부'는 "자신들이 평화의 정착을 통해 세금을 지불해야 하는 자들에게 세금을 내게끔 함으로써 프랑화의 가치를 '회복'할 수 있는 유일한 정치세력이라고 단언하고 있었다."[171]

더 강한 확신을 가지게 된 모스는 용감하게 앞으로 나아갔으며, "1달러가 20-25프랑 사이에서 오르내릴 것, 그리고 결코 그 이상을 넘지 않을 것"이라고 내다보기도 했다. 또한 그러한 예측은 "동지들과 학자들이 가장 세심하게 감행해야 할 대담한 단언"[172]이라는 것을 모스 스스로 인정하고 있듯이, 실제로 상황은 개선되기는커녕 더 악화되었고, 프랑화는 3분의 1 정도 다시 절하되기도 했다. 하지만 1921년에 11프랑까지 떨어졌던 달러화는 그 당시 24프랑을 넘어서고 있었다. 모스는 가격, 화폐 거래, 1918년과 1920년 사이에 발행된 지폐의 흐름을 주의 깊게 연구하고, 다음과 같이 주장하고 있다. "마치 화폐 통화량 이론이 수학적으로 모든 면에서 옳다는 듯이, 위의 요소들 사이의 정확한 비교는 약간의 편차가 있기는 하지만 정확한 대응관계를 보여준다."[173] 물론 그렇다고 해서 모스가 "아주 고급 경제"이론을 다루는 것은 아니었다. 그보다는 오히려 이 세 요소들이 어느 정도 서로 영향을 주고받는가에 대해 알아보고자 했던 것이다. 그러면서 모스는 자신의 초기 글들에서 했던 것처럼, 위기의 원인을 확인하고, 무엇이 이 위기의 주범인가를 밝히고, 나아가서는 그 해결책을 제시하고자 했다. 선거를 몇 달 앞둔 상황에서 모스가 제시한 목표는, "위장된 파산"[174]의 책임이 '국민연합'에게 있다는 것을 증명하고, 사회주의 동지들에게 프랑스 국민들이 겪고 있는 "고통"의 원인이 어디에 있는가를 설명하는 것이었다.[175] 모스는 "논쟁가의 연구"를 수행하고자 하지는 않았다. 기껏해야 그는 "조국이 어려운 시기를 통과하기 위해 필요한 신뢰의 분위기"[176]를 조성하는 데 일조를 하고자 했을 뿐이었다. 그러니까 모스는 자신의 임무가 전적으로 정치적이라는 사실을 숨기지 않았던 것이다.

분석을 계속하면서 모스는 1923년 11월부터 1924년 3월까지 매월, 그리고 1924년 3월 6일에서 20일까지는 매일, 통화 인플레이션 상황을 연구했고, 그 결과 다음과 같은 결론에 도달했다. 인플레이션이 결정적 원인이 아니며, "오히려 인플레이션과 프랑화의 평가절하를 야기한 것은 시장과 가격의 동요"[177]라는 결론이 그것이다. 이와 같은 동요의 원인은 다양했다. 대중들의 계속되는 판단 실수, 연이은 정부들의 실정(失政), 국고(國庫)에 대한 오판, 프랑스 자본가들과 은행들의 누적된 실수 등이 그 원인이었다.[178] 1923년 1월에 감행되었던 "뤼르 지방의 점령"[179]과 그 실패는 고려하지 않는다 해도 그러했다.[180] 의회에서 사회주의자들은 뤼르 지방 사태와 관련하여 정치적, 행정적 문제들에 대해 주의를 환기시키려고 했다. 너무 많은 군사비 지출, 민간과 군사 예산을 감소시킬 수 있는 노력의 부재, 지출 통제의 부재 등의 문제에 대해서 말이다.

그렇다면 어떤 해결책을 고려할 수 있을까? 모스의 대답은 한결 같았다. 모스는 침착함을 외쳤고, "안정시켜라! 안정시켜라!"를 반복했다. 그리고 "양식 있는 사람들"의 이해를 돕기 위해 모스는 학술적 논의에서는 감히 도입할 수 없는 하나의 비교를 제시하기도 했다.

커다란 비행기구를 안정시키듯이 우리의 프랑화를 안정시켜야 한다. 외환이라는 바람, 투자 바람, 내수 신용 바람, 인플레이션이라는 강하게 상승하는 바람 등, 이 모든 바람이 여러 방향에서, 그것도 종종 반대 방향에서 불고 있다. 이 모든 바람이 한꺼번에 불어 돌개바람을 만들어낸다. 바로 그곳이 신뢰, 신용, 믿음 등과 같은 인간적 현상, 집단 심리 현상, 예측 불가능한 현상이 나타나고, 또 함께 섞이면서 나타나는 곳이고, 모두가 갈팡질팡한다. 그곳에서는 매일 매일 상승과 하락이 더 강해지고, 더 종잡을 수 없게 된다. 이것은 지어낸 이야기가 아니다. 나는 그저 마르크화와 다른 [원문 그대로][181] 주요 화폐에 발생하는 현상을 기술할 뿐이다. 지나치게 바람을 많이 넣은 상태에서 강한 바람 속에 내던져진, 공기와 대기에 의해 완전히 휩쓸린 거대한 비행기구

[……] 바로 이것이 인플레이션을 겪고 있는 프랑화의 모습과 같다. 안전판을 열고, 착륙해서, 바람을 빼야 한다. 그런데 사람들은 그 반대로 하고 있다.[182]

모스가 우선적으로 겨냥한 사람들 중 한 명은 뤼시엥 클로츠였다. 클레망소가 "무리하게" 재정부에 앉힌 "무능한 유대인" 클로츠 말이다. 모스는 "그처럼 비중도 없고, 그처럼 두드러지지도 않은 사람"에 대해 집착하는 것에 대해 직접 사과를 하고 있기도 하다. 하지만 모스는 이 사람을 "이스라엘과 그 민족의 죄를 사죄하는 희생양"으로 여기고 있다. 모스가 바라는 것은 "재정 혼란"의 책임자인 이 "사악한 양치기"를 "사막"[183]으로 되돌려 보내는 것이었다. 7년 동안의 임기 말년에(1920) 상원에서 재선되었고, 1922년 1월에 외무부 장관직과 더불어 각료회의 의장직을 맡게 된 푸앙카레에 대해, 모스는 조금 덜 엄격한 태도를 보이고 있다. 모스는 심지어 1924년 4월에 푸앙카레가 좋은 방향으로 정책을 갑작스럽게 바꿨을 때 그의 용기를 칭찬하기도 했다.[184] 모스는 이렇게 생각했다. 바로 그가 "힘이 넘치고, 고집스럽고, 로렌 출신자답게 맹렬하게 정책을 추진하는" 사람, 그리고 "자기 권한에 속하는 모든 일"[185]을 한 사람이라고 말이다. 푸앙카레에 대한 이와 같은 찬사는 놀랄만한 것이었다. 모스는 더 정확히 푸앙카레는 『르 포퓔레르』지가 표방하는 "진리의 정신, 공평함의 정신, 정의의 정신"을 증명해주고 있다고 말했다.[186] 그의 재정 정책 —— 늘어난 세수(稅收), 세금 포탈에 대한 처벌, 예산의 균형 —— 역시 "아주 정직한" 것으로 보이고, 1920년 이래 블럼과 그의 정당에 의해 옹호되었던 정책과 부합해 보이는 것이 사실이라는 것이다.[187]

때는 1924년 4월이었다. 선거를 한 달 남기고 있었다. 모스 역시 선거전에 뛰어든 상황이었다. 그는 보주 지방의 사회주의 연맹 총회에서 토론을 주재하는 것을 받아들였다. 이 총회는 1923년 12월에 "엄청난" 폭설에도 불구하고 에피날 민중의 집에서 개최되었다. 그 당시 '좌파 공조(Cartel des Gauches)'는 "예외적 시기에 예외적 전술"로 보였으며, "전적으로 평화, 공화정, 사회주의라는 이해관계 속에서만" 실천되어야 할 것으로 보였다.

모스는 이번 선거에서 '좌파 공조'——과격 좌파, 사회주의 공화주의자들, 사회주의자들(국제노동자 프랑스지부)을 한데 모은——의 승리를 확신하고 있었다. 하지만 부르주아의 반격을 우려하기도 했다. 모스는 이렇게 자문하고 있다. "좌파의 여러 당에 의해 통치되는 나라를 [……] 지지하는 것이 중요한 때에, 과연 부르주아지는 애국심을 [……] 보여줄 것인가?"[188] 모스는 그의 화폐에 대한 일련의 글들을 이와 같은 "경고성의 희망어린 말로" 끝내고 있다. 그리고 모스는 1924년 5월에 다음과 같은 후기를 붙이면서 그 글을 다시 언급하고 있다. "그 글을 읽을 것. 파시즘과 은행가들."

모스는 빛을 보지 못한 한 사설에서 그 자신의 화폐에 대한 연구 전체로부터 총괄적인 결론을 끌어내려고 했다. 친구였던 프랑수아 시미앙에게 빌려온 모스의 주된 생각은 다음과 같은 것이었다. 대규모 경제 혁명들은 항상 "통화적 성격"을 가졌고, 화폐와 신용의 조절은 "사회 혁명의 수단", 그것도 "고통과 아픔이 없는 수단"이 될 수 있다는 생각이 그것이었다. 그 자신 엠마뉘엘 레비와 더불어 옹호자라고 자칭했던 사법적 사회주의, 그러나 "지나치게 정치적, 사법적, 형식적"이라고 여겼던 사법적 사회주의에 대해, 모스는 결국 "경제적 내용"을 부여하고자 했던 것이다. 모스는 이렇게 쓰고 있다. "우선 가장 신중하고 가장 확실한 범위 내에서 새로운 통화정책을 실시하는 것으로 충분할 것이다. 그 다음으로 이 제도를 경제 규칙에 따라 가장 신중하게 운영함으로써 새로운 권리를 가진 자들로 하여금 이익을 낼 수 있도록 하는 것으로 충분할 것이다. 바로 이것이 혁명이다." 모스에 따르면, 이와 같은 "발견"의 중요성은 대단히 큰 것이었다, 그도 그럴 것이 민중들은 "어떻게 — 거기에 관련된 단어, 표현, 신화를 사용하지 않으면서 — 이런 발견이 자신들에게 영향을 미칠 수 있는가"[189]를 알 수 있기 때문이다.

좌파에서

1924년 5월 11일 선거에서 분열에도 불구하고 우파가 투표수로는 과반수를 차지했다. 하지만 선거방식의 효과로 '좌파 공조'는 582개 의석 중 328개 의석을 차지해 과반수를 훌쩍 넘기게 되었다.[190] 모스가 "사회주의 민주주의자들"이라고 부른 자들, 즉 "조레스를 따라 민주주의와 사회주의를 결코 분리한 적이 없는 자들, 민주주의가 사회주의의 조건임을 발견하고, 또 사회주의에서 민주주의의 개화와 영속성의 조건을 발견하는 자들"[191]은 이와 같은 선거 결과를 흡족하게 생각했다. 약 100여 명의 의원수를 확보한 '국제노동자 프랑스지부', 즉 상바, 게드, 바이앙, 조레스 등이 몸담았던 이 오래된 당은 좌파에서 가장 많은 의석을 확보한 정치 세력이 되었다. 사회주의 운동가들에게 행복한 순간이었다. 「사회주의 민주주의」라는 글에서 모스는 한층 더 낙관적인 입장을 보여주고 있다. "사회주의 민주주의가 이뤄지고 있다! [……] 미래는 우리의 것이다. [……] 노동자들이여, 생각하고, 일하자! 우리는 지금 위대한 시기를 보내고 있다.”[192]

분명 열광적이기는 했지만, 피곤이 묻어나고 있기도 했다. “[……] 우리의 동지들과 나 자신은 전쟁 중에 진격에 성공한 군대, 하지만 겨우 기진맥진한 상태에서 가까스로 이겨낸 군대를 닮았다.”[193] ‘국제노동자 프랑스지부’가 선거에서 대성공을 거둔 순간에도 『르 포퓔레르』지의 책임자들은 1924년 6월에 재정 문제로 인해 신문 발간을 잠정적으로 중단해야만 했다. 1927년까지 이 신문은 당원용으로 배포되는 월 2회 간행되는 소식지의 역할을 할 뿐이었다. 사회주의 일간지가 “쓰라린 실패”를 맛보면서 사라지는 것을 목격하면서 “장사아치들에 대해 오래전부터 불평을 해오던” 모스는 “투덜거리지” 않을 수가 없었다. 선거에서 대승을 거둔지 얼마 안 되어 당은 중요한 “선전, 방어, 공격, 행동 수단”을 상실하게 된 것이다. 모스가 보기에는 사회주의 성향의 잡지 『라브니르』와 『라 비 소시알리스트』 잡지의 실패 역시 심각한 문제였다. 그도 그럴 것이 당은 “어느 정도 분위기를 띠우고, 당으로 하여금 노동자 및 공화적 행동에 대한 지도적 역할을 수행할 수 있게끔 하기 위해서”[194] 이와 같은 기구(機構)들이 필요했기 때문이다. 중요한 수단을 잃은 ‘국제노동자 프랑스지부’는 “노동자계급과 전체 노동자들의 행동 및 압력 기구”가 되는 데 많은 어려움을 겪게 될 거라고 모스는 개탄했다.

1924년 선거가 끝난 다음에 모스는 ‘좌파 공조’가 “짧은 기간의 연합”에 불과하고 “지속적인 연합”을 이루지 못할 것이라는 점을 우려했다. “선거에서 승리를 했음에도 우리가 이 승리를 이용하는 방법을 모른다는 것이 큰 위험이다.”[195] 실제로 ‘국제노동자 프랑스지부’에게 이 승리는 정권 참여 문제에 대한 끔찍한 토론의 길을 열어준 셈이었다. 마르세유에서 개최된 총회에서 레옹 블럼은 "제한된 연합", "짧은 기간의 연합"이라는 해결책에 더 비중을 둔 바 있다. 과연 블럼은 정부 구성을 호소한 과격파 지도자 에두아르 에리오의 정권 참여 초대를 받아들일 것인가? 블럼의 대답은 부정적이었다. 하지만 이 사회주의 지도자는 "개혁 정부"에 대한 지지에 대해서는 우호적이라는 입장을 표명했다. 그 다음해에 푸앙카레가 에리오의 자리를 물려받았을 때도, 블럼은 푸앙카레에 대해 같은 태도를 취했다. 사람들은 이렇게 생각했다. 이와 같은 지지가 '국제노동자 프랑스지부'의 "엄중한 독립의 유지"를 배제하지는 못할 것이라고 말이다. 하지만 정권 참여 문제는 해결되기는커녕, 매 총회마다 다시 제기되었으며, 그때마다 참여파와 비참여파의 대립을 가져왔다. 참여파에는 폴 봉쿠르, 오리올, 르노델 등이 있었고, 비참여파에는 블럼, 브라케, 폴 포르 등이 있었다. 정기적으로 권력 행사에 초대하는 급진당과 단일 전선을 제안하는 공산당 사이에 끼어 있고 안으로는 분열된 사회당은 대혼란을 겪는 것처럼 보였다. 사회당의 지도자였던 블럼은 그 당시 "프랑스에서 가장 욕을 많이 먹는 사람"[196]이 되었다. 샤를르 모라스는 이렇게 선언하고 있다. "저기 총을 맞아야 할 사람이 있다. 그것도 등 뒤에서."

모스는 정권 참여 문제에 대한 "이론적이고 실천적인 광범위한 토론"이 갖는 중요성을 부정하지 않았다. 하지만 1924년 6월 초에 소집된 사회당의 비상총회 전날에 모스는 "지금 당장 답을 제시해야만 하는 소소한 몇몇 문제들 [……]"에 대해 관심을 끌고자 했다. 모스의 시각에서 가장 중요한 문제는 상원과 하원에 대한 새로운 운영 규칙을 고려해서 이 양원을 어떻게 개혁할 것인가의 문제였다. 실제로 이 개혁의 문제가 갖는 중요성은 대단히 큰 것이었다. 그도 그럴 것이 이 개혁이 "어쨌든 국민연합이 승리를 거둔 좌파를 사보타주"하거나 "활동을 방해하고 법률제정을 지연시키는" 것을 피할 유일한 방법이었기 때문이다. 또한 이 개혁만이 과격좌파와 사회주의자들에게 "가장 짧은 시간 내에 가장 많은 개혁을 할 수 있게끔" 해주기 때문이었다. 그때부터 6개월 안에 취해야 할 조치들 중에는 다음과 같은 것들이 포함되게 된다. 가령 푸앙카레 정부가 작성한 최근 예산의 "터무니없는 불공정"에 대한 시정, "실용적임과 동시에 건전하고 올바른 토대 위에" 프랑스 재정의 확충, 그리고 "필수적인 절약"[197]이 유일하게 가능한 군대, 특히 해군 그리고 상당수의 대규모 행정기관 등의 개혁 등이 그것이다.

이와 같은 문제들을 제기하면서 모스는 약간 지나치게 세속적이라는 점을 스스로 잘 의식하고 있었다. 하지만 모스에 의하면 이처럼 세속적인 태도를 취하는 것이 사태를 진전시키고, 나아가서는 당이 결과를 책임질 수 있는 유일한 방법이었다. 모스는 이렇게 결론을 맺고 있다. "지금 우리가 권력 행사를 포기한다면, 분명한 행동을 통해 우리 자신만으로도 전적으로 수권 능력이 있다는 것을 보여줘야 할 것이다."[198]

12장_ 부담이 막중한 계승

전쟁이 끝난 직후, 앙리 위베르는 그의 친구 모스에게 "어쩌면 환멸을 느낄 수도 있다."고 경고했고, 또 "오로지 정치 하나에만 빠지지는 말라."고 충고하기도 했다. "학문과 교육, 국가의 지적, 정신적 가치 또한 [생각해야] 할 걸세. 정치를 하는 사람이야 많을 테지만, 학자들의 수가 많지 않을 테니까 말이야."[1] 모스가 "다시금 늙은 학자로서의 삶을 시작한다는 사실"[2]에 기뻐하며 폴 포코네 역시 같은 충고를 해줬다.

계승에 대한 부담은 막중했다. 모스 자신이 상기하고 있듯이, 뒤르켐 학파처럼 전쟁으로 인해 끔찍한 피해를 입은 연구 그룹은 많지 않았다. "우리는 한 세대를 통째로 빼앗겼다. 우리의 가장 우수하고 가장 원기왕성한 공동연구자들을 앗아간 것이다. 많은 문제들이 다뤄졌지만 이제 그것들을 감지만 할 수 있을 뿐이다."[3] 설사 연구영역은 확대되더라도 연구자들의 수가 줄어들었으니 상황은 더 더욱 참담할 따름이었다. 모스는 1920년에 다음과 같이 말하고 있다. "프랑스에는 그 이름에 걸 맞는 민족지학박물관이 없다. 우리는 원주민 연구를 위한 전문 연구소도 없다. 이 땅, 프랑스에 사회학이란 존재하지 않는다. 대중은 우리의 연구 활동을 전혀 모른다." 모든 것을 다시 만들어가야 했다. "신입회원들을 모집하고 연구소를 설립해야 하며 공권력에 도움을 청해야 했다. [……] 학자들이 나서서 선전을 하고 세상에 알려야 했다. 학문이란 자고로 보급을 통해서만 대중화될 수 있기 때문이었다."[4]

아직 발표되지 않은 뒤르켐의 수많은 원고들은 모스에게 "엄청난 중압감"으로 다가왔다. 모스는 "삼촌 뒤르켐의 신념에 대한 의무감"을 느꼈다. 그의 저작을 지지하고 "대중들이 최대한 그의 저작을 활용하게 만들어야 한다."고 생각했다. 그리고 바로 그것이 "앞으로 오랜 시간 동안 그 영향력과 위상이 한층 더 커져 나갈 하나의 사상이 온전하게 평가받을 수 있는 유일한 길"[5]이라고 믿었다. 1918년 9월이 되자, 뤼시엥 레비브륄은 모스에게 다음과 같은 사실을 상기시켰다. 뒤르켐의 윤리학 입문과 미발표 강의 몇 개를 『철학 잡지』에 싣고 싶지 않느냐고 모스에게 제안했던 사실이 그것이다. 레비브륄은 "그것들을 이번 겨울에 발표하는 것이 좋겠다."[6]고 생각했다.

1920년에 뒤르켐의 「윤리학 입문」은 짧은 소개문과 더불어 모스가 직접 작성한 수많은 주석들과 함께 발표되었다. 이듬해에 『철학 잡지』는 "부부중심 가족"에 대한 뒤르켐의 강의를 실었다. 『형이상학과 도덕 잡지』 또한 「루소의 사회 계약」(1918)과 「루소의 교육학」(1919)이라는 뒤르켐의 연구를 발표하면서 추도의 의무를 다하고 있다. 이어 사회주의에 대한 뒤르켐의 강의에서 발췌한 다양한 텍스트들도 연달아 발표되었다. 「사회주의의 정의」(1921), 「사회주의의 역사: 18세기 사회주의」(1923) 그리고 「생시몽과 생시몽주의에 대한 비판」(1926) 등이다. 뒤르켐

의 또 다른 미발표 원고인 「생시몽, 실증주의와 사회학의 시조」가 1925
년에 "사회학의 위대한 창시자"[7] 생시몽 사망 100주년을 기념하며 『철
학 잡지』에 실렸다. 이렇게 발표된 뒤르켐의 원고들은 1928년에 모스가
직접 쓴 서문과 함께 『사회주의』라는 제목으로 출판되었다.[8]

뒤르켐의 후계는 단단하게 이어졌다. 대학 강단의 "사회학" 분야
교수들 중 4분의 3이 뒤르켐학파 학자들로 이뤄져 있었기 때문이었다.
스트라스부르대학의 모리스 알브바크스, 소르본대학의 폴 포코네, 셀레
스탱 부글레[9] 등이 그들이었다. 또한 과거 『사회학 연보』의 협력자였다
가 초등교육 담당관이 된 폴 라피 덕분으로 사회학은 철학 학사의 범위
내에서 교육의 대상이 되었다. 이러한 시도는 많은 논란을 불러 일으켰
지만, 뒤르켐학파 학자들은 학교장들을 대상으로 한 교육 주간을 소르
본에서 조직하거나 그 프로그램을 구상하는 등 조심스럽게 행보를 이
어 나갔다.[10]

모스처럼 과거 뒤르켐의 협력자였거나 제자였던 사람들은 그의 저
작들을 옹호하는 데 적극 참여했다. 조르주 다비는 『형이상학과 도덕 잡
지』(1919, 1920)에 「뒤르켐, 인간과 저작」이라는 장문의 연구를 발표했
고, 폴 포코네는 소르본에서 자신의 취임 기념 강의를 "뒤르켐의 교육학
적 저작"[11]에 할애했다. 『사회학과 학생 편람』(1921)의 저자인 셀레스탱
부글레는 『르뷔 블루』지에서 "에밀 뒤르켐의 유심론"에 대해 강조했다.
그의 저서 『가치의 진화에 대한 사회학 강의』(1922)에서 확인할 수 있듯
이, 그가 뒤르켐의 일부 주장들에 대해 애매한 의견을 가지고 있는 것은
사실이었다. 하지만 그는 『사회학과 철학』(1924)이라는 제목 아래 뒤르
켐의 논문 6편의 출판을 준비했다.

『사회학 연보』 첫 시리즈의 협력자이자, "『사회학 연보』 연구집" 총서 첫 발간작의 저자인 부글레는, 전쟁이 일어나기 전 뒤르켐학파의 사상을 알리는데 크게 기여한 인물이었다.[12] 게다가 그는 지칠 줄 모르는 끈기를 지닌 포교자로서, 모든 분야에 걸쳐 사회학을 지지하는데 성공했을 뿐만 아니라, 뒤르켐학파가 다른 학파 혹은 『형이상학과 도덕 잡지』와 같은 다른 여러 정기간행물들과 관계를 유지할 수 있도록 했다.[13] 명쾌하고 신속한 논법, 연사로서의 재능, 확신에 찬 태도, 온갖 청중들의 눈높이에 맞추는 언어 구사 능력[14] 등, 이러한 부글레의 탁월한 자질들은 이 "재기 넘치는 달변가"가 대학 외교 업무를 맡는데 커다란 보탬이 되었다.

모리스 알브바크스는 전쟁 전에 『철학 잡지』의 독자들에게 뒤르켐의 이론을 소개할 정도로 뒤르켐학파에 익숙했다. 그는 『종교적 삶의 기초 형태』를 개괄한 작은 책 『뒤르켐의 종교적 감정의 기원』(1925)을 집필했다. 알자스 출신이자 독일인 교수의 아들인 모리스 알브바크스는, 샤를르 블롱델, 마르크 블로크, 뤼시엥 페브르, 조르주 르페브르와 함께 새롭고 역동적인 교수진을 꾸렸다. 1919년에 이들은 스트라스부르에 "새로운 소르본"을 설립하는데 참여하기로 했다. 앙리 베르의 표현을 빌리자면, 그들은 그곳에 "종합 정신"[15]의 정수를 만들고자 했다. 철학 교육을 받았고 라이프니츠에 대한 저서를 발표했던 알브바크스는 1905년부터 사회학으로 전향하여 『사회학 연보』에 참여했다. 사회주의자로서의 신념을 가지고 그는 당대의 시사문제, 예컨대 『파리 토지의 수용과 가격(1860-1900)』(1909)을 논의했고, 칼 마르크스와 막스 베버의 연구에 관심을 갖게 되었으며, 사회계급, 특히 노동자 계급에 대한 연구를 하기에 이르렀다. 또한 그는 통계학과 인구통계학 혹은 사회형태학이라 불리는 분야에도 관심을 보이게 되었다.

프랑스 국내외에서[16] 뒤르켐의 지대한 영향력은 계속되었다. 그의 경쟁자들조차 점차 뒤르켐과의 관계를 통해 스스로를 규정짓기에 이르렀다.[17] 뒤르켐은 "사회학의 갈릴레이 혹은 라부아지에"[18]라고 불렸다. 철학자들은 "'사회학'과 '사회학적인'이라는 용어가 사람들 간의 관계와 어떤 식으로든지 연관되는 것을 일컫는데 남용되는 것"을 유감스럽게 생각했지만, 그들도 더 이상 "사회가 하나의 고유한 실재라는 사실"[19]을 무시할 수는 없었다. 뤼시엥 레비브륄이 이끄는 『철학 잡지』에는 『사회학 연보』의 협력자들의 수많은 논문들이 실렸다. "중국의 언어와 사상"에 대한 마르셀 그라네의 논문과 조르주 다비의 "법 관념론", 샤를르 랄로의 "유행의 사회적 역할", 모리스 알브바크스의 "물질과 사회"와 "통계학적 실험과 확률론"에 대한 논문 등이다. 『형이상학과 도덕 잡지』 또한 "소비", "경제생활 리듬", "노동조합", "토지와 경제의 자연력" 또는 "절약" 등 다양한 사회적 주제를 다루는 데 망설임이 없었다. 『철학의 기술적 및 비평적 용어』는 1902년 7월부터 1923년 7월에 이르기까지 『프랑스 철학학회 회보』에 부분적으로 발표되었고, 이후 1926년 알캉 출판사에 의해 수정, 보완되어 재출간되었다. 이 저서에는 아노미 현상, 문명, 부족, 집단(그리고 집단 의식), 주술, 신화, 원시, 종교, 성스러움, 희생제의, 사회보장, 사회, 사회중심주의, 연대, 금기, 토템 등에 이르기까지 사회학에서 널리 사용되고 있는 수많은 개념들이 소개되고 있다. 출판 책임을 맡았던 앙드레 랄랑드는 뒤르켐과 그의 공동연구자들에게 많은 지면을 할애했다. 『종교적 삶의 기초 형태』, 「희생의 본질과 기능에 대한 시론」, 사회학에 대한 포코네와 모스의 논문 등이 그것이다. 또한 그는 세부사항에 대한 설명이 필요할 경우, 예컨대 다비에게는 "시민", 포코네에게는 "집단"[20]이라는 용어에 대해 의논하는 등, 그들에게 문의하는 것도 마다하지 않았다.

사회학의 최대 적수는 사실상 철학자들이었고, 그들은 여전히 공세를 펼쳤다. 실제로 그들은 1920년부터 고등사범학교에서 시행되었던 사회학 강의들을 수차례에 걸쳐 공격했다. 그들이 보기에 사회학은 도덕의 원리로 사용될 수 없었으며, 사회학은 아직 미숙한 젊은이들의 정신에 "악영향"만을 끼친다는 것이었다.[21] 이러한 공격에 대해, 가령 사회학은 수많은 명제와 논점 선취의 오류로 가득 차 있다는 비난에 대해, 모스는 강력하고도 단호하게 대응했다. "우리의 연구에는 다음과 같은 명제를 제외하고 다른 명제란 없습니다. 바로 한 사회 안에서 인간은 타인들과 함께 더불어 사고한다는 사실을 절대 잊지 않는다는 명제가 그것입니다. 인간의 사고 안에서 사회가 담당하는 몫을 규명하는 것, 이것이 바로 우리의 연구가 가지는 단 한가지의 목표입니다."[22] 이것은 철저하게 뒤르켐적인 대답이었다. 전쟁 직후에 모스는 삼촌 뒤르켐의 연구를 널리 알리는데 박차를 가했다. "지난 한 세기 동안 주요 통계학적 법칙에 대한 괄목할만한 검증이 이뤄졌다는 것, 특히 뒤르켐이 행한 발견의 정확성과 다른 학자들이 자살에 대해 발견한 사실들을 떠올려보자."[23]

그러나 모스는 프랑스 사회학파에 반대하는 이들에 맞서서 신중하게 처신했다. "뒤르켐 학파의 취약점"을 인정할 의향이 있다는 태도를 보이기도 했다. 대부분의 경우 그는 기다리고자 했고, 미묘한 뉘앙스를 풍기는 표현을 사용했다. 그렇지만 분명히 모스는 확고한 결의를 보여주면서도 도처에 "모종의 자유", 선택의 가능성을 남겨뒀고,[24] 또한 이와 마찬가지로 구속과 의무 그리고 권위를 확실히 보여주면서도 협력과 상호성의 태도를 지켜나가기도 했다. 모스에게 제일 중요한 것은 "지나친 열광"을 경계하는 것이었다. 그리고 불안해하는 군중에게 거리의 약장수처럼 비치지 않는 것, 즉 마치 그들이 요구하는 도덕과 정치, 경제 그리고 삶 그 자체의 문제에 대한 해답을 가져올 수 있다고 선동하는 사기꾼처럼 보이지 않는 것이었다. 그는 "우리는 조금밖에 알지 못한다."고 고백했다.[25] 그래서 자신의 연구를 그저 하나의 시도로 정의하고, 자신이 가한 해석들의 간결함과 일반성, 불완전함을 아쉬워하며, 그것들을 하나의 "정보", 단순한 가설로 소개하는 태도를 고수했다.

고등연구실천학교로의 귀환

그랑제콜이나 대학교와 멀리 거리를 둔 채, 고등연구실천학교에서 이뤄진 모스의 강의는 소수의 학생들만을 대상으로 삼았다. 그러나 학생들의 수는 점점 증가해 1920-1921학년도에 15여 명이었던 학생의 수가 1937-1938학년도에는 40여 명으로 늘어났다. 1920년 겨울에 모스는 비문명화된 민족들의 종교에 대한 강좌를 다시 시작했다. 그리고 그 강좌에서 그는 기존의 고정관념에서 탈피한 새로운 민족지학 자료를 바탕으로 1913-1914학년도에 거론되었던 주제, 즉 법적 조직과 종교적 조직 간의 관계를 다뤘다. 강의에서 만큼이나 저작에서도 모스는 전쟁 전부터 시작되었던 자신의 연구를 세 가지 다른 방향 ── 기도(좀 더 일반적으로 말하자면, 구술 의식), 시원적 정신과 사고의 범주, 마지막으로 계약

권 제도와 급부 체계 —— 으로 지속해 나갔다. 이 각각의 작업들은 그의 작업과 그와 가까운 협력자들의 작업을 수정하고 뛰어 넘는 것이었으며, 그 결과 "과거의 성과"에 더 큰 가치를 부여하는 계기가 되었다. 모스는 이것이야 말로 "진정한 학자"[26]의 연구라고 말하곤 했다.

1920년 5월에 모스가 벨기에 고등연구학사원에서 가졌던 세 차례의 강연을 통해서도 확인할 수 있듯이,[27] 그는 항상 종교의 역사와 "기도의 기원"에 주목해왔다. 위베르와 마찬가지로 모스의 이름은 언제나 『종교사 잡지』와 연관되어 있었다. 1919년 11월에 "프랑스 고급문화에 정통한" 몇몇 교수들과 그 동료들이 "프랑스에서 종교사 연구에 대한 관심"을 고양시키고 종교사를 공교육의 주요 교과목으로 자리매김하고자 하는 취지로 '에른스트 르낭 협회'를 창설했다. 그때 마르셀 모스와 앙리 위베르는 고등연구실천학교의 다른 여러 동료들, 친구들과 함께 이 협회에 가입하게 된다. 그리고 그 중에는 콜레주 드 프랑스 교수였던 실뱅 레비와 앙투안 메이예도 포함되어 있었다.[28]

종교사 전문가들은 일종의 위기감을 느끼고 있었다. 이전에는 활발하게 이뤄졌던 종교 연구가 이제는 쇠퇴의 길로 들어섰을 뿐만 아니라, 대학 강단에서는 간략하고 기본적인 교육만이 이뤄졌으며, 대중들의 관심 또한 확연하게 줄어들었던 것이다. 만일 종교사 연구자들이 모종의 영향력을 가지기를 원한다면, 반드시 다시금 행동을 시작하고 강연이나 학회 등과 같은 다양한 행사를 준비해야 했다.[29] '에른스트 르낭 협회'는 1922년에 제임스 프레이저를 초청해 "비교종교학 학생이 르낭에게 바치는 경의"라는 제목의 공개 강연을 열었고, 파리대학은 "이 저명한 케임브리지 교수"에게 명예박사학위를 수여했다. 그 이듬해 이 협회의 제안에 따라 파리에서 종교사 학술총회가 개최되었다. 모스는 이 총회의 조직위원회 위원으로 참가했으며, 학회의 총무는 모스의 고등연구실천학교 동료들 중 한 명이었던 폴 알팡데리가 맡았다.

종교사 분야에서 민족학의 위치를 확보하기 위한 싸움은 더 이상 필요 없어졌다. 인류 역사의 연속성과 동질성에 대한 사상은 사람들의 정신에 배어있고, 비기독교적 종교에 대한 연구, 특히 원시종교에 대한 연구는 이제 필수적으로 여겨졌다.[30] 그러나 종교사회학, 특히 뒤르켐 학파의 종교사회학은 몇몇 지식층과 종교계의 거센 반대에 부딪쳤다. "종교사회학의 독단적인 범신론"이라는 제목의 한 기사에서 뒤르켐의 전(前)협력자였던 가스통 리샤르는 뒤르켐학파를 매우 신랄하게 비난하고 있다. 그에 따르면 뒤르켐 학파는 "다른 모든 사회학을 제치고 프랑스의 사회학 교육을 독점하고자" 했을 뿐만 아니라, 무엇보다도 "기독교 신앙과 양립할 수 없는 종교사회학"[31]을 전파했다는 것이다.

고등연구실천학교에 머물고 있던 모스는 사람들의 공격들로부터 자신을 변호하기보다는 오히려 지적 전통을 유지하고, 또한 그가 전쟁 전에 착수했던 연구를 속행하는데 더욱 집중했다. 그의 여러 강의들 중 하나(매주 월요일 강의)는 구술 제식(도덕 제식, 부정적 제식, 음악극, 시, 마법술, 언어 터부)에 대한 것이었다. 이것은 1920년대 초에 그가 다루게 될 학술 발표 주제들 중 하나이기도 했다. "감정의 의무적 표현"[32]에 대한 그의 연구는 사실상 오스트레일리아에서 행해지는 장례식의 구술 제식과 관련되어 있으며, 언뜻 보아 무의식적이고 개인적인 감정의 집단적 성격을 명백하게 드러내고 있다. 모스는 "고인"이 된 로베르 에르츠와 에밀 뒤르켐이 이미 제시했던 논증에 몇 가지 세부사항을 추가하여 그대로 계승했다. 그는 또한 스트렐로가 로리차족과 아란다족에 대해 수집한 자료도 사용했다. 그리고 모스는 이 모든 것을 기도에 대한 그의 박사학위 논문에 활용하고자 했다. 외적으로 아프리카나 아메리카 그리고 훗날에는 동북아시아에도 관심을 가지기는 했지만, 그가 주목한 특정 지리권은 언제나 오스트레일리아였다. 모스와 위베르 사이에 확립되어 있던 연구의 분할 —— 한 명은 제식학, 또 다른 한명은 신화학 —— 은 희미해져가는 경향이 있었다. 확실히 모스는 사회생활의 "제식적" 차원에 더 많은 관심을 가지고 있었으나, 그는 그의 분석을 제식과 신화 사이의 관계에 대한 연구로 확장시키고자 했다. 그가 연구한 자료들은 제식과 신화 사이의 균형을 확립해줬다.[33] 왜냐하면 모든 것은, "말은 하나의 행동이다. 하지만 반대로, 제식은 하나의 말이다."[34]라는 표현으로 성립되기 때문이었다.

1920년부터 모스는 고등연구실천학교의 여러 강의에서 포틀래치 문제를 다루기 시작한다. 포틀래치란 종교적, 법적 급부 체계의 전형적인 형태이다. 이 개념에 대해 리버는 그의 저서 『멜라네시아 사회의 역사』(1921-1922학년도 강의와 1922-1923학년도 강의)에서, 말리노프스키가 트로브리안드 제도의 부족에 대해 행한 연구(1923-1924학년도 강의)에서 잘 기술하고 있다. 모스는 말리노프스키를 잘 알고 있었다. 그리고 그에 대해 매우 비판적인 태도를 취하기는 했지만, 모스는 1930년대 말, 자신의 강의들 중 하나에 그를 초청하기도 했다. 1884년 폴란드의 크라코우에서 태어난 말리노프스키는 영국의 사회인류학파를 주름잡는 지배적인 인물이었다. 그는 '런던 경제 학교'의 학생들에게 매우 커다란 영향을 끼쳤는데, 이 세대의 학생들이 바로 향후 30년간 그 유명한 "영국 사회인류학파"의 주축을 이룬 이들이었다.

1920년부터 1940년까지 고등연구실천학교의
종교학 분과에 개설된 모스의 강의 목록

1920

자료 분석 (볼드윈 스펜서 경, 스틸러)

부이스 부족에 관한 투른발트의 자료 분석

1920-1921

관례적 표현에 대한 믿음의 기원 (오스트레일리아)

멜라네시아의 정치, 종교적 단체

1921-1922(4월에 재개)

물신숭배에 관한 오귀스트 콩트의 텍스트 설명

1922-1923

오스트레일리아의 구술 의식

멜라네시아의 비밀 사회와 인간 사회

1923-1924

오스트레일리아의 극시(劇詩): 코로보레(corroboree)

트로브리안드 제도의 부족에 관한 말리노프스키의 자료 분석

1924-1925

오스트레일리아의 구술 의식

니그리시 종교에 관한 자료 분석

1925-1926

1924-1925와 동일

1926-1927

오스트레일리아의 구술 제식: 도덕 제식과

부정적 제식 프랑스령 수단

1927-1928

오스트레일리아의 언어 터부

누벨 기니의 마린드-아님(Marind-Anim)족에 관한 워츠의 자료 분석

1928-1929

오스트레일리아의 부정적 구술 제식

누벨 기니의 제식과 신화학에 관련된 자료 설명

1929-1930

오스트레일리아의 구술 제식 기초 형태

파푸아(Papouasie)의 신화와 제식간의 관계

1930-1931

오스트레일리아의 구술 제식

파푸아(Papouasie)의 신화와 제식간의 관계

1931-1932

오스트레일리아의 종교상에서의 신화와 제식간의 관계

아샨티(Ashanti)에서의 종교와 예술 간의 관계

1932-1933

시베리아 동부와 북부 민족들의 종교와 문명

폴리네시아 마오리 종교의 특성

1933-1934

동북아시아의 종교 관련 자료 설명

폴리네시아의 종교 관련 자료 연구

1934-1935

동북아시아 민족의 우주론 개념

우주론 관련 마오리 자료

1935-1936

동북아시아 거주민들의 우주론과 자연 숭배 관련 자료 연구

『고대 하와이』 작품 연구

1936-1937

동북아시아 거주민들의 샤머니즘과 우주론

하와이의 주요 의식 연구: 전쟁 사원 건립

1937-1938

말리노프스키의 작품 『산호 정원』 연구

하와이의 우주론에 관한 자료 연구

1938-1939년

폴리네시아와 북아메리카의 놀이와 우주생성론

아메리카의 공놀이와 우주론, 우주 생성론 개념

1920년 겨울에 모스는 자신의 청강생들 중에서 몇몇의 옛 제자들과 재회하게 된다. 그들 중 한 명이 바로 모스를 무조건적으로 추종했던 샤일리에였다. 가장 오래된 그리고 가장 충직한 협력자들 중 한 명이었던 샤일리에의 아마추어적인 태도의 이면에는 사회학을 향한 "진심어린 헌신"이 숨겨져 있었다.[35] 샤일리에 뿐만 아니라, 레이몽 르누아르, 알렉상

드르 코이레, 에두아르 메스트르, 알프레드 메트로, 앙드레 바라냑, 조르주 뒤메질, 마르셀 그리올, 샤를르 르 쾨르, 조르주 앙리 리비에르, 쟌 퀴지니에 그리고 마들렌 프랑세스 등도 모스의 수업을 청강했다.[36] 아울러 외국 출신의 학생들도 대거 그의 수업을 들었다.[37] 모스의 동료들도 역시 그의 몇몇 강의에 참석했는데, 그들 중에는 미국 출신 핸킨스 그리고 이냐스 메이예르송(심리학 연구소 소속)도 포함되어 있었다. 모스가 지도했던 논문들 — "아프리카 종교 의식의 도덕적 성격"(르 쾨르), "중국의 현대적 특성과 시오-추안(Sio-Tchouan)족의 비교 결과"(메스트르), "투피남바스(Tupinambas)족 종교"(메트로), "중국 남부 지방의 야오(Yao)부족"(링), "슬라브족의 민간전승 익살극"(레크) — 은 다양한 여러 주제들에 대해 다루고 있었다.

심각한 병

1921년 가을에 모스는 학회에 참석하고 아울러 대영박물관에서 연구에 필요한 일을 보고자 영국으로 향했다. "[……] 영국에서 해야 할 모든 일을 단 5일 동안에 모두 마쳤네. 그것들을 해치우느라 극도로 피곤했네. 하지만 원하던 최근의 모든 자료들을 손에 넣었으니, 이러한 관점에서 본다면 이번 방문은 성공적이었다고 할 수 있네."[38] 하지만 모스는 프랑스로 돌아오던 길에 심각하게 병을 앓았다. 그로 인해 그는 겨울 동안의 수업을 진행할 수가 없었으며, 결국 남불 지방에서 요양을 하고자 3개월 휴가를 신청하게 된다.[39]

폐충혈로 고통 받던 모스는 1921년 12월부터 이듬해 5월까지 긴 병가를 내야만 했다. "폐가 약함", 모스의 가족들이 그의 건강 상태에 대해 밝힌 진단이 그것이었다.[40] 모스의 병세에 깜짝 놀란 친구들은 충분한 휴식을 취하라고 충고했다. 그러나 셀레스탱 부글레는 이렇게 아쉬워 하고 있다. "국가가 멈췄으니, 국민과 그 밖의 모든 것들 또한 중단된 상 태로 머물 수밖에 없는 일이겠구만!"[41]

모스는 회복을 위해 방돌로 향했다. 사람들은 그가 그곳에서 "빠르 게 기운을 차릴 수 있기를"[42] 기대했다. 하지만 "기력이 떨어지고 허약 해진" 그는 거의 하루 종일 침대에 누워 지내야만 했다. 그로부터 한 달 후에야 모스는 안색과 근력, 체력과 체중을 제법 회복해 갔다. 그 결과 그는 점차 한 나절에 16~18킬로미터까지 걸으면서 가장 좋아하는 운동 인 장거리 도보에 몰두할 수 있게 되었다. 모스는 위베르에게 보내는 편 지에서 다음과 같이 쓰고 있다. "사실 난 잘 지내고 있다네. 머리를 쓰는 데만 아직 형편없어서 그렇지, 나머지 다른 것들은 건강을 다 회복했다 네."[43] 결국은 병세를 회복하는데 예상했던 것보다 더 많은 시간이 걸렸 다. "[……] 무기력하고, 어리석고, 불안하고, 쇠약하고, 게을러지고, 모든 것이 정체되어 버렸네. 몸과 마음, 정신까지 모두 말일세. 두 시간 가량 의 도보만으로도 이틀 동안 기진맥진해진다네."[44]

1922년 가을에 모스는 소논문을 쓰기 시작했다. 하지만 그는 무리 하는 것을 피해야만 했다. 그렇기 때문에 모스는 민족에 대한 연구를 재 개할 수 없었다. 그는 자신의 이러한 입장을 제임스 프레이저 경에게 이 렇게 털어 놓고 있다. "이것이 비록 제 탓은 아니지만, 불행히도 '민족' 에 대한 연구는 잠시 중단된 상태로 둬야 할 것 같습니다. 하지만 만약 저의 건강 상태가 이대로 잘만 유지된다면, 내년에는 민족에 대한 연구 를 끝내고 저의 연구 관심사들에 다시금 집중할 수 있으리라 기대됩니다."[45] 모스는 고등연구실천학교에서의 수업을 재개했을 뿐만 아니라 『사회학 연보』의 새로운 시리즈 출판에 과감하게 뛰어들었다. 1923년 8월에 모스는 앙리 위베르에게 보내는 편지에서 다음과 같이 밝히고 있다. "[……] '민족'을 끝내고『사회학 연보』를 출간하려면 그 이외의 다른 모든 것으로부터는 좀 벗어나야할 것 같네."[46]

"경계를 존중해야 한다"

영웅들의 시대는 지났고 오래된 전투들은 모두 끝이 났다. 뒤르켐이 자신의 연구 계획을 세웠을 때, 사람들은 사회학이 심리학의 위치를 차지하고자 위협한다고 생각했다. 모스는 "심리학과 사회학의 관계"에 대한 자신의 강연을 통해 삼촌 뒤르켐이 "타르드의 개인주의적 간략주의, 스펜서의 노골적인 간략주의 그리고 도덕과 종교 형이상학자들로부터 사회학을 지킬 줄"[47] 알았던 인물이라는 사실을 언급했다. 하지만 이제 단어의 애매함이 사라진 이상, 사회학을 지휘하는 새로운 수장에게 모든 이를 대상으로 싸울 태세를 갖춰야 할 필요가 없었다. 심리학과 심리학자를 상대로 치렀던 전쟁은 끝났다! 제국주의적 태도를 보이기보다는 차라리 사회학은 이제 "경계를 존중해야" 했다. "집단이 암시하는 힘이 무엇이건 간에, 집단은 개인에게 언제나 하나의 성역과 그것에 대한 의식을 남기기 마련이며, 이는 여러분들[심리학자들]의 몫입니다." 또한 모스는 이렇게 덧붙이고 있다. "우리는 두 가지의 특별한 지배가 존재한다는 사실을 알고 있습니다. 하나는 의식의 지배이며, 또 다른 하나는 집단의식과 집단의 지배입니다. 우리는 이 두 가지 지배가 세계와 삶, 그리고 자연 속에 있다는 사실을 압니다. 그리고 이는 실로 대단한 일입니다.[48]"

그러나 연구 영역들 사이의 이러한 불가피한 독립이 사회학과 심리학의 협력과 합의에 당연히 장애물로 작용하지 않아야 했다. 모스가 생각하기에, 사회학자들의 연구와 심리학자들의 연구는 모순되는 것이 아니라 오히려 "논리적 상관관계"에 있었다. "[……] 상징주의에 대한 우리의 모든 이론들은 심리학에서 보여준 최근의 발견들과 완벽하게 일치합니다. 심리학자들 스스로도 점차 정신에 상징적인 기능을 우선적으로 부여합니다. 웃음과 미소, 눈물에 관한 알렉상드르 뒤마의 괄목할 만한 견해를 떠올려 보십시오. [……]"[49]

지금까지 뒤르켐의 조카 모스가 심리학자들의 연구에 그토록 많은 관심을 보였던 적은 없었다. 또한 그가 "심리학의 발전을 받아들일" 채비가 그만큼이나 되어 있던 적도 없었다. 지난 몇 십년간 심리학의 진보는 대단했다. 모스는 자신을 "상대적으로 심리학에 문외한"이라 일컬으며, 스스로를 "심리학 아마추어"라 소개하기도 했다. 그럼에도 불구하고 그는 심리학 학회 활동에 참여했으며, 1923년에는 심리학 학회 회장을 맡기도 했다. 그는 기조연설에서 사회학자의 한 사람으로서 "심리적 사실의 모든 중요성과 [심리학] 연구의 모든 이익을 알리는데"[50] 동참하기를 희망한다고 밝혔다. 이듬해, 학회 회원들 앞에서 모스는 사회학과 심리학의 실질적인 관계에 관한 민감한 질문에 대해 논의하기 시작했다. 그날 그는 위험을 무릅쓰고 '활기 혹은 정신 박약 또는 신경 쇠약', '정신병', '상징의 개념', '본능의 개념'과 같은 총 4가지 항목에 대해 논의했다. 1926년 모스는 "사회적 본능에 의해 삶의 본능이 격렬하게 부정[51]되는 현상, 즉 "타나토마니아(thanatomanie)"에 대해 말하기 위해 다시금 심리학자들 앞에 섰다. 모스는 사회학이 심리학을 필요로 한다는 사실에는 의심의 여지가 없다고 생각했다. 이는 "집단 표현에 대한 그의 연구에서 심리학이 중요한 부분"을 차지하기 때문이기도 했다. "이를 집단심리학이라고 부르도록 합시다. 원한다면 그저 짧게 사회학이라고 부르는 것이 나을 수도 있겠군요. [……]"[52]라고 모스는 말하고 있다.

모스는 블롱델과 뒤마를 "우리의 친구"라고 여겼다. 그는 『일반심리학 및 병리심리학 잡지』의 편집 책임자인 이냐스 메이예르송 역시 친구로 여겼다. 1888년 바르샤바의 유대인 집안에서 태어난 메이예르송은 역사가이자 철학자였던 에밀 메이예르송의 조카이기도 했다. 1906년 파리로 건너와 에밀 메이예르송과 합류한 이냐스 메이예르송은 근육과 신경 생리학에 대한 연구(소르본대학의 생리학연구소와 마레이 생리학연구소에서)를 하기에 앞서 의학과 철학을 공부했고, 이후 심리학을 전공했다. 전쟁이 끝난 직후 그는 피에르 자네와 공동 집필로 『병리학 신문』을 재간하자는 제안을 받아들였다. 그리고 여기서 메이예르송은 역사가, 사회학자 그리고 언어학자와의 공동 작업을 통해 자신의 폭넓은 이해력과 정신의 자유로움을 남김없이 발휘했다. 아울러 정신분석에 관심이 많았던 그는 프로이트의 『꿈의 해석』을 번역하여 1926년 알캉 출판사를 통해 『꿈의 과학』이라는 제목으로 출판하기도 했다.[53] 장 피에르 베르낭이 밝히고 있듯이, 메이예르송이 모스에게 영향을 끼친 것은 의심할 여지없이 명백했다. 이 두 유대인 친구 사이에 존재하는 많은 공통점들이 이들을 가까이 지내게 만들었다. 그들은 둘 다 전쟁을 경험했으며 동일한 정치 사상을 공유했던 것이었다.

또한 모스는 그의 친구이자 영국 출신의 인류학자였던 찰스 셀릭맨의 연구를 주의 깊게 지켜봤다. 찰스 셀릭맨은 리버와 함께 영국에서 그 시대 최고의 인류학자 중 한 명으로 손꼽히는 인물이었다. 특히 인류학 영역에 심리학과 정신분석학을 적용하는 연구가 바로 그의 전공 분야였다.[54] 1923년 그는 왕립 인류학 학회——그가 학회의 회장으로 선출된 지 얼마 되지 않은 시점에서——에서 심리학과 인류학의 관계에 대한 강연을 했다. 그가 관심을 가지고 있던 문제들 중 하나가 바로 '비유럽권 인구에게 꿈의 의미는 무엇인가?'였다. 그의 아내이자 협력자였던 브렌다 셀릭맨 역시 "사회적 유산의 무의식적 부분"에 관심을 보였다. 모스는 자신의 친구 셀릭맨이 인종과 사회의 정신분석학에 대해 논하는 것을 보며 그가 "프로이트학파나 융학파를 너무 멀리까지 밀고 나가는 것"[55]을 유감스럽게 생각했다.

1920년대 정신분석학은 작가들을 매료시키며 문학 살롱에서 단연 가장 인기 있는 주제로 떠올랐다. 1926년에 12명의 선구자들이 힘을 모아 '파리 정신분석학 학회'를 설립했고, 이들 중에는 마리 보나파르트의 이름도 포함되어 있었다. 그러나 대학계와 의료계의 반발은 여전히 거세었다. 예술은 성적인 감정에서 파생되었다고 주장하는 한 "사이비 학자"의 소논문을 읽고 살로몽 레나크는 다음과 같이 말하고 있다. "사람들은 이것을 프로이트주의라고 말할 겁니다. 오늘날에는 온 천지가 프로이트주의로 넘쳐납니다. 이들은 또한 입체파 화가나 자유시파 시인이 될 수 있겠죠. 이 모든 것이 샤랑통[56]으로 향하는 그 넓은 길과 어깨를 나란히 하고 있습니다."[57]

1930년대 중반 셀릭맨 교수에게 바치는 헌정본(『찰스 셀릭맨 교수에게 바치는 수상록』)[58]을 보면 정신분석학을 참조한 여러 텍스트들을 발견할 수 있는데, "정신분석과 민족지학"에 대한 마리 보나파르트의 텍스트도 거기에 포함되어 있었다. 그녀는 여기서 "정신분석학이 대다수의 민족학자들로 부터 신임을 얻기엔 아직 멀었다는 사실을 잘 알고 있다." 밝히고 있다. 아울러 정신분석학을 불필요하고 불확실한 학문이라고만 여기면서 정작 정신분석학 분야에 대해서는 너무나도 무지한 대다수의 민족학자들을 향해 마리 보나파르트는, "정신분석학의 가치를 평가하기 위해서는 자기 자신부터 분석해 보아야 한다."[59]고 일침을 놓고 있다.

　정신분석학을 프랑스에 받아들이는 데는 많은 어려움이 따랐다. 프로이트 스스로 생각하기에 그 장애물은 "본질적으로 국민성과 무관하지 않았다."[60] "프랑스 정신과학"의 선구자인 테오뒬 리보는 "프로이트 학파의 독단주의"를 비난했다. 리보는 리비도 이론을 배척하고 무의식의 의식에 대한 우위를 거부했으며, 꿈의 상징 체계를 의심했다. 알프레드 비네는 자신이 창간한 『심리학 연보』에 융의 논문을 실었다. 그러나 그 역시 리보만큼이나 "정신분석"에 대해 비판적인 입장을 취했는데, 비네는 정신분석을 경찰 취조 기술 중의 하나로 간주했다. 그는 지능의 메커니즘 연구에 노력을 쏟았고, 후에 아메리카 대륙을 정복했던 지능검사 개발에 초점을 맞췄다. 그의 적수이자 리보의 제자였던 피에르 자네 역시 프로이트 학파에 가차없는 비난을 가했다. 마지막으로 자네의 친구였던 조르주 뒤마 박사 역시 생탄느 병원에서 진행되는 자신의 강의에서 정신분석학을 즐겨 조롱했다.

　리보, 자네, 뒤마, 바로 이 세 사람을 통해 모스는 심리학을 알게 되었다. 모스가 정신병, 히스테리, 본능에 대해 논의했을 때, 그는 정신의 학과 프랑스 신경학 학파, 그리고 샤르코의 두 제자, 조제프 바빈스키와 피에르 자네의 편을 들어 줬다. 또한 모스는 꿈에 대한 "새로운 이론"에 대한 자신의 관심을 부정할 수는 없었어도 정신분석에 대해서는 어느 정도 거리를 유지하려고 노력했다.

> [……] 물론, 우리는 정신분석학의 방종에 빠지지 않았습니다. 그리고 "토템과 터부"는 프로이트의 최근 작품에서 말하는 정신병과는 또 다른 것입니다. 이론 체계와 실재 모델의 예를 들고 있는 그의 작품들의 수가 끊임 없이 증가하는 것을 막을 이유는 없습니다. 다만 우리가 과장된 방종을 꺼리는 이유는, 이러한 사상들이 발전되고 계속 지속될 수도 있다고 생각하기 때문입니다. [……][61]

 정신적 혼란과 억제, 정신착란, 망상 등 수많은 현상들이 모스의 관심을 끌었지만, 그는 심리학자들과는 달리 이를 병리학적 발현이라고 여기지 않았다. "우리는 위의 경우에 해당하는 여러분들[심리학자들]을 위한 표본을 수백만 개 가지고 있습니다. 그리고 더욱 중요한 것은 그것들이 특이한 경우가 아닌 '정상적인' 경우라는 겁니다."[62] 사회학자들은 타나토마니아 혹은 마오리족에 존재하는 씨족간의 강렬한 복수심을 의식의 역할을 통해 설명하고자 했다. 물론 여기서 "심리적 요소"가 뚜렷하고 확실하게 드러나고 있는 것은 사실이지만, 정작 "그것은 그리 중요하지 않았다." 정확히 사회를 고려해야만 한다는 것이었다. 그러니까 소위 하위 문명이라 부르는 수많은 문명 안에서 집단의 압력은 한 개인을 스스로 매우 기쁘다고 믿게 하거나 혹은 "스스로 목숨을 끊어야 할 만큼" 잘못을 범했다고 느끼도록 만들 수 있다는 것이었다.

뒤르켐과 에스피나의 계보를 이어 받은 모스는 "개인과 사회의 관계" 연구에 커다란 관심을 가지고 있었다. 모스는 에르츠가 수집한 자료에 입각해 "집단에 의해 죽음을 암시받았다고 생각했을 때 개인에게 일어나는 신체 효과"를 두 사회 집단 —— 오스트레일리아, 뉴질랜드 그리고 폴리네시아 —— 사이에서 분석했다. 그때 그의 목표는 뒤르켐이 자살에 대하여 행한 "그토록 예리하고 심오한" 연구를 좀 더 깊이 파고 드는 것이었다. 이 연구는 오스트레일리아에서 말의 효력에 대한 믿음의 기원을 조사하기 위해 그가 모아둔 자료를 활용하는 계기가 되었다. 뿐만 아니라 뒤르켐과의 공동 작업을 유리하게 이용할 수 있는 기회가 되었다. 뒤르켐이 『종교적 삶의 기초 형태』를 집필하기 위해, 예컨대 토템과 관련된 죄악이나 범죄에 따른 필연적 결과라는 생각에 의해 죽음이 야기되는 경우를 목록으로 작성하고자 했던 그때 말이다. 모스는 육체에 대한 정신의 작용, 육체에 대한 사회의 영향력을 명백하게 입증해 보였다. 또한 물론 매우 드문 경우이지만 개인이 "오직 집단적 원인으로 인해" 스스로 "죽음과 가까운 상태"라고 믿는 상황도 있었다. 모스는 이와 같은 사실들이 "뒤르켐의 아노미적인 자살 이론을 —— 사회학적 증명의 본보기가 되어준 뒤르켐의 저서에서 그가 설명하고 있는 —— 확인하고 확대시켜줬다."[63]고 결론 내렸다.

『사회학 연보』 (두 번째 시리즈)

『사회학 연보』는 하나의 출판물이나 한 집단의 기획을 넘어서는 것이었다. 모스는 "『사회학 연보』를 중심으로 우리는 진정한 의미에서의 그룹을 형성했다."고 회상하고 있다. 전쟁 직후에는 몇몇 소수의 협력자들만이 남아 있는 상황이었다. 모스는 이렇게 설명하고 있다. "우리 그룹은 황폐화된 고장에 있는 작은 숲과 닮았다. 지난 몇 년 동안, 생기를 잃지 않은 몇몇 고목들이 다시 푸르러지기 위해 노력하고 있다." 그리고 "용기를 내어" "몇 권의 연보를 더 출간해야만 했다."[64]

전쟁이 끝날 무렵, 앙리 위베르는 "『사회학 연보』를 다시 출간해야 할지" 자문했다. "만일 그것이 우리에게 무리가 아니라면, 해야 하네. 하지만 만일 우리가 실질적인 연구 없이 앞으로 몇 년간 비평만 더 해야 한다면, 하지 말아야 하네. 『사회학 연보』는 협력과 조직 연구의 산물이네. 어쨌든 나는 우리 모두가 정해진 주기성에 따를 수 있을 것이라고 생각하네."[65] 이전에 활동했던 협력자들은 모두 그 필요성을 강력하게 느꼈다. 그들은 참고문헌과 비평에 대한 평범한 연구를 속행하고 싶어 했다. 사상과 사실의 구성을 통해 "항상 통용되는 진정한 사회학 입문서"[66]를 만들 수 있다는 것이다.

1921년 초, 『사회학 연보』를 재발행하기 위한 몇 가지 시도가 이어졌다. 그러나 물질적인 수단도, 그에 필요한 힘도 없었다.[67] 게다가 모스의 심각한 병세로 인해 그 계획에 차질이 생겼다.[68] 1922년 겨울, 자신의 강의를 다시 맡고 얼마 지나지 않아 ─어느 정도의 성공점에 도달해 있었다.─ 모스는 "소논문"을 쓰기 시작했으나, 여전히 신중한 태도를 보였다. "우리가 『사회학 연보』 발행을 재개할지에 대해서는 잘 모르겠습니다. 우리 협력자들은 이전보다 더 늙었고 그 수는 더 적으며, 젊은 이들이 해야 할 일들은 우리 때보다 더욱 까다로워 졌습니다. 그러나 저는 우리가 『사회학 연보』를 재간하기로 결심한다면, 물질적 어려움은 크게 문제되지 않으리라 확신합니다.”[69]

셀레스탱 부글레는 적극적이었다. “외국 학자들이 얼마나 초조하게 『사회학 연보』의 재간만을 기다리고 있는지 확인할 수 있었네. 우리는 성공할 수 있네.”[70] 아직까지 협력자들의 참여를 확보하고 필요한 자본을 마련하며 출판사의 동의를 얻어내야 하는 일이 남았다. 미래 책임자들은 셀레스탱 부글레, 프랑수아 시미앙, 폴 포코네, 앙리 위베르 등인데, 이들은 모두 과거 『사회학 연보』의 협력자들이었다. 그들은 모스와 마찬가지로 “『사회학 연보』를 복구하려 하지 않는다면 엄청난 실수”[71]를 범하는 것이라고 생각했다. 리옹에 근무하고 있던 폴 위블랭 역시 같은 의견을 내놓았다. “『사회학 연보』를 다시 시작해야 합니다. 그것은 뒤르켐의 업적을 기리기 위한 의무이자, 우리들 스스로와 프랑스의 학문에 대한 의무이기도 합니다.”

좋은 의도를 가진 사람은 많았지만, 실제로 열심히 일할 사람은 드물었다. 그 누구도 뒤르켐이 그랬던 것만큼이나 책임과 부담이 막중한 그 계획에 선뜻 관여하려 하지 않았던 것이다. 게다가 모스의 친구들은 그에게 “힘을 좀 아끼고 『사회학 연보』 때문에 무리하지 말라고”[72] 당부했다. 사실 협력자들의 보수를 지불하고 책과 정기간행물을 구입하는 데 드는 막대한 비용을 충당할 수 있는 “확실하고 상당한” 자본을 모으는 것이 먼저 이뤄져야 했다.[73]

전쟁 이후, 모두들 더 이상 예전만큼 한가하지 않았다. 편집위원회 위원들은 “자신들이 여기저기 사방으로 불려 다니고 있다.”고 토로했다. 몇몇은 막중한 직업적 책임을 맡고 있었으며, 또 다른 몇몇은 가정에 대한 의무를 다하고 있었고, 또 다른 이들은 정치에 참여하고 있었다. 연구원이든지 ── 모스, 위베르 그리고 시미앙 ──, 대학 교수든지 ── 부글레, 포코네 ──, 이 새로운 계획의 "첨병"들은 모두들 하나같이 매우 바빴다.[74] 1919년부터 적들의 폭격으로 피해를 입은 몇몇 프랑스 도시들에 위치한 박물관들을 재편성하라는 군대의 명령에 매여 있던 앙리 위베르는 다시금 여러 활동을 시작했다. 하지만 모스에 따르면 위베르의 활력은 예전과 같지 않게 약화되어 있었다. 위베르는 고등연구실천학교와 루브르학교의 국내고고학에 대한 강의 이외에도 생제르맹 박물관의 부관장으로 지내고 있었다. 그는 이 박물관에서 여러 개의 관람실을 새로이 배치하는 일을 담당했다. 이것은 매우 중요한 임무였다. "[……] 사실상 나는 누구의 도움 없이 이 박물관을 두 배로 늘렸을 뿐만 아니라 그곳에 내 비참함을 덮을만한 훌륭한 외관을 부여하는데 성공했다네. 하지만 나는 그것에 내 자신을 희생해야만 했네. [……] 나는 도움 없이 더 이상 계속해 나갈 수가 없다네. 이건 터무니없는 일이네. 일을 형편없이 처리하거나 내 직무를 등한시 하지 않고는 이 업무에서 벗어날 수 없네. [……] 몸이 두 개라도 되어야 하네. 나는 과거에도 이토록 피곤할 일을 할 수 있을 만큼 건강하지 못했을 뿐더러 지금도 마찬가지네. 게다가 내 의무는 가족들을 위해 내 자신의 건강을 잘 유지하는 것이 아닌가. [……] 친구, 자네도 알다시피, 우리 나이에는 자신의 일을 조절하는 것이 삶의 문제란 말일세."[75]

막스 라자르의 말에 따르면, 프랑수아 시미앙은 높은 자기희생 정신을 발휘하여 1920년까지 스트라스부르에서 노동, 노동자법 그리고 빈민구제사업의 책임자 역할을 맡고 있었다. 게다가 1920년부터는 국립공예학교와 고등연구실천학교에서 교직을 병행했다.[76]

1919년부터 소르본에서 사회경제사 교수로 몸담았던 셀레스탱 부글레는 급진사회당 진영에서 급진사회주의자로서 매우 활발하게 활동했다. 그는 규칙적으로 『라 데페슈 드 툴루즈』에 협력했을 뿐만 아니라, 네 차례에 걸쳐(1901, 1906, 1914, 1924) 국회의원에 입후보했고, 인권보호연맹의 부총재 자리를 역임하기도 했다. 또한 그는 고등사범학교 산하의 '사회자료센터'를 1920년 설립 이래로 계속 관리해 왔다. 은행가 알베르 칸이 후원했던 이 센터는 정치, 사회 현황과 관련된 자료의 수집 및 관리를 목적으로 했다. 『사회학 연보』두 번째 시리즈의 신입 공동협력자들 네 명 가운데 셋이 고등사범학교 출신이자 철학 교수자격시험 합격자였으며, 모두 부글레에 의해 채용되었다. 이들 가운데 한 명인 마르셀 데아는 1920년과 1923년 사이, 사회 자료 센터에서 총무이자 기록 보존원으로 활동했다.[77]

1921년부터 소르본대학에서 강의(교육학과 사회학)를 맡고 있던 폴 포코네는 건강과 금전 문제로 늘 골머리를 앓았다. 그 또한 참여하기로 했지만, 이는 별다른 열의 없이 그저 보수와 신입 공동협력자 채용이라는 몇몇 조건에 의한 것이었다.[78]

이처럼 『사회학 연보』두 번째 시리즈 계획은 수많은 어려움에 직면해 있었다. 모스는 이렇게 설명하고 있다. 이러한 어려움들은 오로지 "모든 옛날 공동협력자들의 의지와 더불어 전쟁 이래로 우리의 연구에 가장 많이 기여했던 뒤르켐의 몇몇 제자들의 의지가 확실한 때만" 극복할 수 있는 것들이었다고 말이다.[79] 또한 몇몇 공동협력자들 사이에 발생할 수 있는 "학문상의 순수한 대립"이 "개인들 간의 대립"으로 변질되는 것을 피해야 했다. 모스 자신도 조르주 다비와의 의견 충돌을 경험했는데, 그는 사람들을 진정시키려 노력하며 다음과 같이 말했다. "[……] 지금 이 순간, 우리는 서로가 서로를 필요로 하네. 우리의 수가 일단 너무 적고, 자금도 부족하며, 게다나 너무나 무력하지 않은가. [……]"[80]

"서약 신앙"에 대한 다비의 박사 논문 심사가 있었던 1922년 4월 당시, 모스는 레비브륄, 부글레, 포코네, 랄랑드 그리고 뒤마를 도와 심사위원으로 참여할 예정이었다. 다비는 내심 모스의 권위 하에 심사가 이루어지길 희망했다.[81] 하지만 마지막 순간에 "불운한 사고"가 닥쳐 그 계획을 망쳐놓았다. 모스가 왼쪽 다리 절반을 뜨거운 물에 데어 큰 화상을 입은 것이었다.[82] 그로 인해 마르셀 그라네가 모스의 자리를 대신하게 되었다. 고등연구실천학교의 연구 지도교수였던 그라네는 중국사 전문가였다. 그는 1911년부터 1913년까지 2년간 중국에 체류했고, 『중국인들의 종교』(1922)라는 저서를 출판한지 얼마 되지 않았다. 모든 이들, 특히나 레비브륄이 모스의 불참을 아쉬워했다. "다비의 논문, 특히 '포틀래치'에 대해 논의하고 그의 논문을 보완해줘야 할 사람은 바로 자네였네. 자네야말로 '포틀래치'를 처음 발견하고 그 중요성을 널리 알린 장본인이 아닌가. 또한 자네가 이 발견을 계기로 뒤르켐 방식의 풍요로움에 대해 증명해보일 수도 있었을 텐데. 자네가 없으니, 내가 말할 수밖에 없겠군. [……]"[83] 그러나 모스 자신은 "박사 학위 심사에 불참하게 된 것"을 그다지 유감스럽게 생각하지 않았다. 왜냐하면 그는 다비의 논문에 대해 "중대한 반론"을 제기했고, 이를 "공개적으로보다는 비공개적으로"[84] 다루고 싶었기 때문이다.

그라네가 『일반 심리학 및 병리 심리학 잡지』(1922년 12월)에 박사

학위논문에 대한 혹독한 비평을 내 놓았을 때, 그들의 불화는 더욱 악화되었다. "철저한 왜곡"[85]으로 느껴지는 비평을 읽으며 다비는 괴로워했다. 그라네가 "묘하게 암시"하고 있는 것들에 대해 다비는 이렇게 주장하고 있다. "저는 사회학 그리고 특히 모스 선생님으로부터 많은 도움을 받았음을 결코 숨기려 한 적이 없으며 때로는 공개적으로 이를 밝히기도 했습니다."[86]

모스로서는 자신의 제자가 그의 박사학위 논문에 '포틀래치'에 대한 자신의 자료들을 사용하면서 말썽을 일으켰다고 해서 이를 나무랄 생각은 없었다. 비록 몇몇 사항 —— 피상적인 분석, 혼동, 정보의 부족 —— 에 대해서는 호된 비판을 가했지만, 이는 먼저 다비에게 축하의 말을 전하고[87] 그에 대한 자신의 우정을 표현한 이후에서야 행해진 것이었다.

> [……] 우리들 누구도 결코 자네에게 피해를 주고자 했던 것이 아니네. 오히려 그 반대네. 애석하게도 우리의 숫자는 더 이상 그렇게 많지 않네. 실제로 다른 사람들이 먼저 가도록 할 정도로 많지도 않고 우리 모두 연합 전선을 펼 수도 없을 정도로 적지 않은가. [……] 바로 이러한 이유에서 자네에게 모두를 향한 우리의 헌신과 우정을 믿어 주기를 부탁하는 걸세. [……] 부글레가 자네에게 말했다시피 우리 모두는 『사회학 연보』의 잠정적인 재출간에 대해서도 자네를 믿고 의지하고 있네.[88]

사건이 마무리 되고 나자, 다비는 만일 모스가 『사회학 연보』를 "부활시키는데" 성공한다면 "당연히" 『사회학 연보』를 도울 준비를 하겠다고 말했다. 미래의 공동협력자들은 다양한 문제들로 고심했다. 먼저 간행물의 재정적 상황이 문제였다. 그로 인해 애초의 계획을 수정해야만 했다. 이에 모리스 알브바크스는 자문했다. "잡지의 규모를 줄일 수 없을까요? 완벽을 포기할 수 없을까요? 무엇보다 모든 것을 수집하려고 하지 않을 수 없는 것일까요?" "만일 대중들이 도대체 무엇 때문에 우리가 제약을 받고 있는지 알고 있다면, 그들은 분명히 우리를 믿어줄 겁니다. 그렇게만 된다면 『사회학 연보』의 재발행을 위해 기울이는 노력, 이미 다른 여러 가지 작업을 하고 있는 우리들에게 분명 무척이나 짐스럽게 느껴질 그 노력에 대한 부담은 줄어들 겁니다." 또 다른 문제는 공동협력자들과 관련된 것이었다. "1914년 이래로 줄곧 굳건해진"[89] 『사회학 연보』의 위엄을 지키고 '간결하고 통일된' 모습을 유지하고자 대부분의 사람들은 공동협력자들의 수가 '소수정예로 줄어들기를' 원했다.

1923년 3월 1일, 푸아티에 가에서 열린 준비 회의에는 셀레스탱 부글레, 조르주 부르쟁, 필립 드 펠리스, 폴 포코네, 마르셀 그라네, 앙리 위베르, 앙리 장매르, 레이몽 르누아르, 앙리 레비브륄, 뤼시엥 레비브륄, 클로드 매트르, 마르셀 모스, 장 마르크스 등, 모두 12명이 참석했다. 어떤 이들은 가입 의사를 보내 왔으나 회의에는 참석할 수 없었다. 사정이 생겨 올 수가 없었거나 혹은 너무 먼 곳에 살았기 때문이었다.[90] 스트라스부르에 사는 모리스 알브바크스의 경우가 그러했다. 그러나 그는 "당연히" 모스가 결정하는 것에 찬성했으며, 미리 거기에 동조했다. 공동협력자들의 대부분이 교수자격시험 합격자였으며, 이들은 대학(문과대, 신학대, 법대)이나 또는 고등연구실천학교에서 강의를 했다. 또한 공동협력자들 중에는 교육부나 파리 국립기록 보관소 소속 공무원도 몇 명 있었

으며, 콜레주 드 프랑스 교수도 한 명 있었다.[91]

　3월 1일에 열린 회의에서는 『사회학 연보』 조직과는 무관한 사회학 학회를 설립하는 것과 관련된 토론이 이뤄졌다. 빠르게 만장일치가 이뤄졌다. 이들이 생각한 학회의 모델은 생물학 학회나 인류학연구소와 동일했다. 다시 말해 "폐쇄적인 학회, 즉 제한된 수의 활동 회원으로 구성되며, 연로한 회원이 자동으로 명예회원이 됨에 따라 더 젊은 회원이 그 자리를 대신해야 하는 경우에만 활동 회원이 충원되거나 확대되는"[92] 학회였다. 비록 학회의 규약에 제시된 목표가 "다양한 학문 분야의 전문가들이 서로 가까워지게 하고 모임을 통해 사회를 살아가는 인간 과학을 구성하는 회의"이기는 했지만, 실질적으로 이 협회는 『사회학 연보』 출판에 도움을 주기 위해 설립된 것이나 다름없었다. 게다가 1923년 학회 창설 당시, '프랑스 사회학연구소(IFS)'의 집행위원들은 회장 마르셀 모스, 부회장 프랑수아 시미앙, 총무 폴 포코네, 그리고 회계 앙리 위베르 등 『사회학 연보』의 주요 책임자들이었다. 그러나 "프랑스 사회학연구소의 회원이라는 사실이 반드시 『사회학 연보』에 공동 협력해야 한다는 혹은 협력할 수 있다는 것을 의미하지 않았다."[93]

　계획은 "후기 제호들보다는 초기 제호들과 유사한" 총 400-420쪽 분량의 한 권짜리 『사회학 연보』를 출판하는 것이었다. 그 구성은 논문 80-110쪽, 장문의 원고(가장 저명한 책들, 방법론 주석, 전체 간행물에 대한 심도 있는 비평) 150-160쪽 원고, 단문 원고(짧막한 주석, 체계적인 참고문헌) 150쪽, 목차, 색인, 기타 등등 10-20쪽으로 정했다. 모스는 출판에 필요한 자금 조달을 위해 일반학회 연맹으로부터 적어도 8,000프랑의 지원금을 받을 수 있기를 희망했다. 그는 "[……] 아직 구체적인 것은 아무

것도 없다. 이것과 관련하여 확실하게 정해진 것 또한 아무 것도 없다. 모든 것이 그저 순조롭게 진행되고 있다."고 말했다. 1923년에 책정된 (1924년 출판) 출판비용은, 인쇄비용과 기타 잡비를 포함하여, 20,000프랑을 훨씬 웃도는 것이었다. 이 예산에는 총무가 받을 수당(4,000프랑)과 저자들을 위한 사례금(1쪽당 10프랑, 총 4,200프랑)이 포함되어 있었다. 모스는 이렇게 말하고 있다. "우리는 뒤르켐과 우리가 짊어져야 했던 그 짐의 무게를 젊은 세대에게 똑같이 짊어지게 하고 싶지는 않습니다."[94]

목표는 "착수하기 전에" 적어도 18,000프랑의 운영 자금을 확보하는 데 있었다. 모스는『사회학 연보』가 첫 번째 시리즈와 같은 성공을 거두리라고 확신하고 이 자금을 모으는 데 착수했다. 그러나 실패할 경우, 모스는 "예전의『사회학 연보』공동협력자에게는 짐만 되고 무엇보다 더 젊고 활동적인 사회학자들에게 금방 넘겨줄 수도 없는 일을 계속할"[95] 생각은 없었다. 총무직을 맡게 된 폴 포코네는 이 "부담스러운 작업"을 할 준비가 되어 있다고 말했다. 그러나 "원고의 다양한 부분을 담당하는 각 항목의 책임자"가 있어야 한다는 조건을 달았다.

모스의 다양한 방면에서의 활동 덕분에 단 몇 달만에 35,000프랑이 웃도는 모금을 확보할 수 있었다.[96] 따라서『사회학 연보』의 재발행은 더 이상 의심할 여지가 없는 일이 되었다. 비록 출판 경비가 예상했던 것보다 훨씬 많았음에도 불구하고 말이다. 1923년 초 여름 모스가 뽑은 견적에 따르면, 9,000프랑의 지원금 이외에도 총 50,000–60,000프랑을 모아야 했다.[97] 위베르와 모스는 정신과학 정치아카데미에서 7월에 그들에게 수여할 15,000프랑 상당의 가치가 있는 페브르–도미에 상금의 대부분을 예치하기로 했다. "뒤르켐과 그의 공동 협력자들의 업적에 대단한 관심을 보였던" 사람들 그리고 친구들이 모두 기부에 동참했다. 모스는 그의 프랑스 친구들과 영국, 미국, 벨기에, 캐나다 등지에 있는 그의 친구들, 예컨대 마리우스 바르보, 프란츠 보아스, 제임스 프레이저, 오스틀레, 브로니슬라브 말리노프스키, 알프레드 래드클리프-브라운, 찰스 셀릭맨, 제임스 쇼트웰, 베아트리스와 시드니 웨브 등에게 편지를 썼다. 막스 라자르, 다비드 웨일, 알프레드 간스 부인 ─ 그의 아들 앙리에 대한 추모로 ─ 그리고 모스의 동료이자 런던 친구인 빅터 브랜드포드와 같은 "헌신적인 친구들"의 도움으로 모스는 기금을 조성할 수 있었으며 "얼마간, 다소 오랜 기간 동안 『사회학 연보』를 견고한 바탕 위에 세울 수 있게 되었다."[98]

재정 상황이 "일시적으로나마 호전될 것"이라 예상되자 책임자들은 펠릭스 알캉 출판사와 계약을 맺었다. 그리고 계약 내용은 프랑스 사회학 연구소 회원들에 의해 이미 1월에 승인되었다.[99] 『사회학 연보』는 1,500부를 인쇄하고, 구독료는 국내에서는 40프랑, 해외에서는 50프랑을 받기로 했다. 저작권을 가지고 있는 모스는 1,000부까지는 12.5%, 그 다음부터는 15%의 저작권료를 받았다. 그는 또한 동일한 출판사에 "『사회학 연보』 연구집" 총서의 총괄을 맡기기로 했다. 그리고 지체 없이 에밀 뒤르켐의 『도덕적 교육』, 모리스 알브바크스의 『기억의 사회학적 조건』, 마르셀 그라네의 『고대 중국의 춤과 전설』의 출판 계획을 세웠다. 폴 포코네는 이러한 성급함을 염려했다. 그는 일 년이 지난 다음에도 여전히 "뒤르켐의 미간행 원고들과 관련하여 아주 구체적이고 정확하게 날짜가 정해진 약속은 하지 않는 편이 더욱 신중하다."[100]고 여겼다.

출판 일정은 매우 엄격했다.[101] 모든 공동협력자들이 책 구입, 다른 학회 그리고 잡지와의 교류, 회람장 발송 등에 매진했다. 이는 "모든 연구가 우리 모두에게 고루 분할되어 있는 진정한 의미의 협동 계획[102]"이었다. 『사회학 연보』의 구성과 각 난(欄)의 책임자는 예전과 거의 같았다.

1. 일반사회학: 책임자 부글레, 포코네, 르누아르, 모스 외의 도움을 받을 수 있음.

2. 종교사회학: 책임자 모스, 위베르, 장매르, 그라네, 매트르, 장 마르크스, 두테, 제르네, 다비, 루셀, 차르노브스키 등과 함께.

3. 법사회학: 책임자 폴 포코네: 앙리 레비브륄, 장매르, 조르주 부르쟁, 그라네, 모스, 두테, E. 레비, 위블랭, 제르네, 루셀, 오뱅, 우르티크, 다비, 레이, 크자르노브스키의 도움을 받을 수 있음.

4. 경제사회학: 책임자 프랑수아 시미앙: 조르주 부르쟁, 셀레스탱 부글레, 모니에, 모스, 알브바크스가 보조.

5. 기타: 책임자 모스, 협력자들은 알브바크스, 모니에, 드망종(사회형태학), 앙투안 메이예(언어학, 보통 완성된 원고를 가져옴.), (494)레이몽 르누아르, 앙리 위베르, 장 마르크스.(미학), 레이몽 르누아르, 앙리 위베르(기술학)

제1권의 참고문헌 작업의 구성은 "범죄사회학과 정신통계학" 그리고 "사회형태학"이 한 항목으로서의 지위를 얻었다는 사실을 제외하고는 큰 변화가 없었다. 연구원들과 대학교수들로 구성된 공동협력자의 수는 30명이 넘을 정도로 그 수가 증가했다. 뤼시엥 레비브륄, 조르주와 위베르 부르쟁, 샤를르 라로, 클로드 매트르, 장 마르크스, 앙투안 메이예, 도미니크 파로디와 같이 모스의 친구들이자 과거 공동협력자들은 물론이거니와, 스트라스부르대학의 샤를르 블롱델, 앙드레 피가니오, 고등연구실천학교의 알베르 바이에와 알렉상드르 모레 등과 같은 모스의 동료들이 또한 합류했다. 또한 막스 본나푸, 마르셀 데아, 프랑수아즈 앙리와 같은 몇몇 학생들도 참여했다. 이들 중 대부분이 철학자들이었는데, 그 수는 정확히 18명에 육박했다. 한 협력자가 지적하듯이, 그들은 "콩디악이 말했던 이 추상적인 체계를 단념할 줄"[103] 아는 이들이었다. 나머지 사람들은 6명의 역사학자, 2명의 지리학자, 2명의 언어학자, 3명의 법률가 그리고 마지막으로 3명의 민족지학자들이었다. 그러니까 『사회학 연보』는 이런 측면에서도 전통을 잘 유지할 수 있었다. 새로운 『사회학 연보』의 공동협력자들의 나이 구성은 첫 번째 시리즈의 그것과는 완전히 대조적이었다. 30세 미만의 협력자들의 수가 매우 적은 반면, 적어도 40세 이상의 "나이 든" 협력자들이 많았다. 이는 지극히 당연한 일이었다. 새로 온 협력자들의 수가 많지 않았고, 대부분은 모스나 위베르와 비슷한 연배의 사람들로 구성되었기 때문이었다.[104] 모스는 전쟁 후 상황에 대해 말하면서, 이 시기는 "젊은 신입회원들"에게 호락호락하지 않은 시기였다고 말하고 있다. "1928년까지 프랑스 대학생들과 프랑스 학자들의 삶은 아주 힘들었다. 그들의 삶은 그 어떤 이의 삶보다 더 산산조각이 나고 분산되어 있었다. 독일의 대학생들이나 독일 학자들의 삶보다 더 비참했을 정도였다. 그럼에도 불구하고 우리는 우리의 학문을 존속시켰다."[105]

　르네 모니에가 지적하고 있듯이, 프랑스 사회학파의 구성원들은 예전과 마찬가지로 "일종의 비밀 분파도, 또 뭔지 알 수 없는 학설로의 입문을 포함하고 있는 비밀 단체도" 구성하지 않았다. 모니에는 1896년과 1926년을 대조하며 모든 공동협력자들에게 공통된 유일한 사항에 대해 이렇게 말하고 있다.

> 모든 선입견으로부터 자유롭고, 모든 진영으로부터 해방된 실증적인 연구에 대한 취향과 욕구, 즉 사회적 인간의 관찰을 바탕으로 세우고 자 하는 명백하고 흔들림 없는 의도가 그것이다. 우리 각자는 모두 자 신의 의견과 믿음을 가지고 있다. 그러나 우리 아카데미에 들어서는 순간부터는 그것들을 잊어 버려야만 한다. 우리들 가운데는 종교를 믿 는 자와 믿지 않는 자가 있고, 다양한 정당의 추종자가 있다. 다른 장 소에서라면 이들은 필시 서로를 헐뜯고 다툴 것이다. 하지만 이곳에서 우리는 행동에서 지식을, 이상에서 현실을 철저하게 분리해야 한다. 사 회학은 정치나 도덕이 아니다. 우리가 행하는 사회학에 대한 이해는 미국의 것과는 다르다. 우리는 함께 '과학'을 찾는다. 그리고 '기술'은 개인적인 분야의 것이다.[106]

새로 온 공동협력자들에게 과거 공동협력자들의 자리를 대신하는 것이 문제가 아니었다. 그보다 오히려 최선을 다해 과거의 구성원들이 연구 했던 것처럼 하는 것이 문제였다.[107] 몇몇 협력자들은 "과거의 『사회학 연보』와 새로운 『사회학 연보』 사이의 교량"을 놓는 것을, 또한 1913년 에서 1923년 사이에 발생한 사회학적 성과를 고려하기를 바랐다.[108] 그 러나 이러한 계획은 매우 중요한 동시에 매우 많은 비용이 드는 것이었 다. 편집위원회의 설명에 따르면, 이것을 진지하게 검토하기 위해서는

『사회학 연보』가 "막대한 지원"[109]를 받아야만 했다.

　『사회학 연보』가 다시 한 번 새롭게 발행되는 순간, 모스는 그의 프랑스 친구들과 외국에 있는 그의 동료들에게 이를 알리며, 또한 그들을 독려했다. 모스는 스몰에게 보내는 편지에서 "만약 미국 사회학 학회가 우리를 일종의 자매 학회로 여겨 준다면, 우리는 『미국 사회학 저널』을 매우 자랑스럽게 여길 것입니다."[110]라고 썼다. 그가 미국인들로부터 받은 지지와 원조는 매우 고무적이었다. "우리는 프랑스를 사회학의 모국으로 생각합니다."[111] 『저널 오브 소셜 포스』는 『사회학 연보』의 다음 발행이 언제인지를 독자들에게 예고했을 뿐만 아니라, 그들에게 이 잡지의 구독을 "미리 신청할 것"[112]을 권하기도 했다.

　1924년 10월 11일부터 11월 1일까지 모스는 "사회적인 문제와 새롭게 다시 태어난 프랑스 주요 정기간행물인 『사회학 연보』에 관심을 가지는 몇몇 학술단체와 공공기관 그리고 사기업들과 필요한 관계를 회복하기 위해"[113] 영국으로 건너갔다. 영국에 머무는 동안 모스는 밸포, 머렛, 셀릭맨 그리고 말리노프스키와 같이 "그의 세계"에 속한 사람들과 만날 수 있었다.[114] 프랑스로 돌아온 모스는 남아프리카 공화국의 케이프타운대학에서 사회인류학 교수로 있던 래드클리프 브라운에게 "50명의 회원에게만 허가된 폐쇄적 학회"인 프랑스 사회학 학회에 참가할 것을 권했다. 그리고 모스는 자신에게 통지해줄 수 있는 "주요한 사안"에 대한 "설명을 매우 간결하게" 알려 달라고 부탁했다.

　모스는 새로운 팀의 임무가 "엄청난 것"이라 설명했다. 왜냐하면 "사회학은 매우 거대한 어떤 것이 되어 버렸기 때문이었다." 실제로 출판은 끝이 없고, 출판물들은 25년 전보다 더욱 풍부하고, 흥미롭고 다양해졌다." 따라서 『사회학 연보』를 "각국의 사회학자들을 위해 오랫동안 필수적인 작업 도구로"[115] 만들기 위해서는 "매년 우리의 연구 수준이 향상되기를" 바라면서 선택을 감행해야 했다. 『사회학 연보』의 새로운 시리즈 제1호는 예전보다 더 압축적이지 못했다. 천 쪽에 이르는 분량 가운데 서지학적 비평의 수가 800개 이상이었다. 가장 큰 섹션인 일반사회학(개론, 입문서, 사회철학, 심리학과 사회학, 방법론, 문명, 인종)이외에도, 가장 주요한 섹션으로는 경제사회학(182쪽), 도덕사회학과 법사회학(166쪽), 종교사회학(165쪽)이 있었다. 프랑수아 시미앙이 이끄는 경제사회학 항목이 그만한 자리를 차지했다는 것은 놀라운 일이 아니었다. 경제학 문헌은 매우 풍부했으며, 또한 여러 가지 새로운 난(欄)(경제 시스템 운영, 경제적 사실과 다른 범주에 속한 사실들 간의 관계, 등)을 도입해야 했다. 사회주의와 사회 운동란(欄)은 비록 그 분량이 대폭 감소했지만(십여 쪽) 그대로 유지되었다. 사회주의 연구와 관련된 정신은 예전과 똑같이 지속되었다. 사회주의는 "호의적이지도 그렇다고 비판적이지도 않은 관점, 실증적이고 학문적인 관점"[116]에서 반드시 다뤄야 할 하나의 '사실'이기 때문이었다.

분명 마르셀 모스의 기여가 가장 컸다. 그는 두 편의 독창적인 논문 ——「추도문. 뒤르켐의 미발표 저작과 그의 협력자들」과「증여론」—— 을 내놓았을 뿐만 아니라, 여러 항목의 책임자로 활동했으며, 1923년과 1924년에 발표된 저작과 소논문에 대한 백여 편에 이르는 서평과 단평에 서명했다. 이 저서들과 소논문들의 절반 이상이 종교사회학 분야, 특히 열등한[117] 사회의 종교 체계 연구와 관련된 것이었다. 그러나 예를 들어 프로비니우스와 같은 부류의 사람들이 가지는 피상적인 호기심과 틀에 박힌 사고는 모스를 언제나 성가시게 했고, 또 다른 이들 ── 슈미트 신부와 그 무리들 ── 의 신학 또한 모스를 전에 없이 자극했다. 모스는 이러한 종류의 "외연적이고 성급한" 연구보다는 "깊이 있는 민족지학과 관련된 정직하고 간결한 문헌학적인 자료"를 더 선호했다. 그가 관심을 가졌던 것은 "체계화된 철학"이 아니라, 보아스나 말리노프스키, E. C. 파슨스, 파딘, 래트래이, 찰스 셀릭맨과 브렌다 셀릭맨 등이 수집한 '사실들'이었다.

모스와 그의 협력자들에게 이것은 뒤르켐이 수정했고 실제로 더 이상 그 누구도 그 가치를 부인하지 않는 비교 방법론과 연구 절차를 옹호하는 것이었다.[118] 뒤르켐이 보여줬던 방향(예컨대 논리와 인식 이론)을 따르는 것이며, 또한 동시에 그들 스스로의 연구를 돋보이게 하는 일이었다.[119] 폴 포코네는 그의 친구들로 하여금 다음과 같은 점에 유의하도록 했다. "나는 인물 숭배와 관련된 당파 정신을 불러일으키는 모든 것들을 근절시킬 걸세. 뒤르켐 선생님은 이런 것들을 좋아하지 않으셨네."[120] 새로운 시리즈의 제1호는 창간자에게 바치는 진정한 의미의 헌정 ── 사진, 수많은 참고자료 ── 이었다. 모스는 자신의 삼촌과 그 제자들에게 바친 「추도문. 뒤르켐과 그 협력자들」에서 다음과 같이 썼다.

[……] 모든 이들에게 그들의 기억을 영광스럽게 할 만한 무엇인가를, 우리의 스승이 시작한 일에 먹칠을 하지 않을 만한 무엇인가를 하려고 노력합시다.

어쩌면 다시금 활력이 생길 것입니다. 또 다른 씨앗이 떨어져 싹이 틀 것입니다.

뒤르켐 그리고 떠나간 모든 고인들을 기억하려는 충실한 정신 속에서, 그들과 함께 공감하면서, 우리들의 학문의 유용성에 대한 그들의 확신을 함께 나누면서, 그들처럼 인간은 우리들의 학문에 의해 지각될 수 있다는 희망을 함양하면서, 죽음을 넘어 우리에게 공통되는 이러한 감정들 속에서, 우리 모두는 우리가 이제껏 결코 포기하지 않았던 이 임무를 마음을 담아 계속해내가고 있습니다.[121]

『사회학 연보』의 새로운 시리즈의 발행은 학술계에서 "하나의 위안이 자 모범"으로서 높이 평가되었다. 이 계획의 핵심 인물인 모스 덕분에 "사회학파 그룹은 긴밀하고 적극적으로 유지되었으며 서로 상호 보완되었고, 또한 젊고 다양한 기질과 에너지로 인해 한층 풍요로워졌다."[122] 고 폴 알팡데리는 설명하고 있다.

13장_ 민족학의 정립

1925년, 파리에서는 두 가지 커다란 사건이 선풍을 일으켰다. 샹젤리제의 뮤직홀에서 시작된 흑인 버라이어티쇼(조제핀 베이커)와 '메종 가보'에서 열린 피스크 쥬빌리 싱어스의 콘서트가 바로 그것이었다.[1] 같은 해, 앙드레 브르통이 선구자라 여기며 추앙했던 시인 생폴 루(1861-1940)를 축하하는 향연이 파리에 위치한 '라 클로즈리 데 릴라'에서 열렸을 당시 초현실주의자들은 공개적으로 '리프(Rif) 전쟁'[2]을 반대하는 소동을 일으켰다. 시위에 참가했던 미셸 레리스에게 —— 그는 일부러 선동적인 함성을 질러 댔다. —— 이는 명백히 "소위 서구 합리주의에 반대하는 반란"[3]이었다.

　　1920년대 초부터 파리 지식인계와 예술계는 거대한 흥분상태로 들끓어 오르고 있었다. 영화와 라디오, 축음기의 발명, "흑인 예술"의 출현, 풀렝크, 오리크, 미요, 라벨이 이끄는 음악의 "새로운 시작" 그리고 킹 올리버, 루이 암스트롱, 듀크 엘링톤, 플레처 헨더슨이 주축을 이루는 아프리카풍 미국 음악의 탄생으로 인해서였다. 사람들은 누구나 재

즈에 열광했다. 이 "원초적인 음악"이 내뿜는 자유로운 음률과 리듬의
고조는 사람들의 마음을 뒤흔들었다.[4] "나에게 재즈란 미국 문명 속에
서 맛볼 수 있는 이국정서다. 재즈는 미국의 산업 문명과 아프리카, 두
가지 성격을 동시에 포함하고 있는 산물이다."[5]라고 미셸 레리스는 말
하고 있다.

이 새로운 이국정서 덕분으로 대중의 이목은 민족학에 집중되었다.
식민지 행정관이나 선교사들뿐만 아니라, 작가와 예술가들도 민족학에
관심을 보였다. 입체파 화가 블라맹크, 그리(Gris) 그리고 피카소는 다
호메이와 코트디부아르의 소형 입상에 완전히 매료되었다. 아프리카는
또한 장식예술에도 커다란 영향을 미쳤다. 피에르 르랭은 아프리카에
서 직접 영감을 얻은 가구를 제작하기도 했다. 예컨대 옻칠을 한 종려나
무 의자가 그것이다. 오스트레일리아 예술, 특히 이스터 섬의 예술 또한
예술의 부흥에 큰 역할을 담당했다. 초현실주의자들은 오스트레일리아
예술에서 영감의 일부를 얻기도 했다. 앙드레 브르통에게 이스터 섬은
일종의 "오스트레일리아의 현대적인 아테네"였으며, 막스 에른스트는
새(鳥)-인간 조각들을 수집하기도 했다.

대학 부속 민족학연구소

인류학, 민족지학 또는 민족학? 19세기 말까지 이들 용어는 그 사용이
불명확했고, 특히 "인류학"이라는 용어는 강의 개설, 출판 확산, 학회와
박물관의 건립에 힘입어 빠르게 퍼져 나갔다. 프랑스에서는 이와 같은
다양한 학과들이 이론적이고 특수한 제도상의 영역을 가리키고 있지
만, 넓은 의미에서 인류학은 민족학과 민족지학을 포함한다.[6] 모스의 경

우 이러한 구분을 약간 경시했다. 그는 인류학, 민족학, 사회학을 같은 것으로 보았기 때문이다. 그는 결코 이것 아니면 저것이라는 식으로 하나의 범주에 소속되는 것을 원하지 않았다.

프랑스에서 민족학은 종종 일반인류학과 심리학, 사회학과 같은 이론 학문과 반대되는 것으로 여겨졌다. 무엇보다도 민족학은 관찰과 기술 방법론을 포함한다고 받아들여졌다. […] 그러나 민족학이 인류학과 떨어져 있는 하나의 과학을 가리키는 것이 아님은 분명하다. 그도 그럴 것이 인류학은 인간학의 총화이기 때문이다. 민족학이 사회학과 동 떨어진 학문을 가리키는 것은 아니라는 사실 또한 명확하다. 왜냐하면 민족학은 집단으로서의 인간 집단 연구에 있기 때문이다. 사실상, 이들의 구분은 연구 대상에 따른 학문의 진정한 분류라기보다는 오히려 연구자들의 분배—강단과 학술기관의 역사적이고 현학적 분배—에 따른 것이다.[7]

제1차 세계대전이 일어나기 직전, 모스는 교육부 장관에게 세계 여러 곳에(아프리카, 아메리카, 오스트레일리아, 아시아) 포진해 있는 전문가들을 불러 모으고자, 민족학 사무처, 연구소 혹은 부서—명칭이야 어떻든지 간에—를 창설하려는 계획을 제출했다. 모스는 이 연구소가 "엄격한 학문적 성격"을 띠기를 바랐다. "민족지학적 조사는 행정적 관점이나 경제적 관점에서 볼 때 종종 상당히 실용적인 결과를 도출해 낼 수 있다. 민족지학 연구는 이러한 결과를 목표로 이뤄져서는 안 된다. 모든 학문이 그러하듯이, 민족지학은 절대적으로 공평무사한 정신에 의해서만 연구가 이뤄질 수 있다."[8] 모스에 따르면, 가장 좋은 방법은 이 연구소를 예를 들어 캐나다와 같은 몇몇 국가들의 경우처럼 직접 교육부에 편입시키는 것이 아니라 대학에 편입시키는 것이며, 이 연구소에 독립적인 조직과 학술 연구진을 제공하는 것이었다.

모스는 확고한 태도를 취했다. 그는 이 연구소가 "설립 초기에는 교육의 기능을 갖지 않기를" 바랐다. 그 까닭은 이 연구소가 "민족지학을 가르치는 곳이 아니라 민족지학을 실천하는 곳"이기 때문이었다. 게다가 모스는 즉시 오스트레일리아와 아시아 그리고 아프리카 탐사 준비를 할 것을 권했으며, 또한 직원들에게 "식민지 탐사"의 규율에 따를 것을 주문하기도 했다. 이는 "가장 적은 수의 민족학자들만 총무직이나 기록보관직에 흡수되고 대다수의 민족학자들은 현장에서 연구에 매진하거나 연구 실적을 출판하도록 하기 위한 것"이었다. 모스는 이 모든 것이 "절대적으로 시급한"[9] 일이라고 말했다.

민족학연구소에 대한 구상이 다시 수면 위로 떠오른 것은 1924년으로, 어렴풋이나마 그 필요성을 인식한 여론의 압력에 의해서였다.[10] 1924년 겨울, 모스는 그의 영국인 동료, 래드클리프 브라운에게 자신의 비밀을 털어 놓았다. "혼자만 알고 있으십시오. 곧 프랑스에 민족학 기관이 생길 수 있을 것 같습니다."[11] 모스의 생각은 언제나 같았다. 즉, 이센터는 교육이 목적이 아니라, 식민지에서의 민족지학 연구를 기획하고 이를 출판하는데 전력을 쏟는 곳이라는 것이었다.[12] 연구소 정관 작성 책임자였던 뤼시엥 레비브륄이 지적하고 있듯이, 모스가 애초부터 가졌던 생각에서 바뀐 것은 "물질적인 조건과 결과를 도출해 낼 수 있는 형식이었다. 파리대학에 창설 권리가 있고, 원하는 만큼의 자치권을 가질 수 있는 '연구소'라는 형태를 취해야만 했다."[13]

파리에서 인류학의 교육과 연구는 여러 가지 다양한 기관을 통해 이뤄졌다. 인류학 학교, 인류학 강좌들(박물관), 비문명화된 민족들의 종교(고등연구실천학교), 선사학(콜레주 드 프랑스), 모나코 왕자로부터 후원을 받는 인류고생물학연구소, 트로카데로의 민족지학박물관, 식민지학교와 동양어학교 등이 그것이다. 뤼시엥 레비브륄은 이렇게 설명하고 있다. "행정 부처가 딸려 있는 지휘부 아래 새로운 교수진을 임명하는 것"보다는 "미래의 민족학자들을 양성하고자 하는 전문가들이 가르치는 기술적인 성격이 강한 수업을 소수 개설함과 동시에 현재 존재하는 다양한 교육기관을 통괄하는 것"[14]이 필요했다는 것이다.

모스에게 "민족학"이라는 단어는 "인류 집단 연구, 특히 부당하게 원시적이라 불리우는 민족 연구의 기술적(記述的)인 형태"를 지칭했다. 미국에서처럼, 프랑스에서도 이 단어를 "오로지 하위 문명 민족에 대한 지식과 그들이 보여주는 현상, 즉 생물학적 특징에서부터 사회학적, 언어학적 특색에 이르기까지의 모든 현상"[15]에 적용했다. 그러므로 민족학연구소라는 호칭은 다분히 전략적인 것으로서, 이는 이 새로운 기관을 이미 인류학이나 민족지학으로 분류된 다른 기관이나 단체와 구별시켜주는 기능을 했다. 민족지학 협회의 지도자였던 루이 마랭은 이미 이론적 목적으로 민족지학 자료를 부당하게 사용했다고 뒤르켐학파를 비난한 적이 있었다. 그러므로 그에게는 레비브륄, 모스 그리고 리베 등이 이처럼 "민족학"이라는 용어를 채택함으로써 설명적이고 이론적인 분야의 연구에 참여하고 이를 장려하려는 의지가 명확하게 드러나 보이는 것이었다.[16]

마침내 민족학연구소가 1925년 12월에 창설되었다. 모스에 따르면 이는 식민지부 장관 에두아르 달라디에와 인도차이나 반도의 총독 알렉상드르 바렌의 호의 덕분이었다. 몇몇 이들의 증언에 의하면, 연구소는 뤼시엥 레비브륄의 명성이나 인맥을 이용해 이득을 얻고자 하는 식민지부의 "재단"에 지나지 않는 것이었다.[17] '좌파 공조'의 급진사회주의 의원인 달라디에는 실상 에리오 정부의 장관이었다. 비록 사회주의자들은 원칙에 따라 "부르주아 내각"에 속하기를 거부했지만, 새로운 정부의 정책은 좌파 유권자들의 기대에 부합하는 것이었다. 장 조레스의 유해를 팡테옹으로 이장한다든가, 1920년 파업 이후 해임된 철도 종사원들의 사면, 공무원들의 조합 결성 및 가입 허용, 그리고 국가경제심의회의 창설과 같은 것이 그것이었다. 그리고 1924년 5월, '좌파 공조'의 승리와 함께 '국제노동자 프랑스지부'에 소속된 대학교수들이 이끌었던 민족학연구소 창설을 위한 조건들은 모두 갖춰져 있었다.

생자크 가 191번지, 지리학연구소 건물에 위치한 민족학연구소는 1926년 초에 그 문을 활짝 열었다. 특히 마르셀 모스, 뤼시엥 레비브륄 그리고 폴 리베로 구성된 운영진은 민족학의 세 가지 동향을 잘 반영한 것이었으며, 이는 세 개의 기관, 즉 고등연구실천학교, 소르본대학 그리고 자연사박물관과의 관계를 유지할 수 있도록 해줬다. 게다가 운영진의 고문단은 콜레주 드 프랑스 교수인 앙투안 메이예, 식민지 총독이자 동양어학교 교수인 모리스 들라포스 그리고 역시 콜레주 드 프랑스 교수이자 극동 프랑스학교의 교장인 루이 피노로 구성되어 있었다.

뤼시엥 레비브륄(1857-1939)은 파리대학 문과대 현대철학사 교수이자 1920년부터는 『철학 잡지』의 책임자로 활동했으며, 민족학연구소트리오 가운데 가장 나이가 많고 가장 널리 알려진 인물이었다. 1922년 출간된 그의 저서인 『원시 정신 구조』는 큰 성공을 거뒀다. 레비브륄은 모스에게 다음과 같이 편지를 썼다. "이것은 『정신 구조 기능』의 후속작으로 나온 저서라네. 나는 이번 저서에서 앞의 저서에서는 잠시 언급만 하고 지나갔었던 몇 가지 문제들을 다시 다뤘을 뿐만 아니라, 뒤르켐과 포코네의 의견대로 12년 전에 포기해 버렸던 "원시 정신 구조"라는 제목 또한 다시 사용했네. 이 표현은 그렇게 유명하지는 않았지만, 일단 사용하고 나니 아주 적절하더군. 더 나은 방도가 있는 것도 아니라 별다른 열의 없이 이 표현을 이 저서의 제목으로 사용했다네."[18]

뒤르켐이 그랬던 것과 마찬가지로, 모스는 "종종 그리고 솔직하게" 레비브륄의 논문들에 맞섰다. 그는 모순에 무감각한 선논리적인 사고가 있으리라는 레비브륄의 생각을 못마땅하게 생각했다. 레비브륄이 "원시 정신 구조"에 대한 발표를 위해 초청되었을 때, 모스는 이 초청을 "원시 정신 구조"에 대한 모든 비평을 가하는 계기로 활용했다. 역사적 관점의 빈약함, 방법론 문제, 집단 표현과 사회제도 그리고 사회계층들 사이의 관계에 대한 설명과 분석의 부재 등을 말이다. 그의 관점은 뒤르켐적이었다. 모스는 "이성은 가장 오래된 사회 내에서도 그리고 철학이나 과학이 가장 두각된 형태 내에서도 여전히 자발적이고 집단적인 동일한 기원을 가지고 있다."[19]고 말했다.

모스는 계속 레비브륄의 이론이 띠는 "철학적인 성격"[20]에 대해서 매우 비판적인 태도를 취하기는 했으나, 그를 향한 존경과 감탄의 감정이 없는 것은 아니었다. "레비브륄의 학식은 훌륭하고 명확하다. 영국 정신이 함께 깃들어 있는, 프랑스의 훌륭한 본보기다."[21] 68세의 나이로 은퇴를 준비하던 레비브륄은 그의 교직과 수많은 행정 활동들을 보며 "완전한 임무 완수가 주는 즐거움"을 마음껏 만끽했다. 게다가 그는 이후에도 활발하고 교양 있는, 시민적 공적 삶을 계속해서 영위해 나갔다.[22] 레비브륄의 아들 중 한 명인 앙리는 마르셀 모스의 옛 제자이자 친구로서 확신에 찬 사회주의자였다. 레비브륄은 법학 교수로 활동함과 동시에 『사회학 연보』의 새로운 시리즈에도 협력했는데, 법사회학과 관련된 모든 것을 담당했다.

폴 리베는 자연사박물관의 인류학 연구실의 조수였다. 1876년 아르덴지방의 바시니에서 태어난 이 젊은 군의관은 1901년부터 1906년까지 안데스 산맥에서 경선호(經線弧)를 측정하는 임무를 받은 프랑스 학술단에 합류했다. 사람들은 리베가 바로 그곳에서 자신의 "학문적 소명"[23]을 발견했다고 말하곤 했다. 그는 에콰도르 주민들에 대한 풍부한 자료를 수집했으며, 이를 바탕으로 『에콰도르 고대 민족지학』이라는 저서를 준비했다. 그리고 1912년 이 저서를 출판했다. 하지만 그는 전쟁으로 인해 연구를 중단해야 했다. 1914년 8월 2일부터 1919년 7월 25일까지 군의관으로 징용되었으며, 그곳에서 그는 연합군의 위생과 전염병 관련 부서의 책임자로 활동했다. 1919년, 리베는 자연사박물관에서의 그의 임무를 다시 시작했고, 아메리카 대륙의 토착 언어에 대한 연구를 계속해 나갔다. 그는 또한 아메리카 전문가협회와 프랑스 인류학연구소의 총무를 역임했으며, 1921년부터 1925년까지는 학문의 발전을 위해 프랑스 인류학 학회의 총무를 지냈다. 그는 엄청난 에너지와 활동력으로 일을 기획하고 진행해 나가는 인물로서 언제나 선두에 서서 10가지 정도의 계획을 준비했다. 자크 수스텔에 따르면 그는 또한 "열정적이고 호전적이었으며 타고난 영향력을 지닌 지도자"[24]이기도 했다. 친구들과 공동협력자들은 리베의 명민한 두뇌와 결단력, 그의 책임감 그리고 그의 침착함에 감탄했다. 그러니 그의 의견에 맞서는 것보다는 그와 함께 의견을 나누는 것이 더 나았다! 여러 명의 젊은 연구원들에게 리베는 "생각을 일깨워 주는 스승"이었을 뿐만 아니라, 어려운 시기에 "한결 같은 도움을 주는 인물"이기도 했다. 1929년 그는 자연사박물관의 인류학 담당 교수로 임명되었다. 그때부터 그 교수직은 현대인 그리고 화석인 민족학 교수직으로 바뀌게 된다. 민족지학 박물관이 이 교수직에 결합되었기 때문에, 리베는 박물관의 운영을 맡게 되었으며, 또한 박물관의 개편과 현대화에 곧바로 착수했다. 이러한 행보로 인해 그는 "인류학"과 "민족학"이라는 단어의 의미에 대한 논의에 조심성을 기하게 된다.

> [……] '민족학'이라는 단어는 점차 일상어에서 '인류학'이라는 단어를 대신하는 경향이 있다. [……] 우리는 이러한 의미의 편향을 애석해 할 수도 있다. 하지만 이 점에 대해서는 생각을 해보아야 할 것이다. 다른 새로운 의미를 갖다 붙이지 않은 "민족학"이라는 단어는 정확히 본래의 의미로 봤을 때의 "인류학"이라는 단어와 동의관계에 있다는 사실을 상기해야 한다. 그러므로 박물관의 인류학 교수직은, 지금까지 언제나 그래왔듯이, 본질적으로 오늘날 우리가 민족학 교수직이라 부르는 것과 동일했다.[25]

리베와 모스는 민족학연구소의 기둥이었다. 그들의 성격은 매우 달랐지만, 두 사람 모두 사귀기 쉬운 사람이 아니라는 점에서 공통되는 면이 있었다. 모스는 "사람의 감정을 누그러지게 하는 순박함이 있음에도 불구하고 종종 희뿌연 안개 성벽 뒤로 자신을 감추는 경향이 있었고, 리베는 명쾌하고 해박한 지성과 비교할 수 없는 열정적인 성격을 동시에 갖춘 인물"[26]이었다고 자크 수스텔은 주장했다. 그러나 모스의 박식한 사고와 리베의 체계적인 지식과 조직적인 실용주의는 서로 상호 보완되어 서로를 보충해 나갔다. 더욱이 그들이 둘 다 동일한 정치적 신념을 가지고 있었기에……

루이 마랭을 비롯해 경쟁자들이 염려했던 것과는 달리, 이 새로운 연구소의 목표는 이론적인 것이 아니었다. 연구소의 목표는 오히려 출판을 통해 "최근 발견된 사실이나 새로운 방법론에 대한 관심을 끄는 것이며 ── 현재 논의 중인 사실을 현장에서 검증하기 위해 ── 또한 민족지학적 현장 탐사를 담당하는 것"이었다. 외국인들에게 "프랑스령 식민지들에 대한 대대적인 민족지학 연구"를 맡겨 뒀던 시대는 지나갔던 것이다. 이 연구는 수많은 사실들이 "곧 사라져 버릴 위기에 놓인"[27]만큼 아주 긴급한 사안이었다. 모스는 바로 여기에 우리의 "절대적인 의무"가 있다고 말했다. 이것이 "마치 우리의 조국이나 민족 그 자체에 대한 것처럼 학문에 대한 우리의 책임"[28]이었다.

그렇다고 해서 민족학연구소가 실용적인 것에 관심이 없었던 것은 아니었다. 연구소의 주목적은 전문적인 민족학자를 양성하는 것이었다. 그렇지만 행정관이나 의사, 선교사와 같이 식민지에서 살고 있거나 살아가야 하는 모든 사람들, 민족지학적 관찰을 할 수 있을 만한 모든 사람들도 교육했다. 프랑스와 같은 사회, 즉 식민지를 가지고 있고 하위문명 혹은 자신들의 문명과 아주 다른 문명을 가지고 있는 사람들을 다스려야 하는 처지에 있는 사회에서 훌륭한 민족학자라는 존재는, 기술자나 삼림 관리인 또는 의사의 존재만큼이나 중요한 것이었다. 사실상 식민지 천연자원의 으뜸은 토착 원주민이고, 그들의 언어나 종교, 사회적 틀 ──이를 경솔하게 깨는 것만큼 어리석은 짓도 없었다.── 에 대한 정확하고 깊이 있는 지식을 체계적으로 연구하는 것은 매우 중요한 일이었다.[29] 그러므로 민족학연구소는, 모스가 밝히고 있듯이, "임무들에 관련된 모든 정보, 현지 토착 원주민들의 인종, 유적의 보존과 연구, 수집, 사회적 현상 연구 등을 정부나 식민지 보호령에 개방"[30]했다.

따라서 "전적으로 학술기관"으로서 연구소가 가지는 사명은 이중적이었다. 연구소는 "민족학의 진보를 위하여 연구를 수행하는" 한편, "민족학 연구에 따른 결과물을 프랑스의 토착민 정책을 위해서 요구할 때마다 제시하는 데 있었다."[31] 이와 같은 연구소의 실용적이고 응용적인 측면은 결코 무시 할 수 없는 부분이었는데, 연구소의 예산을 "프랑스 정부나 식민 정부로부터 제공받았기 때문"[32]이다.

초기에는 너무 큰 위험 부담을 지지 않으려 조심하며 약간 주저했다. 연구소의 책임자들은 신중하고자 했고, 그들이 가지고 있는 재원에 맞춰 노력했다. 따라서 현장 작업이나 대규모 민족지학 탐사는 없었다. 모로코에서 베르베르 주거 형태에 대해 연구 중이던 그로망에게 부여했던 임무를 제외하고는 그 어떤 현장 답사 연구도, 장기 민족학 기행도 기획하지 않았다. 오로지 끝까지 완성 가능한 것들만 시도했다. 즉 지시 사항이나 질문서의 작성 ──이것들 중 민족지학 질문서는 모스가 준비한 것이었다.── , "첫 번째 『연구와 논문집』"[33]의 출판과 교육 편성, 좀 더 정확히 "이론적인 동시에 실용적인 성격의 지침, 민족학적 연구를 하고자 하는 사람들에게 필요한 방법론 설명"[34]과 관련된 교육의 편성 등이었다.

연구소 정관에 따르면, 반드시 "민족학 연구와 기술 방법, 토착 원주민들의 체제, 특히 그들의 언어, 종교, 관습, 기술, 인류학적 특성, 토착 원주민들의 역사와 고고학"과 같은 교과목이 교육에 포함되어 있어야 했다. 첫 해에 민족학연구소는 공고문에 들어 있던 파리의 여러 다양한 고등기관들(콜레주 드 프랑스, 박물관 등등)에서도 가르치던 강의 이외에도, 수업에 등록한 스무 명 가량의 학생들에게 다음과 같은 강의를 제공했다.[35] 마르셀 모스의 기술민족지학 교육(22강좌), 마르셀 코엔의 기술언어학 교육(5강좌), 모리스 들라포스의 아프리카 언어학과 민족지학(5강좌), 장 프르질뤼스키의 동아시아 언어학과 민족지학(5강좌) 등이다. 위의 강의들에 이어 대중을 위한 네 번의 공개 강연이 추가되었는데, 민속학의 지리학적 방법론에 관한 아놀드 반 젠네프의 강연이 두 차례, 북아프리카 산업동업조합에 대한 르네 모니에의 강연이 두 차례 열렸다.

연구소는 빠르게 교육 프로그램을 늘려 나갔다. 먼저 폴 리베의 자연 인류학 강의(6강좌), 브뢰이 신부의 이국 선사학 강의(6강좌), 이어 에티엔 라보의 동/생물 인류학 강의(10 강좌), 레옹스 졸로의 제 4기 지질학과 인류 고생물학 강의(10강좌), 폴 귀욤의 인류와 유인원 정신생리학 강의(4강좌)로 확대되었다. 아프리카 언어학과 민족지학 강의는 두 분야로 나뉘어 진행되었다. 언어학 강의는 옴베르제 양에게, 민족지학 강의는 앙리 라부레에게 맡겨졌다. 그러나 무엇보다도 모스의 참여가 가장 중요한 것이었다. 모스는 연구소에서의 강의를 위해 '식민지 학교'에서의 "2,500프랑 짜리 교수직"을 거절해야만 했다.

연구소가 문을 연지 일 년이 흘렀을 때 모스는 대만족이었다.[36] 1927년 문과대에 그리고 그에 이어 1928년에는 이과대에 민족학 자격 증이 생기자 학생들의 수가 눈에 띌 만큼 증가했던 것이다. 1927-1928 학년도에는 67명의 학생이, 1928-1929학년에는 89명의 학생이 강의를 신청했다. 이러한 성공에 힘입어 연구소는 더 나은 환경과 강의 지도를 제공하고자 했다. 연구소는 인류학과 지질학, 인류 고생물학 교과 실습 을 개설하고 새로운 강의실(도서관, 강연실, 실습실)을 정비했을 뿐만 아니 라, 견학이나 박물관 방문을 조직하고 학생 평가(시험)와 학생들의 논문 지도도 실시하게 되었다.

「증여론」

이미 오래전부터 모스는 계약의 시원적인 형태, 특히 '포틀래치'라 불리 는 북서아메리카 대륙 특유의 계약 형태에 대한 일련의 연구를 진행해 오고 있었다. 「희생의 본질과 기능에 대한 시론」에서 인간이 신에게 바 치는 행위를 분석했던 모스에게 증여는 새로운 관심사가 아니었다. 모 스는 이렇게 밝히고 있다. "보아스의 훌륭한 설명과 뒤르켐의 가르침에 따라, 나는 대부분의 시원적 문명에 널리 펴져 있는 모든 사실 체계를 이끌어 낼 수 있었다."[37] 게다가 모스는 『감정 심리학』의 저자인 테오뒬 리보의 연구를 읽었고 또 그의 수업을 들었다. 리보에게 모든 사회의 근 본적인 조건은 상호성과 연대였다. 또한 모스는 1909년에 사회학연구 소 국제총회가 개최되었을 때, 연대 제도가 교환이라는 관점에서 분석 되었다는 사실 역시 알고 있었다.

그 총회에 대해 작성했던 요약문에서, 모스의 제자 르네 모니에는 연대란 "어떻게 보면 사회적 사실의 지속적이고 특수한 성격"[38]이라는 점을 인정했고, 협동조합 이론가 샤를르 지드의 발표로부터 영감을 받아 다음과 같은 정의를 도출해 냈다. "연대란 개인 혹은 집단이 가지는 현재의 이익을 필수적으로 집단적인 미래의 이익과 교환하는 것이다."[39] 모니에와 다른 참가자들이 보기에 이러한 논의는 학문적인 측면뿐만 아니라 정치적인 측면 또한 지니고 있었다. 게다가 그들은 "연대 제도는 현대에도 발달하고 있는 추세이며, 이는 다른 사회들에서도 마찬가지라는 사실"[40]을 확인했다. 가장 자주 인용되는 사례가 생산과 소비 협동조합의 사례라고 할 수 있다.

제1차 세계대전이 발발하기 직전, 모스는 친구인 영국 인류학자 찰스 셀릭맨의 저서 『영국령 뉴기니아의 멜라네시아인』(케임브리지, 1910)에 대한 서평을 『사회학 연보』에 실었다. 모스는 이 서평을 통해 이 저서에서 조사되지 않았던 '포틀래치'라는 제도가 아메리카 대륙의 다른 곳과 마찬가지로 이곳의 모든 부족 내에서도 "아주 뚜렷한 형태로" 존재한다는 사실을 지적했다. "이것은 원시적인 계약의 한 형태로서, 우리가 하위 사회들 내에서 일어나는 교환 체계를 연구하면 할수록 그것이 더더욱 빈번하다는 것을 확인하게 된다. 이는 향연이나 결혼 등과 같은 행사 때 집단 전체가 맺는 계약이다."[41]

전쟁 직후에 모스가 프랑스 인류학연구소[42] 회원들 앞에서 한 초기 발표들의 주제는 "멜라네시아 '포틀래치'의 확장"과 "트라키아인들의 계약의 시원적 형태에 관한 몇 가지 사실들"에 대한 것이었다. 이러한 집단 교환 형태는 특히 콰키우틀족에 대한 보아스의 "놀라운 연구"에 의해 세상에 알려졌으며, 그것은 또한 "전체적인 급부 체계"를 구성하고 있었다. 그리고 집단 교환 형태의 주요 특징은 다음과 같았다. 무상의 증여로 시작된 거래는 온갖 종류의 수많은 급부와 연루되고, 이는 사치스러운 측면을 가지고 있으며, 이어 거래는 투쟁적인 면을 보이게 되고, 끊임 없는 경쟁관계 속에서 싸움이나 죽음으로 치닫게 된다는 특징이 그것이다. 모스는 이러한 전체적인 급부가 거의 모든 곳에, 특히 흑인과 폴리네시아 사회의 거의 모든 곳에 존재한다는 사실에 아무런 의심도 품지 않았다. 그러나 이것이 인도유럽어족 사회에서도 존재하는가? 모스는 우연한 기회에 그리스어 텍스트, 특히 크세노폰과 투키디데스의 텍스트를 읽게 되었다. 이를 통해 모스는 고대 그리스 로마시대에도 "거의 멜라네시아와 북아메리카에서와 같은 계약, 결혼, 교환, 종교적인 측면과 미적인 측면이 혼합된 급부 형태"가 존재했다는 사실을 발견했다. 즉 게르만족이나 켈트족 사회의 경우에서도 마찬가지일 수 있다는 것을 배제할 수 없었다. 그래서 모스는 이렇게 희망하고 있다. "우리보다 더 유능한 학자들이 그것에 대해 연구하기를 바란다."[43]

1923년, 모스는 연구소에서 "선물을 돌려주는 의무"에 대한 새로운 발표를 하게 되었다. 그가 분석한 뉴질랜드의 선물 교환체계는 다음과 같은 것들을 전제하고 있었다. 첫째, 줄 의무, 둘째, 받을 의무, 셋째, 답례 의무가 그것이다. "이미 고인이 되어 버린 그의 친구", 로버트 에르츠의 연구에 의거하여 모스는 이러한 교환이 가지는 영적인 성격을 강조했다. 이러한 교환은 '하우(hau)', 달리 말해 영(靈)을 지니고 있기 때문에 선물은 간직되어서는 안되고 반드시 그것을 돌려줘야 한다는 것이었다.[44] 모스가 1923-1924학년도에 고등연구실천학교에서 했던 강의는 말리노프스키의 연구, 특히 '포틀래치'에 대한 논의에 할애되었다.

또한 증여, 무사무욕, 저당 등과 같은 개념에 대한 문제들도 있었다. "이러한 제도의 핵심은 부의 순환이 전적으로 부족 구성원들 간의 경제적인 관계뿐만 아니라 무엇보다도 종교적이고 법적인 관계에 따른다는 것이다."[45] 그 기회에 모스의 학생들 중 한 명이었던 에드몽 메스트르는 증여와 교환의 개념에 대한 발표를 하기도 했다.

샤를르 앙들레르에게 친구들과 제자들이 보내는 추모의 일환으로 모스는 1924년 「선물, 선물」이라는 제목의 짧은 텍스트를 발표했다. 그 안에서 모스는 전체적인 급부 체계에 대한 분석을 했다. "증여로 받은 것, 일반적으로 받은 사물은 주술적으로, 종교적으로, 도덕적으로 그리고 법적으로 증여자와 수혜자를 이어준다. 그것을 만들고 소유했던 한 사람으로부터 온 사물은 그 사람의 것이므로, 그것을 받은 다른 사람에 대한 힘을 그 사물을 준 사람에게 부여하는 것이다."[46] 여러 게르만어에서 나타나는 '선물(gift)'이라는 단어가 가지는 두 가지 의미가 보여주고 있듯이, "선물"은 "독"이기도 하다. 그러므로 선물은 그것을 받는 이들에게 즐거움과 동시에 불쾌함을 유발시킨다는 사실은 그리 놀랍지 않다. 이것은 "흥미로운" 문제이자 "새로운"[47] 연구였다. 바로 여기서 「증여론」에 대한 모든 사실과 주제들의 윤곽이 빠르게 잡혀 나갔다.

같은 해에 모스는 심리학 학회의 초청을 받아 "심리학과 사회학의 실질적이고 실용적인 관계"를 분석하기로 했다. 일 년 전에 자신이 했던 선언 ─ "사회학, 심리학, 생리학은 모두 새로이 여기에 혼합되어야 합니다."[48] ─ 에 이어, 모스는 이번에도 벽을 쌓기보다는 여러 학문들 사이에 교량을 놓고, 상호학제적으로 가능한 협력을 강조하려 노력했다. 그는 또한 서로에게 공통되고 시급한 일이 무엇인지 판별해 내고자 했는데, 그 중 하나가 "완전하고 구체적인 인간에 대한 연구"였다. 모스가 사용했던 표현을 빌리자면 바로 "총체성의 현상"과 "총체적 인간"이다.

> [……] 우리는 순수 문학이나 순수 과학 분야를 제외하고는 사회학에서 이 능력 저 능력으로 나눠진 인간을 전혀 혹은 거의 보지 못한다. 우리는 언제나 동시에 그리고 갑자기 주어진 인간의 몸과 정신 전체에 관심이 있다. 사실상 몸과 영혼, 사회는 모두 여기에 섞여 있다. [……] 이것이 바로 내가 총체성의 현상이라 부르고자 가정한 것이다. 그리고 그것에 집단뿐만 아니라, 그 집단에 의해 도덕적, 사회적, 정신적 그리고 무엇보다도 신체적, 물질적으로 완전한 상태에 있는 모든 인격, 모든 개인이 속하는 것이다.[49]

모스에 의하면, "완전한 인간" 혹은 "총체적 인간"은 또한 "일상적 인간"이기도 하다. 따라서 사회학자들이 일반적으로 연구해야 할 대상도 바로 이것이다.

> [……] 우리가 사회적 삶이 덜 발달된 — 우리가 알고 있는 것만큼 그렇게 원시적이지 않다. — 형태 쪽으로 거슬러 올라갈수록, 우리는 원시적 인간 — 만일 허락된다면, 나는 총체적이라고 말하고 싶다. — 에 더욱 관심을 가지게 된다. 마찬가지로 우리가 가장 중요한 계층의 사람들 그리고 무엇보다도 가장 낙후한 사람들 사이에서 만나게 되는 것도 바로 "총체적" 인간이다. [……]
> [……] 오늘날의 일상적 인간 — 그리고 특히 여성에게 이것은 사

실이다.── 그리고 시원적 사회나 낙후한 사회의 거의 모든 인간들은 "총체적"이다. 아주 작은 의식이나 매우 미미한 정신적 충격에 의해서도 이들의 존재는 타격을 받는다. 이 "총체성"에 관한 연구가 무엇보다도 중요하다. [……][50]

사실들을 "집단적 암시"라고 규정짓기 위해 모스는 "집단에 의해 암시된 죽음에 대한 생각"에 대한 자신의 연구에서 다시 한 번 "총체적 사실"이라는 개념을 사용했다. 왜냐하면 이러한 사실들은 우리가 부당하게 원시인들이라 부르는 그 사람들만의 고유한 성격(총체성)을 명백하게 보여주기 때문이었다. 이 모든 것이 도저히 분리할 수 없는 '정신-육체적'이며 사회적인 성격을 가진 인간, "이중적 인간(homo duplex)"에 대한 뒤르켐의 주장과 일맥상통한다고 모스는 결론짓고 있다.[51]

    1925년에 새로운 시리즈의 『사회학 연보』를 통해 출판된 「증여론」은 "총체적 현상"이라는 개념에 핵심적인 위치를 부여했다. 앙리 레비브륄에 따르면, 모스는 원시경제의 형태와 특성에 대한 질문에 답을 찾기 위하여 "그의 풍부한 지적 능력"──500개가 넘는 주와 백 여개의 참조──을 모조리 발휘했다.[52] 또한 그는 이 연구를 위해 마리우스 바르보, 모리스 카엔, 조르주 다비, 로베르 에르츠, 앙리 위베르, 폴 위블랭, 모리스 레엔아르트, 레이몽 르누아르, 앙리 레비브륄, 르네 모니에, 앙투안 메이예, 에드몽 메스트르, 프랑수아 시미앙과 같은 수많은 옛 제자들과 협력자들로부터 많은 지적 도움을 받기도 했다. '포틀래치'에 대한 연구는 이제 하나의 공통된 관심사를 넘어 진정한 연구 계획이 되었으며, 그 중에서 「증여론」은 그저 "일부분"에 불과한 것이었다. 르네 모니에는 지중해 연안에서 일어나는 동일한 풍습에 대한 장편의 논문을 『사회학 연보』 2호에 게재했다. 당시 모스가 제기한 질문은 다음과 같았다. "미개 또는 시원적 유형의 사회에서 선물을 받았을 경우, 의무적으로 답례를 하게 하는 법이나 이해관계의 규칙은 무엇인가? 받은 물건에는 어떤 힘이 있기에 수혜자가 답례를 하는 것인가?"[53]

모스는 연구를 수행하면서 비교적 방법을 사용했고, 한정된 영역(폴리네시아, 멜라네시아, 북서부 아메리카, 게르마니아, 인도)에서 수집된 사례들을 바탕으로 전체적인 급부의 "광범위한 확대"를 노렸다. "관찰은 멜라네시아, 폴리네시아, 북 아메리카에서 우리 사회의 도덕에 이르기까지 온갖 종류의 사회 내에 존재하는 온갖 종류의 법, 주술, 종교, 경제에 대해 이뤄졌다."[54] 모스의 저작 중에서 「증여론」은 가장 잘 알려져 있고 또 가장 유명한 것으로, 이는 모스의 "주요 저작"[55]이자 "걸작"[56]으로 일컬어진다. 민족학 사상 처음으로 "경험에 의거한 관찰을 초월하여 더욱 깊이 있는 실재에 도달하고자 하는",[57] 또한 모스의 표현을 빌리자면 "우리 사회가 세워져 있는 인간 반석들 중 하나"에 닿고자 하는 노력이 이뤄졌던 것이다.

"원시적"이라고 불리는 사람들에게서, 자연경제와 닮아 있거나 물질적인 대상에 대한 개인 상호간의 물물교환과 비슷한 그 어떠한 것도 발견할 수 없었다. 이와는 반대로 오히려 전체 집단들 간에 이뤄지는 교환을 확인할 수 있는데, 이는 신앙에 의해 명령되고 뒷받침되어지는 '제식적 증여'라는 형식을 통해 이뤄졌다. 교환은 단순히 재화나 부(富)뿐만 아니라 여러 가지 다른 것들(친절, 향연, 예식, 군복무, 여자, 아이들 등)의 유통을 가리키기도 했다. 그리고 가장 진화된 교환의 형태 중의 하나가 바로 '포틀래치'였다. 모스가 이미 지적했던 대로, 포틀래치는 북서부 아메리카나 멜라네시아 그리고 파푸아 등지에서 관찰되는 투쟁적인 성격을 지닌 전체적인 급부 체계이다. 인도유럽어 사회와 같은 다른 지역에서는 몇몇 과도기적인 형태가 나타나기도 했다. 처음에 모스는 폴리네시아, 특히 사모아의 경우에 많은 시간을 투자했다. 폴리네시아에서는 오랜 시간동안 생각되어 왔던 바와는 달리, 계약상의 증여 체계가 존재했다. 모스는 또한 말리노프스키가 그의 저서 『서태평양의 항해사들』(1922)에서 기술했던 멜라네시아의 '쿨라(kula)'는 단지 "급부와 반대급부라는 광범위한 체계의 가장 엄숙한 한 순간"일 뿐이고, 이러한 상호 부족 간의 교환 체계는 서로 주고받는 의무와 함께 일종의 거대한 '포틀래치'를 구성한다는 것을 밝혀냈다. 북서부아메리카, 알래스카, 콜롬비아의 부족 내에서도 이와 동일한 제도를 찾아 볼 수 있는데, 다만 그 방식이 "조금 더 근원적이고 더 강조되어" 나타났다. 이들 부족들 사이에서 나타나는 매우 독특한 형태의 '포틀래치'는 씨족장과 씨족에게 부여되었던 주어야 하는 의무, 끝없이 "소비해야" 하는 의무 그리고 부를 파괴해야 하는 의무를 잘 설명해 준다. 즉, 주어야 하는 의무, 또한 마찬가지로 받고 또 돌려줘야 하는 의무가 있었던 것이다.[58]

바로 여기서 "우리의 현대적인 사고방식"에서 벗어나는 현상들이 나타났다. 그리고 이것에 대해 법률가 앙리 레비브륄은 "우리의 법적, 경제적 범주는 여기에서 통하지 않는다."고 설명하고 있다.[59] 모스는 "왜 증여의 본성이 강제적인가"에 대해 자문했다. 그러나 의무의 토대인 교환의 구조를 검토하는 대신에[60] 모스는 다른 쪽에 관심을 쏟았다. '마나(mana)'라는 개념을 바탕으로 주술에 대한 자신의 이론을 발표했을 당시에 그랬던 것처럼 영적인 차원, 사물들의 영적인 힘을 중시하는 또 다른 유형의 설명 쪽으로 말이다. 즉 "사물들의 힘"이 존재하며, "증여가 순환하고 증여되고 변제되도록 강제하는 힘"이 존재한다는 것이다. 이러한 힘을 폴리네시아에서는 '하우(hau)'라고 하는데, 이는 주어진 사물의 영혼을 가리킨다. "어떤 사람에게 어떤 물건을 주는 것은 자신의 일부를 주는 것이다. [……] 이러한 관념 체계에서는 다른 사람에게 실제로는 그의 본성과 실체의 일부인 것을 돌려주지 않으면 안 된다는 사실을 분명하게 또 논리적으로 이해할 수 있다. 왜냐하면 어떤 사람에게서 무엇인가를 받는 것은 그의 정신적인 본질, 영혼의 일부를 받는 것이기 때문이다."[61] 증여론에서는 '하우'의 개념을 하나의 도착점이 아니라 출발점으로 삼아서 다루고 있는데, 모스가 "원주민들에게 홀리게 되지 않을까."[62] 염려했던 레비스트로스는 이를 두고 "다행스럽다."고 지적하고 있다.

모스는 민족지학 분야로만 만족할 수도 있었다. 그러나 발표된 내용들이 "일반사회학적 가치"를 지닌다는 사실에 확신을 가졌던 모스는, 자신이 분석했던 원리들의 흔적들("잔재")을 찾아 통시적인 방향에서 자신의 연구를 계속해 나갔다. 또한 그는 로마 '가족법', 인도의 법에서 주어진 사물의 위치, 고대 게르만법과 중국의 법에 나타나는 특수한 어휘에 대해 차례차례로 연구를 했다.[63] 법제사 학회 회원이었던 모스는 오래 전부터 법에 많은 관심을 가지고 있었다. 앙리 레비브륄의 지적처럼, 모스는 법의 역사 더 나아가 법의 선사학에 "생각지도 않던 도움, 그것도 가장 효과적인 도움"을 줬다. 그의 연구는 "하위 사회 연구를 통해 의무의 역사에 대해서도 상당 부분 밝혀낼 수 있다."[64]는 사실을 입증했기 때문이었다.

결론적으로 모스는 자신의 관찰을 그가 살고 있었던 사회로 확장했다. 예컨대 초대에 답례를 하지 않으면 안 되고, 축제나 결혼, 성찬식과 같은 기회가 오면 "지역 유지(有志)"가 되어야 하며, 보주 지방에서 흔히 보이는 팔린 물건이라 해도 여전히 영혼을 가지고 있다는 인식을 지적했다. 요컨대 모든 것이 상업적인 관계에 의해서, 실리적인 계산에 의해서 이뤄지는 것은 아니라는 것이다. "우리의 도덕과 우리의 삶 자체에서 상당 부분이 여전히 증여, 의무와 자유가 뒤섞인 동일한 환경에 멈춰 서 있다." 여전히 "순수하고 비이성적인 지출"이 존재한다는 것이다.

모스는 이와 같은 발견의 중요성을 확인하는데 그치지 않고 그것으로부터 교훈적인 결론을 도출해내고자 했다. 모스는 "시원적인 것"으로 돌아가고 "고귀한 지출"의 관습을 재발견하고, "대중에게 주는 기쁨과 관대하고 예술적인 지출의 즐거움, 손님맞이와 개인적인 향연과 공개 축제의 즐거움"을 되찾자고 주장했다. "우리 현대인들의 이기주의와 법의 개인주의" 그리고 "과도한 이타성과 공산주의"를 둘 다 배척하며, 모스는 축적된 부의 재분배를 보장하는 상호간의 존중과 관대함을 기반으로 세워진 "새로운 윤리"를 옹호했다. 그리고 바로 그곳에 개인과 민족의 행복이 있다고 생각했다. 명예와 무사무욕, 연대 등에 대한 존중은, 뒤르켐이 주장했던 바와 같이, 직업 단체 차원에서 가능하고 또 바랄 수 있는 일이었다. 또한 이러한 원리가 지배하는 사회는 어떠할지 구상해보는 것도 가능했다. 사회보장(실업, 질병, 노후를 대비한) 법체계 채택, 기업들의 사회구호기금 조성, 투기와 고리대금으로 발생하는 이윤을 제한하기 위한 방법, 동업조합 연대의 발달 같은 것들을 말이다. 민족지학과 정치가 서로 합쳐진 것이었다. 협동조합 운동과 사회주의 운동의 한 가운데서 활발하게 활동했던 모스는 "교환"에 대한 일련의 소논문 작성을 끝마쳤고, "볼셰비즘에 대한 사회학적 평가"를 막 발표했다. 그는 이러한 연구들로부터 공동의 삶에 대한 의식적인 방향성을 제시해 줄만한 '정치'란 무엇인지를 정의하는데 기여하리라 낙관했다.

르네 모니에가 「증여론」에 대해 쓴 논평에서도 강조하고 있듯이, 모스의 "공로"는 다음과 같이 두 가지 사실을 증명했다는데 있다. 하나는 "'원시적인' 삶은 우리가 생각했던 것보다 더 복잡하고, 더 활동적이며, 더 유동적이다, 원시적 삶을 '정체되어 있다.'라고 표현해서는 안 된다."는 것이다. 다른 하나는 경제적 삶은 도덕성과 신앙심에 깊이 연관되어 있다, 모든 것은 총체에 있다는 것이다.[65] "총체적인 사회적 사실"의 개념을 소개하고, "총체"와 전체 사회 체계에 대해 기술하려 노력하면서 모스는 "해묵은 문제들에 대한 해결책을 조명하는 데" 성공했다.

[……] 한 문제를 다루는 이러한 방식에는 우리가 끄집어내고자 하는 발견 원리가 있다. 우리가 지금까지 연구한 사실들은 모두——이렇게 표현하는 것이 허용된다면——'총체적'인 사실 또는 원한다면——그러나 우리는 이 말을 앞의 표현보다 덜 좋아 한다.——일반적인 사회적 사실이다. 다시 말하자면 이 사실들은 어떤 경우에는 사회와 그 제도('포틀래치', 서로 대치하는 씨족들, 서로 방문하는 부족) 전체를 움직이게 한다. [……]

이러한 모든 현상들은 모두 법률적, 경제적, 종교적인 동시에 심미적, 형태학적 등……이다.[66]

"총체적인 사회적 사실"이라는 개념은 사회적인 삶의 구조, 역사, 윤리적 표현 등과 같은 여러 가지 분야에 분석의 문을 열어 줬다. 모스가 지적하고 있는 것처럼, 이러한 방법론은 다음과 같은 이중적인 장점을 가졌다. 연구자는 "더욱 보편적으로 될 수 있는 기회를 가진 사실들"을 논의할 수 있을 뿐만 아니라, "사회적 사실들을 있는 그대로 구체적으로 보는 데" 성공할 수 있다는 것이 그것이다. 사회학자들의 임무는 추상 작업을 하는데 있는 것이 아니라 "주어진 것을 관찰하는데" 있다. 그리고 주어진 것, "그것은 로마, 아테네, 일상적인 프랑스인, 여러 섬에 흩어져 있는 멜라네시아인들"이다. 그러한 표현은 모스가 몇 년 전 심리학 협회 회원들 앞에서 발표한 견해를 다시 취한 것이다.

> 우리들, 사회학자들은 [……] 육체와 개인적인 의식 그리고 집단적인 의식에서 나오는, 원하신다면, 집단의 존재에 해당하는 의식의 일부 등으로 이뤄진 총체적 인간에 관심이 있습니다. [……] 우리가 만나는 것은 한정된 사회 내에서, 시간과 공간의 한정된 지점에서 살아가는 육체와 정신을 갖춘 인간인 것입니다. [……][67]

모스는 심리학과 사회학을 비교하면서 다음과 같이 결론짓고 있다.

> 사회학자들은 어쩔 수 없이 약간 과하게 분리하고 추상한 다음 전체를 재구성하려고 노력하지 않으면 안 된다. [……] 온전한 구체적인 것에 관한 연구는 사회학에서는 가능하며 또한 더 매력적이고 더욱 많은 설명을 제공한다. [……] 사회학의 원리와 목적은 집단 전체와 그 행동 전

체를 인식하는 것이다.[68]

「증여론」(『종교학 잡지』는 이 논문을 "매우 중요한 논문"[69]이라고 평가했다)이 출판되었을 때, 외국 동료들의 반응은 전반적으로 긍정적이었다. 보아스는 이를 "흥미로운 연구"[70]라고 평가했고, 말리노프스키는 모스의 "감탄할 만한 논문"을 매우 흥미롭게 읽었다. "법의 문제에 대해 연구하면서 제가 도달한 결론(현재 출간 준비중)과 비슷하다는 것이 무척 놀랍습니다."[71] 모스는 "원시경제 연구를 이끌어 가는 자들"[72] 중 한 명이 되었다. 그러나 모스가 마오리족과 관련된 사실들에 가했던 해석, 특히 '하우'에 대한 해석에 대해서 레이먼드 퍼스는 그의 저서 『뉴질랜드 마오리족의 원시 경제』를 통해 이의를 제기했다. 그리고 이것은 기나긴 논쟁의 시작이었다.[73]

바르(Var) 지방에서의 긴 휴가를 즐기는 동안 "토포(topo)"에 대해 읽고 또 읽던 앙리 위베르는 모스에게 편지를 썼다.

[……] 나는 아직까지 '전체적 급부'라는 표현을 잘 이해할 수가 없네. 그 표현이 적절하다고 생각하지 않네. 신경을 거스르는 표현이네. 그 표현이 자네의 설명에 적절하다고 보이는 그 순간마저도, 급부의 총체성을 벗어난 뭔가가 항상 존재하는 것 같네. 게다가 첫 부분이 만족스럽기는 하지만, 그것을 읽기가 쉽지 않다는 사실을 굳이 감추려고 하진 말게. 사실에 대한 설명에서 말의 흐름은 형식적인 일반화의 역할도, 더욱 구체적인 정의의 역할도 대신하지 못하고 있네. 종종 애매모호한 채로 남아 있네.[74]

또한 위베르는 분석에 "정치와 실용적 윤리에 대한 고찰"을 덧붙인 것을 두고 모스를 비판했다. "자네는 자네가 말했던 그 '인간 반석(磐石)'과 사회보장의 발달을 결부시킬 수 있을 거라 믿는 겐가? 이 단락에서 자네는 현재 다루고 있는 주제보다는 민족에 대한 저서를 생각하고 있는 것 같네. 난 그런 어조가 적절하다고 생각되지 않네."[75] 위베르는 그 스스로의 관심사에 따라 정정문을 제시하는가 하면, 몇몇 제안을 작성하기도 했다.[76]

위베르의 어조는 엄격했다. 위베르는 그것이 특히 가장 절친한 친구와 관련된 것이었기 때문에 자신의 비판적 관점을 잃지 않았다. 솔직하고 개방된 논의는 오히려 진정한 우정의 증거로 작용했다. "자네의 연구에 대해 종종 얘기하도록 하세. 내게도 많은 소용이 될 것 같네. [……]"[77]

「증여론」이 출판되고 나자 모스는 강의에서 '포틀래치'에 대해 다루지 않았다. 토템 숭배, 터부, 종교와 예술, 우주생성론과 같은 매우 다양한 또 다른 주제들이 그의 관심을 끌었다. 모스는 구술 제식에 대해서도 매우 커다란 관심을 가졌는데, 그는 언제나 오스트레일리아를 중요시했다. 그밖에 그는 다른 지역에도 흥미를 보였는데, 특히 아프리카(코트 도르, 프랑스령 수단, 오트-볼타 지역)와 다른 주제에 대해 연구할 당시에는 동북아시아에도 관심을 가졌다.

앙리 레비브륄이 말했던 것처럼, 「증여론」은 "더욱 광범위한 연구의 일부분"[78]에 불과했다. 모스는 "전체적인 급부 체계"에 대한 자신의 연구를 간단한 발표 차원에서 계속해 나갔다. 1926년 프랑스 인류학연구소에서 "농담 관계" 혹은 라딘의 표현에 따르면 "농담을 하는 관계

(joking relationship)"에 대한 짧은 발표를 했던 것이다. 이는 매력적인 현상으로서 '포틀래치'와 몇몇 유사성을 보인다. 모스에 따르면, "선의적 경쟁관계"는 욕설을 유발하는 계기일뿐더러 융숭한 환대의 계기가 되기도 한다. 그러므로 친족과 동맹 사이에는 교환과 의무뿐만 아니라 농담도 존재한다는 것이다. 그렇기 때문에 터부와 예의범절은 무례함을 거부하지 않는다. 이러한 농담은 긴장 완화의 욕구, 도덕적 감시와 같은 명백한 기능을 대신한다. 그러나 "농담 관계는 상호적인 권리에 해당하고, 또 이러한 권리가 불평등할 때, 이는 종교적인 불평등에 해당하는 것"[79]이 분명하다고 모스는 결론 내렸다.

뒤르켐에 의해 충분히 다뤄지지 못했던 상호성에 대한 생각은[80] 마침내 제대로 다뤄지기 시작했고, 이 문제는 "사회적 단결"이라는 아주 새로운 범주에서도 제기되었다. 사회학연구소의 동료들 앞에서 이 문제에 대해 논의했을 당시에 모스는 "농담 관계"에 대한 자신의 연구를 요약하여 발표했다. 이것은 "동일한 한 덩어리"로서 작용하는 사회의 (뒤르켐적인) 이미지 그리고 서로 뒤얽히고 교차하고 결속된 단체와 하위단체들로 구성된 더 복잡한 집단의 이미지를 대조하기 위한 것이었다.[81] 그것은 확실히 공동체였다. 그러나 그것은 또한 상호성의 체계이기도 했다.

14장_ 사회학의 패배?

『사회학 연보』의 재개, 민족학연구소의 설립, 로라 스펠만 록펠러 재단의 연락 책임자들 가운데 한 명이었다는 등의 사실을 제외하고라도, 모스는 지금껏 단 한 번도 이토록 많은 행정적 · 학술적 책임을 맡은 적이 없었다.

미국 여행

미국의 사업가 존 D. 록펠러가 자신의 아내를 기리기 위해 1918년에 설립한 로라 스펠만 록펠러 재단은 여성과 어린이들을 위한 자선 활동을 전개해 나갔다.[1] 1920년대 중반에 젊은 교수였던 비어즐리 러믈이 책임자가 되면서 재단은 사회과학 분야에도 도움을 주게 되었다. 재단의 목표 중의 하나는 인간적인 관점에서 사회과학의 발전을 장려하고 전 세계에 걸쳐 확고하고 효율적인 연구기관의 설립을 도와주는 것이었다. 1923년에 설립된 사회과학위원회 역시 재단에 의해 설립된 연구 기관 중 하나였으며, 그밖에 시카고, 하버드, 콜롬비아 대학의 연구센터들이 재단으로부터 재정 지원을 받았다.

1924년부터 재단은 젊은 외국 연구원들을 위한 장학 프로그램을 실시했고, 사회과학 연구 센터들을 대상으로 한 재단의 지원 정책을 유럽으로까지 확대했다. 그 덕분에 런던의 런던 경제학교와 베를린의 독일 정치대학 역시 재정 지원을 받을 수 있었다. 재단은 사회과학이나 정치학을 전공하는 학생들이 미국이나 유럽에 쉽게 체류할 수 있도록 도우면서, "여론을 이끌어 갈 미래의 지도자들"에게 "과감한 자유주의 정신", "진리에 대한 열정", "사실만을 따르고자 하는 의지"를 심어주고자 했다. 그리고 "사실 앞에서는 모든 편견을 떨쳐버리고 어린아이와 같은 마음가짐을 가지라."고 조언했다.[2]

1917년에 파리에 사무실을 연 이래로, 프랑스의 수도 파리는 록펠러 재단의 입장에서 유럽 임무와 유럽 활동의 "요충지"가 되었다. 그러나 1929년대 중반 장학금 프로그램이 실시될 때까지는 아직 재단의 지원이 구체화되지 않은 상태였다. 프랑스에는 재단과의 주요 연락 책임자 두 명 있었다. 그 가운데 한 명은 파리 법과대학 교수이자 『정치경제학 잡지』의 편집위원이며 '프랑스 은행' 부총재를 역임했던 샤를르 리스트고, 또 다른 한 명이 바로 마르셀 모스였다. 1925년, 샤를르 리스트는 재단에 제출할 보고서를 작성했는데, 그 보고서에서 그는 대학으로부터 독립된 사회학 및 경제학 연구소의 설립을 제안했다. 그러나 어려운 경제 정세로 인해 연구소의 설립을 뒤로 미루어야만 했다. 같은 해 재단의 대표 비어즐리 러믈은 모스를 미국으로 초청했다.[3] "몇몇 유명한 기관, 대학 그리고 연구소들"을 방문하고 "몇몇 세미나를 열고자"[4] 하는 목적이었다.

모스는 세계에서 가장 규모가 크고 부유한 학술재단의 초청을 받아들여 1926년 5월 미국으로 갈 채비를 했다. 그는 이번 여행을 통해 『사회학 연보』에 관심을 보여 왔던 미국의 대학 교수들을 만날 수 있기를 기대했다. 앙리 위베르는 모스에게 포터 씨 가족을 소개해 줬다. 그 가족은 앙리 위베르와 잘 알고 지내는 사이로 롱 아일랜드에 거주하고 있었다.

미국 여행은 시작부터 기미가 좋지 않았다. 질병——아마도 이질로 인해 고통 받았던 것 같다.[5]——으로 인해 모스는 병원에 입원해야만 했다. 의사는 그에게 절대 안정을 취하고 아무 일도 하지 말라고 권고했다. 후일 모스는 다음과 같이 털어 놓고 있다. "나는 누워 있었네. 아무것도 할 수가 없었지. 정말 무료했네."[6] 병원에서 퇴원한 모스는 포터 부인 댁으로 가서 며칠 동안 휴식을 취하고자 했다. 그는 위베르에게 이렇게 편지를 쓰고 있다. "[……] 이번 요양 여행을 통해 몸을 완전히 회복할 수 있어서 나는 꽤나 만족스럽네. [……] 모든 사람들에게 이러한 상황에 대해서는 숨겨 주게. 그들이 괜히 걱정하는 것은 헛된 일이네. 하지만 이 상황을 오랫동안 숨기지는 않을 생각이네. 금년에는 여행 전체가 암울하네. 좋아지기를 기대해보세."[7] 그리고 며칠 후 다시 이렇게 쓴다. "몸이 회복되길 기다리는 동안, 나는 전혀 예상치도 못했던 완벽한 휴가를 즐겼네. 적어도 내 뇌는 완벽한 휴식을 취한 모양일세."[8] 모스는 또한 이 기회를 통해 옛 동급생이자 친구인 조 스티크니 가족들과의 재회를 즐기기도 했다.

그러나 나쁜 소식도 있었다. 모스와 가까웠던 두 명의 친구가 세상을 떠난 것이었다. 얼마 전에 고등연구실천학교 교수로 임명되었던 모리스 카엔과 "암으로 투병 중이던"[9] 뤼시엥 에르가 그들이었다. 모스는 모리스 카엔과 함께 『에다 *Edda*』 중 하나인 「오딘의 잠언(Havamal)」에 대한 논평을 쓰기로[10] 계획하기도 했었다. 다른 한 명은 뤼시엥 에르였는데, 모두 그가 "암을 이기지 못할 것임을 알고 있었다." 위베르는 모스에게 이렇게 편지를 쓰고 있다. "그를 진심으로 아주 좋아했어. 그를 생각하면 형용할 수 없을 정도로 깊은 슬픔이 밀려온다네."[11] 모스 역시 이들의 죽음에 매우 가슴 아파했다. "필립 랑드리외의 죽음 이후로, 무서운 일만 생기고 있네. 올해는 전쟁 중에 겪었던 가장 슬펐던 시간들이 떠오르네."[12]

모스의 미국에서의 여행 경로에는 뉴욕, 보스턴, 뉴 헤이번, 시카고, 워싱턴 그리고 필라델피아에 이르기까지 총 6개의 도시가 포함되어 있었다. 그의 일정은 매우 빡빡했다. 하버드와 시카고대학에서 "인문과학의 동질성과 관계: 인류학적, 심리학적 그리고 사회적인 관점에서"[13]라는 주제를 가지고 7번의 세미나에 참석했고, 미국의 유명 대학들과 다수의 인류학 박물관을 방문했으며, 연구 기관[14] 구조에 대해 공부하기도 했다. 또한 몇몇 학회와 관계를 수립했을 뿐만 아니라, 수많은 연구자들 그리고 대학 교수들과의 만남을 가지기도 했다. 모스가 만난 사람들로는 프란츠 보아스, 브로니슬라브 말리노프스키,[15] 에드워드 사피어 등이 있었으며, 사회학자로는 프랭클린 헨리 기딩스, 어니스트 버게스, 로버트 프리스, 로버트 파크, 철학가로는 존 듀이, 심리학자로는 엘튼 메이요, 정치학자로는 찰스 에드워드 미리엄, 그리고 경제학자로는 L. C. 마샬 등이 있었다.[16] 모스는 이 "매력적인 나라"[17]에서 새로운 자연경관과 새로운 민족들을 발견했다. 그는 필라델피아의 흑인 구역[18]과 같은 도시의 다양한 구역들을 돌아다니면서 다양한 것들을 관찰했다. 예컨대 미국 간호사들이 걷는 방식이라던가, 인디언 호피(Hopi)족 추장의 탁월한 달리기 능력[19] 등을 관찰했고, 훗날 그는 이것들을 "신체의 기술(技術)"에 대한 분석에 활용했다.

모스는 특히 미국의 연구 동향의 "중요성과 규모"에 깊은 인상을 받았다. 시카고의 사회연구 기관에서 보았던 것처럼, 사실을 과학적으로 기록하는 것은 사회학이 정치에 유용하게 사용될 수 있도록 해 줬을 뿐만 아니라, 사회학에 위신과 권위를 부여하기도 했다. 그를 더욱 감동시켰던 것은 바로 "의식적이고" "이성적인" 방식이었다. 이러한 방식을 통해 미국에서는 역사상 처음으로 "국가의 형성에 대한 매우 중요한 문제를 다루는데" 성공했다.

[……] 이것은 미국의 도덕적, 전통적 성격과 도덕적, 기술적 그리고 지적인 발전 능력을 바탕으로 건전하고 훌륭한 사람들로 구성된 이 나라의 기저층과 사회를 형성하는 것과 관계가 있다. [……] 이곳에서는 미국화의 문제가 "국민 윤리"의 문제라는 것을 알고 있다. 그 문제는 반드시 그렇게 제기되어야만 하는 것이다. 객관적이고 인류학적인 충원, 도덕적이고 경제적이며 기술적이고 교육적인 충원은 지식뿐만 아니라 선택의 대상이 되어야 한다. 바로 이것이 다음과 같은 것 아래에 위대한 민족이 그들의 사회 체계와 인구 구성, 그들의 운명과 개성을 동시에 놓는 방식이다. 학문에 의해 한층 명확해지고 어쨌거나 학자들과 민족 스스로에 의해 합리적으로 만들어진 실천 이성의 권한 아래에 말이다.[20]

미국에서의 모스의 임무는 다 끝난 것일까? 그는 그가 받았던 환대에 대단히 만족했다. 그리고 그는 많은 것을 배웠다. 그러나 이번 여행의 성과가 즉각적으로 나타났던 것은 아니었다.[21] 프랑스 록펠러 재단에서 가장 영향력 있는 인물은 여전히 샤를르 리스트였던 것이다.

『사회학 연보』의 실패

『사회학 연보』의 재가동은 "아주 힘든" 일이었다. 위베르가 생각하기에 이 일은 "자신들의 힘을 넘어서는 것이었다."[22] 그리고 모스에게 이 일은 일종의 강박관념이었다. 모스는 이냐스 메이예르송에게 이렇게 쓰고 있다. "나는 지금 『연보 I』의 악몽에서 벗어나 『연보 II』의 악몽으로 빠져들어가고 있네. 난 더 이상 못 참겠네."[23] 이 잡지가 출간된 다음 날 이 잡지의 총무 역할을 맡았던 폴 포코네가 "즉각 사표"를 제출하겠다고 했다.[24] 새로운 협력자들을 모집하는 일이 쉽지 않았던 것이다. 마르크 블로크는 이렇게 쓰고 있다. "저는 아주 더디게 서평을 씁니다. 그래서 아주 활발하게 『사회학 연보』를 위해 일하는 협력자가 되리라고 감히 말할 수가 없습니다."[25]

1924년-1925년의 저작들을 분석해야 하는 『사회학 연보』두 번째 호가 일 년 늦게 간행되었다. 이 두 번째 호에는 독자적인 논문들의 일부만이 포함되어 있었다. 모스에 의해 작성된 몇몇 짧은 참고문헌의 소개를 위시해, 르네 모니에의 논문 「북아프리카에서의 제식적 교환」[26]과 모스에 의해 「사회학의 분할과 그 비율」이라는 제목이 붙은 장문의 토론의 일부분을 볼 수 있다.

시간이 눈에 띄게 부족했다. 그리고 문헌의 전체 목록을 작성하고 분류하는 작업은 쉽지 않은 일이었다. 완수된 작업의 한계를 잘 알고 있던 모스는, 『사회학 연보』 첫 번째 시리즈를 위해 수립된 계획을 유지할 수 있을지에 대해 자문하고 있다.

> 솔직해지자. [……] 우리는 훌륭한 전통을 계속 이어나가고자 한다. 또한 『사회학 연보』를 오래 전부터 구독했던 충실한 독자들을 당황스럽게 만들 의도는 추호도 없다. 다른 한편 우리가 『사회학 연보』의 옛날식 분할 체제에 갇혀 있다면, 그것은 우리가 계속해서 바꿀 수는 없기 때문이다. 우리는 아직까지 서로 구분되지 못한 채로 있으며, 따라서 이 잡지의 이전 항목을 떨쳐버리지 못하고 있는 실정이다. 가령 우리의 전문 분야가 도출된 법, 종교사, 정치경제 등이 그것이다. 그리고 우리 모두는 혁신을 위한 노력을 할 준비가 되어 있지 않다. 물론 이러한 노력이 완전히 자리 잡은 것은 아니지만 말이다. 또한 이 혁신은 뒤르켐의 제자로 남아있는 얼마 안 되는 사람들에게는 너무 규모가 크기도 하다.[27]

이 잡지가 보여주고 있는 사회학 영역의 분할은 현실과 사실들에 적합한 것이 아니었다. 오히려 그것은 "현재 있는 그대로의 사회학과 우리가 가지고 있는 지식에" 적합한 것이었다. 모스는 솔직하게 다음과 같이 고백하고 있다. "우리는 이상(理想)에서 멀리 떨어져 있다." 모스는 "더 잘 분배되고", 더 균형 잡힌 『사회학 연보』를 바랐다. "이것이 바로 우리가 추구하고자 하는 첫 번째 목표다. 우리가 경주하는 새로운 노력 덕택으로 우리 모두가 여기에서 젊은 일꾼들의 후의를 얻을 수 있기를 바란다. 우리와 협력하면서 이 일꾼들이 우리가 가진 지식의 결점을 발견하고, 단언하며, 그리고 그들 자신의 지식을 펼칠 수 있기를, 또 그렇게 해서 사회현상이라는 몸에 가장 잘 들어맞는 이론이라는 추상의 옷을 맞출 수 있기를 바란다."[28]

적지 않은 수의 결점들이 있었다. 특히 인구학에 관련된 사회형태학은 아직까지 합당한 자리를 잡지 못하고 있었다. 여러 항목 사이의 구별은 사회현상들을 "제도, 개념 등의 면에서 분절되고, 파편화된, 그리고 분리되고, 구분되고, 그 결과 특별한 사물들"처럼 나타나게 하고 있었다. 정치나 국가 이론을 다루는 부분은 충분히 발달하지 못했고, "현대의 위대한 발견들을 하나도" 제대로 반영하지 못하고 있었다. 즉 "우리의 사회적, 정치적 삶의 중요한 일부가 정치적이 아니라 기술적(技術的)이거나 경제적이라는 사실"을 고려하지 못하고 있었던 것이다. 종교학에 할애된 항목은 "원시인들"의 종교만을 지나치게 연구하고 있으며, 대(大)종교에 대한 연구는 충분히 이뤄지지 못하고 있었다. "기타 항목"이라는 무정형의 항목 하에 집결된 언어학, 기술학, 미학 등에 할애된 연구에 너무 적은 관심을 보이고 있었다. 학문의 역사와 인식 이론이 기술(技術)사회학의 하부 분야에 놓일 수도 있는 가능성이 제기되기도 했다. 따라서 모스는 자신만만한 태도를 결코 가질 수가 없었다. 이와는 반대로 모스에 의하면 오히려 무지에 대한 고백이 학자의 첫 번째 의무였다. "우리는 결정적인 개념도, 심지어는 최신 개념도 가지고 있지 못하다. [……] 따라서 우리 자신을 비판할 수 있도록 하자. [……]"[29]

이와 같은 상황에 있는 만큼 수정해야 할 수많은 결점, 탐사해야 할 수많은 새로운 분야, 개척해야 할 수많은 영역이 있었다. 그 자신이 간단하게나마 다루고 있는 각각의 문제나 주제에 대해 모스는 『사회학 연보』 협력자들의 기여를 강조하고 있다. 언어학 분야에서의 메이예, 기술학 분야에서의 위베르, 경제 분야에서의 시미앙, 로마법 분야에서의 위블랭, 과학사 분야에서의 아벨 레이 등이 그들이다. 또한 모스는 하나의 새로운 분석틀을 제공하고 있기도 하다. 그것을 사회학적 문제틀이라고 말하지 않는다면 말이다. 모스에 의하면, 예컨대 기술학(技術學)은 정말로 하나의 사회적 현상이었다. 모스는 많은 기술이 갖는 독자적 성격과 그것들의 일반화 성향을 강조하고 있다. 모스는 다음과 같이 지적하고 있다. 사회학은 인류의 진보의 가장 중요한 요소들을 구성하는 기술, 즉 "인류 공동체 자체에 영향을 미치는 중요한 수단들"에 대한 연구를 소홀히 할 수는 없다고 말이다. "[……] 인간은 실천 기술에서 한계를 물리칠 수 있다. [……] 그는 뭔가를 창조함과 동시에 자기 자신을 창조한다. 그는 자기 자신의 삶의 수단과 순수하게 인간적인 것들(사물들)을 창조함과 동시에 그것들에 각인된 그 자신의 사유를 창조한다. 바로 거기에서 참다운 실천이성이 정립된다."[30]

따라서 참다운 연구는 "여전히 이뤄져야 할" 것으로 남아 있다. 사회적 사실의 독자적인 한 가지 특징은 그 사실을 "수로 셀 수" 있다는 점임을 고려해, 모스는 계량적 방법의 체계적 사용을 망설임 없이 권고하고 있다. 물론 이 방법이 신중하고 지혜롭게 적용되어야 한다는 존건에서 말이다. "결국 모든 사회 문제는 통계적 문제다. [……] 통계적 방법을 통해 모든 사회적 사실을 계량할 수 있을 뿐만 아니라, 또한 그 방법은 이 사실들을 분석하는 수단이기도 하다."[31] 그리고 모스는 이렇게 덧붙이고 있다. "모든 것은 계량되고 계산될 수 있다. [……] 통계적 방법을 통해 모든 사회적 사실을 계량할 수 있다. 또한 이 방법은 그것을 분석하는 도구이기도 하다."[32] 『사회학 연보』의 협력자들은 이와 같은 관점을 널리 공유하고 있었다. 특히 자신의 대부분의 연구에서 통계 자료를 이용했던 모리스 알브바크스의 경우가 그랬다. 통계에 대한 관심으로 인해 그는 수학 지식을 더 발전시키게 되었고, 그 결과 모리스 프레셰와 함께 『누구나 이해할 수 있는 확률 계산』이라는 입문서를 출간하기도 했다.

모스는 미국에서 "더 훌륭한 방법으로 무장하고", "더 광범위한 연구"를 수행할 수 있는 사회학자들을 만나기도 했다. 모스는 이렇게 말하고 있다. "쉽고, 재미있고, 호기심이 생기고, 기이하고, 과거에 속하는 ─ 왜냐하면 사라져버린 사회나 현재로부터 멀리 떨어진 사회가 문제되기 때문이다.─ 것들에만" 관심을 가지는 대신에, 시사문제에 대해 확실한 연구를 수행하고, 여러 사회에서 볼 수 있는 새로운 움직임을 겨냥하고, "현대적 사실들", "지금 펄펄 끓고 있는 것들"에 더 많은 관심을 가져야 하며, 미래의 제도를 관찰해야 할 필요가 있다고 말이다. 간단히 말해서 사회학자는 실제로 사회가 형성되고 있는 "마법의 냄비"에 관심을 가져야 한다는 것이다.[33]

"일반적인 사회학과 동시에 구체적인 사회학"의 옹호자였던 모스는 일련의 일반적 문제들에 주목하고 있기도 하다. 그 문제들의 중요성은 더 커지고 있었고 그런 만큼 소홀히 할 수 없었다. 가령 '문명'이라는 용어 아래 잘못 수집된 현상들에 대한 연구, 사회적 체계로서의 사회에 대한 연구, 사유의 형태에 대한 연구, 그리고 특히 '수'와 '공간' 범주에 대한 연구, 정치 및 국가이론에 대한 연구, 다른 시사문제들(사회보험, 이

민)에 대한 연구에 착수하는 것이 불가피했다. 마지막으로 이와 같은 문제들에 대한 심리학과 생물학을 포함한 다른 분과들과 사회학 사이의 아주 미묘한 관계에 대한 연구가 더해져야 했다. 모스는 다음과 같은 슬로건을 내걸고 있다. "연결시키도록 하자!" 특히 세 영역이 상호학제적 연결의 혜택을 볼 수 있을 것이다. 언어와 상징에 대한 연구, "심성"에 대한 연구, 그리고 문명과 집단적 행동학(집단적 특징)에 대한 연구가 그 것이다.

몇몇 "불가사의들"——예컨대 각 사회의 특수성을 형성하는 것—— 을 밝히기를 원하는 자, 그리고 "사회의 영혼과 신체에 대한 학문"에 이르고자 하는 자에게는, 모스에 의하면 단 하나의 해결책이 있을 뿐이다. 즉 일단 세분한 다음에 "세분된 모든 것을 한데 모으고", "과거의 학문들(경제, 법, 종교, 등)이 제시하고 있는 분류에서 벗어나야" 하는 것이다. 하지만 "과거의 학문 체계를 전복하지" 않도록 신중하게 해야 한다.[34]

하나의 사회적 사실을 설명하고자 하는 자는 누구나 이런저런 사실들의 분류 연구에 머물 수는 없을 것이다. 이와는 달리 그는 사회적 사실들의 총체를 이해해야 하고, "그들 자신이 총체들인 개인들을 통합시키는 사회적 전체"를 기술해야 하고, "전체로서의 개인과 합류해야" 하며, 나아가서는 "인간의 총체적 모습"을 관찰해야 한다. 모스는 "총체성" 개념을 다음과 같이 기술하고 있다. "[인간 사회에서] 모든 것은 관계일 뿐이다. […] 사회에서 모든 것, 심지어는 가장 특이한 사물들까지를 포함한 모든 것은 무엇보다도 기능이자 작동이다. 분리된 부분들에 대한 관계가 아니라 전체에 대한 관계, 집단 전체에 대한 관계에서만 무엇이든지 이해될 수 있다. 사회 전체에 통합되는 부분이 아닌 사회현상은 결코 없다."[35] 이와 같은 차원에서 이뤄지는 연구의 장점은 사회현상들의 통일성을 보여줄 수 있고, 또한 그렇게 함으로써 사회학의 통일성역시 정당화시킬 수 있는 것이다.

> [······] 우리는 바로 거기에서 뒤르켐에 의해 고안된 방법론의 가장 풍요로운 원칙이 자리한다는 점을 상기시키고자 한다. '여러' 사회과학이 있는 것이 아니라, '여러 사회들에 대한 하나의 과학'이 있다. 분명 각각의 사회현상을 연구하기 위해선 그것을 고립시켜야 한다. [······] 하지만 사회학은 그 현상들 사이에 관계가 있다는 사실을 잊지 않도록 하기 위해 거기에 자리 잡고 있다. [······]
>
> 달리 말하자면, 사회학의 다양한 부분들을 결코 서로 분리시켜서는 안 될 것이며, 특히 생리학을 분리시켜서는 안 될 것이다. 사회현상들은 그것들 사이의 아주 복잡한 관계들로 서로 얽혀 있다. [······] 이제 정직하고, 그리고 공정하게 다음과 같은 사실을 바라는 것이 가능하다. 즉 언젠가 인간에 대한 하나의 과학(심리학적, 사회학적 인간학)——비록 불완전하다고 해도——이, 인간이 과거에 체험한 모든 종류의 상황을 통해, 그 자신의 삶, 행동, 감정, 관념화 등이 가졌던 다양한 형태나 혹은 가장 중요한 형태들을 이해할 수 있다는 사실이 그것이다.[36]

「사회학의 분할과 그 비율」에서 모스는 "사회학이라는 학문의 숭고한 위치"에까지 다다르고 있다. 당연히 상당한 자부심을 가지고서 말이다. 모스는 실뱅 레비에게 다음과 같이 속내를 털어놓고 있다. "이제는 더 이상 제가 이론적인 관점에서 아무런 공헌도 하지 못했다고 비난하지는 못할 것입니다."[37] 모스 자신이 제안하고 있는 이와 같은 분할의 "재통합"이라는 생각은 그의 친구들과 협력자들을 놀라게 했을 뿐만 아니라 그들의 마음을 완전히 사로잡기도 했다. 모리스 알브바크스는 모스에게 이렇게 쓰고 있다.

제가 보기엔 이 글의 각 장 사이마다 아주 중요한 생각들이 아주 많이 들어 있습니다. 그리고 이와 같은 생각들 전체가 저를 완전히 흔들어 놓고 있습니다. 조금은 지나치게 추상화 작업으로 경사된 정신을 가진 저를 말입니다. [......] 그리고 그것은 구체적인 것들이 많이 있다는 사실을 저에게 상기시키면서 커다란 도움을 주고 있습니다. [......] 저는 분명 선생님이 이미 지나간 단계에 머물고 있습니다. 하지만 제가 겁내는 것은, 제가 알고 있는 상당히 많은 사람들이 그 단계를 넘어선 것이 아니라, 오히려 그 단계에 미치지 못하지 않을까 하는 점입니다. 그리고 제가 표명하는 유일한 우려는, 선생님의 사회학이─선생님에게는 아니라고 해도, 적어도 저에게는─너무 일찍 도달했다는 점입니다. 하지만 앞을 바라보고, 앞을 향해 나아가는 것에 겁내서는 안 될 것입니다. 비록 도중에 자기의 학문 세계의 많은 부분에 씨를 뿌려둬야 한다 해도 말입니다.[38]

『사회학 연보』의 두 번째 호에 모스는 또한 「사회학 확장에 대한 방법 설명」이라는 글을 게재했다. 이 글에서 모스는 "사회학"이라는 용어가 "명칭이야 어떻든지 간에 사회과학, 여러 사회에 대한 학문들, 사회과학 전체와 동의어라는 사실"을 재천명하고 있다. 그는 또한 이렇게 말하고 있다. "모든 사회현상은 단 하나의 영역, 단 하나의 학문의 대상을 형성한다. 명칭이 중요한 것이 아니다. 원칙이 일차적이다."[39] 모스는 여러 나라에서의 사회학의 발전을 염려스러운 눈으로 바라봤다. 다른 사회과학들에서 고립된 사회학은 재차 "철학적"이 되는 성향이 있었고, 일종의 "게으른 철학"일 뿐이고자 하는 성향도 없지 않았기 때문이었다. 또한 사회학은 정치적, 도덕적 강론과도 구별되지 않았다. 이 젊은 학문이 가져온 과도한 열광과 쉬운 성공에 맞서 "설익은 순진함과 선전을 심하게 좌절시키는 것"이 더 나은 길이기도 했다. 다른 모든 학문의 역사와 마찬가지로 사회학의 역사도 "승리와 정복된 장애물들의 역사, 계속된 진보의 역사만이 아니라, 유해하고, 드러나지 않고, 무의식적이고, 반대보다 더 나쁜 무지와 혼합된 실수들의 역사"이기도 했다. 사회학자의 첫 번째 의무는 대중들에게 환상을 품지 않게 하는 것, 그리고 특히 그들에게 필요한 "비판적 감각"을 갖추게 하는 것이었다. 흔히 "사회적"[40]이라고 얘기되는 실천의 관점에서 사회학에 지나친 희망을 불어넣는 자들에게 단순히 "참을성과 신중함을 설파할" 필요가 있었던 것이다. 요컨대 사회학에 기적은 존재하지 않는 것이다.

참여 지식인인 모스는, 비록 그 자신이 실천해보지는 않았다고 말하고 있어도, 정치의 생리를 잘 알고 있었다. 그리고 한편으로 그 자신이 사회학과 정치학의 분리의 필요성을 강조했지만, 다른 한편으로 그는 사회학의 사회 적용 문제에 대해 커다란 관심을 표명하기도 했다. "시민들 스스로가 우리 학자들에게서 덜 순수하고, 덜 무관심한 태도를 기대하고 있다."[41] 그렇다면 사회학은 그들에게 무엇을 가져다 줄 수 있는가? 사회학자들이 그들에게 줄 수 있는 첫 번째 도움은 정치를 연구 대상으로 삼는 것 그리고 어느 정도까지 "정치 문제가 사회적 문제인가"를 드러내보이는 것이다. 여기에서 모스는 머릿속으로 미국 모델을 생각하고 있었다. 즉 사회학자들이 "공정한 조사와 사실들의 간단한 채취"를 통해 정치인들과 관료들에게 도움을 주는 그런 모델을 말이다.

모스에 의하면 바로 이것이 긍정적 정치의 첫 단계에 해당된다. 그러니까 "여러 사회에 대해, 그리고 특히 이 사회들 하나하나에 대해, 이 사회들이 무엇을 하고 있고, 또 어디로 향해 가고 있는지를 알리고 또 말하는" 단계가 그것이다. 그리고 그 다음 단계, 즉 오직 두 번째 단계에서만 이 사회들을 실천적으로, 이념적으로 이런저런 방향으로 나아가게 하는 것이 바람직한지 아닌지를 말하는 것이 가능할 따름이다. 또한 이 두 번째 단계에서만 어느 정도 확신을 가지고 이 사회들에 대한 진단을 내리고, 그 진단에 대한 치료책을 제시하는 것이 가능할 따름이다. 모스는 이렇게 생각하고 있다. "그날이 오게 되면, 사회학의 대의명분이 승리하게 될 것이다. 사회학의 유용성이 자리 잡게 될 것이다."[42] 따라서 사회학은 만병통치약이 아니라는 것이다. 사회학은 그저 "사회 교육의 주요 수단일 뿐이다." "사회학은 사람들을 행복하게 만들어주는 수단이 아니다. 사회적 기술 그리고 정치조차 이와 같은 환상적인 목표를 추구하기는 하지만, 이 목표를 달성하는데 역부족이다. 뒤르켐은 이와 같은 사실을 잘 보여줬다. 과학과 예술은 인간을 더 강하게 만들어주고, 인간 자신을 더 잘 통제하는 효과만을 가질 뿐이다."[43]

『사회학 연보』 제2호는 분명 미완의 작업이었다. 실제로 모스가 사회학의 확대에 할애했고, 분석과 서평의 두 번째 부분의 서론 역할을 하고 있는 방법적 주해는 완성되지 않은 상태였다. 모스의 설명은 다음과 같이 끝나고 있다. "마치 우리가……인 것처럼." 너무나 수수께끼 같은 이 문구 "마치 우리가……인 것처럼."으로 말이다. 이 설명의 마지막 쪽 들이 작성되기는 했지만, 알려지지 않은 이유로 인쇄되지 않았다.

이 출간되지 않은 부분에서[44] 모스는 뒤르켐과 그의 제자들을 "모종의 배타성, 모종의 불관용", 심지어는 "독점 정신"을 들어 비난하는 자들에게 응수하고자 했다. "모든 길을 점령하고", 고립되고자 하기는 커녕, 모스는 "전문가들에게 호소했다." 사회학이 "진정한 연구자들"을 끌어 모으고, 또 그들과 함께 협동하는데 일조하기를 바라면서 말이다. 얼마 안 되는 뒤르켐의 제자들이 사회학을 독점하는 것은 용납되지 않는 일이었다. 사회학을 학문으로 정립하는 시대는 지난 것이다. 사회학은 이미 존재하고 있고, 또 고유의 방법론을 가지고 있다. 지금은 그 다음 단계로 넘어가야 할 필요가 있는 것이다.

모든 사회학자들이 자신들에게 부과해야 할 가장 중요한 목표는, 자신들의 학문의 조직화를 위해 기여하는 것이다.

아주 대단한 것이 문제되는 것이 아니다. 그저 약간의 의지만으로도 충분할 것이다. […] 학문을 정립하는 것이 핵심이 아니다. 과학적 연구가 행해지는 작업장 전체를 조정하는 것이 문제다. 사회과학에 종사하는 모든 학자들을 한데 모으고, 일단 모아지면 그들이 자신들의 능력을 가장 잘 발휘할 수 있는 가장 훌륭한 작업장으로 그들을 이동시키거나 아니면 스스로 그곳으로 옮겨가도록 하는 것, 바로 이것이 우리 모든 교육자들의 목표가 될 것이다. 또한 바로 그것이 『사회학 연보』의 목표이기도 하다.

　단순히 문제는 학문적 전략에 속하는 것이다. 진리를 탐구하는 이 정직한 연구자들이 어디로 가야 하는가? 대체 어떤 분야에서 지식이 부족한가? 어디에서 그 지식을 확보하기 시작하는가? 지나친 지식이 아니라, 당장 충분한 지식을 말이다. 현재로부터 어떻게 편견을 제거할 수 있는가? 인종, 범죄, 이민 등과 같은 시사 문제가 제대로 제기되지 못하고 있다. 왜냐하면 이 문제들은 '오늘의 책'을 쓰고자 하는 자들 사이의 경쟁심을 지나치게 고취하기 때문이다. 하지만 다른 곳에서, 더 먼 곳에서 탐구를 하게 되면, 더 참신한 것, 더 나은 것을 찾을 수 있을 것이다. 모든 이들의 목표는 알려지지 않은 것들을 향해 나아가는 역량을 기르는 것이다. 바로 이 미지의 세계를 드러내야만 한다.[45]

하지만『사회학 연보』의 속간(續刊)은 이뤄지지 않았다. 두 번째 호가 이 잡지의 새로운 시리즈의 마지막 호가 되고 말았다. 이 잡지의 출간 중단은 아주 놀라운 일이었다. 그도 그럴 것이 모스 자신은 이 잡지의 미래에 대해 늘 낙관적인 태도를 견지하고 있었기 때문이었다. "『사회학 연보 II』가 제작 중에 있습니다. 『연보 III』이 윤곽을 드러내기 시작했습니다. 『연보 V』라면 저는 피곤해 할 수도 있습니다. 어쨌든 성공을 거두고 있습니다."[46] 제3호의 간행을 위해 모스는 벌써 '문명' 개념에 대한 긴 방법적 주해를 준비하고 있었다. 모스는 이 설명을 몇 년 후에 앙리 베르에 의해 개최된 제1회 종합 주간에서 하게 될 발표(문명, 그 요소들과 형태들)의 자료로 이용하게 된다.

　『사회학 연보』의 앞날에 대해 걱정을 하던 모리스 알브바크스는 여전히 스트라스부르대학에서 가르치고 있었다. 그는 계속해서 다음과 같이 집요하게 요구하고 있다. "[……] 이 잡지가 지금 어떤 상태에 있는지를 알고 싶습니다. [……] 선생님이 뒤르켐, 에르츠, 그리고 우리를 위해 열심히 일을 했다는 것을 잘 알고 있습니다. 너무 바쁘다는 것도 이해합니다. 하지만 『사회학 연보』에 위기가 닥쳐온 상황에서, 특히 파리에서 멀리 떨어져 있는 저는, 이미 이뤄진 작업, 그리고 지금 현재 진행되고 있는 작업이 어떤 것인지를 알고 싶습니다."[47]

다른 시련들, 다른 의무들

모스를 위시해 모든 사람들이 연구가 늘어나는 것을 보고자 했다. 또한 『사회학 연보』에 의해 수립된 계획이 "연구자들"로 하여금 "자신들의 여러 연구에서 가장 훌륭한 선택"을 할 수 있게끔 해주기를 희망하기도 했다. 하지만 대체 누가 이 연구를 수행한다는 말인가? 모스 자신이 양성한 학생들의 숫자는 아주 적었고, 종교사나 민족지학에 국한되고 있었다. 이와 같은 상황에서 뒤르켐의 유산을 지키고, 『사회학 연보』를 중심으로 완전히 단결된 하나의 연구팀을 유지하는 것은 쉬운 일이 아니었다. 위베르와 모스의 마지막 원대한 계획은, 협력자들(필립 드 펠리스, 마르셀 그라네, 장 마르크스, 레이몽 랑티에, 장 프르질뤼스키)과 동료들(마르셀 카엔, 알렉상드르 모레, 가브리엘 미예, 이지도르 레비, 폴 리베)의 도움을 받아 3권으로 된 『종교사』를 출간해내는 것이었다.[48] 하지만 이 계획은 사문(死文) 상태로 남게 된다.

　연구 팀의 단결은 약했다. 그도 그럴 것이 그 누구도 충분한 시간을 갖지 못했고, 각자 자기 전공 영역에 칩거하려는 경향이 있었기 때문이었다. 가령 위베르는 고고학에, 시미앙은 경제학에, 알브바크스는 인구학과 통계학에 말이다. 게다가 이미 규모가 축소된 연구 팀의 단결은 또 다른 부음(訃音)과 다른 시련으로 인해 약해졌다. 몇 해 전부터 병치레를 하고 있던 앙리 위베르는 "여러 차례에 걸쳐 치료를 받아야만" 했다. 그는 점점 "육체적으로 쉬이 피로해"졌다.[49] 살로몽 레나크는 이렇게 말하고 있다. 위베르는 "많이 연구하고, 많이 가르치고, 많이 고통을 받은" 사람이었다고 말이다.[50] 1924년 5월에 둘째 아들 제라르가 태어난 다음 날 부인 엠마가 세상을 떠난 일은 위베르에게 아주 끔찍한 사건이었다. 물론 위베르는 용기와 자기 통제를 보여줬다. "끈질기고자 하는" 사람답게 불행을 버텨내면서 말이다.[51] 그 다음해에 그의 심장질환이 더 악화되었고, 그로 인해 그는 남불 지방에서 오랜 동안 휴가를 보내야 했으며, 네리스에서 여러 차례에 걸쳐 치료를 받아야 했다. 위베르는 친구 모스에게 1925년 가을에 이렇게 쓰고 있다. "차도가 별로 없네. 조금만 일해도 숨이 가빠지네."[52] 그리고 며칠 후에는 "다리가 좀 나아졌네. 하지만 심장은 여전히……"[53]라고 쓰고 있다. 위베르는 연구를 다시 시작하긴 했지만, 과거와 같이 많은 노력을 경주할 수는 없었다.

2년 후에도 위베르의 건강은 "호전되지 않았다."[54] 위베르는 1927년 5월 25일에 샤투에 있는 집에서 세상을 떠났다. 그 전날 밤 위베르는 『사회학 연보』를 위한 하나의 주석에 마지막 손질을 가했다. 그의 나이 55세였으며, 마르셀과 제라르라는 이름을 가진 두 아들을 남겼다. 레비의 부인은 이렇게 절규하고 있다. "또 부음이군요! 우리의 기억은 온통 묘지뿐이네요!" 남편과 마찬가지로 레비의 부인 역시 슬픔으로 침통해 했다. "우리는 아주 멋진 친구 한 명을 잃었어요. 그에게는 모든 것이 섬세함, 신중함, 성실함, 또한 우수(憂愁) [……] 였어요."[55] 모든 친구들과 동료들, 그리고 학생들은 위베르에 대해 가장 깊은 존경심을 가지고 있었으며, 가장 신실한 찬사를 보내기도 했다. 그의 학생 중 한 명이었던 알프레드 메트로는 이렇게 강조하고 있다. "그 분은 프랑스의 학문을 몸소 구현하고 있었습니다. 심오한 학식에 우아함과 표현의 분명함이 더해졌습니다."[56] 영국 잡지 『맨』에서는 다음과 같은 대목을 읽을 수 있었다. "인류학과 사학 분야에서 대단한 손실"이다.[57] 그리고 모스는 당연히 프랑스 사회학에서도 마찬가지라고 덧붙이고 있다.[58]

모스는 당황함을 감추지 못했다. 그는 실뱅 레비에게 이렇게 쓰고 있다. "저는 위베르의 죽음에서 천천히 벗어나고 있는 중입니다."[59] "가련한" 친구 위베르의 죽음의 충격은 "끔찍했다." 모스는 몇 달 후에 래드클리프 브라운에게 이렇게 속마음을 털어놓고 있다. "그 당시 난 뭘 했는지 모릅니다. 내게 떨어진 학문적, 정신적 짐에 짓눌렸죠. 내 건강이 내 의지만큼 강했으면 좋겠네요."[60] 모스에게 그 충격이 "잔인했다"는 것, "그의 삶에서 그처럼 큰 자리를 차지하고 있던 뭔가가 결정적으로 막을 내렸다."[61]는 것을 모든 사람들이 알고 있었다.

친구와 협력자로서의 위베르가 차지했던 자리는 대체 불가능했다. 위베르의 죽음은 그와 모스의 "정반대되는 장점들"의 협력의 결과이자 그들의 『종교사 논문집』에서 가장 훌륭한 예를 볼 수 있는 "위대한 연구결과"의 종말이었다. 그러니까 광범위한 지식, 과감하고 확고한 사유, 완벽한 집필[62]의 종말 말이다. 모스는 친구 위베르가 남긴 자료들을 정리해야 했고, 그의 도서 목록을 작성해야 했으며, 그의 원고의 출간을 준비해야 했다. 엄청난 일이었다.

위베르는 그의 학문 연구 결과를 돌보는 일을 저에게 일임했습니다. 그의 연구는 글자 그대로 엄청난 것이었다. 약 30여 개에 이르는 다양한 강의록이 있었습니다. 일반적이거나 전문적인 내용이든 간에 말입니다. 첫 줄부터 마지막 줄까지 완벽한 상태였고, 순서에 따라 완벽하게 독서 카드가 내용을 뒷받침해주고 있었습니다. [……] 연구 결과는 대단했고 [……], 게다가 무르익은 것이었습니다. 제 생각으로 한 문단과 한 장을 제외하고 완벽한 상태였던 '켈트족'에 대한 연구의 완성은 큰 어려움이 없었습니다. 또한 장세가 옆에 있다면 '게르만족'에 대한 연구의 완성 역시 시간이 조금 걸리는 것 말고는 다른 어려움이 없을 것 같았습니다. 다행입니다.[63]

이처럼 "시간의 손실"을 감당할 준비가 되어 있었지만, 모스는 위베르의 여러 글들의 목록을 작성하면서 "예상보다 일이 훨씬 더 버거운 것"임을 알아차렸다. 다행히 모스는 고등연구실천학교에서 가르쳤던 두 명의 옛 제자들의 헌신적인 도움을 기대할 수 있었다. 장 마르크스와 레이몽 랑티에가 그들이다. 장 마르크스는 고등연구실천학교에서 위베르의 자리를 이어받았다.[64] 그리고 레이몽 랑티에는 생 제르맹 소재 박물관에서 위베르의 자리를 물려받았다. 낙관적이 된 모스는 앙리 베르에게[65] 1927년 8월 이전에 켈트족에 대한 원고를 넘겨줄 수 있고, 또 그 다음해에 게르만족에 대한 "일"을 마무리 지을 수 있을 것으로 생각했다. 모스는 또한 그 자신이 위베르와 함께 집필했던 마법에 대한 논문의 제 2부를 발견할 수 있기를 기대했으며, 또 그것을 "있는 그대로, 아무런 주석 없이"[66] 출간할 수 있기를 희망했다.

"우정 어린 협력"으로 점철된 약 30년이 지난 후에 위베르의 "사유의 충실한 수탁자"로 자처했던 모스는 "미출간된 그의 저작의 여러 부분에 대한 섬세한 편집자"[67]가 될 정도로 충분히 그의 글의 스타일의 비밀에 정통해 있었다. 하지만 모든 일이 항상 쉬운 것만은 아니었다. 위베르의 강의 내용을 요약해야 했고, 그가 모은 자료를 압축해야 했으며, 또한 여러 글을 바탕으로 결론을 내려야 했다. 1927년 가을에 라말루 레뱅에서 3주 동안 휴가를 보낸 후에 모스는 힘든 일을 다시 시작했다. 게다가 학교 일도 적지 않았다. "우수한 학생들이 눈에 들어왔고, 논문지도도 해야 했고, 잡다한 일들도 있었으며, 런던에 있는 한 대학[68]으로부터 초청도 받았다." 모스가 스스로에게 부여한 작업 계획은 단순한 것이었다. "『사회학 연보』를 편찬하는 것, [……] 장 마르크스 그리고 랑티에와 함께 위베르의 '켈트족'에 대한 연구의 마지막 장을 완성하는 것, 그리고 난 뒤에 장세와 함께 '게르만족'에 대한 연구를 완성하게 될 것입니다."[69] 야심 찬 계획이었다! 켈트족에 대한 저서는 1932년에 가서야 출간되게 된다. 모스는 이렇게 쓰고 있다. "우리가 얼마나 대단한 학자를 잃었는가를 여기에서 말해야 한다는 느낌을 독자들은 용서해줄 것이다."[70]

모스는 자신의 연구에 전념할 시간을 거의 갖지 못했다. 『사회학 연보』에 실릴 참고문헌에 대해 주석을 붙여야 했다. 1927년에 모스는 클로드 E. 메트르, 모리스 카엔, 에드몽 두테, 폴 라피, 루이즈 뒤르켐, 위시엥 에르 등의 저작들에 대한 주석을 썼다.[71] 그 다음해에 모스는 『유럽』지의 독자들에게 「프레이저의 사회학적, 인류학적 저작」을 소개하고 있으며,[72] 알캉 출판사에서 사회주의에 대한 뒤르켐의 저서를 출간했다. 게다가 모스는 자신의 옛 제자이자 가까운 협력자였던 로베르 에르츠의 저서에 대해 관심을 표명했다. 이 저서는 모스의 서문과 더불어 『종교사회학과 민속에 관한 논문집』이라는 제목으로 1928년에 출간되었다.[73] 이 저서는 이 젊은 연구자가 제공하고 있는 "거대한 작업"의 일부에 불과하다. 자료와 메모로 가득한 엄청난 분량의 독서카드가 남아있었다. 이 "보물"을 자기 혼자 간직하고자 하지 않았던 모스는 그 내용을 "개략적으로 요약하면서" 저서를 쓰고 또 완성해내는 작업에 착수했다.[74] 또한 모스는 그리스 신화에 대한 비교 연구인 『아테네 신화』라는 에르츠의 학위논문을 출간할 수 있기를 바랐다. 전쟁 전에 뒤르켐, 위베르, 그리고 모스 자신이 이 논문에 대해 "찬성을 하지 않았음"에도 불구하고 말이다.[75] 하지만 이 논문은 출간되지 못했다. 여러 해 동안 모스는 강의 차원에서 이 자료들을 이용하기도 했고, 몇몇 출판물을 준비하는데 이용하기도 했다. 특히 「개인에게 집단에 의해 암시된 죽음 관념이 신체에 미치는 효과」라는 연구에서 그랬다. 모스는 이렇게 말하고 있다. "나는 이 자료에서 많은 것을 길어냈다." 하지만 곧 이렇게 덧붙이고 있다. "에르츠의 저서에서 증명을 위한 모든 상세한 내용을 발견할 수 있다. 우리는 그런 신선미를 더 이상 없애지 않도록 하겠다."[76] 1927년 11월에 모스는 에르츠의 부인 알리스 에르츠의 사망 소식을 듣게 된다. 이 소식에 모스는 이렇게 외치고 있다. "제 삶의 한 조각이 또 사라졌습니다!"[77]

야심에 찬 계획: 제6분과

고등연구실천학교의 일은 비교적 잘 돌아가고 있었다.[78] 그 자신은 "자기 영역 밖에서 다른 사람들을 보고 또 그들과 어울리는 시간이 없다."
고 단언하고 있음에도 불구하고, 모스는 학교 일에 활발하게 임했다. 특
히 교수 임용 시에 그랬다. 또한 모스는 학교 전반에 걸친 문제에 관여
하기도 했다. 가령 모스는 기독교에 할애된 교수직이 너무 많다고 판단
했고, 다섯 개의 주석 강의(성서, 복음, 탈무드, 코란, 불교)를 유지시키는 것
이 필요하다는 주장을 지지하기도 했다.[79] 모스는 강의에서 오스트레일
리아에서의 구술과 언어행위에 관련된 부정적 구술 제식과 금지에 대
한 연구를 재개하고 심화시켰다. 가령 이런 저런 사람에 대한 침묵, 단
어의 터부 등이 그것이다. 이 연구의 목적은 단어의 상징적 효율성을 보
여주고, 숨결과 목소리가 갖는 종교적 가치를 밝히는 것이었다. 기도에
대한 연구는 모스의 계속되는 핵심 관심사였다. 1928년 6월에 런던 경
제학교의 초청을 받았을 때, 모스는 「기도의 기본적 형태에 대한 이론
(오스트레일리아)」에 대한 세 차례의 강연을 하게 된다.[80]

　　민족학연구소에서는 모든 것이 "번창하고" 있었고, "학생들의 수도
증가일로"[81]에 있었다. 1929-1930학년도에 110명이 등록했다. 거기에
더해 주로 식민지 당국의 보조를 받아 연간 약 180,000프랑에 달하는
재정으로 이 연구소의 학문적 연구가 본격적인 형태를 갖추기 시작했
다. 가령 새로운 『연구와 논문집』의 출간, 강연회 개최,[82] 수많은 언어학
적 질문서의 배포, 그리고 특히 고고학 탐사단의 파견과 탐사에 대한 재
정 지원 등이 그것이다.[83] 이 민족학연구소와 다른 연구소들과의 관계
는 아주 밀접했다. 특히 1928년에 폴 리베가 르네 베르노의 총무직을 계
승했을 때 이 연구소와 파리 자연사박물관의 인류학 실험실 그리고 그
부속 기관인 트로카데로 민족지학박물관의 관계가 특히 밀접했다. 그

당시에 폴 리베는 이 민족지학박물관의 재건, 조직의 대거 개편, 그리고 소장품을 풍부하게 늘리는 일에 착수했다. 조르주 앙리 리비에르의 보좌를 받으며 리베는 자신의 행정가로서의 수완과 정치 감각을 마음껏 발휘해 프랑스가 식민 강국으로서 그리고 학문적 명성에 걸맞는 박물관을 갖기를 희망했다. 멕시코를 방문하는 기회를 이용해 리베는 여러 차례에 걸쳐 강연을 했으며, 돌아오는 길에 상당한 양의 고고학 수집품과 더불어 멕시코에서 출간된 희귀도서들을 가지고 왔다. 박물관 소장품들의 분류, 박물관에서의 전시회 준비 그리고 탐사 조직 등을 통해 민족학연구소의 많은 학생들이 경제적 수익을 올릴 수 있었다. 그래서 학생들에게 학위논문을 쓰기 위한 재원이 확보되었다. 모스의 증언에 따르면, 그때부터 결정적으로 연구에만 몰두할 수 있는 민족학 제1세대가 형성될 수 있는 여건이 조성되었다.

연구를 조직화하는 문제가 항상 모스의 뇌리를 떠나지 않았다. 미국 여행 이후 모스는 록펠러 재단과의 관계를 계속 유지했다. 1929년에 C. E. 미리엄과 가졌던 인터뷰에 이어 모스는 이 재단에 제출하기 위해 파리에서 수행될 사회과학과 인문학 연구에 대한 보고서를 작성하는 일에 착수하게 된다.[84] 모스가 제시하고 있는 연구 영역은 광범위한 것이었다. 인류학(인체학, 선사시대 역사학, 생물리학 등을 포함한 모든 형태의 인류학), 심리학(인간심리학, 비교심리학, 순수심리학, 응용심리학 등), 순수사회과학(비교종교학, 법학, 경제학, 언어학 등), 그리고 응용사회학(정치학, 국제법학 등) 등이 그것이다. 학문의 분산과 재원의 부족에서 기인한 여러 문제에 직면한 모스는 다음과 같은 해결책을 모색했다. 사립재단이나 사립연구소에 맞서 대학 연구소들에 특권을 부여하면서 각 영역을 위해 파리

대학에 여러 연구소를 집결시키고, 또 이 연구소들을 "연구 인력과 연구 면에서 역량을 강화시킬 수 있는" 해결책이 그것이다.

모스는 인문학 전체를 위해 새로운 조직을 세우는 것이 이상적일 것이라고 말하고 있다. 여러 다양한 기관과 연구소에 대해 "그들의 연구 작업과 이 작업에 관련된 인력에 재정적 지원을 하면서, 그들의 물질적 조건을 개선하면서, 그들의 출판을 도우면서" "지배적이고 조직적인 영향력을 행사하는 것이 가능할 것이라고 말이다. 여러 학문으로 구성된 각각의 연구 단체를 위해 모스는 파리대학의 연구소들을 중심으로 연구를 재조직화할 것을 제안했다. 가령 심리학을 위해서는 '심리학연구소'로, 인류학과 민족학을 위해서는 '민족학연구소'로, 그리고 마지막으로 사회과학 분야의 연구를 위해서는 새로운 사회과학연구소로 말이다.

이 마지막 계획은 특히 야심에 찬 것이었다. 특히 모스가 바라는 것처럼, 새로운 연구소를 위해 적당한 자리를 마련해주고, 고등연구실천학교에 경제학과 사회과학의 제6분과를 창설하는 뜻이 모아진다는 가정하에서였다. 모스는 이렇게 생각했다. "여러 사회과학 분야의 통일은 다음과 같은 경우에만 가능할 것이다. 즉 모든 교육자들, 모든 학생들이 그 광범위한 분야에서, 그들의 전공이 무엇이든지 간에, 연구를 수행하기 위한 물질적 수단과 소통을 위한 수단이 집결되고 증가하는 한 장소에서 서로 만날 수 있고 또 집결되는 경우가 그것이다."[85] 요컨대 모스의 핵심적인 생각은 다음과 같았다. "저명한 학자들에게 영향력을 행사하고 또 도움을 주고, 미래의 학자들에게 그들의 첫 연구를 수행할 수 있는 가능성을 주는 것이다. 물론 이와 같은 가능성은 새로운 학자들의 양성에 참여하는 의무를 통해 보상될 수 있을 것이다."[86]

물론 이 모든 것은 이상적으로 보일 수도 있다. 하지만 모스는 심지어 장소가 없어도 연구소가 작동될 수 있고, 또 즉각적으로 연구를 수행할 수 있다고 생각하기도 했다. 모스는 파리에 대한 조사의 '즉각적' 개시를 제안하기도 했다. 로라 스펠만 록펠러 재단이 지원하여 시카고에서 했던 것과 같은 부류의 조사를 말이다. 만약 이와 같은 시도가 재빨리 추진된다면, 그것은 "사회학 분야에서 기념비적인 일이 되었을 것이며, 또한 프랑스와 파리에서 창설이 논의되는 연구소를 즉각 대중화시킬 수 있을 것이다."[87]

모스를 "그 자신 아무것도 생산해내지 않은 한 명의 정치인"[88]으로 여기고 있던 샤를르 리스트의 영향을 받았던 록펠러 재단, 모스의 보고서를 무용지물로 판단했다. 비록 그의 보고서에 유용한 정보가 있기는 했지만 말이다. 여러 가지 비판이 쏟아졌다. 계획이 너무 광범위하다, 계획의 전체적인 세부계획과 방법이 확실하게 규정되지 않았다, 가장 효율적인 사회적 통제가 규정되지 않았다 등이 그것이다. 결국 리스트가 승리를 거뒀다. 현대인들의 경제, 사회적 삶에 할애된 계량적이고 경험적인 연구 프로그램 위에 기초한 연구소 프로젝트가 정확히 록펠러 재단의 기대에 부응했던 것이다. 이 재단은 1931년에 리스트에게 7년을 넘기지 않는다는 조건으로 350,000달러를 지원하기로 결정하게 된다.

투사로서의 최소한도의 의무

1927년에 『르 포퓔레르』지가 다시 출간되었을 때, 모스는 그의 "최소한의 의무"를 수행하는 것을 받아들이게 된다. 모스는 이 신문에 출자했고, 또 이 신문의 경영위원회와 행정위원회에 참석하게 된다. 모스는 하나의 정치 정당에 어울리는 "대규모 신문"을 갖는 것을 꿈꿨으며, 이 신문이 많은 발행 부수와 "확실한 이윤의 원천"으로서의 광고를 갖추고 『뤼마니테』지와 경쟁할 수 있기를 소망했다. 모스는 이 신문의 경영자에게 다음과 같은 내용의 편지를 쓰고 있다. "기획정신과 희생정신에 호소합시다. 열광을 불러일으킵시다. 크고, 장기적이고, 공들이고, 계속되는 노력만이 노동자 계급과 농민들 그리고 우리 당에 어울릴 것입니다. 분명하지 않은 의무는 해이하게 행하게 될 뿐입니다."[89]

『르 포퓔레르』지에서 모스는 오래 전부터 알고 지냈던 콩페르모렐과 재회했다. 이들 두 사람은 같은 나이에, 오랜 경력을 가진 사회당의 투사들이었으며, 협동조합 운동의 열렬한 옹호자들이었다. 하지만 『르 포퓔레르』지의 경영을 맡고 있었던 콩페르모렐의 정치적 여정은 굴곡이 심했으며, 그는 사람들과 항상 불편한 관계에 있었다. 처음에 게드주의자로 출발했으며, 농지 문제와 선전 전문가였던 콩페르모렐은 전쟁 동안 '국제노동자 프랑스지부'의 우파 진영으로 기울었다가 다시 좌파 진영에 합류한 바 있다. 게다가 그가 정치 지도자 레옹 블룸에게 가졌던 반감이 『르 포퓔레르』지의 분위기에 반영되고 있었다. 그로 인해 모스는 곧바로 낙담하게 된다. 낙담한 자는 모스 혼자만이 아니었다. 블룸 역시 "극도로 비관적이었다."[90]

모스가 "여전히 가능한 시간과 돈에 대한 약소한 희생을 계속하는 것"을 받아들이는 것, 그것은 오로지 "의무와 미래에 대한 기대" 때문이었다.[91] 어쨌든 모스는 "그 자신의 사유와 주위 사람들에 대한 믿음"을 간직했다. 모스는 항상 "행동과 심지어는 정치에 대한 취향"을 가지고 있었다. 모스는 '국제노동자 프랑스지부'의 제V분과 모임에 규칙적으로 참가했다. 1920년 이후 마르셀 데아에 의해 재건된 이 분과에는 그당시에 지식인들, 교육자들, 학생들, 직장인들로 구성된 100여 명의 가입자들이 관여하고 있었다.[92] 모스와 친하게 지냈던 그들은 이렇게 묻기도 했다. "왜 당신은 후보자로 나서지 않는가? 왜 국회로 들어가려고 하지 않는가?" 정치에 대한 모스의 태도는 "뒤진 낭만주의자"의 그것이었다. 모스 자신이 다음과 같이 말하는 것처럼 말이다.

> 우리와 같은 사회주의자들은 경력이 필요치 않습니다. 여러분들은 행동하는 투사의 즐거움을 알지 못합니다. 노동조합 가입자들, 협동조합 가입자들, 그리고 우리 당의 당원들은 주인공이 되지 않고서도 조직에 영향을 줄 수 있고, 또 많은 것을 할 수 있고 창조해낼 수도 있습니다.[93]

모스가 추종하는 모델은 정치인이나 당원이 아니라 참여지식인, 보다 구체적으로 뤼시엥 에르였다. 자주 만났던 오랜 친구이자 모스 자신이 커다란 애정을 가지고 있던 바로 그 에르 말이다. 모스는 에르에게서 그의 "강렬한 정열", "악과 특히 실수에 대한 그의 분노, 그리고 진리, 선, 우정에 대한 그의 끝없는 헌신"을 높이 평가했다. 모스는 에르에게서 일종의 성인의 모습을 봤던 것이다. 비록 세상을 떠났지만 "에르에 대한 추억을 통해" 모스는 "선을 위한 그의 효율적인 노력을 계속해서 회상하곤 했다."

> [에르]는 자신보다는 다른 사람들을 위해 더 생각했죠. 자신의 정치적 주장을 위해서보다는 자신이 다른 사람들보다 덜 관련된—어쨌든—

노동자 계급을 위해 더 많은 일했어요. 에르는 자신의 이름을 알리기보다는 그리고 자신의 삶을 불안정한 상태에서 끌어내기보다는 오히려 프랑스의 국내외 상황을 더 잘 파악하고자 노력했어요. 에르는 단체생활, 공동작업, 자기의 합리적 희생을 믿었죠. 하지만 에르는 모든 것을 비판했고, 매 순간 대응했습니다. 에르는 또한 학자란 모름지기 자기 주위를 조심하고, 대중에게서 벗어나고, 고립된 삶을 살아야 한다고 생각했습니다. 이렇게 말할 수 있다면, 귀족처럼 말입니다. 에르의 주요 목표는 우리에게 하나의 모델이 되는 것이었어요. 에르는 이 목표를 실현했습니다. 에르는 적극적으로 활동한 지적 노동자였지만 개별적 자기만족을 할 줄 아는 선한 노동자이기도 했죠.

　　에르와 뒤르켐 이래로 다음과 같이 생각하는 사람들의 수는 적지 않았습니다. 즉 위대한 개인은 사실상으로도, 정신적으로도─특히 미래에─가장 광범위하고, 가장 복잡한 사회생활 속에서가 아니라면 나타날 수 없을 것이라고 말입니다. 에르와 다른 사람들은 자신들의 변화를─다른 사람들을 위하는 것과 마찬가지로 우리를 위해─단지 하나의 이론으로 발전시켰을 뿐만 아니라, 또한 실천적 도덕을 구축하기도 했습니다. 그리고 우리는 이와 같은 도덕이 벌써 현실에 적용되고 있는 것을 볼 수 있습니다. 그것도 지금부터 내가 우리의 '성인들'이라고 부르기를 제안하는 그러한 사람들에 의해서 말입니다. 왜냐하면 그들은 죽었지만, 그들의 추억은 선을 위해 효과적인 영향력을 행사하고 있기 때문입니다.[94]

자신들의 당의 볼셰비키화 이후 노동자 세계에 더 강하게 뿌리를 내리고자 했던 공산주의자들에 맞서 부르주아와 공모한 '국제노동자 프랑스지부'는, 모스의 눈에 "너무 순진하고, 너무 순수하게 지적으로" 보였다.[95] 공산당에 의해 채택된 파당적 전략 ── 즉 "계급 대 계급" ──의 의미는 사회당에 대한 태도의 악화를 의미했다. 다시 말해 2차 투표에서 공산주의자들이 사회당 후보들을 지지하는 것이 불가능하게 되어 버렸다.

여전히 사회당에 대해 신뢰를 보내고 있었지만, 그 어느 때보다도 이 당에 대해 비판적인 태도를 견지하고 있는 모스는 이렇게 생각했다. "아! 조레스가 거기에 있었다면!"[96] 또한 모스는 자기 당에 대해 다음과 같이 비난하고 있다. "특히 선거연맹을 맺었던 론(Rhône) 지역에서 에리오에 반대하는 큰 실수를"[97] 범했고, 또 자기 당이 "강력한 노동자 정책"을 가지고 있지 못하다고 말이다. 모스는 "1920년에 우리는 노동자 계급과 얼마나 멀리 떨어져 있었던가!"라고 유감을 표명하고 있다. 게다가 이 "늙은 투사"는 1928년 선거 운동에서 블럼을 못마땅하게 생각했다. 오랜 "전통"을 지키지 않았던 블럼이 파리 근교 퓌토에서 현재 시장인 노동자 계급 대표 자코토 대신 변호사 모리스 델핀을 지지했기 때문이었다.

하지만 1928년 선거에서 사회주의자들은 1차 투표에서 1,700,000 표를 얻어 입지를 공고히 했다. 그러나 공산주의자들의 전략으로 인해 좌파 전체의 표가 무더기로 날아갔고, 그 결과 우파가 다수당을 차지하게 되었다. 레옹 블럼은 샤론-페르 라셰즈 선거구에서 공산당 투사였던 자크 뒤클로에게 패배했다. "무정부주의적 술책"에 대한 블럼의 비난덕택에 뒤클로가 영웅이 되어버린 것이다. 그 다음해에 급진 좌파의 지도자였던 에두아르 달라디에는 '국제노동자 프랑스지부'에 대해 진정한 좌파 정강에 입각해 동참을 제안했다. 보궐선거에서 재당선된 블럼은 이 제안을 반대했다. 하지만 블럼은 자기 당의 의회 그룹에서 소수의 입장에 있었지만, 당의 전국위원회의 지지를 가까스로 얻어내는데 성공하기도 했다.

모스는 사회주의자들의 정부에의 참여를 거북해하지 않았다. 그것은 결국 정세에 따라 분석되어야 할 이차적인 문제에 불과했던 것이다. 모스의 친구들 —— 같은 계급에 속하는 동지들, 그의 제자들 —— 은 종종 다른 당의 당원들이었다. 모스는 대결보다는 개방적이고 솔직한 토의를 더 선호했다. 모스는 이렇게 단언하고 있다. "파리와 프랑스 도시에서의 생활이 갖는 매력 중 하나는 모든 정당에 속하는 자들이 자유롭게 그리고 솔직하게—— 저는 공산주의자들을 빼고 모두가 그럴 것이라고 말하겠습니다. —— 대화를 나누는 것이 가능하다는 점입니다. 사람들은 서로 충돌하고, 서로 도전하고, 정중하게, 때로는 존경심도 가지고, 서로를 염탐하기도 합니다.[98]

1929년 8월에 모스는 『르 포퓔레르』지의 경영위원회와 행정위원회에 사직을 하게 된다. 이 자리는 "1904년 이래로, 『뤼마니테』지의 창간 6개월 이래로" 모스가 "당의 신문"에서 차지하고 있었던 자리였다. 소수파였던 르노델과 데아는 그 당시에 『르 포퓔레르』지의 운영위원회와 당의 사무국 내부에서 비례대표제를 요구했다. 500프랑의 출자금을 냈던 『르 포퓔레르』지에 대한 "헌신"을 약속하면서 모스는 다음과 같이 선언하고 있다. "자기가 지금 행동을 같이 하는 친구들이 그들의 자리를 다시 차지하게 되는 날 그 역시 자기 자리를 다시 차지하겠다."[99] 『르 포퓔레르』든, 제V분과든, 아니면 보쥬 지역 연맹이든 간에, 모스 자신이 관여했던 기관들은, 후일 그 자신이 지적하고 있는 것처럼, "숨을 쉴 수 없는 곳이 아니라 그저 별 다른 관심이 없는 곳"[100]이 되어버렸던 것이다.

3부 계승자

3부 서문

1. 1919년 출간된 에드가르 미요의 저서 제목대로라면 말이다.

2. 모스는 다음과 같은 글에서 그의 전쟁 경험들에 대해 언급한다. "Rapports réels et pratiques de la psychologie et de la sociologie", *Journal de psychologie normale et pathologiaue*, 1924, *in* Marcel Mauss, *Sociologie et anthropologie*, Paris, PUF, 3ᵉ éd., 1965, p. 281-310.

3. 실뱅 레비가 마르셀 모스에게 보낸 편지, 1921년 8월 23일.

4. 위베르 부르쟁이 마르셀 모스에게 보낸 편지, 1925년, 12월 12일.

5. 앙리 위베르가 마르셀 모스에게 보낸 편지, [1919년] 12월 20일.

6. Maurice Leenhardt, "Marcel Mauss", 앞의 책, p. 21.

7. 폴 포코네가 마르셀 모스에게 보낸 편지, 1918년 11월 23일.

8. 위의 편지.

9. 폴 리베가 마르셀 모스에게 보낸 편지, 1919년 11월 18일.

10. 증인 소환장, 1919년 3월 20일. 모스는 결국 증언을 못했다. 그도 그럴 것이 그는 1914년 8월에 파리에 없었기 때문이었다.

11. Christophe Prochasson, *Les Intellectuels, le socialisme et la guerre*, 앞의 책, p. 177.

12. 예컨대 『국제 노동 잡지』에 프랑스의 협동조합에 대한 논문의 출간을 위해서였다.(알베르 토마가 마르셀 모스에게 보낸 편지, 1921년 8월 27일.) 병을 앓던 모스는 이 부탁에 답을 할 수 있는 상태가 아니었다.

13. 알베르 토마가 마르셀 모스에게 보낸 편지, 1921년 4월 22일.

14. Marcel Mauss, Joseph Vendryès의 발표 "Le progrès de la langue"에 이어진 발언, *Bulletin de la Société française de philosophie, in* Marcel Mauss, *Œuvres*, t. 2, 앞의 책, p. 483.

15. Marcel Mauss, "Lettre de province. Effet de la scission", *La Vie socialiste*, 23 janvier

1921, p. 2.

16. Christophe Prochasson, *Les Intellectuels, le socialisme et la guerre*, 앞의 책, p. 187-191.

17. [역주] 레옹 강베타(Léon Gambetta)는 프랑스 제3공화국의 가장 중요한 정치인 중의 한 명이다. 프랑스와 프러시아의 강화조약 이후 1871년 정치 일선에서 물러나 생 세바스티엥에서 지내다가 다시 돌아왔다.

18. 폴 포코네가 마르셀 모스에게 보낸 편지, 1919년 5월 12일.

11장 (사회주의자로서의) 삶이 계속되다

1. Marcel Mauss, "Lettre de l'étranger. Un livre de Webb", *L'Action coopérative*, 30 octobre 1920.

2. Marcel Mauss, "Introduction", *in* Émile Durkheim, *Le Socialisme* (1928), 앞의 책, p. 26.

3. 위의 책, p. 30.

4. Marcel Mauss, A. Aftalion의 발표 "Les fondments du socialisme"에 이어진 발언, *Bulletin de la Société française de philosophie*, *in* Marcel Mauss, *Œuvres*, t. 3, 앞의 책, p. 634.

5. Marcel Mauss, "François Simiand", *Le Populaire*, avril 1935, p. 4.

6. 폴 포코네가 마르셀 모스에게 보낸 편지, 툴루즈, 1920년 6월 4일.

7. Marcel Mauss, "The Problem of Nationality" (1920), *in* Marcel Mauss, *Œuvres*, t. 3, 앞의 책, p. 632.

8. Éric Hobsbawm, *Nations et nationalisme depuis 1780*, Paris, Gallimard, 1990.

9. Antoine Meillet, *Les Langues dans l'Europe nouvelle*, Paris, Payot, 1918, p. 332.

10. Paris, Payot, 1922. 다른 두 권의 책에는 다음과 같은 제목이 붙게 된다. II. *La formation des nationalités*. III. *La Vie des nationalités*.

11. Henri Lévi-Bruhl, "Avertissement" (1956), *in* Marcel Mauss, *Œuvres*, t. 3, 앞의 책, p. 571.

12. 몇 번에 걸쳐 모스는 보주지방에 대해 언급한다. "이 글을 쓰고 있는 여기 보주에서 대중은 노동조합을 새롭고 위험한 것처럼 여긴다."(III장, "Les faits", p. 62.)

13. 마르셀 모스가 앙리 위베르에게 보낸 편지, 1920년 9월 6일.

14. 콜레주 드 프랑스에 후보 지원서를 낼 때, 모스는 민족에 대한 그의 저서가 "필사본으로 거의 완성" 상태라는 것을 분명히 하려고 했다. 그의 의도는 『사회학 연보』연구집' 총서에서 그것을 출간하는 것이 아니었다. "그렇게나 [그는] 순수사회학을 구별하고 싶어 했다. 절대로 순수한 연구이론에서 조차도 말이다."(Marcel Mauss, "L'œuvre de Mauss par lui-même"(1930), 앞의 책, p. 220.)

15. [역주] 앞에서 살펴본 대로, 민족지학, 종교사학 등을 전공한 모스가 '정치학' 분야의 저서를 집필하는 것을 가리킨다.

16. 모든 점에서 모스는 여러 번에 걸쳐 민족에 대한 그의 저서의 집필에 재착수했다는 생각이 들게 했다. 필사본은 보기에도 분명히 완본이 아니었다. 주(註)도 없었고, 참고문헌 인용도 드물었다.

17. 손으로 쓴 2장의 메모에 따르면, 저서의 제목은 "민족과 사회적인 것의 의미. 사회주의"였을 수도 있다. 거의 판독 불가한 이 짧은 메모에는 연구 계획표의 초안이 들어 있다. 모스가 정한 주제들은 다음과 같다.

    -민[족]의 뚜렷한 특[징성]. -시[민]의 권[리]와 의[무] [판독 불가].

    -사회주의의 정[의]. 사회적인 것의 의미 [판독 불가].

    -사회주의의 근래 성[격]. 사회주의와 공산주의의 [······] 구별되는 [성격]. 민[족] 개념에 선행되는 것. [판독 불가].

    -민[족] 개[념].

    -집단주의의 [판독 불가] 개[념]. 국영화의 개[념]. 산업화된 국가 이[론]. 웨브, 홉슨, 콜.

    -민족의 [판독 불가].

    [······]

    -볼셰비즘의 반동적 초기적 성[격] [판독 불가].

    [······]

    -노동자적 사회주의의 평[가].

    -직[업]군의 이[론]. 뒤르[켐], 웨브 [······]

    -계급 이[론]. 마르크스 [······]

    (Marcel Mauss, "La nation et le sens du social", 필사본 원고, 1920, p 1-2, 위베르-모스 자료함, 콜레주 드 프랑스 기록보관실.)

18. Henri Lévi-Bruhl, "Avertissement" (1956), 앞의 책, p. 572.

19. 엘리 알레비가 마르셀 모스에게 보낸 편지, 1920년 2월 29일. "프랑스를 대표"하기 위해 고등교육부는 모스에게 천 프랑의 보상금을 지불했다.

20. 이 발표문 전문은 프랑스어로 『아리스토텔레스 협회록』에 게재된다. 모스가 그것을 『라 르뷔 드 파리』에 싣기를 희망했지만 말이다. 실제로 그 논문이 "우리 잡지의 구독자들에게는 너무 압축적"이라고들 말하곤 했다.(『라 르뷔 드 파리』가 마르셀 모스에게 보낸 편지, 1920년 9월 24일.) 그 논문이 "잘 다듬어졌다."고 판단했던 폴 포코네는 그로 인해 크게 애석해 했다.

21. Marcel Mauss, "The Problem of Nationality", *Proceedings of the aristotelian Society*(1920), *in* Marcel Mauss, *Œuvres*, t. 3, 앞의 책, p. 626.

22. 위의 책, p. 626.

23. Marcel Mauss, "La nation" (1920), *in* Marcel Mauss, *Œuvres*, t. 3, 앞의 책, p. 584.

24. Marcel Mauss, "The Problem of Nationality" (1920), 앞의 책, p. 627.

25. Marcel Mauss, "La nation" (1920), 앞의 책, p. 584.

26. 위의 책, p. 591.

27. 위의 책, p. 633.

28. 위의 책, p. 608.

29. "형태론적 현상들"이라는 제목의 장(미발간)은 『민족』(1920)의 본문에 이어지는 부분이었을 것이다. 여기에서 모스는 유목민들의 구식, 신식 정보 소통 수단들에 여러 쪽을 할애했다. 이 "형태론적 현상들"이라는 원고의 판본은 두 종류다. 하나는 필사본이고, 다른 하나는 타자본이다.(위베르-모스 자료함, 콜레주 드 프랑스 기록보관실.) 타자본은 29에서 50까지 쪽 번호가 붙어 있고, 1950년 앙리 레비브륄이 책임을 맡아 출간했던 「민족」이라는 논문에 이어져 있다.

30. 1932년 '프랑스 사회학연구소'의 회원들 앞에서 J. 레이가 「국제적 삶의 항구적이고 일반적 기관으로서의 국제연맹」을 발표했다. 모스는 이 발표에 대해 '국제연맹'이 구현하는 국제주의의 이상성에 대한 그의 애착을 재차 확언하고 있다. 모스는 거기에서 "소위 문명국가들의 통일의 단초"를 보았다.(in Marcel Mauss, Œuvres, t. 3, 앞의 책, p. 639.)

31. 1873년 님므에서 태어난 에드가르 미요는 먼저 중등교육 과정(베퐁고등학교의 철학 교수)에서 가르쳤다. 그 이후 그는 제네바대학에서 경력을 이어나갔고, 그곳에서 정치경제학 교수가 되었다. 그는 또한 1908년 국제 월간지 『직접적 공영단체 연보』를 창간했고, "소도시 사회주의"의 옹호자가 되었다.

32. Marcel Mauss, "Les phénomènes idéaux", 타자본 원고, 날짜 없음, p. 18, 위베르-모스 자료함, 콜레주 드 프랑스 기록보관실.

33. 위의 책, p. 20. 모스는 마르크스에 대한 찬사를 숨기지 않았다. 모스에 의하면, 마르크스의 "커다란 업적"과 "천재성"은 "자본주의 내에서 세계 시장, 그리고 무엇보다도 가치의 세계 시장의 존재와 중요성을 확인했던 경제학자들 중의 한 명"이었다는 데 있었다.

34. Marcel Mauss, "The Problem of Nationality"(1920), 앞의 책, p. 632-634.

35. Marcel Mauss, "Les phénomènes idéaux", 앞의 책, p. 24.

36. 위의 책, 같은 곳.

37. Marcel Mauss, "Phénomènes morphologiques"(1920), 앞의 책, p. 49-50.

38. 위의 책, p. 49.

39. Marcel Mauss, "The Problem of Nationality"(1920), 앞의 책, p. 633-634.

40. 몇 년 후에 "문명. 요소와 형태"에 대한 강연에서 모스는 자신의 관점을 정확히 하고 있다. "의심의 여지없이 모든 민족과 문명은 현재 더 큰 하나, 더 강한 하나, 더 일반적인 하나, 더 이성적인 하나를 향해 나아가고 있다. [……] 이렇게 획득된 점증하는 하나의 개념, 점점 더 이성적이 되어가는 인류에 의해 공유되는 하나의 지적, 물질적 선의 개념, 우리는 사실에 기초해서 이것을 진정으로 믿고 있다." 그리고 모스는 이렇게 덧붙이고 있다. "우리는 이제 시작 단계에 있을 뿐이다."(Marcel Mauss, "Les civilisations. Éléments et formes"(1929), in Marcel Mauss, Œuvres, t. 2, 앞의 책, p. 478.)

41. Marcel Mauss, Joseph Vendryès의 발표 "Le progrès du langage"(1922)에 이어진 발언,

in Marcel Mauss, *Œuvres*, t. 2, 앞의 책, p. 483.

42. 장 텍시에가 마르셀 모스에게 보낸 편지, [1920년] 7월 24일.

43. [역주] "거물"이라는 의미다.

44. Marcel Déat, *Mémoires politiques*, Paris, Denoël, 1989, p. 137.

45. 위의 책, 같은 곳.

46. Marcel Mauss, "Impression sur l'enquête en Russie", *La Vie Socialiste*, 25 septembre 1920, p. 1

47. 위의 책, 같은 곳.

48. Annie Kriegel, *Aux origines du communisme français*, 1914-1920, 총 2권, Paris, Mouton, 1964년을 볼 것.

49. [역주] 페늘롱의 작품 『텔레마르쿠스의 모험』(1699)에 나오는 이상향의 도시.

50. Marcel Mauss, "Pour Moscou", *La Vie Socialiste*, 15 janvier 1921, p. 1.

51. 위의 책, p. 2.

52. Marcel Mauss, "Kabakchef, Papachef", *La Vie Socialiste*, 29 janvier 1921, p. 1.

53. Marcel Mauss, "Effet de la scission", *La Vie Socialiste*, 8 janvier 1921, p. 1. 그가 우려했던 대로 당이 세 개가 아니라 둘로 갈라진 것에 대해 기뻐하면서 모스는 러시아인들을 용서하기를 희망했다. 그는 이렇게 요구하고 있다. "그들 나라에서 명예로운 혁명을 할 능력이 없어서 우리나라에서 언젠가 할 수도 있을 도구를 가지러 온 그들에 대해서조차 관대해집시다."

54. [역주] '국제노동자 프랑스지부'를 말한다.

55. 뤼시엥 레비브륄이 마르셀 모스에게 보낸 편지, 1921년 12월 21일.

56. Marcel Mauss, "Le socialisme en province", *La Vie Socialiste*, 23 avril 1921, p. 1.

57. Marcel Mauss, "Marcel Sembat. Souvenirs", *La Vie Socialiste*, 14 octobre 1922, p. 1.

58. 위의 책, 같은 곳.

59. Marcel Mauss, "Conseils de *Jean Jaurès* pour une Révolution russe", *La Vie Socialiste*, 30 juillet 1921, p. 2.

60. Marcel Mauss, "Derniers Entretiens", *La Vie Socialiste*, 7 août 1920, p. 2.

61. Marcel Mauss, "Marcel Sembat. Souvenirs", 앞의 책

62. 마르셀 모스가 [제임스 프레이저]에게 보낸 편지, 1922년 12월.

63. Marcel Mauss, "Théorie. Formes nouvelles du socialisme", *La Vie Socialiste*, 23 octobre 1920, p. 2.

64. Marcel Mauss, "Lettre de l'étranger. Formes nouvelles du socialisme, 1", *La Vie Socialiste*, 6 novembre 1920, p. 2.

65. Marcel Mauss, "Théorie. Formes nouvelles du socialisme", 앞의 책, p. 2.

66. Marcel Mauss, "Schadenfreude", *La Vie Socialiste*, 25 janvier 1920, p. 1.

67. 보주의 동지들에게 말하면서, 그 지역의 "가장 오래된 사회당 당원들 중의 한 명"인 모

스는 뚜렷한 선택을 하기를 그들에게 요구했다. "책임을 회피한다든지, 어떤 때는 쥐이고, 어떤 때는 새인 우화 속의 박쥐 흉내를 내는 것이 문제가 아닙니다.(라 퐁텐의 「박쥐와 두 족제비」를 은유로 쓰고 있다. - 옮긴이) 두 가지 중에서 이것 아니면 저것을 택해야 합니다. 사회주의 동지들은 사회주의자이거나 아니면 공산주의입니다. 이것은 자율적인 사람이 된다는 겁니다. 말을 하거나 글을 쓸 때 항상 조레스라는 이름을 들먹이고 우리의 숭고한 영웅에 대한 기억을 남용하면서, 가능한 한 조레스주의자가 되지 않으려고 한다는 것은 부적절합니다. 게드를 앞장세우고, 그가 마지막 순간까지 정도(正道) 속에서 지켰던 당을 떠나고 싶어 하는 것은 더 더욱 부적절합니다.(Marcel Mauss, "Il faut choisir", *Les Vosges socialistes*, 30 septembre 1922, 토요일, p. 1.)

68. Marcel Mauss, "Front unique? Non. Unité? Oui", 날짜 없음 [1921년]. (미완성 타자본 원고, 위베르-모스 자료함, 콜레주 드 프랑스 기록보관실.)

69. Jean Lacouture, *Léon Blum*, Paris, Éditions du Seuil, 1977, p. 183.

70. Marcel Mauss, "Les changes : du calme", *Le Populaire*, 18 janvier 1924, p. 1.

71. Marcel Mauss, "L'homme fossile", *Le Populaire*, 11 avril 1921, p. 2.

72. Marcel Mauss, "Front unique? Non. Unité? Oui", 앞의 책, p. 1.

73. Marcel Mauss, "Pour comprendre. Ubris. Mentalité russe des bolcheviks", 날짜 없음 [1921년]. p. 2.(7장으로 된 필사본 원고, 위베르-모스 자료함, 콜레주 드 프랑스 기록보관실.)

74. 모스는 애메 피통과 그의 아내 알리스를 잘 알았으며, 따라서 피통이 그를 초청했을 때 거절하는 것은 힘들었을 것이다. 피통은 이렇게 편지를 쓰고 있다. "당신의 협조를 기대합니다. 글 한 편을 보내 주시겠습니까? [……] 저는 주제에 대해 아무런 제한을 두지 않겠습니다. 그리고 저는 동지들에 대해, 무엇보다 저의 사회주의 스승인 당신에 대해 독재적으로 행동할 생각은 결코 없습니다."(애메 피통이 마르셀 모스에게 보낸 편지, 1922년 8월 18일.) 『레 보주 소시알리스트』는 『르 포퓔레르』지처럼 조레스의 다음 문구를 차용하고 있다. "사회주의는 더 이상 한 계급의 조직이 아니라 해방된 한 국가의 조직이 될 것이다."

75. Marcel Mauss, "Les coopératives russes", *La Revue de Paris*, 27e année, t. 2, mars_avril 1920, p. 115. 모스의 글이 실린 『라 르뷔 드 파리』는 20년대 초부터 사회주의 활동가들에게 지면을 열어줬다. 전쟁 전, 『사회학 연보』의 다른 협조자들 또한 『라 르뷔 드 파리』에 글을 실었다. 예컨대 셀레스탱 부글레(「개인주의적 사회주의, G. 타르드」), 앙투안 메이예(「아리안족과 인도유럽인」), 모리스 알브바크스(「가족 예산」) 등이다.

76. Marcel Mauss, "II. La violence bolchevik. Sa nature. Ses excuses", *La Vie Socialiste*, samedi 10 février 1923, p. 2.

77. Marcel Mauss, "III. La violence bolchevik. Bilan de la terreur. Son échec", *La Vie Socialiste*, samedi 17 février 1923, p. 2.

78. Marcel Mauss, "Réflexions sur la violence. Fascisme et bolchevisme", *La Vie Socialiste*,

samedi 3 février 1923, p. 1.

79. 위의 책, 같은 곳.

80. 위의 책, 같은 곳.

81. Marcel Mauss, "III. La violence bolchevik. Bilan de la terreur. Son échec", *La Vie Socialiste*, samedi 17 février 1923, p. 1.

82. Marcel Mauss, "II. La violence bolchevik. Sa nature. Ses excuses", *La Vie Socialiste*, samedi 10 février 1923, p. 2.

83. Marcel Mauss, "III. La violence bolchevik. Bilan de la terreur. Son échec", *La Vie Socialiste*, samedi 17 février 1923, p. 1.

84. Marcel Mauss, "IV. La violence bolchevik. La lutte contre les classes actives", *La Vie Socialiste*, samedi 24 février 1923, p. 1.

85. Marcel Mauss, "III. La violence bolchevik. Bilan de la terreur. Son échec", *La Vie Socialiste*, samedi 17 février 1923, p. 2.

86. Marcel Mauss, "IV. La violence bolchevik. La lutte contre les classes actives", 앞의 책, p. 1.

87. Marcel Mauss, "Contre la violence. Pour la force", *La Vie Socialiste*, samedi 5 mars 1923, p. 2. *Les Vosges socialistes*, 14 avril 1923, samedi, p. 1.

88. Marcel Mauss, "II. La violence bolchevik. Sa nature. Ses excuses", *La Vie Socialiste*, samedi, 10 février 1923, p. 2.

89. 베르나르 라베르뉴가 마르셀 모스에게 보낸 편지, 1922년 5월 6일.

90. Marcel Mauss, "Contre la violence. Pour la force", *La Vie Socialiste*, samedi 5 février 1923, p. 2. *Les Vosges socialistes*, 14 avril 1923, samedi, p. 1.

91. 위의 책, p. 2.

92. MM. "Socialisme et bolchevisme", *Le Monde slave*, 2e série, 2e année, n° 2, février 1925, p. 201.

93. 위의 책, p. 207.

94. 위의 책, 같은 곳.

95. 위의 책, p. 209.

96. 위의 책, 같은 곳.

97. 위의 책, p. 210. 모스에 의하면 거기에는 친족성이 있고, 그 까닭은 다음과 같다. "조르주 소렐의 오랜 생각들은 뒤르켐의 이론에서 유래했다. 그리고 레닌은 소렐에게서 받았던 영향을 인정했다. 이 사실에 대해 소렐은─그러나 그는 당시 반동분자가 되어 있었다.─커다란 긍지를 가지고 죽었다."(같은 책, 같은 곳.) 뒤르켐의 『사회주의』(1928) 의 '서론'에서 모스는 다시 이 이론을 옹호했다. "혁명적 노동조합운동은 부분적으로 그것[직업군 개념]으로부터 자양분을 받았다."고 말이다.(Marcel Mauss, "Introduction", 앞의 책, p. 28.) 하지만 「볼셰비즘에 대한 사회학적 평가」의 영어판 번역가인 벤 브루

스터는 다음과 같이 여러 사실들을 바로잡으려고 노력했다. "출간된 레닌의 저작들에서 소렐에 대한 지적은 미약하며, 따라서 소렐로부터 아무런 영향도 받지 않은 것으로 보인다. 당연히 이렇게 받아들여야 할 것이다. 1919년에 간행된『폭력에 대한 성찰』의 제4판에 추가된 10월혁명의 옹호론인『레닌을 위하여』에서 소렐은, 만일 레닌이 그의 개념들을 이용했다면, 그것에 대해 결코 자랑스럽게 생각하지 않았을 것이라고 말했다. 그러나 그는 이 경우에 그렇게 믿들만한 이유가 전혀 없었다."(B. Brewster, Translator's Notes of M. Mauss, "A Sociological Appreciation of Bolchevism", *Economy and Society*, vol. 13, n° 1, 1984, p. 378.)

98. 위의 책, p. 210.
99. 프랑스 대학출판사에서 마르셀 모스에게 보낸 편지, 1923년 12월 13일.
100. Marcel Mauss, "Socialisme et bolchevisme", p. 201. 1924년에 집필된「볼셰비즘에 대한 사회학적 평가」에서 모스는 나중에 출간할 의향으로 "연구 전체"의 계획을 약간 다르게 제시했다. I. 서론. II. 볼셰비즘은 어느 정도까지 실험이었는가? 그리고 어느 정도까지 사회주의적 실험이었는가? III. 테러적 단계. IV. 정신적 실패. V. 경제적 실패. VI. 새로운 단계. 새로운 경제. VII. 정치적 성공. 현대 러시아 국가 형성. VIII. 결론.
101. Albert Thomas, "L'Organisation internationale du travail. Origine. Développement. Avenir", *Revue internationale du travail*, vol. 1, n° 1, janvier 1920, p. 21.
102. Marcel Mauss, "Appréciation sociologique du bolchevisme", *Revue de métaphysique et de morale*, 31ᵉ année, n° 1, 1924, p. 128.
103. 폴 위블렝이 마르셀 모스에게 보낸 편지, 1924년 4월 23일.
104. Marcel Mauss, "Socialisme et bolchevisme", 앞의 책, p. 213.
105. 위의 책, p. 221-222.
106. 위의 책, p. 211-212.
107. Marcel Mauss, "Appréciation sociologique du bolchevisme", 앞의 책, p. 105.
108. Marcel Mauss, "Socialisme et bolchevisme", 앞의 책, p. 211.
109. Marcel Mauss, "Appréciation sociologique du bolchevisme", 앞의 책, p. 130.
110. 위의 책, p. 129.
111. [역주] 그리스 남동부 에게 해에 위치한 섬으로, 고대와 중세를 거쳐 현재에 이르기까지 산악지대에 다양하게 세워진 집들의 건축으로 유명하다. 여기에서 모스가 이 표현을 사용한 것은, 거주지로서의 집이 가지고 있는 실용적 기능보다는 장식용 집으로서의 기능을 더 중요시하는 성향을 강조하기 위해서인 것으로 보인다. 다시 말해 모스가 추구하는 사회주의는 겉만 화려한 주의가 아니라 실용적이라는 의미를 강조하고 있는 것으로 보인다.
112. 위의 책, p. 126.
113. 위의 책, p. 112.
114. Marcel Mauss, "Emmanuel Lévy, juriste, socialiste et sociologue", *La Vie Socialiste*, 13

novembre 1926, p. 5.

115. 위의 책, 같은 곳.

116. Marcel Mauss, "Appréciation sociologique du bolchevisme", 앞의 책, p. 119.

117. 위의 책, p. 116.

118. 위의 책, p. 115.

119. 위의 책, p. 123-124.

120. 위의 책, p. 131.

121. Marcel Mauss, "Divisions et proportions des divisions de la sociologie", *L'Année sociologique*, nouvelle série, 2, 1927, *in* Marcel Mauss, *Œuvres*, t. 3, 앞의 책, p. 243-244.

122. 폴 위블렝은 모스의 볼셰비즘에 대한 "아주 흥미로운" 글을 읽고 다음과 같이 쓰고 있다. "그 글을 커다란 관심을 가지고 읽었습니다. 우리가 너무 자주 정념을 통해서만 바라보는 현상에 대해 수행된 진정으로 객관적인 연구를 보게 되어 기쁩니다. 그러나 한 가지 점을 지적할 수 있게 해주기 바랍니다. 나도 당신처럼 지난 세기들에 나타난 과도한 합리주의를 거부하고, "주의(-isme)"로 된 말들을 경계합니다. 당신은 그것에 대해 이 글의 130쪽에서 이야기하고 있습니다. 그러나 나는 이렇게 자문해 봅니다. 이 점에 대해 당신이 견지하고 있는 입장과 이 글의 105쪽에서 "시민들의 일반의지의 성과 이어야 할" 사회주의에 대해 이야기한 것을 당신 스스로 어떻게 화해시킬 수 있는지요? '선험적으로(a priori)' 하나의 지상명령처럼 구상된 이 사회주의는 당신이 하고 있는 비판의 타격을 받게 되지 않습니까? 어떻게 볼셰비키 경험과 같은 하나의 사회적 경험이 당신이 규정한 사회주의적 체계와 같이 '선험적으로' 구상된 한 체계에 찬성하듯이 또는 반대하듯이 제시될 수 있습니까? 역사와 합리성은 각각 다른 단층에서 움직입니다. 아마 내가 이런 식으로 제시한 고찰 속에 우리가 정치적 영역에 대해 가지고 있는 다른 태도들을 이해할 수 있는 열쇠가 있을 겁니다. 그러나 많은 점에서 우리가 서로 이해하는 것을 방해할 정도로 그 차이가 크지는 않습니다. 우리의 친구 엠마뉘엘 [레비]는 사회학적 정부를 꿈꿨습니다. 아마 우리 세 사람은 이 정부의 구성원이 될 것입니다. [......]"(폴 위블렝이 마르셀 모스에게 보낸 편지, 1924년 4월 23일.) 폴 위블렝이 보낸 이 편지는 그가 마르셀 모스에게 쓴 마지막 편지들 중 하나였다. 그는 1924년 6월에 몇 주 만에 그를 앗아간 고통스러운 병을 앓다가 죽었다. 그는 막 51세가 되었다. 리옹대학에서 가르쳤던 법과 역사전문가인 그는 『사회학 연보』 첫 번째 시리즈의 협조자였다. 모스는 이렇게 쓰고 있다. "위블렝을 잃은 것은 만회할 수 없는 손실이다."(Marcel Mauss, "L'œuvre inédite de Durkheim et de ses collaborateurs"(1925), 앞의 책, p. 497.)

123. Marcel Mauss, "Appréciation sociologique du bolchevisme", 앞의 책, p. 132.

124. Marcel Mauss, "Divisions et proportions des divisions de la sociologie", 앞의 책, p. 245.

125. 마르셀 모스, "Les faits. Le mouvement économique d'en bas", 타자본 원고, 날짜 없음

[1920년], p. 93.(위베르-모스 자료함, 콜레주 드 프랑스 기록보관실.) 50장 정도(51부터 112까지 쪽 번호가 매겨져 있다)의 분량인 이 원고는 모스의 「민족」 필사본의 일부다.

126. 모스는 한 가지 "위험"을 간파하고 있다. 노동자 운동이 "통일성, 자기도취, 권리의 자각에 집중할 때", 이 운동으로 인해 그 내부에 "새로운 세계라는 사상, 이탈리아인들이 말하는 '새로운 질서'"가 형성된다는 점이 그것이다.(위의 책, p. 74.) 아직 하나의 사실이 아니라 그저 하나의 요청에 불과한 "노동자에 의한 통제"라는 개념에 대해 모스는 신중을 기하고 있다. "이 개념은 부과될 수 있을 정도로 무르익지도 않았고, 확실하지도 않은 것 같다. 그 형식 자체가 덜 뚜렷하고, 그 운동 역시 선명하지 않다. 이것은 집단이 개인들처럼 내디딜 수 있는 헛걸음 중 하나일 가능성이 농후하다. 게다가 이 개념은 모호하기까지 하다. 거기에는 절대적으로 노동자 옹호의 문제와 관련 있는 임금과 규율의 문제가 섞여 있기도 하다."(같은 책, p. 86)

모스는 "노동자적 민주성"에 대해 말하기는 하면서도 노동자 계급이라는 개념을 비판하고 있다. 이 개념이 "경제적으로 잘못되었다."는 것이 모스의 견해였다. 하지만 일반적으로 이 개념을 사용하지 않을 수 없다. 그도 그럴 것이 "이 개념은 정치적 역할을 가지고 있기 때문이다. 가령 이 개념을 통해 전국노동조합의 통일이 이루어졌다. 실제로 이 개념이 무한히 더 뚜렷하고 더 효과적으로 실현된 것은 정치 영역에서보다는 바로 거기에서였다. 또한 사회주의를 통해 노동자들의 집단화가 더 장려되는 것도 역시 거기에서였다. 한 나라의 노동자 계급, 그것은 사실, 이 나라의 조합들의 조직된 집합이다!"(Marcel Mauss, "Les faits", 앞의 책, p. 72.)

영국 사회주의자들의 몇몇 생각들을 공유했던 모스는 "산업적 민주주의"와 동업조합 전체를 다루기를 더 선호했을 수도 있다. 하지만 그는 "동시대의 정치 문제", 즉 "노동자 민주주의"에 연구를 한정하고 있으며, 유럽의 조합운동의 역사를 거칠게 기술하고 있다. 가령 "도덕적, 희생적 측면"과 더불어 조합이 설립되던 영웅적 시절, 법적 인정, 성장, 등을 말이다. 모스에 따르면, 오늘날 노동자 운동이나 조합 운동을 특징짓는 근본적인 추세들은 다음과 같다. 1) 노동조합은 더 이상 불법적이 아니며, 합법적이고 가장 충만한 의미에서 "법인격"이 되었다. 2) 노동조합은 "집단적 기능"을 획득했고, 개인들이 아니라 집단을 연결하는 계약들을 체결하고 있다. 3) 노동조합은 "더 야심에 찬 경제적 속도"를 택하면서 "전국적 조직"이 되어가고 있다. 4) 마지막으로 노동조합들은 서로 단결하고, "계급 일반"과 "노동자 계급"의 조직을 형성하고 있다. 또한 노동조합 운동을 통해 획득된 힘은 이 운동에 정치적 차원을 마련해주고 있으며, 그리고 종종 총파업에서 볼 수 있듯이 혁명적 특징 역시 부과해주고 있다. 이 모든 추세들은 전쟁 때 그리고 그 이후에 확인되었다. 노동조합은 "막대한 정치적 역할"(군수산업 조직에의 관여, "높은 민족정신"의 표명, 여러 정부들에 대한 지지, 등)을 했다. 노동조합의 규모는 "엄청나게 팽창"했으며, 그 결과 조합원 수가 배가 되었다. 노동조합 조직의 원칙은 더 방대해져 직업연맹에서 산업연맹으로 이행했다. 마지막으로 노동조합 조직의 변화는 노동조합 정신의 변경과 연결된다. 그로부터 "노동자의 통제"나 산업 관리에의 참여라는 개념 등이 유래했다. 모스는 "더 강하고, 더 잘 결집되고, 더 잘 조직되고, 더 야심차고, 더 활동적인" 노동조합 운동의 발전을 관찰하면서 다음과 같은 결론을 내리고 있다. "노동자 민주주의는 진정한 산업 민주주의로 탈바꿈되는 중이다. 그리고 어떻게 생산자로서의 시민이 적어도 몇몇 생산과정 전체를 관리할 수 있는지를 구상하는 중에 있다." 달리 말해 "피고용자들의 자연적 대규모 연합들"에 의한 소유권의 인수, 요컨대 국영화를 할 수 있는 모든 준비가 되어있다는 것이다.

127. 위의 책, p. 94.

128. 위의 책, p. 100.

129. [역주] The Rochdale Society of Equitable Pioneers: 1884년 영국의 공업도시 로치데일에서 설립된 세계 최초의 협동조합으로, 이 공장에서 근무하던 28명의 노동자들이 1년에 1파운드씩 출자금을 모아 생필품들을 공동으로 구입하기 위한 점포를 마련한 것이 이 조합의 발단이다.

130. Marcel Mauss, "Les coopératives russes", *La Revue de Paris*, 27ᵉ année, t. 2, mars-avril 1920, p. 96-121. 『르 포퓔레르』지에 실린 한 평론에서 모스는 "영국, 스코틀랜드, 프랑스 등과 같은 나라들의 '협동조합 도매점(MDG)'과 소비에트에서 현재 볼 수 있는 경제조직들 사이의 거래 전체에 [내포된] 위험"에 대해 주의를 환기시키고 있다.(Marcel Mauss, "Les coopératives anglaises et les soviets", *Le Populaire*, 8 juin 1921, p. 4.)

131. 위의 책, p. 114.

132. 위의 책, p. 110.

133. 위의 책, p. 116.

134. 위의 책, p. 114.

135. 위의 책, p. 111.

136. Marcel Mauss, "La chaire de la coopération au Collège de France", *L'Action coopérative*, 11 décembre 1920, p. 1.

137. Marcel Mauss, "L'éducation coopérative en Allemagne", *L'Action coopérative*, 14 août 1920, p. 2. Marcel Mauss, "Lettre de province. L'inéducation des coopérateurs est un grave danger", *L'Action coopérative*, 11 septembre 1920, p. 1도 볼 것.

138. Marcel Mauss, "Lettre de province. Propagande coopérative", *L'Action coopérative*, 11 septembre 1920, p. 2.

139. Marcel Mauss, "Les Webb sont à Paris", *Le Populaire*, 4 mai 1921, p. 1.

140. 앙리 데로슈가 말하고자 하는 것이 이것이다. 그는 1921년 "프랑스 지식인들과 대학인들의 협동조합 선언"을 책임졌던 주도위원회에 모스가 참가했고 또 서명했던 것은 "사후정당화"라 보았다.(Henri Desroche, "Marcel Mauss, "'citoyen et camarade'", *Revue française de sociologie*, vol. XX, n°1, janvier-mars 1979, p. 231.)

141. Gaston Richard, "La crise de la science économique", *Revue philosophique*, 46ᵉ année, mars-avril 1922, p. 301에서 사용된 표현이다.

142. Marcel Mauss, "Nécessité d'un départemet statistique à la Fédération nationale des coopératives de consommation", *Revue des études coopératives*, première année, n° 4, octobre 1921, p. 413.

143. É. Bugnon, "L'enseignement de la coopération", *Revue des études coopératives*, troisième année, n° 6, octobre 1923, p. 189-191. 그의 두 동료, 셀레스탱 부글레와 뤼시엥 레비브뢸은 고등교육을 위한 소위원회 쪽으로 활동을 펴나갔다. 그들과는 반대로 모스는 기술 교육의 소위원회 활동에 관심을 가졌다. 모스에 의하면 기술 교육의 임무들은 다음과 같았다. "a) 강의 계획들과 강연들에 대한 논평들의 출간을 통해 모든 지역 연맹체들에 현재 파리에 있는 기술협동조합학교의 조력을 확대하기. [……] b) 각 지역 연맹 본부에 협동조합학교를 설립하기. [……] c) 직업 소양 증명서를 따게 될 학생들의 취업에 관심을 갖기."(위의 책, p. 191.)

144. 『협동조합 연구 잡지』편집위원회, "Lettres à nos lecteurs", *Revue des études coopératives*, première année, n° 1, octobre-décembre 1921, p. 4.

145. 잡지 편집위원들 중에는 셀레스탱 부글레도 있었다. 제 1호에서 그는 「과학과 산업」이라는 글, 그 다음 호에는 「두 개의 철학? 생산제일주의와 협동조합주의」를 실었다. 분명 그는 자신의 사상들만큼이나 그의 인격을 통해 협동조합주의자들의 신임을 얻게 된다. 1940년 그가 죽은 얼마 후에 협동조합 연맹들은 그에게 경의를 표하고자 협동조합주의에 대한 그의 글들을 모아 한 권의 단행본으로 출간하게 된다. *Bienheureux les coopérateurs*, Paris, Bruxelles, 1940.(William Logue, "Sociologie et politique : le libéralisme de Céléstin Bouglé", *Revue française de sociologie*, vol. XX, n° 1, janvier-mars 1979, p. 141-161.)

146. "Manifeste coopératif des intellectuels et universitaires français", *Revue des études coopératives*, première année, n° 1, octobre-décembre 1921, p. 15-29.

147. 이 논설은 제 1호에 게재되어야 했다. 그러나 다른 논평들의 분량으로 인해 출간이 뒤로 미뤄졌다. 이 점에 대해 모스에게 사과하며, 이 잡지의 총무는 그의 논평에 대해 아주 만족스럽다는 의사를 표명했다. "우리가 기대했던 대로 [그것은] 완벽하고 전적으로 교육적입니다."(베르나르 라베르뉴가 마르셀 모스에게 보낸 편지, [1921년] 10월 7일.)

148. Marcel Mauss, "Nécessité d'un départemet statistique à la Fédération nationale des coopératives de consommation", *Revue des études coopératives*, première année, n° 4, octobre 1921, p. 414.

149. Marcel Mauss, "Un effort des coopérateur suisses", *L'Action coopérative*, 12 février 1921, p. 1.

150. Marcel Mauss, "Nécessité d'un départemet statistique", 앞의 책, p. 420.

151. Marcel Mauss, "Un parti coopératif", *L'Action coopérative*, 30 décembre 1922, p. 3.

152. Jean Gaumont, "Le Congrès national de la coopération française", *Revue des études coopératives*, n° 7, 1923, p. 331.

153. Marcel Mauss, "Note préliminaire sur le mouvement coopératif et spécialement le mouvement coopératif de consommation, plus spécialement sur le mouvement coopératif français", 날짜 없음, p. 7.(위베르-모스 자료함, 콜레주 드 프랑스 기록보관실.)

154. Gaston Richard, Ernest Poisson, *La crise de la science économique*에 대한 서평, 앞의 책, p. 296-301.

155. "사회가 단순히 어떤 경제 체제에 의해 규정될 수 있다는 것, 그리고 권리 전체가 서로 서로에게서 연역될 수 있다는 것은 우선 정확하지 않다. 흔히 사회란 모순되는 권리의 복합체다. 협동조합의 권리는 단지 그 중의 하나일 뿐이다. 사회는 대립되는 경제 체제들의 복합체이고, 협동조합 경제는 그 중 하나일 뿐이다. 따라서 나는 내가 이 운동(1898-1900)에 참여했을 때 지지했던 몇 가지 생각들로 즉시 돌아왔다. 그 복합체가 전체주의적 체제일 수 있다는 것, 현재의 경우에 소비를 기초로 한 협동조합 공화국이 우리나라 같은 경제 체계 전체를 언젠가 포괄할 수 있다는 것도 오래전부터 나는 믿지 않게 되었다. 물론 여기에는 다음과 같은 유보조건이 따른다. 즉 우리들의 체제, 즉 우리들의 생산양식 및 공통된 소비 방식에 어떤 것이 보충적이 될지를 내가 예견할 능력이 없다는 유보조건이 그것이다."("Note préliminaire sur le mouvement coopératif……", 앞의 책, p. 2.)

156. Paris, Rivière, 1925. 이 저서는 가격과 임금의 동향에 대해 시미앙에 의해 몇 년 동안 진행된 연구에서 중요한 단계에 해당한다. 그는 이 주제를 세 권으로 집대성한 저서를 몇 년 후 출간하게 된다. *Le Salaire, l'évolution sociale et la monnaie*(Paris, Félix Alcan, 1932)가 그것이다.

157. François Simiand, "La semaine de la monnaie", *Revue d'économie politique*, t. XXXVII, 1923, p. 569. 시미앙은 『정치경제학 잡지』 편집위원회 위원이었다. 이 잡지의 편집장은 창간자 중 한 명인 샤를르 지드였다. 이 잡지를 통해 20년대 초에 가격의 동향과 환율 문제에 대한 많은 글이 출간되었다. 「화폐 주간」이라는 짧은 노트 이외에도 시미앙은 1925년에 D. Nogaro의 *La Monnaie et les phénomènes monétaires contemporains(Revue d'économie politique*, t. XXXIX, 1925, p. 639-641)에 대한 서평을 실었다. 그는 또한 "세계 환율"에 대해 두 개의 강좌를 할애하기도 했다. *Cours d'économie politique, 1929-1930* (Paris, éditions Domat Montchrestien, 1930, p. 450-490)이 그것이다.

158. Marcel Déat, *Mémoires politiques*, 앞의 책, p. 182.

159. René Rémond, *Notre siècle, de 1918 à 1988*, Paris, Fayard, 1988, coll. "Histoire de France", t. 6, p. 100.

160. [역주] 우리나라의 한국은행격인 '프랑스은행'의 대주주들을 가리킨다.

161. Marcel Mauss, "Les changes : état actuel ; la ruine de l'Europe ; la crise ; les responsables", *Le Populaire*, 4 décembre 1922, p. 1.

162. Marcel Mauss, "Les changes : dangers des mesures arbitraires", *Le Populaire*, 9

septembre 1922, p. 2.

163. Marcel Mauss, "Les changes : une politique ; un exemple sinistre ; l'Autriche", *Le Populaire*, 5 décembre 1922, p. 1.

164. Marcel Mauss, "Les changes : L'inflation des francs", *Le Populaire*, 27 février 1924, p. 1.

165. Marcel Mauss, "Les changes : la valeur réelle du francs ; comment le convertir en or", *Le Populaire*, 11 décembre 1922, p. 1.

166. Marcel Mauss, "Les changes : comment liquider, comment stabiliser", *Le Populaire*, 13 décembre 1922, p. 2.

167. Marcel Mauss, "Les changes : conclusion", *Le Populaire*, 21 décembre 1924, p. 3.

168. 위의 신문, 같은 곳.

169. Marcel Mauss, "Les changes : du calme", *Le Populaire*, 18 janvier 1924, p. 1.

170. 앙리 위베르가 마르셀 모스에게 보낸 편지, 1924년 1월 20일.

171. 출처, 국제노동자 프랑스지부의 소책자. 제목은 "국민연합이 프랑스를 망쳤다. 국민연합은 자본가들과 금융가들의 부를 키워주었고, 근로와 소시민들을 괴롭혔다"이고, 두 장으로 되어 있다.

172. Marcel Mauss, "Les changes : du calme", 앞의 신문, p. 1.

173. Marcel Mauss, "Les changes : L'inflation : qui a inflationné le franc?", *Le Populaire*, Ier mars 1924, p. 2.

174. Marcel Mauss, "Les changes : Le Charleroi du franc : les fautes de M. Klotz. Comment il couvrit les mercantis et les banquiers français", *Le Populaire*, 5 mars 1924, p. 1.

175. Marcel Mauss, "Les changes : L'inflation fiduciaire : comment le Bloc national maintint puis fit crouler le franc. L'accalmie de 1921", *Le Populaire*, 10 mars 1924, p. 1.

176. Marcel Mauss, "Les changes : L'inflation fiduciaire : celle du 6 mars 1924. Comment on inflationne à ce moment", *Le Populaire*, 9 mars 1924, p. 1.

177. Marcel Mauss, "Les changes : L'inflation : qui a inflationné le franc?", *Le Populaire*, 1er mars 1924, p. 1.

178. Marcel Mauss, "Les changes : Deux fautes à éviter", *Le Populaire*, 23 février 1924, p. 2.

179. [역주] 프랑스와 벨기에가 1923년에 독일의 1차 세계대전의 배상금 지불 불이행을 이유로 이 지역을 점령하자, 독일이 이의를 제기했다. 이에 유럽의 경제파탄을 우려한 미국과 영국의 중재로 1924년에 도스 배상안으로 화해가 성립되었다.

180. Marcel Mauss, "Les changes : L'inflation fiduciaire : l'effet de l'aventure de la Ruhr. Comment et pourquoi il fallut inflationner de novembre 1923 à mar 1924", *Le Populaire*, 13 mars 1924, p. 1.

181. [역주] 여성형(diverses) 대신 남성형(divers)을 쓴 문법적 오류를 원저자가 지적한 부분.

182. Marcel Mauss, "Les changes : L'inflation : la dépréciation intérieure", *Le Populaire*, 28

février 1924, p. 1.

183. Marcel Mauss, "Les changes : L'inflation fiduciaire : la responsabilité personnelle de M. Klotz", *Le Populaire*, 3 mars 1924, p. 1 & p 2.

184. Marcel Mauss, "Les changes : La dette flottante. Responsabilités : qui a inflationné la dette flottante ?", *Le Populaire*, 15 avril 1924, p. 2.

185. Marcel Mauss, "Les changes : L'inflation fiduciaire : histoire financière et politique du franc en janvier et février 1924", *Le Populaire*, 16 mars 1924, p. 1.

186. Marcel Mauss, "Les changes : L'inflation fiduciaire : en quel mesure le gouvernemet Poincaré défendit-il et laissa-t-il faiblir le franc", *Le Populaire*, 11 mars 1924, p. 1.

187. 위의 신문, p. 2.

188. Marcel Mauss, "Les changes. La crise de la trésorerie de 1923-1924", *Le Populaire*, 17 avril 1924, p. 2. 그로부터 1년 전, 모스는 '좌파 공조'가 승리할 것이라고 예상했지만, 실제로 이 승리에 대해 걱정했다. 좌파가 정권을 잡는 것이 "오랫동안 나라와 민주주의를 방해할 심각한 재정적 위험과 일치될" 위험이 있을지도 모르기 때문이었다.(Marcel Mauss, "Les changes : L'inflation fiduciaire : histoire financière et politique du franc en janvier et février 1924", *Le Populaire*, 16 mars 1924, p. 2.) 모스는 『라 비 소시알리스트』지에서 "미래의 부르주아 국회의원"과의 대화라는 형식으로 이미 설명했던 "마키아벨리적" 계획을 우파와 재계에서 실행에 옮기지 않을까 우려했다. 그 당시에는 모든 것으로 미루어보아 "임시적이고 숙명적인 실패"에 이어 우파의 "견고하고 지속적인 승리"가 오리라고 믿어 의심치 않았다. 이 승리를 통해 여러 해 동안 사회주의가 정치 무대에서 축출당할 것이고, 또한 사회당은 통치하고 또 일시적으로나마 다수당 자리를 되찾는 데 완전히 부적격한 당이 될 것이다.(Marcel Mauss, "Machiavélisme. Dialogue avec un futur député bourgeois", *La Vie socialiste*, n° 133, lundi 30 avril 1923, p. 2.) 하지만 모스는 "적의 계획"이 실패할 수도 있으리라는 희망을 가졌다.

189. Marcel Mauss, "Deuxième conclusion générale. Un moyen de refonte sociale : la manipulation des monnaies", 날짜 없음, p. 9.(위베르-모스 자료함, 콜레주 드 프랑스 기록보관실.)

190. 1914년에서 1940년 사이의 프랑스 정치에 대한 분석은 Maurice Agulhon, André Nouschi et Ralph Schor의 *La France de 1914 à 1940*, Paris, Nathan, 1993을 볼 것.

191. Marcel Mauss, "Démocratie socialiste", *Le Populaire*, 6 mai 1924, p. 2.

192. 위의 신문, 같은 곳.

193. Marcel Mauss, 월 2회[1924년] 발간되던 때 『르 포퓔레르』지에 제목 없이 게재된 글의 필사본 원고, p. 2. (위베르-모스 자료함, 콜레주 드 프랑스 기록보관실.)

194. 위의 원고, p. 4

195. 위의 원고, 같은 곳.

196. Jean Lacouture, *Léon Blum*, Paris, Éditions du Seuil, 1977, p. 212.

197. Marcel Mauss, "Questions pratiques : actes nécessaires", *Le Populaire*, 29 mai 1924, p. 1.
198. 위의 신문, 같은 곳.

12장 부담이 막중한 계승

1. 앙리 위베르가 마르셀 모스에게 쓴 편지, [1919년] 12월 20일.
2. 폴 포코네가 마르셀 모스에게 쓴 편지, 1919년 5월 12일.
3. Marcel Mauss, "La sociologie en France depuis 1914", *La Science française*, 1933, *in* Marcel Mauss, *Œuvres*, t. 3, 앞의 책, p. 437-438.
4. Marcel Mauss, "L'état actuel des sciences anthropologiques en France", *L'Anthropologie*, 1920, *in* Marcel Mauss, *Œuvres*, t. 3, 앞의 책, p. 434-435.
5. Marcel Mauss, "In Memoriam. L'œuvre inédite de Durkheim et de ses collaborateurs" (1927), 앞의 책, p. 488. 이렇게 해서 모스는 몇몇 기능적인 면에서 삼촌의 자리를 계승하는 것을 받아들였다. 프랑스 민족학연구소 운영위원회의 회원의 자격이 그 예다.(폴 리베가 마르셀 모스에게 보낸 편지, 1919년 6월 16일.)
6. 뤼시엥 레비브륄이 마르셀 모스에게 보낸 편지, 1918년 9월 10일.
7. 이 용어는 막심 르루아가 사용한 것이다.("Le centenaire de Saint-Simon", *Revue d'économie politique*, t. XXXIX, 1925, p. 749.) 생시몽의 탄생 100주년 기념 행사를 위해 위원회가 구성되었다. 뤼시엥 레비브륄과 셀레스탱 부글레는 "생시몽의 친구들"이라는 이 위원회의 구성원들이었다. 그 당시에 부글레는 마르셀 리비에르 출판사에서 (엘리 알레비와 공동으로) 『생시몽의 이론』이라는 저서를 출간했고, 알캉 출판사에서는 『앙리 드 생시몽의 작품』이라는 제목하에 생시몽의 여러 글들을 출판했다. 기념 행사는 1925년 5월 13일에 알베르 토마의 주재 하에 3,500여 명이 참석한 가운데 소르본에서 열렸다.

    모스 역시 「생시몽과 사회학」이라는 글을 생시몽에게 할애된 『초등교육 잡지』(1925년 5월)에 기고하면서 생시몽 탄생 100주년 기념 행사에 일조했다. 또한 모스는 기념 행사의 일환으로 생시몽 사상의 조망을 목적으로 개최된 철학학회(1925년 3월)의 한 회합에 참석하기도 했다.
8. Paris, Alcan, 1928. 모스에 의하면, 뒤르켐이 보르도에서 1895년 11월부터 1896년 5월까지 했던 강의 노트의 원고는 거의 전적으로 그의 부인인 루이즈 뒤르켐에 의해 필사된 것이었다. 모스의 일은 이해하기 어려운 부분에서 그녀를 돕는 것, 인용문을 검토하는 것, 장(章)의 제목과 강의안에서의 문단 나눔에 약간의 변화를 가하는 것 등에 국한되었다.(Marcel Mauss, "Introduction" à Émile Durkheim, *Le Socialisme*, 1928, *in* Marcel Mauss, *Œuvres*, t. 3, 앞의 책, p. 505-509.)
9. 보르도에서 네 번째 교수직은 예전에 뒤르켐주의자였던 가스통 리샤르가 차지하게 되

었다.

10. Roger Geiger, "La sociologie dans les écoles normales primaires", *Revue française de sociologie*, vol. XX, n° 1, janvier-mars 1979, p. 257-268.

11. 폴 포코네의 글은 『철학 잡지』(1922)에 "L'œuvre pédagogique d'Émile Durkheim"이라는 부제목을 달고 게재되었다. 이 글은 영어로 번역되었다. "The Pedagogical Work of Emile Durkheim", *American Journal of Sociology*(vol. 1923, n° 5, mars 1923, p. 529-553).

12. Célestin Bouglé, *Qu'est-ce que la sociologie?*, Paris, Alcan, 1907. 장교의 아들로 1870년에 브르타뉴 지방에서 출생한 부글레의 경력은 다음과 같다. 고등사범학교 졸업, 철학 교수자격시험(1893년, 수석 합격), 독일에서 연수,『평등 관념 Les Idées égalitaires』이라는 논문으로 문학박사 취득(1899), 생 브리외 고등학교 교수, 몽펠리에대학 및 툴루즈 대학 교수 등이 그것이다.

13. 1920년에 부글레의 주선으로 사회학 교육이 초등교육사범학교에 도입되었다.(Johan Heilbron, "Les métamorphoses du durkheimisme, 1920-1940", *Revue française de sociologie*, vol. XXVI, n° 2, mars-avril 1985, p. 203-239를 볼 것.)

14. Maurice Halwachs, "Célestin Bouglé sociologue", *Revue de métapysique et de morale*, 48e année, n° 1, janvier 1941, p. 47.

15. John E. Craig, "Maurice Halbwachs à Strasbourg", *Revue française de sociologie*, vol. XX, n° 1, janvier-mars 1979, p. 276에서 재인용.

16. 남아프리카공화국의 프레토리아에서 자리를 잡고 있던 인류학자 알프레드 래드클리프 브라운은 1921년에야 비로소 뒤르켐의 부음(訃音)을 듣게 된다. "유감스럽게도 나는 아주 최근에야 뒤르켐 교수가 타계했다는 소식을 들었습니다. [……] 아시겠지만, 나는 뒤르켐과 당신의 연구에 대해 커다란 존경심을 가지고 있습니다. 당신들의 연구는 항상 내 영감의 원천이었습니다."(알프레드 래드클리프 브라운이 마르셀 모스에게 보낸 편지, 1921년 5월 24일, 프레토리아.)

17. Roger Lacombe, *La Méthode sociologique de Durkheim. Étude critique*, Paris, Félix Alcan, 1926을 볼 것.

18. J. Benrubi, *Les Sources et les courants de la philosophie contemporaine en France*, Paris, Félix Alcan, 1933, p. 159.

19. André Lalande, *Vocabulaire technique et critique de la philosophie*(1926), Paris, PUF, 7e édition, 1956, p. 1004.

20. 랄랑드는 1932년에 이 저서의 제 4판을 준비하면서 '문명' 개념에 대해 마르셀 모스에게 자문을 구했다.(랄랑드가 마르셀 모스에게 보낸 편지, 1931년 4월 4일.)

21. Roger Geiger, "La sociologie dans les écoles normales primaires. Histoire d'une controverse", 앞의 책, p. 257-268을 볼 것.

22. Marcel Mauss, Louis Weber의 발표 "Liberté et langage"에 이어진 발언, *Bulletin de la*

Société française de philosophie, 1921, *in* Marcel Mauss, *Œuvres*, t. 2, 앞의 책, p. 122.

23. 위의 책, p. 124.

24. 위의 책, p. 125.

25. Marcel Mauss, "Note de méthode sur l'extension de la sociologie"(1927), in *Œuvres*, t. 3, 앞의 책, p. 294.

26. Marcel Mauss, Marcel Granet의 발표 "La droite et la gauche en Chine"에 이어진 발언, *Bulletin de la Société française de philosophie*, 1933, in Marcel Mauss, *Œuvres*, t. 2, 앞의 책, p. 147.

27. Ch. 반 덴 보렌이 마르셀 모스에게 보낸 편지, 브뤼셀, 1920년 5월 1일.

28. 르낭 협회의 첫 번째 회합은 1919년 12월 18일에 콜레주 드 프랑스에서 있었다. 이 협회 회원이자 전국 박물관·관장 대표였던 에드몽 포티에와 고등연구실천학교 교수이자 『종교사 잡지』의 공동편집인이었던 폴 알팡데리가 각각 이 협회의 회장과 총무로 선출되었다. 이 협회의 운영위원회에는 여러 학술 잡지의 편집자들이 참여하고 있었다. 가령 앙리 베르(『역사적 종합 잡지』), 르네 뒤소(『종교사 잡지』), 귀스타브 글로츠(『그리스학 잡지』), 알렉상드르 모레(『이집트학 잡지』), 살로몽 레나크(『고고학 잡지』), 아놀드 반 젠네프(『민족지학 및 사회학 잡지』) 등이 그들이다.

29. 이와 같은 활동의 촉구는 파리 문과대학 교수였던 샤를르 귀뉴베르에 의해 『현대 프랑스에서의 종교 문제』(Paris, Garnier, 1922)에서 이루어졌다. C. Guignebert, "Allocution à la société Renan", *Revue de l'histoire des religions*, t. 85, 1922, p. 119-123을 또한 볼 것.

30. Gustave Belot, "Quelle place est-il possible de faire à l'histoire des religions dans l'enseignement secondaire?", *Revue de l'histoire des religions*, t. 81, 1921, p. 390. 귀스타브 블로는 대학 총장이었다.

31. Gaston Richard, "L'athéisme dogmatique en sociologie religieuse", *Revue d'histoire et de philosophie religieuse*, 1923, p. 125-137.

32. Marcel Mauss, "L'expression obligatoire des sentiments(rituels oraux funéraires autraliens)", *Journal de psychologie*, 1921, *in* Marcel Mauss, *Œuvres*, t. 3, 앞의 책, p. 269-279.

33. 강연회(1929-1930) 평가, *Annuaire de l'École pratique des hautes études*, 종교학 분과, Melun, 1930, p. 42.

34. Marcel Mauss, Louise Weber의 발표 "Liberté et langage"에 이어진 발언, *Bulletin de la Société française de philosophie*, 1926, in Marcel Mauss, *Œuvres*, t. 2, 앞의 책, p. 121.

35. Marcel Mauss, "In Memoriam. L'œuvre inédite de Durkheim et de ses collaborateurs", 앞의 책, p. 497.

36. 철학과 학생이었던 마들렌느 프랑세스는 오랜 동안 교수와 편지를 주고받았다. 그녀의 교수 모스는 여러 경로를 통해 그녀가 장학금을 받는데 도움을 줬고, 스피노자에 대한 학위 논문을 쓰는 데 유익한 조언을 해줬으며, 교육 분야에서도 그녀에게 용기를 북돋

아주기도 했다.

37. 아카마추, 마츠모도(일본), 링(중국), 마크 스위느(아일랜드), 모에(노르웨이), 라불프(덴마크) 등이 그들이다.

38. 마르셀 모스가 앙리 위베르에게 보낸 편지, 1921년 10월 4일.

39. 1922년 2월 5일자 분과 회의에서 심의가 이뤄진 1922년 1월 28일자 장관령에 따른 것이다.(고등연구실천학교, 종교학 분과, 회의록.)

40. 모스는 직접 작성한 업무 보고서에서 자신의 건강 문제에 대해 이렇게 쓰고 있다. "폐에 염증. 폐충혈."(Marcel Mauss, "État détaillé de services"[1937], CXII, Mauss, 8, 콜레주 드 프랑스 기록보관실.)

41. 셀레스탱 부글레가 마르셀 모스에게 보낸 편지, 1921년 12월 16일.

42. 뤼시엥 레비브륄이 마르셀 모스에게 보낸 편지, 1921년 12월 21일.

43. 마르셀 모스가 앙리 위베르에게 보낸 편지, 방돌, 1922년 1월 27일.

44. 마르셀 모스가 앙리 위베르에게 보낸 편지, 1922년 8월 24일.

45. 마르셀 모스가 제임스 프레이저 경에게 보낸 편지, 1922년 12월.

46. 마르셀 모스가 앙리 위베르에게 보낸 편지, 1923년 8월 9일.

47. Marcel Mauss, "Rapports réels et pratiques de la psychologie et de la sociologie", 앞의 책, p. 284. 또한 Céléstin Bouglé, "Sociologie et psychologie", in Bilan de la sociologie française contemporaine, Paris, Félix Alcan, 1938을 볼 것.

48. Marcel Mauss, "Rapports réels et pratiques de la psychologie et de la sociologie"(1924), 앞의 책, p. 284.

49. Marcel Mauss, Louis Werber의 발표 "Liberté et langage"(1921)에 이어진 발언, 앞의 책, p. 122-123.

50. Marcel Mauss, "Allocution à la Société de psychologie", Journal de psychologie, 1923, in Marcel Mauss, Œuvres, t. 3, 앞의 책, p. 282.

51. Marcel Mauss, "Effet physique chez l'individu de l'idée de mort suggérée par la collectivité", Journal de psychologie normale et pathologique, 1926, in Marcel Mauss, Sociologie et anthropologie, 앞의 책, p. 311-330.

52. Marcel Mauss, "Rapports réels et pratiques de la psychologie et de la sociologie", 앞의 책, p. 288-289.

53. Thérèse Charmasson, Daniel Demellier, Françoise Parot, Geneviève Vermès, Archives Ignace Meyerson(1888-1983), Paris, Centre de recherche en histoire des sciences et des techniques, 날짜 없음, 143p.

54. Meyer Fortes, "Obtuary : C. G. Seilgman", Man, XLI, 1941, p. 4. 또한 Bertland Pulman, "Aux origines du débat anthropologique et psychanalyse : Seligman(1873-1940)", Gradhiva, n° 6, 1989, p. 35-50을 볼 것.

55. Marcel Mauss, "Divisions et proportions de la sociologie"(1927), 앞의 책, p. 231.

56. [역주] 파리 동남쪽에 위치한 도시다. 18세기 말 경에 정신병동이 들어선 곳이라고 한다.

57. 살로몽 레나크가 리안 드 푸지에게 쓴 편지, 1923년 8월 23일, in Max Jacob, Salomon Reinach, *Lettres à Liane de Pougy*, Paris, Plon, 1980, p. 200.

58. 타계한 셀릭맨의 다른 친구들처럼—제임스 프레이저, G. 엘리엇 스미스—모스는 셀릭맨에게 헌정된 헌정본의 책임자 중 한 명인 에반스 프리처드의 초대에 응하지 못했다.

59. Marie Bonaparte, "Psychanalyse et ethnographie", in E. E. Evans-Pritchard, R. Firth, B. Malinowski, I. Schapera (éd.), *Essays Presented to C. G. Seligman*, London, Kegan Paul, Trench & C. Ltd., 1934, p. 25. 민족지학에 몰두하게 된 마리 보나파르트가 제자 로하임의 멜라네시아 파견에 드는 비용 거의 전부를 지원했다.(Élisabeth Roudinesco, *Histoire de la psychanalyse en France*, t. I(1885-1939), Paris, Éditions du Seuil, 1986 을 볼 것.)

60. Élisabeth Roudinesco, *Histoire de la psychanalyse en France*, t. 1, 앞의 책, p. 224.

61. Marcel Mauss, "Rapports réels et pratiques de la psychologie et de la sociologie"(1924), 앞의 책, p. 293.

62. 위의 책, p. 299.

63. Marcel Mauss, "Effet physique chez l'individu de mort suggérée par la collectivité", *Journal de psychologie normale et pathologique*, 1926, in Marcel Mauss, *Sociologie et anthropologie*, 앞의 책, p. 330. 여기에서 아노미적 자살을 상기한 것은 '실수'였다. 필립 베나르가 지적하고 있는 것처럼 애타적 자살을 언급해야 했다.(Philippe Besnard, *L'Anomie*, 앞의 책, p. 150.)

64. Marcel Mauss, "In Memoriam. L'œuvre inédite de Durkheim et de ses collaborateurs", 앞의 책, p. 28.

65. 앙리 위베르가 마르셀 모스에게 보낸 편지, 1919년 9월 27일. 게다가 위베르는 "원고료를 지불하는 것이 절대적으로 필요하다."고 생각했다.

66. 『사회학 연보』(전 12권 재인쇄) 구독신청서, 1927.

67. Le comité de rédaction, "Avant-propos", *L'Année sociologique*, 30 juin, 1923.

68. 마르셀 모스가 찰스 게브리엘 셀릭맨에게 보낸 편지, 1923년 6월 30일.

69. 마르셀 모스가 제임스 프레이저 경과 프레이저 부인에게 보낸 편지, 파리, 1922년 12월 5일.

70. 셀레스탱 부글레가 마르셀 모스에게 보낸 편지, 1923년 4월 23일.(셀레스탱 부글레 자료함, 국립도서관.)

71. 폴 위블랭이 마르셀 모스에게 보낸 편지, 리옹, 1923년 2월 21일.

72. 폴 망투가 마르셀 모스에게 보낸 편지, 제네바, 1923년 3월 3일.

73. 1923년 3월 2일 『사회학 연보』를 위한 모임의 회의록, p. 3.(위베르-모스 자료함, 콜레주 드 프랑스 기록보관실.)

74. 『사회학 연보』의 부활을 기뻐했던 협력자들의 경우도 전반적으로 그러했다. 초등교육

담당관이었던폴 라피는 "기꺼이 지지"를 하면서도 다음과 같이 답을 했다. "유감스럽게도 『사회학 연보』에 다시 협력하는 것은 불가능합니다."(폴 라피가 마르셀 모스에게 보낸 편지, 1921년 2월 21일.)

75. 앙리 위베르가 마르셀 모스에게 보낸 편지, 1924년 6월 21일. 위베르는 모스에게 친구들과 장관들에게 영향력을 행사해 "도와줄 것"을 요청했다.

76. Max Lazard, "François Simiand, 1873-1935", Extraits des documents du travail, Paris, 1935, p. 7.

77. 또 다른 두 명의 교수자격시험 합격자는 막스 본나푸와 장 로비였다. 이 잡지의 네 번째 젊은 협력자는 프랑수아즈 앙리로, 앙리 위베르의 고등연구실천학교 제자였다.

78. "[……] 협력에 대한 보수가 따른다는 조건으로 나는 최대한 자네에게 협조하겠네. 최소한 어떤 식으로든 자네의 팀에 머물고, 또 현재 진행 중에 있는 잡지의 출간이 가능하다면, 거기에 방해가 될 수 있는 일은 아무것도 하지 않으면서 말일세. 공동 작업의 재개를 결정할 팀의 구성원으로서 나는 신중하게 처신할 걸세. 내 생각에 우리가 새로운 방법이나 상당수의 새로운 협력자들을 구하지 못한다면, 일의 부담이 너무나 버거워 결국 우리는 실질적으로 다른 모든 일을 포기하면서 그 일을 떠맡을 수밖에 없을 걸세. 따라서 나는 반대표를 던질까 하네. 하지만 그렇게 하면서 슬프지 않을 수 없겠지. 따라서 이번에 꾸려지는 팀이 아주 분명한 각오를 보인다면, 난 그러한 도약에 반대하는 어떠한 말도 행동도 안 하려고 하네. 항상 시도야 해 볼 수 있는 거니까. 그리고 한두 번 시도해보면 경험에 의해 결정될 것이네."(폴 포코네가 마르셀 모스에게 보낸 편지, 1920년 6월 4일.)

79. 마르셀 모스가 '나의 친애하는 …에게' 보낸 편지, 날짜 없음 [1923].

80. 마르셀 모스가 조르주 다비에게 보낸 편지, 1923년 2월 26일.

81. 조르주 다비가 마르셀 모스에게 보낸 편지, 디종, [1922년] 2월 24일.

82. 마르셀 모스가 뤼시엥 레비브륄에게 보낸 편지, 르네리(바르), 1922년 3월 23일.

83. 뤼시엥 레비브륄이 마르셀 모스에게 보낸 편지, 1923년 3월 30일.

84. 마르셀 모스가 조르주 다비에게 보낸 편지, 1922년 3월 23일(in *Revue française de sociologie*, vol. XXVI, n° 2, avril-juin 1985, p. 248.)

85. "[……] 문제가 되는 것은 부정확함과 놀랄만한 암시를 통해 제 연구의 가치와 성실성을 떨어뜨리려고 하는 시도가 있었다는 겁니다. 이것이 바로 제가 항의하는 것입니다 [……] 저로 말할 것 같으면, 결코 제 연구의 무오류성이나 우월성을 주장할 의도가 없습니다. 하지만 제가 말하지 않은 바, 혹은 제가 말한 것을 말하지 않았다고 남들이 말하게 그냥 두는 것을 받아들일 수 없습니다. 저는 서평이 온통 친절해야 한다고 말하려는 것이 아닙니다."(조르주 다비가 마르셀 모스에게 보낸 편지, 디종, 1923년 2월 25일.) 다비는 이렇게 덧붙이고 있다. "제 고통과 놀라움은 배가될 것입니다. 선생님이 이 허접한 서평에 쓰여 있는 말들을 이해하거나 동의한다는 생각이 제게 든다면 말입니다."

86. 위의 편지, 같은 곳. 알캉 출판사의 『'사회학 연보' 연구』 총서에서 간행되었고, "에밀 뒤

르켐과 레비브륄에게" "심심한 감사의 뜻을 담아" 헌정한 『서약 신앙』에서, 다비는 『사회학 연보』의 비판적 서평에서 모스에 의해 제공된 설명들을 참고하고 있다. 또한 다비는 자기에게 "민족지학에의 입문"을 가능케 해준 장본인에게 감사의 뜻을 표하고 있기도 하다.

87. "나는 근본적인 점들에 대해서는 자네와 같은 의견이네. 그리고 우리들끼리 얘기지만, 나는 솔직히 자네의 저서가 아주 훌륭하고, 잘 썼고, 분명하다고 말할 수 있네. 물론 약간 길긴 하지만 말이네."(마르셀 모스가 조르주 다비에게 보내는 편지, 사나리, 1922년 3월 22일, in *Études durkheimiennes*, n° 5, octobre, 1980, p. 4.)

88. 마르셀 모스가 조르주 다비에게 보낸 편지, 1923년 2월 26일. 또 다른 한 통의 편지에서 모스는 다비에게 그에게 반대하는 "파벌"은 없다고 반복해서 말하고 있다. "그리고 우리 모두가 함께 연구를 하고자 한다면, 이것이 대단히 중요할 듯 하네."(Philippe Besnard, "Un conflit au sein du groupe durkheimien. La polémique autour de *La Foi jurée*", *Revue française de sociologie*, vol. XXVI, n° 2, mars-avril 1985, p. 247-257.)

89. 모리스 알브바크스가 마르셀 모스에게 보낸 편지, 스트라스부르, 1923년 2월 21일. 모리스 알브바크스는 르네 모니에의 참가에 대해 내키지 않는다는 태도를 보였다. 모니에가 "약간 우파 진영에" 속한다는 것이 알브바크스의 판단이었다. 이에 반해 알브바크스는 자기 동료였던 블롱델의 참여에 대해서는 우호적인 태도를 보였다. 그가 보기에 블롱델이 아주 중요한 역할을 할 수 있을 것 같았고, 또한 그는 블롱델을 "아주 뒤르켐적"이라고 간주했다.

90. 참석하지 못한 사람들은 다음과 같다. 폴 라피, 위베르 부르쟁, 프랑수아 시미앙, 알베르 드망종, 앙투안 메이예, 에드몽 두테, 도미니크 파로디(이들 모두는 파리 거주), 엠마뉘엘 레비, 폴 위블랭(리옹 거주), 피에르 루셀, 모리스 알브바크스, 아벨 오뱅, 로베르 우르티크(스트라스부르 거주), 조르주 다비(디종 거주), 르네 모니에, 루이 제르네(알제 거주), 장 레이(일본 거주) 등이 그들이다.

91. 출처: 1924년 6월 1일 현재 프랑스 사회학 연구소 회원 명단.(위베르-모스 자료함, 콜레주 드 프랑스 기록보관실.) 1924년에 이 연구소의 회원수는 32명에 달했고, 그 중 두 명은 외국 국적의 연구자(런던에서 온 빅토르 브랜드포드, 스테판 크자르노프스키)였다.

92. 프랑스 사회학연구소, 1923년 3월 1일자 회의록, p. 4. 이 연구소에 대해서는 Johan Heilbron, "Notes sur l'Institut français de sociologie", *Études durkheimiennes*, 9, 1983, p. 9-14를 볼 것.

93. 프랑스 사회학연구소, 1924년 3월 5일자 회의록, p. 2.

94. 마르셀 모스가 찰스 게브리엘 셀릭맨에게 보낸 편지, 1923년 6월 30일.

95. 프랑스 사회학연구소, 1923년 3월 1일자 회의록, p. 2.

96. "Deuxième compte rendu d'activités", 날짜 없음 [1923년], 위베르-모스 자료함, 콜레주 드 프랑스 기록보관실, p. 1. 영국 국적의 친구인 셀릭맨에게 보낸 한 편지에서 모스

는 40,000프랑에 대해 말하고 있다. "다음과 같은 소식을 알려줄 수 있어서 기쁩니다. 우리 자신들, 막스 라자르와 그의 가족을 포함해 우리와 가까운 친구들에게서 최소한 40,000프랑을 모을 수 있을 것이라는 사실을 말입니다."(마르셀 모스가 찰스 G. 셀릭맨에게 보낸 편지, 1923년 6월 30일.) 르네 모니에가 자발적으로 제공한 금액을 고려한다면, 출자금은 평균 1,000프랑에 달했다. 프랑스 사회학연구소의 지위에 따라 창설 회원의 자격이 "최소한 500프랑을 출자한 모든 사람에게 "에게 주어졌다.

97. Marcel Mauss, "Mémoire complémentaire concernant *L'Année sociologique*", 날짜 없음 [1923년], 위베르-모스 자료함, 콜레주 드 프랑스 기록보관실.

98. Le comité de rédaction, "Avant-propos", 앞의 책, p. 2.

99. 그 당시 프랑스 사회학연구소는 한창 성장하고 있었다. 1924년 1월 31일 회의에서 6명의 새로운 회원들이 선출되었다. 스트라스부르대학 문과대학 교수들인 앙드레 피가니올, 샤를르 블롱델, 모리스 카엔, 자연사박물관 보조관인 폴 리베, 동양언어학교 교수인 장 프르질뤼스키, 변호사였던 라마디에 등이 그들이다. 고등연구실천학교(종교학 분과)에서 개최된 분과회의에서 셀레스탱 부글레는 터키의 사회학에 대해 발표했다. 그리고 1924년 3월 5일에 개최된 그 다음 회의에서는 노동부의 서기관이자 통계연구원이었던 자크 페르디낭 드레퓌스, 경제학자이자 통계학자였던 막스 라자르의 후보 자격이 검토되었다.

　　이렇게 해서 1924년 6월 1일에 프랑스 사회학연구소의 회원 수는 30여 명을 헤아리게 되었다. 공교육 교육감 A. 오뱅, 소르본대학 교수 셀레스탱 부글레, 국립기록보관실 연구위원 G. 부르쟁, 교수자격시험 합격자 H. 부르쟁, 『사회학 연구』(런던)의 편집자 V. 브랜드포드, S. 크자르노프스키(바르샤바), 문과대학장(디종) G. 다비, 신학대학 교수(몽토방) P. 드 펠리스, 소르본대학 교수 데망종, 소르본 강사 P. 포코네, 문과대학 교수(알제) L. 제르네, 고등연구실천학교 학과장 M. 그라네, 문과대학 교수(스트라스부르) 모리스 알브바크스, 아카데미 교육감 R. 우르티크, 고등연구실천학교 학과장 H. 위베르, 법과대학 교수(리옹) P. 위블랭, 문과대학 강사(릴) H. 장매르, 초등교육 교육감 P. 라피, 교수자격시험 합격자 R. 르누아르, 법과대학 교수(리옹) E. 레비, 법과대학 교수(릴) H. 레비브륄, 소르본 교수 L. 레비브륄, 프랑스 극동학교 명예교장 Cl. 메트르, 고문서 학자-고문자 학자 장 마르크스, 법과대학 교수(알제) R. 모니에, 고등연구실천학교 학과장 마르셀 모스, 콜레주 드 프랑스 교수 A. 메이예, 중등교육 교육감 D. 파로디, 교수자격시험 합격자 J. 레이, 문과대학 교수(스트라스부르) P. 루셀, 국립공예학교 교수 F. 시미앙 등이 그들이다.

100. 폴 포코네가 마르셀 모스에게 보낸 편지, 1925년 1월 1일.

101. 연간 『사회학 연보』를 구성할 각각의 낱권 인쇄를 위한 정확한 기한이 계약에 의해 정해졌다. 가령 3, 4, 5, 6월 15일에 참고문헌을 위한 4권의 낱권이, 이어지는 10월 15일에 논문이 포함된 한 권 내지 두 권의 낱권이 인쇄되었다.(한편으로 마르셀 모스, 『사회학 연보』 편집위원회 위원들, 프랑스 사회학연구소 회원들과 다른 한편으로 알캉 출판사

사이에 맺어진 계약, 파리, 1924년 6월 30일, 3쪽, 위베르-모스 자료함, 콜레주 드 프랑스 기록보관실.)

102. René Maunier, "*L'Année sociologique*"에 대한 서평, in *Revue philosophique*, CIV, n° 9-10, juillet-décembre 1927, p. 305.

103. René Maunier, "*L'Année sociologique*"에 대한 서평, 앞의 책, p. 305.

104. Johan Heilbron, "Les métamorphoses du durkheimisme, 1920-1940", *Revue française de sociologie*, vol. XXVI, n° 2, mars-avril 1985, p. 224.

105. Marcel Mauss, "La sociologie en France depuis 1914", in *La Science française*, t. I, Paris, Larousse, 1933, in Marcel Mauss, *Œuvres*, t. 3, 앞의 책, p. 438.

106. René Maunier, "*L'Année sociologique*"에 대한 서평, 앞의 책, p. 305.

107. 위의 책, p. 306.

108. 폴 위블랭이 마르셀 모스에게 보낸 편지, 리옹, 1923년 2월 21일.

109. 사람들의 지적에 따르면 "약 10만, 20만 프랑 정도."였다.(Le comité de rédaction, "Avant-propos", *L'Année sociologique*, nouvelle série, t. 1, 1923-1924, Paris, Alcan, 1925, p. 4-5.)

110. M. 모스가 A. W. 스몰에게 보낸 편지, 1924년 10월 11일. 『미국 사회학 저널』은 모스의 편지 요약본을 「되살아난 뒤르켐」이라는 제목 하에 짧게 실었다.(A. W. 스몰이 M. 모스에게 보낸 편지, 1924년 11월 8일.) 한 해 전에 폴 포코네의 「에밀 뒤르켐의 교육적 저서」라는 취임 강의가 영어로 번역되어 이 잡지에 실렸다.(*Journal of Sociology*, vol. XXVIII, n° 5, March 1923, p. 529-553.)

111. 찰스 A. 엘우드가 M. 모스에게 보낸 편지, 1924년 11월 4일. 엘우드는 미국 사회학협회 회장이었다.

112. "이 잡지의 재간(再刊) 덕택으로 미국의 사회학 전공 학생들이 커다란 이득을 보게 될 것이다."(F. H. Hankins, "Announcement of the Renewal of *L'Année sociologique*", *Social Forces*, vol. 2, n° 5, septembre 1924, p. 736.) 행킨스는 『소셜 포스』지에 『사회학 연보』새로운 시리즈 첫 호에 대한 서평을 실었다. "이 출간 작업은 미국의 진지한 사회학과 학생들로부터 열렬한 환영을 받게 될 것이다."(F. H. Hankins, "*L'Année sociologique*"에 대한 서평, 1925, in *Social Forces*, vol. IV, n° 1-4, novembre 1925-septembre 1926, p. 845.)

113. Marcel Mauss, "Rapport sur l'exécution d'une mission en Angleterre", 1924, p. 1.(위베르-모스 자료함, 콜레주 드 프랑스 기록보관실.) 이 임무를 수행하기 위해 모스는 교육부로부터 1,500프랑의 지원금을 받았다. 모스는 이 임무를 수행하는 과정에서 여러 학술단체(왕립인류학협회, 사회학협회, 왕립경제학협회)와 몇몇 대학 기관(런던 경제학교, 케임브리지대학 출판부, 옥스퍼드대학 출판부)과 교환 출판 협약을 맺었다. 또한 모스는 여러 영국 출판사(맥밀런, 롱맨스, 메튠, 키건 폴 등)의 목록에 『사회학 연보』를 재등록하기도 했다.

114. 마르셀 모스가 알프레드 래드클리프 브라운에게 보낸 편지, 1924년 12월 6일(in *Études durkheimiennes*, n° 10, cotobre 1984, p. 2-3.)

115. 위의 책, p. 3.

116. René Maunier, "Note sur l'étude sociologique du socialisme", *L'Année sociologique*, nouvelle série, t. 1, 1925, p. 891.

117. 모스는 '열등한'이라는 용어를 마지못해 사용할 뿐이었다. 모스는 "지금까지의 길고도 규모가 큰 진화를 느끼게끔 하기 위해" 이 용어보다 더 나은 용어를 찾아내지 못했다.

118. Marcel Mauss, C. K. Ogdum & I. R. Richards의 *The Meaning of Meaning*, Sv. Ranulf, *Der eleatische Satz vom Widerspruch*에 대한 서평과 E. Cassirer의 *Philosophie der Symbolischen Formen*에 대한 서평, *L'Année sociologique*, nouvelle série, t. 1, 1925, in Marcel Mauss, *Œuvres*, t. 3, 앞의 책, p. 262.

119. 『사회학 연보』의 여러 협력자들의 저작들이 서평의 대상이 되었다. 도미니크 파로디가 쓴 조르주 다비의 『사회학 제요소』에 대한 서평, 레이몽 르누아르가 쓴 셀레스탱 부글레와 다른 사람의 공저인 『도덕과 과학』, 셀레스탱 부그글레의 『사회학에서 사회 활동으로』, 폴 라피의 『프랑스 교육학』에 대한 서평, 마르셀 모스가 쓴 폴 위블랭의 『인간의 단결』에 대한 서평 등이 그것이다. 그리고 모리스 알브바크스가 쓴 프랑수아 시미앙과 그 자신의 통계학에 대한 연구에 대한 논평 등이 그것이다.

120. 폴 포코네가 마르셀 모스에게 보낸 편지, 1925년 1월 16일. 포코네는 그 자신의 고백처럼 「추도문. 뒤르켐과 그 협력자들」이 그에게 "개인적으로 불쾌했기" 때문에 더 비판적이었다.(지나치게 많은 부사와 칭찬용 수식어, 과도한 일인칭 주어 '나'의 사용, 도덕 교육에 지나치게 적게 할애된 자리, 등.) "옳건 그르건 간에 나는 Dk와 자네에 의해 다르게 느끼게 되었네. 조금 실망스러운 감정이지. 물론 그 감정 속에 아무런 실질적 이익이 있다고는 생각하지 않네. 그리고 그 감정에 대해 나는 침묵을 지켰을 수도 있네. 만일 그렇게 해서 내가 자네에게 빚지고 있는 따뜻한 신뢰를 저버릴 수 있었다면 말일세."

121. Marcel Mauss, "In Memoriam. L'œuvre inédite de Durkheim et de ses collaborateurs", 앞의 책, p. 28-29.

122. Paul Alphandéry, "Publications récentes", *Revue d'histoire des religions*, t. 93, 1927, p. 177.

13장 민족학의 정립

1. James Clifford, *The Predicament of Culture. Twentieth Century, Ethnography and Art*, Cambridge(Mass.), Havard University Press, 1988, p. 122.

2. [역주] 1920년-1926년 모로코의 리프 산맥에서 리프 지역 토착민들이 프랑스군과 스페인군에 대항한 전쟁이다.

3. Sally Price & Jean Jamin, "Entretien avec Michel Leiris", *Gradhiva*, n° 4, 1988, p. 30.

4. André Schaeffner, *Le Jazz*(1926), Paris, Jean-Michel Place, 1988, p. 160.

5. "Entretien avec Michel Leiris", 앞의 책, p. 32.

6. 프랑스 인류학의 역사에 대해서는 Nélia Dias, *Le Musée d'Ethnographie du Trocadéro*(1878-1908), *Anthropologie et muséologie en France*, Paris, Éditions du CNRS, 1991을 볼 것. 또한 Victor Karady, "French Ethnology and the Durkheimian Breakthrough", *Journal of the Anthropological Society of Oxford*, vol. XII, n° 3, 1981, p. 166-176을 볼 것.

7. Marcel Mauss, "Remarques à la suite de l'article de Paul Descamps", *Revue de synthèse historique*, avril-juin 1931, p. 203.

8. Marcel Mauss, Projet de création d'un institut d'ethnologie, novembre 1913, p. 1-2(위베르-모스 자료함, 콜레주 드 프랑스 기록보관실.) 장관에게 보낸 편지 형식의 계획서에서 모스는 민족지학이 갖는 이중의 중요성을 강조했다. 이론적 측면(민족학, 사학, 인류학, 사회학을 위한 자료들의 중요성)와 실천적 측면("지혜롭게 통치하고", "식민 정책의 토대를 정립"하는 유일한 수단인 통치 하에 있는 민족들에 대한 지식의 중요성)이 그것이다. 모스가 제안한 것은 계몽된 식민지주의였다. 한편으로 원시사회들은 "이 사회들을 잘 아는 사람들에 의해서만 통치될 수 있을 뿐이다."라는 주장과, 다른 한편으로는 "이 사회들의 발전과 진보는 거의 전적으로 거기에서 행해지고 있는 행정에 달려 있다."는 주장이 그것이다. 그 증거를 대면서(미국에 있는 미국 민족학 사무국, 대영박물관, 영국의 대학들, 독일 소재 민족지학 연구재단 및 박물관) 모스는 "프랑스를 제외한 모든 나라에서" 민족학의 "이론적, 실천적 중요성이 인정되고 있다."는 사실을 유감스럽게 생각했다. 모스의 관점에서 보면, "사멸이나 쇠퇴가 아니라고 해도 적어도 망각으로부터" 인종과 문명을 구해내는 것은 "아주 시급한 일"이었다.(마르셀 모스가 "장관님"에게 보낸 편지 원고, 날짜 없음, 총 6쪽, 위베르-모스 자료함, 콜레주 드 프랑스의 기록보관실.)

9. 위의 책, p. 5.

10. Lucien Lévy-Bruhl, "L'Institut d'ethnologie de l'université de Paris", *Annales de l'université de Paris*, mai 1926, p. 207. 이 글은 *Revue d'ethnographie et des traditions populaires*, n° 23-24, 1926의 발췌문이다. 월터 후가 『미국 인류학』(특별호, 28, 1926, p. 451-452) 지에 연구소의 창설을 예고했다. 그때 그는 이러한 정보를 이 논문에서 얻었다.

11. 마르셀 모스가 알프레드 래드클리프 브라운에게 보낸 편지, 1924년 12월 6일.

12. 뤼시엥 레비브륄이 마르셀 모스에게 보낸 편지, 1924년 11월 14일.

13. 위의 편지.

14. Lucien Lévy-Bruhl, "L'Institut d'ethnologie de l'université de Paris", 앞의 책, p. 207.

15. Marcel Mauss, "Remarques à la suite de l'article de Paul Descamps 'Ethnographie et

ethnologie'", 앞의 책, p. 202.

16. Herman Lebovics, "Le conservatisme en anthropologie et la fin de la Troisième République", *Gradhiva*, n° 4, été 1988, p. 3-16.

17. 위의 책, p. 15, 주 21.

18. 뤼시엥 레비브륄이 마르셀 모스에게 보낸 편지, 1921년 12월 21일.

19. Marcel Mauss, Lucien Lévy-Bruhl의 발표 "La mentalité primitive"에 이어진 발언, *Bulletin de la Société française de philosophie*, 1923, in Marcel Mauss, *Œuvres*, t. 2, 앞의 책, p. 131.

20. 마르셀 모스가 확인되지 않은 사람에게 보낸 편지, 1934년 11월 30일. 모스는 또한 레비 브륄의 연구에서 "사실들이 증명되지 않고 예시되는 데만 그치고 있다."는 사실을 유감 스러워 하고 있다.

21. Marcel Mauss, "Lucien Lévy-Bruhl", 앞의 책, p. 565.

22. 위의 책, p. 565.

23. Pierre Champion, "Paul Rivet(1876-1959)", *Science et nature*, n° 3, janvier-février 1959, p. 45. 또한 *Titres et travaux scientifiques de Paul Rivet*, Paris, 1927, p. 45를 볼 것.

24. Jacques Soustelle, *Les Quatre Soleils. Souvenirs et réflexions d'un ethnologue au Mexique*, Paris, Plon, 1967, p. 25.

25. Paul Rivet, "Introduction", in *Titres et travaux*, 앞의 책, p. 10.

26. Jacques Soustelle, *Les Quatre Soleils*, 앞의 책, p. 26.

27. Lucien Lévy-Bruhl, "L'Institut d'ethnologie de l'université de Paris", 앞의 책, p. 208.

28. Marcel Mauss, "La sociologie en France depuis 1914"(1933), *in* Marcel Mauss, *Œuvres*, t. 3, 앞의 책, p. 446.

29. 위의 책, p. 206.

30. 마르셀 모스가 모로코 주재 프랑스 총독에게 보낸 편지, 1925년 12월 30일, p. 2.

31. Lucien Lévy-Bruhl, "L'Institut d'ethnologie de l'université de Paris", *Les Annales de l'université de Paris*, mais 1926, p. 206. 또한 Lucien Lévy-Bruhl, "L'Institut d'ethnologie pendant l'année scolaire 1925-1926", Les *Annales de l'université de Paris*, janvier 1927, p. 94를 볼 것.

32. 모로코 주재 프랑스 총독에게 보낸 편지(1925년 12월)에서 모스가 지적하고 있는 지원 금액은, 인도차이나의 경우 80,000프랑, 적도 지역의 아프리카의 경우 10,000프랑이었 다. 모스는 알제리와 모로코에 주재하는 프랑스 총독이 지원해 주게 될 정확한 액수를 아직 몰랐다. 모로코 주재 프랑스 총독의 경우, 이 나라의 민족지학에 대한 정치적, 학문 적 중요성으로 인해 모스는 최소한 20,000프랑의 지원금을 기대하고 있었다.

33. 1926년에 간행된 민족학연구소의 『연구와 논문집』의 첫 세 권은 다음과 같다. Em.-G. Waterlot, *Les Bas-Reliefs des bâtiments royaux d'Abonney(Dahomey)*, G.-Ch. Luquet, *L'Art néo-calédonien*, René Maunier, *La Construction collective de la maison en Kabylie*.

Étude sur la coopération chez les Berbères du Djurjura 등이 그것이다. 바테를로는 마다 가스카르 국립인쇄소의 책임자, G.-Ch. 뤼케는 로랭고등학교 철학 교수, 르네 모니에는 북아프리카 사회학연구소의 전(前)소장이었다.

34. Lucien Lévy-Bruhl, "L'Institut d'ethnologie pendant l'année scolaire 1925-1926", 앞의 책, p. 90-91.

35. 이 학생들은 대부분 고등사범학교, 고등연구실천학교, 동양어학교에서 왔다. 다른 학생들은 휴가 중에 있는 식민지 공무원들과 프랑스에 거주하는 외국 학생들이었다. 첫 해가 끝나갈 무렵에 레비브륄은 "자신의 의지와는 상관이 없는 상황"으로 인해 '식민지학교'의 그 어떤 학생도 연구소에 발걸음을 하지 않은 것에 대해 실망했다고 말하고 있다.

36. 마르셀 모스가 실뱅 레비에게 보낸 편지, 1927년 6월 20일.

37. Marcel Mauss, "L'œuvre de Mauss par lui-même" (1930), 앞의 책, p. 216.

38. René Maunier, "Sociologie et solidarité", *Revue d'économie politique*, t. XXIII, 1909, p. 704.

39. 위의 책, p. 710.

40. 위의 책, p. 711.

41. Marcel Mauss, Charles G. Seligman의 *The Melanesians of British New Guinea*(Cambridge, 1910), R. Neuhauss의 *Deutch-New Guinea*(Berlin, 1911), W. Williamson의 *The Mafulu*……(Londres, 1912)에 대한 서평, in *L'Année sociologique*, 12, 1913, p. 371-374, *in* Marcel Mauss, *Œuvres*, t. 3, 앞의 책, p. 1969, p. 34. 또한 Marcel Mauss, J. R. Swanton, *Contribution to the Ethnology of the Haïda*(Leiden, 1906), *Social conditions, Beliefs of the Tlingit Indians*(Washington, 1908)에 대한 서평, in *L'Année sociologique*, II, 1910, p. 110-119, in Marcel Mauss, *Œuvres*, t. 3, 앞의 책, p. 76-92를 볼 것.

42. 모스는 프랑스 인류학연구소의 활동에 적극적으로 참여했다. 1927년에 그는 앙리 위베르를 대신해서 이 연구소의 임시 재정이사를 담당하기도 했다. 1927년 12월에 모스는 다음 회기의 상임 재정이사로 임명되었다. 그 당시 이 연구소의 집행부에는 회장 뤼시엥 레비브륄, 부회장 앙리 마르탱, 총무 A. 바이양, 기록보관 담당 뒤소 등이 있었다. 이 연구소 회원들로는 마르셀 코엔, 마르셀 그리올, 모리스 레엔아르트, 앙투안 메이예, 알프레드 메트로, 이냐스 메이예르송 등이 있었다.

43. Marcel Mauss, "Une forme ancienne de contrat chez les Thraces", *Revue des études grecques*, 34, 1921, *in* Marcel Mauss, *Œuvres*, t. 3, 앞의 책, p. 43.

44. Marcel Mauss, "L'obligation à rendre les présents", *L'Anthropologie*, 33, 1923, p. 193-194, *in* Marcel Mauss, *Œuvres*, t. 3, 앞의 책, p. 44-45.

45. *Annuaire de l'École pratiques des hautes études*, 종교학 분과, Melun, 1924, p. 36.

46. Marcel Mauss, "Gift, gift", in *Mélanges offerts à Charles Andler par ses amis et ses élèves*, Istra, Strasbourg, 1924, p. 234-247, *in* Marcel Mauss, *Œuvres*, t. 3, 앞의 책, p. 43. 샤를르 앙들레르에게 감사와 애정을 표시한 친구들과 제자들 가운데는 레옹 블럼, 셀레스탱

부글레, 폴 포코네, 뤼시엥 에르, 귀스타브 랑송, 자비에 레옹, 뤼시엥 레비브륄, 프랑수아 시미앙, 알베르 토마 등이 있었다. 이 논문집의 출간은 스트라스부르 문과대학의 주관으로 이뤄졌다.

47. P. A., *Mélanges offerts à Charles Andler par ses amis et ses élèves*(1923)에 대한 서평, in *Revue d'histoire des religions*, t. 89, janvier-avril 1924, p. 275-276.

48. Marcel Mauss, 심리학 학회에서의 강연, *Journal de psychologie*, 1923, in Marcel Mauss, *Œuvres*, t. 3, 앞의 책, p. 281.

49. Marcel Mauss, "Rapports réels et pratiques de la psychologie et de la sociologie", *Journal de psychologie normale et pathologique*, 1924, in Marcel Mauss, *Sociologie et anthropologie*, Paris, PUF, 3ᵉ édition, 1965, p. 303.

50. 위의 책, p. 306. 모스는 현대 사회를 이해하기 위해 "일상적 인간"과 "엘리트"의 구별을 도입했다. 그 이유는 이렇다. 즉 일상적 인간과는 달리 엘리트는 "의식적" 존재이고, "본능에 저항할 줄 아는" 존재이며, 따라서 "그 자신이 받은 교육, 가지고 있는 개념, 심사숙고한 후의 선택을 바탕으로 그 자신의 행동 하나하나를 통제할 수 있는" 존재이기 때문이었다. 또한 모스는 다음과 같은 결론을 내리고 있다. "사회학에서 공통으로 발견되는 실수 가운데 하나는 결국 우리가 가진 것과 같은 종류의 심성(心性)─틀에 박힌 것이라고 할 수 있는데─에서 출발해서 상상한 모든 심성의 획일화를 신봉한다는 것이다."(같은 책, 같은 곳.)

51. Marcel Mauss, "Effet physique chez l'individu de l'idée de mort suggérée par la collectivité"(1926), 앞의 책, p. 329.

52. Henri Lévy-Bruhl, Marcel Mauss의 "Essai sur le don"에 대한 논평, *Revue historique du droit français* et étranger, 4ᵉ série, 6ᵉ année, 1927, p. 123.

53. Marcel Mauss, "Essai sur le don. Forme et raison de l'échange dans les sociétés archaïques", *L'Année sociologique*, nouvelle série, 1, 1925, in Marcel Mauss, *Sociologie et anthropologie*, 앞의 책, p. 148.

54. 위의 책, p. 50.

55. Maurice Leenhardt, "Marcel Mauss(1872-1950)", in *Annuaire de l'École pratique des hautes études*, 종교학 분과, Melun, 1950, p. 23.

56. Claude Lévi-Strauss, "Introduction à l'œuvre de Marcel Mauss"(1950), *in* Marcel Mauss, *Sociologie et anthropologie*, 앞의 책, p. XXIV.

57. 위의 책, p. XXXIII.

58. 「증여론」에 대한 논평에서 앙리 레비브륄은 자기 스승이자 친구였던 모스에 의해 분석된 '증여=교환' 체제에서 다음과 같은 주요 특징을 끌어냈다. 1) 행위가 개인적이 아니라 집단적이라는 점, 2) 교환이 단지 경제적으로 유용한 재화에만 관련되는 것이 아니라는 점, 3) 급부는 자발적 증여의 양상 하에서 이뤄지나 전적으로 의무적이라는 점 등이 그것이다.(Henri Lévy-Bruhl, "Essai sur le don"에 대한 논평, 앞의 책, p. 124-

125.)

59. 위의 책, p. 124.

60. Pierre Centlivres, "Marcel Mauss(1872-1950)", *in* W. Marschall (éd), *Klassider Der Kulturanthropologie*, München, Verlag C. H. Beck, 1990, p. 171-198.

61. Marcel Mauss, "Essai sur le don", 앞의 책, p. 161.

62. Claude Lévi-Strauss, "Introduction à l'œuvre de Marcel Mauss", 앞의 책, p. XXXVIII. 또한 '하우'에 대한 모스의 분석은 두 명의 마오리족 전문가에 의해 비판되었다. R. Firth, *Economics of the New Zealand Maori*(Wellington R. E. Owen, 1959) 그리고 J.-P. Johansen, *The Maori and His Religion*(Kobenhavn, Munksgaard, 1954)이다. 아울러 Marshall Sahlins, "The Spirit of the Gift. Une explication de texte", *in* Jean Pouillon et Pierre Maranda(dir.), *Échanges et communications, Melanges offerts à Claude Lévi-Strauss à l'occasion de son 60ᵉ anniversaire*, t. 2, Paris, Mouton, 1970, p. 998-1012를 볼 것.

63. 같은 해에 모스는 『켈트 잡지』에 "Un texte de Posidonius. Le suicide contre-prestation supréme"(*in* Marcel Mauss, *Œuvres*, t. 3, 앞의 책, p. 52-57.)을 게재했다. 이 글에서는 당연히 '포틀래치'의 문제가 거론되고 있다.

64. Henri Lévy-Bruhl, Marcel Mauss의 "Essai sur le don"에 대한 논평, 앞의 책, p. 123. 모든 정황으로 미뤄보아 모스가 법제사 학회에 가입한 것은 앙리 레비브륄의 요청에 따른 것으로 보인다. 1924년 5월 8일 회의에서 회원으로 받아들여진 모스는, 2년 후인 1926년 3월 18일에 이 학회에서 "타키투스의 게르만족"에 대해 발표를 하면서 "새로운 해석"을 제안하고 있다.(in *Revue d'histoire du droit français et étranger*, (5ᵉ année, 1926, p. 369.)

65. René Maunier, "*L'Année sociolgique*"에 대한 서평, 앞의 책, p. 307-308.

66. Marcel Mauss, "Essai sur le don", 앞의 책, p. 274.

67. Marcel Mauss, 심리학 학회에서의 강연(1923), 앞의 책, p. 280-281.

68. Marcel Mauss, "Essai sur le don", 앞의 책, p. 276.

69. P. A., "*L'Année sociologique*"(nouvelle série, 1925)에 대한 서평, in *Revue d'histoire des religions*, t. 93, 1926, p. 177.

70. 프란츠 보아스가 마르셀 모스에게 보낸 편지, 1925년 12월.

71. 브로니슬로 말리노브스키가 마르셀 모스에게 보낸 편지, 런던, 1925년 11월 12일.

72. Robert H. Lowie, *The History of Ethnological Theory*, New York, Farrar & Rinehart Inc, 1937, p. 216.

73. 「증여론」은 1954년에서야 비로소 영어로 번역(I. 커니소가 번역)되었다. *The Gift*, London, Cohen and West. 1967년에 간행된 재판(New York, Norton)에는 E. E. 에반스 프리처드의 찬사가 들어있는 서문이 포함되어 있다.

74. 앙리 위베르가 마르셀 모스에게 보낸 편지, 레 레크, 1925년 12월 21일.

75. 위의 편지.

76. 예컨대 위베르는 외국인들과의 거래에 대한 문제와 게르만족에 대해 이렇게 쓰고 있다. "자네는 게르만족의 법이 시장 거래를 포함하고 있지 않다고 쓰고 있네. 하지만 청동기 시대의 게르만족의 세계는 시장 거래 없이는 생각할 수 없네. [……] 자네가 게르만족의 법에 대해 쓴 부분은 내가 보기엔 아주 미흡해 보이고, 상대적으로만 이해되네. [……] 자네는 솔직하게, 심지어는 피상적으로라도 봉건적 법에 대해 입장을 표명해야 할 걸세."(위의 편지.)

77. 위의 편지.

78. Henri Lévy-Bruhl, Marcel Mauss의 "Essai sur le don"에 대한 논평, 앞의 책, 124.

79. Marcel Mauss, "Parentés à plaisanterie", *Annuaire de l'École pratique des hautes études*, 종교학 분과, 1926, in Marcel Mauss, *Œuvres*, t. 3, 앞의 책, p. 122.

80. 말리노프스키가 모스에게 지적하고 있는 것처럼 말이다.(Marcel Mauss, "Parentés à plaisanterie", 앞의 책, p. 110.)

81. Marcel Mauss, "La cohésion sociale dans les sociétés polysegmentaires", 프랑스 사회학 연구소에서 한 발표, *Bulletin de l'Institut français de sociologie*, 1931, *in* Marcel Mauss, *Œuvres*, t. 3, 앞의 책, p. 20.

14장 사회학의 패배?

1. 1929년부터 로라 스펠만 록펠러 재단은 록펠러 재단에 통합되었고, 이 재단의 활동은 사회과학이라는 새로운 분야와 더불어 계속되었다. 이 주제에 대해서는 Brigitte Mazon, "La fondation Rockefeller et les sciences sociales en France, 1925-1940", *Revue française de sociologie*, vol. XXVI, n° 2, avril-juin 1985, p. 311-343을 볼 것.

2. 이것은 로라 스펠만 록펠러 재단의 운영자들 중 한 명이었던 레이몽 포스딕이 사용한 말이다. Charles Rist, "Nouvelles et notices", *Revue de l'économie politique*, t. XXXIX, 1925, p. 1120을 볼 것.

3. 여행 비용과 체류 비용은 전적으로 록펠러 재단이 부담했다. 1,000달러가 추가로 모스에게 지불되었는데, 이는 "별도 비용"을 충당해주기 위해서였다.(비어즐리 러믈이 마르셀 모스에게 보낸 편지, 뉴욕, 1925년 12월 23일.)

4. 마르셀 모스가 "장관님"께 보낸 편지, 1926년 8월 2일. 모스는 이 편지에서 장관이 자기에게 "무상으로" 마음 놓고 맡겼던 임무에 대해 보고하고 있다.

5. "[……] 이질이란 단어가 헛된 말은 아닌 것 같네. 자네는 이 단어를 아무런 이유 없이 사용한 것이 아닌 것 같아. 그러니 걱정될 수밖에 없지."(앙리 위베르가 마르셀 모스에게 보낸 편지, [1926년] 5월 26일.) 또한 폴 포코네가 마르셀 모스에게 보낸 편지(1926년 5월 15일)를 볼 것.

6. 이냐스 메이예르송의 진술. Riccardo Di Donato, *Per una anthropologica storica del mondo antico*, Florence, La Nuova Italia, FSC, 1992, p. 204를 볼 것.

7. 마르셀 모스가 앙리 위베르에게 보낸 편지, 1926년 5월 3일.

8. 마르셀 모스가 앙리 위베르에게 보낸 편지, 1926년 5월 10일.

9. Marcel Mauss, "Notices biographiques", *L'Année sociologique*, nouvelle série, 2, 1927, *in* Marcel Mauss, *Œuvres*, t. 3, 앞의 책, p. 520.

10. 폴 포코네가 마르셀 모스에게 보낸 편지, 1926년 5월 18일. "에르가 세상을 떠났네. 어제 수술을 받고 깨어났는데, 밤에 상태가 갑작스럽게 악화되었고, 고통 없이 [……]"

11. 앙리 위베르가 마르셀 모스에게 보낸 편지, 1926년 5월 11일.

12. 마르셀 모스가 이냐스 메이예르송에게 보낸 편지, 뉴욕, 1926년 5월 31일.(이냐스 메이예르송 자료함.)

13. Jean Poirier, "Marcel Mauss et l'élaboration de la science ethnologique", *Journal de la société des océanistes*, t. IV, n° 6, décembre 1950, p. 216에 의함.

14. 모스가 방문한 연구소는 다음과 같다. 보스턴에서 하버드의 비즈니스 스쿨과 국제연구재단, 폴락 재단, 시카고와 필라델피아에서 사회조사부와 사회조사연구소, 워싱턴에서 국립연구협의회, 경제연구소, 미국 센서스국, 노동부, 스미소니언 연구소 등이 그것이다.

15. "난 말리노프스키가 정보에 어둡다는 걸 알았네. [……]"(마르셀 모스가 앙리 위베르에게 보낸 편지. 1926년 5월 3일.)

16. 모스가 방문 중에 만난 사람들은 20여명 이상의 대학 관계자들이었다. 하버드대학의 R. 딕슨, 토저, 후튼(인류학), 예일대학의 예크스, 다지, 빙햄(심리학) 박사, I. 피셔, C. 데이(경제학과 경제사), 켈러(인류학), 시카고대학의 페이 쿠퍼 콜(인류학), 에디트 애봇(사회서비스), 워싱턴 소재 부르킹 정치경제대학원의 W. 해밀턴 등이 그들이다.

17. 마르셀 모스가 앙리 위베르에게 보낸 엽서, 이스트 록, 뉴 헤이븐, 1926년 6월 21일.(인간박물관 도서관.)

18. "소중한 친구"에게 보낸 편지에서 모스는 10년 후에 이 도시에 대해 다음과 같이 회상하고 있다. "많은 사람들이 미국의 흑인들에 대해 말했고, 또 그것도 잘못 말했네. 내 개인적인 인상은 그런 말과는 완전히 다르네. 필라델피아의 흑인 구역에서 이틀을 보내고 난 뒤 나는 우리들의 정보가 완전히 무용하다는 것을 확신하게 되었네."(마르셀 모스가 소중한 친구에게 보낸 편지, 1936년 12월 11일.)

19. 미국에서의 짧은 체류 동안 모스는 「신체의 기술」이라는 글을 쓰기 위해 다음과 같은 몇 가지 관찰을 하고 있다. 우선 병원에서 알게 된 "일종의 새로운 계시"다. 모스는 이렇게 쓰고 있다. "나는 병원에 있었다. 나는 그때 내 담당 간호원들처럼 걷는 여자들을 어디에서 봤는가를 자문해 보았다. 나는 충분히 생각할 시간이 있었다. 나는 마침내 그것이 영화에서였다는 사실을 알게 되었다. 프랑스로 돌아와 나는 특히 파리에서 많은 여성들이 그렇게 걷고 있는 것을 보게 되었다. 이 젊은 여성들은 프랑스 여자들이었고, 그

녀들 역시 같은 자세로 걷고 있었던 것이다. 실제로 영화를 통해 미국식으로 걷는 것이 프랑스에서도 유행하기 시작하고 있었다." 그 다음으로 모스는 워싱턴에서 인디언 호피족의 불(火) 협회 대표를 보았다. 이 대표는 네 명의 남자들과 함께 "자기들의 의례(儀禮)들을 위해 몇몇 종류의 알코올 사용 금지에 반대하기 위해" 그곳에 왔던 것이다. 모스는 그에 대해 이렇게 지적하고 있다. "그는 분명 세계에서 가장 잘 달리는 자였다, 그는 쉬지 않고 250마일을 달려왔다. 모든 푸에블로족들은 모든 종류의 고도의 신체적 기술에 익숙해 있었다. [……] 내가 본 이 인디언은 또한 아주 훌륭한 춤꾼이기도 했다."(Marcel Mauss, "Les techniques du corps"(1935), *in* Marcel Mauss, *Sociologie et anthropologie*, 앞의 책, p. 380.)

20. Marcel Mauss, "Divisions et proportions des divisions de la sociologie", *L'Année sociologique*, nouvelle série, 2, 1927, *in* Marcel Mauss, *Œuvres*, t. 3, 앞의 책, p. 188.

21. 모스는 이 점에 대해 여행 초기부터 잘 의식하고 있었다. "내 생각에 이번 여행은 내 주위의 사람들, 내 저작과 방법들을 제외한다면 즉각적으로 유용하지 않을 것이네."(마르셀 모스가 이냐스 메이예르송에게 보낸 편지, 뉴욕, 1925년 5월 31일, 이냐스 메이예르송 자료함.)

22. 앙리 위베르가 마르셀 모스에게 보낸 편지, 1925년 4월 3일.

23. 마르셀 모스가 이냐스 메이예르송에게 보낸 편지, 1925년 8월 20일. 이냐스 메이예르송 자료함.

24. 폴 포코네가 마르셀 모스에게 보낸 편지, 1925년 12월 13일.

25. 마르크 블로크가 마르셀 모스에게 보낸 편지, 스트라스부르, 1926년 4월 22일.

26. 이 글의 중요성에 대해서는 Luc Racine, "L'obligation de rendre les présents et l'esprit de la chose donnée : de Marcel Mauss à René Maunier", *Diogène*, n° 154, avril-juin 1991, p. 69-94.

27. Marcel Mauss, "Divisions et proportions des divisions de la sociologie", *L'Année sociologique*, nouvelle série, 2, 1927, *in* Marcel Mauss, *Œuvres*, t. 3, 앞의 책, p. 178.

28. 위의 책, p. 200.

29. 위의 책, p. 179.

30. 위의 책, p. 197.

31. 위의 책, p. 226.

32. 위의 책, 같은 곳.

33. 위의 책, 같은 곳.

34. 「사회학의 구분과 그 비율」이라는 글에서 신중하게 새로운 "질서"를 제안했을 때, 모스는 '형태학'(혹은 물질적 구조에 대한 연구)과 '사회생리학' 사이의 뒤르켐 식 구분을 유지했다. 모스 자신은 이 사회생리학을 '실천의 생리학'과 '집단 표상의 생리학'으로 구분하고 있다. "하나의 사회 혹은 하나의 집단은 개인들의 덩어리임과 동시에 그들의 행위이자 사유다." 따라서 한 두 요소를 분리하는 것은 있을 수 없다. "[……] 구체적이고 완

전한 사실은 전체이다. 즉 신체와 영혼이다."(위의 책, p. 212.)

35. 위의 책, p. 139. 미국 민족학자 클락 위슬러의 『인간과 문화』라는 저서에 대한 서평에서 모스는 인간과 문화 사이의 대립을 문제삼고 있다. "뒤르켐 이래로 프랑스 사회학자들은 사회 현상 전체를 고려의 대상으로 삼고 있고, 그것의 분할에 대해서는 전혀 생각을 하지 않았다. 사회학의 입장에서 보면 이와 같은 '인간'과 '문화'의 '이분법'은 '이중적 인간', 즉 사회적 존재와 '심리-생리적' 존재를 기술하는 다른 하나의 방식에 불과할 뿐이다. 그리고 인간을 이와 같은 이중의 인간, 곧 사회적 존재와 인간적 존재로 구분하는 추상화 작업은 위험하다. 인간은 문화 없이 생각될 수 없다. 혹은 그러한 인간은 인간이 아니다."(*L'Année sociologique*, nouvelle série, t. 1, 1925, p. 297.)

36. 위의 책, p. 215-216.

37. 마르셀 모스가 실뱅 레비에게 보낸 편지, 1927년 6월 12일.

38. 모리스 알브바크스가 마르셀 모스에게 보낸 편지, 스트라스부르, 1927년 2월 27일. 알브바크스는 특히 신체의 기술(技術), 형태학, 사회학의 구체적 구분 등에 대해 모스가 쓴 글을 "아주 좋아했다." "그렇습니다. 사회학은 블롱델에 의해 집단심리학이라 명명된 것에서 벗어나야 합니다. 이 점에서 저는 블롱델에 반대하고 있고, 선생님과 같은 의견이라고 느낍니다. 블롱델은 통계를 싫어합니다. 저는 그에게 편차와 수단 등에 대해 말하면서 그에게 종종 '대듭니다.' 바로 거기에 우리들과 사회학적 혹은 사회학자 연하는 심리주의자들을 구별하는 기준이 있습니다. 선생님께서 잘 지적하신 바와 같이 말입니다."

39. Marcel Mauss, "Note de méthode. Sur l'extension de la sociologie", *L'Année sociologique*, nouvelle série, 2, 1927, in Marcel Mauss, *Œuvres*, 앞의 책, p. 289.

40. 위의 책, p. 296.

41. Marcel Mauss, "Divisions et proportions des divisions de la sociologie", 앞의 책, p. 168.

42. 위의 책, p. 171.

43. 위의 책, p. 173.

44. Marcel Mauss, "Appel aux spécialistes", 필사본 원고, 날짜 없음 [1927년]. (위베르-모스 자료함, 콜레주 드 프랑스 기록보관실.) 이 글에는 『사회학의 확장에 대하여』라는 제목의 방법적 주해에 대한 출간되지 않은 부분이 포함되어 있다.

45. 위의 책, p. 23-24.

46. 마르셀 모스가 실뱅 레비와 다니엘 레비에게 보낸 편지, 1927년 4월 8일.

47. 모리스 알브바크스가 마르셀 모스에게 보낸 편지, 스트라스부르, 1928년 11월 18일. 알브바크스는 이 편지에서 모스가 착수한 뒤르켐과 에르츠의 글에 대한 편집 작업을 지적하고 있다.

48. 500 내지 800여 쪽 분량의 3권으로 예정된 종교사 집필 계획서, 날짜 없음.(위베르-모스 자료함, 콜레주 드 프랑스 기록보관실.) 이 계획서에 의하면 예정된 세 권은 다음과 같다. 제1권. 종교현상과 열등사회의 종교. 제2권. 국가 차원의 종교. 제3권. 보편적 종교

등이 그것이다. 제1권에만 협력했던 모스는 다음과 같은 두 장(章)을 집필하고자 했다. 오스트렐리아, 아시아, 아프리카, 아메리카의 원시종교에 할애될 부분인 "종교 현상"에 대한 장, 그리고 "열등사회의 종교"에 대한 장이 그것이다.

49. Salomon Reinach, "Henri Hubert", *Revue archéologique*, t. XXVI, juillet-septembre 1927, p. 176.

50. 위의 책, p. 178.

51. Marcel Drouin, "Hubert (Henri)", *Annuaire. Association des secours des anciens élèves de l'ENS*, 1929, p. 50.

52. 앙리 위베르가 마르셀 모스에게 보낸 편지, 1925년 9월 11일.

53. 앙리 위베르가 마르셀 모스에게 보낸 편지, 1925년 9월 21일.

54. 마르셀 모스가 실뱅 레비에게 보낸 편지, 1927년 4월 9일.

55. 다니엘 레비가 마르셀 모스에게 보낸 편지, 도쿄, 1927년 6월 25일.

56. 알프레드 메트로가 마르셀 모스에게 보낸 편지, 1927년 5월 29일.

57. Charles G. Seligman, "Henri Hubert", *Man*, vol. 27, n° 110, septembre 1927, p. 162.

58. Marcel Mauss, "Henri Hubert", in E. R. A. Seligman(éd.), *Encyclopedia of the Social Sciences*, New York, McMilan Co., vol. VII-VIII, 1932, p. 527.

59. 마르셀 모스가 실뱅 레비에게 보낸 편지, 1927년 7월 4일.

60. 마르셀 모스가 알프레드 래드클리프 브라운에게 보낸 편지, 1928년 1월 7일(in *Études durkheimiennes*, n° 10, octobre 1984, p. 4.) 래드클리프 브라운은 다음과 같이 답하고 있다. "위베르의 타계 소식에 몹시 괴롭습니다."(알프레드 래드클리프 브라운이 마르셀 모스에게 보낸 편지, 시드니, 1928년 3월 27일.)

61. 뤼시엥 에르 부인이 마르셀 모스에게 보낸 편지, [1928년 5월] 화요일.

62. Roger Caillois, *Rencontres*, Paris, PUF, 1978, p. 25.

63. 마르셀 모스가 실뱅 레비에게 보낸 편지, 1927년 6월 12일. 며칠 후에 모스는 이렇게 덧붙이고 있다. "그의 교육의 위대함을 알고 있었습니다. 하지만 그의 교육에서 모든 것이 완벽했다는 사실은 모르고 있었습니다."(마르셀 모스가 실뱅 레비에게 보낸 편지, 1927년 6월 20일.) 올라프 장세는 고등연구실천학교에서 위베르의 제자였다.

64. 위베르가 맡고 있던 자리의 계승과 관련하여 모스는 즉각적으로 장 마르크스를 생각했다. "저는 [시리아에서] 그가 알맞은 때에 돌아와 아마추어 생활을 그만두고 박력 있는 결정을 내렸으면 합니다." 마르크스에 대해 곧바로 만장일치가 이뤄졌다. 게다가 고등연구실천학교에서 알렉상드르 코이레에게 강의를 위촉했고, 또한 올라프 장세에게도 "스웨덴에서 그를 데려가지 않는다면" 임시로 강의를 위촉하는 문제가 거론되기도 했다.(마르셀 모스가 실뱅 레비에게 보낸 편지, [1927년] 4월 9일, p. 4.)

65. 1863년 뤼네빌에서 태어난 앙리 베르는 문학 교수자격시험에 합격하고(1884), 문학 박사학위를 받은 다음(1899) 중등교육에 종사하고 있었다. 투르고등학교, 두에고등학교, 뷔퐁고등학교, 앙리 4세고등학교 등에서 말이다. 1900년에 베르는 『역사 종합

지』를 창간했고, 이 잡지는 1930년에 『종합 잡지』가 되었다. 1920년에 베르는 "인류의 진화" 총서를 담당했고, 4년 후에는 친구인 폴 두메르와 함께 종합 학문을 위한 제단인 국제종합센터를 건립했으며, 베르 자신이 그 운영을 맡았다. Giulana Gemeli, "Communauté intellectuelle et stratégies intellectuelles. Henri Berr et la fondation du Centre international de synthèse", *Revue de synthèse*, IVe S., n° 2, avril-juin 1987, p. 225–259를 볼 것.

66. 마르셀 모스가 실뱅 레비에게 보낸 편지, 1927년 6월 20일.

67. Marcel Mauss, "Avertissement", *in* Henri Hubert, *Les Celtes et l'expansion celtique jusqu'à l'époque de la Tène*(1932), Paris, Albin Michel, 1974, p. 10.

68. J. 제임스가 초청장을 보내 모스에게 "기도의 기초 형태 이론"에 대한 강연을 해줄 것을 부탁한 것이다.(J. 제임스가 마르셀 모스에게 보낸 편지, 런던, 1927년 12월 21일.)

69. 마르셀 모스가 실뱅 레비에게 보낸 편지, 1927년 11월 20일.

70. Marcel Mauss, "Avertissement", 앞의 책, p. 13.

71. Marcel Mauss, "Notices biographiques", *L'Année sociologique*, nouvelle série, 1927, *in* Marcel Mauss, *Œuvres*, t. 3, 앞의 책, p. 517-524. 모스는 또한 『사회학 연보』의 또 다른 협력자인 언어학자 모리스 카엔의 저작에 대해 "필요한 조처"를 해야 했다. 모스는 이렇게 주장하고 있다. "충분한 도움을 받기만 한다면 우리는 불가능한 일을 할 수도 있을 것이다. 오랜 동안 학문에서 제외되어 왔던 분야를 구하기 위해서 말이다."(같은 책, p. 519.) 그때 모스는 실뱅 레비에게 쓴 편지에서 "아주 귀중한 30여 쪽을 구할 수 있을 것"이라고 말하고 있다.(마르셀 모스가 실뱅 레비에게 보낸 편지, [1927년] 6월 7일.)

72. Marcel Mauss, "L'Œuvre sociologique et anthropologique de Frazer", *Europe*, 17, 1928, *in* Marcel Mauss, *Œuvres*, t. 3, 앞의 책, p. 527-534. 모스는 제임스 프레이저 경에게 경의를 표하기 위해 상바 부인이 그린 이 저명한 영국 학자의 초상화 주위를 돌면서 '탐탐춤'을 출 시간을 만드는 것을 기꺼이 수락했다.(마르셀 모스가 실뱅 레비에게 보낸 편지, 1927년 4월 9일.)

73. Marcel Mauss, "Avant-propos et notice biographique sur Alice Hertz", *in* Robert Hertz, *Mélanges de sociologie religieuse et de folklore*, Paris, Félix Alcan, 1928, p. VII & XV-XVI.

74. 1932-1933년도 강의 요약, *Annuaire du Collège de France*, 1933, *in* Marcel Mauss, *Œuvres*, t. 3, 앞의 책, p. 513.

75. 모스는 래드클리프 브라운에게 이렇게 쓰고 있다. "[……] 지금 제 눈앞에 곧 간행하게 될 가련한 로베르 에르츠의 원고가 있습니다. 물론 우리 모두(뒤르켐, 위베르와 저)는 1924년에 이 원고에 대해 많은 유보사항을 덧붙였던 적이 있습니다. 아테나 신화의 지리적 근거에 대한 연구는 부분적으로만 옳을 뿐입니다."(마르셀 모스가 알프레드 래드클리프 브라운에게 보낸 편지, 1924년 12월 6일.)

76. Marcel Mauss, "Effet physique chez l'individu de l'idée de mort suggérée par la

collectivité", *Journal de psychologie normale et pathologique*, 1926, *in* Marcel Mauss, *Sociologie et anthropologie*, 앞의 책, p. 317. 또한 "Le péché et l'expiation dans les sociétés inférieures. Mise au point des recherches de Robert Hertz. Un cours inédit de Marcel Mauss", *Gradhiva*, n° 2, 1987, p. 43-53을 볼 것.

77. 마르셀 모스가 실뱅 레비에게 보낸 편지, 1927년 11월 20일.

78. 급여를 제외하고 그랬다. 모스는 실뱅 레비에게 이렇게 쓰고 있다. "저희는 좋지 않은 소식을 들었습니다. 하지만 신참자들에게는 좋은 소식입니다. 25,000프랑에 시작하게 되었습니다. 좋은 점은 우리가 전부 경력자들 뿐이라는 겁니다. 그러나 경력자들은 최고 34,000프랑을 받게 됩니다. 정말로 어처구니없는 세상에 살고 있습니다." 그리고 모스는 이렇게 결론을 맺고 있다. "저는 아무것에도 신경 쓰지 않습니다."(마르셀 모스가 실뱅 레비에게 보낸 편지, 1927년 4월 9일.)

79. 마르셀 모스가 실뱅 레비에게 보낸 편지, 1927년 6월 12일, p. 2.

80. 모스가 할 예정인 강연 계획은 다음과 같다.

"강연 I. 기도의 정의─왜 오스트레일리아를 탐사 장소로 선택했는가─오직 오스트레일리아에만 존재하는 기도의 기본적 형태(넓은 의미)─이 형태의 기본적 특징: 집단적으로 반복되고, 단정적이고, 간단한 기도─음악적, 시적 기도 등.

강연 II. 종교의 여러 형태─토템 숭배 및 입문 숭배, 그것의 성격과 효율성─이 효율성에 대한 설명. 이 형태들이 반복되고 설명되는 제식적, 사후적, 도덕적 상황들.

강연 III. 기도의 효율성을 설명하는데 도움을 주는 비극적, 마술적, 부정적 의식(침묵의 터부, 단어의 터부 등)─말, 제스처, 행동에 대한 전체 결론─이 결론을 설명해주는 의식의 신화적, 사회적 조건."

81. 마르셀 모스가 실뱅 레비에게 보낸 편지, 1927년 6월 20일.

82. 가령 1928-1929학년도에 있었던 코펜하겐의 카지 버킷 스미스와 윌리엄 탬비저의 강연, 레닌그라드의 세르게 돌덴베르그의 강연, 그리고 1929-1930학년도에 있었던 R. P. 부딩의 강연 등이 그것이다.

83. 그 임무는 다음과 같았다. 샤랑트 지방에서 행해진 앙리 마르탱의 고고학 탐사, 서부 아프리카에서 앙리 라부레에 의해 행해진 민족지학 품목들의 수집, 모로코에서 이뤄진 뤼시엥 코생의 연구여행, 콜라니 양에 의해 이뤄진 인도차이나 지역의 선사시대 탐구, 아비시니 지역에서 마르셀 그리올에 의해 이뤄진 조사 등이 그것이다.

84. 이 보고서에는 '전체적인 평가'(총 5쪽.)가 포함되어 있고, "파리에 설립될 인간, 사회연구소 전체"에 대한 세 개의 평가가 이어지고 있다. "인류학과 민족지학에 대한 계획"(총 9쪽.), "파리대학의 심리학연구소에 대한 록펠러재단의 재정 지원 계획"(총 4쪽.), "파리대학의 사회과학연구소에 대한 계획"(총 20쪽.) 등이다. 이 평가의 발췌본은 다음의 글에 실렸다. "Les sciences sociales à Paris vues par Marcel Mauss" in *Revue française de sociologie*(vol. XXVI, n° 2, mars-avril 1985, p. 343-352.)

85. Marcel Mauss, "Projet d'un Institut de recherche des sciences sociales de l'université de

Paris", 앞의 책, p. 15.

86. 위의 책, 같은 곳.

87. 모스는 또한 또 다른 계획을 제안하고 있다. "파리의 공공도서관이나 준공공도서관에 산재되어 있는 사회과학에 관련된 책들과 카탈로그"의 작성 계획이 그것이다.

88. *Gunn's Diary* du 20 mai 1930.(Brigitte Mazon, "La fondation Rockfeller et les sciences sociales en France, 1925-1940", 앞의 책, p. 325, 주 57.)

89. 마르셀 모스가 아데오다 콩페르모렐에게 보낸 편지, 1927년 9월 7일.

90. 레옹 블럼이 마르셀 모스에게 보낸 편지, 1927년 9월 24일. 12월 초에 블럼은 몽파르나스 대로 126번지에 있는 집으로 모스를 초대해 식사를 같이 하기도 했다.

91. 마르셀 모스가 폴 포르에게 보낸 편지, 1927년 10월 31일.

92. Jean-François Sirinelli, *Génération intellectuelle. Khâgneux et normaliens dans l'entre-deux-guerres*, Paris, Fayard, 1988, p. 380.

93. Marcel Mauss, "Prédictions pour une prochaine législature. Chez les autres", *La Vie socialiste*, 28 avril 1928, p. 8.

94. 마르셀 모스가 "친애하는 친구"[엘리 알레비]에게 보낸 편지, 1932년 12월 16일.

95. Marcel Mauss, "Prédictions pour une prochaine législature. Chez les autres", 앞의 책, p. 8.

96. 모스는 "젊은 친구들" 중 한 명, "미래의 하원이 [······] 장례식장 같은 하원이 될 것"이라고 믿고 있는 "확신에 찬 보수주의자"에게 다음과 같은 답을 해주고 있다. "당신은 아주 슬프시겠군요. 하지만 저는 사태를 좀 더 낙관적으로 보고 있습니다. 저는 좌파의 몰락을 생각하고 있지 않습니다. 자본에 대한 세금이 소멸될 거라고요? 그렇습니다! 소련인들의 체제 유지에도 불구하고 사회주의자들이 약화된다고요? 물론입니다. 동부 지역에서의 우파가 좀 강화될 것이고, 중부 지역에서 반동주의자들의 상당한 손실에 의해 그 보상을 받을 거라고요? 그럴 수도 있겠죠. 하지만 반대로 타르디외와 퐁세와 같은 야심가들이 현재 약진하는 것을 통해 예견할 수 있는 것처럼 중도파가 강화될 수도 있을 겁니다. 그러고 나서 안정이 되면 진보를 위한 투쟁의 재개시가 있을 겁니다. 바로 이것이 제가 예상하고 있는 바입니다. [······]"(Marcel Mauss, "Prédictions pour une prochaine législature", 앞의 책, p. 7.)

97. 1926년 7월에 두메르그 대통령이 에리오에게 새로운 정부를 구성할 것을 요청했을 때, 의원들이 그에 대한 신임을 거절했다. 그로 인해 '좌파 공조'가 막을 내리게 되었다.

98. Marcel Mauss, "Prédictions pour une prochaine législature", 앞의 책, p. 7.

99. Marcel Mauss, "Une lettre de Mauss", *Le Populaire*, 11 août 1929, p. 2. 그의 동지이자 친구인 『르 포퓔레르』지의 책임자 콩페르모렐의 "확고한 결심"에 마음이 아팠던 모스는 "곧 가까이서" 그를 다시 볼 수 있기를 희망했다.

100. 마르셀 모스가 "친애하는 친구에게" 보낸 편지, 1933년 11월 6일.

4부

인정

클로드 레비스트로스

4부 서문

1930년대 초반에 여러 정치인들이 타계하면서 전환기가 도래했다. 1929년에는 클레망소와 포슈, 1931년에는 조프르, 1932년에는 브리앙이 사망했다. 새로운 세대가 정권을 차지하게 되면서 두 번째 식민제국인 프랑스는 여전히 지성과 정치 분야에서 큰 영예를 누리고 있었다. 예컨대 1931년에는 식민지 박람회가 열렸고, 1928년에는 철학자 앙리 베르그송이 노벨상을 수상했으며, 이듬해에는 파동 역학의 아버지 루이 드 브로글리가 노벨상을 수상했다. 또한 예술과 인문학의 세계적인 중심지 파리에는 피카소, 밀러, 헤밍웨이, 피츠제럴드 등의 수많은 외국인들이 모여들었다.

　아직까지 나라가 침체되지는 않았지만, 주가의 대폭락, 기계의 군림, 자유주의적 가치와 인본주의적 가치의 쇠퇴 등으로 보아 국가의 미래는 불안정했다. 이것은 한 시대의 종말을 의미하는 것이었다. 문명의 위기에 대해 논해야 하는 것인가? 문명의 위기라는 말이 인구에 회자되었다. 1929년 5월, 앙리 베르가 기획한 제 1회 국제 종합 주간의 주제는

'문명, 말과 사상'이었다. 물론 토론의 내용은 학술적인 성격을 지니고 있었지만, 마르셀 모스가 기록한 바에 의하면 토론은 1914년 제1차 세계대전부터 지식인들이 논의했던 정치 문제에 접근하고 있었다.

모스는 「문명, 요소와 형식」이라는 제목의 강연에서 여러 민족학 이론을 비판하고, 문명에 대한 정의[1]를 제시하며, 넥타이의 매듭, 깃, 목의 형태, 발걸음, 패션, 영국 야전삽의 사용 등을 상기시키면서 청중을 사로잡았다. 그의 관점은 분명 '상대주의적'이었다.

> 사실 모든 사회적 현상은 본질적 특성을 지닙니다. [……] 그것은 자의적입니다. 모든 사회적 현상은 어느 정도는 공동 의지의 소산이며, 이른바 인간의 의지, 그리고 가능성을 지닌 여러 가지 선택사항들 사이에서의 선택입니다. [……] 사회적인 것에 관계된 분야는 양상에 관계된 분야입니다.[2]

따라서 '여러' 문명이 존재하는 것이다. 인간은 단 하나의 사회만을 형성하는 것은 아니기 때문에 문화적 다양성이 생겨나게 된다. 철학자들이나 정치인들이 이야기하는 '문명'은 신화가 아니라면 환상일 뿐이다. 모스는 이러한 모든 잡동사니들이 이데올로기, 자기민족중심주의에 속한다고 결론짓는다. 그는 다음과 같이 밝히고 있다. "본래 문명은 언제나 서양의 것입니다. 사람들은 문명을 공동의 이상 그리고 인류 발전의 이성적 기반과 동일선상에 놓고자 합니다. 그리고 낙관론의 도움을 받아 문명으로 행복의 조건을 만들어냅니다."[3]

이처럼 문명에 대해 해명한 후에, 모스는 "문명"이라는 단어를 그 일반적인 의미에서 사용하고 진보에 대해, 좀 더 정확히 말하자면 "혁신(nouveauté)"에 대해 말하기까지 한다. "우리 시대에서는 이데올로기가 아닌 사건들 속에서 문명이라는 유형의 어떤 것이 실현됩니다. 우선 국가가 사라지지 않거나 국가가 완전히 확립되지 않고도 국제적 현실과 국제적 이념이라는 성장 자본이 구성된다. 문명적 사건들의 국제적 성격은 강화됩니다."[4] 모스는 특히 과학의 진보와 영화, 축음기, 라디오 등 새로운 형태의 커뮤니케이션에 대해 깊은 인상을 받았다. 그리고 이것은 시작에 불과하다고 생각했다. "어쨌든 인류의 자본은 증대됩니다. [……] 이것이 바로 문명이라고 말하는 것을 가능하게 해줍니다. 물론 현재 모든 국가와 문명은 더 많은 것, 아주 많은 것, 더 더욱 일반적인 것 그리고 더 더욱 이성적인 것을 지향하고 있습니다."[5] 그러나 그러한 공통 기반의 구조가 폭력 없이——국가적 폭력, 국가적 자부심——만들어질 수 있으며 그 공통 기반이 반드시 행복을 가져다준다고는 말할 수 없다.

미래는 무엇을 마련해놓았는가? 1930년대를 관통하는 정신은 거부로 설명될 수 있을 것이다. 예컨대 세상의 흐름에 대한 저항, 자본주의와 공산주의 사이에서 제3노선의 추구, 공동체의 강화가 그것이다. 모스는 노년의 투사가 지니는 권태를 겪게 된다. 그는 몇몇 개인적인 성공을 거두고 '약간의 명성'을 얻게 되지만, 정치에서처럼 사랑에 대한 마지막 환상을 잃게 될 것이다.

15장_ 콜레주 드 프랑스 교수직

1909년에 실패했음에도 불구하고 모스는 콜레주 드 프랑스에 들어갈 수 있는 모든 기회를 잃은 것은 아니었다. 15년이 지난 후에도 그는 여전히 '자유, 독립, 순수 학문의 안식처'인 콜레주 드 프랑스에 자리 잡기를 희망하고 있었다. 실제로 그 어떤 교수직도 콜레주 드 프랑스의 교수직만한 권한을 부여하진 못했다.[1]

모스는 새로운 성과들을 내세울 수 있었다. 즉 『사회학 연보』의 재간, 「증여론」의 출간, 민족학연구소의 창설이 그것이다. 그의 명성은 세계적이었다. 모스는 1925년 12월 오슬로에서 「원시 문명 개념」에 대한 강연을 하고, 왕립 인류학 연구소의 명예 연구원으로 선발되었다.[2] 또한 다보스에서 대학 강연(「민족지학의 새로운 방법론」, 「민족지학 방법론의 성과」, 「민족지학의 새로운 문제」)을 했고, 그곳에서 알버트 아인슈타인을 만나기도 했다.[3] 1928년 6월에는 런던 경제학교에서 「기도의 기본 형태에 대한 이론(오스트레일리아)」에 대한 세 차례의 영어 강의에 초빙되기도 했다.

그러나 모스는 적절한 기회를 잡을 때까지 기다려야 했다. 1925년에는 두 차례 민족지학 교수직 개설이 거론이 되기는 했다. 하지만 그때 알프레드 루아지의 제안은 그 어떤 지지도 받지 못했다.[4] 1928년 11월 고전학자 테오도르 레나크(1862-1928)의 자리가 '아주 개방되어' 있는 것처럼 보였다. 뤼시엥 레비브륄의 측근 중 혹자는 민족지학 혹은 민족학 교수직이 "개설되어야 한다"고, 그리고 모스가 그 자리의 "지목된 적격자"라고 생각했다. 1906년부터 콜레주 드 프랑스의 비교문법 교수직을 맡고 있는 앙투안 메이예 또한 같은 생각을 하고 있었다. 다른 교수직들의 개설 요청이[5] 있을 수도 있다는 것에 약간 "당황한" 이 "오랜" 친구는 모스에게 "세 가지 할 일"을 제시했다. "1 - 모든 종류(당신의 전공을 포함한)의 교수직 개설 요청을 위해 움직일 것. 2 - 어느 교수직 개설이 성공적인지 볼 것. 3 - 가장 좋은 기회를 가지고 있는 교수직에 집중할 것."[6] 어려운 '작업'이었다. 모스는 심사숙고한 후에 이줄레 또는 루아지가 퇴직할 때까지 기다리기로 했다.

선생님의 반대 의견이 있는 경우를 제외하고, 이번 투표에서 저에 대해서 이야기하는 것 말고는 다른 일을 하지 않도록 하는 것이 낫다는 생각을 했습니다. 이번 공석은 이지도르 [레비] 혹은 마르셀 카엔을 위한 것입니다. 저는 그들을 방해하고 싶지 않습니다. 만약 제가 지원하게 되면 기관의 변화를 요구하면서 감히 여러 명의 위험한 경쟁자들을 만들어낼 것입니다. 저는 그들의 기회를 빼앗을 것이고 제 기회도 늘리지 못할 것입니다. 마르셀 카엔에 따르면 이미 브뢰이 신부가 논의되고 있다고 합니다. 그리고 저는 틀림없이 위태롭기 이를 데 없는 후보직에 시간을 빼앗길 것입니다. 이줄레 혹은 루아지 교수직이 언젠가

공석이 될 때 좋은 지원자가 되기 위해 지금은 약간의 인내심이 필요할 것 같습니다.[7]

결국 인류고생물학연구소의 선사시대 민족지학 교수 앙리 브뢰이 (1877-1961) 신부가 에두아르 르 루아의 지지를 받아 6번째 투표[8]에서 레나크에 이어 교수직을 차지하게 되었다. 그리하여 콜레주 드 프랑스에는 민족지학보다는 선사학이 먼저 입성하게 되었다.

이줄레의 후임자

몇 달 후에 사회심리학 교수직을 맡고 있던 장 이줄레가 사망하면서 자연스럽게 마르셀 모스에게 이목이 집중되었다. 그 누구도 1897년에 사회철학 교수직이 에밀 뒤르켐에게 돌아가야 했었다는 것을 잊지 않고 있었다. 하지만 그 당시에 프랑스 사회학의 아버지인 에밀 뒤르켐이 임용되지 않았던 것이다. 약 30년 후 그 조카가 프랑스 사회학파의 명예를 지킬 유리한 위치에 있었다. 그러나 모스가 든든한 지지를 받고 있었음에도 불구하고 아직 확실한 것은 없었다. 메이예 외에도 실뱅 레비(산스크리트어와 산스크리트 문학)가 콜레주 드 프랑스에 있었는데, 그는 1909년에 이미 루아지에 맞선 모스의 출마를 후원했다. 또한 모스의 옛날 교수들과 동료들이 있었다. 예컨대 루이 피노,[9] 알렉상드르 모레,[10] 가브리엘 미예(미학과 예술사)[11]가 그들이다. 모스는 또한 친구들의 친구들 그리고 "동지들"의 지지를 기대할 수 있었다. 예컨대 기계공학 교수 자크 아다마르, 자연사 교수 앙드레 마이에르가 바로 그들이다. 또한 모스가 정치계에서 가까이 지냈던 교수들, 특히 샤를르 앙들레르[12](독일어와 독일문학)와 일반물리학과 실험물리학 교수 폴 랑주뱅──그는 1913년 병역 의무를 3년으로 제정하려던 법에 맞서 사회주의자들과 손을 잡았다.── 외에도, 두 명의 '신참' 즉, 협동조합 교수직에 있는 샤를 르 지드와 노동사 교수직의 조르주 르나르가 있었다. 하지만 이것만으로 충분한 것일까? 모스는 58세였다. 따라서 그에게는 이번이 마지막 기회였다.[13]

콜레주 드 프랑스에는 거의 모든 사람들, 다시 말해 과학자들과 문과대학 교수들, 성직자들과 무신론자들, 우파와 좌파에 속하는 자들, 유명인사의 자식들과 농부의 자식들이 있었다. 그곳은 네 영역이 집중되어 있는 장소였다. 지식(고등연구실천학교, 국립 도서관, 박물관, 외국에 있는 프랑스 학교), 과학 탐구(특수학교와 콜레주 드 프랑스의 연구실, 기술학교), 대학 그리고 정치적, 행정적 인맥(필요도에 따라 갖춰진 몇몇 교수직)이 바로 그것이다.[14]

보통 콜레주 드 프랑스에 자리가 생기면 파리뿐만 아니라 지방에서도 극심한 경쟁이 시작된다.[15] 지원 유세는 두 단계로 이뤄진다. 첫 번째로 교수직에 대한 결정, 두 번째로는 엄밀한 의미에서의 선거이다. 물론 모든 것은 첫 번째 단계에서 이뤄지며, 두 번째 단계는 대체로 형식에 불과하다.

모스는 기대했던 도움을 예상보다 빠르게 받게 된다. 샤를르 앙들레르는 모스에게 이렇게 편지를 쓰고 있다. "내 생각에 이것이 절호의 기회고 이 기회를 잡아야할 거요."[16]라고 적고 있다. 어제의 경쟁자였던 알프레드 루아지는 "이줄레의 자리를 대체할 사회학 교수직에" 모스가 지원하는 것에 대해 "아무런 반대 의견"도 없었다. 그것이 그에게는 전적으로 "당연한"[17] 것이었다. 외국에서 파견근무 중이던 루이 피노는 "멀리 떨어져 있어 모스를 위해 한 표를 행사하지 못하는 것에 대해 유감을 표했다." 하지만 그는 모스가 이줄레의 자리를 차지하길 바랐다. 자신의 옛 제자였던 모스의 민족학 교수직 임용이라는 것을 확신한 루이 피노는 그를 놀리지 않을 수 없었다. "자네가 얼마나 오랜 시간 동안 학생들을 가르쳐왔는지는 모르지만, 자네는 탐사가가 아닌 그저 책벌레 동물들만을 키워냈을 뿐이네! 그리고 자네가 우리에게 제공한 모든 것은 '몇 년 후에는 거북해질 거야.' 그런 점을 따졌다면 내가 자네를 위해 투표할 수 있을지 잘 모르겠네."[18]

다른 한편, 몇몇 교수들은 오히려 모스가 지원하는 것에 대해 침묵하는 태도를 보였다. 예컨대 샤를르 포세[19]는 모스에게 "그를 지지하지만, 그를 도와줄 수 없다."고 말했다. "[……] 게다가 경쟁자가 될 수도 있을 사람들의 이름을 알지 못하면서 지원하는 것이 옳은 일인지 아니면 잘못된 일인지 말씀드리기가 난처하군요.[……] 사회철학 교수직에 출마해서 불행히 실패하면 종교사 교수직에 지원할 수 있는 기회를 빼앗길 수 있다고 생각하지 않으십니까? 결정을 내리셨으니 행운을 빌어드릴 수밖에 없군요. 그러나 도움을 드릴 수는 없을 것 같습니다."[20] 그리하여 모스는 좀 더 많은 노력을 하고 사람들과 연락을 좀 더 많이 하면서 완벽한 실행 계획을 세워야만 했다.

콜레주 드 프랑스 외부에서 몇몇 친구들이 모스의 출마에 개입했다. 이미 출마 의사를 밝힌 피에르 자네를 설득할 힘이 있는 뤼시엥 레비브륄이 당연히 개입했다. 연구소 회원인 살로몽 레나크 또한 "모든 방법을 동원하여 모스의 입후보를 도와주기로"[21] 약속했다. 친구들은 계속해서 조언을 했다. 콜레주 드 프랑스의 이러저러한 교수를 찾아가라, 회의에 어떤 교수가 꼭 참여하도록 만들라, 등의 내용이었다. 샤토메이앙의 세르에서 "전적으로 모스만을 지지하는" 앙투안 메이예는 지원 유세의 진행 상황을 주의 깊게 지켜보면서 "밟아야 할 절차"[22]를 제시했다.

1929년 가을, "상황은 꽤 유리하게 돌아가고 있었고, 소문 또한 유리하게 나돌고 있었다."[23] 에피날에서 힘든 휴가를 보낸 후——어린 사촌이 죽고, 어머니의 건강이 '위중한' 상태였으며, 앙리 위베르의 『켈트족』 출판이 여전히 어려운 상황이었다.——파리로 돌아온 모스는 낙관적이었다. 콜레주 드 프랑스 교수들과의 만남을 '거의' 끝내자마자 모스는 "차분히 경력 [보고서를] 작성하기"[24] 시작했다. 자신의 경력과 연구들을 소개하는 과정에서 각각의 후보는 자신의 강점과 약점을 고려하여 교수직과 후보의 가치에 대한 토론이 그 일환을 이루는 지적 정황에 부합되어야 했다. 자신의 가치를 보여주는 작업은 까다로웠다. 왜냐하면 이 작업은 전공 분야와 지적, 정치적 경향이 거의 통일되어 있지 않은 한 학계를 대상으로 하기 때문이다. 실뱅 레비와 앙투안 메이예의 조언에 따라 모스는 간결하고 핵심적인 내용만을 말하기로 결정한다.

저는 출판물과 서평들에 대한 언급만을 하도록 하겠습니다. 요약 또한 하지 않을 것이며, 연대기에 따른 분류 외에는 어떤 분류도 하지 않을 것입니다. 독자적 연구만을 언급할 겁니다.

『사회학 연보』에 실렸던 주요 작업만을 소개할 것인데, 그저 가장 중요한 서평들만——혹은 방법론에 관한 해설——언급하기 위해서입니다. 저는 다른 곳에 게재한 서평들은 특별히 언급하지 않을 겁니다. 또한 여러 학회에서 이뤄진 토론에서 제가 한 발언에 대해서는 몇 가지 지적만 할 겁니다.

저는 몇몇 강의 제목만——설명은 하지 않고—— 단순하게 제시하 겠습니다. 그러나 외국에서 했던 강의 제목은 이야기할 것입니다.

다른 이들의 저서는 제가 크게 참여했고 효과를 거뒀던 경우에 대 해서만 이야기할 겁니다.

정치에 관한 사설이나 『르뷔 드 파리』지에 실렸던 사설 혹은 볼셰 비즘이나 협동조합에 관한 사설도 언급하지 않을 겁니다.

저의 잡다한 업무에 관한 이야기도 하지 않을 겁니다.[25]

『경력과 연구 소개』의 인쇄가 이뤄졌을 때, 모스는 "4년 5개월의 군복 무와 그 중 4년(20일 정도 부족)간 전투부대에서 군복무한 것"에 대한 설 명을 덧붙였다. 그의 연구에 대한 소개는 크게 두 가지로 나뉘었다. 하 나는 독자적 연구, 다른 하나는 비평 작업이었다. 비평 작업에는 서평과 『사회학 연보』에 실린 방법론에 대한 주요 설명이 포함되었다. 모스는 교육 혹은 출판물에 대해 소개하면서 자신이 관심을 가지고 있는 세 가 지 분야 즉, 종교사, 기술민족학, 사회학을 제시함으로써 콜레주 드 프 랑스 교수들의 이목을 끌었다.

하지만 이 경쟁에 모스만이 참여했던 것은 아니었다. 샤를르 블롱 델 또한 있었다. 샤를르 블롱델은 몇 년 전부터 이줄레의 대리 교수로 강의를 했기 때문에 그의 적법한 후임자가 될 가능성이 있었다. 또한 에 티엔 질송이 있었다. 그는 중세철학 전문가이며 토미즘을 부활시킨 장본인이었다. 지원 의사를 밝혔던 다른 후보들은 포기하거나 단념하도록 설득당했다. 역사학자 알베르 마티에의 경우가 그러한데, 샤를르 앙들레르는 마티에가 지닌 "대단한 능력"[26]을 알고 있음에도 불구하고 포기하라고 그를 설득했다. 스트라스부르대학의 사학과 교수 뤼시엥 페브르 또한 잠시 후보 출마에 마음이 끌렸다.[27] 그는 "존경하는 모스에게" 이에 대해 다음과 같이 설명하고 있다.

이것이 제가 교수님께 첫 번째로 드리는 말씀이라고 저는 믿습니다. 다른 문제에 대해서 이야기하고 싶지만 선택의 여지가 없기 때문에 바로 본론으로 들어가겠습니다. 왜 제가 직접 저의 기분에 대해 말씀드리지 않는지 모르겠네요. 전혀 비밀도 없고 말할 수 없는 사항이 있는 것도 아닙니다. 저는 교수님을 존경합니다. 솔직하게 말씀드리고 싶기도 합니다. 교수님도 이 경우 그렇게 하시리라 확신합니다.

그래서 이줄레 교수가 돌아가신 후 저는 즉시 다음 세 가지 점을 생각했습니다.

I - 모스는 분명 입후보한다.

II - 따라서 나는 입후보 하지 않을 것이다.

III - 따라서 질송은 입후보할 것이다.

I과 III 같은 가설을 세울 자격이 제게 있다고 주장하지 않겠습니다. 하물며 II와 같은 결심을 했다는 것은 제 권리라고 말하지 않겠습니다. 이줄레 교수가 맡고 있던 교수직은 사회철학이었습니다. 선생님께서 이해하고 계신 사회 과학이 콜레주 드 프랑스에 있어야 할 사회 과학입니다. 왜냐하면 사회학이 현재 활성적으로 형성되고 있기 때

문입니다. 그래서 뒤르켐 학파의 인정된 대표인 교수님께서 후보로 지원하는 것은 당연한 것입니다. 저는 이러한 추론에 아무것도 덧붙이지 않겠습니다. 그리고 개인적인 것을 언급하고 싶지 않습니다. 찬사는 삼가 하겠습니다. 그렇지만 찬사를 하는 것은 저에게는 쉬운 일이며 어쨌든 어제 제가 느베르의 호텔에서 선생님과 나누었던 대화를 얼마나 즐겼는지를 말씀드릴 수 있습니다.

이것이 바로 제가 첫날부터 생각한 것들입니다. 그리고 바로 이것이 지금까지 사람들이 저에게 물어봤음에도 불구하고, 심지어 성가시게 했음에도 불구하고 제가 콜레주 드 프랑스의 공석에 대해서 단 한 마디도 안 하고 쓰지도 않은 이유입니다. 제 생각에는 교수님과 질송의 경쟁이 될 것이며, 그 결과는 매우 모호합니다(저의 솔직함을 용서해주십시오). 왜냐하면 질송은 가공할만한 술책을 지닌 경쟁자이기도 하며, 사회학은 특히 나이 든 학자들에게 지지자들만 있는 것이 아니기 때문입니다. 이러한 조건 속에서 저는 교수님께 돌아갈 2 내지 3표를 빼앗으면서까지 감히 교수님의 기회를 줄여가며 기회를 엿보기가 꺼려졌습니다. 그리고 실제로 저에게 부조리한 부분이 있습니다. 왜냐하면 교수님께 투표할 사람들이 저에게 투표할 수도 있기 때문입니다. 그리고 그 결과 제가 교수님이 임용되는 것을 막게 되겠죠. 저는 임용되지도 못하면서 말입니다. 그것은 명백합니다.

어제 아침 앙들레르의 편지가 도착했습니다. 서로 편지를 주고받은 적이 없었습니다. 그는 저에게 어떻게 되어 가는지 물었고 새로운 소식을 알려줬습니다. 앙들레르가 말하는 바로는 아주 확실히 마티에가 입후보한답니다. 그는 이에 대해 확신하고 있었습니다. 새로운 소식은 저에겐 꽤나 중요한 일이었는데 마티에가 '근대 세계의 사회적 기원의 역사'를 위한 교수직을 만들어줄 것을 요구했기 때문입니다. 선생님께서도 아시겠지만 지난 1월 저는 '근대 세계 일반사' 교수직을 요청한 바 있습니다. 저는 표현이 유사하다는 점에 놀랐고 또 걱정이 됩니다. 무명도 아닌 한 사학자가 저의 계획과 비슷한 계획을 진행시키는 것을 간섭하지 않고 가만히 지켜보는 것이 미래를 위해 옳은 일일까요? 하지만 제가 개입하게 되면 블로크 씨는 어떻게 해야 할까요? 다른 사람들은 어떻게 해야 할까요? 이렇게 대혼란이 시작, 혹은 다시 시작되고 있습니다.

　정말 아무 것도 할 일이 없을까요? 말하자면 한 쪽으로 몰아 개입시킬 기준도 없애고, 아무 교수직에나 입후보할 수 있는 것을 막을 수 있는 방법은 없을까요? 모르겠습니다. 어쨌든 저는 어쩔 수 없이 의논해야 했습니다. [……] 교수님께 이것에 대해 알려드리고 싶었습니다. 저는 매우 불안정한 선거 유세 속에 다시 들어가고 싶지 않습니다. 저는 교수님을 약화시키고 일을 복잡하게 만들고 싶지 않습니다. 하지만 저는 마티에의 계획을 생각하면 걱정이 됩니다. 그 점을 분명히 시인합니다. 교수님께서는 그것을 틀림없이 이해해 주실 겁니다. 왜 제가 그랬던 것처럼 그냥 말씀드리지 않을까요? 저는 교수님의 신중함을 절대적으로 믿습니다. 저는 신중한 교수님의 태도를 믿을 수 있습니다. 말씀드리는 것 외에는 어떤 결정도 내리지 않았습니다. 그저 정보만 알고자 했을 뿐입니다. 제가 걱정하는 것은 잘 아실 겁니다. 상황이 이러함에도 불구하고 제가 결국 어떤 입장을 취해야 한다면 그 결정은 혼란 섞인(그리고 무분별한) 야심으로 인한 것이 아니라 미래를 위해 기회를 붙잡아 놓으려는 당연한 소망으로 인해 이뤄질 것입니다. 교수님께 편지를 쓰지 않을 어떤 이유도 없습니다. 존경하는 교수님, 제가 교수님을 진심으로 존경하고 있다는 것과 교수님의 성공을 위해 제가 할 수 있는 맹세를, 그리고 그 어떤 속셈도 없다는 것을 믿어주십시오.[28]

이틀 후에 마티에가 지원하지 않았다는 사실을 알게 된 뤼시엥 페브르는 결국 입후보를 포기하고 모스에게 행운을 빌었다. 뤼시엥은 모스가 과반수 득표를 하는 것 이상으로, 그러니까 거의 만장일치로 임용될 것이라고 이야기했다.[29]

첫 번째 질문은 교수직 자격에 대한 질문이었는데, 생각보다 해결이 간단치 않았다. 사회철학? 사회학 혹은 민족학? 새로운 선사학 교수 브뢰이 신부에게 사회학은 그다지 중요하지 않았다. 왜냐하면 "몇몇 교수직은 이미 사회학 전공자들로 채워져 있었기 때문이었다." 이는 특히 이슬람 사회학 교수직의 경우를 가리키는데, 앞서 알프레드 르 샤틀리에(1919-1924)가 맡고 있다가 1926년 이후로는 루이 마시뇽이 맡고 있었다. 브뢰이가 생각하기에 모스의 연구는 "민족사회학 혹은 사회민족학"[30]에 관련되었다. 또한 모스를 민족학자로 본 앙투안 메이예도 "사회학보다는 민족학이 더 낫다."고 판단했으며, "방법론과 사회학"은 끔찍할 것이라고 생각했다.[31] 모스는 교수직으로 "사회학보다 더 나은 것"이 없다고 봤지만, 반대 의견이 무엇인지는 알고 있었다.

퓌스테르, 지드는 사회학 교수직 개설에 반대합니다. 그들이 브뢰이를 흔들어 놓았죠. 브뢰이는 떠나기 전에 제게 민족학 교수직을 제안하는 편지를 보냈습니다. 저는 그 교수직은 별로입니다. 그 교수직은 언젠가 전문화(경제학, 통계학 등)시킬 전망을 열어두는 장점이 있기는 합니다.

　　하지만 선생님께서도 반대하신다면 사회학(비교 방법론이 아니어도 제게는 무방합니다.)으로 바꿨으면 합니다. 왜냐하면 이렇게 해서 사회학(정량적 방법론)에 기회를 제공할 것이며 제가 하는 그리고 제가 할 일에 제법 일치하는 일인 듯 합니다.[32]

"민족학 교수직이 특히 선거에서 주목받는 교수직이라는 것"을 잘 알고 있었지만, 모스는 "위험한 경우에만" 그 교수직 개설을 이용할 의향이었다. "[……] 만일 저에게 아직 살아갈 시간이 어느 정도 남아 있다면, 저는 원시인들에게서 속히 떠나기로 결심하겠습니다. 요즘도 거기에 갇혀 있어서 정신적으로 불편을 겪고 있습니다."[33]

　　"사회학" 교수직도 "민족학" 교수직도 제안되지 않았다. 모스를 추천한 실뱅 레비는 사회철학 교수직의 존속을 지지했다.[34] 역설적이게도 장 이줄레의 대리 교수인 샤를르 블롱델은 교수직의 전환을 희망했다. 블롱델은 이렇게 설명하고 있다. "[……] 사회철학과 사회학에 대한 문제는 이미 깊게 다뤄졌고, 그로 인해 엄청난 양의 책들이 출판되기도 했습니다." "저는 유럽 정치 · 경제 조직 연구를 위한 교수직 제정이 필요하다고 봅니다."[35] 이것은 바로 그가 2년 전부터 콜레주 드 프랑스에서 강의했던 주제였다. 예컨대 전쟁 이후 유럽에서 일어난 변화에 대한 분석(1927-1928학년도 강의), 폴란드, 체코슬로바키아, 유고슬라비아에서의 사고방식의 변화와 인구 급등으로 인한 영향(1928-1929학년도 강의) 등이 그것이다.

1929년 11월 6일 회의에서 콜레주 드 프랑스 교수들은 세 가지 안 건, 즉 유럽 정치·경제 조직, 중세철학사, 사회철학 교수직에 대해 논 의해야 했다. 이것은 적어도 세 명의 후보가 자신의 "경력 및 연구"에 대 해 발표했고, 또 그들은 마침내 자신의 가치를 입증했다는 것을 의미했 다. 샤를르 블롱델과 마르셀 모스 외에도 뤼시엥 페브르가 예고했듯이, 에티엔 질송이 있었다. 1884년에 태어났고 철학 교수자격증(1907, 6등) 과 박사학위(1913)를 지닌 질송은 1921년부터 소르본대학에서 중세철 학사 강사, 고등연구실천학교 제5분과에서 중세신학과 중세철학 연구 지도교수를 지냈다. 그는 토마스 아퀴나스와 성 아우구스티누스에 대 한 저서로 잘 알려진 가톨릭철학자였다.

첫 번째 투표에서 유럽 정치·경제 조직(블롱델)은 2표 밖에 얻지 못했다. 투표는 나머지 두 교수직 사이에서 매우 치열하게 이뤄졌다. 중 세철학사(질송)는 20표를 얻었고 사회철학(모스)은 22표를 얻었다. 두 번 째 투표에서는 유럽 정치·경제 조직의 두 표가 중세철학사로 옮겨가 고 질송과 모스는 똑같은 수의 표(22표)를 얻게 된다. 그래서 투표는 다 른 날로 연기되었다. 다음 날 샤를르 앙들레르는 상황을 이렇게 분석하 고 있다.

두 번째 투표에서도 똑같이 22표를 얻었네. 하지만 질송 또한 똑같이 득표했지(22표). 다시 말하자면 유럽 정치·경제 조직에게 투표했던 사람들이 질송으로 마음을 돌린 거네.

우리는 다른 두 명이 세번째 투표에서 그렇게 하지 않을까 해서 연기해달라고 요청을 했네.

선거 운동을 다시 시작하려면 이 기간을 활용해야 할 거야. 메이예는 확신을 가지고 말했지만 최상의 상태는 아니었네. 오래 전에 메이예가 윌리암 마르세를 위해 이야기했을 때는 더 잘 했던 것으로 생각되네. 다음번에는 더 잘 준비해야 할 것 같네.

실뱅 레비가 열의를 가지고 훌륭하게 이야기했지만 짧았네. 나는 발언권을 요청하지 않은 것이 약간 후회스럽네. 어쩌면 내가 더 잘 해냈을까? 콜레주 드 프랑스 회의는 내가 아직도 잘 모르는 과민함을 지니고 있네.

희망을 갖고 노력을 다 해야겠네.[36]

승리를 못한 이유는 루이 피노, 윌리암 마르세, 알렉상드르 모레, 앙리 마스페로와 같은 모스를 지지했을 수도 있을 몇몇 교수들이 참석하지 못했기 때문이고, 경쟁자들 주변에서 매우 많은 사람들이 동원되었기 때문이다. 그 당시 영국에 있던 폴 아자르와 같은 몇몇 사람들은 질송에게 투표하러 오기 위해 갖은 수단을 동원했다. 그리고 또한 "몇몇 공약들" 때문이기도 했다. "경쟁자들이 지닌 힘을 과소평가했던" 모스의 친구들은 — 모리스 알브바크스가 지적하고 있는 것처럼 — 그나마 "투표가 무효로 이어질 수 있도록 상당수의 표를 모은 것"에 대해 만족해할 수 있었다.[37]

선거 유세를 다시 시작해야 했다. 셀레스탱 부글레는 다음과 같이 적고 있다. "기막힌 콜레주야, 22대22(닭들 사이가 좋아 보이네.[38])라지 뭔

가. 다음번에는 감기나 여행이 자네에게 유리하게 작용하길 기대해보세. 어쨌든 상대편 사람들은 매우 강해. 그러니만큼 당연히 힘을 더 내야하지."[39] 반면 모스는 약간 당황한 기색을 보였다. "제가 전투를 싫어하는 것은 아닙니다. [⋯⋯] 명예로운 패배만을 좋아합니다.[⋯⋯] 불필요한 전투는 좋아하지 않습니다. 저는 절대 이 문제에 대해 낙관적이지 않았습니다. 심지어 지금도 투표에 대해 선생님과 아주 다른 해석을 하지 않았다면 저는 그 어떤 희망도 가지지 못할 것입니다. [⋯⋯] 일과 평온한 삶을 위해서라면 콜레주 드 프랑스에 들어가고자 하는 사소한 소망을 제가 희생할 것이라는 사실을 확신하실 수도 있을 겁니다."[40] 모스는 게다가 "이 일을 그만두는 것"을 배제하지 않았다. 하지만 그때 에티엔 질송이 경선에서 물러나기로 결심하게 된다.[41] 교수회의가 열리기 며칠 전, 모스는 실뱅 레비의 뜻을 따라 바로 그의 경쟁자 질송에게 감사의 말을 담은 편지를 보냈다.[42]

확실한 것은 아무것도 없었다. 모스는 여전히 그를 지지하는 교수들에게 의지할 수 있었는데, 그들이 지닌 "확신은 오래전부터 시작되어 견고해진 상태였다." 하지만 적어도 아주 이질적인 사람들로 이뤄진 상대편도 그럴까? 윌리엄 마르세는 상대편이 "분리될 것인지"를 생각하면서 이 질문에 이렇게 대답한다. "가능하다." 모든 경우에 "약간의 표차"[43]로 이뤄질 것임은 분명했다. 1930년 1월 12일 회의에서는 두 가지 제안만이 있었다. 그러나 제목은 바뀌었다. 하나는 에두아르 르 루아가 지지한 사회철학사 교수직이었고, 다른 하나는 실뱅 레비가 지지하고 또한 자크 아다마르와 앙투안 메이예의 분명한 지지를 받는 사회학 교수직이었다. 거의 모든 교수들이 참석했다. 레옹 브리우엥, 알렉상드르 모레, 이아생트 뱅상, 샤를르 포세는 참석하지 못했고, 루이 피노와 앙리 마스페로는 여전히 파견근무 중이었다. 첫 번째 투표부터 두 교수직은 동점을 받았다. 20표 대 20표, 3표는 무효표였다. 그리고 두 번째 투표에서도 같은 결과가 나왔다. 다시 투표를 연기해야 했다. 질송의 입후보 사퇴가 질송 측 사람들 중 몇몇과 모스 측 사람들 사이에서 이뤄진 합의의 결과라고 사람들이 믿고 있는 시점에서 무슨 일이 일어난 것일까? 알브바크스가 지적하고 있듯이, 분명 "완전히 실패하지도 그렇다고 완전히 성공하지도 못한" 책동이 실재하고 있었다. "질서가 잘 잡혀 있다면 이러한 종류의 도발의 폐해는 책동의 주동자들에게 되돌아갈 것이다."[44] 앙투안 메이예는 투표가 끝난 지 몇 달이 지났는데도 여전히 이해하려 애쓰고 있다.

> [자네에게] 투표하지 않았는데도 투표했다고 하는 사람들에게 쉽게 속지 말게. [……] 투표를 했던 날, 기회를 놓쳤다는 느낌이 들었네. [……] 여러 사람들은 전혀 자네를 반대하지 않았지. [그들은] 사회학자를 반대한 것이네. 많은 사람들에게 정치적인 것이 관련되어 있네. 모두가 그렇지는 않겠지만 말이네. [……] 콜레주 드 프랑스는 우파 성향을 띠고 있지 않은 개인적인 생각과 이론을 좋아하지 않네(그리고 여전히 악시옹 프랑세즈 출신 후보는 쉽게 임용되지 못할 거네). 미슐레는 현재 임용될 수 없을 것이고 르낭은 어렵게 임용될 수 있을 걸세. 단조로운 후보여야 가능한가 보네.[45]

메이예는 또한 이렇게 설명하고 있다. 모스의 친구들은 여러 "편견"에 부딪혔는데, "하나는 보수적인 편견(르 루아)이고 다른 하나는 사회학에 반대하는 편견(아자르 등), 그리고 세 번째 편견은 아마도 [모스] 자체에 대한 편견"[46]이라는 것이다. 이 세 가지 편견은 한데 뭉쳐 넘기 어려운 하나의 "장애물"인 것처럼 보였다. 르 루아의 반대가 가장 "위험한" 것이었다. 실제로 르 루아는 독실한 가톨릭 신자이고, 수학 교수자격을 소지하고 있는 베르그송의 후계자로, "콜레주 드 프랑스에서 가장 큰 영향력"을 가지고 있다.

제일 먼저 모스가 "분개했고 지쳤다." 모스의 모든 친구들에게서도 같은 반응을 볼 수 있었다. 모리스 알브바크스는 다음과 같이 쓰고 있다. "저는 분통하고 걱정되서 마음이 아픕니다. 선생님 때문만이 아니라 생각하지 못할 정도로 광신도적이고 무능한 사람들을 발견하게 되었기 때문입니다."[47] 앙리 레비브륄 또한 "벌어진 일에 대해 구역질을 느꼈고 분개했다." 그는 다음과 같이 적고 있다. "저는 콜레주 드 프랑스에 그토록 세력이 강한 '가톨릭주의자들'이 있다는 것을 믿을 수가 없습니다. 하지만 그들은 선생님과 가톨릭 기사(騎士)를 비교하려는 마음에 이성을 잃은 것 같습니다."[48] 아벨 레이는 이것이 "우스운" 일이 아니라고 덧붙인다. 이것은 순전히 "수치스러운"[49] 것일 뿐이었다.

그 "집"[50]에 들어가고자 하는 것은 가치가 있는 것일까? 진정한 "소굴"이며 "감히 지원할 수 있다면, 성 쉴피스 성당"[51]의 의자 대여 장사치에게 모든 기회가 주어지는" 그곳에 말이다.[52] 그곳에 모스가 "강력하게" 대표하는 프랑스 사회학의 명예를 위해, 그의 친구들은 그가 포기하지 않기를 바랐다. 모리스 알브바크스는 다음과 같이 강조했다. "어쨌든 더 그리고 계속 버텨야 합니다."[53] 게다가 모스는 한시도 자기 차례를 놓칠 생각을 하지 않았다. 실뱅 레비가 모스에게 이렇게 넌지시 비추듯이 말이다. "나는 다른 때보다 이번 투표에 훨씬 더 믿음을 가지고 있네." 모스가 질송을 위해 사퇴하는 것 또한 거론의 여지가 없었다. "이는 효력 없는 정치적 관습이며 가장 훌륭한 의도를 [거스르는] 술책입니다."[54]

콜레주 드 프랑스의 교수회의는 6월에 이르러서야 열리게 되어 두 진영은 전투를 준비하는 데 5개월을 확보하게 된다.

잠시 동안의 휴식, 모로코

콜레주 드 프랑스에 자신의 미래가 달려있는 상태에서 모스는 1930년 3월 말에 모로코로 떠난다. 모스가 이 여행을 하게 되는 데는 여러 가지 개인적인 이유가 있다. 모스는 이렇게 희망하고 있다. 이 여행이 "가난한 여행자이면서 약간의 휴식이 필요한 [나에게] 좋은 여행이 될 것이네."[55] 또한 직업상의 이유도 있었다. 이 시기에 민족학연구소는 프랑스의 보호령인 모로코로부터 10,000프랑의 지원금을 얻었다. 여행의 목적은 두 가지였다. 우선 "라바트의 고등연구소를 방문하고 강연을 하는 것", 그리고 "모로코의 총독에게 모로코의 민족지학 사업에 대한 의견을 제시하는 것"이었다.[56]

모스는 모로코에 대해 어느 정도 알고 있었다. 고전이 된 작품(『부족(部族), 마라케슈』[57]의 저자인 고(故) 에드몽 두테, 로베르 몽타뉴[58]와 그의 학생들의 몇몇 연구 저작들을 읽은 적이 있었기 때문이었다. 그들 중 한 명인 샤를르 르 쾨르는 최근 라바트 고등연구소의 민족지학 강사로 임명되었고 「서부아프리카 신앙의 도덕적 성격」이라는 논문을 썼다.[59] 여행 계획을 세우기 위해서 모스는 르 쾨르에게 문의했다.

모로코에서 약 3주정도 머무려는데, 내가 시간을 가장 잘 사용할 수 있는 방법에 대해 약간의 의견을 되도록 빨리 말해줄 수 있겠나? 알다시피 나는 관광을 좋아하지 않네. 그리고 특별히 공직자들 사이에서 허세를 부리거나 턱시도를 들고 호화로운 건물들을 돌아다니고 싶지도 않네. 대서양 해운 회사를 따라 여행을 하고 싶지도, 군함을 보고 싶지도 않네.[60]

모스의 목적은 '단순한 여행'을 하려는 것이 아니었다. 그는 "조언을 하기 전에 정보를 얻으려" 했다.[61] 또한 모스는 몇 가지 걱정거리도 있었다. "어떤 것들을 준비하면 좋은지 알고 있으면 좋을 방법에 대해 자세하게 말해줄 수 있겠나? 나는 장광설을 늘어놓고 싶지 않을뿐더러 불편하게 실내화를 신고 산 속을 돌아다니고 싶지 않네."[62] 그는 마라케슈에서 보리(Bori) 무속 신앙을 믿는 하우사족[63] 무용가들을 꼭 보고 싶었다. 르 쾨르가 제일 먼저 생각한 '순회'는 '굉장한 여행'이 되었다. 우선 '필수 코스인' 페스와 마라케슈에 가고, 그리고 타자(Taza)에서 케니프라까지 이어지는 베르베르 산악을 방문하는 것이다. 그는 또한 모스에게 두 주 동안은 수스(남쪽) 지방만을 방문할 것과 그곳에서 '베르베르인들의 성지가 어떻게 생겼는지' 볼 것을 권유했다. 짧은 기간 동안 체류하기 때문에 사회 조직을 연구하는 것은 불가능했다. 게다가 모스는 스스로 조사를 시도하는 것보다 더 잘 할 수 있는 다른 일들이 있었다. 그러나 르 쾨르의 말에 따르면 "[그가] 귀중한 몇몇 '총체적인 사회적 현실'을 보는 것"은 가능했다. 게다가 "파리에 엄청난 민족지학적 수확을 가지고 오는 것"[64] 또한 불가능한 것이 아니었다.

결국 모스가 채택한 여행 계획은 라바트에서의 강연 외에도, "페즈에서 3일, 메크네스에서 하루, 두 차례의 마라케슈 주변 여행"을 포함하고 있었다. 모스는 이에 대해 "잠정적으로는 만족스럽게"[65] 생각했다. 그가 라바트에서 하는 강연은 민족지학적 수집 기관을 위한 것이었다. 이것을 통해 모스는 "약간의 비공식적 견해"를 제시하고 모로코의 민족지학 박물관의 창설을 제안할 수 있었다. 박물관 설립은 "서둘러야만 했다." 왜냐하면 "몇 년 후에 가장 희귀한 기술, 가장 독특한 도구와 생산물이 완전히 사라질 것이기 때문이다." 모스는 므투갈라(mtougalla) 도공들의 "놀라운 작업"을 직접 관찰 할 수 있었고, 거의 모두가 글라우이가(家) 여인들의 손으로 만들어진 "매우 아름다운 직조 제품"에 대해 감탄할 수 있었다.

모스는 자신이 전문가라고 주장하지 않았다. "나는 이에 대해 길게 말하기엔 조금밖에 알지 못한다."는 것이다. 모스가 돌아와서 프랑스 인류학연구소 회원들 앞에서 하게 될 보고는 "[그가] 개인적으로 감화받은 내용들에 대한 몇 가지 고찰"[66]을 소개하는 것에 한정되어 있었다. 첫 번째 고찰에서 "모로코는 아랍 국가가 아니고 그랬던 적도 없었다."는 관점을 제시했다.

[……] 다섯 부류의 주민 전체가 베르베르인이며 나머지는 600,000명의 아랍인 혹은 아랍화된 사람들, 약 100,000명의 유대인 그리고 100,000명의 유럽인들로 이뤄져 있다. 베르베르인이 모두 이슬람화 되어 있고, 많은 사람들이 아랍어를 할 수 있으며, 게다가 많은 사람들이 여전히 『코란』을 읽는다는 것은 사실이다. 하지만 그들은 생체학적 관

점에서도, 언어적 관점에서도, 문명 그리고 사회 조직적 관점으로 봤을 때도 아랍인이 아니다.[67]

모스는 아랍 문명과 베르베르 문명을 접하면서 이론적 차원에서 좀 더 총체적인 고찰을 할 수 있게 되었다. "[……] 문명은 모방, 다른 문명과의 공통점, 공통된 산업에 의해서가 아니라 그 문명이 지니는 결핍, 결점, 모방에 대한 거부에 의해 정의되어야 한다."[68] 목공 세공, 방직 혹은 장식끈 제조 중 어떤 것이든지 간에, 모로코 문명은 "기교와 무지의 독특한 조합"이었다.

모스에게 가장 중요한 것은 보리(Bori)의 흑인 평신도회 중 하나를 방문하는 "개인적인 목표"를 달성하는 것이었다. 마라케슈에서 "원로" 설교자를 만나 몇 시간 동안 대화를 나누고 축도를 받았다. 이는 "교육적인 사회학적 경험"이었다. 자신의 모로코 민족지학 연구물이 "불충분"하다는 것을 알고 있는 모스는 한 가지 소망만을 이야기하고 있다. "[……] 이 사회를 관찰해야 한다. [……] 그렇게 해서 사회학, 인류사, 심지어는 전반적인 아프리카 민족사를 위한 중요한 자료들을 곧 수집하리라는 것에는 의심의 여지가 없다."[69] 이와 같은 "몇 마디" 외에도, 모스는 모로코 "현장"에 대한 그 어떤 원고도 출판하지 않을 것이라고 이야기하고 있다.

마침내 얻은 승리!

콜레주 드 프랑스 교수회의가 열리기 몇 주 전에 다시금 동원이 시작되었다. 회의가 임박했을 때 모든 지지자들이 참석 여부를 확인해야 했다.

예컨대 샹파뉴[70]에서 휴식을 취하던 알프레드 루아지, 파리에서 80km 떨어진 곳까지 가서 데리고 와야 하는 조르주 르나르 등이 그들이었다. "아주 적은 표차로 결정될 것임"을 알고 있었기 때문에, 그 누구도 자신이 불참하여 모스의 입후보에 해를 끼치고 싶지 않았다.[71] 모스는 자신감을 얻었다. 왜냐하면 모스는 이제 지난 투표에서 빈자리를 느꼈던 친구들의 참석을 기대할 수 있었기 때문이다. 모레, 마르세, 피노, 마스페로가 참석했던 것이다.[72]

6월 15일 회의에서는 이제 실뱅 레비가 아닌 샤를르 앙들레르가 모스를 옹호하기로 합의되었다. 이것은 진정한 "대반격"을 의미하기 때문에 앙들레르는 지원 사격을 원했다. "메이예가 세게 나가야 하네. 나는 특히 자네의 저서가 지니는 ─ 거의 거론되지 않았던 ─ 철학적 측면을 설명할 것이네. [……] 메이예가 지원해주지 않는다면 유감스러울 걸세. 왜냐하면 메이예와 실뱅 레비가 성공을 거두지 못한 일을 나 혼자서 성공시킬 것이라고 생각하지 않기 때문이네. 그러나 나는 반드시 이기려는 의지로 전투에 임할 것이네."[73] 이렇게 해서 앙들레르와 메이예는 사회학 교수직 개설안을 옹호하게 된다. 피에르 자네 또한 이런 방향에서 거들게 된다. 다른 두 교수직, 프랑스 철학사와 중세철학사는 각각 에두아르 르 루아와 루이 마시뇽이 지지했다.

샤를르 앙들레르는 "능숙한 변호인"이었고 "완벽한 발표"[74]를 해냈다. 콜레주 드 프랑스의 철학 분야가 대폭 축소되었기 때문에, 앙들레르는 그의 발표 첫 부분에서 모스가 보여줄 수 있을 사회학 교육이 지니는 "철학적 이익"을 제시했다. 앙들레르는 이렇게 나아갈 만한 이유가 있다고 생각했다. 그도 그럴 것이 그는 몇몇 동료들이 "일반적으로 뒤르켐의 사회학에 대한 반감"을 지니고 있다고 느꼈기 때문이다. 앙들레르는 다음과 같이 털어놓고 있다. "이러한 반감은 저 또한 느꼈던 것으로, 우리가 상상할 수 있는 것만큼이나 깊고 완전히 박혀 있습니다. 저는 저의 인식을 자유롭게 하기 위해 여러분께 제가 어떻게 이 반감으로부터 벗어날 수 있었는지 말씀드리고자 합니다." 조카에 대해 이야기하기 전에 삼촌과의 갈등을 먼저 해결해야 했던 것이다.

앙들레르는 그 자신 "단 하나밖에 존재하지 않는 인식"에 대해 좋아하지 않으며, "사회적 정신", "사회적 영혼"에 대한 분석은 다음과 같은 조건에서만 가능하리라 본다고 설명했다. 즉 보아스가 그랬듯이 "민족지학적 현지 조사"를 한다는 조건, "원시인들 사이에서 오랜 체류"를 한다는 조건, 그리고 "그들의 언어가 지니는 뉘앙스를 날카롭게 인식"한다는 조건이 그것이다. 간단히 말해 "발표를 종합하기 전에" "50년 동안 순수민족지학"을 해야 한다는 것이었다. 하지만 그는 이어서 그 자신 학문의 필요성이 지니는 복합적인 성격을 알게 되면서 생각을 바꿨다고 말하고 있다.

> 학문은 기록된 현상에 대한 분석이 아직 완전하지 않은 시점에서도 집대성되길 요구합니다. [……] 가장 다양한 양상을 지닌 사회에서 관찰된 엄청난 양의 현상들을 비교하는 것은 이를 기록한 연구와는 다른 어떤 특성을 필요로 합니다. 발로 뛰지만 방법이 서투른 작업자들보다 뒤르켐의 분석능력이 흔히 좀 더 명확하게 바라보는 데 성공했습니다. 그의 저서 『종교적 삶의 기초 형태』는 분석력이 무엇인가를 보여줄 수 있는 좋은 예라고 할 수 있습니다.[75]

이러한 것들이 바로 "활성 중인" 연구 업적의 "기반"이고, 모든 것은 "고찰해야 할 주제"라는 것이었다. "뒤르켐의 사회학을 발전시킨" 뤼시엥 레비브륄의 전(前)논리적 심성에 대한 연구가 이를 증명하듯이, 그리고 뒤르켐의 제자들의 연구, 특히 피에르 자네의 과학적 심리학의 "영향을 받고 있고" 여전히 베르그송의 철학과 "접촉"하고 있는 위베르와 모스의 연구 또한 이를 증명하고 있듯이 말이다.

뒤르켐과 그의 학파 소개에 이어 앙들레르는 곧바로 발표의 두 번째 부분으로 넘어갔다. "발전되었지만 여전히 구상중인" 사회학을 대표하는 자에 대한 찬사가 그 내용이었다. 물론 그 자는 마르셀 모스이며, 그는 "생존하는 뒤르켐의 제자들 그룹의 인정받은 지도자"였다. 앙들레르에 따르면, 모스의 주요 지적 능력은 모스 자신이 "항상 참여했던" 뒤르켐의 연구보다 "더 우수했다." "일반적이지 않은 연구에서 보인 활력, 보기 드문 희생정신, 엄청난 정신력", 여러 고대어에 대한 지식, 민족지학자로서의 완전한 지식, 박물관 관리 전문가로서의 역량, "방법론이 지니는 법칙 자체의 지속적인 수정"에 대한 관심, "창조적 역량과 분리될 수 없는 결함에 대해 인정하는" 능력 그리고 "그것을 바로잡는 기술" 등이 그것이다. 요컨대 모스는 엄청난 작업을 해내는 데 필요한 모든 것을 갖추고 있다는 것이었다.

앙들레르는 모스의 연구물 대부분을 예로 들었다. 그에 따르면 모스의 연구물은 "상당한 가능성을 지닌 엄청난 성과임과 동시에 과학이자 그 목적이 동시에 방법론을 만들어내는데 있는 새로운 사색이다." 그는 덧붙여서 모스에게 "언제나 변하지 않는 연구 능력"과 마찬가지로 "완전한 실행을 위한 수단"이 제공되어야 한다고 말했다. 그런데 모스는 "기술 연구에만 얽매여 있어야 하는" 고등연구실천학교에서도, "좀 더 기본적인 연구를 해야 할" 우려가 있는 소르본에서도 그가 지닌 진가를 완전히 보여줄 수 없다는 것이었다. 콜레주 드 프랑스만이 "결국 그의 진가를 [분명하게] 발휘할 교육 시스템 속에서 마음껏 생각들의 온전한 체계에 접근할 수 있는 수단을 제공할 수 있다."는 것이었다.

모스를 선택하는 것, 그것은 따라서 그를 "완전히 인정"하는 것일 뿐만 아니라, "값진 연구를 완성"할 수 있는 가능성을 제공하는 것이며, "새로운 그룹을 형성하는 것"을 의미한다는 것이었다. "이전의 뒤르켐 연구회에서와 같은 열정, 우애로 고무된 사유의 지속적인 교류, 상호 점검, 사회적 사실들의 복원에서 엄격한 비평, 또 그것을 넘어 그 현상들을 해석하는 기술을 가능하게 하는" 그룹을 말이다. 앙들레르에 의하면, 모스를 선택하는 것, 그것은 결국—— 거의 협박과도 같다.—— 콜레주 드 프랑스에게 "프랑스 과학과 철학에서 가장 독특한 일부중 하나를 지나치지 않고 국가에 가장 큰 자랑거리로 만들 수 있는" 마지막 기회이며, 또한 "외국에서 감탄의 대상이 되는 '프랑스 사회학파'라고 불리는 것을 받아들일 수 있는"[76] 마지막 기회라는 것이었다.

앙들레르의 변호는 "설득력" 있었지만, 모든 사람들을 설득하지는 못했다. "사회학이라는 여왕"—— 루이 피노가 놀리듯이 한 말이다.—— 은 세 번째 투표에 이르러서야 겨우 과반수를 넘어 콜레주 드 프랑스에 입성할 수 있었다. 첫 번째 투표에서 사회학은 21표, 두 번째 투표에서는 23표, 세 번째에서는 24표를 얻었다.[77] 피노와 마스페로의 투표 참여가 결정적이었다. 모스는 다음과 같이 적고 있다. "[그들은] 콜레주 드 프랑스에서의 나의 성공을 가져다준 장본인이었습니다. 저는 극동 프랑스학교 덕분에 승리를 거둘 수 있었습니다."[78] 물론 "적은 표차의 다수결로 어렵게 얻은" 승리지만, 얼마나 기쁘고 특히 얼마나 다행인가![79] 뒤르켐 학파에게 이는 "결정적인 사건이며, 사회학에 대한 반대 또한 끈질겼던 만큼 결정적이었다."[80]

사회학 교수직이 제정되자 긴장감이 떨어졌다. 모스는 이렇게 생각했다. "상황은 거의 복잡해지지 않을 것이고, 내 친구들은 과거에 했던 것만큼의 노력을 하지 않아도 될 듯하다."[81] 하지만 그룹에서 제2선 후보자를 뽑기 위해 활동을 해야 했다. 꽤나 적극적인 조르주 다비는 콜레주 드 프랑스에 있는 친구들의 수를 셈하고 있었다. 그는 그만큼이나 인정받으려 애쓰고 있었다. 조르주 다비의 행동에 짜증이 난 모리스 알브바크스는 "다비와 경쟁을 하는 것"[82]에 대해 망설였다. 왜냐하면 미국 여행을 위해 자리를 비워야 했기 때문이다. 모스에게 이 문제는 순식간에 분명해졌다. 제2선 후보는 결국 스트라스부르대학 교수 모리스 알브바크스가 될 것이었다. 친구이자 『사회학 연보』 새 시리즈의 가까운 협력자인 알브바크스는 "경쟁 밖에 있기를" 원했겠지만, 그는 모스를 "도울" 준비가 되어 있던 사람이었다. 모스는 "당연히 다비보다는 알브바크스를 염두에 두고 있었다."[83]

1930년 11월 29일 개최된 콜레주 드 프랑스 교수회의 전날, 마르셀 모스의 어머니가 에피날의 사디 카르노 가의 자택에서 82세의 나이로 생을 마감했다. 이렇게 해서 모스의 어머니는 아들의 교수 임용이 걸려 있는 투표 결과를 알지 못하고 만다.[84] 그녀의 아들 외에도 두 명의 후보가 더 있었다. 페리그고등학교의 철학 교수 앙드레 주생[85]과 고등연구실천학교의 인류학 교수 파피요 박사가 그들이었다. 이번 교수회의에서는 앙투안 메이예가 모스의 변호를 맡았고, 피에르 자네는 다른 두 후보의 학위 및 연구를 소개했다. 1차 투표에서 파피요는 10표, 주생은 2표를 얻었으며, 모스가 24표를 얻어 당선되었다.[86] 또한 모두의 예상대로 샤를르 앙들레르의 추천을 받았던 모리스 알브바크스는 제2선 후보에만 지원했다. 제2선 후보로 당선되기 위해서는 두 차례의 투표가 필요했다. 알브바크스는 1차 투표에서는 18표를, 2차 투표에서는 22표를 얻었다.[87]

콜레주 드 프랑스를 향한 투쟁은 "길고 고된" 것이었지만, 끝이 좋으면 다 좋은 것이었다. 1931년 2월 3일, 프랑스 공화국 대통령은 교육부·예술부 장관의 보고에 따라 장 이줄레의 자리를 메꿀 사회학 담당 교수로 마르셀 모스를 임명하게 된다. 그의 친구 에드가르 미요가 강조하고 있듯이, 모스는 "혁신적이고 과학적인 통찰력이 이끌어낸 [그의] 엄청난 노력"으로 콜레주 드 프랑스라는 요새에 들어갈 수 있었다. 그는 이제 "오랫동안 젊은 세대에게 그가 [그의] 삶을 바친 학문의 방법론을 가르칠"[88] 수 있게 되었다.

지도자

모스는 1931년 2월 23일 콜레주 드 프랑스에서 취임기념 강의를 하게 된다. 자크 수스텔에 의하면, 청중들로 가득 찬 강의실에서 모스는 "알자스와 로렌 지방의 랍비 조상들"[89]을 기념하고자 했다. "놀라운 수업"[90]이었지만, "아주 사적인 기념"이었다고 피노는 애석해했다.[91] 바르 지방에 자리 잡은 피노는 그곳에서 여전히 "자유로움을 느끼며" 꽃이 핀 아몬드 나무와 살아있는 가금류들이 있는 환경을 "만족스럽게 누리고" 있었다. 피노는 콜레주 드 프랑스의 새로운 교수의 "활동성"에 대해 감탄을 감추지 못했다. "일주일에 6~7개의 강의를 하다니! 그럴 수가!"

모스는 고등연구실천학교, 민족학연구소, 콜레주 드 프랑스에서 17개의 강의를 하게 되었다. 강의보다는 세미나 형태를 더 선호하는 모스는 강의실에서 말하는 것을 거부하고 강의실에 큰 테이블을 놓도록 했다.[92] 고등연구실천학교에서와 마찬가지로 그의 강의 방식은 선교사나 탐험가의 저서에 대해 논평하는 것이었다. 자크 수스텔은 이렇게 말하고 있다.

아주 적은 숫자(대체로 6명)의 학생들이 그의 주변에 모여 불편한 테이블에 앉아 있었고, 테이블 위에는 그가 논평을 하던 책이 놓여 있었다. 질문과 답변이 오갔고, 그는 흥분하기도 했으며, 자신이 가지고 있던 사회현상과 예시들이라는 무한한 보물을 풍부하게 제시했다. 말하자면 갓 창조된 거침없고 더할 나위 없이 자유롭고, 유연하고 강렬한, 때로는 바위로 덤벼드는 급류를 닮은, 또 때로는 크고 평온한 강을 닮은 그의 생각을 바라보는 것은 경이로웠다.[93]

모스는 첫 번째 강의에서 "시원적 사회에서의 공동체적 삶이 지니는 일반적 현상에 대한 관찰"을 다뤘다. 이것은 민족학연구소에서 그가 했던 강의를 연장하고 발전시킨 것이었다. 실제로 그는 동일한 연구 '대상'을 제시하고 있다. 국가적인 삶의 현상(사회적 통일성, 교육과 전통), 국제 현상(전쟁과 평화, 현상과 문명), 공동체 심리(사고방식과 공동체 관계) 등이 그것이다. 그는 강의 준비에 온통 정신을 뺏겼다. 그는 이렇게 말하고 있다. "나는 강의 준비를 할 때 정돈해 놓은 가장 어렵고 가장 새로운 문제들 중 하나를 다뤘네. 5월이 되어서야 한숨을 돌릴 수 있었네."[94] 이러한 노력을 기울여 모스는 논문을 쓰게 되었고, 이 논문은 1934년에 「기술(記述) 사회학 구상」이라는 제목으로 『사회학 연감』에 실리게 된다.

이듬 해 모스는 콜레주 드 프랑스가 그에게 제안한 뒤르켐을 기리는 좌담회에 참여하게 된다. 그는 뒤르켐이 처음에는 보르도에서, 그 다음에는 사망하기 직전 소르본에서 발전시켰던 「시민윤리와 직업윤리」에 대한 자신의 견해를 발표하게 된다. 모스는 그 당시 뒤르켐의 저서 일부를 출판하고자 했지만 시간과 여력이 없었다. 그래서 짧은 서론과 함께 앞서 말한 주제에 대한 세 강의만을 『형이상학과 도덕 잡지』에 신게 된다.(1937년!)[95] 그 후 몇 년 동안 모스는 타계한 그의 동료와 친구들의 연구물, 특히 로베르 에르츠의 「열등사회의 죄악과 속죄의식」과 앙리 위베르의 「문명과 게르만족」을 출간했다. 또한 모스는 특정 놀이(연날리기, 보물 따먹기)가 지니는 상관성과 그에 수반되는 시원적 사회(폴리네시아, 북아메리카)에서의 우주론적 신화 연구에 착수했다. 이는 모스가 고등연구실천학교 세미나에서 접근했던 주제들이기도 했다.

마르셀 모스의 콜레주 드 프랑스 강의(1931-1940)

1931 겨울

시원적 사회에서의 공동체적 삶이 지니는 일반 현상에 대한 관찰.

1931-1932

시민윤리와 직업윤리에 관한 뒤르켐의 학설 발표, 사회학과 문명 일반 사에서의 원시 개념의 사용.

1932-1933

로베르 에르츠의 열등사회의 죄악과 속죄의식에 대한 미발표 연구물 설명 및 개정.

1933-1934

열등사회의 죄악과 속죄의식.

1934-1935

열등사회의 죄악과 속죄의식, 문명과 게르만족에 대한 앙리 위베르의 연구.

1935-1936

열등사회의 죄악과 속죄의식, 게르만 민족의 형성. 법에 대한 연구.

1936-1937

열등사회의 죄악과 속죄의식, 게르만 문명의 형성.

1937-1938

몇몇 놀이와 우주론 간의 관계, 게르만족(속강). 게르만 법과 종교에 대한 연구.

1938-1939

인디언의 놀이, 게르만족.

1939-1940

우주론과 놀이, 게르만족.

직업 차원에서 콜레주 드 프랑스에 입성하는 것에는 명백한 이점들이 수반되었다. 모스의 급여는 45,900프랑(고등연구실천학교, 1930년[96])에서 1934년에 72,000프랑으로 인상되었다. 여기에 고등연구실천학교에서 연구 지도교수로서 그가 받는 수당(12,000프랑)과 민족학연구소에서의 강의 수당(300프랑×30 강의)이 덧붙여졌다. 그러나 모스는 브륄레 가의 엘리베이터도 없는 6층의 방 네 개짜리 조촐한 아파트에 살고 있었다.

모스는 콜레주 드 프랑스에 실뱅 레비, 앙투안 메이예, 샤를르 앙들레르 등 여러 친구들이 있어 그 사회에 더 수월하게 동화될 수 있었다. 신임 교수는 명망 있는 기관에 대해 단 한 하나의 불만을 가지고 있었다. 그것은 조직에 대한 것이었다. "[……] 이 모든 것은 잘못 고안되었네. 전부 수정이 필요한데, 특히 사회과학 쪽이 그렇네."[97] 콜레주 드 프랑스 교수로 임명된 모스는 선거권자가 되었다. 사람들은 그에게 자문을 구하고 그의 비위를 맞추었다. [……] 앙드레 지그프리드, 에티엔 질송, 장 바뤼지, 뤼시엥 페브르, 마르크 블로크, 조르주 뒤메질, 폴 망투 등, 모두가 그에게 편지를 쓰고 인터뷰를 청했다. 장 롱게와 같은 옛 친구들, 정치계 인사들 또한 모스의 결정에 영향을 주고자 했다.[98]

1930년에서 1935년 사이, 콜레주 드 프랑스에 15명 정도의 신임 교수가 임명되었다. 고등연구실천학교의 연구 지도교수이자 콜레주 드 프랑스의 대리교수인 장 프르질뤼스키는 인도차이나 역사와 문헌학 교수가 되었다. 1932년에 에티엔 질송과 뤼시엥 페브르는 각각 중세철학사 교수직과 근대문명사 교수직에 선출되었다. 1933년에는 이지도르 레비(동양 셈족의 고대사), 알프레드 루아지의 뒤를 이어 장 바뤼지(종교사), 폴 레옹(기념비적 예술의 역사), 경제·정치지리학을 도입한 앙드레 지그프리드의 차례가 돌아왔다.[99] 모스는 개인적으로 새로운 동료들 중 여러 명을 알고 있었다. 이지도르 레비의 처형은 모스의 동생 앙리의 부인이었고, 레옹은 에피날 고등학교에서 공부한 바 있으며, 프르질뤼스키는 민족학연구소에서 강의를 했다.

　모스가 콜레주 드 프랑스라는 요새에 있다는 것은 『사회학 연보』의 새로운 협력자들을 모집할 수 있는 기회가 커졌다는 것을 의미했다. 나이든 친구 조르주 르나르의 뒤를 이어 노동사 교수직에 지원한 프랑수아 시미앙의 1931년 11월 선거에 뒤르켐 학파의 이목이 집중되었다. 모리스 알브바크스는 다음과 같이 외치고 있다. "콜레주 드 프랑스에 시미앙이 들어갔습니다! 그리고 현재 빛을 발하고 있는 우리 그룹의 두 기둥에 대해 저로서는 영광스러울 뿐입니다."[100]

16장_ 교수들이 서로 치열하게 경쟁하는 곳

늦게 인정을 받아 콜레주 드 프랑스에서 선거를 치렀던 모스는 그의 명성과 권위를 확장하게 된다. 그 결과 그는 여기저기서 수많은 초대장을 받게 된다. 예컨대 국가 과학기금의 인문과학 기술위원회, 프랑스 선사시대학회, 과학·기술의 역사연구소, 체질유형학 학회, 고비노 사망 50주년 명예위원회[1] 등에서 말이다.

물론 콜레주 드 프랑스의 신임 교수 모스는 이른바 원시인이라 불리는 공동체에 대한 연구에만 전념하고 싶지는 않았다. 그는 여러 학문 ─ 사회학, 인류학, 심리학, 철학 ─의 경계에서 비교 연구를 계속해 나가고자 했다. 모스가 즐겨 인용하는 괴테가 너무나 잘 이야기하고 있듯이, 콜레주 드 프랑스에서 교수들은 "서로 치열하게 경쟁하고 있었다." 그렇지만 글쓰기뿐만 아니라 교육을 통해서도 모스는 이른바 원시인이라 불리는 공동체의 종교사, 좀 더 폭 넓게는 민족학 분야의 연구로 인정받고 싶었다.

다시 살아난 민족학에 대한 관심

폴 리베에 따르면, 민족학이라는 학문은 "뒤늦게 독립 학문이 되었다." 그 당시 민족학은 엄청난 비상을 했다. 조르주 앙리 리비에르는 이를 "거대한 파도"라고 일컬었다.[2] 1928년에 트로카데로 민족지학박물관이 국립 자연사박물관에 합병되었고, 특히 인류학 교수직 담당자의 권한에 민족지학박물관이 속하게 되었다. 리베와 모스는 고등교육 담당관 자크 슈발리에가 발족한 자문위원회 회원이었다.[3] 인류학 교수직은 "현대인과 화석인의 민족학" 교수직이 되었고, 담당 교수 폴 리베의 계획은 "전쟁으로 인해 파괴된 연구팀을 재편성하는 것"[4]이었다.

조르주 앙리 리비에르의 보좌를 받아 리베는 민족지학박물관을 재정비하기 시작했다. 전시관의 정비, 소장품과 도서관 편성, 전시품과 파일의 세심한 분류, 회보 발행이 바로 그것이다. 그들은 골동품 상점 같은 인상을 주던 박물관을 진정한 근대 박물관학 기관으로 만들고 싶어 했다. 기관의 임무는 네 가지였는데, 학술적 임무, 대중교육을 책임지는 임무, 예술 교육 임무 그리고 국가적 임무(식민지 및 문화 선전활동) 등이었다.[5] 리베는 박물관이 "대중 교육을 위한 훌륭한 기관"[6]이 되어 전문가와 미래의 전문가들뿐만 아니라 임시 전시회와 강연 개최를 통해 대규모의 대중과 만나길 꿈꿨다. 자크 수스텔이 몇 년 후에 말하는 바대로 "문화의 문을 열자!"는 것이 바로 슬로건이었다.[7]

모스는 그 어느 때보다도 더 신속하게 "적어도 프랑스가 통치하는 사람들에 관련된 현상들을 기록하고 보존"해야 한다고 확신하고 있었다. 모스는 반복해서 다음과 같이 말하고 있다.

이러한 사회적 사실들은 지금 우리 학문보다 앞으로의 학문에게 훨씬 더 귀중하다. 우리는 사회적 사실들을 이해해야할 뿐만 아니라, 심지어 이해하지 못한다 해도, 확인하고 발견하며 최선을 다해서 기록해야할 절대적인 의무가 있다. 이렇듯 우리는 국가와 그 민족에게 그러하듯 미래의 학문에 대하여 책임을 져야 한다.[8]

따라서 가능하면 많은 협력자들을 모집해야 했다. 정식으로 등록한 백 여 명 이상의 학생들이 드나드는 민족학연구소에서[9] 모스는 매년 기술 민족지학 강의를 30개 이상 해냈다. 그의 목적은 현지 조사를 위한 교육 이었다. 각각의 강의는 '어디? 누구? 언제? 어떻게? 무엇을? 누구와? 누 구를 위해? 무엇을 위해?'와 같은 질문으로 시작되었다. 애초에 강의는 다음과 같이 여섯 부분으로 나뉘어 있었다. 1) 방법론(과학 기술, 사진, 영 화, 음악 등) 2) 인문지리학 / 사회형태학 3) 공학(재료, 제조와 사용) 4) 미 학(문신과 음악) 5) 경제(개인 소유와 공동 소유) 6) 일반 현상 [a) 언어, b) 민 족적 현상, c) 심리-사회학적 현상, d) 사고방식 현상, e) 생물사회학적 현상] 등이 그것이다.[10] 매년 모스는 특히 그의 교육 주제 혹은 문제(기 술학, 미학 등)에 대해 유의했고, 그의 강의 계획을 수정하여 '일반 현상' 대신 법적, 도덕적, 종교적 현상에 더 할애하곤 했다. 이러한 계획은 『사 회학 연보』에 실린 논문 「사회학의 분할과 그 비율」에서 볼 수 있듯이 사회에 관한 연구를 위해 세웠던 계획에서 착상을 얻은 것이었다.

언제나 그랬듯이 모스는 이론보다는 사실에 더 역점을 뒀다. 이러한 점은 민족학연구소의 학생들의 시험 문제 리스트에서 확인할 수 있다. "첫 번째 문제—잘 알려진 가장 기초적인 구술 제식의 성격(오스트레일리아), 두 번째 주제——영혼과 삶에 관련된 제식적 금지(특히 오세아니아, 말레이시아 등). 두 가지 문제 중 가장 일어날 가능성이 높은 현상을 순서 대로 진술하고, 사회학 이론에 대해서는 가능한 한 적게 논하시오."[11]

인문대학 혹은 과학대학의 젊은 학생들뿐만 아니라 여행자, 선교 사, 프랑스 식민지 행정관[12]과도 관계를 맺으면서 모스는, 그들에게 "시 원적 사회의 자료를 학술적으로 이용하기 위한 필수 교육"을 제공하고 자 했다. 그가 얻은 모든 지식——이론적 고찰, 독서, 개인적 관찰——은 잘 활용되었다. 그 답게 모스 교수는 이야기꾼이 되기도 했고, 또 추억(유 년기, 가족, 제1차 세계대전)을 상기시키는 사람이 되기도 했다. 또한 모스는 자신의 모로코에서의 '현지 조사 경험'을 들려주었으며, 발걸음만 보고 도 영국인임을 알아본 것을 자랑하기도 하면서 일상에서 관찰한 것들을 이야기해주기도 했다. 언뜻 보기에는 부차적인 것들이 무엇보다 큰 중요 성을 지닌다는 것이다. "통조림통은 화려한 보석 혹은 가장 희귀한 우표 보다 우리 사회의 특징을 더 잘 보여준다."[13] 비판적인 앙드레조르주 오 드리쿠르는 이와 같은 모스에 대한 지적들이 "풍설이고 입담"[14]일 뿐이 라고만 평가했다. 오드리쿠르는 모스의 강의가 "현지에서 관찰해야 하 는 모든 것"을 보여주는 "비망록"이었다고 덧붙여 말하고 있다.[15] 강의 노트를 기반으로『민족지학 개론』을 발간한 드니즈 폴름의 말을 따르자 면, 스승의 수업을 따라가기가 항상 쉬운 것만은 아니었다. "그것은 언 어의 마술이었습니다. [……] 필기를 하는 것이 어려웠습니다."[16]

그러나 강의의 목적은 사실들의 해석을 배우는 것이 아니라 "사회 현상들을 관찰하고 분류하는 것을 배우는 것"[17]이었다. 민족학은 "사회 관찰을 목적으로 하는 학문"이기 때문에, 강의 초기에는 관찰과 관련된

"방법론에 대한 문제"를 다루었다. 모스는 1929-1930학년도 강의에서 다음과 같이 말하고 있다. "관찰은 분명하고, 완벽하며 객관적인 태도를 요한다. 관찰은 이른바 정밀 과학에 접근해야 한다." 그렇게 하기 위한 모든 방법은 적절한 것이다. 물론 "물리적 관찰(지도제작, 통계, 계보학, 물건수집, 사진, 영화, 녹음)도 좋은 방법이지만, 문학 및 문헌학적 관찰 또한 적절하다."[18] 이 방법 외에도 모스는 "사회학적 방법론"을 제시했는데, 이는 "사회의 역사를 우선시하는" 방법론이었다.

모스에게 미래의 민족지학자들을 각각의 방법론에 입문시키는 것은 분명 그다지 중요한 것은 아니었다. 하지만 그렇다고 해서 영미권 인류학자들이 사용하는 기술에 익숙한 모스가 직접적으로 이루어지는 관찰을 강조한 것은 아니었다. 모스는 "집약적 관찰" 즉, 하나의 집단(부족)에 대한 철저한 관찰을 중요시했지만, "얽힌 것을 풀어내는 지침"을 제안했다. 그것을 통해 "광범위한 연구와 집약적 연구 사이의 매개가 되는 작업"을 수행할 수 있는 그런 지침을 말이다. 그의 접근은 차라리 "기록에 바탕을 둔" 접근이라고 할 수 있다. 이것은 물건, 전기적 이야기, 설화 등의 수집을 의미하는 것이었다.

모스가 제시한 실질적 조언은 다양했다. "믿지 말 것, 놀라지 말 것, 흥분하지 말 것", 증언을 잘 선택할 것, "여행 일기"를 쓸 것, 각각의 수집품에 대한 카드를 만들고 목록을 작성하여 이중으로 보관할 것, 가능한 한 신속하게 필름을 현상할 것, "여럿이서 함께 떠날 것" 등이 그것이다. 때때로 그의 조언은 일종의 규칙을 담고 있었다.(사회학적 혹은 민족학적 방법론.) "절대 미리 결론내리지 않는 것이 중요하다. [……] 우선 상식을 경계하는 법을 터득해야 한다."(68쪽) "물리적 현상을 연구하며 정신을 잊으면 안 되고, 그 반대의 경우에도 마찬가지다."(28쪽) "모든 것은, 1) 그 자체로, 2) 그것을 사용하는 사람들과 관련하여, 3) 관찰된 체계의 총체성과 관련하여 연구되어야 한다."(34쪽) "물질에 대한 사회 구성원들의 태도를 알려주는 것은 집단적 표상이다."(123쪽) "개인과 공동체 사이의 관계 연구는 오랜 시간 주목해야 한다."(206쪽) "표상과 의식을 분리해서 연구하지 않아야함을 상기하자."(245쪽)

런던 왕립 인류학연구소의 『노트 및 질문』의 영향을 받은[19] 모스의 기술(記述)민족지학 지침서는 직업 교육을 받지 못한 사람들을 대상으로 한 것이었다. 이 지침은 하나의 관찰 가이드로서의 역할을 하고, 관찰되어야 할 사회 현상들의 카탈로그(혹은 분류라고 하는 편이 더 나을 것이다.)를 제공해주었다. 즉 "물리적 현상들"(외형, 기술, 경제)에서 법을 거쳐 "관념적 현상들"(도덕, 종교)에까지 말이다. 모스는 다음과 같이 설명하고 있다. "사실상 '유심론적' 사회학의 근본적인 오류는 공동체적 삶 속에는 사물들이 있고, 물질과 관련된 현상이 있다는 점을 망각하는 것이다."[20] 모스는 전에는 결코 물리적 현상과 특히 기술(技術)에 그러한 중요성을 부여하지 않았다. 그는 자연스럽게 다양한 종류의 무기(포환, 투척무기, 보호 장비, 방어 무기, 총기), 음식을 장만하는 다양한 수단들(날 것, 훈제, 말린 것, 끓인 것, 구운 것, 튀긴 것 등), 다양한 직물(단순한 직물, 십자형, 체크무늬 천, 소모사, 사지처럼 짠 천)에 대해 언급한다. 결국 모든 강의는 미학적 현상에 할애되어 있으며, 미학적 현상들은 기술 관련 현상——놀이, 조형 예술, 춤 등 ——과 구별하기가 매우 어려웠다.

모스가 관심을 가졌던 것 혹은 관심을 가지고 있는 것은 『지침서』에서 모두 찾아볼 수 있었다. 희생, 기도, 토템 숭배는 물론, 화폐, 포틀래치, 전체적인 급부, 계약, 비밀결사, 농담에서 나타나는 동족성, 인간의 기술, 놀이(보물 따먹기 등) 등이 그것이다. 모스는 뒤르켐의 연구 및 협력자들 중 몇 사람(위베르, 포코네, 에르츠)과 학생들(그라네, 그리올, 모니에, 몽타뉴, 수스텔)[21]의 자료를 참조했다. 그렇다 할지라도 모스에게 이러한 참조가 하나의 학파의 '사상'을 참조하는 것은 아니었다. 요컨대 모스가 그의 분석 중 몇 가지를 옹호하고 있지만— 마나가 지닌 보편적인 의미 등 —, 그것은 인류학 이론이나 사회학 이론을 논하기 위해서가 아니었다. 모스가 보아스, 프레이저, 말리노프스키, 리버의 연구에서 길어낸 것은 특히 해결해야 할 문제이기도 했다. 학생들의 상상력을 자극할 수 있는 구체적인 문제들, 즉 특정 부족의 식인풍습, 성기의 변형, 여사제(女司祭)들의 매춘 등이 그것이다. 매년 모스는 학생들을 위해 생 제르맹박물관이나 트로카데로의 민족지학박물관 방문을 계획했다. 모스 교수는 연구 프로그램에 대해 정의를 내리기보다는 "청중의 흥미를 불러일으키고 그들의 적성을 일깨우고자" 했다. "실제로 그의 수업은 주로 학생들이 생각할 여지가 있도록 하기 위한 질문들로 이뤄져 있었다."[22]고 오드리쿠르는 설명하고 있다. 피에르 메테는 "모스의 강의에서 모든 세대를, 혹은 좀 더 명확히 하자면 한 세대 이상을, 정신적으로 살찌운 생각들"[23]을 찾아볼 수 있다고 적고 있다.

　　모스는 전쟁 이전에 가르친 첫 번째 세대의 학생들 중에서 『사회학 연보』의 여러 협력자들을 모집했다. 새로운 사람들이 호응했고, 또한 그 가운데 몇 명은 민족지학 혹은 민족학에 종사하게 되었다. 1920년대에는 쟌 퀴지니에, 조르주 뒤메질, 마들렌 프랑세스, 마르셀 그리올, 샤를르 아가노에르, 알렉상드르 코이레, 레이몽 르누아르, 에드몽 메스트르,

알프레드 메트로, 조르주앙리 리비에르, 앙드레 바라냑, 1930년대에는 로제 카유아, 제르멘 디에테를렝, 루이 뒤몽, 앙드레 조르주 오드리쿠르, 모리스 레엔아르트, 미셸 레리스, 앙드레 르루아구랑, 아나톨 르비츠키, 데보라 리크직, 장 마르고뒤클로, 르네 모니에, 베르나르 모푸알, 피에르 메테, 이본 오동, 드니즈 폴름, 막심 로댕송, 테레즈 리비에르, 앙드레 샤에프네, 자크 수스텔, 제르멘 틸리옹, 장 피에르 베르낭, 폴에밀 빅토르 등이 그들이다. 이 학생들은 나이, 국적, 지식, 진로 면에서 모두 달랐다.[24] 또한 젊은 여학생의 수는 상대적으로 많은 편이었다.

모스는 결과에 대해서 꽤 만족했지만 때때로 몇몇 학생들에 대해서는 불만을 나타내기도 했다. "[……] 문과대학의 학생들은 너무나도 '교묘하게 피하고' 있네. 르루아의 영향을 받은 것일까? 우등생이자 매력적인 청년인 수스텔 외에는 큰 희망이 별로 보이지 않네."[25]

강의 중에 모스는 두 손을 주머니에 넣거나 메모를 펼쳐놓고 즉흥적으로 수업을 진행했다. 교수가 내뿜는 매력은 사그라지지 않았다. 그의 백발 머리는 위로 뻗쳐 있고, 빗기 어려운 곱슬거리는 수염은 귀와 콧구멍 주위에 나선형을 그리며 강하게 두드러져 보이고 있어[26] 사람들에게 강한 인상을 줬다. "풍성한 수염, 그것은 그 시대에는 보기 힘든 것이었다." 그의 기억력은 "무궁무진하고, 엄청난 독서를 통해 함양되어" 있었다. 그리고 그가 들려주는 이야기들은 흥미진진했다.

모스는 사람들을 사로잡았다. 사람들은 그에 대해 이렇게 말했다. "그는 놀라운 사람이다. [……] 신기하게도 그는 거의 모든 것에 정통하고 있으며, 천재적인 영감을 가지고 있었다." "얼마나 풍부한 설명인가! 얼마나 뛰어난 기억력인가!" "모스는 작가 이름, 잡지의 제목, 출판연도를 모두 외우고 있었습니다. [……] 모스는 예를 들어 사회에서 중요한 것은 쓰레기이며, 중요한 연구 대상은 쓰레기 더미다!, 라고 이야기하며 학생들을 어리둥절하게 만드는 것도 좋아했습니다."[27] 드니즈 폴름에 의하면, "그 분은 이 생각에서 저 생각으로 뛰어넘곤 했습니다. [……] 말을 암시적으로 해서 사람들을 어리둥절하게 만드는 것을 즐기곤 하셨죠. [……] 그 분은 모든 것을 알고 있었으며, 거리낌이 없고, 이론을 제시하면서 현상들── 예컨대 말리노프스키가 수집한 현상들── 을 해석하곤 했습니다."[28]

모스는 학생들의 커다란 존경의 대상이었다. "저는 모스를, 그 분의 교육 방식을 좋아했습니다."라고 제르멘 틸리옹이 털어놓는다. "[……] 그 분에게서 가장 많은 영향을 받은 것은 바로 그 분의 호기심, 사라지지 않는 호기심이었습니다. 그 분은 일상에도 주의를 기울였어요. 그 분은 상상력 더듬이를 지니고 있었죠. 다시 말해 거대한 밭을 여러 가설로 경작하고 있었던 겁니다. 동시에 그 분은 학자였고, 세세한 것을 모두 점검했습니다."[29] 드니즈 폴름은 다음과 같이 덧붙여 말하고 있다. "모스는 편견 없는 사람이었습니다. 그 분은 그 어떤 독단적인 태도를 보이지도 않았으며, 저에게 사물을 바라보는 방식을 알려줬습니다. 자유와 타인에 대한 존중이 바로 그 분의 특징이었습니다."[30]

하지만 수스텔이 말하고 있듯이 마르셀 모스가 쉽지만은 않은 교수였음은 확실했다.

초심자들은 모스가 그의 두툼한 수염에 감춰진 입에서 나오는 굵고 낮은 목소리와 알려지지 않은 연구물과 작가들을 열거하면서 [……] 자애롭게 그들에게 독일어, 영어, 네덜란드어는 말할 것도 없고 고대어들, 산스크리트어, 히브리어, 중국어를 알지 않는 한 민족학에 덤벼드는 것은 헛된 일이라고 말할 때 어안이 벙벙해진 채 있었다. 고대 중국, 베다 시대의 인도, 그리스와 로마, 켈트족과 게르만족, 폴리네시아, 뉴기니의 파푸아인, 에스키모, 캐나다의 콰키우틀족, 오스트레일리아의 아란다족 등 100개의 여러 민족과 문화가 차례대로 그가 제시하는 20개의 언어로 된 난해하면서도 다양한 문헌의 인용 속에서 나타나곤 했다. 몇몇 낙심한 학생들은 어찌할 바를 몰랐다. 첫 번째 혼란을 극복한 다른 학생들은 혼란이 정리되었다. 그리고 뜻밖의 접근, 날카로운 직관으로부터 오는 섬광이 촘촘하게 줄지어 가는 사실들의 행렬을 눈부신 빛으로 그들에게 조명해줬다.[31]

모스는 학생들에게 "인습적이지 않으면서 종종 농담을 건넸지만, 메시아 사상을 절대로 거부하지 않는, 일종의 '투시력'을 천성적으로 지닌 원로"였다.

반면 몇몇 학생들은 모스의 연구에 대해서 감탄하지만 실망을 감추지 않았다. "해가 갈수록 모스는 강의 내용을 예술적으로 다양화시켰습니다. [……] 콜레주 드 프랑스에서의 모스의 강의는 날 실망시켰습니다. 나는 그 분의 수업을 재구성해보려고 했죠. 하지만 그것은 불가능했습니다."[32] 모스에 대한 로제 카유아의 생각도 다음과 같이 꽤나 엄격했다. "그는 당황스러울 정도로 재주가 없었다. 사람들은 약간의 교활함, 끈기, 충실함 등, 그가 가지고 있다고 자부했지만 모스에게는 매우 부족하다고 느껴지는 이와 같은 하찮은 장점들을 그가 갖췄으면 했다."[33] 하지만 카유아는 모스가 "놀라울 정도로 열린 태도"를 지니고 있었음을 인정하고 있다. "[모스는] 무모하게 새로운 것을 도입하고 견고하게 그것을 정당화할 줄 알았다. 나에게 그의 작업은 유산일 뿐만 아니라, 하나의 명령어다[34]."

하지만 콜레주 드 프랑스에서, 연구소에서 그리고 고등연구실천학교에서 모스는 '화려한 사람'으로 통하고 있었다. 그는 사람들을 놀라게 하고 도발하는 것을 좋아하며, 때로는 동료들은 잘 입지 않는 댄디한 의상을 선보이기도 했다. 예컨대 검은색과 연한 회색으로 큰 바둑판무늬가 그려져 있는 가벼운 트위드 재킷, 길고 뾰족한 깃에 진주빛 줄무늬가 그려져 있는 셔츠, 레몬색 나비 넥타이가 그것이다. 어느 날은 인종의 독특한 특징에 대해 이야기하면서 주저하지 않고 바지를 걷어 올려 자신의 장딴지를 보여주고는 이렇게 소리쳤다. "보세요, 난 이 세상에서 털이 가장 많이 난 사람들 중 한 명입니다!"

콜레주 드 프랑스에 임용된 후에도 학생들과 모스의 관계가 지니는 성격은 아무것도 바뀌지 않았다. 독신이었던 그는 언제나 시간적 여유가 있었다. 그의 학생 중 한 명은 "결혼을 하지 않았다는 사실 하나만으로도 모스는 다른 교수들과는 달랐습니다.", 라고 말하고 있다. "그 분은 나이 든 학생 같았으며, 라틴구의 레스토랑에서 시간을 보내고, 새파란 젊은이들과 만나는 것을 좋아했습니다. 그렇게 그들은 소규모 그룹을 형성했습니다.[35] 모스는 강의가 끝나고 학생들과 자주 만나곤 했다. 때때로 그는 학생들 중 몇몇과 생자크 가에서 몽수리 공원까지 걷기도 했다. 그곳은 그가 좋아하는 긴 산책길이었다. 일 년에 한 번, 모스는 그의 학생들 모두를 집으로 초대했고, 친하게 지내는 학생들을 아침 식사에 초대하기도 했다. 학생들은 그들의 교수와 정치적 견해를 공유하고 있음을 증명하고 싶을 때『르 포퓔레르』를 팔에 끼고 왔다.[36]

파트릭 발드베르는 다음과 같이 이야기하고 있다.

"[그는] 이따금 아침 9시쯤 앙리 위베르의 서류를 정리한다는 이유로 집으로 나를 부르곤 했다. [······] 모스는 함께 아침 식사를 하자고 하면서 찬장에서 이상한 캐비어 파테, 건조시킨 순록 고기, 개미 알 요리 등을 꺼내어 주거나 아이사우아인(Aïssaoua)의 집에서 머물렀던 이야기를 들려주곤 했다. 또한 먹는 즐거움은 포크보다 손가락이 낫다고 주장하기도 했다. 나는 앙리 위베르의 글은 보지도 않고 모스에게 마음이 사로잡히고 현혹되어 12시쯤 그의 집을 나오곤 했다.[37]

앙드레 샤에프네가 지적하고 있듯이, 미래의 민족학자들이 "갈 길은 꽤나 힘든 길이었다." 모스는 학생들에게 "애정과 선견지명이 담겨 있는 생각"을 베풀면서 "듣기 좋은 격려의 말"을 해주고 "정신적 지지"를 보냈다.[38] 그는 학생들이 장학금을 신청하는 것에 도움을 주어 록펠러 재단이나 국가 과학기금에서 받을 수 있도록 해줬다(1931년부터 그는 인문학 기술 위원회 사회학 부문 회원이었다). 이렇듯 민족학에 관심을 가지고 있는 모든 사람들은 필수적으로 모스에게 문의해야 했다. 심지어 그에게 배우지 않은 학생들 ── 로제 바스티드, 자크 베르크, 클로드 레비스트로스 ── 도 조언을 얻기 위해 모스에게 만나달라고 청했다. 민족학에 관심이 아주 많았던 레비스트로스가 철학 교수자격을 받자마자 모스에게 부탁 편지를 썼던 것이 그 예다.[39]

1920년대 말과 1930년대 초부터 모스의 여러 학생들은 현장에 뛰어 들었다. 1927-1928학년도에 아비니시아에서 정부에서 파견한 탐사단으로 활동한 마르셀 그리올은 1931-1933년 사이에 다카르-지부티 탐사단장으로 일하게 되었다. 조르주앙리 리비에르는 1928년에 트로카데로의 민족지학박물관 부관장직을 맡게 되었다. 또한 스위스 출신 알프레드 메트로(로잔, 1902년)는 아르헨티나에서 1928년부터 1934년까지 남투쿠만대학의 민족학연구소장직을 맡게 되었다. 샤를르 르 쾨르의 경우 영국에서 잠시 연구를 위해 머무른 후 1930년 모로코에서 의식과 도구에 관한 조사를 시작했다. 자크 수스텔은 2년 동안(1930-1932년) 멕시코의 프랑스학교에서 연구생으로 일하면서 오토미족에 대한 연구를 추진했다. 1932년 잔 퀴지니에는 18개월 동안 말레이시아 연방에서 체류하면서 마법에 대한 자료들을 수집했다. 같은 해에 조르주 데브뢰는 모이 세당족과 함께 생활했다. 그린란드에 파견된 폴에밀 빅토르는 그곳에서 에스키모인들에 대한 연구를 수행했다. 1934년 12월, 테레즈 리비에르는 제르멘 틸리옹과 함께 알제리의 오레스에서 1년 간 파견되었다.[40] 이듬 해 드니즈 폴름은 도공족들과 9개월을 보냈다. 이 모든 활동들과 연구들은 민족학연구소의 "호시절"을 보여주는 것이다. 모스는 강의를 하고, 리베는 여행을 다녔으며,[41] 학생들은 처음으로 '탐사 현장'으로 떠났고, 또 논문을 준비했다.

민족학연구소에서 파견했던 가장 중요한 민족지학적이고 언어학적인 원정대는 다카르-지부티 탐사단이었다. 실제로 이 탐사단은 프랑스 정부(의회에서 만장일치로 1931년 3월 31일 법안이 통과되었다.)와 록펠러 재단의 재정 지원을 받고 있었다.[42] 그 관리는 젊은 아프리카학자 마르셀 그리올의 소관이었다. 그는 고등연구실천학교의 민족학 연구실의 조교로, 1928년 아비시니아에서 파견 근무를 한 바 있다.[43] 모스는 그리올이 재정적, 정치적 도움을 받도록 전적으로 뒷받침해줬다. 파견에 앞서, 조르주 앙리 리비에르의 주최로 탐사단에 대한 자금 마련을 위한 갈라 파티가 시르크 디베르(Cirque d'hiver)에서 열렸다. 그곳에서 권투 경기가 열렸는데, '아프리카' 권투 선수 알 브라운을 초청 인사로 파리의 명사들을 초대했다. 전해지는 이야기로는 모스가 챔피언과 권투를 했다고 한다.[44] 어쨌든 5월 19일, 탐사단은 보르도에서 생피르망 선(船)에 오르게 된다.

『민족지학 자료 수집가들을 위한 간략한 지침서』[45]를 가지고 탐사단은 2년 동안 20,000km를 돌아다니면서 프랑스령 서부아프리카, 나이지리아, 카메룬, 프랑스령 적도아프리카, 벨기에령 콩고, 영국령 이집트 수단, 아비시니아, 에리트레아, 프랑스령 소말리아 해협을 일주하게 된다. 그들의 목적은 "다양한 활동을 통해 몇몇 흑인 민족에 대한 연구를 하는 것"이었으며, "민족지학박물관에 부족한 것들을 채우기" 위한 수집을 하는 것이었다.[46] 그 수확은 엄청났다. 3,500개의 수집품, 대다수가 오늘날까지도 잘 알려지지 않은 30개의 언어 혹은 방언 목록, 다량의 아비시니아 고대, 근대 미술품, 300개가 넘는 에티오피아 경전 및 부적, 박물관 동물학 분야를 위해 모은 살아있는 동물을 포함하여 6,000장의 사진, 600개의 녹음 기록 등이 수집되었다. 더 나아가 탐사단은 학계에 "아프리카 흑인 사회는 ──기술 분야를 제외하고── 많은 점에서 매우 발전된 문명을 지니고 있다는 확신"[47]을 가져다줬다.

모스가 민족학 탐사단에게 바라던 바대로, 이 모든 것은 진정한 공동 작업을 의미했다. 그리올은 민족학연구소에서 배운 방법론을 적용할 충실하고 젊은 8명의 공동 협력자 — 마르셀 라르제, 미셸 레리스, 에릭 뤼텡, 장 무셰, 앙드레 샤에프네, 데보라 리크직, 아벨 패브르, 가스통루이 루 — 을 채용했다. 계속해서 이동해야 했던 연구원들은 단기간 한 곳에 체류하는 때만 '집약적 방법(méthode intensive)'을 사용할 수 있었다. 그래서 대개의 경우 그들은 '확장적 방법(méthode extensive)'을 우선시해야 했다. 그런데 이 방법은 모스가 지적하고 있듯이, 피상적인 방법이라는 점에서 매우 비난받는 방법이었다. "광범하게 접근하는 민족지학은 필요하다. 그러나 그것으로 충분하다고 생각하지 말아야 한다."[48] 그리올은 모스의 말에 완전히 반대하는 것은 아니었지만, "최소한의 시간과 최소한의 비용으로 얻을 수 있는 양질의 과학적 수집"을 보장해줄 수 있는 "확실하고 신속한" 방법의 필요성을 선택해야만 했던 자신의 입장을 설명했다. 수집을 위해서는 "종종 여러 대륙에 걸쳐있는 국가 전체에 다양한 이름으로 펼쳐져 있는 커다란 체제들을 체계적으로 연구하고" 싶은 민족지학자에게 '확장적 방법'이 불가피하다고 생각했던 것이다.[49]

탐사단의 서기이자 문서 담당자 그리고 종교사회학 담당 조사관인 미셸 레리스는 "항해 일지" 혹은 "여행 일기"를 썼는데, 곧 개인적 느낌, 공상 등을 담은 "사적인 일기"로 변모되었다. 작업에 사용되는 방법에 대한 그의 시각은 사실상 비판적이었다. 그에 따르면 탐사단은 때로는 관광단(경치나 이국적인 풍경을 찾아다니기 때문에)에 가깝고, 때로는 서커스단(계속되는 이동, 똑같은 풍경)에 가까웠으며, 또 때로는 식민지 강탈에 가까웠다. 연구원들은 수도 없는 기괴한 어려움들을 극복해야했다. 예컨

대 교통(배, 철도, 자동차, 캠핑카), 세관, 직원 교육 등이 바로 그것이었다.[50]

레리스로서는 식민지 모험이나 학문에 대한 헌신에 준비되어 있지 않은 듯했다.[51] "민족지학적 연구는 무엇을 목적으로 하는가?" 그는 울적할 때에 이러한 생각을 하곤 했다.[52] 그의 "여행 일기"는 분명 대학 사회와 정치 사회에서 온전히 받아들여지지 않는다. "하찮은 책"이라고 사람들은 웅성거렸다. 그리올은 그 책에 대해 격노했다. 마르셀 모스조차도 레리스에게 훈계를 했지만, "아버지의 마음으로 너그럽게"[53] 대했다. 모스는 레리스의 책이 "민족지학자들이 식민지 거주민을 바라보는 시각에 해로운 영향"을 미칠까봐 걱정했다. 모스가 생각하는 레리스의 이미지는 아주 긍정적인 것만은 아니었다. 그는 반복해서 레리스가 "글쟁이"이며, "매우 착실한" 사람은 아니라고 말했다.[54] 레리스 또한 "민족지학은 지루하며, 바라는 모든 것은 트로카데로에서 가능한 한 일을 조금만 하는 것"[55]임을 시인했다.

모스와의 관계에 대해 레리스는 아주 단순하게 이야기하고 있다. "선생과 제자 관계다. 나는 선생을 존중하는 학생이었다." 하지만 그가 모스에게 진 빚은 매우 컸다.

[……] 제가 선생님께 신세진 모든 것에 대해 감사드립니다. 그리고 선생님에게 교육받았다는 것은 항상 제게 긍지를 갖게 합니다.

제가 특히 선생님께 신세를 지고 있다는 점을 밝히기 위해 거창한 표현을 사용하는 것을 허락해주십시오. 선생님께서 저를 아시게 되었던 그때 신인 작가였던 저는 선생님 덕분에 학문에 대한 애착을 지니게 되었습니다. 그리고 필경 단순할 뿐인 다음과 같은 것이 지닌 놀라

운 중요성을 알게 되었습니다. 바로 진정한 지식인의 성실함입니다.[56]

또한 탐사단장 그리올은 탐사를 위한 이와 같은 모든 노력이 "소중한 결과로 이어짐"과 동시에 "민족학 발전에 가장 중요한 요소"가 될 수 있기를 바랐다. 이와 같은 원정이 대중에게 큰 관심——전시회, 민족지학 박물관에 새로운 아프리카 전시실 개방——을 불러일으킬 수 있다는 것은 분명했다. 그리고 다카르-지부티 탐사단에 참여하는 탐사원들에게 "현지에서 민족지학 연구에 대한 기초를 배울 수 있고" 조사를 할 수 있는 좋은 기회를 제공해주었다.[57]

현지 조사를 전혀 해보지 않았던 모스가 새로운 연구원 세대 전체에게 전적인 영향을 끼쳤다는 점은 기이한 모순으로 여겨질 수 있다. "'책상형' 인류학자들 중 가장 위대한 마지막 학자"는 자신의 학생들을 훗날 그들에게 "가장 귀중하고 필수적인 지주"가 될 원칙과 조언들로 무장시켜 모든 세상의 발자취를 쫓아가도록 했다. 그의 학생들은 모스에게 자발적으로 감사의 말을 전했다. "[……] 정말 진심입니다. 선생님은 학생들을 관찰해야 할 현상들을 직접 경험할 수 있도록 준비시켜주셨습니다."[58] 몇 년 후에 "과거의 모든 흔적이 담겨 있는 지도를 만들기" 위해 이스터 섬에 탐사를 갔던 알프레드 메트로 역시 옛 스승에게 감사의 말을 전하고자 했다. "[……] 선생님의 예측이 맞았습니다. 선생님께서 제대로 보셨습니다. [……] 선생님의 수업에 대한 기억이 정말 귀중한 지침서가 되었습니다. [……] 선생님의 가르침 덕분으로 현지 조사에서 많은 성과를 거둘 수 있었습니다. [……] 세상의 반대쪽에서 그저 감사하는 마음으로 선생님을 생각하고 있으며 이 말씀을 꼭 드리고 싶습니다.

선생님은 제가 익숙한 아메리카가 저를 익숙하게 만들었던 문명과는 전혀 다른 문명에 대한 연구에서 가장 훌륭한 입문 지도자가 선생님이라는 사실이 그것입니다."[59]

예술과 민족학, 잡지 『도큐망』

이렇게 해서 예술가들과 작가들, 그리고 대중들은 민족학에서 불어오는 "호감과 관심의 대세"에 발맞추어 이 학문[60]의 기초를 습득하기 시작했다. 이러한 움직임은 1931년, 대규모 식민지 전시회를 개최하면서 절정에 달했다. 모리스 레엔아르트를 비롯하여 여러 민족학자들은 전시관에 앙코르 사원을 재구성했고, 뱅센 숲에 동물원을 세웠으며, 큰 축제를 열어 수많은 방문객들을 끌어 모았다. 이들이 개최한 전시회는 논란거리가 되었는데, 그 중에서도 특히 초현실주의자들과 반식민주의자들의 반감을 샀다. 하지만 이 전시회는 "프랑스 역사상 가장 높이 평가받는 전시회"[61]로 남아있다. 같은 시기에 트로카데로 민족지학박물관에서 개최한 전시회들이 큰 성공을 거두게 되는데, 그 중 하나는 다카르-지부티 파견 자료들을, 또 하나는 프랑스 식민지들에 대한 것들을 전시해 놓은 것이었다. 이런 흐름에 따라 출판사들도 인류학과 민족학 총서들을 출간하기 시작했는데, 그 기회에 영국과 미국에서 출간된 서적들의 번역이 급증했다.[62]

그로부터 몇 십 년 전만해도 민족학에 대한 이러한 관심은 상상할 수도 없는 것이었다. "거의 대부분의 원주민 예술은 미지의 영역이었다." 라고 모스는 인정했다. 모스 세대의 사람들은 민족학에서 "호기심", "싸구려", "조잡함", "맹목적 숭배", 그리고 "기괴함"을 봤다. 『사회학 연보』의 첫 번째 혹은 두 번째 시리즈에서조차 미학은 부차적인 자리를 차지하고 있었고, 원시미술과 고고학에서부터 놀이를 거쳐 문학과 음악에 이르기까지 경계가 불분명한 넓은 영역을 다루고 있었다고 할 수 있다. 샤를르 랄로와 함께 사회학적 미학 분야의 공동 책임자인 앙리 위베르는, "집단 묘사의 일반적 이론을 위해서라도 예술은 반드시 첫 번째 지위를 차지해야 한다."[63]고 개탄했다. "미학적 현상의 중요성"을 염두에 두고 있었던 모스 자신도 미학이 사회학의 한 부류가 되기를 소망했다.[64]

경향은 변화하고 있었다. 블랙 아프리카의 가면[65]은 더 이상 웃음거리가 되지 않았고, 베냉(Bénin)의 황동이나 다호메의 보석은 깊은 인상을 남겨주었다. 모스는 자신의 글에서 이렇게 말하고 있다. 이제 원주민 예술이 나타나기 시작했고, "원주민 예술은 우리의 그것만큼이나 훌륭하다. 그들의 예술을 접함으로써 우리의 예술 또한 새로워진다. 원주민 예술은 새로운 형식 새로운 스타일을 제시한다. 물론 원주민 예술이 우리 예술의 전통만큼이나 이미 양식화되어 있고 고도화되어 있을 때라도 말이다." 나이 지긋한 교수에게서, 젊은 세대들이 "드넓은 정신으로 삶에 뛰어들고, 인간이 생산해내는 모든 아름다움과의 뜨거운 합일을 행동으로 주창하는 것을 보는 것은 하나의 기쁨 —— 하나의 "순수하고 뒤섞이지 않은 기쁨" —— 이었다.[66] 모스가 참여해 출간된 『리옹 위니베르시태르』의 한 호(號)의 전체 지면이 "원주민 예술"에 할애되었으며, 자크 수스텔의 「원시시대의 몇 편의 시」, 모리스 레엔아르트의 「뉴칼레도니아 예술」, 스테판 쇼베 박사의 「흑인예술 연구의 기초」 등이 실렸다.

모스, 특히 그의 제자들은 예술과 민족학의 만남에 관여했다. 마르셀 그리올, 미셸 레리스, 알프레드 메트로, 조르주 앙리 리비에르, 앙드레 샤에프네 등은 문학적, 그리고 예술적 전위의 "제한된 공간"에 자주 드나들었다. 그리고 그들은 "프레베르 패거리들"(자크 프레베르와 피에르 프레베르)이 주름잡던 카페 드 플로르 테라스에서 정기적으로 만나거나, 본네 거리의 발-네그르에서 토요일 저녁마다 모였다.[67]

조르주 앙리 리비에르는 원래 피아노 연주자 겸 작곡가가 되고 싶어 했다. 그는 재즈광이었다. 미셸 레리스는 시인이었으며, 개인적으로 여러 명의 예술가들, 앙드레 마송, 파블로 피카소, 마르셀 뒤샹 등과 친분이 있었다. 1929년부터 인간박물관의 음악민족학 부서의 총책임자를 맡았으며, "도공 음악"의 연구에 대한 보고서의 저자이기도 한 앙드레 샤에프네는 음악인이기도 했으며, 재즈와 현대 음악(라모, 잔캥, 드뷔시, 라벨, 사티, 풀렝크)의 애호가이기도 했다.[68]

"용감하고, 신비로우며, 번뇌하는 자"[69]인 알프레드 메트로는 조르주 바타유의 가장 오랜 친구 중 한 사람이었다. 그는 1921-1922학년도에 샤르트 학교에서 수학하던 당시에 바타유를 만났다. 이들 사이에는 "어떤 막연한 신체적 유사성"[70]을 비롯하여 같은 "여행 취향"이 공존했다. 바타유는 그의 젊은 친구인 메트로와 문학에 대한 애정을 함께 나누었으며, 그에게 지드와 니체의 글을 읽을 것을 권유하기도 했다. 메트로는 바타유와 렌느 가를 오랜 시간 산책하면서 그에게 인류학을 알려주었으며, 모스에 대해, 그리고 모스가 작업한 포틀래치에 대해 이야기해주었다. 1928년에 이 두 사람은 콜럼버스의 발견 이전의 아메리카 대륙의 오랜 문화에 관련된 첫 번째 대규모 예술 전시회를 계기로 출간된

『문학, 과학, 그리고 예술 공화국 수첩』특별호 발간에 협력했다. 『사라진 아메리카』는 바타유가 집필한 초기의 몇 작품들 가운데 하나다. 순응주의 정신을 가지고 있지 않던 그는 민족학자들에 의해 수집된 사건들과 그들에 의해 정립된 이론들에 매료되었다.

바타유는 초현실주의 운동에서 멀어지고 나서 잡지 『도큐망』의 관리를 맡게 된다. 골동품 판매상이자 『미술 잡지』편집장인 조르주 빌덴스텡의 재정적 도움으로 1929년에 출간될 수 있었던 이 잡지에는 「고고학, 미술, 민속지학, 잡록」이라는 부제목이 붙어 있었다. 이처럼 다양한 여러 분야들을 병렬적으로 다룬다는 것만으로도 이미 예술, 문학, 그리고 인문과학을 구별하고 서열을 매기는 것에 대한 비판이었다. 그리고 표제에서 볼 수 있듯이, 『도큐망』은 사실들과 '자료(data)'에 큰 중요성을 부여했다. 하지만 여기에서 말하는 사실들이란, "가장 자극적인 예술 작품들", "지금까지 무시되었던 혼합 생산물들", "아직 결론이 밝혀지지 않은 가장 걱정되는 사건들"을 의미했다. 샤에프네의 표현에 의하면, 이 잡지는 텍스트, 이미지, 그리고 다양한 대상들을 모은 일종의 "민족지학박물관"이었다. 각 발간호는 피카소, 쟈코메티, 그리고 아프리카 가면이나 광고 포스터(미국 영화나 음악홀의 공연) 등을 재구성하여 나열한 것이었다. 미셸 레리스에 의하면 진정한 "야누스의 간행물"인 『도큐망』은 두 개의 얼굴을 가지고 있었다. "하나는 문화의 높은 영역으로 향하는 여정이었고 [……], 다른 하나는 어떤 종류의 지도나 여권도 없이 야생지를 모험하는 여행"[71]이었다.

『도큐망』에서 피카소에게 경의를 표하려 했을 때, 모스는 이 잡지의 대표로부터 동참해줄 것을 부탁받았다. 모스는 짧은 글을 쓰는 것에 동의했고, "자신보다 더 능력 있는 다른 누군가가" 그 일을 할 수도 있었을 것이라고 말했다. 마르셀은 자신에게 주어진 부탁에 대해 자문했다.

> [……] 이 글은 내가 1900년대 초에 당신의 데생과 그림에 매료되었던 젊은이들 중의 한 사람이라고 말하기 위함일까? 그것들에 대해 몇몇 애호가들을 설득시켰던 한 젊은이 말이다. 아니면 소위 원시적 미술이나, 흑인 미술 혹은 기타 등등(아주 단순히 말해 예술일 뿐인)에 대한 저의 보잘 것 없는 지식을 알고 있던 이 잡지 출판 관계자들이 내가, 당신의 그림과 데생은 인상이나 표현의 가장 순수한 근원에 우리를 다가서게 한다고 말하기를 바라서일까?[72]

여러 학문의 혼재와 『도큐망』에 나타나는 모스와 그의 제자들의 글들을 통해 몇몇 사람들은 "전위예술과 뒤르켐 학파 사이의 눈에 띄는 유사성"[73]의 증거를 볼 수 있었다. 물론 이것은 의심의 여지없이 약간 지나친 해석의 결과였다. 모스는 피카소의 캔버스 그림을 좋아했다. 모스가 그를 알게 된 것은 자기 제자 중 몇 사람을 통해서였다. 하지만 그의 친구이자 현대 음악의 진정한 애호가였던 앙투안 메이예보다 취향이 더 "고전적"(문학에서는 플로베르, 스탕달, 도스토예프스키, 음악에서는 바그너[74])이었음에도 불구하고, 모스는 "삶이 지니는 사치, 즉 시, 음악, 커다란 도약 등에 열정적일만큼 호기심이 넘쳤다."[75] 그는 정기적으로 재즈를 듣고 현대 예술과 "원주민 예술"에 모두 경탄하면서 스스로 "드넓은 정신"을 갈구했다. 그리고 그는 망설이지 않고 고잠(Godjam)의 어린 소년들의 예술, 미지의 아비시니아 예술을 보호하는 데 앞장섰다. "우리는 원주민 예술의 민족지학적인 지식이 우리 예술의 발전에 이미 기여했다고 확신한다."[76] 라고 결론짓고 있다.

『도큐망』의 모험은 2년 밖에 가지 못했다. 「바타유의 불가능에서부터 불가능한 『도큐망』까지」에서 미셸 레리스는 이 "이상한" 기획의 약점에 대한 목록을 만들었다. 예컨대 엉성한 조직 편성, 분파 형성, 편집 기준을 확실히 정하지 못하는 무능력 등이 그것이다. 그로부터 몇 년이 지난 후에 초현실주의 운동과 밀접하게 관련된 또 하나의 새로운 잡지가 발간되었는데, 그것이 바로 『미노타우로스』다. "현대적 운동 정신의 영향력 확장을 위해 그 구성 요소들을 발견하고, 끌어 모으고, 요약하는" 의지의 표현이었던 이 새로운 기획은, 작가들과 시인, 그리고 예술가뿐만 아니라 종교 역사와 정신분석, 그리고 민속지학 분야에서 그 시대를 대표하는 학자들에게 지면을 제공해 주었다. 창간호에는 앙드레 브르통과 폴 엘뤼아르의 글, 파블로 피카소, 앙드레 마송의 그림 등과 함께 「경험의 편집증적인 스타일과 형식의 문제」에 대한 자크 라캉의 연구 논문과 「도공의 슬픈 춤」에 대해 쓴 미셸 레리스의 논문 등이 실려 있다. 『미노타우로스』 제2호는 잡지 전체를 다카르-지부티 탐사에 할애했다. 잡지 책임자들은 이렇게 말하고 있다. "지금 세대의 학문들 가운데 민족지학은 의심의 여지없이 가장 중요한 학문 중에 하나다. "흑인 예술"이라고 불리게 된 예술에 지난 몇 해 동안 쏟아진 열광 덕분에 많은 대중들에게 알려지게 된 민족지학은 사회학과 심리학이라는 커다란 인문학 지식의 도구에 없어서는 안 될 재료를 제공했다. 동시에 민족지학은 현대 미학에서 가장 활발하게 활동하는 분야 중 하나이기도 하다."[77]

특별호가 발간 된 이후, 『미노타우로스』는 민족지학에 더 이상 관심을 갖지 않고 예술, 문학잡지로 변모했다. 예술가들은 그들의 아틀리에로 되돌아갔고, 민족지학자들은 그들의 박물관이나 활동 영역으로 되돌아갔다. 샤에프네는 민족지학박물관의 진정한 민족음악학 부서 발족에 힘썼다. 메트로는 미개척지 탐구에 완전히 매진했으며, '미국식'의 참여 관찰 기술에 영감을 받아, 시드니 민츠의 표현에 의하면, "현지 연구원 중 현지 연구원"[78]이 되었다. "민족지학자들인 우리는 문학도라는 비난을 받지 않도록 우리를 지켜가야 한다. 민족지학은 불행하게도 알아듣기 어렵게 되어 버렸다. 그것은 우리가 어렵게 말하면서 과학적이라고 단언하기 때문이다."[79] 이러한 점진적 경화(硬化)는 트로카데로 민속지학박물관이 건립되면서 점차 두드러지기 시작했다. 그 몇 가지 예는 다음과 같다. 나무로 된 창틀이 "조금 더 절도 있고 더 엄격하며 소위 더 완고해 보이도록"[80] 금속제로 바꾸는 것이었다. 그리고 『도큐망』에 재정 지원을 했던 조르주 빌덴스텡의 호의 덕에 회보를 간행하게 되었다. 그러나 기계적 논문, 단순 화보, 건조한 지식, 기사의 단호함 등이 반영된 엄숙한 느낌, 등 이는 『도큐망』과는 거리가 멀었다. [……] "모든 것은 물신적이었고 따라서 모두 토템이 되었다." 라고 장 자맹은 말하고 있다.[81]

영역의 차이, 전문화, 자율화, 이와 같은 표현들은 민족학이 겪고 있는 변화를 보여준다. 하지만 『미노타우로스』이든 『도큐망』이든 예술과 민족학의 만남을 개인적으로 체험했던 사람들은 이 경험을 깊이 새긴 채 살아가게 된다. 직업적으로 민족학자가 된 레리스 역시 그의 작가로서의 활동을 지속해 나갔고, 『크리틱 소시알』, 『누벨 르뷔 프랑세즈』 등에 글을 기고했다. 그의 행로는 몇 년 뒤 사회학 콜레주에서 바타유의 행로와 새롭게 교차하게 된다.

오래된 문제, 새로운 연구로의 길

한편으로 수많은 교육 업무와 또 다른 한편으로 앙리 위베르의 저서
『켈트족과 테네 시대까지의 켈트족의 확장』[82] 의 편집 작업이 길어지
면서 모스는 자신의 연구에 몰두할 시간을 거의 가지지 못했다. 모스
의 작업들은 너무 분산되어있고 대개는 단편적이었다. 모스 자신도 이
것을 잘 알았기 때문에 출판에 큰 중요성을 두지 않았다. 1930년에서
1940년 사이 그가 출간한 작업은 일 년에 평균 한 개가 채 안 됐다.[83] 모
스의 관점에서 보았을 때 출판에 대한 상대적 무관심은 아주 특이한 것
이었다. 이것을 당시 몇몇 교수들이 거의 또는 전혀 책을 출간하지 않았
던 프랑스대학 체계의 결과로 보지 않는다면 말이다. 모스는 이렇게 생
각하고 있다. "과학적인 연구를 사랑하고 과학 자체를 위한 연구를 행하
는 [……] '생각하고' '지적인'[84] 대학인들이 있다는 점이 중요하다." 그
는 자신만이 행하는 연구의 방법을 E. E. 유뱅크에게 다음과 같이 알려
주고 있다.

> 저는 체계적인 이론을 발전시키는 데에는 흥미가 없습니다. [……] 저
> 는 여기에서든 저기에서든 이익이 되는 보편화가 발견되면 저만의 방
> 법을 이용해 단순하게 작업하고 마무리 지은 후 또 다른 과제로 넘어
> 갑니다. 제가 주로 몰두하는 일은 모든 영역을 아우르는 위대하고도
> 일반적인 이론의 틀을 만들어 내는 것이 아니라—이 일은 불가능하기
> 도 합니다.—단지 표면적으로만 다뤄왔던 한 영역의 차원에 대한 몇

가지를 보여주고자 하는 것입니다. 우리는 여기저기에서 무엇인가를 알고 있고 그게 전부입니다. 그러한 식으로 작업해 왔으므로 제 이론들은 산만하고 체계적이지 않으며, 그것들을 요약하려고 애쓸 수 있는 누군가를 어디에서도 찾을 수가 없습니다. [……] 할 일들은 너무나 많습니다. 오래된 이론을 다시 다루는 것보다 저에게는 더 중요하게 여겨지는 일들 말입니다. 하나의 작업을 완전히 끝낸 다음에, 저는 그것은 잊고 한 쪽에 제쳐 놓은 다음 다른 일에 착수합니다.[85]

모스가 중요시했던 연구방식(프랑스 사회학연구소의 연구원들과 함께 한 것이든 국제 통합 주간을 계기로 한 것이든)은 발표를 통한 참여였다. 그도 그럴 것이 모스는 토론을 통해서 그의 동료들 —— 포코네, 모니에, 블로크, 그라네, 레이, 시미앙, 앙리 레비브륄—— 이나, 미국 철학자 존 듀이 그리고 스위스 심리학자 장 피아제와 같은 외국 연구자들이 진행하고 있는 연구에 대해 토론할 수 있었기 때문이다.[86] 모스는 이 두 사람을 이미 알고 있었다. 모스는 듀이를 미국에서 1926년에 만났고, 피아제는 다보스에서 1928년에 만났다. 모스는 토론을 좋아했지만, 기나긴 '철학적-이론적' 토론에 끌려 다니는 것은 지양했다. 그는 그런 것을 경계했으며, 제자들과 친구들 사이에서도 그런 유형의 토론을 참아내지 못했다.[87]

모스가 1930년대 초반에 거론했던 주제들은 사회학 교육, 국제연맹, 우파와 좌파, 화폐 등 정말 다채로웠다. 그의 학술적 기여는 주로 보고서의 형식으로 나타났는데, 대개는 그의 강의 소재들이었다 .「다분절 사회에서의 사회적 응집성」(1931, 프랑스 사회학 연구소),「신체의 기술」(1934, 심리학 협회) 외에도 모스는 1934년에「일반 기술 사회학 구상」을

『사회학 연감』의 첫 번째 별책에 발간했다. 이 논문은 그가 민족학연구소에서 강의하고 1931년 겨울에 콜레주 드 프랑스에서 계속 작업했던 『민족학적 지침서』의 결론 부분을 발췌한 것이다.

모스는 사회학적 조화에 대한 뒤르켐의 꿈을 결코 포기하지 않았다. "전체의 견고함과 영속성"이라는 문제는 늘 모스의 관심사였다. 모스는 콜레주 드 프랑스 수업 시간에 "시원적 사회에서의 집단적 삶의 일반적 현상" 몇 가지를 분석했다. 특히 사회적 응집성, 권위, 전통과 교육에 관심을 가지고서 말이다. 그는 사회학 연구소의 동료들 앞에서 자신의 관찰을 이어가면서 다음과 같은 질문을 던졌다. "응집성의 근원은 무엇인가?" 회장이었던 프랑수아 시미앙에 의하면 모스의 발표는 "넘쳐나는 제안과 사실, 그리고 다양한 의견들이었다." 그리고 시미앙은 이렇게 덧붙이고 있다. "다시 읽어야 할, 아니 심지어는 깊이 생각해 봐야 할 발표였다." 이 주제의 중요성 때문에 연구소의 일원들은 모스가 다음 회합 때 다시 한 번 그 문제에 대해 이야기하는 것에 동의했다.

모스가 발전시킨 생각은 다음과 같다. 한 사회의 응집성은 그 사회에 현존하는 권위 — 예컨대 현대 사회에서 '국가' — 보다는 일련의 중첩 전체의 형식화와 더 관련이 있다는 것이다. 씨족, 성의 구분, 나이의 계층화, 세대 등이 그 중첩의 요소다. 시원적 사회만 해도 이러한 "균질한 한 무리"와는 거리가 멀고, 서로 "겹쳐지고 엮이며 결속되어"[88] 있는 여러 그룹과 하위 그룹으로 구성되어 있다는 것이다. 직접적이고 간접적인 이 상호성은 따라서 사회적 삶의 중심부에 자리 잡고 있으며, 이것은 마치 현재의 가족 안에서 보게 되는 것과 같다는 것이었다. 모스는 반복해서 이렇게 말하고 있다. "당신의 아버지가 당신에게 했던 것을 당

신의 아들에게 돌려줘야 합니다."[89] 명백하게 구조적인 이 분석은 교환
체계에 근거를 두고 있다. "이처럼 모든 그룹은 서로서로 포개져있고 서
로 조직됩니다. 상호적 의무에 의해, 세대와 성(性)의 얽힘에 의해, 씨족
의 얽힘에 의해 그리고 연령대의 계층화 등에 의해서 말입니다."[90] 모스
는 이런저런 체제를 충족시킬 수 있는 기능들이 아니라 단위체들 사이
혹은 사회적 그룹들 사이의 구조를 강조하고 있다.[91]

결론적으로 모스는 사회학적 지평에서 사라졌던 문제, 평화에 대한
문제를 첫 번째 순위에 놓으려고 했다. 우리 사회를 이해하는 데 시원적
사회에 대한 연구가 유용하다고 확신한 그는 민족학자로서 과감히 보
편화를 감행했다. "서로 얽혀있는 하위 그룹들의 필요성에 대한 시각은
우리 사회에도 적용되어야 한다."[92] 개인주의와 사회주의의 문제에 대
한 해결책을 찾기 위해 뒤르켐은 개인주의적인 무정부와 국가의 막대
한 권력 사이에 존재하는 중간 단계의 힘을 정했는데, 그것이 바로 전문
가 그룹이라고 모스는 지적했다. 모스는 이어서 다음과 같은 의견을 피
력하고 있다.

여러분들에게 다음과 같은 몇 가지를 제안한다고 해서 뒤르켐의 사유
에 충실하지 못하다고 생각하지 않습니다. 우선, 사회의 무정형에 관
련된 현재의 통념을 줄였으면 합니다. 그리고 다음으로는 그와 반대로
우리 현대 사회를 점점 더 조화롭게 할 필요성에 관한 생각들은 복잡
하게 해야 합니다. 우리 사회에는 하위 그룹들을 많이 창조해야 합니
다. 다른 그룹, 특히 전문가 그룹, 그리고 부재하거나 하찮게 존재하는
그룹들을 지속적으로 강화시켜야 합니다. 그들이 자연스럽게 서로 조

율하도록 내버려 둬야 하며, 자연스럽게 그리고 필요하다면 국가의 권위 하에 아니면 어쨌든 국가의 정보, 관리 하에 둬야 합니다.[93]

모스는 「시원적 사회에서 사회적 삶의 일반적 현상에 대한 분류와 관찰방법(사회의 내적 삶의 과학적 현상)」이라는 부제가 붙은 논문을 『사회학 연감』에 기고할 당시 그의 삼촌과의 대화를 계속해 나갔다. 수평구분과 상하구분이 있는 사회학의 "설계도"의 수립 문제는 뒤르켐을 포함해 뒤르켐 추종자들을 따라다녔다. 모스는 1927년에 『사회학 연보』의 새 시리즈에서 "사회학의 분할"에 대한 긴 사유를 발전시켰다. 하지만 그는 이와 같은 토론 주제를 『사회학 연감』에 끌어들일 의향은 없었다. 게다가 형태학적 현상과 심리학적 현상 사이의 오래된 분할을 유지하는 것은 더 이상 문제가 안 되었다. 모스는 이렇게 말하고 있다. "따라서 [이러한] 분할을 포기하자!" 모든 "단편적이고 파편적인" 사회학 연구를 지양했던 모스는, "전체 사회적 현상"이나 "전체" 혹은 "사회 시스템"같은 용어들을 언급하는 것을 더 좋아했던 것이다.

모스가 제안한 일반기술(記述)사회학에 대한 설계도는 프랑스 식민지의 시원적 사회에 대한 연구에만 적용되었다. 잘 알려진 문제들, 설문조사 방법이나 인구 통계 현상, 언어 현상의 분석 등을 전제로 하여 모스는 사유의 틀을 사회 내적 삶의 일반적인 현상, 특히 "전체의 견고성과 영속성"에 관한 것 전부, 즉 사회적 응집성, 권위, 전통과 교육 등에 국한시켰던 것이다.

이 주제들은 모두 뒤르켐의 것이었다. 모스는 그것들을 이미 전에 다분절 사회에서의 사회적 응집에 대한 그의 발표를 통해 다룬 바 있었다. 이 주제들을 다시 다루게 되었을 때, 모스는 유럽인들의 생각에서부터, 즉 그들의 집단의식에서부터 출발하는 민족중심주의의 모든 형태를 경계하도록 하는 데 최선을 다했다. "우리가 사물에 부여한 이름, 특히 사회적인 사물에 부여한 이름을 갖다 붙이는 것만큼 위험한 것은 없다."[94]는 것이다. "우리가 연구하는 형태의 집단의식 안에서 표현되는 방식[사회적 삶의 형식]에서부터 출발해야 한다."[95]

하지만 시원적 사회란 무엇인가? 모스는 그의 삼촌이 『사회 분업론』에서 사회의 연대성을 "기계적"이라고 규정했던 것을 수정하려 했다. 모스는 그것을 "약간 개괄적"이라고 여겼다. 시원적 사회에는 유기적인 연대성도 존재하지만, 현대 서양 사회에서 흔히 볼 수 있는 것과는 성질이 다르다는 것이었다. 이러한 유기적인 연대성은 개인들 사이뿐만 아니라 하위 그룹들 사이를 연결해준다. 즉 결속성은 계약이 아닌 교환, 영향력, 서비스의 결과물이다. 따라서 우리가 흔히 너무 믿는 경향이 있는 것처럼 무정부적인 상태에 빠져들기는커녕 시원적 사회는 오히려 복잡한 사회 구성 방법을 보여준다. 수많은 국내 정치의 하위 그룹들(씨족, 포족)과 다양한 구분(성, 나이, 세대, 사회적 계층, 특권 계급(카스트), 그리고 복잡한 동맹 체계(결혼 등) 등을 통해서 말이다.

같은 해, 프랑스 사회학연구소에서 "화폐, 사회적 실현"에 대한 프랑수아 시미앙의 발표에 이어진 발언에서, 모스는 재차 교환과 상호성의 현상에 대해 강조했다. 하지만 이번에는 "집단적 사유의 한 형식"인 기대 그리고 미래에 대한 희망에 대해 강조했다. 모스는 이어 다음과 같이 덧붙이고 있다.

사회 안에서 우리는 함께 존재하고 어떤 특정한 결과를 기대하면서 서로에게 기대기도 합니다. 바로 이것이 공동체의 필수 형태입니다. 우리는 제약, 힘, 권위 같은 표현들을 예전에는 사용할 수 있었고 또 그런대로 가치가 있었습니다. 이 집단적 기대라는 어휘는 제 생각에 우리가 연구해야 할 근본적인 어휘들 중 하나입니다. 저는 법과 경제에서 말하는 발생론적 어휘들에서 그것 이외의 다른 발생론적 어휘는 모릅니다. "나는 기대한다."라는 정의는 집단적 본성의 선언 전체를 보여주는 것이라고 할 수 있습니다. 이것은 신학의 기원이기도 합니다. 신은 들어주실 것이다. ─제가 뜻하는 바는 '소원을 이뤄 주겠다'가 아니라 '너의 말을 들을 것이다' 입니다. ─나의 기도를![96]

홀륭한 직관인 "기대"는 개념적인 가치를 가지고 있지 않고, 모스는 더 이상 앞으로 나아가지 않았다. 그는 민족학연구소에서의 기술(記述)민족학 수업 내용들을 다시 취하면서 1934년 사회학 학회에서 「신체의 기술」이라는 발표를 했다. 이 연구 분야는 아직까지도 미개척지여서 잡지의 "기타 항목"을 장식했다. 모스는 이 항목을 "말썽스러운 항목"이라고 평했다. "민족지학에서 "기타 항목(Divers)"은 정말 괴상한 부분이라는 "다양한(divers)" 평가절하와 치욕을 감수하면서 저는 교육을 해야 했습니다."[97]

정교한 관찰자 모스는 하나의 일화에 대해 이야기한 다음, 그가 늘 수업 시간에 하듯이 몇 가지 예를 들었다. 어떤 것은 그의 군대 경험(삽 다루기와, 영국군 및 프랑스군의 행군, 빽빽하게 열지어서 움직이기와 전쟁 당시 웅크리고 앉아 있던 오스트레일리아 군인의 자세)에서, 다른 것은 체육 활동(수영이나 도보 경주 기술, 등산 방법)에서, 그리고 또 다른 것은 일상생활(미국의 한 병원에서의 간호사들의 걸음걸이, 테이블 배치 방법, 위생)에서 끌어온 경험들이었다. 아주 유용한 정보들의 근원지인 민족학은 수많은 다른 예들, 가령 마오리 부족 여성들의 엉덩이 흔들기(뉴질랜드), 오스트레일리아의 사냥과 달리기 관습 등을 제공했다. 모스는 이러한 예를 무한히 제시할 수 있었다. 이것은 '아비투스(habitus)',[98] 행동 양식이고, "집단적이고 개인적인 실천 이성"의 성과이며, 사회에 따라, 성이나 나이에 따라 다르게 나타나고 있었다. 예컨대 주먹을 쥐는 방법이라든가 앉는 방법 등이 그것이다. 모스는 이것을 간단히 "신체의 기술"이라고 말한다.

> 저는 효과적인 전통적 행위를 기술이라고 부릅니다. [……] 그것은 전통적이어야 하고 효과적이어야 합니다. 전통이 없다면 기술도 없고 전승도 없습니다. 바로 이것, 기술(技術)들의 전승 그리고 대개는 구전(口傳)에 의해 인간은 무엇보다 동물과 구별될 수 있습니다.[99]

수면, 춤, 몸단장, 힘쓰는 동작, 성교 자세 등 모든 것이 관찰 대상이었다. 가죽신발을 신는 카빌리아 사람들부터 하이힐을 신는 서양 여성들까지 일상성은 경이의 근원이 되었다. 사실들을 단순히 열거하는 것만으로도 일종의 감탄을 일으켰다. 기술은 한 사회에서 다른 사회로, 한 시대에서 다른 시대로 옮겨가면서 놀라울 정도로 변화하며, 우리는 이러한 변화를 통해 인간을 생각할 수 있을 정도였다. 요람이 있는 사람 없는 사람, 돗자리가 있는 사람 없는 사람, 의자가 있는 사람 없는 사람, 베개가 있는 사람 없는 사람, 탁자가 있는 사람 없는 사람 모두가 있었

던 것이다.[100]

　　다양한 관찰을 기초로 모스는 일반적인 고찰을 제시했다. 모스는 이렇게 단언하고 있다. "우리는 일련의 행동에 대한 신체-심리-사회학적인 몽타주를 마주하고 있습니다."[101] 등산을 배우던 경험을 떠올리면서 그는 민족학자로서의 입장에서 시각 교육, 걷는 교육, 침착함의 교육 같은 교육의 역할을 입증하려 했다. 그리고 모스는 이렇게 결론내리고 있다. "의식의 개입이 있다는 것은 사회의 덕택입니다. 사회의 개입은 무의식 덕택이 아닙니다. 사회가 있기에 준비된 행동의 안전이 있을 수 있고, 감정과 무의식을 의식이 지배할 수 있습니다."[102] 분석은 수영이나 걸음을 위해서만 가치가 있는 것이 아니라 역시 하나의 신체 기술인 기도와 같은 활동을 위해서도 가치가 있다고 모스는 강조했다. "이러한 신비주의에 대한 사회-심리-생물학적인 연구가 행해져야 합니다. 저는 신과 대화하기 위한 생물학적 방법이 반드시 있으리라고 봅니다."[103]

　　연구의 "황무지"는 그렇게나 많았다. 모스는 다음과 같이 믿고 있다. "바로 거기를 뚫고 들어가야 합니다. 우리는 바로 거기에 우리가 찾고 있는 진실이 존재한다고 확신합니다. 먼저 우리는 우리가 모른다는 것을 알고 있고, 수많은 사실들에 대한 강력한 감각을 우리가 갖고 있기 때문입니다."[104] 그리고 모스는 반복해서 말한다. "이 모든 것이 현지에서 관찰될 수 있고 또 관찰되어야 합니다. 아직도 알아가야 할 사실이 수백 가지입니다."[105] 15년이 지난 후에 클로드 레비스트로스는 유네스코 같은 국제기구가 이 같은 연구프로그램을 실현하는데 매달리기를 희망하면서 "거대한 과업"이라고 논평했다.[106]

『사회학 연감』

사회학이라는 개념이 진보해 나가고 있고, 대학 조직 내에서 뒤르켐주의자들의 위치가 공고해졌다. 마르셀 모스와 프랑수아 시미앙은 콜레주 드 프랑스, 모리스 알브바크스는 셀레스탱 부글레(얼마 전에 고등사범학교장으로 임명됐다.) 및 폴 포코네와 소르본에서 합류하게 된다. 고등연구실천학교에서 강의를 맡던 조르주 귀르비치는 스트라스부르에서 알브바크스를 계승하게 된다. 그러나 분명히 난점이 있었다. 대학들 내 강좌의 한계,[107] 사회학과의 정의에 대한 교감의 부재, 사회학 이론에 대한 무관심 등이 그것이다.

"오래 된 경쟁 세력들"로부터의 비판들은 여전히 혹독했다. 단과대학들에서 사회학의 교육적 성공이 야기했던 격한 반응에 대해서는 말하지 않더라도 말이다. "복 없는 이 과목은 온통 걱정만 야기 시켰다! 그리고 분노조차! 다시 한 번 더 정치적 정념들과 교육적 경향들이 서로 섞여 폭발을 일으키려 한다. 사회주의, 무종교 [……] 라고 고함을 쳤다. 이 포화가 완전히 사그라졌다고 믿지 않기를."[108] 『집지키는 개들』에서 폴 니장은 사회학, 즉 뒤르켐의 사회학을 신랄하게 공격하고 있다.

> [……] 사범학교들 내에 사회학의 도입으로 인해 이 공식적 도덕은 승리를 인정받았다. 뒤르켐이 엄청난 집요함과 커다란 권위적 맹위로 자신의 업적을 이뤘고 자신의 교육을 퍼트렸던 시절이 있었다. 이 업적에 과학이라는 존경할만한 외양들을 부여하면서 말이다. 이 외양들의 이름으로, 이 과학의 이름으로, 교사들이 아이들에게 조국 프랑스를 존중하라고, 계급들의 협동을 정당화하라고, 모든 것을 받아들이라고, 국

기(國旗)와 부르주아적 민주주의의 찬양 속에서 일체가 되라고 가르친다. 그러한 까닭에 나는 에세 씨와 그레제 씨의 교재, 부글레 씨의 선집이 가브리엘 마르셀 씨의 비밀스러운 사상들만큼이나 공격적이라고 본다. [……] 그도 그럴 것이 다른 글들보다 이 교재들이 복종, 타협주의 그리고 사회적 존중이라는 교리의 파급력을 드러내기 때문이다. 이 교리는 그 전성기에 아주 넓은 신임, 아주 많은 독자들을 얻었다. 뒤르켐주의적 행보에서, 사회주의적 어리석음이 급진주의적 어리석음을 모방하고, 데아 씨의 우둔함은 포코네의 그것에 전혀 밀리지 않는다. 뒤르켐은 생전에 기도했던 부르주아적 보수주의의 임무를 사후에 결국 완수하고 또한 완성한다.[109]

공산주의 지식인 니장은 옛 『사회학 연보』의 모임을 "부르주아적 사변가들", "진정한 사회주의의 길을 가로막으려 초 급행으로 구성된 일종의 저항군 [……]"[110]으로 소개했다. 직접 표적이 된 셀레스탱 부글레는 이렇게 대답하고 있다. "내가 할 수 있는 말은 내가 참여했던 단체의 경향에 대한 이야기 속에서 내가 나를 전혀 알아볼 수 없다는 것이다."[111]

사회학은 따라서 어려운 고비를 지나고 있었다. 「1914년 이후의 사회학」에서 모스는 "분명히 어떤 점들에서 [……] 우리는 진보했다."고 단언하고 있다. 그러나 그의 총평은 가혹했다. "사회학적 활동이 무엇보다도 체계적이고 개념화되기를 멈췄다."[112]는 것이다. 분명 더 많은 수의 젊은 사람들이 사회학 강의들을 들었다. 그러나 그들이 연구나 학문적 관심이 있어서 그런 것은 아니라고 모스는 아쉬워했다. 그들의 수강동기는 좋은 급여 전망에 의해 또는 정치적 관심에 의해 생긴 것이었다.

그의 미국인 동료가 묻는 질문("사회학의 미래를 위해 가장 촉망받는 젊은 연구자들은 누구입니까?")에 모스는 처음에는 대답하기를 꺼려했지만 곧 세 명의 이름을 댔다. 조르주 다비, 마르셀 그라네 그리고 막스 본나푸가 그들이다. 모스가 "진정한 사회학자"라고 여기지 않는 렌느대학 총장 다비 그리고, 대학에서 행정부로 최근에 옮겨 간 본나푸를 빼면 유일한 "기대주"만이 남게 되었다. 그의 친구이자 동료였던 마르셀 그라네가 그 장본이었다.[113] 따라서 계승의 문제가 있었다. 모스의 세대는 전쟁으로 인해 파괴되었고, 젊은이들은 지나치게 정치에 관심을 가진 결과였다. 사회학적 연구의 길에 들어서는 자들에게는, 레이몽 아롱이 강조하기를, "용기와 확고부동한 과학적 사명감"[114]이 있어야 했다.

게다가 경제적 위기가 각인된 전반적 상황으로 인해 사회학은 새로운 방향으로 나아가게 되었다. 그 결과 사회학은 "사실들의 영역을 위해 개념들의 영역"을 버려야 했다. 사회학은 사회과학의 "순수한 묘사적 측면"을 발전시켜야 한다고 모스는 생각하고 있다.

원시적이라 불리는 사회들의 묘사가, 우리의 공동 작업을 요청하고 우리의 방법들을 사용할, 유일한 묘사가 아니기를 바란다. 그것들을 강도 있게 그리고 사회의 관찰 전체에 곧바로 응용해야 한다. 우리나라의 경우처럼 우리 이론들의 전진이 힘들어지고 늦어질지라도, 직접적 관찰 작업에 참여해야 하고 그것을 지도해야 한다. 그것이 우리의 기능이다. 새롭고, 세밀하고, 정량화되고, 작은 척도의 표들 위에 지표화되거나 옮겨지고, 사진화되고, 영화화되고, 곡선과 도해들로 표현되어야 한다. 이러한 묘사들이 우리의 큰 사회들 전체에 대해, 이 사회들의 구성 요소들 즉 우리 도시들, 우리 농촌들, 우리 인종들, 우리 가족들에 대해 배가되기를 우리는 바라고 싶다. [……] 이제 우리 과학들의 모든 재원들을 이용해 우리가 사는 사회들의 본원적 특색들을 새겨둬야 한다.[115]

방대한 계획의 실현은 협력자의 숫자 부족으로 인해 어려웠다. "연구자들 수는 한정되어 있고, 그들의 노력에는 한계가 있다."고 모스는 지적하고 있다. 모스는 미국 여행 이후부터 문제는 재원들과 조직이라는 것을 인식했다. 항상 사회과학에서의 연구의 미래에 골몰하던 모스는 경제학, 사회학, 법학 그리고 사회사 영역 전공 학생들을 (고등연구실천학교 내에서) 연구자로 양성할 학과 창설을 두 번째로 제시하고 있다.

　모스는 프랑스에서 록펠러 재단과의 교섭 일을 맡고 있었으며, 주로 추천받은 미국 대학생들을 받아들이거나 프랑스 학생들과 연구자들의 장학금 요청을 돕는 일을 했다. 그러나 그는 더 이상 "재단 사람"이 아니었다. 그는 분명 정치적 이유 때문에 재단의 경계를 받았던 것으로 보인다. 그리고 재단의 혜택을 받고자 하는 사람들은 고립된 연구자 모스와 직접 교섭하기보다는, 파리의 장학관이자 사회과학의 대의에 전적으로 충실했던 역사 교수자격 소유자인 세바스티엥 샤를르티의 힘을 빌리는 쪽을 더 선호했다. T. B. 키트렛지에 의해 수행된 단과대학들, 전문학교들 또는 연구소들에 대한 조사를 통해 록펠러 재단의 지원을 받은 연구들이 지나치게 분산되어 있고, 또한 그것들 사이의 조율이 부족하다는 결과가 나왔다. 이 조사에 따라 록펠러 재단은 임시로 전체 계획을 포기하고, 단계별 전략을 채택하게 된다. 처음에는 사회과학의 발전에 중요한 역할을 할 목적으로 독립된 연구소들을 지원한다는 전략이었다. 물론 목표는 여전히 "젊은 대학 구성원들을 경제적, 사회적 그리고 정치적 해결책들에 필요한 관찰 방법과 작업 방법에 익숙해지게 하는" 데 있었다. 하지만 사회학은 "진정한 사회적 통제 방법들"의 정리와 "실험적 정책", 다시 말해 "영향을 주고자 하는 환경에 대한 철저하고 정확한 분석을 전제하는 진지한 정치적 일정"의 구상에 보조를 맞추는 방향으로 나가가게 된다.

1932-1933학년도에 3,000달러의 약소한 보조금이 파리 법과대학의 비교법연구소, 그리고 민족학연구소와 사회자료센터에 할당되었다. 이 보조금은 다음 해에 다시 지급되었다. 분명 마르셀 모스의 문화적 인류학 연구들에 예정되어 민족학연구소에 주어진 보상금은 일종의 보상처럼 보일 수 있었다.

그 역시 미국인들과 접촉하던 셀레스탱 부글레는 재단의 권유에 따라 1929년 12월에 미국 여행을 했다. 그의 사회자료센터가 확보한 보조금 덕택으로 조교들을 고용할 수 있었고, 재단의 희망에 따라 "귀납적 사회학"의 연구를 장려하게 되었다. 예컨대 기계화에 대한 조르주 프리드만의 연구, 프랑스에서의 산업 조직에 대한 필립 슈봅의 연구 등이 그 좋은 예이다. 부글레가 놀리듯 지적하고 있듯이, 사람들은 "르 플레 학파의 전통을 뒤르켐 학파의 전통과 결합시키고"[116] 싶어 했다. 사회자료센터는 1920년에 세워졌고, 은행가 알베르 칸이 1929년 공황까지 자금을 지원했다. 센터의 목적은 정치적이고 사회적인 시사 문제들에 대한 자료들을 모으는 것이었다. 마르셀 데아가 1920년부터 1923년까지 첫 번째 총무-기록보존원직을 맡았다.[117]

록펠러 재단은 1935년에 정책들을 수정하고, 연구소들이 아니라 연구 계획들에 자금을 지원하기로 결정했다. 그때 재단은 매년 25,000 달러의 보조금을 5년간 '사회연구대학위원회'에 할당했다. 이 위원회는 재단에 의해 지급된 자금을 분배하기 위해 발족된 새로운 조직인데, 중재와 결정을 하게 된다.[118] 보조금의 상당 부분을 뒤르켐주의자들이 받게 되었다. 1935년에서 1940년 사이에 부글레와 그의 연구단에 350,000프랑, 레비브륄, 리베 그리고 민족학연구소에 있는 그들의 협력자들(그리올, 르루아구랑, 레비스트로스, 퀴르트 사크, 수스텔, 제르맨 틸리옹)에게 400,000프랑 이상이 지원되었다. 모스는 그의 개인적 작업들을 위해 아무것도 얻지 못했다. 전액이 그의 친구들, 협조자들과 옛 제자들에게 가게 되었던 것이다.[119] 록펠러 재단의 지배적 관심사는 민족들의 풍습들과 언어들을 연구하는 데 있지 않고 그 민족들을 행복하게 하는 데 있는 듯 했다. [……][120]

뒤르켐의 옛 협력자들에게 가장 핵심을 차지하는 기획은, 『사회학연보』 새 시리즈의 실패에도 불구하고, "뒤르켐의 과업을 계속해나가는" 것이었다. 스승과의 일치감은 여전히 강했다. "분명 한 학파가 인정받고 있다. 그 연구 성과의 풍성함, 사회학 영역과 사회학 영역 밖에서의 부정할 수 없는 영향력에 의해서 만큼이나 그 과학적 방법의 엄격함에 의해서 말이다. 뒤르켐학파가 그것이다."[121] 모스는 삼촌에 대한 커다란 존경심을 간직하고 있었다. 그는 뒤르켐을 "프랑스가 배출한 가장 위대한 사회학자"로 여겼다. 그리고 거기에는 여러 가지 이유가 있었다. 방대한 지식의 폭, 정교함과 세밀한 작업 성격, 자료들의 깊이, 사유의 독창성과 신선함, 주변 동원력과 연구원 양성력 등이 그것이다.

"뒤르켐 자신보다 더 뒤르켐적인" 모리스 알브바크스는 그 나름대로 자살에 대한 연구를 재개했다. 그는 특히 "경제적 위기, 파산, 운동 [판독 불가] 그리고 의지적 죽음"에 관심을 가졌다. 알브바크스는 예상보다 길어진 「자살에 대한 새로운 연구들」이라는 임시 제목을 단 자신의 연구가, 『자살론』의 재간과 동시에 출판되기를 희망했다.[122] 2년 후, 1930년에 알캉 출판사는 『자살론』의 재판과 마르셀 모스의 머리말이 실린 알브바크스의 저서 『자살의 원인들』을 출간한다.

> [……] 그는 [알브바크스는] 어떤 점에서 뒤르켐의 학설을 보충하고, 변경하고, 또는 버려야 하는지까지 한정지을 수 있었다. 그는 필요했던 곳에서는 자신의 고유한 이론을 제시했다. 그의 작품은 실증적이고 중립적이다. [……] 뒤르켐의 책이 사회학의 실재적 극점에 도달한 알브바크스의 작품의 발간과 동시에 재출간된다. 두 책은 같은 정신 속에서 이루어진 같은 연구의 두 순간이다.[123]

모든 면에서 하나의 연구 전통이 계속되고 있다는 생각이 퍼지게끔 되어있었다.[124] 뒤르켐주의자들만이 프랑스 사회학 전체 또는 프랑스 사회학에서 고려할만한 모든 것을 대표하는 것은 아니었다. 그러나 그들은——설령 뒤르켐이 항상 심한 비판의 대상이라 해도[125]——"프랑스의 진정한 사회학은 바로 자신들"[126]이라고 확신하고 있었다. 한편, 뒤르켐주의자들은 외국에서는 여전히 프랑스 사회학의 대표자들이었다. 미국에서 모스의 명성은 상당했고, 그의 저작은 "잘 알려져 있고 가치가 있었다."[127] 모스가 "가장 중요한 현대 프랑스 사회학자들 중의 한 명"이라고 유뱅크가 지적하고 있다. 사람들은 "모스의 논문들이 수집되어 출간되는 것을 보고" 싶어 했다. 그리고 모스의 옛 제자들 중 한 명이고 하와이에서 근무 중이었던 알프레드 메트로는 미국과 영국의 민족지학에 대한 모스의 영향력을 확인하며 기쁨과 자부심을 느꼈다. 그는 이렇게 자문하고 있다. "선생님의 활동은 프랑스에서보다 이 나라에서 더 강하지 않았을까요?"[128] 모스의 영향은, 메트로 자신이 시카고에서 지낼 때 확인하듯이, 시카고대학의 '사회학' 학과에서 특히 뚜렷했다.

> 이 만남은 [……] 제가 뒤르켐과 선생님이 시카고 학파에 끼친 커다란 영향에 대해 선생님에게 이야기했던 바를 확인시켜줬습니다. 를로이드 워너는 [……] 순수한 뒤르켐주의자입니다. 저는 프랑스에서 미국 대학인들에게는 "개념들이 부족하다."고 평가하는 것을 들으면 화가 납니다. 『종교적 삶의 기초 형태』를 모르고서는 그리고 최소한 선생님의 논문들 중 하나를 읽지 않고서는 학위를 받을 수 없다는 것을 아십니까? 고학력자들이 아니라 일반 학생들 대다수가 그렇습니다.[129]

캘리포니아대학 인류학 교수인 로버트 로위는 그의 작품 『민족학 이론의 역사』에서 한 장(章)을 "프랑스 사회학", 다시 말해 뒤르켐, 모스, 레비브륄에게 할애하고 있다. 그는 이렇게 쓰고 있다. "다른 나라들에서 이론적 토론에 영향을 끼쳤던 것은 바로 그들이다."[130] 가장 설득력 있는 예가 알프레드 R. 래드클리프 브라운인데, 로위가 그를 "프랑스 사회학자들"에 속한다고 분류할 정도다. 그리고 '그렇지 않은가?'라고 모스는 응수한다. "래드클리프 브라운은 분명 프랑스 사회학파라고 자처한다. 그리고 우리는 그를 그렇게 받아들인다."[131]

케임브리지에서 리버의 지도를 받은 래드클리프 브라운(1881-
1955)은 오스트레일리아 현지 경험이 견실하고, 그의 연구들을 종합한
중요한 저서 『오스트레일리아 부족들의 사회 조직』(1931)을 막 출간했
다. 그는 뒤르켐보다 모스에 더 가까운 뒤르켐주의자로 여겨졌다.[132] 그
는 모스의 옛 제자 앞에서 "모든 외국인 학자들 중 사유와 개념들이 [모
스의 그것들과] 가장 가까운 사람"[133]이 자신이라고 스스로 "기꺼이" 인정
했다. 모스는 해든과 리버의 소개로 오래전에 알게 된 래드클리프 브라
운에 대해 존경심을 감추지 않았다. "내가 보기에 학자로서, 교수로서,
연구자로서, 현지 탐사자로서, 탐사 지도자 그리고 학문적 책임자로서
알프레드 래드클리프 브라운은 살아있는 최고의 학자들 중 한 명이다."
모스는 게다가 그가 옥스퍼드대학 사회인류학 강좌직에 후보로 나서자
주저 없이 지지했다.[134]

영국 애호가이고 '올드 잉글랜드'에서 옷을 맞춰 입던[135] 모스는, 스
스로 주장하듯이, 분명 "영국 인류학파와 가장 관계가 많던 프랑스 사
회학자들 그리고 인류학자들 중의 한 명이다."[136] 모스는 셀릭맨과 그의
아내 브렌다와 든든한 우정의 유대를 맺고 있었다. 그리고 프레이저 일
가가 파리에 오면 모스가 매번 그들을 맞이했다. 그들은 모스에게 식단
구성까지도 넌지시 건네기도 했다. "우리는 고령이고, 아주 소식합니다.
우리가 제일 좋아하는 것은 식물성 수프, 채소(토마토는 빼고), 약간의 과
일입니다. 우리는 포도주, 맥주는 안 마시고 물만 마십니다."[137] 또한 말
리노프스키는 민족학연구소에서 3회 강연할 때, 적어도 한 강연에는 모
스가 참석할 수 있기를 바랐다. "[……] 그 강연들은 —— 게다가 혈연에
대한 나의 저작들만큼이나 —— 아주 크게는 프랑스 사회학파의 중요한

대표자인 당신을 위해 집필되었습니다.ʺ[138] 모스는 영국 동료의 ʺ이론적 박약과 고증적 연구의 전적인 결여ʺ를 비판하기는 하지만, 사실들을 모으고 발표하는 말리노프스키의 능력에 찬사를 보낸다.[139]

대서양의 다른 쪽인 미국의 인류학자들과 사회학자들은 모스를 잘 알고 있었다. 몇몇은 그에게 편지를 썼고,[140] 다른 몇몇은 그를 보러 파리에 오기도 했다. 예컨대 허버트 블러머, W. 를로이드 워너 그리고 에모리 스테판 보거더스가 1932년에, 하워드 베커[141]와 얼 에드워드 유뱅크가 1934년에 파리에 왔다. 그리고 컬럼비아의 정치경제학 교수인 에드윈 R. R. 셀릭맨은 『사회과학 백과사전』의 출간을 기획할 때 모스의 참여를 요청했다. 모스는 불행히도 ʺ알찬 주제들ʺ을 빠르게 쓸 충분한 시간이 부족했다. ʺ[……] 제 생각을 표현하고 싶은 몇 가지 주제들은 L 항목 다음으로는 다음과 같습니다. 방법, 사회, 사회학, 마법, 종교, 원시인, 제식 등입니다. 현재 상태에서 제가 검토하는 유일한 항목은 선물입니다.ʺ[142] 모스는 어쨌든 ʻ편집 고문ʼ 책임을 받아들였고, 앙리 위베르에 대한 (단 하나의) 짧은 약술을 게재했다.[143] 『사회과학 백과사전』에 대한 모스의 기여는 그의 친구들과 협력자들에 비해 아주 적었다. 프랑수아 시미앙은 찰스 리스트와 함께 프랑스를 위한 ʻ편집 자문ʼ에 응했으며, 조르주 부르쟁, 셀레스탱 부글레 그리고 모리스 알브바크스는 여러 항목에 서명했는데, 그 중 하나는 뒤르켐에 대한 약술이었다.[144] 앙리 레비브륄은 제1권을 위해 프랑스, 벨기에 그리고 스위스의 사회학을 소개하는 원고를 집필했다. 영어권 연구자들을 겨냥해 쓴 사회과학 역사에 대한 짧은 노트에서 레비브륄은 뒤르켐의 연구는 ʺ인간 사회를 연구하기 위한 프랑스의 가장 활기차고 가장 조리 있는 노력ʺ으로 소개했다. 그는 이렇게 덧붙이고 있다. "프랑스 사회학파라는 명칭은 이와 같은 정신에 입각해 연구하는 모든 사람들에게 마땅히 부여될 수 있다."[145]

뒤르켐주의자들의 주요 회합 장소는 프랑스 사회학연구소였다. 토론은 진행 중인 학술 작업들 그리고 몇 가지 시사적 문제에 집중되었다. 예컨대 사범학교들에서 사회학 교육의 위상 같은 문제가 그 좋은 예이다. 특히 이 문제에 연구소의 구성원들이 활발하게 반응했다. 그들 중 여러 사람들(부글레, 포코네, 레비브륄, 모스 그리고 시미앙 등)이 1933년에 설립된 '교육부 위원회'에 속해 있었기 때문이다. 이 위원회의 임무는 "사범학교들 내에서 사회학 교육에 획득된 결과들을 연구하고, 강의 일정들의 수정이나 경험으로 얻을 수 있었을 강의 일정들에 대한 응용을 제안하는" 것이었다. 강좌의 유지를 찬성하던 부글레는 실천과 결과에 대해 사범학교 총장들을 대상으로 조사를 실시했다. 이 연구를 통해 총장들이 어떤 변화에도 강하게 반대한다는 사실이 드러났다. 각자의 입장이 다양했다. 시미앙은 사회학 교육을 폐지하자는 의사를 표명했고, 포코네는 사회학에 대한 "이상적 입문" 수업을 제안했다. 알브바크스와 그라네처럼 모스는 자신의 불만족을 숨기지 않았지만, 강의 폐지에 대해서는 공개적으로 찬반 어느 쪽인가를 택하는 것은 피했다.

모스는 연구소의 모임들에 규칙적으로 참여했다. 그러나 그는 거기서 말을 많이 하지 않았다. 기껏해야 그의 동료들의 발표들에 대해 논평하는 정도였다.[146] 1934년에 『사회학 연감』의 발간 때까지 모스의 참가 발언은 『프랑스 사회학 회보』에 출간되게 된다.

뒤르켐 사회학의 적극적 옹호자들 중의 한 명인 셀레스탱 부글레는 1930년 3월에 잡지의 기획을 재개했다. 그는 모스에게 이렇게 쓰고 있다. "우리가『사회학 연보』의 후속편을 목표로 삼는 작업의 조직을 위한 대책들을 세워야 할 시간이라고 생각하지 않는가?"[147] 분명 몇 명은 작업에 착수했던 듯 하다. 왜냐하면 알캉 출판사의 슈네더 씨가 모스에게 "현재 진행 중인『사회학 연보』를 끝내기" 위한 마지막 한계가 6월 30일이라고 정했기 때문이다. "만일 귀하께서 이 날짜까지 완비된 원고를 보내주는 것이 불가능하다면, 위원회는 구독자들에게 환불해줘야 할 의무를 지게 될 겁니다. 알캉 출판사를 영예롭게 했던 출판물이 사라지는 것을 보게 되어 몹시 안타까우며, 너무나 큰 아쉬움 속에서 이런 방도를 취하는 수밖에 없을 겁니다."[148] 그때 미국 여행 중이던 모리스 알브바크스가 이렇게 걱정하고 있다. "[……] 아직『사회학 연보』를 살릴 수 있을까요? 제가 보기에 그것은 선생님 의중에 달린 듯합니다. 미국인 친구들에게 우리가 존재한다는 것을 보여주는 것이 좋을 듯합니다. 그들의 나라에서는 사회학이 정말로 하나의 현실입니다."[149] 그렇지만 연기된 마감 기한조차 안 지켜졌다. 폴 포코네는 크게 실망하고 있다.

친애하는 친구,『사회학 연보』를 1월 4일 전에는 끝내야 하네. 휴가든지 아니든지 말이야. 무기력과 조롱거리가 되는 불쾌감들에 대해서나, 당당히 끝내야 하겠지만 끝내야 할 의무를 지키지 못하는 것에 대해서도 나는 재론하지 않겠네. 그러나 자네가 모든 것을, 우발적이고 하찮은 것조차도『사회학 연보』보다 먼저 처리하고 있다는 것을 자네는 모르고 있어. [……] 자네 강의는 그렇다 하세! [……] 그러나 민족학연구소 위원회에 참여하고, 르 쾨르의 학위 논문을 읽고, 록펠러 사람들하고 협상하고, 지그프리드나 다른 사람들의 후보 추천에 몰두하고 기타 등등, 자네는 그래서는 안 되네. 새로운 관심거리들이야 항상 있게 될 걸세. 젖혀두고 선택해야 하네. 자네가 문제거리에서 벗어나려면 그저 1주나 2주 정도 방에 박혀 지내야 하네. [……][150]

포코네는 "간행을 포기하는 것"[151]을 거부했다. 그러나 1년 후 아무것도 변한 것이 없었다. 모든 것을 무(無)로부터 다시 시작해야 했다. 부글레가 자기 집으로 친구들을 초대했다. 잡지를 다시 발족시키고 싶은지를 "함께 결정하기 위해서다."[152] 논의는 1933년 여름에 진지해졌다. 이렇게 해서 미래의 『사회학 연감』을 위한 몇 가지 지표들이 세워졌다.[153] 이 새로운 시도는 록펠러 재단이 알브바크스와 포코네에게 프랑스 사회학연구소의 연구 출간을 위해 지불된 장려금(1935년에서 1940년 사이에 60,000프랑)의 혜택을 받게 된다. 게다가 1934년에 간행된 『사회학 연감』의 첫 번째 별책에서는 주제적 그리고 방법론적 방향 차원에서 록펠러 재단의 영향이 느껴졌다. 사회학에서의 "실험적 방법"에 할애된 부분, 미국에서 최근에 실행된 대규모조사, 즉 "최근의 사회적 동향"에 대한 앙드레 필립의 논문 등이 그 좋은 예이다.[154]

새 잡지의 제목은 『지리학 연감』, 『경제학, 사회학, 역사학 연감』 등과 같은 인문과학에서의 다른 정기 간행물들의 그것과 비슷했다. 뤼시엥 페브르와 마르크 블로크에 의해 창간된 『경제학, 사회학, 역사학 연감』에는 역사가, 경제학자, 지리학자 그리고 사회학자들이 모여들었다. 이 잡지의 목표는 역사학과 사회과학을 인접시키고, 역사학이 여러 전문 영역으로 분리되는 것을 막는 데 있었다. 바로 그것이 경제학, 사회학, 역사학의 발전 조건이라고 생각했던 것이다. 둘 다 스트라스부르대학의 교수들이었던 이 책임자들은 자신들의 방식대로 뒤르켐주의적 전통의 일부를 실현한 것이다. 게다가 그들은 알브바크스, 시미앙 그리고 모스의 협조를 요청했다.[155]

그들처럼 스트라스부르대학의 교수였던 모리스 알브바크스만『경제학, 사회학, 역사학 연감』의 편집위원회 위원이 되는 것을 수락했다. 이 잡지에 참여하기는 했지만 알브바크스가 새로운 형태의『사회학 연보』의 재개에 적극적으로 참가하는 데 장애가 생기지는 않았다. 편집 업무에서 장 레이와 조르주 뤼트팔라의 보조를 받으며 알브바크스는 특히 1935년 이후에『사회학 연감』기획의 주축이 된다. 이것은 물론 그가 "[자신의] 가르치는 일을 가능한 한 제대로 하기 위해"[156] 소망했던 소르본에 발령을 받은 후의 일이었다.『사회학 연감』의 편집위원회는 뒤르켐주의자들로 구성되었다. 모리스 알브바크스 이외에도 셀레스탱 부글레, 폴 포코네, 마르셀 모스 그리고 프랑수아 시미앙 등이 포진해 있었다. 그 협조자들 중에서 "고참들"을 다시 보게 되는데, 법학자들인 엠마뉘엘 레비와 앙리 레비브륄, 언어학자 마르셀 코엔, 경제학자 조르주 부르쟁, 예술 사회학자 샤를르 랄로 등이 그들이다.[157]

그렇지만 대다수의 협력자들은 새로운 얼굴들이었다. 46명 중 27명은『사회학 연보』의 첫 번째 시리즈에 참가하지 않았던 사람들이었다.[158] 이 "좋은 의도의 연구자들"[159] 중에서 여러 명이 편집위원회 구성원들의 제자들이거나 부글레가 맡고 있던 고등사범학교 사회자료센터와 유대를 가지고 있었다. 레이몽 아롱, 앙드레 칸, 앙리 무젱, 레이몽 폴렝, 장 스토에젤 등이 그들이다. 센터의 작은 집단이『사회학 연감』의 일반사회학 별책들의 간행에서 상당 부분을 도맡았다. 특히 모스의 5촌 조카인 레이몽 아롱이 빠르게 "진지한 협조자"[160]로서 등장했다.

두 5촌 친척 사이의 관계는 가까웠다. 모스는 규칙적으로 아롱과 식사를 했고, 젊은 아롱을 '국제노동자 프랑스지부'의 제V분과에 소개하면서 그를 사회주의자들의 진영으로 끌어들였다. 아롱이 1933년 쉬잔고숑과 결혼할 때, 모스는 즉시 "새로운 친척과 안면을 트고자" 했다. 그는 다음과 같은 놀라운 말로 그녀를 환영했다고 한다. "쌀 조리법은 아시죠?"[161] 하지만 뒤르켐주의자들의 연구에 조력하는 레이몽 아롱은 뒤르켐의 사회학에 대해 여전히 비판적이었다. 그는 이렇게 이야기하고 있다. "'신 또는 사회'라는 표현은 내게 거슬렸거나 나를 화나게 했다. 통계적 상호관계들에 의한 자살의 설명에 대해 나는 불만족스러웠다."[162]

뒤르켐에 대한 기억은 여전히 생생했다. 펠릭스 알캉 출판사에서 간행된 『사회학 연감』은 뒤르켐이 기획했던 『『사회학 연보』 총서』로 출간된다. 『사회학 연감』은 『사회학 연보』의 특징이었던 "종합 정신"을 유지하고자 했다. "사회적 삶의 과학을 진보시키려면 사회적 삶의 이러저러한 양상들을 연구하는 다양한 분야들을 인접시키고, 그들의 방법들을 균일하게끔 하며, 그 결과들을 집중시키고 조정하는 것이 적절하다는 생각을 우리는 고수한다." 그러나 "현실적 범주의 이유들"로 인해 더 자유롭고 더 유연한 분할식 별책 형식에 자리를 내주기 위해 예전 같은 단권 형식을 포기했다. 각 별책에는 논문들, 전반적 평론들, 분석들, 참고 문헌 지침들 그리고 프랑스 사회학연구소의 회합에 대한 보고들이 실리게 될 것이다. 그것이 "사회학적 움직임을 더 가까이서 지켜보는"[163] 최고의 방법이라고 생각했던 것이다. 회합 보고에 할애된 항목이 가장 두툼한 부분이었다. 예컨대 D(경제사회학) 시리즈의 첫 번째 별책 295

쪽 중에는 회합 보고 항목이 175쪽 이상 포함되어 있었다.

예고된 별책의 다섯 개 시리즈는 사회학적 분포를 반영했다. A) 일반사회학(C. 부글레가 지도), B) 종교사회학(M. 모스가 지도), C) 법률사회학(J. 레이가 지도), D) 경제사회학 (F. 시미앙이 지도), E) 사회형태학, 기술학, 미학(M. 알브바크스가 지도) 등이 그것이다. 이와 같은 분할은 또한 옛 뒤르켐 집단의 분할의 결과이기도 했다. 한 협조자가 한 가지 시리즈 이상에서 글을 쓰는 것은 예외적이었는데, 오직 모리스 알브바크스만이 이 시리즈들 중 네 개에 기고했다. 모스가 지적하고 있듯이, 사회학적 연구는 "무엇보다 체계적이고 일반화적"이기를 그치게 된다. "접촉의 단절 없이 우리는 우선적으로 분산된 범주에서 일을 진행했다. 취급할 영역들은 너무나 넓다는 것이 드러났고, 그 영역들의 탐사는 너무나 힘겨운 것임이 드러났다. 이런 이유로 우리는 모두 설익은 체계화를 포기해야 할 것이라고 느꼈다. 우리는 따라서 우선 우리의 구역들에 이정표를 세웠다. 우리는 사회적 사실들의 이러저러한 동맥들을 탐사했다. 우리는 몇 가지 점들에 노력을 집중시켰다."[164] 알캉 출판사는 "매년 다섯 부문에 할애된 한 권"[165] 짜리 『사회학 연감』을 출간하기를 희망했지만, 별책 형식이 유지되었다.

일반사회학을 논외로 한다면, 『사회학 연감』 필진이 특히 신경을 쓴 분야는 경제사회학, 사회형태학, 법사회학, 도덕사회학 분야였다. 이 분야들의 책임자인 시미앙, 알브바크스 그리고 부글레는 1934년과 1935년에 첫 번째 별책들의 출간을 지도했다.[166] 편집장인 모리스 알브바크스는 "필사 원고보다 더 훌륭한 인상을 준"[167] 잡지의 첫 별책에 대해 상대적으로 만족감을 드러냈지만, 많은 변화들이 가해졌다. 참고문헌의 축소, 철학 저서들에 대한 서평의 감소, 학술사 부분의 삭제 등이 그 예이다.

첫 번째 별책을 위해 모스는 그의 친구이자 동료인 앙투안 메이예에게 헌정된 짧은 추도문[168] 이외에도, A 시리즈, 일반사회학을 여는 「일반 기술사회학의 구상」을 실었다. 이것은 부글레의 생각이었다. "[……] 만일 예를 들어 잡지 재간을 위해, 권두 논문으로 쓰이게 될 자네 강의의 몇 부분들을 11월 초반에 내게 줄 수 있다면, 무척 기쁠 걸세. 그렇게 되면 내가 직접 이런 노력을 하지 않아도 될 듯하네."[169]

모스가 『사회학 연감』의 독자들에게 제시한 연구 계획은 많은 길을 열어주는 것이었다. 그의 의도는 "흐릿하고 각양각색인 항목들을 연구와 관찰의 논리적 계획으로 대체하는" 것이었다. 하지만 총괄적 사회학 이론을 제시하는 것도 인식 전체의 종합을 제시하는 것이 중요한 것은 아니었다. 모스는 일반사회학에 대해서 "철학적 입장을 제시할" 수도 있었다. 그러나 그것은 "쓸모없는 일이다."라고 모스는 잘라 말하고 있다. 무엇보다 "익혀야 하고 알아야 할 것이 그렇게나 많을 경우, 또 이해하기 위해 할 일들이 그렇게나 많을 경우"에 그렇다는 것이다. 따라서 '관찰하기와 배합하기', 이것이 모스의 제안이었다. 모스 스스로 수많은 대상들을 식별했고, 그 대상들 중에는 사회적 결집을 알려주는 서로 다른 수법들도 들어있었다. 모든 형태 아래에서의 전통(구술, 기타 등등), 일반 교육 그리고 특수 교육(신체의 기술의 가르침, 수작업 기술, 기술-과학적 전통들, 미적 교육, 기타 등등)이 그 좋은 예이다.

「일반 기술사회학 구상」에는 또한 다른 두 개의 부분이 도식적 형태 아래 포함되어 있었다. 하나는 국제적 현상들에 기초하는 부분(평화,

전쟁, 문명)이었고, 다른 하나는 집단심리학과 인류학적 사회학에 속하는 사실들 —— 지적이고 상상적 요소들(꿈들, 황홀경들), 감정적 요소들(용기, 행복감), 발명들, 창조들, 군중상태들 등등 —— 을 식별하는 부분이었다. 모스의 입장은 삼중적 (사회학적, 심리-사회학적 그리고 사회-생태학적) 관점으로, 한 사회를 그 발전의 각 단계별로 연구하는 데 도달해야 한다는 쪽이었다.

잡지의 총무 일을 맡고 있던 알브바크스는 모스의 활동에 기뻐했다. "선생님의 「일반 기술사회학 구상」은 필수적인 균형추 역할을 해주었습니다. 도입부부터 옛 『사회학 연보』의 활기차고 강력한 분위기를 다시 보게되어 좋았습니다. 선생님 덕분입니다. [……] 그러나 어쨌든 약간 깁니다."[170] 모스의 참여는 제한적이어서, 『사회학 연감』 첫 번째 별책들에는 그의 서평이 전혀 포함되어 있지 않았다. 여러 번 반복해서 특히 기술, 언어학 그리고 미학 항목을 위해 알브바크스가 모스에게 부탁을 했다. "[……] 『사회학 연감』의 출간은 기대보다 더 느려지고 있습니다. [……] 기술 항목, 그 항목을 유지하기 위해 꼭 필요한 정도로 선생님이 작업을 해주시리라 믿고 있다는 걸 잊지 마십시오."[171] 그리고 몇 달 후에 그는 이렇게 편지를 쓰고 있다. "[……] 요약하자면, 기술, 언어학(말하기, 언어) 그리고 미학을 위해 선생님이 자료들에서 가능한 것을 그리고 가능할 때, 필요할 때는 나중에라도 보충하면서 추려내 주시길 바랍니다. 요점은 우리의 [틀이] 열려있고 부각된 상태로 유지하는 데 있습니다."[172]

종종 모리스 알브바크스는 더 집요한 태도를 보이기도 했다.

기술에 대해 조금 생각해 주십시오. 종교사회학에 대한 선생님의 의향들 및 가능성들도 제게 알려주십시오. 그 별책이 가장 기대되고 있고, 역사학자들, 고고학자들, 고전학자들 사이에서 우리 단체가 과학적 연구 최상층에 있다는 가장 확실한 증거로 받아들여질 겁니다. 절대로 우리는 너무 분산된 순서로 진행해서는 안 됩니다. [……] 선생님에게서 나오는 모든 것이 모든 점에서 소중합니다.[173]

몇 달 후 알브바크스는 되풀이해서 요구하고 있다.

그러니까 별책 II를 위해 선생님을 생각하면서(별책 I을 위해 얻고자 희망하는 서평을 위해서는 빼고), 제가 무엇보다 원하는 것은 선생님이 종교 사회학에 중점적인 노력을 두는 겁니다. [……] 완벽하지 않아도 별로 중요하지 않다는 것, 반대로 오직 선생님의 별책이 발간될 때라야 우리가 계속해서 존재한다고 확실히 알릴 수 있다는 것을 누가 모르겠습니까.[174]

친구들과 동료들은 모스가 자신의 작업에 바칠 시간이 얼마 안 된다는 것을 알고 있었다. 『사회학 연감』의 사무장은 그래도 역시 그의 협조를 얻으려고 했다.

[……] 그러나 요점은 항상 제 관점에서는 선생님께서 약속했던 논문을 생각하고 있다는 겁니다. 그것에 대해 생각해보셨죠? 저는 종교사회학 별책의 발간이 매우 짧고 불충분하고 단편적이라 해도 우리가

"계속하고 있다."는 인상을 즉시 줄 것이라고 그 어느 때보다 확신합니다. 역사학자들, 고전주의자들, 민족지학자들, 우리는 이들과 접촉하지 못하고 있습니다. 그럼에도 불구하고 이들은 기다리고 있습니다. 균형은 완전히 깨져 있습니다. 그것은 스페인 공화국에서처럼 임시변통한 참모부가 있는 무기 없는 군대입니다. [……] 고장 나지 않도록 해야겠습니다.[175]

이 호소는 헛된 것이 되고 만다. 모스는 다른 일들로 몹시 바빴기 때문이었다. 콜레주 드 프랑스에서 만큼이나 소르본에서[176] 뒤르켐주의자들은 사회학 영역을 지배하고 있었고, 그들은 『사회학 연감』과 함께 뒤르켐주의적 전통을 활기차게 유지할 수단을 갖고 있었다. 그러나 그들은 엄청난 도전을 감행해야 했다. 그들의 학과에 더 선명하게 경험주의적이고 사회적 문제들의 관리 쪽으로 열린 방향성을 주고 미국에서처럼 그 학과를 전문화해야 하는 일이 그것이었다. 그리고 모스는 이 임무에 우선적으로 매달려야 했다.

"삶이 그다지 즐겁지 않다"

아주 많은 의무에 속박된 모스는, 그 자신이 말하고 있듯이, "임시적인 것, 예비적인 것"을 할 수 밖에 없었다.[177] 앙리 위베르의 저작들, 『게르만족』의 두 번째 편집 기획은 여전히 답보상태에 있었다.[178] 몇 가지 건강상의 문제로 머리가 복잡해진 모스는 다음과 같은 사실들을 하소연하고 있다. 수업이 "너무 힘들다.",[179] 수업과 행정 업무가 "비대하다.",[180] 미국 대학인 동료들처럼 연구를 도와 줄 "사무원들과 조교들 부대"[181]가 자신에게는 없다, 등이 그것이다. 모스의 행정 업무는 그 자신 재정적 직업적 차원에서는 물론이거니와 개인적 차원에서 제자들을 돕기 위한 행보를 늘린 만큼 더욱 무거워졌다. 예컨대 모스는 "용감한 귀르비치"를 지지해줬고, 클로드 레비스트로스(그리고 그의 아내)를 격려해 주기도 했다. 모스는 그들에게는 "장점" 밖에 없다고 말했으며, 그들을 수스텔과 함께 "프랑스 미국주의의 희망들"[182]처럼 여겼다. 또한 로베르 마르졸렝과 알프레드 메트로[183]를 위해 미국인 동료들을 설득했다. 호놀룰루의 버니스 P. 비숍 박물관의 자리를 위해서였다. 모스는 또한 사회학과 민족학 분야에서 직접 작업을 하고 있지 않은 다른 학생들의 작업들을 주의 깊게 지켜봤다.[184] 그의 유일한 만족감은 "좋은 학생들"을 갖는 것이었다.

곳곳에서 콜레주 드 프랑스의 교수 모스를 청했다. 모스가 선출된 지 얼마 후, 레옹 블럼은 자신의 친구 모스에게 "툴루즈 동지들"의 "아주 친밀한"[185] 친구의 후보 출마를 지지해 달라고 부탁했다. 아주 다양한 요청들이 모스에게 들어왔다. 후보 출마나 국적 취득 소송[186]에 대한 지지, 콜레주 드 프랑스에 알버트 아인슈타인 강좌직 부여[187], 서문[188], 장학금, 추도 기사, 등이 그 예이다. 동료 교수들이 강연회들을 추천해 달라거나 원고를 읽어달라고 했고, 외국인 연구자들이 자신들이 자리를 얻을 수 있도록 중재해 달라고 청했다. 호커트, 래드클리프 브라운,[189] 에반스 프리처드, R. F. 포튠, R. 퍼드 등이다. 젊은 연구자들은 자신들이 하고 있는 작업들에 대한 모스의 조언을 청했다. 조르주 프리드만, 자크 베르크, 로제 바스티드,[190] 가브리엘 르 브라 등이 그들이다.

예컨대 아놀드 반 젠네프를 위시해 여러 동료들도 모스에게 문의했다. 반 젠네프는 몇 년 전부터 "[자신의] 나이에 안정된 뭔가를" 찾고 있었다. 그리고 반 젠네프는 이미 모스에게 프랑스 민속과 비교민속 강의를 콜레주 드 프랑스에 개설하기 위해 지지를 얻으려 했다. 반 젠네프는 장려금의 획득을 위해서나,[191] 고등연구실천학교에서 종교와 대중 풍속에 대한 연구 지도직을 부여받기 위해 여전히 끈질기게 매달렸다. 그는 모스에게 이렇게 쓰고 있다. "이번에는 제가 평범하지만 안정된 자리를 얻는데 교수님이 반대하게 되지 않기를 간절히 바랍니다. 그도 그럴 것이 정말 삶이 점점 더 어려워집니다. [……]"[192] 모스는 항상 도움의 손길을 주거나, 친구들이나 학생들이 어려움을 만나게 되면 그들에게 개인적으로 재정적 도움을 제공할 각오가 되어 있었다.[193]

이와 같은 수많은 직업적 의무들에 곧 부부 생활의 책임들이 더해지게 된다. 오래전부터 가족들과 친구들은 모스가 결혼하기를 바랐다. 실뱅의 아내 다니엘 레비는 1917년에 모스에게 이렇게 쓰고 있다. "저는 당신을 참 좋아하지만, 소중한 마르셀님, 만일 신중해지셔서 당신이 결국 결혼을 하신다면 ── 가능하겠죠? ──, 더 당신을 좋아할 겁니다. 성실한, 착실한 마르셀 모스, 그러면 우리가 그런 당신은 잃게 될까요? 이는 분명히 '그녀'에게 달려 있겠죠."[194] 1918년 1월에 다니엘 레비는 다음과 같은 기원을 모스에게 전했다. "내년 설날에도 그것들을 [사탕들을] 우리가 함께 깨물어 먹을 수 있으면 합니다. 그리고 당신을 행복하게 해 줄 다정하고 용기 있는 여인이 당신 곁에 있기를 기원합니다."[195]

가장이 된 앙리 위베르는 규칙적으로, 모스가 심하게 아플 때조차, 자기 친구를 졸랐다. "[……] 원하는 게 뭔가 이 친구야, 곧 결말을 짓고 자네도 결혼해야 하네. 회복도 못한 사람에게 결혼에 대해 얘기한다는 게 웃기긴 하네. 원하는 게 뭔가? 더 이상 젊은이 행색하지 말아야 하네. 바로 이게 이 슬픈 얘기의 교훈이네."[196] 오직 모스의 어머니만 더 이상 환상을 갖지 않았다. "나는 끊임없이 마르셀의 결혼을 기다리고 있다. 모스의 결혼 계획에 대해서 나는 너처럼 그가 가정을 꾸몄으면 싶지만 이것도 내게는 헛되어 보이고, 그리고 내 경우에 내가 아는 사람 중에 걔한테 권하고 싶은 여자는 없다."[197]

어머니 로진이 1930년에 죽을 때까지, 모스는 휴가의 대부분을 에피날에서 지냈다. 그는 어머니를 돌보기 위해 그리고 모스를 "아주 멋지게" 돌보던 조카들과 함께 즐기기 위해 가능한 자주 그곳으로 갔다. 모스는 규칙적으로 "스위스의 고도가 아주 높은 어딘가로" 갔다. 그곳에서 등반을 하거나 산행을 하기 위해서였다. 그의 삶은 분명 철저한 독신주의자의 그것이었다.

그러나 1920년대 초부터 모스의 삶에는 한 여인이 있었다. 마르트 로즈 뒤프레가 그 장본인이었는데, 그녀 역시 브뢸레 가에 살았다. 모스는 그녀에게 자신의 원고 타자를 맡겼다. 그녀만이 그의 필체를 판독할 수 있었다. 그들의 관계는 완전히 직업적이지 않았다. 모스가 1924년 여름에 영국에서 잠시 머물 동안 그녀가 보낸 연애편지들이 증명하듯이 말이다. "더 이상 당신보다 제게 중요한 사람은 이제 없어요. [······] 점점 더 저는 그 사실을 깨닫게 됩니다. [······] 안녕 내 사랑. 당신을 꼭 껴안고 싶어요. 그리고 당신을 곧 다시 보게 되면 얼마나 행복할지."[198] "나의 사랑하는 마르셀 [······] 나는 당신을 그토록 사랑합니다."[199] "저는 어서 빨리 저의 마르셀을 다시 보고 싶어요. 당신 없이 사는 게 제게는 너무 힘드네요."[200]

모스는 마르트 뒤프레와 1934년이 되어서야 결혼하게 된다. 그러니까 그의 어머니가 죽은 지 4년 후 그리고 그녀와 사귄 지 10년 이상이 지난 후의 일이었다. 라말루 레 뱅(애로 지방)에서 태어난 모스의 아내는 그보다 14살이 어린데, 가톨릭 교육을 받았다. 그녀 역시 뛰어난 음악가라고들 했다.[201] 상점 직원인 이폴리트 뒤프레의 딸인 그녀는 전에 루이 샹보르동과 결혼을 했다가 이혼했다. 1934년 여름에 미국인 사회학자 얼 에드워드 유뱅크가 마르셀 모스와 대담할 때, 유뱅크는 그의 아내를 "잠깐" 만났다. "그녀는 내가 보기에 61살이 된 그녀의 남편보다 훨씬 더 젊어 보였다."[202]고 그는 적고 있다.

친구들과 가족들은 크게 놀랐다. 그도 그럴 것이 모스가 나중에야 그들에게 그 소식을 알렸기 때문이다. "정말 놀라운 소식이네!"라고 뤼시엥 레비브륄이 외쳤다. 그는 모스를 "[그에게] 가장 소중한 친구들 중의 하나로 그리고 [모스를] 가장 자랑스레" 여기던 사람이었고, 전적으로 M. 모스 부인을 "이미 우리 친구"[203]로서 여길 준비가 되어있음을 공표했다. 모스의 친구들은 한결같이 "기쁜 소식"[204]에 행복하다고 말하고 있으며, 그를 축하하며 놀리기도 했다. "저의 우정을 M. D. 혹은 M. M. D. 혹은 M. M. M. D.에게 보냅니다. 이건 매력적인 짧은 이름일 듯합니다."라고 폴 포코네는 모스에게 쓰고 있다.[205] 몇몇은 그 소식을 몇 달 후에나 알게 된다. "기막힌 소식을 알게 되었습니다. 선생님이 결혼하시다니 ── 그리고 당연히 선생님의 권리죠. 게다가 선생님의 의무입니다. ──, 그러나 그것에 대해 우리에게 아무 말도 안하셨다니!"[206] 그의 학생들 쪽의 첫 번째 반응은 시샘이었다. 잔 퀴지니에는 이렇게 쓴다. "[……] 정말 좋아하는 사람들의 삶을 바꾸게 되는 모든 사건에 대해 본능적으로 모종의 경계심을 느끼게 된다는 것을 선생님은 아시겠죠."[207]

모스는 그때 브뢰레 가의 작은 아파트를 떠나기로 결심하게 된다. 그리고 그의 교수 자격을 활용하여 주르당 대로 95번지에 있는 파리 시 소유의 새로운 건물로 이사했다. 그 곳에서 그는 방 여덟 개짜리 큰 아파트에 안락하게 자리 잡았다. 브뢰레 가의 소음과 공해는 끝났다![208] 셀레스탱 부글레가 이렇게 모스의 흥을 보고 있다. "자네는 그러니까 이제 자네와 함께 책들 속에서 새로운 아파트의 왕비가 되기 위한 한 여인을 모시고 있다는 거군."[209] 7층에 위치한 그 아파트는 넓은 테라스가 있었다. 진작 소(Sceaux)에 정원이 있는 주택을 사려던 꿈을 꿨던 모스는 그곳에 화초들과 과일 나무들을 심었다. 그는 이렇게 말하고 있다. "저는 테라스의 정원사입니다!"[210]

같은 해 9월 27일, 산에서 돌아온 후 모스는 그의 집에서 "누출 가스에 중독된" 아내를 발견했다. "파리가 아닌 다른 어떤 곳이라면 그녀는 죽었을 것이다. 우리는 다행히 그녀를 구할 수 있었고 나는 그녀가 완전히 회복되리라 확신한다. […] 그게 너무 오래 걸릴까 걱정스럽다."[211] 불행한 사고였는가 자살 기도였는가? 누구도 알 수 없었다. 중독은 "아주 심각했고", "상당한 치료를" 필요로 했다. 모스는 파리 남쪽 위성 도시의 병원으로 "가기 위해 매일 저녁 긴 이동을 해야 했다."[212] 1년 후에도 그녀는 여전히 입원 중이었고, 그녀가 "충격 없이" 집으로 돌아올 수 있으려면 1935년말까지 기다려야 했다. 모스는 샤트네보다 집에서 그녀를 "더 잘 간호할 수 있기를" 희망했다. 모스는 그때 "아주 동떨어진 삶을"[213] 지냈는데, 예컨대 여름에 자리를 비울 수 있을 때는 짧은 휴가를 지내려 콩트렉세빌로 갔다. 모스는 거기서 "대단히 심한 신경염", 즉 좌골 신경통을 치료했다. 아무런 변화도 없이 몇 달이 흘렀고 마르트는 "병세의 차도 없이 같은 상태"[214]에 있었다.

"그래서 삶이 그다지 즐겁지 않다."[215] 그 당시는 개인적인 성공이 두드러진 해여서 모스는 레지옹 도뇌르 수훈자 자격도 획득했다. 그렇다 해도 1930년대는 모스에게 어려운 시절이었다. 한편으로 자신의 건강(가벼운 안면 경색)[216]과 아내의 건강 문제가 있었고, 다른 한편으로 그의 동료들과[217] 가까운 친구들의 부고(訃告)가 이어져서 가장 커다란 외로움을 느꼈다. 프랑수아 시미앙, 실뱅 레비, 앙투안 메이예 등이 죽었던 것이다.

프랑수아 시미앙은 1935년 4월에 생 라파엘에서 병가 중에 급사했다. 독한 유행성 감기의 징후에 이어 시미앙은 콜레주의 강의를 중단할 수 밖에 없었다. 모든 사람이 "얼마나 돈독하고 깊은 우애"[218]가 모스와 시미앙 사이를 이어주었는지를 알고 있었다. 메이예르송은 이렇게 쓰고 있다. "선생님에게 남은 친구들 중 누구도 시미앙을 대신할 수 없을 겁니다."[219] 『르 포퓔레르』에서 모스는 시미앙을 애도했다. 더러는 시미앙을 가장 위대한 프랑스 경제학자로 여겼다.[220] 시미앙은, 사회주의 운동 내에서는 뤼시엥 에르와 함께 조레스 편에서 또는 사회학 운동에서는 뒤르켐 편에서, "가장 박식하고, 가장 영향력 있고, 가장 활동적이고, 가장 알려진 사람들 중 한 명"[221]이었다. 모스는 이렇게 결론을 맺고 있다. "그는 학자로서 자신의 대의에 기여하면서 세상을 떠났다."[222]

콜레주 드 프랑스에서는 누가 시미앙을 계승할지가 문제였다. 모리스 알브바크스는 위대한 시미앙의 자연스러운 상속자로 보였다. 모스에 따르면 시미앙은 "계량적 방법"을 대표하는 학자였다. 모스는 이렇게 말하고 있다. "그 방법이 프랑스에서 경시되고 있다는 사실이 너무나 범죄적일 정도이다."[223] 알브바크스는 소르본에서의 경력을 계속 쌓아가기를 선호하여 후보로 나서기를 포기하고, 소르본에서 "전통을 살리고"(계량적 방법) "좋은 작업을 하며 작업자들을 모집하기를" 희망했다. 알브바크스가 후보 출마를 포기하자 모스는 그의 결정을 아쉬워하며 막심 르루아를 지지했다. 모스는 르루아를 30년 전부터 알고 있었고, 르루아는 그의 선행자들처럼 "경험, 개인적 관계들, 권위 그리고 노동자 세계와의 직접적 정보의 핵심을 가져올" 수 있었다. 르루아는 그런 식으로 해서 "노동자 세계와 인간적 사항들에 대한 가장 높은 과학을 수립하는 임무를 지닌 콜레주 같은 기관 사이의 관계들을 수립할"[224] 수 있었다. 모스는 이렇게 생각하고 있다. "막심 르루아는 여기에 현실의 신선한 공기를 가져다 줄 것입니다."[225]

같은 해인 1935년에 "자신의 두 번째 삼촌"인 실뱅 레비를 잃자 모스는 고통을 감출 수 없었다. "우리의 아픔과 우리의 기억은 결코 멈추지 않을 것입니다." 레비는 모스도 참가하던 세계 이스라엘 연맹의 중앙위원회 회합 초에 "왕성하게, 정면에서, 아주 민첩하게 활동하던 중에" 죽었다. 진정한 희생이었다. "그는 일하다가 급사하고 싶어 했습니다. 그의 의지는 이뤄졌습니다. 성스러운 사람의 죽음은 항상 순례 같은 어떤 것을 지니고 그의 믿음을 나타냅니다."[226]

그 다음 해 앙투안 메이예가 세상을 떠났다. 모스는 그와 "1895년부터, 전쟁 때조차 적어도 머리속에서는 한 순간도 떨어져 있지 않았다." 그리고 모스는 메이예와 함께 "속내를 털어놓을 수 있던 영광"을 가졌다. 시미앙과 레비를 위해 그랬듯이 모스는 "개인적 우정의 표시"

로 '추도문'을 집필하고자 했다. "메이예가 사회학을 위해 했던"[227] 것을 보여주기 위해서였다. 누군가 죽을 때마다 공허는 커졌다. 모스는 이렇게 한탄하고 있다. "내 주위에는 죽음들과 심각한 병들 뿐이다. 우리를 지키자, 그리고 우리를 잘 지키자."[228]

17장_ 정치에 대한 실망들

1930년대는 모스의 삶에서 절정기로 기록된다. 한편으로 그는 콜레주 드 프랑스의 교수로 선출되었다. 다른 한편으로 1932년 좌파가 다시 권력을 잡았고, 이어 '인민전선(Front populaire)'과 더불어 블럼 정부가 구성되었다. 그러나 아주 빠르게 균열들이 나타났다. 교육적 그리고 행정적 업무들은 아주 과중했고, 건강이 안 좋았고, '국제노동자 프랑스지부' 내에서 분열이 생겼고, 멀리서 파시즘이 부상하고 있었다.

좌파의 복귀

프랑스는 전쟁 이후 세 번의 정치적 실험에서 실패를 겪었다. 1919년 '국민연합', 1924년부터 1926년까지의 '좌파 공조' 그리고 1926년부터 1932년까지의 '민족연맹(Union Nationale)'이 그것이다. 1932년 선거에서, 한창인 경제적 위기로 인해 그리고 정부의 부동주의에 맞서 변화의 의지는 확연했다. 사회주의자들에게 기회가 생겼다. [······] 개인적 문제들에 매여 모스는 정치 활동에 쏟을 시간이 전혀 없었다. '콜레주 드 프랑스'의 지친 신임 교수는 "당 활동에 질리고 말았다." 그러나 그는 무관심한 채로 있을 수도 없었고 정치와 완전히 단절될 수도 없었다.

모스는 사회주의자들의 정권 참여보다는 "평화 문제와 그것을 보장할 수 있는 원내 다수당의 문제"에 더 몰두했다. 그는 "어떤 색깔을 지니든지, 어떻게 구성되든지 간에 좌파 정부가 하나 생길[1] 수 있기를 바랐다. 선거 당시, 모스는 다음과 같은 내기를 하고 있다. "좌파가 하원을 장악할 것은 확실하고, 좌파 여당에서 급진 좌파가 다수당, 그 바로 뒤에 사회당이 자리할 것이다."[2] 그는 상황을 이렇게 분석하고 있다.

나라를 좌경화한 파도들 중 하나는 둑으로 막을 수 없는 커다란 물결에서 생겨났음이 [……] 분명하다. 심각한 세계적 위기가 온 세계를 뒤흔들고 있다. 이 나라가 가장 위태롭지 않다고 말하는 것은 도무지 맞지 않다. [……] 그러나 우리가 할 수 있는 것은 매우 적다. 이러한 규모의 위기에 대한 사회주의적 해결책이란 없다. 사회적 혁명을 제외한다면 말이다. 그런데 비조직적인 프랑스 노동자 계급은 독일 사회민주주의보다 준비가 훨씬 덜 되어 있다. 그리고 독일 노동자 계급은 경제력을 정치력에 보탤 준비가 되어있지 않다. 그러나 사회 보험들을 옹호하고, 실업 보장제를 기다리면서 실업 기금을 증가하는 것만으로도, 그리고 우리가 전에 철도 적자를 국가가 부담하게 했기 때문에(총 110억 그리고 금년에 40억), 그 관리를 국영화하는 것, 그것은 이미 상당한 것이다. [……]

그러나 중요한 것은 다른 것이다. 그리고 그것을 수립하는 것이 아마 이 위기를 끝낼 수 있는 조건 그 자체이다. 평화, 군비 축소, '국제 연맹'이 바로 그것이다. 좌익, 그 중 우리가 선두에서, [……] 박수갈채를 받게 되는 것은 바로 그 점들에 대해서이다. 좌익의 정책, 그것은 평화이다. 그리고 만일 저에게 영향력이 있었다면, 나는 선거 홍보를 오로지 그것들에 집중시키라고 주장했을 것이다.[3]

모스의 예측은 들어맞았다. 우파는 참패했고 좌파가 승리했다. 더불어 좌파 급진당들이 아주 좋은 성적을 올렸다. '국제노동자 프랑스지부'는 약진하여 의원수가 113명에서 130명으로 늘어났다. 그러나 레옹 블럼은 또 한 번 "정권을 떠맡는 것"을 거절했다. 그래서 급진당들은 사회주의자들과의 합작 없이 통치하기로 결정했다. 그리고 사회주의자들의 기대와는 아주 동떨어진 재정 정책을 펼쳤다. 상황은 불안정해졌다. 에두아르 에리오가 1932년 실각했던 것이다. 에두아르 달라디에가 사회주의자들에게 대대적 정권 참여를 제안했을 때 —— 재무부는 오리올에게, 농업부는 콩페르 모렐에게, 통상부는 르노델에게, 항공부는 데아에게 ——, 당 내부에서는 반참여주의자들이 우세했다. 그것은 막다른 골목이었다. 그리고 정계-재계의 추문(스타비스키 사건)을 배경으로 새로운 정치적 난국이 시작되었다.

신예들

'국제노동자 프랑스지부' 내에 매우 강한 긴박감이 흘렀고, 분열은 피할 수 없어 보였다. 사회당은 마르크스주의적 정통성을 계속해서 공표(자본주의 비판, 계급투쟁, 생산 수단의 사회화)했다. 그러나 실제로는 당 책임자들이 옹호하는 대책들은 개혁적이었다. 그리고 그들의 행동 방식은 합법적이었다. 폭력에 의해 권력을 쟁취하는 것이 문제가 아니었던 것이다. 권력의 쟁취라는 지상의 목표 대신 레옹 블럼은 권력의 행사를 선호했다. 당은 두 파로 나뉘어져 있었다. 혁명에 대한 믿음을 되풀이 해 표명하던 소수 좌파—알렉상드르 브라케, 장 지롬스키, 장 밥티스트 르바—와, 그리고 당이란 정권의 요직들을 받아들여야 할 개혁적 집단으로 여기는 우파—피에르 르노델, 뱅셍 오리올, 조제프 폴 봉쿠르—가 그것이다.

당론의 갱신 가능성은 한계가 있었다. 여러 참모들이 새로운 사회, 경제 현실과 맞서기 위해 새로운 진로를 모색해야 한다고 생각했다. 그들을 이끌던 마르셀 데아는 흔히 레옹 블럼의 왕세자로 소개되었다. 그는 얼마 전 파리 20구 구청장 선거에서 자크 뒤클로를 물리치며 사회주의자들의 "명예를 갚았다." 그는 아직 마흔 살도 안 되었고, 고등사범학교에서 양성된 뛰어난 지식인이었고, 철학 교수자격자였으며, 스무 살 나이에 전쟁에 참여했던 참전병이었다. 뤼시엥 에르가 그를 후원했고 조언했다. 그의 교수들 중 한 명인 셀레스탱 부글레가 그를 눈여겨보았고, 사회학에 관심을 갖게 했으며, 그에게 윌름 가(街)의 "도퀴(Docu)" (사회자료센터)를 맡겼다. 마르셀 데아는 그렇게 해서 『사회학 연보』를 되살아나게 하기 위한 "뒤르켐의 충실한 제자들의 노력"에 동참하게 되었다.[4] 게다가 부글레와 함께 그는 사회학과 학생용 짧은 지침서를 집필했고, 1924년에는 알캉 출판사에서 『사회학의 개념』을 출간했다. 데아는 아직 "뒤르켐 사회학의 애매함과 불명확함"을 짐작하지 못했다. 데아에게서 그 책의 핵심 문제는 기초적이고 단순한 형태로 프랑스 사회학의 방법들, 결과들 그리고 문제들의 정확하고 충실한 도표를 제시하는 것이었다.

　　적극적으로 활동했던 사회주의자 당원인 데아는 그의 지도자인 레옹 블럼을 존중했다. 그러나 그는 블럼의 "흥분 잘 하고, 감성적이고 약간 울보 풍"에 짜증을 냈다. 그리고 블럼이 사회주의 운동의 부활에 모든 것을 바쳤던 것에 대해 데아가 그를 "뛰어난 간호사"로 찬미했던 것은 그를 즉각적으로 비판하기 위해서였다. 즉 블럼이 지나치게 오랫동안, "관절이 마비될 때까지 병든 '국제노동자 프랑스지부'의 머리맡을 지킨 정 많은 아들"[5] 같은 태도를 계속 취해왔다는 것이다. 블럼과의 단절은 그의 『사회주의적 조망』(1930)이 출간되고 얼마 안 되어서 발생했다. 데아는 모스에게 이렇게 털어놓고 있다. 이 책에서 "뒤르켐과 마르크스가 서로 이웃하고 있다."[6]고 말이다. 데아는 따라서 블럼과 자신을 가르는 거리를 인식하고 있었다. 젊고 공경심 없는 사회주의자들은 블럼을 "대 라마승"이라는 별명으로 불렀다. 데아는 "수정주의자"이고 싶어 했고, 집단적 점유보다는 "효율성"과 "힘들의 지배"에 더 신경 쓰는 실용주의적 사회주의를 발전시켜야 한다고 단언했다. 그 다음에 계급을 포함한 피착취자들 전체가 따르게 함으로써 정치 활동의 기반을 확대해야 한다는 것이 데아가 주장하는 바였다. 데아 스스로 다음과 같이 분명하게 밝히고 있다. "사회주의는 절대적으로 그 힘들의 총화를 반자본주의라는 특징 아래 모을 수 있어야 했다. 그리고 나는 이 정책을 요약했던 세 가지 방편을 제시했다. 중간 계급과 끊어지지 않고, 민주주의와 끊어지지 않고, 국가와 끊어지지 않아야 한다는 것이 그것이다."[7]

　　1933년 7월, '국제노동자 프랑스지부' 임시 총회에서 블럼은 데아, 마르케 그리고 다른 '신예들'의 의견을 주의 깊게 듣다가 이런 말을 내

뱉는다. "소름이 끼친다."고 말이다. 신예들은——28명의 국회의원과 7명의 상원의원——'프랑스 사회당'을 형성하려고 당을 떠나게 된다. 『라 비 소시알리스트』 주위에 포진한 이탈자들 중에는 모스의 친구들이 있었다. 그리고 그들 중 제1열에 피에르 르노델이 있었는데, 그의 건강은 "이미 위태로웠고" 그에게 그 분열은 "치명적 일격"[8]이 되었다. 사회주의자 당원들이 친구에 대한 성실과 사상에 대한 애착 중에 하나를 선택해야 하는 것은 쉽지 않았다. 여러 사람이 망설였고, 당분간은 블럼과 "신 사회주의자들" 사이에 남게 된다. 그 분열은 '국제노동자 프랑스지부'에서 구성원 2만 명을 앗아가게 된다.

　1932년 선거 때, 마르셀 모스는 데아의 선거전에 후원금을 내면서 그를 개인적으로 지지했다. "진심으로 감사드립니다. [……] 2차 투표에서는 철저한 입후보 철회 운동을 함으로써 제가 트로쉬와 뒤클로를 동시에 물리칠 겁니다."[9]라고 미래의 당선자가 모스에게 답신하고 있다. 두 참전병 사이에는 오래된 연대 의식이 있었다. 그러나 당 내부에서 일어나는 것 모두가 모스의 신경을 건드렸다. 모스가 거기서 보고 있던 것은 단지 "끔찍한 꼬투리잡기의 결과"뿐이었다. 그것들은 바로 "순전한 몰인식에서 온 기현상들"이라고 모스는 분개하여 소리쳤다. 한쪽 사람들도 다른 쪽 사람들도 "균형 감각"[10]이 없었다.

　당이 처한 "어리석은 상황"으로 인해 모스는 난처하게 되었다. 좌파의 분열 때, 르노델과 데아와 연대한 그의 사회주의자 친구들은 파리 5구[11]의 새로운 단체의 결성 모임에 참석하러 오라고 모스에게 요청했다. "지금은 신속성과 결정력이 각자 자각해야 할 의무"라고 확신하던 르노델은 "새로운 당에 참여하라."[12]고 모스를 압박했다. 어찌할 것인가? 그것은 "찢기는 아픔"이었다. 모스는 스스로를 "영혼 없는 몸뚱이"[13]처럼 느꼈다고 후일 레옹 블룸에게 털어 놓고 있다.

모스의 "가슴과 정신은" 물론 르노델과 함께 했다. 그는 '신예'가 되는 것조차 받아들였을 것이다. 만일 그의 친구들이 그들의 급진민주주의(그가 찬성하는 것)와 "존재하지 않는 새로운 사회주의 형태"를 혼동하지 않았다면 말이다. 그러나 "규율"에 따라 모스는 당에 남는다. 사회당은 그가 "두 번이나 설립에 이바지했고, [그가] 세 번이나 중앙 조직들을 구하려 했으며, 두 번 그렇게 하는 데 성공했던"[14] 당이라고 모스는 말하고 있다. 모스의 관점에서는, 쫓겨나는 것이 "옛 집"을 떠나는 것보다 훨씬 더 나았다. 모스가 그의 "소중한 벗" 르노델에게 한 해명은 다음과 같다.

나는 내 인격이 지니지 못한 중요성 이상을 그것에 부여하지 않네. 그리고 내가 아직 능히 할 수 있는 몇 가지 행위들에 하물며 중요성을 부여하는 것도 아니네. 나는 자네에 대한 나의 우정에, 또 한편으로 나를 인도하는 사상들에 무한히 더 중요성을 부여하지.

그리고 바로 다음과 같은 것이 내가 보는 바네. 나의 가슴과 정신은 자네와 함께 하네. 특히 네가 일종의 골고다 언덕으로 올라가려는 이 순간 말일세. 그리고 나는 자네를 놓지 않을 거네. 그러나 내 생각에는 이 사실을, 새로운 당에 가입하므로 해서 자네에게 그리고 외적으로 이것을 표명하려는 것은 필요하지도 않고 옳지도 않아. 나는 제명 때까지는 옛날 당에 남겠네. 제명은 아마 피할 수 없는 숙명이겠지만 나는 내 이름이 지명되고 개인적으로 그렇게 되기를 바라네.

나는 따라서 자네에게 이렇게 제안하겠네. 내가 거기에 참여했으므로, 나는 자네와 함께 『라 비 소시알리스트』에 남겠네. 그리고 내 능력이 되는 정도에 따라 그 지분을 갖도록 할 거네. 라니엘에게 수표를 넘기겠네.

그리고 나는 계속 기고할 걸세. 아마 곧바로 "비잔틴"이라는 제목의 논문을 기고할 것이고, 그 논문으로 인해 아마 블럼주의자들의 벼락이 내게 떨어지게 되겠지.[15]

모스는 '프랑스 사회당'에 찬조금 —— 1934년 3월에 300프랑 —— 을 내는 데 동의했지만, 이 당과는 거리를 유지했고, 심사숙고 후 『라 비 소시알리스트』의 집행부를 떠나게 된다. 르노델은 이 결정으로 인해 고통스러웠다. 르노델은 그때 그의 건강을 갉아먹던 결핵을 치료하기 위해 푸에르토 델 라 크루즈에서 요양 중이었다. "나는 『라 비 소시알리스트』와 관계된 그리고 결과적으로 나와 관계된 [자네 편지의] 내용에 대해 극히 유감스러웠네. 만일 내가 가장 믿을 수 있는 우정을 지닌 사람들이 떠나 버리면, 갈수록 어려운 날들이 될 것이라고 자네가 예측한 정말 어려운 날들이 오면, 나는 어떻게 될까?"[16] 그러나 르노델은 강요하지 않고 격언을 상기시키는 것으로 만족하고 있다. "누구나 자기 집 문이 남향인줄 안다."[17]

르노델이 1935년에 죽자 모스는 슬픔에 빠지게 된다. 그는 "가장 오래되고 충실한 친구들" 중의 하나를 잃은 것이다. 모스는 데아에게 이렇게 털어 놓고 있다. "그는 『뤼마니테』를 [······] 지켰던 시절 내게 남아있던 유일한 친구였네. 그를 잃은 것은 사회주의 공화국, 평화 그리고 우리나라를 위해 돌이킬 수 없는 손실이지만, 나에게는 더더욱 그러하네."[18] 그의 오랜 친구 르노델을 따르지 않았던 것이 옳았다고 그 어느 때보다도 확신했던 모스는, 그의 사상들에 충실히 머물기를 원했다. 그의 믿음은 "온전하게" 남아 있지만 그의 열광은 "냉각된"[19] 상태였다. 이 "상대적 차가움"은 그가 겪는 심각한 걱정거리들에 의해서 만큼과 똑같이 그가 처했던 난처한 상황에 의해 설명된다. 그가 데아의 단체에 "약소한 후원금"을 보낼 때, 그는 "싸움을 피한 적이 전혀 없었다."고 상기시키고 자신의 태도를 꼭 설명하고 싶어 했다.

> 나는 당연히 우리들의 좋은 친구 피에르 르노델의 소신이 유지되기를 희구하네. 나는 무엇보다도 그가 죽기 바로 며칠 전에 받았던 편지에서 그가 나에게 보장했던 대로 그 소신이 유지되기를 원하네. 조레스의 소신 및 그의 소신 그리고 나의 소신은 실상 만일 사회주의가 계급의 시점을 넘어서야 한다면, 오직 말 그대로의 노동자 계급만 이러한 노력이 가능하다는 것이지.
>
> 나의 소중한 친구 데아, 여하튼 내가 자네에 대해 지닌 개인적 호감을 믿어주게. 나는 피에르 르노델 그리고 조레스와 나에게 값진 것이었던 통합이 다시 이뤄질 날이 오리라는 행복한 희망을 갖고 있네.[20]

국영화하자, 그것이 미래다

신예들의 운동은 1930년대의 정신에 속했다. 기존 질서에 대한 반항, 자유주의의 비판, 자본주의와 공산주의 사이의 제3의 길의 탐구, 조직적이고, 협의적인 또는 지도적인 경제의 제안, 공동체의 찬양 등이 그것이다.[21] 이 시기는 1945년 이후 혁신을 일으키게 되는 '거부(拒否)' 세대의 그것이었다. 새로운 잡지들이 출간되었다. 『르뷔 마르크시스트』(1929), 『라 크리티크 소시알』(1931), 『플랑』(1931), 『에스프리』(1932) 등이 그것이다. 또한 로베르 아롱과 아르노 당디외의 『필연적 혁명』(1933), 엠마뉘엘 무니에의 『인격주의에 바치는 선언』(1936) 등의 저작들이 혁신의 기수였다. 마르크스주의 쪽에서는 선전선동에서 주석으로 이행했다. 마르크스의 『저작 선집』, 그 다음 헤겔의 『저작 선집』과 『레닌의 헤겔 논리학에 대한 연구』가 출간되었다. 끝으로 거의 반향은 없었다 해도 『건설적 혁명』(1932)이라는 제목의 공동 저서는 정치 사상의 재생과 새롭고 더 단순하고 더 건강하다고들 하는 가치들로 사회주의를 재생하려는 의지의 필요성을 입증했다.

경제 위기에 맞서 과거의 교의들과 단절하면서 자유주의적 무정부주의를 피할 수 있게 해 줄 근원적인 해결책들이 모색되었다. 계획화 정책이라는 구상이 사람들을 매혹했다. 미국에서 그것은 "공학 정신"의 승리였다. 벨기에에서 사회주의자 앙리 드 망이 계획경제론의 변호사로 자처하고 나서, 그의 당에 자본주의와 마르크스주의적 사회주의 사이에서 제3의 길을 열 국정 계획을 제안했다. 이 지도 경제 기획은 데아 및 신 사회주의자들의 열렬한 관심을 얻었고, '기독교 노동자연합'은 물론이거니와 '노동총연맹'의 노동조합원들 또한 매혹시켰다. 이들은 그 기획에서 위기에 맞는 가능한 해결책을 찾아내리라고 믿었다. 아주 다양한 정치적 성향의 지식인들이 쥘 로멩과 알베르 파브르루스의 주위에 모여들었고, '1934년 7월 9일 계획서'를 세웠다. 이 계획서는 권위적 의미에서 국가의 개혁을 촉진하고, 사회적인 면에서 국가의 협동조합주의를 수립하는 데 있었다.[22]

주지의 사실이지만, 위기 시기에는 동시대의 문제들을 무시하기가 어려운 법이다. 록펠러 재단의 보조금 혜택을 받으면서, 고등사범학교의 '사회자료센터'는 재단의 새로운 목적들에 부합하여 "새로운 연구들"에 착수했다. 이 연구들의 지도자는 셀레스탱 부글레였고, 집단 연구로 이뤄졌다. 그리고 그 대상은 민중들의 사회심리학, 여론의 움직임 그리고 이념적 변형, 생활수준, 중간계급, 노동자 심리학, 기계화, 광고 등이었다. 이 연구 결과는 세 권의 공동 집필서로 출간되었고, 전체 제목은 『조사서』였으며, 부글레가 감수를 맡았다. 각 권의 제목은 『사회적 위기와 국가 이념』, 『경제적인 것과 정치적인 것』, 『중간계급』이었다. 사회적 요구는 현장 조사에 기초한 귀납적 사회학의 탄생에 기여했고, 레이몽 아롱이 지적하고 있듯이, 젊고 부지런한 학생들이 사회적 현실과 접촉하게 해 주었다.[23]

록펠러 재단으로부터 보조금을 받은 『사회학 연감』 또한 "미국 친구들"[24]을 실망시키지 않았다. A 시리즈(일반사회학)의 첫 번째 별책에 앙드레 필립의 논문 「현대 사회의 진화에 대한 총괄적 조망」(1934)이 실렸다. 마르셀 데아처럼 필립은 그 당시 앙리 드 망의 구상들에 대한 관심이 컸다. 그는 프랑스에 그것들을 전파하는 데 기여했다. 『사회학 연감』이 1934년과 1935년에 출간한 다른 별책들은 경제사회학에 관계되었다. 그리고 그 잡지에 프랑수아 시미앙의 「화폐」와 「위기와 단기적 경제 파동의 사회 심리학」이라는 소론이 실렸다. 시미앙이 1930년대 초 '국립공예학교'에서 한 강의 노트만 읽어보아도 사회학적 그리고 역사적 연구 전체에서 경제적 차원이 갖는 중요성을 파악할 수 있다.[25] 자기 방식으로 사회 인구학 작업을 계속 이어가던 이 잡지의 총무 모리스 알브바크스는 스스로 그의 연구 방향을 『노동자 계급 내 욕망의 진화』[26]에 대한 분석 쪽으로 바꾸었다. 그는 또한 1940년에 「케인즈의 일반 이론」이라는 긴 고찰을 『사회학 연감』에 기고했다.

　『사회학 연감』의 젊은 기고자들의 한 사람이었던 로베르 마르졸렝(1911-1986)은 1932년 '건설적 혁명' 모임의 설립에 참여했다. 이 모임을 주도했던 것은 조르주 르프랑이고, 클로드 레비스트로스를 포함한 12명이 거기에 다시 모였다.[27] 마르셀 모스와 셀레스탱 부글레의 지지 덕택에 마르졸렝은 록펠러 재단의 장학금을 받아 미국으로 건너가 1년을 지내며 노동조합운동의 진화에 대해 연구했다.[28] 귀국하면서 그는 법학 공부를 다시 시작했고, '사회자료센터'의 연구들에 참여했으며, 경제학 연구 쪽에도 가지를 쳤다. 마르졸렝은 신문 『르 포퓔레르』(마르크 주베르라는 이름으로)의 경제란을 맡고 있었고, 그가 준비하던 글은 「장기적 경제 움직임에 대한 고찰」이었으며, 그 주제는 "가격, 화폐, 생산"[29]에 관계된 것이었다.

　고등사범학교——특히 '사회자료센터'——의 사회주의자 학생들과 『사회학 연감』의 뒤르켐주의자들 사이의 유대가 점점 더 긴밀해졌다. 뤼시엥 에르가 죽자 마르셀 모스와 프랑수아 시미앙은 참여 지식인의 전형이 되었다. "두 분, 시미앙과 선생님[모스]은 우리들의 큰 학형들입니다."라고 알브바크스는 인정하고 있다. 친구 프랑수아 시미앙이 1935년에 사망했을 때, 모스는 그에게 다음과 같이 경의를 표하고 있다. "우리의 대의명분을 위해 시미앙이 기여한 바는 엄청나다. 그의 경력과 모든 행동의 기저에 놓여 있는 정신은, 사회에 대한 연구, 그것도 프롤레타리아와 임금 노동자들에 대한 연구에 모든 것을 바친 그런 사회주의자의 정신 바로 그것이었다. 시미앙은 자기 사유의 발전을 노동자 대중의 것이 되게끔 하고자 했으며, 자신의 활동이 매 순간 이들 대중에 도움이 되었으면 했다." 그리고 모스는 이렇게 강조하고 있다. "사회주의 자들은 다음과 같은 사실을 알아야 할 것이다. 즉 시미앙은 자신의 사상을 사회주의 및 노동자 계급의 활동의 진보에 바쳤다는 사실, 그것도 모든 유토피아 밖에서 즉 전적으로 사실들의 영역에서 말이다."[30]

자기의 학생들에게 모스는, "모든 위험들에도 불구하고, 분파들이 반대하고 격정들이 타오를 연구 대상들을 외면하지 말라."[31]는 충고를 직접 하고 있다. 드물게 여유가 생기면, 그리고 아마 1930년대 중반까지, 모스는 민족에 대한 저서의 집필을 계속했다. 이 저서에는 국영화의 원칙을 다룬 장(章)이 하나 포함되게 된다.

모스의 계획은 동시대의 경제적, 정치적 현실의 총화를 분석하는 데 있었다. 다시 말해, 1) 고유한 뜻에서의 경제적 사실들(기간산업, 자본주의자들의 국내 조직, 대기업, 기업 연합, 등), 2) "위로부터 오는 정치적 그리고 경제적 움직임"(자본주의적 무정부주의를 줄이기 위한 입법, 대기업 통제, 근로자 보호), 그리고 끝으로 3) "아래로부터, 시민 대중으로부터 오는 정치-경제적 움직임"(협동조합, 노동조합, 상호보조, 대중적 투쟁, 여론의 압박)을 동시에 다루었다.[32]

모스는 미국, 영국, 독일 그리고 프랑스 같은 나라들을 대상으로 한 이 연구를 통해 현대——전쟁 전후의——자본주의의 도표를 완성하고, "증가하는 사회화와 증감하는 개인화"의 이중적 움직임을 분석할 수 있기를 희망했다. 이 움직임은 이미 자본주의자들의 이해관계를 "맹목적이고 무정부적 경쟁에서 점점 더 완전해지고 의식적이고 조절된 집단화의 체제"로 이행토록 부추기는 것이었다. 모스가 그의 분석에서 다음과 같은 결론을 끌어내고 있다.

> 1) 자본주의 체제는 결코 어떤 사람들이 그렇게 하기를 원하고 그리고 다른 사람들이 그것을 묘사하는 것만큼이나 근본적으로 무정부적이고 사적이지 않다. 그것은 이미 공공 영역에서 후원 받는 국내 조직을 스스로 갖춰갔다. 2) 그 체제는 정부의 허가를 받거나 또는 가격 경쟁에서 벗어나 형성된 대기업들의 체제에 의해 또는 대기업 체제에 의해 점진적 국영화로 향한다. 3) 그 체제는 국유화로 향하지 않는다.[33]

모스에 따르면 근래에 생긴 이 자본주의의 움직임은 아직 완수되기에는 갈 길이 멀었다. 그리고 모스는 재차 자신을 국영화의 지지자로 규정하고 있다. 그는 도버 해협 건너편에서 발견한 이 "새로운" 생각에 열광하게 된다.

> 그도 그럴 것이 그런 생각은 부르주아 사회에 대한 어떤 이상성 또는 변증법적 비판에서 연역된 것이 아니고, 사실들의 관찰 그리고 사물들의 최상의 지배는 관계자들이 지배하는 것이라는 사상에서 나온 것이기 때문이다. 그런데, 이 국영화는 주권자 국가라는 개념의 포기를 전제한다. 주권자 국가란 무책임한 것이어서, 분명히 경제적 재산의 좋지 못한 지배자다. 국영화는 그와는 정반대로 국가는 사용자, 관계자의 자연적 집단이고, 방대한 소비자 협동조합이라는 개념을 전제한다. 이 집단은 그 이익을 책임 있는 행정가들에게 맡기는 것이지, 일반적으로

여론에 따라 모집된 그리고 총괄적으로는 비적격자들인 정치인들에 맡기지 않는다.[34]

이러한 착상은 예를 들어 마르셀 데아가 『사회주의적 조망』에서 구상하고 있는 "지도적 혁명" 또는 "계획경제론"에서 상당히 동떨어진 것이었다. 게다가 데아는 국영화에 반대하고 국가에 의한 "효과적 통제"에 특권을 부여했다.

"국영화의 원칙"이 모스의 저작에서 아주 중요한 위치를 차지했다면, 그것은 이 원칙이 동시대의 사회주의적 기획에서 분리될 수 없어서였다. 국영화는 실상 "사회주의의 가장 최신 형태와 가장 미래가 촉망되는 형태"로서 나타났다. 모스는 사회주의의 역사를 초안할 수 있을 정도의 충분한 정보를 얻었다고 느끼기도 했다. 그는 후에 샤를르 르 쾨르에게 이렇게 털어놓고 있다. "나는 사회주의의 역사를 조금 아네. 나는 뒤르켐의 『생시몽』을 출간했을 뿐만 아니라 결국 나는 프루동과 마르크스의 아류들, 즉 직접적 아류들 또한 충분히 접했네. 자네가 못 느끼는 것들을 알고 느끼는 것은, 내가 자네보다 더 마르크스주의에 대항한 투쟁을 겪어서지."[35] 하지만 자기 삼촌과 반대로 모스는 사실들[36]에 큰 중요성을 인정했고, 사회주의의 국가적 차원을 명백하게 했다. "사회주의는 단지 관념들, 형태들, 집단적 체제들의 총화에 불과할 따름이다. 이것들은 사회에 의해, 사회적으로, 그 국가의 집단적인 경제적 이익을 조절하는 기능을 지닌다."[37] 모스에 의하면 한 사회가 국가로 구성되기도 전에 사회적 공화국으로 변형되는 것은 불가능한 일이었다. 그러니까 단계들을 거치지 않는 것이 불가능하다는 것이었다. 따라서 사회주의로의 이행은 한 사회의 민주적 삶(인권과 시민 권리의 선언) 및 경제적 발전(자본주의)이 앞선 단계에 있으면 있을수록 더 더욱 실현될 가능성이 크다는 입장이었다.[38] 달리 말해 오직 현대적인 나라들만이 그것들의 경제적 삶에 대한 인식을 갖도록 하고 이것을 의식적으로 운영토록 이끄는 움직임에 투입될 수 있다는 것이었다.

모스가 사회주의에 대해 쓴 역사에는[39]——이론서인 관계로 "아주 상세하지 않은"——이론 개요는 단 몇 쪽으로 되어 있고, 이론가들 또는 교리주의자들에 대한 가혹한 비판이 포함되어 있다. 자본주의를 "사회의 모든 악의 책임자"로 택한 자들 또는 "단순한 정치적 혁명"이 들어서게 해 줄 "엘도라도"를 꿈꾸는 자들을 비판한 것이었다. 마르크스주의적이고 혁명적인 모든 미사여구의 대항자인 모스는, 러시아 혁명 그리고 특히 학문적으로 새로운 것을 "결코 아무것도" 가져다주지 않은 볼셰비즘에 대한 자신의 비판을 되풀이하고 있다. 볼셰비즘은 "전적인 마르크스주의", "자본을 사회화하는 데 한정되는 국가 사회주의, 혁명적 사회주의"[40]다.

모스는 자신이 선호하는 것들을 숨기지 않았다. 사회주의는 모스에게 다음과 같을 때만 흥미로웠을 뿐이다. 오직 "건설적이고 실증적"(이것은 브루스, 알만 그리고 푸르니에르의 가능주의의 사례이다.)이기 시작할 때 그리고 즉각적 개혁에 특전을 부여하면서 "사실들의 현장에서 투쟁"을 해나가고 "가능한 것을, 가능한 것 전부를 탐구할"[41] 때가 그때였다. 모스는 또한 페이비언들의 "영국적 정신"들로 인해 그들을 좋아 했다. 경험에 반대되는 관념주의적이고 낙원주의적인 구상의 거부, 모든 이론에 대한 본능적 불안감, 행동 의지 그러나 "한발 한발씩" 그리고 "한수한수씩", "끊임없이 전진하는 행동" 의지가 그 정신이었다.

따라서 모스는 관념들에 대해서 거의 언급하지 않고 있다. 그는 이론적인 영역에 묶여 늑장부리지 않았다. "과거와 현재를 검토하자, 사실들의 꽉 짜인 곡선들을 건설하자, 그것을 전적으로 가까운 미래에 확대적용하려 모색하자, 가능한 것을, 오직 가능한 것만을 그러나 또한 부과되는 구축 체계 내에서 가능한 것 모두를 결정하려 모색하자."[42] 그가 주목했던 것은 "아래로부터의 경제적 운동"이었다. 이 운동은 본질적으로 노동조합주의, 협동조합주의 그리고 상호공제보험에 의해 표명되었다. 모스의 판단에 의하면, 바로 이것이 민주주의의 자연발생적이지만 의무적이지 않은 형태들이었다. 정치적 민주주의가 존재하는 것과 마찬가지로, "노동자 민주주의", "소비자들의 민주주의"가 존재할 수 있는 것이다. 그리고 "상호공제적 민주주의"(만인에 의한 만인의 보장, 만인에 의한 각자의 보장)는 왜 존재하지 못하겠는가.

모스는 이미 협동조합에 대해 많은 이야기를 했다.[43] 협동조합은행은 몇 번 실패했고, 특히 1934년에는 "표류"(그를 직접적으로 마음 아프게 한)[44]하고 만다. 그럼에도 불구하고 모스는 항상 각각의 집단과 작은 협회들의 활동들—흔히 "더듬거리면서, 맹목적으로, 경험적으로" 해 오던—앞에서 그리고 그들이 담고 있는 모든 "헌신이라는 보물" 앞에서 경탄했다. 모스는 소리 높여 이렇게 말하고 있다.

어떤 것도 집단적 노력과 이 노력에 남겨진 자유의 노력이 연루하는 것 보다 더 무한한 가능성을 느끼게 할 수 없다. 그도 그럴 것이 이러한 솔선수범들이 일으킨 것은 바로 숫자로 셀 수 없는 창의력과 행동들이기 때문이다. 이것들은 기도되었고 시도되었던 셀 수 없이 많은 행동 형태들이다. 그리고 이러한 기도와 시도는 몇 가지 행복한 만남들, 실현성 있는 법적이고 경제적 형식들이 점점 더 많은 개인들 및 점점 더 큰 이익들의 강력한 조직들로 모이게 될 때 까지 계속되었다. 몇몇 작은 집단들 내에서 묻힌 채 실현되던 들뜬 낙원이 이번에는 국가적 이익 그리고 공권력에 부과될 정도의 힘으로 어떤 중요한 운동에 이르게 될 때까지 말이다.[45]

모스는 주저 없이 이 심오한 민주주의의 운동과 숭고했고 절제되었던 위대한 종교들의 도입 시기를 비교하고 있다. 희생정신, 관념들과 형식들의 탐구, 열정의 맹렬함 등과 말이다. 차이라면 더 이상 신적 권능에 희생하는 것이 아니라 타인의 이익에 희생한다는 것이었다. 따라서 이 것은 생시몽, 콩트, B. P. 앙팡텡 등이 꿈꿨던 것처럼 일종의 "인간의 인간에 대한 종교"와 관계되었다.[46]

영국 사회주의자들의 몇몇 생각들을 공유하고 있던 모스는, "아래로부터의 경제 운동"에 대한 연구에서 "산업민주주의" 그리고 협동체 전체의 총화를 다루기를 더 좋아 했을 것이다. 그는 "이 시대의 정치적 문제", 즉 "노동자적 민주주의"에 연구를 한정했다. 그리고 모스는 다음과 같이 유럽의 노동조합 운동의 역사를 굵은 선으로 그려냈다. 그 "도덕적, 희생적 측면"과 더불어 노동조합이 설립되던 영웅적 시절, 법적 인정, 성장 등이 그것이다. 그에 따르면 노동자 또는 노동조합 운동의 근본적인 추세들 또는 "현재적" 특징들은 다음과 같았다. 1) 노동조합은 불법적이기를 멈추고 합법적이고 가장 충만한 의미에서 "법인격"이 되었다. 2) 노동조합은 "집단적 기능"을 획득했고, 개인들이 아니라 집단을 연결하는 계약들을 체결했다. 3) 노동조합은 "더 야심적인 경제적 속도"를 택하고, "전국적 조직"이 되었다. 4) 마지막으로 노동조합들은 서로 집성되고 "계급 일반 조직", "노동자 계급"[47]의 조직을 형성했다. 노동조합 운동이 획득했던 힘은 그 활동에 정치적 차원을 주고, 그리고 종종 전체 파업에서 그것을 보듯이 혁명적 성격을 주었다.[48]

이 모든 추세들은 전쟁 이후 확인되었다. 노동조합원 숫자의 "엄청난 팽창", 직업연맹에서 산업연맹으로의 이행, "노동자 통제" 또는 산업 관리 참여라는 관념의 확산 등이 그것이다.[49] 모스는 "더 강하고, 더 잘 결집되고, 더 잘 조직되고, 더 야심차고, 더 활동적인" 노동조합 운동의 발전을 관찰하면서 다음과 같이 결론을 내리고 있다. "노동자 민주주의는 진정한 산업 민주주의로 탈바꿈되고 있는 중이다. 그리고 어떻게 생산자로서의 시민이 적어도 몇 가지 생산 과정들 전체를 관리할 수 있는지를 구상하는 도정에 있다." 달리 말해 "피고용자들의 자연적 대규모 연합들"에 의한 소유권의 인수, 따라서 국영화를 할 수 있는 모든 준비가 되어있다는 것이다.[50]

우리는 이제 몇몇 사람들이 뒤르켐의 사회학과 동일시하려 애썼던 협동조합주의의 이념에서 아주 멀리 떨어져 있다. 국가, 평화, 민주주의, 유럽, 그리고 사회주의라는 주제들은 모스의 분석의 심장부에 있었다. 그것들은 사회주의 학리를 갱신하고 싶어 하는 사람들에게서 그리고 마르셀 데아처럼 그 당시 국가주의와 사회주의 그리고 평화주의를 화합시키려는 사람들에게서 나타났다. 그러나 모스는 새로운 '프랑스 사회당'의 지도자 데아의 방식에 주목했지만, 그를 따르지는 않았다. "중간계급의 부상"이라는 명제에 설득되지 않은 것과 마찬가지로, 이 "늙은 투사"는 신예들이 중요시하는 "질서, 권위, 국가"라는 형식을 거부했다.

자신의 출신과 조레스에 대한 충실함이 없었다면, 모스는 과연 무엇이 되었을까? 사회당의 분열과 데아의 정치적 모험의 실패는 모스의 사기를 저하시켰고, 또 열성 당원으로서의 정치 활동에서 그를 멀어지게 했다. 민족에 대한 그의 저서는 계획으로 남게 되고……

평화, 빵, 자유

전쟁의 위협은 심각했다. "아무리 늦어도 8개월 후에 히틀러가 군대의 지지를 받게 된다면 어떻게 할 것인가? 바로 이것이 내가 지속적으로 생각하는 바다."[51]라고 모스는 1933년부터 자문하고 있었다. 2년 후에 대외 상황은 더 더욱 위급해졌다. "무기력으로 인해 조용히 지내고들 있다 해도, 그곳에서는 무슨 일이든지 발생할 수 있다."고 모스는 걱정하고 있다.[52]

모스의 걱정은 프랑스에서조차 극우파 조직들 —— '프랑스 행동단 (Action Française)', '애국청년단(Jeunesses patriotes)', '포훈 장병단(Croix-de-Feu)' —— 의 발전과 대규모 반의회 시위들의 개최를 보게 되는 만큼 더 더욱 근거 있는 것이었다. 파시즘 부상의 징표들이었던가? 그 시위들 중의 하나, 즉 1934년 2월 6일 시위가 유혈 폭동으로 변질되었다. 15명이 사망하고, 1,400명 이상이 부상당했다. 7일 아침, 『르 포퓔레르』지의 머리기사는 "파시스트의 폭력 행사는 실패했다."였다. 현실은 더 복잡했지만, 2월 6일은 '민중 연합'의 형성에 근본적 역할을 했다. 파시스

트의 위협에 맞서 공산주의자들과 사회주의자들은 폭넓은 동맹을 추진하기 위해 서로 다가서게 되었다.[53]

모스는 '노동총연맹'이 폭동에 항의하기 위해 조직한 2월 12일의 대규모 합동 시위에 참가했다. 그리고 그는 '반파시스트 지식인 경계위원회'[54]에 자발적으로 가입했다. 이 위원회의 두 핵심인물은 동료 교수들이었다. 콜레주 드 프랑스의 교수이자 "아주 저명한 공산주의자"[55]였던 폴 랑주뱅과 파리 민족학연구소의 폴 리베가 그들이었다. 세 번째 인물은 앙리 IV세 고등학교의 철학 교수인 알랭이었다. 1934년 3월 4일부터 형성된 이 운동의 목적은, "파시스트 독재에 대항하여 민중이 정복했던 공공의 권리와 자유를 구해내고, 호전적 억압 및 비참함의 체제에 프랑스가 예속되는 것을 막기 위해 모든 것을 희생하는"[56] 것이었다. 이 운동은 또한 평화주의적이고 "전쟁에 반대하는 불굴의 활동"[57]을 끌어나가려는 확고한 결의에 찬 운동이었다. 이 '경계위원회'의 첫 번째 중요한 일은 "근로자들에게"라는 선언의 작성과 배포였다. 이 선언은 한 달이 채 안 되어 2천명 이상의 지지를 얻게 된다. 마르셀 모스는 첫 번째 서명자들에 속했다. 거기에는 줄리엥 방다, 앙드레 브르통, 펠리시앙 샬라이에, 레옹 폴 파르귀, 앙드레 지드, 뤼시엥 페브르, 뤼시엥 레비브륄, 폴 랑투, 로맹 롤랑 등도 역시 서명을 했다.[58]

1936년 선거 당시, "너무나 심각하게 누르던" "파시스트적 위험"에 맞서 '반파시스트 지식인 경계위원회'는 "명망 있는 몇몇 사람들"에게 관심을 가졌다. 이것은 "선거에서 민중연합의 승리를 위한" 그들의 지지를 얻기 위해서였다. 위원장인 폴 리베는 개인적으로 마르셀 모스에게 편지를 써서 그에게서 짧은 선언을 얻어 내려 했다.[59] 답장에서 모스는 '노동총연맹'이 "형제끼리 적이 된 싸움에 프롤레타리아당들보다 덜 말려" 들었던 것에 대해 칭찬하고 있다. 모스는 또한 "충돌에 끼어들었던, 그러나 자신들의 자리를 찾아갔던" 지식인들을 옹호했고, "그들의 자리는 근로자들과 함께하는 것"이라고 말하고 있다.

> [지식인들은] 정확히 [근로자들과] 함께 싸우고자 했다. 그렇게 하지 않는다면 자유로운 교육과 연구 또는 사심 없는 예술을 가능하게 하는 자유를 잃게 될 것이다. 그들은 다음과 같은 사실로 인해 더 더욱 그렇게 느끼게 될 것이다. 유럽에서 자유 민주주의가 남아있는 곳은 프랑스, 아마 이제는 새로이 스페인, 그리고 영국의 서쪽과 북쪽의 크고 작은 고장들 외에는 전혀 없다는 사실이 그것이다.[60]

모스는 좌파의 통일이 그저 즐거울 뿐이었다. 그러나 그는 '민중전선'의 강령("빵, 평화, 자유"), 정치적 제안들(자유의 수호, 노동조합 권리의 수호 그리고 정교분리원칙에 따른 학교), 경제적 제안들(대공사, 실업기금 창설, 고령 근로자를 위한 퇴직제도, 임금 인하 없는 근로 시간 단축 등) 등이 지나치게 온건하다고 보고 있었다. 그렇지만 그가 판단하기에 지식인들은 "그 대열에서 이탈할 권리도, 권력조차도, 더군다나 그럴 힘도 없었다."

모스는 레옹 블럼과 연대했다. 사회주의 지도자가 1936년 2월 16일에 생 제르맹 대로에서 부상을 당하자 모스는 서둘러 그에게 호의적인 태도를 보인다. 블럼이 그에게 답신한다. "편지 고맙습니다, 나의 소중한 오래된 친구. 연락해줘서 고맙고, 덕택에 나의 비탄함이 조금 가라앉았습니다. 그러나 나는 아직 용기를 되찾지 못했습니다. 당신에게 다정한 악수를 청합니다."[61]

　매우 열띤 선거전에 이어, 5월 3일 선거에서 '인민전선'이 다수당이 되었다. '인민전선'은 376석, 우파는 236석을 얻었다. 이틀 후, 모스는 그의 소중한 블럼에게 "우리 당의 승리"를 축하하기 위해 편지를 썼다. "[……] 이 승리는 제가 항상 조레스, 르노델과 함께, 또한 오랫동안 당신과 함께 권고했던 활동을 우리가 할 수 있게 그리고 우리가 하도록 할 것 같습니다."[62] 레옹 블럼은 정권 인수를 받아들이고 새로운 정부를 구성했다. 모스는 그때 당에서 자신의 "옛날 자리"로 돌아가야 할 "의무"를 느꼈고, 자신이 "유용할 수" 있으리라 믿었다. 그러나 모스는 『르 포퓔레르』의 편집장 또는 경영자가 되는 것이나, 쥘 모크가 주축이 되는 "미국식 고문단"에 속할 생각은 없었다.

　모스는 쉽게 막후의 실력자 역할을 할 수 있었다. 하지만 그는 그것을 거절했다. 그는 "수많은 조언을 하는" 자가 되고 싶어 하지 않았고, 또 수상과 "가까워지려" 애쓰는 자가 되고 싶어 하지도 않았다.[63] 기껏해야 모스는 "몇 가지 점들"에 그의 친구의 주의를 끌어보고자 했던 정도였다. 당 일간지, 그가 아는 "가장 지겨운 신문 중의 하나"인 『르 포퓔레르』의 재조직, 각 부처 직원의 갱신, 특히 대사관 직원의 갱신, 그리고 "국립 라디오 방송 아나운서들의 재편" 등이 그것이다. 모스가 라디오에 그렇게 커다란 중요성을 부여하는 것은 놀라운 일이었다. 그는 이렇게 설명하고 있다.

　만일 뒤르켐에 이어 내가 항상 묘사했던 교리들의 진실을 설득할 수 있는 무엇인가가 있다면, 그것은 집단적 의견의 병리학적 형태인 "머리에 강제주입하기"의 거짓말 같은 성공입니다. 따라서 강제주입기를 가진 자들 마음대로 강제 주입식으로 믿게 할 욕구를 갖게 두는 것보다 더 위험한 것은 어떤 것도 없습니다.[64]

"당연히 인민전선과 [그의] 당의 성공에 매우 흡족해하던" 모스는 그래도 역시 몇 가지 걱정을 표명했다. "재단하는 것만으로 충분하지 않다, 또한 꿰매야 한다." 모든 것이 모스로 하여금 "[그의 당 사람들이] 그럴 능력이 있다."고 믿게 했지만, 그는 "그렇게 크게 확신하지는"[65] 않았다. 그의 "동지들" 중 여러 명이 권력에 올랐고, 그 중 일곱 명은, 모스 스스로 그 사실을 지적하듯이, 『카이에 뒤 소시알리스트』의 옛 구성원들이었다. 블럼, 오리올, R. 쟈르디에, 몬네, 라마디에, 셀리에 그리고 스피나스 등이 그들이다. 오리올은 재무부 장관, 몬네는 농산부 장관, 셀리에는 보건부 장관, 스피나스는 경제부 장관이 되었다. 모스는 어느 정도 수고를 해줄 준비가 되어 있었다. 모스에게 그의 장관 동지들, 특히 오리올과 몬네[66]가 문의를 했다. 그러나 모스는 거리감을 느꼈다.

> 모스가 엠마뉘엘 레비에게 이렇게 털어 놓고 있다. "자네도 알다시피, 내가 경원당한다거나 경원한다고 믿지 않아. 그러나 그들은 나를 생각하기에 너무 할 일이 많다고 확신해. 그리고 다른 한편 나도 그들에 대해 많이 생각하기에는 할 일이 너무 많아. 어쩔 수 없는 일이지. 그렇지만, 자네나 나처럼 불쌍한 노인들인 우리도 아직 유용할 수 있지."[67]

다소 속이 상한 "늙은 언론인" 모스는 연구에 전념하기로 했다. 그는

"사회당이 정권에 지배적으로 참여"하면 많은 계획들이 가능하게끔 되리라고 깊게 믿고 있었다. 그러나 이 계획들이 "세심하게" 연구된다는 조건에서였다. '사회당'의 "효과적 지지"와 "능동적 호감"에 확신이 선 모스는 단지 소책자들의 집적물에 지나지 않는 『카이에 뒤 소시알리스트』를 진정한 월간지로 바꾸라고 제안했다. 모스는 이렇게 예고하고 있다. "전통적 사회주의에 바탕을 두지만 모든 이론적 편견에서 자유로운, 즉 한마디로 말하자면 첫 발행인 로베르 에르츠의 정신에 충실한 이 잡지는 사상들의 자유로운 비판과 객관적 자료의 출간이 될 것입니다."[68]

다시 자금 모금에 나서야 했다. 그도 그럴 것이 "꼼꼼한 사회주의 잡지"를 다시 출발시키려면 초기 자본으로 3만 프랑 정도를 모아야 하기 때문이었다. 모스를 선두로 잡지 기획의 주동자들은 1인당 천 프랑씩을 제공할 수 있을 30여 명의 기부자를 찾아 나섰다. 몇 달 후, 전액을 모을 수 없던 『사회주의 평론』 모임 구성원들은 그들의 기획을 "뒤로 미룰" 수밖에 없게 되었고, 그들의 미래에 대해 물을 수밖에 없게 되었다. 게다가 회합에 참가한 "동지들"의 숫자는 모임의 존속을 보장하기에는 충분하지 않았다.[69]

『카이에 뒤 소시알리스트』 제1호에 모스는 "현대 정치사에서 정당들과 음모들"[70]에 대한 십여 쪽의 원고를 집필하고 싶어 했다. 민족학자 모스는 고전적 형태의 사회들에서 "비밀결사단"의 "막대한 역할"을 잘 알고 있었다. 그는 이렇게 쓰고 있다. "비밀결사단은 아주 효과적인 방식으로 사회의 견고함을 보장한다."[71] 모스는 그때 정치에서 "비밀과 음모" 문제에 몰두해 있다. 엘리 알레비가 '프랑스 철학 학회'의 회원들 앞에서 "참주들의 시대"에 대해 논문을 발표한데 이어 모스는 다시 그 문제로 돌아오고 있다.

저는 비밀과 음모의 본질적 진실에 대해 당신보다 더 많이 강조합니다. 저는 오랫동안 러시아 사회당(PSR).... 등등의 활성적인 러시아 조직들의 세계를 경험했습니다. 사회–민주당원의 세계는 잘 지켜보지 못했지만 저는 몽수리 공원의 볼셰비키들은 겪어봤습니다. 그리고 실상 그들과 어느 정도 러시아에서 지냈습니다. 활성적인 소수가 그쪽에서는 하나의 현실적 힘이었습니다. 그것은 항구적인 음모였습니다. 이 음모는 전쟁 내내, 케렌스키 정부 치하 내내 지속되었고, 승리했습니다. 그러나 공산당의 구성은 비밀 분파의 구성 그대로 남고, 그 근본적 조직인 게페우[72]는 비밀 조직의 전투 조직으로 남게 됩니다. 공산당 자체는 러시아 한 복판에 버틴 채 남게 됩니다. 마치 파시스트당과 히틀러 당이 포대도 함대도 없지만 경찰 기구 전체와 함께 버티는 것처럼 말입니다.

여기서 저는 쉽게 역사적 사건들을 알아봅니다. 그것들은 그리스에서 흔히 일어났기도 해서 그렇습니다. 이 사건들은 아리스토텔레스가 아주 잘 묘사하는 사건들이지만, 무엇보다도 고전적 사회들 그리고 아마 세계 전체의 특징인 듯합니다. 그것은 공적인 동시에 비밀결사단들이 포함된 "사단(社團)"이고, 그 사단 내에서 활동하는 것은 바로 젊은이들 무리입니다.

사회학적으로도 그것은 아마 활동에 필연적인 형태이지만 낙후된 형태입니다. 바로 그 때문에 그 형태가 유행하지 않았던 것은 아닙니다. 그 형태는 비밀, 영향, 활동, 젊음 그리고 흔히 전통의 요구를 만족시킵니다. 저는 참주정치가 전쟁 및 민주주의 자체와 정상적으로 맺어진 방식에 대해, 아리스토텔레스 작품 중의 여러 부분들이 아마 또한 인용될 수 있다는 것도 덧붙입니다. 참주 정치를 파괴하기 전에는 멈추지 않겠노라 비밀리에 맹세했던 메가라의 젊은이들의 시대로 되돌아간다고 생각될 만합니다. 여기서 그것들이 다시 시작되고 동일한 장면들이 펼쳐지고 있습니다.[73]

그 당시 사람들의 정신 속에서는 "음모"라는 화제가 그 어느 때보다 현실적이었다. 우파는 공산당의 음모를 불안해 했다. '인민전선' 뒤에서 공산주의 혁명이 진행될 것이라고 불안해 했던 것이다. 좌파는, 과거에 '프랑스 행동단' 단원이었던 외젠 들롱클처럼, 체제를 전복하고 싶어 하는 자들에 대해 경계했다. 한쪽의 반공산주의는 다른 쪽의 반파시즘에 부딪히고 있었다.

블럼 정부가 정권을 잡자 처음에는 큰 희망이 생겼다. '프랑스 은행'의 개혁, '군수(軍需) 산업'의 국영화, 유급 휴가의 부여 등이 이뤄졌다. 이러한 조치들은 생활 조건의 개선뿐만 아니라 또한 문화적 풍요로 이끌어 갈 새로운 시대의 시작이라고 사람들은 생각했다. 여가와 체육 '기관'을 담당하는 국가 부사무국의 창설, 대중문화 발전을 장려하는 조치들의 채택 등이 이루어졌다. 1937년에 '인간박물관'과 '민중예술과 전통박물관'의 개관은 이 방대한 운동의 일환이었고, 이 운동의 표어는 자크 수스텔의 표현에 따르면 "문화의 문을 열자!"로 요약될 수 있을 것이다.

그러나 1936년 여름의 호시절은 빠르게 지나갔다. 격렬하게 비판을 받은 '인민전선'의 경험은 짧은 기간에 끝나 버렸다. 급진당의 탈퇴에 이어, 레옹 블럼은 1937년 6월 22일에 사표를 제출하게 된다. 극좌파의 당원들은 "놓쳐버린 혁명"이라고 말하게 된다. 이들은 정부가 사회적 진보에 "일시 정지"를 선포했고, 스페인에 비개입 노선을 적용했다고 비난했다.

모스는 무기력한 관객이 되어 볼셰비즘과 파시즘 사이에 끼인 유럽 사회의 전반적 진화를 관찰한다. 그것은 하나의 "원시로의 회귀"라고 모스는 말하고 있다. 오직 비극으로만 끝나게 될…….

18장_ 신화들의 시대

"1936년, 중차대한 해인가? 전쟁의 해인가?"라고 미셸 레리스는 그의
『일기』[1]에서 스스로에게 묻고 있다. 히틀러가 권력에 오른 후, 독일은
평화에 대한 위협이었다. 불안은 커져갔다. 메이예르송이 모스에게 이
렇게 편지를 쓰고 있다. "[……] 사람들은 힘겹게 하루 그 다음 하루를 보
내면서 매일 저녁 이렇게 혼잣말을 합니다. 오늘은 난리가 일어나지 않
았지만, 내일은?"[2] 예루살렘대학의 교수 A. S. 스즈크주팍은 모스에게
보낸 긴 편지에서 팔레스타인 문제와 국제 정세에 대해 분석했다. 그리
고 이렇게 결론짓고 있다. "제 느낌은 유럽에 점차 전쟁의 기운이 퍼지
고 있다는 겁니다. 제가 가짜 예언자이면 좋겠습니다."[3]

파시즘의 부상

대다수의 참전병들처럼——모스는 여전히 14년 참전병들의 친목회 정
규 회원이었다.——그는 또 다른 전쟁이 빗겨가기를 희망하는 사람들 중
의 한 명이었다. 평화주의는 그에게 "힘의 징표"처럼 보이기조차 했다.

당연히, 우리는 모두 아주 걱정스러워 한다. 여하튼, 만일 이탈리아와 독일의 하이에나들이 우리에게, 영국과 우리나라에 [……] 전쟁을 일으킨다면, 그것은 '인민 전선'의 잘못도, 스페인인들의 잘못도 아닐 것이다.

우리의 평화주의가 이 짐승 같은 자들에 의해 나약함의 징표로 해석될까 두렵다. 그 반면에 나는, 아주 정당한 이유들로 해서, 평화주의는 힘의 징표라고 믿는다.[4]

펠리시앙 샬라이에 같은 참전병들은 제1차 세계대전이 끝나자마자 평화의 전사들이 되었고, 평화주의로 그들의 생명선을 삼았다. '평화의 전사 세계연맹' 중심에서 활동하던 샬라이에는 모스를 벨래 서점에서 만났다. 샬라이에는 1932년 소책자를 출간했는데, 그 제목에는 모호함이 전혀 없었다. "무제한의 평화를 위해". 그는 "완전한 평화"를 옹호했다. "절대악에는, 절대적 치유책을, 그것은 완전한 평화고 그 어떤 유보도 없는 평화다."[5]처럼 말이다.

유럽에서의 파시즘의 부상과 더불어 평화주의는 참전병들에게 두 가지 형태를 갖게 되었다. 한쪽에는 독일과 프랑스의 화목에 호의적이어서 히틀러 체제에 대한 그들의 호감을 감추지 않는 자들이 있었고, 다른 한쪽에는 반파시스트 투쟁에 참여하는 자들이 있었다.[6] 마르셀 모스는 "히틀러 압제의 희생자들"을 돕기 위한 소통——예컨대 쾰른 민족지학박물관의 관장 쥘 립을 위해——을 늘리며 반파시스트 운동에 자발적으로 합류했다. 그리고 그의 새로운 동료 교수 앙리 발롱[7]처럼, '반파시스트 지식인 경계 위원회'를 뒷받침했다. '전쟁과 파시즘 반대 세계위원회'가 설립되었을 때, 모스는 위원회 활동의 몇몇 분야에 참가하는 것역시 받아들였다. 그리고 그는 "그의 이름이 지닌 권위를 믿지는 않았지만" 그에게 위탁된 "항소들을 검토하고 심각한 장애가 있을 경우를 제외하고 직접 서명하는"[8] 것을 스스로의 의무로 삼았다.

앙리 바르뷔스에 의해 설립되고 로맹 롤랑이 대부 역할을 했던 이위원회는 유럽과 북아메리카의 지식인들을 규합했다. 위원회의 프랑스대표는 폴 랑주뱅, 장 롱게 그리고 앙드레 말로였다. 랑주뱅이 지적하고있듯이,[9] 이 위원회는 1937년과 1938년에 스페인에서 "민주주의들에대항한 파시즘 투쟁의 가장 극적인 일화들 중 하나"가 펼쳐지던 순간, 여러 나라의 "인사들", 특히 "자신들의 의견이 권위를 갖는 좋은 의지를지닌 사람들"의 선언들을 얻으려 노력했다. 모스는 그러한 인사들 중의한 명이었다. 이렇게 해서 1938년 7월에 폴 랑주뱅은 동료였던 모스에게 다음과 같은 두 개의 중요한 질문에 답해 주기를 요청했다. "1) 민주주의 정부들은 스페인 공화국의 합법적 정부에 대해 어떤 의무들을 지니는가? 2) '평화'와 '자유'를 위해 투쟁하는 대규모 조직들은 스페인 민중에 대해 어떤 의무들을 지니는가?"[10]

답신에서 모스는 즉각 다음과 같은 사실을 인정했다. "민주주의 정부들이 스페인 공화국의 합법적 정부에 대해 갖는 의무는 당연히 절대적으로 모든 합법적 정부에 대해 갖는 의무다." 그는 민주주의 강국들이"현재 상태"를 받아들였다는 것을 개탄했다. 또한 "위험이 두려워서 그리고 노력하기 귀찮아서" 민주주의 강국들이 전쟁의 위험을 안고서라도 "한 민주주의를 구하려"[11] 모색하지 않았던 것을 모스는 애석하기도했다. 이러한 조건들 속에서 원칙에 충실하려면 "단지 [그] 자신의 행동에 믿음을 가져야" 하는 수밖에 없었다. 모스에 의하면, 평화와 자유를 위한 대규모 조직들 그리고 모든 "민주주의 국가들의 정당들"의 첫 번째 의무는 "전쟁 사망자, 부상자, 희생자 가족들의 불행을 덜어주려 애쓰는 데" 있었다.

모리스의 부인 이본느 알브바크스가 모스에게 스페인의 어린이 난민들을 도와달라고 부탁했을 때, 그는 머뭇거리지 않고 기부금을 냈다. 더군다나 모스는 "공화주의 대학생" 집단을 격려했고, 또 그들을 지지하는 것을 받아들였다. 이 집단은 여러 반파시스트 모임들로 구성되었는데, 1938년 친목회를 창설하고 "자유"를 그 표어로 내걸었다. 이 '자유를 위한 대학 활동단'의 목표는 "폭력의 이론가들 그리고 그 실천가들에 반대하여 프랑스 대학의 자유로운 연구 및 토론의 위대한 전통을 수호하는"[12] 것이었다. "사상의 굴종"에 맞서 이 학생들은 "정신의 호기심, 자유로운 토론, 진실에 대한 사랑, 개인적 신앙의 존중, 젊은이들의 아이러니 감각"을 내세웠다. 그들은 또한 최상의 학습 조직과 "민중의 문화 접근을 보장하기에 적합한 물리적 수단들의"[13] 확보를 요청하기도 했다.

유럽에서 일어나는 일 모두가 걱정스러운 것들이었다. '보슈들'을 ── 모스는 독일인들을 항상 이렇게 불렀다. ── "무찌를 수야 있을 것이다." 하지만 그들은 "위험한 자들이다."[14] 상황은 "비극"이 될 위험이 있었다. 모스가 그의 오랜 친구 에드가르 미요에게 이렇게 털어놓고 있다. 그 어떤 것도 "우리들의 이상향들, 승리, 상식, 정의[……]와 관계 없네."[15] 또한 모스는 사회학 이론, 프랑스 사회학파의 이론의 몇몇 토대들이 다시 문제시 되는 것을 보면서 더 더욱 동요되었다. 동업조합적 이념이 확산될 때, 몇몇은 이 이념과 직능 단체들에 대한 뒤르켐 이론 사이의 계통성을 세우려는 시도를 하기도 했다.

마르셀 데아는 자신이 "뒤르켐, 레비브륄, 브륑슈비크, 마르셀 모스 같은 스승들의 철학적 사상 속에서 함양되었다."[16]고 말하고 있다. 그의 정치철학은 (국가적) 연대의식의 개념 위에 세워졌다. 그는 이렇게 묻고 있다. "실상 다 분석해 본다면, 사회주의란 어떤 의미에서는 가족 공동체 내에서와 동일한 공기를 마시는 사회 속으로 개인의 점진적이고 완전한 복귀가 아니라면 무엇이겠는가? 그 복귀는, 이렇게 말해보도록 하자, 사회학자들이 원시적 씨족 내에서 발견하는 이 진정어린 강렬함이 동반된다."[17] 전쟁 시절의 오랜 동지의식에 젖어 데아는 낭만주의적으로 공동체 정신을 옹호했다. "우리는 공동체적 삶의 […] 발견에 이른다. 영웅주의는 단지 전장에서의 용맹만이 아니다. 그것은 또한 공동 이익에 대한 헌신이다. 그것은 개인이 한 집단의 일원이 되지 않는다면 완전하지 않다는 느낌, 개인은 집단사회를 위해 헌신과 희생을 하지 못하게 된다면 아무것도 아니라는 느낌이다." 유럽이 겪는 "사회적 열기의 가열"[18]을 지적하면서 데아는 이렇게 덧붙이고 있다. "나는 주저 없이 이것은 가장 심오한 의미에서, 가장 고귀한 의미에서 종교적인 어떤 것이라고 말하겠다. 진정한 종교, 그것은 아마 공동체적 열기의 자각이다."[19]

모스는 직접 그 오류를 꼭 시정하고자 했다. 예컨대 그는 『형이상학과 도덕 잡지』에 뒤르켐의 강좌(「시민적 그리고 직업적 윤리」)에서 발췌한 3개의 강의를 "서둘러" 출간하려는 뜻을 표명했다. 그는 이렇게 쓰고 있다. "나는 이 끔찍한 현대 동업조합주의의 약점이 무엇인지 잘 알고 있네. 뒤르켐의 생각, 나의 생각 그리고 또한 브리앙의 생각 사이의 커다란 차이는 무엇보다도 동업조합적 소유권을 조직하는 것이 문제라는데 있네. 바로 이것이 내가 몇 장으로 전개할 내용이네."[20] 서론에서 모스는 강의록의 역사 —— 그가 1890년에서 1892년에 들었던 뒤르켐의 강좌 —— 를 이야기하고, 그것을 읽는 방법에 대해 몇 가지 점을 지적하고 있다. 그리고 철학자들, 사회학자들 그리고 정치가들이 다음과 같은 것에 대해 아마 기뻐할 것이라고 기대하고 있다. 즉 "직업윤리의 원칙들이 분명히 임시적이고 간략하지만, 적어도 그 자체에 대해 그리고 그 자체 내에서 다뤄진 형태 아래 여기에 표명되었음을 보게" 되리라고 말이다. 그러면서 그는 이렇게 덧붙이고 있다.

> 소비에트들, 모든 분야의 동업조합주의자들, 모든 종류의 동업조합주의의 시대, 충돌들, 전술들, 틀에 박힌 대립적 정치들, 극단적 체제들, 혁명들 그리고 흉포한 반응들의 시대에, 우리는 이 문제들에 대한 뒤르켐의 사유에 대한 지식을 우리만을 위해 지니고 있어서는 안 된다. 우리 견해로는, 그는 이 문제들에 대해, 이미 오래 전에 그리고 그 이후의 누구보다 아마 더 잘, 몇 가지 어휘로 제시할 수 있었다. 그리고 명백한 직관력으로 올바르고, 실천적인 해결책을 제안할 수 있었다. 도덕적, 법적, 경제적 해결책 말이다.[21]

엘리 알레비의 의견에 전적으로 동의한다고 하면서도, 모스는 "참주들의 시대"를 소렐이 구상했던 것과 같은 "활동적 소수파들"의 논리와 연관시키고 있다.

우리의 눈 아래에서 소수파의 논리, 폭력의 논리, 동업조합주의는 소렐에서 레닌으로 그리고 무솔리니로 번져갔다. 이 세 사람은 그것을 인정했다. 나는 소렐의 동업조합주의는 푸제의 그것과 뒤르켐의 그것 사이의 중간에 있었다는 것, 결국 소렐에게서는 우리 사회들의 과거의 반동적인 한 시점에 연결되었음을 덧붙이겠다.

히틀러의 동업조합주의가 되어버린 '기독교-사회' 오스트리아 동업조합주의는 그 기원이 다른 범주다. 하지만 실제로 무솔리니를 본따면서 그 동업조합주의는 같은 범주가 된다.[22]

뒤르켐주의자들이 옹호하던 사회학은 그들이 보기에 객관성의 배려, 상대성의 의미, 연대의식의 자각을 발전시키기에 알맞았다.[23] 그리고 연대의식의 자각을 말한다는 것은, 셀레스탱 부글레가 상기시키고자 주장하듯이, 집단들 그리고 특별히 현대 사회에서는 직업 집단에 소속됨을 의미했다. 그는 이렇게 쓰고 있다.

[……] 뒤르켐은 그의 강좌들에서 이십여 가지 방식으로 [그의] 생각을 [……] 발전시키며 역설하기를 멈추지 않았다. 바로 그렇기 때문에 마르셀 모스가 말하는 것은 근거가 있다. 모스는 우리 시대의 동업조합주의자들——서로가 아주 다른 동업조합 결집의 형태들을 투척해보려 애썼던——, 그들이 만일 더 지혜로웠다면 뒤르켐의 권위를 내세울 수 있었으리라고 말한다.[24]

뒤르켐의 제자들은 잘못된 해석들을 시정하려고 할 수밖에 없게 되었다. "집단적 열광이 형성되는 자극적 회합들"이 할 수 있는 역할에 입각해 부글레는『종교적 삶의 기초 형태』에서 뒤르켐이 의도한 바는 다음과 같다고 인정하고 있다. 즉, 그러한 회합들의 시대가 아직 지나가지 않았고, 또한 사회가 재조직이라는 대규모 작업을 위해 서로 협력해야 할 필요를 경험하게 될 때 이 회합들은 여전히 해야 할 역할을 가지게 될 것이라는 사실을 말이다. 그러나 부글레는 정확히 설명하려 애쓰고 있다. "직접 눈으로 보듯이 [뒤르켐]이 그때 쇄신의 믿음처럼 생각한 것은 바로 사회주의였다."[25]

모스의 옛 학생이자 유럽의 상황을 걱정스럽게 바라보고 있던 스벤드 라눌프는 직접 이런 질문을 던지고 있다. 파시즘의 깨어남, 그것은 뒤르켐이 "개인주의로부터의 구원"으로 환영했을 역사적 사건이었던가? 그리고 그는 스스로 이렇게 답하고 있다. "모든 논리에서 본다면 그 어떤 의혹도 없다. 그러나 뒤르켐이 십중팔구 받아들일 수 없다고 봤을 파시즘의 모습들이 있다. 일단 구체화된 새로운 연대의식은 그것이 치료하려 했었던 악들보다 더 위험해 보인다."[26]

모스는 덴마크 국적의 학회회원이었던 라눌프에게 다음과 같은 설명을 제시하고 있다.

뒤르켐, 그리고 그에 이어 다른 우리들, 우리들은 제가 믿는 바로는 집단적 대표성의 권위 이론의 설립자들이네. 다소간 중세에서 벗어나기도 한 위대한 현대 사회들이 오스트리아인들이 그들의 춤에 의해 그렇게 된 것처럼 고정관념에 사로잡히고, 아이들이 둥글게 춤추듯이 동요하네. 이것은 실상 우리가 예견하지 않았던 사항이네. 이 원시적 상태로의 회귀는 우리들이 고찰했던 대상이 아니었네. 우리는 군중 상태들에 대한 몇 가지 암시들로 만족했었네. 거기서는 정말 다른 것이 문제인 반면에 말이야.

우리는 또한 개인이 자신의 자유, 자신의 독립, 자신의 인격 그리고 자신의 비판의 토대이자 양식을 찾을 수 있었던 것은 바로 집단적 정신 속에서였다고 증명하는 데 만족했었네. 결국 우리는 비범한 새로운 수단들 없이 기대했던 것이네.[27]

뒤르켐과 그의 제자들은 "사람들의 삶 속에서 사회적 사실의 중요성"에 주목했다. 모스에게 "삶의 고통 중 하나는 [……]" 30년대 말에 "국가의 우월이라는 미명으로, 최악의 범죄들 그리고 사회 자체의 후퇴, 그리고 어떤 경우에는 그것의 실종을 목격하는 것입니다."[28]는 것이었다. 모스는 라눌프에게 이렇게 상기시키고 있다. 일어나는 일들 전부가 "우리가 지적했던 사실들의 강력한 실증이고, 선보다는 오히려 악에 의한 실증을 예견해야 했다는 증거다.",[29] 라고 말이다.

종교학 분과 학장

1938년 2월 마르셀 모스는 고등연구실천학교의 "박식하고 냉철하고 공평한 학계"[30]인 종교학 분과 학장으로 선출되었다.(찬성 15표 대 백지표 1표.)[31] 모스는 "정력적이고 한창 활동하던 중에" 급사한 그의 동료 알렉상드르 모레의 뒤를 잇게 된 것이다. 모스는 이렇게 쓰고 있다. "저는 40년 이상 된 친구를 잃은 것입니다. 제 삶의 즐거움 중의 하나가 사라졌습니다. 그는 가장 신뢰할 수 있는 사람이었고, 훌륭한 음악가였으며,

같이 즐길 줄 알았던 사람, 앞장 서 섰던 사람, 우리 친구들 모임의 중심이었습니다. 우리는 그와 함께 많은 열정들을 나눴습니다."[32] 콜레주 드 프랑스의 교수가 종교학 분과 학장이 되는 전통이 유지되었다.

모스는 "아주 심하게" 앓던 좌골 신경통 때문에 "업무"[33]를 보기가 쉽지 않았다. 그는 "가장 절대적인 [그의] 의무에 필요한 최소한의 시간만"[34] 할애할 수 있었다. 매년 그는 몇 주간 콩트렉세빌에서 지냈지만, "[그의] 큰 병이 재발할까"[35] 걱정했다. 신임학장에게 미국인 편지 교신자가 바랬듯이, "강도 높은 지적 작업"[36]을 이끌어가는 것은 불가능했다. 그의 부인의 건강도 별로 나아지지 않았다. 모스는 "간호뿐만 아니라 아침저녁으로 가사도"[37] 돌봐야 했다. 모스는 샤를르 르 쾨르에게 이렇게 털어 놓고 있다. "나는 내 가정부들과 내 불쌍한 아내의 하인이라네. 그리고 내 마음대로 할 수가 없네."[38] 따라서 모스는 자신을 위해서는 그저 조금의 시간 밖에는 갖지 못했다. "수업과 저서 집필은 버텨내지만 제대로 못하고 있네."[39]

모스의 나이 예순 여섯이 되었다. 그가 습관적으로 그렇게 말하듯이, 그는 "수염 달고 모자 쓴 아저씨들" 세대였다. 고등연구실천학교에서 모스는 샤를르 포세, 가브리엘 미예, 폴 마송 우르셀과 함께 "노인들" 중 한 명이었다. 그리고 교수진이 교체되고 있었다. 장 마르크스는 앙리 위베르를 이었고, 조르주 뒤메질과 마르셀 그라네는 연구지도 교수들이 되었으며, 알렉상드르 코이레는 카이로대학에서의 강의를 위해 '학교'에서 파견 근무를 허락받았고, 로제 카유아는 자유 강연 책임자의 직무를 맡게 되었다. 다양한 출신의 4백여 명에 가까운 학생들이 정규 학생으로 또는 청강생으로 종교학 분과에 등록했다. 그들 중 40명이 규칙적으로 모스의 강의를 들었다. 그리고 그들 중에는 "충실한 제자들", "추종하는 제자들"이 포함되어 있었으며, 그들은 민족학연구소와 콜레 주 드 프랑스에서도 스승의 수업을 들었다.

　모스는 아마 자신의 승계자에 대해 생각하고 있지 않았다. 그러나 그는 1932년에 고등연구실천학교에서 자신의 학생이었고, 그 다음 해에 수업을 하나 맡아했던 모리스 레엔아르트에게 1936-1937학년도 2학기 수업을 자기 대신 맡아달라고 부탁했다. 레엔아르트가 그의 교수에 대해 느낀 감사의 마음은 엄청나게 컸다. "제가 겪었던 어려움들과는 반대로, 선생님은 뤼시엥 레비브륄과 함께 저를 꾸준히 지지해주었고 자존심을 갖게끔 해주셨습니다."[40] 모스는 자기보다 여섯 살 아래인 이 신교 선교자에게서 자기와 비슷한 정신을 발견했다. 레엔아르트는 아주 매력적인 이야기꾼이었다. 그는 아프리카와 누벨 칼레도니아 현지 경험에서 추려낸 이야기 보따리를 갖고 있었다. 두 사람 모두 외양도 비슷했고──긴 수염, 커다란 체구──, 그 어느 한쪽도 순수한 지적 작업에 의해 지배되지 않았다.[41] 그들이 갖고 있는 관심사 또한 공통되었다. 종교, 제식 문제들은 물론이거니와 "인물"[42] 개념 등이 그것이다. 레엔아르트는 그의 스승에 대해 커다란 존경심을 갖고 있었다. "모스는 재치 있고, 자발적이고, 사물들의 다양한 면들을 신중하게 검토한다. 그에게서 연구란 살아있는 [……] 어떤 것이었다."[43] 그들의 정치적 여정과 신념은 달랐다고 해도, 교수와 학생은 우정으로 맺어졌고, 매주 목요일 아침 시간에 만나 민족학, 교육 그리고 개인적 문제들에 대해 습관적으로 대화를 나누게 되었다. 레엔아르트에게서 모스가 매혹된 점은 분명 그의 수많은 현장 지식이었다. 모스에 의하면, 1903년부터 1926년까지 레엔아르트는 "연구자에게는 선택된 지역"[44]이었던 누벨 칼레도니아에서 지냈다. 레엔아르트는 울라일루 언어를 뛰어나게 구사하게 되었다. 민족학자가 된 이 선교사는 주목받는 저서인 『큰 땅의 사람들, 누벨 칼레도니아』를 1937년에 갈리마르 출판사에서 출간하게 된다.

1930년대 말에 프랑스 민족학은 호시절을 누렸다. 인간박물관, '민중예술과 전통박물관'의 개장, 다양한 해외 탐사(그린란드, 사하라 카메룬, 제벨 오레스 탐사, 레비스트로스 일행의 브라질 파견, 앙드레 르루아구랑의 일본 파견, 퀴지니에 델마스의 인도차이나 파견 등), 여러 차례의 전시회("누벨 칼레도니아의 민족학", "멕시코 인디언과 함께 지낸 2년", "고고학과 고대 콜롬비아 예술", "마토 그로소의 인디언"), 외국 연구자들의 발표회들(고등연구실천학교에서 말리노프스키의 강연), 대중을 상대로 한 기록 영화의 상영 등이 이루어졌다. 민족학자들은 "박물관학의 최신식 여건"[45]에 따라 구상되었던 새(鳥)-인간박물관과 더불어 진정한 연구소를 사용할 수 있게 되었다. 과학 소장품들, 도서관, 사진자료실, 음향자료실, 강의실, 발표장 등. 박물관의 다양한 부서들을 가보기만 해도 학생들은 "수많은 독서를 통해 얻을 수 있는 것보다 훨씬 더 실질적인 방식으로 입문"[46]할 수 있게 되었다. 트로카데로 광장의 샤이오궁에 자리 잡고 재무적 안정성을 보장받은[47] 민족학연구소는, 그 어느 때보다도 활동적으로 미래의 "직업적 민족학전문가들"과 식민지 행정관들의 양성 업무를 이어나갔다. 1936-1937학년도에는 144명의 학생, 1937-1938학년도에는 165명의 학생이 연구소에서 강의를 들었다. 1935년에서 1940년 사이에 연구소에서 간행되었던 "연구와 논문집" 총서는 15권으로 늘어났는데, 그 중 대다수가 모스의 학생들이나 협조자들의 연구 성과였다.[48]

젊은 연구자들의 양성에서 얻는 "정신의 삶의 매력은" "소중한 스승"에게 "가장 큰 보상"[49]이었다. 모스는 항상 신세대 민족학자들의 연구들을 주의 깊게 지켜보았다. 쟌 퀴지니에, 제르맨 디에르테를렝, 루이 뒤몽, 마르셀 그리올, 미셀 레리스, 니나와 클로드 레비스트로스, 알프레드 메트로, 드니즈 폴름, 조르주 앙리 리비에르, 테레즈 리비에르, 자크 수스텔, 앙드레 샤에프네, 제르멘 틸리옹, 앙드레 바라냑, 폴에밀 빅토르 등이 그들이다.

1938년 8월에 개최된 코펜하겐 '인류학과 민족학총회'에 참가했을 때, 모스는 그의 학생들 중 여덟 명이 포함된 대표단에 에워싸였다. 모스는 장관에게 올린 보고서에서 이렇게 쓰고 있다. "저와 함께 갔던 젊은 프랑스 학자들이 각국의 제 동료들과 저 사이에 맺어진 관계를 십분 이용하면서 자신들의 임무를 완수할 준비를 갖추도록 할 수 있었습니다."[50] 그 당시 이 젊은 학자들의 눈에 모스는 "프랑스의 모든 민족학 연구의 믿음직한 보호자"[51]로 보였다.

종교학 분과의 지휘를 맡아달라는 부탁을 받았을 때, 모스는 이 부탁을 별다른 열의 없이 받아들였다. 그는 "이 직위가 다른 고역들처럼 그에게 많은 시간을 뺏는다."[52]고 개탄했다. 모스는 종교학 분과의 부족한 예산을 관리해야 했고, 새 지도교수들의 선출을 맡아야 했으며, 수많은 작은 문제들을 조정해야 했다. 운영위의 진행(봉급들과 진급들, 임시 발표회들), 논문 출간, 자재 구입, 보수 작업, 도서관 등이 그 예이다. 교육부 장관과 그를 직접 연결하는 행정 업무에서 모스는 종교학 분과의 총무인 앙리 샤를르 퓌에슈의 보조를 받았다.[53]

모스의 학장으로서의 임기 첫 해는 큰 문제없이 흘러갔다. 딱 한 가지 예외라면 페귀엥 문제였다. 장 마르크스의 학생들 중 한 명인 폴 페귀엥과 학과 교수들이 대립한 작은 사건이 그것이다. 문제된 폴 페귀엥의 논문에 대한 조르주 뒤메질과 앙리 샤를르 퓌에슈의 보고서에 따르면, 사건은 이들이 이 논문에 대해 혹독한 비판(독창적이지 못한 작업, 불충분한 참고문헌, 프랑스어 오류)을 하고 그에게 학위 수여를 거절하면서 발생했다. 화가 난 이 학생은 욕설이 가득한 편지들을 계속 보냈고, 『르 필로리』지에 학과에 대한 모욕적인 기사를 싣기도 했다.[54]

이 사건은 몇 년이 지나서야 겨우 종결되었다. 문제의 학생은 조르주 뒤메질에게 사과하는 것을 받아들였고, 자기 논문을 "미덕지근하게" 다시 손보았다. 하지만 작가 루이 페르디낭 셀린이 이 작은 사건을 놓치지 않았다. 셀린은 반유대주의 소책자 『송장들의 학교』에서 종교학 분과와 교수들을 신랄하게 공격했다. 셀린은 그곳을 "작은 유대인 부락", "고압적인 유대교 회당", 같은 종교를 가진 자들끼리 학위를 나눠먹은 곳이고, 이스라엘의 양식을 배포하는 곳이라고 공격했다. 이 글은 마르셀 모스를 포함해 "거무튀튀하고, 교수일 것 같지 않은" 몇 명의 실명을 거론하면서 다음과 같은 말로 끝을 맺고 있다. "유대인들!…… 유대인들!…… 그리고 유대인들에 반대하는 자들!"[55]

고등연구실천학교에서의 임무들에 더해 모스는 여러 가지 행정적이고 과학적 '부역'들을 담당했다. 거기에는 또한 교수진이 빠르게 갱신되는 콜레주 드 프랑스,[56] 그가 부회장인 '민중 예술과 전통 전국위원회', '과학적, 문학적 기행과 탐사위원회', '발굴 문제 조사위원회(과학 탐구 국립 기금)', 그가 구성원으로 있는 '프랑스 심리학 50주년 기념 준비위원회' 등이 포함되어 있다. 간단히 말해 모스는 "할 일이 많았다."[57] 그리고 프랑스에서 연구 상황이 형편없던 만큼 더 더욱 그러했다. 모스는 이에 대해 계속 불평하곤 했다. 영국이나 미국과 비교해보면 모든 점에서 프랑스는 불리했다. 이 나라들에서 과학에 할당되는 예산은 더 많았고, 프랑스에서는 "상상도 할 수 없는"[58] 연구들을 가능하게 해주었을 뿐만 아니라, 연구자들의 연구 조건도 더 좋았다(직업적 의무들의 면제, 실험실, 사무원실 등).

모스는 개인적으로 오직 한 가지만을 희망했다. "연구의 확장과 발전"이 그것이다. 다시 말해 그가 한 기록부에서 분명히 쓰고 있듯이, "프랑스의 고등교육의 신장과 동시에 거기에 속하는 연구 인력의 증가"였다. 모스에 따르면, 다른 분야는 차치하고라도 사회과학 분야에서만 마련되어야 할 "시급한 대책들"은 다음과 같았다. 고등연구실천학교에 사회과학과의 발족, 문과대학과 법과대학 내 "전적으로 과학적인 사회과학의 교수직"(규범 정치학, 또는 윤리학 그리고 실천 법학의 교수직들과 부별되는)의 창설, 대다수 대학 내에 두 개의 통계학 강사직 창설(하나는 과학에서, 다른 하나는 사회과학에서), 고등연구실천학교에서의 강좌 증가 등이 그것이다. 오직 이와 같은 노력을 통해서만 미국의 '사회적 흐름(Social Trends)'과 같은 대규모 조사를 할 수 있고, 또한 "프랑스 제국에 대한 사회학적 인식, 국내 문제에 대한 통계적 인식, 국내와 모든 프랑스 제국에 대한 민족지학적 인식을 도울" 수 있다는 것이었다. "그 이외의 세계에 대한 인식의 필요성은 계산에 넣지 않더라도" 말이다.

모스는 또한 젊은 연구자들에게 "균형 잡힌 미래와 직위"를 보장할 수 있는 "연구자 단체"('프랑스 국립연구센터(CNRS)'는 1939년에 발족된다)의 창설에 아주 호의적인 의사를 표명했다. 그러나 모스는 교육과 연구가 완전히 동떨어지지 않아야 한다는 조건을 달았다. 모스의 시각에서 보면, 연구자들은 "자신들의 연구에 대해 보고해야 할 의무뿐만 아니라, 그들이 직접 연구를 지도하고 기술을 완성시킬 수 있는 미래의 학자들과 관계를 맺어야 할 의무"[59] 역시 져야만 했다.

모스에게서 연구와 교육은 불가분의 것이었다. 그가 당장 추진해야 할 계획은 게르만법과 종교에 대한 작업이었다. 그는 몇 년 전부터 이 주제들에 콜레주 드 프랑스의 강의 중 하나를 할애하고 있었다. 여러 저작이 계획 상태로 남아 있었다. 물론 그 중에는 연(鳶) 날리기, 보물 따먹기 기둥, 하늘의 정복 신화 같은 1930년대에 착수한 연구들도 있었다. 모스는 이 주제들에 대해서는 상당히 오래 전부터 연구를 수행해왔다고 확신하고 있었다. 가령 1934년 런던에서 개최된 '인류학과 민족학 국제총회' 때 모스는 마오리 족의 제식과 신화의 관계에 대한 몇몇 관찰을 발표했다. 하나는 제도 또는 오히려 놀이, 보물 따먹기 기둥과 관련이 있었고, 다른 하나는 제식 도구들, 귀중한 '티키스(tikis; 인형)', 즉 자궁 형태의 옥으로 된 아름다운 조각들과 관련이 있었다. 모스는 이 기회에 분명히 이렇게 말하고 있다. "티키스는 무엇보다도 대우주와 소우주의 형상들, 신의 형상들이다."[60] 모스가 1933-1934학년도에 고등연구실천학교에서 했던 강의 역시 존 화이트가 그의 저서 『마오리족의 고대사』에 포함시켰던 「폴리네시아 종교들과 관계된 종교적 기록들의 연구」에 할애되었다. 모스가 로베르 에르츠와 영국 박물관에서 이미 연구했고, 또 30년 후에 재발견했던 것이 바로 그 자료들이었다. 1937년에 모스는 이렇게 말하고 있다. "나는 놀랍게도 30년이 지난 후에 내가 만들었던 자료와 완전히 다른 것들 앞에 서게 되었다."[61]

그 해에 병을 앓던 테이야르 드 샤르뎅 신부를 대신해야 했던 모스는 '프랑스 인류학연구소'의 회원들 앞에서 「대우주와 소우주」라는 주제로 즉흥적인 발표를 했다. 그리고 티키(Tiki) 신에 대한 이전의 관찰들을 다시 취하면서 모스는 화이트에 의해 수집된 기록들을 새롭게 분석한다. 그는 이렇게 결론짓고 있다. "마오리족에게는 사물들의 완전무결한 분류법이 있고, 그것은 고대 세계가 만들어냈을 그 어떤 우주 신화보다 더 선명하고 두드러진 형태다."[62] 모스가 1937-1938년에 콜레주 드 프랑스에서 한 강의들 중의 하나는 "몇몇 유희와 우주론 사이의 관계"에 대한 것이었다. 이 강의는 같은 기록들에 기초해서 이루어졌다.

같은 해인 1937년에, 자신의 학생이자 동료인 폴 뮈스의 「원시적 신화학과 인도의 사상」 발표에 이어진 발언에서, 모스는 자신의 연구가 종교를 집중적으로 다룰 『사회학 연감』에 곧 —— 그가 정확히 말한 대로 "아주 늦어지기는 했어도" —— 출간될 것을 예고하고 있다. "[이 연구는] 대우주와 소우주라는 제법 폭 넓은 제목이고, 부제는 '티키'"[63]다. 그 연구 대상은 (종교의) 역사, 사회학 그리고, 모스가 "원한다면"이라고 부언하듯이, 철학에 동시에 속하는 것이었다. 그는 반복해서 이렇게 말하고 있다. "어떤 단계에서도 폴리네시아인들은 원시적이라고 말할 이유가 없다. [……] 따라서 우리가 상대하는 것은 위대한 문명이다."[64]

모스의 폴리네시아 신화학에 대한 연구가 곧 출간될 것을 알게 된 모리스 레엔아르트는 누벨 칼레도니아에 파견 중이었는데, 그것을 빨리 읽고 싶은 조급함을 감출 수 없었다.[65] 하지만 모스의 연구에는 전혀 진전이 없었다. 모스는 많은 독서를 바탕으로 여러 강의를 했지만, 말로 한 것을 글로 옮기기가 어느 때보다도 힘들었다. "그의 생각은 너무 세세하고 너무 꽉 차 있고, 그와 동시에 시대의 도움을 받지 못해, 글로 전개하는 법과 수사적 예의에 점점 적응하지 못했다."[66]

모스는 많은 경우 우정 때문에 했던 약속들은 잊지 않았다. 조르주 뒤마의 개론을 위해 15쪽 분량의 집단심리학에 대한 소론의 집필,[67] 프랑스 심리학 50주년을 기념하기 위한 "심리사회학의 세부사항에 대한 짧은 연구와 리보의 강의에 대한 회상"의 준비,[68] 끝으로 속죄 개념에 대한 에르츠의 훌륭한 연구의 출간 등이 그 좋은 예이다. 더군다나 모스는 『사회학 연감』의 B 시리즈, 즉 종교사회학의 첫 번째 별책을 출간할 계획을 항상 간직하고 있었다. 하지만 이 계획은 모리스 알브바크스에게 큰 낙담을 안겨주게 된다. 알브바크스는 모스의 "시간 엄수"에 대해 전혀 기대할 수 없었다. 그는 모스에게 이렇게 편지를 쓰고 있다. "제가 선견지명을 가진 사람이 되도록 선생님께서 저를 도와주시기를 바랍니다."[69] 이 첫 번째 별책은 1939년이 되어서야 겨우 발간되는데, 거기에는 마르셀 그라네의 「고대 중국에서 모계적 범주와 근접 관계」라는 두툼하고 "큰 희생을 치른" 연구가 포함되고 있다. 모스는 그의 옛 학생에게 큰 찬사를 보냈다. "이것은 가장 원시적인 것들을 포함하여 모든 것들에 대한 결정적이고 설명적인 작업이다."[70] 이어서 그 다음 해에 중간 정도 두께의(117쪽) B 시리즈의 다른 별책이 나오게 된다. 스테팡 차르노프스카의 논문 「발트해의 항해사들」이외에도 많은 보고서들이 거기에 포함되었다. 이 보고서들은 모스의 학생들—폴 레리스, 아나톨 르비츠키, 자크 수스텔—에 의해 작성된 것으로, 파리 민족학연구소에서 진행되는 연구들을 대상으로 이루어졌다.

이미 숫자가 많지 않던 『사회학 연감』의 필진은 1938년 12월 다른 공동 기고자 폴 포코네를 잃게 된다. 그는 모스와 사십 년 넘게 알고 지낸 친구였다. 둘 다 오랫동안 "같은 멍에를 지고 수레를 끌어왔었다." 모스는 신념이 아주 강했던 자기 친구의 "시민적 미덕과 그 많은 대의를 위한 헌신"을 찬양했다. 모스는 이렇게 분명하게 말하고 있다. "포코네의 공적 활동에는 항상 그의 헌신, 그의 굳셈, 그의 큰 정신이 역력히 나타나 있다." 외국에서도 권위를 인정받았던 사회학자인 포코네는 교육에 "큰 봉사"를 했지만, 병으로 인해 "비중 있는 [저서들로] 인정받기에는" 어려움이 있었다. 모스의 이야기로는 "오래전부터 그는 특히 간이 좋지 않았다, 그 상태는 점점 심각해졌고, 담낭이 손상되었다."[71] 가정적으로 큰 짐 때문에 생겼던 불안감은 고려하지 않더라도 말이다.

모리스 레엔아르트가 강조하고 있듯이, 포코네의 갑작스러운 죽음은 모스에게는 물론이거니와 『사회학 연감』에도 큰 빈틈을 남기게 된다.

> [……] 선생님이 처한 고독 전부 만큼 마음이 무겁겠군요. [……] 위베르가 세상을 떠난 이후, 선생님은 혼자 걷고, 너무 일찍 삶을 잃은 선생님의 협력자들이 시작했던 것들을 멈추지 않고 완성하고 있습니다. 그리고 선생님이 항상 교직에서 보여줬던 대로 자신을 돌보지 않았던 덕택에 그것을 여러 가지 수립했습니다. 그러므로 선생님의 건강을 지켜주시고 활동을 계속해 주십시오. 그도 그럴 것이 선생님이 직접 시작했던 것 모두를 완수할 수 있을 시간이 되었습니다.[72]

전쟁 이전 모스의 마지막 큰 공헌들은 학술보고서들이었다. 그 가운데 두 개는 외국에 제공되었는데, 하나는 런던에 다른 하나는 코펜하겐에 제공되었다. '헉슬리 기념 강좌'의 청강자들을 위해 모스는 "사람" 개념, "자아"[73] 개념의 역사를 다루었다. "이 주제는 여전히 프랑스 사회학파의 실질적인 프로그램이었고, 인간 정신 범주들의 사회사에 바친 프로그램의 일환이었다."[74] 모스 자신도 시인하고 있듯이, 이것은 "엄청난" 주제였다. 모스는 단순한 초안 정도로 만족하고 과욕을 부리지 않았다. 그에게서 중요한 것은 모든 것을 말하는 데 있지 않았다. 그의 연구에는 언어학도 심리학도 없고, 그저 권리와 도덕에 대한 하나의 탐구만이 있을 뿐이었다. 선사시대부터 현대까지의 전체 역사를 재구성하는 것이 문제가 아니었다. 모스는 거기서 "자아" 개념의 몇몇 형태의 연구에 매달렸을 뿐이었다.

십년 전에 뤼시엥 레비브륄이 프랑스 철학 학회 회원들 앞에서 「원시 정신 구조」를 발표한 데 이어, 모스는 '인격' 개념에 대한 연구를 착수할 의향을 밝힌 바 있다. 모스는 그 결과를 스웨덴 룬트에서 열릴 '종교사 총회'에서 발표하고자 했다. "[……] 현재에서 과거로 올라가봅시다. '페르소나(persona)'는 '가면'입니다. 바로 이것이 이 단어의 원래 의미입니다. 가면의 개념, 신화적 인격의 개념을 법인의 개념으로 변형했던 것은 바로 로마인들입니다. 나는 다른 곳에서 왜 그리고 어떻게 해서인지를 설명할 것입니다. 이 사실은 새롭고도 중요합니다."[75] 고전애호가로서 모스는 이 기회에 키케로의 저작 『클루엔티우스를 변호한다』를 인용했다. 모스는 이렇게 조언하고 있다. "이따금 인용되는 것들이 아니라 그 작품의 본문 전체를 읽어야 합니다. 그리스어로든지, 라틴어로든지, 히브리어로든지, 원하는 어떤 언어로든지 읽어야 합니다." 그런 다음 점점 더 멀리 올라가면서 콰키우틀족에 대한 보아스의 연구들, 중국에서의 그라네의 연구들 그리고 누벨 칼레도니아에서의 레엔아르트의 연구들에서 간추려 낸 몇 가지 사실을 소개했다.

모스가 십년 후에 특별히 중요시하게 될 연구 방법도 같은 것이었다. 그의 비교적 방법은 그로 하여금 "과속으로 세계와 시간을 관통하며 산책하고",[76] 또 "민족지학이 우리에게 보여주는 이러한 종류의 사실들의 [······] 박물관"을 방문하도록 했다. 먼저 뉴멕시코의 주니족 인디언들, 이어서 미국 북서쪽의 콰키우틀족, 끝으로 오스트레일리아의 아란다족 그리고 로리차족 등이 그 좋은 예이다. 첫 번째 결론이 도출되었다. "사회들의 총화 전체는 '인물' 개념에 도달한다. 즉 가족적 삶에서하는 역할처럼 개인이 성스러운 극적 사건들 속에서 채워야 할 역할이라는 개념에 말이다. 그 기능은 이미 매우 원시적인 사회들에서부터 우리 사회들에서까지 그 형식을 창조했다."[77]

'인물' 개념에서 모스는 '사람' 개념, 즉 근원적 의미가 "가면"(제식적, 조상의)이라는 뜻이었을 라틴어의 '페르소나' 개념으로 이행했다. 브라만과 불교를 믿었던 인도 그리고 고대 중국 등과 같은 다른 문명들에서도 같은 부류의 관념들이 발전되었다. 하지만 모스의 설명에 따르면, 이것은 그 관념들을 "거의 결정적으로 소멸시키기" 위해서라는 것이었다. 로마인들과 더불어 역사는 그 길을 계속 가게 된다. "사람"은 조직의 사실이나 인물에 대한 권리만이 아니었다. "개인의 진정한 본성과 동의어"인 이 개념은 또한 "권리의 본질적 사실"이고 적어도 자유로운 인간의 권리의 사실이기도 했다. 그도 그럴 것이 오직 자유로운 인간만이 '페르소나'의 권리를 지녔기 때문이다.

그러나 우리는 아직 "자아"의 범주에서는 동떨어져 있다. 그리스와 라틴 철학자들의 연구, 특히 의식에 대한 심리학적 성찰을 한 스토아학파의 연구를 기다려야 했다. 그리고 무엇보다도 기독교의 영향 또한 기다려야 했다. 기독교는 법인격을 "형이상학적 실체", 다시 말해 "이성적이고 개인적인 물질"로 만들게 된다. 이와 같은 구축은 결과적으로 근대 철학자들, 특히 데카르트, 스피노자, 흄, 칸트, 피히테 등의 "긴 연구"에 의해 완성되게 된다. 그러니까 사람의 개념은 자기의 인식, 심리적 인식과 동일시된 것이다.

모스는 이렇게 결론내리고 있다. "사고방식의 혁명이 이뤄졌다. 우리는 누구나 우리의 자아를 지닌다."[78] 완수된 그 긴 노정은 몇 마디로 요약될 수 있다. "단순한 가면극에서 가면으로, 인물에서 사람으로, 하나의 이름으로, 한 개인으로, 이 개인으로부터 형이상학적이고 도덕적인 가치가 있는 한 존재로, 도덕적 의식에서 한 성스러운 존재로, 이 성스러운 존재에서 사상과 행동의 한 근본적 형태로 향해 온 것이다."[79] 어떤 순간에도 모스는 명백하게 유심론적 흐름 — 인격주의 — 에 의거하지 않았다. 이 흐름은 잡지 『에스프리』에서 발전되었고, 모든 형태의 집단적 유물론에 반대하여 인간의 우위를 확언하고 있다. "한 명의 사람 [……], 그것은 자유, 창조, 사랑의 톱니바퀴다, 라는 표현을 이 잡지의 소개 전단에서 읽을 수 있다." 그러나 다음과 같은 '사람' 개념을 비판할 때 모스는 바로 이 흐름을 겨냥한 것이었다. "사람들 모두가 자연스럽다고 보았고, 인식 저 바닥에서 정확하다고 보았고, 거기에서 추론되는 도덕의 바탕에 다 구비되었다고 보았지만", 역사에 대한 순진한 관점에 부합하는 '사람' 개념이 그것이다. 모스는 다음과 같이 암시하고 있다. "더 정확한 관점"[80]을 소개해야 했다고 말이다. 그가 제시한 '사람' 개념에 대한 "연구 계획표"는, 그의 학생들 중 한 명이 아쉬워하듯이, "거의 비밀로" 남게 된다. 모스가 이용했던 지표들은 "성급하고 정리되지 않은 채" 있지만, 그 얼마나 "계시적인가!"[81]

1938년 여름 동안 모스는 코펜하겐에서 열린 '인류학과 민족학 국제총회'에 부회장으로 초청되었다. 그는 이 여행을 통해 "[그의] 나이 든 스칸디나비아 제자들과 다시 접촉할"[82] 수 있었다. 프랑스 대표로서 그 총회에서 적극적으로 활동했던 모스는 "제식의 종교적이고 사회학적인 양상의 관계"에 대한 토론에 참여했다. 그리고 「사회적 사실과 성격의 형성」이라는 발표문을 제출했다. 그의 친구들은 그를 점잖게 놀렸다. "자네는 이리저리 바삐 다니지 말고 자네 명성이 어떤지도 좀 깨달아야지."[83]

사회적 사실, 그것은 여기서 "문명의 사실"이다. 다시 말해 그것은 한 사회의 사고방식을 형성하는 집단적 표상과 실천의 총화다. 모스가 항상 몰두하던 문제는 개인과 사회의 관계 문제였다. 모스는 이런 질문을 던지고 있다. "언제 그리고 어떻게 이 집단적 사고방식을 필요로 하고 또 그것이 개인 속에 녹아들게 됩니까? [……] 어떻게 [개인은] 사회에 작용할 수 있고, 또 어떻게 사회는 그에게 작용할 수 있습니까?"[84] 이 질문들에 대해 답을 하기 위해서는 심리학을 사회학에 대립시키지 말아야 한다. 모스는 대뜸 이렇게 선언하고 있다. "아마 여러분도 아시겠지만, 사회학 [……], 제가 탐구해온 사회학은 말입니다, 저는 물론이거니와 저의 스승이자 삼촌이었던 뒤르켐도 이와 같은 사실들에 대한 심리학적 고려를 완전히 배제하지 않습니다. 개인 속에서도 그리고 그의 사회적 환경에서도 그렇습니다."[85]

뒤르켐과 마찬가지로 모스에게도 개인에 대한 사회의 작용이 가장 잘 드러나는 것은 바로 교육 속에서이다. 이 두 사람 모두 아동사회학, 세대들 간의 관계가 갖는 중요성을 인정하고 있다. 그들에 의하면 이것은 "우리 모두가 잘 알아차리지 못하는 본질적인 현상"[86]이라는 것이었다. 교육에 대해 말한다는 것은, 한 세대에 의한 다른 세대의 양성, 또는 어른에 의한 아이들의 "길들이기"에 대해 말하는 것과 같은 것이다. "인간은 자식들을 가르치고 길들이는 동물입니다. [……] 나는 나의 세대에 행해졌던 나무망치 고문에 대해서도 말하는 것이 아닙니다. 나는 아동을 아주 일찍부터 길들이고 가르칠 수 있는 관심 쌓기에 대해 말하는 것입니다." 모스는 우리 사회의 일상적 삶에서 가져온 몇몇 구체적인 예를 제시했다. 식사 시간, 아이가 울 때 반응하고 아이를 안는 방법 등이 그것이다. 모스는 여기에 대해서도 원시적이라 불리는 사회들과 그들의 성인식 의식에 의거해서 설명하고 있다.

강연을 마치면서 모스는 '사람' 개념에 대한 자신의 연구 결과를 상기시켰다. "인간은 오랫동안 한 사람이기 전에 한 명의 인물이었습니다. [……]"[87] 따라서 모스는 자기에 대한 인식 그리고 다른 자들에 대한 인식은 우리 사회가 가지고 있는 문명적 특색이라고 주장하고 있다. "개인은 결과적으로 주체와 대상, 사회적 삶의 책임 있는 동인이 됩니다. 무의식적으로 있었던 그의 상태, 즉 자신의 위상과 자신의 습관들의 포로였던 인간은 의식적으로 그렇게 되는 것입니다. 그는 자신의 능력을 알아가게 됩니다." 모스는 더 멀리까지 나아갔다. "이제 사회적 변화의 원천은 바로 개인입니다. 항상 그랬지만, 그는 이 사실을 모르고 있습니다. 법들이 [……] 그의 종교들로부터 나옵니다. 관례들이 그의 기술들에서 나옵니다. [……]" 변화가 그 무엇보다도 빠른 우리 사회 같은 곳에서는 "영웅 숭배"(학자, 사상가, 발명가 또는 장관) 속에 빠지려는 유혹 ── 낭만성 때문에 그렇게 될 수밖에 없다. ── 이 큰 법이다. 하지만 이와는 반대로 모스에 따르면 중요한 것은 "사회에 의해 그들이 존재하는 것의 의미와 동시에 사람들이 경건하게 [판독불능] 그리고 강하게 원하는 사회 속에서의 사회적 변화의 의미를 그들에게 제공해주는 것"[88]이었다.

코펜하겐에 가기 위해 모스는 독일 전체를 횡단했다. 수스텔은 이렇게 전하고 있다. "기차는 계속 기우뚱거렸습니다. 도처에 군인들이 있었습니다. 독일은 전쟁을 준비했다는 것 [……], 이 모든 것이 우리를 재앙으로 이끌 것은 명백했습니다."[89] 모스가 그의 강연에서 그것을 상기시키고 있듯이, 그 어느 때보다 인간의 성스러운 성격은 깨지기 쉬운 일임이 분명해 보였다. "우리는 지켜야 할 중요한 선(善)들을 가지고 있습니다. 하지만 우리와 함께 [사람] 개념은 사라질 수 있습니다. 그러니 훈계하지 말아야겠습니다."[90]

사회학 콜레주

"원시로의 회귀", 그것은 '공동체'로의 회귀다. 그것은 또한 '성스러움'으로의 회귀다. 왜 그것이 신들의 회귀는 아니겠는가! 성스러움, 제식, 비밀결사단, 신화 등은 더 이상 연구 대상인 것만은 아니었다. 그것들은 서양을 구하고 싶다면 자유롭게 해야 할 능동적 힘들 ── "검은 힘들"이라고 로제 카유아는 말한다. ── 이었다. 역사와 종교 사회학은 여기서 현대 세계의 비판과 합류하게 된다. 그 목적은 새로운 이상향의 토대를 제공하기 위해서였다. 비합리성의 권능에 토대를 둔 세계에 대한 비판이 그것이다. 사람들은 어떤 "선발적 공동체"를 꿈꾸고, 그 전형은 종교적인 색채를 가지게 된다. 그것은 비밀결사단이었다.

1937년 초에 창설된 '사회학 콜레주'에는 조르주 바타유를 중심으로 마르셀 모스를 스승으로 하는 민족학자들(미셸 레리스, 로제 카유아, 아나톨 르비츠키[91])이 모여들었다. 바타유 자신도 "민족학자들이 해결하려고 애쓰는 것들과 거의 구별되지 않는 문제들"[92]을 자신의 것으로 삼고 있었다. 알프레드 메트로 덕택에 그는 '포틀래치'에 대한 모스의 연구를 발견했다. 바타유는 『크리티크 소시알』의 한 평론에서 "소비의 개념"을 전개했다. 그는 모스의 금언들 중 하나("터부는 위반되기 위해 만들어진다.")에서 착상을 얻어, 위반에 대한 분석에 착수했다. 이 분석은 전쟁 후에 그로 하여금 그의 세계관을 체계적으로 설명하게끔 해주었다. 그의 저서 『저주받은 몫』이 그것이다. 모스의 교육과 사회학 콜레주의 강연 사이에는 주제라는 면에서의 연관성이 있었다. 양쪽 다 성스러움, 권력, 샤머니즘, 비밀결사단 등의 문제를 제기했기 때문이다. 콜레주 활동의 목적 자체도 '성스러움의 사회학', 다시 말해 "성스러움의 능동적 현존이 밝게 드러나는 사회적 실존의 발현들 전체 내에서의 사회적 실존의 연구"[93]였다. 바타유는 "일상적 활동 형태들로 환원하기 힘든 독특한 기도"라고 말하고 있다.

모스의 이름이 콜레주에 더해진 것은 그 설립자들 중 한 명이고, 가장 활동적인 구성원이었던 로제 카유아의 이름만큼 아주 자연스러운 일이었다. 1913년에 태어난 카유아는 1933년부터 1935년 사이에 고등연구실천학교에서 모스의 수업을 들었다. 그는 그때 고등사범학교 학생이기도 했다. (문법) 교수자격을 획득했던 1936년에 그는 고등연구실천학교 종교학 분과에서 학위를 수여받았다. 그의 논문「대낮의 악마」는『종교사 잡지』그리고『슬라브 연구 잡지』에 발표되었다. 카유아는 고등사범학교에서 1936-1937학년도에 '복습교사(caïman)', 이어 '국립과학연구기금' 장학생이 된다.『르 카이에 뒤 쉬드』,『누벨 르뷔 프랑세즈』또는『종교사 잡지』등에 실린 그의 서평들과 원고들이 말해주듯이, 그는 종교사에 대한 관심을 계속 유지해갔다. 카유아는 다음과 같은 사실을 분명하게 밝히고자 했다. "독자는 [존경의 성스러움에 대한] 이 연구가 어느 정도까지 모스 선생님의 가르침과 그라네 선생님의 저작들에 빚을 지고 있는가를 어렵지 않게 알 수 있을 것이다. 이 연구는 종종 그것들과의 순수하고 단순한 대면이다."[94]

카유아는 몇 년 동안 초현실주의 운동의 지배권 속에 있었다. 1932년에 앙드레 브르통에 의해 발탁된 카유아는 2년 후 하찮은 일에 대한 참담한 논쟁에 이어 이 운동을 떠나게 된다. 카유와는 "늑대 가죽을 뒤집어 쓴 사제들 중에 있던 젊은 늑대"였다. 카유아는 1936년에 첫 호이자 마지막 호인 잡지『재판』을 발간했다. 이것은 그가 쥘 마르셀 몬네로, 가스통 바슐라르, 루이 아라공 그리고 트리스탕 차라와 함께 창간했던 잡지였다. 그는 조르주 바타유가 발간한『무두인』지에도 협력했다.[95] 로제 카유아가 사회학 콜레주에서 한 발표들에서 다룬 주제들은 다음과 같은 것들이었다. 1937년에는「성스러움의 사회학 그리고 사회, 조직, 존재의 관계」, 1938년에는「권력」,「신심회, 종파, 비밀결사단, 교회」, 그리고 바타유와 공동으로「현대 세계의 성스러움의 사회학」, 이어 1939년에는「형리(刑吏)의 사회학」그리고「축제」등이었다. 카유아는 모스의 수업에서 계속 보조 역할을 맡았다. 모스는 1938-1839학년도에 그를 고등연구실천학교에 초청해 공놀이 그리고 우주론 및 우주진화론의 개념들 사이의 관계에 대해 발표하도록 했다.

여러 가지 점에서 사회학 콜레주의 강연 계획은 위험해 보일 수 있었다. 「겨울 바람」에서 카유아는 "와해되고, 노쇠하고, 무너져가는 사회"를 고발했고, 사회적인 것을 다시 성스럽게 하기 위해 노력했다. 뮌헨 위기의 순간, 그는 콜레주를 "활력의 진원지"로 소개했고, "인간의 비활력화"에 반대하여 투쟁하기를 권유했다. 끝으로 『신화와 인간』에서 카유아는 카리스마적 권력의 회복을 격찬했다.

모스는 카유아와 레리스에게 지적, 정신적 또는 재정적(장학금 요청) 지원을 해주는 데 결코 주저하지 않았다. 하지만 그는 콜레주의 어떤 공개 행사에도 참여하지 않았다. 그는 민족학과 사회학에 의거하는 콜레주의 방식을 진지하게 여기지 않고 있었고, 거기서 양식을 얻으려는 가짜 선지자들을 경계했다. 그 어떤 것보다도 모스가 싫어했던 것, 카유아도 알고 있는 그것은 다음과 같은 것이었다. "성(性) 또는 경제처럼 모든 것을 무차별적으로 설명하기가 지나치게 쉬운 멀고도 절대적인 원인들"에 대한 탐구와 "항상 전제하기는 쉽고 확인하기가 거의 불가능한 무게 없는 억측들"[96]이 그것이다. 카유아로부터 갈리마르 출판사에서 1938년에 출간될 『신화와 인간』의 필사본을 받았을 때, 모스는 아주 신경이 날카로워졌다.

[……] 내가 전반적인 탈선이라고 생각하는 것에 의해 자네 역시 직접적으로 희생자가 되고 있네. 이런 종류의 절대적 비이성주의가 바로 탈선이고, 그것을 통해 당신들은 미궁과 파리라는 명목으로 현대의 신

화를 종결짓고 있네. 그러나 자네들은 지금 이 순간 모두가 그런 상황이고, 아마 히틀러주의 속의 낙후된 베르그송주의자이자, 비이성주의로 부패된 히틀러주의를 정당화하는 하이데거의 영향 하에 그렇다고 나는 믿네. 그리고 무엇보다도 시적인 것과 희뿌연 감상성의 명목으로 자네들이 벗어나려는 이러한 종류의 정치철학이 바로 탈선이네. 시인들과 위대한 웅변력을 지닌 사람들이 때때로 사회적 삶에 리듬을 줄 수 있다고 내가 확신하는 만큼이나, 나는 어떤 종류의 철학이 그리고 특히 파리의 철학이 그 무엇에라도 리듬을 줄 능력에 대해서도 그만큼 비관적이네.[97]

이 편지는 "나의 소중한 카유아"에게 보낸 것이었고, 격려의 말("힘 내게나") 및 "악수를 청하는 인사말"로 끝나고 있다. 하지만 이 편지를 통해 그 당시 교수와 학생을 가르는 거리를 측정할 수 있고, 또 하이데거가 젊은이들에게 행사하는 영향력에 대한 모스의 생각이 어떤 것인지를 잘 알 수 있다. 끝으로 이 편지는 그 독일 철학자와 히틀러주의 사이의 매우 명백한 유대를 밝히고 있다. 때는 1938년이었다.

미셸 레리스는 제일 먼저 의혹을 품고 단체 활동에 참여하기를 거절하며 콜레주에서 멀어졌다. 레리스는 이렇게 쓰고 있다. "[……] 만일 뒤르켐, 모스 그리고 로베르 에르츠 같은 사람들이 구축했던 그대로의 사회학적 과학을 우리가 내세운다면, 우리는 필연적으로 그 과학의 방법들에 부합해야 한다. 그렇지 않다면, 모든 애매함을 일소할 목적으로 우리는 스스로를 사회학자들이라고 부르기를 멈춰야 한다."[98] 레리스는 바타유에게 문학과 정치를 섞고, "현대 사회학의 수확들 그리고 특히 총체적 현상이라는 모스의 개념"과 모순 된 "성스러움의 사회학"을 구성한다고 비판했다. 그는 또한 그 단체가 "최악의 문학 예배당"으로 퇴화해간다고 걱정하기도 했다.

축제에 대한 강연이 있은 그 다음 주에 카유아는 잡지 『쉬르』의 발행인 빅토리아 오캉포의 초대를 받아들여 그의 저서 『신화와 인간』이 막 번역된 아르헨티나로 떠나게 된다. 1939년 7월에 부에노스아이레스에 도착한 그는 전쟁 내내 그곳에 머물게 된다. 카유아는 소리 높여 폭력에 대한 자신의 취향을 확언했고, 몇몇 사람들에게는 "파시즘에 활용될 수 있는"[99] 듯이 보일 정도로 정치적 중립성을 가능한 가장 오랫동안 유지했다. 그랬던 카유아에게 아르헨티나에서 지내던 시절은 자아비판과 "방향 전환"의 순간이었다. "집이 불에 타고 있었는데 우리는 옷장을 정리하고 있었다. 그보다는 진화(鎭火)해야 했다. 그런데 우리는 감히 그것을 하지 못했다. [······]"[100] 카유아는 1939년 10월에 전쟁을 주제로 다룬 잡지 『쉬르』의 특별호에 「히틀러주의의 본성」에 대한 평론을 발표했다.

게르만족의 신화

신화적 독일, 그것은 또한 게르만족 신화의 독일이다. 이 주제는 인도-유럽인종에 대한 연구들이 그때 인종 편견에 의해 지배되던 만큼 더 더욱 민감한 문제였다. 예컨대 갈색 머리에 대한 금발의 선호, 아리안족의 우월성 등이 그것이다. 위베르는 이 구호들에 격렬하게 저항했다. "[게르만족은] 공통된 인종의 직접적 대표들이 아니다. 인도-게르만인이라는 표현은 폐기시켜야 한다."[101]고 그는 외쳤다. "켈트족"에 대한 자신의 연구와 더불어 위베르는 "두 인종의 주제에 대한 논란"[102]에 개입했다. 그는 프랑스인의 정체성은 켈트족에 그 기원을 두고 있으며, 바로 그것을 통해 프랑스인이 문명의 전령이었다는 사상을 옹호했다.

> 켈트족의 역사적 역할은 정치적인 역할이 아니었다. 그 까닭은 그 민족의 정치적 형성이 낡았기 때문이다. 그러나 켈트족의 역할은 문명화하는 역할이었다. [······] 켈트족은 고대 세계에서 횃불의 전령이었고, 우리는 그들을 계승했다. 아름다움과 일반적 관념들을 사랑하는 우리들은 무르익고 높은 문명들의 중개자였고, 그 문명들로서 우리는 "문명"을 만드는 데 공헌했다.[103]

『켈트족』 이후 위베르는 게르만족이라는 문제에 달려들었다. 그의 계획은 "어떤 인종적 요소들에서 그리고 어떤 영향들 아래에서 게르만주의가 태어날 수 있었는지를 찾는"[104] 데 있었다. 앙투안 메이예로부터 차용한[105] 그의 가설들 중 하나는 "게르만족이 인도-유럽인화 되었거나 인도-유럽어를 취한 유럽의 민족이라는" 것이었다.

모스가 1930년대 중반부터 콜레주 드 프랑스에서 한 강의들 중 하나는 게르만족의 연구에 할애되었다. 이 강의를 준비하기 위해 모스는 그의 친구의 미발간 연구들에 의존했고, 그는 자신을 이 연구들의 "충실한 수탁자"[106]라고 지칭하고 있다. 『게르만족』의 편집을 준비하던 때(위베르의 옛 제자이자 협력자였던 올라프 장세와 함께) 모스는 바야흐로 '호모 노르디쿠스(Homo Nordicus)'[107]에 대한 탐구에 착수했다. 모스는 그 분야에서 위베르 또는 "인도-유럽인 이름들의 형성의 기원"(1935년)[108]이라는 주제로 학위논문을 썼던 그의 동료 벤베니스트보다 전문성이 떨어진다는 사실을 스스로 잘 알고 있었다.

1938년 '제1회 역사적 종합의 날들'에서 모스는 「게르만족과 켈트족 이동의 차이점」이라는 짧은 발표문을 제출했다. 이 발표문은 그 이듬해에 『종합 잡지』에 게재된다. 모스가 옹호했던 것은 "혼합 양식의 사회" 학설이었다. 그는 몇 년 전에 이렇게 분명하게 밝힌 바 있다. "문제가 되는 것은 우리 사회에 앞섰고 바깥에 있던 여러 사회들의 삶 전체에서 볼 수 있는 정상적인 한 현상이다."[109] 그렇다. 게르만족에는 "개별적 언어들이" 있었고, "각 혈통에 고유한 정신적 전통들이" 있었다. 그러나 유의하자! "규정된 영토 내에 자리한 현대 국가들의 현대적 개념에서 출발해서" 고대 사회들에 대한 개념을 만드는 것은 가당치 않은 것이다. 모스는 초점을 다음과 같이 명백하게 잡고 있다. "고대 사회들의 절대적 상호침투성을 고려해야 한다. 성곽들에 틀어박힌 사람들로 들어찬 고장들을 횡단하던 기마 집단들을 그려볼 수 있어야 한다. [……] 사회들의 상호 침투성은 문명들의 막대한 상호 침투성과 일치했다. [……] 광역권 시대에 고립된 문화들을 상상해서는 안 되고, 오히려 셀 수 없이 많은 상호침투들에 대해 상상해야 한다."[110] 켈트족, 게르만족, 인도-이란인 등 사이에는 확실히 불일치가 있지만, 또한 많은 수의 중요한 유사성도 있다고 모스는 설명하고 있다. 게다가 위베르는 켈트족과 게르만족 사이에 오랫동안 있었던 "친밀한 관계"에 대해 말하고 있다. 이것을 이해하려면 언어적 혈통을 관찰하는 것으로 충분하다. 모스는 다음과 같은 사실을 지적하고 있다. "'Reich'라는 단어는 'roi(왕, 王)'이라는 켈트족 단어인 'rix'와 유사하다. 이 단어는 라틴어 'rex'와 같은 단어다."[111]

그 다음 해 1939년 6월, 위베르 그리고 모스의 옛날 학생이자 카유아의 친구인 조르주 뒤메질은 『게르만족 신화들과 신들』을 출간했다. 그는 이 저서가 그의 스승들인 마르셀 모스와 마르셀 그라네의 수업에 많은 것을 빚졌다고 분명히 밝히고 있다. 모스는 그의 학생의 "초기 연구"에 대해 다음과 같은 엄격한 판결을 내리고 있다. "뒤메질의 학설은 너저분한 장난이기는 하지만, 그래도 좋은 인상을 줄 것이다."[112] 그러나 모스가 『사회학 연보』를 위해 『불사의 향연』에 준 이 저서에 대한 서평은 더 원만했다. 모스는 셈족 세계와의 비교가 짧고, 힌두 기록들에 대한 분석이 틀리지만, 정확한 결론[113]이라고 평하고 있다. 마지막으로 1914년 이후의 사회학에 대한 자신의 종합평가에서 모스는 "우리의 관심사들에서 약간 벗어난다."고 분명히 뒤메질을 비판하고 있다. 하지만 모스는 뒤메질의 공헌을 이렇게 강조하고 있다. "그는 인도-유럽인 비교신화학의 방법들을 다시 활성화했다."[114]

제자의 정치적 여정은 스승의 그것과 상당히 달랐다. 뒤메질은 모라스와 '프랑스 행동단'과 매우 가까웠고, 극우파 신문인 『르 주르』에 참여했으며, 파시즘이 지배하던 이탈리아에 대해 호감을 표명하기도 했다. 이처럼 그는 파시스트의 동조자였지만, 또 단호한 반나치주의자이기도 했다.[115] 그럼에도 불구하고 모스가 그를 돕는 데 앞장서지 않았던 것은 아니었다.[116] 뒤메질은 모스가 "종교학 분과의 가장 위대한 스승 가운데 한 명"[117]으로 여기고 있다. 이러한 찬사는 놀라운 것일 수 있다. 『게르만족 신화들과 신들』의 저자가 이 저서에서 히틀러가 독일을 "재신화화하는" 것을 보고 싶다고 썼던 것에 대해 그렇게 오랫동안 비난이 쏟아졌다는 사실을 안다면 말이다.[118] 사실 뒤메질이 이 저서에서 제시한 예증은 역사적 분석에 속하는 것이지 정치적 판단에 속하는 것은 아니었다. 게다가 이 분석은 그 시대에는 그런 식으로 받아들여졌다.[119]

모스는 이때부터(모리스 레엔아르트는 "만년에"라고 고쳐 말한다.)[120] 신화에 대해 관심을 갖기 시작했다. 그는 몇 년 전부터 착수했던 연구를 기필코 완성하고자 했다. 그리고 그는 "곧 우주 진화론 전체, 우주론 전체 그리고 공간과 시간의 분류를 보게 될 마오리족 신화의 도표를 출간하고"[121] 싶어 했다. 1939년 5월 말, 모스는 앙리 베르의 초대로 '제 11회 종합 주간' 토론회에서 기조강연을 하기로 했다. 이 토론회에서는 "물질 개념"을 주제로 다양한 분야(역사, 민족학, 철학, 생물학, 물리학, 천문학 등)[122]의 교수들과 연구자들이 결집했다. 그 기회에 모스는 물질에 대한 개념과 마오리 신화에 대해 진행 중에 있었던 자신의 연구 결과를 짧게 소개하고 있다.

철학자들에게 말을 건네면서 모스는 먼저 "철학은, 그 자체에서 벗어난다는 조건하에, 모든 것으로 이끈다는 것"을 상기시켰다. "철학과 과학은 언어"라고 모스는 곧바로 선언하고 있다. 그리고 그는 이렇게 덧붙이고 있다. "그러나 만일 우리들의 생각하는 방식이 사회적 삶을 구성하는 것 모두에서 매 순간 파생된다면, 사유방식 전체에 너무나 긴밀하게 연결되어 있는 과학적 사유방식을 그런 삶에서 떼어낼 수 없을 것입니다."[123] 따라서 물질 개념에 대한 연구는 사회, 역사적이어야 한다는 것이었다. 모든 것은 과학에서조차 "연속인 동시에 비연속이고, 우발적이고 예상하기 어렵습니다."『사회학 연감』의 동료들과 함께 과학의 실증주의적 개념을 공유했던 뒤르켐의 조카는 과학 발전의 사회학적 분

석 가능성을 그때만큼 명백하게 인정한 적이 없었다.[124]

자신의 가설들 중 하나, 즉 "사색-범위"의 대립이 나타나는 것은 바로 스피노자의 저서에서라는 것을 소개한 후, 모스는 철학과 과학의 영역을 곧장 떠나고 있다. 이것은 "원시인들에게서, 너무 잘못 명명된 이민족들에게서 사실들을 빌려오기" 위해서였다. 모스는 정확히 이것이 "극도로 이질적이 되고" "호모 소르보네[125] 또는 호모 옥소니무아[126]와는 다르게 사색하는 것"[127]을 배우는 훌륭한 방법이라고 생각했다.

모스가 제시한 "사실들"은 앙리 위베르 및 로베르 에르츠 같은 그의 오랜 친구들과 협조자들의 연구뿐만 아니라, 음식의 개념에 대한 그의 연구에서 유래했다. "나는 오래전부터 음식 개념에 대해 몰두해 왔습니다. […] 그러므로 음식이 외연화하는 것은 생계(그 단어 자체는 음식의 동의어로 쓰인다.) 그리고 물체 또는 물질입니다."[128] 그리고 스펜서, 길렌 그리고 다른 동시대 인류학자들의 "멋진 연구들"에 기대어 모스는 물체와 음식 개념의 계통성에 대한 자신의 이론을 주저 없이 일반화하고 있다.

지나가는 일회성 발언일 수도 있었지만, 앙리 베르는 모스의 논지 전개에 대해 "그렇게 맛있을 수가 있을까요!"라는 탄성을 지르기도 했다. 베르는 이렇게 덧붙이고 있다. "[모스가] 이야기했던 것은 오랫동안 고찰될 것입니다. 그 외양에도 불구하고 모스는 한 순간도 주제를 놓치지 않았습니다. 그는 우리에게 알고 이해하는 것이 얼마나 힘든 것인지를 증명했습니다."[129] 모스는 프랑스 사회학파의 "독창성"을 옹호하기 위해 그리고 정신의 다양한 범주들을 연구해야 할 이점을 증명하기 위해 그 기회를 이용했던 것이다. 모든 사상 체계는 일련의 이원성 대립을 중심으로 조직화된다고 모스는 토론 때 분명히 말하고 있다. 남성/여성, 위/아래, 왼쪽/오른쪽, 아버지가 다른 후예/또는 그렇지 않은 경우, 등등이 그것이다.[130]

발표 말미에 강연자 모스는 신화들을 그것들에 선행했던 것들에서 떼어내 하나하나씩 연구하는 오류를 조심해야 한다고 경고하고 있다. "[신화들은] 그것들이 속한 공동체들에 대해 하나의 전체를 형성합니다. 하나의 신화는 거미줄 속의 하나의 고리이지 사전(辭典)의 한 항목이 아닙니다. 신화들의 총화를 보고 해석하는 것이 중요합니다."[131] 교훈은 명백했다. 신화를 믿어서는 안 되며, 그것들을 분석해야 한다는 것이었다.

혼란스러운 시대에는 구분이 흐릿해지고 정치적 궤적은 예상하기 어려워지는 법이다. 이합집산이 빈번했다. 물론 정당들내에서, 주로 '국제노동자 프랑스지부' 그리고 '프랑스 공산당'에서 그러하지만 지식인층에서도 마찬가지였다. 1938년 9월 30일의 뮌헨조약으로 인해 분열이 야기되었다. 유대인 지식인들은 일반적으로 사태를 가라앉히려던 정책에 거의 호의적이지 않았다. 반뮌헨조약 쪽에는 마르셀 코엔, 자크 살로몽, 조르주 폴리체, 조르주 프리드만, 마르크 블로크, 르네 카생, 벵자맹 크레미외 등이 있었다. 다른 쪽은 그보다 수가 적은데 — 엠마뉘엘 베를, 뤼시엥 레비브륄, 앙드레 베이유와 시몬 베이유, 마르셀 모스[132] — 그들은 제1차 세계대전의 고통의 흔적이 그대로 남아 있는 상황에서 평화의 보호가 다른 어떤 의견들보다 우선시되어야 한다고 생각했다. 모스는 전국 교사노동조합의 사무총장 앙드레 델마와 '우편통신 노동조합'의 사무총장 지누가 작성한 "우리는 전쟁을 원치 않는다"라는 호소문에 서명했다. 이 호소문은 '반파시스트 지식인경계위원회'와 '반전활동 노동조합중앙회'의 지지를 받았다. 레옹 블럼 자신도 두 가지 생각 사이에서 고뇌했다. 그는 이렇게 선언하고 있다. "아마 전쟁은 피할 수 있을 것이다. 하지만 평화를 위해 투쟁하기를 멈추지 않았던 내가 기쁨을 느낄 수 없고, 또 비겁한 안도의 감정과 치욕 사이에서 분열되어 있는 그런 조건에서일 것이다."[133] 곧이어 사회주의자들의 지도자는 뮌헨의 정신에 대항하게 되고, '국제노동자 프랑스지부'의 사무총장 폴 포르와 새로운 양보들에 호의적인 당원들과 대립하게 된다.

정치적 이견은 점점 더 커졌지만, 그로 인해 과학적 논쟁이나 우정의 유지가 방해받은 것은 아니었다. 모스는 그 당시 "많은 활동들 때문에 바빠 지냈던"[134] 데아를 전혀 만나지 못했다. 그러나 데아의 "탈선"을 따라가지는 않았지만(계획경제론에서 나치협조자로) 모스는 적어도 1939년 봄까지는 그에 대한 우정을 지켰다. 4월에 데아가 '국제노동자 프랑스지부', 공산당 그리고 급진당 후보들 사이에 끼어드는 데 성공하여 앙굴렘 국회의원으로 선출되자, 모스는 그에게 축하의 인사를 보내기도 했다.

나는 자네가 선출되었던 방법에 대해서는 아닐망정 자네가 선출된 것에 대해서는 흡족하네. 자네가 뭔가를 원하고 할 수 있는 몇 안 되는 사람들 중의 한 명이네.

지난 얼마간 읽은 자네의 사설들 중 내가 동의할 수 없던 것은 거의 없었네.

이 편지와 함께 자네의 글들을 보게 될 『프랑스 논단』의 구독 신청서를 보내네.[135]

"평범한 주간지"인 『프랑스 논단』 정치면의 주요 기고가인 데아가 결정적으로 나치에 관여한 것은 1940년 5월이 되어서였다.[136] 그로부터 일년 전에 데아는 평화주의자라는 인상이 지배적이었다. 초반기에 그는 "평화를 위한 마지막 투쟁을 매 걸음마다 내걸었던" 자들 가운데 한 명이었다. 그는 이렇게 쓰고 있다. "바로 거기가[『프랑스 논단』이] 평화의 무리가 열에 들뜬 이 시대에 출간될 최고의 글들을 만나기에 적절한 곳이다."[137] 그렇지만 그의 글이 파장을 일으키지 않았던 것은 아니었다. 그의 유명한 사설 "단치히를 위해 죽는다?"가 1939년 5월에 『작품』에 실리면서 "커다란 불씨"가 되었다.

무슨 일이 일어날 것인가? "나는 어떤 일이 발생하게 될지를 예견하는 데는 전적으로 무능하다."[138]라고 모스는 적고 있다. 자신이 하던 일에 대해 종교학 분과 학장은 항상 "할 일이 많고 행정 처리할 것은 산더미다."라고 말하고 있다. 그가 신경 써야 할 모든 피난민들은 계산에 넣지 않고서도 말이다. "일은 과한데 우리는 너무 수가 적다. 거기에 더해 요즘에는 모든 것이 약간 흐트러지고 있다. 어쩌겠는가." 오직 하나의 위안이 있다면, 그것은 그의 좌골 신경염이 가라앉아가면서 그가 다시 걷기 시작할 수 있었다는 것이다. "어떤 날은 늑대골까지 걸어갔다 올 수 있었다. 기분이 좋았고 아프지 않을 것 같다."[139]

에필로그

전쟁 시절 그리고 전쟁 후

모리스 알브바크스가 지적하고 있듯이[1], 1939년 9월이 "어깨를 무겁게 짓눌렀다." 프랑스와 영국이 독일에 대해 전쟁을 선포했다. 아직 큰 "비극"은 없었지만, "가슴이 조이는 느낌이었다." 알브바크스가 지적하고 있는 대로, "우리는 몇 년 간 두려움 속에서 지내고 있고, 정신적으로 녹초가 되어 있는"[2] 것이 사실이었다. "희망을 가집시다."라고 멀리 누벨 칼레도니아에서 모리스 레엔아르트가 권고하고 있다. 그리고 그는 이렇게 덧붙이고 있다. "인간의 광기가 발동하기 시작하면, 그것은 결국 구원을 위해 잠깐 멈춰선 것이 아닐까요?"[3] 가장 젊은 연구원들이 징집되었다. 조르주 귀르비치(3주간의 입대 후 전역된다), 미셸 레리스, 로베르 몽타뉴 등이 그들이다. 전쟁의 우여곡절 끝에 레리스는 알제리에 가게 되었고, 거기서 "존경하는 선생님"께 이렇게 편지를 쓰고 있다. "이 기회를 이용해 조금이라도 민족학 연구를 할 수 있으면 좋겠습니다. 그러나 군대 생활은 항상 우리가 원하는 것을 하도록 허락하지 않습니다……."[4]

1939년 가을에 모스는 고등연구실천학교의 교수직을 떠나기로 결정했다. "다시 활동해 달라."는 부탁을 받지만 그는 퇴직하고 만다. 모스는 분명히 말하고 있다. "나의 의무는 젊은이들에게 자리를 내주는 데 있다." 그는 누벨 칼레도니아에서 돌아온 레엔아르트에게 일종의 대행직이 주어지기를 희망했다. "그는 어디에서나 나를 대신할 모든 것을 지니고 있네."[5] 하지만 모스는 고등연구실천학교 종교학 분과 학장 일을 계속 맡게 된다. 오로지 "명령과 의무에 따라서"라고 모스는 선언하고 있다. "나는 어떤 일이 일어나게 될지 잘 모르겠네. 내가 아는 것이 있다면, 그것은 내가 그 일을 해야 할 의무가 있다는 걸세."[6] "예견할 방법도" 없었고, "누구도, 히틀러조차도 그럴 방법이 없다고 믿었기 때문에" 모스는, "모든 것이 가동되도록 하는 것과 마찬가지로 모든 것을 멈추게 하는 것도 부조리 할 것"이라고 생각했다. 그의 행정적 활동은 "비교적 임시적인 범위" 내에서 이뤄졌다. 강의 일정상의 "공백을 메우기" 위해 최선을 다하고, 몇 건의 논문심사, 얼마간의 학생들에게 교육 기회를 제공하는 일 등이 그것이다.[7]

학교가 다시 문을 열자 60여 명 정도가 종교학 분과에 등록했다. 에피날과 콩트렉세빌에서 "짧은 월 휴가를 보낸" 후에 모스는 학장직으로 돌아왔다. 그의 고백에 의하면 이 직책은 "장미빛"이 아니었다. 얼마 동안 그는 "유일하게 출근한 교직원"이었고, 직접 담배꽁초들을 주어야 했다.[8] 그는 모든 것을 도맡아 해야 했다. "[……] 나는 학장, 사무원, 회계, 그리고 때때로 수위이기도 하고, 학교 사환이기도 하다." 그리고 학교 문제 이외에도 "해결해야 할 개인적 문제들과 변호해야 할 논쟁이

한 가득이다." 간단히 말해 별의별 일이 다 생겼다.[9]

　모스가 처한 고독은 계속 커져만 갈 뿐이었다. 1939년 3월에는 뤼시엥 레비브륄이 죽었다. 그는 뒤르켐, 위베르, 시미엥 그리고 또한 모스의 친구였다.[10] 모스는 그에 대해 이렇게 회상하고 있다. 뤼시엥 레비브륄은 "봉사하고, 활용되기를 [……]" 좋아 했다. "그는 임무를 완수했다고 즐거워했다. 그는 결국 시민적, 공공적 그리고 정신적으로 고귀한 삶을 살았다."[11] 모스는 레비브륄의 『연구 수첩』을 출간할 의향을 가지고 있었다. 이 수첩은 레비브륄이 1938년 1월부터 1939년 2월까지 써왔던 일종의 일기였다.[12] 1949년 초에 모스는 아벨 레이의 죽음을, 그 다음에는 전부터 예기된[13] 셀레스탱 부글레, "이 자신만만한 활잡이, 이 뛰어난 궁수"[14]의 부음을 전해 듣게 된다. 얼마 남지 않은 모스의 친구들은 늙어가고 있었다. "나이로 인해 그리고 심장 문제로 인해 나는 거의 무용지물이 되어가고 있네. [……]", 라고 찰스 G. 셀릭맨은 모스에게 털어놓고 있다.[15]

　모스가 해나가던 생활은 "보잘 것 없고, 무엇보다 권태로웠다." 좌골 신경통은 느리게 가라앉아갈 뿐이었고, "행정은 과중했다." 그의 아내는 계속 와병중이었고, "그녀는 기억에 구멍이 뚫려, 전쟁에 대해서도 자신에게 무슨 일이 생길 수 있을지에 대해서도 전혀 걱정하지 않았다!" 경보가 울릴 때는, 둘 다 "그들의 침대에 조용히"[16] 머물러 있었다. 그러나 그들은 "이 계속되는 경보가 [……] 가장 건강한 자들의 신경과 건강을 지치게 하리라는 것을 알고 있다."[17] 한때 모스는 남부에, 그러니까 아마 그의 아내의 가족들이 있는 라말루 또는 툴롱 근교에 정착하는 것을 고려한 적이 있었다. "[……] 내가 아는 것 전부는, 내가 명령에 의해서만 움직일 것이라는 것이다. 불쌍한 아내, 그녀는 나보다 더욱이나 움직이고 싶어 하지 않는다."[18]

이와 같은 상황에서 모스는 "예상하기를" 거절하며 차분하게 지내고자 했다.

> [……] 우리는 세 명의 참주들에 둘러 쌓여있다. 그들 모두가 누가 더 사기를 잘 치는지 모색하고 있다. 다른 사람들의 현재와 미래의 주검들을 가지고 말이다. 판단하건데…… 이것을 제외하고, 사람들이 쓰거나 말하는 것 모두가 나에게 전혀 와 닿지 않는다. 계엄령은 필요한 것이지만, 그것은 요컨대 성역, 다시 말해 "군대"의 문제들과 여론 사이에 일종의 장막을 치는 데 있다. 그리고 그것은 원칙적으로 의견만 분분하게 하는 데 있지 교화하는 데 있지 않다. 그렇지만 나는 우리 방위 구역들이 군대로, 우리나라 사람들로 만든 체계들에 대해서는 아낌없이 칭찬한다.[19]

모스는 자국 국민들이 "평정심과 신중함으로 [전쟁을] 치르는 것"에 만족감을 표명했다. 그리고 그는 어느 정도 낙관했다. "결과는 의심스럽지 않다. 그러나 정말 있을 수 없는 이야기 아닌가."[20] 더 이상 누구도 환상을 갖고 있지 않았다. "히틀러는 우리를 조용히 놔두지 않을 거야."[21] 따라서 모스는 루이 르쿠엥, 뤼도빅 조레티 그리고 레옹 에크리 같은 평화주의자들에 의해 1939년에 발의된 "즉각적 평화"의 호소에 참여하지 않았다. 옛 참전병 모스는 "[그의] 오스트레일리아인들이 돌아오게 되면 그들을 다시 껴안고 다시 합류하리라."는 생각을 품고 있었다. 하지만

"[그와 같은] 나이의 사람들"을 제외시킨 시행령들만이 그런 생각을 터무니없게 만들었고, 계속 "[그의] 일을 하도록"[22] 강제할 뿐이었다. 다시 말해 민족학연구소와 콜레주 드 프랑스에서 수업을 계속할 수밖에 없었다. 그의 강좌에는 "제법 사람들이 많았다."

1940년 겨울 학기는 "힘들고" "매우 기진맥진하게 하는" 학기였다. 그는 민족학연구소에서 50시간, 그리고 콜레주 드 프랑스에서 32시간의 강의를 했다. 모스가 콜레주에서 하던 강의는 지난해처럼 수요일에는 "우주론과 유희들", 금요일에는 "게르만족의 기원"에 대한 앙리 위베르의 연구들 전체를 주제로 한다. 모스는 여전히 위베르가 남긴 연구들의 출판을 위한 편집을 끝내고 싶어 했다. 이 연구의 주제는 "게르만족 야만인들"이었다. 모스의 설명에 따르면, 게르마니아에서 '호모 노르디쿠스'의 출현은 "늦게 나타난 특징"이었다.

모든 것이 "그럭저럭" 이어졌다. "[……] 책들이 출간되네. 학교들은 웬만큼 운영되어 가네. [……] 박물관은 부분적으로 개관하고 있고, 성황이네."[23] 민족학연구소와 『사회학 연감』도 계속 출간되었다. 『사회학 연감』에서 세 권의 별책이 1940년에 출간되었는데, 거기에는 장 스토에젤(「사회 심리학과 태도의 이론」), 앙리 레비브륄(「집단적 인격」), 장 레이(「세계 공동체」), 앙리 로펜뷔르제(「독일에서 시장(市場)들의 개념과 기능」) 그리고 모리스 알브바크스(「케인즈의 일반 이론」) 등의 논문들이 수록되었다. 하지만 모스는 마오리족에게서의 "소우주" 개념과 티키 문제를 다룰 수 있을 정도로[24] "자기만을 위해 일할" 시간이 거의 없었다. 티키에 대한 이 연구는 직접 그가 주를 잔뜩 써넣은 세 권의 주요 서적을 도난당해 심각한 어려움에 처하게 된다. 모스에 따르면 그 도둑은 "체코슬로바키아 학자이고, 미친 술중독자인 무드리라는 이름의 사람임에"[25] 틀림없었다. "이 일로 정말 나는 역겨웠다.",[26] 라고 모스는 한 친구에게 털어놓고 있다.

모스는 "그것이 사리에 맞는 만큼" 파리에 머물고자 했다. 그는 다음과 같이 덧붙이고 있다. "게다가 나는 행정 일로 출근해 있어야 한다. [......] 나는 학교를 지켜야 한다, 아니 차라리 경비를 서야 한다."[27] 전쟁 소식은 『타임즈』지가 전해주는 것 이외에는 거의 없었다. "[......] 일선에서는 거의 아무 일도 벌어지지 않고 있다. 국민들의 사기가 고조된 상태이고, 부대들은 그보다 상태가 더 좋다."[28] 영국에서는 윈스턴 처칠이 "배"를 조타하는 만큼 모스는 무엇보다 만족스러웠다. 모스는 처칠을 "전선에서 알게 되었고, 그의 대담성을 알고 있었다."[29] 낙관적인 모스는 "상황이 매일 점점 더 [......] 나아진다."고 믿었다. "참을성 있게 생각해 본다면, "전에도 그들을 이겼듯이 다시 또 보슈들을 이길 거야."[30] 그러나 얼마나 시간이 흘러야 그렇게 될까?

심하게 요동치는 상황에서 모스는 여전히 개인적인 계획을 구상하지 않으려고 했다. "아직 마지막 순간에 적절한 조치를 취할 시간이 여전히 있다."[31]고 모스는 생각했다. 모스는 "[그의] 학교에서, 민족학연구소에서 그리고 모든 종류의 헛수고들에서 수장으로 남아 있는 것 이외에는 다른 선택이 없다!"[32]고 말하고 있다. 이 "헛수고들"이란 그가 해결해야 할 모든 "개인적인 문제들", 도와야 할 친구들과 동료 교수들의 일이었다. 종교학 분과의 수업 구성은 총무인 앙리 샤를르 퓌에슈의 부재와 많은 교수들의 징집으로 인해 점점 더 불확실해졌다. 뒤메질, 그라브르, 르 브라, 퓌에슈, 생트 파르가르노 등이 징집되었다.

"거의 모든 사람이 전선에 있다." 그러나 모스는 조금은 안심했다. 모스는 다음과 같은 사실을 확인했기 때문이었다. "지금까지 내 주변에는 아직 사상자가 없다. 나의 젊은 친척들, 나의 친구들, 나의 제자들은 피해를 입지 않았다."[33] 모스는 이렇게 주장하고 있다. "이 충격을 견뎌내야" 한다고 말이다. "아주 힘겨운 고통"[34]에도 불구하고 모스는 개인적으로 분주히 움직였다. 부글레, 포코네, 아벨 레이의 서고를 구하기 위해 록펠러 재단에 압력을 가했고, 유대인 학자 오스카 골드버그와 에돌프 케스페리[35]를 프랑스로 오게 하기 위한 허가를 신청했고, 파트릭 발드베르를 위해 보증을 섰고, 중국 전문가 스테인의 국적 요청을 지지했고, 고등연구실천학교에서 에르만 베이유의 셈족법의 역사에 대한 강연회를 개최했고[36], 미국 인류학자 로위와 스미소니안연구소 소장에게 그의 사촌 "명석한 학자(brilliant scholar)" 위베르 슈밥을 위해 편지를 썼으며, "그의 가장 뛰어나고 진정한 제자들 중" 두 명이자 정치적 이유로 인해 군대 내에서 승진을 거절당한 자크와 장 피에르 베르낭 형제를 옹호하기도 했다.[37] 모스는 레이몽 아롱에게 이렇게 푸념을 하고 있다. "나는 거의 모든 종류의 일에서 할 것이 너무나 많네. 내 작업은 빼놓고도 개인적이고 행정적인 문제들이 한 가득이네."[38] 모스는 또한 14구 구청에 기부금 ── 한 달에 200프랑 ──을 내기로 했다. 그것은 "전쟁의 영향으로 발생한 상황에서 혜택 받지 못한 구민들의 부담들을 덜어주기 위해서였다."[39] 그러나 공식적 행사에 나서지는 않았다. "제 자신만의 작은 업무들만으로도 충분히 할 일이 많습니다."[40]

비시 정권

전쟁 중이었지만 파리에서의 삶은 거의 정상적이었다. 하지만 앞으로 다가올 몇 주가 끔찍할 것이라 예상되었다.[41] 프랑스군의 패퇴와 독일군의 파리 점령으로 커다란 혼란이 일어났다. 집단 피난, 공공 서비스의 전반적 붕괴 등이 그것이다. 국무의장으로 임명된 페텡 원수는 비시에 정부를 두었다. 질서를 다시 세우고, "나라의 재건"을 확실시 하려는 데 신경 썼던 페텡은 빠르게 다양한 정화 조치들을 취했다. 1940년 7월 17일의 공무원직에 대한 법, 외국인 공무원들을 겨냥한 7월 30일의 법(일명 "공무원직의 프랑스화" 법), "비밀결사단"의 해체에 초점을 두고 프리메이슨들에 타격을 가한 8월 13일의 법 등이 그것이다.[42]

억압이 시작되고 공포가 자리 잡았다. 내일은 어떻게 될까? "파리에서, 점령된 파리에서 그리고 독일인들의 통제 아래에서 수업을 할 수 있을까?",라고 뤼시엥 페브르는 자문하고 있다.[43] 고등연구실천학교가 조금은 움츠려들어야 한다는 것이 모스의 판단이었다. 파리에서의 생활은 1940년 여름에 물자 배급권이 등장하니만큼 더 더욱 힘들어졌다. 8월에는 1인당 500그램의 설탕, 250그램의 파스타, 100그램의 쌀, 125그램의 비누, 300그램의 마아가린 등이 보급되었다. 이 보급품은 최소한의 생체 기능을 보장해주지도 못했고, 따라서 극도로 절약을 할 수밖에 없었다.[44] 사람들이 식료품점 앞에서 줄을 섰다. 마르셀 에메는 그의 중편 가운데 하나에 『기다리며』[45]라는 제목을 붙였다. 혹독한 겨울이 예상되었고, 석탄은 부족했다. 모스는 중앙도서관에 난방을 충분히 가동할 수 없는 것을 개탄하기도 했다.[46]

1940년 가을, 모스는 사퇴서를 내기로 결심하고 고등연구실천학교의 제5분과 학장직 퇴임 허가를 요청했다.

> [……] 저의 이러한 행동은 피로해서도 책임에서 벗어나려는 욕심 때문도 아닙니다. 이미 1년 이상을 저는 학과의 임무와 기능을 보장하려고 거의 모든 필요한 노력을 6월 11일까지 다 할 수 있었습니다. 그 이후 출근한 교직원은 저뿐이었습니다. 저는 또한 동료 교수들과 학생들 (1939-1940학년도에 징집에도 불구하고 142명이 등록했다.)과의 연락을 확보할 수 있었습니다. 이 모두가 고등 교육과의 도움이 있어서였지만, 사무총장(징집되었음)도, 수위도 재석중인 회계도 없었습니다.
>
> [……] 그러나 제가 직위에서 떠나는 것이 학교에 이익이 된다고 저는 동료들을 설득할 수 있었습니다. 현재 상태에서, 저 때문에 학교가 너무나 손쉽게 겨냥될 수 있는 목표물이 되는 것은 쓸 데 없는 일입니다. 제가 저 자신에 대해서 전혀 걱정하지 않는다 해도, 저는 오직 저만을 위험에 노출해야 할 의무가 있습니다.[47]

9월 29일에 있었던 회의에서 자신의 동료 교수들에게 다시 확언하고 있듯이, 모스가 사퇴를 한다면, 그것은 "학교의 이익을 지키기" 위해서였다. 다시 말해 유대인이 분과의 수장으로 있으므로 해서 "학교 전체가 시달릴 수 있을 곤란함"[48]을 피하도록 하려는 것이었다. 곧이어 11월 18일에 마르셀 그라네가 그를 계승해 학장으로 선출되었고, 누벨 칼레도니아에서 돌아온 모리스 레엔아르트는 연구 지도교수로 임명되었다. 한 달 후에 그라네가 급사했다. 모스가 조르주 뒤메질에게 이렇게 이야기하고 있다. "선출된 지 얼마 후 그라네는 비시의 교육부 담당자에 의해 호출되었네. 그들이 무슨 이야기를 나눴는지는 아무도 모르지. 그러나 집에 돌아오자 그라네는 의자에 앉았네. 두 팔로 머리를 감싸고 있었는데, 그는 다시 일어나지 못했다네."[49] "가장 뛰어난 그리고 가장 좋아하던 사람들의 한 명"으로 여기던 사람을 잃은 것은 모스에게 또 다른 "커다란 슬픔"[50]이었다. 모스는 이렇게 적고 있다. "그는 몇 분 만에 떠나 버렸네. 그는 아주 건강했지. 그가 남긴 것은 미완성인 엄청난 저서, 그가 출간했던 것보다 훨씬 더 엄청난 저서이네."[51] 종교법 역사 연구지도 교수인 가브리엘 르 브라가 그라네에 이어 종교학 분과의 학장직을 계승하게 된다.

10월부터 그리고 독일이 압력을 가하기 훨씬 전에[52] 비시 정부는 '숫자 제한(numerus clausus)'으로 배척 체제를 세워 유대인의 규정에 초점을 둔 법을 채택하게 된다. 이 규정에 따르면 "3대가 유대인인 가족 출신, 또는 양쪽 조부 모두 유대인인 가족 출신, 배우자가 유대인인 사람들은 유대인으로 여겨졌다." 유대인이 선출직, 주요 국가 기관, 행정 관직 그리고 군으로 진출하는 것이 금지되었다. 그리고 어떠한 경우에도 유대인은 신문, 영화 또는 라디오 방송의 책임 있는 직위를 맡을 수 없게 되었다. 10월 4일의 법은 도지사들에게 프랑스 국적이 없는 유대인을 특별수용소에 수감하거나 또는 거주지를 제한할 수 있는 권한을 부여했다.

하지만 이 반유대인법은 참전병들과 프랑스에서 오래 전부터 자리 잡은 유대인 가족들에게는 그다지 엄격하게 적용되지 않았다. 페텡 원수가 보기에 1914년-1918년 전쟁에 참전했다는 사실, 레지옹 도뇌르 또는 무공 훈장을 달았다는 사실은 법을 완화해서 적용할 수 있는 조건이 되었다. 콜레주 드 프랑스의 행정 책임자에 대한 노트에서 모스는 스스로 유대인 출신임을 감추지 않았고, 자기 가족은 전형적인 프랑스인이라는 것과 애국심을 강조했다. "제 조부모님들의 부모님들은 모두 프랑스 가문 출신들입니다.", "제 아버지는 7년간 국가에 봉사했습니다.", 등이 그것이다.[53]

비신도 유대인이었고 합리주의자 연맹의 구성원이었던[54] 모스는 결코 자신의 유대교 소속을 부정하지 않았다. 장 푸아리에가 적고 있듯이[55], 모스는 학생들 앞에서 자신의 "랍비 가문"에 대해 말하기를 좋아 [했고], 또 "그가 [경험했던] 종교적 분위기의 영향이 얼마나 큰 것이었지를" 기꺼이 인정했다. 그 자신의 여러 연구들과 서평들에서 볼 수 있듯이, 모스의 히브리어 기량과 『성서』에 대한 지식은 불가결하지는 않았다고 해도 그에게 아주 유용했다. 실제로 많은 서평들을 쓴 모스는 여기저기서, 그리고 그 가운데 30여 편 정도에서 유대교의 다양한 양상들을 다루었다. 월경혈과 관련된 제식적 금지, 주기적으로 행해진 생활 중지(사바sabbat), 푸림(Pourim) 축제, 기도 사회로서의 유대교 회당 등이 그 예이다.

모스에게 전통적이고 종교적인 해석을 곧이 곧대로 받아들이는 것은 있을 수 없는 일이었다. 모스가 『유대인 연구 잡지』에 발표한 할례에 관계된 논문에서 입증하고 있듯이, 유대교는 소속의 느낌이었고 또 하나의 문화였다. "우리의 입장에서 보자면, 할례는 근본적으로 하나의 문신이다. 그것은 부족적 징표, 나아가 민족적 징표다. [……]"[56] 이와 마찬가지로 사회학적 관점에서 보면 금지는 한 사회적 집단에서 "스스로를 가두고 다른 사람들에게서 멀어지려는" 의지에 속하는 것이었다. 새끼 염소를 그 어미의 젖으로 삶는 자를[57] 몹시 싫어했던 이스라엘 민족은 "자신의 신 이외의 다른 신들을 경배하는 자들과 구분되고, 또 덜 명석하고 덜 순수한 목동들과도 구별되기를"[58] 원했다.

게다가 결코 시온주의적 기획에 대한 논쟁에 개입하지 않았지만, 모스는 1930년대 중반에 옛 스승이자 친구였던 실뱅 레비의 초청으로 이스라엘 연맹의 중앙위원회 위원이 되기를 받아들였다. 레비는 1920년부터 이 위원회의 의장으로 선출되었다.

> [실뱅 레비가] 내게 자신과 함께 중앙 위원회에서 일하자고 요청했다. 나의 선입관으로 인해 전에는 연결이 없었던 위원회에 말이다. 나는 레비를 따랐고 멋진 활동을 하려던 호의에서 시작했다. 그 활동이 얼마나 멋진지를 나는 모로코 현지에서 판단할 수 있었다. 그러나 무엇보다도 그를 위해서, 그를 도우려고, 그를 지지하려고, 약간 그를 보충하기 위해서, 모든 것에 앞서 그를 약간 붙잡으려고, 그를 스스로 신중히 행하도록 강요하기 위해서 나는 위원회에 들어갔다.[59]

실뱅 레비가 세상을 떠났지만(1935년) 모스는 이스라엘 연맹과의 유대를 그대로 유지했다. 그는 몇몇 모임에 참가하기도 했다. 그는 또한 외국인 연구원들이 프랑스에 오는 것을 보장하기 위한 '이스라엘 을 위한 협동, 원조 그리고 보호 결맹'에 협조했다. 프랑스로 오기 위해 카르모의 집결소에 수용되어 있던 자들 가운데 한 명은 그의 "친애하는 보호자"에게 다음과 같은 글을 보내고 있다. "당신은 우리에게 자유를 얻게 해 줄 유일한 희망입니다."[60] 그리고 사촌 위베르 슈밥의 프랑스 출국을 도와야 했을 때, 모스는 록펠러 재단의 장학금을 얻을 수 있게 하기 위해 그리고 미국 교육 기관에 들어가게 하기 위해 노력을 하기도 했다.[61]

그 당시 프랑스에서 반유대주의는 "매일 확산되었고",[62] 또 이 주의가 공개적으로 표명되었다. 편집자 드노엘은 '프랑스 신출판사(NEF)'에서 "국가 이익"에 관계되는 총서, 일명 "유대인과 프랑스"라는 제목의 총서 발간에 착수했다. 대학인이자 민족학자였던 조르주 몽탕동 박사는 인종차별주의의 "이론가"가 되었고, 『어떻게 유대인을 알아보는가?』라는 제목의 저서를 출간했다. "프랑스 민족" 전문가인 그는 몇 년 전에 유대인의 본질적 "특징들"을 묘사하기 위해 실뱅 레비 그리고 레옹 블럼의 사진을 활용하기도 했다. "코는 많이 휘어지고 […], 아주 빈번하게 코 경막 부분이 툭 튀어나와 있고, 입술은 제법 두껍고 […], 눈은 거의 푹 파이지 않고 […], 머리카락은 거의 약간 곱슬머리다."[63] 드노엘 출판사에서 크리욱스 박사는 『의학과 유대인들』, 그리고 뤼시엥 팡장은 『프랑스 혁명 이후 신문과 유대인들』을 출간했다. 다른 자들은 영화와 연극계가 "유대인들에 의해 침략당한다."고 고발했다. 유대인 편집자들은 그들의 출판사들이 "헐값에 팔리게" 되는 것을 목격해야 했다. 1940년 8월 초, 전직 소묘 교수였던 오토 아베츠가 파리 주재 독일공화국 대사로 임명되었다. 그의 임무는 프랑스 인사들에게 영향력을 행사하고, 신문 보조금이라는 방법을 통해 그들의 협조를 얻어내는 것이었다.

모스의 몇몇 친구들과 친척들은 살아가기가 더 어려워졌다. 그의 동생 앙리 내외는 보주 지역을 떠나야 했다. 이 지역은 1940년 6월에 독일인들 손에 들어갔고, 여행 "금지 지역"에 속했다. 강도 높은 폭격을 받은 에피날은 사실상 적에게 항복했다. 그때로부터 배급권, 체포, 유형으로 기록된 긴 점령이 시작되었다. 마르셀의 조카 피에르와 마리 모스는 공무원직과 초등학교 교사직을 잃었다. 앙리 뒤르켐은 캉(Caen)의 국가 검사직위에서 해제되었다. 여러 동료들과 친구들이 면직되었다. 레이몽 아롱, 앙드레 메이예르, 마르크 블로크, 폴 레옹, 앙리 레비브륄, 이지도르 레비 등이 그들이다. 조르주 프리드만은 이것이 그들 모두에게 "머리와 가슴을 찌르는 충격"[64]이었다고 쓰고 있다.

1940년 10월 13일, 교육부의 "대학 내 유대인들의 근무 정지"에 관련된 지령들에 근거하여, 아직 콜레주 드 프랑스의 교수이던 마르셀 모스는 사표를 제출했고, 그로부터 한 달 후에 "완비된 자료"를 행정실에 넘겼다. "[자신에게] 어떤 일이 생기게 될지" 몰랐지만, 모스는 그래도 "견고한 유머 감각"[65]을 — 그는 "이것이 필수적이었다."라고 말하고 있다. — 유지하려고 노력했다. 아네스 엥베르가 지적하고 있듯이, 모스와 만나던 사람들은 그의 얼굴에서 "기묘한, 부처의 그것 같은 영원한 웃음"을 보았다. "아이러니컬한 동시에 조용하고 자신 있는 웃음이다. 위대하고 잔잔한 정신의 웃음이고, 모든 것을 초연한 그리고 모든 것을 예상하는 웃음이다."[66]

생존하고자 하는 자들에게 선택의 폭은 그다지 넓지 않았다. 모든 유대인들에게 파리에 남아 있다는 것은 위험을 의미했다. 물론 몇몇 유대인 대학인들은 이와 같은 위험을 받아들이기로 작정하기도 했다. 드브레 박사, 루이 알팽(짧은 기간 동안), 이지도르 레비 등이 그들이다. 레비는 모스의 지인이고, 콜레주 드 프랑스의 고대사 교수였다. 그는 「에스더기」에 대한 연구를 위해 소르본과 파리 도서관들을 빈번히 출입했다. 그의 누이들인 잔과 이르마는 1944년에 아우슈비츠로 유형 당하게 된다.

모스와 친한 옛 학생들은 자유 지역으로 피난을 가거나 외국으로 떠났다. 이냐스 메이예르송은 장 카수 주위에 레지스탕스 지식인들의 아지트가 구축되었던 툴루즈에 자리 잡았다. 클라라 말로, 에드가 모렝, 장 피에르 베르낭, 레오 아몽, 조르주 프리드만, 쥘 모크, 블라디미르 얀켈레비치 등이 핵심 구성원들이다. 메이예르송은 지하신문 『남서부 비밀 군단』을 지휘하면서도 자신의 심리학 연구를 계속했고, 비교심리학 협회를 창설하기도 했다. 그는 전쟁 내내 그의 친구 모스와 규칙적으로 편지를 주고받았다. 메이예르송은 전쟁 초기부터 끝까지 낙관적인 태도를 견지했다. 그는 그 이유를 "역사적 사건들과 인간을 위해"라고 분명히 밝히고 있다. "저는 젊은이들에게 굳은 의지가 있고, 따라서 그들은 잘 할 것이라고 믿습니다. 저는 1930년대 세대에 대한 믿음을 가지고 있습니다."[67]

파리에서 떨어져 지내던 앙리 레비브륄 역시 모스와 연락을 하고 지냈다. 중앙위원회 위원이었던 레비브륄은 반유대인 조치들이 점령 당국에 의해 강제로 부과되었다고 믿는 많은 사람들 중의 한 명이었다. 그의 생각으로 이 조치들은 "바깥에서 요구된 몸값 같은 것, 프랑스 공동체 전체가 치러야 할 하나의 희생 같은 것"[68]이었다. 레비브륄은 리옹에서 교수로 지냈는데, 지금은 그곳에서 규칙적으로 중앙위원회의 회합에 참여했다. 그는 또한 '유대인 지식인들 보조위원회'를 주동하면서 실업 중인 공무원들을 돕기 위한 기금 사무실에서 일하기도 했다. 그러나 그는 자료 부족으로 연구를 계속 수행하는데 많은 어려움을 겪었다. 따라서 그는 파산 선고의 역사에 대한 연구를 포기하게 된다. 레비브륄은 그 자신의 과거 전문 분야였던 로마법에 기여하려고 이 연구에 착수했던 참이었다.

징집된 후 처음에는 벨기에 국경 근처에서 기상대원으로 충당된 레이몽 아롱은, 프랑스군의 패퇴에 이어진 여러 차례의 이동 끝에 툴루즈에 머물게 된다. 전쟁 전에 그는 이 도시의 대학에서 가르치고 있었다. 그는 비시에 반대하여 6월에 프랑스를 떠나 영국에서 드골 장군과 합류하게 된다. 영국에서 그는 『자유 프랑스』[69]를 위해 기사들을 집필하고 번역하는 일을 하게 된다.

아롱이 지적하고 있듯이, 숨어 지내야 하는 사람들에게 가장 안전한 장소는 북아메리카였다. 긴급 구출 — 비자 획득 등 — 은 일반적으로 록펠러 재단과 엘빈 존슨에 의해 뉴욕에서 지휘되던 '사회연구 신학교'의 도움으로 발족된 '긴급 구출 위원회'가 맡았다. '미국 유대인 결합 분산위원회' 역시 유대 지식인들이 미국으로 오도록 도왔다.[70] 콜레주드 프랑스의 조직체 자연사 교수였던 앙드레 메이예르는 공식적으로 하버드에서 "임무 수행"을 하게 되었다. 조르주 귀르비치, 알렉상드르 코이레 그리고 클로드 레비스트로스는 뉴욕에서 피난처를 찾게 된다. 이들은 그곳의 학술적이고, 조용하고 단조로운 삶 덕택에 — 특히 '고등교육 자유학교'에서 — 강의를 하거나 일자리를 얻게 된다. 이와 같은 방식으로 많은 학자들이 프랑스의 사상과 과학의 부활을 위해 준비하고 노력하게 된다.[71]

마르크 블로크 또한 록펠러 재단의 초청으로 미국행을 고려했다. 그러나 행정적 늑장과 18살이 넘은 두 아들의 비자를 얻는 어려움 때문에 출발이 늦어졌고, 1941년 8월에는 결국 그 계획을 취소하게 된다. 블로크는 면직되었다가 옛날 제자이자 그의 아버지의 도움을 받았던 제롬 카르코피노의 개입 덕택에 다시 복직하게 된다. 이렇게 해서 블로크는 몽펠리에에서 자리를 얻었다. 그러나 그는 그 자신과 자식들을 위해 프랑스의 이외의 다른 장소는 생각하지 않았다. 그는 그의 "피난처"를 "투쟁을 위한 자리"로 바꿔 레지스탕스에 참여하게 된다. 이렇게 해서 그는 1942년에 지하조직에 들어가게 되었다.[72]

모스의 경우, 그는 "자기 자신의 경력에 대해 주장하는 것을" 피하면서 "그저 자유 시민으로서의 의무만큼은 다하기를"[73] 항상 희망했다. 1941년 3월 말, 그는 장관에게 "은퇴 요청 서류가 제대로 갖춰진 것인지"[74]를 알기 위해 편지를 썼다. 모스는 3개월 전부터 봉급을 받지 못했던 만큼 상황은 더 더욱 심각했다. 몇 달 후에 모스는 "개인적 인맥들"을 활용해 다시 제롬 카르코피노 장관[75]에게 편지를 써서 자신의 "행정 문제"가 깨끗하게 해결되기를 요청했다. "저는 연령 제한인 1942년 5월 10일까지 제 직위가 유지되는 것을 바랄 아무런 이유가 없습니다. 하지만 제 아내는 신체적으로 부자유스럽고, 자기 몸을 지킬 수 있는 힘도 전혀 없습니다. 그래서 제가 그녀 곁에 없게 되는 경우, 저는 그녀의 상황을 가능한 한 안정시켜주어야 할 의무를 지고 있습니다."[76]

1941년 6월 27일, 제롬 카르코피노가 서명한 명령에 의해 모스의 퇴직과 1940년 12월 21일부터 근무 연수에 따른 연금 지불에 대한 권리가 확정되었다.[77] 또한 이지도르 레비 역시 12월 9일에 이 조치에 따르게 된다. '콜레주 드 프랑스 연력'에서 볼 수 있듯이, 두 사람 모두 1941-1942학년도 개강부터 더 이상 강의를 할 수 없게 되었다. 게다가 그들의 유대인 동료들도 더 이상 그럴 수 없게 된다. 에밀 벤베니스트, 쥘 블로크 또는 폴 레옹 등이 그들이다. 콜레주 드 프랑스의 다른 교수들은 정상적으로 강의를 했다[78]. 콜레주 드 프랑스의 교수 회합은 1943년이 되어서야 예전에 사회학 강좌에 충당된 예산 활용에 대해 논의하게 되고, 집단심리학 강좌[79]의 개설을 제안하게 된다. 이 강좌는 거의 1년 후 마르셀 모스의 친구이자 협조자인 모리스 알브바크스에게 위임된다.[80] 어쨌든 이렇게 해서 콜레주 드 프랑스에서 "사회과학 교육의 전통"이 유지된다. 직무를 시작하면서 신임 교수는 자신의 가족과 아내 쪽 가계도를 제출해야 했으며, "유대인이 아니라는"[81] 것을 선언해야 했다.

인종차별주의에 직면한 민족학

이와 같은 대혼란 속에서 인류학이 중립을 지키는 것은 불가능했다. 그도 그럴 것이 인류학의 특권적 영역들의 하나는 인종의 연구 또는, 조르주 몽탕동의 표현에 따르면, "인종학"이기 때문이었다. 의사였던 몽탕동은 파리 자연사박물관의 인류학 강좌를 맡고 있었다. 그는 1936년 브로카 박물관의 학예사가 되었다. 학문적 측면에서 보면 그는 우선 모스와 가까운 노선에[82] 있었다. 하지만 나중에 그는 인종 연구의 신체적 차원만을 취하게 된다. 몽탕동은 이 분야의 권위자였다. 그는 『인종, 인종들. 신체적 민족학의 초점』(1933년)이라는 저서를 출간했으며, 영국의 인류학자 찰스 G. 셀릭맨의 『아프리카의 인종들』을 번역하기도 했다.

몽탕동은 잡지 『프랑스 민족』(1941년)의 편집장이 되었다. 과거에 볼셰비키 주장에 동조했던 몽탕동은 스스로를 인종차별주의자로 여기지 않았지만 ──그는 "민족"에 대해 말하기를 선호했다.──, 그의 반유대주의는 유명했다.[83] 그는 독일 점령 당국을 위해 유대인종 감정가가 되었고, 1941년 12월에는 '유대인 문제 총괄 사무소'에 민족학자 자격의 참사관이 되었다. 분명 보수가 좋았던 그의 임무는 누군가가 유대인 종에 속하지 않는다는 증명서를 돈을 받고 발급하는 것이었다.[84] 몽탕동은 1940년에 이미 커다란 풍파를 일으킨 저서 『어떻게 유대인을 알아보는가?』를 출간했다. 『프랑스 민족』에서와 마찬가지로 이 저서에는 유대인들의 초상화들이 실려 있다. 1943년 조르주 바셰 드 라푸즈의 제자였던 몽탕동은 나치 유전학자이자 베를린 인류학연구소 책임자인 오트마 폰 베르슈어의 『우생학과 인간 유전 개설』을 프랑스어로 번역했다. 루이 마랭을 필두로[85] 파리 인류학파 전체가 비시 정권의 민족적 학설과 결합되었고, 이 정권의 정당성을 제공해주었다.

실제로 역사를 지배하는 "인간"에 가치를 부여하고, 민속을 다시 살릴 목적으로 국가는 민족학자들에게도 호소했다.[86] 그래도 그들의 작업의 위해는 그다지 커 보이지 않았다. 오히려 민중예술과 전통박물관 책임자인 조르주 앙리 리비에르는 "지적 작업장"이라는 캠페인을 통해 다음과 같은 네 가지 사명을 내세웠다. "전통적 가구", "노동자의 여가", "지역 건축" 그리고 "전통 공예장" 등이 그것이다.

마르셀 마제는 이렇게 묻고 있다. "무엇을 할 것인가? 방구석에서 민속을 연구하는 것으로 체념하고, 조기(弔旗)가 걸려 있는 도서관의 그림자 속에서 이론을 없애거나, 아니면 자리를 잡은 권력에 바쳐야 할 최소한의 존경의 의미로 위급한 프로그램의 부분적 완성에 기여하는 것을 받아들이거나 해야 한다."[87] 민중예술과 전통박물관 관장과 그의 협력자들은 두 번째 해결책을 택하는 위험을 감수했다. 마르셀 마제는 농업협동조합에서의 "농민 민속" 분야의 책임을 맡았다. 앙드레 바라냑은 툴루즈 지역의 지역 선전 사무소의 책임자가 되었다. 마르셀 그리올은

'국립민속위원회'의 "제국" 연구회에 자리 잡았다. 그는 또한 1943년에 소르본에 새로이 개설된 민족학 강좌를 맡았다. 이 연구자들은 대부분 모스의 옛 학생들로서 좌파로 받아들여졌다. 그들은 농촌 연구의 발전을 위해 "땅으로의 회귀"를 대주제로 삼게 된다.

하지만 그들 역시 모스의 옛 학생들이었던 다른 일군의 민족학자들은 철저한 저항의 길을 택하면서 레지스탕스 운동에 합류했다.[88] 징집 해제를 받은 인간박물관의 연구원 아나톨 르비츠키는 독일의 승리를 거부했다. 그는 "패전 속에 생존하느니 차라리 투쟁하다가 죽는 게 더 낫다."는 신념으로 1940년에, 마틴 블러멘슨에 따르면, "가장 오래 되고 가장 견고한 파리 레지스탕스"를 조직했다.[89] 그의 지하운동 암호명은 "샤젤(Chazelle)"이었다. 그의 약혼자였던 괄괄한 성격의 박물관 사서 이본 오동, 르비츠키처럼 러시아 출신인 동료 보리스 빌데 그리고 다른 몇몇과 함께 —— 클로드 아블린, 장 카수, 마르셀 아브라함, 장 폴랑, 아녜스 엥베르 등이 그들이다. ——, 르비츠키는 『레지스탕스』 회보를 인쇄해서 배포했다. 이 회보의 첫 호는 1940년 12월 15일에 출간되었다. 이 회보의 논설들 중의 하나는 "아니다, 프랑스는 지지 않았다."라는 내용이었다. 모두가 드골을 "바른 사람", 혹은 "우리와 같은 의견"[90]을 가진 사람으로 여겼다. 박물관장인 폴 리베는 그들과 같은 생각을 가지고서 그들을 지지했다. 그는 1934년 '반유대주의 지식인 경계위원회' 시절에 구입했던 윤전 등사기계를 사용하도록 해주기도 했다.

미셸 레리스의 표현대로,[91] 몇 달 후에 "트로카데로에서 트라팔가 체포 작전"이 펼쳐졌다. 1941년 2월 14일 저녁부터 15일 사이에 르비츠키와 이본 오동이 체포되었다. 또한 같은 건물에 살던 "나이가 제법 든 여성"인 므루츄코브스키 부인도 함께 끌려갔다. 하지만 이 사람은 "완전히 무해한 사람이고, 박물관에서 직물 수리와 보존을 맡아 힘들게 생계를 꾸려간다."고 모스는 설명했다.[92] 빌데도 리베도 피해를 입지 않았다. 그도 그럴 것이 한 명은 한 달 전부터, 다른 한 명은 삼일 전부터 자유지역에서 지냈기 때문이다. 박물관장 리베는 민족지학 기관의 초청으로 콜럼비아에 갈 의향으로 파리를 떠났다. 빌데에 대해 말하자면, 그는 "레지스탕스에 관련된 모든 일을 떠맡으려는 사명의식을 가지고 있었다."―탈주자들을 돕기, 자유지역으로의 이동, 정보 수집과 전달 ― 고 스스로를 규정하고 있다. 그는 르비츠키를 도우러 파리로 돌아오기로 결심했지만, 3월 26일에 피갈 광장에서 그마저도 체포되고 만다.

모스는 "차가운 나라에서 온 사람"인 르비츠키를 잘 알았다. 모스는 시베리아 샤머니즘에 대한 그의 박사 학위논문을 지도했고, 민족학 연구소와 고등연구실천학교에서 그를 가르치기도 했다. 고등연구실천학교에서 르비츠키는 첫 해부터(1934-1935학년도) 샤머니즘에 대한 세 번의 "뛰어난 발표", 그리고 그 다음 해에는 골드족 종교와 문명에 대한 "뛰어나고 엄청난 연구" 준비로 눈에 띄었다. 르비츠키는 인간박물관에 취직했고 ―먼저 단순한 창고직에서 샤이오 궁의 새 청사의 정돈을 위해 리베의 협조자로 일했다. ―, 1938년에 장학금을 받았다. 그 덕택에 그는 민족학 연구를 계속할 수 있었고, 몇 편의 논문을 발표할 수 있었다. 그 중 한 발굴 연구는 "중앙아시아와 북아시아 민족들의 종교적 삶"에 대한 것이었으며, 이는 후일 『종교의 일반 역사』에 포함되어 출간되었다. 전쟁으로 인해 그는 유망한 경력을 쌓아가는 것을 멈추게 되었다. 또한 전쟁을 겪는 과정에서 그는 가냘프고 앞에 나서지 않던 사람, 소용

돌이 같은 모험에 거의 준비되어 있지 않던 사람에서 행동가로 변신하게 된다.[93]

르비츠키가 체포되자 모스는 먼저 그에 대한 정보를 얻으려 애썼다. 그도 그럴 것이 아무도 "르비츠키가 있을만한 장소에 대한 소식"을 갖고 있지 않았고, 또한 "어떤 혐의로 오동 양이 고발되었는지도" 몰랐기 때문이었다. 모스의 지인들은 그가 어느 날 아침 정성들여 옷을 차려 입고 나가는 것을 목격했다. 그들의 증언에 따르면, 그날 모스는 그의 제자였던 마르셀 데아와 정부 요원들, 특히 제롬 카르코피노[94]에게 르비츠키와 오동의 석방을 얻으려고 중재를 요청했던 것으로 보인다. 모스는 이렇게 쓰고 있다. "[……] [이 구류] 상태, 만일 이것이 연장된다면, 박물관과 그 장비들 전체에 심각한 피해를 주게 될 것이다. 촉망되는 많은 젊은이들의 개인적 상황은 고려하지 않는다고 해도 말이다."[95] 모스는 또한 이렇게 덧붙이고 있다. 이본 오동 사서장을 감금하는 것은 "박물관의 기능에 가장 해로울"[96] 위험적 요소라고 말이다. 그리고 더 어려운 일이었던 르비츠키, 외국 출신이고 형과 아버지 역시 체포된 그를 옹호하기 위해, 모스는 그의 출근이 "박물관의 관리에 불가결하다."고 설명하기도 했다. 그도 그럴 것이 르비츠키는 모든 소장품의 번호 정리와 등록 그리고 기록장 및 재고조사의 정리라는 매우 중요한 책임을 맡고 있기 때문이라는 것이었다. 모스는 또한 그에 대한 몇 가지 개인적인 정보도 제시했다. "[……] 러시아 소귀족 출신이다. 그는 결코 유대인이 아니며 [……], 그는 이 전쟁을 매우 명예롭게 치렀다. [……] 그는 몇 년 전에 프랑스 국적을 취득했다."[97] 이 정보는 대단히 중요했다. 그도 그럴 것이 르비츠키라는 성은 유대인 출신이라고 볼 수 있었기 때문이었다.

그 당시 인간박물관은 질타 당했고, 또한 "유대인-결사단"[98]으로 규정되었다.

하지만 모스의 노력은 결실을 맺지 못했다. 빌데의 장인인 페르디낭 로의 동료이자 친구였던 제롬 카르코피노의 노력도 소용이 없었다. 카르코피노는 이렇게 털어놓고 있다. "나는 무기력함에 주저앉아 버렸다."[99] 르비츠키와 그의 동반자들은 감옥에 갇힌 채 지내게 된다. 1년 후인 1942년 1월 8일에 재판이 열렸고, 2월 23일에 르비츠키는 보리스 빌데 및 인간박물관 소속 다섯 명의 동반자들과 함께 발레리엥 산에서 처형당하고 만다. 르비츠키의 죽음을 전해들은 모스는 그의 여동생 올렉에게 이렇게 편지를 쓰고 있다. "저는 당신의 동생을 잃었습니다."[100]

조임쇠

모스에게 파리에서의 생활은 "힘들었지만" 정말 "불가능한"[101] 것은 아니었다. 작은 "불편함들"이 점점 더 많아졌다. 덧문들이 고장 나거나, 그의 연구실 위의 방에서 물이 새거나[102] 했다. 그의 아내는 여전히 침대에 누워 있었지만, "지나친 불편함은 없이" 지냈다. 어느 정도 여유가 있을 때, 모스는 어려운 친구들 또는 가족들에게 돈을 보냈고, 파리의 '이스라엘 선행사업 협동단체 위원회'가 제안한 "모든 유대인들에게 호소함"에 응하기도 했다. 그는 또한 면직된 동료들을 옹호하는 일도 맡았다. 예컨대 비밀결사단에 소속된 탓으로 고등연구실천학교의 자리를 잃은 조르주 뒤메질이 그 좋은 예이다. 모스는 장관에게 이렇게 편지를 쓰고 있다. "그의 가족 그리고 그의 건강과 생애가 걱정됩니다. [……] 그는 불쌍한 제 친구 위베르에 걸 맞는 계승자입니다. 정확히 이런 이유로 나는 당신이 그를 위해 할 수 있는 모든 일에 대해 당신에게 감사할 것입니다."[103]

모스는 몇몇 친구들을 만났고 ── 모리스 알브바크스, 조르주 부르쟁, 르네 모니에, 피에르 메테, 모리스 레엔아르트 등 ──, 동네의 늙은 당원들과 협동조합 운동에 대해 이야기를 나누기도 했다. 그 운동에 "[그는] 지난 세기 말부터 정말 많이 기여했다."[104] 그는 항상 그의 친구들과 그의 학생들과 규칙적으로 편지를 주고받았다. 그의 학문적이고 행정적 활동은 제한되어 있었다. 모스는 몇몇 강연에 참석했고, 그 중에는 1942년 장 피아제의 강연도 있었다. 그리고 그는 몇몇 동료들의 필사본들을 읽었다. 예컨대 M. 르루아의 생트 뵈브에 대한 것 또는 마송 우르솔의 형이상학적 사실에 대한 것들이었다. 모스는 또한 학생들이나 연구원들의 장학금을 요청했다.[105] 민족학연구소는 1940년부터 1944년까지 단지 몇 편의 연구들만 출간했을 뿐이다. 데보라 리크직의 『에디오피아 마법-종교적 문헌들』(1940), 솔랑즈 드 가네의 『도공족 명언들』(1941), 베르나르 모푸알의 『고대 노예의 해안에서 풍수학』(1943) 등이 그것이다.

모스는 거의 집필을 하지 못했다. 모스는 이냐스 메이예르송에게 이렇게 쓰고 있다. "나는 아무 작업도 안 하네. 나 자신을 위해서조차 마찬가지야."[106] 메이예르송이 모스에게 툴루즈에서 개최되는 노동과 기술의 심리학과 역사 주간을 위해 "기술과 기술성"에 대한 발표문을 집필해달라고 요청했을 때, 모스의 첫 반응은 거절이었다. "요즘 같은 시절에 출판하는 것은 싫네.(수많은 이유로.)"[107] 뤼시엥 페브르와 조르주 프리드만은 참여하기로 결정했다. 모스는 역사 주간의 조직자가 애타게 기다리던 논문을 하나 약속했다. "[……] 기술성에 대한 일반이론 연구는 어느 정도 진척되었습니까? 얼마나 많은 사람들이 그 연구를 기다리고 있는지, 얼마나 많은 사람들이 그 논문을 볼지, 또 그들이 어떻게 그 논문을 읽을지 선생님께서도 잘 아실 겁니다. 늦지 않게 끝내주시시 바랍니다."[108] 이 주제는 모스의 관심을 끌었던 주제였다. 앙리 위베르와 함께 『사회학 연보』에 "기술"란을 두었던 이후, 모스는 "결코 기술적 사고 양식이 무엇인지를 잊은 적이 없었다." 모스는 또한 체계적 기술성에 대한 강의를 했던 드문 프랑스 교수들 중 한 명이었다.[109] 그보다 몇 년 전에 로베르 마르졸렝과 토론을 했을 때, 모스는 과학(응용과 기초)의 진보와 기술 혁신의 중요성을 강조했다. 라디오, 자동차, 항공, 특수 금속, 생화학, 비타민, 등의 중요성에 대해서 말이다. 그리고 그는 그때 경제학자들에게 "기술적 사실들의 힘"을 고려하지 않는다고 나무라기도 했다.

[……] 그것들은 고유의 법칙을 지닌 사물, 힘, 사건이고, 경제적인 것에 의해 지배되지 않는다. 경제가 바뀌는 것은 바로 그 법칙들이 경제 속에 들어갈 때이다. 그러나 무엇보다도 그것들은 경제 옆에서, 전쟁 속에서 그리고 평화 속에서, 인류의 운명을 직접 바꾼다. 이 새로운 권능은 맹위를 펼치고 사회를 예견할 수 없는 종극들로, 선과 악으로, 권리와 독단으로, 다른 가치 수위로 이끈다.

경제적 역사 '곁에' 산업의 역사를 가장 빠르게 구성해야 하고 시대에 맞춰야 한다. 그도 그럴 것이, 지금 이 순간, 19세기 그리고 20세기의 경제적인 것의 탁월성은 낡아지고, 기술성의 탁월성이 부과된다. [……] 독립되고 원인적인 것으로 말이다.[110]

모스가 인간에 대한 규정을 할 필요가 있었다면, 그는 분명 그의 친구 알브바크스가 제안했던 것을 자기 것으로 다시 삼았을 것이다. "인간은 손가락으로 생각하는 동물이다."[111] 전쟁이 끝나고 나서야 출간될 발표 문에서 그의 전유물 같은 진행 방식을 모스는 다시 취했다. 기술의 규정,[112] 기술성의 다양한 분야에 대한 분류, 연구와 성찰의 흔적들의 동일 시 등이 그것이다. 모스는 신체의 기술에 대한 "몇 가지 관점들"을 제안 한 적이 있었다. 그가 그것들을 (빠르게) 참고한 것은 단지 "기술들은 본 성적으로 인간적인 것인 동시에 각 사회 상태에 특색이라는 것"[113]을 상 기시키기 위해서였다. 모스는 메이예르송에게 이렇게 쓰고 있다. "계획 경제론를 포함하여 내가 알던 모든 종류의 오래된 생각들을 요약하는 것이 재미있었네."[114]

모스의 관심은 근본적으로 기술과 과학의 관계라는 아주 중요한 연 구에 집중되었다. "과학조차 점점 기술적이 되어가고 있고, 또 기술은 점점 더 과학에 영향을 미치고 있다. [……] 과학-기술의 관계 순환은 점 점 더 넓어지지만, 이와 동시에 더욱 폐쇄적이 된다."[115] 모스는 그 결과 가 엄청나다고 단언하고 있다. "19세기 과학과 그 직업들에 대한 찬가는 20세기에는 그 어느 때보다 더 진실에 가깝다. [……] 바로 이것이 우리 가 경험하는 것이다. 게다가 이것이 전부가 아니다." 모스에 따르면 '과 학'이라는 "고삐 풀린 악마"에 맞서 절대 두려워해서도 안 되고, 또 도덕 을 입에 올려서도 안 된다는 것이다. 또한 사물들을 우연에 맡겨두어서 도 안 된다는 것이다. 현재는 연구실의 시대, 행동 계획의 시대, 그리고 계획, 계획경제론의 시대가 아닌가. 모스는 이렇게 외치고 있다. 과학은 유행 이상이고 또 필연성이라고 말이다.[116]

모스는 이 모든 생각들을 "천재적인" 프랑수아 시미앙에게서 차용했다.[117] 모스의 정신 속에서 이 모든 계획은 정부의 것이라기보다는 "한 민중, 한 국가, 한 문명의 활동"에 속하는 것이었다. 모스는 이렇게 덧붙이고 있다.

> [……] 계획을 말하는 것은 [……] 무엇보다도 소멸성, 진실, 효과성, 유용성, 선을 말하는 것이다.
>
> 물질과 정신, 산업과 이상성을 대립시키는 것은 무용하다. 우리들의 시대에서, 도구의 힘, 그것은 정신의 힘이고 그것의 사용은, 이해력처럼, 도덕을 연루한다.[118]

유대인들 주위로 조임쇠가 더 죄어졌다. 자비에 발라가 책임자가 된 '유대인 문제위원회'(1941년 3월 29일 법령)의 발족, '유대인 조사'(1941년 6월 2일 법령), '유대인 문제에 대한 경찰 조직'(1941년 10월 19일 시행령) 등이 그것이다. 또한 1942년부터 혹독한 억압이 유대인들을 덮쳤다. 체포와 유형이 늘어났다. 모스는 이렇게 적고 있다. "유대인과 관련하여 적극적 행동주의의 시대가 기승을 부리고 있네."[119] 유명 인사라 해도 나치를 막기에 충분하지 않았다.[120] 1942년 가을, 노란 별의 착용이 점령 지역에서 거주하는 유대인에게 의무로 부과되었다. 모스는 이 의무에 긍지를 갖고 응했다. 그는 스스로 그의 외투에 별을 꿰매어 달았다. "치욕은 다른 자들에게 남겠지……"[121]

1942년 8월, 모스는 주르당 대로에 있던 큰 아파트에서 쫓겨났다. 아파트가 독일 장군을 위해 차압당했던 것이다. 모스는 그의 친구 메이예르송에게 이렇게 쓰고 있다. "이것이 나의 고통과 나의 근심의 끝이라고 말하지 않겠네. [……] 점령 당국은 철저하게 예절을 지켰고, 나에게 모든 것을 비우라고 명령을 내렸네."[122] 몇몇 학생들이 열성적으로 모스를 도와 그의 책들 ── "그렇게 성스러운 것들" ── 을 상자에 담았고, 그것들을 인간박물관 창고에 보관했다.[123] 어떤 일에는 불행이 행운이 되는 경우도 있는 법이다. 모스는 이렇게 덧붙이고 있다. "나의 과거에서 온 모든 것이 안전한 곳에 있다. 이것 역시 큰 안도가 된다. 나는 자유롭고, 학문적 과거에서 해방된 것 같고, 빈번한 기억력 감퇴(뒤르켐 쪽 증상, 나의 할머니, 나의 어머니)로 인해 가중되던 다른 무거운 것들에서 해방된 것 같은 느낌이다."[124]

모스는 파리 14구의 포르토 리슈 가 2번지의 아주 작은 1층에 정착하게 된다. 이 집은 "아주 누추한 집"[125]이었고, 일찌감치 "사용하기 힘들어진" 정도로 "춥고, 어둡고, 더러웠다."[126] 그의 친구들이 걱정했다. 모리스 레엔아르트는 그에게 이렇게 편지를 쓰고 있다. "구름이 낀다 해도 햇빛이 선생님의 영혼을 따뜻하게 해주기 위해 작은 아파트 안으로 충분히 들어오는지 저는 알고 싶습니다,"[127] 겨울은 힘들었고, "[그의] 기골은 많이 흔들렸다." "이제 막 끝난 겨울은 나에게 가혹했네. 사고가 많았지. 당뇨가 약간 걱정되네. [……]"[128] "아주 심각하게" 병을 앓던 모스는 "V"(환자)로 분류되기를 요청했다. 만일 그가 회복된다면 ── 그의 의사에 따르면 그것은 "부활"이었다. ──, "[그의] 체질이 활용할 수 있는 뛰어난 바탕" 덕택이었다.[129]

상황은 "거의 환등기"가 되어 모든 것이 매순간 바뀌었다.[130] 모스가 생각했던 "이동 계획"은 "모든 점에서 불가능"해 보였다. 모스는 이렇게 쓰고 있다. "생각지도 말자. 게다가 나는 여행을 잘 견디지 못할 것이다. [······]"[131] 그는 낙관주의자 ── "마음은 편하다."[132] ── 로 남으려 애썼지만, 기쁜 일이 있을 수 없는 시절이었다. "생활은 힘들고 버겁다."고 모스는 개탄하고 있다.[133] 모스는 이렇게 덧붙이고 있다. "나를 가장 어둡게 하는 것은 불행들이 지나치게 많다는 것이네."[134] 샤를르 포세는 이렇게 외치고 있다. "삶이란 정말 더러운 선물이네! 그리고 나는 자식을 낳지 않았던 것에 대해 얼마나 자찬하고 있는지 모르네."[135] 퇴직해서 몬테카를로에 조용하게 자리 잡은 이 옛 동료는 모스를 졸라댔다. "가능한 한도 내에서, 자네의 기술성에 대한 연구를 마치고 인쇄하도록 하게. 그리고 끝내자마자, 다른 것을 시작하도록 하게. 멍에를 메고 죽는 게 차라리 낫네."[136]

모스가 출간하기를 희망했던 것 ── 만일 이것이 가능했더라면 "모든 것이 될 수 있는 유일한 저서"일 것이다. ── 은 "기술(記述)사회학의 지침"(이국적 민족학)이라는 제목의 그의 강좌였다. 그는 이렇게 쓰고 있다. "나는 샤에프네 부인[드니즈 폴름]의 타자본을 교정하고 있는 중이네. 그것이 그리올의 이름 하에서보다는 내 이름으로 돌아다니는 것이 더 좋을 듯하네."[137] 도서관을 빼앗기고 병든 ── 모스의 표현에 의하면 "고장난"[138] ── , 모스는 기술성에 대한 저서의 기획에 필요한 작업을 전혀 할 수가 없었다. 그는 세 부분이 포함되어야 할 본문의 몇 장 밖에는 집필하지 못했다. "내게는 속기술이 없네. 그것 없이는 나는 두 번째 [부분]을 받아 적게끔 해야 할 걸세. 그래도 이 부분은 상대적으로 이미 작성되어 있네. 하지만 세 번째 [부분]은 내 머리 속에 있네. 내 손가락이 움직이려고 하지 않을 뿐이네."[139]

모스가 메이예르송에게 쓴 편지에서 볼 수 있듯이, 모스 자신은 종종 유럽을 관통하고 있는 "엄청난 규모의 사회 위기를 이해하려고 애쓰는 것"을 즐기는 것처럼 보였다. "나는 내가 이해하는 바를 믿네. 그러나 그것이 정확하지는 않네. 내가 보는 유일한 사실은, 거대한 의지가 있다는 것과 명백한 의지의 부재일세. 하지만 프랑스에서 좋은 의지는 드물고 덧없네. 분명 그것을 가져야 할 자들에게서도 그러하네."[140] 또한 모스는 길어야 한 장 분량의 짧은 메모들을 했다. 거리에서 또는 시장에서 그가 한 관측들에 기초한 메모들이었다.[141] 그 메모들 중 하나는 "사회적 위기들"에 집중되었고, 거기에는 뒤르켐의 아노미 개념에 대한 재평가가 포함되어 있었다.

> [……] 그의 저서에는 내가 23살 때부터 항상 나를 난처하게 했던 사항이 하나 있었다. 그것은 위기를 가리키기 위한 '아노미'라는 단어의 사용이었다. 프랑스에서 경제적 위기와 다른 종류의 위기 때 자살이 가장 빈번하게 발생한다는 것은 분명하다. 내가 삼촌에게 완전히 동의했지만, 나는 결코 이 '아노미'라는 개념을 좋아하지 않았다. 삼촌이 크게 화를 낼 일이지만, 나는 그것을 너무 철학적이고, 너무 법적이고, 너무 도덕주의자적이고, 구체성이 불충분한 개념이라고 판단했다.[142]

점령 이후로 파리 사람들은 "이기주의적 상태, 절대적 개인주의" 속에 빠져 지낸다고 모스는 지적하고 있다. 시민들은 "자기들에게 부과된 것을 제외하고는 모든 법과 모든 규칙에서 한참 떨어져 있다." 그러나 어떻게 개인의 고립을 단순한 방법으로 기술할 수 있다는 말인가? 모스가

"계시"를 얻은 것은 동네 돼지고기 장사가 정육점 안주인에게 고기 육즙을 넘기는 것을 보면서였다.

> [······] 위기라는 것은 불규칙한 사항들은 규정이 되고, 규칙적인 사항들이 불가능한 상태이다. 위기라는 것은 '사태가 잘 들어맞지 않거나' 혹은 모든 사람이 모든 사람으로부터 떨어지는 바로 그 순간을 가리킨다.
> 　[······] 위기, 그것은 '해빙'이고, 고기 육즙의 분자가 마카로니에서 떨어져 나가는 것이다. 위기라는 것은 아교 상태의 반대이고, 우연들이 많은 자연적 수를 형성하는 분자상태다.[143]

이와 같은 기술은 적어도 구체적이었다. 모스는 다음과 같은 점에서 여전히 뒤르켐주의자였다. 그러니까 모스에게 하나의 사회는 "잡다하고, 구별되지만 결국 서로 소통하고, 하나의 총화를 이루는 단위들로 조성된 조직체"라는 것을 받아들인다는 점에서 말이다. 달리 말해 "사회는 지탱하는 그 무엇이다." "사회를 형성하는" 다른 "결합들" 사이에는 "최소한의 단결성, 도덕, 질서, 믿음과 선견지명 그리고 예측가능성이 있거나 또는 있어야만 한다." 최소한의 점착과 도덕, 이것들은 아주 오래전부터 프랑스에서 황폐해졌고, 모스가 "일종의 우의와 평등한 사회적 삶"[144]이라고 했던 것은 그의 동네 이외에는 전혀 없었다.

친구들이 그의 상황이나 건강을 걱정할 때도 모스는 오히려 그들을 안심시켰다. "정신적으로 나는 고통 받지 않고 있네. 나를 귀찮게 하는 근심거리들에 맞서 잘 버티고 있네",[145] "도덕적으로 잘 버티고 있고,

허튼 소리도 하지 않고, 절망도 하지 않고 있네."[146] 모스의 일상생활은 전혀 바뀌지 않았다. 그는 그의 아내를 돌보았고, 시장을 보고 친한 사람들을 만났다. "나는 그저 드물게 학교[고등연구실천학교]에 가고, 트로카[인간 박물관]에는 거의 안 가며, 콜레주 드 프랑스에는 전혀 안 간다고 말할 수 있네. 내 가까운 사람들이 나의 누추한 집으로 나를 보러 오고, 친구들 역시 지나가던 길에 잠깐씩 들리네. 나는 편지들과 엽서들을 쓰고, 식사가 끝나면 누워서 잠을 자네. 나는 다시 활기를 찾네. 그리고 나의 하루가 지나가네. [……] 짧게 말하면, 살아가려 고생하는 것 말고 나는 충분히 튼튼하네."[147]

적십자의 정보에 따르면, 모스는 1944년 초에 좋은 건강을 유지했고, 여전히 파리에 머물고 있었다.[148] 그의 옛 여학생들 중의 한 명에 따르면, 모스는 "적의 어리석은 잔인함"을 "기적적으로" 모면했다.[149] 그를 싸고 도는 위협들에도 불구하고,[150] 모스는 수도를 떠나고 싶어 하지 않았고, 모든 돌발 사태에 대비하고 있었다. 그는 방문객들에게 이렇게 털어놓고 있다. "나는 항상 권총을 소지하고 있네. 그들이 [독일인들이] 들이닥치면, 내가 뭘 해야 할지 알고 있네……" 모스는 그의 질녀 마리가 민중예술과 전통박물관에서 모렝이라는 이름으로 일하고, 그의 조카 프랑수아가 자유 프랑스군 제1연대에 얼마 전에 가담했다는 것을 전해 들었다.

모스는 그 당시 그의 인맥들과 그의 유명세 덕택으로 보호받았다고 생각할 수도 있다. 독일 학자들은 그를 높게 평가했다. 몇몇 나치 협조자들, 그 중에서 영향력 있는 조르주 몽탕동도 그를 개인적으로 알았다.[151] 이미 지적했듯이, 반유대인적 행동으로 유명했던 몽탕동은 1943

년에 '유대인 그리고 민족-인종문제연구소(IEQJER)'의 책임자가 된다. 또한 모스의 오래된 동지들(거의 모두가 좌파에서 온) 혹은 행정부나 정치적 고위직에 있는 그의 동료들도 있었다. 교육부 장관 제롬 카르코피노, 루도빅 오스카 프로사르(1938년)와 앙드레 마르케(1940년)의 내각 전 책임자, 그 다음으로는 도지사를 지내고 1942년부터 1944년까지 장관이 된 막스 본나푸, 1942년 노동부 장관인 위베르 라가르델, 2년 후 노동부 장관이 된 마르셀 데아 등이 그들이다.

'국가민중연합(RNP)'의 설립자인 마르셀 데아는 공개적으로 비시 시절 나치 협조자가 되었다. "공동체"와 "전체적 인간"이라는 뒤르켐적 개념들에 젖어있었던 데아는 그 나름의 교리를 발전시키기 위해 주저 없이 이 개념들을 참고했다.

> 추상적 형제애가 혈족에 의해 대치되고, 누구나 공통된 보호에 대한 동일한 권리를 갖는, 살아있는 공동체라는 새로운 개념은 출발선에서는 같은 기회들이 주어져야 한다. 그러나 이 경우 누구나 그의 능력들이 더 큰 만큼 더 더욱 높은 의무를 지니고, 상하관계라고 해도 결정적 시간들에 해야 할 희생 앞에서 모두가 평등하다는 사실은 배제되지 않는다. 이 모든 것은 우리를 새로운 개념들로 이끈다. 그러나 우리들의 과거와의 단절은 없다. 프랑스적 자유는 독일적 자유처럼 하나의 질서에 합류되고 평등도 마찬가지이다. 그것은 사람이 발전되는 하나의 전체성으로서, 충돌도 없고 눌림도 없고, 무정부주의도 없는 전체적 사회 속의 전체적 인간이다.[152]

데아는 비시 초기 법령들의 반유대인 정책을 증명하는데 역점을 두었다. "몇 년 전부터 서양으로 다시 역류[했던] 거의 환영을 받지 못했던 유대인들과 오래전부터 동화되어온 오래된 프랑스 유대인들을 구분하면서"[153] 말이다. 그는 여전히 유대 국가의 창설에 동조한다고 말했으며, 바로 거기에 "심각한" 유대인 문제에 대한 해결책의 실마리가 있다고 보았다.[154] 자신의 『수기』에서 데아는 자기의 책임 부분을 부인하면서 다음과 같은 말로 자신의 위치를 옹호하려 애쓰게 된다. "불행히도 독일의 선전선동은 비시 활동과 연동되었고, 꽤 가증스러운 남용들과 실질적 재앙들이 빠르게 촉발되었다. 최소한 나는 이 고삐 풀린 무리에 호의를 표명했거나 늑대들과 함께 울부짖은 일은 결코 없었다. 그리고 가능한 한 나는 내 친구들과 박해받는 이스라엘인들을 도왔다."[155] 게다가 데아는 "유대인들에 대한 비시의 여러 결정에 대해 설명을 하고 또 그것들을 적용했던"[156] 것을 후회하게 된다.

데보라 리크직은 유배되고, 후일 아우슈비츠에서 살해된다. 베르나르 모푸알은 다쇼에서 죽게 된다. 마르크 블로크는 1944년 6월 16일 처형된다. 1944년 7월에 체포된 앙리 마스페로는 독일로 유배된다. 얼마 전 콜레주 드 프랑스의 교수가 된 모리스 알브바크스 역시 체포되고 감옥에 갇힌다.[157] 병으로 지친 마스페로와 알브바크스는 각각 1944년 8월과 1945년 3월에 뷔헨발트 수용소에서 죽게 된다.[158]

망각

1944년 8월 말에 파리가 해방되었다. 미셸 레리스가 미국 출신의 예술 비평가이자 민족학연구소의 졸업생이었던 파트릭 발드베르와 함께 모스를 방문했다. 모스는 그들에게 8월 26일 아침에도 아내가 매복병에 의해 죽을 뻔 했다고 말하고 있다. "총알 한 방이 그들의 1층 창문을 관통해서 모스 부인이 누워있던 나무 침대 바로 위 벽에 틀어 박혔다."[159]

승리, 그것은 불안과 절망의 끝이었다.[160] 3년 전부터 모스로부터 소식이 없어 많이 걱정했던 클로드 레비스트로스는 그의 소식을 알고자 뉴욕에서 편지를 썼다.[161] 그리고 결산의 시간이 이어졌다. 몽탕동은 클라마르에서 레지스탕스들에 의해 처단된다. 카르코피노는 체포된다. 콜레주 드 프랑스의 미국 문명 교수이자 국립도서관 총사무장이었던 베르나르 파이는 콜레주에서 정직당했으며, 면직된 후 무기한 강제노동형에 처해졌다. 나치 협력자로 고발된 조르주 앙리 리비에르는 민중예술과 전통박물관의 학예사직을 정직당하게 된다.

이와 같은 결정을 알게 되자 리비에르는 모스에게 향했다. 그는 모스를 "예전부터 항상 존경했고", 모스에게 조금이라도 위로받고자 했다.[162] 모스는 주저 없이 그를 옹호하기로 했다. 모스는 이렇게 쓰고 있다. "리비에르의 열의, 그의 분별력, 그의 사리사욕 없음은 이론의 여지가 없다는 사실과 나는 그에 대해 가장 큰 믿음과 가장 큰 우정을 지니고 있다는 사실을 보증한다."[163] 그리고 모스는 다음과 같이 덧붙이고 있다. 바로 여기 이 사람이 "위대한 정신, 일하는 힘과 조직의 정신"으로 인정받은 자라고 말이다. 다른 친구들 —— 미셸 레리스, 드니즈 폴름, 앙드레 샤에프네 —— 이 또한 리비에르에 대한 그들의 지지를 전했으며, 증언 편지들을 쓰기도 했다. 이 편지들에서 리비에르가 르비츠키와 빌데를 구하기 위해 절망적인 노력을 했고, 유대인들이 학대에서 벗어나도록 여러 번 반복해서 도와줬다는 것을 상기시키고 있다.[164]

다른 한편, 늙은 교수 모스는 주르당 대로에 있는 자신의 아파트를 되찾으려 노력했다. 그리고 그의 서재는 분산되었지만, 연구를 다시 시작하려 애썼다. 기다리지 않아도 여러 부탁들이 들어왔다. 프랑스 사회학연구소의 회합 호출장, 박사 학위논문 심사, "게르만족에 대한 저서의 출간"[165] 요청 등이 그것이다. 그의 옛 학생들은 제르멘 틸리옹처럼 자신들의 "매우 오랜, 매우 충실한 그리고 매우 깊은 애정"[166]을 그에게 다시 보여주었다. 그들은 모스를 다시 보기를 희망했으며, 그에게 조언을 요청했다.[167] 자크 수스텔은 이렇게 말하고 있다. "저는 전쟁이 끝난 후인 1945년에 그 분을 다시 봤습니다. 전쟁으로 시련을 겪어 병이 들어 있었습니다. 그 분은 오스트렐리아의 여러 문명에 대해 연구를 했습니다."[168]

모든 것이 아니 거의 대부분의 질서가 잡혀 갔다. 1944년 11월 21일의 시행령을 통해 모스는 1940년 11월 20일부터 1942년 5월 10일까지 콜레주 드 프랑스의 직위에 재임용되었다. 그리고 그의 연금 권리가 1942년 5월 10일부로 효력이 있다는 사실을 통고받았다.[169] 그 다음 해 초에 콜레주 드 프랑스의 행정 책임자인 에드몽 파랄은 1945년 2월 23일부터 모스가 "명예교수"로 임명된다는 소식을 전하는 편지를 썼다.

그러나 늙은 교수 모스는 더 이상 자기와 연락하려는 그의 친구들이나 옛 학생들의 요청에 답신하지 않는다. "9월부터 11월까지 답신 없음",[170] "오래전부터 소식 없음",[171] "며칠, 몇 주 그리고 몇 달이 지나도 저는 선생님의 소식을 아직 받지 못했습니다."[172]

장 푸아리에의 표현에 따르면, 모스는 그때 "침묵 속으로" 빠져들었다. 대학기숙사의 아파트로 철수한 모스는 단지 그의 조카들과 질녀인 피에르, 프랑수아, 자클린 그리고 마리의 방문과 그의 극소수의 친구들과 옛 제자들의 방문만을 받을 뿐이었다. 사람들이 전쟁 이후 사회학의 "재출발"을 기념할 세 개의 기획에 모스의 이름을 올리고자 했다. 1945년 '사회학 연구센터' 창설,[173] 『국제사회학 평론』[174], 1949년 『사회학 연보』의 "부활"[175] 등이 그것이다. 새로 설립된 센터에서 개최된 첫 번째 토론회들 가운데 하나에서는 "모스와 사회과학"[176]이라는 주제를 다루면서 마르셀 모스에게 경의를 표하고자 했다. 하지만 자신들의 "소중한 스승"에 대해 그토록 커다란 애정을 갖고 있던 사람들에게 이미 "쇠약해졌고", 또 자신들의 이름을 기억하지 못하는 모스를 다시 보게된 것은 큰 실망이었다. 레비스트로스는 이렇게 애석해 하고 있다. "그분은 저를 못 알아봤습니다. 저를 수스텔로 생각했어요." 루이 뒤몽이 덧붙이고 있다. "모스 선생님은 기억을 잃었습니다. 슬픈 일이었습니다. 그 분은 저를 레리스로 생각했습니다."[177] 이 기억상실증으로 인해 모스의 지인들은 많은 걱정을 했다. 그가 산책할 때 길을 잃지나 않을까, 같은 물건이나 음식을 반복해서 사지 않을까, 등의 이유로 말이다. 얼마 전에 홀아비가 되었고, 무직이었던 그의 동생 앙리 모스는 그를 돌보기 위해 주르당 대로 95번지의 아파트에 막 정착했다. 모스를 돌보는 것은 늘 어려운 일이었다. 특히 모스가 그에게 주지시킨 부탁들을 듣지 않고 주먹을 들이댈 때는 특히 그러했다. 병들고 자리에 누워있던 그의 아내 마르트는 1947년 8월 1일에 세상을 떠나게 된다.

이처럼 전쟁, 점령 그리고 현기증 나게 빠른 변화는 모스에게 승리를 거두었다. 그의 정신의 활력과 생명력은 치명타를 입었다.[178] 기관지염으로 대단히 허약해진 그는 1950년 2월 11일에 77세의 나이로, 그의 집에서 그의 동생 앙리와 그의 조카들과 질녀들이 보는 가운데, 그의 질녀 마리가 적고 있듯이, "조용히 영면했다."[179] 라디오 근처의 책상 위에 놓인 앙리 위베르의 사진을 돌아보면서 어쩌면 그는 그의 오랜 친구와 음악에 빗대어 이렇게 말했을 것이다. "우정과 아름다움, 바로 이것이 인생에서 가장 아름다운 두 가지다."

드니즈 폴름은 이렇게 전하고 있다. "그 분의 장례식 때 우리는 몇 명뿐이었습니다. 바뉴 공동묘지에 최소한의 지인들만 참석한 평범한 장례식이었죠."[180] 몇 달 후에 모리스 레엔아르트는 "몇 년 전부터 마르셀 모스를 둘러쌓았던 침묵"을 깨기 위해 친구들과 옛 학생들을 초청했다. "그가 사망했을 때 그에게 할 수 없었던 공개적 헌정을 그에게 바치기 위해서였다."[181] 그들 가운데 몇몇은 모스에게 찬사를 이렇게 보냈다. "성품이 좋은 사람이었고, 민감했으며, 섬세한 사람",[182] "가슴이 뜨거웠고, 고유한 사상이 있던 사람",[183] "가장 매력 있는 동료, [……] 충실한 친구",[184] "여러 사람들의 지도자",[185] "뒤르켐 이후 가장 위대하고 가장 독창적인 프랑스 사회학자",[186] "프랑스 민족학파의 부정할 수 없는 스승"[187] 등의 찬사가 그것이다. 마지막으로 앙리 레비브륄 같은 사람은 "사은의 보답으로 이 위대한 사상을 심어주었던 사람에게 한 권의 책을 헌정하는" 계획을 세우기도 했다. "다른 누구보다 모스는, 자기 자신의 모든 것을 줌으로써 그야말로 가치를 따질 수 없는 선물을 되돌려 받을 자격이 있다고 평가된다."[188]

"모스와 함께, 그리고 모스 저 너머로"

"누가 횃불을 이어받을 것인가?",라고 "인간에 대한 새로운 것, 깊이 있는 것, 미발견된 것"[189]을 가르쳤던 모스에게 바친 찬사를 끝내며 뤼시엥 페브르가 묻고 있다. 몇몇 이름들이 저절로 머리에 떠오른다. 비문명화된 민족들의 종교사에서 모리스 레엔아르트, 사회학에서 앙리 레비브륄과 조르주 귀르비치, 인류학에서 클로드 레비스트로스 등이 그들이다. 『사회학 연감』에 참여했던 역사가였던 뤼시앵 르페브르는 이렇게 덧붙이고 있다. 사회학 연구센터의 발족, 고등연구실천학교의 제6분과의 창설과 프랑스 및 외국에서 새로운 연구 세대의 형성을 통해 사회과학과 인문과학에서 "최상의 미래"를 엿볼 수 있고, 또 "반격의 시작"[190]을 기대할 수 있다고 말이다.

먼저, 반격은 마르셀 모스의 친구들이나 뒤르켐적 전통에 속하는 『사회학 연감』의 옛 협력자들의 노력으로 나타나게 된다. 『사회학 연보』의 편집진은 이렇게 선언하고 있다. "우리들은 스스로를 [에밀 뒤르켐의] 계승자들로 여기고, 같은 정신 하에서 그의 연구를 계속하는 것을 자랑스럽게 생각한다."[191] 하지만 그들은 선배들의 기억과 그들의 방법에 대한 충실성이 필수적인 개혁과 적응에 방해 요소가 되어서는 안 된다고 선언하고 있기도 하다. 그들은 모두 진화해야 할 필요를 느끼고 있었으며, 그것도 사회학이 잘못된 평판을 갖고 있는 만큼 더 더욱 그랬다. 장 폴 사르트르는 이렇게 선언하고 있다. "뒤르켐의 사회학은 죽었다. 사회적 사실들은 사물들이 아니다."[192] 장 스토에젤 같은 사람조차 뒤르켐주의자들에 대해 "특별한 고마움을 유지해야 할 분명한 이유가" 있지만, 그래도 미래 연구원들의 새로운 세대가 뒤르켐의 영향에서 벗어나기를 권장하고 있다.[193] 레이몽 아롱은 항상 뒤르켐에 대해 "불편한 느낌"을 겪었다. "[그의] 논거가 [자신을] 설득시킬 때조차도"[194] 그렇다고 아롱은 분명히 밝히고 있다. 조르주 다비처럼 『사회학적 방법의 규칙』은 "사회학자의 필독서"[195]라고 단언하는 사람들은 드물었다.

조르주 귀르비치는 조르주 다비의 지지 덕택에 소르본의 사회철학 강좌직에 1948년 레이몽 아롱을 제치고 선출되었다.[196] 그 역시도 "『사회학 연보』 그룹과 함께 밀접하게 작업하면서도 뒤르켐적 정통성과 그들의 불일치를 감추지 않았던 독립된 연구원들 그룹"[197]에 속했다. 개성이 강했던——사람들은 그의 격앙, 그의 분노와 그와의 논쟁을 겁냈다.[198]—— 귀르비치는 그의 역동성과 그의 조직력을 사회학을 위해 사용하려고 했으며, 그 자신 사회학의 "현재적 사명"이라고 부른 것의 옹호를 맡았다. 그의 미국 동료들이 제공한 엄청난 기술(記述) 작업에 사로잡힌 그는 사회학 분야가 "유치한 병"에서 치유될 수 있고 또 성숙함에 이를 수 있다고 확신하고 있다. 그는 학파간의 전쟁은 끝났다고 생각하고 있다![199]

사회학적 방법의 본질적인 특징을 재규정하려는 방대한 기획인 『사회학의 현재적 사명』에서 귀르비치는 뒤르켐에게 세 부분을 헌정하고 있다. 그러면서 그는 "집단 의식"의 개념을 "뒤르켐 사회학의 주된 부분"으로 소개하고 있다. 귀르비치는 "뒤르켐 사상의 힘"에 대해 경탄하지만, 그렇다고 해서 뒤르켐의 저작에 대한 아주 비판적 독서를 제안하는데 방해받지 않고 있다. 귀르비치는 뒤르켐의 잘못은 그 자신 형이상학자로 머물렀다는데 있고, "지상의 선-집단 의식-정신 사이의 형이상학적이고 교의적 등식 위에 기초한 사회학에서 하나의 윤리학을 도출하고자 했던 것"[200]에 있다고 말하고 있다. 이와 반대로 귀르비치는 모스에 대해서는 훨씬 덜 가혹했다. 그의 눈에 비친 모스의 장점 중 하나는 그의 삼촌의 사상을 부드럽게 다듬었다는 점에 있었다. 귀르비치는 계약의 기원과 법에 의한 의무에 대한 조카의 "통찰력 있는 연구"에 깊은 감명을 받았다. 그 결과 사회적이고 전체적인 현상의 원칙 자체에 전적으로 모스와 같은 편에 선다고 스스로 선언하고 있다. 그는 이렇게 생각하고 있다. 이 현실에 대한 총체적 관점은 "가장 행복한 방식으로 단순한 인과관계적 설명을 배제한다."[201] 프랑스 사회학파에 합류하기를 바라는 자에게 모스는 통관자 역할을 하고 있다. 피에르 부르디외와 장 클로드 파스롱이 이렇게 말하고 있다. "단지 가장 존중할만한 그의 친척들——영국인 사촌 래드클리프 브라운 또는 유언 집행자, 영광스러운 보조자라는 유치한 위상을 벗어났던 마르셀 모스——을 통해서만 사회학에서의 뒤르켐적 계통성을 인정할 수 있을 뿐이다."[202]

인류학에서 지배적 명령어는 사회학에서와 마찬가지로 '뒤르켐 잊기'다. 마르셀 모스에게 헌정된 「프랑스 사회학」이라는 논문의 결론에서 클로드 레비스트로스는 이렇게 쓰고 있다. "이론 구축의 시대는 결정적으로 막을 내렸다."[203] 사회학 이론의 스승이었던 삼촌 대신에 조카가 더 선호되고 있는 것이다. 대부분의 경우 모스가 현대 민족지학적 연구에 훨씬 더 정통하고, 그의 방법이 더 만족스럽다고 여겨지고 있다. 모스는 아주 다른 분야(인디언주의, 아프리카 사회, 아메리카주의, 민족음악학, 선사, 프랑스 민속 등)의 연구에 자극을 주었다. 일반적으로 생각하듯이, 이 자극을 통해 더 견고한 제도적 토대——인간박물관,[204] 민중예술과 전통박물관, 고등연구실천학교의 제5분과와 제6분과, 프랑스 국립연구센터——를 갖춘 인류학은, 루이 뒤몽의 표현에 따른다면, 그 "실험적 단계"[205]에 도달할 수 있었던 것이다.

1951년에 고등연구실천학교에서 물러날 때 모리스 레엔아르트는 레비스트로스에 의해 교체된다. 레비스트로스는 이렇게 이야기하고 있다. "저는 이중으로 감격스러웠습니다. 한편으로 저는 마르셀 모스와 모리스 레엔아르트를 계승한다는 막중한 임무를 맡게 되었고, 다른 한편으로 그들과 같은 강의실에서 수업을 했기 때문입니다. 그곳은 제가 15년 전에 철학 교수자격 시험을 치렀던 장소입니다."[206] 강좌명은 "문자 없는 민족들의 비교 종교"로 바뀌게 된다. 인간박물관의 부관장인 레비스트로스는 이제 막 그의 박사 학위논문 『친족의 기본 구조』(1949)를 출간했고, 민족학, 지리학, 언어학에 대한 평론 시리즈를 시작했던 참이었다. 이 시리즈의 멋진 제목은 "인간"[207]이었다. 레비스트로스는 "21세기는 사회과학의 세기일 것이거나, 그것이 없을 것이다."[208]고 머리말에서 선언하고 있다. 그는 결국 마르셀 모스의 선집 『사회학과 인류학』의 소개문을 쓰는 책임을 맡게 된다. 귀르비치의 지적에 따르면, 레비스트로스는 "아주 개인적인 해석"[209]을 제안했다. 이렇게 해서 레비스트로스는 모스의 진정한 계승자로 우뚝서게 된다. 메를로 퐁티는 "모스에서 레비스트로스에게로"[210]라는 표현을 사용하고 있다.

　게다가 자기 학위 논문을 쓰던 시기에 레비스트로스는 모스의 사상을 충실하게 연장하려는 의도를 가지고 있었다.[211] 사실 레비스트로스는 『친족의 기본 구조』를 집필하면서 모스에 의해 "깊게 흔적이 남은 길" 속으로 들어섰으며, 마르셀 그라네의 "고대 중국에서 모계적 범주와 근접성의 관계"에 대한 연구에서 커다란 영감을 얻었다. 하지만 자신의 빚을 일단 인정한 후 레비스트로스는 자신을 그들과 구별 짓게 된다. 그는 이렇게 자문하고 있다. 왜 모스는 "전혀 그 화려함을 보지 못했던 약속의 땅으로 자기의 민족을 이끌었던 모세처럼, 이 어마어마한 가능성들의 가장자리에서 멈췄던 것일까?"[212] "약속의 땅", 그것은 구조주의였고, 레비스트로스는 언어학자 N. S. 트루베츠코이와 로만 야콥슨의 도움으로 "결정적 통로"를 넘어갈 준비를 마친 상태였다. 그의 논문이 출간되었을 때, 이 연구가 "사회학 역사에서 중요한 날"[213]로 기록되리라는 것을 아무도 의심하지 않았다. 하지만 토론의 장은 활짝 열려 있다. 언어학자이자 『사회학 연보』의 협력자였던 마르셀 코엔이 보기에, 언어학에서 빌어온 방법의 적용은 "그다지 다행스럽지"[214] 않을 위험이 있었던 것이다.

사회학에서 조르주 귀르비치, 인류학에서 레비스트로스, 이 두 후계자는 아주 달랐다. 폴 칸이 지적하고 있듯이, 이들은 "각자 자기의 방식으로 스승의 가르침을 연장해 가고 있는 것이다."[215] 사실 한편의 "다원주의"와 다른 한편의 "구조주의" 사이에는 아무런 공통점이 없다. 장 카즈뇌브는 이렇게 자문하고 있다.[216] 바로 거기에 뒤르켐의 조카에 의해 수행되었던 연구가 갖는 모호함에 대한 증거가 있지 않을까? 마르셀 모스는 "현대 인류학의 아버지", 사회학의 "선각자"라는 위상을 얻었지만, "학파의 지도자"[217]라는 위상은 잃고 있다. 사회학자들은 모스를 인류학자들에게 떠넘겨버리고, 인류학자들은 그를 잊고 있다.[218] "모스와 함께, 그리고 모스 저 너머로!"

레비스트로스가 서문을 썼던 모스의 『사회학과 인류학』이라는 제목 자체가 곧바로 낡아 보였다. 이 두 분야가 공존하는 것은 더 이상 가능하지 않게 된 것이다. 1959년에 레비스트로스가 콜레주 드 프랑스에 입성하면서 사회인류학 강의를 담당하게 된다. 10년 후, 콜레주 드 프랑스 교수 회합은 현대 문명의 사회학 강좌를 창설하면서 레이몽 아롱을 뽑았다. 이 두 사람 사이에는 공통점이 거의 없다. 두 사람 모두 뒤르켐에서 멀리 있는 동시에 모스에게 가깝다는 것이 아니라면 말이다…….

귀르비치와 아롱에게 아주 값진 일이던 모스의 전작 출간 기획은 1968년 미뉘 출판사에서 3권으로 된『작품집』이 출간되어 겨우 실현되었다. 피에르 부르디외가 책임자로 있는 "상식" 총서에서 출간되었고, 그의 협조자들 중 한 명인 빅토르 카라디가 총책을 맡았다. 부르디외는 새로운 사회학자들의 세대에 속한다. 이 사회학자들은 철학 분야에서 왔고, 민족학 분야에서 교육을 받았다. 이들은 실제로 그 자신들의 판단에 의하면 신실증주의의 희생물인 사회학과 민족학을 재결합하려고 하면서 "뒤르켐적 접근의 갱신"에 참여하고 있다.[219]

부르디외는 그 자신의 고유한 지적, 직업적 여정을 통해 1982년에 콜레주 드 프랑스에 입성하게 된다. 그는 이 여정에서 레이몽 아롱 — 부르디외는 그와 함께 유럽 사회학센터를 주도하면서『국가들 사이의 전쟁과 평화』를 공동으로 집필했다.— 은 물론이거니와 클로드 레비스트로스와도 관계를 맺게 된다. 부르디외는 카빌에 대한 그의 첫 연구에서 레비스트로스의 구조주의적 방법을 적용했다. 게다가 부르디외는 프랑스 사회학파에 속하는 이중의 혈통(그리고 이중의 거리)을 요구했다. 그의 기획의 목적은 경험적 이론과 탐구를 화합시키는 것이었다. 아울러 사회학과 인류학 사이의 유대를 다시 발견하면서 뒤르켐과 모스를 결합하는 것이었다.

피에르 부르디외는 첫 번째 강의에서 자신을 "전통적 사회학"에서 거리를 두게끔 하는 기준을 당연히 유지하려고 했다. 특히「분류의 몇몇 원시적 형식」의 저자인 뒤르켐의 사회학으로부터 말이다. 부르디외의 눈에는 마르셀 모스를 애독하는 것이 훨씬 더 권장할 만한 것이었다. "[사회학은] 마르셀 모스와 더불어 사회가 항상 스스로 그 꿈의 위조화폐를 치른다는 것을 가르쳐 준다." 이어서 부르디외는 이렇게 말하고 있다. "사회과학이 마법의 유혹을 물리칠 있다는 것을 최소한 기대할 수 있다. 그러니까 자연과의 관계에서 쫓겨나 사회와의 관계 속에 살아가는 스스로를 무시하는 무지의 광기를 피할 수 있는 것이다."[220]

요컨대 (아롱의 표현에 따르면, 그의 교수로서의 순진함 속에서) 과학적 정신으로부터 영감을 얻어 비종교적 윤리학을 세우고자 했던 뒤르켐이라는 "대사제" 쪽은 계속 신경이 거슬린다고 할 수 있다. 이에 비해 조카인 모스는 "사물들의 정신"과 "말들의 힘"을 믿는 그의 "주술사" 측면과 더불어 만족시킬 모든 것을 지니고 있다고 할 수 있다. 하지만 모스의 연구 방식에서 발견되는 전형적인 특징은 그의 사고 체계와 스승, 즉 뒤르켐과의 관계의 성격과 마찬가지로 그 자신이 직접 발전시켰고 또 옹호할 줄 알았던 생각들(과학적 그리고 정치적)의 가치에서 유래하는 것이 아닐까? 어쨌든 모스 저작의 독법과 수용에 대한 연구를 통해 그의 삶과 그의 저작에 대한 두 가지 교훈——물론 이것이 대수로운 것은 아니다.——을 끌어낼 수 있다. 충실함 자체는 창조를 결코 방해하지 않는다는 교훈과 전통의 유지는 비판적 거리를 필요로 한다는 교훈이 그것이다.

4부 인정

4부 서문

1. 모스가 제시하는 문명에 대한 정의는 다음과 같다. "사건들의 총체, 이 사건들이 지니는 특징들—모든 사회에 부합하는—의 총체, 한마디로 말해 일종의 사회적 체계의 초사회적 체계, 이것이 바로 문명이라 명명될 수 있는 것이다."(Marcel Mauss, "Les civilisations, Éléments et forme", *in* Marcel Mauss, *Œuvres*, t. 2, 앞의 책, p. 463.)

2. 위의 책, p. 470.

3. 위의 책, p. 476.

4. 위의 책, p. 477.

5. 위의 책, p. 478.

15장 콜레주 드 프랑스 교수직

1. Marcel Mauss, "La chaire de la coopération au Collège de France", *L'Action coopérative*, 11 décembre 1920, p. 1.

2. 브로니슬라브 말리노프스키가 마르셀 모스에게 보낸 편지, 런던, 1925년 12월 16일. 이 편지는 짧은 축하 메시지를 담고 있다.

3. 그 당시에 동행했던 모스의 질녀 마리 모스에 따르면, 모스의 강연은 4월 11일, 12일, 13일에 있었다. 강연 프로그램은 다음과 같은 개요를 담고 있었다. "모스 씨는 민족지학적 인식의 현 상태에 대해 이해하고 있다. 집약적 관찰 방법은 통계학, 사진술, 영화 기술, 녹음, 문헌학 등의 이용과 더불어 매우 개선되었다. 우리는 매일 새로운 사건을 발견하고 있으며, 이를 바탕으로 새로운 문제들을 제기한다."(*Davoser Revue*, III. Jahrgang, 15 Avril 1928, Summer 7, p. 23)

   다보스에서 있었던 아인슈타인과 모스의 첫 번째 만남은 1928년 3월 19일부터 4월 14일까지 4주 동안의 강연에서 이뤄졌다. 독일 측 주최자인 고트프리드 살로몬은 프랑크푸르트대학의 교수였다. 강연에 참여한 프랑스의 대학 교수들 중에는 모스 외에도 샤를르 블롱델(『집단 심리학』), 셀레스탱 부글레(『사회학의 경향』), 조르주 다비(『법과 사회학』, 『개인 앞의 가족』), 뤼시엥 레비브륄(『미개인의 사고』)이 있었다. 강연 프로그램 정보에 따르면 스위스의 심리학자 장 피아제는 『아동의 논리』를 강연했다.

4. 실험음성학 교수인 장 루슬로 신부의 사망 이후 새로운 민족지학과 선사학 교수 임용이 거론되었다. 선사학 교수직 개설이 진지하게 고려되었지만(첫 번째 투표에서는 11표, 두 번째에서는 8표의 찬성표를 얻었다.), 결국에는 조직 생리학 교수직이 개설되었다. 루이 아베가 사망하자, 민족지학 교수 임용이 새롭게 진행되었으나, 승리는 라틴어나 남유럽 문학에게로 돌아갈 것으로 보였고, 두 번째 투표에서 과반수를 차지한 남유럽 문학이 승리를 거두게 되었다.

5. 앙투안 메이예는 마르셀 카엔과 이지도르 레비의 출마를 염두에 두고 있었다. 두 후보는 입후보하겠다는 의도를 드러낸 바 있는데, 마르셀 카엔은 셈어족 언어 교수직에, 이지도르 레비는 동지중해의 고대사 교수직을 목표로 하고 있었다.(콜레주 드 프랑스 교수회의 보고서, 1928년 11월 11일 회의.) 그러나 두 후보는 이듬 해 1월 20일에 개최된 회의 전에 출마를 포기하게 된다. 마르셀 카엔에게는 그것이 두 번째 '시도'였다. 몇 년 전인 1925년 메이예의 추천을 받은 마르셀 카엔은 사실 게르만 문학 교수직에 지원했다. 첫 번째 투표에서 36표 중 34표를 차지하여 쉽게 승리를 거둔 이는 샤를르 앙들레르였다.

6. 앙투안 메이예가 마르셀 모스에게 보낸 편지, 샤토메이앙, 1928년 11월 1일.

7. 마르셀 모스가 존경하는 선생님 [메이예]에게 보낸 편지, 1928년 11월 2일.

8. 1929년 1월 20일 회의에서 콜레주 드 프랑스의 교수들은 9개의 후보 교수직 즉, 고전학, 선사학, 사회현상학, 유럽 원시인 공동체 역사, 근대사, 고대 경제사, 중세 비교문명사, 동지중해 역사, 햄·셈어족 언어 중에서 선택해야 했다. 어떤 교수도 이전의 고전학 교수직 유지를 지지하지 않았다. 사회현상학 교수직은 조르주 르나르가 제안했다.

9. 1864년 바르-쉬르-오브에서 태어난 루이 피노는 1920년 콜레주 드 프랑스에 인도차이나 역사학과 문헌학 교수로 임용되었다. 인도 문학과 법학자이자, 고등연구실천학교에서 박사학위를 받은 그는 실뱅 레비의 조교가 되기 전에 레비의 수업을 들었다. 또한 1895-1896학년에 모스를 산스크리트어에 입문시킨 장본인이 바로 피노였다. 피노는 고등연구실천학교에서 계속 일을 하면서도 외국 파견 근무를 하기도 했다. 그는 하노이에서는 고고학과 학과장을 지냈고(1898), 자바(1899)와 라오스(1900)에서 근무했으며, 극동 프랑스학교를 설립하고 운영(1898-1904년, 1913-1918년, 1920-1926년, 1928~1929년)했다. (Christophe Charles et Éva Télkès, *Les Professeurs du Collège de France, Dictionnaire biographique 1901-1939*, Paris, Éditions du CNRS, 1988, p. 73-75.)

10. 마르셀 모스는 고등연구실천학교를 다니던 시기에 알렉상드르 모레를 만났다. 1868년에 태어나 역사학 교수자격시험에 합격(1893년 6등)한 모레(1868-1928)는 앙리 마스

페로(1894-1897)의 제자였으며, 1899년 그의 뒤를 잇는다. 이집트학 전문가 모레는 『사회학 연보』에 어느 정도 공헌을 했으며, 1923년에는 콜레주 드 프랑스에 임용되었다. 모스는 『고등연구실천학교 연혁』에 모레의 부고 기사를 쓰게 된다. "[……] 저는 40년 이상 된 친구를 잃은 것입니다. 제 삶의 즐거움 중의 하나가 사라졌습니다. 그는 가장 신뢰할 수 있는 사람이었고, 훌륭한 음악가였으며, 같이 즐길 줄 알던 사람, 앞장 서는 사람, 우리 친구들 모임의 중심이었습니다. 우리는 많은 열정들을 그와 나눴습니다." (Marcel Mauss, "Alexandre Moret(1868-1938)", *Annuaire de l'École pratiques des hautes études*, section des sciences religieuses, 1938, p. 39-42, *in* Marcel Mauss, *Œuvres*, t. 3, 앞의 책, p. 560)

11. 1867년에 태어난 가브리엘 미예는 역사학 교수자격시험 합격자(1891)이고 문학박사 학위(1911)를 소지했다. 1926년 콜레주 드 프랑스에 임용되기 전에 그는 고등연구실 천학교의 종교학 분과에서 재직했다. 1899년에는 강사, 1906년에는 연구지도 부교수, 1914년에는 연구 지도교수를 지냈다. 비잔틴 기독교와 기독교 고고학의 전문가인 미예는 1892-1924년에 여러 번 탐사를 이끌었으며, 중요한 유적을 발견하기도 했다.

12. 샤를르 앙들레르는 1926년에 콜레주 드 프랑스에 60세의 나이로 임용되었다. 독일어와 독일문학 전문가이자 니체에 대한 여러 권의 저서를 집필한 앙들레르는 1866년 스트라스부르에서 태어났다. 이곳에서 전직 초등학교 교사였던 그의 아버지는 약국을 열었다. 앙들레르는 철학 교수자격시험에 두 번 실패한 후, 첫 번째 독일어 교수자격시험에서 수석 합격(1889)했다. 박사학위를 받은 후(1897) 그는 파리 문과대학에서 강의를 시작했다. 또한 전쟁 직후 그는 스트라스부르대학 재편성에 참여하기도 했다.(Christophe Charle, *Les Professeurs de la faculté des lettres de Paris, Dictionnaire biographique 1809-1908*, vol. 1, Paris, Éditions du CNRS, 1985, p. 17-18.)

13. 1900-1930년 교수의 평균 나이는 51.6세였다. 즉 대략 소르본의 새로운 교수직 정식 임용자의 나이와 같았으며, 이전보다는 좀 높은 나이였다. 이렇게 평균 나이가 높아진 이유는 교육 기간의 연장과 개설된 교수직의 부족과 관련이 있었다. 그 결과 콜레주 드 프랑스에서 연구 기능이 약화되었고, 학술적 공로에 대한 인정이 확대되었다.(Christophe Charle et Éva Télkès, *Les Professeurs du Collège de France*, 앞의 책, p. 15. 그리고 Christophe Charle, "Le Collège de France", *in* P. Nora (dir.), *Les Lieux de mémoire*, La Nation, t. III, Paris, Gallimard, 1986, p. 388-424도 볼 것.)

14. Christophe Charle et Éva Télkès, *Les Professeurs du Collège de France, Dictionnaire biographique 1901-1939*, 앞의 책

15. 이줄레의 사망 소식이 전해지자, 스트라스부르대학의 교수였던 모리스 알브바크스는, 모스의 지원과 그의 "임용 가능성"을 예상했음에도 불구하고 지원 의사를 내비쳤다. 그는 "[……] 자신이 끝까지 밀고 나가지 않을 것이며, 공식적인 편지는 보내지 않을 확률이 높습니다."라고 결론지었다. 그리고 알브바크스는 자신이 그런 방식으로 임하는 이유를 제시했다. "[……] 앞으로 콜레주 드 프랑스에 공석들이 생길 것이기 때문에, 저는

지원자 대열에 이름을 올려놓고자 합니다. 루아지가 퇴직하면 어떤 일이 생길지, 또한 콜레주 드 프랑스에 재직하면서 선생님이 교수직 전환을 요청하여 사회학 교수직에 자리가 날 수 있을지 잘 모르겠습니다. 또한 도덕통계 교수직이 개설될 가능성이 있는지도 잘 모르겠습니다. [······]"(알브바크스가 마르셀 모스에게 보낸 편지, 스트라스부르, 1929년 6월 11일)

16. 샤를르 앙들레르가 마르셀 모스에게 보낸 편지, 부르그 라 렌느, 1929년 5월 30일.

17. 알프레드 루아지가 마르셀 모스에게 보낸 편지, 1929년 6월 4일.

18. 루이 피노가 마르셀 모스에게 보낸 편지, 하노이, [1929년] 7월 12일.

19. 1869년 캉브레에서 태어난 샤를르 포세는 문학 교수자격시험(1894)을 치른 후 아시리아학 연구를 계속했다. 1900년에 사바티에가 사망하자, 고등연구실천학교에 지원하고 확실한 도움을 얻는다. 그러나 종교학 교수회는 그보다는 앙리 위베르를 선호했다. 겨우 몇 표차로 패배한 포세는 고등연구실천학교에서 바빌로니아 종교에 대한 자유 강의를 맡게 된다. 그는 1907년이 되어서야 연구 지도교수가 되었다. 그 사이 1906년에는 콜레주 드 프랑스에 문헌학 교수이자 아시리아 고고학 교수로 임용되었다.

20. 샤를르 포세가 마르셀 모스에게 보낸 편지, 1929년 6월 5일.

21. 레나크는 모스의 친구인 이냐스 메이예르송의 삼촌으로부터 부탁을 받았다.(마르셀 모스에게 보낸 이냐스 메이예르송의 편지, 1929년 6월 4일.)

22. "[······] 자네가 실뱅 레비와 앙드레 마예르에 대해 이야기한 것은 훌륭하네. 우리가 브뢰이, 랑주뱅, 아다마르와 피에롱을 확보했다면, 그건 아주 잘 된 일이네. 르 루아를 만나 그가 L. L. B.[뤼시엥 레비브륄]를 통해 전해달라고 하게. 피에르 자네는 그렇게 쉽게 만날 수 있는 사람이 아니네. L. L. B.가 움직이는 게 유용할 걸세. 베디에는 당연히 피할 걸세. 마르셀 카엔과 함께 이지도르 [레비] 후보를 막은 앙들레르를 제압하는 것이 중요할 걸세. 파리를 떠나야 할 루아지에게 소식을 알리게. 르나르 신부는 방문해주면 감동할 걸세. 문학 쪽 사람들은 호의적이지 않네. 실뱅 레비와 나는 대단한 기회를 마련해주지는 못할 걸세. 하지만 지체하지 말고 [판독 불가] 만나게나."(앙투안 메이예가 마르셀 모스에게 보낸 편지, 샤토메이앙, 1929년 6월 2일.)

23. 마르셀 모스가 "소중한 친구"에게 보낸 편지, 1929년 7월 22일.

24. 마르셀 모스가 "존경하는 선생님"에게 보낸 편지, 1929년 7월 22일.

25. 마르셀 모스가 "존경하는 선생님"[메이예]에게 보낸 편지, 1929년 10월 7일.

26. "그의 차례는 멀어봐야 필시 2년 후에는 돌아올 거네."(샤를르 앙들레르가 마르셀 모스에게 보낸 편지, 1929년 5월 30일.)

27. 한 해 전에 레나크가 사망한 이후, 뤼시엥 페브르는 이미 18세기 역사학(종교개혁과 르네상스) 교수직에 대한 지원 의사를 밝힌 바 있다. 그의 동료 마르크 블로크 또한 비교 역사학 교수직에 지원했다. 1878년에 태어나 역사학 교수자격시험에 합격하고(1902, 4등) 박사 학위를 받은(1911) 페브르는 1919년부터 스트라스부르 문과대학에서 근대 역사학 교수로 재직했다. 1932년 알프레드 루아지가 퇴직하자 페브르는 교수직에 지원

(근대문명사)했고, 알렉상드르 모레의 도움을 받아 3번째 투표에서 가까스로 임용되었다. 그의 주요 경쟁자는 장 바뤼지였는데, 바뤼지는 1926년부터 루아지의 종교사 대리교수였다. 샤를르 앙들레르가 "페브르를 많이 좋아했고, 그의 프랑슈 콩테에 대한 저서를 많이 칭찬했음"에도 불구하고, 앙들레르는 이전 교수직 유지를 옹호했다. "알겠지만 나는 언제나 콜레주 드 프랑스에 종교사 교수직이 계속 있었으면 했네. 종교사 교수직은 (콜레주 드 프랑스의 자랑인) 동양학 분야의 교수직을 제외하면 모든 교수직 중에서 사라질 가능성이 가장 적은 자리어야 하네. [······] 루아지는 레지옹 도뇌르 훈장을 받았고, 금서 협회에서는 최근 출판된 그의 저서들에 대해 발매금지 처분을 내렸네. 그의 교수직이 없어지면 우리가 루아지를 반대하는 것처럼 보이게 되네. 나는 이를 받아들일 수 없네. 그에게 경의를 표했던 5년 전의 학회를 난 기억하고 있네. 자네도 그곳에서 발표를 했었지. 자네가 외국의 모든 학자들이 프랑스에서 기독교에 대한 자유로운 비판이 전통으로 이어져 내려오고, 또 콜레주 드 프랑스의 보호를 받는 것을 보며 기뻐했던 것을 기억하네. 우리가 벌써 이것을 망쳐야 하겠는가?"(샤를르 앙들레르가 마르셀 모스에게 보낸 편지, 부르그 라 렌느, 1932년 10월 16일.)

28. 뤼시엥 페브르가 마르셀 모스에게 보낸 편지, 스트라스부르, 1929년 7월 14일.

29. "친애하는 모스 교수님, 편지와 카드 감사드립니다. 교수님께서 입후보하신다는 최고의 소식과 여기저기서 마티에의 후보 출마는 걱정 안 해도 된다는 다행스러운 소식 또한 도착했습니다.

전 이제 안심하고 있습니다. 그리고 만족스럽다는 말을 덧붙이는 것은 불필요하게 느껴집니다. 마티에의 맹렬한 선거 유세 때문에 본의 아니게 성공이, 아니 오히려 실패가 확실한 일을 다시 시작해야 하는 만큼 아무것도 걱정하지 않았습니다. 걱정을 했다면, 그것은 오히려 제가 교수님과 맞선다는 느낌을 주겠죠. 왜냐하면 성공을 기대할 수도 있다는 구실(행여 그럴 가능성이 있을지도 모릅니다.)이 없었기 때문입니다…… 하지만 저는 겁이 났습니다. 저는 어떤 교류도 없어서, 그러니까 콜레주 드 프랑스에서 친분이 있는 사람들도 없고 정보도 없어서, 앙들레르의 편지가 저를 귀찮게 했을 겁니다. 앙들레르 자신이, 제 생각으로는 마티에와의 대담 후에, 제가 후보로 출마할 필요가 있다고 생각하는 듯했던 만큼 더 더욱 그랬을 겁니다. 사실 저에게 경고한 사람은 바로 앙들레르 자신이었습니다. 그는 저에게 그 후로 다시 편지를 하지 않았습니다. 하지만 제 생각에는 일요일에 있었던 회의 이후에, 그리고 동료들을 만난 후에 마티에가 기권을 생각한 것 같습니다. 제가 보기에는 그것이 정말 확실해 보입니다.

우리 사이에 벌어진 이 모든 것에 대해 교수님께 말씀드릴 필요는 없습니다. 그리고 이 말을 덧붙이고 싶습니다. 저는 앙들레르가 전해준 마티에의 입후보 소식으로 인해 흔들렸다는 것을 말입니다. 그 뿐만 아니라 다른 한편으로는 제가 하지 않은 말을 못하게 할까 봐, 그리고 제가 말한 것과 다르게 말하게 할까 봐 걱정했습니다. 해서 제가 자발적으로 기권을 하겠다고 결정한 사실을 밝히기 위해, 그리고 위험한 사람들로 여겨지는 '사학자들'의 입후보에 의해 "강제되거나" "어쩔 수 없을" 때만 출마하겠다는 사실을 밝히기 위해 마티에게 편지를 보내고 싶었습니다. 또한 같은 생각으로 다른 사람들에게도 편지를 보내고 싶었던 것입니다. 사람들이 저도 잘 모르는 속셈을 제가 가지고 있다고 생각하는 것에 불쾌한 생각이 들었습니다. 다음과 같은 생각으로 인해 더더욱 그랬습니다. 즉 제가 교활한 사람은 아니지만(이것을 짚고 넘어갈 필요가 있을까요?), 그래도 교수님과 질송 사이에 제 삼자를 위한 자리가 있을 수도 있다는 생각까지 할 정도로 바보는 아니라는 생각이 그것입니다. 8명 혹은 10명의 제삼자가 있을 수도 있다는 것은 사실입니다…… 마티에의 지원 의사를 알게 되었던 앙들레르가 이러한 다수의 제삼자가 있다는 것을 싫어했던 것입니다. 그리고 제삼자의 존재로 인해 저는 일찍부터 혼란스러웠습니다. 끝이 좋으면 다 좋은 법입니다. 저는 감히 이렇게 덧붙이려 합니다. 제가 바라는 대로 그리고 교수님께서 예감할 수 있게 해주신 대로, 존경하는 교수님, 교수님께서 간신히 과반수가 아니라 거의 만장일치로 당선되어 모든 것이 '아주 좋게' 끝날 것입니다.

　　즐거운 휴가를 보내십시오. 저는 심각한 위기에서 벗어났으니, 토요일에는 [벌집뼈] 치료나 받아야겠습니다. 휴가 때는 친절한 치료를 받을 가능성을 기대할 수조차 없을지도 모릅니다. 치료 받는 것은 입후보하는 것만큼이나 즐겁지 않은 일입니다. 삼가 인사드립니다. 안녕히 계십시오."(뤼시엥 페브르가 마르셀 모스에게 보낸 편지, 스트라스부르, 1929년 7월 18일.)

30. 앙리 브뢰이가 마르셀 모스에게 보낸 편지, 1929년 6월 17일.
31. 앙투안 메이예가 마르셀 모스에게 보낸 편지, [1929년] 10월 8일.
32. 마르셀 모스가 "존경하는 선생님"[메이예]께 보낸 편지, 파리, 1929년 10월 7일.
33. 마르셀 모스가 "존경하는 선생님"[메이예]께 보낸 편지, 1929년 10월 10일.
34. 실뱅 레비가 "행정관 님"에게 보낸 편지, 1929년 10월 7일.
35. 샤를르 블롱델이 "행정관 님"에게 보낸 편지, 1929년 10월 14일.
36. 샤를르 앙들레르가 마르셀 모스에게 보낸 편지, 부르그 라 렌느, 1929년 11월 7일. 샤를르 앙들레르는 첫 번째 투표 결과를 혼동했다. "첫 번째 투표에서 사회철학이 22표를, 중세철학은 21표를 얻었네. 투표자는 44명 아니 어쩌면 46명이었지. 2표 혹은 3표는 샤를르 블롱델의 유럽 정치·경제 조직에게 돌아갔네."
37. 모리스 알브바크스가 마르셀 모스에게 보낸 편지, 1929년 11월 21일.
38. [역주] 프랑스에서 숫자 22는 닭 두 마리가 줄지어가는 모습과 흡사하다고 해서 'deux cocottes(두 마리 암탉)'라고 한다. 원문에는 'quatre cocottes(네 마리 암탉)'여서 의역했다.
39. 셀레스탱 부글레가 마르셀 모스에게 보낸 편지, 1929년 11월 15일.
40.. 1929년 말경이나 1930년 초에 작성된 편지의 초안이며, 수신자는 앙투안 메이예로 추정된다.(위베르-모스 자료함, 콜레주 드 프랑스 기록보관실.)
41. 1906년 질송의 철학 석사학위를 지도했던 뤼시엥 레비브륄의 압력에 의해서인 듯하다. 에티엔 질송은 1932년에 콜레주 드 프랑스에 중세철학사 교수로 임용된다.

42. "[……] 제게 정한 불변의 규칙이 있습니다. 그것은 바로 제가 후보로만 존재하는 기관에서 무슨 일이 일어나는지 알려고 애쓰지 않으리라는 것입니다. 저는 교수님을 위해서, 그리고 이번에만 이 규칙을 어기겠습니다.

   교수님과 제가 동시에 입후보해야 했던 이유가 있을 겁니다. 우리는 다음 차례를 기다리게 될까 봐 걱정했을 겁니다. 그러므로 제가 교수님께 빚지고 있는 것에 대해 감사하는 마음을 가지고 있음을 믿어주십시오. 교수님의 입후보 사퇴는 사실상 저를 위해 기다려 주시려는 것입니다. 저는 교수님의 임용 가능성이 높기 때문에 교수님의 행동이 지닌 의미를 더욱 높이 평가하고 있습니다. [……] 그러므로 최근의 모든 사건들에 대해 제가 당연히 교수님께 감사의 마음을 가지고 있음을 부디 믿어주십시오."(마르셀 모스가 에티엔 질송에게 보낸 편지 초안, 파리, 1930년 1월 4일.)

   "친애하는 선생님"께 보낸 에티엔 질송의 답장이 곧 도착했다.

   "선생님의 편지를 예상치 못했는데 정말 감사합니다. 제 의도는 선생님께서 이번 결정에 신경 쓰지 않으시도록 하는 것이었습니다. 그리고 그렇게 하실 것이라 갱각합니다. 저는 제 최고의 친구의 충고에 따라 행동한 것에 대해 기뻐하고 있고, 이번의 경우 거의 모든 일이 그와 저 사이에 잘 통했습니다. 저는 선생님의 저에 대한 감정에 대해 어떤 의심도 없으며, 선생님께서 저에게 편지를 안 보내셨어도 의심하지 않았을 것입니다. 그렇기는 하지만 선생님께서 저에게 편지를 보내신 것에 대해 여전히 감사하게 생각하고 있습니다."(에티엔 질송이 마르셀 모스에게 보낸 편지, 1930년 1월 4일.)

43. 윌리암 마르세가 마르셀 모스에게 보낸 편지, 1930년 1월 10일.

44. 모리스 알브바크스가 마르셀 모스에게 보낸 편지, 스트라스부르, 1930년 1월 17일.

45. 앙투안 메이예가 마르셀 모스에게 보낸 편지, 1930년 3월 6일.

46. "그리고 사회학이 표를 얻었다 해도 자네가 고려되고 있는지 확실치 않네."라고 메이예는 덧붙이고 있다.(마르셀 모스에게 보낸 앙투안 메이예의 편지, 1930년 3월 6일, 두 번째 편지.)

47. 모리스 알브바크스가 마르셀 모스에게 보낸 편지, 1930년 1월 17일.

48. 앙리 레비브륄이 마르셀 모스에게 보낸 편지, 1930년 1월 13일.

49. 아벨 레이가 마르셀 모스에게 보낸 편지, 1930년 1월 18일.

50. [역주] 콜레주 드 프랑스를 말한다.

51. [역주] 이 성당은 프랑스 혁명으로 인해 공사가 중단되어 미완성으로 남아있다. 시대에 뒤떨어진 호교론의 은유로 볼 수 있다.

52. 앙리 들라크루아가 마르셀 모스에게 보낸 편지, 1930년 1월 15일.

53. 모리스 알브바크스가 마르셀 모스에게 보낸 편지, 1930년 1월 17일.

54. 마르셀 모스가 "존경하는 선생님"[메이예]에게 보낸 편지, 1930년 3월 13일.

55. 마르셀 모스가 페르낭 브누아에게 보낸 편지, 1929년 12월 28일.

56. 마르셀 모스가 학장(고등연구실천학교, 종교학 분과)에게 보낸 편지, 1930년 3월 27일. 민족학연구소를 설립할 시기에 모스는 파리에서 모로코 총독을 만나 그에게 연구소의

목적을 다음과 같이 설명했다. "[연구소는] 탐사(프랑스와 외국), 원주민에 관한 연구, 유적과 수집품 보존과 연구, 사회 현상에 관한 연구에 관련된 모든 정보를 위해 정부와 식민보호령에게 열려 있습니다."(Marcel Mauss, "Note sur l'Institut d'ethnologie de l'université de Paris", 모로코 주재 프랑스 공화국 보호령 총독 앞, 파리, 30 décembre 1925.)

57. Marcel Mauss, "Notices biographiques", *L'Année sociologique*, n. s., t. 2, 1927, *in* Marcel Mauss, *Œuvres*, t. 3, 앞의 책, p. 521.

58. 1930년 로베르 몽타뉴는 알캉 출판사에서 "『사회학 연보』 연구집" 총서 중 하나로 『남 모로코의 베르베르인들과 마크젠, 베르베르 정착민의 정치적 변화에 관한 에세이』를 출간했다. 이것은 그의 박사학위 논문이었다. 1893년에 출생한 로베르 몽타뉴는 해군 사관학교에서 학업을 마친 후 모로코에서 군복무를 했다. 그곳에서 그는 아랍어와 베르베르어를 배웠고, 첫 사회학 조사에 착수했다. 그러고 나서 몽타뉴는 군복을 벗고 대학 교수가 되어 알제대학에서 사회학을 가르쳤으며(1932-1934), 1936년에 프랑스로 돌아와 이슬람 고등행정연구센터를 세웠다. 1947년에 콜레주 드 프랑스와 형식적으로 연결된 그는 1949년에는 교수로 임용되어 서양 팽창사 교수직을 맡게 되었다.(Mohamed Berdouzi, "Robert Montagne et les structures politiques du Maroc pré-colonial", *in* *Regards sur le Maroc : Actualité de Robert Montagne*, Paris, CHEAM, p. 125-239.)

59. 역사와 지리학 교수자격증을 소지하고 있던 샤를르 르 쾨르는 '의식과 도구'에 대한 '엄청난 연구'를 계속했다. 모로코의 최남단에 있는 수스(Souss) 지방에서 군복무를 마친 후에 그는 1924-1925학년도(착실한 청강생으로)과 1925-1926학년도(정식 학생)에 고등연구실천학교에서 모스의 강의를 들었다. 그 후 그는 라바트의 이슬람 콜레주에 임명되었다.

60. 마르셀 모스가 샤를르 르 쾨르에게 보낸 편지, 1930년 2월 17일.

61. 마르셀 모스가 "친애하는 친구"[F. 브누아]에게 보낸 편지, 1930년 [1월].

62. 마르셀 모스가 "친애하는 친구"[샤를르 르 쾨르]에게 보낸 편지, 1930년 3월 3일.

63. [역주] 나이지리아 북쪽에 거주하는 부족이다. 그들이 믿는 보리 무속은 애니미즘과 마법적인 요소가 남아 있는 종교다.

64. 샤를르 르 쾨르가 마르셀 모스에게 보낸 편지, 라바트, 1930년 2월 25일.

65. 마르셀 모스가 "친애하는 친구"[샤를르 르 쾨르]에게 보낸 편지, 1930년 3월 17일.

66. Marcel Mauss, "Voyage au Maroc", *L'Anthropologie*, 40, 1930, *in* Marcel Mauss, *Œuvres*, t. 2, 앞의 책, p. 562-563.

67. 위의 책, p. 563.

68. 위의 책, p. 564.

69. 위의 책, p. 567.

70. 지난 회의에서 알프레드 루아지는 "전혀 머뭇거리지 않고" 사회학 교수직에 투표했다. 그는 이번에는 모스의 입후보를 지지하게 된다. "[……] 모스는 결점을 가지고 있습니

다. 또한 나는 여기에서 그의 생각들을 지지하는 일을 하진 않을 것입니다. 하지만 그는 설득력 있는 정신의 소유자이며, 매우 성실해서 중대한 연구에 몰두할 수 있었습니다. 그는 사고할 줄 알며, 심지어 제대로 글을 쓸 줄 알고 있습니다. 또한 그는 새로운 학문을 대표하며, 그 방법론을 완성시키고 있습니다. 저는 이 모든 것을 모스가 문명에 대해 할애한 간단한 연구를 통해 확인할 수 있었습니다. 이 연구는 20년 전에 그가 수행했던 연구와는 다르게 유연하고 포괄적이었습니다……"("행정관"[알프레드 루아지가 조제프 베디에에게 보낸 편지, 1930년 6월 11일.)

71. "선거가 단번에 결정되지 않았다는 점"에 놀란 알프레드 루아지는, "선거가 어떤 과정을 거쳤는지"를 이해하지 못했다고 말하고 있다. 한편 그는 건강상의 문제로 파리에 갈수 있을지 알 수 없었다.(알프레드 루아지가 마르셀 모스에게 보낸 편지, 세퐁, 1930년 5월 27일.) 선거 며칠 전, 루아지는 "콜레주 드 프랑스에 사회학을 지지하는 표가 과반수를 넘을 것"이라고 확신하게 된다. 그는 이어서 다음과 같이 말하고 있다. "선생이 콜레주 드 프랑스에 임용되면 총체적으로 봤을 때 선생의 긴 연구를 종합하여 산출할 수 있도록 해 줄 겁니다."(알프레드 루아지가 마르셀 모스에게 보낸 편지, 1930년 5월 10일.) 튀니지에 매여 있는 윌리암 마르세는 양해를 구했으나, 그는 콜레주 드 프랑스에서 모스가 "변함없이 [그를] 지지하는 사람들"을 만날 수 있을 것이라고 확신했다. 그리고 덧붙여 말하고 있다. "그들의 확신은 오래전부터 시작되어 견고해진 상태였다."(윌리암 마르세가 마르셀 모스에게 보낸 편지, 튀니스, 1930년 6월 10일.)

72. 마르셀 모스가 조르주 르나르에게 보낸 편지, 1930년 6월 6일.

73. 샤를르 앙들레르가 마르셀 모스에게 보낸 편지, 부르그 라 렌느, 1930년 5월 29일.

74. 샤를르 포세가 마르셀 모스에게 보낸 편지, 날짜 없음 [1930년 6월].

75. 샤를르 앙들레르, '콜레주 드 프랑스에서의 사회학 교수직 개설을 위한 제안', 1930년 6월 15일 발표, 교수회의, 1925-1934, 콜레주 드 프랑스 기록보관실, G 11-13, p. 176.

76. 위의 책, p. 180.

77. 투표 결과는 다음과 같았다.

	1차 투표	2차 투표	3차 투표
프랑스 철학	16표	17표	16표
중세철학	7표	5표	6표
사회학	21표	23표	24표
무효표	-	1표	-

78. 마르셀 모스가 M. 코아데스에게 보낸 편지, 1930년 6월 24일.

79. 모리스 알브바크스가 마르셀 모스에게 보낸 편지, 스트라스부르, 1930년 6월 17일.

80. 모리스 알브바크스가 마르셀 모스에게 보낸 편지, 시카고, 1930년 11월 24일.
알브바크스는 그 당시 미국을 순회 중이었는데, 그곳에서 여러 미국 동료들(사피어, 버게스, 파크)을 만났고, 몇 차례 강연을 했다. 그 중 하나는 시카고대학에서 "프랑스 사회학 연구 현황"에 대한 것이었다. 알브바크스는 이 강연에서 서론 대신에 모스의 "입후보 이야기"를 꺼냈다.

81. 마르셀 모스가 "소중한 친구"에게 보낸 편지, 1930년 9월 19일.

82. 알브바크스는 한 가지만 희망했는데, 그것은 "[자신의] 이름을 알리는 것"이었다. 이는 1) 자기 앞에는 "모스가, 오직 모스가 있다."는 점, 2) 그가 모스를 "우리 그룹의 지도자"로 생각한다는 점을 알리기 위해서였다. 다른 한편, "콜레주 드 프랑스에서 훗날 있을 임용을 생각해서 풋말 꼽기를 하고 있다고 의심받는 것"을 두려워한 알브바크스는, 제2선 후보에 대해 관심을 두지 않았음은 물론이거니와 "소르본에서 입후보할 가능성을 망치고" 싶지 않았다. 특히 소르본에서 "부글레의 사퇴가 받아들여질 경우에" 말이다.(모리스 알브바크스의 편지, 생 조르주 드 디돈느, 1930년 8월 29일.)

83. 모리스 알브바크스가 마르셀 모스에게 보낸 편지, 1930년 9월 4일.

84. [역주] 앞에서 지적했듯이, 교수직 결정이 된 후에 있게 되는, 콜레주 드 프랑스의 임용 절차 두 번째 단계인 담당교수 선거 결과를 말한다.

85. 1880년에 태어나 철학 교수자격증과 박사학위(1920)를 소지한 앙드레 주생은 여러 저서를 낸 바 있다. 예컨대 『도덕성의 심리적 기반』(1909), 『낭만주의와 종교』(1910), 『프랑스에 맞선 독일』(1923), 『낭만주의와 정치』(1924), 『감성과 지성, 집단적인 삶 속에서의 그 역할』(1930) 등이 그것이다. 입후보할 때 그는 『사회학 개론』이 2권으로 출판될 것임(인쇄 중)을 알렸다.

86. 회의 구성원이 이전 회의 때부터 바뀌었다. 루이 피노는 퇴직하기로 되어 있었고, 장 브루네, 조르주 르나르, 에밀 글레이가 사망했다. 마지막으로 윌리암 마르세와 샤를르 지드를 위시해 아홉 명의 교수가 불참했다.

87. 모리스 알브바크스의 주요 경쟁자는 파피요 박사였다.(파피요 박사는 첫 번째 투표에서 13표를, 두 번째에서는 12표를 얻었다.) 주생은 첫 번째에서는 5표를, 두 번째에서는 1표를 얻으면서 자신의 표를 알브바크스에게 내주었다.

88. 에드가 미요가 마르셀 모스에게 보낸 편지, 제네바, 1932년 6월 24일. 미요는 모스의 임용 소식을 늦게 알게 되었는데, "자신이 고립되어 있기 때문"이라고 말했다.

89. 자크 수스텔과의 인터뷰, 파리, 1989년 11월 6일.

90. 앙리 베르의 증언에 따르면 그렇다.(앙리 베르가 마르셀 모스에게 보낸 편지, 날짜 없음.)

91. 루이 피노가 마르셀 모스에게 보낸 편지, 툴롱, 1931년 3월 1일. 취임 기념 강의를 위한 원고를 찾는 것은 불가능했다. 모스는 이줄레에 대한 감사의 말을 했어야 했다. 하지만 이것은 뒤르켐의 조카에게는 쉽지 않은 일이었다.

92. Denise Paulme, "Préface", in Marcel Mauss, *Manuel d'ethnographie* (1947), Paris, Plon, 1967, p. IV.

93. Jacques Soustelle, *Les Quatre Soleils*, 앞의 책, p. 16.

94. 마르셀 모스가 올라프 장세에게 보낸 편지, 1931년 7월 11일.

95. Marcel Mauss, "Introduction à la "Morale professionnelle" d'Emile Durkheim" (1937), in Marcel Mauss, *Œuvres*, t. 3, 앞의 책, p. 500-507.

96. 1930년의 납세 신고 내역에 따르면 모스는 1929년에 약 57,700프랑을 받았다. 고등연
구실천학교에서 받은 수당과 연구소에서 받은 수당에 어느 정도의 주식과 동산으로 인
한 수익(3,900프랑)과 "직업 소득"(잡지 경영의 750프랑)이 추가되었다. 그러나 모스는
"경영 적자로 인한 손해"가 약 17,350프랑이었다고 신고했는데, 여기에는 특히 직업 관
련 지출(도서 구입, 외국학자들의 접대, 교통비, 서신교환, 타자기 사용)이 포함되었다.

97. 마르셀 모스가 "친애하는 친구"[마르크 블로크]에게 보낸 편지, 1936년 2월 20일.

98. 장 롱게가 마르셀 모스에게 보낸 편지, 1932년 6월 15일.

99. Christophe Charle et Éva Télkès, *Les Professeurs du Collège de France*, 앞의 책

100. 모리스 알브바크스가 마르셀 모스에게 보낸 편지, 1932년 12월 7일. 프랑수아 시미앙은
1932년 12월 2일 「콜레주 드 프랑스에서의 노동사」라는 제목으로 취임 기념 강의를 하
게 된다. 그의 선거에는 무력한 반대만이 있었을 뿐이다. 공제 및 사회보험 교수 에두아
르 퓌스테르가 소개했고, 샤를르 앙들레르가 변호한 시미앙은 첫 번째 투표에서부터 30
표를 득표했고 나머지 4표는 사회과학 콜레주에서 사회학 교수를 지내고 노동부 조사
부 부장을 지냈던 피에르 드 마루셍에게 돌아갔다.(콜레주 드 프랑스 기록보관실, G-IV
-15.) 노동사 교수직은 1907년 파리 시의회 표결에 따라 개설되었다.

16장 교수들이 서로 치열하게 경쟁하는 곳

1. 명예위원회 회원 리스트에서 모스의 이름을 발견한다는 것이 놀라울 수도 있다. 이 위
원회는 외무부 장관 에두아르 에리오가 주재하고 있었으니까 말이다. 이 위원회에는 정
치인(드 몽지, 레옹 베라르, 조제프 카이요), 문인(로베르 드레퓌스, 로맹 롤랑), 대학 관
련 인사들(세바스티앙 샤렝티, 베르노 박사, 앙리 리슈텐베르제) 등이 있었다. 이 위원
회에서 모스를 초대했을 때, 주최자들은 "[그의 가입이] 순전히 명예직"임을 명확히 하
고자 했다. 그리고 다음과 같이 덧붙여 말했다. "저희가 선생님에게 바라는 것은 단지
저희에게 선생님의 명성과 권위가 고비노에게 득이 되도록 하는 것입니다."(M. L.[?]이
마르셀 모스에게 보낸 편지, 1936년 8월 26일.)

2. Georges-Henri Rivières, "Témoignages", *Ethnologiques, Hommages à Marcel Griaule*,
앞의 책, p. XI.

3. 자크 슈발리에가 마르셀 모스에게 보낸 편지, 1928년 3월 27일. 위원회의 다른 회원 중
에는 뤼시엥 레비브륄, 살로몽 레나크, 파리 대학 총장 샤를르티 씨가 있었다.

4. Paul Rivet, "Programme d'avenir", *Titres et travaux scientifiques de Paul Rivet*, Paris,
1927, p. 29.

5. 1931년 12월 14일자 타자본 노트에 따르면 그렇다. Jean Jamin, "Tout était fétiche, tout
devint totem", in *Bulletin du musée d'Ethnographie du Trocadéro*, Paris, Éditions Jean-
Michel Place, 1988, p. XVII.

6. Paul Rivet, "Programme d'avenir", 앞의 책, p. 31.

7. Jacques Soustelle, "Musées vivants", *Vendredi*, 26 juin 1936.

8. Marcel Mauss, "La sociologie en France de 1914 à 1933", *La Science française, in* Marcel Mauss, *Œuvres*, t. 3, 앞의 책, p. 445-446.

9. 1932-1933학년도에 등록한 학생들의 수는 145명에 달했다.(전년도에는 129명이었다.) 그들 중에는 15여 명 정도가 문과대학에서 발급되는 민족학 수료증을 위해 준비하고 있었다. 또한 같은 수의 학생들이 민족학연구소에서 발부되는 학위 시험을 치렀다. 이 학생들은 대부분 프랑스인이었고(145명 중 113명), 30여 명은 외국 학생들이었다. 그 중에는 러시아인 2명, 중국인 2명, 인도차이나인 2명, 미국인 3명이 있었다.(Lucien Lévy-Bruhl, "L'Institut d'ethnologie", *Annales de l'université de Paris*, 1933, p. 23-24.)

10. 이본 오동과 테레즈 리비에르가 적은 민족학연구소 강의(1929-1930) 노트, B. P. 쾨이 율레이가 수정하고, 타자로 작성됨, 61쪽, 위베르-모스 자료함, 콜레주 드 프랑스 또 다른 학생 아나톨 르비츠키 또한 강의를 기록한 바 있다. 그의 노트는 인간박물관 도서관에 보관되어 있다.

11. 위베르-모스 자료함, 콜레주 드 프랑스 기록보관실. 날짜가 기록되어 있지 않은 이 문제지는 20년대 말과 30년대 초에 이뤄진 모스의 강의와 관련된 것이다.

12. 1932에서 1933년까지 연구소의 학생 대다수는 인문대학에서 온 학생들(39명), 과학대학에서 온 학생들(22명), 그리고 동양학교에서 온 학생들(28명)로 구성되어 있었다. 또한 식민지 국가에서 온 의사(2명), 식민지 행정관(3명) 그리고 선교사 혹은 미래의 선교사(12명)도 볼 수 있었다.

13. 마르셀 모스가 쓴 것으로 추정되는 문장.(Jean Jamin, "Tout était fétiche, tout devint totem", 앞의 책, p. XVIII.

14. André-Georges Haudricourt & Pascal Dibie, *Les Pieds sur terre*, Paris, Anne-Marie Métaillé, 1987, p. 25. 또한 André-Georges Haudricourt, "Souvenirs personnels", *L'Arc*, n° 48(*Marcel Mauss*), 1972, p. 89을 볼 것. 1911년에 출생한 오드리쿠르는 기술농학자가 되기 위해 농학연구소에서 수업을 들었다(1929-1931). 1932년 가을, 알바니아에서 휴가를 보낸 후 그는 인문학의 효용성을 느꼈으며, 지리학, 음성학, 민족학 수업을 듣기 위해 소르본에 입학했다. 그에 따르면 훗날 가장 인상에 남았던 것은 모스와의 만남이었다. "그때 나는 인간의 사회적 특징에 대해 이해했다."고 그는 말하고 있다. 모스와의 만남은 결정적으로 작용했는데, 가령 오드리쿠르는 1934년에 모스의 도움을 받아 소비에트 연방으로 1년 간 파견되었다.

15. 앙드레조르주 오드리쿠르와의 인터뷰, 1989년 2월 18일.

16. 드니즈 폴름과의 인터뷰, 1989년 2월 17일. 앙드레 르루아구랑의 증언 또한 참조할 것. 르루아구랑은 다른 학생들의 노트와 자신의 노트를 비교하면서 "전체적으로 다르다는 것"을 확인했다. "강의 내용이 너무 많았다."(André Leroi-Gourhan, *Les Racines du*

monde, Paris, Pierre Belfond, p. 32-33.

17. Marcel Mauss, *Manuel d'ethnographie* (1947), Paris, Payot, 1967, p. 7. 드니즈 폴름이 "정성스럽게 작성한" 『민족지학 개론』을 참조하여 앙리 레비브륄은 이렇게 말하고 있다. "책 제목과는 달리 내용은 불완전하게 채워질 수밖에 없었다. 사실상 그러한 작업은 불가능하다. 왜냐하면 모스는 교과서 저자와는 완전히 다른 모습을 가진 인물이었기 때문이다."(Henri Lévy-Bruhl, "Nécrologie, Marcel Mauss", *Journal de psychologie normale et pathologique*, 43, 1950, p. 319.)

18. 이본 오동과 테레즈 리비에르의 강의 노트, 앞의 책

19. Denise Paulme, "Préface à la troisième édition" (1989), *in* Marcel Mauss, *Manuel d'ethnographie*, 앞의 책, p. 111.

20. Marcel Mauss, *Manuel d'ethnographie*, 앞의 책, p. 203.

21. 참고문헌은 대부분 모스가 서평한 저서들이었다. 그러나 드니즈 폴름은 다른 참고문헌도 집어넣은 것으로 보인다. 예컨대 드니즈 폴름의 『도공족의 사회 조직』, B. 모푸알의 『점(占)』, 앙드레 루루아구랑의 『인간과 물질』 등이 그것이다.

22. André-Georges Haudricourt & Pascal Dibie, *Les Pieds sur terre*, 앞의 책, p. 25,.

23. Pierre Métais, Marcel Mauss의 *Manuel d'ethnographie*에 대한 논평, *in L'Année sociologique* (1940-1948), troisième série, 1950, p. 305.

24. 1933-1934학년도에 레오폴 세다르 생고르는 소르본의 학생이었는데, 민족학연구소에서 마르셀 모스, 폴 리베, 마르셀 코엔의 수업을 들었다. "그들은 각각 자신의 교과목을 '인문과학'으로 변화시킨 장본인들이었으며 근대적인 인물들이었다."(Leopold Sédar Senghor, "Préface", *Ethnologiques. Hommages à Marcel Griaule*, 앞의 책, p. 3.)

25. 마르셀 모스가 "소중한 친구"[L. 레비브륄]에게 보낸 편지, 1930년 7월 20일.

26. Patrick Waldberg, "Au fil du souvenir", *in* Jean Pouillon & Pierre Maranda (dir.)*.Échanges et communications*, *Mélanges offerts à Claude Lévi-Strauss à l'occasion de son 60e anniversaire*, t. 2, Paris, Mouton, 1970, p. 587.

27. 자크 수스텔과의 대담, 1989년 11월 6일.

28. 드니즈 폴름과의 대담, 1989년 2월 17일.

29. 제르멘 틸리옹과의 대담, 1989년 12월 26일.

30. 드니즈 폴름과의 대담, 1989년 2월 19일.

31. Jacques Soustelle, *Les Quatre Soleils*, 앞의 책, p. 16.

32. 루이 뒤몽과의 대담, 1989년 2월 20일.

33. Roger Caillois, *Rencontres*, Paris, PUF, 1978, p. 25.

34. 위의 책, p. 27.

35. 드니즈 폴름과의 대담, 1989년 2월 19일.

36. André-Georges Haudricourt & Pascal Dibie, *Les Pieds sur terre*, 앞의 책, p. 26.

37. Patrick Waldberg, "Au fil du souvenir", 앞의 책, p. 585.

38. 앙드레 샤에프네가 마르셀 모스에게 보낸 편지, 1934년 6월 22일.

39. 클로드 레비스트로스가 마르셀 모스에게 보낸 편지, 날짜 없음. 모스는 상파울루에 정 착한 레비스트로스 부부와 그의 연구에 대해 다음과 같이 쓰고 있다. "[그들은] 그 기원 부터 오늘날에 이르기까지 형성된 남아메리카에 유럽 문명과 아메리카 문명과의 접촉 이 가져다준 효과에 대한 대규모 연구를 준비하고 있다."(마르셀 모스가 로젠펠스 양에 게 보낸 편지, 1935년 1월 2일.)

40. 파니 콜로나의 글 「그녀는 그렇게 많은 시간을 보냈다……」가 첨부된 테레즈 리비에르 가 찍은 사진들 『오레스/알제리 1935-1936』(Paris, Éditions de la Maison des sciences de l'homme, 1987)를 볼 것.

41. 폴 리베는 멕시코(1928), 영국(1929), 인도차이나(1931), 기니(1933), 카나리아 제도 (1934) 등을 탐사했다.

42. 또한 이 지원금에 개인 기부금이 더해졌다. 재정 지원을 받은 사람들 중에는 『아프리카 의 인상』의 저자 레이몽 루셀도 있었다.

43. 1898년에 태어난 마르셀 그리올은 루이 르 그랑고등학교를 졸업한 후 에콜 폴리테크 니크에 진학하고자 했다. 하지만 그는 1917년에 입대했고, 1924년에 공군 소위가 되었 다. 그리고 그는 군을 떠나 다시 공부를 시작했으며, 1927년에 국립 현대동양어학교에 서 아비시니아어 학위를 취득했다. 그리고 아비시니아 사람과의 만남이 그리올의 직업 결정에 결정적인 역할을 했다.(Jean-Paul Lebeuf, "Marcel Griaule", *Ethnologiques. Hommage à Marcel Griaule*, Paris, Hermann, 1987, p. XXI.)

44. 조르주 앙리 리비에르가 제임스 클리포드에게 한 증언에 따르면 그렇다.(James Clifford, *The Preidicament of Culture, twentieth-Century Ethnography, Literature, and Art*, Cambridge [Mass.], Harvard University Press, 1988, p. 136.) 세계 챔피언 알 브라운은 그날 저녁 시멘데라 불리는 사람과 시합을 해서 3라운드에 KO승을 거 두었다. 경기로 인한 수익금은 100,000프랑 이상이었다.(Georges Henri-Rivière, "Témoignages", *Ethnologiques. Hommages à Marcel Griaule*, 앞의 책, p. XI.) 파트 릭 발드베르는 다르게 이야기하고 있다. "인간박물관 개관식에서 주요 인사들 그룹에 서 벗어난 모스는 초대 손님으로 온 권투선수 알 브라운에게 자신을 소개해줄 것을 요 청했다. 모스는 알 브라운에게 '이렇게 만나서 정말 반갑습니다, 알 브라운 씨. 저 또한 젊은 시절에 프랑스 아마추어 권투 챔피언이었습니다.'"(Patrick Waldberg, "Au fil du souvenir", 앞의 책, p. 585.)

45. Paris, Musée d'Ethnographie, 1931년 5월, p. 32. 이 『지침서』는 그리올이 미셸 레리스와 공동으로 작업한 것으로, 마르셀 모스의 감독 하에 이뤄진 것으로 추정된다.

46. Marcel Griaule, "Introduction méthodologique", *Minotaure*, n° 2, 2 juin 1933, p. 7.

47. Germaine Dieterlen, "Les résultats des missions Griaule au Soudan français 1931-1956", *Archives de sociologie des religions*, 2ᵉ année, n° 3, janvier-juin 1957, p. 138.

48. Marcel Mauss, *Manuel d'ethnographie*, 앞의 책, p. 13.

49. Marcel Griaule, "Introduction méthodologique", 앞의 책, p. 8.

50. Michel Leiris, *L'Afrique fantôme*, Paris, Gallimard, 1934. 이 책은 1981년에는 '인문학 도서관' 총서의 일환으로, 1988년에는 '텔' 총서의 일환으로 재간되었다.

51. 위의 책, p. 162.

52. 위의 책, p. 210. 식민지 개발이라는 생각을 점점 받아들일 수 없었던 레리스는 다음과 같은 답을 내놓았다. "세금을 더 잘 징수하는 데 좀 더 적합한 정책을 실행할 수 있기 위함."

53. Sally Price & Jean Jamin, Entretien avec Michel Leiris, *Gradhiva*, n° 4, 1988, p. 51. 또한 Élisabeth Roudinesco, *Histoire de la psychanalyse en France*, t. 1, 1885-1939, Paris, Éditions du Seuil, 1986, p. 331을 볼 것.

54. Michel Leiris, *Journal 1922-1989*, Paris, Gallimard, 1992. p. 302-303. 이 저서는 장 자맹에 의해 확정되었고, 출간되었으며, 해설되었다. Jean Jamin, "Présentation des *Titres et Travaux* de Michel Leiris", *Gradhiva*, n° 9, 1991, p. 3-4.

55. Michel Leiris, *Journal 1922-1989*, 앞의 책, p. 418.

56. 미셸 레리스가 마르셀 모스에게 보낸 편지, 1941년 1월 3일.

57. Michel Leiris, "*Titres et Travaux*", 앞의 책, p. 7. 일상 작업(소장품 수집)을 병행하면서 레리스는 두 가지 조사를 했다. 한 가지는 'sigi so'에 대한 연구였는데, 'sigi so'는 산가(Sanga, 프랑스령 수단, 오늘날의 말리)의 도공족의 사회 입문 언어다. 또 다른 하나는 곤다르(에티오피아)의 기독교도에게서 찾아볼 수 있는 '자르(zâr)'신 숭배에 대한 연구다. 파견이 끝나고 민족지학 박물관의 블랙 아프리카 부서에 편입된 레리스는 다시 연구를 시작했다. 고등연구실천학교(종교사, 선택 과목은 원시종교)와 민족학연구소(선택 과목은 언어학과 블랙아프리카) 그리고 국립 현대동양어학교(암하라어)에서 마르셀 모스, 폴 리베, 마르셀 코엔의 수업을 들었고, 여러 개의 수료증과 학위를 취득했다. 레리스는 1938년 고등연구실천학교에서 논문 「산가 도공족의 비밀 언어」를 발표했다. 이 논문은 10년 후에 같은 제목으로 민족학연구소에서 출간되었다.

58. 보리스 빌데가 마르셀 모스에게 보낸 편지, 1938년 8월 31일. 또한 조르주 데브뢰의 다음과 같은 증언도 참조할 것. "[……] 선생님께서는 사실들 이상의 것을 가르쳐주셨습니다. 선생님은 사실들로부터 무언가를 끌어내는 기술을 가르쳐주셨습니다. 그리고 선생님께서는 저에게 정말 잘 대해 주셨습니다. [……] 저는 선생님의 탁월한 지도 아래에서 첫발을 내딛을 수 있었습니다."(조르주 데브뢰가 마르셀 모스에게 보낸 편지, 버클리, 1938년 11월 7일.)

59. 알프레드 메트로가 마르셀 모스에게 보낸 편지, 이스터 섬, 1934년 9월 11일. 이 편지에서 메트로는 의무로서의 증여와 비밀 결사에 대한 모스의 수업을 주로 언급하고 있다.

60. Paul Rivet & Georges Henri-Rivière, "La réorganisation du musée d'Ethnographie du Trocadéro", *Bulletin du Musée d'ethnographie du Trocadéro*, janvier 1931, p. 9-10.

61. Érik Orsenna, *L'Exposition coloniale*, Paris, Éditions du Seuil, 1988, p. 335.

62. 예컨대 찰스 G. 셀릭맨의 『아프리카 민족』, A. M. 오카르의 『인류의 진보』, 로베르 로위의 『원시 사회학 개론』, E. 웨스터맥의 『도덕적 사상의 기원 및 발전』 등이 그것이다.

63. Henri Hubert, *L'Année sociologique*, 5ᵉ année, 1900-1901, p. 580. 『사회학 연보』의 협력자들 가운데 가장 밀접하게 미학과 관련이 있던 사람은 샤를르 랄로였다. 철학 교수자격시험에 합격한 교수이자 법학 박사였던 랄로는 1908년에 알캉 출판사에서 『음악적 미학 개론』을 출간했다. 그는 1933년 소르본 교수가 되었다. Marcel Fournier, "Durkheim, *L'Année sociologique* et l'art", *Études durkheimiennes*, n° 12, janvier 1987, p. 1-11을 볼 것.

64. Marcel Mauss, *L'Année sociologique*, 6ᵉ année, 1901-1902, p. 560.

65. [역주] 자바섬의 인형극을 가리킨다.

66. Marcel Mauss, "Les arts indigènes", *Lyon Universitaire*, 14, 1931, p. 1-2.

67. Pierre Verger, "Trente ans d'amitié avec Alfred Métraux, mon presque jumeau", *G B*, "Présence d'Alfred Métraux", n° 2, 1992, p. 176.

68. André Schaeffener, "Musique savante, musique populaire, musique nationale"에 대한 장 자맹의 소개글을 볼 것. *Gradhiva*, 6, 1989, p. 68-75에 수록. 앙드레 샤에프네는 『키 시족, 한 흑인 사회와 그들의 악기』(1951)를 출판했고, 죽기 몇 해 전인 1980년에 『음악학 에세이와 판타지』(파리, 르 시코모르 출판사)라는 제목으로 여러 텍스트를 집필했다. 선구자적인 연구를 남긴 그는 음악에 대한 학술적 연구와 재즈를 포함한 음악의 현대적 형식(1926)에 대한 연구에 매진했으며, 민족 음악학이라는 새로운 분야를 개척했다.

69. Georges Henri-Rivière, "Témoignages", 앞의 책, p. IX.

70. Alfred Métraux, "Rencontre avec les ethnologues", *Critique*, vol. XIX, n° 195, septembre 1963, p. 676.

71. Michel Leiris, "De Bataillle l'impossible à l'impossible *Documents*", *Critique*, vol. XIX, n° 195, septembre 1963, p. 688.

72. Marcel Mauss, "Hommage à Picasso", *Documents*, n° 3, 2ᵉ année, 1930, p. 117.

73. Edward A. Tiryakian, "L'école durkheimienne à la recherche de la société perdue : la sociologie naissante et son milieu culturel", *Cahiers internationaux de sociologie*, vol. LXVI, 1979, p. 97-114. 예술에 거의 흥미를 일으키지 못했던 금욕주의적 지식인 뒤르켐은 이것을 인정하지 않았다. 그에게 예술은 마치 하나의 "사치품이나 장식품으로, 소유하기에는 아름답지만 우리의 것으로 만들 수는 없는" 것이었다. 게다가 그는 미술을 경계하기까지 했는데, 그 이유는 "너무 과한 예술적 감성은 병적인 현상으로, 사회를 위험에 빠뜨리지 않고는 일반화될 수 없는 것"이기 때문이었다.(Émile Durkheim, *De la division du travail social*, Paris, PUF, 1960, p. 219.)

74. 드니즈 폴름과의 대담, 1989년 2월 19일, 인간박물관의 서재에 보관되어 있던 모스의 개인 서적들 중에서 바그너 작품의 악보가 발견되었다. "모스는 어느 나라 음악인지를

가리지 않았습니다."라고 드니즈 폴름은 말하고 있다.

75. Patrick Waldberg, "Au fil du souvenir", 앞의 책, p. 585.

76. "어떤 사람들은 문서 수집가, 그의 스승들과 친구들 몇몇을 사로잡은 열정이 지나치다
     고 보았고, 다른 사람들은 이와 같은 그림들을 평범하다고 판단했고 또 그것들을 어린아
     이의 낙서와 같은 것으로 보았다. 하지만 우리는 이 그림들이 흥미롭다고 생각했다. 심지
     어는 그래픽 예술의 관점에서 봤을 때 이 그림들이 교훈적이라고도 판단했다. 그도 그럴
     것이 고전주의자들이 원하든 원하지 않든 간에 그래픽 예술은 끊임없이 갱신되기 때문
     이었다. [……]" (Marcel Mauss & Marcel Griaule, "Introduction", in Marcel Griaule,
     Silhouettes et graffitis abyssins, Paris, Larose, 1933, p. 5.) 드 몽포르 양에게 헌정된 이
     저서에는 1928년에 그의 민족지학 탐사 당시 수집된 자료들이 소개되고 있다.

77. *Minotaure*, n° 2, juin 1933, p. 6. 수많은 문서와 아름다운 삽화들로 꾸며진(표지 디자인
     은 가스통루이 루가 했다.) 이 창간호에는 편집위원들의 다양한 연구가 실렸다. 에릭 루
     텐의 「'와샴바'와 할례 때의 쓰임」, 마르셀 그리올의 「10월 20일의 사냥꾼」, 앙드레 샤에
     프네의 「북 카메룬 사람들의 음악에 관한 노트」, 데보라 리크직의 「에티오피아의 부적」,
     미셸 레리스의 「세부 첸저의 황소」 등이 그것이다.

78. Sidney Mintz, "Introduction to the Second English Translation, Alfred Métraux", *Voodoo
     in Haïti*, New York, Schoken books, 1972.

79. 미셸 레리스와의 대담, 앞의 책, p. 40.

80. 위의 책, 같은 곳.

81. Jean Jamin, "Tout était fétiche, tout devint totem", 앞의 책, p. IX-XXII.

82. Paris, La Renaissance du livre, 1932. 모스의 이름으로 된 「머리말」을 이 책에 붙여서 출
     간했다.(in Marcel Mauss, *Œuvres*, t. 3, 앞의 책, p. 455-459.)

83. 이 짧은 글들 외에도 몇 개의 서문이 추가되었는데 ― 평상시에 모스는 서문 써주기를
     거절했다. ―, 마르셀 그리올의 『아비시니아의 실루엣과 낙서』(1933)의 머리말, 카텝
     샤틸라의 『시리아 무슬림들의 결혼』(1934)의 서문 등이 그것이다.

84. 마르셀 모스와 얼 에드워드 유뱅크의 대담, 앞의 책, p. 146.

85. 마르셀 모스와 얼 에드워드 유뱅크의 대담, 앞의 책, p. 145.

86. 아동의 이성(理性) 형성에 대한 "뛰어난 심리학자"와의 대화를 언급하면서 모스는 다
     음과 같이 적고 있다. "그는 아이들의 이성이 발달하기 시작하는 것이 7살에서 11살이
     라고 주장했다. 나는 그에게 이 현상은 어디까지나 분포가 불규칙한 현상이라고 대답했
     다." 그리고 어린 노예나 모로코의 가난한 장인의 아들을 예로 들어 모스는 이렇게 결론
     짓고 있다. "이들의 이성은 조숙하게 발달한다. 우리 프랑스 사람에게는 없는 현상이다.
     아동은 진지한 삶과 직업을 갖기 위해 어린아이 같은 행동에서 벗어나게 된다."(Marcel
     Mauss, "La cohésion sociale dans les sociétés polysegmentaires"(1931), in Marcel
     Mauss, *Œuvres*, t. 3, 앞의 책, p. 23.)

87. 모스는 조르주 귀르비치가 그의 연구의 서론을 검토해달라고 부탁하자 다음과 같이 답

했다. "[……] 이 서론 전체에는 한편으로는 프랑스의 뒤르켐, 다른 한편으로는 독일의 막스 베버나 쉘러 같은 사람들만큼이나 서로 다른 가치를 지닌 사람들에 대해 한없는, 그리고 이 의견에서 저 의견으로 넘어가는 토론이 담겨 있네. 따라서 순수하게 변증법적인 장점 밖에 안 보이네. 엄밀히 말하자면 수도사들의 이름이나 이성과는 아무런 관계가 없네. 물론 이 서론에 다른 철학자들이 관심 가질 만한 굉장히 풍부한 지식이 들어 있다는 것을 부정하진 않겠네. 하지만 발견에 도움을 주는 가치가 없기 때문에 거기에서 학문적 이점을 찾아볼 순 없었네."(마르셀 모스가 조르주 귀르비치에게 보낸 편지, 1936년 5월 15일.)

88. Marcel Mauss, "La cohésion sociale dans les sociétés polysegmentaires"(1931), *in* Marcel Mauss, *Œuvres*, t. 3, 앞의 책, p. 20. 성의 구분과 관련하여 모스는 이렇게 애석해 하고 있다. "우리 사회학은 원래 그래야 하는 모습보다 훨씬 안 좋다. [……] 우리는 그동안 여성 사회학 혹은 남성 여성 모두의 사회학이 아닌 남성 사회학만을 해왔다."(같은 책, p. 15.)

　　1931년 그의 강의, "Observations des phénomènes généraux de la vie collective dans les sociétés de type archaïque", in *Annuaire du Collège de France*, 1931.(In Marcel Mauss, *Œuvres*, t. 3, 앞의 책, p. 355-358.)

89. Marcel Mauss, "La cohésion sociale dans les sociétés polysegmentaires"(1931), 앞의 책, p. 19.

90. 위의 책, p. 20.

91. 뒤르켐의 저작에서 직접 영감을 받았던 인류학자이자 시카고대학에 재직 중이었던 알프레드 R. 래드클리프 브라운은, 비록 그가 사회적 응집성을 설명하기 위해 기능의 개념에 호소했지만, 그 자신을 "기능주의자"로 여기는 것을 거절했다. 이와 같은 관점을 통해 "서로 간의 관계를 고려하여 사회적 삶의 모든 양상에 대해 연구하는 쪽으로 유도"되는 경우를 제외하고 말이다. 그의 시각에서 기능의 개념은 구조의 개념을 포괄하고 있는 것으로 이해된다. 그도 그럴 것이 여기에서 구조란 "단위체들 사이의 일련의 관계"를 의미하기 때문이다.(Alfred R. Radcliffe-Brown, "On the concept of Function in Social Science", *American Anthropologist*, n. s., 37, 1935, p. 394.) 뒤르켐의 저서 『사회 분업론』은 같은 시기에 조르주 심슨에 의해 영어로 번역되어 맥밀란 출판사에서 출간되었다. W. 플로이드 워너는 이 번역이 "형편없다."고 개탄하면서, 이 "위대한 프랑스 이론가"가 위험에 처했으며, "영국과 미국의 인류학자들에 의해 잘못 해석될 위험이 있다."고 생각했다.(W. Lloyd Warner, Émile Durkheim, *The Division of Labor in society*에 대한 서평, *American Anthropologist*, 특별호, 37, 1935, p. 355.)

92. Marcel Mauss, "La cohésion sociale dans les sociétés polysegmentaires"(1931), 앞의 책, p. 26.

93. 위의 책, p. 26.

94. Marcel Mauss, "Fragment d'un plan d'une sociologie générale descriptive"(1934), 앞의

책, p. 339.

95. 위의 책, p. 318.

96. Marcel Mauss, François Simiand의 발표 "La monnaie, réalité sociale"에 이어진 발언, *L'Annales sociologiques*, série D, fascicule 1, 1934, p. 61.(In Marcel Mauss, *Œuvres*, t. 2, 앞의 책, p. 117.)

97. Marcel Mauss, "Les techniques du corps", *Journal de psychologie*, 1935, in Marcel Mauss, *Sociologie et Anthropologie*, 앞의 책, p. 365-366.

98. [역주] 사회화를 통하여 무의식적으로 획득되는 지각, 발상, 행위 따위의 특징적인 양태.

99. 위의 책, p. 371.

100. 모스는 이러한 이분법적 구분을 좋아했다. 프랑수아 시미앙의 「화폐, 사회적 현실」에 대한 논평에서 모스는 인류를 소금을 쳐서 음식을 먹는 사람과 소금 없이 음식을 먹는 사람이라는 두 부류로 구분했다.(Marcel Mauss, *Œuvres*, t. 2, 앞의 책, p. p. 120.)

101. Marcel Mauss, "Les techniques du corps", 앞의 책, p. 382.

102. 위의 책, p. 386.

103. 위의 책, 같은 곳.

104. 위의 책, p. 365.

105. 위의 책, p. 379.

106. Claude Lévi-Strauss, "Introduction à l'oeuvre de Marcel Mauss" (1950), *in* Marcel Mauss, *Sociologie et Anthropologie*, 앞의 책, p. XIII.

107. 앙리 레비브륄은 사회학의 30년대 초 상황을 다음과 같이 기술하고 있다. "사회학 강좌들은 아주 드물다. 법과대학들에는 사회학 강좌들이 없다. 보르도 문과대학에 하나, 툴루즈대학에 다른 하나가 개설되어 있지만, 다른 지방에는 없다. 파리대학은 약간 더 많은 강좌가 있다. 소르본에 하나, 그 밖에 민족학연구소에 사회학 과정이 있다. 콜레주 드 프랑스에는 사회철학 강좌가 있었다. 마지막으로 가톨릭연구소와 사회고등연구학교에 사회학 과정이 개설되어 있었다."(Henri Lévy-Bruhl, "France, Belgium and Romantic Switzerland", *Encyclopedia of the Social Sciences*, New York, Macmillan Company, vol. 1, 1930, p. 251.)

108. Célestin Bouglé, *Humanisme, Sociologie, Philosophie. Remarques sur la conception française de la culture générale*, Paris, Hermann & Cie, 1938, p. 37.

109. Paul Nizan, *Les Chiens de garde*(1932), Paris, François Maspero, 1981, p. 97-98. 니장이 공격하는 것은 소르본의 교수들─뒤르켐, 부글레, 포코네─이었지, 모스와 시미앙 같은 학자들이 아니었다.

110. Célestin Bouglé, *Humanisme, Sociologie, Philosophie*, 앞의 책, p. 33.

111. 위의 책, p. 33-34.

112. Marcel Mauss, "La sociologie en France depuis 1914", *La Science française* (1933), *in* Marcel Mauss, *Œuvres*, t. 3, 앞의 책, p. 438.

113. 마르셀 모스와 얼 에드워드 유뱅크의 대담, 앞의 책, p. 144. 같은 질문에 대해 셀레스탱 부글레는 본나푸, 조르주 다비, 조르주 프리드만, 앙리 레비브륄이라고 대답했다.

114. Raymond Aron, "La sociologie", in *Les Sciences sociales en France. Enseignement et recherche*, Paris, Paul Hartman Éditeur, 1937, p. 42.

115. Marcel Mauss, "La sociologie en France depuis 1914", 앞의 책, p. 447.

116. Célestin Bouglé, *Qu'est-ce que la sociologie?*, Paris, Alcan, 1939, 7ᵉ éd., p. 167.

117. 르네 모블랑(1923-1925), 장 카레르(1925-1927), 폴 비뇨(1927-1928), 장 카바이에스 (1928-1929), 장 뫼브레(1929-1931) 그리고 모리스 르 라뉘(1931-1932) 등이 이 직책을 맡았다. 모두 교수자격증 소유자들이었는데, 네 명은 철학, 세 명은 역사 전공이었다.

118. Brigitte Mazon, "La fondation Rockefeller et les sciences sociales en France, 1925-1940", 앞의 책, p. 331. '사회연구 대학위원회'에는 파리대학의 문과대학과 법과대학의 학장들 외에도 여러 명의 연구소 또는 센터의 소장들이 포함되어 있었다. 그 중에는 부글레와 레비브륄도 있었다. 또한 여러 명의 교수들이 포함되어 있었는데, 그들 중에는 식민지 문제와 풍속 전문가 르네 모니에가 있었다.

119. 예컨대 유목 생활과 이슬람에 대한 조사를 위해 몽타뉴에게 295,000 프랑, 다른 사회들에서의 계약에 대한 조사를 위해 모니에에게 27,000 프랑이 지급되었다.

120. "[……] 달리 말해, 그들은[록펠러 재단 측은] 원시족들의 풍습들과 언어들, 그리고 아마 인간에 대한 쓸데없는 연구보다는 인간을 행복하게 하려고 노력하는 것이 중요하다고 생각합니다. 제가 이해한 바로는, 록펠러 재단은 이것을 더 공식화시키기 위해 인류학을 위한 노력을 더 경주할 생각이 없다는 사실을 공표했던 겁니다. 보조금을 받기 위해 그들에게로 향하는 것은 소용없는 일입니다."(에드워드 사피어가 마르셀 모스에게 보낸 편지, 뉴 헤븐, 1935년 6월 17일.)

121. Georges Davy, "La sociologie française de 1918 à 1925"(1926), *Sociologues d'hier et d'aujourd'hui*, Paris, Félix Alcan, 1931, p. 1.

122. 모리스 알브바크스가 마르셀 모스에게 보낸 편지, 스트라스부르, 1928년 2월 27일.

123. Marcel Mauss, Maurice Halbwachs의 *Les Causes du suicide*(1930)에 대한 "Avant-Propos", *in* Marcel Mauss, *Œuvres*, t. 3, 앞의 책, p. 455.

124. 필립 베나르는 알브바크스의 저서에 대한 세심한 연구를 토대로 이런 생각에 이의를 제기했다.(Philippe Besnard, *L'Anomie*, Paris, PUF, 1987.)

125. Charles Agel, *Le Péril Juif*, Alger, Éditions nouvelles africaines, 1934. 이 저서에서 샤를르 아젤은 뒤르켐을 "공개적 풍기문란자, 부패의 전파자"라고 비난하고 있다.(Pierre Birnbaum, *La France aux français. Histoire des haines nationales*, Paris, Éditions du Seuil, 1993, p. 74에서 재인용.)

126. 모스가 그의 미국인 방문자 에드워드 유뱅크에게 이렇게 대답했을 때, 그가 염두에 두고 있었던 사람들은 특히 프랑수아 시미앙, 폴 포코네, 모리스 알브바크스, 뤼시엥 레비브륄 그리고 모스 자신이었다.(마르셀 모스와 얼 에드워드 유뱅크의 대담, 앞의 책, p.

139.)

127. 알프레드 메트로가 마르셀 모스에게 보낸 편지, 하와이, 1936년 3월 17일.

128. 알프레드 메트로가 마르셀 모스에게 보낸 편지, 하와이, 1937년 7월 8일.

129. 알프레드 메트로가 마르셀 모스에게 보낸 편지, 버클리, 1938년 2월 3일.

130. Robert H. Lowie, *The History of Ethnological Theory*, New York, Farrar & Rinehart Inc., 1937, p. 197.

131. 마르셀 모스가 알프레드 메트로에게 보낸 편지, 1938년 2월 24일. 하지만 모스는 이전 편지에서 메트로가 자기에게 말했던 로위의 저서에 대해서는 아직 모르고 있었다.

132. "[……] 이 마지막 연구[진정한 비교 사회학을 발전시키기기 위한]에 어느 정도 성공적인 부분이 있을 것이라고 저는 예상합니다. 왜냐하면 제 판단으로는 젊은이들이 그들 앞에서 제가 소개해왔던 사회학에 커다란 흥미를 가지고 있다고 여겨지기 때문입니다. 비록 뒤르켐의 사회학과 약간 다르지만, 그 방법이나 그 정신에서 당신의 것과 거의 같은 사회학 말입니다.(알프레드 래드클리프 브라운이 마르셀 모스에게 보낸 편지, 뉴욕, 1931년 7월 22일.)

133. 알프레드 메트로가 마르셀 모스에게 보낸 편지, 하와이, 1936년 3월 17일. "과학으로서의 사회학"에 대한 래드클리프 브라운의 강의에 참석했던 메트로는, "선생님이 좋아하는 개념들을 그가 많이 이야기하는 것을 보게 되어" 놀랐다고 말하고 있다.

134. 옥스퍼드대학의 사회인류학 강좌직 후보인 알프레드 래드클리프 브라운을 위한 추천 편지, 1936년 9월 22일. 또한 모스는 E. E. 에반스 프리처드(말리노프스키와 셸릭맨이 전쟁 후에 모스에게 소개했다.)를 위한 "추천 편지"를 보내는 것도 받아들였다. 모스는 프리처드의 저작들을 "아주 높은 수준"이라고 평가했다. 모스는 이렇게 덧붙이고 있다. "그는 가장 탁월한 영국의 젊은 인류학자들 중 한 명입니다. 그러나 그는 무엇보다 제가 알고 있는 가장 탁월한 아프리카학자들 중 한 명입니다."(마르셀 모스가 E. E. 에반스 프리처드를 위해 보낸 추천 편지, 1935년 11월 13일.) 모스는 그 자신이 선호하는 것을 감추지 않았다. "[……] 모든 후보들 가운데서 제가 그 직위를 맡는 것을 가장 보고 싶은 사람은 바로 브라운입니다……"(마르셀 모스가 찰스 G. 셸릭맨에게 보낸 편지, 1936년 8월 20일.)

135. Patrick Waldberg, "Au fil du souvenir", 앞의 책, p. 585.

136. 마르셀 모스가 E. E. 에반스 프리처드를 위해 쓴 추천 편지, 1936년 11월 13일.

137. 릴리 프레이저가 마르셀 모스에게 보낸 편지, 1930년 12월 13일.

138. 브로니슬로우 말리노프스키가 마르셀 모스에게 보낸 편지, 1930년 1월.

139. 모스는 래드클리프 브라운에게 이렇게 털어 놓고 있다. "말리노프스키의 전횡을 저는 잘 알고 있습니다. 그에 대한 록펠러 재단의 무력함은 십중팔구 그의 성공 때문입니다. 다른 영국인들, 그러니까 케임브리지와 옥스퍼드 사람들처럼, 런던 사람들의 나이와 정숙함에서 기인한 그 무력함이 영국에서 말리노프스키가 활동할 자유로운 터를 만들어 준 것이죠. 그러나 그가 보호하는 젊은이들도 그가 어떤 사람인지를 분명 판단할 줄 알

겁니다. 화무십일홍이지요. 마법과 농업에 대한 두툼한 저서에서 말리노프스키가 사실 들을 아주 훌륭하게 분석했다는 것은 분명합니다. 바로 그런 점에서 그는 뛰어납니다. 그는 록펠러 재단의 지원금을 받아 그 자신 활용하기 위해 고용했던 흑인들로 구성된 부대를 아주 완벽하게 만들 수 있었습니다. 이러한 면을 제외한다면, 거기에는 단지 아주 중요한 특징을 갖는 마법의 본질에 대한 그의 매우 빈약한 이론이 남게 될 것입니다. 물론 그는 사회 및 가족 조직의 기능 이론에 대한 두툼한 저서를 집필할 겁니다. 하지만 바로 이 저서에서는 그의 이론적 박약함과 고증적 연구의 결여가 더 잘 느껴지게 될 겁니다."(마르셀 모스가 알프레드 래드클리프 브라운에게 보낸 편지, 1935년 1월 2일.)

140. 듀크대학의 찰스 A. 엘우드, 시카고대학의 에드워드 사피어, 로버트 페이리스와 어네스트 버게스, 윌리엄 F. 옥번 등이 그들이다.

141. 노스햄턴에 위치한 스미스 칼리지의 사회학 교수였던 베커는 1년간 사회과학 연구위원회의 장학금을 받는다. 그는 "자신의 전반적 계획에 관련된 문제들에 대한 뒤르켐 학파의 입장"(특히 인식사회학)을 숙지하고자 했고, 모스의 조언을 얻는 "기회를 갖기를" 희망했다.(하워드 베커가 마르셀 모스에게 보낸 편지, 노스햄턴, 1934년 4월 4일.)

142. 마르셀 모스가 에드윈 R. R. 셀릭맨에게 보낸 편지, 1928년 1월 24일.

143. Marcel Mauss, "Henri Hubert, 1872-1927", Edwin R. R. Seligman (ed.), *Encyclopedia of the Social Sciences*, vol. 7-8, New York, Macmillan Company, 1932, p. 527.

144. Célestin Bouglé, "Durkheim", Edwin R. R. Seligman (ed.), *Encyclopedia of the Social Sciences*, vol. 5, 앞의 책, 1931, p. 291-292. 부글레는 뒤르켐의 핵심 이론이 집단적 표상과 관계된다고 확언하고 있다.

145. Henri Lévy-Bruhl, "France, Belgium and Romantic Switzerland", 앞의 책, p. 251.

146. Stefan Czarnowski, "Biens masculins et féminins"(1929), Paul Fauconnet, "L'enseignement de la sociologie"(1931), Marc Bloch, "Les régimes agraires"(1932), René Maunier, "Les peuples mixtes"(1932), Paul Fauconnet, "L'enseignement de la sociologie dans les écoles normales primaires"(1933), Marcel Granet, "La droite et la gauche en Chine"(1933), François Simiand, "La monnaie, réalité sociale"(1934), Henri Lévy-Bruhl, "L'ancien droit romain"(1935) 등에 대해서였다.

147. 셀레스탱 부글레가 마르셀 모스에게 보낸 편지, 1930년 3월 13일.

148. 슈네더 씨가 마르셀 모스에게 보낸 편지, 1931년 5월 13일.

149. 모리스 알브바크스가 마르셀 모스에게 보낸 편지, 시카고, 1931년 11월 24일.

150. 폴 포코네가 마르셀 모스에게 보낸 편지, 1931년 12월 19일.

151. 폴 포코네가 마르셀 모스에게 보낸 편지, 1932년 2월 3일.

152. 셀레스탱 부글레가 마르셀 모스에게 보낸 편지, 1933년 2월 1일.

153. 셀레스탱 부글레가 마르셀 모스에게 보낸 편지, 1933년 6월 26일.

154. André Philip, "Une vue d'ensemble de l'évolution d'une société contemporaine", *Annales sociologiques*, série A, sociologie générale, fascicule 1, 1934. 리옹 법과대학 교

수인 필립은 그 당시에 앙리 드 망의 계획화 개념에 관심을 갖고 있었다.

155. 모스에게 보낸 한 편지에서 마르크 블로크는 잡지의 목적을 이렇게 설명하고 있다. "[……] 우리는 작은 학술 잡지만을 원하지 않습니다. 비속한 의미에서 말입니다. 대신 우리는 진지한 잡지를 원합니다. 당연한 얘기지만, 모든 저널리즘을 배제하면서도 아주 넓은 분야를 다루는 잡지죠. 과거 전체(원시시대를 포함해서)와 현재 전체, 그리고 '경제적, 사회적'이라는 단어 자체도 좁게 받아들이지 않는 잡지입니다. [……] 우리는 다음과 같은 사실을 꼭 교수님에게 미리 말씀드리고자 합니다. 우리는 교수님께서 시간이 날 때 기사, 주해, 서평 등의 형태로 협조해 주시기를 기대하고 있고, 마지막으로 교수님의 이름 역시 협조자 명단에 올리는 것을 허락해 주시기를 기대하고 있다는 사실이 그것입니다. 우리는 『사회학 연보』가 이미 모든 것을 했던 '인간'에 관련된 다양한 연구에 『경제적, 사회적 역사학 연감』이 몇 가지 기여를 할 수 있도록 최선을 다할 것입니다.(마르크 블로크가 마르셀 모스에게 보낸 편지, 1935년 1월 18일.)

156. 모리스 알브바크스가 마르셀 모스에게 보낸 편지, 1935년 10월 26일.

157. 1939년에 편집위원회는 가까운 협력자들을 끌어들이기 위해 확대되었다. 고등연구학교의 연구 지도교수 마르셀 그라네, 국립기록보관소의 학예사 조르주 부르쟁, 파리 법과대학 교수 앙리 레비브륄 등이 그들이다.

158. Johan Heilbron, "Les métamorphoses du durkheimisme, 1920-1940", 앞의 책, p. 224.

159. 셀레스탱 부글레가 마르셀 모스에게 보낸 편지, 1933년 12월 23일.

160. 모리스 알브바크스가 마르셀 모스에게 보낸 편지, 스트라스부르, 1934년 11월 17일.

161. Nicolas Baverez, *Raymond Aron, un moraliste au temps des idéologies*, Paris, Flammarion, 1993, p. 24. 아롱과 모스는 30년대 중반부터 편지를 주고받기 시작했다. "저는 막 파리에 정착합니다. 부글레가 저를 사회 자료센터의 조교로 택했습니다. 그 덕택에 저는 연구를 위한 더 많은 시간을 갖게 될 것입니다. [……] 그리고 저는 다음 달에 제 아들이 태어납니다. 곧 뵈었으면 합니다. 정말 존경하는 제 마음을 받아주세요." (레이몽 아롱이 마르셀 모스에게 보낸 편지, 1934년 8월 8일.)

162. Raymond Aron, *Mémoires, 50 ans de réflexion politique*, Paris, Julliard, 1993. p. 69.

163. "Avertissement", *Annales sociologiques*, série A, sociologie générale, fascicule 1, 1934, p. VI.

164. Marcel Mauss, "La sociologie en France depuis 1914", *La science française*, t. 1, Paris, Larousse, 1933.(*in* Marcel Mauss, *Œuvres*, t. 3, 앞의 책, p. 438.)

165. 피에르 마르셀(알캉 출판사)이 폴 포코네에게 보낸 편지, 1937년 1월 22일.

166. Série D, sociologie économique, fasc. 1, François Simiand, "La monnaie, réalité sociale", Georges Lutfalla, "Essai critique sur la détermination statistique des courbes d'offre et de demande" (1934), série E, morphologie sociale, langage, technologie, esthétique, fasc. 1, Maurice Halbwachs, "La nuptialité en France" (1935), série C, sociologie juridique et morale, fasc. 1, Alfred Bayet, "Morale bergsonienne et sociologie", Henri Lévy-Bruhl,

"Une énigme de l'ancien droit romain"(1935).

167. 모리스 알브바크스가 마르셀 모스에게 보낸 편지, 스트라스부르, 1934년 11월 17일.

168. Marcel Mauss, "In memoriam. Antoine Meillet (1866-1936)", *Annales sociologiques*, série E, fasc. 2, 1937, *in* Marcel Mauss, *Œuvres*, t. 3, 앞의 책, p. 548-555.

169. 셀레스탱 부글레가 마르셀 모스에게 보낸 편지, 날짜 없음 [1934년].

170. 모리스 알브바크스가 마르셀 모스에게 보낸 편지, 스트라스부르, 1934년 11월 17일.

171. 모리스 알브바크스가 마르셀 모스에게 보낸 편지, 스트라스부르, 1934년 7월 9일. 특히 알브바크스가 활동적이었다. 3회(그 중 하나는 두 권 분량의 별권)나 출간을 맡았고, 4편의 논문과 수많은 서평들을 썼다.

172. 모리스 알브바크스가 마르셀 모스에게 보낸 편지, 스트라스부르, 1934년 10월 3일. 또한 알브바크스는 『사회학 연보』의 제2호에 게재되었던 슈미트 신부의 글에 대한 논평을 "재발간"하도록 모스를 설득하려 했다. 알브바크스는 그 서평이 "정말 뛰어나다."고 인정했다.

173. 모리스 알브바크스가 마르셀 모스에게 보낸 편지, 스트라스부르, 1934년 5월 18일.

174. 모리스 알브바크스가 마르셀 모스에게 보낸 편지, 스트라스부르, 1934년 11월 17일.

175. 모리스 알브바크스가 마르셀 모스에게 보낸 편지, 오트 사부아, 1936년 9월 11일. 3개월 후에 알브바크스는 재차 재촉하고 있다. "[……] 부탁드립니다. 임시 원고, 예비 원고를 쓰세요. 그리고 그 다음에 예고하세요. 하지만 논문들로 구성된 160쪽 짜리 저서 한 권을 1월 후반기 안에 저희에게 보내주세요."(모리스 알브바크스가 마르셀 모스에게 보낸 편지, 1936년 12월 7일.) 1937년 7월에 알브바크스는 다시 요청을 했다. "제가 종교 사회학이 부각되기를 갈망한다는 것을 선생님도 잘 아시죠. 몇 쪽이면 충분할 겁니다. [……]"(모리스 알브바크스가 마르셀 모스에게 보낸 편지, 1937년 7월 7일.)

176. 1919년부터 스트라스부르대학에서 재직했던 모리스 알브바크스는 스스로를 "스트라스부르를 사랑하던 늙은 파리지앵"으로 소개하고 있다.(Maurice Halbwachs, "La croissance du Paris moderne : volonté individuelle ou besoins collectifs ?", *Annales d'histoire économique et sociale*, 5, 1933, p. 595.) 그는 파리에서 자신의 경력을 이어나갈 희망을 가질 수 있게 된다. 1935년에 셀레스탱 부글레가 고등사범학교 총장으로 임명되었을 때, 그를 계승하여 알브바크스가 사회경제사 강좌직을 맡게 되었다. 2년 후에 알브바크스는 새로운 강좌인 방법론과 과학논리 담당 교수가 된다. 스트라스부르대학에서는 몇 년 전부터 뒤르켐주의자들과 교류했던 러시아 출신의 철학자 조르주 귀르비치가 알브바크스의 자리를 계승했다. 1932년에 귀르비치가 종교사회학과의 "키에르케고르 철학에서 도덕과 종교"에 대한 임시 강의 후보로 나섰을 때, 모스는 그를 지지했다. 샤를르 앙들레르가 모스에게 물었다. "고등연구실천학교가 귀르비치를 위해서 무엇을 할 수 있다고 자네는 생각하나?" 앙들레르는 거의 모스만큼이나 "귀르비치의 장단점"을 알고 있었다. 앙들레르가 그의 단점으로 꼽은 것은 "그의 부족한 불어 능력, 아주 심한 러시아 억양과 성격"이었고, 장점으로 꼽은 것은 "항구적이고 의식

있는 그의 노고, 불어 능력을 개선하려는 다행스러운 노력, 이미 아주 상당한 학문적 업적이었다." "[……] 이런 재치 있는 노력들의 장점을 인정해야겠지. 그는 독일철학의 자유주의의 전통에 놀랍도록 정통하네."(샤를르 앙들레르가 마르셀 모스에게 보낸 편지, 1932년 6월 8일.) 몇 년 후에 모스는 알브바크스의 대행 후보로 나선 귀르비치를 지지하게 된다. "귀르비치 씨는 업적이 매우 뛰어난 학자입니다. 그는 도덕과 법철학에 대한 흥미로운 저작들을 출간했습니다. [……] 그는 점점 더 우리의 방법론에 가까워졌습니다. 그리고 [……] 점점 더 그는 자신이 은연중에 그려왔던 그런 사회학자가 되었습니다."(마르셀 모스가 "총장님"에게 보낸 편지, 1935년 7월 2일.) 귀르비치가 1938년에 출간한『사회학에 대한 시론』은 모스에게 헌정되었다.

177. 모리스 알브바크스가 마르셀 모스에게 보낸 편지, 스트라스부르, 1936년 12월 7일.

178. "『게르만족』은 어느 정도 되어 가는지 알고 싶네."라고 앙리 베르가 모스에게 물었다.(앙리 베르가 마르셀 모스에게 보낸 편지, 1936년 1월 26일.). 이 저서는 1952년이 되어서야 알뱅 미셸 출판사의 "인류의 진화" 총서에서 출간된다.

179. 마르셀 모스가 확인 불가능한 한 수신자에게 보낸 편지, 1934년 11월 30일. 몇 달 후 모스는 같은 하소연을 한다. "강의가 여전히 너무 많습니다."(마르셀 모스가 찰스 G. 셀릭맨에게 보낸 편지, 1935년 2월 11일.)

180. 마르셀 모스가 찰스 G. 셀릭맨에게 보낸 편지, 1936년 3월 12일.

181. 마르셀 모스가 로젠펠스 양에게 보낸 편지, 1935년 1월 2일.

182. 마르셀 모스가 "나의 소중한 친구"에게 보낸 편지, 1936년 12월 11일.

183. 에드워드 사피어가 마르셀 모스에게 보낸 편지, 뉴 헤븐, 1935년 5월 20일. 사피어는 메트로를 "그의 세미나에서 가장 탁월한 인물"로 여겼다.

184. 철학과 여학생 마들렌 프랑세스가 그 예이다. 그녀는 네덜란드에서의 자유주의에 대한 연구를 위해 록펠러 재단의 장학금을 받았고, 레옹 브륀슈비크의 지도 하에 스피노자의 정치 사유에 대한 박사 논문을 준비했다. 그녀는 자신의 박사학위 논문의 서론에서 주저 없이 모스에게 감사를 표하고 있다. 그녀는 모스와 오랫동안 편지 교환을 했다. "우리는 모스 교수님에게 감사를 드리고자 한다. 그 분의 관찰 방법으로부터 우리의 연구 방향이 17세기 네덜란드 사회사 쪽으로 정해졌다. 그리고 그 당시의 네덜란드 자료들에 반영된 스피노자 주변의 여러 당파들의 뒤얽힘과 관련해서 우리는 빈번히 그 분에게 의견을 요청했다.(Madeleine Francès, *Spinoza dans les pays néerlandais de la seconde moitié du XVIIe siècle*, Paris, Alcan, 1937, p. VII.)

185. 카미유 술라가 글레이를 계승하려 후보로 나선 것이다. 블룸은 모스에게 이렇게 쓰고 있다. "나는 당연히 그의 생리학자로서의 가치는 판단하지 못합니다. 그러나 그의 인간적 가치는 보장할 수 있다고 믿습니다. 그는 대단히 지적이며, 아주 독창적인 지성인입니다.(레옹 블룸이 마르셀 모스에게 보낸 편지, 1931년 3월 18일.)

186. 1936년 9월 26일 날짜의 노트에서, 모스는 독일 출신의 역사학자 앙리 스테른, 러시아 출신의 민족학자 데보라 리크직, 러시아 출신 박물관학자 아나톨 르비츠키 그리고 H.

스타인의 요청들을 지지하고 있다.

187. 그 강좌직의 개설에 대해 모스는 결정을 내리지 못하고 있었다. 유대인 지식인들의 상황에 대해 언급하며 모스는 이렇게 쓰고 있다. "나의 의견은 '많이' 만들어야 한다는 쪽이지만, 프랑스에서는 아니네. 이와 같은 관점에서 나는 아인슈타인의 경우는 거의 오류라고 생각하네. [……]"(마르셀 모스가 이냐스 메이예르송에게 보낸 편지, 에피날, 1933년 4월 16일. 이냐스 메이예르송 자료함.)

188. 모스는 원칙적으로 서문 써주기를 거절했다. "어느 정도로 [그가] 저서에 협조했는가를 보여주기 위해서, 또한 [그가] 불행히도 유감스럽게 생각했던 저자가 누구였는지를 말하기 위해 몇 자 적어야 할 필요가 있을 때를 빼고는" 말이다.(마르셀 모스가 자크 베르크에게 보낸 편지, 1938년 2월 24일.)

189. 시카고대학에서 일하던 래드클리프 브라운은 1934년부터 "곧 유럽으로 돌아가기를" 희망했다. 그러나 "말리노프스키가 영국에서 인류학을 이끌어가기를 원하는 듯했고, 또 그가 어떤 경쟁자도 원하지 않는 듯했다."고 그는 애석해 하고 있다.(알프레드 R. 래드클리프 브라운이 마르셀 모스에게 보낸 편지, 시카고, 1934년 12월 17일.) 2년 후, 1936년 가을에 래드클리프 브라운은 호커트, 에반스 프리처드와 옥스퍼드의 사회인류학 강좌직을 위해 경쟁하게 된다. 모스의 입장이 난처했다. 그도 그럴 것이 세 경쟁자모두 모스에게 지지를 요청했기 때문이다. 그는 래드클리프 브라운과 에반스 프리처드를 위해 추천 편지를 보냈다. 그러나 모스의 생각이 다음과 같다는 것은 의심의 여지가 없다. "모든 후보들 가운데서 제가 그 직위를 맡는 것을 가장 보고 싶은 사람은 바로 브라운입니다……"(마르셀 모스가 찰스 G. 셀릭맨에게 보낸 편지, 1936년 8월 20일.) 모스의 친구 셀릭맨의 경우 에반스 프리처드를 마음에 들어했다. "[……] 순수학문의 입장에서 나는 [판독 불가] 살 된 에반스 프리처드가 55살 된 래드클리프 브라운보다 그 일에 더 적합한 사람이라고 믿습니다. 그러나 확실히 나는 선거인들 사이에 나이든 사람이 필요하다는 공감대가 있을 것이라고 봅니다."(찰스 G. 셀릭맨이 마르셀 모스에게 보낸 편지, 옥스퍼드, 1936년 8월 24일.) 래드클리프 브라운이 최종적으로 뽑혔다. "[……] 아마 브라운이 나이 든 사람이어서 그 직책을 얻었을 것입니다. [……] 약간 실망스럽습니다. 그러나 선거인들이 그런 상황에서 달리 어찌할 수 있었을지는 나도 모르겠다는 것을 인정합니다.(찰스 G. 셀릭맨이 마르셀 모스에게 보낸 편지, 옥스퍼드, 1936년 10월 19일.)

190. 로제 바스티드는, 그 자신이 뒤르켐주의의 형이상학적 기반이라 부른 것에 "철학적으로 대립"한다 할지라도, 모스에 대해 "크게 감탄했다."는 사실을 감추지 않았다. 바스티드는 이렇게 쓰고 있다. "[……] 정확히 이런 이유로 제가 교수님에게 문의하게 되었고, 교수님의 도움을 받아 연구를 수행할 영광과 동시에 즐거움을 찾고자 하는 것입니다."(로제 바스티드가 마르셀 모스에게 보낸 편지, 발랑스, 1936년 10월 20일.) 소책자 『종교사회학의 요소들』(그는 이 책 한 권을 모스에게 보냈다)의 저자 로제 바스티드는 그 당시 "신비론적 삶의 사회적 틀"이라는 박사 논문을 집필할 계획을 가지고 있었다.

191. 반 젠네프가 두 권으로 된 민속 개론의 집필을 위해 장학금(15,000 프랑) 갱신을 요청했을 때, 모스는 기꺼이 그를 돕고자 했다.(아놀드 반 젠네프에 대한 마르셀 모스의 노트, 1937년 6월 24일, 위베르-모스 자료함, 콜레주 드 프랑스 기록보관실.) 2년 후에 반 젠네프느 다시 모스에게 호소했다. "[……] 다시 저를 돕기 위해 애써주십시오."(아놀드 반 젠네프가 마르셀 모스에게 보낸 편지, 1939년 6월 15일.)

192. 아놀드 반 젠네프가 마르셀 모스에게 보낸 편지, 부르그 라 렌, 1932년 6월 7일. 그의 삶 전체에서 반 젠네프는 프랑스대학에 대해 완전 독립을 지켰다. 그가 얻은 자리들은 다음과 같다. 1901에서 1908년까지 농림부의 '농업 정보 사무실' 번역부 부장, 그 다음 1915년에서 1922년까지 외무부 근무, 1912년에서 1915년까지 스위스 뇌샤텔대학에서 민족지학 강좌 담당 등이 그것이다. 독립연구원이 된 반 젠네프는 개인 연구로 생활을 꾸려갔다. 여러 잡지에의 기고, 강연회, 번역 등을 통해서 말이다.(Nicole Belmont, *Arnold Van Gennep, créateur de l'ethnographie française*, Paris, Payot, 1974.)

193. 폴 포코네가 마르셀 모스에게 보낸 편지, 1937년 4월 4일을 볼 것.

194. 다니엘 레비가 마르셀 모스에게 보낸 편지, [1917년] 11월 15일.

195. 다니엘 레비가 마르셀 모스에게 보낸 편지, 1918년 1월 2일.

196. 앙리 위베르가 마르셀 모스에게 보낸 편지, 1921년 10월 17일.

197. 로진 모스가 앙리 위베르에게 보낸 편지, 1919년 1월 16일.

198. M. [마르트 뒤프레]이 마르셀 모스에게 보낸 편지, 1924년 10월 20일. 마르트 뒤프레와 모스의 서신은 인간 박물관에 있다.

199. M. [마르트 뒤프레]이 마르셀 모스에게 보낸 편지, 1924년 10월 25일.

200.. M. [마르트 뒤프레]이 마르셀 모스에게 보낸 편지, 1924년 10월 26일.

201. 여러 진술들에 따르면 그렇다. 그 중에는 피에르 모스와 프랑수아 모스의 진술도 있다.

202. 마르셀 모스와 얼 에드워드 유뱅크의 대담, 앞의 책, p. 141. 이번 방문 때 유뱅크를 놀라게 한 것은 아파트 각 방마다 있던 많은 책들이었다. "책, 원고, 잡지, 그리고 책, 책, 책, 책. 의자 위에, 탁자 위에, 바닥에 넘쳐났다."(같은 책.) 미국 사회학자는 모스를 다음과 같이 묘사하고 있다. "중간 키 정도, 단단한 골격, 그리고 월트 휘트먼식의 덥수룩한 회색 턱수염과 쩌렁한 목소리를 지닌 사람."(같은 책.) Paul Honigsheim, "Reminiscences of the Durkheim School", *in* Kurt H. Wolff, *Émile Durkheim, 1858–1917*, Columbus, The Ohio State University Press, 1968, p. 310-311를 볼 것.

203. 뤼시엥 레비브륄이 마르셀 모스에게 보낸 편지, 1934년 8월 20일.

204. "[……] 우리가 종종 자네에게, 그리고 특히 자네 같은 사람들에게 이런 삶의 큰 행복을 희구했다는 것을 이제 고백해도 되겠지? 자네의 우정에서 드러나고—이것뿐만이 아니라고 나는 말하겠네—, 또 자네의 학술연구 전체와 활동 전체를 활성화시키는—여기서 내가 말하는 것보다 더 많이—심오한 심성과 더불어, 자네는 이제 애정과 [판독 불가] 안락감으로 충만한 가정을 가져야 하네.(프랑수아 시미앙이 마르셀 모스에게 보낸 편지, 1934년 8월 21일.)

205. 폴 포코네가 마르셀 모스에게 보낸 편지, 1934년 9월 29일.

206. 조르주 부르쟁이 마르셀 모스에게 보낸 편지, 1935년 2월 3일.

207. 쟌 퀴지니에가 마르셀 모스에게 보낸 편지, 1934년 8월 9일.

208. 게다가 모스는 소음들에 대해 민원을 넣었다. "[오를레앙 회사가] 태우는 석탄의 질과 그 회사가 사용하는 기관차들은 도시에서의 매연과 관련된 모든 규정에 위반될 정도입니다. [……] 저는 시민들의 건강과 휴식에 해로운 이러한 상황을 청장님께서 기꺼이 종결시켜 주시기를 간청합니다."(마르셀 모스가 "경찰청장님에게" 보낸 편지, 1924년 7월 13일.)

209. 셀레스탱 부글레가 마르셀 모스에게 보낸 편지, 1934년 8월 11일.

210. 마르셀 모스가 나의 소중한 친구에게 보낸 편지, 1939년 4월 17일.

211. 마르셀 모스가 확인 불가한 한 수신자에게 보낸 편지, 1934년 11월 30일.

212. 마르셀 모스가 찰스 G. 셀릭맨에게 보낸 편지, 1935년 2월 11일.

213. 마르셀 모스가 찰스 G. 셀릭맨에게 보낸 편지, 1935년 11월 13일.

214. 마르셀 모스가 "친애하는 처남"에게 보낸 편지, [1936년] 4월 25일.

215. "나도 삶이 그다지 즐겁지 않다는 데 당신과 동의합니다."(찰스 G. 셀릭맨이 마르셀 모스에게 보낸 편지, 옥스퍼드, 1937년 2월 17일.)

216. 모스는 친구 메이예르송에게 이렇게 털어 놓고 있다. "나는 나의 사촌 이지도르 박사로부터 절대 휴식을 취하라는 진단을 받았네. 얼굴에 동결이 생겨서, 즉 왼쪽 안면 경색이 [……] 아무튼 간에, 자네가 예견했고 내가 걱정했던 징후네."(마르셀 모스가 이냐스 메이예르송에게 보낸 편지, 1935년 3월 5일, 이냐스 메이예르송 자료함.)

217. 민족학연구소 초창기부터 고대인류 생물학 교수였던 그의 동료이자 친구인 졸레오가 그 예이다. 모스는 연구소에서의 회합 때 공개적으로 그를 추모했다.(마르셀 모스, "졸레오 씨", 날짜 없음 [1935년], 2쪽, 위베르-모스 자료함, 콜레주 드 프랑스 기록보관실.)

218. 모리스 알브바크스가 마르셀 모스에게 보낸 편지, 1935년 5월 1일. 그때 '프랑수아 시미앙의 친구들'이라는 명예위원회가 구성되었다. 거기에 C. 부글레, P. 포코네, 뤼시엥 레비브륄, M. 모스, P. 리베, M. 로크, P. 발레리 등이 포함되었다.

219. I. 메이예르송이 마르셀 모스에게 보낸 편지, 1935년 4월 19일.

220. Maurice Halbwachs, "La méthodologie de François Simiand. Un empirisme rationaliste", *Revue philosophique*, t. CXX1, n° 5-6, mai-juin 1936, p. 282.

221. Marcel Mauss, "F.[rançois] S.[imiand]", 날짜 없음 [1935년], p. 1.(위베르-모스 자료함, 콜레주 드 프랑스 기록보관실.) 이 글은 모스가 『르 포퓔레르』지에 썼던 "프랑수아 시미앙"과 약간 다른 판본이다.

222. Marcel Mauss, "François Simiand", *Le Populaire*, avril 1935, p. 4.

223. 마르셀 모스가 "친애하는 친구"[마르크 블로크]에게 보낸 편지, 1936년 1월 22일. 노동사 교수직이 유지된다는 가정 하에 알브바크스는 입후보할 의향을 보였지만(모리스 알

브바크스가 마르셀 모스에게 보낸 편지, 스트라스부르, 1935년 10월 17일), 나중에 생각을 바꾸게 된다. "[······] 저는 다른 사람들에 비해 막심 르루아가 우세하다고 봅니다. 하지만 다른 교수직이겠죠." "더 전문화된 연구 직위를 갈망하기는" 했지만, 알브바크스는 "소르본에서 [자기] 분야에 최선을 다할 준비가 되어 있다."고 말하고 있다.

스트라스부르에 있는 알브바크스의 다른 동료인 마르크 블로크 역시 노동사 교수직 후보 출마를 고려했다. 그는 자기에게 이미 호감을 보였던 모스에게 이렇게 설명하고 있다. "[······] 제가 시미앙 선생님께 신세를 지고 있기는 하지만—저는 큰 빚을 지고 있고, 또 그 분도 그것을 모르지 않았습니다.—, 그 분께서도 기꺼이 몇 가지 유용성을 인정해줬던 제 연구들이 그 분의 것들과 정확히 같은 선상에 위치해 있다고 제가 주장할 수 없을 겁니다. 탐구된 주제들이 다르고, 그것들에 접근하는 방식 역시 다르기 때문입니다. 그럼에도 불구하고 콜레주 같은 기관에서 그런 것이 하나의 부담일까요? 더군다나—그리고 제게는 이것이 중요합니다.—노동사 강좌는 교수직 변경을 요구할 필요 없이 제가 지원할 수 있는 유일한 분야입니다. 항상 얻어내기가 어려웠던 교수직 변경은 단축 시행령 이후로 더 더욱 그렇게 되었습니다. 실제로 노동사는 무엇보다도 경제사를 의미합니다. 그리고 제 연구의 방향에 대해 교수님께 상기시켜드릴 필요는 없다고 생각합니다. 항상 제가 선호했고, 게다가 현재는 점점 더 배타적으로 경제사와 사회 구조의 역사 쪽으로 나아가고 있는 제 연구의 방향에 대해서는 말입니다."(마르크 블로크가 마르셀 모스에게 보낸 편지, 1936년 1월 15일.) 모스는 다음과 같은 내용의 답장을 보냈다. "막심 르루아와 마찬가지로 자네의 기회는 아주 크고, 어쨌든 나는 자네의 운을 시도해볼만한 가치가 있다고 생각하네."(마르셀 모스가 마르크 블로크에게 보낸 편지, 1936년 1월 22일.) 블로크는 최종적으로 출마를 포기하고 만다. 모스는 이렇게 말하고 있다. "마르크 블로크에 대한 저의 아주 큰 우정과 저의 높은 평가에도 불구하고, 제가 보기에 그런 식으로 합의된 교수직에 그가 막심 르루아만큼 자격을 갖춘 것 같지 않다고 그에게 말하는 것이 저의 절대적 의무라고 생각했습니다. 계량적이고 경제적인 연구가 없기 때문에, 연구자들이 자신들의 영역에서 먼 곳에서 시급히 추진해야 할 것은 바로 지난 50년간 프랑스 노동자들의 도덕적이고 법률적 운동에 대한 연구입니다." (Marcel Mauss, "Exposé des titres de Maxime Leroy", 날짜 없음 [1936년], p. 4. 위베르-모스 자료함, 콜레주 드 프랑스 기록보관실. 이 원고는 9쪽 분량의 타자본이다.)

224. Marcel Mauss, "Exposé des titres de Maxime Leroy", 앞의 책, p. 2.
225. 위의 책, p. 9.
226. Marcel Mauss, "Sylvain Lévi" (1935), *in* Marcel Mauss, *Œuvres*, t. 3, 앞의 책, p. 543. 이것은 위베르-모스 자료함에 있던 필사본 원고로서, 마르셀 모스의 상속자들에 의해 빅토르 카라디에게 전해졌다. 또한 모스는 『실뱅 레비 비망록』 출간위원회 위원직을 받아들였다. 이 비망록은 위대한 인도학자의 분산되어 있는 연구들을 모으는 것을 목적으로 삼았다.
227. Marcel Mauss, "In Memoriam Antoine Meillet", *Annales sociologiques*, 1937, *in* Marcel

Mauss, *Œuvres*, t. 3, 앞의 책, p. 548.

228. 마르셀 모스가 마르크 블로크에게 보낸 편지, 1936년 2월 20일.

17장 정치에 대한 실망들

1. Marcel Mauss, "La Chambre future. Dialogue sur un proche avenir", *La Vie Socialiste*, 30 avril 1932, p. 6.
2. 위의 책, 같은 곳.
3. 위의 책, 같은 곳.
4. Marcel Déat, *Mémoires politiques*, Paris, Denoël, 1988, p. 141.
5. 위의 책, p. 136.
6. 마르셀 데아는 자신의 책을 모스에게 헌정했다. "마르셀 모스에게. 뒤르켐과 마르크스가 서로 이웃하는 이 책을 드립니다." 이 증정본은 인간박물관 도서실에 소장되어 있다.
7. Marcel Déat, *Mémoires politiques*, 앞의 책, p. 278.
8. 위의 책, p. 282.
9. 마르셀 데아가 마르셀 모스에게 보낸 편지, 1932년 5월 2일.
10. 마르셀 모스가 "소중한 친구"에게 보낸 편지. 1933년 11월 6일.
11. G. G.가 마르셀 모스에게 보낸 편지, 날짜 없음 [1933년].
12. 피에르 르노델이 마르셀 모스에게 보낸 편지, 1933년 11월 13일.
13. 마르셀 모스가 "소중한 친구"[레옹 블럼]에게 보낸 편지, 1936년 5월 5일.
14. 마르셀 모스가 "소중한 친구"에게 보낸 편지, 1933년 11월 6일.
15. 마르셀 모스가 피에르 르노델에게 보낸 편지, 1933년 12월 6일.
16. 피에르 르노델이 마르셀 모스에게 보낸 편지, 푸에르토 델 라 크루즈, 1934년 3월 7일.
17. 피에르 르노델이 마르셀 모스에게 보낸 편지, 1933년 12월 3일.
18. 마르셀 모스가 마르셀 데아에게 보낸 편지. 1935년 5월 27일.
19. 마르셀 모스가 M. 뒤누아에게 보낸 편지, 1935년 4월 30일.
20. 마르셀 모스가 마르셀 데아에게 보낸 편지, 1935년 9월 18일.
21. René Rémond, *Notre siècle de 1918 à 1988*, Paris, Fayard, 1988, coll. Histoire de France, t. 6, p. 142를 볼 것.
22. Serge Berstein, *La France des années 30*, Paris, Armand Colin, 1993, p. 92.
23. Raymond Aron, "La sociologie", *Les Sciences sociales en France*, Paris, Paul Hartmann Éditeur, 1937, p. 42. 독일에서 돌아온 아롱은 『현대 독일 사회학』(Paris, Alcan, 1935)이라는 소책자를 얼마 전에 출간했다. 이 책의 절반은 막스 베버에 할애되었다.
24. 셀레스탱 부글레가 재단 책임자들과 주고받은 편지에서 이 표현을 사용했다.(Brigitte Mazon, "La fondation Rockefeller et les sciences sociales en France", 앞의 책, p.

331.) 또한 Johan Heilbron, "Les métamorphoses du durkheimisme", 앞의 책을 볼 것.

25. François Simiand, *Cours d'Économie politique 1928-1929, 1929-1930, 1930-1931*, Paris, Éditions Domat-Montchrestien, 1934.

26. Paris, Alcan, 1933.

27. 이 단체의 역사에 대해서는 Jean-François Sirinelli, *Générations intellectuelles*, 앞의 책, p. 281-283을 볼 것.

28. Robert Marjolin, *L'Évolution du syndicalisme aux États-Unis : de Washington à Roosevelt*, Paris, Alcan, 1936.

29. 이 논문은 1941년 알캉 출판사와 프랑스 대학출판사에서 출판되었다. 마르졸렝은 그보다 몇 년 전인 1938년 『사회학 연감』에 「장기적 경제 동향의 합리성과 비합리성」을 그의 이름으로 기고한 바 있다. 같은 해에 그는 시미앙의 사상을 외국 독자에게 소개하기도 했다. "François Simiand's Theory of Economic Progress", *The Review of Economic Theories*, 5, 3, juin 1938, p. 159-171. 시미앙과 알브바크스의 교육에 충실한 마르졸렝은 "통계학이 사회과학의 훌륭한 방법"임을 인정하고 있다.(Robert Marjolin, "La Statistique", *Les Sciences sociales en France*, Paris, Paul Hartmann Éditer, 1937, p. 202.)

30. Marcel Mauss, "François Simiand", *Le Populaire*, 18 avril 1935, p. 2.

31. Raymond Aron, *De la condition historique du sociologue*, Paris, Gallimard, 1971, p. 8.

32. Marcel Mauss, "Les faits", 타자본, 날짜 없음, p. 1-2. 위베르-모스 자료함, 콜레주 드 프랑스 기록보관실. 제 3장으로 소개된 이 원고에는 단지 『경제적 사실들』과 『아래로부터의 경제적 동향』만이 포함되어 있다.

33. 위의 책, p. 50.

34. Marcel Mauss, "The Problem of Nationalty",(1920), 앞의 책, p. 628.

35. 마르셀 모스가 샤를르 르 쾨르에게 보낸 편지, 1938년 6월 21일.

36. 뒤르켐은 사회주의 이론들을 '사회적 사실들'인 것처럼 연구했다. 그에 의하면 다음과 같은 모든 이론들은 사회주의적으로 규정된다. "사회의 지도적이고 의식적인 여러 중심들과 모든 경제적 기능들 혹은 이 기능들 가운데 현재에는 뚜렷하지 않은 기능들의 결합을 요구하는 모든 이론들"이 그것이다.(Émile Durkheim, *Le Socialsme*, 1928, Paris, PUF, 1971, p. 49) 하지만 뒤르켐과는 반대로 모스는 사실들 자체를 대상으로 여긴다. 그는 사실들이 "관념들과 필연적으로 일치하지 않는다."고 규정한다. 그가 추구하는 방법은 과학적이고 실증적인 것이다. 그에게는 현재의 사회 움직임에 대한 이론을 정립하는 것이 중요하지, "미래 사회에 대한 계획을 세운다든가 현재에 대한 반대론을 정립하는 것"이 중요한 것이 아니다. 이러한 시각에서 "대중의 노력"은 "지식인들의 뇌"만큼이나 중요한 것으로 나타난다. "[……] 노동조합 운동이나 소비협동조합 운동에서 일어나는 것처럼, 실천은 항상 이론에 앞선다고 말할 수 있다. [……] 사회주의의 이론적 운동은 항상 실천보다 너무나 앞서서, 이 운동에 의해 순환되었던 수많은 잘

못된 생각들이 수많은 올바른 방향들에서 상당히 벗어났다는 점이 지적되었다. 실제로 많은 경우 혁명적 외양은 가장 나쁜 움직임, 가장 바로크적인 동맹, 흔히 당혹스러운 기회주의 등으로 이어졌다. [……] 그 결과 이제 많은 훌륭한 정신들이 사회주의 이론은 동시대의 사회적 운동이론과 그 개선으로 환원되어야 한다고 생각하고 있다."(Marcel Mauss, "Les idées socialistes. Le principe de la nationalisation", 타자본, 날짜 없음, p. 2-3, 위베르-모스 자료함, 콜레주 드 프랑스 기록보관실.)

37. Marcel Mauss, "Les idées socialistes. Le principe de la nationalisation", 앞의 책, p. 18.

38. 위의 책, p. 19.

39. 이 역사에는 세 시기가 포함된다. 생시몽("사회주의의 진정한 창안자")과 함께 했던 "순수하게 비판적이고 수사학적인" 시기, 프루동 및 마르크스와 함께 했던 "팜플렛" 시절, 끝으로 사회주의 정당들의 설립과 초기 노동자 조직들의 참여가 현저해진 시기가 그것이다.

40. 위의 책, p. 15.

41. 위의 책, p. 11.

42. 위의 책, p. 18.

43. 민족에 대한 연구에서 모스가 협동조합에 가한 분석의 소개는 이 책의 II편을 볼 것. 이 연구에는 상호보장에 대한 내용은 거의 없다.

44. 알브바크스가 모스에게 이렇게 쓰고 있다. "선생님의 편지로 인해 저희들은 매우 감동했습니다. 그도 그럴 것이 저희들은 협동조합은행 사건으로 선생님께서 심한 충격을 받으셨던 것을 몰랐기 때문입니다. 그리고 선생님이 보여주신 반응과 다른 사람들과 고통을 나누려던 모습에 또한 감동했습니다."(모리스 알브바크스가 마르셀 모스에게 보낸 편지, 스트라스부르, 1934년 7월 9일) 모리스 알브바크스(25,000프랑)처럼 모스도 "그렇게나 큰 희망을 준 운동"이었던 협동조합은행에 기부금을 냈을 것이다.

45. Marcel Mauss, "Les faits", 앞의 책, p. 93.

46. 위의 책, p. 94.

47. 모스는 노동자 계급이라는 개념을 비판했다. 이 개념이 "경제적으로 잘못되었다."는 것이 모스의 견해였다. 하지만 일반적으로 이 개념을 사용하지 않을 수 없다. 그도 그럴 것이 "이 개념은 정치적 역할을 가지고 있기 때문이다. 가령 이 개념을 통해 전국노동조합의 통일이 이루어졌다. 실제로 이 개념이 무한히 더 뚜렷하고 더 효과적으로 실현된 것은 정치 영역에서보다는 바로 거기에서였다. 또한 사회주의를 통해 노동자들의 집단화가 더 장려되는 것도 역시 거기에서였다. 한 나라의 노동자 계급, 그것은 사실, 이 나라의 조합들의 조직된 집합이다!"(Marcel Mauss, "Les faits", 앞의 책, p. 72.)

48. 모스는 한 가지 "위험"을 간파하고 있다. 노동자 운동이 "통일성, 자기도취, 권리의 자각에 집중할 때", 이 운동으로 인해 그 내부에 "새로운 세계라는 사상, 이탈리아인들이 말하는 '새로운 질서'"가 형성된다는 점이 그것이다.(위의 책, p. 74.)

49. 아직 하나의 사실이 아니라 그저 하나의 요청에 불과한 "노동자에 의한 통제"라는 개념

에 대해 모스는 신중을 기하고 있다. "이 개념은 부과될 수 있을 정도로 무르익지도 않았고, 확실하지도 않은 것 같다. 그 형식 자체가 덜 뚜렷하고, 그 운동 역시 선명하지 않다. 이것은 집단이 개인들처럼 내디딜 수 있는 헛걸음 중 하나일 가능성이 농후하다. 게다가 이 개념은 모호하기까지 하다. 거기에는 절대적으로 노동자 옹호의 문제와 관련 있는 임금과 규율의 문제가 섞여 있기도 하다."(위의 책, p. 86.)

50. 위의 책, p. 88.

51. 마르셀 모스가 "친구"에게 보낸 편지, 1933년 11월 6일.

52. "[……] 사람들 모두가 시간을 벌려고 한다. 그것은 무한정한 시간을 가지고 있는 영국인들과 러시아인들에게는 훌륭한 정책이다. 그러나 우리들에게는 좋지 못한 정책이다. 그도 그럴 것이 지금 이 시간에도 보슈들이 준비를 하고 있기 때문이다. 사람들 모두가 꾀를 부리고, 누구도 진술하지 않다. 보슈들에게는 생각하는 바와는 달리 아직 많은 시간이 필요하다고 한다. 그들이 체결한 조약들 중 어떤 것도 결코 효력을 발휘하지 못할 것이다. 바로 이 점에 대해 그들은 강력한 국가 이론을 가지고 있다. 이 국가를 바꿨어야 했다. 권력을 장악했던 그 쪽의 우리 친구들도, 여기에서 압박을 가할 수 있었던 자들도 시기적절하게 그 일을 하지 않았다. 그리고 이제 사람들이 뭐라고 하든지 간에 독일의 유일한 권력은 군(軍)이다. 그렇지만 전쟁이 아직 발발하지 않은 것은 큰 의미가 있다. 하지만 야심가들로 가득 찬 이 세계에서 무슨 일이 일어나고 있는지 누가 알겠는가."(마르셀 모스가 "친애하는 친구"에게 보낸 편지, 1935년 2월 11일.)

53. Serge Berstein, *La France des années 30*, 앞의 책, p. 90.

54. 모스는 1932년에 '암스테르담-플레이엘 위원회'에 가입했던 것 같지 않다. 이 위원회의 목표는 제국주의 전쟁과 파시스트에 맞서 투쟁하는 것이었다. 공산주의자들 쪽에서 추진되었던 이 위원회는 '공산당'과 가까운 두 평화주의 작가들, 즉 로맹 롤랑과 앙리 바르뷔스에 의해 주재되었다.

55. Daniel Guérin, *Front populaire, révolution manquée*, Paris, Julliard, 1963, p. 59에서 사용된 표현이다.

56. "근로자들에게"라는 제목의 회람 형식의 편지로, 이 편지가 집필된 날짜는 1934년 3월 5일이었다. 가입 신청서에는 임시위원회에 소속된 세 명의 서명이 실려 있었다. 알랭, 폴 랑주뱅 그리고 폴 리베가 그들이다.

57. 폴 리베가 마르셀 모스에게 보낸 편지, 1934년 12월 22일.

58. Jean-François Sirinelli, *Intellectuels et passions françaises. Manifestes et pétitions au XXᵉ siècle*, Paris, Fayard, 1990, p. 90.

59. 폴 리베가 마르셀 모스에게 보낸 편지, 1936년 3월 5일.

60. Marcel Mauss, "Déclaration pour le Comité de vigilance des intellectuels antifascistes", 타자본(한 장)에 "친애하는 동지"[폴 리베]에게 보낸 1936년 3월 12일 날짜의 편지가 포함됨.(위베르-모스 자료함, 콜레주 드 프랑스 기록보관실.) '반파시스트 지식인경계위원회'의 의도는 선언문 전체를 "소책자 또는 삐라 형태"로 출간하는 것이었다.(폴 리

베가 마르셀 모스에게 보낸 편지, 1936년 3월 5일.)

61. 레옹 블룸이 마르셀 모스에게 보낸 편지, [1936년] 2월.
62. 마르셀 모스가 "친애하는 친구"[레옹 블룸]에게 보낸 편지, 1936년 5월 5일.
63. 위의 편지.
64. 위의 편지.
65. 마르셀 모스가 조르주 귀르비치에게 보낸 편지, 1936년 5월 15일.
66. M. 몬네가 마르셀 모스에게 보낸 편지, 1936년 8월 29일. 농산부장관 몬네는 모스를 한 모임에 초청했다.
67. 마르셀 모스가 엠마뉘엘 [레비]에게 보낸 편지, 1936년 6월 25일.
68. 마르셀 모스가 서명한 회람 형식의 편지, 1936년 6월 22일.
69. 앙리 레비브륄이 "친애하는 동지"[마르셀 모스]에게 보낸 편지, 1936년 12월 9일.
70. 마르셀 모스가 엠마뉘엘 [레비]에게 보낸 편지, 1936년 6월 25일.
71. Marcel Mauss, "Fragment d'un plan d'une sociologie générale descriptive" (1934), 앞의 책, p. 323.
72. [역주] 소련의 비밀경찰 조직.
73. 마르셀 모스가 엘리 알레비에게 보낸 편지(1936), in Élie Halévy, L'Ère des tyrannies, Paris, Gallimard, 1938년, p. 230-231.

18장 신화들의 시대

1. Michel Leiris, Journal, 1922-1989, Paris, Gallimard, 1992년, p. 296.
2. 이냐스 메이예르송이 마르셀 모스에게 보낸 편지, 1936년 9월 12일.
3. A. S. 스즈크주파이 마르셀 모스에게 보낸 편지, 1936년 11월 9일.
4. 마르셀 모스가 "친애하는 친구"에게 보낸 편지, 날짜 없음.
5. Jean-François Sirinelli, Générations intellectuelles, 앞의 책, p. 459에서 재인용. 1875년에 태어났고, 철학 교수자격을 획득(1897년, 수석)한 펠리시앙 샬라이에는 콩도르세 고등학교 교수였다.
6. Maurice Agulhon, André Nouschi et Ralph Schor, La France de 1914 à 1940, Paris, Nathan, 앞의 책, p. 252.
7. 의학박사이자 문학박사였던 앙리 발롱(1879년-1962년)은 1937년에 콜레주 드 프랑스에 들어갔다. 아동심리학 교육 강좌가 개설된 지 2년 후의 일이었다. 드레퓌스 옹호자이자 사회주의자였던 발롱은 공산주의의 동조자이기도 했다. 1933년에 그는 신러시아권 과학위원회 회장으로 임명되었다. 1941년부터 1944년까지 그의 콜레주 강의는 비시 정부에 의해 중단되었다. 발롱은 그 당시 적극적으로 활동했던 레지스탕스였다.
8. 마르셀 모스가 프랑시스 조르뎅에게 보낸 편지, 1939년 4월 17일. 프랑시스 조르뎅은

'전쟁과 파시즘 반대 세계위원회'의 총무였다.

9. 폴 랑주뱅이 "교수님이자 친구"[마르셀 모스]에게 보낸 편지, 1937년 7월 8일. 이 편지에서 랑주뱅은 모스에게 "스페인과 평화" 문제에 대한 의견을 달라고 부탁했다. 더 정확하게는 다음과 같은 점들에 대한 "[그의] 느낌을 말해줄 것"을 부탁했다. "스페인 전쟁에서 어떤 교훈들을 얻는 것이 합당한가? 이 전쟁의 책임은 누구에게 있는가? 스페인에서 발생한 이 역사적 사건이 유럽과 세계에 어떤 영향을 끼칠 수 있는가? 민주주의와 평화를 수호하는 열강들은 세계적 동란을 막기 위해 무엇을 해야 하는가? 여러 나라들과 특히 국제연맹은 이 사건에 어떻게 대응해야 하는가? '평화'와 자유를 위한 세력 균형의 조정 문제에 대해 어떻게 생각하는가?" 모스는 랑주뱅의 이 요청에 답하지 않았다.

10. 폴 랑주뱅이 "친애하는 동지"[마르셀 모스]에게 보낸 편지, 1938년 7월 7일.

11. 마르셀 모스가 폴 랑주뱅에게 보낸 편지, 1938년 7월 12일. 이와는 반대로 모스는 릴 법과대학의 교수인 베르나르 라베르뉴가 보낸 탄원서에는 서명하지 않은 점에 대해 사과를 하고 있다. "당연히 저는 당신의 항의에 동의합니다. 그러나 인종적으로 보아 제가 항의하는 것이 정말 유용할까요?"(마르셀 모스가 베르나르 라베르뉴에게 보낸 편지, 1939년 1월 3일.) 이 탄원서―라베르뉴에 따르면 "아주 일반적인 내용"을 담은―는 "독일과 이탈리아가 우리 아프리카 식민지들에 대해 갈수록 혹독한 사항들을 요구하는 것"에 반대하기 위한 것이었다.(베르나르 라베르뉴가 마르셀 모스에게 보낸 편지, 1938년 12월 20일.)

12. 자크 베르낭이 "귀하"[마르셀 모스]에게 보낸 편지, 1938년 2월. 1912년에 태어난 자크 베르낭은 장 피에르 베르낭의 큰형이다.

13. "대학생들에게. 두 가지 호소를……", [1938년], 날짜 없음. 이것은 80여 명의 파리대학 교수들이 서명해서 그들의 동료들에게 보낸 소책자 형식의 편지였다. 자크 베르낭이 지지서를 접수했다. 발기위원회의 구성원 중 한 명이 앙리 레비브륄이었다. 이 제안에 참여한 대학 교수들 중에는 모스의 친구들이 여러 명 있었고, 고등연구실천학교와 콜레주 드 프랑스의 동료교수들도 있었다. 마르크 블로크, 르네 카생, 레옹 브륀슈비크도 역시 참여했다.

14. 마르셀 모스가 베르나르 모푸알에게 보낸 편지, 1938년 4월 11일.

15. 마르셀 모스가 에드가르 미요에게 보낸 편지, 1938년 11월 7일.

16. Marcel Déat, *Mémoires politiques*, 앞의 책, p. 618.

17. 위의 책, p. 672.

18. Marcel Déat, *Jeunesse et Révolution*, Paris, Jeunesses nationales populaires, 1942, p. 16. 이것은 1942년 4월에 데아가 '전국 민중청년단 간부학교'에서 발표했던 발표문의 본문이다.

19. 위의 책, p. 17.

20. 마르셀 모스가 "친애하는 친구"[엘리 알레비]에게 보낸 편지, 1935년 2월 18일.

21. Marcel Mauss, Émile Durkheim의 "Morale civique et professionnelle"에 대한 소개,

Revue de métaphysique et de morale, 1937.(*In* Marcel Mauss, *Œuvres*, t. 3, 앞의 책, p. 504.)

22. 마르셀 모스, 엘리 알레비의 보고서에 이어 쓴 편지, Élie Halévy, "L'ère des tyrannies", *Revue de métaphysiqueet de morale*, 1936.(*In* Élie Halévy, *L'Ère des tyrannies*, Paris, Gallimard, 1938, p. 230-231.)

23. Céléstin Bouglé, *Humanisme, sociologie, philosophie. Remarques sur la conception française de la culture générale*, Paris, Hermann & Cie, 1938, p. 38.

24. 위의 책, p. 34.

25. 위의 책, 같은 곳.

26. Svend Ranulf, "Methods of Sociology, with an Essay : Remarks for the Epistemology of sociology", *Acta Jutlandica*, Aarskrift for Aarhus Universitet, XXVII, 1, 1955, p. 114.

27. 마르셀 모스가 스벤드 라눌프에게 보낸 편지, 1936년 11월 6일(원문에서 발신인과 수신인의 이름이 바뀌었음. ‒옮긴이). 모스가 쓴 이 편지는 라눌프(1894년-1954년)가 직접 1939년에 잡지 『윤리학』에 발표한 논문(「파시즘 연구의 학술적 선구자들」)에 다시 실렸다. 또한 이 편지는 비슷한 시기에 쓰였고, 스승의 죽음 이후에 발간된 「프랑스 사회학에서 실증적 방법의 발전」(1955)이라는 다른 논문에서도 볼 수 있다.

    1936년에 라눌프는 직장을 구하지 못하고 있었다. 모스는 이것에 대해 분개했다. "나는 자국 학자들을 잘 대접해주지 않는―모든 나라가 그렇듯이―자네 나라가 자네에게 마땅히 돌아가야 할 자리를 만들어주지 않는다는 것을 알게 되어 개탄스럽네. 나는 언젠가 자네가 이런 근심에서 벗어나리라 생각하네. 하지만 나는 이미 늦었다는 사실에 마음이 아프네."(마르셀 모스가 스벤드 라눌프에게 보낸 편지, 1936년 11월 6일.) 전쟁 후에 라눌프는 아루스대학에서 철학 교수직을 이어가게 된다.

28. 마르셀 모스가 "의장님"에게 보낸 편지, 1938년 7월 18일. 이 편지에서 모스는 일본의 침략에 항의하고 있다. 그것은 "역사적으로 오스트리아의 세르비아 침략, 독일의 벨기에와 프랑스 침략 이후 가장 끔찍한 침략 중의 하나로 기록될" 침략이라는 것이었다. 실제로 6월 3일에 2천 명이 넘는 일본군이 중국 남부 해안에 상륙했다.

29. 마르셀 모스가 스벤드 라눌프에게 보낸 편지, 1939년 5월 8일. 모스의 편지 중 이 부분은 스벤드 라눌프가 그의 논문 「파시즘 연구의 학술적 선구자들」(1939)에 실어 출간했다. *Études durkheimiennes*, février 1983, n° 8, p. 3 그리고 Serge Moscovici, *La Machine à faire des dieux*, Paris, Fayard, 1988, p. 118-119를 볼 것.

30. 마르셀 모스가 샤를르 르 쾨르에게 보낸 편지, 1938년 6월 21일.

31. 1938년 2월 13일에 열린 회의의 참석자는 다음과 같다. 조르주 뒤메질, 샤를르 포세, 모리스 고귀엘, A. 그라베, 마르셀 그라네, 가브리엘 르 브라, 모리스 리베, 장 마르크스, 폴 마송 우르셀, 마르셀 모스, Éd. 메스트르, 가브리엘 미에, 폴 뮈스, 앙리 샤를르 퓌에슈, 폴 비뇨, 샤를르 비롤로 등이 그들이다. 최고령자였던 포세가 이 회의를 주재했다.

32. Marcel Mauss, "Alexandre Moret(1868-1938)", *Annuaire de l'École pratique des hautes*

études, section des sciences religieuses, 1938.(In Marcel Mauss, *Œuvres*, t. 3, 앞의 책, p. 560.)

33. 마르셀 모스가 조르주 뒤마에게 보낸 편지, 1938년 2월 6일.

34. 마르셀 모스가 "친애하는 친구"에게 보낸 편지, 1937년 12월 11일.

35. 마르셀 모스가 "친애하는 처남에게" 보낸 편지, 193[8년] 4월 25일.

36. 하워드 베커가 마르셀 모스에게 보낸 편지, 1939년 3월 6일.

37. 마르셀 모스가 이냐스 메이예르송에게 보낸 편지, 1937년 9월 14일.(이냐스 메이예르송 자료함.)

38. 마르셀 모스가 샤를르 르 쾨르에게 보낸 편지, 1938년 6월 21일.

39. 마르셀 모스가 에드가 미요에게 보낸 편지, 1938년 11월 7일.

40. 모리스 레엔아르트가 마르셀 모스에게 보낸 편지, 1936년 5월 18일.

41. James Clifford, *Leenhardt, Personne et mythe en Nouvelle-Calédonie*, Paris, Jean-Michel Place, 1987, p. 159-160.

42. Maurice Leenhardt, "Le temps et la personnalité chez les Canaques de la Nouvelle-Calédoine", *Revue philosophique*, septembre-octobre 1937, p. 43-58, 또한 "La personne mélanésienne", *Annuaire de l'École pratique des hautes études*, 1941-1942, Melun, 1942, p. 5-36을 볼 것.

43. Maurice Leenhardt, "Marcel Mauss(1872-1950)", *Annuaire de l'École pratique des hautes études*, 종교학 분과, 1950, p. 19.

44. Marcel Mauss, "L'ethnographie en France et à l'étranger"(1913), 앞의 책, p. 410.

45. "Avant-Propos", *Bulletin du musée du Trocadéro*, n° 8, juillet 1934-décembre 1935, p. 3.

46. Lucien Lévy-Bruhl, "Rapport sur l'Institut d'ethnoogie, année scolaire 1937-1938", *Annales des l'université de Paris*, mai-juin 1939, p. 262.

47. 1936년까지 연구소 예산은 식민지의 연간 보조금으로 채워졌다. 이 예산은 그 다음 해부터 식민지 장관의 본국 예산에 포함되었다.(Lucien Lévy-Bruhl, "Rapport sur l'Institut d'ethnoogie, année scolaire 1936-1937", *Annales des l'université de Paris*, janvier-février 1939, p. 53.

48. 예컨대 Maurice Leenhardt, *Vocabulaire et grammaire de la langue houlaïlou*(1935), Jeanne Cuisinier, *Danses magiques de Kelantan*(1936), Jacques Soustelle, *La Famille Otomi-Pame du Mexique*(1937), Georges Dumézil, *Contes*(1937), Marcel Griaule, *Masques Dogon*(1938) 등이 그것이다.

49. 마를스 모스가 샤를르 르 쾨르에게 보낸 편지, 1938년 6월 21일.

50. 마르셀 모스가 "장관님"에게 보낸 편지, 1938년 10월. 이 젊은 프랑스 학자들은 마르셀 그리올, 아나톨 르비츠키, 조르주앙리 리비에르와 테레즈 리비에르, 앙드레 샤에프네, 자크 수스텔, 앙드레 바라냑 그리고 폴에밀 빅토르 등이다.

51. Curt Sachs, *Les Instruments de musique de Madagascar*, Paris, "Travaux et Mémoires"

de l'Institut d'ethnologie, t. XXVIII, 1938, p. 8.

52. 마르셀 모스가 올라프 장세에게 보낸 편지, 1938년 5월 10일.

53. 1929년부터 고등연구실천학교에서 연구 지도교수(그노시스와 마니교)를 맡아 온 앙리 샤를르 퓌에슈는 사회학과 프랑스 사회학파 연구들의 기여를 상기시키기 위해 1937년에 이렇게 쓰고 있다. "종교비교학 자료들을 소재로 삼는 사회학 내에서만 오직 종교적 사실이 사회에 의해 완전히 규정되고 설명될 것이다. 또한 종교학은 정확히 사회학을 통해서만 사회과학의 전체에 통합될 수 있을 것이다."(Henri-Charles Puech, Paul Vignaux, "La science des religions", Les Sciences sociales en France, 앞의 책, p. 136.)

54. 1939년 1월 8일 회의에서 모스는 그의 동료들에게 이 작은 사건에 대한 편지를 장관에게 썼다고 알렸고, 그들에게 규율 규정을 정하도록 권유했다.(위원회 조서, 고등연구실천학교, 종교학 분과, 기록 제3호) 이 작은 사건에 대해서는 Didier Eribon, Faut—il brûler Dumézil?, Paris, Flammarion, 1992, p. 176-183을 볼 것.

55. Louis-Ferdinand Céline, L'École des cadavres, Paris, Denoël, 1938, p. 233.

56. 1937년 1년 동안에만도 쥘 블로크가 실뱅 레비(산스크리트어와 문학)의 뒤를 이었고, 알베르 토마의 옛 협력자인 마리오 로크가 프랑스 어휘사 강사직을 얻었고, 노벨 화학상 수상자(1935년) 프레데릭 졸리오가 그의 부인 이렌느와 핵화학 강사직에 위촉되었고, 아카데미 프랑세즈의 회원인 폴 발레리가 시학 강사직에 선출되었다. 같은 해에 조제프 베디에(중세 프랑스 언어와 문학)의 퇴직에 이어 에드몽 파랄(중세 라틴 문학)이 그의 자리를 계승하면서 콜레주 드 프랑스의 책임자가 되었다.

57. 마르셀 모스가 "친애하는 처남"에게 보낸 편지, 1938년 4월 25일.

58. Marcel Mauss, "Note n° 1, Programme d'extension et développement de la recherche", 14 février 1938, p. 1.(위베르-모스 자료함, 콜레주 드 프랑스 기록보관실). 이것은 아마 장관에게 제출할 목적으로 작성된 네 개의 짧은 연속 기록물 중 첫 번째 것이다. 다른 기록들에서는 다음과 같은 문제들이 다뤄졌다. 기록 2호, "학자와 그 가족을 위한 기금 사용 조건", 기록 3호, "순수연구와 응용연구 사이에 수립되어야 할 유대"(1장), 기록 4호, "연구원 정관"(1장).

59. Marcel Mauss, "Note n° 4, Statut des chercheurs", 14 février 1938, p. 1.(위베르-모스 자료함, 콜레주 드 프랑스 기록보관실.)

60. Marcel Mauss, "Relations of Religions and Sociological Aspects of Ritual"(영어로 된 발표문 요약), 런던 인류학과 민족학 국제총회, 런던, 1934, in Marcel Mauss, Œuvres, t. 1, 앞의 책, p. 557.

61. Marcel Mauss, Paul Mus의 발표 "La mythologie primitive et la pensée de l'Inde"에 이어진 발언. Bulletin de la Société française de philosophie, 1937, in Marcel Mauss, Œuvres, t. 2, 앞의 책, p. 157에 수록.

62. Marcel Mauss, "Le macrocosme et le microcosme", 프랑스 인류학연구소의 발표문 요약,

L'Anthropologie, 47, 1937, p. 686, in Marcel Mauss, *Œuvres*, t. 2, 앞의 책, p. 160-161.

63. Marcel Mauss, Paul Mus의 발표 "La mythologie primitive et la pensée de l'Inde"에 이어진 발언, 앞의 책, p. 156.

64. 위의 책, p. 157.

65. 모리스 레엔아르트가 마르셀 모스에게 보낸 편지, 누메아(누벨 칼레도니아), 1938년 9월 5일.

66. Roger Caillois, *Rencontres*, Paris, PUF, 1978, p. 27.

67. 마르셀 모스가 조르주 뒤마에게 보낸 편지, 1938년 2월 6일. 두세 달 전부터 도진 좌골신경통을 한탄하며 모스는 "참고문헌 작업에 큰 공을 들일 수 없었던"것에 대해 사과했다. 그 다음 10월에 모스는 20쪽 정도의 논문을 1월이나 2월에 "어쩌면" 넘겨줄 수 있으리라고 생각했다.(마르셀 모스가 조르주 뒤마에게 보낸 편지, 1938년 10월 4일) 그러나 일 년 후에 모스는 8쪽만 쓰게 된다.(마르셀 모스가 조르주 뒤마에게 보낸 편지, 1939년 10월 18일.)

68. Marcel Mauss, "Th. Ribot et les sociologues", in *Centenaire de Théodule Ribot. Jubilé de la psychologique scientifique française*, Agen, Imprimerie moderne, 1939, *in* Marcel Mauss, *Œuvres*, t. 3, 앞의 책, p. 565-567.

69. 모리스 알브바크스가 마르셀 모스에게 보낸 편지, 1937년 7월 7일.

70. 마르셀 모스가 알프레드 메트로에게 보낸 편지, 1938년 2월 24일.

71. Marcel Mauss, "Paul Fauconnet", 날짜 없음 [1938년], p. 6.(위베르-모스 자료함, 콜레주 드 프랑스 기록보관실.)

72. 모리스 레엔아르트가 마르셀 모스에게 보낸 편지, 누벨 칼레도니, 1937년 2월 17일.

73. 모스는 그 기회에 그의 두 학생이었던 샤를르 르 쾨르와 V. 라로크의 저작들을 인용했다. 그는 또한 그의 동료들이나 협조자들이 그에게 제공한 정보들에도 의존했다. 마르셀 그라네, 앙투안 메이예, 앙리 레비브륄 등이 그들이다. 레비브륄은 1938년『사회학 연보』에『집단적 인격성, 사회학적 개념』이라는 연구를 발표했다.

74. Marcel Mauss, "Une catégorie de l'esprit humain : la notion de personne", *Journal of the Royal Anthropological Institute*, vol. LXVIII, London, 1938, in Marcel Mauss, *Sociologie et anthropologie*, 앞의 책, p. 331-336.

75. Marcel Mauss, Lucien Lévy-Bruhl의 발표 "L'âme primitive"(1929)에 이어진 발언, *in* Marcel Mauss, *Œuvres*, t. 2, 앞의 책, p. 132.

76. Marcel Mauss, "Une catégorie de l'esprit humain : la notion de personne", 앞의 책, p. 336.

77. 위의 책, p. 347.

78. 위의 책, p. 361.

79. 위의 책, p. 362.

80. 위의 책, p. 333.

81. Roger Caillois, *Rencontres*, 앞의 책, p. 26. 모스의 인간 개념에 대한 연구의 중요성에 대한 분석으로는 Michael Carrithers, Stephen Collins, Steven Lukes, *The Category of Person, Anthropology, Philosophy, History*, Cambridge university press, 1985를 볼 것.

82. 마르셀 모스가 "교육부 장관님"에게 보낸 편지, 1938년 10월.

83. 폴 포코네가 마르셀 모스에게 보낸 편지, 1938년 8월 8일.

84. Marcel Mauss, "Fait social et formation du caractère", 인류학과 민족학 국제 총회, 코펜하겐, 1938년.(위베르-모스 자료함, 콜레주 드 프랑스 기록보관실, p. 4.) 9쪽으로 된 필사본인데, 내용이 알아보기 어렵고, 분명 미완성이다. 마지막 쪽에는 속기로 쓴 몇 개의 단문들이 포함되어 있다. 신체적 기교, 운동, 말, 등.

85. 위의 책, p. 1.

86. Marcel Mauss, "Trois observations sur la sociologie de l'enfance", 날짜 없음 [1937년], p. 4.(위베르-모스 자료함, 콜레주 드 프랑스 기록보관실.) 이것은 7쪽으로 된 타자본 원고로, 1937년 7월에 '아동사회학 총회'에서 발표되었다. 그의 건강 상태와 맡고 있던 많은 직책들로 인해 모스는 그곳에 갈 수 없었고 짧은 원고―"몇 가지 관찰들"이라고 모스는 말한다.―를 보냈다. 그리고 자신의 "상대적 무능함"에 대해 사과했다. "제가 아동사회학에 대해 아는 것은 얼마 되지 않습니다. [……] 그러나 사람이 다 알 수도 없을뿐더러 다 할 수도 없습니다. 그리고 제가 여러분의 동의를 구하고자 하는 것은 바로 아동사회학에는 문외한인 한 학자의 시론입니다."(마르셀 모스가 "학회장님"에게 보낸 편지, 1937년 7월 6일.)

　　모스가 그때 아동사회학에 대해 가진 관심은 콜레주 드 프랑스의 앙리 발롱(1879년-1962년)의 존재와 무관하지 않은 것으로 보인다. 심리학과 아동교육 강좌(1935년 개설)를 맡은 발롱은『아동 성격의 기원. 인격 의식의 서곡』(1934)이라는 저서의 저자다. 더군다나 모스의 친구였던 이냐스 메이예르송은 20년대 초에『아동의 그림 기호』라는 연구를 수행했고, 1926년에 장 피아제의 저서『아동기에서 세계의 재현』을 위해 부록을 집필하기도 했다.

87. Marcel Mauss, "Fait social et formation du caractère", 앞의 책, p. 7.

88. 위의 책, p. 9.

89. 자크 수스텔과의 대담, Paris, 6 novembre 1989.

90. Marcel Mauss, "Une catégorie de l'esprit humain : la notion de personne", 앞의 책, p. 361.

91. 콜레주의 "사무총장"은 파트릭 발드베르였을 것이다. 그가『초현실주의의 길』(Bruxelles, Editions de la Connaissance, 1965)이라는 저서에서 지적하듯이 말이다. 발드베르 또한 민족학연구소에서 모스의 강의를 들었다. 사회학 콜레주의 강연에는 다양하고 많은 사람들이 참석했다. 알렉상드르 코제브, 피에르 클로소프스키, 쥘 몬네로, 장 폴랑, 장 발 그리고 어쩌다가 쥘리엥 벵다, 발터 벤야민, 드리외 라 로셸 등이 그들이다.

92. Alfred Métraux, "Rencontre avec les ethnologues", 앞의 책, p. 684.

93. "Note sur la fondation d'un Collège de sociologie" (1937), *in* Denis Ollier, *Le Collège de sociologie*, Paris, Gallimard, coll. Idées, 1979, p. 24.(개정판 출간 예정.)

94. Roger Caillois, "Le sacré du respect", *Revue de l'histoire des religions*, t. 120, 1939, p. 45. 그의 서평 중 일부는 Jean-Clarence Lambert, *Roger Caillois*, Paris, Éditions de la Différence, 1992년에 포함되어 있다.

95. Odile Felgine, "Notice biographique de Roger Caillois", *in* Laurent Jenny (dir.), *Roger Caillois, la pensée aventurée*, Paris, Belin, 1992, p. 271-278. 또한 *Roger Caillois*, Paris, Stock, 1994년을 볼 것.

96. Roger Caillois, *Rencontres*, 앞의 책, 1978, p. 27.

97. 마르셀 모스가 로제 카유아에게 보낸 편지, 1938년 6월 22일. Marcel Fournier, "Marcel Mauss et Heidegger", *Actes de la recherche en sciences sociales*, n° 84, septembre 1990, p. 87을 볼 것.

98. 미셸 레리스가 조르주 바타유에게 보낸 편지, 1939년 7월 3일, *in* Denis Ollier, *Le Collège de sociologie*, 앞의 책, p. 575.

99. Pierre Missac, "Réponse à une enquête de Jacques Bénet", *Les Cahiers du Sud*, n° 216, mai 1939. Denis Ollier, "Mimétisme et castration, 1937"에서 재인용, in Laurent Jenny (dir.), *Roger Caillois, la pensée aventurée*, Paris, Belin, 1992, p.73.

100. Roger Caillois, "Seres del anochecer", *Sur*, décembre 1940, *in* Denis Ollier, *Le Collège de sociologie*, 앞의 책, p. 575.

101. Henri Hubert, *Les Germains*, Paris, Albin Michel, 1952, p. 75. 앙리 위베르는 인류학-사회학 저작들, 특히 그가 "거짓된 과학"이라고 여겼던 아리아인에 대한 바세 드 라푸즈의 저작들에 이의를 제기했다. 위베르는 『역사학 잡지』(78호, 1902년, p. 162)에 가명(앙리 피에르)으로 이 비평을 발표했다. 게르만족과 아리아족의 동일시는 더 더욱 성립되기 어렵다는 것이 위베르의 주장이었다. 그에 의하면 게르만족은 발트 지역에 그 뿌리를 두고 있는 반면, 아리아족은 투르키스탄 지역에 그 뿌리를 두고 있기 때문이었다.(Henri Hubert, "L'origine des Aryens. A propos des fouilles américaines au Turkestan", *L'Anthropologie*, 21, 1910, 519-528.)

102. Ivan Strenski, "Henri Hubert, Racial Science and Political Myth", *Journal of the History of Behavioral Science*, vol. 21, 1987년 10월, p. 353-376.

103. Henri Hubert, *Les Celtes et l'expansion celtique* (1932), Paris, Albin Michel, 1974, p. 29.

104. Henri Berr, "Avant-Propos", Henri Hubert, *Les Germains*, 앞의 책, p. IX.

105. Antoine Meillet, *Introduction à l'étude comparative des langues indo-européennes*, Paris, 1908. 인도-유럽 언어 전문가였지만 이 명칭이 "아주 어색하다."고 느꼈던 메이예는, "아리아족"에 대해 말하는 것을 거절했다. 그는 이렇게 설명하고 있다. "보통 사람들은 '아리아 언어'의 존재로부터 '아리아족'의 존재를 결론짓고 있다. 하지만 이 경

우 표현이 틀린 것이 아니라 의미가 결핍되어 있다." 그리고 인도-유럽인에 대해서 그는 이렇게 덧붙이고 있다. "인도-유럽어의 언어적 통일성이 완벽했다 해도—물론 이것은 사실이 아니다.—, 그로부터 "인도-유럽어족"의 통일성이 있었으리라는 결론이 도출되는 것은 아니다. [……] 언어의 통일성은 인종의 통일성으로 이어지지 않는다."(Antoine Meillet, "Aryens et Indo-Européens", *La Revue de Paris*, 1ᵉʳ décembre 1907, p. 599-614.

106. Marcel Mauss, "Avertissement", Henri Hubert, *Les Celtes et l'expansion celtique*, 앞의 책, p. 10.

107. [역주] 북쪽 사람이라는 뜻.

108. 문법 교수자격자이자 1927년부터 고등연구실천학교 연구 지도교수인 에밀 벤베니스트(1902년-1976년)는 1937년 콜레주 드 프랑스 비교문법 교수직에 올랐다.

109. Marcel Mauss, André Piganiol & René Maunier의 발표 "Les peuples mixtes"(1932)에 이어진 발언, *in* Marcel Mauss, *Œuvres*, t. 2, 앞의 책, p. 573.

110. Marcel Mauss, "Différences entre les migrations des Germains et des Celtes", *Revue de synthèse*, 1939년 2월 17일, p. 23-24, *in* Marcel Mauss, *Œuvres*, t. 2, 앞의 책, p. 573.

111. 위의 책, p. 571.

112. 마르셀 모스가 앙리 위베르에게 보낸 편지, 1924년 4월 9일.

113. Marcel Mauss, Georges Dumézil의 *Le Festin d'immortalité*에 대한 서평, *L'Année sociologique*, 특별호 1, 1925, *in* Marcel Mauss, *Œuvres*, t. 2, 앞의 책, p. 315-316.

114. Marcel Mauss, "La Sociologie en France depuis 1914"(1933), 앞의 책, p. 440.

115. 이 문제에 대해서는 Didier Eribon, *Faut-il brûler Dumézil?*, 앞의 책, p. 140을 볼 것.

116. 예컨대 1933년에 웁살라에서 재직 중이었던 뒤메질은 콜레주 드 프랑스의 종교사 강사직에 자신의 지원을 지지해 달라고 마르셀 모스에게 서신을 보냈다. "분명 콜레주 드 프랑스에는 더 뛰어난 후보들이 없지는 않겠지만, 제 이름이 제2선 후보명단에라도 있다면 저에게는 큰 영광이 될 겁니다."(조르주 뒤메질이 마르셀 모스에게 보낸 편지, 웁살라, 1933년 2월 2일.)

117. Marcel Mauss, "Note", 11 novembre 1941. 이 기록은 모스가 제롬 카르코피노에게 보낸 편지에 동봉되었다.

118. Daniel Lindenberg, *Les Années souterraines, 1937-1947*, Paris, La Découverte, 1990, p. 79. Carlo Ginsburg, "Mythologie germanique et nazisme. Sur un ancien livre de Georges Dumézil"(1984), in *Mythes, Emblèmes, Traces*, Paris, Flammarion, 1989.

119. 디디에 에리봉이 *Faut-il brûler Dumézil?*, 앞의 책, p. 192에서 이것에 대해 밝혔다.

120. Maurice Leenhardt, "Préface", *Les Carnets de Lucien Lévy-Bruhl*, Paris, PUF, 1949, p. XVII.

121) Marcel Mauss, "Conceptions qui ont précédé la notion de matière", '국제 종합센터', '11회 국제 종합 주간'(1939), *in* Marcel Mauss, *Œuvres*, t. 2, 앞의 책, p. 166.

122. 1939년 5월 22일 월요일부터 27일 토요일까지 느베르의 호텔에서 개최된 토론회에는 콜레주 드 프랑스의 교수들(모스, 포레 프레미에, 메이예), 소르본의 교수들(아벨 레이, 페렝) 그리고 고등연구실천학교(마송 우르셀)의 교수들이 참가했다.

123. 위의 책, p. 161.

124. Marcel Fournier, "Durkheim et la sociologie de la connaissance scientifique", *Sociologie et sociétés*, vol. XIV, n° 2, octobre 1982, p. 53-67을 볼 것.

125. [역주] 소르본대학을 뜻한다.

126. [역주] 옥스퍼드대학을 뜻한다.

127. Marcel Mauss, "Conceptions qui ont précédé la notion de matière", 앞의 책, p. 164.

128. 위의 책, 같은 곳.

129. Henri Berr, Marcel Mauss의 발표 "Conceptions qui ont précédé la notion de matière"에 이어진 발언, *in* Marcel Mauss, *Œuvres*, t. 2, 앞의 책, p. 167.

130. Marcel Mauss, "Conceptions qui ont précédé la notion de matière", 앞의 책, p. 168.

131. 위의 책, p. 165.

132. Claude Singer, *Vichy, l'Université et les Juifs. Les silences et la mémoire*, Paris, Les Belles Lettres, 1992, p. 46.

133. Léon Blum, *Le Populaire*, 20 septembre 1938, Jacques Bouillon & Geneviève Vallette, *Munich 1938*, Paris, Armand Colin, 1986, p. 131에서 재인용.

134. 마르셀 데아가 마르셀 모스에게 보낸 편지, 1939년 4월 4일.

135. 마르셀 모스가 마르셀 데아에게 보낸 편지, 1939년 4월 21일.

136. A. Bergounioux, "Le néo-socialisme, Marcel Déat : réformiste traditionnel ou esprit des années trente", *Revue historique*, 1978년 10월-12월, p. 389-412을 볼 것. Zeev Sternhell, *Ni droite ni gauche, L'idéologie fasciste en France*, Paris, Éditions du Seuil, 1983년에서 이 주장에 대해 문제가 제기되었다.

137. Marcel Déat, *Mémoires politiques*, 앞의 책, p. 467.

138. 마르셀 모스가 "친애하는 친구"에게 보낸 편지, 1939년 4월 17일.

139. 위의 편지.

에필로그

1. 모리스 알브바크스가 마르셀 모스에게 보낸 편지, 1939년 9월 30일. 이 편지를 쓸 때 알브바크스는 근심이 많았다. "저의 큰 아들(철학교수직을 획득한)이 17일 투르에서 징집되었습니다. 지금까지 징집 유예를 받았는데, 훈련을 받고 있고, 아마 공군기술병이 될 것입니다. 마찬가지로 징집 유예를 받았던 막내도 39년 입대 동기생들과 떠나야 합

니다."

2.　위의 편지.

3.　모리스 레엔아르트가 마르셀 모스에게 보낸 편지, 누벨 칼레도니, 1939년 2월 17일.

4.　미셸 레리스가 마르셀 모스에게 보낸 엽서, 알제리, 1939년 10월 11일. 또한 이듬해 1월 5일에 "아프리카의 군인"이 된 레리스는 "커다란 존경심과 충실한 마음"을 전하면서 모스에게 신년 인사를 보냈다.

5.　마르셀 모스가 앙리 샤를르 퓌에슈에게 보낸 편지, 1939년 11월 13일.

6.　마르셀 모스가 앙리 샤를르 퓌에슈에게 보낸 편지, 1939년 10월 16일.

7.　마르셀 모스가 앙리 샤를르 퓌에슈에게 보낸 편지, 1939년 11월 13일.

8.　마르셀 모스가 "친애하는 친구"에게 보낸 편지, 1939년 11월 24일.

9.　마르셀 모스가 카미유에게 보낸 편지, 1939년 11월 14일.

10.　Marcel Mauss, "Lucien Lévy-Bruhl", *Le Populaire*, 16 mars 1939, p. 4.

11.　Marcel Mauss, "Lucien Lévy-Bruhl (1857-1939)", *Annales de l'université de Paris*, 14, 1939, *in* Marcel Mauss, *Œuvres*, t. 3, 앞의 책, p. 565. 같은 해에 모스는 뤼시엥 레비브륄에 대한 세 번째 추도문을 『철학 잡지』(127, 1939. p. 251-253)에 실었다.

12.　뤼시엥 레비브륄의 『연구 수첩』은 모리스 레엔아르트의 긴 서문과 함께 1949년에 프랑스 대학출판사에서 출간되었다.

13.　"무엇이 부글레 님의 죽음(안타깝게도 예고된)만큼 저를 슬프게 할 수 있을까요! 그 분은 선생님처럼 정말 좋은분이었습니다."(앙드레 바라냑이 마르셀 모스에게 보낸 편지, 1940년 1월 25일.)

14.　Maurice Halbwachs, "Céléstin Bouglé sociologue", 앞의 책, p. 47.

15.　찰스 G. 셀릭맨이 마르셀 모스에게 보낸 편지, 옥스퍼드, 1939년 12월 9일.

16.　마르셀 모스가 "친애하는 친구"에게 보낸 편지, 1939년 11월 27일.

17.　마르셀 모스가 "친애하는 친구"에게 보낸 편지, 1939년 11월 13일.

18.　마르셀 모스가 "친애하는 친구"에게 보낸 편지, 1939년 4월 17일.

19.　마르셀 모스가 R. P. 뒤부아에게 보낸 편지, 파리, 1939년 10월 23일.

20.　마르셀 모스가 "친애하는 친구"에게 보낸 편지, 1939년 11월 24일.

21.　마르셀 모스가 카미유에게 보낸 편지, 1939년 11월 14일. 모스가 언급하고 있는 오스트레일리아 사람들은 1914년-1918년 동안에 그가 함께 싸웠던 사람들이다.

22.　마르셀 모스가 "친애하는 친구"에게 보낸 편지, 1939년 11월 27일.

23.　위의 편지.

24.　"티키와 세계, 대우주 그리고 소우주에 대하여"라는 연구는 원래 1938년 2월에 끝나야 했다. 모스는 그때 "자기에게 하와이 신화들을 다르게 생각하게끔 해줬던 데이빗 멜로와 에이브러햄 포낸더의 최근 6권의 저서에" 대하여 상대적으로 만족감을 표시했다.(마르셀 모스가 알프레드 메트로에게 보낸 편지, 1938년 2월 24일.)

25.　마르셀 모스가 찰스 G. 셀릭맨에게 보낸 편지, 1940년 4월 16일.

26. 마르셀 모스가 "친애하는 친구"에게 보낸 편지, 1940년 11월[4월]

27. 위의 책.

28. 마르셀 모스가 "친애하는 친구"에게 보낸 편지, 1940년 4월 2일.

29. 마르셀 모스가 찰스 G. 셀릭맨에게 보낸 편지, 1940년 4월 16일.

30. 마르셀 모스가 "친애하는 처남"에게 보낸 편지 1940년 5월 21일.

31. 마르셀 모스가 "친애하는 처남"에게 보낸 편지 1940년 5월 21일.

32. 마르셀 모스가 찰스 G. 그리고 브렌다 셀릭맨에게 보낸 편지, 1940년 5월 7일.

33. 위의 편지. 하지만 모스는 그의 제자들 중 한 명인 폴에밀 빅토르에 대해 걱정을 많이 했다. 그는 라포니에서 임무를 수행하고 있었다. "[……] 그는 다행스럽게 정식 군인으로 근무 중이었고 보슈들을 피할 수 있었다."(마르셀 모스가 찰스 G. 셀릭맨에게 보낸 편지, 1940년 4월 16일.)

34. 모스는 "말단의 일"이라고 규정하고 있다.(마르셀 모스가 "친애하는 처남"에게 보낸 편지, 1940년 5월 21일.)

35. 마르셀 모스가 "장관님"에게 보낸 편지, 1938년 11월 7일. 모스는 외무부에 근무 중이었던 장 마르크스에게도 중재를 부탁했다. 골드버그는 신화학에 대한 저작들의 저자였고, 케스페리는 로마법 전문가였다. 프랑스에 도착하자 이들 두 사람 모두 카르모의 집결소에 "갇히게" 되었다. 그들은 그곳에서 "풀려나기" 위해 그들의 "보호자"에게 계속해서 호소했다.(아돌프 케스페리가 마르셀 모스에게 보낸 편지, 1939년 9월 29일.)

36. 에르만 베이유는 미국으로 향하던 중 1941년 가을에 죽었다. 포세의 협력자였고 종교사, 일반법 역사, 셈족법의 역사 전문가였던 그는 1938년 국적을 취득했다. 그는 과학 기금의 장학금도 받았다. "그는 전문가들 사이에서 많이 알려진 인물이었다. 실제로 그럴 만큼 그는 박식했다. [……] 또한 그는 수줍고도 양심적이었다. 이것이 아무런 의미도 갖지 않는다고 할 수는 없다." (Marcel Mauss, "Notice biographique de Hermann Weil," 위베르-모스 자료집, 콜레주 드 프랑스 기록보관실, 날짜 없음, p. 1.)

37. 마르셀 모스가 "장관님"에게 보낸 편지, 1940년 4월 2일.

38. 마르셀 모스가 "나의 소중한 레이몽에게" [아롱], 1940년 5월 7일.

39. 14구 구청장이 마르셀 모스에게 보낸 편지, 1940년 6월 11일.

40. 마르셀 모스가 찰스 G. 그리고 브렌다 셀릭맨에게 보낸 편지, 1940년 5월 7일

41. 모리스 레엔아르트가 마르셀 모스에게 보낸 편지, 1940년 7월 11일. 이 편지에서 레엔아르트는 고등연구실천학교의 미래에 대해서도 암시하고 있다. "고등연구실천학교의 방어를 생각해야 되나요? 선생님은 학교가 옮겨가야 할 장소에 대해 제게 말씀하셨습니다. 그곳이 어디입니까? 남불(南佛)에 있는 대학들에는 자리가 있긴 합니다."

42. Claude Singer, *Vichy, l'Université et les Juifs. Les silences et la mémoire*, 앞의 책, 1992년을 볼 것.

43. 뤼시엥 페브르는 이 문제로 괴로워했다. 그는 "17살 된 아들을 안전한 곳에 두고, 개인적으로 프랑스 비점령 지역과의 접촉을 유지하려는" 생각에 얼마 전에 파리를 떠났지

만 곧장 되돌아오려 했다. "운명 앞에서 이렇게 도망쳐 다니는 것은 완전히 헛되어 보입니다. [……]"(뤼시엥 페브르가 에드몽 파랄에게 보낸 편지, 생 아무르[쥐라], 1940년 7월 8일.) 에드몽 파랄은 콜레주 드 프랑스의 행정책임자였다.

44. Alfred Sauvy, *Vie économique des français de 1939 à 1945*, Paris, Flammarion, 1978, p. 122-123.

45. Gilles Ragache & Jean-Robert Ragache, *La Vie quotidienne des écrivains et des artistes sous l'occupation, 1940-1944*, Paris, Hachette, 1988년을 볼 것. 르네 모니에는 「사회현상으로서의 줄서기」라는 짧은 글을 썼고, 그것을 *Précis d'un traité de sociologie*(Paris, Domat-Montchrestien, 1943년, p. 103-113)에 포함시켰다.

46. 마르셀 모스가 "시장님"에게 보낸 편지, 1940년 10월 22일.

47. 마르셀 모스가 "장관님"에게 보낸 편지, 1940년 9월 26일.

48. 제5분과 위원회 회의록(고등연구실천학교, 종교학 분과, 기록 3호, p. 943.)

49. Georges Dumézil, *Entretiens avec Didier Éribon*, Paris, Gallimard, 1987, p. 49.

50. 마르셀 모스가 조르주 다비에게 보낸 편지, 1940년 12월 17일.

51. 마르셀 모스가 "친애하는 위베르"(슈밥)에게 보낸 편지, 1940년 12월 3일.

52. Robert Paxton, *La France sous Vichy : 1940-1941*, Paris, Le Seuil, 1973, p. 171.

53. 날짜 없음. 손으로 쓴 노트다.(CXII, 모스 27 A, 콜레주 드 프랑스 기록보관실.)

54. 알베르 바이에가 연맹 가입을 갱신해줘서 고맙다는 인사를 하기 위해 마르셀 모스에게 1938년 초에 쓴 편지가 그것을 증명하듯이 말이다.

55. Jean Poirer, "Marcel Mauss et l'élaboration de la science ethonologique", 앞의 책, p. 212.

56. Marcel Mauss, J. G. Frazer의 "The Origin of Circumcision"에 대한 논평, *L'Année sociologique*, in Marcel Mauss, *Œuvres*, t. 1, 앞의 책, p. 142.

57. [역주] 「출애굽기」23:19.

58. Marcel Mauss, "Critique interne de la légende d'Abraham" (1926년), *in* Marcel Mauss, *Œuvres*, t. 3, 앞의 책, p. 532. 이스라엘 레비의 제자들과 친구들이 그의 70세 생일 때 헌정용으로 출간한 『유대 연구 잡지』의 특별호에 실린 글이다.

59. Marcel Mauss, "Sylvain Lévi" (1935), *in* Marcel Mauss, *Œuvres*, t. 3, 앞의 책, p. 542.

60. 아돌프 케스페리가 마르셀 모스에게 보낸 편지, 1939년 9월 29일.

61. 마르셀 모스가 로버트 H. 로위에게 보낸 편지, 1940년 11월 1일. 위베르 슈밥은 과학과 문학학사 자격을 땄으며, 민족학연구소와 고등연구실천학교의 종교학 분과에서 강의를 들었다. 모스는 스미소니안 쪽에도 같은 교섭을 했다.

62. "반유대주의 운동은 여기서 매일 확산되고 있다."(마르셀 모스가 에드가르 미요에게 보낸 편지, 1938년 11월 7일.)

63. George Montandon, *L'Ethnie française*, Paris, Payot, 1935, p. 139. 몽탕동은 이렇게 쓰고 있다. "이것은 정말 역설적으로 들리겠지만, 유대인종은 없지만 유대인적 인종 형태

는 그래도 있다고 말할 수 있다."(같은 책, p. 144) 그러니까 몽탕동이 권장했던 유대인 문제의 해결책은 독립된 팔레스타인의 창설이었다. "팔레스타인 여권을 갖춘 팔레스타인을 받아줄 이스라엘인들은 그들의 땅 밖에서는 외국인 자격으로 있게 될 것이다. 다른 사람들 역시 동화되지 않을 이유가 없을 것이다."(같은 책, p. 145)

64. Georges Friedmann, *Fin du peuple juif?*, Paris, Gallimard, 1965, p. 7. 대학 교수직을 계속 맡을 수 있도록 "특별사면 간청할" 가능성이 자기에게 주어졌지만, 프리드만(가스통 프로멩텡)은 이를 거절했다. 1941년 1월에 그는 '전투(Combat)'에 가입했다. 대학에서 배척당한 마르크 블로크는 예외로 인정되어 몽펠리에대학에서 계속 가르치게 되었다. 하지만 그는 패전을 거부했고, 페텡 정부에 대해 적대적이었다. 1942년 말에 그는 '레지스탕스 연합운동'에 가입하기에 이른다.(Adam Rayski, *Le Choix des juifs sous Vichy*, Paris, La Découverte, 1992, p. 278-296.)

65. 마르셀 모스가 "친애하는 위베르"에게 보낸 편지, 1940년 12월 3일.

66. Agnès Humbert, *Notre guerre*, Paris, Éditions Émile-Paul Frères, 1946, p. 23.

67. 이냐스 메이예르송이 마르셀 모스에게 보낸 편지, 툴루즈, 1943년 10월 24일.

68. 앙리 레비브륄이 1941년 5월에 다른 중앙위원회의 위원들과 함께 서명한 발의문을 볼 것.(*In* Claude Singer, "L'engagement des intellectuels juifs face à Vichy", *Pardès*, n° 16, 1992, p. 104.)

69. Raymond Aron, *Mémoires, 50 ans de réflexion politique*, Paris, Julliard, 1983.

70. Claude Singer, *Vichy, l'Université et les Juifs. Les silences et la mémoire*, 앞의 책, 1992년을 볼 것.

71. 뉴욕에서 체류하는 동안 레비스트로스는 많은 연구를 했다. 출간되었거나 출간 준비 중인 10여 편의 논문, 남비쿠아라족 인디언들의 가족과 사회생활에 대한 저서, 혈통 체계에 대한 다른 저서 등이 그것이다. 특히 이 마지막 연구에 대해 언급하면서 레비스트로스는 모스의 「증여론」이 출발점이었며, 거기에서 직접적인 영감을 얻었다고 인정하고 있다.(클로드 레비스트로스가 마르셀 모스에게 보낸 편지, 뉴욕, 1944년 10월 2일.)

72. Carole Fink, *Marc Bloch, A Life in History*, Cambridge University Press, 1989년을 볼 것.

73. 마르셀 모스가 에드몽 파랄에게 보낸 편지, 1941년 3월 30일.

74. 마르셀 모스가 "장관님"에게 보낸 편지, 1941년 3월 30일. 카르코피노는 그의 저서 『7년간의 회상, 1937년-1944년』(Paris, Flammarion, 1953)에서 어떻게 "이 제약[유대인들에 대한 법]을 사람들에게 가장 덜 무겁게 적용할 수 있는 수단을 강구하려" 애썼는지를 설명하고 있다. 그는 이렇게 덧붙이고 있다. "[……] 나는 결코 반유대주의자가 아니었다. [……] 나는 그들[그의 많은 친구들]에게 가해졌던 부당한 행위 때문에 괴로워 했다." (p. 245.)

75. 제롬 카르코피노는 종교사에 대한 관심으로 인해 규칙적으로 에른스트 르낭 협회 활동에 참여하게 되었다. 그는 1932년 이 협회의 회장이 되었으며, 거기에서 고등연구실 천학교 종교학 분과의 교수들을 만났다. 그 중에는 마르셀 모스도 있었다. 모스는 1935

년-1936년에 이 협회의 회원이었다.

76. 마르셀 모스가 "장관님"에게 보낸 편지, 1941년 6월 24일. "장[관]님"에게 보낸 편지 (날짜 없음)에서, 모스는 자기의 상황에 대해 몇 가지 정확한 설명을 하고 있다. "저의 개인적 수입은 여러 가지 정황으로 인해 감소되었습니다. [……] 주식에서 나오는 수입은 동결되었고 [……], 재산에서 나오는 수입은 거의 없습니다. [……] 제 동생과 저는 여러 가지 이유로 지금보다 더 참담한 상황을 걱정해야 합니다." 언급된 재산은 에피날에 있는 가족 소유의 집이다.

77. 제롬 카르코피노가 마르셀 모스에게 보낸 편지, 1941년 6월 27일.

78. 앙리 발롱과 앙리 포시옹의 경우는 예외였다. 두 사람은 1942년 7월에 반국가 활동으로 인해 면직되었다. 중세 예술사 전문가인 포시옹은 그때 뉴욕으로 갔다. 거기에서 그는 1943년에 사망할 때까지 '고등교육 자유학교'를 운영했다. 의사이자 심리학 교수였 앙리 발롱은 레지스탕스 조직인 '대학 국가전선'의 일원이었다. 그는 아드리엥이라는 가명 하에 지도위원회에서 활동했다.(Christophe Charle, Éva Telkès, *Les Professeurs du Collège du France*, 앞의 책.)

79. 1943년 3월 14일 회의 때 논의된 세 개의 제안은 다음과 같았다. 뤼시엥 페브르의 제안(유럽 인본주의사), 에티엔느 질송의 제안(현대 정신과학사)과 앙리 피에롱의 제안(집단심리학)이다. 이 세 번째 제안이 두 번째 투표에서 우세하게 된다.

80. 파리대학 심리학연구소의 설립자이자 콜레주 드 프랑스의 감각생리학 교수였던 앙리 피에롱의 추천을 받았던 모리스 알브바크스는 1944년 2월 26일자 회합에서 쉽게 선출되었다. 총 29표 중 25표가 찬성이었다. 34살의 철학 교수자격획득자인 장 스토에젤이 제2선 후보로 뽑혔다. 자기 보고서의 결론에서 앙리 피에롱은 알브바크스를 "수많은 저작의 권위를 가지고 있고, 따라서 장차 풍부한 결실을 맺으면서 학계에 가장 큰 영향을 줄 사람"으로 소개하고 있다.(콜레주 드 프랑스 기록보관실, C-XII-알브바크스-2.)

81. 모리스 알브바크스, "호적 사항 선언", 1944년 6월 3일.(콜레주 드 프랑스 기록보관실.)

82. 1928년 조르주 몽탕동이 프랑스 인류학연구소 회원으로 임명되었을 때, 폴 리베가 그를 후보로 추천했고, 뤼시엥 레비브륄과 마르셀 모스가 그를 지지했다.("L'Institut français d'anthropologie", *L'Anthropologie*, t. 38, 1-2, 1928, p. 135.)

83. 나치 이념의 진정한 창시자로 여겨졌던 몽탕동의 반유대주의는 단순히 정신착란으로 보인다. 그는 독일인 동료인 구엔터 교수에게 1938년 다음과 같은 내용의 편지를 쓰고 있다. "[……] 개인적으로 저는 몇몇 사례에서는 유대인 여성에게서 코끝을 잘라내는 조처가 적절하다고 봅니다. 실제로 여자들이 남자들보다 덜 위험한 것이 아닙니다." (Joseph Billig, *Le Commissariat générale aux Questions juives*, Paris, Éditions du Centre, t. 1, 1955, p. 139.)

84. Claude Singer, *Vichy, l'Université et les Juifs*, 앞의 책, p. 194 이하, 그리고 Pierre Birnbaum, "Georges Montandon : l'anthropologue vichyste au service du nazisme", *Histoire des haines nationalistes*, Paris, Éditions du Seuil, 1993, p. 187 이하의 "La France

aux Français"에 수록된 것, 그리고 William Schneider, *Quality and Quantity : The Quest for Biological Regeneration in Twentieth Century France*, Cambridge University Press, 1991년을 볼 것.

85. 1923년부터 파리 인류학파의 책임자였던 루이 마랭은 정치인이기도 했다. 1940년 봄의 독일 침공 때 그는 폴 레노 내각의 장관이었다. 마랭이 책임자로 있었던 『인류학 잡지』와 그가 회장으로 있었던 '파리 무역지리학협회'는 국가적 혁명을 지지했다. 하지만 극렬한 반독일주의자였던 마랭은 1940년에 강화조약 투표와 페텡 장군의 전권에 반대했다. 게슈타포의 체포령 아래 그는 1944년 4월 1일에 프랑스를 떠나 영국으로 갔다.(Herman Lebovics, "Le conservatisme en anthropologie et la fin de la Troisième République", *Gradhiva*, n° 4, été 1988, p. 3-17, 번역자의 주 포함)

86. Daniel Lindenberge, *Les Années souterraines, 1937-1947*, Paris, La Découverte, 1990, p. 65-70, 또한 Chritian Faure, *Le Projet culturel de Vichy, Folklore et Révolution nationale, 1940-1944*, Lyon, Presses universitaires de Lyon, 1989년을 볼 것.

87. Marcel Maget, "A propos du musée des Arts et Traditions populaires", *Genèse*, 10 janvier 1993, p. 95.

88. 베르나르 모푸알(1906년-1942년)의 경우도 마찬가지였다. 그는 민족학연구소의 졸업생이었으며, 식민지(세네갈, 귀네 프랑세즈, 다오메) 행정책임자가 되었다. 1942년에 대기 발령을 받자 그는 카오르-아스튀리 레지스탕스 망을 조직했다.

89. Martin Blumenson, *The Vildé Affaire*, Boston, Houghton Miflin, 1977, p. 23.

90. Germaine Tillion, "Première résistance en zone occupée", *Revue d'histoire de la Seconde Guerre Mondiale*, 1955, p. 11.

91. Michel Leiris, *Journal, 1922-1989*, Paris, Gallimard, p. 337.

92. 마르셀 모스, "Notes sur Mmémerouchkowsky", 날짜 없음 [1941년], 위베르-모스 자료함, 콜레주 드 프랑스 기록보관실.

93. Patrick Ghrenassia, "Anatole Lewitzky. De l'ethnologie à la Résistance", *La Liberté de l'esprit. Visage de la Résistance, La Manufacture*, 특별호, n° 16, automne 1987, p. 237-253에 수록. 같은 특별호에서 Yves Lelong, "L'heure très sévère de Boris Vildé", 위의 책, p. 329-341도 볼 것.

94. 로마사 교수인 제롬 카르코피노는 점령 동안에 계속해서 파리고등사범학교 총장, 파리대학 장학관, 교육부 장관을 역임하게 된다. 카르코피노는 모스와 그의 친구들 몇몇을 잘 알고 있었다. 그들 중에는 셀레스탱 부글레와 모리스 알브바크스도 들어 있었다. 알브바크스는 1942년에 『복음서들의 전설적 지형학』을 출간했을 때, 카르코피노에게 다음과 같은 헌정사를 담아 그에게 이 책을 보냈다. "카르코피노 혜존. 우정과 존경을 표합니다."(Jérôme Carcopino, *Souvenirs de sept ans, 1937-1940*, Paris, Flammarion, 1953, p. 590.)

95. 마르셀 모스가 "친애하는 분"에게 보낸 편지, 1941년 3월 11일.

96. 마르셀 모스, "Notes sur Mlle Oddon", 날짜 없음 [1941년 3월], 위베르-모스 자료함, 콜레주 드 프랑스 기록보관실.

97. 마르셀 모스, "Notes sur M. Lewitzky", 날짜 없음 [1941년 3월], 위베르-모스 자료함, 콜레주 드 프랑스 기록보관실.

98. 『유대인-결사단 인간박물관』은 1941년 11월 13일에 『르 필로리』지에 게재된 글로, 자크 플롱카르라는 민족학연구소의 졸업생이 쓴 것이다.(Michel Leiris, *Journal*, 앞의 책, p. 346.)

99. Jérome Carcopino, *Souvenirs de sept ans*, 앞의 책, p. 474.

100. 마르셀 모스가 올렉 르비츠키에게 보낸 편지, 1942년 5월 19일.

101. 마르셀 모스가 이냐스 메이예르송에게 보낸 엽서, 1941년 2월 3일.(이냐스 메이예르송 자료함.)

102. 마르셀 모스가 "관리인"에게 보낸 편지, 1941년 2월 11일.

103. 마르셀 모스가 "장관님"[제롬 카르코피노]에게 보낸 편지, 1941년 11월 11일. 모스는 이 편지에 그의 옛 제자이자 동료를 칭송하는 긴 메모를 동봉했다. 이 메모에서는 "[고등연구실천학교]의 가장 빛나는 선생들 중 한 명", "아주 많고, 항상 독창적이고, 계속해서 어려운, 잘 보완된 연구", "여러 언어를 구사하는 주목할 만한 언어학자이자 전문가", "프랑스의 가장 박학한 언어학자들 중 한 명" 등과 같은 표현을 볼 수 있다. 이 주제에 대해서는 Didier Eribon, *Faut—il brûler Dumézil?*, 앞의 책, p. 211 이하를 볼 것.

104. 마르셀 모스가 "나의 소중한 프라슈"에게 보낸 편지, 1942년 5월 5일.

105. 예컨대 인간박물관의 보전담당 M. 페도로브스키를 위해서 했던 일이었다.

106. 마르셀 모스가 이냐스 메이예르송에게 보낸 엽서, 1941년 3월 16일.(이냐스 메이예르송 자료함.)

107. 마르셀 모스가 이냐스 메이예르송에게 보낸 편지, 1941년 7월 27일.(이냐스 메이예르송 자료함.) 모스는 다른 편지에서 다음과 같은 말로 거절에 대해 해명했다. "나는 요즈음 내가 거의 존중하지 않는 […] 대중을 위해 글을 더 쓰고 싶은 욕망이 조금도 없네. 물론 이것은 오로지 학문적 관점에서일 뿐이네. 만일 내가 다른 것, 가령 대중의 정신적 혼수상태에 대해 말했다면, 그것은 더 참혹할 걸세."(마르셀 모스가 이냐스 메이예르송에게 보낸 편지, 1942년 1월 16일, 이냐스 메이예르송 자료함.)

108. 이냐스 메이예르송이 마르셀 모스에게 보낸 편지, 1941년 9월 19일.

109. 마르셀 모스가 이냐스 메이예르송에게 보낸 편지, 1939년 4월 17일.

110. Marcel Mauss, Robert Marjolin의 발표 "Rationalité et irrationalité des mouvements économiques de longue durée"에 이어진 발언, *Annales sociologiques*, série D, fascicule 3, 1938, *in* Marcel Mauss, *Œuvres*, t. 3, 앞의 책, p. 249.

111. Marcel Mauss, "Conceptions qui ont précédé la notion de matière" (1939), 앞의 책, p. 162.

112. "일반적으로 그리고 많은 경우, 물리적, 화학적 또는 유기적인 목적을 얻기 위해 동원되

고, 조직적이며 전통적인 일군의 운동이나 행위를 기술이라 부른다."("Les techniques et la technologie", 1941, 앞의 책, p. 252.) 모스는 이 규정에 의거해 순수하게 기술적 영역에서 종교와 예술을 배제할 수 있었다.

113. 위의 책, p. 254.

114. 마르셀 모스가 이냐스 메이예르송에게 보낸 편지, 1941년 7월 6일.(이냐스 메이예르송 자료함.)

115. Marcel Mauss, "Les techniques et la technologie", 1941, 앞의 책, p. 25쪽.

116. 위의 책, p. 256.

117. 마르셀 데아 역시 이와 같은 생각들을 발전시켰지만, 다른 방법에 의해서였다. 이중의 쇠퇴—자유자본주의 경제 체계의 쇠퇴와 이 체계와 연결된 문명의 쇠퇴—의 결말로 나타나는 위기에서 벗어나기 위해, 데아는 유럽 수준에서 발발하게 될, 그리고 "점진적 이고 계획된 대구축의 양상을 띠게 될" 하나의 혁명을 제안하고 있다.

118. 위의 책, 같은 곳.

119. 마르셀 모스가 이냐스 메이예르송에게 보낸 편지, 1943년 7월 12일.(이냐스 메이예르송 자료함.)

120. 1944년 2월, 생 베누아 쉬르 누아르에서 체포된 막스 야콥은 1944년 3월 5일에 드랑시 수용소에서 죽었다. 로베르 데스노는 1943년 2월 22일에 마자린 가(街)에서 체포되었다.

121. "노란 별 위에서"라는 제목의 소네트에서 볼 수 있는 것처럼 말이다. 이 소네트는 파리 14구 알베르 소렐 가(街) 13번지에 살았던 샤를르 드 루브르가 모스에게 건네 준 것이 다. 이 소네트는 다음과 같은 행으로 끝난다. "오, 유대인들이여, 당신들 중 누구를 만나 더라도, 나는 경의를 표합니다."

122. 마르셀 모스가 이냐스 메이예르송에게 보낸 편지, 1942년 9월 7일.(이냐스 메이예르송 자료함.)

123. 모리스 레엔아르트가 마르셀 모스에게 보낸 편지, 1942년 2월 1일. 40개 이상의 상자에 든 책들이 옮겨졌는데, 그 중 대부분은 박물관 도서실의 다른 책들과 따로 분류되었다. 거기에는 거의 모든 종류의 책이 있었다. 오스트레일리아, 북극, 아메리카 대륙, 아시아 등에 대한 책들, 일반사회학 책들, 조레스의 『작품집』과 민법 등을 위시한 정치 에세이 들 등이 그것이다. 또한 뒤르켐이 소장했던 책들도 있었다. D. 고티에의 『프랑스 법의 역사 개요』(1884) 등이 그것이다.

124. 마르셀 모스가 이냐스 메이예르송에게 보낸 편지, 1942년 12월 23일.(이냐스 메이예르 송 자료함.)

125. 마르셀 모스가 이냐스 메이예르송에게 보낸 편지, 1942년 9월 7일.(이냐스 메이예르송 자료함.)

126. 마르셀 모스가 이냐스 메이예르송에게 보낸 편지, 1943년 6월 4일.(이냐스 메이예르송 자료함.)

127. 모리스 레엔아르트가 마르셀 모스에게 보낸 편지, 1942년 2월 1일.

128. 마르셀 모스가 "간호원"에게 보낸 편지, 1942년 5월 5일. 모스는 "짧았지만 아주 고통스러웠던 이질을 겪은 이후 아주 허약해진" 것에 대해 개탄했다.(마르셀 모스가 "의사"에게 보낸 편지, 1942년 3월 10일.)

129. 마르크 사르두 의사가 마르셀 모스에게 보낸 편지, 1942년 11월 3일.

130. 마르셀 모스가 M. 프티에게 보낸 편지, 1942년 6월 9일.

131. 마르셀 모스가 이냐스 메이예르송에게 보낸 편지, 1942년 6월 13일.(이냐스 메이예르송 자료함.)

132. 마르셀 모스가 이냐스 메이예르송에게 보낸 편지, 1942년 7월 12일.(이냐스 메이예르송 자료함.)

133. 마르셀 모스가 이냐스 메이예르송에게 보낸 편지, 1942년 8월 22일.(이냐스 메이예르송 자료함.)

134. 마르셀 모스가 이냐스 메이예르송에게 보낸 편지, 1943년 2월 14일.(이냐스 메이예르송 자료함.)

135. 샤를르 포세가 마르셀 모스에게 쓴 편지, 몬테 카를로, 1943년 9월 13일.

136. 샤를르 포세가 마르셀 모스에게 보낸 편지, 1943년 1월 13일. 그 다음 달에 포세는 이렇게 쓰고 있다. "나는 항상 훌륭한 책을 쓰는 것보다는 훌륭한 제자를 키워내는 게 더 가치 있다고 생각했네. 하지만 자네는 책 한 권을 거의 다 마쳤으니, 그걸 우리에게 넘겨 줘야 하네."(샤를르 포세가 마르셀 모스에게 보낸 편지, 1943년 2월 11일.)

137. 마르셀 모스가 이냐스 메이예르송에게 보낸 편지, 1943년 6월 4일.(이냐스 메이예르송 자료함.) 드니즈 폴룸이 모스에게 그의 강의 노트들을 출간할 의향을 전달했을 때, 그는 다음과 같이 말하면서 탁자를 두들겼다. "좋아, 제대로 한 번 만들어보세."(드니즈 폴룸과의 대담, Paris, 20 février 1989.) 이 저서는 1947년에 『민족지학 개요』(Paris, Payot)라는 제목으로 출간되었다.

138. "가장 신경에 거슬리는 것은, 내가 당연히 받아야 했을 간호를 받지 못했다는 것이네. 근본적으로는 안심이지만, 나는 아직 전립선이 걱정되네. [……] 또한 내 손이 너무 약하고, 손가락과 발에 마비가 오는 것도 걱정이네."(마르셀 모스가 이냐스 메이예르송에게 보낸 편지, 1943년 3월 18일. 이냐스 메이예르송 자료함.) 모스 자신이 지적하고 있듯이, 그의 병의 주요 원인은 아마 "그 악마 같은 당뇨"였다. 그는 1939년부터 당뇨를 치료할 수 없었다. 그는 당뇨로 인해 끊임없이 "밤마다 고문당했다."(마르셀 모스가 이냐스 메이예르송에게 보낸 편지, 1942년 5월 31일. 이냐스 메이예르송 자료함.)

139. 마르셀 모스가 이냐스 메이예르송에게 보낸 편지, 1942년 7월 20일.(이냐스 메이예르송 자료함.)

140. 마르셀 모스가 이냐스 메이예르송에게 보낸 편지, 1943년 6월 4일.(이냐스 메이예르송 자료함.)

141. 이 내용은 두 쪽 분량의 줄 간격이 없는 타자본 원고인데, 1942년 아니면 1943년에 쓰였다. "위기들에 대한 노트"(1쪽.), "부르주아지의 기원"(1쪽.)

142. Marcel Mauss, "Notes sur les crises", 앞의 책, p. 1.

143. 위의 책, 같은 곳.

144. 마르셀 모스가 이냐스 메이예르송에게 보낸 편지, 1943년 6월 4일.(이냐스 메이예르송 자료함.)

145. 마르셀 모스가 이냐스 메이예르송에게 보낸 편지, 1943년 3월 18일.(이냐스 메이예르송 자료함.)

146. 마르셀 모스가 이냐스 메이예르송에게 보낸 편지, 1943년 4월 16일.(이냐스 메이예르송 자료함.)

147. 마르셀 모스가 이냐스 메이예르송에게 보낸 편지, 1943년 6월 4일.(이냐스 메이예르송 자료함.)

148. 클로드 레비스트로스에 따르면 이것은 1944년 1월 날짜의 통지서이다.(클로드 레비스트로스가 마르셀 모스에게 보낸 편지, 뉴욕, 1944년 10월 2일)

149. 제르멘 틸리옹이 마르셀 모스에게 보낸 편지, 1945년 9월. 제르멘 틸리옹은 그 당시 두브에서 쉬고 있었다. "[……] 감옥에 있었던 동안에 저는 지하 연락망을 통해 선생님의 소식들을 계속 받았습니다. 하지만 독일에 있게 되면서부터 저는 선생님에 대해 아주 불안했습니다. [……] 선생님이 기적적으로 위기를 모면한 것을 알게 되어 저로서는 커다란 위안이었습니다. [……]"

150. 샤를르 포세가 마르셀 모스에게 보낸 편지, 1944년 11월 6일.

151. 모스는 몽탕동의 학식을 높이 평가했지만, 항상 그의 연구에 대해서는 비판적이었다. "[……] 그가 하는 것은 모두 좋지 않다."(마르셀 모스가 "부인"[?]에게 보낸 편지, 1939년 7월 11일.)

152. Marcel Déat, *Rassemblement national populaire*, Paris, Aux Armes de France, 1944, p. 109, Zeev Sternhell, *Ni droite ni gauche*, 앞의 책, p. 52에서 재인용. 스스로 뒤르켐과 레비브륄 같은 스승들의 사상으로 양식을 삼는다고 말하고 있음에도 불구하고, 데아가 그 "근원적 바탕"을 히브리 사람들의 방황에 대한 성적인 이야기에 두고 있는 "뒤르켐의 이론"을 비판하지 않는 것은 아니었다. 뒤르켐은 아주 단순히 "야훼와 오직 신앙에 의해서만 버틸 수 있었을 뿐이었고, 자기들의 땅을 가지지 못한 이 민족의 들끓는 집단의식을 동일시" 했을 수도 있다.(Marcel Déat, *Mémoires politiques*, 앞의 책, p. 171, p. 618.)

153. Marcel Déat, *Mémoires politiques*, 앞의 책, p. 609.

154. Marcel Déat, "Vers un État juif", *Cahiers Jaunes*, mais 1943, Pierre Birnbaum, "La France aux Français", *Histoire des haines nationalistes*, Paris, Éditions du Seuil, 1993, p. 237에서 재인용.

155. Marcel Déat, *Mémoires politiques*, 앞의 책, p. 619.

156. 위의 책, 같은 곳.

157. 이본 알브바크스가 콜레주 드 프랑스의 책임자 에드몽 파랄에게 편지를 쓴다. "제 남편

이 어제 게슈타포에 의해 체포되었다는 사실을 알려드립니다. 이 체포는 그 전날 저녁에 있었던 제 아들들의 체포에 이어진 것입니다."(이본 알브바크스가 에드몽 파랄에게 보낸 편지, 1944년 7월 27일. 콜레주 드 프랑스 기록보관실.)

158. Abram Epstein, "Quelques faits sur Buchenwald et la mort de MM. Halbwachs et Maspero", 날짜 없음.(콜레주 드 프랑스 기록보관실, C-XII-알브바크스-19). Pierre Bourdieu, "L'assassinat de Maurice Halbwachs", *Liberté de l'esprit*, 앞의 책, p. 161-168 도 볼 것.

    콜레주 드 프랑스의 1945년 6월 24일 회합에서 한 교수가 이렇게 천명하게 된다. "그를 죽인 것은 범죄행위이다. 살인이 한 체계의 중요 도구가 될 때 그것은 전적으로 특별한 하나의 범죄행위이다[……] 역겨운 교리의 부패들로 인해 집단적 정신의 부분들을 모두가 망쳐진 현실을 마주해야 했던 것은 아마 역사상 처음 있는 일이다.(C-XII-알브바크스, 콜레주 드 프랑스 기록보관실.)

159. Michel Leiris, *Journal*, 앞의 책, p. 412.

160. 몇몇 사람들에게는 전쟁의 끝이 너무 늦게 왔다. 1944년 1월 모스의 오랜 영국 친구 찰스 G. 셀릭맨의 경우다. "프랑스에서 일어났던 모든 것이 그를 너무나 깊이 의기소침하게 해서 그는 거의 저항력이 없었습니다."(브렌다 셀릭맨이 마르셀 모스에게 보낸 편지, 1944년 11월 6일.)

161. 클로드 레비스트로스가 마르셀 모스에게 보낸 엽서, 뉴욕, 1944년 9월 29일.

162. "[……] 저의 친구였던 사람들, 친구로 남아 있는 사람들이 저를 고통 속에 그냥 나뒀으면 합니다. 저의 존재로 인해 프랑스인들의 가슴 속에 근래에 울려 퍼지는 환희를 깨뜨리고 싶지 않습니다. 그 반면에 그 환희는 저의 긴 기다림 밖에 있습니다. [……] 어떤 교섭도 하지 마세요. 제가 판결 받기를 기다려 주시고, 기다리게 해주세요.(조르주앙리 리비에르가 마르셀 모스에게 보낸 편지, 1944년 8월 28일.)" "저는 이 재판의 결과에 승복합니다."라고 리비에르는 털어놓고 있다. 그는 이 재판이 "정황들, 동기들 그리고 제 행동의 결과들"을 밝은 빛 아래 볼 수 있도록 해주기를 희망했다.

163. 마르셀 모스의 1944년 9월 21일 날짜의 노트.

164. 미셸 레리스가 조르주앙리 리비에르에게 보낸 편지, 1944년 8월 30일.(인간박물관 기록보관실, 8601 11 12, Michel Leiris, *Journal*, 앞의 책, p. 898-899.)

165. 앙리 베르가 마르셀 모스에게 보낸 편지, 1944년 10월 3일.

166. 제르멘 틸리옹이 마르셀 모스에게 보낸 편지, 1945년 9월.

167. 자신의 연구 성과들을 설명하고 있는 1944년 10월 2일자의 긴 편지에서 클로드 레비스트로스는 모스에게 혈통 체계에 대한 그의 저서의 핵심 이론을 정립하고 싶고, 또한 선생님께서 그 보고자가 되어 주기를 바란다고 부탁하고 있다.(클로드 레비스트로스가 마르셀 모스에게 보낸 편지, 1944년 10월 2일.) 1947년 2월에 완성된 이 저서는 1949년에 『친족의 기본 구조』라는 제목으로 출간된다.

168. 자크 수스텔과의 대담, 파리, 1989년 12월 6일.

169. 교육부 장관 르네 카피탕이 마르셀 모스에게 보낸 편지, 1944년 11월 21일.

170. M. 부아렝이 마르셀 모스에게 보낸 편지, 1945년 1월 5일.

171. 장 마르고 뒤클로가 마르셀 모스에게 보낸 편지, 1945년 4월 13일.

172. M. 콩스탕텡이 마르셀 모스에게 보낸 편지, 1945년 6월 26일.

173. 조르주 귀르비치와 앙리 레비브륄이 프랑스 국립연구센터의 범주 내에서 이 사회학 연구센터를 창설했다. 이 센터의 목표는 "사회학의 서로 다른 부문들에서 연구를 촉진하고 지도하는" 것이었다. 이 센터는 새로운 연구의 출발에서 중요한 역할을 했다. 대규모 조사의 속행(가브리엘 르 브라에 의한 프랑스 가톨릭에 대한 조사, 조르주 프리드만에 의한 현대 근로 문제들에 대한 조사), "미래의 연구원들"의 고용(폴 앙리 숑바 드 로베, 피에르 나비유, 비비안느 이장베르 자마티, 장 다니엘 레노, 알랭 투렌) 등이 그것이다.(Edgar Morin, "L'activité du Centre d'études sociologiques", *L'Année sociologique*, troisième série, 194년-1950, Paris, PUF, 1952, p. 522.) 사회학 연구센터와 『사회학 연보』의 옛 협력자들의 유대관계는 돈독했다. 조르주 다비, 루이 제르네, 조르지 부르쟁 등이 그 구성원들이었다. 이 센터의 사무총장은 모리스 알브바크스의 미망인 이본 알브바크스였다. 이 센터에 대해서는 Jean-René Tréanton, "Les premières années du Centre d'études sociologiques, 1947-1955", *Revue française de sociologie*, vol. XXXII, n° 3, janvier-septembre 1991, p. 389을 볼 것.

174. 이렇게 해서 모스는 『국제 사회학 평론』지의 편집위원이 되었다. 이 잡지의 창간자는 조르주 귀르비치다. 철학 교육을 받았고, 법사회학에 대한 여러 권의 저서(*L'idée du droit social*, 1935, *Éléments de sociologie juridique*, 1940)의 저자였던 귀르비치는 5년간의 미국 체류(1940년-1945년)에 이어 프랑스에 돌아왔다. 그는 그곳에서 미국 사회학을 발견했다.(Georges Gurvitch & Wilbert E. Moore, *La Sociologie au XXe siècle*, 2 vols., Paris, PUF, 1947.)

"당파적이지 않았고 국제적인 성격"을 지녔던 『국제 사회학 평론』지는 모든 경향의 사회학자들에게 개방되기를 희망했다. 이 잡지의 근본적 목적은 정보, 대조, 토론과 종합이었다. 가브리엘 르 브라, 앙리 레비브륄 그리고 모리스 레엔아르트의 원고들을 창간호의 앞부분에 실었던 이 잡지는 뒤르켐학파와 같은 선상에 서고자 했다. 제 2호에는 모리스 알브바크스의 유고작인 『집단적 기억과 시간』에서의 긴 발췌문을 포함되어 있다.

175. "Avant-Propos", *L'Année sociologique*, troisième série (1940-1948), t. 1, 1949, p. IX. 분명 이 "부활"의 책임자는 앙리 레비브륄이다. 최근에 스트라스부르 대학의 교수로 임명되었던 조르주 뒤보가 총무 직을 맡았던 이 단체는 옛 『사회학 연보』의 구성원들을 다시 결집시켰다. 조르주 부르쟁, 조르주 다비, 조르주 귀르비치, 모리스 레엔아르트, 조르주 뤼트랄라 등이 그들이다. "선배들에 대한 기억"은 대단히 생생했다. 이 잡지는 두 "위대한 학자", 즉 뤼시엥 레비브륄과 프랑수아 시미앙에게 경의를 표했다. 그리고 지난 몇 해 동안에 사망했던 『사회학 연보』 또는 『사회학 연감』의 협력자들(폴 포코네, 셀레스탱 부글레, 마르셀 그라네, 엠마뉘엘 레비, 장 레이, 모리스 알브바크스)에게도 역

시 경의를 표했다.

상호학제적 성향을 지닌 『사회학 연보』의 세 번째 시리즈는 굉장히 다양한 부문에서 많은 연구원들의 협조를 확보할 수 있었다. 정치지리학(프랑수아 부리코), 심리학(장 스토에젤), 정신분석학(미켈 뒤프렌), 인류학(피에르 메테, 드니즈 폴름, 클로드 레비스트로스, 막심 로뎅송), 민족학(앙드레 바라냐), 종교사(모리스 고귀엘, 가브리엘 르 브라, 장 오제 뒤비뇨), 미학과 문학(피에르 프랑카스텔, 로제 카유아, 앙드레 샤에프네), 기술학(조르주 프리드만, 앙드레 르루아 구랑, 조르주 캉귈렘, 프랑수아, 비비안느 이장베르, 알렝 투렌), 등이 그들이다.

176. 헌정토론회의 참석자들은 페르낭 브로델, 조르주 다비, 뤼시엥 페브르, 루이 제르네, 조르주 귀르비치, 모리스 레엔아르트, 폴 리베 등이었다.

177. 루이 뒤몽과의 대담, 파리, 1989년 2월 20일.

178. Jean Poirier, "Marcel Mauss et l'élaboration de la science ethnologique", *Journal de la Société des océanistes*, t. IV, n° 6, décembre 1950, p. 212.

179. "1월에 [삼촌은] 기관지염을 앓으셨습니다. 페니실린 치료를 받으셨지만 많이 약해지셨습니다."(마리 모스가 이냐스 메이예르송에게 보낸 편지, 1950년 2월 12일. 이냐스 메이예르송 자료집.)

180. 드니즈 폴름과의 대담, 파리, 1989년 2월 19일.

181. 모리스 레엔아르트가 서명한 날짜 없는 회람 형식의 편지. 4월 26일에 개최되어야 했던 회합은 샤이오 궁의 인간박물관에서 1950년 5월 3일에야 개최되었다. 추도식은 조르주 부르쟁, 조르주 다비, 조르주 프리드만, 마르셀 그리올, 조르주 귀르비치, 가브리엘 르 브라, 모리스 레엔아르트, 클로드 레비스트로스, 폴 뮈스, 알프레도 R. 래드클리프 브라운, 폴 리베 그리고 자크 수스텔 등의 협조로 열리게 되었다.

182. "[……] 그의 친구들과 친척들이 애통해마지 않는 그 사람에 대해 이 자리에서 뭐라고 말하는 것은 적절하지 않은 것 같습니다. 그는 성품이 좋은 사람이었고, 민감했으며, 섬세한 사람이었습니다. [……] 그는 『사회학 연보』에 최선을 다했습니다. 우리는 이 잡지를 계속 발간하면서 타계한 스승이자 친구의 정신을 이어받으면서 그에게 최고의 경의를 표할 수 있다고 믿어 의심치 않습니다."(Henri Lévy-Bruhl, "In Memoriam. Marcel Mauss", *L'Année sociologique*, deuxième série, 1948-1949, PUF, 1951, p. 1-4.)

183. Henri Lévy-Bruhl, "Nécrologie. Marcel Mauss", *Journal de psychologie normale et pathologique*, 43, 1950, p. 320.

184. 콜레주 드 프랑스 교수 회합, 1950년 3월 5일.(C-XII, 마르셀 모스, 콜레주 드 프랑스 기록보관실..)

185. Maurice Leenhardt, "Marcel Mauss (1872-1950)", *Annuaire de l'École pratique des hautes études*, Paris, 1950, p. 23.

186. Georges Gurvitch, "Nécrologie. Marcel Mauss (1873-1950)", *Revue de métaphysique et de morale*, 55e année, t. 2, avril-juin 1950. 귀르비치는 모스의 생년월일을 착각했

다. 또한 귀르비치가 편집자로 있었던『국제 사회학 평론』에도 짧은 추도 기사가 실렸다. "가장 독창적이고 가장 독립된 뒤르켐의 후계자인 마르셀 모스가 향년 77세로 얼마 전 사망했다. 비상할 정도로 풍요롭고, 가장 과감하고 가장 변화무쌍한 제안들로 가득한 그의 저작들은 전공분야의 확장보다는 오히려 심화에 할애되었다."(Note de la rédaction, *Cahiers internationaux de sociologie*, vol. VIII, 1950, p. 72.)

187. "마르셀 모스의 사망으로 인해 프랑스 민족학파는 부정할 수 없는 스승을 잃었다. [……] 그의 개인적 영향은 민족지학자들뿐만 아니라 언어학자들, 문명의 역사가들, 미학자들, 법학자들, 경제학자들, 윤리학자들에게까지 미쳤다…… 그것은 오랫동안 빛을 발할 것이다."(Denise Paulme, "Nécrologie. Marcel Mauss"), *L'Anthropologie*, t. 54, n° 1-2, 1950, p. 155.)

188. Henri Lévy-Bruhl, "In Memoriam. Marcel Mauss", 앞의 책, p. 3. 레비브륄에 따르면, 이 계획의 실현을 방해했던 것은 친구들과 학생들로부터 그들의 애정과 그들의 고마움을 표현할 기쁨을 빼앗아가버린 전쟁이었다.

189. Lucien Febvre, "In Memoriam"(ESC), vol. 5, 1950, p. 501. 페브르는 이렇게 쓰고 있다. "모스는 반세기 동안, 우리 세대 역사가들의 행진 밖에서 우리들과 동행했고, 우리들을 떠받쳐줬고 또 지지해주었을 것이다."(같은 책.)

190. Lucien Febvre, "Préface", Georges Gurvitch (sous la direction de), *Industrialisation et technocratie*, Paris, Armand Colin, 1949, p. 2.

191. "In Memoriam", *L'Année sociologique*, troisième série, (1940-1948), t. 1, Paris, PUF, 1949, p. XI.

192. Jean-Paul Sartre, *Situations I*, Paris, Gallimard, 1947, p. 186.

193. Jean Stoetzel, "L'esprit de la sociologie contemporaine" (1946), *Revue française de sociologie*, vol. XXXII, n° 3, juillet-septembre 1991, p. 451. 보르도의 사회심리학 신임 교수였던 스토에젤은 사회자료센터의 여러 활동에 참가했다. 그는 세 번째 시리즈의 『사회학 연보』에 협조하기도 했다. Loïc Blondeau, "Comment rompre avec Durkheim. Jean Stoetzel et la sociologie française d'après guerre(1945-1955)", *Revue française de sociologie*, vol. XXXII, n° 3, juillet-septembre 1991, p. 411-431을 볼 것.

194. Raymond Aron, *Les Étapes de la pensée sociologique*, Paris, Gallimard, 1967, p. 21.

195. Georges Davy, "Science des sociétés et sciences de l'homme", *Revue philosophique*, 77, juillet-décembre 1952, p. 321-350. 또한 다비는『사회학적 설명과 역사』에 대한 논문을 『형이상학과 도덕 잡지』(54, juillet-septembre 1949, p. 321-350쪽)에 실었다.

196. Nicolas Baverez, *Raymond Aron*, 앞의 책, p. 236. 여러 해 전부터 현장에 있었던 다비는, 레이몽 아롱이 소르본보다는 『피가로』지에 더 가깝다고 강조하면서, 조르주 귀르비치가 유리한 쪽으로 저울추를 기울게 했다. 아롱은 1955년이 되어서야 귀르비치의 지지를 받았던 젊은 사회학자 조르주 발랑디에에 맞서 아주 힘들었던 선거전 끝에 소르본에 들어가게 된다.

197. Claude Lévi-Strauss, "La Sociologie française", *in* Georges Gurvitch, Wilbert E. Moore, *La Sociologie au XXᵉ siècle*, t. 2, 앞의 책, p. 540.

198. Jean Cazeneuve, *Les Hasards d'une vie. Des primitifs aux téléspectateurs*, Paris, Éditions Buchet/Chastel, 1989, p. 159.

199. Georges Gurvitch & Wilbert E. Moore, *La Sociologie au XXᵉ siècle*, t. 1, 앞의 책, p. VIII.

200. Georges Gurvitch, *La Vocation actuelle de la sociologie*, Paris, PUF, 1950, p. 553.

201. 위의 책, p. 502.

202. Pierre Bourdieu & Jean-Claude Passeron, "Sociology and Philosophy in France since 1945 : Death and Resurrection of a Philosophy without Subject", *Social Research*, 34, 1, septembre 1967, p. 166.

203. Claude Lévi-Strauss, "La Sociologie française", 앞의 책, p. 524.

204. 1944년, 폴 리베는 인간박물관 관장직을 다시 맡았다. 많은 정치적 활동에도 불구하고 그는 네 권으로 된 『에마라와 키쿠아 언어 참고문헌』(1951-1956)과 『마야 도시』(1954) 의 출간 등에서 방해를 받지 않았다. 그는 1958년에 세상을 떠났다. 드니즈 폴름과 그의 남편 앙드레 샤에프네, 앙드레 르루아구랑, 클로드 레비스트로스 등이 다시 인간박물관 에서 강의를 하게 된다. 그리고 미셸 레리스와 제르멘 디에테를렝과 같이 이 박물관 활 동에 참여했던 다른 민족학자들은 그들의 경력을 프랑스 국립연구센터에서 계속 이어 가게 된다.

205. Louis Dumont, "Une science en devenir", *L'Arc*, n° 48, 앞의 책, p. 8. 전쟁 후 루이 뒤 몽은 민중예술과 전통박물관에서 일을 다시 시작했고, 전문자료(『괴수상』, 1951년) 들 을 수집했으며, 이어서 산스크리트어 연구에 착수한 후에 남인도로 떠나게 된다. 그는 영국에서 5년간 거주하며 옥스퍼드의 사회민족학연구소에서 강의를 하기도 했다. 그 후 고등연구실천학교에서 교육지도 교수직을 얻게 되었다.(Jean-Claude Gaey, "Louis Dumont", *in* Pierre Bonte & Michel Izard [sous la direction de], *Dictionnaire de l'ethnologie et de l'anthropologie*, Paris, PUF, 1991, p. 205-208.)

206. 클로드 레비스트로스와 앙투안 드 고드마르의 대담, *Libération*, 22 septembre 1986, *Cent Ans de sciences religieuses en France*, 앞의 책, p. 158.

207. 평론 시리즈는 클로드 레비스트로스와 두 명의 콜레주 드 프랑스의 교수였던 에밀 벵 베니스트와 피에르 구루에게 그 책임이 위임되었으며, 고등연구실천학교의 제6분과에 서 출간되었다. 첫 번째 별권은 1950년에 출간되었으며, 거기에서 캐더린 H. 번트의 연 구 『북부오스트레일리아의 여자 교환 의식』이 소개되었다.

208. Claude Lévi-Strauss, "Préface", *in* L'Homme, *Cahiers d'ethnologie, de géographie et de linguistique*, n° 1, 1950, p. 7.

209. Georges Gurvitch, "Avertissement à la première édition" (1950), *in* Marcel Mauss, *Sociologie et Anthropologie*, 앞의 책, p. VIII.

210. Maurice Merleau-Ponty, *Signes*, Paris, Gallimard, 1960, p. 143-157. 메를로퐁티는 모스에게서 레비스트로스로의 이행은 "사회적인 것에 대한 다른 개념과 다른 접근"으로 이행이라는 것을 인정하고 있다.(같은 책, p. 146.)

211. 클로드 레비-스트로스가 마르셀 모스에게 보낸 편지, 뉴욕, 1944년 10월 2일.

212. Claude Lévi-Strauss, "Introduction à l'œuvre de Marcel Mauss" (1950), in Marcel Mauss, *Sociologie et Anthropologie*, 앞의 책, p. XXXVII.

213. Paul Kahn, Claude Lévi-Strauss의 *Les Structures élémentaires de la parenté*에 대한 서평, in *Cahiers internationaux de sociologie*, vol. VII, 1949, p. 184.

214. Marcel Cohen, *Pour une sociologie du langage*, Paris, Armand Colin, 1956.

215. Paul Kahn, "Les quatre premiers volumes de la bibliothèque de sociologie contemporaine", *Cahiers internationaux de sociologie*, vol. IX, 1950, p. 157.

216. Jean Cazeneuve, *Sociologie du Marcel Mauss*, Paris, PUF, 1968, p. 3.

217. 위의 책, 같은 곳.

218. "모스와 함께, 그리고 모스 저 너머로!"는 Bruno Karsenti, *Marcel Mauss. Le fait social total*, Paris, PUF, 1994, p. 128에서 사용된 표현이다. 장 스토에젤과 함께 사회심리학에서도 사정은 마찬가지이다.

219. Pierre Bourdieu & Jean-Claude Passeron, "Sociology and Philosophy in France since 1945 : Death and Resurrection of a Philosophy without Subject", 앞의 책, p. 198.

220. Pierre Bourdieu, *Leçon sur la leçon*, Paris, Éditions de Minuit, 1982, p. 32-33. 1992-1993학년도에 피에르 부르디외는 증여의 교환 이론에 대한 비판적 분석에 몇몇 강의를 할애했다. 그는 "경제적 교환에 대한 분석에 의해 제기된 문제들의 총화, 특히 '증여'와 '반(反)증여의 경제'에서 '주고-주는 경제'에 이르는 '진정하고, 위대하고, 놀랄만한 혁명'이라고 할 수 있는 모스에 의해 다루어진 증여 문제에 대한 개괄적 관점"을 소개했다.(*Annuaire du Collège de France, 1992-1993*, Paris, 1993, p. 611.)

역자 후기

『프랑스 인류학의 아버지, 마르셀 모스』라는 제목으로 출간되는 이 책은 마르셀 푸르니에(Marcel Fournier)의 『마르셀 모스』(*Marcel Mauss*, 프랑스 파야르(Fayard) 출판사, 1994)를 우리말로 옮긴 것이다. 푸르니에는 현재 캐나다 몬트리올대학 사회학과 교수로 재직 중이고, 프랑스의 사회학 이론과 역사, 캐나다, 특히 퀘벡 지역 문화와 예술에 관해 활발한 연구를 수행하고 있으며, 프랑스 사회학, 인류학 역사에서 큰 발자취를 남긴 모스, 뒤르켐의 평전을 집필했고, 그들의 미간행 저작 및 서간문 편찬에 힘을 쏟고 있다.

　　이 책은 19세기 후반에서 20세기 중반까지 프랑스 인류학, 민족지학, 사회학, 종교사학 등의 분야에서 혁혁한 성과를 남긴 마르셀 모스(1872-1950)의 삶과 사상을 집중적으로 소개하고 있는 전형적인 평전이다. 대부분의 독자는 1,000쪽이 넘는 두툼한 이 책을 처음 대하면서 "대체 '마르셀 모스'가 어떤 사람이기에 이런 평전이 나왔지?"라고 한 번쯤 고개를 갸우뚱하면서 의아해할 수도 있을 것이다. 그도 그럴 것이 우리

나라에서 모스는 그다지 널리 알려진 사상가, 학자가 아니기 때문이다. 이런 점을 염두에 두고 이 책을 우리말로 옮긴 몇 가지 이유를 간략히 적으면서 이 책에 대한 해설을 대신하고자 한다.

모스와 옮긴 이와의 인연은 꽤 오래전으로까지 거슬러 올라간다. 1994년, 그러니까 옮긴 이가 프랑스에서 유학하고 있던 때, 이 책의 프랑스어본이 처음으로 출간되었다. 그 당시 옮긴 이는 사르트르의 철학과 문학에 나타난 폭력의 문제를 가지고 씨름하고 있었다. 그 과정에서 사르트르가 '증여(don)'('기부'로도 번역된다) 개념에 대해 커다란 관심을 가지고 있다는 것을 알게 되었으며, 이 개념에 대한 이해와 논의에서 모스가 쓴 「증여론」(Essai sur le don)(우리나라에서 이 글은 『증여론』이라는 제목으로 단행본으로 번역, 출간되었다.)이 갖는 중요성을 알게 되었다. 하지만 그 당시 학위논문을 끝내야 했고, 따라서 증여 개념을 둘러싼 모스와 사르트르의 논의를 충분히 검토할 수 있는 시간적 여유를 갖지 못한 채 귀국하고 말았다. 다만 그 당시 모스에 대해 좀 더 많은 것을 알기 위해 1994년에 출간된 이 책의 원본을 사두는 것으로 만족해야 했다.

귀국 후에 계속 미뤄뒀던 숙제를 할 기회가 마침내 주어졌다. 2006-2007년에 「기부문화의 이론적 토대 연구: 모스, 바타유, 데리다, 사르트르의 기부론을 중심으로」라는 제목으로 한국연구재단의 지원을 받아 연구를 수행할 수 있게 된 것이다. 그 기회를 통해 모스의 「증여론」을 심층적으로 검토, 분석할 수 있었다. 물론 증여 개념에 대한 모스의 사유에서 출발해서 바타유, 데리다, 사르트르 등이 각각 어떤 방향으로 자신들의 사유를 펼쳐나갔는가를 비교적 관점에서 살펴보았고, 이를 바탕으로 초월적 가치의 의미가 점차 희미해지는 현대 사회에서 도덕, 윤리지수를 고양하는 방안에 대해서도 성찰할 수 있었다. 아울러 리쾨르, 부르디외, 마리옹 등에게서 이 증여 개념이 어떤 의미가 있는지에까지 관심과 연구 영역을 확장할 수 있었다.

그런데 그 기회는 또한 모스와 그의 명성을 더 잘 알게 된 기회이기도 했다. 프랑스의 미뉘(Minuit) 출판사에서 세 권으로 출간된 모스의 『작품집 Œuvres』과 『사회학과 인류학 Sociologie et anthropologie』 등을 읽게 되었으며, 특히 '라 데쿠베르트(La Découverte)'라는 프랑스의 한 출판사에서 '모스'의 이름으로 출간되는 '총서(collection)'에 민족지학, 인류학, 사회학, 종교사학 등에 관련된 수십 권의 연구서가 포함되어 있다는 것을 알게 되었으며, 그중 몇 권을 구해서 읽기도 했다. 그 과정에서 방금 지적한 여러 분야에서 모스의 영향력이 지대하며, 지금까지도 그의 영향력이 지속적으로 발휘되고 있다는 것을 알게 되었다.

실제로 모스의 명성은 세계적이라고 할 수 있다. 푸르니에가 소개하고 있는 것처럼 모스는 "프랑스 민족지학의 아버지", "프랑스 인류학의 아버지"로 호칭될 정도이다. 종교의 기원, 종교의 본질에 해당하는 성스러움, 기도(祈禱) 등에 관한 연구, 마법(magie), 마나(mana) 등에 관한 연구, 고대사회에서 행해졌던 증여의 여러 형태 등에 관한 연구는 가히 독보적이라고 할 수 있다. 이와 같은 학문적 성과를 바탕으로 모스는 같은 분야에서 활동했던 당대의 석학이라고 할 수 있는 『황금가지』의 저자인 영국의 프레이저, 미국에서 활동하던 말리노프스키 등과 국제적으로 활발하게 교류하기도 했다. 또한, 후일 프랑스 인류학을 이끄는 뒤메질, 레비스트로스 등의 활약은 모스가 없었다면 훨씬 더 많은 어려움과 시행착오를 겪었을 것이다. 여기에 더해 모스의 이름은 프랑스 사회학의 창시자로 불리는 뒤르켐과 밀접하게 연결되어 있기도 하다. 외삼촌이기도 한 뒤르켐과 더불어 모스는 프랑스 사회학의 토대를 닦았다고 할 수 있다.

옮긴 이는 모스를 프랑스 민족지학, 인류학, 사회학, 종교사학의 '큰 저수지'로 비유하고 싶다. 모스가 현재까지 이들 분야에서 마르지 않는 물줄기를 대주고 있다는 의미에서이다. 그러니까 모스는 이들 분야에서 현재 활동하는 수많은 학자를 길러낸 '대 스승'인 것이다. 이처럼 우리나라에서 그저 「증여론」의 저자 정도로만 알려진 모스는 전 세계적인 명성을 얻은 사상가이자 학자이자 교육자이다.

이것이 모스의 삶과 사상을 본격적으로 소개하고 있는 이 책을 우리말로 옮긴 첫 번째 이유에 해당한다. 하지만 이것만이 전부가 아니다. 이 책의 번역을 마친 2015년은 프랑스와 우리나라의 관계라는 면에서 보면 아주 뜻깊은 해이다. 이 해가 양국의 교류가 시작된 지 130년이 되는 해이기 때문이다. 이를 기념하기 위해 2015년, 2016년에 걸쳐 양국에서 다양한 문화 행사가 열렸고, 아직도 열리고 있다. 이와 같은 긴 역사를 가진 양국의 교류 속에서 프랑스 학문과 사상의 수용은 다음과 같은 특징을 보인다고 할 수 있다. 문학의 경우에는 고전주의부터 현대 문학까지 다양하게 수용되었지만, 사상의 경우에는 주로 1945년 이후 지금까지 프랑스에서 큰 반향을 일으켰던 실존주의, 현상학, 구조주의, 탈구조주의 등의 흐름을 대표하는 몇몇 사상가들과 학자들이 집중적으로 소개되고 있을 뿐, 그 이전, 가령 19세기의 사상은(물론 데카르트, 파스칼, 루소 등을 제외하면 17, 18세기도 사정은 비슷하며, 이는 독일의 경우와 큰 차이를 보인다.) 거의 소개조차 되지 않고 있다는 특징이 그것이다.

이런 사정은 프랑스의 민족지학, 인류학, 사회학, 종교사학 분야에서도 거의 대동소이하다. 실제로 프랑스 민족지학과 인류학의 경우, 우리나라에서는 레비스트로스로 대표되는 구조주의 인류학 정도가 소개되었을 뿐, 이 분야에서의 그 이전의 학문적 성과는 거의 소개되고 있지 않다. 물론 뒤르켐의 저작 소개와 더불어 이루어진 프랑스 사회학의 경우는 사정이 조금은 다르다. 하지만 독일의 학문과 사상의 수용과 비교해보면 프랑스의 경우에는 커다란 공백이 있다는 것은 부인할 수 없을 것이다.

　　이 책을 우리말로 옮긴 두 번째 이유를 바로 거기에 있다. 이 책은 19세기 후반에서 20세기 중반까지의 프랑스 학문과 사상의 발전 과정, 그 과정에서 중요한 역할을 했던 사상가들과 학자들, 특히 민족지학, 인류학, 사회학, 종교사학 등의 분야에서 활동했던 학자들의 활동을 일목요연하게 보여준다. 이름 정도만 알고 있었던 사람들, 아니 이름조차 모르고 있었지만 혁혁한 학문적 성과를 이룬 사람들…… 이런 사람들에 관한 세세한 정보를 제공해주고 있는 것이 이 책이 가진 부인할 수 없는 장점 중 하나라고 할 수 있다. 이런 의미에서 이 책은 19세기 후반에서 20세기 중반에 이르는 '프랑스 지성사의 대 벽화'라고 할 수도 있을 것이다.

　　또한, 이 책은 모스가 활동하던 시기에 프랑스에서 민족지학, 인류학 등에 대한 고등교육이 구체적으로 어떻게 이루어졌는가 등을 자세하게 소개하고 있다. 특히 그 시기가 프랑스의 식민지 건설이 정점에 달했던 시기라는 점을 고려하면, 이와 같은 학문 분야에서의 성과가 사상가들과 학자들의 뜻과는 달리 어떻게 식민지 건설과 확장에 이용되고 심지어 악용되었는가에 대한 소개 역시 그 시기를 이해하는데 커다란 도움을 준다. 여기에 더해 사회학이 철학과 경쟁하면서 새로운 학문으로 발돋움하는 과정에서 모스가 뒤르켐을 도와 했던 역할에 대한 상세한 정보 역시 프랑스 사회학의 역사를 이해하는 데 큰 도움을 준다고 하겠다.

이 책을 우리말로 옮긴 세 번째 이유는 모스의 정치, 사회사상에서 찾아볼 수 있다. 모스는 당대의 참여 지식인, 아니 전형적인 투사형 사회주의자였다. 그는 1930년대 중후반에 접어들면서 프랑스 정치 무대의 주역으로 부상한 사회주의 세력의 선봉에 서서 이론과 실천 면에서 이 세력의 저변 확대를 위해 노력했다. 사회주의에 대한 그의 관심은 단순히 정치적 면에만 그치지 않았다. 그의 관심은 오히려 현대적 용어로 말하자면 이른바 경제적인 면에서의 복지를 강조하는 사회주의 건설에 있었다. 예컨대 1929년 대공황을 전후해 그의 관심은 '경제적 이성'의 지나친 지배 아래에서 '경제적 동물'이 되어가던 동시대의 사람들을 그런 상태로부터 끌어내기 위한 방책을 연구하는 일에 집중되었다. 모스는 그런 방책의 하나로 공동체이론, 협동조합이론 등을 제시했으며, 영국, 독일 등과 같은 나라들로부터 선진 이론과 모델을 배우고 수용하는 데 앞장서기도 했다.

이 책을 우리말로 옮긴 네 번째 이유는 모스라는 한 인간의 극적인 삶 그 자체이다. 프랑스 지방의 한 소도시에서 태어나 어렵기로 소문난 철학 교수자격시험에 합격하고, 나중에 프랑스 지성의 상징인 콜레주 드 프랑스의 교수가 되는 과정에서 모스가 보여준 지속적인 노력은 많은 사람의 가슴을 뭉클하게 하기에 충분한 것으로 보인다. 또한, 그 과정에서 그를 도왔던 가족들의 헌신, 스승들의 가르침, 친구들과의 우정, 그가 추구했던 휴머니즘 등에도 한 권의 평전이 갖는 평균적인 의미, 그러니까 감동과 교훈이 여지없이 묻어나고 있는 것으로 보인다.

늘 그렇듯, 한 권의 책이 우리말로 번역되어 나오는 과정은 길고도 험준하다고 할 수 있다. 하물며 이 책과 같은 두께를 가진 책의 경우에는 더 말할 나위가 없을 것이다. 어려움이 있을 때마다 도와준 성범에게 각별한 고마움을 전한다. 잘 참고 견뎌준 익수, 윤지, 그리고 늘 한결같은 시지프 식구들에게도 고마움을 전한다. 특히 무더웠던 여름에 교정, 교열에 많은 시간과 정성을 들여 멋지고 정갈하게 책다운 책을 만들어주신 이희선 대표님을 비롯하여 그린비 측에 깊은 감사의 말씀을 전한다.

이 책이 안타깝게도 점점 척박해져 가는 우리나라 인문학의 한 귀퉁이를 떠받치는 작은 기둥이 되길 바라는 마음 간절하기만 하다.

2016년 9월
한국외국어대 연구실에서
옮긴이 변광배

마르셀 모스 작품 목록

이 목록에는 마르셀 모스의 학술적, 정치적 글들 전부가 정리되어 있다. 학술적 글 부분은 빅토르 카라디와 마리아테레자 가르델라가 공동으로 수행한 작업에 크게 의존하고 있다. 그리고 여기서도 그들이 세운 기준이 채택되었다. 예컨대 『사회학 연보』에 게재된 셀 수 없이 많은 몇 줄짜리 주석들은 배제한 반면, 모스가 출간을 목적으로 했던 공개 발언과 발표들은 소개했다. 강의 요약문들은 목록에 포함시키지 않았다.

[약어]
L'Année : *L'Année sociologique*, Paris.
L'Année n. s. : *L'Année sociologique, nouvelle série*, Paris.

모스의 글이 나중에 그의 저서에 게재된 경우, 괄호 안에 그 저서의 제목을 넣어 표시했다. 그 저서들은 다음과 같다.

- *Mélanges d'histoire des religions*, Paris, Félix Alcan, 1909 ; 2ᵉ éd., 1929.
- *Sociologie et anthropologie*, Paris, PUF, 1950 ; 4ᵉ éd. augmenté, 1968.
- *Œuvres*, Paris, Éditions de Minuit, 3 vol. ; t. I : *Les Fonctions sociales du sacré*, 1968 ; t. II, : *Représentations collectives et diversitédes civilisations*, 1969 ; t. III : *Cohésion sociale et divisions de la sociologie*, 1969.

1896

"La religion et les origines du droit pénal d'après un livre récent"(M. R. Steinmetz, *Ethnologische Studien zur ersten Entwickelung der Strafe*, 1892), *Revue de l'histoire des religions*, t. 34, p. 269-295 ; et t. 35, p. 31-60. [*Œuvres*, II, p. 651-698.]

Compte rendu ['서평'- 옮긴이] de A. Bastian, *Zur Mythologie und Psychologie der Nigritier in Guinea mit Bezugnahme auf socialistische Elementargedanken, Revue de l'histoire des religions*, 17ᵉ année, t. 33, p. 209-212.

Compte rendu de G. de Greef, *L'Évolution des croyances et des doctrines politiques* (Paris, Félix Alcan, Bruxelles, Moyaolez, 1895, 330 p.), *Le Devenir social*, 2ᵉ année, n° 4, p. 366-373.

1897

Compte rendu de C. Bouglé, *Les Sciences sociales en Allemagne. Les méthodes actuelles* (Paris, Félix Alcan, 1896, 170 p.), *Le Devenir social*, 3ᵉ année, n° 4, p. 369-374.

Compte rendu de A. Roussel, *L'Idée spiritualiste* (Paris, Félix Alcan, 1896, 200 p.), *Le Devenir social*, 3ᵉ année, n°4, avril, p. 382-383.

1898

Compte rendu du Dr W. Caland, *Die altindischen Toten-und Bestattungsgebräuche...* (Amsterdam, 1896), *L'Année*, 1, p. 200-204. [*Œuvres*, I, p. 325-329.]

Compte rendu de W. Crooke, *The Popular Religions and Folklore of Northern India* (Westminster, 1896), *L'Année*, 1, p. 210-218. [*Œuvres*,

II, p. 370-377.]

Compte rendu de P. Gardner, *Sculptured Tombs of Hellas* (Londres, 1896), *L'Année*, 1, p. 205-207.

Compte rendu de E. Sidney Hartland, *The Legend of Perseus...* (Londres, 1896), en collaboration avec H. Hubert, *L'Année, 1*, p. 247-251. [*Œuvres,* I, p. 338-341.]

Compte rendu de A. Hillebrandt, *Vedische Opfer und Zauber* (Strasbourg, 1896), *L'Année*, 1, p. 228-234. [*Œuvres,* I, p. 332-338.]

Compte rendu de F. Byron Jevons, *An Introduction to the History of Religions* (Londres, 1896), *L'Année*, 1, p. 160-171. [*Œuvres,* I, p. 171-173; p. 109-116.]

Compte rendu de J. Jolly, *Recht und Sitte im Grundriss der Indo-Aristochen Philologie* (Strasbourg, 1896), *L'Année*, 1, p. 384-386. [*Œuvres,* II, p. 601-605 : "Droit et mœurs de l'Inde".]

Compte rendu de M. H. Kingsley, *Travels in West Africa...* (Londres, 1897), *L'Année*, 1, p. 179-183. [*Œuvres,* l, p. 560-563.]

Compte rendu de *L'Année sociologique, Internationales Archiv für Ethnographie,* XI, p. 231-232.

Compte rendu de E. Koch, *Die Psychologie in der Religionswissenschaft Grundlegung* (Freiburg im Brisgau, 1896), *L'Année*, 1, p. 177-178.

Compte rendu de F. Magani, *L'anticà liturgia romana* (Milan, 1897), *L'Année,* 1, p. 224-227.

Compte rendu de A. De Marchi, *Il culto privato di Roma antica...* (Milan, 1896), *L'Année*, 1, p. 190-197.

Compte rendu de Max F. Müller, *On Ancient Prayers* (Berlin, 1897), *L'Année*, 1, p. 238.

Compte rendu du Rev. E. Owen, *Welsh Folklore...* (Owestry and Wreyham, 1896), *L'Année*, 1, p. 251-253.

Compte rendu de Mrs. J. H. Philpot, *The Sacred Tree...* (Londres, 1897), *L'Année*, 1, p. 218-221. [*Œuvres,* II, p. 297-299.]

Compte rendu de A. Sabatier, *Esquisse d'une philosophie de la religion* (Paris, 1897), *L'Année*, 1, p. 171-177. [*Œuvres*, I, p. 531-536.]

Compte rendu de W. Simpson, *The Buddist Praying-Wheel* (Londres, 1896), *L'Année,* 1, p. 234-238. [*Œuvres*, I, p. 312-315.]

Compte rendu de R. Steinmetz, "Continuitaet oder Lohn und Strafe im Jenseits der Wilden"(*Archiv für Anthropologie*, 1897), *L'Année*, 1, p. 198-200.

Compte rendu de H. Usener, *Gotternamen* (Bonn, 1896), *L'Année*, 1, p. 240-247. [*Œuvres*, II, p. 290-296.]

Compte rendu de J. Wellhausen, *Reste des Arabischen Heidentums* (Berlin, 1897), *L'Année*, 1, p. 183-186. [*Œuvres*, I, p. 329-332.]

Compte rendu du Dr O. Zockler, *Askese und Mænchtum* (Frankfurt am Main, 1897), en collaboration avec H. Hubert, *L'Année*, 1, p. 257-264. [*Œuvres*, I, p. 525-531.]

1899

"Essai sur la nature et la fonction du sacrifice", en collaboration avec H. Hubert, *L'Année*, 2, p. 29-138. [*Mélanges d'histoire des religions*, p. 1-130, et *Œuvres*, I, p. 93-307.]

Compte rendu de G. Allen, *The Evolution of the Idea of God* (Londres, 1897), *L'Année*, 2, p. 193-195. [*Œuvres*, I, p. 320-322.]

Compte rendu de A. Bertrand, *Nos origines. La religion des Gaulois...*

(Paris, 1897), *L'Année*, 2, p. 278-279.

Compte rendu de Bahlman, "Münsterlaendische Maerchen, Sagen..." (Münster, 1898), *L'Année*, 2, p. 259-260.

Compte rendu de D. G. Brinton, *Religions of Primitive Peoples* (Londres, 1897), *L'Année*, 2, p. 197-201. [*Œuvres*, I, p. 116-120.]

Compte rendu de S. Cheetham, *The Mysteries Pagan and Christian...* (Londres, 1897), *L'Année*, 2, p. 272-273. [*Œuvres*, I, p. 319-320.]

Compte rendu de F. Coblenz, *Ueber das betende Ich in den Psalmen* (Francfort, 1897), *L'Année*, 2, p. 266. [*Œuvres*, I, p. 484-485.]

Compte rendu de W. Crooke, "The Wooing of Penelope"(in *Folklore*, 1898), *L'Année*, 2, p. 260-261.

Compte rendu de O. Daenhardt, *Naturgeschichtliche Volksmaerchen...* (Leipzig, 1898), *L'Année*, 2, p. 260.

Compte rendu de l'abbé L. Duchesne, *Origines du culte chrétien* (Paris, 1898), *L'Année*, 2, p. 269-271. [*Œuvres*, I, p. 343-345.]

Compte rendu de J. W. Fewkes, "Tusayan Snake Ceremonies"(16th Annual Report of Ethnology, Washington, 1897), *L'Année,* 2, p. 233-234. [*Œuvres*, I, p. 549-550.]

Compte rendu de J. G. Frazer, *Le Totémisme* (Paris, 1898), *L'Année*, 2, p. 201-202.

Compte rendu de J. M. de Groot, *The Religious System of China,* I, II, III (Leyde, 1891, 1894, 1897), *L'Année*, 2, p. 221-226. [*Œuvres,* II, p. 607-611.]

Compte rendu de Hardy, "Was ist Religionswissenschaft?"(in *Archiv für Religionswissenschaft*, 1898), *L'Année,* 2, p. 196-197.

Compte rendu de M. Jastrow, *The Original Character of the Hebrew Sabbat*

(Chicago, 1898), en collaboration avec H. Hubert, *L'Année*, 2, p. 264-266. [*Œuvres*, l, p. 308-309.]

Compte rendu de O. L. Jiriczk, *Deutsche Heldensagen* (Strasbourg, 1898), *L'Année*, 2, p. 259.

Compte rendu de G. W. A. Kahlbaum, *Mythos und Naturwissenschaft... der Kalewala* (Leipzig, 1898), *L'Année*, 2, p. 253.

Compte rendu de A. Lang, *Modern Mythology* (Londres, 1897), *L'Année*, 2, p. 240-243. [*Œuvres*, II, p. 276-278.]

Compte rendu de A. Lehmann, *Aberglaube und Zauberei...* (Stuttgart, 1898), *L'Année*, 2, p. 208-212.

Compte rendu de MacDonnell, *Vedic Mythology* (Strasbourg, 1897), *L'Année*, 2, p. 243-245. [*Œuvres*, I, p. 350-352.]

Compte rendu de F. Magani, *L'anticà liturgia romana* (Milan, 1898), *L'Année*, 2, p. 266-269. [*Œuvres*, I, p. 346-348.]

Compte rendu de J.-B. Marcaggi, *Les Chants de la mort...* (Paris, 1898), *L'Année*, 2, p. 261.

Compte rendu de L. Marillier, "La place du totémisme dans l'évolution religieuse"(*Revue de l'histoire des religions*, XXXVI), *L'Année*, 2, p. 202-204. [*Œuvres*, I, p. 173-175.]

Compte rendu de K. Meyer et A. Nutt, *The Voyage of Bran...* (Londres, 1895 et 1897), *L'Année*, 2, p. 217-220. [*Œuvres*, II, p. 303-306.]

Compte rendu de Max Müller, *Nouvelles Études de mythologie* (paris, 1898), *L'Année*, 2, p. 237-240. [*Œuvres*, II, p. 273-276.]

Compte rendu de E. Preuschen, *Palladius und Rufinus* (Giessen, 1897), *L'Année*, 2, p. 277.

Compte rendu de E. Rohde, *Psyche* (Freiburg im Brisgau, 1898), *L'Année*,

2, p. 214-217. [*Œuvres*, I, p. 317-319.]

Compte rendu de W. H. Roscher, "Die 'Hunde Krankheil' der Pandereas taechter und andere mysthische... "(in *Rheinisches Museum für Philologie*, 1896), *L'Année*, 2, p. 262.

Compte rendu de W. H. Roscher, "Ueber den gegenwârtigen Stand... der grie-chischen Mythologie..."(in *Archiv für Religionswissenschaft,* 1898), *L'Année*, 2, p. 252-253.

Compte rendu de P. Sartori, "Ueber das Bauopfer"(in *Zeitschr. für Ethnographie,* 1898), L'Année, 2, p. 236. [*Œuvres*, I, p. 322.]

Compte rendu de H. Seidel, "System der Fetischverbote in Togo"(in *Globus*, 1898), *L'Année*, 2, p. 204-205.

Compte rendu de B. Symons, *Germanische Heldensage* (1897), *L'Année,* 2, p. 258-259.

Compte rendu de C. Thomas, *Day Symbols of the Maya Year* (Washington, 1898), *L'Année*, 2, p. 253-254.

Compte rendu de G. P. Tiele, *Inleidung tot de Godeschient Wetenschap* (Amsterdam, 1897), *L'Année*, 2, p. 187-193. [*Œuvres*, I, p. 539-545.]

Compte rendu de L. Venetianer, *Die Eleusinischen Mysterie...* (Francfort, 1897), *L'Année,* 2, p. 271-272.

Compte rendu de W. S. Walsh, *Curiosities of Popular Customs...* (Londres, 1898), *L'Année*, 2, p. 234.

Compte rendu de E. Young, *The Kingdom of the Yellow Robe...* (Westminster, 1898), *L'Année,* 2, p. 205-206. [*Œuvres*, I, p. 342-343.]

Compte rendu de O. Zoeckler, *Askese und Mœnchthum* (Francfort, 1897), *L'Année*, 2, p.274-277. [*Œuvres*, II, p. 536-539.]

"L'Action socialiste ", *Le Mouvement socialiste*, 15 octobre, p. 449-462.

"Le congrès. Ses travaux : l'union et la question ministérielle", *Le Mouvement socialiste*, 1ᵉʳ décembre, p. 641-643.

1900

Compte rendu de J. Aberchomby, *The Pre- and Protohistoric Finns* (Londres, 1898), *L'Année*, 3, p. 226-229. [*Œuvres*, I, p. 565-568.]

Compte rendu de W. Bender, *Mythologie und Metaphysik* (Stuttgart, 1899), *L'Année*, 3, p. 204-205.

Compte rendu de L. Blau, *Das altjüdische Zauberwesen* (Strasbourg, 1898), *L'Année*, 3, p. 238-241. [*Œuvres*, II, p. 380-382.]

Compte rendu de W. Caland, *Een Indo-Germaansch Lustratie-Gebruik* (Amsterdam, 1898), *L'Année*, 3, p. 298-299. [*Œuvres*, I, p. 315-316.]

Compte rendu de W. Crooke, "The Hill Tribes of the Central Indian Hills"(*Journal of the Anthropological Institute,* 1899), *L'Année*, 3, p. 231-232.

Compte rendu de J. Curtin, *Creation Myths of Primitive America...* (Londres, 1899), *L'Année*, 3, p. 280-282.

Compte rendu de T. W. Davies, *Magic, Divination and Demonology among Hebrews* (Londres, 1899), *L'Année*, 3, p. 235-238. [*Œuvres,* II, p. 377-380.]

Compte rendu de R. E. Dennett, *The Folklore of the Fjort* (Londres, 1898), *L'Année*, 3, p. 222-224.

Compte rendu de J. G. Frazer, "The Origin of Totemism"(in *Fortnightly Review,* 1899); "Observations on... Totemism"(in *Journal of theAnthropological Institute of Great Britain,* nouvelle série, 1), *L'Année*, 3, p. 217-220. [*Œuvres*, I, p. 175-178.]

Compte rendu de R. de la Grasserie, *Des religions comparées au point de vue sociologique* (Paris, 1899), *L'Année*, 3, p. 203-204.

Compte rendu de E. S. Hartland, "The High Gods of Australia"(in *Folklore*, 1898), *L'Année*, 3, p. 202.

Compte rendu de A. Hillebrandt, *Vedische Mythologie* (Breslau, 1899), *L'Année*, 3, p. 266-268. [*Œuvres*, I, p. 348-350.]

Compte rendu de W. Jackson, *Zoroaster, the Prophet of Ancient Iran* (Londres, 1899), *L'Année*, 3, p. 305-306. [*Œuvres*, II, p. 612-613.]

Compte rendu de H. A. Junod, "Les Ba-Ronga"(in *Bulletin de la Société neufchâteloise de géographie*, 1898), *L'Année*, 3, p. 220-222. [*Œuvres*, III, p. 126-127.]

Compte rendu de M. H. Kingsley, *West African Studies* (Londres, 1899), *L'Année*, 3, p. 224-226. [*Œuvres*, I, p. 563-565.]

Compte rendu de Th. Kotch, "Die Anthropophagie des Süd-Amerikanischen Indianer"(in *Internationales Archiv für Ethnographie*, 1899), *L'Année*, 3, p. 297-298.

Compte rendu de F. S. Krauss, "Allegemeine Methodik der Volkskunde"(in *Jahresberichte für romanische Philologie*, 1899), *L'Année*, 3, p. 192-195. [*Œuvres*, III, p. 359-362.]

Compte rendu de A. Lang, "Australian Gods : A Reply"(in *Folklore*, 1899), *L'Année*, 3, p. 202; E. S. Hartland, "Australian Gods : Rejoinder"(in *Folklore*, 1899), *L'Année*, 3, p. 202-203. [*Œuvres*, I, p. 123-124.]

Compte rendu de A. Lang, *The Making of Religion* (Londres, 1899), *L'Année*, 3, p. 199-202. [*Œuvres*, I, p. 120-123.]

Compte rendu de L. de Lavallée-Poussin, *Bouddhisme* (Londres, 1898), *L'Année*, 3, p. 295-297.

Compte rendu de S. Lévy, *La Doctrine du sacrifice dans les Brāhmanas* (Paris, 1899), *L'Année*, 3, p. 293-295. [*Œuvres*, I, p. 152-154.]

Compte rendu de A. Lyall, *Asiatic Studies...* (Londres, 1899), *L'Année*, 3, p. 306-307.

Compte rendu de C. Munzinger, *Die Japaner* (Berlin, 1898), *L'Année*, 3, p. 242-243.

Compte rendu de A. Roussel, *Cosmologie hindoue...* (Paris, 1898), *L'Année*, 3, p. 292-293.

Compte rendu de N. Sôderblom, "Les Fravashis" (in *Revue de l'histoire des religions*, 1899), *L'Année*, 3, p. 249-251.

Compte rendu de B. Spencer et F. Gillen, *The Native Tribes of Central Australia* (Londres, 1899), *L'Année*, 3, p. 205-215. [*Œuvres*, II, p. 403-412.]

Compte rendu de A. Strauss, *Die Bulgaren* (Leipzig, 1898), *L'Année*, 3, p. 243-244.

Compte rendu de N. W. Thomas, "La survivance du culte totémique..." (in *Revue de l'histoire des religions*, 1898), *L'Année*, 3, p. 232.

Compte rendu de C. P. Tiele, *Elements of the Science of Religion*, II (Londres, 1899), *L'Année*, 3, p. 195-198. [*Œuvres*, I, p. 545-548.]

Compte rendu de J. Teit, "Traditions of the Thompson River Indians..." (in *American Folklore Society,* vol. VI), *L'Année*, 3, p. 278-280.

Compte rendu de E. B. Tylor, "Totem Post from Haida Village of Masset" (in *Journal of the Anthropological Institute of Great Britain,* nouvelle série), *L'Année*, 3, p. 215-217. [*Œuvres*, I, p. 178-179.]

Compte rendu de H. Usener, *Sinthfluthsagen* (Bonn, 1898), *L'Année*, 3, p. 261-265. [*Œuvres*, III, p. 299-303.]

Compte rendu de C. Velten, "Sitten und Gebräuche der Suaheli"(in *Mittengilungen aus dem Seminar für orientalische Sprachen*, 1898), *L'Année*, 3, p. 244-245.

Compte rendu de M. Winternitz, "Witchcraft in Ancient India"(in *New World*, 1898), *L'Année*, 3, p. 241.

"Le jugement de la Haute Cour et la propagande socialiste", *Le Mouvement socialiste*, 1ᵉʳ février, p. 129-131.

"La guerre du Transvaal", *Le Mouvement socialiste*, 1ᵉʳ juin, p. 641-645.

"Le Congrès international des coopératives socialistes", *Le Mouvement socialiste*, 15 octobre, p. 494-502.

Interventions au *Premier Congrès national et international des coopératives socialistes*, tenu à Paris les 7, 8, 9 et 10 juillet 1900, Paris, Sociéténouvelle d'édition et de librairie, p. 48-50; p. 152-165 (Rapport sur les relations internationales).

1901

"Sociologie", en collaboration avec Paul Fauconnet, in *La Grande Encyclopédie*, Paris, Société anonyme de la grande encyclopédie, t. 30, p. 165-176. [*Œuvres*, III,p. 139-177.]

"Yoga", in *La Grande Encyclopédie*, Paris, Société anonyme de la grande encyclopédie, t. 31, p. 134-135.

Compte rendu de J. Deniker, *Les Races et les peuples de la terre* (Paris, 1900), *L'Année*, 4, p. 139-143. [*Œuvres*, III, p. 362-365.]

Compte rendu de J. G. Frazer, *The Golden Bough* (Londres, 1900), *Notes critiques*, 2, p. 228.

Compte rendu de A. Gruenwedel, *Mythologie des Buddhismus* (Leipzig,

1900), *L'Année, 4*, p. 251-254. [*Œuvres*, II, p. 613-616.]

Compte rendu de K. Haebler, *Die Religion des Mittleren Amerikas,* (Münster, 1899), *L'Année*, 4, p. 281-285. [*Œuvres*, I, p. 568-571.]

Compte rendu de E. S. Hartland, *Folklore* (Londres, 1899), *L'Année, 4*, p. 158-159.

Compte rendu de E. S. Hartland, "Totemism..."(in *Folklore*, 1900), *L'Année*, 4, p. 163.

Compte rendu de F. B. Jevons, "The Place of Totemism... "(in *Folklore*, 1899), *L'Année*, 4, p. 163-164.

Compte rendu de M. H. Kingsley, *West African Studies* (Londres, 1901), *Notes critiques*, 2, p. 99.

Compte rendu de Th. Kotch, *Zum Animismus...* (Leiden, 1900), *Notes critiques*, 2, p. 38-39.

Compte rendu de B. Laufer, *Ein Sühngedicht der bondo. Aus einer Handschrift der Orforder Bodleiana* (Vienne, 1900), *Revue de l'histoire des religions*, t. 44, p. 34-135.

Compte rendu de J. MacGuire, *Pipes and Smoking Customs of the American Aborigines* (Washington, 1899), *L'Année*, 4, p. 226-227. [*Œuvres,* I, p. 550-551.]

Compte rendu de C. Marquardt, *Die Taettowierung...* (Berlin, 1899), *L'Année*, 4, p. 164.

Compte rendu de L. Marillier, "L'origine des dieux"(in *Revue philosophique*, 1899), *L'Année*, 4, p. 256-257.

Compte rendu de J. Matthew, *Eaglehawk and Crow...* (Londres, 1900), *L'Année*, 4, p. 161-162. [*Œuvres*, I, p. 521.]

Compte rendu de E. Murisier, *Les Maladies du sentiment religieux* (Paris,

1901), *Notes critiques*, 2, p. 260-262.

Compte rendu de H. Oldenberg, *Aus Indien und Iran* (Berlin, 1899), L'Année, 4, p. 285-286.

Compte rendu de G. J. Pfeil, *Studien und Beobachtungen aus der Südsee* (Braunschweig, 1899), *L'Année,* 4, p. 159-161.

Compte rendu de G. Rietschel, *Lehrbuch der Liturgik*, 1 (Berlin, 1900), *L'Année*, 4, p. 222-225. [*Œuvres*, II, p. 635-638.]

Compte rendu de R. Rod, *The Custom and Lore of Modern Greece* (Londres, 1900), *L'Année*, 4, p. 175-176.

Compte rendu de L. H. Roth, *The Aborigenes of Tasmania* (Halifax, 1899), *L'Année*, 4, p. 162-163. [*Œuvres*, I, p. 500.]

Compte rendu de A. Roussel, *Légendes morales de l'Inde* (Paris, 1901), *Revue de l'histoire des religions,* t. 44, p. 144-145.

Compte rendu de S. D. Ryce, *Occasionnal Essay on Native South Indian Life* (Londres, 1901), *Notes critiques*, 2, p. 117.

Compte rendu de L. Schermann et E. S. Krauss, *Allegemeine Methodik des Volskunde* (Erlangen, 1899), *L'Année*, 4, p. 159.

Compte rendu de E. Seler, *Zauberei und Zauberer im alten Mexico* (Berlin, 1899), *L'Année*, 4, p. 181-183. [*Œuvres*, II, p. 338-389.]

Compte rendu de E. Seler, *Die bildlichen Darstellungen der mexikanischen Jahresfeste...* (Berlin, 1899), *L'Année,* 4, p. 233-234. [*Œuvres*, I, p. 551-552.]

Compte rendu de W. W. Skeat, *Malay Magic* (Londres, 1900), *L'Année,* 4, p. 169-174. [*Œuvres*, II, p. 384-388.]

Compte rendu de E. D. Starbuck, *The Psychology of Religion* (Londres, 1900), *L'Année*, 4, p. 156-158. [*Œuvres*, I, p. 56-58.]

Compte rendu de F. Starr, *Catalogue of a Collection...* (Londres, 1899), *L'Année,* 4, p. 180.

Compte rendu de V. Le Telier, *La Evolución de la Historia* (Santiago de Chili, 1900), *L'Année,* 4, p. 261-262.

Compte rendu de J. Vinson, *Légendes bouddhistes et jaïcas* (Paris, 1901), *Revue de l'histoire des religions,* t. 44, p. 145-147.

Compte rendu de M. W. Vissen, *De Graecorum diis...* (Leyde, 1900), *Notes critiques,* 2, p. 197-198.

Compte rendu de F. Walter, *Die Propheten...* (Freiburg im Brisgau, 1900), *Notes critiques,* 2, p. 83.

Compte rendu de *The Cooperative Annual* (Manchester), *Notes critiques,* 2, p. 83-84.

"Les coopératives et les socialistes ", *Le Mouvement socialiste,* 1er février, p. 135-138.

1902

"L'enseignement de l'histoire des religions des peuples non civilisés à l'École des hautes études. Leçon d'ouverture ", *Revue de l'histoire des religions,* 45, p. 35-55. [*Œuvres,* I, p. 489-491; *Œuvres,* II, p. 229-232; *Œuvres,* III, p. 365-371.]

"Introduction à la sociologie religieuse", *L'Année,* 5, p. 189-191. [*Œuvres,* I, p. 89-90.]

Compte rendu de A. Borchert, *Der Animismus...* (Freiburg im Brisgau, 1900), *L'Année,* 5, p. 200-203.

Compte rendu de W. Caland, *Altindisches Zauberritual* (Amsterdam, 1900), *L'Année,* 5, p. 226-228.

Compte rendu de E. Chavannes, "Le dieu du sol dans l'ancienne religion chinoise"(*Revue de l'histoire des religions*, 1901), *L'Année*, 5, p. 285-286.

Compte rendu de E. Crawley, *The Mysthic Rose* (Londres, 1902), *Notes critiques*, 3, p. 71-72.

Compte rendu de A. Foucher, *Étude sur l'iconographie bouddhique...* (Paris, 1900), *L'Année*, 5, p. 283-285.

Compte rendu de J. G. Frazer, *The Golden Bough* (Londres, 1901), *L'Année*, 5, p. 205-213. [*Œuvres*, I, p. 130-137.]

Compte rendu de C. Haddon, *Head Hunters* (Londres, 1901), *Notes critiques*, 3, p. 195-196.

Compte rendu de C. W. Heckethorn et L. Katscher, *Geheime Gesellschaften* (Leipzig, 1900), L'Année, 5, p. 303-304.

Compte rendu de F. Kattenbusch, *Das apostolische Symbol,* l, II (Leipzig, 1900), *L'Année*, 5, p. 298-301. [*Œuvres*, II, p. 632-635.]

Compte rendu de Th. Kotch, "Zum Animismus der südamerikanischen Indianer"(in *Internationales Archiv für Ethnographie,* 1900), *L'Année*, 5, p. 203-205.

Compte rendu de R. Kraetschmar, *Prophet und Seher im Alten Israel* (Tübingen, 1901), *L'Année*, 5, p. 312. [*Œuvres*, II, p. 581-582.]

Compte rendu de B. Laufer, *Beitraege zur Kenntniss der tibetischen Medezin* (Leipzig, 1900), *L'Année*, 5, p. 225-226.

Compte rendu de Ch. Letourneau, *La Psychologie ethnique* (Paris, 1901), *Notes critiques,* 3, p. 97-98.

Compte rendu de J. Leuba, "Introduction to a Psychological Study of Religion"(in *Monist*, 1902), *L'Année*, 5, p. 199-200.

Compte rendu de H. Mager, *Le Monde polynésien* (Paris), *Notes critiques,*

3, p. 259.

Compte rendu de L. Marillier, "Religion"(in *La Grande Encyclopédie*, t. XXVIII, Paris, 1900), *L'Année*, 5, p. 191-197. [*Œuvres*, I, p. 124-129.]

Compte rendu de A. Michiels, *L'Origine de l'épiscopat* (Louvain, 1900), *L'Année*, 5, p. 305-307. [*Œuvres*, II, p. 638-640.]

Compte rendu de A. G. Mortimer, *The Eucharistie Sacrifice...* (Londres, 1901), *L'Année*, 5, p. 261-263.

Compte rendu de E. Murisier, *Les Maladies du sentiment religieux* (Paris, 1901), *L'Année*, 5, p. 197-199.

Compte rendu de N. Rodrigues, *L'Animisme fétichiste des nègres de Bahia* (Bahia, 1900), *L'Année*, 5, p. 224-225.

Compte rendu de J. W. Rothstein, *Der Gotterlaube im Alten Israel* (Halle, 1900), *L'Année*, 5, p. 281-282.

Compte rendu de Schurtz, *Alterklassen und Münnerbünde* (Berlin, 1901), *Notes critiques*, 3, p. 193-194.

Compte rendu de E. Sellin, *Studien zur Entstehung des jüdischen Gemeinwesens...* (Freiburg im Brisgau, 1900); J. Nikel, *Die Wiederherstellung des jüdischen GemeinwesellS...* (Leipzig, 1901), *L'Année*, 5, p. 313-315. [*Œuvres*, II, p. 579-581.]

Compte rendu de R. Seeberg, *Grundriss der Dogmengeschichte* (Leipzig, 1901), *L'Année*, 5, p. 301-302.

Compte rendu de W. M. de Visser, *De Graecorum diis...* (Leyde, 1900), *L'Année*, 5, p. 279-280.

Compte rendu de W. J. Wilkins, *Hindu Mythology* (Londres, 1900), *L'Année*, 5, p. 285.

Compte rendu de Zimmerman, *Elohim* (Berlin, 1900), *L'Année*, 5, p. 280-

281. [*Œuvres*, II, p. 578-579.]

"A propos de la guerre du Transvaal", *Le Mouvement socialiste*, 15 février, p. 289-296.

1903

"De quelques formes primitives de classifications. Contributions à l'étude des représentations collectives", en collaboration avec E. Durkheim, *L'Année*, 6, p. 1-72. [*Œuvres*, II, p. 13-89.]

"Représentations religieuses d'êtres et de phénomènes naturels", *L'Année*, 6, p. 225-226. [*Œuvres*, II, p. 90.]

"Introduction aux mythes", *L'Année*, 6, p. 243-246. [*Œuvres*, II, p. 269-272.]

Compte rendu de T. Achelis, *Die Extase* (Berlin, 1902), *L'Année*, 6, p. 176-180. [*Œuvres*, I, p. 391-395.]

Compte rendu de V. Bérard, *Les Phéniciens et L'Odyssée* (Paris, 1902), en collaboration avec H. Hubert, *L'Année*, 6, p. 263-264.

Compte rendu de M. Bloomfield, *The Symbolic Gods* (Baltimore, 1902), *L'Année*, 6, p. 236-237.

Compte rendu de F. Boas, "The Mythology of the Bella Coola Indians"(in *Memoirs of the American Museum of Natural History*, 1898); F. Boas et G. Hunt, "Kwakiutl Texts"(*ibid.*, 1902); L. Lumholtz, "The Symbolism of the Huichol Indians"(*ibid.*, 1900), *L'Année*, 6, p. 247-253. [*Œuvres*, III, p. 62-68.]

Compte rendu de L. D. Burdick, *Foundation Rites* (New York), *L'Année*, 6, p. 204-207. [*Œuvres*, I, p. 322-324.]

Compte rendu de A. Cabaton, *Nouvelles Recherches sur les Chams* (Paris,

1901), *L'Année*, 6, p. 185-186.

Compte rendu de G. A. Dorsey et H. R. Voth, *The Oraibi Soyal Ceremony* (Chicago, 1901); H. R. Voth, *The Oraibi Powamu Ceremony* (*ibid.*), *L'Année*, 6, p. 195-196.

Compte rendu de J. G. Frazer, *On Sorme Ceremonies...* (Melbourne, 1901), *L'Année*, 6, p. 190-191.

Compte rendu de E. von der Goltz, *Das Gebet in der aeltesten Christenheit* (Leipzig, 1901), *L'Année*, 6, p. 211-217. [*Œuvres*, I, p. 478-483.]

Compte rendu de E. von der Goltz, *Das Gebet in der aeltesten Christenheit* (Leipzig, 1902), *Notes critiques*, 4, p. 7-9.

Compte rendu de J. J. M. de Groot, *The Religious System of China*, IV : *On the Soul and Ancestral Worship*, 1, *The Soul in Philosophy and Folk Conception* (Leyde, 1901), *L'Année*, 6, p. 226-230. [*Œuvres*, II, p. 616-619.]

Compte rendu de O. Gruppe, *Griechische Mythologie und Religiongeschichte*, II (Munich, 1902), en collaboration avec H. Hubert, *L'Année*, 6, p. 254-261. [*Œuvres*, II, p. 278-285.]

Compte rendu de F. B. Gummere, *The Beginnings of Poetry* (New York, 1901), *L'Année*, 6, p. 560-565. [*Œuvres*, II, p: 251-255.]

Compte rendu de C. Haddon, *Head Hunters* (Londres, 1901), *L'Année*, 6, p. 183-184.

Compte rendu de J. Happel, *Die... Grundanschauungen der Inder* (Giessen, 1902), *L'Année*, 6, p. 279-281.

Compte rendu de A. Hauck, *Kirchengeschichte Deutschlands* (Leipzig, 1902), *L'Année*, 6, p. 285-286.

Compte rendu de E. Hoffmann-Krayer, *Die Volkskunde als Wissenschaft*

(Zurich, 1902), *L'Année*, 6, p. 167-170. [*Œuvres*, III, p. 372-374.]

Compte rendu de J. Jastrow, *Fact and Fable in Psychology* (Londres, 1901), *L'Année*, 6, p. 180-181.

Compte rendu de Morris Jastrow, *The Study of Religion* (Londres, 1901), *L'Année*, 6, p. 166-167.

Compte rendu de V. Jaeckel, *Studien zur vergleichenden Völkerkunde...* (Berlin, 1901), *L'Année*, 6, p. 174.

Compte rendu de M. H. Kingsley, *West African Studies* (Londres, 1901), *L'Année*, 6, p. 182-183.

Compte rendu de A. Lefèvre, *Germains et Slaves* (Paris, 1903), *Notes critiques*, 4, p. 196.

Compte rendu de C. Letourneau, *La Psychologie ethnique* (paris, 1901), *L'Année*, 6, p. 150-151.

Compte rendu de A. Lang, *Magic and Religion* (Londres, 1901), *L'Année*, 6, p. 170-173. [*Œuvres*, I, p. 137-141.]

Compte rendu de sir R. C. Lyall, *Asiatic Studies. Religious and Social* (Londres), *Revue de l'histoire des religions*, t. 48, p. 74-76.

Compte rendu du marquis de La Mazelière, *Essai sur l'évolution de la civilisation indienne* (Paris, 1903), *Revue de l'histoire des religions*, t. 48, p. 115.

Compte rendu de M. Martin, *Basuotaland* (Soudan, 1903), *Notes critiques*, 4, p. 195.

Compte rendu de E. Reclus, *Les Primitifs* (Paris, 1903), *Notes critiques*, 4, p. 167.

Compte rendu de F. Renck, *Die Geschichte des Messopfer-Begriffs* (Freising, 1901), *L'Année*, 6, p. 281-283.

Compte rendu de C. M. Roberts, *A Treatise on the History of Confession* (Londres, 1901), *L'Année*, 6, p. 217-220. [*Œuvres*, II, p. 640-642.]

Compte rendu de S. R. Steinmetz, *Rechtsverhältnisse von eingeborenen Völkern* (Berlin, 1903), *Notes critiques*, 4, p. 102-104.

Compte rendu de Stucken, *Astralmythen...* (Leipzig, 1901), en collaboration avec H. Hubert, *L'Année*, 6, p. 261-263.

Compte rendu de F. Tetzner, *Die Slawen in Deutschland* (Braunschweig, 1902), *L'Année*, 6, p. 188-189.

Compte rendu de M. Winternitz, "Die Flutsagen..." (in *Mitteilungen der Anthropologie Gesellschaft zu Wien*, 1901), *L'Année*, 6, p. 246-247. [*Œuvres*, II, p. 306-307.]

1904

"Esquisse d'une théorie générale de la magie", en collaboration avec H. Hubert, *L'Année*, 7, p. 1-146. [*Sociologie et anthropologie*, 1966, p. 3-141.]

"L'origine des pouvoirs magiques dans les sociétés australiennes ", in *Annuaire de l'École pratique des hautes études* (section des sciences religieuses), p. 1-55. [*Mélanges d'histoire des religions,* p. 131-187; *Œuvres*, II, p. 319-369.]

"Philosophie religieuse, conceptions générales", *L'Année*, 7, p. 199201. [*Œuvres*, I, p. 93-94.]

"Systèmes religieux ", en collaboration avec H. Hubert, *L'Année*, 7, p. 217-219. [*Œuvres*, I, p. 91-92.]

"Légendes et contes", *L'Année*, 7, p. 347-348. [*Œuvres,* II, p. 272.]

Compte rendu de L. Arréat, *Le Sentiment religieux en France* (Paris, 1903), en collaboration avec H. Hubert, *L'Année*, 7, p. 212-214.

Compte rendu de F. Boas, "The Eskimo of Baffin Land..."(in *Bulletin of the American Museum of Natural History*, 1901); E. W. Nelson, *The Eskimo about Bering Strait* (Washington, 1902), *L'Année*, 7, p. 225-230. [*Œuvres*, III, p. 68-73.]

Compte rendu de W. Bogoras, "The Folklore of Northeastern Asia..."(in *American Anthropologist*, 1902), *L'Année*, 7, p. 348.

Compte rendu de W. Caland, *Over de "Wenschoffers"* (Amsterdam, 1902), *L'Année*, 7, p. 295. [*Œuvres*, II, p. 605-606.]

Compte rendu de D. Chantepie de La Saussaye, *Manuel d'histoire des religions* (Paris, 1904), *Notes critiques*, 5 juin, p. 176-177.

Compte rendu du Rev. H. Cole, "Notes on the Wagogo..."(in *Journal of the Anthropological Institute*, 1902), *L'Année*, 7, p. 238-239.

Compte rendu de R. B. DiXon, "Maidu Myths"(in *Bulletin of the American Museum of Natural History*, 1902); R. B. DiXon, "System and Sequence in Maidu Mythology"(in *Journal of American Folklore*, 1903) ; F. Boas, "Kathlamet Texts"(in *Bureau of American Ethnography, Bulletin*, 26, 1902), *L'Année*, 7, p. 336-337.

Compte rendu de Th. Engert, *Der Betende Gerechte Psalmen* (Würzburg, 1902); P. Drews, *Studien zur Geschichte des Gottesdienstes...* (Tübingen, 1902); O. Dibelius, *Das Vaterunser...* (Giessen, 1903), *L'Année*, 7, p. 304-308. [*Œuvres*, I, p. 485-489.]

Compte rendu de J. W. Fewkes, *Notes on Tusayan... Ceremonies* (Washington, 1902); J. W. Fewkes, "Minor Hopi Festivals"(in *American Anthropologist*, 1902); G. A. Dorsey et R. V. Voth, "The Mishongnovi Ceremonies..."(in *Field Columbia Museum Publications of Anthropology*, 1902); J. W.

Fewkes, "Sky God Personation..."(in *Journal of American Folklore,*
1902), *L'Année,* 7, p. 285-288. [*Œuvres,* II, p. 91-94.]

Compte rendu de H. Fielding Hall, *The Soul of a People* (Londres, 1903),
L'Année, 7, p. 241-243.

Compte rendu de W. H. Furness, "The Ethnography of the Nagas..."(in
Journal of the Anthropological Institute, 1902), *L'Année,* 7, p. 236-237.

Compte rendu de K. Girgensohn, *Die Religion...* (Leipzig, 1903), *L'Année,*
7, p. 201-203. [*Œuvres,* I, p. 95-97.]

Compte rendu du Dr Hahl, "Mitteilungen über... Ponape"(in *Ethnologisches
Notizblatt,* II), *L'Année,* 7, p. 399.

Compte rendu de A. Harnack, "Jus Ecclesiasticum"(in *Sitzungsberichte der
kgl. preussischen Akademie der Wissenschajten*), L'Année, 7, p. 353-354.

Compte rendu de J. N. B. Hewitt, "Orenda and a DefInition of
Religion"(in *American Anthropologist,* 1902), *L'Année,* 7, p. 273.

Compte rendu de A. Hillebrandt, *Vedische Mythologie* (Breslau, 1902),
L'Année, 7, p. 317-321.

Compte rendu du Rev. J. Holmes, "Initiation Ceremonies..."(in *Journal of
the Anthropological Institute,* 1902), *L'Année,* 7, p. 299.

Compte rendu de W. James, *The Varities of Religious Experience* (Londres,
1903); H. Leuba, "Les tendances religieuses ... "(in *Revue philosophique,*
1902); T. Flournoy, "Les variétés de l'expérience religieuse"(in *Revue
philosophique,* 1902); E. Boutroux, "La psychologie du mysticisme"(in
Bulletin de l'Institut psychologique, 1902); H. Delacroix, "Les
variétés..."(in *Revue de métaphysique et de morale,* 1903), *L'Année,* 7, p.
204-212. [*Œuvres,* I, p. 58-65.]

Compte rendu de V. Loret, "Les enseignes militaires..."(in *Revue égyptologique,*

1902), *L'Année*, 7, p. 222-223. [*Œuvres*, I, p. 167-168.]

Compte rendu de A. Le Braz, *La Légende de la mort...* (Paris, 1902), *L'Année*, 7, p. 280-281.

Compte rendu de C. Lumholtz, *Unknown Mexico...* (Londres, 1903), *L'Année*, 7, p. 230-236. [*Œuvres*, I, p. 66-70.]

Compte rendu de A. de Marchi, *Il culto privato di Roma antica* (Milan, 1903), *L'Année*, 7, p. 263-266. [*Œuvres*, II, p. 642-645.]

Compte rendu de J. Mooney, *Myths of the Cherokees* (Washington, 1902), *L'Année*, 7, p. 334-335.

Compte rendu de J. Mooney, *Calendar History of the Kiowa Indians* (Washington, 1902), *L'Année*, 7, p. 282-285. [*Œuvres*, II, p. 169-171.]

Compte rendu de K. Th. Preuss, "Die Sünde..."(in *Globus*, 1903), *L'Année*, 7, p. 315-316.

Compte rendu de K. Reuschel, *Volkündliche Steifzüge* (Leipzig, 1903), *L'Année*, 7, p. 270-271.

Compte rendu de J. M. Robertson, *Pagan Christs...* (Londres, 1903), en collaboration avec H. Hubert, *L'Année*, 7, p. 214-216.

Compte rendu du Rev. J. Roscoe, "Further Notes on ... the Baganda"(in *Journal of the Anthropological Institute of Great Britain,* 1902), *L'Année*, 7, p. 396-398. [*Œuvres*, II, p. 548-550.]

Compte rendu de W. E. Roth, "Games, Sports and Amusements"(in *North Queensland Ethnographical Bulletin,* 1902), *L'Année*, 7, p. 666-667. [*Œuvres*, II, p. 256-257.]

Compte rendu de W. H. D. RC'use, *Greek Votive Offerings* (Cambridge), *L'Année*, 7, p. 296-299. [*Œuvres*, I, p. 522-524.]

Compte rendu de A. Senfft, "Ethnographische Beiträge..."(in *Petermanns*

Mitteilungen, 1903), *L'Année*, 7, p. 398-399.

Compte rendu de V. Solomon, "Extracts from Diaries Kept in Car Nicobar"(in *Journal of the Anthropological Institute*, 1902), *L'Année*, 7, p. 237-238.

Compte rendu de V. H. Stevens, "Namengebung und Heirat... "(in *Globus*, 1902), *L'Année*, 7, p. 299-300.

Compte rendu de O. Thilenius, *Ethnographische Ergebnisse aus Melanesien* (Halle, 1902), *L'Année*, 7, p. 239-240.

Compte rendu de H. Usener, *Dreiheit* (Bonn, 1903); Mc Gee, *Primitive Numbers* (Washington, 1900, 1902); C. Thomas, *Numeral Systems of Mexico* (*ibid.*), *L'Année*, 7, p. 308-314. [*Œuvres*, II, p. 308-313.]

"Les coopératives rouges ", *L'Humanité*, 16 juin, p. 3.

"Les coopératives allemandes après le congrès de Hambourg", *L'Humanité*, 4 juillet, p. 1.

"Mouvement coopératif ", *L'Humanité*, 11 juillet, p. 4.

"Mouvement coopératif ", *L'Humanité,* 12 juillet, p. 3 et 4.

"La coopération socialiste ", *L'Humanité,* 3 août, p. 1.

"Mouvement coopératif. Au congrès de Budapest", *L'Humanité*, 4 octobre, p. 3.

"Une exposition ", *L'Humanité*, 23 décembre, p. 1.

"Mouvement coopératif. L'alliance coopérative internationale", *L'Humanité*, 26 décembre, p. 4.

1905

"Note sur le totémisme ", *L'Année,* 8, p. 235-238. [*Œuvres*, I, p. 162-164.]

"Systèmes religieux des groupes secondaires. Les sectes", *L'Année*, 8, p. 293-

295. [*Œuvres*, I, p. 97-100.]

"Divisions et organisations intérieures de la sociologie", *L'Année*, 8, p. 165-166.

Compte rendu de Th. Achelis, *Abriss der ... Religionswissenschaft* (Leipzig), *L'Année*, 8, p. 226-227.

Compte rendu de P. Alphandéry, *Les Idées morales chez les hétérodoxes latins* (Paris, 1903), *L'Année*, 8, p. 298-299.

Compte rendu de F. Boas, "The Folklore of the Eskimo"(in T*he Journal of American Folklore,* 1904), *L'Année*, 8, p. 349.

Compte rendu de W. Bousset, *Dos Wesen der Religion* (Halle, 1903), *L'Année*, 8, p. 227-230.

Compte rendu de E. Caird, *The Evolution of Theology in the Greek Philosophers* (Glasgow, 1904), *L'Année*, 8, p. 355-357. [*Œuvres*, II, p. 645-647.]

Compte rendu de E. Clément, "Ethnographical Notes..."(in *Internationales Archiv für Ethnographie,* 1903), *L'Année*, 8, p. 255-256.

Compte rendu de A. Dorner, *Grundprobleme der Religionsphilosophie* (Berlin, 1903); A. Dorner, *Grundriss der Religionsphilosophie* (Leipzig, 1903), *L'Année,* 8, p. 231-233.

Compte rendu de L. R. Farnell, "Sociological Hypotheses Concerning the Position of Women in Ancien Religion"(in *Archiv für Religionswissenschaft,* 1904), *L'Année*, 8, p. 363-364.

Compte rendu de V. Fausböll, *Indian Mythology...* (Londres, 1903), *L'Année*, 8, p. 344.

Compte rendu de A. C. Haddon, *Sociology, Magic and Religion of Western Islander,* vol. V (Cambridge, 1904), *L'Année*, 8, p. 256-261. [*Œuvres*, II,

p. 421-425.]

Compte rendu de W. H. Holmes, *Aboriginal Pottery...* (Washington, 1903), *L'Année*, 8, p. 638-639.

Compte rendu de H. Hubert, "Préface au *Manuel d'histoire des religions*"(Paris, 1904), *L'Année*, 8, p. 223-224. [*Œuvres*, I, p. 46.]

Compte rendu de A. G. Keller, *Queries in Ethnography* (New York, 1903), *L'Année*, 8, p. 170-171.

Compte rendu de F. Klein, *Le Fait religieux...* (Paris, 1903), *L'Année*, 8, p. 225-226.

Compte rendu de P. Labbé, *Un bagne russe* (Paris, 1903), *L'Année*, 8, p. 265.

Compte rendu de Roth H. Ling, *Great Benin* (Halifax, 1903), L'Année, 8, p. 268-270.

Compte rendu de V. Loret, "Quelques idées sur ... les religions égyp-tiennes..."(Extrait de la *Revue égyptologique*, 1904); V. Loret, "Horus le Faucon"(in *Bulletin de l'Institut français d'archéologie orientale*, 1903), L'Année, 8, p. 240-242. [*Œuvres*, I, p. 168-170.]

Compte rendu de A. Mathiez, *Les Origines des cultes révolutionnaires* (Paris, 1904); A. Mathiez, *La Théophilantrophie...* (Paris, 1904), *L'Année*, 8, p. 295-298.

Compte rendu de C. Renel, *Les Enseignes* (Paris, 1903), *L'Année*, 8, p. 238-240. [*Œuvres*, I, p. 165-166.]

Compte rendu de Davids T. W. Rhys, *Buddhists India* (London, 1903), *L'Année*, 8, p. 289-290.

Compte rendu de C. Ribbe, *Zwei Jahre unter den Kannibalen der Salomon Inseln* (Dresde, 1903), *L'Année*, 8, p. 261-262.

Compte rendu de W. Roth, "Superstition, Magic and Medicine"(in *North Queensland Ethnographical Bulletin*, n°5, 1903), *L'Année*, 8, p. 252-255. [*Œuvres*, II, p. 397-400.]

Compte rendu de H. Schurtz, *Voelkerkunde* (Leipzig, 1903); R. F. Kaindl, *Die Volkskunde* (Leipzig, 1903); S. Gunther, *Ziele... modernen Voelkerkunde* (Stuttgart, 1904), *L'Année*, 8, p. 166-170.

Compte rendu de B. Spencer et F. Gillen, *The Northem Tribes of Central Australia* (Londres, 1904), *L'Année*, 8, p. 242-252. [*Œuvres,* II, p. 412-421.]

Compte rendu de M. C. Stevenson, "Zuñi Games "(in *American Anthropologist*, 1903), *L'Année*, 8, p. 329-330. [*Œuvres*, II, p. 257.]

Compte rendu de O. Stoll, *Suggestion und Hypnotismus in der Voelkerpsychologie* (2ᵉ éd. Leipzig, 1904), *L'Année*, 8, p. 233-234. [*Œuvres,* II, p. 395-396.]

Compte rendu de G. Thilenius, "Ethnographische Ergebnisse aus Melanesien"(in *Nova Acta*, Halle, 1903), *L'Année*, 8, p. 263-264.

Compte rendu de H. Usener, "Mythologie"(in *Archiv für Religionswissenschaft*, 1904); A. Dietrich, "Vorwort zum Siebenten Bande"(*ibid.*), *L'Année,* 8, p. 224-225.

Compte rendu de C. Van Coll, "Gegevens over Land... "(in *Bijdrege tot de Taal, Land, en Volkenk. v. Ned. Ind.*, 1903), *L'Année*, 8, p.265.

Compte rendu de C. Velten, *Sitten und Gebräuche der Suaheli* (Göttingen, 1903), *L'Année*, 8, p. 304-306.

Compte rendu de A. Vierkandt, "Wechselwirkungen biem Ursprung von Zauberbräuchen"(in *Archiv für Gesamte Psychologie*, 1903), L'Année, 8, p. 318-319.

Compte rendu de H. Wehrli, *Beitrag zur Ethnologie der Chingpaw* (Leyde, 1904), *L'Année,* 8, p. 264.

Compte rendu de V. Zaplet, *Altestamentliches* (Fribourg, Suisse, 1903), *L'Année,* 8, p. 285-286.

"Mouvement coopératif. Propagande coopérative", *L'Humanité,* 3 janvier. p. 4.

"Le 'Konsumveren'de Bâle", *L'Humanité.* 21 janvier, p. 1.

"Mouvement coopératif. Nouvelles de Suisse", *L'Humanité,* 27 mars. p. 4.

"Mouvement coopératif. La coopération moralisatrice ", *L'Humanité,* 8 mai, p. 4.

"La mutualitépatronale ", *L'Humanité,* 16 mai, p. 1.

"Le Congrès des coopératives anglaises", *L'Humanité,* 15 juin. p. 1. "Le Congrès des coopératives anglaises", *L'Humanité,* 16 juin, p. 3.

1906

"Essai sur les variations saisonnières des sociétés eskimo. Étude de morphologie sociale ", avec la collaboration partielle de H. Beuchat. *L'Année,* 9, p. 39-132. [*Sociologie et anthropologie*, Paris, 1966, p. 389-477.]

"Note sur la nomenclature des phénomènes religieux", *L'Année,* 9, p. 248-251. [*Œuvres,* I, p. 40-42.]

Compte rendu de N. Annadale et H. C. Robinson, *Fasciculi Malayenses,* 1 et II (Londres, 1903), *L'Année,* 9, p. 199-202. [*Œuvres,* I, p. 168-170.]

Compte rendu de F. Boas, "Some Traits of Primitive Culture"(in *Journal of American Folklore,* 1904), *L'Année,* 9, p. 169.

Compte rendu de M. L. Dames, *The Baloch Race* (Londres, 1904), *L'Année,* 9, p. 206.

Compte rendu de A. Dieterich, *Mutter Erde...* (Leipzig, 1905), *L'Année*, 9, p. 264-268. [*Œuvres*, II, p. 135-139.]

Compte rendu de G. A. Dorsey, *Traditions of the Skidi Pawnee* (Boston, 1904), *L'Année*, 9, p. 293.

Compte rendu de W. Fewkes, *Hopi Katcinas* (Washington, 1904), *L'Année*, 9, p. 262-263.

Compte rendu de L. Fison, *Tales from Old Fiji* (Londres, 1904), *L'Année*, 9, p. 293-295.

Compte rendu de A. C. Fletcher, *The Hako : A Pawnee Ceremony* (Washington, 1904), *L'Année*, 9, p. 244-245. [*Œuvres*, I, p. 44-45.]

Compte rendu de J. G. Frazer, "The Origin of Circumcision"(in *Independant Review,* 1904), L'Année, 9, p. 255-257. [*Œuvres*, I, p. 141-143.]

Compte rendu de L. Frobenius, *Das Zeitalter des Sonnengottes* (Berlin, 1904), *L'Année*, 9, p. 290-291. [*Œuvres*, II, p. 488-489.]

Compte rendu de P. E. Goddard, "Life and Culture of the Hupa"(in *American Archeology and Ethnography*, n°1, Berkeley, 1903); "Hupa texts "(*ibid.*, n°2), *L'Année*, 9, p. 202-204.

Compte rendu de W. B. Grubb, *Among the Indians of the Paraguayan Chaco* (Londres, 1904), *L'Année*, 9, p. 183.

Compte rendu de V. Henry, *Le Parsisme* (Paris, 1905), *L'Année*, 9, p.220-221.

Compte rendu de V. Henry, *La Magie dans l'Inde antique* (Paris, 1904), *L'Année*, 9, p. 233-234.

Compte rendu de J. N. B. Hewitt, *Iroquoian Cosmology* (Washington, 1904), *L'Année*, 9, p. 292-293.

Compte rendu de A. W. Howitt et O. Siebert, "Legends... "(in *Journal of the*

Anthropological Institute of Great Britain, 1904), *L'Année*, 9, p. 280-281.

Compte rendu de A. W. Howitt, *The Native Tribes of South East Australia* (Londres, 1904), *L'Année*, 9, p. 177-183. [*Œuvres*, II, p. 425-430.]

Compte rendu de D. Kidd, *The Essential Kafir* (Londres, 1904), *L'Année*, 9, p. 195-199. [*Œuvres*, I, p. 571-574.]

Compte rendu de M. Merker, *Die Masai* (Berlin, 1904); A.-C. Hollis, *The Masai* (Oxford, 1904), *L'Année*, 9, p. 184-190. [*Œuvres*, II, p. 537-543.]

Compte rendu de Z. Nutta, "A Penitential of the Ancient Mexicans"(in *Archeological and Ethnographical Papers of the Peabody Museum*, 1904), *L'Année*, 9, p. 258-259.

Compte rendu de E. Van Ossenbruggen, "Over het primitief Begrif van Grondeigendom"(in Indisches Gids, 1905), *L'Année*, 9, p. 394-398. [*Œuvres*, II, p. 139-143.]

Compte rendu de M. A. Owen, *Folklore of the Musquakie* (Londres, 1904), *L'Année*, 9, p. 261-262.

Compte rendu de K. Th. Preuss, "Der Ursprung der Religion und der Kunst"(in *Globus*, 1904, 1905), *L'Année*, 9, p. 239-241. [*Œuvres*, II, p. 242-243.]

Compte rendu de K. Th. Preuss, "Der Ursprung des Menschenopfer in Mexiko"(in *Globus*, 1904), *L'Année*, 9, p. 257-258.

Compte rendu de C. H. Read, *Questionnaire ethnographique pour le Congo* (Londres, 1904); Von Luschan, *Anleitung für Ethnographische...* (3ᵉ éd., Berlin, 1904), *L'Année*, 9, p. 138-139.

Compte rendu de P. Schellhaas, "Representations of Deities of the Maya Manuscripts"(in *Papers of the Peabody Museum*, 1904), *L'Année*, 9, p. 281-282.

Compte rendu de H. R. Tate, "Notes on the Kikuyu and Kamba…"(in *Journal of the Anthropological Institute of Great Britain*, 1904), *L'Année*, 9, p. 190-191.

Compte rendu de L. Valli, *Il fondamento psicologico della religione* (Roma, 1904), *L'Année*, 9, p. 169-170.

Compte rendu de D. Westermann, "Deber die Begriffe Seele… "(in *Archiv für Religionswissenschaft*, 1904), *L'Année*, 9, p. 268-269.

Compte rendu de M. Winternitz, *Geschichte der Indischen Litteratur* (Leipzig, 1905), *L'Année*, 9, p. 215.

1907

Compte rendu de H. Bohmer, *Im Lande des Festisches* (Bâle), *L'Année*, 10, p. 210.

Compte rendu de J. C. Boyd Kinnear, *The Foundation of Religions* (Londres, 1905), *L'Année*, 10, p. 210.

Compte rendu de K. Breysig, *Die Entstehung der Gottesgedankens und der Heilbringer* (Berlin, 1905), *L'Année*, 10, p. 317-322. [*Œuvres*, l, p. 100-103.]

Compte rendu de W. Caland et V. Henri, *L'agnistoma* (Paris, 1905), *L'Année*, 10, p. 290-291. [*Œuvres*, I, p. 42-44.]

Compte rendu de A. B. Cook, "The European Sky-God"(in *Folklore*, XVI, 1905; XVII, 1906), *L'Année*, 10, p. 322-323.

Compte rendu de E. Crawley, *The Tree of Life* (Londres, 1905), *L'Année*, 10, p. 204-209. [*Œuvres*, I, p. 144-149.]

Compte rendu de R. E. Dennett, *At The Back of the Black Man's Mind* (Londres, 1906), *L'Année*, 10, p. 305-311. [*Œuvres*, II, p. 96-99 et p.

244-245.]

Compte rendu de E. Doutté, *Marrâkech* (Paris, 1905), *L'Année*, 10, p. 259-261. [*Œuvres*, II, p. 567.]

Compte rendu de A. Erman, *Die ägyptische Religion* (Berlin), *L'Année*, 10, p. 256-257.

Compte rendu de J. G. Frazer, *Adonis, Attis, Osiris* (Londres, 1906), *L'Année*, 10, p. 270-273. [*Œuvres*, I, p. 149-151.]

Compte rendu de J. G. Frazer, "The Beginnings of Religion and Totemism..."(in *Forthnightly Review*, 1905), *L'Année*, 10, p. 223-226. [*Œuvres*, I, p. 180-183.]

Compte rendu de M. Friedländer, *Die religiosen Bewegungen innerhalb des Judentums im Zeitalter Jesu* (Berlin, 1905), *L'Année*, 10, p. 265-269. [*Œuvres*, II, p. 586-590.]

Compte rendu de P. Giran, *Notice... d'ethnographie religieuse* (Marseille, 1906), *L'Année*, 10, p. 312-313.

Compte rendu de E. von der Goltz, *Tischgebete und Abendmahlsgebete* (Leipzig, 1905), *L'Année*, 10, p. 298-299. [*Œuvres*, I, p. 483-484.]

Compte rendu de H. Gressmann, *Der Ursprung des israelitisch-jüdischen Eschatologie* (Gottingen, 1905), *L'Année*, 10, p. 329-333. [*Œuvres*, II, p. 582.]

Compte rendu de C. Hill Tout, "Report on the Ethnology of the Statlumh..."(in *Journal of the Anthropological Institute*, 1905), *L'Année*, 10, p. 235-238. [*Œuvres*, III, p. 74-76.]

Compte rendu de H. Hubert, "Étude sommaire de la représentation du temps dans la religion et dans la magie"(in *Annuaire de l'École pratique des hautes études,* section des sciences religieuses, 1905), *L'Année*, 10, p.

302-305. [*Œuvres*, I, p. 50-52.]

Compte rendu de A. E. Jenks, *The Bontoc Igorot* (Manille, 1905); W. A. Reed, *Negritos of Zamboles* (*ibid.*), *L'Année*, 10, p. 251-254. [*Œuvres*, I, p. 514-517.]

Compte rendu de F. B. Jevons, *Religion in Evolution* (Londres, 1906), *L'Année*, 10, p. 219-221.

Compte rendu de F. S. Krauss, "Südslavische Volksüberlieferungen..."(in *Anthropophyteia*), *L'Année*, 10, p. 440-442.

Compte rendu de M. Leprince, "Notes sur les Mancagnes ou Brames"(in *L'Anthropologie*, 1905), *L'Année*, 10, p. 240-241.

Compte rendu de S. Lévi, *Le Népal* (Paris, 1905), *L'Année*, 10, p. 257-259. [*Œuvres*, III, p. 545-547.]

Compte rendu de J. Meinhold, *Sabbat und Woche* (Göttingen, 1905), *L'Année*, 10, p. 285-288. [*Œuvres*, I, p. 309-312.]

Compte rendu de C. Mommert, *Menschenopfer bei den alten Hebräern* (Leipzig, 1905), *L'Année*, 10, p. 291-292.

Compte rendu de H. Nissen, *Orientation* I (Berlin, 1906), *L'Année*, 10, p. 300-301. [*Œuvres*, II, p. 313-314.]

Compte rendu de L. K. Parker, *The Euahlayi Tribe* (Londres, 1905), *L'Année*, 10, p. 230-233. [*Œuvres*, II, p. 430-433.]

Compte rendu de E. H. Parker, *China and Religion* (Londres, 1905), *L'Année*, 10, p. 342-344.

Compte rendu de A. Pratt, *Two Years among New Guinean Cannibals* (Londres, 1906), *L'Année*, 10, p. 233-234.

Compte rendu de M. Schmidt, *Indianerstudien in Zentralbräsilien...* (Berlin, 1905), *L'Année*, 10, p. 661.

Compte rendu de W. W. Skeat et C. O. Blagden, *Pagan Races of the Malay Peninsula* (Londres, 1906), *L'Année*, 10, p. 245-251. [*Œuvres*, I, p. 508-514.]

Compte rendu de O. Solberg, "Ueber die Bahos der Hopi"(in *Archiv für Anthropologie*, IV, 1905), *L'Année*, 10, p. 301.

Compte rendu de L. Sternberg, "Die Religion der Giliaken"(in *Archiv für Religionswissenschaft*, 1905), *L'Année*, 10, p. 234-235.

Compte rendu de N. W. Thomas, "The Religious Ideas of the Arunta"(in *Folklore*, 1905), *L'Année*, 10, p. 229.

Compte rendu de N. W. Thomas, "Australian Canoes and Rafts"(in *Journal of the Anthropological Institute*, 1905), *L'Année*, 10, p. 661-662.

Compte rendu de E. Torday et E. Joyce, "Notes on the Ethnography of the Bambala", p. 239-240.

Compte rendu de A. Van Gennep, *Mythes et légendes d'Australie* (Paris, 1906), *L'Année*, 10, p. 226-229. [*Œuvres*, I, p. 70-73.]

Compte rendu de H. R. Voth, "Hopi Proper Names"(in *Field Columbian Museum Anthropological Series*, VI, Chicago, 1905); H. R. Voth, "Oraibi Natal Customs..."(*ibid.*), *L'Année*, 10, p. 294-296. [*Œuvres*, II, p. 94-96.]

Compte rendu de E. Westermarck, "Midsummer Customs in Morocco"(in *Folklore*, 1905), *L'Année*, 10, p. 289.

Compte rendu de W. C. Willoughby, "Notes on the Totemism of the Becwana"(in *Journal of the Anthropological Institute*, 1905), *L'Année*, 10, p. 238-239.

Compte rendu de W. Wundt, *Völker psychologie. Mythus und Religion* (Leipzig, 1905), *L'Année*, 10, p. 210-216. [*Œuvres*, II, p. 234-238.]

"La Maison du peuple ", *L'Humanité*, 8 mai, p. 3.

1908

"Introduction à l'analyse de quelques phénomènes religieux", en collaboration avec H. Hubert, *Revue de l'histoire des religions*, 58, p. 162-203. [*Mélanges d'histoire des religions*, p. I-XLII; *Œuvres*, I, p. 3-39.]

"L'art et le mythe d'après M. Wundt", *Revue philosophique*, 66, juillet-décembre, p. 47-79. [*Œuvres*, II, p. 195-227.]

1909

Mélanges d'histoire des religions, Paris, Alcan, en collaboration avec Henri Hubert. [Comprend: "Introduction à l'analyse de quelques phénomènes religieux ", 1908; "Essai sur la nature et la fonction des sacrifices", 1899; "L'origine des pouvoirs magiques dans les sociétés australiennes", 1905; un texte de H. Hubert intitulé "Étude sommaire de la représentation du temps dans la magie et la religion" et une table des matières analytique. Les deux premiers textes se trouvent in *Œuvres*, I, p. 3-39 et p. 193-307, en compagnie du sommaire analytique de "L'étude du temps"de H. Hubert, p. 48-49. "L'origine des pouvoirs magiques"a étérepris dans *Œuvres,* II, p. 319-369.]

La Prière. I. Les origines (I. Livre et II. Livre inachevé.) Spécimen qui fut distribuéconfidentiellement par l'auteur, 176 pages. [*Œuvres*, I, p. 357-477.]

1910

"Systèmes religieux des sociétés inférieures ", *L'Année*, 11, p. 75-76. [*Œuvres*, I, p. 103-104.]

"Systèmes juridiques et moraux des sociétés inférieures ", *L'Année*, 11, p.

287-290.

Compte rendu de O. Boeckel, *Psychologie der Volksdichtung* (Leipzig, 1906), *L'Année*, 11, p. 776-778.

Compte rendu de W. Bogoras, "The Chukchee"(in *Memoirs of the American Museum of National History*, 1907); W. Jochelson, "The Koryak"(*ibid.*), *L'Année*, 11, p. 148-154. [*Œuvres*, III, p. 86-87.]

Compte rendu de W. Caland, "Altindische Zauberei"(in *Verhdl. der Konink, Ak. v. Wetensch., Afdeel, Letterk*, Amsterdam), *L'Année*, 11, p. 190-191.

Compte rendu de S. Culin, *Games of the North American Indians* (Washington, 1907), *L'Année*, 11, p. 775-776. [*Œuvres*, II, p. 228-229.]

Compte rendu de J. Eylmann, *Die Eingeborenen der Kolonie Sud-Australien* (Berlin, 1908), *L'Année*, 11, p. 81-84.

Compte rendu de J. G. Frazer, *The Golden Bough* (3ᶜ éd., partie IV, Londres, 1907), *L'Année*, 11, p. 181-182.

Compte rendu de J. G. Frazer, *Psyche's Task* (Londres, 1909), *L'Année*, 11, p. 278-282. [*Œuvres*, I, p. 151-154.]

Compte rendu de J. J. de Groot, *The Religious System of China. The Demonology and Sorcery* (vol. V, Leyde, 1908), *L'Année*, 11, p. 227-233. [*Œuvres*, II, p. 619-624.]

Compte rendu de A. C. Haddon (et ses collaborateurs), *Reports of the Cambridge Anthropological Expedition to Torres Strait. Sociology, Magic and Religion of the Eastern Islanders* (vol. VI, Cambridge, 1908), *L'Année*, 11, p. 86-93. [*Œuvres*, II, p. 439-445.]

Compte rendu de F. Krause, "Die Peublo Indianer"(in *Nova Acta*, 1907); M. C. Stevenson, "The Zufii Indians"(Washington, 1906); H. Voth,

"The Tradition of the Hopi"(in *Field Columbian Museum Bulletin*, Anthropological Series, 1906); H. Eickhoff, *Die Kultur der Pueblos...* (Stuttgart, 1908), *L'Année*, 11, p. 119-133. [*Œuvres*, I, p. 73-86.]

Compte rendu de A. L. Kroeber, "The Arapaho"(in *Bulletin of the American Museum of Natural History*, New York, 1902-1907); G. A. Dorsey, "The Cheyenne"(in *Field Columbian Museum Publications*, Anthropological Series, 1905), *L'Année*, 11, p. 133-134.

Compte rendu de A. C. Kruit, *Het Anismisme in den Indischen Archipel* (La Haye, 1906), *L'Année*, 11, p .214-218. [*Œuvres*, II, p. 171-175.]

Compte rendu de G. Mc Call Theal, *History and Ethnography of Africa...*, I (Londres, 1907), *L'Année*, 11, p. 106-108.

Compte rendu de B. Marrett, *The Thresbold of Religion*, *L'Année*, 11, p. 68-69. [*Œuvres*, I, p. 47-48 et p. 55.]

Compte rendu de F. Moerchen, *Die Psychologie der Heiligkeit* (Halle, 1908), *L'Année*, 11, p. 70-71.

Compte rendu de R. Parkinson, *Dreissig Jahre in der Südsee* (Stuttgart, 1907), *L'Année*, 11, p. 93-101. [*Œuvres*, I, p. 574-581.]

Compte rendu de J. Raum, "Blut-und Speichelbünde bei den Wadschagga"(in *Archiv für Religionswissenschaft*, 1907), *L'Année*, 11, p. 420-421. [*Œuvres*, I, p. 555-556.]

Compte rendu de W. H. R. Rivers, The Todas (Londres, 1906), L'Année, 11, p. 154-158. [Œuvres, I, p. 91-495.]

Compte rendu de W. H. R. Rivers, The Todas (Londres, 1906), L'Année, 11, p. 309-314. [Œuvres, l, p. 495-500.]

Compte rendu de W. E. Roth, "Notes on Goverment..."(in *Bulletin of North Queensland Ethnography*, 1906), *L'Année*, 11, p. 293.

Compte rendu de L. von Schroeder, *Mysterium und Mimus in Rig Veda* (Leipzig, 1908), *L'Année*, 11, p. 207-209. [*Œuvres*, II, p. 257-259.]

Compte rendu de J. Spieth, *Die Ewestämme* (Berlin, 1906); A. G. Léonard, *The Lower Niger and its Tribes* (Londres, 1906); L. Desplagnes, *Le Plateau central nigérien* (Paris, 1907); M. Delafosse, "Le peuple Siena ou Senufo"(in *Revue des études ethnographiques et sociologiques*, 1908-1909), *L'Année*, 11, p. 317-323. [*Œuvres*, I, p. 582-587.]

Compte rendu de J. Spieth, *Die Ewestämme* (Berlin, 1906); A. G. Léonard, *The Lower Niger and its Tribes* (Londres, 1906); L. Desplagnes, *Le Plateau central nigérien* (Paris, 1907); M. Delafosse, "Le peuple Siena ou Senufo"(in *Revue des études ethnographiques et sociologiques,* 1908-1909), *L'Année*, 11, p. 136-148. [*Œuvres*, II, p. 175-184 et p. 112-113.]

Compte rendu de S. R. Steinmetz, *De Studie der Volkenkunde* (La Haye, 1907); *De Beteekenis der Volkenkunde...* (La Haye, 1908), *L'Année,* 11, p. 48-49. [*Œuvres,* II, p. 374-375.]

Compte rendu pe C. Strehlow, *Die Aranda- und Loritja-Stämme in Zentral-Australien* (Francfort, 1907-1908), en collaboration avec É. Durkheim, *L'Année,* 11, p. 76-81. [*Œuvres*, II, p 434-439.]

Compte rendu de J. R. Swanton, *Contribution to the Ethnology of the Haida* (Leyde, 1906); *Social Conditions, Beliefs of the Tlingit Indians* (Washington, 1908), *L'Année*, 11, p. 294-297. [*Œuvres*, III, p. 31-33.]

Compte rendu de J. R. Swanton, *Contribution to the Ethnology of the Haida* (Leyde, 1906); *Social Condition, Beliefs of the Tlingit Indians* (Washington, 1908); "Haida Texts and Myths"(in *Bulletin of the Bureau of American Ethnography*, 29, 1906), *L'Anné*e, 11, p. 110-119. [*Œuvres*, III, p. 76-92.]

Compte rendu de F. Szomlo, *Zur Gründung einer beschreibenden Soziologie* (Berlin, 1909), *L'Année,* 11, p. 1-4. [*Œuvres,* III, p. 375-377.]

Compte rendu de N. W. Thomas, *Native Tribes of Australia* (Londres, 1906), *L'Année*, 11, p. 84-85.

Compte rendu de A. Van Gennep, *Les Rites de passage* (Paris, 1909), *L'Année,* 11, p. 200-202. [*Œuvres,* I, p 553-555.]

Compte rendu de A. Werner, *The Native Races of British Central Africa* (Londres, 1906), *L'Année,* 11, p. 108-110.

Compte rendu de W. Wundt, *Voelkerpsychologie. Mythus und Religion,* II, III (Leipzig, 1907, 1909), *L'Année,* 11, p. 53-69. [*Œuvres,* I, p. 52-55, et *Œuvres,* II, p. 238-239, p. 240-242 et p. 246-250.]

1911

"Anna-Virāj", in *Mélanges d'indianisme offerts par ses élèves à M. Sylvain Lévi*, Paris, Ernest Leroux, p. 333-341. [*Œuvres,* II, p. 593-600.]

"L'affaire d'Oudjda. Pillages et spéculations ", *L'Humanité*, 28 octobre, p. 1. (Texte signéM.)

"Le scandale d'Oudjda ", *La Revue de l'enseignement primaire et primaire supérieur,* 29 octobre, p. 34. (Texte anonyme.)

"Le scandale d'Oudjda. Tous coupables, la leçon. Ni militaires ni diplomates", *L'Humanité,* 1er décembre, p. 1 et 2. (Texte signéM.)

1913

"L'ethnographie en France et à l'étranger", *La Revue de Paris*, 20, p. 815-837. [*Œuvres,* III, p. 395-435.]

"Notes sur la notion de civilisation", en collaboration avec É. Durkheim.

L'Année, 12, p. 46-50. [*Œuvres*, III, p. 451-455.]

"Systèmes religieux des sociétés inférieures", *L'Année*, 12, p. 90-91. [*Œuvres*, I, p. 104-106.]

Compte rendu de F. Boas, "The Kwakiutl of Vancouver Island"(in *Memoirs of the American Museum of Natural History*, vol. V, partie II, New York, 1909), *L'Année*, 12, p. 857-858.

Compte rendu de W. Bogoras, "Chukchee Mythology"(in *Memoirs of the American Museum of Natural History*, vol. VIII, partie I, New York, 1910), *L'Année*, 12, p. 160-162. [*Œuvres*, III, p. 87-89.]

Compte rendu de E. Chavannes, *Le T'ai Chan* (Paris, 1910); E. Boerschmann, *Die Baukunst und religiöse Kultur der Chinesen* (Berlin, 1911), *L'Année*, 12, p. 243-247. [*Œuvres*, II, p. 628-631.]

Compte rendu de Delhaise, *Les Warega* (Bruxelles, 1909); J. Halkin, *Les Ababua* (Bruxelles, 1911); F. Gaud, *Les Mandja* (Bruxelles, 1911), *L'Année*, 12, p. 138-142.

Compte rendu de R. E. Dennett, *Nigerian Studies* (Londres, 1910), *L'Année*, 12, p. 147-149.

Compte rendu de R. E. Dennett, *Nigerian Studies* (Londres, 1910); Le Hérissé, *L'Ancien Royaume de Dahomey* (Paris, 1911); J. Henry, *L'Ame d'un peuple africain. Les Bambara* (Münster, 1910); N. W. Thomas, *Anthropological Report of the Edo Speaking Peoples of Nigeria* (Londres, 1910); J. Spieth, *Die Religion der Eweer in SüdTogo* (Leipzig, 1911), *L'Année*, 12, p. 397-399.

Compte rendu de Mgr L. Duchesne, *Histoire ancienne de l'Église* (Paris, 1909-1911), L'Année, 12, p. 310-313.

Compte rendu de P. Ehrenreich, *Die allgemeine Mythologie...* (Leipzig,

1910), *L'Année,* 12, p. 290-291.

Compte rendu d'Endle, *The Kacharis* (Londres, 1911), en collaboration avec É. Durkheim, *L'Année,* 12, p. 375-378. [*Œuvres,* I, p. 594-597.]

Compte rendu de A. C. Fletcher et F. La Flesche, *The Omaha Tribe* (Washington, 1911), *L'Année,* 12, p. 104-110. [*Œuvres,* II, p. 100103; *Œuvres,* III, p. 89-92.]

Compte rendu de J. G. Frazer, *Totemism and Exogamy* (Londres, 1911); É. Durkheim, *Les Formes élémentaires de la vie religieuse* (Paris, 1912), en collaboration avec É. Durkheim, *L'Année,* 12, p. 91-98. [*Œuvres,* I, p. 183-189.]

Compte rendu de J. G. Frazer, *The Golden Bough* (3ᵉ éd., Londres, 1910-1911), *L'Année,* 12, p. 75-79. [*Œuvres,* I, p. 154-157.]

Compte rendu de A. Van Gennep, *La Formation des légendes* (Paris, 1910), *L'Année,* 12, p. 296-297. [*Œuvres,* II, p. 285-286.]

Compte rendu de A. Van Gennep, *Études d'ethnographie algérienne* (Paris, 1911), *L'Année,* 12, p. 858.

Compte rendu de F. Graebner, *Methode der Ethnologie* (Heildelberg, 1910), *L'Année,* 12, p. 3-7. [*Œuvres,* II, p. 489-493.]

Compte rendu de J. J. M. de Groot, *The Religious System of China,* II, vol. VI, parties IV et V (Leyde, 1910), *L'Année,* 12, p. 207-211. [*Œuvres,* II, p. 624-627.]

Compte rendu de W. B. Grubb, *An Unknown People...* (Londres, 1911), *L'Année,* 12, p. 156.

Compte rendu de B. Gutmann, *Ditchen und Denken der Dschagga-Neger* (Leipzig, 1909); C. Hobley, *Ethnology of the Akamba* (Cambridge, 1910); W. S. et K. S. Routledge, *The Akikuyu...* (Londres, 1910); A. C.

Hollis, *The Nandi* (Oxford, 1909), *L'Année,* 12, p. 142-146. [*Œuvres,* II, p. 543-546.]

Compte rendu de W. Mac Clintock, *The Old North Trail* (Londres, 1910), *L'Année,* 12, p. 111.

Compte rendu de M. P. N. Nillson, *Primitiv Religion* (Stockholm), *L'Année,* 12, p. 88-89.

Compte rendu de H. Nissen, *Orientation* (Berlin, 1910), *L'Année,* 12, p. 242-243. [*Œuvres,* II, p. 214-215.]

J. Van den Plas, *Les Kuku* (Bruxelles, 1910), *L'Année,* 12, p. 146-147.

Compte rendu de H. Rehse, *Kiziba, Land und Leute* (Stuttgart, 1910), *L'Année,* 12, p. 132-134. [*Œuvres,* I, p. 587-589.]

Compte rendu de J. Roscoe, *The Baganda* (Londres, 1911), *L'Année,* 12, p. 128-132.

Compte rendu de P. W. Schmidt, "L'origine de l'idée de Dieu"(in *Anthropos,* 1908); F. Graebner, "Zur Australischen Religionsgeschichte"(in *Globus,* 1909), *L'Année,* 12, p. 98-100. [*Œuvres,* I, p 86-88.]

Compte rendu de P. W. Schmidt, *Die Stellung der Pygmœn Vælker in der Entwicklungsgeschichte der Menschen* (Stuttgart, 1910), L'Année, 12, p. 65-69. [*Œuvres,* I, p. 504-508.]

Compte rendu de J. Schoenhaerl, *Volkskundliches aus Togo* (Leipzig, 1909), *L'Année,* 12, p. 297-299.

Compte rendu de T. Segerstedt, "Själavandringsläransursprung"(in *Le Monde oriental,* 1910), *L'Année,* 12, p. 276-277.

Compte rendu de J. Segond, *La Prière* (Paris, 1911), *L'Année,* 12, p. 239-240.

Compte rendu de C. G. Seligman, *The Melanesians of British New Guinea* (Cambridge, 1910); R. Neuhauss, *Deutsch-Neu Guinea* (Berlin, 1911); W. Williamson, *The Mafulu...* (Londres, 1912), *L'Année*, 12, p. 371-374. [*Œuvres*, III, p. 33-34 et 92-95.]

Compte rendu de C. G. Seligman et Z. Brenda, *The Veddas* (Cambridge, 1911), *L'Année*, 12, p. 162-165. [*Œuvres*, I, p. 517-520.]

Compte rendu de F. G. Speck, *Ceremonial Songs of the Creek and Yuchi Indians* (Philadelphia, 1911), *L'Année*, 12, p. 240-241.

Compte rendu de F. G. Speck, *Ethnology of the Yuchi Indians* (Philadelphia, 1909), *L'Année*, 12, p. 115-116. [*Œuvres*, I, p. 389-390.]

Compte rendu de J. Spieth, *Die Religion der Eweer in Süd Togo* (Leipzig, 1911); A. Le Hérissé, *L'Ancien Royaume du Dahomey* (Paris, 1911) ; J. Henry, *L'Ame d'un peuple africain. Les Bambara* (Münster, 1910); N. W. Thomas, *Anthropological Report of the Edo Speaking Peoples of Nigeria* (Londres, 1910), *L'Année*, 12, p. 150-156.

Compte rendu de C. Strehlow, *Die Aranda- und Loritja-Stämme in Zentral Australia* (Francfort), *L'Année*, 12, p. 101-104. [*Œuvres*, II, p. 445-448.]

Compte rendu de J. Teit, *The Shuswap* (New York, 1909), *L'Année*, 12, p. 111-115. [*Œuvres*, I, p. 591-593.]

Compte rendu de P. Torge, *Seelenglaube... im Alten Testamente* (Leipzig, 1909), *L'Année*, 12, p. 204-205.

Compte rendu de H. L. A. Viser, *De Psyche der Menigte* (Haarlem, 1911), *L'Année*, 12, p. 30.

Compte rendu de P. Volz, *Der Geist Gottes* (Tübingen, 1910), *L'Année*, 12, p. 302-305. [*Œuvres*, II, p. 590-592.]

Compte rendu de G. A. Wilken, *De Verspreide Geschriften von...* (La Haye, 1912), *L'Année,* 12, p. 82-83.

"Un coup dirigécontre les coopératives ", *L'Humanité,* 8 mars, p. 6.

"Le travail à domicile est réglementépar la législation anglaise", *L'Humanité,* 22 septembre, p. 6.

"Le conflit franco-allemand ", *La Revue de l'enseignement primaire et primaire supérieur,* n° 35, 1ᵉʳ juin, p. 283-284.

"Gâchis militaire. Notre armée de l'Est est dans le désordre le plus complet ", *L'Humanité,* 4 octobre, p. 1 et 2. (Texte signéM.)

Intervention à la suite de l'exposéde Bruckère sur "La petite propriété, danger social et danger national", in *Procès-verbal de la réunion du 8 avri/1913 du Groupe d'études socialistes,* 5 pages. Fonds Hubert-Mauss, Archives du Collège de France.

1914

"Les origines de la notion de monnaie", communication présentée à l'Institut français d'anthropologie, in Comptes rendus des séances, t. II, n° 1, supplément à *L'Anthropologie,* p. 14-19. [*Œuvres,* II, p. 106-112 et 114-115.]

"Le tabou de la belle-mère chez les Baronga", exposéprésentéau 1ᵉʳ Congrès international d'ethnologie et d'ethnographie (Neuchâtel, 1914), in *L'Anthropologie,* 25, p. 370-371. [*Œuvres,* III, p 124.]

"La situation extérieure. Choses d'Italie", *La Revue de l'enseignement primaire et primaire supérieur,* 18 janvier, n° 17, p. 135-136.

"La situation extérieure. Échec momentané", *La Revue de l'enseignement primaire et primaire supérieur,* n° 24, 8 mars, p. 192.

"La situation extérieure. Roulements de tambour", *La Revue de l'enseignement primaire et primaire supérieur*, n° 27, 29 mars, p. 215-216.

"Les commerçants prétendent interdire aux fonctionnaires d'entrer dans les coopératives", *L'Humanité*, 1er avril, p. 6.

"La situation extérieure. Une grande politique", *La Revue de l'enseignement primaire et primaire supérieur*, n° 36, 31 mai, p. 288-289.

"La situation extérieure. La diplomatie des radicaux anglais", *La Revue de l'enseignement primaire et primaire supérieur*, n° 37, 7 juin, p. 296-297.

"La semaine américaine", *L'Humanité*, 24 juin, p. 6.

"La loi sur le travail à domicile est chaque jour mieux appliquée en Angleterre", *L'Humanité*, 1er juillet, p. 6.

"La situation extérieure. La Maison d'Autriche", *La Revue de l'enseignement primaire et primaire supérieur*, n° 42, 12 juillet, p. 336-337.

1920

"The Problem of Nationality", commimication en français lors du colloque intitulé *Proceedings of the Aristotelian Society*, 20, p. 242-252, Londres. [*Œuvres*, III, p. 626-634.]

"L'extension du *potlatch* en Mélanésie", *L'Anthropologie,* 30, p. 396-397. [*Œuvres*, III, p. 29-31.]

"L'état actuel des sciences anthropologiques en France ", résumé d'une communication à l'Institut français d'anthropologie", *L'Anthropologie,* 30, p. 153. [*Œuvres*, III, p. 434-435.]

"Quelques faits concernant des formes archaïques de contrat chez les Thraces", *L'Anthropologie,* 30, p. 581-582. [*Œuvres*, III, p. 29-31.]

"Le personnel coopératif : recrutement et certificats professionnels",

L'Action coopérative, 10 janvier, p. 2.

"Canevas", *L'Action coopérative*, 17 janvier, p. 2.

"La place des États-Unis dans la production mondiale : le commerce coopératif avec la Russie", *L'Action coopérative*, 27 mars, p. 1.

"Les coopératives russes", *La Revue de Paris*, 27ᵉ année, t. 2, mars-avril, p. 96-121.

"L'industrie du lait desséché: la Wholesale anglaise en assure l'exploitation", *L'Action coopérative*, 10 avril.

"A l'étranger : les coopératives en Bessarabie", *L'Action coopérative*, 15 mai. (Texte signéM. M.)

"La coopération à l'étranger : à la Maison du peuple de Bruxelles. On a institué une commission du travail", *L'Action coopérative*, 29 mai, p. 3.

"La 'Centrale Éducation' belge ", *L'Action coopérative*, 26 juin, p. 2.

"La Commune coopérative", *La Vie socialiste*, 7 juillet, p. 1.

"Un triomphe coopératif", *L'Action coopérative,* 10 juillet, p. 1.

"Une politique russe. La politique du Labour Party", *La Vie socialiste,* 24 juillet, p. 1.

"Derniers entretiens", *La Vie socialiste,* 7 août, p. 2.

"La coopération anglaise : la politique financière de la Wholesale Society", *L'Action coopérative*, 7 août, p. 2.

"L'éducation coopérative en Allemagne", *L'Action coopérative,* 14 août, p. 2.

"Politique polonaise", *La Vie socialiste*, 28 août, p. 1.

"Lettre de province. L'inéducation des coopérateurs est un grave danger", *L'Action coopérative,* 11 septembre, p. 1.

"Lettre de province. Propagande coopérative", *L'Action coopérative*, 18 septembre, p. 2.

"Lettre de province. Impression sur l'enquête en Russie", *La Vie socialiste,* 25 septembre, p. 1.

"Lettre de l'étranger. Une enquête sur la vie chère", *L'Action coopérative,* 16 octobre, p. 1.

"Théorie. Formes nouvelles du socialisme", *La Vie socialiste,* 23 octobre, p. 2.

"Lettre de l'étranger. Un livre de Webb", *L'Action coopérative,* 30 octobre, p. 1.

"Dans la lune", *La Vie socialiste,* 30 octobre, p. 2.

"Théorie. Nouvelles formes de socialisme. I", *La Vie socialiste,* 6 novembre, p. 2 et 3.

"Lettre de l'étranger. Formes nouvelles de socialisme. II. Le socialisme de la guilde", *La Vie socialiste,* 13 novembre, p. 1.

"Lettre de l'étranger. Les 'vaches maigres'", *L'Action coopérative,* 13 novembre, p. 2.

"Motifs honorables ", *La Vie socialiste,* 20 novembre, p. 2.

"Demande de trêve en Angleterre", *La Vie socialiste,* 11 décembre, p. 2.

"La chaire de la coopération au Collège de France", *L'Action coopérative,* 11 décembre, p. 1.

"Schadenfreude ", *La Vie socialiste,* 25 décembre, p. 1.

1921

"Une forme ancienne de contrat chez les Thraces ", *Revue des études grecques,* 34, p. 388-397. [*Œuvres*, III, p. 35-43.]

"L'expression obligatoire des sentiments. (Rituels oraux funéraires australiens)", *Journal de psychologie,* 18, p. 425-434. [*Œuvres*, III, p. 269-

678.]

Intervention à la suite d'une communication de L. Weber : "Liberté et langage", *Bulletin de la Sociétéfrançaise de philosophie,* 21, p. 100-103. [*Œuvres,* II, p. 121-125.]

"Lettre de province. Effet de la scission", *La Vie socialiste,* 8 janvier, p. 2.

"Un effort des coopérateurs suisses", *L'Action coopérative,* 12 janvier, p. 1.

"Une statistique des prix", *L'Action coopérative,* 15 janvier, p. 3.

"Pour Moscou", *La Vie socialiste,* 15 janvier, p. 1 et 2.

"L'Assemblée de Genève", *La Vie socialiste,* 15 janvier, p. 3.

"Kabakchef, Papachef", *La Vie socialiste,* 29 janvier, p. 1.

"La baisse aux États-Unis", *L'Action coopérative,* 25 janvier, p. 1.

"Ramsay MacDonald", *La Vie socialiste,* 19 février, p. 1.

"L'homme fossile", *Le Populaire,* 11 avril, p. 1 et p. 2.

"Le socialisme en province", *La Vie socialiste,* 23 avril, p. 1.

"Pour les bolchevistes", *La Vie socialiste,* 30 avril, p. 3.

"La propagande coopérative en Angleterre", *L'Action coopérative,* 12 mars, p. 1.

"Les Webb sont, à Paris, reçus par l'Union des coopérateurs", *Le Populaire,* 4 mai, p. 1 et 2.

"La plus grande coopérative allemande : 'Produktion' à Hambourg", *L'Action coopérative,* 7 mai, p. 1.

"Les coopérateurs communistes", *La Vie socialiste,* 28 mai, p. 2.

"Socialisme anglais, socialisme de guilde", *Le Populaire,* 30 mai, p. 1 et p. 2.

"Les coopératives anglaises et les soviets", *Le Populaire,* 8 juin, p. 4.

"Les coopératives anglaises et les soviets", *La Vie socialiste,* 18 juin, p. 1.

"La crise commerciale et les coopératives", *L'Action coopérative,* 25 juin, p. 1.

"Coopératives anglaises et soviets", *Le Populaire*, 28 juin, p. 4.

"Fin de la violence en Italie", *La Vie socialiste,* 16 juillet, p. 1.

"En Allemagne: l'assemblée générale du Magasin de Gros", *L'Action coopérative,* 16 juillet, p. 1.

"Conseils de Jean Jaurès pour une Révolution russe", *La Vie socialiste*, 30 juillet, p. 2.

"Les affaires des soviets", *La Vie socialiste*, 13 août, p. 1.

"La coopérative à l'étranger : la Suisse se coopératise chaque jour davantage", *L'Action coopérative*, 13 août, p. 3.

"La victoire de la coopération britannique : les coopératives anglaises ne sont pas soumises à la Corporation Tax", *L'Action coopérative*, 20 août, p. 2.

"Nécessité d'un département statistique à la Fédération nationale des coopératives de consommation", *Revue des études coopératives*, 1ʳᵉ année, n° 4, octobre, p. 413-426.

1922

Introduction et conclusion à Robert Hertz, "Le péché et l'expiation dans les sociétés primitives", *Revue de l'histoire des religions,* 86, p. 1-4 et p. 54-60. [*Œuvres*, III, p. 509-512.]

Intervention à la suite d'une communication de J. Vendryes : "Le progrès du langage ", *Bulletin de la Sociétéfrançaise de philosophie*, 22, p. 164-165. [*Œuvres*, III, p. 482-484.]

"Il faut choisir", *Les Vosges socialistes*, samedi 30 septembre, p. l.

"Marcel Sembat. Souvenirs", *La Vie socialiste*, 14 octobre, p. 1 et 2.

"La campagne anglaise du Matin", *Le Populaire*, 30 octobre, p. 1.

"La vente de la Russie", *La Vie socialiste*, 18 novembre, p. 1 et 2.

"Les changes : état actuel; la ruine de l'Europe; la crise; les responsables", *Le Populaire,* 4 décembre, p. 1.

"Les changes : une politique; un exemple sinistre; l'Autriche", *Le Populaire,* 5 décembre, p. 1 et 2.

"Les changes : dangers des mesures arbitraires", *Le Populaire,* 9 décembre, p. 2.

"Pour les bolcheviks", *La Vie socialiste,* 9 décembre, p. l et 2.

"Les changes : la valeur réelle du franc; comment le convertir en or", *Le Populaire,* 11 décembre, p. 1 et 2.

"Les changes: comment liquider, comment stabiliser", *Le Populaire,* 13 décembre, p. 1 et 2.

"Les changes : pour la conférence de Bruxelles; un précédent", *Le Populaire,* 17 décembre, p. 2.

"Les changes: conclusion", *Le Populaire,* 21 décembre, p. 3.

"Un Parti coopératif en Angleterre", *L'Action coopérative,* 30 décembre, p. 3.

1923

"L'obligation à rendre les présents ", *L'Anthropologie,* 33, p. 193-194. [*Œuvres,* III, p. 44-45.]

Allocution à la Sociétéde psychologie, *Journal de psychologie,* 20, p. 756-758. [*Œuvres,* II, p; 590-592.]

Lettre écrite à Georges Dumas à la suite de la publication d'un chapitre de son *Traité de psychologie,* in Georges Dumas (éd.), *Traité de psychologie,* l, Alcan, p. 729-730. [*Œuvres,* III, p. 278279.]

"W. H. R. Rivers", *Revue d'ethnographie et des traditions populaires,* 4, p. 1-7. [*Œuvres,* l, p. 465-472.]

Intervention à la suite d'une communication de L. Lévy-Bruhl : "La mentalité primitive", *Bulletin de la Sociétéfrançaise de philosophie*, 23, p. 24-29. [*Œuvres*, II, p. 125-131.]

"Réflexions sur la violence. Fascisme et bolchevisme", *La Vie socialiste*, samedi 3 février, p. 1.

"II. La violence bolchevik. Sa nature. Ses excuses", *La Vie socialiste*, samedi 10 février, p. 2.

"III. La violence bolchevik. Bilan de la terreur. Son échec", *La Vie socialiste*, samedi 17 février, p. 1-2.

"IV. La violence bolchevik. La lutte contre les classes actives", *La Vie socialiste*, samedi 24 février, p. 1.

"Contre la violence. Pour la force", *La Vie socialiste*, samedi 5 mars 1923, p. 2; *Les Vosges socialistes*, samedi 14 avril, p. 1.

"Machiavélisme. Dialogue avec un futur députébourgeois", *La Vie socialiste*, lundi 30 avril, p. 1 et 2.

1924

"Rapports réels et pratiques de la psychologie et de la sociologie", *Journal de psychologie*, 21, p. 892-922. [*Sociologie et anthropologie*, p. 281-310.]

"Appréciation sociologique du bolchevisme", *Revue de métaphysique et de morale*, 31, p. 103-132.

"Gift, gift", in *Mélanges offerts à Charles Andler par ses amis et ses élèves*, Strasbourg, Istra, p. 243-247. [*Œuvres*, III, p. 46-51.]

Intervention à la suite d'une communication de A. Meillet : "A propos des Gathâs de l'Avesta", *L'Anthropologie*, 34, p. 296-298. [*Œuvres*, III, p. 553-556.]

Intervention à la suite d'une communication de A. Aftalion : "Les fondements du socialisme", *Bulletin de la Société française de philosophie*, 24, p. 8-12 et 13. [*Œuvres*, III, p. 634-638.]

"Les changes : du calme", *Le Populaire*, 18 janvier, p. 1.

"Les changes. Comment avons-nous exporté des francs?", *Le Populaire*, 20 janvier, p. 1.

"Les changes. Qui a exportédes francs?", *Le Populaire*, 21 janvier, p. 1 et 2.

"Les changes. Comment le gouvernement a exporté des francs?", *Le Populaire*, 22 janvier, p. 1 et 2.

"Les changes. Politique d'armements. Situation monétaire extérieure de la France", *Le Populaire*, 24 janvier, p. 1 et 2.

"Les changes : nouvelle chute. Les responsabilités des capitalistes français. Les erreurs à éviter", *Le Populaire*, 22 février, p. 1 et 2.

"Les changes. Deux fautes à éviter", *Le Populaire*, 23 février, p. 1 et 2.

"Les changes. L'inflation des francs", *Le Populaire*, 27 février, p. 1 et 2.

"Les changes. L'inflation : la dépréciation intérieure", *Le Populaire,* 29 février, p. 1 et 2.

"Les changes. L'inflation : qui a inflationné le franc?", *Le Populaire,* 1 er mars, p. 1 et 2.

"Les changes. L'inflation fiduciaire : la responsabilité personnelle de M. Klotz", *Le Populaire,* 3 mars, p. 1 et 2.

"Les changes. L'inflation : la responsabilité personnelle de M. Klotz. Le Charleroi financier. L'impréparation de M. Klotz", *Le Populaire*, 4 mars, p. 1 et 2.

"Les changes. Le Charleroi du franc : les fautes de M. Klotz. Comment il couvrit les mercantis et les banquiers français", *Le Populaire*, 5 mars, p. 1

et 2.

"Les changes. L'inflation fiduciaire : celle du 6 mars 1924. Comment on inflationne à ce moment", *Le Populaire*, 9 mars, p. 1 et 2.

"Les changes. L'inflation fiduciaire : comment le Bloc national maintint puis fit crouler le franc. L'accalmie de 1921", *Le Populaire*, 10 mars, p. 1 et 2.

"Les changes. L'inflation fiduciaire: en quelle mesure le gouvernement Poincaré défendit-il et laissa-t-il faiblir le franc?", *Le Populaire*, 11 mars, p. 1 et 2.

"Les changes. L'inflation fiduciaire : l'effet de l'aventure de la Ruhr. Comment et pourquoi il fallut inflationner de novembre 1923 à mars 1924", *Le Populaire*, 13 mars, p. 1 et 2.

"Les changes. La baisse des devises fortes. Les financiers français et alliés interviennent. Le bilan de la banque", *Le Populaire*, 14 mars, p. 1.

"Les changes. L'action de la finance: bulletin du jour", *Le Populaire*, 15 mars, p. 1.

"Les changes. L'inflation fiduciaire : histoire financière et politique du franc en janvier et février 1924", *Le Populaire,* 16 mars, p. 1 et 2.

"Les changes. L'inflation fiduciaire (conclusion) : histoire du franc du 6 au 15 mars", *Le Populaire,* 17 mars, p. 1 et 2.

"Les changes. Prévisions. Raisons d'espérer", *Le Populaire*, 18 mars, p. 1 et 2.

"Les changes. Histoire du franc et de la Bourse du 13 au 20 mars 1924", *Le Populaire*, 2 avril, p. 1.

"Les changes. Histoire du franc jusqu'à la fin mars. Conditions de l'appui des banques alliées", *Le Populaire*, 3 avril, p. 1 et 2.

"Les changes. L'inflation flottante : la dette flottante I. Figure de la situation monétaire en France", *Le Populaire*, 14 avril, p. 1 et 2.

"Les changes (IIIᵉ série). La dette flottante. Responsabilités : qui a inflationnéla dette flottante?", *Le Populaire,* 15 avril, p. 1 et 2.

"Les changes (IIIᵉ série). La crise de la trésorerie de 1923-1924", *Le Populaire*, 17 avril, p. 1 et 2.

"Les changes (IIIᵉ série). L'inflation rentière. La dette flottante. Conclusions", *Le Populaire,* 18 avril, p. 1 et 2.

"Démocratie socialiste", *Le Populaire*, 6 mai, p. 1 et 2.

"Les changes (post-scriptum). La lire. Fascisme et banquiers", *Le Populaire,* 14 mai, p. 1 et 2.

"Questions pratiques : actes nécessaires", *Le Populaire*, 29 mai, p. 1.

1925

"Essai sur le don. Forme et raison de l'échange dans les sociétés archaïques", *L'Année*, n. s., 1, p. 30-186. [*Sociologie et anthropologie,* p. 143-279.]

"Sur un texte de Posidonius. Le suicide, contre prestation suprême", *Revue celtique*, 42, p. 324-329. [*Œuvres*, III, p. 52-57.]

"In memoriam. L'œuvre inédite de Durkheim et de ses collaborateurs", *L'Année*, n. s., 1, p. 7-29. [*Œuvres*, III, p. 473-499.]

"Système religieux des sociétés inférieures", *L'Année*, n. s., 1, p. 399.

Intervention à la célébration du centenaire de la mort de Saint-Simon, *Bulletin de la Société française de philosophie*, 25, p. 18. [*Œuvres*, III, p. 262-263.]

Compte rendu de A. K. Ajisafe, *Laws and Customs of the Yoruba People* (Londres, 1924), *L'Année,* n. s., 1, p. 602-603.

Compte rendu de M. Bauer, *Die Dirne und ihr Anhang...* (Dresde, 1924),

L'Année, n. s., 1, p. 639-640.

Compte rendu de A. Baumstrak, *Vom geschichtlichen Werden der Liturgie* (Freiburg im Brisgau, 1923), *L'Année*, n. s., 1, p. 489-490.

Compte rendu de P. Beek, *Die Nachahmung...* (Leipzig, 1924), *L'Année*, n. s., 1, p. 245-246.

Compte rendu de C. A. Bennett, *A Philosophical Study of Mysticism* (New Haven, 1925), *L'Année*, n. s., 1, p. 393-395.

Compte rendu de H. Berr et ses collaborateurs, *L'Évolution de l'humanité* (Paris, 1918-1924), *L'Année*, n. s., 1, p. 287-289. [*Œuvres*, III, p. 246-247.]

Compte rendu de D. F. Bleek, *The Mantis and his Friends* (Londres, 1923), *L'Année*, n. s., 1, p. 495-496.

Compte rendu de F. Boas, *Tsimshian Mythology* (Washington, 1916), *L'Année*, n. s., 1, p. 588-590. [*Œuvres*, II, p. 102-103.]

Compte rendu de F. Boas, *Tsimshian Mythology* (Washington, 1916), *L'Année*, n. s., 1, p. 512-517. [Œuvres, II, p. 98-102.]

Compte rendu de F. Boas, *Ethnology of the Kwakiutl* (Washington, 1916), *L'Année*, n. s., 1, p. 417-419.

Compte rendu de F. Boas, *Ethnology of the Kwakiutl* (Washington, 1916), *L'Année*, n. s., 1, p. 590-591. [*Œuvres*, III, p. 97-98.]

Compte rendu de W. Bousset, *Apophthegmata* (Tübingen, 1923), *L'Année*, n. s., 1, p. 535-536.

Compte rendu de A. R. Brown, "Notes on the Social Organisation of Australian Tribes"(in *Journal of the Royal Anthropological Institute*, 1923), *L'Année*, n. s., 1, p. 583-584.

Compte rendu de A. R. Brown, "The Methods of Ethnology... "(in *South*

African Journal of Science, 1923), *L'Année,* n. s., 1, p. 286-287. [*Œuvres,* III, p. 267-268.]

Compte rendu de G. Buschan, *Illustrierte Völkerkunde,* I et II (Stuttgart, 1922-1923), *L'Année,* n. s., 1, p. 320-324. [*Œuvres,* III, p. 378-380.]

Compte rendu de M. Cahen, "L'adjectif 'divin' en germanique"(in *Mélanges Charles Andler,* Strasbourg, 1924), *L'Année,* n. S., 1, p. 508.

Compte rendu de E. Cavaignac, *Prolégomènes* (Paris, 1924), *L'Année,* n. s., 1, p. 343.

Compte rendu de A. Cowley, *Aramaic Papyri of the fifth Century B. C.* (Oxford, 1923), *L'Année,* n. s., 1, p. 673-674.

Compte rendu de R. B. Dixon, *The Racial History of Man* (Londres, 1923), *L'Année,* n. s., 1, p. 373-376. [*Œuvres,* III, p. 389-391.]

Compte rendu de G. Dumézil, *Le Festin d'immortalité* (Paris, 1924), *L'Année,* n. s., 1, p. 517-519. [*Œuvres,* II, p. 315-316.]

Compte rendu de S. Dutt, *Early Buddhist Monachism* (Londres, 1924), *L'Année,* n. s., 1, p. 533-534.

Compte rendu de G. Elliot Smith, *Elephants and Ethnologists* (Londres, 1924); W. J. Perry, *The Children of the Sun* (Londres, 1923); W. J. Perry, *The Growth of Civilisation* (Londres, 1924), *L'Année,* n. s., 1, p. 330-342. [*Œuvres,* II, p. 513-523.]

Compte rendu de F. B. Emmott, *A Short History of Quakerism* (Londres, 1923), *L'Année,* n. s., 1, p. 466-467.

Compte rendu de J. G. Frazer, *Le Rameau d'or* (éd. abrégée; Paris, 1923) ; J. G. Frazer, *Le Folklore dans l'Ancien Testament* (éd. abrégée; Paris, 1924), L'Année, n. s., 1, p. 388-390.

Compte rendu de H. Freyer, *Prometheus* (Iéna, 1923), *L'Année,* n. s., 1, p.

294-295.

Compte rendu de L. Frobenius, "Dämonen der Sudan"(*Atlantis,* VII, Munich, 1924); L. Frobenius, "Volksdichtungen aus Ober-Guinea"(*Atlantis,* XI, Munich, 1924) ; L. Forbenius, "Der Kopf als Schicksal"(Munich, 1924), *L'Année,* n. s., 1, p. 441-446. [*Œuvres,* II, p. 502-506.]

Compte rendu de L. Frobenius, *Atlas Africanus...* (Munich, 1923), *L'Année,* n. s., 1, p. 302-306. [*Œuvres,* Il, p. 499-502.]

Compte rendu de B. R. Fulton, "The Concept of the Guardian Spirit..."(in *Memoirs of the Anthropological Association,* 1924), *L'Année,* n. s., 1, p. 507.

Compte rendu de F. Graebner, *Ethnologie* (Leipzig, 1923), *L'Année,* n. s., 1, p. 310-318. [*Œuvres,* II, p. 493-498.]

Compte rendu de G. B. Grinnel, *The Cheyenne Indians* (New Haven, 1923), *L'Année,* n. s., 1, p. 586-588. [*Œuvres,* I, p. 599-600.]

Compte rendu de G. B. Grinnel, *The Cheyenne Indians* (New Haven, 1923), *L'Année,* n. s., 1, p. 415-417. [*Œuvres,* I, p. 597-599.]

Compte rendu de O. Grundler, *Elements zu einer Religionsphilosophie* ... (Munich, 1922); J. Geyser, *Max Schelers Phänomenologie der Religion...* (Freibourg im Brisgau, 1924), *L'Année,* n. s., 1, p. 381-383. [*Œuvres,* I, p. 157-159.]

Compte rendu de F. H. Hankins, "Individual Differences..."(in *Publications of the American Sociological Society*) ; "Individual Differences... "(in *Political Science Quarterly,* 1923), *L'Année,* n. s., 1, p. 225.

Compte rendu de A. Hettner, *Der Gang der Kultur über die Erde* (Leipzig, 1923), *L'Année,* n. s., 1, p. 342-343.

Compte rendu de E. W. Hopkins, *Origin and Evolution of Religion* (New Haven, 1924), *L'Année*, n. s., l, p.385-388. [*Œuvres*, I, p. 159-161.]

Compte rendu de E. M. von Homsbostel, "Musik der Makuschi, Tanlipang und Jekuana", in *Koch-Grünberg, Von Roroima zum Orinicco, III* (Berlin, 1917); F. Densmore, "Mandan and Hidatsa Music" (in *Bulletin, 80, Bureau of American Ethnology,* 1923), *L'Année*, n. s., 1, p. 968-969. [*Œuvres,* II, p. 153-154.]

Compte rendu de G. Home et G. Aiston, *Savage Life in Central Australia* (Londres, 1924), *L'Année*, n. s., 1, p. 401-403.

Compte rendu de P. Huvelin, "Les cohésions humaines..." (in *Revue de l'université de Bruxelles,* 1923), *L'Année*, n. s., 1, p. 216-217. [*Œuvres,* III, p. 26-27.]

Compte rendu de Th. Koch-Grünberg, *Von Roroima zum Orinocco,* I, III, V (Berlin, 1917, 1923, 1924); *Zwei Jahre bei den Indianern Nordwest-Brasiliens* (Stuttgart, 1923), *L'Année*, n. s., l, p.420-423.

Compte rendu de W. Koppers, *Unter Feuerland-Indianern...* (Stuttgart, 1924), *L'Année*, n. s., l, p. 403-406. [*Œuvres*, I, p. 501-504.]

Compte rendu de F. Köhler, *Einführung in das Wesen der Kultur* (Leipzig, 1923), *L'Année*, n. s., 1, p. 343-344.

Compte rendu de G. Kraitschek, *Rassenkunde* (Wien, 1924), *L'Année,* n. s., 1, p. 379.

Compte rendu de A. L. Kroeber, *Anthropology* (Londres, 1923), *L'Année*, n. S., 1, p. 324-330. [*Œuvres,* III, p. 384-389.]

Compte rendu de A. C. Kruyt, "Koopen in Middlen Celebes" (in *Medele d. Koninkl. Ak. d. Wetensch. Aldeel. Letterk.,* 56, série B, n°5, Deel., 1923), *L'Année*, n. S., 1, p. 671-673. [*Œuvres,* III, p.95-97.]

Compte rendu de A. C. Kruyt, "De Timoreezen"(in *Bijdr. tot de Taal-Land en Volken K. v. Ned. Ind.*, LXXXIX, 1923); A. C. Kruyt, "De Moriers van Tinompo"(in *Bijdr. tot de Taal-Land en Volken K. v. Ned. Ind.*, LXXX, 1924), *L'Année*, n. S., 1, p. 449-450.

Compte rendu de A. C. Kruyt, "De Toradjas..."(in *Tijdschr. v. h. Koninak. Bataviansch. Genootsch. v. Kunsten en Wetenschapen*, XXIII, Deel., 1923; *ibid.*, 2, 1924), *L'Année*, n. S., 1, p. 446-449.

Compte rendu de L. L. Locke, *The Ancient Quipu or Peruvian Kuot Record* (New York, American Museum of Natural History), *L'Année*, n. S., 1, p. 953-954.

Compte rendu de W. C. Macleod, "Natchez Political Evolution"(in *American Anthropologist*, 1924); A. Hillebrandt, *Altindische Politik* (Iéna, 1924), *L'Année*, n. S., 1, p. 655-657.

Compte rendu de B. Malinowski, "The Psychology of Sex and The Foundation of Kinship in Primitive Societies"(in *Psyche*, IV, 2, 1923), *L'Année*, n. S., 1, p. 618-620. [*Œuvres*, III, p. 130-132.]

Compte rendu de G. H. Moore, *The Birth and Growth of Religion* (New York, 1924), *L'Année*, n. s., 1, p. 383-385.

Compte rendu de A. Muntsch, *Evolution and Culture* (Londres, 1923), *L'Année*, n. s., 1, p. 318-320.

Compte rendu de J. von Negelein, *Weltanschauung des indogermanischen Asiens* (Erlangen, 1924), *L'Année*, n. s., 1, p. 493495.

Compte rendu de W. O. H. Oesterley, *The Sacred Dance* (Cambridge, 1923), *L'Année*, n. s., 1, p. 485.

Compte rendu de C. K. Ogden et I. A. Richards, *The Meaning of Meaning* (Londres, 1923); S. Ranulf, *Der eleatische Satz vom Widerspruch*

(Copenhague, 1924); E. Cassirer, *Philosophie der Symbolischen Formen,* I, (Berlin, 1923), *L'Année,* n. s., 1, p. 256-260. [*Œuvres,* III, p. 258-262.]

Compte rendu de P. Oltramare, *L'Histoire des idées théosophiques dans l'Inde,* II (Paris, 1923), *L'Année,* n. s., 1, p. 526-528.

Compte rendu de E. C. Parsons, *American Indian Life* (New York, 1923), *L'Année,* n. s., 1, p. 410-411.

Compte rendu de J. Popper-Lynkeus, *Ueber Religion* (Leipzig, 1924), *L'Année,* n. s., 1, p. 395.

Compte rendu de K. Th. Preuss, *Religion und Mythologie der Uitoto,* 1 et II (Leipzig, 1921 et 1924), *L'Année,* n. s., 1, p. 509-512.

Compte rendu de P. Radin, *The Winnebago Tribe* (Washington, 1923). *L'Année,* n. s., 1, p. 584-586. [*Œuvres,* III, p. 128-129.]

Compte rendu de P. Radin, *The Winnebago Tribe* (Washington, 1923), *L'Année,* n. s., 1, p. 411-415. [*Œuvres,* II, p. 103-105.]

Compte rendu de R. S. Rattray, *Ashanti* (Oxford, 1923), *L'Année,* n. s., 1, p. 437-438.

Compte rendu de R. S. Rattray, *Ashanti* (Oxford, 1923), *L'Année,* n. s., 1, p. 596-599. [*Œuvres,* III, p. 132-134.]

Compte rendu de W. H. R. Rivers, *Conflict and Dream* (Londres, 1923), *L'Année,* n. s., 1, p. 261-262. [*Œuvres,* II, p. 287-288.]

Compte rendu de W. H. R. Rivers, *Medicine, Magic and Religion* (Londres, 1924), *L'Année,* n. s., 1, p. 472-474.

Compte rendu de J. Roscoe, *The Bakitara of Banyoro,* II. *The Banyankole,* III. *The Bagesu...* (Cambridge, 1923, 1924), *L'Année,* n. s., 1, p. 599-602. [*Œuvres,* II, p. 553-555.]

Compte rendu de J. Roscoe, *The Bakitara of Banyoro,* II. *The Banyankole,*

III. The *Bagesu*... (Cambridge, 1923, 1924), *L'Année*, n. s., 1, p. 432-436. [*Œuvres*, II, p. 550-553.]

Compte rendu de O. Rutter, *British North Borneo* (Londres, 1923); I. H. N. Evans, *Studies... of British North Borneo...* (Cambridge, 1923), *L'Année*, n. s., 1, p. 407-409.

Compte rendu de K. Sapper, *Die Tropen...* (Stuttgart, 1924), *L'Année*, n. s., 1, p. 910-911.

Compte rendu de G. A. Smith, *Jeremiah* (Londres, 1923), *L'Année*, n. s., 1, p. 535.

Compte rendu de P. W. Schmidt, *Die geheime Jugendweihe...* (Paderborn, 1923), L'Année, n. s., 1, p. 486-487.

Compte rendu de P. W. Schwalbe, E. Fischer, R. Graebner, M. Hoernes, Th. Mollison et A. Ploetz, *Anthropologie* (Leipzig, 1923), *L'Année*, n. s., 1, p. 369-373. [*Œuvres*, III, p. 381-384.]

Compte rendu de A. Schweitzer, *Kulturphilosophie*, I et II (Munich, 1923); A. Schweitzer, *The Philosophy of Civilisation*, I et II (Londres), *L'Année*, n. s., 1, p. 290-294. [*Œuvres*, II, p. 506-509.]

Compte rendu de C. G. Seligman, "Studies in Semitic Kinship" (in *Bulletin of the School of Oriental Studies*, Londres, 1923-1924), *L'Année*, n. s., 1, p. 621-622. [*Œuvres*, II, p. 547-548.]

Compte rendu de C. G. Seligman, "Anthropology and Psychology" (in *Journal of the Royal Anthropology Institute*, 1924), *L'Année*, n. s., 1, p. 245.

Compte rendu de J. T. Shotwell, *The Religious Revolution of Today* (New York, 1924), *L'Année*, n. s., 1, p. 458-460.

Compte rendu de W. J. Sollas, *Ancient Hunters...* (Londres, 1924), *L'Année*,

n. s., 1, p. 300-302.

Compte rendu de P. A. Talbot, *Ancient Hunters...* (Londres, 1923), *L'Année,* n. s., 1, p. 438-440. [*Œuvres,* II, p. 550-553.]

Compte rendu de W. Thalbitzer (éd.), *The Ammassolik Eskimo,* II (Copenhague, 1921); partie 1 : H. Thuren, *On Eskimo Music*; partie 2: W. Thalbitzer et H. Thuren, *Melodies from East Greenland*; partie 3: W. Thalbitzer, *Language and Folklore, L'Année,* n. s., 1, p. 966-967.

Compte rendu de W. Thalbitzer, *The Ammassolik Eskimo...* (Copenhague, 1923), *L'Année,* n. s., 1, p. 424-425.

Compte rendu de E. Torday et T. A. Joyce, "Notes ethnographiques..."(Bruxelles, 1922), *L'Année,* n. s., 1, p. 426-428.

Compte rendu de Tyra de Kleen et de P. de Kat Angelino, *Mudras auf Bali* (Hagen, 1923); Tyra de Kleen, *Mudras* (Londres, 1924), *L'Année,* n. s., 1, p. 483-484.

Compte rendu de H. Werner, *Die Ursprünge der Lyrik...* (Munich, 1924), *L'Année,* n. s., 1, p. 962-965. [*Œuvres,* II, p. 263-266.]

Compte rendu de K. Weule, *Kulturelemente der Menschheit* (Stuttgart, 1924); *Die Urgesellschaft und ihre Lebensfüsorge* (Stuttgart, 1924), *L'Année,* n. s., 1, p. 955.

Compte rendu de C. Wissler, *Man and Culture* (Londres, 1923), *L'Année,* n. s., 1, p. 295-300. [*Œuvres,* III, p. 509-513.]

Compte rendu de G. Wobbermin, *Religionsphilosophie* (Berlin, 1924), *L'Année,* n. s., 1, p. 380-381.

"Socialisme et bolchevisme", *Le Monde slave,* 2ᵉ série, 2ᵉ année, nᵒ 2, février, p. 201-222.

"Saint-Simon et la sociologie", *Revue de l'enseignement primaire,* 10 mai, p.

242-243.

1926

"Effet physique chez l'individu de l'idée de mort suggérée par la collectivité(Australie, Nouvelle-Zélande)", *Journal of psychologie*, 23, p. 653-669. [*Sociologie et anthropologie*, p. 311-330.]

"Parentés à plaisanteries", *Annuaire de l'École pratique des hautes études* (section des sciences religieuses), 1928. Texte d'une communication présentée à l'Institut français d'anthropologie en 1926. [*Œuvres*, III, p. 109-124.]

"Critique interne de la légende d'Abraham", in *Mélanges offerts à M. Israël Lévi par ses élèves et amis à l'occasion de son 70ᵉ anniversaire, Revue des études juives*, 82, p. 35-44. [*Œuvres*, II, p. 527-536.]

Intervention à la suite d'une communication de R. Eisler, "Le projet d'atlas historique d'Oswald Spengler ", *Bulletin du Centre international de synthèse* (section de synthèse historique), l, appendice de la *Revue de synthèse historique*, 41, p. 14-15.

Résumé d'une intervention à une séance de l'Institut français d'anthropologie, *L'Anthropologie*, 39, p.129-130. [*Œuvres*, III, p. 257.]

Marcel Mauss, "Emmanuel Lévy, juriste, socialiste et sociologue", *La Vie socialiste*, 13 novembre, p. 4 et 6.

1927

"Divisions et proportions des divisions de la sociologie", *L'Année*, n. s., 2, p. 98-176. [*Œuvres*, III, p. 178-245.]

"Rapports historiques entre la mystique hindoue et la mystique occidentale",

Paul Louis Couchoud (éd.), Congrès d'histoire du christianisme (1927), in *Jubilé Alfred Loisy*, Paris, Rieder, p. 7-11; Amsterdam, von Holkema et Warendorf, 1928. [*Œuvres*, II, p. 556-560.]

"Note de méthode sur l'extension de la sociologie. Énoncé de quelques principes à propos d'un livre récent", *L'Année*, n. s., 2, p. 178-191. [*Œuvres*, III, p. 283-297.]

"Notices biographiques", Notices sur Cl. E. Maître, Maurice Cahen, Edmond Doutté, Paul Lapie, Louise-Émile Durkheim et Lucien Herr, *L'Année*, n. s., 2, p. 3-9. [*Œuvres*, III, p. 517-524.]

"Une lettre de Mauss", *Le Populaire*, 18 septembre, p. 1.

1928

"L'œuvre sociologique et anthropologique de Frazer", *Europe*, 17, p. 716-724. [*Œuvres,* III, p. 527-534.]

"Introduction à Émile Durkheim", in *Le Socialisme*, Alcan, p. V-XI. [*Œuvres,* III, p. 505-509.]

Avant-propos et notice biographique sur Alice Robert Hertz, in R. Hertz, *Mélanges de sociologie religieuse et de folklore,* Alcan, p. VII et XV-XVI. [*Œuvres,* III, p. 527-534.]

"Prédictions pour une prochaine législature. Chez les autres", *La Vie socialiste,* 28 avril, p. 7-8.

1929

"Les civilisations. Éléments et formes", communication à la Ire Semaine internationale de synthèse (1929), in *Civilisation. Le mot et l'idée,* Paris, La Renaissance du livre, 2e fascicule, 1930, p. 81-108. [*Œuvres,* II, p.

456-479 et 484-485.]

Intervention lors d'un débat à la Ire Semaine internationale de synthèse (1929), in *Civilisation. Le mot et l'idée*, Paris, La Renaissance du livre, 2e fascicule, 1930, p. 74-129 et 140-143. [*Œuvres*, II, p. 481-482, et *Œuvres*, III, p. 249.]

Intervention à la suite d'un exposéde MM. Guillaume et Meyerson à l'Institut français d'anthropologie, *L'Anthropologie*, 39, p. 129-130. [*Œuvres*, III, p. 257.]

"L'identitédes Touaregs et des Libyens", résumé d'une communication à l'Institut français d'anthropologie, *L'Anthropologie*, 39, p. 130. [*Œuvres*, II, p. 561.]

Intervention à la suite d'une communication de L. Lévy-Bruhl, "L'âme primitive", *Bulletin de la Société française de philosophie*, 29, p. 124-127. [*Œuvres*, II, p. 131-135.]

Intervention à la suite d'un exposéde J. Bourdon sur le mot "statistique ", *Bulletin du Centre international de synthèse* (section de synthèse historique), 8, appendice de la *Revue de synthèse historique*, 48, p. 5-6. [*Œuvres*, III, p. 258.]

"Une lettre de Mauss", *Le Populaire*, Il août, p. 2.

1930

"Voyage au Maroc", compte rendu à l'Institut français d'anthropologie d'un voyage effectué en 1929, *L'Anthropologie*, 40, p. 453-456. [*Œuvres*, II, p. 562-567.]

"Hommage à Picasso", *Documents*, 2, p. 177.

Intervention à la suite d'une communication de J. Dewey, "Trois facteurs indépendants en matière de morale", *Bulletin de la Société française de philosophie*, 30, p. 130-131. [*Œuvres*, III, p.500.]

Interventions à la suite des communications de E. Rabaud, de l'abbéH. Breuil et de R. Lantier sur "Les origines de la société", in Centre international de synthèse, *Deuxième Semaine internationale de synthèse* (1930), Paris, La Renaissance du livre, 1ᵉʳ fascicule, p. 18-19, p. 59-60 et p. 61. [*Œuvres,* III, p. 486.]

Notice sur les titres et travaux de M. Marcel Mauss, fascicule préparé à l'occasion de la candidature au Collège de France, 16 p., Paris, Imprimerie des Presses universitaires de France.

1931

"Les arts indigènes", *Lyon universitaire*, 14, p. 1-2.

Intervention à la suite d'une communication de P. Fauconnet sur "L'enseignement de la sociologie"(1931), *Bulletin de l'Institut français de sociologie* (1932), 2, p. 33-35 et p. 115-117.

Remarques à la suite de l'article de Paul Descamps, "Ethnographie et ethnologie", *Revue de synthèse historique,* avril-juin, p. 202-203.

1932

"Henri Hubert ", *in* E. R. A. Seligman (éd.), *Encyclopedia of the Social Sciences,* New York, McMillan Co., vol. VII-VIII, p. 527.

"La cohésion sociale dans les sociétés polysegmentaires", *Bulletin de l'Institut français de sociologie,* 1, p. 49-68. [Œuvres, III, p. 11-26.]

Avertissement au livre d'Henri Hubert *Les Celtes et l'expansion celtique jusqu'à l'époque de la Tène,* Paris, La Renaissance du livre, p. XXI-XXVI.

[*Œuvres*, III, p. 455-459.

Intervention à la suite d'une communication de M. Bloch, "Le problème des régimes agraires", *Bulletin de l'Institut français de sociologie*, 2, p. 74-75. [*Œuvres,* III, p. 480.

Intervention à la suite d'une communication de A. Piganiol et de R. Maunier, "Les peuples mixtes"(1932), *Bulletin de l'Institut français de sociologie*, 2, 1933, p. 146. [*Œuvres,* II, p. 573-574.]

Intervention à la suite d'une communication de J. Ray, "La Société des Nations en tant qu'organe général, universel et permanent de la vie internationale", *Bulletin de l'Institut français de sociologie*, 2, p. 140-141. [*Œuvres*, III, p. 638-639.]

"La Chambre future. Dialogue sur un proche avenir", *La Vie socialiste*, 30 avril, p. 5-6.

1933

"La sociologie en France depuis 1914", in *La Science française*, Paris, Nouvelles Éditions Larousse, p. 36-48. [*Œuvres*, III, p. 436450.]

Introduction au livre de M. Griaule *Silhouettes et graffitis abyssins* (en collaboration avec M. Griaule), p. 5-6, Paris, Larose.

Intervention à la suite d'une communication de P. Fauconnet, "L'enseignement de la sociologie dans les écoles normales primaires", *Bulletin de l'Institut français de sociologie*, 3, p. 33.

Intervention à la suite d'une communication de M. Granet, "La droite et la gauche en Chine", *Bulletin de l'Institut français de sociologie*, 3, p. 108-113. [*Œuvres*, II, p. 143-148.]

Intervention à la suite d'une communication de P. Janet et de J. Piaget :

"L'individualité", Centre international de synthèse, *Troisième Semaine internationale de synthèse* (1931), Paris, La Renaissance du livre, 2ᵉ fasicule, p. 51, p. 118-120. [*Œuvres*, III, p. 298-302.]

1934

"Fragment d'un plan de sociologie générale descriptive. Classification et méthode d'observation des phénomènes généraux de la vie sociale dans les sociétés de type archaïque (phénomènes spécifiques de la vie intérieure de la société)", *Annales sociologiques,* série A, fascicule l, p. 5-6. [*Œuvres,* III, p. 302-354.]

Préface au livre de Khated Chatila, *Le Mariage chez les musulmans en Syrie (étude de sociologie)*, Paris, Les Presses modernes, p. IX-XI. Intervention à la suite d'une communication de F. Simiand, "La monnaie, réalité sociale", *Annales sociologiques,* série D, fascicule 1, p. 59-62. [*Œuvres*, II, p. 116-120.]

Lettre écrite à la suite d'une communication de Ch. Serrus, "La psychologie de l'intelligence et la linguistique", *Bulletin de l'Institut français de philosophie,* 34, p. 33-37. [*Œuvres*, II, p. 148-152.]

"Relations of Religious and Sociological Aspects of Ritual", in *Congrès international des sciences anthropologiques et ethnologiques,* compte rendu de la première session (Londres, 1934), Londres, Royal Institute of Anthropology, p. 272.

1935

"Les techniques du corps", *Journal de psychologie,* 32, p. 271-293. [*Sociologie et anthropologie,* p. 363-386.]

Intervention à la suite d'une communication de H. Lévy-Bruhl, "Une énigme de l'ancien droit romain 'Partes secanto'", *Annales sociologiques,* série C, fascicule 1, p. 72 *sq.* [*Œuvres*, III, p. 451-454.]

"François Simiand", *Le Populaire,* 18 avril, p. 2.

"Sylvain Lévi", nécrologie manuscrite. [*Œuvres,* III, p. 535-545.]

1936

Intervention à la suite de communications de R. Berthelot, "Le ciel dans l'histoire et dans la science", Centre international de synthèse, *Huitième Semaine internationale de synthèse* (1936), Paris, PUF, 1941, p. 61-62. [*Œuvres,* III, p. 486-487.]

Lettre écrite à la suite d'une communication de E. Halévy, "L'ère des tyrannies", *Bulletin de la Société française de philosophie,* 36, p. 234-235.

1937

"Le macrocosme et le microcosme", résumé d'une communication à l'Institut français d'anthropologie, *L'Anthropologie,* 47, p. 686. [Œuvres, II, p. 160-161.]

"In memoriam Antoine Meillet (1866-1936")", *Annales sociologiques,* série E, fascicule 2, p. 1-7. [*Œuvres,* III, p. 548-559.]

Intervention à la suite d'une communication de P. Mus, "La mythologie primitive et la pensée de l'Inde", *Bulletin de la Société française de philosophie,* 37, p. 107-111. [*Œuvres,* II, p. 154-159.]

Introduction à la "Morale professionnelle"de É. Durkheim, in *Revue de métaphysique et de morale,* 44, p. 527-531. [*Œuvres,* III, p. 500-505.]

1938

"Une catégorie de l'esprit humain : la notion de personne, celle de 'moi', un plan de travail"(Huxley Memorial Lecture, 1938), *Journal of the Royal Anthropological Institute,* 68, p. 263-281. [*Sociologie et anthropologie,* p. 331-362.]

Introduction au livre de A. M. Hocart, *Les Castes,* Paris, Librairie orientaliste Paul Geuthner, p. 8-9.

"Alexandre Moret (1868-1938)", *Annuaire de l'École pratique des hautes études* (section des sciences religieuses), p. 39-42. [*Œuvres,* III, p. 557-560.]

Intervention à la suite d'une communication de R. Marjolin, "Rationalitédes mouvements économiques de longue durée", *Annales sociologiques,* série D, fascicule 3, p. 36-37. [*Œuvres,* III, p. 247-248.]

1939

"Conceptions qui ont précédé la notion de matière", Centre international de synthèse, *Onzième Semaine internationale de synthèse* (1939), in *Qu'est-ce que la matière?,* Paris, PUF, 1945, p. 11-24. [*Œuvres,* II, p. 161-168.]

"Différence entre les migrations des Germains et des Celtes", communication aux Ire Journées de synthèse (1938), *Revue de synthèse,* 17 février, p. 22-24. [*Œuvres,* II, p. 570-573.]

"Fait social et formation du caractère", in *Congrès international des sciences anthropologiques et ethnologiques,* Compte rendu de la deuxième session (Copenhague, 1938), Einar Munksgaard, Copenhague, p. 199.

"Lévy-Bruhl sociologue", *Revue philosophique,* 127, p. 251-253.

"Lucien Lévy-Bruhl (1857-1939) ", *Annales de l'universitéde Paris,* 14, p. 408-411. [*Œuvres,* III, p. 560-565.]

"Lucien Lévy-Bruhl", *Le Populaire,* 16 mars, p. 4.

"Th. Ribot et les sociologues", in *Centenaire de Théodule Ribot. Jubilé de la psychologie scientifique française,* Agen, Imprimerie moderne, p. 138-139. [*Œuvres,* III, p. 565-567.]

"Israël Lévi. Quelques souvenirs personnels", *Annuaire de l'École pratique des hautes études* (section des sciences religieuses), Melun, p. 44.

"René Verneau, 25 April, 1852-7 January, 1938", *Man,* vol. 39, n° 7-9, janvier 1939, p. 12-13.

1947

Manuel d'ethnographie, cours donnés à l'Institut d'ethnologie de l'universitéde Paris, rédigé par Denise Paulme, 211 p., Paris, Payot, 1947; deuxième édition, 1967.

1948

"Les techniques et la technologie", communication adressée à la Journée de psychologie et d'histoire du travail et des techniques (Toulouse, 1941), in Ignace Meyerson et al., *Le Travail et les techniques,* numéro spécial du *Journal de psychologie* (1948), 41, p. 71-78. [*Œuvres,* III, p. 250-256.]

1956

"La nation", publication posthume de notes fragmentaires prises vraisemblablement dans les années 1919-1920, présentée par H. Lévy Bruhl, *L'Année,* 3ᵉ série, 1953-1954, p. 7-68. [*Œuvres,* III, p. 573625.]

1979

"L'œuvre de Mauss par lui-même (1930)", *Revue française de sociologie,*
janvier-mars 1979, vol. XX, n° 1, p. 214-218.

1985

"Les sciences sociales à Paris vues par Marcel Mauss"(1929), *Revue
française de sociologie,* vol. XXVI, n° 2, mars-avril, p. 343-352.

1987

"Le péchéet l'expiation dans les sociétés inférieures. Mise au point des
recherches de Robert Hertz. Un cours inédit de Marcel Mauss"(1933),
Gradhiva, n° 2, p. 43-53.

1991

"Entretiens avec Marcel Mauss"(1934), in Dirk Käsler, *Sociological
Adventures, Earle Edward Eubank's Visits with Europeans Sociologists,*
New Brunswick, Transaction Publishers, p. 139-147.

찾아보기

서적 · 논문 · 신문

[ㅅ]